2020

甘肃发展年鉴

GANSU DEVELOPMENT YEARBOOK

甘 肃 省 统 计 局
国家统计局甘肃调查总队 编

Compiled by
Gansu Provincial Bureau of Statistics
Survey Office of the National Bureau of Statistics in Gansu

中国统计出版社
China Statistics Press

《甘肃发展年鉴》编辑委员会

Gansu Development Yearbook Editorial Board

《甘肃发展年鉴》编辑部

Gansu Development Yearbook Editorial Department

编辑人员（按姓氏笔画排序）

Editorial Staff (In Order to Strokes of Chinese Surname)

编者说明

一、《甘肃发展年鉴》是由甘肃省统计局和国家统计局甘肃调查总队编纂，中国统计出版社出版，国内外公开发行的大型综合性年刊。它以大量翔实可靠的资料，全面记载了甘肃经济社会发展情况，是各级党政领导、经济管理部门、企事业单位、科研部门和中外投资者了解省情、市情，进行科学决策、咨询和研究的重要工具书。

二、本年鉴是创刊以来的第十一卷，全部为中英文对照版并配有电子版，主要记载 2019 年甘肃经济社会发展情况，统计资料在时间上有所上溯。

三、本年鉴共分为两部分：第一部分共设 9 个篇目，包括特载、概况、国民经济、交通通信、财政金融、经济管理、社会事业、人民生活、市州及兰州新区概况；第二部分共设 23 个篇章，包括综合，人口，国民经济核算，就业和工资，价格，人民生活，财政和金融业，资源和环境，能源，固定资产投资，对外经济贸易，农业，工业，建筑业，批发和零售业，住宿、餐饮业和旅游业，运输和邮电，教育和科学技术，卫生、社会服务和社会保障，文化和体育，城市，民族自治地方，兰州新区。为方便读者使用资料，统计资料各篇前附有简要说明，篇末附有主要统计指标解释。

四、本年鉴的体例分为篇目、分目和条目三个层次，以条目为基本结构单元。条目标题均用黑体字加【 】。

五、与 2019 年版《甘肃发展年鉴》相比较，本年年鉴在内容上主要做了如下修订：在第二部分表格中，“国民经济核算”中增加了 2017 年投入产出表；“财政和金融业”中“财政支出表”“政府性基金收支情况”表根据财政决算年报对指标进行了调整；“能源”中“能源消耗”表中删除了单位生产总值能耗绝对数指标；“固定资产投资”中增加了“按领域分固定资产投资增长速度”表；“工业”“建筑业”“批发和零售业”“住宿、餐饮业和旅游业”部分中，将指标“主营业务收入、主营业务成本、主营业务税金及附加”分别修改为“营业收入、营业成本、税金及附加”；“运输和邮电”中增加了“新注册民用汽车数量”“公路营运汽车拥有量”表；“教育和科学技术”中增加了“民办教育基本情况”“进城务工子女和农村留守儿童在校情况”表；“卫生、社会服务和社会保障”中增加了每万人口卫生技术人员、床位数情况指标；“文化和体育”中增加了“文化及相关产业规模以上企业主要指标”表。

六、由于统计制度方法改革，有些统计指标的口径、包括范围和计算方法有所变化，使用时请注意。文稿中的数据由各单位提供，部分为初步统计数，如与统计表中不一致，以统计表为准。

七、依据第四次全国经济普查结果，对本年鉴“国民经济核算”“批发零售业”中相关指标历史年份的数据进行了修订。

八、本年鉴中涉及到的历史数据，均以最新出版的本年鉴数据为准；本年鉴中所使用的度量衡单位均采用国际统一标准计量单位；部分数据合计数或相对数由于单位取舍不同而产生的计算误差，均未做机械调整。

九、符号使用说明：年鉴各表中的“空格”表示该项统计指标数据不足本表最小单位数、数据不详或无该项数据；“#”表示其中的主要项。

本年鉴的编辑出版，得到省直各部门和有关企业事业单位的大力支持，我们对此表示诚挚的谢意！

编 者

2020 年 11 月

Preface

I. Gansu Development Yearbook, edited by the Gansu Provincial Bureau of Statistics and Survey Office of the National Bureau of Statistics in Gansu and published by china statistics press, is a large-scale domestic and international public offering comprehensive annual publication. It records comprehensively Gansu economic and social development situation by the large amount of reliable data, and is an important tool to understand the situation of the province, city and conduct a scientific decision-making, consult and research for every level party and government leaders, economic management department, enterprise and public institution, research departments and domestic and foreign investors.

II. The yearbook is eleventh volume since founded, which is all the in Chinese-English and equipped with electronic version, records mainly Gansu economic and social development situation in 2019, but its statistics materials have traced back in time.

III. The yearbook contains the following two parts: The first part contains Featured Articles, Survey, National Economy, Traffic Communication, Government Finance and Financial, Economy & Management, Social Undertaking, People's Living Conditions, City & State and Lanzhou New Area Overview, total 9 chapters. The second part contains total 23 sections and chapters: General Survey; Population; National Accounts; Employment and Wages; Prices; People's Living Conditions; Government Finance and Financial Intermediation; Resources and Environment; Energy; Investment in Fixed Assets; Foreign Trade and Economic Cooperation; Agriculture; Industry; Construction; Wholesale and Retail Trades; Hotels, Catering Services and Tourism; Transport, Postal and Telecommunication Services; Education & Science and Technology; Public Health, Social Services and Social Security; Culture and Sports; City; Ethnic Minority Autonomous Area; Lanzhou New Area. For the convenience of using information for the readers, statistics have a brief introduction at the beginning of each part. In addition, explanatory notes on main statistical indicators are provided at the end of each part.

IV. The yearbook style is divided into contents, subhead and entry three levels, and entry as the basic structural unit. The entry titles are in bold and add 【 】.

V. In comparison with Gansu Development Yearbook-2019, following amendments were mainly made in content of this yearbook: In the second part, the chapter of "National Accounts", Input-Output Table of 2017 are added; of the chapter "Government Finance and Financial Intermediation", indicators in Government Expenditure table and Revenue and Expenditure of Government Fund table are adjusted according to the annual financial report; of the chapter "Energy", absolute values of "Energy Consumption per Unit of GDP" indicator are deleted in the table of "Energy Consumption" ; of the chapter "Investment in Fixed Assets", table of "Growth Rate of Investment in Fixed Assets by Field" is added; of the chapter "Industry" "Construction" "Wholesale and Retail Trades" "Hotels, Catering Services and Tourism" , indicators of "Revenue from Principal Business" "Cost of Principal Business" and "Taxes and Extra Charges on Principal Business" are changed into "Business Revenue"" Business Cost" and " Taxes and Extra Charges from Principal Business"; of the chapter "Transport, Postal and Telecommunication Services", tables of " Statistics on New Registration of Civil Vehicles" and "Possession of Vehicles for Highway Business Transportation" are added; of the chapter "Education & Science and Technology", tables of "Basic Statistics of Non-government Education" and "Children of Migrant Workers and Children Left Behind" are added; of the chapter "Public Health, Social Services and Social Security", indicators of medical technical personnel and beds in health care institutions per 10000 persons are added; of the chapter "Culture and Sports", table of "Main Indicators of Culture and Related Industry above Designated Size by Type" is added.

VI. As the methods of statistical system reform, some of the caliber of statistical indicators, including the scope and computational method change and please note that when used. The presentation data is provided by the units and some are preliminary statistics, if they does not accord with the statistical tables to tables shall prevail.

VII. The historical data of relevant indicators in the chapter of "National Accounts" and "Wholesale and Retail Trades" in this yearbook have been revised according to the results of the Fourth National Economic Census.

VIII. Please refer to the newly published version of the Yearbook for updated historical data. The units of measurement used in this yearbook are internationally standard measurement units, statistical discrepancies on totals and relative figures due to rounding are not adjusted in the Yearbook.

Ⅸ. Notations used in the yearbook: (blank space) indicates that the figure is not large enough to be measured with the smallest unit in the table, or data are unknown, or are not available; "#" indicates a major breakdown of the total.

The edit and publishing of Yearbook were strongly supported by the departments under the provincial leadership, relevant enterprises and public institutions. We express our sincere thanks!

Editor
November 2020

目　录

特　载
FEATURED ARTICLES

概　况
SURVEY

国民经济
NATIONAL ECONOMY

交通　通信
TRANSPORTATION & TELECOMMUNICATION

财政　金融

GOVERNMENT FINANCE AND FINANCIAL

经济管理

ECONOMY & MANAGEMENT

社会事业

SOCIAL UNDERTAKING

人民生活

PEOPLE'S LIVING CONDITIONS

市州及兰州新区概况

CITY & STATE AND LANZHOU NEW AREA OVERVIEW

统计资料

STATISTICS

一、综合

General Survey

二、人口
Population

三、国民经济核算
National Accounts

四、就业和工资
Employment and Wages

五、价格
Prices

六、人民生活
People's Living Conditions

七、财政和金融业
Government Finance and Financial Intermediation

八、资源和环境
Resources and Environment

九、能源
Energy

十、固定资产投资
Investment in Fixed Assets

十一、对外经济贸易
Foreign Trade and Economic Cooperation

十二、农业
Agriculture

十三、工业
Industry

十四、建筑业
Construction

十五、批发和零售业
Wholesale and Retail Trades

十六、住宿、餐饮业和旅游业
Hotels,Catering Services and Tourism

十七、运输和邮电
Transport,Postal and Telecommunication Services

十八、教育和科学技术
Education & Science and Technology

十九、卫生、社会服务和社会保障
Public Health, Social Services and Social Security

二十、文化和体育
Culture and Sports

二十一、城市
City

二十二、民族自治地方
Ethnic Minority Autonomous Area

二十、兰州新区
Lanzhou New Area

特 载

甘肃省人民代表大会常务委员会工作报告

——2020 年 1 月 12 日在甘肃省第十三届人民代表大会第三次会议上

各位代表：

我受省人大常委会委托，向大会报告工作，请予审议。

2019 年的主要工作

过去的一年，在省委的坚强领导下，常委会坚持以习近平新时代中国特色社会主义思想为指导，坚持党的领导、人民当家作主、依法治国有机统一，紧紧围绕全省改革发展稳定大局，提高政治站位，遵循宪法精神，突出重点任务，依法履行职权，共审议地方性法规 22 件，其中制定、修改和废止 16 件；审查批准市州地方性法规和民族自治地方自治条例、单行条例 20 件，听取审议“一府两院”工作报告 13 项，开展执法检查 6 次、专题调研 9 次，作出决定决议 7 项，任免国家机关工作人员 203 人次，办理代表建议 576 件，各项工作取得了新进展新成效。

一、坚持党的全面领导，牢牢把握正确政治方向

始终把牢党领导下的政治机关定位，切实增强“四个意识”、坚定“四个自信”、做到“两个维护”，推动党中央重大决策部署和省委工作安排落地落实。

（一）着力强化思想引领。坚持把学习贯彻习近平新时代中国特色社会主义思想作为首要政治任务，跟进学习习近平总书记系列重要讲话和重要指示批示精神，深入贯彻党的十九大和十九届二中、三中、四中全会精神，通过建立党组全面及时系统学、人大代表聚焦履职学、机关干部融入日常学的制度，推动学习走深走实走心。全面落实习近平总书记关于坚持和完善人民代表大会制度的重要思想和对地方人大及其常委会工作的重要指示精神，坚定根本政治制度自信，增强依法履职的政治自觉和行动自觉。深入贯彻习近平总书记参加甘肃代表团审议时的重要讲话、视察甘肃重要讲话和指示精神，组织专题辅导，开展交流研讨，制定贯彻落实意见，切实把学习成果体现到做好本职工作、推动事业发展的具体实践中。

（二）自觉坚持党的领导。常委会旗帜鲜明讲政治，坚持党的领导这个重大政治原则，始终把人大工作放在省委整体布局中来谋划，放在全省发展大局中来推动，在省委领导下统筹安排和有序推进立法、监督、重大事项决定、人事任免、代表履职等各项工作，确保工作重点和举措与全省大局同向同步。学习贯彻省委人大工作会议精神，认真落实省委关于加强新时代人大工作的部署要求，组织开展学习宣传，研究制定办法措施，初步形成了上下重视、层层推动的工作局面。严守政治纪律和政治规矩，完善请示报告制度，及时向省委请示报告贯彻中央决策和省委部署的重要情况、履职中的重大事项和重要问题，把党的领导贯穿人大工作全过程各方面。

（三）全面加强党的建设。按照中央和省委部署，扎实开展“不忘初心、牢记使命”主题教育，深化学习研讨交流，着力抓好调查研究，立足实际检视问题，持续推进整改落实，将主题教育的成效转化为履职尽责的动力。发挥党组在常委会工作中的领导作用，提高政治能力和责任担当，及时召开党组会议研究重要问题和重要事项，切实履行全面从严治党主体责任，严格执行中央八项规定及其实施细则精神，认真落实意识形态工作责任制，支持驻机关纪检监察组履行职责，抓好巡视反馈意见整改落实。认真贯彻新时代党的建设总要求，落实新形势下党内政治生活若干准则，严格执行民主集中制、“三会一课”和党员领导干部双重组织生活制度，指导督促机关党组加强基层党组织标准化建设，不断提高机关党建工作质量。

（四）深入推进宪法实施。制定学习计划，开展专题研讨，创新载体方式，部署开展宪法联系点活动，按照“一市一品牌、一县一特色、一部门一特点、一行业一亮点”的要求，指导市县和相关部门开展宪法宣传教育活动，并召开专门会议，总结阶段工作，交流经验做法，通过抓点示范带动提高学习宣传和贯彻实施宪法的整体水平。召开第六个国家宪法日座谈会，开展全省宪法法律普及宣传月活动。严格落实宪法宣誓制度，组织选举任命的国家机关工作人员进行宪法宣誓。依法审查规范性文件 86 件，首次听取审议规范性文件备案审查工作情况报告，推进信息平台建设，切实维护法制统一。

二、注重以良法促善治，不断提高地方立法质量

坚持党对立法工作的领导，将社会主义核心价值观融入立法，健全制度机制，规范立法程序，推进科学立法、民主立法、依法立法，立法质量和效率进一步提高。

（一）深化经济领域立法。立足为高质量发展提供良好法治保障，坚持立改废并举，推动发展方式转变、经济结构转型、增长动力转换。着眼推进统计体制改革，修订统计条例，对加强统计管理、规范统计行为、推进现代信息技术在统计工作中的应用等作出规定。围绕深化“放管服”改革，修订建设工程勘察设计管理条例，规范市场秩序，加强设计管理，保证建设工程质量安全。适应现代农业发展要求，修订农作物种子条例，明确种子管理职责，细化种质资源保护，保障农作物种业安全。根据改革要求和发展实际，废止了土地登记、人才市场等法规。

（二）推动生态环保立法。坚持绿色发展理念，修订环境保护条例，按照保护优先、预防为主、综合治理、公众参与、损害担责的原则，细化上位法条款，强调禁止性规定，突出环境问题整治，用法治守护绿水青山。修订石油勘探开发生态环境保护条例，厘清地方政府及相关部门的监管责任，突出油田生产单位的主体责任，细化环境监测、突发性环境事件应急处置等规定。着眼长城及其环境风貌的保护、抢救、利用、管理，制定长城保护条例。顺应绿色发展、循环发展需要，废止了部分条款已不适用的资源综合利用、农业生态环境保护等条例。

（三）推进社会民生立法。树牢以人民为中心的发展思想，加快民生和社会事业立法，以“小切口”解决群众关心关切的问题。按照完善党领导下的基层群众自治制度和工作机制的部署，对甘肃省实施城市居民委员会组织法、村民委员会组织法、村民委员会选举法等3个办法进行修改，推动基层直接民主制度化。修订宗教事务条例，进一步规范宗教事务管理，提高宗教工作法治化水平。为规范农产品生产各环节行为、维护人民群众身体健康，修订农产品质量安全条例，前移监管关口，明确各方责任，提高监管水平。同时，对文明行为促进条例、养老服务条例、道路交通安全条例、清真食品管理条例进行了审议。

（四）加强市州立法指导。建立省市两级人大常委会立法工作机构沟通协调机制，从法规立项、提前介入、审查把关入手，指导市州人大及其常委会进一步加强立法能力建设，推动解决立法中的重点难点问题。严格依法审查，批准了有关市州城乡规划、燃气管理、市容卫生、噪声污染防治、河道生态环境保护等方面的法规。

三、依法正确有效监督，积极服务改革发展大局

坚持人大监督的政治定位和法律定位，注重问题导向和目标导向相结合，突出重点问题和重要事项，创新方式，完善程序，加大力度，监督的针对性和实效性进一步增强。

（一）聚焦经济高质量发展开展监督。听取审议省政府计划、预算、审计等工作报告，依法批准省级财政决算及预算调整方案，开展财政支出预算总量与结构调研，推进预算联网监督系统建设，推动人大预算审查监督重点向支出预算和政策拓展改革举措落实。加强对国有资产的监督，听取审议2018年度行政事业性国有资产管理情况的专项报告和国有资产管理情况的综合报告。紧盯全省经济运行态势，开展营商环境、省属监管企业发展情况专题调研。对中小企业促进法及我省促进中小企业发展条例进行执法检查，针对法律法规实施和配套政策落实方面的问题，提出了加大税收支持力度、提高融资服务水平、加强合法权益保护、培育“专精特新”中小企业等意见建议。围绕助力十大生态产业，开展现代丝路寒旱农业、文化旅游融合发展情况调研，对促进经济持续发展、推动产业转型升级提出建议。根据全省土地利用情况，作出关于耕地占用税具体适用税额的决定。

（二）聚焦三大攻坚战开展监督。围绕打赢脱贫攻坚战，就“两不愁三保障”政策落实、“两州一县”脱贫攻坚冲刺清零、教育扶贫、农民就业技能培训等情况开展专题调研，着眼巩固提高脱贫成果、如期实现脱贫目标，提出了保持政策稳定性连续性、研究制定“边缘户”扶持政策、完善贫困地区农业保险体系、提高脱贫产业可持续发展能力等建议；突出“三农”工作重点，对农村生活垃圾管理条例开展执法检查，对乡村振兴战略实施、农村人居环境综合治理、农村土地撂荒问题等开展调研。围绕打好污染防治攻坚战，开展水污染防治法执法检查，召开联组会议进行专题询问，省政府分管领导及相关部门负责同志就人民群众普遍关心的问题，现场回答常委会组成人员和代表的询问，推动了省委决策部署的落实和相关问题的解决；配合全国人大对我省贯彻实施可再生能源法情况进行检查，听取审议省政府年度环境质量状况和环境保护目标完成情况、全省防沙治沙工作情况的报告，对祁连山国家公园体制试点甘肃片区建设、黑臭水体污染防治等进行调研，开展以“碧水保卫战”为主题的陇原环保世纪行活动，参加省级生态环境保护督察工作，发挥了人大在生态环保中的职能作用。围绕防范化解重大风险攻坚战，落实积极的财政政策，批准政府债务限额分配计划，促进财政运行持续健康发展。

（三）聚焦保障改善民生开展监督。跟踪监督义务教育法及我省条例实施情况执法检查报告和常委会审议意见的整改落实，促进法律法规贯彻执行，持续推动解决义务教育重点难点问题。对中医药法和我省发展中医条例进行执法检查，提出坚持中西医并重、加强中医药人才培养、大力扶持陇药发展等建议。围绕稳就业、惠民生，配合全国人大对我省贯彻实施就业促进法、高等教育法情况进行检查，对残疾人就业、学前教育“入园难入园贵”等开展调研，督促完善相关政策措施。开展“农产品质量安全监督陇上行”活动，加强农产品质量安全监管，力求让人民群众吃得安全、吃得放心。

（四）聚焦法治甘肃建设开展监督。着眼提高依法行政效能、规范行政权力运行，听取审议省政府依法行政工作、全省法院商事审判工作、全省检察机关开展民商事审判法律监督工作情况的报告，促进行政机关严格执法、司法机关公正司法。立足加强和规范人大对司法机关工作的监督，作出进一步加强司法监督工作的决定。结合扫黑除恶专项斗争，组织四级人大代表对全省禁毒工作进行视察并听取审议工作报告，开展全省查处电信网络诈骗工作情况调研，提出深化预防教育、加强人防技防建设、做好信息综合研判、持续加大打击力度等建议。

（五）聚焦增强实效创新监督方式。围绕省委重大决策部署，紧贴民生和社会关切，找准着力点和切入点，科学确定监督内容，邀请有关代表和专家参与，明确工作重点和问题清单，事先开展法律和专业知识培训。综合运用多种监督形式，采取专门委员会联合、省市县人大联动、有关方面参与等灵活多样的方式开展监督，打好“组合拳”，形成整体合力，推动解决问题。跟踪监督常委会决议、执法检查报告、审议意见落实情况，对发现的问题不遮掩不回避，督促有关方面持续整改落实。重视监督成果转化运用，重大监督和调研成果报省委决策参考，重要审议意见交“一府两院”办理，并把有关情况作为制定修改法规等工作的重要依据。

四、做好服务保障工作，充分发挥代表主体作用

坚持把加强和改进代表工作作为推进地方人大创新发展的基础，拓展渠道方式，完善制度机制，优化服务保障，支持代表履职。

（一）尊重代表主体地位。扩大代表对常委会和专门委员会工作的参与，坚持代表列席省人大常委会会议制度，按照议题邀请基层人大代表列席，吸纳各方面代表意见建议。建立完善专委会联系代表活动机制，按代表所从事的专业领域和岗位实际，组织参与专委会开展的调研视察和执法检查，使常委会工作更接地气。制定加强和改进省人大代表工作办法，建立列席常委会会议代表座谈制度，完善向代表通报情况和征求意见机制，指导“人大代表之家”、代表工作站（室）常态化开展活动，密切代表与群众的联系，推进“两联系”制度化常态化。

（二）丰富代表履职活动。分析代表构成，分类建立代表履职名册，分层开展学习、调研、联系群众等活动，形成履职合力，增强履职实效。围绕发展大局和中心工作，分别组织在甘全国人大代表和省人大代表就打好“三大攻坚战”、推动高质量发展、全面深化改革、保障改善民生、推进依法治省等领域的重点问题，开展集中视察和专题调研，代表履职的积极性、参与感显著增强。组织代表参加“一府两院”相关会议和活动，发挥代表在闭会期间的作用。

（三）切实办好代表建议。改进常委会及专委会督办重点建议的程序办法，完善现场督办、会议督办、指导督办、跟踪督办等方式，推进代表议案建议办理信息平台建设，着力提高办理质量。组织部分代表对重点承办部门办理建议工作进行视察，听取审议“一府两院”办理情况报告，对省发改委、省交通运输厅办理工作进行满意度测评。“一府两院”和有关方面重视办理工作，常委会有关部门认真协调督办，省十三届人大二次会议期间代表提出的建议全部办理答复完毕。

（四）加强代表服务保障。按照全覆盖、高质量培训本届代表的要求，制定五年培训规划，有效衔接初任培训、履职培训和专题培训，增强培训工作的计划性和系统性。根据代表构成和区域分布，通过省内培训与省外培训、点名培训与报名培训相结合，举办培训班4期，专委会举办的业务培训都邀请相关领域的代表参加。发挥各类媒体作用，积极宣传代表履职情况。制定代表活动经费管理使用办法，推进代表履职档案规范化建设，探索建立代表履职日常监督和管理制度，增强了代表履职的责任感和使命感。

五、切实加强自身建设，不断夯实依法履职基础

坚持以政治建设为引领，着眼“两个机关”建设，完善制度办法，规范日常管理，开展特色活动，切实以自身建设新成效推动人大工作新发展。

（一）着力提高履职能力。坚持把加强学习作为依法履职的基本功，深入推进“大学习”，建立制度办法，搭建平台载体，加强业务培训，组织研讨交流，办好履职讲座，开展立法知识每月一讲，常委会组成人员及机关干部的政治素质、法律素养和业务能力得到提高。会前组织常委会组成人员参加视察、调研等活动，调动了履职的积极性。专委会紧扣全省中心工作和常委会重点任务，审议有关议案，开展执法检查，深入调查研究，工作效率和各项报告质量明显提高。

（二）持续推进作风转变。改进会议审议组织方式，建立常委会组成人员重点发言制度，不断规范会议程序，做好服务保障，严格执行请假通报制度，会议出席率和会议质量进一步提高。围绕事关全省经济社会发展的全局问题、人大工作的重要问题，持续开展“大调研”，制定实施意见，确定重点题目，动员各方力量，开展专题、委托、联合调研，形成了一批有价值的成果。完善工作落实机制，建立重点任务分解、跟踪督查、及时通报制度，推动了中央决策、省委部署和依法履职重点任务的有效落实。

（三）加强人大机关建设。围绕机关政治、思想、组织、作风、纪律、制度和能力建设，紧盯薄弱环节，完善相关办法，加强规范管理，达到了提高素质、增长本领、推动工作的实际效果。加强统筹协调，严格履职纪律，防止和避免工作中的形式主义、官僚主义。履行脱贫攻坚帮扶责任，调整配强力量，扎实开展帮扶。坚持正确用人导向，做好机关干部选任，注重年轻干部培养，落实有关政策规定，关心干部职工生活，组织开展文体活动，激发干部干事创业的活力。

（四）推动形成整体合力。坚持人大工作“一盘棋”思想，主动接受全国人大常委会工作指导，积极配合开展履职活动。加强对市县人大的联系指导，举办市县人大常委会主任、人大干部业务培训班，完善市县人大常委会负责同志列席常委会会议制度，协同开展执法检查、代表视察、专题调研等工作。联动开展庆祝新中国成立70周年、地方人大设立常委会40周年系列活动，大力宣传人大制度优势特点，展现全省改革发展成就和民主政治建设实践成果，凝聚思想共识，坚定制度自信。

各位代表！过去的一年，省人大常委会工作取得的新进展新变化，是习近平新时代中国特色社会主义思想指引的结果，是省委高度重视和坚强领导的结果，是常委会及专门委员会组成人员、全体人大代表和各级人大组织共同努力的结果，是“一府一委两院”、省政协及社会各界积极配合和大力支持的结果。在此，我代表省人大常委会向各位代表和各有关方面表示衷心的感谢！

我们也清醒地认识到，常委会的工作还存在不少差距：在提高立法能力、确保立法质量、实现精细化立法、更好服务改革发展上需要持续用力；在改进监督方式、增强监督实效、推动问题解决上需要积极探索；在密切联系代表、发挥代表作用、提高议案建议提出和办理质量上需要深化拓展；在改进工作作风、联系指导市县人大工作、提高履职能力和专业化水平上需要不断加强。我们将虚心听取各方意见建议，采取务实措施，切实加以改进。

2020年的主要任务

今年是全面建成小康社会和“十三五”规划收官之年，也是实现“两个一百年”奋斗目标的历史交汇期，人大工作肩负着光荣而艰巨的使命。省人大常委会要坚持以习近平新时代中国特色社会主义思想为指导，全面贯彻党的十九大和十九届二中、三中、四中全会精神，深入落实习近平总书记关于坚持和完善人民代表大会制度的重要思想及对甘肃重要讲话和指示精神，围绕统筹推进“五位一体”总体布局和协调推进“四个全面”战略布局，坚决贯彻党中央重大决策部署和省委工作安排，紧扣全面建成小康社会目标任务，紧扣打赢三大攻坚战，紧扣人民群众关心关切，服从服务大局、依法履行职权，积极开拓进取、着力提质提效，不断推动新时代地方人大工作创新发展。

一、坚持在提高政治站位中坚定正确方向

深入学习贯彻习近平新时代中国特色社会主义思想，积极学思践悟，筑牢思想根基，增强“四个意识”、坚定“四个自信”、做到“两个维护”。贯彻落实党的十九届四中全会精神，围绕推进国家治理体系和治理能力现代化，坚持和完善人民代表大会制度这一根本政治制度，健全我省人大组织制度、议事规则、选举办法和运行机制，完善论证、评估、评议、听证制度，真正把制度优势转化为治理效能。认真落实习近平总书记对甘肃重要讲话和指示精神，围绕中心、服务大局，依法履职、担当作为，更好发挥国家权力机关的作用。坚持党对人大工作的领导，严格遵守政治纪律和政治规矩，及时请示报告常委会依法履职及自身建设中的重大问题、重要事项，配合省委有关部门督查省委人大工作会议精神的落实情况，推进人大工作与时俱进创新发展。

二、坚持在加强法治保障中服务工作大局

围绕发展十大生态产业、环境保护、保障改善民生、社会治理、社会主义核心价值观等重点领域加强立法，推动法治甘肃建设。健全保证宪法全面实施的制度机制，组织好国家宪法日等活动，巩固提高学习宣传和贯彻实施宪法联系点活动成效。健全完善立法工作机制和责任机制，严把立项关、起草关、审议关，高质量完成年度立法计划，拟制定修改水污染防治、节约用水、中医药、中小学校安全、道路交通安全、文明行为促进、养老服务、清真食品管理等法规，清理修改生态环境保护、食品药品安全、优化营商环境等方面的法规。加强对市州立法工作指导，健全制度机制，加强能力建设，不断提高法规质量。按照“有件必备、有备必审、有错必纠”的要求，加强规范性文件备案审查工作。

三、坚持在增强监督实效中凝聚发展合力

紧盯高质量发展的关键问题、影响法律法规实施的突出问题、人民群众关心关切的重要问题，坚持监督与支持相统一，突出重点、科学选题，依法开展监督，增强监督实效性和严肃性，使人大监督更有高度、准度、力度和温度。综合运用多种监督形式，听取审议计划预算执行、依法行政、安全生产、环境保护、民生保障等方面的专项工作报告，监督检查有关法律法规的贯彻实施情况，专题调研黄河流域甘肃段生态保护与高质量发展、脱贫攻坚兜底保障、重大交通基础设施项目建设、养老服务专业人才培养等。健全监督工作制度机制，创新执法检查方式，加大专题询问力度，跟进督促落实，促进有关方面履行法定职责，推动相关问题的有效解决。

四、坚持在发挥主体作用中体现责任担当

注重履职培训和专题培训相结合，加强改进代表培训工作，提高培训质量，提升履职能力。深入落实“两联系”制度，通过多种方式增进同代表的交流，进一步密切代表同群众的联系，拓宽代表履职渠道，组织更多熟悉相关业务的代表参与常委会立法修法、执法检查、专题调研、重点督办等活动。用好工作平台和网络平台，推动代表家站建设，做好群众意见的处理反馈，推动解决实际问题。加强代表小组建设，有主题、有计划地组织代表开展闭会期间活动。改进议案建议办理工作，加大督办力度，完善评价机制，提高办理质量。加强代表思想作风建设和监督管理，健全代表履职档案，落实履职登记制度，保障代表依法执行职务。

五、坚持在加强自身建设中增强履职实效

认真履行全面从严治党主体责任，持续加强常委会及机关党的建设，为常委会依法履职提供坚强组织保障。严格落实中央八项规定及其实施细则精神，坚决反对“四风”，防止和克服形式主义、官僚主义。持续推进“大学习”“大调研”“大联动”“大落实”，增强服务大局、开拓创新、联系群众、盯紧抓实的能力，不断提高科学化和精细化水平。落实脱贫攻坚帮扶责任，加强干部队伍建设，加快智慧人大建设，加大人大制度理论研究和宣传力度，讲好人大故事，树好人大形象。通过邀请列席会议、开展工作交流、举办业务培训、征求意见建议等形式，联系指导市州和基层人大工作，协同推动立法、监督、调研、代表等重要任务的落实，进一步提高全省人大工

作整体水平。

各位代表！蓝图已经绘就，奋进正当其时。让我们更加紧密地团结在以习近平同志为核心的党中央周围，高举中国特色社会主义伟大旗帜，深入学习贯彻习近平新时代中国特色社会主义思想和党的十九大及十九届二中、三中、四中全会精神，在省委的坚强领导下，不忘初心、牢记使命，守正出新、务实履职，创造性地做好立法、监督等工作，更好助力经济社会发展和改革攻坚任务，为谱写加快建设幸福美好新甘肃、不断开创富民兴陇新局面的时代篇章作出积极贡献！

甘肃省政府工作报告

——2020年1月10日在甘肃省第十三届人民代表大会第三次会议上

各位代表：

我代表省人民政府，向大会报告工作，请予审议，并请省政协委员和其他列席人员提出意见。

一、2019年工作回顾

刚刚过去的一年，是甘肃发展历程中极为特殊、极不平凡的一年。习近平总书记3月份参加全国“两会”甘肃代表团审议、8月份亲临甘肃视察，连续两次对我省工作作出重要指示，给全省干部群众巨大鼓舞和极大鞭策。在省委的坚强领导下，全省上下坚持以习近平新时代中国特色社会主义思想为引领，认真学习贯彻习近平总书记对甘肃重要讲话和指示精神，全面落实党中央、国务院各项决策部署，坚持稳中求进工作总基调，落实高质量发展要求，笃定实干、克难进取，推动各项事业取得明显进步，呈现出经济平稳运行、改革有序推进、开放不断扩大、民生持续改善、社会和谐稳定的良好局面。

一年来，我们的一切工作都向习近平总书记重要讲话和指示精神对标对表，按照省委的部署要求，着重在打好具体落实战役上狠下功夫。我们紧紧扭住两大底线任务，敢死拼命抓脱贫，动真碰硬促整治，提升了脱贫攻坚的成色和绿色发展的底色；我们面对外部不确定因素增多、经济下行压力加大、一些大型工业企业停产检修等严峻形势，铆足全力推动经济运行从“开门红”实现“全年稳”；我们抢抓“一带一路”、新一轮西部大开发历史机遇，深耕细作各领域的平台抓手，拓宽了开放发展的视野空间；我们坚持刀刃向内强化自身建设，发扬斗争精神整治作风顽疾，完善激励机制促进干部担当，较好完成了省十三届人大二次会议确定的目标任务。习近平总书记在新年贺词中两次提到甘肃，令全省干部群众奔走相告、倍感振奋。

一年来，主要做了以下工作：

（一）脱贫攻坚取得决定性进展。全年投入财政专项扶贫资金207.67亿元、增长19.8%，其中安排“两州一县”52.78亿元、省定18个深度贫困县74.44亿元，占中央和省级财政专项扶贫资金总额的75.7%。落实城乡建设用地增减挂钩节余指标跨省域调剂资金93.46亿元，全部用于深度贫困县。集中开展“3+1”冲刺清零专项行动，基本实现义务教育、基本医疗、安全住房、安全饮水清零目标。县、乡、村医疗机构和人员“空白点”全面消除，贫困人口医疗救助参保资助政策全部落实。完成剩余2.65万户四类重点对象和新排查1.27万户危房改造任务，“十三五”易地扶贫搬迁的49.9万建档立卡贫困人口住上了安置房。实施集中供水、分散供水和冬季冻管改造等工程，巩固提升89万户农村人口饮水安全水平。

产业扶贫全面拉开架势。安排产业到户扶持资金155.6亿元，落实“五个挂钩”要求，带动“牛羊菜果薯药”六大特色产业种养规模迅速扩大，出栏量和产量分别增长3.7%、5.4%、7.4%、18.5%、2.2%、11.1%，扶持8.28万户贫困群众发展“五小”产业。发放特色产业发展工程贷款562.33亿元、农产品收购贷款221.48亿元，贫困地区新增龙头企业303家，合作社带贫能力明显提升。累计建成果蔬保鲜库1019座。农村金融综合服务室覆盖所有行政村，农业保险覆盖203万农户。新建扶贫车间1225个、累计达到1952个，吸纳建档立卡贫困劳动力3.34万人。开展精准扶贫劳动力培训37.7万人，输转建档立卡贫困劳动人口19.4万人，创劳务收入43.7亿元。建成乡村旅游示范村120个，12个被列为全国乡村旅游重点村。建成“十三五”村级光伏扶贫电站70.14万千瓦、受益群众12.35万户。依靠产业脱贫的人口达65万人，占到脱贫总人口的69.5%，贫困地区农村居民人均可支配收入增长10%以上，前三季度全省一产增加值增长5.9%，增速居全国第1位。

东部对口帮扶4市投入财政援助资金28.25亿元，引进企业201家、带动贫困人口13.7万人，“津企陇上行”活动签约金额104.5亿元，“消费扶贫”帮助销售贫困地区农产品17.96亿元。36家中央定点扶贫单位投入帮扶资金4.91亿元，实施帮扶项目344个。举办“光彩事业临夏行”“巾帼脱贫行动”“千企帮千村”等系列帮扶活动。

去年，31个贫困县摘帽退出，藏区实现整体脱贫，全省减少贫困人口93.5万人，贫困发生率下降到0.9%，为全面建成小康社会打下了坚实基础。这里面，凝聚着各级干部尤其是基层干部的巨大付出和心血汗水，“全国脱贫攻坚模范”张小娟等一批优秀代表，用他们的辛苦甚至生命换来了贫困群众的幸福，体现出崇高的奉献精神和价值追求，值得全省上下学习和铭记！

在抓好脱贫攻坚硬任务的同时，统筹推进乡村振兴战略。出台发展现代丝路寒旱农业指导意见，新建戈壁生态农业6.2万亩，累计达到20万亩。粮食产量达到1185万吨。10个“甘味”农产品入选2019中国农业品牌。完成粮改饲面积320万亩，亩均增收300元以上，全国粮改饲工作推进现场会在我省临夏州召开。积极防控非洲猪瘟，多措恢复生猪生产，市场供应基本稳定。扎实开展农村人居环境整治，纵深推进全域无垃圾专项治理，一些地方拆旧治乱力度大效果好，城乡面貌显著改观。发起共建“一带一路”美丽乡村倡议，与法国美丽乡村联盟签订合作协议，6个村庄入选第二届中国美丽乡村百佳范例。

（二）生态环境保护治理明显见效。祁连山生态环境治理按期完成整改任务，习近平总书记给予了“由乱到治、大见成效”的评价。祁连山、大熊猫国家公园体制试点稳步推进，区域综合治理规划加快实施。完成营造林面积475.65万亩，超目标任务35.9%。第二轮中央生态环保督察交办的2643个环境信访问题办结2151个，阶段性办结222个。“绿盾专项行动”整改问题完成1790个。14个市州所在城市空气质量平均优良天数比率为93.1%，38个地表水国考断面水质优良比例达到国家考核要求。四项主要污染物总量减排和碳减排完成国家下达的控制目标。张掖市被命名为国家生态文明建设示范市，平凉市荣获全国绿化模范城市称号。八步沙林场被生态环境部命名为“绿水青山就是金山银山”实践创新基地，六老汉“三代人”治沙造林先进群体被中宣部授予“时代楷模”称号。启动开展黄河流域生态保护和高质量发展理论研究、污染调查、规划编制等工作，初步谋划了一批保护治理项目。

（三）经济运行实现稳中向好。实施精准调度，采取“四补”、领导包抓、定期约谈、绿色通道、政策激励等举措，促进了经济运行难中守稳、稳中有进。预计全省生产总值能够实现6%左右的预期目标，一般公共预算收入同口径增长5.2%，固定资产投资增长6%以上，社会消费品零售总额增长7.4%左右。重大项目建设取得新进展，敦煌铁路提速改造、敦煌至格尔木铁路、兰州轨道交通1号线一期工程建成投运。两当至徽县、渭源至武都陇南段高速公路建成通车，庄浪至天水等高速公路开工建设。天水城区引洮供水工程正式通水，兰州水源地工程基本建成，中部生态移民扶贫开发供水工程开工建设。白银城市地下综合管廊全面运行。新投产一批工业扩能改造项目，东方钛业建成国内首条单体最大钛白粉生产线。开展“千企调研纾困”行动，有效化解涉企历史遗留问题，完成年度清理拖欠民营企业、中小企业账款任务，民间投资回升向好。大力发展现代服务业，实施消费升级行动，举办一系列丰富多样的消费促进活动。

“点极带”建设积极推进。兰白国家自创区建设步伐加快，应用技术成果产业化创造经济效益517.07亿元，高新技术企业突破1000家，科技进步对经济增长的贡献率达到53.5%。兰州新区经济增长18.5%，增速继续保持国家级新区第1位。榆中生态创新城通过全球招标完成战略规划，31个先期项目开工建设。大敦煌文化旅游经济圈完成规划并启动建设，敦煌市创建为首批国家全域旅游示范区。嘉峪关市成为中国地级市全面小康指数百强市。

金融支持实体经济、“三大攻坚战”、小微企业力度加大。全省各项贷款余额2.07万亿元，增长6.74%，各项存款余额1.98万亿元，增长5.84%，完成直接融资779.1亿元，增长47.28%，新增“险资入甘”落地资金151.6亿元。兰州新区获批国家绿色金融改革创新试验区。稳妥处置了一些高风险机构不良贷款。

（四）十大生态产业发展多点突破。动态充实1205项总投资9400多亿元的项目库，确定50项298个总投资5100多亿元的重大带动性工程。非常规石油勘探开发实现重大突破，庆阳发现储量10亿吨级大油田。白银市银西生态产业园入选全国绿色园区。河西走廊750千伏第三回线加强工程竣工投运。中核汇能甘肃矿区黑崖子5万千瓦风电项目建成并网，成为全国首个并网发电的平价风电示范项目。敦煌大成光热发电示范项目并网发电。签署“陇电入鲁”工程协议。全省弃风弃光率由2016年最高的43%和30%下降到7.6%和4.3%。国内首台自主知识产权碳离子治疗肿瘤系统获批注册上市。定西安定区、临洮县成功创建国家现代农业产业园，张掖海升现代农业智能玻璃温室成为现代丝路寒旱农业及“一带一路”国际合作示范项目。文化旅游业快速发展，接待国内外游客3.74亿人次，实现旅游综合收入2680亿元，分别增长24%和30%。“一会一节”首次联合举办，从甘南开幕到敦煌闭幕，荣获博鳌国际旅游奖年度节庆活动榜大奖，被文旅部誉为文旅融合的典范。张掖丹霞被评为国家5A级旅游景区。嘉峪关关城文物景区荣获“中国旅游影响力年度文化景区”殊荣。第二届药博会成功举办。丝绸之路信息港加快建设，全省区块链基础平台“数字甘肃、如意之链”已经上线，兰州新区国际互联网数据专用通道、金昌紫金云大数据中心、庆阳华为云计算大数据中心等项目建成投运。中核产业园项目加快实施。预计十大生态产业增加值增长7%，占生产总值的比重达到23.5%，比上年提高5.2个百分点。习近平总书记肯定我省把十大生态产业作为转方式、调结构的主要抓手，符合发展方向，要求我们一年一年抓下去。

（五）改革开放释放动能活力。581户省属企业实现混合所有制改革，占到总数的41.8%。加大优质企业债转股力度，省属企业签署市场化债转股协议资金到位532.31亿元。省属企业预计实现利润92.17亿元、增长26.01%。落实更大规模减税降费政策，减免税费126.1亿元，新增社保费降费34.7亿元，近70万家企业和280万群众享受到政策红利。电价改革降低企业用电成本60多亿元。取消高速公路省界收费站任务全面完成。“放管服”改革加力加效，“陇政钉”政务移动办公系统正式上线启用，“双随机一公开”监管实现全覆盖，企业开办时间全面压缩至3个工作日内，不动产一般交易登记时间压缩至5个工作日内，新增市场主体25.98万户。省卫健委运用电子健康卡探索打通就医“最后一公里”、兰州市推行“四办四清单”制度提升服务水平的做法，受到国务院第六次大督查通报表扬。

“一带一路”建设不断走深走实。出台融入“一带一路”打造五个制高点战略规划和实施方案。《莫高窟与吴哥窟的对话》大型纪录片成为“一带一路”文化交流的一张名片。中川国际机场旅客吞吐量突破1500万人次，开通“中巴经济走廊”兰州至拉合尔定期全货机航线。兰州陆港型物流枢纽列为首批国家物流枢纽。敦煌空运口岸成为全国第二个在县级市正式开放的航空口岸，新开敦煌直飞柬埔寨暹粒国际航线。国际货运班列发运车数增长50%以上，新开运“金张掖”号中欧货运班列。对“一带一路”沿线国家进出口占到外贸总值的一半以上。丝绸之路国际知识产权港开展各类知识产权服务9500余项。兰州新区获批国家外贸转型升级基地。与广西、海南、浙江、重庆、内蒙古签署了经济社会发展合作协议。举办陇商大会、兰洽会、中国绿公司年会、非公经济论坛等大型节会，组织开展沪浙等系列招商活动，招商引资省外到位资金增长20%以上，引进了太平船务、益海嘉里、正大、圣农、新希望等一批国内外知名企业和大型项目。

（六）民生福祉得到持续提升。在财政收支矛盾突出的情况下，民生投入只增不减，民生支出占到财政总支出的80.5%，比上年提高1.4个百分点。10件为民实事全部办结，部分超额完成任务。城乡居民人均可支配收入分别增长8%左右和9%左右，居民消费价格指数涨幅控制在3%以内。城镇新增就业39.22万人，城镇登记失业率控制在3%。选拔6574名高校毕业生到基层服务，支持1万名未就业高校毕业生到市县所属企业服务，高校毕业生就业率达到93%。3所高职院校入选“双高”建设计划。建设“两类学校”1221所。医药卫生体制改革持续深化，医疗服务体系建设稳步推进，服务能力显著提升。金昌市被列为全国居家社区养老服务试点地区。城乡低保实现应保尽保、应兜尽兜。农民工实名制及工资支付管理公共服务平台“陇明公”上线运行。实施棚户区改造18.27万套。食品药品安全形势持续好转。新型应急管理体系初步建立，各类生产安全事故大幅下降。

启动革命文物保护利用工程，新增全国重点文物保护单位22处，由中科院青藏高原研究所、兰州大学和德国马普进化人类学研究所学者领衔开展的夏河丹尼索瓦人研究入选2019世界十大考古发现。中国足球运动学院西北分院落户甘肃，参加全国青运会、少数民族传统体育运动会取得优异成绩。退役军人组织管理体系和工作运行体系基本形成，服务保障体系实现五级全覆盖。党的民族宗教政策全面落实，10个地方和单位成功创建全国民族团结进步示范区（单位）。兰州、天水等5市开展的市域社会治理现代化试点工作经验在全国推广。扫黑除恶专项斗争深入开展，打掉黑社会性质组织55个，命案现案首次实现100%全破，命案积案破案率和“云剑”追逃抓存比居全国第1位。统计调查、信访、气象、人防、地震、参事、档案、保密、外事侨务、港澳台、公共资源交易、机关事务、供销、地方志、慈善、国防动员等工作扎实推进，工青妇、工商联、残联等群团组织桥梁纽带作用充分发挥。

在推动经济社会发展过程中，我们还着力加强政府自身建设。深入开展“不忘初心、牢记使命”主题教育，增强“四个意识”，坚定“四个自信”，做到“两个维护”，确保中央大政方针及省委部署要求落地见效。自觉接受省人大法律监督、工作监督和省政协民主监督，办理省人大代表意见建议560件、政协提案791件。提请省人大常委会立改废地方性法规（案）14件，制定政府规章17件，健全完善省政府外聘法律顾问制度。审计监督促进增收节支34.44亿元。持续推进“转变作风改善发展环境建设年”活动，开展“四察四治”专项行动，政府效能有了明显提升，“一会一节”甘南场馆建设再次刷新项目建设“甘肃速度”。严格落实全面从严治党主体责任，认真贯彻中央八项规定及其实施细则精神，严肃处理了一批懒政怠政和不作为乱作为问题。

各位代表，全省经济社会发展取得的成绩殊为不易。这是习近平新时代中国特色社会主义思想科学指引的结果，是党中央、国务院及省委正确领导的结果，是省人大和省政协监督帮助、社会各界关心支持的结果，也是广大干部群众负重自强、顽强拼搏的结果。在此，我谨代表省人民政府，向全省各族人民，向各位代表、政协委员，向各民主党派、工商联、无党派人士、人民团体，向驻甘人民解放军、武警官兵和中央单位，向广大企业家，向支持和帮助我省脱贫攻坚的中央单位、东部4市及兄弟省区市，致以衷心的感谢和崇高的敬意！

我们也清醒地看到，全省经济社会发展和政府工作中存在的短板问题仍然不少。一是构建高质量发展新动力源迫在眉睫。经济发展受体制性、结构性因素制约更加凸显，投资增长后劲不足，市场主体活力不够，新旧动能转换较慢，传统产业“天花板”效应越来越突出。二是全面小康指标短板明显。贫困地区稳定脱贫基础还不牢靠，农村形成良性发展机制还需用力。城乡、区域、产业发展不平衡阶段性特征突出，教育、卫生、养老等公共服务水平与群众对美好生活的期盼还有不小差距。三是基础设施能力亟待提升。交通、水利、信息等基础设施滞后问题尚未根本消除，一些城市公共设施和农村水利设施老化，县县通高速、市州通铁路和自然村通硬化路任务依然繁重。四是生态环保形势不容乐观。污染治理设施建设相对滞后，局部死角隐患问题时有暴露，一些地方基层河长履职不到位，个别典型案例教训深刻，生态环境保护治理容不得丝毫松懈。五是营商环境急需突围破局。政策执行和工作落实“中梗阻”“打折扣”“一刀切”等问题远未绝迹，不担当不作为乱作为现象不同程度存在。一些领域制度建设比较滞后，治理体系和治理能力现代化水平尚需提升。对此，我们要始终坚持问题导向，新老问题一起改，治标治本统筹抓，以更大决心力度加以解决。

二、2020年经济社会发展总体要求和主要目标

今年是全面建成小康社会和“十三五”规划收官之年，是为“十四五”发展谋思路打基础之年，更是我省深入贯彻习近平总书记对甘肃重要讲话和指示精神，努力谱写加快建设幸福美好新甘肃、不断开创富民兴陇新局面时代篇章的关键之年。综观国内外形势，虽然面对的各种风险挑战明显上升，但我国经济稳中向好、长期向好的基本趋势没有变；展望甘肃的发展，尽管多重任务叠加繁重，但历史机遇多年少有，政策利好密集释放，动能优势加速蓄积。在习近平总书记为我们擘画的宏伟蓝图引领下，我们有信心、有决心抓住用好机遇，只争朝夕，不负韶华，奋力开创甘肃高质量发展和现代化建设新局面。

根据中央精神及省委十三届十一次全会暨经济工作会议安排，今年政府工作的总体要求是：以习近平新时代中国特色社会主义思想为指导，全面贯彻党的十九大和十九届二中、三中、四中全会精神，认真学习贯彻中央经济工作会议精神，深入贯彻落实习近平总书记对甘肃重要讲话和指示精神，坚决贯彻党的基本理论、基本路线、基本方略，增强“四个意识”、坚定“四个自信”、做到“两个维护”，紧扣全面建成小康社会奋斗目标，牢牢把握底线性任务，坚持稳中求进工作总基调，坚持新发展理念，坚持以供给侧结构性改革为主线，坚持以改革开放为动力，坚定不移推动高质量发展、绿色发展崛起，坚决打赢三大攻坚战，全面做好“六稳”工作，统筹推进稳增长、促改革、调结构、惠民生、防风险、保稳定，更加注重固强补弱，更加注重培植动能，更加注重创新驱动，更加注重系统治理，保持经济运行在合理区间，全面完成“十三五”规划目标任务，与全国一道全面建成小康社会。

今年经济社会发展的主要预期目标是：实现剩余17.5万贫困人口脱贫，8个贫困县摘帽退出，务必确保如期全面完成脱贫攻坚任务；单位生产总值能耗和主要污染物排放完成国家下达的控制目标，生态环境质量持续改善提升。生产总值增长6%，在实际工作中力求取得更好结果；固定资产投资增长6%以上，社会消费品零售总额增长7%，一般公共预算收入同口径增长5%；十大生态产业增加值占生产总值比重达到28%；城乡居民人均可支配收入分别增长7%左右和8%左右；城镇新增就业34万人，城镇登记失业率控制在4.5%以内；居民消费价格指数涨幅控制在3.5%左右。

站在“两个一百年”的历史交汇期，处在“十三五”“十四五”发展的规划过渡期，做好今年政府工作，要坚持长短结合、软硬兼顾，注重统筹谋划、系统发力。要确保全面建成小康社会和“十三五”规划圆满收官，下大力气固底板、强薄板、补短板，确保全面建成小康社会成色足、质量高。高水平谋划“十四五”规划，努力形成长远发展的良好预期。要推动经济实现量的合理增长和质的稳步提升，全力确保经济增长实现预期目标，坚决打好污染防治攻坚战，及时有效处置各类金融风险，切实保障和改善城乡群众特别是困难群众基本生活。要全面培育经济高质量发展新动能，大力推进体制、机制、政策、工作和科技、产业、业态、模式创新，提升企业家活力、科学家动力、劳动者能力、各级干部潜力、全要素生产率效力，着力解决城乡、区域、所有制、产业等结构性问题。要大力提升基础设施支撑保障能力，加大交通、水利、能源、信息、物流等基础设施建设力度，加快构建覆盖城乡、功能完备、支撑有力的基础设施体系。结合国家新一轮西部大开发、黄河流域生态保护和高质量发展等重大战略实施，谋划储备一批优质重大项目。要着力打造一流营商环境，持续推进“放管服”改革，全方位优化创新创业创造环境。牢固树立给企业办事就是给发展加油的理念，把企业的事当成政府自己的事来办，让“办事不求人”尽快成为甘肃的一张名片。

三、2020年工作任务

今年，重点抓好以下九个方面的工作：

（一）坚决攻克最后贫困堡垒，撕掉“苦甲天下”的历史标签

集中兵力打好深度贫困歼灭战。新增脱贫攻坚资金、项目、举措持续聚焦深度贫困地区，对贫困人口多、贫困发生率高、脱贫难度大的县和村实行挂牌督战。加快推进农村电网、公路、通信等基础设施建设，完成“两通”交通脱贫攻坚兜底性任务。我们要横下一条心，不惜一切代价，坚决啃下“最硬的骨头”，确保全面小康路上不漏一村、不落一人。

高质量完成“3+1”查漏补缺。把短板补得再扎实一些，把基础打得再牢靠一些。继续紧盯“两不愁三保障”突出问题，开展脱贫攻坚“回头看”，消除责任、政策、工作落实中的盲点和死角，确保各项任务清零达标。完善控辍保学长效机制，加快补齐基础教育办学条件短板。强化县、乡、村医疗能力培训和村卫生室作用发挥。做好危改工作动态监测，及时改造新增危房。加大易地扶贫搬迁产业就业后续帮扶力度，完善大型安置区教育、医疗等公共服务。充分保障水源稳定和水质改善。彻底整改中央专项巡视、国家考核、各类督查检查以及暗访反馈问题。

持续巩固拓展脱贫成果。严把贫困人口退出关，落实“四个不摘”要求，建立监测预警和应急救助机制，对贫困人口、脱贫人口进行动态管理，按照缺什么补什么的原则，及时提供有针对性的帮扶，防止脱贫人口返贫、边缘人口致贫。持续落实产业扶贫政策，引进更多带动性强的农业产业化龙头企业，深入开展农民专业合作社质量提升整县推进试点，实施合作社带头人“万人培训计划”，提升合作社带贫能力。继续办好扶贫车间。加强到户产业扶持资金监管，确保精准规范使用。

全面接受国家普查。我们要按照中央要求，认真做好迎接普查工作，

清理核实建档立卡贫困人口档案资料，做实做细各项基础性工作，坚决做到脱贫工作务实、过程扎实、结果真实，以脱真贫、真脱贫的实际成效迎接"国考"，确保得到人民认可、经得起历史检验。

统筹衔接乡村振兴。坚决落实"米袋子"省长负责制、"菜篮子"市长负责制，稳定粮食生产，扩大生猪生产，保障优质化多样化农产品供给。全面落实乡村振兴战略实施规划，协同推进"五个振兴"。优化现代丝路寒旱农业"一带五区"产业布局，着力在规模化、集约化、产业化上狠下功夫，大力发展高附加值的节水农业、旱作农业、设施农业和戈壁生态农业，打造"甘味"知名农产品系列品牌。壮大新型农业经营主体，稳步发展多种形式适度规模经营，促进小农户与现代农业有机衔接。扶持壮大村集体经济。支持创建一批返乡创业园，促进农村一二三产业融合发展。大力实施良种良法工程，加强新型农业社会化服务体系建设。深入推进农村人居环境整治，实施"三大革命"和"六大行动"，全面清理城乡卫生死角，加快垃圾处理设施建设，因地制宜做好村庄风貌规划改造，让千里陇原成为生产美、生活美、生态美的陇上家园。

（二）把握黄河流域生态保护和高质量发展重大机遇，巩固生态环境质量总体改善势头

突出抓好黄河生态保护治理。围绕"让黄河成为造福人民的幸福河"目标，坚持重在保护、要在治理，强化上游意识，担好上游责任，在新时代黄河大合唱中奏好甘肃乐章。统筹推进黄河流域山水林田湖草综合治理、系统治理、源头治理，突出甘南黄河上游水源涵养区和陇中陇东黄土高原区水土流失保护治理两大重点，开展玛曲沙化退化草原巩固治理工程，加大黄河支流的生态保护力度，强化祁连山水源涵养保护，推进实施一批重大生态保护修复和建设工程。紧盯工业、城镇生活、农业面源和尾矿库4类污染源，稳步推进重点治理项目，实施河道、滩区综合提升治理工程。统筹加强黄河流域防洪治理和城市防汛工作。

加大生态保护和修复力度。抓好"四屏一廊"建设，实施祁连山、渭河源区、"两江一水"等重点区域流域生态治理规划。积极推进祁连山、大熊猫国家公园体制试点工作。加快推动自然保护地体系建设。推广"八步沙"治沙造林经验，研究制定河西走廊重点沙化区域生态保护治理项目规划，扩大甘肃国家防沙治沙示范区范围，抓好民勤生态建设示范区和河西走廊防风固沙带建设。大力运用科技手段，推进生态治理修复。实施好新一轮退耕还林还草、天然林保护二期、三北防护林五期、退牧还草等国家重点生态工程项目。

综合实施蓝天碧水净土工程。抓好工业、燃煤、机动车、扬尘等重点污染源治理。实施"散乱污"企业综合整治，完成火电行业超低排放改造。全面完成省级河流管理范围划定工作，加快推进重点河流岸线保护与利用规划编制，加强饮用水水源地保护，加快城镇污水处理设施扩容提标改造，开展黑臭水体专项整治，减少污染严重水体和不达标水体。全面落实土壤污染防治行动计划，强化重金属污染风险管控与修复治理，开展涉镉等重金属污染企业排查整治。推进城市垃圾分类处理，公共机构率先实行生活垃圾分类，大力倡导绿色低碳生活新风尚。

完善生态环保制度体系。巩固深化河（湖）长制，推行实施林长制。强化"三线一单"源头管控，启动生态保护红线勘界定标工作。实施河湖监测监控、水资源监测预警、水土保持和重大工程监测监控、水安全风险监管、智慧水利建设等能力提升工程。推进第三次全国国土调查成果应用，完成省级国土空间规划编制，开展市县国土空间规划编制和全省自然资源统一确权登记工作。深化自然资源资产产权制度改革，促进节约集约开发利用。抓好生态环境领域地方性法规和规章立改废工作。推动实施生态补偿机制，落实生态环境损害赔偿制度，提升生态环境执法监管水平。巩固第一轮中央环保督察反馈问题整改成效，认真抓好第二轮中央生态环保督察反馈问题整改，组织开展省级生态环保督察工作。

（三）打好产业基础高级化产业链现代化攻坚战，努力构建更具竞争力的产业格局

大力提升产业基础能力和产业链水平。聚焦石油化工、装备制造、有色冶金、煤炭建材、生物医药等重点领域，大力推进"三化"改造，加大设备更新和技改投入，推广应用智能数控设备、传感识别技术等先进装备与管控技术，促进工业互联网、云计算、大数据在企业研发设计、生产制造、经营管理、销售服务的综合集成应用。加快特色产业集群发展，做精做特各类工业园区和产业园区，重点以三大炼厂、华天电子、兰石集团、中车集团、方大炭素、中科院近物所等为龙头，加快打造一批精细化工、集成电路、石化通用装备、轨道交通装备、炭素新材料、碳离子治疗装置等特色产业集群。支持金川公司、酒钢集团、白银公司等企业延链补链强链，加快培育一批"单打冠军"型的龙头企业、具有核心竞争力的高新技术企业、富有创新活力的中小微企业。积极推广装配式建筑和绿色健康人居，推进建筑产业现代化进程。

着力实施十大生态产业带动性工程。积极推进生态产业发展基金投放，全面落实领导包抓责任制，确保十大生态产业总体增速和专项产业增速高于地区生产总值或单项增加值增速。坚持能源清洁化、电力绿色化方向，推进"水火油气风光核"丝绸之路现代能源综合示范基地建设。支持平凉煤电化冶"双千亿"产业基地建设，争取建设玉门石油储备库。加大电力外送与消纳，争取青豫直流工程甘肃新能源配套电源工程年底建成投运，推进酒泉至湖南直流配套风光电项目、陇东至山东特高压直流外送工程。加快推进陇东煤炭生产基地建设，争取甘肃煤炭交易中心建成投入运营。放大文化旅游业综合效应，加快大景区建设步伐，实施好"读者印象"精品文化街区等重点项目，建成268个乡村旅游示范村。办好首届"一带一

路”美丽乡村论坛，支持甘南承办全国乡村旅游暨民宿大会。实施中医药产业绿色行动计划，进一步加快国家中医药产业发展综合试验区建设，着力推动中医药传承创新发展。抓好河西国家级制种高地建设。加快中国—以色列（酒泉）绿色生态产业园建设。持续推动丝绸之路信息港建设，抓好张掖和平凉智能终端产业园等重点项目。编制实施核产业发展规划，加快核产业园建设。持续推动丝绸之路国际知识产权港建设，争创中国（甘肃）知识产权保护中心。

全力促进创新发展。加快兰白国家自创区和兰白试验区建设，打造产业技术研究院、创新工作站等新型研发机构，建设中国工程科技发展战略甘肃研究院，争取布局综合性国家科学中心等重大科技平台。推进丝绸之路“科技走廊”建设，促进产业技术创新与“一带一路”沿线融合互动。深化科技体制改革，优化科技创新生态，推进科技成果高效率转化、高水平应用。实行更加有效的人才政策，把引进高层次和急需紧缺人才作为一项战略工程来抓，完善表彰激励、收入分配、知识产权收益等制度，让广大科研人员“名利双收”。会同中国科学院推进落实国家对西部地区科技人才有关政策支持和改革试点工作。本着鼓励创新和包容审慎原则，想方设法为企业发展新技术、新产品、新业态、新模式创造条件。坚持“法无禁止即可为”，大力推进政策创新突破，主动兑现奖励扶持政策，大力支持大众创业、万众创新，充分激发创新创业创造的动力源泉。

（四）深挖新一轮西部大开发战略政策红利，壮大新的增长点增长极增长带

支持兰州新区建设高质量发展先行区。鼓励兰州新区在体制、机制、政策上先行快试，建立一套理念先进、管理科学、运行高效的现代城市管理新体系。用好用活绿色金融改革创新试验区政策，降低要素成本，吸引各类人才创新创业。培育壮大绿色化工、有色金属新材料、大数据等优势主导产业，建设特色鲜明、实力强劲的产业集群。加快多式联运示范工程建设。

构建优势互补的区域发展新格局。加快榆中生态创新城建设，优先推进交通路网、生态绿化、保障住房、医院学校等基础性工程，引导集聚一批高端科技、教育、文旅、康养等项目和企业。着力实施《大敦煌文化旅游经济圈发展规划》，大力推进景区内外交通及其他基础设施提升项目，发展文化旅游新业态，建设世界文化旅游胜地、丝绸之路文化制高点、国家文化旅游融合示范区、甘肃绿色发展重要增长极。整体谋划河西走廊区域发展，积极打造绿色生态走廊、特色产业走廊、文化风情走廊、美丽丝路走廊。谋划推进酒泉、嘉峪关双城经济圈建设。推进陇东能源基地、天水先进制造基地、金昌镍铜钴产业基地建设。大力支持革命老区、民族地区转型发展。深化推动兰西城市群、关中平原城市群建设，积极融入成渝地区双城经济圈。

加大力度推进新型城镇化。全面贯彻中央《关于促进劳动力和人才社会性流动体制机制改革的意见》，以户籍制度改革为突破，以公共服务为重点，加快推进以人为中心的新型城镇化。全面放宽省会城市落户条件，全面放开中小城市落户条件，实现居住证制度全覆盖，加快农业转移人口市民化，力争户籍人口城镇化率达到38%。全面落实因城施策调控房地产市场长效机制，完善住房保障体系，推进城市棚户区、城中村、危旧住房、老旧小区改造，大力发展租赁住房。支持特色小镇和田园综合体有序开发建设，促进城乡融合协同发展。进一步释放农村市场和乡村旅游消费潜力，推进老旧家用汽车、家电、公交车等报废更新升级，支持养老、家政、教育培训等服务消费发展，加大夜间经济、节假日消费宣传推介力度，逐步提高机关事业单位、离退休人员等城镇居民收入，有效释放消费潜力。

（五）实施重大项目突破行动，不断夯实高质量发展的基础支撑

加快交通基础设施建设。抓好银西铁路、中兰客专、兰州至张掖三四线铁路中川机场至武威段、酒泉至额济纳铁路酒泉至东风段、兰州轨道交通2号线一期工程建设。推动兰州至合作铁路复工，开工建设中川机场三期、平凉至庆阳铁路、西宁至成都铁路。做好武威、平凉、临夏机场和天水军民合用机场、天水至陇南铁路、中卫至平凉铁路和嘉策铁路扩能改造等项目前期工作，力争国家同意开展兰州至张掖三四线铁路武威至张掖段前期工作。加快实施10条国家高速公路、20条省级高速公路和45条普通国省道项目及旅游公路建设。

推进实施重大水利工程。坚持“深度节水、极限节水”原则，按照“河西控水、南部保水、陇东调水、陇中优水”思路，保供水、抓节水、优配水、增绿水、防洪水，出台实施水安全保障规划，有效缓解我省千百年来严重受困于旱缺水问题。推进中部生态移民扶贫开发供水、引洮供水二期骨干及城乡供水配套、古浪生态移民暨扶贫开发黄花滩调蓄供水等重点工程建设。做好白龙江引水、引哈济党等项目前期工作，争取早日立项实施。落实国家节水行动，改造提升一批高效节水灌溉工程，支持武威市建设国家节水行动试点市。积极推进盐碱地治理。

加快建设“数字甘肃”。坚持创新引领、数据驱动，共建共享、示范带动，积极推进数字经济创新发展试验区建设。加强5G网络基础设施建设，基本实现地级市城区5G基站全覆盖。推动区块链产业布局和产业变革，加快拓展区块链在有色金属、文化旅游、通道物流、知识产权等领域的应用场景。提高信息惠民水平，加快移动支付便民工程建设。大力推行“智慧政务”，健全统一政务外网平台，实现跨层级、跨系统、跨部门安全可靠的数据服务，提高政务服务便捷化水平。

（六）协同高效推进全面改革，最大限度释放微观主体活力

提升国资国企改革综合成效。制定实施国有企业改革三年行动方案，大力推动混合所有制改革，优化调整国有资本布局。扩大企业员工持股试点，支持华龙证券、金川公司等具备条件企业首发上市。加快推进国有企

业退休人员社会化管理，完成企业分离办社会职能改革。鼓励非公有制资本参与混合所有制改革，在十大生态产业和有色冶金、煤炭化工等传统优势产业，铁路公路机场等基础设施行业，供水供热供气等公用事业领域，投资组建一批体制新、机制活、市场竞争优势明显的混合所有制企业，不断完善国有企业法人治理结构，加快建立现代企业制度。

更大力度支持民营企业发展壮大。认真贯彻中央《关于营造更好发展环境支持民营企业改革发展的意见》，加强政策集成落实，放大政策支持效应。继续开展清理拖欠民营企业、中小企业账款专项行动，确保无争议欠款应偿尽偿，再解决一批涉企历史遗留问题。积极组织“金政企”对接活动，加大“银税互动”力度，持续解决对民营企业和小微企业“不敢贷、不愿贷、不能贷”问题。用活用好中小企业发展基金，支持企业以商标、专利、科研成果等知识产权抵押融资，不断拓展民营企业融资渠道。全面落实项目建设“四百机制”，大力推行“不来即享”“项目管家”服务，健全企业家参与涉企政策制定机制，依法保护企业家的财产权、创新收益和人身安全，激发持续创新和长期投资的激情。

深化降本增效改革。持续降低用能用地用工、物流和制度性交易成本，提升政策享受的精准度，确保所有行业税负只减不增、小微企业社保缴费负担实质性下降。推进燃煤发电上网电价形成机制改革，取消煤电价格联动机制，继续对大数据、新能源供暖给予电价政策支持，全部放开规模以上工业企业参与电力市场化交易。加强地方金融监管，深化金融供给侧结构性改革，加大对重点领域和薄弱环节的信贷支持力度，保障实体经济融资需求。

着力打造“放管服”改革升级版。持续清理压减行政许可事项，整治各类变相审批。进一步简化项目投资、企业开办、工程建设审批办理环节和流程，全面推行重大项目团队化帮办代办服务。深入实施市场准入负面清单制度和公平竞争审查制度，放宽市场准入门槛。加快实现医保、社保、公积金等高频事项“一网通办”。全面推行政务大厅企业开办“一站式办理”。建立完善以企业和群众满意度为导向的营商环境评价体系，实行政务服务“好差评”制度，加大第三方评估力度，让企业和群众为营商环境打分。

积极推进其他领域改革。抓好义务教育教师“县管校聘”管理改革。深化公立医院综合改革，健全现代医院管理制度。全面推行非居民用水超定额累进加价制度，推进农业水价综合改革，抓好城镇燃气配气价格改革。加大投融资体制改革力度，多措并举破解融资难题。深化农村集体产权、集体林权、国有林区林场、农垦、供销社等改革，完善拓展“三变”改革。深入推进产业工人队伍建设改革，培育和造就新型产业工人大军。严格执行“零基预算”，在保工资、保运转、保基本民生基础上，坚持“资金跟着项目走”，确保有限的资金真正用在刀刃上。落实地区生产总值统一核算工作任务。

（七）放大“一带一路”机遇优势，加快构建内外兼顾、陆海联动、向西为主、多向并进的开放新格局

提升开放联动效应。围绕打造文化、枢纽、技术、信息、生态五个制高点，全面做好“巩固东连、向西为主、深耕南向、促进北拓”的文章。加强与白俄罗斯、哈萨克斯坦、新加坡、尼泊尔等国家的合作对接，深挖中西亚、中东欧、东南亚市场潜力，扩大对外开放纵深空间。加快建设空中丝绸之路，持续推进陆港、空港建设和兰州国家物流枢纽建设，争取兰州列入全国多式联运综合体试点城市、中欧班列集结中心和“一带一路”进口商品集散分拨中心。提升国际货运班列运营水平，推动国际航空货运常态化。着力发展口岸经济，做热商贸物流，做实口岸加工，做优跨境服务，提升兰州新区综合保税区运营水平。

推进对外经贸高质量发展。立足我省有色金属、装备制造、通道枢纽、文化旅游、中医药、农产品等资源和产业优势，着力发展出口靶向型产品和导向性产业。积极推进申报中国（甘肃）自由贸易试验区。以兰州新区、5个国家级经开区、2个国家级高新区以及海关特殊监管区域等开放平台为重点，加快培育各类外贸集聚区。推进国际邮件互换局建设，促进跨境快件业务发展。大力发展跨境电子商务，加快兰州跨境电子商务综合试验区建设，推动海外甘肃特色商品展销中心市场化运营，鼓励建设境外仓储物流配送中心。

加强国内外交流合作。发挥重大节会平台带动作用，把“一会一节”、公祭伏羲大典、药博会、兰洽会办得更加精彩务实。落实与兄弟省区市签署的合作协议，提升区域协作发展水平。扩大与“一带一路”沿线国家和港澳台地区文化、教育、旅游、科技、体育等交流与合作，争取第44届世界遗产大会纳入敦煌议题，办好第8届中国—中亚合作论坛、外交部甘肃全球推介活动和皇甫谧针灸文化暨崆峒养生文化寻根问祖大会。大力开展国内外精准招商，加大对省级重大招商引资项目支持力度，不折不扣兑现落实各项奖励政策，办好“民企陇上行”活动，推动招商引资取得新突破。

（八）持之以恒保障改善民生，更好解决群众关心的忧心事烦心事揪心事

优先做好就业工作。构建扩大就业良性机制，提升就业优先政策效能，切实做好高校毕业生、农村贫困劳动力、退役军人、就业困难人员等重点群体就业创业工作，确保零就业家庭动态清零。继续实施青年就业见习计划，开展失业保险援企稳岗“护航行动”和技能提升“展翅行动”，促进城镇就业困难人员再就业4万人以上。实施好大规模职业技能培训，提升培训针对性实用性，完成各类职业技能培训30万人次。输转城乡富余劳动力500万人次以上。促进家政服务业提质扩容，培育扶持“陇原妹”等特色劳务品牌。依法治理拖欠农民工工资问题。

办好人民满意的教育。持续推进城乡义务教育一体化发展，加强“两类学校”建设，提升乡村学校办学水平。

优化教育资源配置，规范引导学前教育健康发展，有效解决“城镇挤”“上学难、上学贵”“入园难、入园贵”等问题。实施农村中小学和幼儿园“厕所革命”行动。积极推进高等教育“双一流”建设。深化职业教育产教融合，部省合作整省推进职业教育发展，推动培黎职业学院建成招生。切实减轻中小学校及教师的非教学负担。

推进“健康甘肃”建设。完善公共卫生体系，提高重大疾病、重点传染病防控水平。加大县级医院影像、心电、病理、检验等区域医学中心建设，提升基层医疗服务能力。加快推进紧密型医联体、县域医共体建设。加快电子健康卡普及推广，为公众提供一体化电子健康管理服务。搭建医养结合省级监测平台，开展婴幼儿照护服务试点，提供多层次、多样化、精准化健康服务。强化医疗纠纷的预防与处理工作，构建和谐医患关系。

提高文化体育服务水平。深入推动华夏文明传承创新区建设，全面提升敦煌莫高窟保护利用水平，依托敦煌研究院建设国家文物保护创新研究中心，打造世界文化遗产保护典范和敦煌学研究高地。积极争取国家支持，组建敦煌艺术学院。实施河西走廊国家遗产线路保护利用行动计划，加强红色资源挖掘和文物保护，推进长城、长征国家文化公园建设。启动黄河文化遗产系统保护工程。深入推进“智慧广电”工程建设，搭建广播电视和网络视听省级监管平台，实现甘肃卫视高清节目上星传输。建设一批乡镇、社区体育健身中心、笼式足球场、健身步道，实现行政村体育健身工程全覆盖。

健全完善社会保障体系。落实城乡居民基本养老保险待遇确定和基础养老金正常调整机制，稳步提高养老金待遇水平。实现城镇企业职工养老保险省级统收统支。加快完善居家社区机构相协调、医养康养相结合的养老服务体系。推进全国医保信息化试点省建设。深入开展农村低保专项治理。关注解决城市贫困人口问题。加强国防动员和双拥工作，提高退役军人服务保障规范化水平。健全农村留守老年人、留守儿童和留守妇女关爱服务体系。做好第七次全国人口普查工作。

今年，全省财政收支压力空前，各级政府一定要真正树立过紧日子过苦日子的思想，务必确保民生支出只增不减，厉行节约，压缩“三公”经费，把节省下来的财政资金更多用于普惠性基础性兜底性民生建设，以政府过紧日子换取企业和群众过好日子。我们从群众最急需、最盼望的事情入手，办好10件民生实事：深度贫困县农村中小学教师周转宿舍建设工程；农村边远地区中小学温暖工程；城市老旧住宅小区电梯改造工程；支持1万名高校未就业毕业生到企业就业；农村妇女“两癌”检查；残疾儿童康复救助；残疾人托养补贴和助盲就业脱贫；乡镇和社区体育中心建设工程；全面推行居民电子健康卡；全面推行“二维码”门牌上墙。

（九）打造共建共治共享社会治理新格局，建设更高水平的平安甘肃

加强公共安全管理。深入推进“平安甘肃”建设，保持扫黑除恶、打击网络电信诈骗和禁毒斗争强大攻势。构建统一指挥、专常兼备、反应灵敏、上下联动的应急管理体制，深入开展安全生产专业化隐患排查治理，加强基层防灾减灾应急队伍建设，提高监测预警预防风险能力，坚决防范遏制各类重特大事故。开展食品安全示范城市和农产品质量安全县创建活动，全面推行“陇上食安”一体化智慧监管平台应用，着力整治食品药品安全突出问题，确保人民群众饮食用药安全。

夯实基层社会治理基础。加快市域治理现代化，推行网格化管理和服务，促进社会治理和服务重心下沉，实现政府治理和社会调节、居民自治良性互动。坚持和发展新时代“枫桥经验”，构建社会矛盾纠纷多元化解机制，及时化解各类矛盾纠纷，明显遏制家庭邻里矛盾引发的恶性死人伤人事件。健全党组织领导的自治、法治、德治相结合的基层治理体系，完善村民议事、村民理财、村务监督、红白理事会等村民自治组织，加强村规民约建设，发挥好工青妇等群团组织在基层治理中的作用，提高基层治理水平。广泛开展群众性精神文明创建活动，支持兰州等城市创建全国文明城市。

做好民族宗教工作。全面贯彻党的民族宗教政策，持续开展民族宗教理论政策“百场万人”下基层大宣讲活动。深入推进民族团结进步创建工作，实施“一廊一区一带”行动计划，建立完善各区域联创共建机制。支持东乡、天祝、肃北3个自治县办好成立70周年庆祝活动。坚持我国宗教中国化方向，依法管理宗教事务，不断提高宗教工作法治化水平。

四、全面提升政府治理能力

贯彻党的十九届四中全会“坚持和完善中国特色社会主义行政体制，构建职责明确、依法行政的政府治理体系”新要求，我们将切实强化制度意识，维护制度权威，提升政府治理效能，努力建设人民满意的服务型政府。

以政治建设为统领，始终做到强魂固本。深学笃用习近平新时代中国特色社会主义思想，增强“四个意识”，坚定“四个自信”，做到“两个维护”，确保政府工作始终沿着正确政治方向前进。落实不忘初心、牢记使命长效机制，引导广大干部加强思想淬炼、政治历练、实践锻炼、专业训练，锤炼忠诚干净担当的政治品格。牢记习近平总书记对甘肃工作重要嘱托，不折不扣贯彻党中央、国务院及省委决策部署，确保政令畅通、令行禁止。

以制度建设为主线，着力完善治理体系。承接落实好中央关于完善政府治理的各项制度安排，进一步完善政府工作体制机制和规则办法。以推进政府机构职能优化协同高效为着力点，优化行政决策、行政执行、行政组织、行政监督体制。健全部门协调配合机制，防止政出多门、政策效应相互抵消。从系统论出发优化经济治理方式，实行政府权责清单制度，在发展中实现多重目标的动态平衡。

以法治建设为保障，提升依法履职能力。严格依照法定权限和法定程序履行职责，提高运用法治思维和法

治方式推动工作的能力。认真执行人大及其常委会决议决定，积极支持人民政协履行职责。自觉接受人大监督、政协监督、监察监督、司法监督和社会监督，发挥审计监督、统计监督职能作用，广泛听取民主党派、工商联、无党派人士和人民团体意见建议。做好重大政策出台和调整的综合影响评估。深化行政执法体制改革，大力推进政务公开，让权力在阳光下运行。

以作风建设为抓手，增强善谋实干本领。按照政治过硬、本领高强的要求，加强干部教育培训和实践锻炼，涵养专业思维、专业素养、专业方法，提高研究政策、把握机遇能力。把坚持贯彻新发展理念作为检验各级干部的重要尺度，切实增强以新发展理念推动发展的本领。全面推动政府工作提质增效，强化问题导向、目标导向、结果导向，倡导“一线工作法”，坚决杜绝形形色色的形式主义、官僚主义。落实容错纠错机制，激励各级干部担当作为，多谋实事、多下实功，确保工作落实取得最大整体效果。

以廉洁从政为底线，永葆清廉政治本色。严格落实全面从严治党各项要求，自觉履行“一岗双责”，真正把主体责任落细落小落实。坚决贯彻中央八项规定及其实施细则精神，持续整治和查处侵害群众利益的不正之风和腐败问题，营造风清气正的干事创业环境。

各位代表！今天的甘肃，越来越积累了蓄势待发的后劲力量，越来越展现出广阔美好的发展前景。让我们更加紧密地团结在以习近平同志为核心的党中央周围，在省委的坚强领导下，牢记嘱托、感恩奋进，解放思想、埋头苦干，努力谱写加快建设幸福美好新甘肃、不断开创富民兴陇新局面的时代篇章！

关于甘肃省2019年国民经济和社会发展计划执行情况与2020年国民经济和社会发展计划草案的报告（摘要）

——2020年1月10日在甘肃省第十三届人民代表大会第三次会议上

一、2019年经济社会发展计划执行情况

2019年，全省上下坚持以习近平新时代中国特色社会主义思想为指导，全面贯彻党的十九大和十九届二中、三中、四中全会精神，按照习近平总书记对甘肃重要讲话和指示精神，坚持稳中求进工作总基调，坚持新发展理念，坚持推动高质量发展，坚持以供给侧结构性改革为主线，坚持深化市场化改革、扩大高水平开放，加快建设现代化经济体系，着力打好三大攻坚战，突出实施乡村振兴战略，突出抓好十大生态产业发展，突出推进交通水利基础设施建设，突出打造全省新的增长点增长极增长带，创造性地推进落实稳增长、促改革、调结构、惠民生、防风险、保稳定各项工作。初步核算，全年全省地区生产总值能够实现6%左右的预期目标，固定资产投资增长6%以上，社会消费品零售总额增长7.4%左右，一般公共预算收入同口径增长5.2%，城乡居民人均可支配收入分别增长8%左右和9%左右，城镇新增就业39.22万人，城镇登记失业率为3%，居民消费价格总水平上涨控制在3%以内，单位生产总值能耗和主要污染物排放可完成国家下达的控制目标，十大生态产业增加值占地区生产总值比重达到23.5%、较上年提高5.2个百分点，减少贫困人口93.5万人、贫困发生率下降到0.9%、31个贫困县摘帽退出。

*（一）切实提高政治站位，对标对表落实习近平总书记对甘肃重要讲话和指示精神。*始终把习近平总书记对甘肃工作的重要讲话和指示精神作为全部工作的统揽和主线。认真梳理形成全省贯彻落实习近平总书记重要讲话精神争取政策项目汇编，选取设立11条重大政策和55个重大项目，由省政府领导带队向国家部委汇报争取。省委省政府成立了黄河流域生态保护和高质量发展协调推进领导小组。启动了全省和各相关市州黄河流域生态保护和高质量发展规划编制工作，下达1600万元前期费支持编制市州规划。

*（二）紧盯短板冲刺清零，脱贫攻坚取得决定性进展。*扎实开展“3+1”冲刺清零行动，持续加大扶贫资金支持力度，全年投入财政专项扶贫资金207.67亿元、增长19.8%，进一步加快脱贫攻坚步伐。“十三五”易地扶贫搬迁的49.9万建档立卡贫困人口住上了安置房，争取国家资金2.54亿元支持大型集中安置点教育卫生补短板项目。积极推进“牛羊菜果薯药”六大特色产业、地方优势产品和“五小”产业加快发展。安排到户种植产业扶持资金60.3亿元。发放特色产业发展工程贷款562.33亿元、农产品收购贷款221.48亿元。出台现代丝路寒旱农业发展指导意见。新建戈壁生态农业6.2万亩，累计达20万亩，建成千亩以上戈壁生态农业产业园53个。开工高标准农田建设项目165个，“优质粮食工程”建设有序推进，全省粮食产量达到1185万吨。累计建成农村公路5435公里，整治“畅返不畅”路段2271公里，具备条件的建制村通硬化路达到100%，建制村通客车率达到99.83%。6个村庄入选第二届中国美丽乡村百佳范例。

*（三）持续加强生态建设，综合治理成效明显。*争取国家将我省纳入全国生态综合补偿试点省份。张掖市被命名为国家生态文明建设示范城市，

平凉市荣获全国绿化模范城市称号。八步沙林场被生态环境部命名为“绿水青山就是金山银山”实践创新基地，六老汉“三代人”治沙造林先进群体被中宣部授予“时代楷模”称号。第二轮中央生态环境保护督察交办的2643个环境信访问题办结2151个，阶段性办结222个；“绿盾专项行动”整改问题1790个。争取国家下达4亿元支持城镇生活污水垃圾处理设施建设。兰州市、平凉市崆峒区被列为国家资源循环利用基地，临泽县、凉州区获批创建国家大宗固体废弃物综合利用基地。

（四）扎实做好“六稳”工作，全省经济平稳运行。印发《2019年国家主要政策汇编指南》和《争取中央政策和资金支持的工作方案》。全年共争取中央下达各类补助资金2680.5亿元，较上年增加177.6亿元，增长7.1%。坚持逐月分析研判经济形势，每季度开展高质量发展评价和约谈，出台加大市州和企业激励支持力度等一系列政策文件，努力推动全省经济运行实现从“开门红”到“全年稳”。落实重大项目领导包抓责任制，78个省列重大续建项目超额完成年度投资任务。敦煌铁路提速改造工程、敦煌至格尔木铁路、兰州轨道交通1号线一期工程建成投运。两当至徽县、渭源至武都（陇南段）等高速公路建成通车。黄河甘肃段防洪工程、民勤红崖山水库加高扩建工程、天水城区引洮供水工程、兰州水源地工程等基本建成，甘肃中部生态移民扶贫开发供水工程开工建设。在庆阳勘探发现储量10亿吨级大油田。临夏LNG储备中心建成投运，敦煌LNG储备中心即将建成。武威碳离子治疗肿瘤中心、天水电气传动研究所大型电气传动系统与装备技术国家重点实验室、兰州新区大科学装置创新创业园检验检测中心等项目加快推进。省妇女儿童医疗综合体、甘肃简牍博物馆等重大项目有序推进。组织开展“新春欢乐购”“商务—石油石化联手行”“迎中秋·庆祝新中国成立70周年”等系列消费促进活动。开展“丰收了游甘肃”等惠民活动。积极推动敦煌沙洲夜市、兰州正宁路夜市、临夏八坊十三巷等一批购物型特色街区激活夜间消费。认真落实国家安全责任制，坚持把稳增长与防风险有机衔接起来，统筹考虑，一体推进。严格执行政府债务限额管理和预算管理制度，积极化解隐性债务存量，坚决遏制隐性债务增量，全省债务风险总体可控。扎实推动农合机构和地方法人银行机构风险化解，加大监管力度，压实主体责任，牢牢守住不发生区域性、系统性金融风险的底线。

（五）聚焦绿色发展崛起，十大生态产业加速推进。兰州新区节能环保产业基地加快建设，废旧铅酸蓄电池及铅废物再生利用、土壤修复生态科技产业园等项目已开工建设。酒泉市和白银市获批创建国家工业资源综合利用基地。酒泉至湖南直流工程配套100万千瓦风电、50万千瓦光伏发电项目全面开工建设。750千伏河西第二通道、成纪（静宁）330千伏输变电工程建成投运，争取国家电网公司同意建设甘青断面武胜至郭隆750千伏输电工程。全年外送电量421亿千瓦时。成立甘肃省工业互联网产业联盟，紫金云数据中心等6项大数据创新应用平台上线运行，兰州新区国际互联网专用通道建设完成，腾讯等国内大型互联网企业数据资源落地甘肃。新建5G基站996个，实现兰州核心区域5G网络覆盖。全省粮改饲面积达到320万亩，新增优质饲草料1600万吨以上。中医药标准化基地、产业园区和流通体系加快建设，中药材种植面积465万亩、产量同比增长10.1%。“一部手机游甘肃”步入快车道，“读者印象”精品文化街区项目启动实施，张掖丹霞被评为国家5A级旅游景区，嘉峪关关城文物景区荣获2019年中国旅游影响力年度文化景区，预计全年接待游客和旅游综合收入分别增长24%和30%。

（六）抓实重点领域改革，发展活力进一步释放。全面完成2019年煤炭去产能任务，关闭煤矿6处、产能57万吨。全省房地产库存去化周期进入正常阶段。省属企业市场化债转股到位资金532.31亿元。落实更大减税降费政策，减免税费126.1亿元，新增社保费降费34.7亿元。出台甘肃省推进营商环境评价工作实施方案，清偿全省政府部门、国有企业拖欠民营企业中小企业账款332.24亿元。开展化解涉企历史遗留问题专项行动，已化解问题95个。办理营业执照缩短至3个工作日以内，企业开办时限压缩至5天。“一会一节”甘南场馆建设刷新项目建设“甘肃速度”。电价改革取得新成效，年降低企业用电成本超过60亿元，组织完成340亿千瓦时直购电交易，一般工商业电价降低了12.86%。取消高速公路省界收费站任务全部完成。全省党政机关公车制度改革全面完成。国资国企改革有序推进，9家产业集团组建运营。电力市场化交易规模持续扩大，全年达到840亿千瓦时。省卫生健康委运用电子健康卡探索打通就医“最后一公里”、兰州市推行“四办四清单”制度提升服务水平的做法受到国务院通报表扬。

（七）强化科技支撑引领，创新发展成果丰硕。争取新认定了3个国家地方联合工程研究中心和1个国家企业技术中心。甘肃省自主创新试验示范创新服务中心建设进展顺利，高新技术企业突破1000家。科技进步对经济的贡献率达到53.5%。制定出台支持兰州白银国家自主创新示范区建设的若干意见。落实“创新30条”奖补资金2.84亿元。推荐认定15家国家级中小企业公共服务示范平台、9家国家级小型微型企业创业创新示范基地。全省新增市场主体25.98万户。

（八）深度融入“一带一路”，推动开放走深走实。出台融入“一带一路”打造五个制高点战略规划和实施方案。兰州跨境电商综合试验区加快推进，兰州丝路跨境电商产业园建成运营。兰州新区（石油装备）被认定为国家外贸转型升级基地。复制推广自由贸易试验区改革试点经验153项。

白银集团秘鲁多金属尾矿综合利用等项目平稳运营，金川集团印尼红土镍矿冶炼项目建成投产。出台贯彻落实党中央新时代推进西部大开发形成新格局决策部署的实施意见。深化与海南、广西、四川、浙江、重庆、云南、内蒙古等省市区经济社会发展合作。兰州新区获批为全国第九个绿色金融改革创新试验区，并入选“中国（区域）最具投资营商价值新区”榜单。嘉峪关市入选“中国率先全面建成小康社会优秀城市”。召开全省招商引资暨陇商大会。成功举办第25届兰洽会、第2届药博会、2019中国绿公司年会、“一会一节”等招商洽谈活动。

（九）持续加大投入力度，民生福祉不断增强。选拔6574名高校毕业生到基层服务，引导1万名毕业生到市县所属企业服务，帮助15.92万名失业人员和5.63万名就业困难人员实现就业，超额完成城镇新增就业年度目标任务。统筹实施教育现代化推进、全民健康保障、文化旅游提升、社会服务兜底、公共体育普及等五大工程，争取中央预算内投资28.44亿元，实施社会事业领域项目262个。积极推动长城、长征国家文化公园建设。实施棚户区改造18.27万套。研究制定生猪保供稳价政策措施和相关工作方案、预案，在全省统一启动社会救助和保障标准与物价上涨挂钩联动机制。新增省级冻猪肉储备1500吨，省级肉类储备总量达到5500吨，有效平抑了猪肉价格。全面落实党的民族宗教政策，10个地方和单位成功创建全国民族团结进步示范区（单位）。食品药品安全形势持续向好。全面加强安全生产、防灾减灾救灾和应急管理工作，因灾死亡人数同比下降74.07%。

二、2020年经济社会发展环境、总体要求、主要预期目标和着力重点

2020年全省经济社会发展的主要预期目标是：实现剩余17.5万贫困人口脱贫，8个贫困县摘帽退出，务必确保如期全面完成脱贫攻坚任务；单位生产总值能耗和主要污染物排放完成国家下达的控制目标，生态环境质量持续改善提升。生产总值增长6%，在实际工作中力求取得更好结果；固定资产投资增长6%以上；社会消费品零售总额增长7%；一般公共预算收入同口径增长5%；十大生态产业增加值占地区生产总值比重达到28%；城乡居民人均可支配收入分别增长7%左右和8%左右；城镇新增就业34万人，城镇登记失业率控制在4.5%以内；居民消费价格涨幅控制在3.5%左右。

三、2020年经济社会发展主要任务

为实现上述目标，要重点抓好以下九方面工作。

（一）全力推动脱贫攻坚圆满收官，统筹衔接乡村振兴。紧盯“两不愁三保障”重点领域，高质量完成“3+1”查漏补缺。全力做好易地扶贫搬迁安置点基础设施建设，加快推动易地扶贫搬迁产业、就业等后续扶持政策措施落地见效，确保圆满完成“十三五”易地扶贫搬迁任务。采取有效措施，巩固拓展脱贫攻坚成果。因地制宜培育“牛羊菜果薯药”六大特色产业，大力支持发展乡村旅游产业。积极创新金融产品和服务模式，进一步加大对特色产业金融支持力度。对“两州一县”和18个省定深度贫困县优先安排保障用地，新增脱贫攻坚项目重点向深度贫困地区布局。加快发展现代丝路寒旱农业，大力发展高附加值的节水农业、旱作农业、设施农业和戈壁生态农业，打造“甘味”知名农产品品牌。深入推进农村人居环境整治，实施“三大革命”和“六大行动”，因地制宜做好村庄风貌规划改造，加快建设美丽宜居乡村。

（二）加大生态环保治理力度，切实构筑国家西部生态安全屏障。抓好“四屏一廊”建设，实施祁连山、渭河源区、“两江一水”等重点区域流域生态治理规划。认真做好祁连山、大熊猫国家公园体制试点工作。推广“八步沙”治沙造林经验，研究制定河西走廊重点沙化区域生态保护治理项目规划，抓好民勤生态建设示范区和河西走廊防风固沙带建设。全面推进河长制、湖长制从“有名”向“有实”转变，开展黑臭水体专项整治，减少污染严重水体和不达标水体。推进城市垃圾分类处理，公共机构率先实行生活垃圾分类，大力倡导绿色低碳生活新风尚。启动生态保护红线勘界定标工作。完成省级国土空间规划编制，开展市县国土空间规划编制和全省自然资源统一确权登记工作。推动实施生态补偿机制，落实生态环境损害赔偿制度，提升生态环境执法监管水平。组织实施好兰州市和平凉市崆峒区资源循环利用基地、临泽县和凉州区大宗固废综合利用基地等建设。落实节能目标责任制，积极推进节能量交易和用能权交易，开展重点用能单位“百千万”行动，努力完成能耗“双控”目标任务。

（三）打好产业基础高级化产业链现代化攻坚战，努力构建更具竞争力的产业格局。聚焦石油化工、装备制造、有色冶金、煤炭建材、生物医药等重点领域，大力推进“三化”改造。坚持能源清洁化、电力绿色化发展方向，推进“水火油气风光核”丝绸之路现代能源综合示范基地建设。加快5G组网建设，积极推动“数字甘肃”建设。加快兰州黄河风情线、“读者印象”精品文化街区等项目建设，建成268个乡村旅游示范村，精心打造10个样板村，推动文旅产业高质量发展。持续推动丝绸之路国际知识产权港建设，争取创建国家知识产权保护中心。新培育认定一批省级众创空间。大力推进政策创新，主动兑现奖励扶持政策，充分激发创新创业创造的动力源泉。

（四）扎实推进新一轮西部大开发战略实施，不断壮大区域发展新增长点增长极增长带。统筹推进西部大开发各项政策落地见效。加快榆中生态创新城建设，引导集聚具有战略性、引领性、影响力的高端科技项目和优质企业。积极推进陇东能源基地、天水先进制造基地、金昌镍铜钴产业基地建设。整体谋划河西走廊区域发展，积极构建产业走廊、经济走廊、文化走廊、风情走廊、生态走廊、美丽走廊。用好绿色金融改革创新试验区政策，全面降低土地、水电、金融、物流等要素成本，放大创新平台作用，打造全省科技创新新高地。扎实推进城市棚户区、城中村、危旧住房、老旧小区改造。加快建设以兰州为中心的1小时经济圈，积极推进兰州—西宁城市群、关中平原城市群建设。

（五）着力促投资扩消费，进一

步夯实稳增长基础。不断完善项目储备工作机制，形成储备一批、安排一批、建设一批、竣工投产一批的良性循环。争取兰州至合作铁路、西宁至成都铁路甘肃段获批开工建设，全力推进兰州中川国际机场三期扩建工程，加快推进景泰至中川机场、平凉至天水、甜水堡至永和等高速公路建设。扎实推进甘肃中部生态移民扶贫开发供水工程、引洮供水二期工程、黄花滩调蓄供水工程等重大水利项目建设。尽快恢复五举煤矿建设，争取宥川河、唐家河等煤矿项目获得国家核准。全面建成白银市煤炭储备能力建设项目。加快推进天然气储气设施建设，争取建成兰州、张掖、白银LNG储备中心。扎实推进兰州新区化工园一期工程、兰州宝方10万吨超高功率石墨电极、武威伊利绿色生产及智能制造示范应用等项目。加快推进省妇女儿童医疗综合体、兰州奥体中心、天水市职教园区、七里河体育场等项目。扩大智能产品和绿色产品供给，推进老旧家用汽车、家电、公交车等报废更新升级，促进成品油消费。积极推动5G终端消费，加快线上线下融合等新消费发展。进一步释放农村网购和乡村旅游消费潜力，推动工业品下乡、农产品进城双向流动。

（六）纵深推进重点领域改革，持续激发市场活力。全面实施《优化营商环境条例》及市场准入负面清单和公平竞争审查制度，开展营商环境评估工作，努力营造稳定公平透明可预期的营商环境。推进百个重大项目党政领导包抓推进、百名厅局长精准服务帮扶百家企业、百名处长百场政策宣讲、百名行长千家企业银企需求对接等"四百机制"，提升精准管理和精准服务效能。大力推进电价市场化改革，释放第二轮电网输配电价改革红利，有效降低工业企业用电成本。着重落实好大数据、新能源供暖、电解氢电价支持政策，用"降"的方式清理取消优待类电价，精准实施农业扶贫产业龙头企业、东西协作扶贫车间电价支持政策。推进农业水价综合改革和重点领域公用事业、公益服务价格改革。落实支持民营企业发展的奖励优惠政策，用活用好中小企业发展基金，支持企业以商标、专利、科研成果等知识产权抵押融资，不断拓展民营企业融资渠道。制定实施国有企业改革三年行动方案，推动国有资本布局优化调整，开展落实董事会职权改革试点，大力推动混合所有制改革，扩大企业员工持股试点。深入实施义务教育"县管校聘"改革，完善吸引优秀人才从事教育体制机制。持续深化公立医院综合改革，建立健全现代医院管理制度。

（七）紧抓"一带一路"机遇，提升开放型经济发展水平。围绕打造文化、枢纽、技术、信息、生态五个制高点，全面做好"巩固东连、向西为主、深耕南向、促进北拓"的文章。组织参加重点境内外展会，扩大与"一带一路"沿线国家（地区）的贸易额，实现市场多元化发展。加快兰州跨境电子商务综合试验区建设步伐，巩固提升新加坡甘肃特色商品展销中心运营水平，积极申建中国（甘肃）自由贸易试验区。发挥重大节会平台带动作用，把"一会一节"、公祭伏羲大典、药博会、兰洽会办得更加精彩务实。研究修订《甘肃省外商投资项目核准和备案管理办法》，提高外商投资管理水平。

（八）坚决兜牢民生底线，提升人民群众获得感和满意度。坚持把稳就业放在"六稳"工作首位，大力促进创新创业带动就业，切实做好高校毕业生、农村贫困劳动力、去产能分流职工、退役军人、就业困难人员等重点群体就业创业工作。结合国家基本公共服务标准制定情况，研究制定我省实施标准。编制我省积极应对老龄化中长期发展实施方案。促进家政服务业提质扩容，持续扩大有效供给。深化职业教育产教融合，创建国家职业教育改革创新试验区，推动山丹培黎职业学院建成招生。大力实施文化惠民工程，积极推进长城、长征国家文化公园建设。落实城乡居民基本养老保险待遇确定和基础养老金正常调整机制，稳步提高养老金待遇水平。实现城镇企业职工养老保险省级统收统支。全力做好地方冻猪肉收储工作，适时投放储备冻猪肉，稳定市场价格。落实好社会救助和保障标准与物价上涨挂钩联动机制，保障重点人群基本生活。

（九）坚持共建共治共享，切实维护社会和谐稳定。深入推进"平安甘肃"建设，保持扫黑除恶、打击网络电信诈骗和禁毒斗争强大攻势，深入开展安全生产专业化隐患排查治理，提高监测预警预防风险能力，坚决防范遏制各类重特大事故。坚持和发展新时代"枫桥经验"，构建社会矛盾纠纷多元化解机制，及时化解各类矛盾纠纷。充分发挥村民自治组织作用，加强村规民约建设，发挥好工青妇等群团组织在基层治理中的作用，提高基层治理水平。持续开展民族宗教理论政策"百场万人"下基层大宣讲活动。

关于2019年全省财政预算执行情况和2020年全省及省级财政预算草案的报告

——2020年1月10日在甘肃省第十三届人民代表大会第三次会议上

各位代表：

受省人民政府委托，现将2019年全省财政预算执行情况和2020年全省及省级财政预算草案提请省十三届人大三次会议审议，并请政协委员和列席人员提出意见。

一、2019 年预算执行情况

2019 年，在省委的坚强领导下，在各级人大及其常委会的监督指导下，全省各级各部门坚持以习近平新时代中国特色社会主义思想为指导，深入学习贯彻党的十九大和十九届二中、三中、四中全会精神，认真学习贯彻习近平总书记对甘肃重要讲话和指示精神，按照省委省政府安排部署，加力提效实施积极的财政政策，调整优化支出结构，攻坚克难，奋发进取，统筹推进稳增长、促改革、调结构、惠民生、防风险、保稳定各项工作，大力推动经济高质量发展。全省各级财政在减收增支因素增多、收支矛盾异常突出、预算平衡压力加大的情况下，进一步强化财政管理，开源节流，优化结构，着力保障“三保”和重点领域支出，全省财政运行总体平稳。

（一）全省预算执行情况

2019 年，全省上下落实落细国家更大规模减税降费政策，实质性减轻企业负担，激发市场活力，为经济高质量发展积蓄新动能。但随着政策实施深入推进，对我省财政收入的影响逐步加深，政策性减收超过预期，全省财政收入近年来首次出现减收。全省一般公共预算收入 850.2 亿元，同口径增长 5.2%。其中：税收收入 577.6 亿元，同口径增长 5.5%；非税收入 272.6 亿元，增长 4.6%。加上中央补助、政府一般债券收入、调入资金等，收入总量为 4220.4 亿元。

全省一般公共预算支出 3956.7 亿元，增长 4.9%。加上政府债券还本、补充预算稳定调节基金、上解中央支出等，支出总量为 4187.3 亿元。收支总量相抵，结转下年支出 33.1 亿元。

全省政府性基金预算收入 519.2 亿元，增长 30%，主要是国有土地使用权出让收入增加。加上中央补助、上年结余、政府专项债券收入等，收入总量为 973.6 亿元。全省政府性基金预算支出 774.8 亿元，增长 40.4%，主要是发行政府收费公路、棚户区改造等专项债券，交通运输、城乡社区等支出增加。加上政府债券还本支出、调出资金等，支出总量为 939.5 亿元。收支总量相抵，结转下年支出 34.1 亿元。

全省国有资本经营预算收入 8.5 亿元，下降 26.1%。加上上年结余、中央补助，收入总量为 10.8 亿元。全省国有资本经营预算支出 6.6 亿元，下降56.5%，主要是中央政策性补助减少。加上调出资金 2.4 亿元（调入一般公共预算），支出总量 9 亿元。收支总量相抵，结转下年支出 1.8 亿元。全省社会保险基金预算收入 1056.5 亿元，下降 6.3%，主要是受落实降低社保缴费费率政策的影响。全省社会保险基金预算支出 1018.3 亿元，增长 0.8%。当年结余 38.2 亿元，年末滚存结余 949.6 亿元。

（二）省级预算执行情况

省级一般公共预算收入 236.7 亿元，同口径增长 5.5%。其中：税收收入 166.2 亿元，同口径增长 5.9%；非税收入 70.5 亿元，增长 4.7%。加上中央补助、政府一般债券收入、调入资金、市县上解收入等，收入总量为 3481.3 亿元。省级一般公共预算支出 832.1 亿元，增长 0.6%。加上政府债券还本、上解中央支出、对市县转移支付、一般债券转贷市县等，支出总量为 3477.9 亿元。收支总量相抵，结转下年支出 3.4 亿元。省对市县转移支付 2281.8 亿元，其中：税收返还及一般性转移支付 1883.8 亿元，专项转移支付 398 亿元，税收返还及一般性转移支付占省对市县转移支付总量的 82.6%。

省级政府性基金预算收入 95 亿元，增长 0.2%。加上中央补助、上年结余、政府专项债券收入等，收入总量 521.9 亿元。省级政府性基金预算支出 143.9 亿元，增长 34.3%，主要是发行政府收费公路等专项债券，交通运输等支出增加。加上政府债券还本、专项债券转贷市县支出、对市县转移支付等，支出总量 515.2 亿元。收支总量相抵，结转下年支出 6.7 亿元。

省级国有资本经营预算收入 3.9 亿元，下降 35%，主要是省属骨干企业上缴收益减少。加上上年结余、中央补助，收入总量 4.5 亿元。省级国有资本经营预算支出 4.4 亿元，下降 63.4%，主要是中央政策性补助和省级收入减少，支出相应下降。加上调出资金 0.1 亿元（调入一般公共预算），支出总量 4.5 亿元。

省级社会保险基金预算收入 405.6 亿元，增长 2.2%；支出 374.5 亿元，增长 8.1%。当年结余 31.1 亿元，年末滚存结余 532.3 亿元。

省级财政预算调整情况。2019 年 5 月，省十三届人大常委会第十次会议审查批准了当年新增政府债券限额分配计划和省级财政预算调整方案，省级一般公共预算支出由年初预算 787.1 亿元调整为 812.5 亿元，增加 25.4 亿元；省对市县税收返还及转移支付由年初预算 1670.7 亿元调整为 1673.1 亿元，增加 2.4 亿元。2019 年 11 月，省十三届人大常委会第十三次会议审查批准了 2019 年省级预算调整方案，通过调入预算稳定调节基金 17 亿元、压减支出 2.5 亿元弥补落实减税降费形成的收支缺口，以实现年度收支预算平衡，保障省委省政府年初确定重点支出事项落实。这样调整后，2019 年省级一般公共预算收入预期由年初的 258.8 亿元调减为 239.8 亿元，省对市县税收返还及转移支付由省十三届人大常委会第十次会议批准的 1673.1 亿元调整为 1670.6 亿元。执行中随着中央对我省转移支付增加，省级支出预算变动为 842.6 亿元，省对市县税收返还及转移支付预算变动为 2281.8 亿元。

（三）政府债务情况

政府债务限额余额情况。财政部核定 2019 年全省政府债务限额 3406.8 亿元（一般债务 1972.3 亿元，专项债务 1434.5 亿元），比上年新增 625 亿元（一般债券 249.5 亿元，专项债券 368 亿元，中央转贷地方外债额度 7.5 亿元）。2019 年底全省政府债务余额预计为 3109.8 亿元，控制在债务限额以内，其中：省级 1063.6 亿元（一般债务 901.9 亿元，专项债务 161.7 亿元），市县 2046.2 亿元（一般债务 978.8 亿元，专项债务 1067.4 亿元）。2019 年政府债务余额决算数，待财政部统一核定后再向省人大常委会报告。

政府债券发行情况。2019 年，在省人大常委会批准的政府债务举债限额内，全省发行政府债券 776.2 亿元。

其中：一般债券 374.6 亿元，专项债券 401.6 亿元。按用途分，发行新增债券 617.5 亿元（包括新增一般债券 249.5 亿元、新增专项债券 368 亿元），其中：省级 162.7 亿元，市县 454.8 亿元；发行置换债券 59.7 亿元（包括置换一般债券 26 亿元、置换专项债券 33.7 亿元），其中：省级 53.7 亿元，市县 6 亿元；发行再融资一般债券 99 亿元，全部为省级债券。债券平均发行期限 13.5 年，其中：一般债券 14.3 年，专项债券 12.7 年。债券平均发行利率 3.62%，其中：一般债券 3.63%，专项债券 3.61%。

政府债务还本付息情况。2019 年全省各级财政按照偿债计划，将债务还本付息支出列入预算。全省偿还政府债务本金 99.5 亿元（主要是用再融资债券偿还 99 亿元），全部为省级到期债券；支付政府债务利息 90.9 亿元，其中：省级 32.9 亿元，市县 58 亿元。

（四）预算稳定调节基金情况

根据各级人大批准的年度财政决算，2018 年末，全省预算稳定调节基金规模为 121.9 亿元。其中：省级为 80.2 亿元，市县 41.7 亿元。2019 年全省动用预算稳定调节基金 112.1 亿元，其中省级动用 78 亿元，市县动用 34.1 亿元。预计 2019 年末全省预算稳定调节基金总规模 89.7 亿元，约占全省总支出的 2.1%，其中省级 58.7 亿元，约占当年省级一般公共预算支出总额（含对下转移支付）的 1.9%。全省及省级预算稳定调节基金规模均在规定比例 5% 之内。

以上 2019 年相关数据为初步汇总数，决算后将根据实际情况对相关数据做相应调整，届时再按程序向省人大常委会报告。具体情况详见《2019 年全省财政预算执行情况和 2020 年全省及省级预算草案》。

二、落实省人大决议和财政重点工作情况

认真贯彻《预算法》和省委办公厅《关于人大预算审查监督重点向支出预算和政策拓展的实施意见》，扎实落实省人大预算决议要求，充分发挥财政职能作用，持续加强预算执行管理和深化财税体制改革，不断提高财政保障能力和管理水平，全力保障省委省政府各项决策部署落实。

（一）强化政策落实和资金保障，支持打好三大攻坚战。在巩固已有成果基础上，不断完善制度机制，细化实化工作举措，加大补短板、强弱项力度，支持打好三大攻坚战。全力支持脱贫攻坚。认真落实脱贫攻坚各项政策举措，全力以赴支持打好脱贫攻坚战。2019 年各级财政共安排财政专项扶贫资金 207.7 亿元，其中：中央补助 108.1 亿元，增长 24.8%；省级安排 60 亿元，增长 29.9%；市县落实 39.6 亿元。省市县投入与中央补助接近 1 ∶ 1。下达城乡建设用地增减挂钩节余指标跨省域调剂资金 52.3 亿元，全部由 30 个深度贫困县专项用于巩固脱贫攻坚成果和支持实施乡村振兴战略。完善贫困县涉农资金整合制度机制，省级主管部门切块下达资金，不戴帽子、不跟任务，彻底为贫困县整合松绑，由县级政府自主安排使用。省级下达涉农可整合资金 277.1 亿元，贫困县实际整合使用 251.2 亿元，基本做到了“因需而整”“应整尽整”。调整完善扶贫小额信贷政策，依法合规开展回收续贷工作。全省累计发放贷款 437.6 亿元，已回收 239.3 亿元，余额 198.3 亿元，逾期率 0.13%，低于国务院扶贫办控制目标。省级拨付农业保险保费补贴资金 8.1 亿元，持续推进全省农业保险增品扩面提标，切实发挥农业保险在防范农业生产风险、稳定农民收入方面的积极作用。省级筹集奖补资金 3000 万元，对推动“五小”产业工作成效显著的 30 个县区给予奖励。筹措资金 5.3 亿元，支持选聘 4 万多名建档立卡贫困户生态护林员、新开发 5000 个乡村公益性岗位，促进就地就近就业，助力脱贫攻坚。实施惠民惠农财政补贴“一卡通”专项治理，筛查管理漏洞，建立长效机制，确保财政补贴资金及时、安全、足额到人到户。强化扶贫资金动态监控，全面推进扶贫项目资金绩效管理。严格执行“两个一律”规定，落实公示公开制度，提高扶贫资金项目管理使用的规范性和透明度。积极防范政府债务风险。按照“开正门、堵后门”的工作思路，严格执行政府债务限额管理和预算管理制度，切实规范政府举债融资行为。加强沟通协调，做好前期准备工作，切实加快债券发行使用进度。2019 年争取新增政府债务限额 625 亿元，较上年增加 179 亿元，有力支持了我省重大项目建设。加强政府隐性债务管理，督促市县通过年度预算安排、压减一般性支出、处置政府资产等方式筹措资金，落实分年度化解方案，稳妥化解隐性债务存量。健全跨部门统计监测机制，加大监督检查力度，坚决遏制隐性债务增量。完善风险预警处置机制，根据债务风险评估和预警结果，督促 2018 年政府债务风险较高的 2 个市本级、11 个县区采取有效措施降低政府债务风险。加强债务风险评估结果应用，合理控制高风险地区新增政府债务限额。2019 年底全省政府债务余额低于财政部核定的债务限额。初步测算，全省政府债务率为 65.6%，债务风险总体可控。着力支持污染防治。坚持贯彻“绿水青山就是金山银山”理念，积极筹措资金，全力推进生态文明建设，坚决打赢污染防治攻坚战。争取国家重点生态功能区转移支付 64.6 亿元，支持生态环境保护治理。统筹中央补助、省级资金 12.1 亿元，扎实整改祁连山自然保护区生态环境问题，按时限要求完成祁连山生态环境治理整改任务，认真实施山水林田湖草项目，稳步推进祁连山和大熊猫国家公园体制试点。筹措 30.1 亿元，实施大气、水、土壤污染防治，开展大规模国土绿化，提高森林覆盖率，推动新一轮退耕还林还草，支持张掖市实施城市黑臭水体治理示范项目，提升环境监测监管能力。落实资金 7.7 亿元，采取以奖代补的方式，引导市县推动实施厕所、风貌、垃圾“三大革命”，深入推进人居环境整治。

（二）坚持尽力而为量力而行，着力保障和改善民生。贯彻以人民为中心的发展思想，在 2019 年财政短收较大的情况下，坚持民生投入只增不减，保障重大民生政策落实。全省教育、卫生等 11 类民生支出 3185.1 亿元，增长 6%，占总支出的 80.5%。省级拨

付资金20.8亿元，支持10件为民实事落实。民生支出中，教育支出637.9亿元，进一步巩固城乡义务教育经费保障机制，改善义务教育办学条件，支持消除城镇“大班额”，推动乡镇寄宿制学校和乡村小规模学校建设，落实中等职业教育国家奖学金政策。支持深度贫困村中小学建设教师周转宿舍5.3万平方米，实施543个农村边远地区中小学温暖工程项目，解决149万平方米校舍采暖问题。发行教育专项债券3亿元，支持高校基础设施建设。社会保障和就业支出531.2亿元，落实退休人员养老金调标政策，企业和机关事业单位退休人员基本养老金平均增长5%。坚持低保标准与脱贫标准相衔接，农村低保一、二类对象补助水平分别提高8%和9.7%；城市低保补助水平提高8%。城乡特困人员基本生活补助标准分别提高到不低于每人每年8174元、5226元，并实行照料护理补助政策。落实积极的就业政策，支持重点群体就业创业。支持残疾人事业发展，提高工伤人员伤残津贴、供养亲属抚恤金、生活护理费等待遇。出台全省部分退役士兵社会保险接续政策，完善退役军人服务保障体系建设。卫生健康支出326.7亿元，深化医药卫生体制改革，持续支持实施国家基本药物制度，落实公立医院取消药品加成财政补助政策，推动公立医院综合改革。基本公共卫生服务政府补助标准从年人均55元提高到69元；城乡居民基本医疗保险政府补贴标准由490元提高到520元，惠及2200多万城乡参保居民。住房保障支出157亿元，推动保障性安居工程建设，为4.57万户城镇低收入家庭发放住房租赁补贴；采取分地区差异化补助的方式，支持完成2.65万户四类重点对象和新排查1.27万户农村危房改造。发行专项债券175亿元，支持实施18.27万户棚户区、7.9万户老旧小区改造。安排以奖代补资金5015万元，支持城市老旧住宅小区电梯改造。文化旅游体育与传媒支出83.8亿元，推进公共文化服务城乡协调发展，支持县级融媒体中心、村综合文化服务中心等项目建设，实施农村公益电影放映、农家书屋出版物更新等文化惠农工程，推动全民健身行动，支持图书馆、文化馆、美术馆、乡镇综合文化站免费开放和大型体育场馆免费或低收费开放。保障庆祝中华人民共和国成立70周年活动，支持“一会一节”、中医药产业博览会等重大节会成功举办。

（三）加大财政投入力度，促进经济高质量发展。深入贯彻省委省政府关于构建生态产业体系推动绿色发展崛起的总体决策部署，按照“1+1+10+X”政策框架体系，不断创新思路，强化组织协调，统筹推进抓好落实。推动十大生态产业发展。完善绿色生态产业发展基金管理方式，拓宽基金投资、参股渠道，支持十大生态产业发展。引导基金投入运营，已完成首笔投资；十大生态产业子基金中8只基金方案已批复，其中5只基金已注册运营。支持重大基础设施项目建设。聚焦基础设施补短板强弱项，筹措505亿元，支持交通、水利、城市基础设施等重大项目建设；安排项目前期费3.7亿元，支持157个重大项目落地建设。抢抓“一带一路”建设重大机遇，统筹推动文化、枢纽、技术、信息、生态领域重大项目落地；落实支持兰州新区发展政策举措，安排20亿元专项债券由兰州市重点用于榆中生态创新城建设，积极支持培育新的增长点增长极增长带。积极缓解企业融资难题。省级财政累计注入资本金40亿元，支持政府性融资担保体系建设，实现全省所有市县政策性担保服务机构全覆盖。支持设立纾困基金、倒贷基金。积极推动绿色金融发展，支持绿色项目建设。安排4.8亿元，引导推动普惠金融发展，保障农民、城镇低收入人群等弱势群体基层金融服务需求；支持深化民营和小微企业金融服务综合改革试点城市工作，引导金融资源更好发挥“支小助微”作用。扎实推进清理拖欠民营企业中小企业账款工作，全省各级政府及其所属机构已偿还欠款112.6亿元，全面完成了年度清偿50%以上的任务。支持农业农村加快发展。加快现代农业发展步伐，筹措产业发展资金12.6亿元，大力支持发展“牛羊菜果薯药”六大产业，推动戈壁生态农业、现代丝路寒旱农业发展，促进特色优势产业提质增效和转型升级。培育壮大新型经营主体，统筹安排6.6亿元，扶持农民专业合作社示范社发展、壮大村级集体经济，创建2个国家级现代农业产业园、7个产业兴村强镇试点，推动乡村产业融合发展。筹措资金53.8亿元，提升农业综合生产能力，促进耕地保护和休养生息，推动高标准农田建设。支持实施创新驱动战略。当年科技领域支出29.2亿元，增长13.5%，高于一般公共预算支出增幅8.6个百分点。健全科技投入保障机制，推动科研领域“放管服”改革，落实科技创新奖补措施，促进科技成果转化，激发创新主体活力和潜力，推进“大众创业、万众创新”。落实省长人才奖及人才津贴政策，大力扶持创新创业人才队伍。

（四）加强财政收支管理，保障减税降费政策落地见效。认真贯彻落实党中央、国务院更大规模减税降费政策措施，多措并举开源节流，保障重点领域支出，支持减税降费政策落地生根。1-11月，全省累计新增减免税费160.8亿元，其中新增减税126.1亿元（影响地方级65.8亿元），新增社保费降费34.7亿元，全年预计新增减税降费超过180亿元。在减轻企业成本负担、促进企业加大研发投入、增加居民收入和消费能力等方面发挥了积极作用，近70万户企业和280万人民群众享受到了减税降费政策红利。积极争取中央支持。根据中央政策及预算安排情况，细化分解任务，加强向上对接沟通，主动跟进落实，争取中央支持工作成效明显。中央下达一般公共预算各类补助资金2680.5亿元，增加177.6亿元，增长7.1%。特别是在公路建设、农村危房改造、资源枯竭城市转移支付等方面给予了倾斜支持。多渠道弥补减税降费形成的收支缺口。通过加大预算稳定调节基金、政府性基金预算、国有资本经营预算调入力度和清理盘活闲置资产等措施，弥补实施减税降费政策形成的短收，努力保障重点领域支出。大力压减一般性支出。坚持勤俭节约、精打细算，从严控制和压减一般性支出以及非急需、非刚性支出，重点保障省委省政府重大决策部署落实。2019年省级一般性支出年初预算压减幅度达7.3%。执行中，督促省级各部门进一步严控一般性支出，严禁超范围、超标准报销费用。切实兜牢县级“三保”底线。坚持财力下沉，加大省对市县转移支付力度，增强市县特别是财政困难地区的托底能力。加强县级“三保”支出预算审核，提出调整完善意见，优先保障“三保”支出需求。建立工资专户管理制度，实行封闭式管理，保证国家标准工资及时发放，支持做好县级“保工资”工作。硬化预算执行约束。严格执行人民代表大会批准的预算，坚决杜绝无预算安排支出行为。严把预算支出关口，坚持先有预算后有支出，严控预算追加事项，确需增加的支出通过部门内部调剂解决。认真落实《预算法》，执行中确需调整年初预算的，严格按程序提请人大常委会审查批准。

（五）全面落实改革管理举措，推进建立现代财政制度取得新进展。积极应对财政收支矛盾，突出依法理财、依法行政，不断提升财政管理科学化、规范化水平。深化财税体制改革。严格落实基本公共服务、医疗卫生领域各级政府支出责任和分担机制，出台教育、科技、交通运输领域省与市县财政事权和支出责任划分改革方案，促进基本公共服务均等化。完善省对市县转移支付制度，设立共同财政事权转移支付，加强转移支付管理。完善税收管理制度，明确我省耕地占用税具体适用税额，启动实施资源税法及水资源税试点前期准备工作。按照保持现有财力格局总体稳定原则，明确增值税省与市县分享比例，优化省与市县增值税留抵退税分担机制，调动省与市县两个积极性。改进预算编制管理。认真编制中期财政规划，增强年度间政府预算的衔接与约束。加大一般公共预算、政府性基金预算和国有资本经营预算统筹使用力度，完善基本支出定额标准体系，推动预算项目库滚动管理。将中央提前下达转移支付、省级各类结转资金等全部纳入预算盘子，并将对市县转移支付细化到具体地区和项目，提高年初预算到位率。强化采购预算、资产配置预算编制与执行，坚持无预算不得采购、配置。全面实施预算绩效管理。强化预算绩效源头管控，省级将预算绩效目标编制作为部门预算编制的前置条件，实现一般公共预算项目全覆盖。加强预算绩效目标管理，加大绩效信息公开力度。实施预算执行进度和绩效目标实现程度“双监控”，及时督促部门纠正偏差。强化绩效评价结果运用，将评价结果作为预算安排的重要依据。积极服务人大、政协监督。认真落实人大预算审查监督重点拓展改革有关要求，制定财政部门贯彻落实人大预算审查监督重点向支出预算和政策拓展的实施方案。扎实落实国有资产管理报告制度，省级和大部分市县按程序向同级人大常委会报告了国有资产管理情况。建立健全服务代表委员工作机制，主动通报财政重点工作及财税改革进展情况，听取代表委员对财政工作的意见建议。认真研究代表委员意见建议，提高建议提案办理质量。

在看到成绩和积极变化的同时，我们也清醒地看到，当前财政运行中还存在一些突出问题：受经济下行压力加大和落实减税降费政策等因素影响，财政收入增速持续放缓，一些市县财政运转困难，“三保”支出压力剧增，收支平衡难度加大。个别市县政府债务负担较重，还本付息压力大，防范化解政府债务风险任务艰巨。预算绩效管理体系尚不健全，一些绩效目标设定不够科学，绩效约束力不强，部门主体责任意识需进一步增强。我们将高度重视这些问题，积极采取措施加以改进。

三、2020年全省及省级财政预算草案编制情况

2020年是全面建成小康社会和“十三五”规划收官之年，也是为“十四五”规划良好开局打下基础的关键之年。编制好2020年预算，做好各项财政工作，对贯彻落实党中央国务院方针政策和省委省政府工作部署，促进全省经济高质量发展和社会大局稳定、开创富民兴陇新局面，具有十分重要的意义。当前，全省经济稳中向好、长期向好的基本趋势没有改变，但今年经济运行不确定因素较多，对财政收支影响较大。从积极因素看，党中央国务院推动“一带一路”建设、实施新一轮西部大开发，特别是推进黄河流域生态保护和高质量发展等重大战略部署，给我省经济社会发展带来了新的重大政策机遇。省委省政府精准对接国家重大战略部署，紧密结合省情实际，谋划实施的发展十大生态产业、抢抓“五个制高点”等规划，已成为我省转型发展的强大引擎，将有利于拉动税收增长、增加财政收入。从减收增支因素看，受经济下行压力持续加大等因素影响，大规模减税降费政策带来的减收效应持续释放，投资增长后劲不足，价格对财政收入的拉动作用减小，预计财政收入增长仍将缓慢。财政支出增长刚性强，三大攻坚战、教育、科技等领域资金需求大，兑现“三保”政策增支多，重大基础设施建设、促进经济发展等保障任务重，一些地方保工资、保运转、保基本民生存在困难，财政收支平衡压力进一步加大。

2020年预算编制的指导思想是：以习近平新时代中国特色社会主义思想为指导，全面贯彻党的十九大和十九届二中、三中、四中全会精神，深入贯彻落实习近平总书记对甘肃重要讲话和指示精神，坚决贯彻党的基本理论、基本路线、基本方略，增强“四个意识”、坚定“四个自信”、做到“两个维护”，按照中央和省委经济工作会议部署，紧扣全面建成小康社会奋斗目标，统筹推进“五位一体”总体布局和协调推进“四个全面”战略布局，坚持稳中求进工作总基调，坚持新发展理念，坚持以供给侧结构性改革为主线，坚定不移推动高质量发展、绿色发展崛起，坚决支持打赢三大攻坚战，全面做好“六稳”工作，统筹推进稳增长、促改革、调结构、惠民生、防风险、保稳定。全面落实大力提质增效的积极财政政策，更加注重结构调整，巩固和拓展减税降费成效；牢固树立过紧日子苦日子思想，认真贯彻“以收定支”原则，加大优化财政支出结构力度，坚持突出重点、有保有压；加快建立现代财政制度，深化财税体制改革，促进经济社会持续健康发展。

根据经济形势和上述指导思想，2020年预算编制的总体思路是：坚决贯彻中央和省委决策部署，认真落实中央和省委经济工作会议、全国财政工作会议精神，主动适应高质量发展阶段的财政工作，深化财税体制改革，推进依法理财，提高财政资金使用效益，推动经济高质量发展和社会和谐稳定。收入预算坚持实事求是、科学预测，与经济社会发展新情况相适应，与财政政策相衔接。既充分考虑发展十大生态产业、抢占“五个制高点”等决策部署落地见效、工业生产持续回暖等有利因素，也充分考虑有效投资增长乏力、部分企业经营困难及减税降费政策翘尾等因素对财政增收带来的压力。支出预算要认真贯彻习近平总书记关于艰苦奋斗、勤俭节约一系列重要论述精神，切实落实政府过紧日子的要求，充分运用“零基预算”管理方式，坚持以收定支、量力而行，坚决压缩一般性支出，取消不必要的项目支出，优先保障“三保”和重点领域支出，确保财政平稳可持续运行。

（一）2020年财政政策

2020年，积极的财政政策要大力提质增效，更加注重结构调整。“提质增效”，就是财政政策要进一步向内挖潜，不断提高政策精准性和有效性。在当前财政收支平衡压力持续增大、加力空间有限的前提下，在保持财政政策取向不变、力度积极的同时，强调政策的“提质”要求和“增效”导向，从“质”和“量”两方面发力，切实提高财政资源配置效率和使用效益，推进经济实现量的合理增长和质的稳步提升。“结构调整”，就是要进一步优化财政资金使用结构和方式，更加突出政策重点，把钱用在刀刃上，着力支持民生建设、基础设施补短板、绿色发展等领域。主要体现在：一是巩固和拓展减税降费成效，继续密切关注各行业税负变化，牢牢把握“三个确保”要求，及时研究解决企业反映的突出问题，持续发挥减税降费政策效应，激发市场活力。二是通盘考虑全年支出需求，统筹使用省级财力、中央转移支付、债券资金、存量资金和增量资金，加大重点领域和重点环节的投入；加大三本预算统筹力度，政府性基金预算结转规模控制在该项基金当年收入的30%以内，超过部分调入一般公共预算补充预算稳定调节基金，国有资本经营预算调入一般公共预算的比例不低于30%。三是更加突出以收定支，严把预算关口，严控和压减一般性支出和非刚性、非重点项目支出，保障重点领域支出需求，确保把宝贵的财政资金用到关键处、花在刀刃上。执行中按照能省则省的原则，把可不再安排的支出节省下来。四是加大对市县转移支付力度，缓解收入增长放缓带来的财政支出压力，增强困难地区和基层政府保工资、保运转、保基本民生的能力。加强“三保”支出预算审核，督促市县把“三保”放在财政支出的优先位置。五是坚持“资金跟着项目走”，优化债券投向结构，加快建立项目储备和前期准备等工作机制，储备一批、发行一批、建设一批、接续一批公益性建设项目，尽快扩大有效投资，形成对经济的有效拉动。

主要支出政策：

1.脱贫攻坚方面。围绕全面建成小康社会任务，按照挂牌督战和“四个不摘”要求，继续加大脱贫攻坚投入力度，支持8个未脱贫县攻坚拔寨和已脱贫县拾遗补漏、巩固拓展等，高质量打赢脱贫攻坚硬仗。持续加大财政专项扶贫资金投入，安排资金72亿元，增加12亿元，增长20%。加强涉农资金整合使用，把深度贫困地区摆在更加重要位置，瞄准薄弱环节，巩固住房安全和饮水安全等成果。围绕稳定增收目标，支持健全完善生产组织、投入保障、产销对接、风险防范体系，促进贫困群众稳定增收。发展特色优势产业，鼓励扶持贫困地区以市场需求为导向，发展符合各自禀赋的特色优势产业，因地制宜培育“牛羊菜果薯药”六大特色产业，着力支持发展乡村旅游产业，形成一批特色优势明显、带动性强的主导产业。落实扶贫小额贷款和易地扶贫搬迁贷款贴息政策。发展壮大龙头企业带动农民专业合作社，鼓励贫困县推动“五小”产业，支持发展“扶贫车间”，落实建档立卡贫困户生态护林员、乡村公益性岗位等促进贫困人口就业政策，支持群众就地脱贫。加大扶贫产业投入力度，完善保险保本垫底、入股分红保底、公益性岗位托底、低保政策兜底的风险防范体系。支持贫困村帮扶工作队及贫困村第一书记开展扶贫工作。用好中央城乡建设用地增减挂钩节余指标跨省域调剂补助资金，支持深度贫困县巩固脱贫攻坚成果。

2.生态环保方面。深入践行习近平生态文明思想，健全长效投入机制，统筹推进山水林田湖草综合治理、系统治理、源头治理，促进生态环境质量改善。统筹重点生态功能区转移支付、政府债券等资金，围绕“让黄河成为造福人民的幸福河”，突出甘南黄河上游水源涵养和陇东陇中黄土高原水土流失保护治理两大重点，支持开展沙化退化草原巩固治理工程，加快推进“四屏一廊”建设，实施祁连山、渭河源区、“两江一水”等重点区域流域生态治理，坚决防止生态恶化，提升生态服务功能。加强环境污染防治与监测监管，支持大气、水、土壤污染防治。加强自然保护区能力建设，开展森林、草原植被保护与恢复和大规模国土绿化，实施新一轮退耕还林还草、天然林保护、退牧还草等国家重点生态工程项目。加快推进垃圾分类处理及全域无垃圾工程，支持尾菜处理、秸秆饲料化综合利用以及耕地农作休耕试点，加强农村面源污染治理，推进黑臭水体专项整治，推动清洁生产。加强自然灾害防治体系建设，提升预警监测、综合治理、应急反应能力。加大重点生态功能区转移支付力度，支持市县加强生态环境保护与修复，推动祁连山、大熊猫国家公园体制试点。

3.农业农村发展方面。加强脱贫攻坚与乡村振兴战略的对接，完善财政资金投入机制，加快推进农业农村发展。推动现代丝路寒旱农业、戈壁生态农业加快发展，壮大新型农业经营主体，支持多种形式适度规模经营，促进小农户与现代农业有机衔接。构建现代农业产业体系，落实农业补贴政策，推进农村综合改革，加强新型职业农民培育，推动农村土地承包经营权流转和集体产权制度改革，强化农产品质量安全监管及追溯体系建设。提高农业综合生产能力，实施高标准农田建设，推动旱作农业、高效节水农业、设施农业发展，加强土地整治与耕地保护。深入推进政策性农业保险工作，加强农业生产防灾救灾及防汛抗旱工作，促进农业可持续发展。支持培育壮大龙头企业，促进农产品精深加工、冷链物流等实体经济发展。深入推进农村人居环境整治，支持实施“三大革命”和“六大行动”，巩固提升农村饮水安全，推动宜居乡村建设。进一步提高村组干部报酬和村级组织办公经费保障标准，将全省村干部基本报酬最低保障标准由每人每年2.4万元提高到3万元，组干部报酬最低保障标准由每人每年0.72万元提高到0.9万元，村务监督委员会主任报酬最低保障标准由每人每年0.4万元提高到0.9万元；村级组织办公经费最低保障标准由每村每年4.1万元提高到5万元。

4.保障和改善民生方面。坚持经济发展与民生改善相协调，加大财政投入力度，注重保障普惠性、基础性、兜底性民生政策落实，切实办好民生实事。认真落实教育投入政策，巩固城乡义务教育经费保障机制，做好义务教育薄弱环节改善与能力提升工作，持续支持乡镇寄宿制学校、乡村小规模学校建设和消除城镇“大班额”，大力发展学前教育。支持高校科技创新、大学生创新创业，推动高校改革发展，实施现代职业教育质量提升计划。完善困难群众基本生活救助制度，保障困难群众基本生活。适度提高退休人员基本养老金水平，实施企业职工基本养老保险基金省级统筹，推动划转部分国有资本充实社保基金工作。实施就业优先政策，支持做好高校毕业生、农村贫困劳动力、退役军人、就业困难人员等重点群体就业工作。支持依法治理拖欠农民工工资问题。推进残疾人事业发展。落实退役安置优抚补助等政策，提高退役军人服务保障水平。推进“健康甘肃”建设，深化医药卫生体制改革，完善城乡居民基本医疗保险制度，适当提高城乡居民基本医疗保险财政补助标准。支持中医药事业发展和加强食品药品监管，推进公共卫生体系建设、提高重大疾病、重点传染病防控水平，加快电子健康卡普及推广。推进保障性安居工程建设，落实城镇低收入家庭住房租赁补贴政策，实施城镇棚户区改造，支持农村危房“清零行动”，继续实施老旧住宅小区电梯改造工程。支持提高文化体育服务水平，完善基本公共文化体育服务财政保障机制，扶持文化产业发展，支持乡镇、社区体育健身中心建设。支持加快旅游业发展，改善乡村旅游环境条件，提高旅游服务能力。支持推进“平安甘肃”建设，维护社会和谐稳定。

5.促进经济发展方面。认真贯彻落实省委省政府“构建生态产业体系，实现绿色发展崛起”的发展思路，着力落实促进经济高质量发展的安排部署。继续安排绿色生态产业发展基金政府出资，支持发展十大生态产业，推动绿色发展崛起。加大财政资金统筹力度，大力支持抢占“五个制高点”，把资源优势和区位优势转变为发展优势和竞争优势。设立奖励资金，激励和支持市州推动高质量发展。支持加快兰州新区、大敦煌旅游文化圈、榆中生态创新城建设，推动老少边穷地区协调发展，培育壮大增长点增长极增长带。加强政府投资基金管理，健全融资担保体系，落实招商引资若干措施，全面落实减税降费政策，推动实体经济加快发展。实施创新驱动发展战略，落实科技创新各项政策措施，支持打造用好创新驱动平台，落实科研项目和资金管理改革政策，充分释放科研机构和人员创新活力，促进新旧动能的接续转换，支持创新型甘肃建设。支持实施省长人才奖和各类人才培养计划，落实人才津贴政策。坚持“资金跟着项目走”，用好地方政府债券，谋划、梳理、储备一批符合国家规定的债券项目，推动公路、水利等基础设施建设。支持航空运输和国际货运班列运营。支持省属国有企业综合改革，推进“三供一业”分离移交。推动完善国有金融资本管理体制，加强国有金融资本管理。实施新增农业转移人口市民化奖励政策，推进新型城镇化建设进程。

（二）2020年全省代编财政收支情况

全省一般公共预算收入预计880亿元左右，同口径增长5%。加上中央补助、上年结转、一般债券收入以及调入的预算稳定调节基金等，全省一般公共预算支出预计达到4100亿元以上。

全省政府性基金预算收入预计532.6亿元，加上中央提前下达补助、专项债券收入、上年结转等，收入总计701.2亿元；安排当年支出604.5亿元，调入一般公共预算65.9亿元，安排专项债务还本28.4亿元，预计结转下年2.4亿元。

全省国有资本经营预算收入预计7.6亿元，加上中央提前下达补助、上年结转等，收入总计9.5亿元；安排当年支出4.5亿元，调入一般公共预算3.4亿元，预计结转下年1.6亿元。

全省社会保险基金预算收入预计1088.7亿元，支出1091.8亿元，年末滚存结余946.5亿元。

需要说明的是：全省预算由省级预算和市县预算汇总形成，市县预算由市县人民政府编制，报同级人民代表大会批准。本报告中全省收入预计数和支出安排数均为省级财政代编。

（三）省级预算草案编制情况

省级一般公共预算收入预计为250.1亿元，增长5.7%。其中：税收收入181.9亿元，增长9.5%；非税收入68.2亿元，下降3.2%。加上中央提前下达补助、调入预算稳定调节基金、市县上解收入等，总收入2801.8亿元。

省级安排一般公共预算支出2801.8亿元，分本级支出、对市县税收返还和转移支付、上解中央、债券转贷市县支出反映：本级支出705.6亿元；省对市县税收返还和转移支付2024.3亿元，其中：税收返还56.6亿元，一般性转移支付1823.1亿元，专项转移支付144.6亿元；上解中央支出19亿元；一般债券转贷市县52.9亿元。

这样安排后，省级部门“三公”经费财政拨款汇总预算3.3亿元，同比下降3.9%。省级一般性支出62.8亿元，同比下降10.2%。

省级一般公共预算支出中，基本支出178.6亿元，项目支出519亿元；预备费8亿元，占省级一般公共预算支出的1.1%。

支出科目安排情况：一般公共服务支出48.4亿元；国防及公共安全支出69.7亿元；教育支出78.2亿元；科学技术支出12.8亿元；文化旅游体育与传媒支出24.4亿元；社会保障和就业支出145.4亿元；卫生健康支出22.7亿元；节能环保支出14亿元；城乡社区支出2亿元；农林水支出40.3亿元；交通运输支出127.6亿元；资源勘探工业信息等支出21.6亿元；商业服务业等支出0.6亿元；金融支出20.1亿元；自然资源海洋气象等支出8.2亿元；住房保障支出7.5亿元；粮油物资储备支出6.2亿元；灾害防治及应急管理支出2.9亿元；债务还本付息支出40.5亿元；债务发行费用支出2亿元；其他支出2.2亿元。

省政府确定的10件为民办实事事项，需省级安排的资金都做了相应安排。

省级政府性基金预算收入预计84.3亿元，加上中央提前下达补助、专项债券收入、上年结转等，收入总计225.5亿元。按照有关政策规定和收支平衡原则，调入一般公共预算10亿元，专项债券转贷市县59.4亿元，安排本级支出136.2亿元，对市县转移支付19.9亿元。

省级国有资本经营预算收入预计4亿元。按照有关政策规定和收支平衡原则，调入一般公共预算1.2亿元，安排本级支出2.8亿元，主要用于省属企业“三供一业”分离移交补助、补充国有企业资本金等方面。

省级社会保险基金预算收入预计421.6亿元，支出449.1亿元，年末滚存结余504.8亿元。

需要说明的是：根据《预算法》规定，在省人民代表大会批准本预算草案前，可安排下列支出：上年度结转支出；参照上年同期的预算支出数额安排必须支出的本年度部门基本支出、项目支出，以及对下级政府的转移性支出；法律规定必须履行支付义务的支出，以及用于自然灾害等突发事件处理的支出。2020年省级一般公共预算支出和对市县转移支付中，中央补助只包括了提前通知部分，执行中随着中央转移支付增加将相应增加。

（四）省级政府债务还本付息情况

2020年，省级到期一般债券132.3亿元，根据有关规定，通过发行再融资债券还本131.8亿元，预算安排还本0.5亿元。省级一般债券付息支出预计40亿元，增加10亿元。主要是：2020年以前发行债券付息支出35亿元；预计2020年发行10年期及以上债券付息支出5亿元。省级专项债券付息支出9亿元，增加5.1亿元。

经国务院批准，财政部提前下达我省部分2020年地方政府债务新增限额257亿元，其中：一般债券133亿元，专项债券124亿元。为加快债券资金发行使用工作，我们已将中央提前下达部分2020年新增政府债务限额测算安排到省级和市州，其中：安排省级一般债券80.1亿元，主要用于脱贫攻坚、引洮二期工程、城镇棚户区改造、农村危房改造、农村综合改革、农村“厕所革命”、村庄清洁行动、义务教育薄弱环节改善与能力提升等重大项目；专项债券64.6亿元，主要用于收费公路和铁路建设。这些支出项目已纳入2020年省级预算草案。转贷市县一般债券52.9亿元，专项债券59.4亿元。其余限额待财政部下达后，我们将及时提出债务限额分配计划及省级预算调整方案，按程序提交省人大常委会审查批准。

四、2020年主要工作措施

我们将按照省委决策部署及人大决议要求，进一步完善工作措施，加强财政收支管理，深化财税体制改革，强化监督管理，推动各项政策措施落地落实，促进全省经济高质量发展。

（一）强化财政收支管理。依法依规组织财政收入。加强沟通协作，堵塞征管漏洞，着力挖潜增收；充分利用非税收入收缴电子化管理平台，规范非税收缴行为，努力做到颗粒归仓、足额入库。不断完善政策举措，优化相关流程，落实落细各项减税降费政策，涵养培植税源，夯实财政可持续发展基础。积极争取中央支持。结合国家新一轮西部大开发、黄河流域生态保护和高质量发展等重大战略实施，挖掘甘肃文化、自然、地理等资源禀赋，兼顾近期、中期、长期，加强与中央部委衔接沟通，谋划储备一批优质重大项目，争取更多中央政策资金支持。强化预算执行管理。综合运用提前下达、预拨清算、加快债券发行等有效措施，加快预算执行进度。从严控制财政资金拨付，已经列入预算的基本支出要依据国家规定予以保障，项目支出要体现节支要求，严格按照项目进度、合同约定和规定程序拨付，严禁超进度超合同提前拨款，严禁采取以拨代支、虚列支出等方式抬高预算执行进度。对不具备实施条件、项目进展缓慢以及预计难以支出的项目，一律不拨付资金。强化国有资本经营预算管理，完善国有企业资本收益征缴机制。

（二）突出保基本促重点。严控一般性支出，从严从紧安排“三公”经费预算，大力清理盘活结余结转资金，在优先保障保工资、保运转、保基本民生兜底政策的基础上，集中用于省委省政府确定的重点领域支出。切实做好“三保”工作。建立健全县级预算审核制度，切实落实“两个优先”要求，足额安排“三保”支出预算。坚持财力下沉，逐步增加省对市县一般性转移支付规模，增强困难地区和基层保“三保”能力。完善民生支出管理机制。坚持财政可持续发展，健全财政支出政策决策机制和基本公共服务保障标准备案制度，加强重大项目财政可承受能力评估。国家标准“三保”支出保障不到位的市县，不得对现有民生政策提高标准或扩大范围。着力保障重点领域支出。完善财政投入机制，持续加大脱贫攻坚、生态环境保护两个底线性任务的投入力度。统筹财政资金，着力落实省委省政府促进经济社会高质量发展的决策部署。

（三）深化财税体制改革。加快

财政体制改革。稳步推进财政事权和支出责任划分改革工作，认真落实已出台的分领域改革方案，按照中央改革节奏，积极推进其他领域划分改革工作。健全预算管理制度。强化“零基预算”执行，健全支出标准体系，完善能增能减、有保有压的预算安排机制，着力打破预算支出固化格局。深入推进预算绩效管理。在健全一般公共预算绩效管理体系基础上，加强政府性基金预算、国有资本经营预算绩效管理。切实将绩效关口前移，积极推行事前绩效评估。优化绩效目标，将绩效目标与预算同步批复下达，提升绩效目标的约束力。加强绩效运行监控和自评管理，提高绩效评价质量。加大绩效公开力度，倒逼提升预算绩效水平。加快财政信息化建设。推动财政核心业务一体化系统建设，构建现代信息技术条件下“制度＋技术”的管理机制，实现各级财政部门对预算管理的动态反映和有效控制。深化财政国库管理制度改革，有序推进资金支付与政府采购、现金管理、决算报告等业务整合。

（四）强化政府债务管理。规范政府举债融资行为。坚持以稳为主、稳中求降的政策取向，动态逐步化解政府债务风险。把握好防风险和促发展间的关系，积极争取中央增加我省债券发行额度，新增债券额度适当向财政实力强、债务风险较低的地区倾斜。稳妥化解隐性债务存量，坚决遏制隐性债务增量。健全工作机制。加强沟通衔接，健全完善债券项目安排协调机制，聚焦重点领域和薄弱环节，加强重大项目谋划、储备工作，推进建立专项债券项目准备滚动接续机制，确保债券资金发行后能及时拨付使用。加强债券资金监管。做好债券资金的事中事后监管，确保债券资金到位后能尽快形成实物工作量；密切关注债券发行和使用进度，对进度偏慢的地区及时督促通报，充分发挥债券资金效益。健全跟踪问效机制。建立健全省、市、县各级政府债务风险等级评定制度，加强常态化监控评估。开展地方政府债务管理绩效评价，对绩效评价较好的市县在分配新增债券时给予倾斜，激励市县和项目单位增强债券资金使用绩效意识。

（五）建立健全监管机制。严格执行人大批准的预算，自觉接受人大及其常委会监督，高度重视审计、检查等反映的问题，注重从体制机制入手抓好整改落实。积极落实人大预算审查监督重点向支出预算和政策拓展的有关要求，提高预决算报告草案编制质量，全面向人大反映重大支出政策和政策落实情况。依法依规公开预决算、政府债务等信息，主动接受社会监督。加强对扶贫资金管理使用、重大民生政策落实以及重点项目实施情况的监督，健全监督结果与预算安排、资金分配挂钩的奖惩机制。健全服务代表委员工作机制，加强财政工作情况通报和财税政策宣传，不断提高建议提案办理质量。以财政核心业务一体化系统建设为依托，做好系统对接，实现信息数据共享，推动人大对财政预算编制、执行的全过程监督。

各位代表：做好2020年全省财政发展改革工作任务艰巨、责任重大。我们将在省委的坚强领导下，高举中国特色社会主义伟大旗帜，更加紧密地团结在以习近平同志为核心的党中央周围，全面贯彻党中央国务院和省委省政府决策部署，认真落实本次会议决议，积极主动服务大局，不忘初心，牢记使命，履职尽责，真抓实干，为全省经济社会高质量发展、谱写加快建设幸福美好新甘肃、不断开创富民兴陇新局面的时代篇章做出积极贡献！

概　况

甘肃省情

【甘肃概况】甘肃取古甘州（今张掖）和古肃州（今酒泉）两地首字而得名，由于陇山在境内绵延又简称“陇”。位中国西部、黄河上游，东接陕西，南邻四川，西连青海、新疆，北靠内蒙古、宁夏，并与蒙古人民共和国接壤。闻名中外的古丝绸之路和新亚欧大陆桥横贯全境，使甘肃成为西北地区连接中、东部地区的桥梁和纽带，成为贯通东亚与亚洲中部、西亚与欧洲之间的陆上交通通道。全省辖 12 个市、2 个自治州，86 个县（市、区），省会兰州是西北重要的交通通讯枢纽，陇海、兰新、包兰、兰青和兰渝铁路在此交汇，也是石油天然气管道运输枢纽、国家级西北商贸中心。甘肃是一个多民族省份，拥有汉、回、藏、东乡等 56 个民族，其中裕固、保安、东乡族是甘肃的独有民族。2019 年末，全省常住人口 2647.43 万人，其中少数民族人口 264.48 万人。

【自然环境】甘肃位于黄土高原、青藏高原、内蒙古高原三大高原和西北干旱区、青藏高寒区、东部季风区三大自然区域的交汇处。据甘肃省第二次全国土地调查，2018 年度土地变更调查，截至 2018 年 12 月 31 日，全省土地总土地面积为 42.59 万平方公里，地形呈狭长状，东西长 1655 公里，南北宽 530 公里。地貌复杂多样，山地、高原、平川、河谷、沙漠、戈壁交错分布、类型齐全，地势自西南向东北倾斜，大致可分为陇南山地、陇中黄土高原、甘南高原、河西走廊、祁连山脉、河西走廊以北地带六大地形区域。大部分地区气候干燥，属大陆性很强的温带季风气候。2019 年，全省平均气温为 8.9℃。年平均降水量为 491.1 毫米；年日照时数为 2200 小时。甘肃是一个少林省份，据甘肃省第八次森林资源清查，全省森林覆盖率 11.33%。甘肃自然风光雄浑俊美，有大漠戈壁、森林草原、冰川雪峰、丹霞地貌、峡谷溶洞等，被地质学家称为最丰富的地质和地表特征博物馆。

【矿产资源】甘肃为我国重要的能源、原材料工业基地，拥有丰富的石油、天然气、有色金属、稀有金属等矿产资源。截至 2018 年底，全省已发现各类矿产 119 种（计算到亚矿种 180 种），其中，已查明资源储量 75 种（计算到亚矿种 112 种），占全省已发现矿种 63%。已查明矿产资源以非金属矿产为主，其次是金属矿产和能源矿产。列入《甘肃省矿产资源储量表》的固体矿产 96 种、矿产地 1381 处（含共伴生矿产）。根据《2018 年全国矿产资源储量占比排名》统计，全省资源储量居全国第 1 位的矿产有 11 种，分别是镍矿、钴矿、铂矿、钯矿、铱矿、锇矿、铑矿、钌矿、硒矿、铸型用粘土、凹凸棒石粘土；居前 5 位的有 33 种；居前 10 位的有 58 种。

【特色产业】甘肃土地面积广阔，居全国第七位；草地面积占土地总面积的 33.28%；光热资源充足且昼夜温差大，具有发展特色农业和优质高效农业的有利条件。许多特色农产品，无论是种植面积还是产量在全国都名列前茅，特别是玉米制种、啤酒原料、马铃薯、酿酒葡萄、油橄榄、食用百合、瓜果蔬菜和草食畜产品等特色产品，品质优良，发展前景良好。甘肃还是全国中药材主要产区之一，当归、黄（红）芪、党参、大黄、甘草等五种大宗中药材驰名中外。

甘肃是新中国成立后国家重点投资建设工业体系的区域之一。全省继续实施工业强省战略，推动传统产业智能化发展。加快转方式调结构，着力构建生态产业体系。遵循生态优先、绿色发展的总要求，大力发展节能环保、清洁生产、清洁能源、循环农业、中医中药、文化旅游、通道物流、数据信息、军民融合、先进制造等生态产业，建设以兰白地区为重点的中部绿色生态产业示范区、河西走廊和陇东南绿色生态产业经济带，建设一批绿色生态示范产业园，实施一批绿色生态示范重大工程。加快传统重化工业和制造业高新化、智能化、清洁化、绿色化改造，培育低碳环保新业态新产业，逐步让生态产业挑大梁、传统产业发新枝，构建发展活力足、竞争能力强、特色鲜明的生态产业体系，夯实实体经济根基，努力推动绿色发展崛起。

兰州新区，是继上海浦东新区、天津滨海新区、重庆两江新区、浙江舟山群岛新区后，国务院于 2012 年批复的第五个国家级新区。兰州新区位于兰州北部秦王川盆地，地处兰州、西宁、银川三个省会城市共生带的中间位置，距兰州市区 38.5 公里，距西宁 198 公里，距银川 420 公里，规划面积 806 平方公里。兰州新区是“丝绸之路经济带”上的重要节点，是甘肃对外开放的重要窗口，已建成运营综合保税区、中川国际航空港、中川北站铁路口岸，正在加快建设国际产业合作园、国际通信专用通道，“一区一港一园一口岸一通道”的开放平台作用日益凸显；兰州至中亚、南亚、欧洲的国际货运班列实现常态化运营，南亚班列被列为全国 16 个多式联运示范工程；即将开通兰州至瓜达尔港的国际货运班列，打造面向“一带一路”的国际物流中心和多式联运中心，引领全省对外开放实现新跨越。随着铁路口岸的建成，兰州新区中川北站加大园区配套项目建设，搭建综合物流运营平台，打造西北地区国际物流中心。2017年以来，积极抢抓“丝绸之路经济带”重大发展机遇，确定“建设大项目、打造大景区、构建大旅游、形成大品牌、促进大发展”的旅游产业发展思路，全力引进以“创意性、参与性、体验性”为主的精品文化旅游项目，努力将新区打造成为西北特色文化旅游基地。2017年10月16日，保税区进口汽车西北分拨中心与商投综超盛大开业，进口商品批发中心正式挂牌试营业，这标志着新区综合市场从开发建设开始向运营管理迈进。

【历史文化】甘肃是华夏文明和中国古文化的发祥地之一，是传说中的三皇之首伏羲、五帝轩辕黄帝和女娲的生长地，故有“羲轩桑梓”之称。甘肃的大地湾文化距今约八千年，其后的仰韶文化、马家窑文化创造了彩陶文化的辉煌时代。周秦时期，甘肃的庆阳、天水又是周文化和秦文化的发祥地。汉武帝至昭帝间陆续设武威、张掖、敦煌、天水、安定、武都、金城诸郡，汉代的开边政策和张骞出使西域成功开通了丝绸之路。隋唐时期，贯穿甘肃河西走廊的丝绸之路进入了繁荣时期，甘肃成为我国联系西域各国和欧洲的重要通道，武威、张掖、敦煌成为经济文化繁荣的国际性贸易城市，整个河陇地区农桑繁盛、士民殷富，《资治通鉴》有“天下称富庶者，无如陇右”的记载。元代，全国创设省制，甘肃正式设省。明代长城由东向西穿越9省区后，抵达甘肃河西地区，嘉峪关成为大西北的重要关隘和前沿阵地，有“天下第一雄关”之称。海路开通后，随着全国经济政治文化重心的东移南迁，特别是气候和生态条件的变化，甘肃渐渐成为荒僻之地，晚清时期时任陕甘总督左宗棠曾奏称“甘肃地处边陲，土旷人稀，脊苦甲于天下”。源远流长、底蕴深厚的甘肃历史文化，不断催生着时代精神，培育了《读者》《丝路花雨》《大梦敦煌》等一系列著名文化品牌。其中《读者》杂志成为全国发行量最大的期刊，被誉为“中国人的心灵读本”；舞剧《丝路花雨》《大梦敦煌》享誉全球。

甘肃先后出土简牍61000余枚，数量居全国之首，时代跨度大、内容广博、保存完好，备受历史和考古学界的重视。特别是汉简，内容涉及中国古代社会生活的各个方面。其中居延汉简的出土，与敦煌石窟藏经、殷墟王陵并称为二十世纪东方文明最伟大的发现。出土青铜器文物类型众多。由于农耕、游牧、骑猎三大文化圈在甘肃境内相互交融，甘肃青铜器类型多样、风格特异，是全国发现青铜文化类型最多的省份。史前、商代、西周、春秋战国、秦汉、魏晋青铜器多有发现，其中出土于东乡县马家窑文化遗址的青铜刀，是目前被确认的中国最早的一件青铜器，武威雷台出土的汉代铜奔马被确认为中国的旅游标志。

甘肃省“华夏文明传承创新区”建设于2013年获国务院正式批复。按照国家关于甘肃发展的战略定位和建设文化大省的总要求，甘肃确定了“华夏文明传承创新区”建设围绕“一带”，建设“三区”，打造“十三板块”的总体布局，简称“1313工程”。“一带”是丝绸之路文化发展带；“三区”是以始祖文化为核心的陇东南文化历史区、以敦煌文化为核心的河西走廊文化生态区和以黄河文化为核心的兰州都市圈文化产业区；“十三板块”是文物保护、大遗址保护、非物质文化遗产保护传承、历史文化名城名镇名村保护利用、民族文化传承、古籍整理出版、红色文化弘扬、城乡文化一体化发展、文化与旅游深度融合、文化产业发展、文化品牌打造、文化人才队伍建设、节庆赛事会展举办。“华夏文明传承创新区”是甘肃省继兰州新区之后，又一个摆到国家层面的战略平台。

2015年11月13日，甘肃举办丝绸之路（敦煌）国际文化博览会获得国家正式批复。丝绸之路（敦煌）国际文化博览会，简称敦煌文博会，是“一带一路”建设的重要载体，是丝绸之路沿线国家人文交流合作的战略平台，承载着重要的国家使命。博览会以“推动文化交流、共谋合作发展”为宗旨，以丝绸之路精神为纽带，以文明互鉴与文化交流合作为主题，以实现民心相通为目标，着力打造国际化、高端化、专业化的国家级文化博览会，成为中国与丝绸之路沿线国家开展文化交流合作的重要平台、推动中华文化走出去的重要窗口、丝绸之路经济带建设的重要支撑。经党中央、国务院批准，从2016年起，丝绸之路（敦煌）国际文化博览会将在甘肃省每年举办一次，到2019年8月已成功举办了四届

【革命历史文化】甘肃曾是陕甘宁边区的重要组成部分，红军长征的足迹几乎遍布甘肃全境，著名的西路军曾在河西浴血奋战。目前全省革命文物景点有300多处，各级博物馆收藏的革命文物近万件。甘肃被国家列入12个重点红色旅游区，会宁县红军长征纪念馆、迭部县腊子口战役遗址、宕昌县哈达铺红军长征纪念馆、岷县“岷州会议”遗址、通渭县榜罗镇革命遗址、八路军兰州办事处、华池县陕甘边区苏维埃政府旧址、高台县烈士陵园等8个景区，被列入“百个红色旅游经典景区名录”。

【民族民间文化】甘肃境内民族众多。各民族长期的交流融合、和平共处，形成了风情浓郁、独树一帜的民族民俗文化。夏河拉卜楞寺为藏传佛教格鲁派六大宗主寺之一，肃南县吐蕃贵族墓葬、天水后街清真寺、永登鲁土司衙门旧址、西和仇池国遗址等，都是我省民族文物的典型代表。敦煌古藏文写经、西夏木版画、西夏文木活字、元代八思巴文虎头银牌、元代玻璃托盏等都是海内孤品。此外，各民族的独特习俗、节会，如回族的古尔邦节、开斋节；藏族的正月十五晒佛节、五月采花节；哈萨克族的叼羊、“姑娘追”；土族的“纳顿”节、“二月二”跳神会等。甘肃饮食文化异彩纷呈。兰州牛肉面是最具特色的大众化经济小吃，声名远扬；以手抓羊肉为代表的清真风味食品，独特可口；糌粑、酸奶、奶茶、蕨麻米饭等藏族风味的食物，值得品尝；还有各种地方小吃，更是独具特色。甘肃民族歌舞多姿多彩。社火歌舞是广泛流传于甘肃民间的一种艺术，尤以兰州的太平鼓舞、武威的“滚鼓子”、张掖的顶腕舞、陇东的秧歌、天水一带的扇

鼓舞、腊花等著称，还有莲花山花儿、二郎山花儿、河湟花儿、裕固族民歌等。此外，兰州微雕葫芦，平凉纸织画，庆阳牛皮影、香包、剪纸、刺绣，保安腰刀，天水雕漆漆器，酒泉夜光杯，卓尼洮砚，武威“铜奔马”等民间工艺品也久负盛名。

【旅游资源】甘肃的旅游资源既有石窟寺庙、长城关隘、塔碑楼阁、古城遗址、历史文物等文物古迹，又有青山绿水、高山草原、大漠戈壁、沙漠绿洲、丹霞奇观、冰川雪峰等独具特色的西部自然风光，还有以藏、回、裕固、保安、东乡等少数民族浓郁风情为特色的民族风情资源。丰富的文化遗产、独特的自然景观和多彩的民族风情，成为人们向往的旅游胜地，开发前景广阔。最具代表性的旅游景点：被联合国教科文组织列为世界文化遗产之一、被誉为“世界艺术宝库”和“世界现存佛教艺术最伟大宝库”的敦煌莫高窟，被称为“人文始祖”的羲皇故里——天水伏羲庙，“东方雕塑馆”之称的天水麦积山石窟，万里长城最西端的“天下第一雄关”——嘉峪关，中国彩陶之乡之称的临夏，中国藏传佛教格鲁派六大宗主寺之一的夏河拉卜楞寺，道教第一山崆峒山，中国的旅游标志——武威出土的汉代铜奔马，世界最大的室内卧佛寺——张掖大佛寺，泾川西王母宫、永靖炳灵寺石窟、永登鲁土司衙门旧址等构成了璀璨夺目的艺术长廊。近年发现的永靖恐龙足迹、和政古生物化石，是一、二千万年前中生代白垩纪的遗址。

国民经济运行

2019年以来，在省委、省政府的坚强领导下，全省各级各部门以习近平新时代中国特色社会主义思想为指导，深入贯彻落实习近平总书记对甘肃重要讲话和指示精神，坚持稳中求进工作总基调，坚持以供给侧结构性改革为主线，坚持新发展理念，坚持推动高质量发展，全面做好“六稳”工作，统筹推进稳增长、促改革、调结构、惠民生、防风险、保稳定，落实落细“四个补”稳增长措施，全省经济运行保持总体平稳、稳中向好的发展态势。

【经济运行总体平稳】

初步核算，2019年，全省地区生产总值8718.3亿元，比上年增长6.2%，增速比上年提高0.1个百分点，实现了增长6%左右的预期目标。其中，第一产业增加值1050.5亿元，增长5.8%；第二产业增加值2862.4亿元，增长4.7%；第三产业增加值4805.4亿元，增长7.2%。

（一）农业生产形势良好，粮食生产再获丰收

2019年，全省着力推进乡村振兴发展，坚持农业农村优先发展，切实稳住“三农”工作基本盘，发挥特色优势推动产业振兴，实施农产品加工业提升行动，打造具有甘肃特色的“现代丝路寒旱农业”，推动县域经济突破发展，农业生产保持良好态势。全年全省农林牧渔及农林牧渔服务业增加值比上年增长5.6%，增速比上年提高1.0个百分点。

粮食生产再获丰收。全年全省粮食总产量达到1163万吨，比上年增长1.0%，连续7年保持在1100万吨以上。

主要经济作物较快增长。全年全省蔬菜产量比上年增长7.4%，中药材产量增长11.1%，园林水果产量增长18.5%。

畜牧业生产总体平稳。全年全省牛存栏比上年增长4.0%，出栏增长6.4%；羊存栏增长5.4%，出栏增长5.8%；猪存栏下降11.9%，出栏下降6.2%。牛奶产量44.1万吨，增长8.9%；禽蛋产量15.1万吨，增长7.4%。

（二）工业生产增速回升，小微企业较快增长

受省内部分重点企业集中停产检修等因素影响，全省规模以上工业增加值增速二季度明显回落，1—8月仅增长2.7%（年内最低），全省及时出台“四个补”稳增长措施，强化各项工作落实，规模以上工业增加值增速9月份开始逐月回升，全年增长5.2%，增速分别比1—8月和上年提高2.5和0.6个百分点。

从重点行业看，电子、有色、建材、冶金、电力等行业增加值增长较快，比上年分别增长11.3%、9.5%、8.5%、7.3%和6.3%。从轻重工业看，重工业增加值增长5.7%，轻工业增长1.9%。从企业规模看，大型企业增长4.2%，中型企业增长7.1%，小微企业增长7.9%。

企业盈利水平回升。全年全省以上工业企业利润总额304.9亿元，比上年增加13.1亿元，增长4.5%；每百元营业收入中的成本84.1元，比上年下降1.2元；营业收入利润率4.01%，提高0.68个百分点。

（三）服务业稳定增长，交通运输总体平稳

2019年，全省第三产业增加值比上年增长7.2%。其中，金融业增加值增长10.6%，住宿和餐饮业增加值增长9.3%，交通运输、仓储和邮政业增加值增长8.0%，批发和零售业增加值增长7.9%，房地产业增加值增长4.7%。全年规模以上服务业营业收入比上年增长4.9%，各月保持平稳运行态势。

全年全省铁路客运量5968.9万人次，比上年增长9.0%，自5月份以来逐月提高；货运量5366万吨，下降11.8%，降幅自3月份开始逐月收窄。

年末，全省金融机构本外币各项存款余额19768.5亿元，比上年末增长5.8%，增速比上年末提高0.7个百分点；各项贷款余额20677.9亿元，增长6.7%，增速回落2.7个百分点。

【需求拉动稳定增长】

（一）固定资产投资增速回升，工业投资持续快速增长

2019年以来，全省大力推进项目建设力度，切实扩大有效投资，扎实做好交通、水利、民生和社会事业方面项目前期工作，推动重点项目建设实现新突破，更好发挥投资的关键性作用，固定资产投资扭转了2018年下降的局面，由负转正。全年全省固定资产投资比上年增长6.6%，增速比上年提高10.5个百分点。其中，项目投资增长4.2%，房地产开发投资增长12.7%。

工业投资快速增长。2019年以来，

全省工业投资增速自6月份开始连续7个月保持在20%以上。全年工业投资比上年增长24.4%，增速比上年提高35.3个百分点。其中，制造业投资增长24.8%，制造业中高技术制造业增长29.7%。

（二）市场销售稳中有升，网络零售快速增长

2019年以来，全省着力改善消费环境，积极培育重点领域消费细分市场，大力发展现代服务业，实施消费升级行动，举办一系列丰富多样的消费促进活动，充分释放消费潜力，市场销售稳中有升。全年全省社会消费品零售总额3700.3亿元，比上年增长7.7%，增速比上年提高0.5个百分点。按经营单位所在地分，城镇增长7.4%，乡村增长9.0%。按消费形态分，商品零售增长7.5%，餐费收入增长9.1%。

全年全省限额以上批零住餐业通过公共网络实现零售额增长40.3%。

旅游业快速发展。2019年，全省共接待游客3.74亿人次，实现旅游综合收入2680亿元，分别比上年增长24%和30.1%。

（三）进出口总值降幅收窄，与“一带一路”沿线国家进出口保持增长

全省进出口总值3月份以来持续负增长，11月份开始降幅收窄。全年进出口总值380.3亿元，比上年下降3.6%，降幅比1—10月收窄5.6个百分点。其中，出口总值131.3亿元，下降9.4%；进口总值248.9亿元，下降0.3%。

全年甘肃对“一带一路”沿线国家合计进出口200.9亿元，比上年增长2.8%，高出全省进出口总值增速6.7个百分点，占全省进出口总值的52.9%，比重比上年提高3.5个百分点。

【高质量发展成效显现】

（一）十大生态产业较快增长

2019年，全省紧盯绿色发展崛起的目标方向，持续发力、突破重点，十大生态产业较快增长。初步测算，全年全省十大生态产业增加值2061.9亿元，比上年增长7.8%，增速高出地区生产总值增速1.6个百分点，占全省地区生产总值的23.7%，比重比上年提高5.4个百分点。

（二）市场活力进一步增强

2019年，全省新增市场主体25.98万户，其中，新登记企业6.97万户，日均新登记企业190户，比上年增加5户。新设立非公经济市场主体25.76万户，累计达到167.36万户，比上年增长7.41%；注册资本达到2.93万亿元，增长15.97%；非公经济市场主体占比达到97.99%。

（三）民营经济发展势头较好

2019年，全省规模以上非公有制企业工业增加值比上年增长7.4%，高出规模以上工业增加值2.2个百分点；民间投资增长4.8%，比上年提高0.8个百分点；民营企业进出口总值增长5.9%，占全省进出口总值的43.2%，比重比上年提高4个百分点。

（四）节能降耗成效明显

2019年以来，全省工业能源消费持续下降，全年全省规模以上工业能源消费量比上年下降2.7%，增速比上年回落6.9个百分点。初步核算，全年全省单位GDP能耗同比下降5.85%，超额完成国家下达的下降0.5%的节能目标任务。

【民生保障持续改善】

（一）就业形势总体稳定

2019年以来，全省统筹做好稳定企业就业、促进高校毕业生就业、推动创业带动就业等各项工作，就业数量、就业质量稳步提升。全年全省实现城镇新增就业39.22万人，完成年度目标任务的103.2%；城镇登记失业率3.0%。共输转城乡富余劳动力518.5万人，完成年度计划的103.7%；创劳务收入1167.7亿元，完成年计划的104.3%，比上年增长5.2%。

（二）居民消费价格涨势温和

2019年，全省居民消费价格比上年上涨2.3%，涨幅比全国低0.6个百分点，低于3.5%的预期目标。其中，食品烟酒类价格上涨5.4%，其他用品和服务类上涨2.8%，医疗保健类上涨2.0%，居住类上涨1.7%，生活用品及服务类上涨0.8%，衣着类上涨0.7%，教育文化和娱乐类上涨0.7%，交通和通信类下降1.0%。

（三）城乡居民收入稳步增加

2019年，全省积极践行新发展理念，切实推动经济高质量发展，持续抓好民生政策的落实，全力以赴推进脱贫攻坚工作，千方百计拓宽增收渠道，人民群众的获得感和幸福感不断增强。全年全省城镇居民人均可支配收入32323元，比上年增长7.9%，增速与上年持平；农村居民人均可支配收入9629元，增长9.4%，增速提高0.4个百分点。城乡居民人均可支配收入比值为3.36，比上年缩小0.04。

（四）财政民生支出保障有力

2019年以来，受减税降费政策等因素影响，全省一般公共预算收入尤其是税收收入自5月份以来同比下降，全年一般公共预算收入850.5亿元，比上年下降2.4%；扣除政策性减税因素，同口径增长5.2%。一般公共预算支出3951.6亿元，增长4.8%。民生支出3185.1亿元，同比增长6.0%，占财政支出比重达到80.5%，其中，城乡社区支出增长29.5%，教育支出增长7.3%，卫生健康支出增长4.1%。

自然资源

【自然资源】自然资源调查监测：据甘肃省第二次全国土地调查，2018年度土地变更调查，截至2018年12月31日，全省土地总面积4258.89万公顷（其中宁夏回族自治区飞地5322.53公顷）。全省主要地类及面积构成情况：耕地537.67万公顷（8065.01万亩），占12.62%；园地25.52万公顷（382.78万亩），占0.60%；林地609.58万公顷（9143.63万亩），占14.31%；草地1417.23万公顷（21258.43万亩），占33.28%；城镇村及工矿用地79.97万公顷（1199.54万亩），占1.88%；交通运输用地27.04万公顷（405.65万亩），占0.64%；水域及水利设施用地74.73万公顷（1120.96万亩），占1.75%；其他土地1487.16万公顷（22307.37万亩），占34.92%。第三次全国国土调查快速推进，全省90个调查单元阶段性调查成果分10个批次提交国家核查，所有调查单元初始调查成果全部

通过国家级核查。

自然资源和不动产确权登记：全省92个不动产登记大厅均实现交易、登记、缴税“一窗受理并行办理”，基本实现一般不动产登记事项5个工作日内办结，53个登记大厅实现不动产登记信息自助查询。截至2019年底，全省累计颁发不动产权证书111.3万本、不动产登记证明86.3万份（其中2019年颁发不动产权证书44.1万本、不动产登记证明27.1万份）。13个市（州）、兰州新区、61个县（市、区）出台了解决历史遗留问题的政策文件，解决历史遗留问题9万余件。全省已完成3轮不动产存量登记数据质检，14个市州及兰州新区已向自然资源部信息中心完成数据汇交。全省国有建设用地使用权、集体土地所有权、房屋所有权整合入库量分别为29.52万宗、1.65万宗和353.29万户。全省共有宅基地507.32万宗，已完成调查495.16万宗，应登记发证427.4万宗，已登记发证297.89万宗。集体建设用地总宗地数10.39万宗，已完成调查9.83万宗，应登记发证7.7万宗，已登记发证3.41万宗。

自然资源开发利用：2019年，全省供应国有建设用地2331宗，供应总面积9141.62公顷。以出让方式供地4496.49公顷（其中招标拍卖挂牌出让方式供地3930.93公顷，协议出让方式供地565.56公顷）；以划拨方式供地4630.71公顷；以租赁方式供地14.42公顷。按照土地供应用途分，供应商业服务业用地507.68公顷、工矿仓储用地2287.92公顷、住宅用地1176.70公顷、公共管理与公共服务用地2401.91公顷、交通运输用地1986.58公顷、其他用地（特殊用地、水域及水利设施用地、其他土地）780.83公顷。全省国有建设用地出让合同价款401.43亿元，其中，以招标拍卖挂牌方式出让土地成交价款366.57亿元，以协议方式出让土地成交价款34.86亿元。土地租赁收入106.94万元。

自然资源改革：陇西县农村土地制度改革三项试点工作经过五年探索，形成13项集体建设用地入市规章制度、5项土地征收制度及办法、4项宅基地管理办法与规范、4项研究成果，率先引入“土地权益价”概念，赋予宅基地流转、抵押和担保等权能。

【国土空间】 国土空间规划：启动省级国土空间规划编制，同步开展市、县、乡镇国土空间规划与村庄规划编制，将主体功能区规划、土地利用规划、城乡规划等空间规划“多规合一”，建立统一的国土空间规划体系。成立甘肃省国土空间规划编制工作领导小组，制定《〈甘肃省国土空间规划（2019—2035年）〉编制工作实施方案》，已完成22个国土空间规划专题研究课题并形成专题研究成果。开展全省生态保护红线评估与调整，坚持“实事求是、问题导向、科学客观、保护优先”原则，科学划定生态保护红线。全年完成建设用地及矿业权规划审核320宗，完成各类空间规划调整项目18个。开展了村庄调查与村庄分类，其中，集聚提升类村庄11629个，城郊融合类村庄3074个，特色保护类村庄1385个，搬迁撤并类村庄1460个，其他类村庄1694个。

国土空间用途管制：全年共完成95个建设项目用地预审，总投资约3570亿元。拟用地总面积17790公顷，其中农用地10899公顷（含耕地7802公顷）；未利用地4754公顷；建设用地2136公顷。省政府共审查审批建设用地372批次，总面积7102.76公顷（新增建设用地5889.42公顷），其中农用地3866.57公顷（含耕地2773.63公顷），未利用地2022.85公顷，原有建设用地1213.31公顷。按用地类型分，审查审批单独选址建设项目用地3989.14公顷，城市（城镇）批次建设用地3113.62公顷。

国土空间生态修复：全年共安排国土综合整治项目资金7.03亿元（下达深度贫困县2.39亿元），其中省级立项国土综合整治项目资金1.46亿元，实施项目23个（深度贫困县9个），建设规模7974.33公顷，切块下达市州国土综合整治资金5.57亿元。甘肃省东部百万亩土地整治重大工程项目通过国家综合评估验收，总投资27.32亿元，建设规模10.81万公顷（162.13万亩），新增耕地1.41万公顷（21.13万亩）。实地核查全省802处矿山地质环境恢复治理新增损毁图斑和219处新增恢复治理图斑，开展全省采煤沉陷区基本情况调查。中央财政提前下达2020年重点生态保护修复治理资金2771万元，对白银市平川区共和镇西合村大堡子沟矿区、甘南州黄河上游5处露天废弃矿山、永靖县太极镇四沟村砂石矿实施矿山地质环境恢复治理。

耕地保护与监督：严格落实耕地保护目标责任，守好全省耕地红线，全省耕地和永久基本农田保护面积分别为537.67万公顷（8065.01万亩）和399.24万公顷（5988.59万亩），均超过《全国土地利用总体规划纲要（2006—2020年）调整方案》确定的498.47万公顷（7477.05万亩）和399万公顷（5985万亩）的目标。严格按照“以补定占，先补后占，占优补优，占水田补水田”要求，对建设项目耕地占补平衡严格审查，通过耕地占补平衡动态监管系统进行挂钩与核减。对全省1043个补充耕地项目进行核实，确保补充耕地数量、质量。申请跨省域国家统筹补充耕地1917.78公顷。实施省域内易地占补平衡1766.67公顷。全省连续20年实现耕地占补平衡。全省初步划定永久基本农田储备区4.12万公顷，平均耕地质量等别12.6等。全年耕地开垦费入库3.79亿元，新增建设用地有偿使用费入库6.02亿元。

【地质矿产】 矿产资源现状：截至2018年底，全省已发现各类矿产119种（计算到亚矿种180种），其中，已查明资源储量75种（计算到亚矿种112种），占全省已发现矿种63%，未查明资源储量44种（计算到亚矿种68种），占全省已发现矿种37%。在已查明矿产资源中，能源矿产7种、金属矿产31种（计算到亚矿种36种）、非金属矿产35种（计算到亚矿种67种）、水气矿产2种。列入《甘肃省矿产资源储量表》的固体矿产96种、矿产地1381处（含共伴生矿产，下同）。按照矿床种类及用途分，固体燃料矿产地208处，黑色金属矿产地176处，有色金属矿产地299处，贵重金属矿产地

412处，稀有稀土分散元素矿产地33处，化工原料非金属矿产地85处，冶金辅助原料非金属矿产地45处，建材及其他非金属矿产地122处；按照矿床规模分，大型矿床124个、中型186个、小型1071个；按照勘查程度分，处于普查阶段649个、详查阶段492个、勘探阶段191个。根据《2018年全国占比排名》统计，在已查明的矿产中，资源储量名列全国第1位的矿产有11种，分别为镍矿、钴矿、铂矿、钯矿、铱矿、铑矿、锇矿、钌矿、硒矿、铸型用粘土、凹凸棒石粘土，居前5位的有33种，居前10位的有58种。全年共完成矿产资源储量备案50份，其中勘查报告24份，储量核实报告21份，压覆资源储量报告5份，涉及金、煤炭、铅锌、石灰岩、晶质石墨等多个矿种。

地质勘查：2019年，全省共投入地质勘查资金5.31亿元，比上年减少6.02%。其中，中央财政1.96亿元，地方财政2.13亿元，社会资金1.22亿元。全年开展基础地质调查项目60个，投入资金1.37亿元。其中实施1∶5万区域地质调查项目13个，完成调查面积7540平方千米；开展"二维电测深方法技术研究与应用示范"区域地球物理调查项目1个；开展"山丹县富硒土地质量"和"岷县维新镇土地质量"1∶5万区域地球化学调查项目，完成调查面积126平方千米；开展"北方典型沙化区的物源遥感监测（热红外多光谱）及成因机制分析"等区域遥感地质调查项目8个，完成调查面积112.92平方千米；开展"甘肃省金塔县野马泉地区矿产远景调查"等1∶5万矿产地质调查项目37个，完成调查面积13828平方千米。开展矿产勘查项目146个，投入资金2.71亿元。全年共完成钻探14.91万米，完成坑探1.64万米，完成槽探13.98万立方米。开展水工环地质调查评价项目58个，投入资金8998万元，实施"华亭煤业集团有限责任公司新柏煤矿水文地质补充勘探"等水文地质调查评价项目18个，完成1∶5万水文地质调查14499平方千米；开展"地震灾害损毁区生态环境评价"等项目6个，完成1∶5万环境地质调查与评估18015平方千米；开展"岷县幅、十里铺幅"1∶5万灾害地质调查评价项目34个，完成1∶5万地质灾害详细调查5.07万平方千米。开展地质科技及其他项目45个，投入资金3348.98万元。全年评审新增备案资源储量的主要矿种有铅锌、金、铁、锰、煤炭、晶质石墨、钒、石灰石、石膏、水泥用粘土、萤石、花岗岩等。其中新增煤炭资源储量33.02亿吨，金金属量31.78吨，铅锌金属量63.73万吨，铁矿石量3320.21万吨，锰矿石量38.78万吨，钒氧化物资源量45.52万吨，晶质石墨矿物资源量556.05万吨，石灰岩1.12亿吨，石膏3326.75万吨，水泥用粘土矿石量2001万吨，萤石矿物资源量37.58万吨，花岗岩1423.38万立方米。全年新发现矿产地16个，其中大型6个，中型7个，小型3个。完成阶段性勘查的矿产地共10个，其中大型3个，中型3个，小型4个。2019年，省级地质勘查基金共投入资金1.21亿元，安排项目47个。其中，省财政预算资金1亿元，安排项目33个，以往项目剩余资金0.21亿元，调整安排项目14个。以金、晶质石墨、钒、煤炭、地热、石英岩等为主攻矿种开展地质找矿。白银市土红湾煤矿、山丹县花草滩煤矿扩大区、崇信县周寨南煤矿、甘州区芦草台子煤矿、瓜州县大水峡北晶质石墨矿、金塔县北河湾花岗岩矿、玉门市炭窑井硅灰石矿等7个项目资源储量已达到大型规模。阿克塞县豺狼沟晶质石墨矿、肃北县大案盆沟晶质石墨矿等10余个项目资源储量规模为中小型，与历年发现的大敖包沟、红柳峡、白台沟东、敖包山等4个晶质石墨矿已形成矿集区，累计探获晶质石墨矿物资源量1225万吨，达到超大型规模。省地勘基金项目新增煤炭资源储量7.69亿吨、晶质石墨374万吨、钒矿19万吨、金金属量6.9吨。民乐县民乐生态工业园地热资源普查和临泽县城区及南部地热资源普查项目取得较好的地质找矿成果。其中民乐地热施工钻探2269.18米，出水量达2640立方米/日，井口水温78℃，出水温度刷新历年纪录。地质资料馆全年汇交资料136种，其中区域地质11种，矿产地质98种，水文工程3种，环境灾害9种，地质科研5种，其他10种。全年借阅地质资料237人次、945档、2.26万件，资料复印及数据加工服务192人次、734档、其中文字类915份4.62万页、附图类5390张，加工数据总量共50.50GB。省地质资料信息集群化共享服务平台累计公开发布8346条目录数据。完成11幅1∶20万地质图补充修改，完成355档案卷级、7892条文件级目录补充完善。

矿业权管理：截至2019年12月31日，全省共设置非油气探矿权916宗，其中，部级发证212宗，省级发证704宗。全省探矿权优势勘查矿种集中在金、铜、铁、铅锌等金属矿产。金矿勘查主要集中在酒泉、甘南、陇南、天水；铜矿勘查主要集中在酒泉、张掖、陇南、天水；铅锌矿勘查主要集中在陇南、酒泉；铁矿勘查主要集中在酒泉、张掖。截至2018年底，全省共有各类非油气采矿权2538宗。其中，自然资源部发证19个，省自然资源厅发证369个，市州自然资源局发证498个，县级自然资源局发证1652个。2019年办理矿业权报件623宗，其中探矿权383宗，采矿权240宗，共颁发采矿许可证22个，其中新立2个、变更9个、延续11个，划定矿区范围5宗，注销采矿权99宗。颁发勘查许可证138个，其中新立57个、延续59个、转让变更5个、保留17个，注销探矿权187宗。对不符合办理条件的按规定下发不予许可通知书。2019年4月起，省级发证的矿业权坐标全面使用2000国家大地坐标系。2019年，全省矿业权出让收益及使用费入库4.89亿元。其中，采矿权出让收益4.87亿元。矿业权使用费收入173万元（含探矿权使用费87.81万元、采矿权使用费85.19万元）。

矿产开发利用与保护监督：全省共开采8大矿类、82种矿产，矿山构成以砖瓦用粘土、建筑用砂、建筑用凝灰岩、建筑石料用灰岩等建材和其他非金属矿产为主，占总数的78%。其中，县级自然资源局发证的砖瓦用粘土矿1017个，占总数的40%；建筑用砂矿224个，占总数的8.8%。截至

2019年12月31日，全省共设置砂石资源采矿权597宗，处于生产状态240宗，停产状态357宗。全年计划出让262宗砂石矿项目，已完成出让117宗，正在出让76宗，其中保障基础设施项目配套砂石资源采矿权已完成出让29宗，正在出让7宗。

地质灾害防治：全省全年共发生各类地质灾害33起，共造成19人死亡、6人受伤，直接经济损失2.87亿元。其中特大型3起，大型1起，中型6起，小型23起。按照类型分，滑坡19起、崩塌13起、泥石流1起。与2018年相比，地质灾害数量、造成直接经济损失有所减少，死亡失踪人数明显增加。全年33起灾害中自然因素引发的31起，人为活动引发的2起。全省建立1个省级和9个市（州）地质灾害应急中心（防治中心），36个重点防治县地质环境监测站。开展地质灾害巡查排查767次，排查隐患点17618处，核查重点地质灾害隐患点538处。通过群专结合监测预警手段，成功预报地质灾害6起，转移人口951人，避免人员伤亡755人，避免直接经济损失4483万元。

开展地质灾害避险演练174场，参与人数18131人次。培训地质灾害防治管理干部及群测群防员800人次。开展省级地质灾害宣传培训374场，参与22748人次。以“4·22”地球日、“5·12”防灾减灾日等为主题开展大型地质灾害防灾减灾宣传活动。

全省全年投入地质灾害防治专项资金4.59亿元（中央资金3.59亿元），其中实施地质灾害治理工程项目35个，安排资金3.29亿元；完成地质灾害搬迁避险2399户，安排资金9596万元；实施调查评价项目24个，安排资金1190万元；实施地质灾害防治能力建设项目10个，安排资金1641万元；实施监测预警项目3个，安排资金563万元。

截至2019年底，全省共有地下水动态监测区10个，分别是疏勒河、黑河、石羊河三大流域监测区及兰州、兰州新区、天水、平凉、庆阳、武都、陇西七个城市型监测区，地下水动态监测网络已基本满足监测区内主要城市水资源可持续利用和经济社会可持续发展需求。全省已完成770个地下水监测站点建设，其中，国家级地下水监测站点500个，省级地下水监测站点270个。2019年一、二季度，对35组国家级地下水考核点位水质进行考核，无地下水水质恶化。

【测绘地理信息】 基础测绘：全省共有基准站120座，全年持续为省内外用户提供空间地理位置服务约10.02万小时，实现与宁夏、陕西、四川等省边界区域基准站数据联网与共享，进一步精化甘肃省似大地水准面。省自然资源卫星影像云服务平台累计获取推送影像数据1.09万景，其中2米级7788景，覆盖率100%，亚米级3112景，覆盖率93.34%。全年完成兰州、庆阳、金昌、平凉、张掖、陇南及甘南1：1万数字地形图生产与更新15.29万平方千米（5694幅）。其中，数字线划地图（DLG）14.15万平方千米（5660幅），数字高程模型（DEM）6.31万平方千米（2294幅），数字正射影像（DOM）15.29万平方千米（5694幅）。截至2019年底，全省数字线划地图（DLG）覆盖面积约29.72万平方千米，数字高程模型（DEM）覆盖面积37.42万平方千米，数字正射影像（DOM）覆盖面积42.58万平方千米。

测绘地理信息服务：全年共向社会提供政务用图服务174批（次），包含40余种3800幅政务专题地图和1000余本地图集（册），为全省领导决策管理、脱贫攻坚、黄河流域生态环境保护和高质量发展、“一带一路”建设等方面提供保障。受理“法人或者其他组织需要利用属于国家秘密的基础测绘成果审批”申请618件，准予许可615件。为全省各行业提供各类基础地理信息成果5.5万幅（其中纸质地形图1万幅，成果数据4.5万幅）、控制点成果7112点，提供航摄成果资料78TB，地理国情普查和监测成果7.8TB，卫星影像12TB（共5000余景）。地理信息公共服务平台建设。完成覆盖全省的影像、地名地址、矢量核心要素数据融合更新；完成白银市、庆阳市、平凉市矢量数据融合；完成兰州市、天水市大比例尺地形图数据融合。开展“天地图·酒泉”“天地图·甘南”“天地图·兰州”市级节点统一门户建设和省市数据融合。更新省级地理信息资源服务系统平台测绘成果目录约2.6万条，完成金昌市、甘南州地理信息资源目录服务系统子站点建设。全年389个单位汇交3293条测绘成果目录信息。全年地理信息公共服务平台（天地图·甘肃）公众版累计访问量262.11万次。

测绘地理信息监管：截至2019年底，全省测绘资质单位总数518家，比上年末增长1.77%，其中国有企业84家、民营企业321家、事业单位113家。按等级分，甲级资质25家、乙级资质91家、丙级资质206家、丁级资质196家。对33家单位进行资质巡查和测绘项目质量抽查。全年共审批拆除国家永久性测量标志1个，省级共审核地图5件，核发审图号5个，受市州自然资源局委托转办技术审查6件。全年各市州共审核地图36件，核发审图号36个。依托互联网地图监管平台对721家政府网站、50家新闻媒体网站、3家其他类网站进行日常监管和重点检查，共审查（核）地图502幅，发现问题地图2幅，依法依规处置重要节会“问题地图”18幅。

（刘志广）

防震减灾

【地震活动】 根据甘肃台网地震目录统计，2019年甘肃及邻区（92°—109° E32°—43° N）共记录到地震2916次，其中2.0—2.9级386次，3.0—3.9级17次，4.0—4.9级4次，5.0—5.9级2次，无6.0级以上地震发生。其中甘肃省境内2320次。

甘肃及边邻地区2019年发生4级以上显著地震6次，分别为2月20日青海德令哈4.5级地震、3月14日青海泽库4.3级地震、4月28日甘肃苏南4.8级地震、8月9日青海门源4.9级地震、9月16日甘肃甘州5.0级地震以及10月28日甘肃夏河5.7级地震，

4级以上地震活动增强，主要活动区为祁连山地震带中—西段和甘东南地区。

【地震监测预报】 年度地震趋势会商会情况及判定意见：2018年10月29至30日，召开2019年度甘肃省地震趋势会商会。依据2018年甘肃及边邻地区地震活动空间图像及时间扫描参数异常，结合前兆观测资料动态变化呈现出的趋势性异常特征，综合分析认为：2019年度甘肃及边邻地区地震活动水平将于2018年度相当，2019年度仍存在发生6级地震的可能，重点关注甘青川交界地区、祁连山中段地区和甘宁陕交界地区。张掖肃南县4.8级地震、张掖甘州区5.0级地震、甘南夏河县5.7级地震发生在2019年地震重点危险区内。

台网运行情况概况：加强地震台网运行管理，实施监测预报业务运行情况月通报制度，健全完善地震台站二级运维制度，推动地震监测台网运维业务下沉，印发了《甘肃省地震局地震监测业务下沉方案》。2019年，测震台网运行率99.5%及以上，地球物理台网数据汇集率在99%及以上，数据有效率99%及以上。

技术系统和观测环境升级改造：开展地震台网建设及标准化改造。依托台站综合观测技术保障系统项目，组织完成定西、玛曲、瓜州地电台和嘉峪关测震台等6个无人值守台站标准化改造工作；组织完成新建肃北、阿克塞测震台的标准化改造工作；加强地震监测设施的更新升级与改造，沿西秦岭北缘断裂带新建3个CO_2断层气连续观测点。

监测预报基础和应用研究工作：强化震情跟踪与研判，加强全省震情监视跟踪工作组织与协调，健全了省、市县、台站紧密结合的震情跟踪工作机制，制定了《甘肃省震情监视跟踪和应急准备工作实施方案》；建立了南北地震带北段构造协作区震情监视跟踪工作机制，制定了《南北地震带北段构造协作区震情跟踪工作方案》；深化会商机制改革，进一步完善了测震和地球物理学科强震短临预报指标体系，细化了“全国震情会商技术方案”。做好2019年地震安保情况。

【地震灾害预防】 抗震设防要求管理：一是持续推进行政审批制度改革和“放管服”改革。理顺重大建设工程抗震设防要求监管机制和监管流程，与住建厅、省自然资源厅等17部门联合印发《甘肃省房屋建筑和市政基础设施工程竣工联合验收实施办法（试行）》《关于实施工程建设项目区域评估的指导意见》等12项工程建设项目审批制度改革配套制度。二是开展第五代区划图执行情况检查。6—9月份，按照中国地震局要求，在全省范围内开展了第五代区划图执行情况检查，10个市州报送了检查报告，省地震局联合兰州市地震局对省建筑设计院等单位进行了抽查，确保一般建设工程抗震设防要求切实落实到位。

地震安全性评价的管理：一是开展地震安全性评价监管。依托投资项目并联审批平台加强重大工程、生命线工程、可能发生严重次生灾害工程地震安全性评价和建设工程抗震设防要求监管，本年度平台接件约90项，对2项重大工程发函建议开展地震安全性评价工作。完成了11项地震安全性评价事中事后监管。二是开展地震安全性评价单位监管。以“双随机、一公开”监管为基本手段，以重点监管为补充，以信用监管为基础的监管机制，检查了省内5家地震安全性评价单位开展地震安全性评价情况，并更新了信息，及时反馈灾协。

防震减灾社会宣传教育工作：一是组织开展甘肃省第二届防震减灾知识大赛。全省14支队伍在甘肃省电视台参加防震减灾知识大赛，甘肃省广播电视总台手机客户端《视听甘肃》和门户网站《丝路明珠网》进行了网络直播，甘肃公共频道进行转播，第二届甘肃省防震减灾知识大赛活动受到了公众的广泛关注和好评，共有50万人次通过网络、电视观看整个比赛，取得了很好的防震减灾科普知识社会宣传效果。二是大力贯彻落实全国地震科普大会精神，组织开展了“5·12”“7·28”和国际减灾日等特殊时段宣传活动，组织开展防震减灾主题征文活动，开展了“防震减灾科普甘肃行”活动和开展了防震减灾知识“进公交”活动。

【地震应急救援】 加强应急指挥技术系统建设，提升应急保障能力。2019年1月，甘肃省地震局新建地震应急指挥技术系统投入使用，与辖内14市州地震部门实现了视频会议系统互联互通。酒泉、白银、天水、陇南四市建成了延伸到大部分县区的地震视频会议系统。应急指挥技术系统增配一套中创视讯UCM协同通讯平台，实现前后方应急通信实时畅通。通过年度重点危险区调研、查阅统计年鉴、数据共享等方式，更新了地震应急基础数据库行政区划、人口、经济、建筑物、历史地震、地质灾害等数据。地震应急基础数据库震后快速产出地震基本参数、震中基本情况、地震灾害快速评估等基础信息，为地震应急指挥决策提供了参考。地震应急指挥中心业务、视频会议系统、制图与数据业务获中国地震局年度考核二等奖。

强化地震应急准备，落实防震减灾责任。召开省防震减灾工作领导小组会议，传达学习国务院防震减灾工作联席会议精神，总结全省防震减灾工作，分析研判地震活动趋势，安排部署全省防震减灾重点工作。修订印发了《甘肃省地震局地震应急预案》，积极指导市县地震部门修订地震应急预案，提升基层地震部门应急处置能力。协调省抗震救灾指挥部成员单位对地处地震重点危险区的张掖、金昌、定西、甘南等市州开展防震减灾和地震应急准备工作实地检查督导。开展年度重点危险区地震灾害损失评估实地调研工作，修正灾害预估结果，编写危险区灾害损失预估和应急处置报告，向省应急厅、武警甘肃省总队、消防救援总队、森林消防总队和省军区通报了预评估结果。积极组织参与应急管理部救援协调和预案管理工作现场会地震综合应急演练、甘肃省灾害事故救援联合应急演练，荣获甘肃省2019年地震灾害应急救援演练先进参演单位称号；组织开展地震应急演练，磨合地震应急协同能力。举办公众开放日活动，来自政府部门、企事业单位、学校、社会团体有关人员和各界群众共计4500多人参与了活动。

兰州国家陆地搜寻与救护基地全年开展科普培训教学活动 40 余场，累计科普人数 12000 余人次；增配个人防护装备、救援和通讯设备，维护保养车辆和救援装备，对训练设施进行优化改造，强化应急救援条件保障。调整地震灾情速报员队伍，全省灾情速报员增至 20574 名。

强化地震应急救援队伍建设，提升应急处置工作能力。调整甘肃省地震局地震应急现场工作队，制定印发了《甘肃省地震局地震现场应急工作队出队方案》，规范地震现场应急工作队出队管理。举办了地震现场应急工作培训班、甘肃省地震应急响应能力提升培训班和甘肃省 2019 年度地震应急第一响应人培训班，有效提升了业务人员应急处置工作能力。兰州国家陆地搜寻与救护基地迎合改革发展新要求，积极培养符合综合应急救援任务需求的专业技术骨干，2019 年举办 10 期专业救援队伍培训班，累计培训时长 736 学时，培训综合性应急救援技术骨干 800 余人次；选派三名教官取得事故车辆破拆技术培训资格证书赴青岛参加国际搜救教练联盟组织的事故车辆破拆技术培训并取得资格证书，选派四名教官取得工业绳索技术协会 IRATA Ⅰ级培训国际资格证。教官赴深圳参加国际工业绳索技术协会 IRATA Ⅰ级培训并取得国际资格证。

高效开展应急处置，积极应对突发地震事件。2019 年省内发生多次显著地震事件，按照地震应急预案流程，震后积极协调及时准确发布震情，收集灾情信息，引导社会舆论。全年高效有力有序应对 3 级以上地震 12 次，有效维护了社会稳定。10 月 28 日，甘南夏河发生 5.7 级地震，省局迅速组织开展信息发布、灾情研判和震后趋势研判等应急处置工作，现场工作队连夜赶赴震区开展灾害调查、烈度评定、损失评估和应急宣传，指导地方政府和地震部门开展应急处置。在现场工作的基础上，编制完成了地震烈度图，并及时向社会发布。对张掖甘州 5.0 级地震、张掖肃南 4.8 级地震、兰州榆中 3.3 级地震和平凉华亭 2.8 级矿震等显著地震事件开展了及时高效的应急处置工作。地震现场应急业务获中国地震局年度考核二等奖。

【地震科技创新】 专利及科技成果转化：2019 年全局共发表各类论文 120 余篇，其中 SCI/EI 论文 20 篇；获批专利 15 项；获得计算机软件著作权 27 项，出版专著 1 部。为加快推进科技成果转移转化和科研仪器设备的资源共享，制定出台了《甘肃省地震局促进科技成果转化实施细则（试行）》和《甘肃省地震局重大科研基础设施和大型科研仪器开放共享管理办法》。目前已有 2 项成果实施转化，大型科研仪器开放共享2019年工作通过科技部、财政部的评价考核，验收结果为“合格”。

创新性成果：“地震灾害应急风险评估关键技术研究与应用”获甘肃省科技进步三等奖 1 项。该成果针对各级政府和应急管理部门地震后第一时间地震应急指挥和救援决策实际需求，项目从地震灾害风险评估基础数据、风险评估方法、应急处置决策建议等方面开展关键技术研究，提出基于卫星、无人机和实地调研相结合的方法获取甘肃省高精度人口、建筑物等地震灾害风险评估承载体数据；基于 GIS 平台采用层次分析法和模糊数学法，首次获得高精度的甘肃省地震灾害综合风险评估图，并根据风险评估结果分地区给出了区域地震灾害应急处置决策建议。成果应用于 2016 年青海门源 6.4 级地震；2017 年四川九寨沟 7.0 级地震；震后第一时间为省抗震救灾指挥部应急指挥与救援决策提供了技术支撑（提供灾区准确基础信息、灾害快速预评估结果、应急救援专题图件和应急处置对策建议）。震后及时提交省应急管理厅、省消防、省武警、森林武警、省军区等应急救援单位，了解甘肃省地震灾害高风险地区，提前做好应急救援方案，有针对性的准备救援设备和救灾物资，保障救援力量科学合理调配。

合作交流：极拓展与地震系统内外合作交流的深度与广度，继续强化与中国地震局地震预测研究所、兰州大学、中山大学、上海交通大学、南京工业大学、兰州理工大学等单位的交流合作，开展人员互访、学术交流、专家咨询等活动。依托“西部地球科学与防灾工程论坛”，邀请防灾科技学院原院长薄景山教授、中科院物理所刘润球教授等专家来兰交流并做学术报告，2019 年共组织学术报告会 14 场。

【人才队伍建设】加快推进高层次创新人才的培养和创新团队建设，建设高素质专业化的地震科技英才队伍，制定出台了《甘肃省地震局创新团队建设管理办法》《甘肃省地震局地震科技英才管理办法》和《甘肃省地震局科技创新争先创优奖励绩效管理办法》。组织完成了地震科技英才和创新团队的评审工作，遴选出 10 位领军人才、30 位骨干人才、29 位青年人才和 5 个创新团队。2019 年，甘肃省地震局 2 个团队入选中国地震局创新团队，1 人入选中国地震局领军人才、2 人入选中国地震局骨干人才和 3 人入选中国地震局青年人才。2019 年甘肃省地震局举办各类培训班共 25 期，其中自主培训班 16 期，培训内容涵盖学习贯彻党的十九大精神、党组织建设、提升干部素质能力、防震减灾与应急救援能力建设、地震应急管理等。

（许丽萍）

气象

【领导班子建设和部门作风建设】深入贯彻落实习近平总书记重要讲话和指示精神。省气象局党组第一时间组织学习习近平总书记对甘肃的重要讲话和指示精神，从主动服务国家战略和地方发展、参与生态文明建设等方面部署落实工作。12 月，新中国气象事业 70 周年座谈会后，省局党组即刻向省委、省政府汇报相关情况，并围绕学习贯彻习近平总书记重要指示、李克强总理批示和胡春华副总理讲话精神，掀起学习宣传和贯彻落实的热潮。

持续发力抓理论学习，提高政治思想建设水平。把学习贯彻习近平新时代中国特色社会主义思想、习近平总书记对甘肃重要讲话和指示精神、习近平总书记对气象工作重要指示精神作为党员干部政治思想建设的重要内容。制定党组理论中心组年度学习计划，召开20余次中心组学习会议。党组带动支部，支部带动党员，全面深化理论武装，做到学思用贯通、知信行统一。

紧盯关键抓紧任务落实，锤炼领导班子执行力。严格执行党章和《关于新形势下党内政治生活的若干准则》，坚持和完善民主集中制。制定省局党组年度工作要点和落实省部合作第三次联席会议精神年度工作方案，党组成员围绕17项牵头年度重点工作和省部合作重点任务狠抓落实。

上下联动抓主题教育，促进部门作风持续转变。坚持在主题教育中将学习教育、调查研究、检视问题、整改落实四项重点措施贯穿始终。省局党组检视问题102条，其中除2项属于长期任务，其余已全部完成整改。在推进第二批主题教育工作过程中，省局党组加强组织领导和督促指导，全省气象部门围绕五个结合，强化四项措施，成效明显。中国气象局主题教育领导小组指导组先后6次莅临指导，对甘肃省主题教育给予了充分肯定。

【气象服务保障工作】 认真落实省部合作第三次联席会议精神。气象工作正式纳入省委工作实绩考核。12月30日，常务副省长宋亮、副省长李沛兴专程赴中国气象局协调推进省部合作相关工作。完成“十三五”两个重点项目年度建设任务。“十四五”气象事业发展规划纳入省政府专项规划，已全面启动编制工作。积极参与黄河流域生态保护和高质量发展气象保障规划编制。兰州大气科学联合研究中心正式挂牌。

气象防灾减灾效益显著。2019年全省天气复杂，降水强度大、频次高、范围广，特别是河西地区降水偏多、极端降水多。全省发布气象预警信息1073条，联合发布地质灾害气象风险预警60期，累计接收预警短信约2908万人次。省局启动应急响应13次，市州局启动应急响应61次。积极应对甘南州迭部县森林火灾、舟曲县东山镇滑坡、夏河县5.7级地震、酒泉“6·20”暴雨等重大突发事件。因气象灾害造成的人员伤亡及经济损失为近三年来最低。省委副书记、省长唐仁健对气象工作作出批示：“2019年，我省气象工作在防御自然灾害、保障生产生活等方面作出突出贡献，望再接再厉，认真贯彻落实好中央领导重要指示和座谈会精神，进一步提高甘肃气象事业水平，更好服务经济社会发展。”

决策气象服务主动及时。省局向省委、省政府报送决策服务材料450期，省领导批示14次。针对“酒泉出现罕见暴雨”“河西地区降水逐年增多”等社会热点，及时报送决策服务材料，引起各级领导高度重视，省纪委书记刘昌林专程到省局调研气候变化工作，人民日报连续2天在生态版头条关注西北“暖湿化”。发布3期《干旱生态环境气象监测预警公报》，得到省政府领导充分肯定。

重大活动气象服务保障有力。圆满完成中央领导同志来甘视察气象保障任务。高水平保障甘肃省庆祝新中国成立70周年、一会一节、兰洽会、兰州马拉松、环湖赛等重大活动。气象服务满意度92.7分，再创历史新高。

积极投身脱贫攻坚和乡村振兴。开展“现代丝路寒旱农业”气象服务研究。依托“三农”专项，创建省级现代农业气象服务示范基地。实施打赢脱贫攻坚战气象保障行动，全面完成基层气象防灾减灾“六个一”标准化建设，实现国家级贫困县自动气象站乡镇全覆盖。与省应急厅联合推进综合减灾示范社区创建。挖掘乡村气候资源，推动贫困地区旅游发展。成功申报2020年乡村振兴气象服务专项、马铃薯特色农业气象服务能力建设项目。组派多批次气象干部职工驻村帮扶。

推进气象军民融合深度发展。制定气象军民融合发展工作方案，与省军民融合办协调推动重大项目合作。推进高分卫星在气象部门共享应用，与空军某部就智能网格预报技术研发及产品应用进行深入合作。

全面做好生态文明建设气象保障。祁连山生态修复大型无人机增雨试验进展顺利，翼龙Ⅱ无人机成功试飞，解决高空结冰等多项技术难题。在祁连山北麓腹地建成3个生态气象监测站，实时监测分析全省森林（草地）火点、沙尘范围以及雪、内陆河水体、植被等情况。推进省级生态气象与卫星遥感中心建设，建成武威市和肃南县卫星遥感气象监测业务工作平台。与省文旅厅联合开展“甘肃特色气候小镇”评选活动。年内飞机火箭增雨4.04亿立方米，防雹保护面积约5万平方公里。

【气象现代化建设】 加快推动气象观测自动化智能化。推进地面气象观测自动化改革并开展中期评估。中国气象局批准成立武威国家气候观象台和张掖国家综合气象观测试验外场。制定省局《气象观测质量管理体系建设方案》。气象资料传输及时率与可用性均符合考核要求。涉氢业务用房建设规范得到中国局充分肯定，牵头编制全国《高空气象观测业务制氢用氢设施建设规范》。

探索推进研究型业务建设。深度参与“大北方区域数值预报联盟”模式研发工作。开展区域高分辨率风光电要素数值预报产品研发，甘肃省新能源高分辨率数值预报系统（绿海系统）直接服务30多家电场。具有区域特色的数值模式研发项目获得甘肃省科技进步三等奖。全省智能网格预报业务并轨运行，智能网格预报一体化平台全面推广。向重点行业和社会公众提供智慧气象服务。

加快推进气象大数据和信息化建设。省级大数据云平台建设进展顺利。全省气象“公有云”平台完成数据库建设。开展智慧气象监测预警服务平台建设，实现基于“位置”的气象监测预警信息与“爱城市”“爱旅游”“一部手机游甘肃”等移动客户端对接，开展监测预警信息手机靶向主动推送试点。“天镜”系统实现数据全流程监控。开展护网行动，全面强化气象网络安全。

【科技创新和干部人才队伍建设】 提升干部人才支撑事业发展能力。加大年轻干部发现培养选拔力度，出台

《关于适应新时代要求大力发现培养选拔优秀年轻干部的实施办法》，实施“三个一批”计划。完善干部“选育管用”机制，提任处级干部19人。处级领导干部配齐率达到87.9%，45岁以下处级领导干部比例达到41.5%。稳妥推进实施公务员职务职级并行制度，晋升一级至四级调研员48人次。8人通过正高资格评审，3人入选享受甘肃高层次专业技术人才津贴，2人获陇原青年创新创业人才项目，3人选入甘肃省专业技术人才项目评审专家库成员。全国天气预报业务技能竞赛，甘肃代表队获“优秀组织奖”，个人分获全能三等奖和单项三等奖。

科技创新成果丰硕。获批国家自然科学基金项目5项，其中面上项目4项。荣获2019年甘肃省科技进步二等奖1项、三等奖2项。1人荣获全国科普讲解大赛一等奖。发表论文231篇，其中SCI（SCIE）、EI共20篇，核心期刊74篇。

【管理制度体系建设】 依法行政能力持续加强。制定省局党组重大调研工作计划，领导班子成员深入基层一线，调研解决突出问题。继续推进气象行政审批制度改革，深入贯彻“放管服”等各项改革要求。加强防雷安全监管。推进“互联网+监管”系统建设，构建安全责任体系，强化资质管理。加快地方立法进程，《甘肃省气象条例》和《甘肃省气象灾害防御条例》列入人大立法修订规划。继续探索法律顾问机制，重大合同由法律顾问审查并出具《法律意见书》，实现关口前移，确保依法决策。积极探索专业气象服务发展新领域，进一步完善专业气象服务体系，增强气象事业发展活力。依法合规增加职工待遇，提高干部职工获得感。

单位内部综合管理有序。注重气象文化建设，推进全省文明单位创建升级工程。全省气象部门庆祝新中国成立70周年大型文艺汇演、职工运动会等活动精彩纷呈。做好老干部工作，隆重举行“庆祝中华人民共和国成立70周年”纪念章颁发仪式，全省24名老同志获颁纪念章。科普宣传和信息工作聚焦重点、突出特色，传播正能量，为甘肃气象事业发展创造了良好舆论环境。加强基层台站建设，县级台站改造率达91.3%。继续做好安全生产、信访、保密工作。工会、青年、妇女等工作进一步加强。

【党建工作】 从严管党治党。制定《2019年全面从严治党工作要点》，制定党组及班子成员全面从严治党责任清单，落实“一岗双责”，层层传导压力，召开集体约谈会3次。继续认真贯彻落实中央“八项规定”精神。做好巡视整改和巡察工作，对照中国气象局巡视反馈意见积极整改，对6个市局和所属19个县局开展常规巡察和巡察“回头看”。全省共对67家单位开展了财务审计和经济责任审计。加强干部日常监管，运用监督执纪“四种形态”，谈话提醒17人次，函询2人次，批评教育2人次，2家单位和1名个人被责令作出检查。

推动基层党支部标准化规范化建设。形成党组牵头抓、机关党委统筹抓、党支部具体抓的党建工作机制。督促党支部规范“三会一课”等基本组织生活制度。印发年度工作方案，继续推进基层党支部标准化建设。探索发挥基层党支部战斗力，在县局试点由支委会进行“三重一大”事项民主决策。

水利

【概述】 2019年，全省完成水利固定资产投资117.22亿元。引洮供水二期骨干和城乡配套工程加快推进，黄河甘肃段防洪工程建设任务基本完成，民勤红崖山水库加高扩建工程正在开展竣工验收，天水市引洮城区供水工程已完工试通水，甘肃中部生态移民扶贫开发供水工程试验段顺利开工建设，古浪生态移民暨扶贫开发黄花滩调蓄供水工程实现建设任务过半。脱贫攻坚农村饮水安全成效明显，全省31个贫困县顺利完成脱贫摘帽；祁连山自然保护区水电站关停退出整治验收通过县级初验、市级认定和省级复核，省级河流划界工作基本完成；甘肃省黄河流域生态保护和高质量发展有序推进。

【水利行业监管】 加强在建水利工程的质量安全监督，进一步优化水利工程建设监督管理，改投标前资质审核为中标后备案。持续强化水土保持监管，不断开展监督检查，累计查处水土保持违法案件295起，其中已立案处罚5起。制定绩效评价工作手册，对省级水利发展资金、水利建设基金等18个专项资金开展绩效监控。全力推进“三边一部”重点区域涉水问题整治工作，印发《高铁沿线安全隐患涉水问题排查整治督查指导监管方案》，组织市县排查。截至年底，排查出的144个涉水问题，已全部整改销号。

【水政】 梳理完成73项《甘肃省水利厅权责清单目录》和77项《全省水利系统权责清单指导目录》。全面认领水利部公布的省、市、县水行政主管部门实施的行政许可及其他权力事项目录，逐项明确设定依据、受理条件、办理时限、申请材料、流程图、网上办理深度等要件，编制了20项政务服务事项实施清单。优化政务服务环境。政务大厅水利厅窗口被评为“第二季度优秀服务窗口”受到通报表扬，全年共受理办件1360件，办结1349件，办结率为99%，其中行政许可受理66件，办结55件，其他行政权力受理1294件，办结1294件，满意率达100%。加强水行政执法与刑事司法有效衔接，开展陈年积案清零行动。加强和规范水利行业事中事后监管，全面推行水行政执法公示和全过程记录制度，规范行政执法行为，共查处各类水事违法案件111起，结案101起，办结率91%，罚没资金260万元，违法行为逐年呈递减之势。

【水资源】 2019年全省总供水量109.96亿立方米，其中地表水工程供水81.17亿立方米，占73.8%；地下水工程供水24.60亿立方米，占22.4%；其他水源供水4.19亿立方米，占3.8%。全省总用水量109.96亿立方米。其中农业灌溉用水86.49亿立方米，占78.6%；工业用水8.70亿立方米，占7.9%；城镇公共用水3.60亿立方米，占3.3%，居民生活用水5.98亿立方米，占5.4%，生态环境用水5.19亿立方米，占4.7%。

2019年，万元地区生产总值实际用水量为128.7立方米/万元(可比价)，较2015年下降26.5%;万元工业增加值实际用水量为42.5立方米/万元(可比价)，较2015年下降34.6%;农田灌溉水有效利用系数实际为0.565，重要江河湖泊水功能区水质达标率为88%，全部达到国家确定的目标要求。

【水资源管理】 完成黄河干流、嘉陵江、黑河、洮河、渭河、3条内陆河水量分配方案。提前开展汉江、北洛河及其他河流的水量分配工作。健全完善取水许可统计台账，全省发放取水许可证近4.9万套，所有机井“一井一证一监控”。加强计划用水和定额管理，印发实施《甘肃省水资源用途管制实施办法》，修订发布《甘肃省行业用水定额》。加强重点河湖生态流量管理，印发《洮河流域生态流量试点实施方案(暂行)》，编制完成全省11条主要河流生态流量保障实施方案。组织完成市州和兰州新区实行最严格水资源管理制度考核工作，考核结果已报省政府审定公布：嘉峪关市、兰州新区、张掖市考核等级为优秀，金昌市、酒泉市、武威市、平凉市、兰州市、白银市、天水市、庆阳市、临夏州、甘南州、陇南市、定西市考核等级为良好。

【黄河流域生态保护和高质量发展】 按照省委、省政府“先学一步，深学一层，先行一步，走在前列”的工作要求，省内率先成立黄河流域生态保护和高质量发展推进领导小组，组建省水利厅黄河流域生态保护和高质量发展领导小组办公室。专题研究制定《甘肃省水利厅黄河流域生态保护和高质量发展工作方案》，提出了“1+6+6+4+1”工作思路和目标，即编制1个水利总规划、编制6个专项规划(节水潜力分析和重大节水措施、水生态治理与修复、水土流失综合防治、水旱灾害防御、供水安全保障体系、智慧水利建设)、开展6个专题研究(南水北调西线下移方案对甘肃影响、黄河“87”分水方案调整甘肃需求、重大理论与政策、水利投融资研究、黄河流域生态保护治理协同机制、水权水价改革)、建立4个库(理论库、政策库、技术库、项目库)、绘制1张黄河流域现状底数图。同步指导甘南、临夏、兰州、白银等黄河干流地区，深度开展黄河治理保护基础性调研和规划编制工作;指导武威、定西、天水、平凉、庆阳等黄河支流地区，着眼地区流域功能定位开展规划编制工作;指导酒泉、嘉峪关、张掖、金昌等河西地区和陇南地区，积极开展祁连山、长江上游等重点区域生态治理保护研究。

2019年，甘肃省黄河流域生态保护和高质量发展水利规划初稿已完成，6个专项规划和重大理论与政策研究、南水北调西线下移对甘肃影响研究、黄河治理与保护协同机制研究等3个研究报告初稿也已完成。“理论库”“政策库”“技术库”已初步建成，水利项目库也已初步梳理。

【水旱灾害防御】 全省降雨偏多。黑河、疏勒河、洮河等河流多次发生洪水，黄河上游干流形成2次编号洪水，黄河甘肃段长时间大流量行洪，全省共有12条河流先后发生16场次洪水。全省因洪涝灾害受灾14个市州77个县区155.2万人，水利工程水毁直接经济损失2.8亿元;“10·28”夏河5.7级地震造成夏河县、合作市及水文设施损失约1.54亿元。全年因洪涝灾害死亡3人，失踪2人。总体看全年防汛抗旱“有大险、无大灾”。全年发出暴雨洪水预警99次、短信2万余条。350座水利部门注册登记的水库实施汛期安全监督检查。安排下达中央水利发展资金500万元，重点支持“两州一县”和深度贫困县区做好山洪灾害防御设施设备维修养护工作。严格执行水利部《汛限水位监督管理规定(试行)》，全省水库全年拦蓄洪量9.06亿立方米。科学应对7.19陇南宕昌牙豁口滑坡，通渭县、舟曲县、临夏县滑坡体壅塞河道，尼傲峡等小水电站堵塞等险情。

【农村水利水电】 全省农村供水各项年度投资任务已按照水利部明确的目标任务全部完成。实施6座大型灌排泵站更新改造项目和12个重点中型灌区节水配套改造项目。超额完成农业水价综合改革项目307万亩(计划300万亩)。全省累计治理水土流失面积539.57平方公里，新修梯田面积18.44万亩，完成病险淤地坝除险加固64座。积极争取下达移民后期扶持资金5.6亿元，继续推进永靖、临夏、东乡和积石山4县3400户水库移民避险解困试点尾留工程建设，累计完成投资7.7亿元。充分发挥组长单位作用，统筹6家省直单位合力推进舟曲县帮扶工作，经舟曲县乡自查自验和系统比对，全县贫困发生率下降至0.83%，现已全县脱贫摘帽。

【农村饮水安全】 甘肃省以省委办公厅省政府办公厅名义印发《甘肃省农村饮水安全有保障冲刺清零工作方案》，2019年，全省共建设完成集中供水工程1413处、分散工程4430处，改造冬季冻管4888公里，试点推广安装水窖水净化设备3.41万套，全面完成了脱贫攻坚农村饮水安全巩固提升工程建设和农村饮水安全有保障冲刺清零任务，有力支撑了31个县完成脱贫摘帽任务。同时，按照水利部要求，全省14个市州、兰州新区和65个县(区、市)按时限要求制定出台了农村供水工程水价改革和水费收缴等政策。全省1505处千人以上集中供水工程，已全部完成定价工作，1484处实施水费收缴，收缴率达91%。

全省范围向用水户发放“用水户明白卡”，开设24小时投诉电话和“甘肃农村饮水”微信公众号问题反映“直通车”，对反映的问题跟踪督促整改。大力宣传复制推广张家川县、庄浪县农村饮水安全建设与管理典型经验和先进做法。组织培训县级水质检测中心、千吨万人水厂检测人员和运行管理人员1000余人次。

【节约用水】 坚持“节水优先”方针，深度挖掘节水潜力，经省政府审议通过，省水利厅会同省发展改革委联合印发实施《甘肃省落实国家节水行动实施方案》，聚焦农业节水增效、工业节水减排、城镇节水降损三大攻坚行动，推进节水型社会建设。同时，结合甘肃实际，正在制定深度节水和极限节水实施意见。《甘肃省节约用水条例》列入省人大2020年立法计划。

【河湖长制工作】甘肃省委省政府出台《甘肃省河长制湖长制督察方案》。结合河湖“清四乱”专项行动与“扫黑除恶”专项斗争，积极推广洮河“河长＋警长”经验，搭建起河湖管理保护行政执法与刑事司法有效衔接平台。进一步完善采砂规划，高压严打非法采砂。2019年，全省各级累计开展6轮182批次河湖“四乱”问题暗访及“回头看”，累计摸排发现“四乱”问题3820个，完成整改3811个。水利部2019年第一、二轮河湖管理督查发现的115个问题，已整改完成109个。其中岷县彻底拆除了洮河违章建筑物“慕丽水岸”茶楼，被最高人民检察院列为全国“携手清四乱，保护母亲河”专项行动十大典型案例。东乡县坚决拆除了洮河“万佳恒泰生态园”沿线16栋违章建筑别墅，兰州市下大力气拆除黄河水上清真寺侵占河道设施等。同时，全力加快推进河湖管理范围划定工作，基本完成省级河流划界工作。

【重点水利工程建设】引洮供水二期主体及配套工程加快推进，引洮供水二期主体工程累计完成投资50.64亿元，占总投资73.06亿元的69.3%，总体上实现了时间过半任务过半的目标。引洮供水二期配套城乡供水工程累计完成投资5.56亿元，已完成年度投资计划的107%。黄河甘肃段防洪工程累计完成投资33.73亿元，占总计划的99.3%，剩余兰州市城市防洪段第五标1.3公里征地拆迁工作加快推进。民勤红崖山水库加高扩建工程全面建成，正在竣工验收准备工作。天水城区引洮供水工程于9月27日已实现试通水目标，正在抓紧开展工程收尾工作。甘肃中部生态移民扶贫开发供水工程试验段于7月5日开工建设，主体工程已全部开始招投标准备工作。白龙江引水、引哈济党等项目前期工作取得重要进展。

【中小水利工程建设】当年实施的57个中小河流治理项目，除6个项目资金被整合外，已实施项目51个，投资完成率98%。9个江河主要支流治理项目正在有序推进。新建小型水库工程2019年新开工4座，年度建设任务全部完成。双塔水库、锅盖梁水库除险加固工程已完工并完成蓄水验收工作。小海子水库工程主体已完工，南营水库、北台子水库、大野口水库除险加固工程正在推进。昌马、赤金峡水库已完成安全鉴定复核工作；金塔县鸳鸯池水库已完成大坝安全鉴定工作。敦煌市党河水库、通渭县锦屏水库、肃州区首场沟水库除险加固工程已完成前期工作。37座大中型病险水闸工程已全部完成建设任务，累计竣工验收25座。大草滩引水枢纽水闸已完成安全鉴定；疏勒河昌马旧总干第二排砂道进水闸、昌马新旧总干渠进水闸、花海旧总干渠首泄洪排砂闸、讨赖河渠首枢纽水闸、甘州区大野口引水枢纽水闸、肃州区营尔河渠首排砂闸、于家海子渠首排砂闸、鸳鸯坝渠首闸除险加固工程已完成前期工作。

【重点流域治理】黑河通过下游正义峡断面面向内蒙古额济纳旗下泄水量13.82亿立方米；石羊河蔡旗断面过水量4.01亿立方米；疏勒河向敦煌市和西湖湿地调水1.67亿立方米。巩固提升石羊河、黑河、疏勒河流域治理成效，石羊河下游青土湖水面面积扩大到26.7平方公里，地下水埋深较2007年上升1.11米，周边旱区湿地面积达到106平方公里，“石羊河”模式成为全国样本。黑河年度东居延海实现连续15年不干涸。疏勒河全程再现大河西流，干涸消失300余年的终端湖“哈拉奇”重现。

【水利建设管理】制定印发《关于促进市场公平竞争维护水利建设市场正常秩序的实施意见》《打击出借借用资质围标串标转包违法分包等违法违规行为三年行动方案（2018—2020年）》，全力规范整顿水利建设市场秩序。在全省水利建设领域开展清理专业技术人员职称职业资格“挂证”专项整治工作，已清理挂证人员650人。进一步对接完善“甘肃省水利工程建设项目招标投标备案及企业信用信息管理系统”，建立了3169家企业、6.58万人的信用信息档案。对进入甘肃省市场的企业实行准入零门槛制度。

【安全生产】突出重大建设项目质量安全监督检查，对在建省级重点水利项目、市州重点水利建设项目开展质量安全监督检查。对小型水库、水闸安全运行开展6轮巡回督查，发现问题319个，督促各地组织有关单位进行整改。全面抓好水利部稽察组三轮稽察发现的142个问题和水利部建设管理质量与安全监督及专项巡查发现的77个问题整改落实。对发现问题的责任单位和责任人实施责任追究，共约谈市州8座水库运行单位，责成11位相关责任人作出书面检查。全面落实国务院安委办对甘肃安全生产考核发现农村集中供水消毒和水质化验存在危险化学品安全隐患问题整改工作。制定印发《关于加强水利企业本质安全体系建设的指导意见》推进企业本质安全体系建设。制定印发《甘肃省水利厅生产安全事故应急预案》，开展水利安全事故应急演练和安全生产宣传教育培训活动。

【科技与教育】向省科技厅推荐了“甘肃省节水治污生态修复先进技术”储备项目，推荐申报了“西部牧区县域水草畜平衡技术指南”等地方标准。举办了由商务部和科技部资助的援外技术培训班两期，培训了来自15个国家的48位学员。水利系统获得2019年度省科技进步奖共6项，其中：由甘肃省景泰川电力提灌管理局、唐山现代工控技术有限公司主持完成的《北方地区多泥沙水源明渠水量自动化监测设施研究设计与推广应用》（2019—J2—003），由甘肃省水文水资源局主持完成的《甘肃省渭河河流健康研究》（2019—J2—013）和由甘肃省水利科学研究院、清华大学、甘肃省疏勒河流域水资源管理局主持完成的《疏勒河流域规模化集约高效农业过程控制技术》（2019—J2—041）3项获得省科技进步二等奖；由甘肃省水土保持科学研究所、甘肃省水利科学研究院主持完成的《干旱区春小麦垄作沟灌技术参数研究》（2019—J3—014），由甘肃省水土保持科学研究所主持完成的《光伏电场建设对河西戈壁荒漠区水土流失的影响及防治对策研究》（2019—J3—021），由兰州市水电勘测设计院、兰州理工大学主持完成的《压砂地土壤水分时空变异机制及其与土壤特性的相关性研究》（2019—J3—059）等3项获省科技进步三等奖。

【信息化建设】 甘肃省河湖长制信息管理平台、甘肃省水利厅综合协同办公管理平台、甘肃水信息基础平台-政务服务平台项目通过验收。加快推进甘肃智慧水利项目建设，完成项目事前绩效评估报告和招标代理入围竞争性磋商工作。完成甘肃省水利厅政务综合服务平台的定级、备案和测评工作。按照省政府部门网站二级域名分配方案，启用甘肃省水利厅网站新域名。甘肃水利网站、甘肃水利信息共享互用平台、甘肃省河湖长制信息管理平台等通过重要信息系统渗透测试。

【生态环境涉水问题整改】 祁连山自然保护区水电站关停退出整治验收已通过县级初验、市级认定和省级复核。2019年8月习近平总书记视察甘肃，对祁连山生态环境问题整治成效给予肯定。加强水电站生态流量下泄监管，印发实施《甘肃省水电站引泄水流量监督管理办法（试行）》，实现全省正常运行的水电站引泄水流量在线监测管理，监督生态流量足额泄放。截至2019年3月，全省正常运行的584座水电站中447座引水式水电站全部安装无障碍泄水设施，流量数据接入省级平台，实现了全省水电站生态流量省级在线监测全覆盖。选取重点河流主要断面47座水电站试点安装视频监测设备，达到数据、图像同步传送。严格落实6小时电站、12小时县级、24小时市级、48小时省级的四级预警处理机制。截至2019年底，累计处理预警信息387条，每月定期分析汇总监测情况。提请省政府印发《关于水电站生态环境问题整治工作的意见》，全面核查、评估全省水电站存在的问题，按照退出、整改、保留三类，逐站提出处置意见，明确生态环境整治措施。

【水利改革】 全面推进“放管服”改革，公布20项政务服务事项实施清单。疏勒河流域全面完成国家水流产权确权试点工作，通过国家评估。作为水权试点省份，3个流域（灌区）和5个县（区）完成年度灌溉用水户水权交易示范推广任务。张掖市、敦煌市、陇南市通过验收被确定为全国水生态文明城市。指导各地市县水务部门与农发行等金融部门对接，累计落实融资贷款21.8亿元。持续推进水务一体化，全省搭建水利投融资平台59家。同大禹节水公司签订战略合作框架协议，加大支持民营企业发展的扶持力度。围绕智慧水利建设，同移动、联通、铁塔等国企签订合作框架协议，助力水利改革发展。

（解瑞）

国民经济

发展和改革工作

【重大政策争取】加强国家经济政策对接落实，报请省政府印发《2019年国家主要政策汇编指南》和《争取中央政策和资金支持的工作方案》，为全省各级各部门把握政策、对接项目、争取资金提供务实管用的“工作指南”。积极推动习近平总书记对甘肃重要讲话和指示精神在发展改革系统落地落实，牵头梳理形成全省贯彻落实习近平总书记对甘肃重要讲话和指示精神争取政策项目汇编，选取11条重大政策和55个重大项目，由省政府领导带队向国家部委汇报争取。

【重大规划编制】启动开展“十四五”规划思路研究，初步谋划提出全国综合性核产业基地、绿色生态产业带动性工程等10项重大综合性工程，并研究提出70多项子项目。启动编制全省和各相关市州黄河流域生态保护和高质量发展规划，下达1600万元前期费支持编制市州规划，与省直部门共同推进理论库、政策库、技术库、项目库建设。报请省政府印发《新时代甘肃融入“一带一路”打造“五个制高点”规划》，加快构建对外开放新格局。

【推动绿色发展】认真履行祁连山保护区生态环境问题整改综合协调组职责，整改任务有序推进。争取国家将我省纳入全国生态综合补偿试点省份。督促指导甘南、定西、兰州、酒泉4个市州加快国家生态文明先行示范区建设。统筹推进十大生态产业发展，调整更新项目库和重大带动性工程项目，报请省委省政府印发《十大生态产业项目包抓责任制办法》，2019年全省十大生态产业增加值占地区生产总值比重达到23.7%，比上年提高5.4个百分点。深入推进供给侧结构性改革，全面完成2019年煤炭去产能任务，关闭煤矿6处、产能57万吨；完善网格化管控体系，严防“地条钢”死灰复燃；省属企业市场化债转股到位资金532.31亿元。培育壮大经济新动能，制定出台《推动创新创业高质量发展打造“双创”升级版实施意见》。兰白综合性高技术产业、金昌新材料、天水电子信息、定西中医药等产业聚集区加快建设。争取新认定3个国家地方联合工程研究中心、1个国家企业技术中心。研究制定数字经济创新发展试验区建设方案，基本实现兰州核心城区5G网络连续覆盖。

【项目投资管理】继续编制“三个清单”，依托投资项目在线审批监管平台对全省投资趋势进行监测调度，开辟绿色通道，加快重点项目前期工作。多措并举争取资金，全年共争取中央预算内投资159.2亿元；获批发行企业债券51亿元、利用国外贷款近4亿美元、境外发债登记备案3亿美元。积极争取专项债券额度124亿元。向银保监部门和金融机构提供补短板重大项目清单，已有144个项目获得贷款1154亿元。千方百计促进民间投资，召开企业家座谈会，现场答复42家企业反映的64个急需解决的难点问题。建立民间资本投资重点领域项目库，公开推介的项目已签约落地11个。推动落实重大项目省级领导包抓责任制，加快推进重点领域项目规范有序实施，78个省列重大续建项目超额完成年度投资任务。

【重大项目建设】加快实施祁连山、两江一水、渭河源区等生态规划，积极推进玛曲沙化草原综合治理，加快古浪八步沙林场退化林修复工程建设。积极争取国家生态建设资金9.4亿元，深入实施新一轮退耕还林还草等重点生态工程。大力推进水利建设，黄河甘肃段防洪、民勤红崖山水库加高扩建、天水城区引洮供水等工程基本建成，甘肃中部生态移民扶贫开发供水工程开工建设，白龙江引水、引哈济党等重大水利工程前期工作取得阶段性成果。敦煌铁路提速改造、兰州轨道交通1号线一期、敦格铁路建成投运。兰张三四线中川机场至武威段、酒额铁路酒泉至东风段开工建设，兰州轨道交通2号线一期工程、银西铁路、中兰客专进展顺利。兰州南绕城、两徽高速公路建成通车，兰州中通道、灵台至华亭、中川机场T3航站楼连接线等高速公路项目开工建设。中川机场三期扩建工程完成可研并上报国家发展改革委，武威机场、平凉机场、临夏机场及天水军民合用机场前期加速推进。河西清洁能源基地加快推进，酒湖直流工程配套100万千瓦风电、50万千瓦光伏发电项目全面开工建设，中核汇能甘肃矿区黑崖子5万千瓦风电项目成为全国首个并网平价风电示范项目。拥有自主知识产权的敦煌大成5万千瓦熔盐线性菲涅尔式光热发电示范项目完成发电并网。陇东综合能源基地进展顺利，甜水堡二号、邵寨煤矿获国家发展改革委核准，五举煤矿即将完成核准；陇东至山东特高压工程完成预可研，配套火电和新能源规划研究取得阶段成果。临夏LNG储备中心建成投运，敦煌LNG储备中心即将建成，庆阳至兰州输气管道庆城至西峰段即将竣工、庆阳至兰州段正在开展项目论证。

【重点领域改革】印发营商环境评价工作实施方案，积极推进营商环境评价。出台推行企业投资项目承诺制、容缺受理、模拟审批、区域评估、代办服务等5个实施方案，进一步优化投资项目审批。搭建数字证书（CA）互认共享平台，初步实现“一网通办、一证通行”，每年可为企业节省交易成本近7000万元。深入实施市场准入负面清单，持续推动放宽市场准入门槛。全面推开行业协会商会与行政机关脱钩改革。全省党政机关公车制度改革全面完成。国有林场改革进一步深化。建立完善产权保护制度，推进产权保护法治化。

【扩大对外开放】 牵头建立全省“走出去”工作联席会议制度，协调解决境外投资企业实际困难，促进境外投资健康有序发展。兰州、武威、天水三大陆港建设持续推进，兰州陆港型国家物流枢纽已列入第一批国家物流枢纽建设名单。嘉峪关、敦煌空港总体规划先后获批，合作共建西部陆海新通道取得积极进展。金川公司印尼红土镍矿项目投产见效，白银公司完成南非第一黄金股权收购，金川公司南非思威铂业矿正在建设。酒泉中以产业园前期工作及基础设施建设进展顺利。报请省委省政府印发贯彻落实党中央新时代推进西部大开发形成新格局决策部署、建立更加有效的区域协调发展新机制实施意见。深化与四川、海南、广西、浙江、重庆、内蒙古等省区市经济社会发展合作，推动与云南省签署合作行动计划。兰州新区获批成为全国第九个绿色金融改革创新试验区，并入选“中国（区域）最具投资营商价值新区”榜单。

【价格调控监管】 制定出台全面深化价格机制改革、促进绿色发展价格机制等实施意见。电价改革取得新成效，年降低企业用电成本超过60亿元。组织完成340亿千瓦时年度直购电交易，一般工商业电价再降低12.86%。对符合产业环保政策的大数据、电解铝企业实施到户电价优惠政策。清理规范政府部门及下属单位、行政审批中介服务、铁路货运和口岸收费，进一步降低企业制度性交易成本。开展城市燃气配气价格核定工作。稳慎推进农业水价综合改革。着力加强粮食、食用油、猪肉、水果、蔬菜等重要民生商品的价格监测，按时完成国网甘肃省电力公司和国网西北分部输配电、全省医疗危废处理、5A级和部分4A级国有景区门票定价成本监审工作。牵头制定生猪保供稳价政策措施和相关工作方案、预案，印发稳定蔬菜生产供应和价格水平工作方案。及时启动社会救助和保障标准与物价上涨挂钩联动机制。中秋、国庆期间投放冻猪肉1700吨，有效平抑了市场价格。全年全省居民消费价格比上年上涨2.3%。

【保障改善民生】 “十三五”期间49.9万建档立卡贫困人口安置住房已竣工，群众已入住，基本完成了“十三五”易地扶贫搬迁建设任务，拆除旧房6.47万套，占应拆总数的68.4%。会同省直相关部门制定加大后续扶持的实施意见，争取资金2.54亿元支持3000人以上大型集中安置点教育卫生补短板项目。积极争取天津市安排2019年对口支援我省藏区资金1.02亿元，超出规划年度任务2000万元。基本完成岷嶂地震灾后重建异地安置遗留问题整改任务。统筹做好脱贫攻坚基础设施专责组工作，危房改造、饮水安全、农村公路等重点任务扎实有序推进。提前完成“一区一州”和18个深度贫困县脱贫攻坚电网建设任务。建成并网光伏扶贫项目70.14万千瓦，基本完成“十三五”建设任务。兰州工业学院、甘肃政法大学等省属高校基础设施加快建设，省妇女儿童医疗综合体、甘肃简牍博物馆、省中医院西北区域中医医疗中心、七里河体育场等项目开工建设。深入开展国家级返乡创业试点，积极支持庆阳、张掖等5个公共实训基地项目建设。扎实做好国家城乡居民增收综合配套政策试点申报等前期工作。统筹推进社会领域五大工程，争取中央预算内投资28.44亿元，支持262个社会事业领域项目。研究制定《甘肃省优化社会办医疗机构跨部门审批工作办法》。积极贯彻落实国家文化公园建设方案，配合推动长城、长征国家文化公园建设。

（堵绍彤）

农业农村

【综述】 2019年，全省第一产业增加值比上年增长5.8%，增幅居全国第1，农村居民人均可支配收入增长9.4%，增幅居全国第19。贫困地区农民人均可支配收入增长10.3%，农业农村整体上呈现政策好、人努力、天帮忙、市场旺、收入增、百姓喜的良好局面，为如期打赢脱贫攻坚战、与全国一道全面建成小康社会提供了有力的支撑。

【产业扶贫】 全年依靠发展产业和“产业+劳务”脱贫的人口达66.6万人，占到脱贫总人口的71%，为全年93.5万贫困人口脱贫、31个贫困县顺利摘帽奠定了坚实基础。实施了合作社领办人万人培训计划，组建了6500人的辅导员队伍，对合作社开展面对面指导服务，分级举办合作社辅导员培训班，累计培训辅导员1.29万人次、培训合作社领办人及财务人员3.77万人。全省贫困村合作社36365家中，运营规范的达到13804家、运营较规范的达到13549家，运营规范和运营较规范的合作社加起来约占70%以上，2018年在贫困村扶持新建的2173家合作社90%以上已启动运营，全省贫困村三分之二以上合作社带动能力不强的问题得到了有效解决。大力引进和培育龙头企业，贫困县新培育引进龙头企业303家、累计达2746家，共带动合作社1.02万个、带动贫困户41.74万户、吸收贫困人口就业2.9万人。在抓好18个中央和省级保险品种的同时，开办了62个特色产品保险品种，其中18个中央和省级补贴品种提高保额、降低费率均达到30%以上，对贫困户参保给予保费减半的特惠政策，贫困户只需缴纳总保费的10%。全省参加农业保险农户203万户，其中建档立卡贫困户105万户，实现签单保费16.7亿元，累计理赔11.4亿元，直接受益农户112.45万户次，其中贫困户68万户次，为群众放心养、放心种提供了有力保障。积极组织带领各市州加工企业和经销商，参加农业农村部举办的各类产销对接洽谈会20多次，联合农业农村部共同举办了甘肃特色农产品贸易洽谈会、“三区三州”贫困地区特色农产品产销对接活动，加强与天津、福州、青岛、厦门等4个扶贫协作市的产销对接，今年采购我省特色农产品13.6亿元，惠及14.5万贫困人口。新建成果蔬保鲜库318座、累计建成1019座，新购置移动保鲜库64辆、累计达到222辆，延长了果品、蔬菜的贮藏期和货架期，使农产品可以根据市场行情灵活选择上市时间，避开生产旺季，实现错峰销售。

【乡村振兴】 现代丝路寒旱农业快速发展。坚持以现代丝路寒旱农业为统揽，以绿色循环化发展为导向，以节水农业、旱作农业、设施农业、戈壁生态农业为重点，以规模化、集约化、产业化为发展方向，着力打造“一带五区”特色产业带，推动种养循环、特色农产品精深加工、两个“三品一标”建设、“甘味”农产品品牌培育等一系列新举措新办法落实落地，走“寒旱农业—生态循环—绿色产品—‘甘味’品牌”的发展路子，特色种养业产业带逐步形成，全省粮食、蔬菜、苹果、马铃薯、中药材的产量及肉牛、肉羊出栏量分别比上年增长1%、3.3%、43.49%、2.23%、11.1%、5%和6.8%，为乡村产业振兴打下了坚实基础。一是确保重要农产品有效供给。粮食产量达到1163万吨，连续8年稳定在1100万吨以上。一手抓非洲猪瘟疫情防控，一手抓生猪生产恢复，及时研判生猪生产供应形势，狠抓各项稳产保供措施落实落地，在全国生猪产能大幅下降的情况下，全省生猪生产稳定发展，全年存栏、出栏比上年分别增长0.5%和2.1%，不仅恢复到了正常生产年景，还实现了由净调入省向净调出省份转变，给全国作了贡献。2019年共培育引进投资规模千万元以上的大型畜牧龙头企业建设项目112个、计划投资254亿元，已完成投资46亿元，其中，引进正大、河南牧原、新希望六和、新疆天康、湖南唐人神和四川天兆等大型现代化生猪龙头企业6家，计划总投资近90亿元，目前已完成投资19亿元，正大、牧原、新希望、天兆和天康项目已部分投产。省内新培育的皋兰金盛和、红古中植、兰州新区正农和民乐祁连雪域等4家大型生猪企业计划投资7.25亿元，已完成投资2.14亿元。以上引进和培育的大型生猪企业，已饲养基础母猪3.2万头，可新增生猪产能60万头，二是扎实开展高标准农田建设。确立了“政府主导、农业农村部门牵头、各有关部门协作，上下联动”的工作机制，召开了全省高标准农田建设现场推进会和调度视频会，压实责任、督促进度、交流经验，将高标准农田建设与农机农艺技术集成应用、节水工程灌溉技术、土地改革相结合，探索出了一户一块田、龙头企业代建、整合资金提升建设标准等一系列好经验好做法。批复实施建设计划175万亩，开工建设145.72万亩，完成建设面积45.64万亩，进一步夯实了农业发展基础。三是大力推进农牧结合、种养循环。完成粮改饲320万亩，亩均增收300元以上，新增优质饲草料1600万吨以上。据测算，饲喂全株青贮料每头牛增收500元以上、每只羊增收40元以上。加大粪污资源化利用的力度，示范推广粪污运输、贮存、处理全程机械化作业，在甘州等4个县区整县推进畜禽粪污资源化利用，全省畜禽粪污资源化利用率达到75%。在宁县等5个苹果大县开展有机肥替代化肥试点，在全省开展有机肥替代化肥行动，全省化肥实用总量比2018年减少7.4万吨，大力推广实施主要农作物病虫专业化统防统治和绿色防控，全省农药使用总量较2018年减少92.18吨，为打造绿色有机“甘味”农产品品牌打下品质基础，探索出了“草多—畜多—肥多—粮多—钱多”的生态循环农业路子。农业农村部在我省临夏州召开了全国粮改饲循环农业现场推进会，对临夏州大力推行新发展理念，走小群体、大规模的发展路子，实现“家家养牛羊、户户粮改饲”的良好发展局面给予了高度评价。四是着力建设绿色标准化种养基地。按照绿色化、标准化生产的要求，坚持抓点示范，在宕昌县开展2万亩绿色标准化药源基地建设，示范推广绿色栽培模式和全程机械化，亩减少化肥30%以上、农药40%以上；在安定等马铃薯大县大面积建设绿色标准化种植基地，在高台、广河开展国家绿色发展先行区创建，在蔬菜大县实施水肥一体化，在苹果大县推广“粮—畜—果”有机肥替代化肥等循环模式，在用膜大县实施农业生态环境保护项目。打造了宕昌万亩中药材、安定万亩马铃薯，环县、广河、东乡万只肉牛肉羊等一批绿色标准化生产基地，建成了安定区马铃薯、陇西中药材、静宁苹果、榆中高原夏菜、临夏肉牛肉羊等大宗农产品产地批发市场和信息价格形成中心，培育和引进了海升集团、中天羊业、中盛羊业、蓝天淀粉等一批加工销售水平高、带动能力强的龙头企业，成功创建了安定、临洮两个国家级现代农业产业园，初步走上了良种繁育、生产、加工、销售一体化发展路子，促进了一二三产融合发展，打造了一批县域经济主导产业。五是积极发展戈壁生态农业。坚持规划引领，广泛组织动员，多方筹措资金，新建戈壁生态农业6.2万亩，累计达20万亩，建成千亩以上产业园53个，累计投入资金超过110亿元。“戈壁雪润”等一批戈壁生态农业品牌享誉全国，打入粤港澳等终端大市场，初步建成了设施装备先进、生态环境友好、产品特色鲜明的戈壁生态农业产业带，受到了国内外的广泛关注。如张掖海升集团建成20万平方米玻璃温室种植串式番茄和彩色辣椒，亩均收入高达60—80万元，成为现代丝路寒旱农业及“一带一路”国际产业合作示范项目。六是建立完善标准和品牌体系。构建了现代丝路寒旱农业产地环境评价体系、生产加工技术标准规范及评价体系、农产品营养品质及特质评价体系、农产品质量安全及可追溯体系，全省认证“三品一标”农产品累计达2393个。大力实施品牌营销战略，在江西南昌第十七届中国国际农产品交易会上，我们推介了“甘味”品牌，发布了“甘味”品牌特色农产品目录，10个“甘味”农产品入选2019年中国农业品牌；携手新华社“民族品牌工程”

共同打造“甘味”品牌；与阿里巴巴汇聚共同举办了助力打造“甘味”农产品品牌发布会，通过淘宝、聚划算等平台大力宣传推广“甘味”农产品品牌，省内外各大终端、经销商对我省发展现代丝路寒旱农业给予了充分肯定，对“甘味”特色农产品表现出空前的热情，极大提高了我省特色农产品的市场知名度和占有率，提升了农产品附加值。

【农村人居环境持续改善】 因地制宜推进农村厕所、垃圾、风貌“三大革命”，扎实开展废旧农膜回收利用与尾菜处理、畜禽养殖废弃物及秸秆资源化利用等“六大行动”，先后在张掖、武威召开了全省全域无垃圾专项治理行动现场推进会，在瓜州召开了农村人居环境整治现场推进会，在积石山县召开全省村庄清洁行动现场推进会等会议，总结推广符合各地实际的典型模式，以打硬仗的劲头攻坚克难，全省农村人居环境整治工作的成色和质量明显提升。把全省改建新建50万户农村户用卫生厕所和村庄清洁行动，列为省政府为民办实事项目推动。全省改建农村卫生户厕55.73万座，占2019年计划总数的110.72%，全省有卫生公厕的行政村12244个，达到行政村总数的76.7%，全面完成年度目标任务；全省457万人次参与了村庄清洁行动，累计清理农村生活垃圾178万吨、村内水塘1万余处、村内沟渠13万公里、淤泥12万吨，依法清理烂房烂墙烂圈、废弃厂房棚舍29万处，5373个行政村通过清洁村庄验收。回收废旧地膜12.99万吨、废旧棚膜5.19万吨，尾菜处理利用407.9万吨。发起举办了2019“一带一路”美丽乡村论坛，与法国美丽乡村联盟签订了《关于支持美丽乡村建设的框架合作协议（备忘录）》。

【乡村治理、乡风文明】 在金昌市召开了全省乡村治理体系建设暨乡风文明建设现场推进会，总结推广市县推进乡村治理的好经验好做法。启动了乡村治理体系建设试点示范工作，推荐环县、高台县、积石山县为国家乡村治理体系建设试点县并审定上报试点方案。深入开展农业农村领域扫黑除恶专项行动。制定了《关于“着力解决农村一些群众法制意识、道德意识薄弱，实施乡村治理、推进移风易俗、及时化解农村各类矛盾问题不到位、不及时问题”专项整治实施方案》，全力抓好专项整治工作。深入推进农村承包地、集体土地改革和“三变”改革等农村综合改革，加快“人、地、钱”等要素向农业农村流动和配置，不断释放发展活力。全省增加6个整市（兰州、酒泉、金昌、武威、白银、平凉）、4个整县（武山、成县、迭部、和政）农村集体产权改革国家试点，已有613个村完成改革任务，组建613个股份经济合作社，折股量化集体经营性资产30.76亿元，实现股金分红3510.44万元。

【乡村人才培育】 加强高端人才引进，省政府聘请6名国家农业产业体系首席科学家、2名国内寒区农牧业知名专家，担任我省农业产业发展技术顾问，聘请了46名国家现代农业产业技术体系岗位科学家组成服务团；聘请了法国美丽乡村规划设计、建设管理等方面的6位知名专家担任美丽乡村建设外籍咨询委员。加强本土人才培育培养，累计培训乡村农技推广员、农机操作员、家畜改良员等新型职业农民3.5万人，乡村动物防疫人员8655人。在兰州大学举办了全省农业产业化龙头企业管理能力提升培训班，提升龙头企业和经销商市场研判能力、企业管理能力和实战水平。

【乡村振兴制度、政策体系逐步建立】 坚持边抓工作落实、边完善政策制度，先后出台了《关于大力发展具有甘肃特色现代丝路寒旱农业的指导意见》《关于深入学习浙江“千村示范、万村整治”工程经验扎实推进农村人居环境整治的实施意见》和9个配套文件、《关于促进小农户与现代农业发展有机衔接的实施意见》《关于加强和改进全省乡村治理的实施意见》《“6+1”战略性农业重点产业推进方案》《关于进一步加强两个“三品一标”建设打造“甘味”知名农产品品牌的实施方案（2019—2023年）》等一系列政策文件，研究制定了《甘肃省贯彻<中国共产党农村工作条例>实施办法》《甘肃省实施乡村振兴战略考核办法（试行）》，乡村振兴的制度框架和政策体系逐步建立。

粮食和物资储备

【基本情况】 2019年，全省收购粮食291.5万吨，销售粮食325.8万吨；收购食用油6.6万吨，销售食用油11.9万吨。截至2019年12月底，全省粮食综合库存287.8万吨，食用油综合库存5.6万吨。全省省级储备肉5141吨，其中冻猪肉4141吨、冻牛羊肉1000吨。全年全省国有粮食企业盈利2651万元，连续11年统算盈利，其中省直企业盈利673万元、13个市州实现盈利。

【粮食安全】 按照国务院和省政府要求，会同发展改革、农业农村等12个部门，完成了省政府对14个市州政府的“省考”工作。考核工作得到了省委省政府的高度重视、各考核部门和单位的大力支持、各市州的积极配合，也引起了社会各界的普遍关注，总体更加规范、有序、有效。对“省考”中存在的问题，分别向各市州下发了问题清单，限期整改到位；对“国考”反馈甘肃省的问题，认真研究分析，积极协调省直相关部门整改落实，较好发挥了考核“指挥棒”作用。各市州政府对粮食安全省长责任制落实的重视程度不断增强，政府粮食安全主体责任进一步压实。在责任制考核推动下，全省粮食生产稳定、流通活跃、供给平稳，粮食安全保障能力有效提升。

【宏观调控】 持续重视粮食收购，严格执行国家收购政策，合理安排收购网点，牢牢守住不发生“卖粮难”的底线；不断巩固产销协作机制，进一步深化与河南、河北、山东等粮食主产省的产销合作关系，全年收购粮食291.5万吨、食用油6.6万吨。有效组织粮源调度，综合运用调控措施，满足市场多样化粮油需求，全年销售粮食325.8万吨、食用油11.9万吨。15个国家粮油价格监测信息直报点和

443个市县信息监测点有效发挥作用，为市场调控提供了可靠信息。研究制定了优化省级储备粮品质结构方案，向12个省直储备企业下达了11.1万吨进口优质小麦储备计划。全省地方粮食储备库存真实、品质良好、吞吐有序、管理规范，"第一道防线"作用切实发挥。依托储备粮轮换和市县增储计划落实，优先收购贫困地区粮食，有9户企业与贫困户签订扶贫订单1.1万吨，以高于市场价收购贫困户粮食，发挥了行业消费扶贫作用。举办了世界粮食日宣传活动，认定发布8个省级"粮食安全宣传教育基地"，省委常委、常务副省长宋亮出席活动并现场调研。开展储存安全和生产安全大排查大整治大提升专项行动和主题征文活动，有力促进了"两个安全"保障能力提升。

【政策性粮食库存大清查】 按照国务院部署，在省政府领导下，在省发展改革委、省财政厅、省农业农村厅、省统计局、农发行甘肃省分行、中储粮兰州分公司等6部门的大力支持配合下，组建工作机制、制定实施方案、强化统筹调度、加强督导检查，有力有序开展政策性粮食库存数量和质量大清查，对174个政策性粮食承储企业、434个实际储存库点、2177个货位存储的391.02万吨政策性粮食和商品粮进行了全面清查，扦样检验1216份。总体看，全省存储的中央储备粮和省、市、县三级政府储备粮数量真实、质量良好、储存安全、运作合规。把问题整改作为实现大清查目标的重中之重，分门别类、分级落实，目前已基本完成整改。

【应急保障】 全省制定应急预案80个，落实应急供应网点、配送中心、加工和储运企业1781个，粮油应急供应体系更加完善，应急能力不断增强；基本完成了与应急、民政、商务等部门救灾物资和肉菜管理等职责的移交和衔接工作，结合实际修订完善了管理制度和调拨预案，进一步理顺了工作流程，强化了工作责任。增加省级冻猪肉储备规模1500吨，总规模达到5500吨；联合省发展改革委、省财政厅下达市级肉类储备建议5020吨，年底统算已全部落实；国庆、春节前后在全省不限量投放省级储备冻猪肉和牛羊肉，有效保障了节日供应。夏河县5.7级地震、通渭县山体滑坡、迭部县洪涝灾害等发生后，按照应急部门指令，第一时间为抢险救灾提供了物资保障。

【重点项目】 总投资2.8亿元的粮库智能化升级改造项目建成投入使用，覆盖全省的157个储粮库点与省级粮食管理平台和国家平台实现了数据互通、应用贯通。强化统筹指导和调度指挥，总投资14.12亿元的"优质粮食工程"按照三年建设方案稳步实施，"中国好粮油"行动计划、粮食质量检验监测体系、粮食产后服务体系3个子项务实推进，完成总投资的40%以上。总投资3.64亿元的军民融合军粮供应工程正式启动，各版块项目正在积极向前推动。总投资21.26亿元的5个现代粮食物流园区项目，除武威园区尚未开工外，兰州、白银、天水、平凉等4个园区建设积极推进，投资完成率均达到50%以上，同时，相关市州还积极争取地方政府债券解决园区建设资金问题，累计达5.3亿元。

【粮食产业发展】 坚持开放创新，积极融入"一带一路"建设，加强与哈萨克斯坦等国家的粮食贸易合作，把甘肃打造成为优质小麦加工贸易基地的建设思路取得重要进展。2019年4月10日，哈国第一批9000吨进口小麦正式从兰州粮食口岸通关。省粮油贸易公司完成哈国大麦进口业务3700吨，成为哈国大麦放开检疫后中国进口第一单。省粮油购销公司金源面业结合"中国好粮油"示范企业建设，积极扩大进口优质小麦加工，优化生产以哈麦为主要原料的面粉，得到了市场认可。兰州市依托新区物流保税区和粮食口岸，整合兰州现代粮食物流园区、润民粮油园区和嘉里粮油等实力企业的加工贸易资源，成为兰州打造"西部粮都"的重要产业支撑。兰州市借助兰洽会成功举办"一带一路"粮食安全高峰论坛暨精品粮油展，达成9项合作成果，总签约达10亿元。

（常慧君）

林业和草原

【大规模国土绿化】 贯彻落实省委、省政府《关于加快推进大规模国土绿化的实施意见》精神，组织召开全省弘扬八步沙林场"六老汉"精神推进大规模国土绿化现场会，依托天然林保护、退耕还林还草、退牧还草、三北防护林、造林补贴、森林抚育等重点工程，扎实推进大规模国土绿化行动。2019年，争取各类林草建设资金68.27亿元，完成造林32.84万公顷。义务植树9373.86万株，新建义务植树基地597个。人工种草23.33万公顷，落实草原禁牧676.41万公顷，草畜平衡950.56万公顷，全省草原植被盖度达52.9%。开展第二批省级森林城市和森林小镇创建工作，授予平凉市为省级森林城市、宁县盘克镇等19个乡镇为省级森林小镇，推荐认定国家森林乡村159个，全省村庄绿化覆盖率达16.31%。确定平凉、金昌2市为我省第一批"互联网+义务植树"试点，争取蚂蚁金服集团等治沙造林项目投资9396万元，营造梭梭、柠条、胡杨等2111万株（穴）。

【草原生态建设】 截至2019年底，全省累计建成草原围栏860万公顷；聘用草原管护员1.5万名，建成草原鼠虫害测报站17个、草原生物灾害监测预警中心6个、草原防火库（站）33个、草原固定监测站（点）1154个，确立了"地面、遥感、气象"三位一体的草原监测方法，形成了覆盖全省所有草原类型的草原监测网络，全省草原植被盖度达到52.9%。

【林地林权管理】 2019年，部署开展全省森林督查暨森林资源管理"一张图"年度更新工作，向130个变更单位下发卫星遥感数据和疑似图斑5755个，组织800多人历时半年多时间完成自查更新和成果上报，是西部监测区第一家上报单位，并在全国森林资源管理工作会上做了典型发言。配合国家局西北院完成对兰州市城关区等12个县的森林督查、森林资源管理"一张图"更新，以及公益林国家级检查。认真贯彻“放管服”改革精神，优化林地审核审批程序，下放临时占用林地审批权限，提升办事效率，支持国家重大项目建设。争取增加国家备用林地定额700公顷，保障全省经济建设。全年累计办理建设项目使用林地审核审批手续242宗，采伐林木审批25宗，批准使用林地面积2266.8842公顷，收缴森林植被恢复费近4亿元，为历年最多。

【“绿卫2019”专项行动】 按照国家林草局统一部署，精心组织开展“绿卫2019”全省森林草原执法专项行动。2019年，全省共发生各类林业行政案件1370起，查处1295起，查处率94.53%，恢复林地46.52公顷，补植补种林木67123株，行政罚款826.14万元，行政处罚（问责）1403人（次）。其中，“绿卫2019”专项行动共查处违法侵占林地200多公顷，毁坏林木蓄积近800立方米，罚款800多万元，刑事立案38宗，处理21人，问责32人，严厉打击了各类破坏森林草原资源违法行为，发挥了有效的震慑作用，促进了森林草原资源保护。

【林草法治建设】根据机构改革职能调整，对《甘肃省林地保护条例》《甘肃省草原条例》《甘肃省草原防火办法》等11部全省地方性林业和草原法规进行全面清理，报备规范性文件6件。加强执法资格管理，开展“第五轮”行政执法证换发工作，办理行政执法主体资格证39个、行政执法证423个、行政执法监督证13个。修订完善林业草原行政处罚文书和林草系统行政处罚自由裁量权实施标准。编制《甘肃省林业和草原系统省级权责清单目录》，梳理权责事项144项，其中，行政许可24项，行政处罚103项，行政强制2项，行政征收2项，行政确认1项，行政奖励2项，行政监督1项，其他行政权力9项。按照“谁执法谁普法”的普法责任制度要求，制定省林草局系统《2019年普法依法治理工作要点》，利用植树节、世界森林日、爱鸟日等时间节点，组织开展“法律八进”活动，营造良好法治氛围。

【林草“放管服”改革】 将林草系统行政许可事项名称、办理条件、办理材料、办理流程和办理时限在甘肃省政府政务服务网、甘肃林业网“网上办事大厅”栏目进行公告，方便网上申报、网上咨询，并进一步完善“双公示”栏目，及时公布行政许可和行政处罚信息，确保发布信息规范准确。继续深化“四办”改革，所有许可事项办理基本实现了“一个窗口受理、一站式网上审批”和申请人“最多跑一次”的目标。压减草原征占用审核审批环节，按照属地管理精简高效的原则，取消省级查验环节，现场查验事权全部交由县级草原行政主管部门开展，进一步提高审批效率。组织梳理行政许可监督事项，完成“互联网＋监督”平台建设，构建了以信用监管为核心的事中事后监管新机制，全年办理行政审批事项451件。

【退耕还林】组织全省13个市州56个县区完成2019年9.77万公顷退耕还林工程建设任务，争取国家认定甘肃省近两年贫困县水源区15—25度坡耕地非基本农田退耕还林还草总任务20.2万公顷，并下达甘肃省2019年退耕还林建设任务1.74万公顷。据统计，2014—2018年，国家累计下达我省新一轮退耕还林计划任务39.57万公顷，惠及全省14个市（州）80个县（市、区）72.14万农户，涉及贫困户将在五年内享受国家补助资金15亿元。组织研发应用网络版《甘肃省退耕还林工程MC系统》，建成2014—2017年度省、市、县三级数据库，实现甘肃省新一轮退耕还林地块精准定位、面积精准求算、责任精准到人的“三个精准”。组织开展退耕还林20周年宣传活动，报送《退耕还林治穷致富—甘肃退耕还林二十年》等宣传资料。在延安召开的全国退耕还林还草工作会议上，甘肃省庄浪县作了典型发言。全省12个单位、19名个人被表彰为“全国生态建设突出贡献先进集体”和“全国生态建设突出贡献先进个人”。

【退耕还草和退牧还草】 2019年，在完成之前年度9666.7公顷退耕还草任务基础上，争取国家下达甘肃省退耕还草建设任务2000公顷，正在按计划组织各地实施。继续在玛曲等县实施退牧还草工程，完成草原围栏3.33万公顷、退化草原改良6.67万公顷、人工饲草地3.33万公顷、黑土滩治理1.67万公顷、毒害草治理2万公顷。全省累计建成草原围栏860万公顷，补播改良退化草原226.33万公顷，治理黑土滩3.33万公顷、毒害草3.27万公顷。监测显示，工程区内的平均植被盖度为43%，比非工程区提高5.8百分点；高度、鲜草产量分别为19.8厘米和2678千克/公顷，比非工程区分别提高9.1%和18%。

【天然林保护】2019年，完成全省天然林资源保护工程投资14.33亿元，其中，中央投资13.01亿元（财政资金12.33亿元、预算内投资0.68亿元），省级投资1.32亿元。完成公益林建设任务1.47万公顷，其中，人工造林7666.67公顷，封山育林7000公顷。完成国有中幼龄林抚育任务8.42万公顷。有效管护森林资源面积467.09万公顷。天保工程生态效益监测显示：全省天保工程区森林生态效益总价值达到3129.52亿元，森林资源面积稳步扩大，活立木蓄积量不断增长，森林资源生态功能不断发挥。

【三北工程】 2019年，全省完成造林育林5.47万公顷，修复退化林2万公顷，工程建设呈现出稳中向好的发展态势。省林草局组织开展三北工程春造督查、省级核查工作，其中省级核查共抽查县区17个，小班413个，面积1.69万公顷。持续推进百万亩防护林基地、黄土高原综合治理和精准治沙等重点项目，发挥重点项目导向引领作用，高标准造林8000公顷。将三北工程资金向贫困地区倾斜，为贫困地区倾斜安排资金比例达47.3%，助力脱贫攻坚。及时报送大量反映工程建设重点、亮点、热点的动态信息，获得全国三北防护林体系建设信息工作二等奖，受到国家三北局表彰。

【防沙治沙】 在全省沙区集中开展八步沙“六老汉”三代人治沙造林先进事迹系列宣传活动，营造治沙造林的良好舆论氛围。争取国家林草局先后批准在民勤县、敦煌市、张掖市、武威市、酒泉市、环县建设国家级防沙治沙综合示范区。全年完成防沙治沙10.54万公顷，占年度责任目标115%，新增国家沙化土地封禁保护区2个，新增沙化土地封禁保护面积2.2万公顷。按照国家六部委“十三五”防沙治沙目标责任中期督查要求，组织召开省级汇报和督查情况反馈会，省直六厅局主管领导和局机关13个相关处室负责人参加汇报反馈会。全省防沙治沙责任目标已完成42.57万公顷，超额完成“十三五”中期责任目标任务。目前，全省已建成国家沙化土地封禁保护区19个，累计投资3.9亿元，封禁保护沙化土地面积29.3万公顷。加快推进国家沙漠公园建设，全省获批沙漠公园11个，总面积3.46万公顷。通过持续开展防沙治沙，全省沙区沙化土地植被盖度由2004年的14.56%提高到2017年的16.87%。黑河、石羊河下游干枯多年的居延海和青土湖重现生机，遏制了土地沙化趋势，改善了沙区生态环境。

【自然保护地体系建设】2019年，完成中央环境保护督察反馈省林草局整改任务3项，祁连山实施人工生态修复项目257项946.67公顷。“绿盾”专项行动自查摸排生态环境问题1845项，完成整改1802项。配合保障中央第二轮环保督察工作，现地调查核实群众信访投诉问题73件。习近平总书记2019年8月视察甘肃时对祁连山生态环境治理给予了“由乱到治、大见成效”的肯定评价。

【国家公园体制试点】争取建立省委省政府主要领导为双组长的管理机制和试点工作协作机制，组建国家公园甘肃省管理局酒泉、张掖、白水江三个分局，成立甘肃省国家公园监测中心，有力有序推进大熊猫和祁连山两个国家公园体制试点相关任务。全省各地各有关部门积极配合，制定年度计划，明确责任分工，加大生态保护和修复力度，做好核心区移民搬迁和脱贫攻坚，建成“天地空”一体化监测网络。强化科技支撑，在全国率先建成大熊猫祁连山国家公园（甘肃片区）科技创新联盟。根据省政府办公厅印发的《大熊猫国家公园体制试点白水江片区2019—2020年重点工作任务清单》和《祁连山国家公园甘肃省片区2019重点工作任务清单》，2019年大熊猫、祁连山两个国家公园体制试点68项重点任务已完成61项。国家林草局组织国家公园体制试点评估后，对甘肃省大熊猫、祁连山两个国家公园体制试点成效给予充分肯定。

【国有林场改革与林木种苗培育】全省国有林场由304个优化整合为252个，管理体制初步理顺，经营机制不断创新，遗留问题逐步解决，国有林场改革发展的制度体系基本形成。加快推进国有林场改革后转型发展，研究制定《国有林场管理办法》，编制完成《甘肃省国有林场中长期发展规划（2020—2035年）》，组织专家和管理人员，围绕“国有林场改革后转型发展”进行专题调研，为国有林场后续发展做了大量基础性工作。2019年国家下达中央财政国有贫困林场扶贫资金3529万元，林区棚户区改造、管护站点、林区道路等基础设施建设得到加强，职工生产生活条件有效改善。全省建成国家重点林木良种基地11处，省级林木良种基地31处，采种基地68处；完成11处国家重点林木良种基地2018年度考核工作，全省良种苗木产量4.2亿株，良种使用率达到52%。

【生态扶贫】2019年，为深度贫困县区倾斜安排资金24.13亿元。国家下达甘肃省退耕还林还草工程建设任务19406.67公顷，落实退耕还林还草补助资金2.39亿元，倾斜安排“两州一县”及18个深度贫困县14646.67公顷，占全省的76%。争取落实2019年省级财政林果产业发展项目资金3000万元，其中倾斜安排到深度贫困县区的有2250万元，占全省的75%。生态护林员项目年资金规模实现“四连增”，达到5亿元，年度选聘生态护林员63139人，带动12万以上贫困群众实现脱贫。对中央脱贫攻坚专项巡视和国家脱贫攻坚成效考核反馈的问题，全面彻底进行整改，全力推进生态补偿脱贫一批工作。履行帮扶秦安县省直组长单位职责，会同省直及中央在甘9个单位扎实开展帮扶，全年为秦安县倾斜安排林草项目资金5043万元，仅生态护林员一项就落实资金724万元，在建档立卡贫困户中选聘生态护林员905人，每户年增收8000元，助力秦安县2019年底如期实现脱贫摘帽。按照省上开展“3+3”冲刺清零专项行动部署，组织帮扶干部对13个贫困村义务教育、基本医疗、住房安全及饮水安全、易地扶贫搬迁等方面存在的短板弱项进行全面摸排，针对摸排梳理出的问题，因村因户施策，认真研究解决。帮助贫困村培育花椒主导产业，开展椒园套种中药材404.93公顷，万寿菊191.26公顷，马铃薯181.86公顷，其他经济作物241公顷，为贫困群众长期稳定脱贫奠定基础。截至2019年底，省林草局帮扶的秦安县13个贫困村按计划如期脱贫退出。

【林果产业发展】坚持以市场需求为导向，以基地建设为抓手，以科技支撑为动力，以农民增收为核心，加快产业结构调整，推进传统林果产业向现代林果产业转变。全省经济林果面积达到149.6万公顷，年产值390.52亿元。建成千亩以上集中连片示范基地1297个，注册登记林果协会及合作组织1918家，全年累计培训果农55万人次。苹果成为全省栽培面积、产量和产值均列第一的树种，主要分布在平凉、庆阳、天水、陇南4市，其中平凉、庆阳是全国知名优质红富士苹果生产基地，天水已成为全国最大的元帅系苹果生产基地，全省18个县区被评为全国苹果优势生产区域。

【林下经济发展】加快发展林下种植、林下养殖、林产品采集加工、森林景观利用、森林康养基地建设等为主的林下经济，全年林下经济产值达到73.59亿元，康县、会宁、临泽、敦煌等8个县（市）和甘富果业公司等29个林下经济经营主体先后被国家林草局认定为国家级林下经济示范基地。贯彻国家林草局、民政部、卫生健康委、中医药管理局《关于促进森林康养产业发展的意见》，推荐酒泉市金塔沙漠胡杨林康养试点基地、酒泉金锁阳沙生产业文化科技园、小陇山林业实验局滩歌林场、会宁县牡丹园森林康养中心、会宁县油用牡丹种植示范基地及生态农庄、会宁县五七农场森林康养中心等6个基地为国家森林康养示范基地。

【草产业发展】坚持把草产业发展同草原生态保护有机结合，出台甘肃省草产业发展《指导意见》和《发展规划》，成立“甘肃省草产业技术创新战略联盟”“甘肃省草产业协会”“甘肃省草业标准化技术委员会”，开辟草产品运输绿色通道，推广牧草良种、良法配套应用，着力推进草产业持续较快发展。全省人工种草面积稳定在160万公顷左右，位居全国第2位；苜蓿面积达到75.33万公顷，位居全国第1位。形成以定西片区为主的裹包青贮、以山丹片区为主的高端燕麦和以永昌片区为主的优质苜蓿三大草产业商品草生产基地。全省草产业企业、合作社发展到860多家，生产加工能力达到520多万吨。全省先后培育牧草新品种34个，建立国家级草品种区域试验站4处，省级区域试验站6处。甘肃已成为全国优质商品草储备供应基地和集散中心，草产业在保护生态、促进绿色发展、助推脱贫攻坚中的作用日益凸现。

【沙产业培育】全省沙区市（州）、县（市、区）政府以重点工程和示范项目为依托，坚持多采光、少用水、新技术、高效益，因地制宜发展沙产业。目前，全省有涉沙企业和沙产业基地1000多家，形成了中药材、沙地林果、沙区特色种植养殖、沙区产品加工、沙区生态旅游5大特色优势产业，在生态建设、增加就业、促进增收、保障市场、推动沙区经济健康发展等方面发挥了积极作用。按照国家林草局要求，组织上报张掖、酒泉等地7个荒漠化防治产业综合项目，作为全省利用开发性金融推进荒漠化防治储备项目，组织甘肃省10多家沙产业龙头企业参加全国第四届沙产业博览会，全面推介和展示甘肃省沙产业产品。

【林草科技和宣传工作】全年实施各类科技计划项目60余项，落实科研推广经费2960万元。首次设立省级林业和草原科技创新项目专项，安排经费500万元。全省各级科研推广单位取得科技成果50余项，评出省林业科技进步奖36项。取得国家专利45件、软件著作权16件，申报紫斑牡丹新品种26个，出版专著10部，发表科技论文220余篇。中央宣传部授予我省古浪县八步沙林场“六老汉”三代人治沙造林先进群体“时代楷模”荣誉称号，在省内外巡回做报告104场次，组织文艺宣传巡回演出18场次，引起社会强烈反响。开展第二届甘肃最美护林员（草管员）评选，“最感人林业和草原故事”征文等活动。兰州南北两山指挥部和古浪县八步沙林场两家单位获“全国关注森林活动20周年突出贡献单位”。敦煌鸣沙山沙漠、民勤苏武沙漠被评为2019中国森林旅游美景推广地最美沙漠（沙地）。

【安全生产和森林草原火灾预防】省林草局先后8次召开党组扩大会、局务会学习国家及省上领导对安全生产工作的指示批示和重要部署，安排部署林草系统安全生产工作。针对2019年汛期强对流天气多、雨水量多面广、灾情多且分散的严峻形势，草行业安全生产和防灾减灾工作进行全面安排部署，开展灾情核查和生产自救等工作。开展林草系统安全生产大排查大整治大提升专项行动、防风险查隐患保安全专项整治行动和安全生产集中整治行动，为新中国成立70周年营造安全稳定社会环境。落实森林草原防火目标管理责任制，强化督导检查、宣传教育、隐患排查、火源管控等工作，加大专业防火队伍和基础设施建设力度，构建森林草原一体化防火机制，提升林草火灾综合防控能力。全年未发生重特大森林草原火灾、安全生产事故和重大人员伤亡。我省2个集体和5名个人被评为全国森林防火先进单位和先进个人。

【野生动植物保护】甘肃野生动植物资源丰富，全省有陆生脊椎动物4纲30目96科845种和亚种，有国家重点保护野生动物114种，是我国大熊猫三大分布省之一。全省共分布有维管植物213科1296属4400余种，境内分布的国家重点保护野生植物34种，其中一级保护野生植物8种。2019年，全省野生动植物资源保护工作持续加强。一是积极配合市场监管、森林公安、海关等部门开展非法经营野生动物专项整治行动，妥善处理查获的象牙等野生动物制品。二是加强野生动物管控和人工繁育野生动物监管，有效防控岩羊小反刍兽疫、非洲猪瘟和新冠肺炎疫情。三是依法依规办理行政许可审批，全年受理野生动植物人工繁育和经营利用等行政许可审批事项85项，办结82项。四是强化野生动植物保护宣传，举办甘肃省第38届“爱鸟周”暨第29届保护野生动物宣传月活动。五是争取各类野生动物保护资金2300万元，用于大熊猫、雪豹等珍稀濒危野生动物保护工作。

【湿地保护与生态修复】甘肃省湿地总面积169.39万公顷，占全省国土资源总面积的3.98%，其中国际重要湿地4处。2019年，全省全面贯彻落实《甘肃省湿地保护修复制度实施方案》，争取中央财政林业改革发展资金湿地补助资金4800万元，用于湿地流域生态恢复与建设工程。结合第23个世界湿地日，组织开展以“湿地—应对气候变化的关键”为主题的宣传活动，同四川省林草局签订川甘高原湿地战略联盟协议，开启甘川两省高原湿地保护战略合作新模式。省林草局起草的《甘肃省重要湿地确认指标》通过省质监局审核。

（杨晋萍）

工业和信息化

【工业运行】2019年，全省工业经济继续保持稳定增长，实现了“开门红”“全年旺”。全年全省规模以上工业增加值同比增长5.2%；工业固定资产投资增长24.4%。电子信息产业较快增长，全年全省电子信息产业主营业务收入222亿元，增长12.12%。强化运行调度。实行省、市、县三级调度和日、周、旬、月、季调度，分类引导企业满负荷生产、超前排产和提前复产，落实稳增长20条措施，督促重点企业优化检修方案、科学排产。省领导直接协调，甘肃烟草工业公司增加卷烟生产指标5.6万箱；兰州石化、玉门炼厂在检修情况下，原油加工量增加25万吨，三大炼化企业实现满负荷生产。解决实际困难。深入开展“百日服务大提升、冲刺目标保增长”专项行动，落实领导班子成员联系重点企业责任制，做好难点化解和堵点疏通。“一企一策”精准帮扶企业复产，截至2019年底，69户停产企业复产45户，10户企业根据市场变化、整改进度择机复产。强化要素保障。做好电煤保障，协调三大煤企与省内电厂签订905万吨中长期供应合同，全年实际完成950万吨，超额45万吨；争取疆煤调入并做好运力保障，全年完成1500万吨。全年完成发电量1659亿千瓦时，增长3.81%。其中新能源发电量累计347亿千瓦时，增长7.76%。外送电量421亿千瓦时，增长29.54%；通过外送，火电发电、新能源发电小时数分别平均提高1575、663小时；风、光电弃风、弃光率分别减小7.62%、4.11%，比2018年末降低11.38和5.64个百分点。省领导亲自协调，2019年中石油统配甘肃省资源量由原定30.8亿方增加至31.4亿方。全年完成铁路货物发送量5366万吨，其中兰州局管内甘肃货物发送量4236万吨。

【生态产业发展】 2019年，全省先进制造、数据信息、清洁生产生态产业286个重点项目当年完成投资163亿元，累计完成投资489亿元，完工65个项目。先进制造产业方面，134个重点项目当年完成投资110亿元，累计完成投资323亿元，完工29个项目。出台《甘肃省重大技术装备首台套新材料首批次软件首版次保险补偿机制管理办法》，鼓励、引导企业开展产品创新，推动首台套新产品进入市场，促进企业调整产品结构、转型升级。大力推广新能源汽车应用，出台《甲醇汽车推广应用实施方案》。举办全省智能制造培训班、工业机器人应用培训和竞赛，激发智能制造进发活力、创新发展。数据信息产业方面，79个重点项目当年完成投资20亿元，累计完成投资60亿元，完工17个项目。推进丝绸之路信息港建设，制定《关于支持丝绸之路信息港建设的意见》和《甘肃省打造“一带一路”信息制高点实施方案》，兰州新区国际互联网数据专用通道、金昌紫金云大数据中心等标志性项目建成投运。开展工业互联网培育，完成标识解析二级节点基础平台建设。成立甘肃省工业互联网产业联盟，梳理中小企业云平台、地市级工业互联网云平台技术框架，开展省级工业互联网技术选型。推动5G建设，省政府办公厅印发《甘肃省关于支持5G通信网建设发展的若干意见》，全省已建成5G基站996个，5G预定套餐用户数达到7.36万户。建立全省5G基站干扰协调机制，完成两会一节等重大活动保障；加强无线电监测、干扰查处，打击“黑广播”“伪基站”等侵害用户行为取得明显成效。清洁生产产业方面，73个重点项目当年完成投资34亿元，累计完成投资106亿元，完工19个项目。探索绿色低碳发展路径，对67项工业绿色低碳转型升级课题进行立项。出台《甘肃省工业固体废物资源综合利用评价管理实施细则》，解决企业工业固废综合利用享受税收减免难题。成立甘肃省新能源汽车动力蓄电池循环利用产业技术创新联盟，大力推进国家试点，退役电池梯次利用项目落地兰石集团。对100家重点企业装备、工艺、技术、能源利用效率、能源管理体系开展全面分析。首期规模20亿元的绿色生态清洁生产产业发展基金设立，并完成首个项目5000万元投资。

【制造业高质量发展】 推进动力变革。出台《甘肃省绿色化、信息化、智能化改造推进传统产业转型升级实施方案（2019—2022年）》，通过重点企业“三化”改造带动示范，推动石化、冶金等9个传统行业转型升级。加快培育新动能，出台《天水华天电子集团等集成电路企业“一企一策”实施方案》，推进华天集成电路高密度封装、方大炭素10万吨超高功率石墨电极、兰州新区精细化工产业园、金昌镍钴新材料创新发展中心等重大项目建设。巩固“三去一降一补”成效。2019年，通过大用户直购电交易，243户工业企业降低电费11.19亿元；组织新能源与自备电厂发电权置换交易，降低企业成本1.81亿元；符合条件的甘肃移动丝绸之路西北大数据中心等5户企业享受到0.28元/千瓦时的大数据企业到户电价。组织开展稀土专项秩序整顿、水泥错峰生产等工作。推进制造业与服务业融合发展。普及工业设计理念，推动产学研融合发展，组织36家企业参加中国工业设计展览会，产品涵盖电子信息等多个领域。2019年，新认定20户省级工业设计中心、10户省级生产性示范企业、1户省级生产性服务业功能示范区。全省已建成省级工业设计中心86家、国家级工业设计中心2家、国家级绿色设计产品5件，国家级服务型制造示范企业2户，国家级服务型制造示范平台2户，国家级服务型制造示范项目1个，省级生产性服务业功能示范区6户，省级生产性服务业示范企业41户。加强质量品牌建设。印发并实施《甘肃省工信厅2019年质量品牌建设工作方案》，组织“树标杆、学先进、提质量、促转型”质量标杆经验交流培训，积极培育工业企业品牌，培育试点示范企业、产业集群区域品牌建设试点示范区和全国质量标杆。大力宣传全省优秀品牌，梳理省内优秀品牌典型案例，印发《甘肃省食品药品品牌与质量工程建设案例集》。消费品产业开展“增品种、提品质、创品牌”专项行动，推进实施17个产业升级技术改造项目。陇药大品种大品牌培育取得显著成效，年销售收入亿元以上的品种达到12个。推进创新体系建设。推进创新中心建设，金川公司省镍钴新材料、省机械研究院公司饲草机械设备、中科院兰州近物所重离子等3家创新中心正式授牌，中科院兰州化物所羰基金属材料、表面功能材料、矿物功能材料和中农威特公司兽用生物制品、银光公司光化特种新材料等5家创新中心获得批复。围绕人工智能、生物医药、有色冶金、新材料和新能源等领域，新认定兰州大学省草食畜牧等5家省级行业技术中心和金川公司牵头省新能源汽车动力蓄电池循环利用、甘肃伯骊江公司增材制造2家产业技术创新联盟，批复成立兰州大学省党参、人工智能系统及算法2家企业研究院。强化企业创新能力建设，新认定兰州电机股份有限公司等13家省级技术创新示范企业，兰石集团通过国家技术创新示范企业年度复核评价，兰州高压阀门公司被工信部、财政部认定为国家技术创新示范企业。推进产学研联合协同发展。协同省科技厅加快科研成果产业化进程，中科院兰州近物所“碳离子治疗系统”获批注册，我省国产大型医疗设备实现重大突破；核孔膜污水处理系统和物料分离系统产业化、市场化应用进展迅速。中科院化物所矿物功能材料创新中心临泽凹凸棒转白和窑街煤电公司半焦高值化利用进展顺利；电容电池研究获全省科技进步一等奖，所需碳材料生产项目与大象能源科技公司签署合作协议；表面功能材料创新中心堵漏、防冰、自清洁、重防腐等新材料实现小规模工程化生产并产生效益；羰基金属创新中心羰基钨钼钴锰等特种羰化金属小规模生产销售进展顺利。省机械研究院饲草机械创新中心完成了二十余种饲草机械的开发和定型，为全省饲草装备自动化和饲草生产标准化、规模化做出引领。2019年，金川公司镍钴新材料实现产值236亿元，占公司总产值的24.1%。银光聚银公司光化特种材料创新中心碳酸酯、聚氨酯等一批转化项目及柔性生产线在建。

【优化中小企业发展环境】 全力推动“58条措施”落地。全面宣贯“58条措施”并督导落实，举办中小企业政策大讲堂，配合全国人大开展《中小企业促进法》执法检查，配合省政协开展“促进民营经济和中小微企业高质量发展的政策措施落实情况”监督性视察。设立企业投诉热线，2019年共办理355件国家减负办转办和企业直接投诉欠款案件。前11个月规模以上非公企业工业增加值增长7.4%，高于规上工业增速2.6个百分点。扎实开展清欠工作。和省财政厅、省政府国资委相互配合，设立清欠工作专班，建立定期碰头、月报告、月会商、月通报及月重点调度、信访举报随即办理6项制度。按月通报清欠进展情况，逐月分解细化进度目标，倒排时间表。督导各级建立清欠台账、制定清偿方案、明确还款计划、逐月销账。截至2019年底，清偿拖欠民营企业中小企业账款216.62亿元，清偿进度为66.19%，超额完成全年清欠目标任务。加强中小企业培育。支持中小企业做大做强，建立“规下转规上”和“专精特新”中小企业培育库。新认定“专精特新”中小企业25户，向国家推荐申报5户专精特新“小巨人”。会同省财政厅发布《支持打造大中小企业融通型创新创业特色载体工作指南》，支持酒泉经济技术开发区、天水经济技术开发区打造大中小企业融通型特色载体。举办2019甘肃省中小微企业高级经营管理人才培训班，选派企业家赴德国进行培训。提升融资服务能力。省中小企业发展基金到位资金5.05亿元，投资项目11个，投资总额2.83亿元，覆盖了9个市州的特色农业、生物医药、新材料、装备制造等行业，带动社会投资12亿元。出资5000万元参股支持天水市中小企业创业创新投资子基金组建。争取国家小微企业融资担保降费奖补资金1.19亿元，引导融资担保机构进一步扩大小微企业融资担保规模、降低融资担保成本。提升服务企业效能。2019年认新定国家级中小企业公共服务示范平台5家、省级6家，国家级小型微型企业创业创新示范基地2家、省级5家。发挥全省中小企业公共服务平台作用，为中小企业提供信息、技术、融资、创业创新等公共服务，全年开展各类服务活动703次，服务中小企业37839家。组织开展2019年“中小微企业上云”行动，进一步提高中小微企业信息化水平。组织“专精特新”中小企业参加中博会，签约总金额2.35亿元。推动中小企业与高校毕业生创业就业对接，举办大学生创业就业精准对接服务现场招聘会、全省中小企业与高校毕业生精准就业推荐服务网络百日招聘会等活动。

【产业合作】 全年承接产业转移续建、新建项目757项，总投资5311亿元，累计引进资金到位额1892亿元，资金到位率35.63%。优化整体工作布局，编制《甘肃省工业和信息化重点招商引资项目》《甘肃省工业和信息化重点企业宣传册》。以先进制造、清洁生产、数据信息产业为重点，构建工信系统上下联动、合力推进的产业合作交流机制。召开全省工信系统承接产业转移工作座谈会，加快形成政府、协会、企业合力推进产业合作，共同做好承接产业转移和东西部扶贫协作工作。深化区域及央企产业合作，与重庆、天津、内蒙古、广西等省份开展对接，因地制宜制订省区产业合作专项行动计划、合作框架协议。推进与四川、海南、浙江等省份合作框架协议落实，形成全方位、多层次沟通交流与合作机制。开展宣传推介和招商引资，赴江苏南京、山东济南召开甘肃省石化产业专场招商推介、项目签约等活动，对接苏州和上海6户企业来兰州新区投资考察并组织进行回访考察对接，组织天水市、省公航旅公司等赴辽宁大连开展招商引资和产业合作，组织11户企业赴青岛开展扶贫产业对接并签订8项合作协议。跟进甘肃绿色生态产业招商推介会、第二届国际进口博览会等大型会议开展优势产业宣传。第二十五届“兰洽会”期间，全省工信领域共签订招商引资合同项目232个，总投资775亿元。组织重点地区和重点企业积极开展与江苏、山东化工行业企业的招商对接工作。

住房和城乡建设

【法规建设】 完成了甘肃省建设工程勘察设计条例和城市市容环境卫生管理办法、建筑节能管理办法的修订。对211件部门规范性文件进行了清理，废止27件、失效46件。在《建设手机报》开设“七五”普法专栏，发布普法内容70余期。开展宪法宣传周活动。编印《宪法法律进乡村知识问答手册》等普法资料，制作《建筑质量依法保障》法治宣传动漫。制定印发“三项制度”（行政执法公示、执法全过程记录、重大行政执法决定法制审核）的实施细则和办法，对所有行政许可和行政处罚决定实行“双公示”。严格执行执法人员持证上岗制度，完成了168个执法证的换证工作。

【“放管服”改革】落实国家和省上关于深化“放管服”改革的安排部署，按照“三集中三到位”要求，设立了政务服务处。落实权责清单动态管理要求，梳理确定甘肃省住房和城乡建设厅权力事项156项，编制全省住房城乡建设系统政务服务事项目录清单74项。全面落实《甘肃省优化建设领域营商环境实施方案》工作措施，企业资质核准、安全生产许可证核发等事项办理时限平均压缩39%，申报材料平均精简58%。对省级政务服务事项办理涉及的证明事项进行了全面清理，取消证明事项26项，保留证明事项25项。简化市政公用设施报装流程，供水新增、扩容改装的报装时间分别压缩至20、15个工作日以内，燃气报装时间压缩至16个工作日以内。实现14类住建领域企业资质和人员资格证照电子化管理。通过电子招投标大数据系统实现全省房屋建筑和市政基础设施工程招投标的电子化。实现建筑业、房地产、监理企业资质等15项内容在甘肃共享网站平台的订阅共享。

【双随机一公开】全面推行“双随机、一公开”监管和“互联网+监管”，更新完善“一单两库一细则”，梳理住建系统监管事项目录清单78项。开展抽查检查13批次，抽查市场主体326户、非市场主体478户。

【房地产业】2019年，全省房地产开发投资1257.85亿元，比上年增长12.7%；房地产开发施工面积10977.33万平方米，增长16.4%；新开工面积3307.26万平方米，增长35.4%；竣工面积674.14万平方米，下降10.4%；商品房销售面积1705.31万平方米，增长6.87%。

市场调控和监管。贯彻落实国家和省上关于房地产市场调控的各项政策要求，坚持去库存与防过热两者并重，有效控制新建商品房增量，逐步消化商品房存量。对不同地区加强分类指导，重点城市一城一策，精准施策，进一步促进市场供求平衡，合理引导预期，整治市场秩序，坚决遏制房价过快上涨。指导市州做好住房租赁信息政府服务平台建设、专业住房租赁企业发展和住房租赁项目建设，积极培育多元化的供应主体，大力发展和规范住房租赁市场。积极推动加快建立房地产市场监测系统，全省14个市州本级和67个县区房屋交易网签备案数据已实现全国联网。代拟起草了《中共甘肃省委办公厅甘肃省人民政府办公厅关于建立完善房地产市场调控监测评价考核机制的通知》。开展全省房地产行业突出问题专项整治工作，截至2019年底，全省共排查住房租赁中介机构1781家，查处违法违规住房租赁中介机构84家，通报曝光违法违规中介机构42家，共受理投诉举报件131件。

物业管理。对全省2579家物业服务企业和服务项目进行了排查，各市州住建、发改、市场监管部门共受理物业服务突出问题投诉1258件。

【住房保障】2019年，全省棚户区改造新开工18.27万套（开工率100%），棚户区改造基本建成12.35万套（完成率233.5%），发放住房保障家庭租赁补贴4.66万户（完成率102%）。共争取各类资金476.27亿元。其中，中央财政资金54.96亿元，中央预算内投资26亿元，省级配套资金8.73亿元，棚改专项债券175亿元，国开行和农发行棚改贷款资金211.58亿元。棚户区改造和保障性住房建设完成投资401.39亿元。全省历年累计建设公租房43.3万套，完成分配42.49万套（分配率98.1%），其中政府投资公租房36.34万套,完成分配36.01万套（分配率99.1%）。兰州市作为甘肃省唯一列入国家支持新建筹集公租房的城市，2019年共申报公租房新筹集计划688套，下达中央补助3637万元、省级补助601万元，已全部开工建设。

积极争取中央财政资金和中央预算内投资，足额落实省级配套资金，积极配合财政完成了175亿元棚改专项债券的申报和发行工作，为加快推进项目建设提供了有力支持。加大审计整改力度，省保障性安居工程及住房公积金监管领导小组办公室印发了《关于认真落实2019年保障性安居工程跟踪审计问题整改的通知》，确保审计发现的问题及时整改到位。加强政策宣传和培训，6月初举办了“全省推进棚户区改造与保障改善民生专题研讨班”，邀请国家住建部、财政厅、发改委以及相关兄弟省市的专家对当前棚改和公租房工作中的热点难点问题进行了专题解读。加快全省公租房信息系统建设，举办了3期公租房信息系统培训班，截至11月底，全省14个市州的公租房信息系统全部实现了上线运行，超额完成住建部下达的年度工作任务。加大全省棚改工作宣传力度，5月20日央视一套“晚间新闻”栏目对甘肃省棚改工作进行了专题报道。

【公积金管理】2019年，全省新增缴存额300.85亿元，比上年增长12.45%；新增提取额208.38亿元，增长9.19%；发放个人贷款194.46亿元，下降0.73%；实现增值收益14.10亿元，增长7.96%；实缴职工净增8.42万人。全省缴存总额2252.78亿元，比上年增加299.02亿元；缴存余额1051.32亿元，增加92.45亿元；贷款余额814.35亿元，增加66.52亿元；个贷率77.46%，个人贷款逾期额4289.15万元，逾期率0.5‰。

全省22个公积金中心全部按期完成全国住房公积金数据平台接入上线运行工作，在全国范围率先实现电子稽查全省全覆盖；各地按期建成住房公积金综合服务平台，并通过部省两级联合专家组检查验收；设区城市中心已全部完成核心业务系统与全国住房公积金异地转移接续平台直连工作，全年通过异地转移接续平台共发生转移接续业务1.2万笔，涉及资金3.95亿元；接入甘肃省政务服务网，在电子政务服务平台和陇政通手机APP上实现了全省住房公积金查询功能；积极推进住房公积金领域政务服务“一网通办”工作，全年实现住房公积金四项高频事项“一网通办”办结量14.67万笔；积极配合政务服务平台“企业开办（注销）一网通办”工作，应用企业注册信息数据共享资源，实现设立企业同步进行公积金单位登记和开户，兰州住房公积金管理中心已全面进入数据测试阶段。2019年，全省通过综合服务平台网上业务大厅、微信公众号、手机 APP 等渠道共发生信息查询类业务 2630 余万次，信息发布类业务 2000 余万次，在线业务申请及办理 500 余万次，缴存、提取、贷款类业务在线办结量分别为 44.98 万笔、10.58 万笔、0.39 万笔；通过综合服务平台住房公积金 12329 热线及短信渠道，共发生热线呼叫量 144.1 万次，比上年增长 11.7%，成功推送短信 1199.52 万条，比上年增长 170%。

【城乡建设】2019 年，全省 17 个设市城市污水处理率、生活垃圾无害化处理率、供水普及率、燃气普及率分别达到 96%、99%、97.90%、90.91%，较 2018 年底，污水处理率及生活垃圾无害化处理率分别增长了 2 个、5 个百分点，供水普及率及燃气普及率持平。64 个县城污水处理率、生活垃圾无害化处理率、供水普及率、燃气普及率分别达到 90%、98%、93.63%、64.99%，较 2018 年底，分别上升 1 个、4 个、2.19 个、3.55 个百分点。

国家首批示范城市兰州市按照国家要求时序推进垃圾分类工作，兰州市分类投放、收集、运输、处理体系初步形成，片区覆盖率达到 70% 以上，居民户数覆盖率达到 62.78%，生活垃圾资源化利用率达到 30.1%。开展了城市黑臭水体整治环境保护专项行动，全省 18 条黑臭水体完成整治 17 条。全省城市（县城）累计建成污水处理厂 91 座，污水处理能力约 201.63 万吨 / 日，新增一级 A 提标改造污水处理厂 23 座，36.95 万吨 / 日。新建及改造污水管网 1062.72 公里。指导各地推行道路机械化等低尘作业方式，提高道路机械化清扫率，全省城市机械化清扫率已达到为 77.7%，县城为 50.5%，超额完成《甘肃省打赢蓝天保卫战 2019 年实施方案》要求的城市（县城）机械化清扫率。庆阳市海绵城市试点开工项目 225 项，投资 30.78 亿元；12 月中旬住建部、财政部、水利部三部委组织对庆阳市海绵城市试点建设进行了终期考核，评价比较好。将老旧小区改造纳入城镇保障性安居工程，给予中央财政补助。2019 年，全省老旧小区改造共争取到中央预算内资金 4.87 亿元，覆盖居民 4.1 万户；争取到中央财政补助 7.28 亿元，覆盖全部 7.92 万户；已开工在建 2.34 万户，尚在开展前期 5.58 万户，累计完成投资 2.3 亿元。全省共划定历史文化街区 26 片，其中，均由省政府发文公布；共确定历史建筑 113 处，其中 110 处在住建部历史文化街区和历史建筑数据信息平台上完成填报，其中设市城市及国家名城县确定 72 处，非国家名城县确定 41 处；部分城市历史建筑已完成了挂牌工作。将天水市列为省级历史建筑保护利用试点城市，制定并上报了《甘肃省省级历史建筑保护利用试点工作方案》。

村镇建设。全省计划实施 2.65 万户四类重点对象危改任务、固强补弱及冲刺清零新筛查的 1.27 万户危改任务，其中，深度贫困地区纳入国家计划四类重点对象危房改造 20851 户（“两州一县”3488 户、省定深度贫困县 17363 户），固强补弱及冲刺清零新筛查 9034 户（“两州一县”2909 户、省定深度贫困县 6125 户），已全部竣工，实现了存量危房全部清零。下达危房改造补助资金 12.83 亿元（中央 10.12 亿元、省级 2.71 亿元），倾斜下达深度贫困地区补助资金 9.77 亿元，占全省资金的 76.1%（“两州一县”2.49 亿元，18 个省定深度贫困县 7.29 亿元）。

2019 年，组织省联席会议各成员单位开展了全省全域无垃圾上半年督查工作，联合省电视台开展明察暗访 23 次，对全省 14 个市（州）、86 个县（市、区）、331 个乡镇（街道）、723 个村社（社区）垃圾治理工作进行了督导检查，实现了全省 86 个县市区督查全覆盖，对存在问题严重的部门（单位）、市（州）、县（市、区）约谈 4 次，向市州反馈督查限期整改通报 23 次，反馈问题 192 个，对反馈的问题整改落实情况进行“回头看”18 次；截至 11 月 30 日，全省配备专职、兼职村庄保洁人员 11.76 万名，配备各式农村垃圾保洁、收集、运输车 32463 辆，城乡统筹建有无害化垃圾处理设施 303 座，对垃圾进行收集、运输的行政村数量 15217 个，占比 95%，对生活垃圾进行处理的行政村数量 12834 个，占比 80%；截至 12 月 27 日，各地累计清理整治无人机航拍和卫星遥感排查出的各类垃圾“顽疾”“死角”44700 处，清理整治城乡垃圾 1375 万吨；按照住建部等四部门非正规垃圾堆放点整治任务要求，共排查出非正规垃圾堆放点 625 处，各地已整治清理 589 处，整治销号率 94.2%，完成住建部等部门确定的“2019 年底非正规垃圾堆放点整治销号率达到 70%”的年度目标任务。

重点镇污水处理设施建设。2019 年，目标完成 39 个全国重点镇的污水处理设施建设任务并投入运营，完成 37 个全国重点镇的污水处理设施建设任务，到 2020 年底，实现全省重点镇污水处理设施全覆盖。截至 2019 年 12 月底，全省全国重点镇 142 个（其中城关镇 48 个，其他建制镇 94 个），已完成污水处理设施建设的有 112 个，正在建设 11 个，正在进行前期阶段的 18 个，未启动前期工作的 1 个。

传统村落保护。对列入甘肃省第五批中国传统村落名录的 18 个村落下达中央财政补助资金 3000 万元，指导列入本年度中央财政支持范围的 8 个村落所在市县制定保护项目实施方案，按照规范程序推进保护项目实施。组织传统村落保护发展培训，提高全省传统村落保护发展的管理水平。指导甘肃省列入中国传统村落名录的 54 个村落录入基础信息、建立数据库，做好传统村落数字博物馆建馆工作，2019 年度甘肃省白银市靖远县平堡村和定西市通渭县文丰村 2 个传统村落顺利完成数字化，入驻中国传统村落数字博物馆。

【工程质量安全监管】 2019 年，全省各级质量安全监督机构累计监督房屋市政工程 12007 项，建筑面积 25864.7 万平方米；监督工程总造价 5896.2 亿元，其中，房屋建筑工程总造价 4919 亿元，市政工程总造价 776 亿元。全省全年共发生房屋市政工程施工安全事故 16 起、死亡 23 人，与 2018 年（27 起、死亡 29 人）相比事故起数下降 41%，死亡人数下降 21%；未发生一般以上工程质量事故。2019 年全省共有 1 项工程获“中国建设工程鲁班奖”，2项工程获“国家优质工程奖”。

制度建设。结合“放管服”及项目审批制度改革，印发了《甘肃省房屋建筑和市政基础设施工程竣工联合验收实施办法》《甘肃省工程建设项目并联审批办理实施办法》《关于加强装配式建筑工程质量管理的实施意见》《甘肃省危险性较大的分部分项工程安全管理规定实施细则》《关于房屋建筑和市政基础设施工程消防验收工作的指导意见》《甘肃省建设工程质量检测管理规定》等规范性文件，提供制度支撑，规范和指导住建领域的质量安全管理。

质量发展。编制《甘肃省房屋建筑和市政基础设施质量常见问题治理手册》，针对常见质量问题，从工程组织管理、设计、建筑材料、施工技术管理等方面分析了形成原因，提出防治措施。贯彻落实住建部《工程质量安全手册》《关于完善质量保障体系提升建筑工程品质指导意见》，推行建筑施工安全标准化及工程质量管理标准化建设工作，开展各类宣贯培训工作，督促工程建设各方主体认真落实工程质量安全手册要求，以建筑工程质量问题为切入点，逐步完善质量保障体系，提高工程质量抽查符合率和群众满意度，提升建筑工程品质总体水平。

安全监管。针对关键时段安全生产形势，结合建筑施工、市政运营、房屋使用、农村危房改造、地震防灾减灾、消防、危险化学品、工地食堂等关键领域安全管控，分析研判和安排部署阶段安全工作，组织开展联合监督执法检查；针对重大活动、重要节假日、停工复工、冬季汛期、危大工程等阶段风险特点，制定专题工作文件，提出具体管控措施要求。组织事故应急演练和质量标准化观摩会，改进完善质量安全监管信息系统。依法依规核发建筑施工安全生产许可证、安管人员考核证和特种作业人员操作资格证。

督查检查。组织开展全省房屋市政工程质量安全专项督查4次，施工安全专项执法检查4次，省级住建部门抽查项目113项，市县两级住建部门检查项目5581项，省市县三级住建主管部门共下发质量安全隐患和问题清单87份、整改通知书1443份、执法建议书33份，下发停工整改通知书90份、执法建议书71份、罚款2701万余元，并对相关企业的不良行为进行信用惩戒。组织开展全省建筑塔式起重机专项检查、建筑起重机械设备和建筑施工特种作业人员考核设备专项检查，防止和遏制建筑起重机械伤害事故发生；组织开展住建系统涉及危险化学品安全综合治理工作，建立健全危险化学品档案及重大危险源数据库，加强重大危险源管控。

事故查处。对建筑施工安全事故进行动态曝光，全年共实施行政处罚27起，暂扣安全生产许可证14家，暂扣安全生产考核合格证书30人，暂停注册监理工程师执业11人。针对庆阳市连续发生2起建筑施工较大事故的严峻形势，召开专题约谈会，有针对性地进行专项督查，共抽查10个工程项目，下发整改通知书10份，执法建议书4份，并在全省范围进行通报批评和曝光。

污染防治。印发《关于进一步加强建筑施工扬尘防治工作的通知》《甘肃省房屋市政工程施工扬尘防治提升行动方案》，提出落实“六个百分百”防治污染的措施办法，明确主体及监管责任，建立月度评价、分级督查、月度报告分析等措施制度。组织开展全省打击建筑施工现场环境违法犯罪专项行动、施工现场扬尘管控及施工现场围挡专项治理工作，省级住建部门开展专项督查2次，抽查工程22项，下发整改通知书9份、执法建议书2份，实施罚款17万元，市县两级住建部门开展专项检查4129次，下发问题清单及整改通知书1975份，实施行政处罚124起，罚款215.1万元。

行业乱象整顿。开展住建领域未竣工验收擅自投入使用等行业乱象摸排治理，纠正工程违法违规行为，保证人民群众合法权益，治理行动开展期间全省共排查出未竣工验收擅自投入使用项目1083项，已督促整改527项，占总项数的48.7%。

【**建筑市场**】自2019年3月起，共受理建设工程企业和房地产开发企业资质申请业务1540项；登记省外进甘建设工程企业信息545家，登记人员信息27400余人；登记省外勘察设计企业申报项目2511项，全部已按时限办结；协助29家企业向住建部申报企业资质升级，已公告通过9家，其中甘肃省通信产业工程监理有限公司取得甘肃省唯一的通信工程监理甲级资质。全省各级质量安全监督机构累计监督房屋市政工程12007项；监督工程总造价5896.2亿元。其中，房屋建筑工程总造价4919亿元；市政工程总造价776亿元；房屋建筑面积25864.67万平方米。按照“放管服”改革要求，所有政务服务事项全部进驻政务大厅，取消证明事项13项。企业资质和人员资格证照电子化系统已正式上线。起草了《甘肃省建筑市场信用管理办法（试行）》。制定《甘肃省建筑工程施工发包与承包等违法违规行为专项整治行动工作方案》，查处并曝光一批典型案例，有效遏制违法发包、转包、违法分包和挂靠等违法违规行为。联合人社、交通、水利、通信、铁路6个主管部门制定印发了《关于贯彻落实〈住房城乡建设部办公厅等关于开展工程建设领域专业技术人员职业资格“挂证”等违法违规行为专项整治的通知〉的意见》，按照自查自纠、全面排查和指导监督三个阶段，开发建设领域专业技术人员全挂证业技术人员全面排制定下发《甘肃省住房和城乡建设厅关于支持民营建筑企业发展的实施意见》，清理地方性法规、地方政府规章及规范性文件，搭建企业与金融机构合作平台，扶持民营建筑企业做大做强，支持民营建筑企业专业技术人才队伍建设。印发《关于进一步做好房屋建筑和市政基础设施工程领域清理拖欠民营企业中小企业账款有关工作的通知》，积极推广工程担保制度，严格工程建设的全过程监管。推进省级实名制平台建设，要求在甘肃省范围内在建房屋建筑和市政基础设施工程新开工项目，均须通过“实名制平台”报送建筑工人信息，截至2019年底，平台已上传在建项目327个，实名制在场工人36512人，项目在册人员48626人。截至2019年底，全省各地建设主管部门共查处建筑市政工程建设领域拖欠农民工工资案件309起，解决279起，涉案金额6404.58元，已清欠5024.94元；协助人力资源社会保障等部门查处案件242起，已解决224起，涉案金额7988.74万元，已清欠7563.13万元。

【建筑节能与科技】绿色建筑工程施工验收评价系统研究已经完成，绿色建筑验收软件已经开发完成并完成测试，正在筹备验收。在全省住建领域质量和安全生产大检查中，强化建筑节能和绿色建筑工作检查。督促各市州按月网上报送新建建筑节能和绿色建筑统计数据，并发文通报各地报送情况。通过召开国家近零能耗技术标准甘肃地区技术交流会、西北地区绿色建筑发展公益讲座等方式，邀请国内知名院士及专家对省内相关技术人员讲解绿色建筑的技术要点和发展方向。“十三五”全省既有居住节能改造目标任务1000万平方米，向各市州下达任务共计1260万平方米；截至2019年底，各地已实施完成既有居住建筑节能改造1068万平方米，占下达任务的84.76%。组织各地对建筑节能标准执行情况开展了自查，督促各市州做好新建建筑节能数据统计和填报，全省城镇新建建筑全面执行国家建筑节能强制性标准。督促兰州市开展公共建筑能效提升重点城市工作。印发了《关于落实<甘肃省打赢蓝天保卫战2019年实施方案>推进替代燃煤取暖的通知》确保群众温暖过冬。完成了中央环保督察、2018年能源消耗总量和强度“双控”考核、2018年控制温室气体排放目标责任等督查考核工作。组织开展节能宣传周活动，推进可再生能源建筑应用。组织完成了年度建设科技项目申报和评审立项工作，共55项列入年度科技计划。筛选推荐的3个项目列入省科技厅授奖公示名单，其中：两个项目拟授二等奖，一个项目拟授三等奖。推荐六个项目申报住建部科技计划项目，四个项目获得立项。组织了国家专利奖、省专利奖、国家科技进步奖的推荐工作。全年共完成36个项目的验收。对逾期的191个科研项目进行集中清理（155个项目闭合、32个项目终止执行、4个项目延期），并对相应的项目单位和项目负责人在后续的建设科技项目申报中采取了限制措施。

【人事教育】共受理各类执业资格人员各项注册业务申报46977人次。其中，勘察设计、规划等1575人次，造价工程师2407人次，二级建造师38759人次，监理工程师4236人次。房地产估价师审核通过554人，勘察设计类注册工程师审核通过4108人，二级建造师受理审核考生94511人，审核通过86709人。共核发各类执业资格证书、注册证书共计41940人次。其中，一级建造师3546人次，勘察设计、规划等490人次，造价工程师1960人次，二级建造师32000人次，监理工程师3900人次，房地产估价师44人次。完成9850人员继续教育数据收集入库工作。其中，二级建造师8589人员，监理工程师1261人员。共培训技术工人21754人，累积培训技术工人170142人。自2018年12月1日至2019年12月31日已完成各类注册人员注销17665人。受理各类注销投诉（网站、现场、电话）1900余人次。将建设类执业资格“挂证”注册人员286人在注册中心网站进行了公示并列为状态异常人员，其中231人已整改到位。

【勘察设计】2019年，全省共完成房屋和市政基础设施建设项目施工图审查4315项，完成项目总投资3741.2亿元。其中，完成建筑工程3788项，总建筑面积8149.6万平方米，总投资3378.6亿元；完成市政工程927项，总投资362.7亿元。截至2019年9月18日，甘肃省全面实现了工程建设项目审批制度改革施工图审查“多审合一”的要求，将结构、抗震、消防、人防、气象、技防、节能等纳入施工图综合性审查。通过强化施工图审查在线监管，甘肃省基本上做到了大型项目15个工作日内、中型及以下项目10个工作日内完成审查，均少于住建部规定审查时限，市州建设主管部门施工图审查后置告知性备案做到了审查合格后的实时办理。施工图多审合一数字化联合审查系统，已全面进入试运行阶段。印发了关于公布甘肃省施工图审查机构及审查人员名单的通知和《关于公布甘肃省施工图审查机构及审查人员名录的补充通知》，重新认定全省施工图审查机构及审查人员；每季度对全省施工图审查完成情况进行通报，对违反强条和规范条文较多的勘察设计企业及其人员进行处理。

取消勘察设计资质动态集中核查，勘察设计单位可按照资质证书许可的范围和统一制式要求刻制勘察设计文件专用章；加强勘察设计资质动态监管，对勘察设计单位的市场行为等方面加强监督检查，并将检查和处理结果向社会公开。7月9日至19日，按照“双随机、一公开”的检查方式，组织相关专家分4个督查组对各市州和部分县区建设工程勘察设计及消防设计审查进行了专项检查。检查出问题项目46个，督促整改问题122条，下发《建设行政执法建议书》1份。调整超限高层建筑工程抗震设防审查方式，超限高层建筑工程抗震设防技术审查由企业付费调整为政府付费，增补和调整甘肃省超限高层建筑工程抗震设防审查专家委员，修改工作规则，改进工作流程。

各市州全面完成全省500部城市老旧住宅加装电梯工作。组织修订《甘肃省建设工程勘察设计管理条例（修订案）》，经省十三届人大常委会第十一次会议修订通过，2019年10月1日起实施。组织编制完成《“彩钢板农房”安全性评定技术指导意见（试行）》。

9·16张掖市甘州区5.0级地震和10.28夏河县5.7级地震后，组成专家组，赶赴灾区一线开展震害调查及维修加固技术指导工作；指导当地住建部门，协调相关单位开展应急房屋鉴定等相关工作；根据省委省政府办公厅《关于全面加强自然灾害防治能力建设的意见的通知》文件要求，实施地震易发区房屋设施加固工程办；起草印发了《甘肃省地震易发区房屋设施加固工程实施方案》；组织完成16个超限高层建筑的抗震设防专项审查工作；新修订完善《甘肃省住房和城乡建设系统地震应急预案》；开展省级抗震加固项目申报工作并协调省财政厅下达2019年省级抗震加固项目补助资金190万元；指导各地住房建设行政主管部门开展了5·12减灾日防灾减灾宣传教育、灾害事故应急演练等活动。

印发《甘肃省住房和城乡建设厅关于开展房屋建筑和市政基础设施工程消防设计审查工作的通知（暂行）》《甘肃省住房和城乡建设厅关于进一步明确房屋建筑和市政基础设施工程消防设计审查工作相关问题的补充通知（暂行）》，明确将特殊建设工程消防设计审查并入施工图设计审查并进行消防设计专项审查；印发了《甘肃省住房和城乡建设厅关于公开征集甘肃省建设工程消防技术专家库成员的通知》，组织筹建甘肃省消防专家库；开展消防设计审查抽查工作，每季度对施工图审查机构审查通过的施工图设计文件中有关消防安全性内容进行抽查，重点对设计单位、施工图审查机构执行消防强制性标准情况进行检查。

（周静煊）

商务

【全省商务概况】2019年，全省实现社会消费品零售总额3700.3亿元，比上年增长7.7%。其中，城镇实现社会消费品零售总额3055.3亿元，增长7.4%；乡村实现社会消费品零售总额645.0亿元，增长9.0%。全省批发业销售额6951.9亿元，比上年增长7.9%；零售业销售额4083.7亿元，增长9.7%；住宿业营业额129.4亿元，增长8.9%；餐饮业营业额906.3亿元，增长13.7%。全省实现进出口379.9亿元人民币，比上年下降3.9%。全省实际到位资金（省外）2593亿元，比上年增长22.85%；实际利用外资8205万美元，增长62.77%。全省对外实际投资2.3亿美元，比上年下降83%；对外承包工程完成营业额3.91亿美元，增长11.2%；外派劳务3469人，境外务工人员月收入达到1万元。

【市场建设】加强市县乡三级市场体系建设。在市州建成10个大型商品交易市场，年销售额130亿元。新建农产品产地批发市场20个，新建和改造提升乡镇农贸市场30个，全省冷链库容从2018年的640万吨增加到2019年的810万吨。推进产销衔接。围绕"牛羊菜果薯药"六大特色产业，组织企业赴东北、西南、长三角、珠三角等地开展产销对接。突出解决我省苹果集中上市卖难问题，组织市县企业对接，强化新闻媒体宣传，助推苹果销售。组织葡萄酒产业"抱团走出去"，持续开展系列推介营销活动。目前，在省内外建立销售专档、专柜或专区170个，在北京、广州等地设立10个"甘肃农产品销售服务中心"和5个"陇酒推广中心"。开展系列促销活动。组织赴市州和石油、汽车销售等大型企业和商场开展调研指导，采取有针对性的措施激发消费活力。提请省政府印发加快发展流通促进商业消费实施意见，出台促消费18条措施。在全省开展新春欢乐购、家具家电惠民行、消费促进季、商务—石油联手行、春夏汽车展、迎中秋庆国庆促消费、网络购物节、家政服务满意季等8大商业消费系列促进活动，实现了"周周有实惠、月月有活动、季季有亮点"。

【对外贸易】"一带一路"沿线国家进出口增长。2019年，甘肃省与"一带一路"沿线国家实现进出口200.9亿元，增长2.8%，占全省外贸总值的52.9%，比重提升了3.8个百分点，其中进口139.3亿元，增长12.6%；出口61.6亿元，下降14.1%。第二届进口博览会成果丰硕。省委副书记、省长唐仁健任团长、副省长张世珍任副团长，792家企事业单位、近2100人参会。参展企业现场成交3.1亿美元，其中纳入进博会统计的8758万美元，比去年同期增长592%。成功举办"甘肃省进口贸易对接会暨现场签约仪式"，全省35家企业与境外60多家企业集中签订进口合同，涉及金额26.9亿美元。

【招商引资】高规格举办招商引资大会。4月，省委省政府在天水市召开"全省招商引资暨陇商大会"，出台《关于进一步加强招商引资工作的意见》，对16家招商引资优秀企业和10个优秀商协会予以表彰，对4个落地重大招商项目兑现奖励。成功组织重大招商引资活动。唐仁健省长带队组织赴沪浙招商考察，签约47个项目330亿元，签署合作协议10项。张世珍副省长带队赴北京、深圳，拜访中外运、京东等大企业，邀请来甘考察投资。2019年市州主要负责人带队外出招商154人次。密集举办重点展会节会。突出"一带一路"主题，邀请塞尔维亚担任兰洽会主宾国，第25届兰洽会签约项目507个、2418亿元，兰洽会国际化、专业化水平显著提高。连续成功举办了中国绿公司年会、文博会圆桌大会、药博会招商大会、世界园艺博览会甘肃周、非公经济论坛签约考察、河西走廊葡萄美酒节、"一带一路"美丽乡村论坛等大型展会节会，取得预期效果。持续推进化解涉企历史遗留问题专项行动。实施省级领导包抓机制，开展专项督查，召开专题新闻发布会，向全省及各界及时通报化解涉企历史遗留问题进展。共梳理涉企历史遗留问题157个，已化解121个。成立省招商引资代办服务中心，对重点项目实施"一对一""保姆式"全程服务，营造护商、爱商、安商的投资环境。

【外经合作】2019年全省实际开展对外直接投资的境外企业27家，当年实际投资额23012万美元，受项目投资周期和去年同期大项目的影响，今年缺少重大项目支撑，实际投资额比上年下降83%。甘肃省企业在"一带一路"沿线国家，实际投资额11319万美元，比上年增长3.8倍。截至2019年底，全省对外直接投资累计实际投资额60.5亿美元。对外承包工程业务新签合同额51599万美元，比上年增长1.2倍；完成营业额39146万美元，比上年增长11.2%；工程项下累计派出人员1127人，比上年下降42.5%；期末在外人员1443人，比上年下降43%。在"一带一路"沿线国家承包工程 18 项完成营业额 23619 万美元，比上年增长 29%。顺利完成了为期 2 年的中国政府援白俄罗斯保障房项目（二期）。该项目合同造价 7898 万元人民币，总建筑面积为 23925.95 平方米，已移交投入使用。全省共完成商务部援外人力资源培训项目 11 期，来自蒙古、伊朗、埃及、老挝等 30 多个发展中国家和“一带一路”沿线国家的政府官员、工程师、专业技术人员共 219 人参加培训。

【口岸建设】 口岸对外开放步伐加快。2019 年口岸建设实现了“六个首次”：敦煌航空口岸首次正式对外开放，敦煌至香港航线复航，开通至柬埔寨暹粒国际航线；兰州航空口岸出入境旅客首次突破 20 万人次；首次实现国际（地区）客运航班腹舱带货业务并常态化运营，开通运营兰州至台北、吉隆坡、曼谷腹舱带货业务，2019 年累计执行 77 班，货物 44 吨、4325 万元；首次开通了兰州至巴基斯坦定期全货机航线和至新加坡、比利时货运包机，国际航空货运比上年增长 53%；粮食口岸首次正式运营，进口哈萨克斯坦小麦 2700 吨、525 万元；武威木材指定口岸首次验收开放。全省口岸、海关特殊监管区实现进出口 25.73 亿元，比 2018 年增长 173.7%。

口岸营商环境不断优化。积极推广应用国际贸易“单一窗口”标准版，自 2017 年 8 月 16 日货物申报在我省国际贸易“单一窗口”实现首单申报以来，不断拓展业务申报功能，提高业务覆盖率，目前已上线货物申报、企业资质、许可证件、原产地证、舱单、运输工具、减免税等 13 大类申报功能，通过国际贸易“单一窗口”累计申报量超过 10 万票，全年申报量达 7.3 万票，比上年增长 124%。降低运营费用，在 2018 年对口岸收费目录清单进行公示的基础上，2019 年对甘肃省口岸收费目录清单进行了再次修改完善，并赴口岸现场进行了全面排查。2019 年共整合收费项目 20 项，降低、免除收费项目 37 项，进一步降低了口岸收费，减轻企业负担。

【通道物流】 通道物流政策体系日趋完善。按照《新时代甘肃融入“一带一路”建设打造“五个制高点”规划》，印发《甘肃省打造枢纽制高点实施方案》。联合 10 部门牵头制定了《关于发展我省高铁快递物流业的意见》。修订下发了《甘肃省国际货运班列物流补贴专项资金管理办法》和《甘肃省民航货运补贴专项资金管理办法》。争取国家物流枢纽支持。7 月，甘肃省呈报的《关于建设“一带一路”甘肃多式联运综合体的请示》，国务院已批转相关部委。9 月，兰州被国家发改委和交通运输部列为全国首批 23 个国家物流枢纽之一，兰州枢纽功能的拓展正全面展开。推进通道物流产业项目。全省列入省领导包抓的通道物流产业重大带动性工程项目 4 大类 28 个子项，总体建设推进顺利。金融仓储基地建设项目投资 2.9 亿元，完成了综合库、多层冷库、服务楼等所有单体主体结构工程。兰州国际高原夏菜副食品采购中心项目投资 39.83 亿元，建成蔬菜、水果、粮油、检疫检测中心等功能区并启动运营。甘肃（兰州）国际陆港多式联运综合体项目中，兰州港投公司投资 67.79 亿元，已基本建成多式联运物流园、冷链物流园和保税物流中心（B 型）等。兰州新区投资 1.2 亿元，综合保税区跨境电商物流园正在进行平房仓钢架构安装，多式联运物流供应链信息化平台完成初步设计招标工作。其他物流基础设施提升工程项目正在按计划推进。全年全省通道物流产业实现营业收入 115 亿元，比上年增长 10%，实施通道物流项目 216 个，完成投资 386.4 亿元。国际货运班列常态化运营。全年全省国际货运班列共发运 298 列、12896 车、累计货运 29.83 万吨，货值 4.47 亿美元，总发运车数比上年增长 50.4%。其中：中欧回程班列大幅提升，进口回城班列开行 75 列，为上年回程班列（5 列）的 14.2 倍；南亚班列共发运 158 列，比上年增长 30.9%，累计货运 10.26 万吨，货值 2.81 亿美元；中亚班列共发运 31 列，累计货运 5.31 万吨，货值 10437.06 万美元，比上年下降 40%。陆海新通道共发运 34 列，累计货重 1.75 万吨，货值 2747.3 万美元，比上年增长 8.7%。

【商务扶贫】 电商扶贫扎实推进。75 个贫困县电商服务中心实现全覆盖，94% 的贫困乡建成服务站，80% 的深度贫困村建成服务点；国家电子商务进农村综合示范项目累计争取 66 个、13 亿元，实现 58 个国家级贫困县全覆盖；全年农产品网上销售 160 亿元，带动全省农民人均增收 370 元。创新开展牛肉面扶贫。实施“千店万人”兰州牛肉拉面扶贫行动计划，组织 32 个县、500 余名贫困青年参加兰州牛肉拉面扶贫培训班并安排就业，分别在北京、天津、兰州等地推荐就业和帮助创业，月收入在 4000 元左右。带动全省 1.5 万余人参加牛肉拉面技能培训，大部分实现就业。有效实施家政扶贫。深入开展“百城万村”家政扶贫活动，带动全省 2.5 万人参加家政服务培训，就业 1.7 万人，其中贫困户 2215 人，向省外输出 1500 人。贯彻落实商务部“百城万村”家政扶贫商业综合保险政策，共为 3557 名符合条件的家政行业农村户籍从业人员购买 2 年度共计 42.68 万元的家政扶贫商业保险，解决从业人员的后顾之忧。大力推动境外劳务扶贫。邀请外派劳务大省有实力的企业在东乡、靖远、会宁等地举办“对外劳务扶贫对接招聘会”，累计提供建筑业、服务业、加工制造业等境外工作岗位 2500 多个。全年外派劳务人员 3469 人，境外务工人员月收入达到 1 万元。不断深化东西协作消费扶贫。在天津、青岛、福州、厦门东西部协作扶贫 5 个电商体验馆设立深度贫困县特色产品专柜，组织全省 500 多种优质特色产品入驻，打造东西协作扶贫“甘味窗口”，销售额达 2800 万元。在天津、福州、厦门、青岛、东营举办“东西协作消费扶贫对接活动”，对口帮扶市帮助我省贫困地区销售农产品 17.96 亿元。多渠道组织产销衔接扶贫。组织企业开展产销对接，在省外设立农产品销售服务中心，2019 年全省各市州商务系统累计举办农产品产销对接活动 120 多场，向贫困地区采购金额达 9.2 亿元，产销对接活动成为促进精准脱贫、提高农民收入的重要途径。全力帮助靖远县脱贫攻坚。履行组长单位职责，召开联席会议，投入253万元支持市场建设等7个项目，靖远县脱贫摘帽验收公示，6个帮扶村实现脱贫目标。

海关

【融入“一带一路”打造对外开放新格局】 把融入“一带一路”倡议作为坚决落实中央决策部署的具体体现，主动扛起政治责任，积极服务国家战略。敦煌机场海关、兰州中川机场海关、平凉海关相继正式开关，口岸布局更为优化。圆满完成敦煌文博会、吐蕃艺术珍品展、2019年丝绸之路国际汽车拉力赛等大型国际会展、比赛服务保障工作。支持中欧、中亚、南亚公铁联运国际货运班列常态化运行。新开通首条兰州至拉合尔国际定期全货机航线，全省年内新增国际航线18条。与重庆、南宁、贵阳等14个直属海关签署《区域海关共同支持“西部陆海新通道”建设合作备忘录》，与平凉、张掖等地政府，与国家外汇管理局甘肃省分局、甘肃省市场监督管理局、甘肃出入境边防检查总站等部门签署合作备忘录，合力推进对外贸易发展。2019年，全省与“一带一路”沿线国家贸易值200.9亿元，比上年增长2.8%。

【严厉打击濒危动植物及其制品走私和“洋垃圾”进境】 召开关区打私工作会议，制定实施《兰州海关党组关于进一步提升2019年打击走私成效的意见》，配套下发《2019年海关业务现场打私指标》和《兰州海关反走私绩效评估项目分解表》，建立起“全员情报、专班负责”的缉私工作新模式。围绕中央重大决策部署，重拳打击濒危物种、“洋垃圾”、涉枪涉爆、重点涉税物品走私，查获象牙制品、羚羊角、砗磲制品70余件4166.84克。侦办涉税走私大案，案值7000多万元，涉嫌偷逃税款900多万元。全年立案侦办刑事案件4起，案值7203.26万，偷逃税款938.93万元；办理行政案件64起，比上年增长83%，案值7000多万元。

【综合保税区改革发展取得突破】 主动对标国家“放管服”改革要求，认真落实国务院出台《关于促进综合保税区高水平开放高质量发展的若干意见》，结合全省外贸发展现状和兰州新区综合保税区运营症结，精准施策，及时出台《兰州海关支持兰州新区综合保税区高水平开放高质量发展的意见》，从13个方面构建“点线面”三位一体的协调发展格局，推动兰州新区综保区进出口逆势增长。2019年，兰州新区综保区进出口总值21.3亿元，比上年增长133.9%。

【实际监管全面加强】 嵌入式监管、顺势监管理念落细落实，推广运用升级版海关查验管理系统，全面完成智能审图推广运用工作，进一步提升查验效能。提高人工分析布控精准度，全年人工分析布控查获率11.11%，出口实质性查获实现零的突破。强化后续监管，开展“转移定价”“特许权使用费”和“运保费”专项稽查行动，启动专项稽查作业13家，查发问题13个，后续追补税额1642.5万元，稽查补税额创历史新高；核查有效率76.4%，核查补税额位居全国海关前列。

【综合治税持续深化】 制定《兰州海关关于贯彻落实〈加强综合治税、挖掘税收潜力9项措施〉的通知》，既涵养税基，又深挖税源，圆满完成全年税收任务。务实开展税政调研及政策宣传工作，3篇税政调研报告全部获总署审核通过并报国务院税则委员会和财政部、国家税务总局审核。加强辖区税源商品和纳税企业情况分析，指导各隶属海关建立完善30家属地纳税人信息档案。做好限上内资鼓励项目减免税审批管理，办理限上内资鼓励项目政策审核确认4起，为企业减免关税近千万元。抓实抓细商品规范申报工作，规范申报率达到99.5%，在全国海关中位于前列。

【口岸检疫防线有效筑牢】 发挥海关对政治保卫的作用，聚焦甘肃的特殊区域特性，推动民族大团结，圆满完成朝觐穆斯林体检、包机入境卫生检疫保障工作。严格口岸检疫查验，检出传染病12例，首次从入境劳务人员中检出1例恶性疟疾。全力支持国家最大外繁制种基地发展，制定《兰州海关关于支持我省外繁制种产业可持续发展的意见》，实施口岸查验、实验室检测、苗圃检疫和大田检疫相结合的监管模式，进境种苗检出检疫性有害生物2种2批次。以最严格措施加强非洲猪瘟全链条防控，封存来自疫区猪肉产品7.79吨，妥善处置大生冷库走私肉事件和进口冷冻肠衣非法夹带问题。突出供港活牛、进口种羊等检疫监管重点，完成进出境动植物及其产品检疫7722批次。提升出口食品监管水平，完成出口食品检验检疫2026批次，未发生任何食品安全事故。统筹推进9项有害生物监测、进出口食品风险监测、病媒生物监测，全面完成进出境食用农产品和饲料安全风险监控。

【以口岸建设提升跨境贸易便利化水平】 围绕兰州建设第一批国家物流枢纽、全国多式联运综合体试点城市，迅速开展政策研究，及时把政策红利转化为发展动力。建成全省首个进境粮食、木材指定监管场地，海关指定监管场地增至7个。进口整车指定监管场地、兰州国际陆港B型保税物流中心、兰州国际快件中心建设有序推进。

【深化“放管服”改革优化营商环境】 推动“双随机、一公开”向全执法领域拓展，“多查合一”改革稳步推进，65项原检验检疫业务统一纳入后续核查，核查效率和集约度进一步提升。积极申请开展“两步申报”改革试点获批。税收征管改革成效显著，自报自缴率90%，同比提高75%；关税保证保险改革顺利推行，企业纳税资金压力有效缓解。落实中央减税降费部署，为企业减征增值税2.3亿元，企业获得感显著增强。探索开展保税航油业务，支持企业发挥产能优势，拓宽营销渠道。创造性解决企业进口货物特许安全使用费重复征税问题，协调税务部门退税453万元，企业节约成本140余万元，获国务院督导组关注并开展调研。风险作业改革有效推进，E-CIQ系统升级换代和新一代海关信息系统上线运行。

【力促特色农业产品发展】 发挥

职能作用，监管保障货运包机引入种羊2668只，通过优势畜牧品种引入促进全省畜牧养殖产业发展。创新实施兰州海关促进农产品出口十二条措施，全省出口蔬菜货值8027万元，比上年增长2.1倍，天水秦安蜜桃、青皮核桃等鲜活农产品首次实现出口，农业产业规模有效壮大。扶持天水秦川牛实现常态化出口，带动周边600余户农户分散养殖，提供就业岗位40余个，帮助农户每户年均增收超过1万元。

国网甘肃省电力公司

【重大决策部署】 助力打赢脱贫攻坚战，提前3个月率先建成“一区一州”及深度贫困县脱贫攻坚电网工程，惠及贫困人口166万人，获得省政府通报表扬。“十三五”第一批、第二批光伏扶贫项目全部并网，累计并网容量84.44万千瓦，惠及贫困户15.43万户。加大产业扶贫力度，落实捐赠资金999万元，完成消费扶贫542.94万元，累计90个定点帮扶贫困村实现脱贫出列。积极服务新能源发展，新能源发电量比上年增长6.86%，利用率达到93.65%。落实国家降价降费政策，2019年再次分两批降低一般工商业电价8.72分钱，平均降幅12.6%。

【安全生产】 开展保障大电网安全等15个安全生产专项行动，排查治理安全隐患8.96万项。完成14家供电公司安全生产巡查，发现并督促整改问题1325项。优化生产组织体系，完成市公司运检机构管办分离，成立输变电运检中心和市县两级生产指挥中心。河西走廊特高压密集通道重要隐患点实现可视化监控全覆盖，±800千伏祁连换流站属地化首检工作顺利完成。国网西北直升机电力作业基地开工建设。组织二次系统“排雷”专项行动，完成955套老旧装置改造，整治继电保护家族性缺陷1558项。智慧消防物联网平台上线运行，1061座变电站、办公楼通过消防验收。建成西北首家电网信息安全工程中心，顺利通过护网2019攻防演习。圆满完成习近平总书记视察甘肃、新中国成立70周年庆祝活动、“一会一节”等重要保电任务。

【电网发展】 完成公司发展规划（2019-2022年）滚动修编。电网发展规划（2019-2022年）通过国家电网公司审查。促成甘肃、山东两省政府签署战略合作框架协议，共同向国家能源局申请开展陇东至山东±800千伏特高压工程前期工作。青海至河南±800千伏特高压工程（甘肃段）按里程碑计划推进，河西走廊750千伏第三回线加强工程不到一年时间建成投运，常乐电厂750千伏送出工程提前建成，银西电铁330千伏供电群体工程整体竣工。330千伏静宁等6项工程相继投运，330千伏兰州中心变等4项工程取得核准批复。基建十二项配套改革措施深化落地。17项遗留长期挂账项目得到清理。推动祁连换流站近区风机耐高压能力改造，祁韶近区风电出力提升至500万千瓦。

【泛在电力物联网建设】 砂坪变多站融合、兰州新区云数据中心、新能源云等3项国家电网公司试点项目进展顺利。统推项目取得重要进展，国网云、数据中台率先上线，实物ID建设首批通过验收，网上国网、数字化审计平台上线运行，现代（智慧）供应链完成40个业务场景建设，多维精益管理体系全链路贯通，移动办公率先实现全省覆盖。积极推进自主创新项目，两级数据调度在10家市（州）公司正式运行，16项大数据应用成果入选国网成果目录。建成省市两级数据通信网、双平面骨干传输网，通信网带宽和传输网速率分别提升64倍、10倍以上。试点开展变电站移动巡检。率先完成营销信息系统适应性改造，实现数据与应用全“双活”。

【经营管理】 适应输配电价改革要求，制定实施11项重点经营策略，深入推进多维精益管理体系变革，多措并举提质增效。争取国家电网公司东西帮扶基金26.52亿元。获得低息融资券24亿元。积极开拓省内用电市场，完成替代电量111亿千瓦时，比上年增长71%。完成大用户直购电交易电量339.63亿千瓦时，超额完成年度目标。完成自备电厂清洁替代电量71.33亿千瓦时，比上年增长87.16%。大力开拓省外市场，甘电外送至20个省（市），外送电量再创历史新高。促成国家电网公司和甘肃、湖南签订国网系统内首份特高压直流工程长期送受电合作协议。加强电费风险防控，当年电费实现“结零”。主动维权20起，挽回经济损失3610万元。建立发供电单位内部模拟市场。完成7项重大审计迎审配合工作。开展内部审计140项，促进增收节支1.01亿元，21项国网审计历史遗留问题全部销号。

【改革创新】 积极配合第二轮输配电价成本监审和核价测算工作。省内电力现货市场投入试运行。交易公司股份制改造方案已报送国务院国资委。兰州新区职教园区配售电公司正式运营。产业管理公司组建成立。持续开展瘦身健体，产业单位压减15户。按期完成驻京办关闭清理及工商注销。“三项制度”改革取得积极进展，本部率先开展岗位公开竞聘，各基层单位中层及以下人员实现“考核+竞聘”全覆盖。“放管服”改革有序推进，下放事权110项。省营销服务中心揭牌成立。全面完成“一县两公司”整合。建成西北电网首个院士专家工作站。获得省部级及以上科技成果奖励20项，首次牵头荣获国家科技进步二等奖1项，获奖数量和等级创历史最好水平。1项成果获全国企业管理现代化创新成果二等奖。1项成果获全国职工技术创新优秀奖。国网“青创赛”取得1金2银5铜的好成绩。

【“三基”工作】 完成乡镇供电所基础设施建设两年攻坚行动，累计投入资金8.25亿元，修缮供电所543个、营业厅66个，消除危（无）房供电所96个。打造省级示范标杆黄羊供电所，建成五星级供电所4个、四星级供电所61个、全能型供电所102个。深化县公司、供电所达标创优，48个县公司、465个供电所通过达标评价。出台43条激励措施，充分调动艰苦边远地区员工积极性。扎实推进基层减负，落实三批次169项减负事项。着力构建“大培训”体系，推动5大专业实训基地建设。启动全员能力素质三年提升工程，完成1.5万余名一线技能员工“应知应会”达标测评，累计开展各类集中培训44.6万人天、网络培训17.6万人次。举办省级一类等技能竞赛80余场次，营造了比学赶超良好氛围。

【党的建设】以学习贯彻习近平新时代中国特色社会主义思想为主线，高质量完成两批“不忘初心、牢记使命”主题教育。开展党的十九届四中全会精神全员学习宣贯。实施“党建＋六大工程”，引领保障重点任务取得突出成效，党支部战斗堡垒作用和党员先锋模范作用充分发挥。构建“四防六廉五清单”工作体系，一体推进“三不腐”。集中整治形式主义、官僚主义问题，查纠问题324条，制定整改措施794项。扎实开展漠视侵害群众利益问题整治和“抓整改、除积弊、转作风、为人民”专项行动。完成12家供电公司专项巡察、5家直属单位巡察“回头看”、1家县公司提级巡察，累计发现问题560项，整改549项。依托省内红色资源，建成党员教育基地和廉政教育基地。实施“长征精神·电力传承”红色文化深植工程。建成“卓越之路”展厅。首次开展领导人员任期综合考核，建成千人优秀年轻领导人员库。全面落实离退休老同志“两项待遇”。加强信访和保密管理，确保了和谐稳定局面。公司被省委省政府授予脱贫攻坚奖先进集体。4家单位获得甘肃省五一劳动奖状，2个班组被授予全国工人先锋号，1名员工荣获第十六届全国职工职业道德建设先进个人，2名员工被评为中央企业劳动模范，7名员工获得甘肃省五一劳动奖章，1名员工被评为“国网工匠”，5名员工被评为国家电网公司劳动模范，2名员工入选“最美国网人”。

烟草专卖

【综述】甘肃省烟草专卖局、甘肃省烟草公司成立于1984年9月，实行合署办公。1985年5月15日，甘肃省经济委员会与中国烟草总公司签署协议，决定从协议签定之日起甘肃省烟草公司上划中国烟草总公司，更名为中国烟草总公司甘肃省公司。2006年，完成母子公司体制改革。2019年，甘肃省局（公司）下辖兰州、天水、定西、酒泉、武威、张掖、庆阳、平凉、陇南、白银、金昌、嘉峪关、临夏、甘南等14个地市级烟草专卖局（公司），82个县级烟草专卖局（营销部）和1个县级烟草专卖局（公司），甘肃省烟草专卖局铁路分局。省局（公司）机关下设16个职能处室、6个专业部门。

【打假打私】坚持“端窝点、断源头、破网络、抓主犯”的工作方针，以省政府开展的打击“食品药品农资环境烟草”五个领域违法犯罪行为专项行动为契机，深化联合打假工作机制，落实联席会议、信息共享、联合办案、经费保障、宣传培训等工作制度，推动卷烟打假由烟草主导向政府主导转变。2019年，全省查处各类走私卷烟案件4411起，查获假私卷烟450万支，破获百万元以上网络案件22起，刑事拘留53人，批捕69人，判刑40人。6起假私卷烟网络案件获得国家局表彰奖励，1起非法经营网络案件受到公安部和省公安厅的嘉奖表扬。涉案金额千万元以上案件7起，其中，兰州“3.30”走私雪茄烟网络案件和平凉“9·17”非法经营网络案件涉案金额均过亿元。白银“1·29”非法制售卷烟假冒商标案捣毁印刷工厂1家、制假窝点2处、成品仓库3处，是近年来全省查破的最大一起非法制售原辅材料案件。

【市场监管】坚持以信息化监管平台为依托，深入探索“线上＋线下”相结合的监管方式，建立健全以“双随机、一公开”监管为基本手段、以信用监管为基础、以APCD重点监管为补充的新型监管机制，深化应用市场监管系统分析模型，扎实推进传统监管向智慧监管转变。积极构建智慧监管“线上”平台，内部实现专卖、营销、内管等相关数据的互通互联，外部探索与公安、市场监管、通信、邮政等相关数据的集成整合，为卷烟市场监管提供精准信息资源。优化升级专卖管理综合信息系统，积极构建移动办公场景，实现一线专卖人员完成市场检查、案件查办全流程办理，全自动记录存档，提高市场监管工作效能。加强“线下”重点环节监管，实施监管对象诚信等级分类管理，加强与行业外执法部门的联合监管，推进监管关口前移，有效遏制假私非卷烟对市场的侵蚀。密切关注加热不燃烧烟草制品动态，防止非法烟草制品在市场扩散。持续强化重点区域、重点环节、重点渠道以及中心市场、重点市场、边界市场的真烟非法流通打击治理，做到“流入流出一起打，流多流少一起查”。着力加强对加热不燃烧新型烟草制品的监管，坚决杜绝非法烟草制品侵蚀我省市场。认真落实《关于进一步保护未成年人免受电子烟侵害的通告》精神，敦促互联网电子烟店铺关闭和产品下架等工作取得初步成效。2019年，全省查处真烟非法流通案件6320起，查获卷烟5410万支，其中5万元或20万支以上大要案件127起，其中10百万元以上案件10起。查处违法违规卖烟大户116户，依法取缔24户。市场管控率达到94.16%，较上年提升0.78个百分点。

【“放管服”改革】坚持以“规范化、程序化、法治化”为引领，全面开展行政审批事项清理，积极构建行政许可标准化体系，深入推进零售许可事项“两减一放”，实现了省市县三级局“同一事项、同一标准、同一材料、同一流程、同一时限”，行政许可行为规范化程度持续提升。零售许可申请“零材料”和申请人“零跑腿”基本实现，全省系统零售许可新办事项压缩至5个工作日内办结。中小学校周边卷烟零售店清理整顿982户，取得了阶段性成效。全省系统已有4个市级局和72个县级局进驻当地政府政务服务中心，进驻率达到86.74%。行业一体化政务服务平台上线运行，专卖管理综合信息系统、省局网上办理平台与甘肃政务服务网、政务信息资源网完成对接，“一窗通办、一网通办、集成服务”工作格局基本形成，群众办事更加便捷高效。甘肃省“放管服”改革领导小组办公室专门对省局工作进行总结提炼并在全省通报，部分市县服务窗口和工作人员被评为优秀窗口和政务标兵。

【营销网建】主动顺应实体零售发展趋势，加强“互联网+新零售”的探索实践，研究完善适应高质量发展的营销网建制度机制，努力推动传统营销网络向现代营销网络转变。稳步推广“微商盟”“新商通”“陇之情”三大平台，突出现代终端消费体验功能，提升终端信息化应用水平，推进直营终端、加盟终端等“五类终端”建设，打造全省统一的“陇之情”流通品牌，构建更具竞争力的零售终端体系。全省建成现代终端2.76万户，比重达到23.2%；建成加盟终端600户，比重达到0.5%；全商品扫码、全店铺管理、多方式结算客户达到700户，占现代终端的2.5%；“新商通”使用客户、“微商盟”开通客户、“陇之情”注册会员分别达到2.4万户、8.8万户和20万人。扎实推进自律互助小组建设，全年建成客户自律互助小组7800个，覆盖面达到85%，城网客户实现全覆盖。坚持以市场需求为导向，进一步深化省级营销平台应用，推进数据集中和资源整合，建立省级营销监管常态化机制，加快推广工商网上配货模式，着力提高市场响应的能力和水平。

【烟叶产销】2019年，全省种植烟叶5.9万亩，收购烟叶5.4万担，上等烟比例14.82%，中等烟74.83%，下低等烟10.35%。收购均价1072元/担，收购等级合格率为80.7%。实现烟农总收入（含产前投入补贴）6290.31万元，烟农户均收入3.42万元。扎实推进现代烟草农业建设，加强新技术、新品种的试验与推广，全省开展烤烟新品种筛选试验460亩，开展水肥一体化试验130亩，推广小苗膜下早栽技术1.1万亩，占总面积的47.8%，比上年提高4个百分点；开展土壤保育有机无机肥料试验80亩。推行绿色生态防控技术，全省示范推广黄色诱虫板1.7万亩，蚜茧蜂绿色物理防控技术4000亩，性诱剂物理防控60亩，绿色防控面积占总面积的91%，提高11个百分点。提升机械化作业率，降低种烟劳动强度，全省在实现100%机械化耕地的基础上，机械化起垄、覆膜环节作业率分别达到61.8%、45.2%，比上年增加4个和3个百分点。鼓励农户积极引进小农机，开展机械化剪苗和中耕作业，作业率分别达到43.4%和3%。发挥合作社专业服务、技术推广和组织烟农三大功能，全省烟叶合作社服务范围覆盖育苗、植保、分级等多个环节，合作社专业化育苗面积1.2万亩，占总面积的52.1%，植保面积1.26万亩，占总面积的54.7%，比上年提高8个百分点，专业化分级1.35万亩。推广烟叶精益化生产管理2.3万亩，较上年增加1.3万亩。精益管理减工降本亩均60.2元，其中：亩均减少化肥用量8公斤，减少投入19.2元，精益植保亩均减少农药投入11元，精益烘烤、精益分级环节降低损失30元。多措并举促进烟农增收，按照市场导向、适度集中、质量优先的原则，将计划资源向市场需求旺盛、风格特色突出、基础设施条件好、规模化程度高、非冰雹带、自然条件相对较好的区域、向好田好地转移和集中，向有技术、有能力、诚信度高的烟农、家庭农场、职业烟农转移，提高户均种植规模和烟叶集中度。2019年，全省发展万担乡2个，千亩村4个，800—1000亩的种烟村3个，20亩以上（含20亩）的家庭农场和职业烟农520户，种植面积11000亩，占种烟总面积的48%。大力培育职业烟农，重点提升育苗、机耕、植保、烘烤、分级五个环节的专业化服务覆盖率，打造“种植在户、服务在社、专业合作”为核心的烟叶生产组织方式，利用已建成的育苗工场和密集式烤房群发展种植蔬菜、西瓜、药用菊花、食用菌等附加值高的经济作物，利用通用机械开展为大农业服务，充分挖掘设施综合利用潜力，组织烟农就近开展劳务输出。2019年，全省烟农多元化收入实现产值1963万元，实现净收入1184万元。全面推进烟叶种植保险，实现烟叶种植保险制度全覆盖，为烟叶生产提供了基础保障。

【管理创新】深入开展体系评估改进、“十佳标准（流程）”评价和已建标准“回头看”，标准化（质量）体系运行质量不断提升。推广运行标准体系信息系统，信息化在简化程序、优化流程、降低成本、提升效率等方面的作用有效发挥。深入开展“管理诊断基层行”活动，查找管理问题433个，制定整改措施584项，基层管理水平逐步提升。持续深化创新管理，承担行业精益物流重点研究课题2项，报备重点创新课题70项，开展QC活动241项，省公司评选科技进步奖7项、优秀物流课题6项，发布QC成果6项，1项入围国家局发布名录并获得商业企业三等奖。创新开展对标工作，市级局（公司）15项对标指标有10项指标同比提升，县级局（营销部）8项对标指标全部实现同比提升。建立预算、核算、资金、资产、银行账户和财务信息化管理“六项标准”，“四维三度”财务管理体系初步建立，财务管控机制更加完善。加快信息化项目建设，全省系统视频会议升级改造、网络安全整改加固等项目基本完成，采购管理、安全管理等5个系统推广运行。认真落实网络安全工作责任制，在公安部和省公安厅网络攻防演习中，阻断网络攻击370余万次、高危地址1300余个，高危攻击8300余次，形成演习防守成果28个，实现了“目标系统不被拿下”“防守未提前出局”的目标，为企业正常生产经营提供了有力保障。扎实推进县级局（营销部）党的建设、营销网建、专卖管理创优争先活动，基层基础更加牢固。全面加强安全管理，基础管理水平进一步提高，全年未发生安全生产责任事故。

【脱贫攻坚】始终把脱贫攻坚作为重大政治任务，紧紧围绕“两不愁、三保障”脱贫攻坚目标，切实做到扶贫项目及时安排到位、扶贫资金及时拨付到位、驻村干部及时派驻到位，着力解决群众最关心、最直接、最现实的民生问题，不断推动脱贫攻坚向纵深发展。积极推动帮扶村加强基层党组织建设，开展结对共建活动，推进“智慧党建”实体工程，抓党建促脱贫工作取得明显成效。持续加大扶贫资金投入，扎实开展设施建设，持续加强环境整治，帮助培育特色产业，着力拓宽增收渠道，切实增强贫困户“造血功能”。自2012年至2019年，全省系统累计帮扶贫困村118个，党员干部联系贫困户10405户45580人，实施基础设施建设486项，培育富民产业301项，实施社会事业330项，改造危房329户，派驻第一书记、帮扶干部195人。截至2019年底，已有100个村9775户40411人实现了脱贫。

（毕耜栋）

交通　通信

交通运输

【发展概况】 2019年，全省交通运输行业坚持以习近平新时代中国特色社会主义思想为指引，全面贯彻落实党的十九大和十九届二中、三中、四中全会精神，深入贯彻落实习近平总书记对甘肃重要讲话和指示精神，牢牢把握交通运输高质量发展总要求，提请省政府成立由省长任组长的推进交通强国建设工作领导小组，统筹推进全省交通强国建设研究和实践。启动甘肃省综合立体交通网规划和"十四五"交通运输发展规划等编制工作，编制完成榆中生态创新城综合交通规划和大敦煌文化旅游经济圈旅游交通专项规划。全力推进交通脱贫攻坚，努力扩大交通固定资产有效投资，持续深化供给侧结构性改革，交通发展品质和交通服务水平不断提升，各项工作取得显著成效。全年公路水路交通固定资产投资完成819.1亿元，比上年增长15.6%，完成投资总量居全国第11位，为全省经济社会发展提供了有力支撑。

【公路建设基本情况】 2019年底，全省公路总里程达到15.14万公里，比上年末增加0.82万公里。公路密度由2018年33.63公里/百平方公里增至35.56公里/百平方公里。全省等级公路里程14.64万公里，比上年末增加1.83万公里；占公路总里程96.65%，提高7.24个百分点。其中二级及以上等级公路里程达到1.58万公里，增加0.17万公里，占公路总里程10.4%，提高0.61个百分点。全省高速公路里程4453.13公里，比上年末增加211.03公里。其中，国家高速公路3679.62公里，增加132.06公里。全省高速公路车道里程1.81万公里，增加844.10公里。国道里程1.32万公里，省道里程1.71万公里。农村公路里程12.09万公里，其中县道里程2.42万公里，乡道里程2.74万公里，村道里程6.93万公里。

【交通基础设施建设】 2019年，省交通运输厅加大重大项目建设调度和督查力度，积极协调解决项目建设中的困难和问题，全力推进重大项目实施。全年建成高速公路211公里，新改建普通国省道及旅游公路1442公里。全省首条采用PPP模式建设的两当至徽县高速公路建成通车，实现经营性公路零的突破。渭源至武都高速公路陇南段提前建成通车。新增两当、宕昌、舟曲、岷县4个县通高速，全省通高速县区达到60个。兰州中通道高速公路全线开工建设，庄浪至天水、临夏至大河家等7条479公里省级高速公路开工建设。2019年底，在建高速公路达到29条2852公里、普通国省道及旅游公路达到51条2483公里。9个综合客货运枢纽项目加快建设，陇南、定西综合客运枢纽主体完工。环兰高速公路收费站"撤五建二"工程建成运营，极大改善兰州主城区周围道路通行状况。

【"四好农村路"建设】 2019年，省交通运输厅"查缺补漏、冲刺清零"，扎实开展交通脱贫攻坚，全年新改建农村公路9013公里，其中建成自然村组路4691公里，实施农村地区资源路、旅游路、产业路以及窄路加宽等4322公里。整治"畅返不畅"路段2271公里。建成乡镇综合服务客运站18个，新增333个建制村通客车，实现所有具备条件的乡镇、建制村通客车。县乡村三级路长制实现全覆盖，39个县区农村公路灾毁保险试点取得初步成效，"有路必养、养必到位"基本得到落实，贫困地区群众出行条件明显改善。"交通+旅游""交通+电商"等扶贫模式良性发展，乡镇快递网点覆盖率达到96.5%，建制村直接通邮率实现100%目标。定点帮扶的临潭县实现整县脱贫摘帽，12个帮扶贫困村整体脱贫退出。广河、合水被命名为"四好农村路"全国示范县，累计创建全国示范县7个、省级示范县19个。甘肃省交通运输厅在2020年全国交通运输工作会议上就"四好农村路"建设工作做了经验交流。

【运输服务保障】 2019年，全省交通运输行业努力建设人民满意交通，交通运输综合服务水平不断提升。加强公路日常养护管理，积极有效应对各类极端恶劣天气和自然灾害，全力维护路网畅通运行，完成12783公里国家公路网命名编号调整，高速公路和普通国省干线公路优良路率分别达到99.72%和81.1%。积极推进降低交通运输物流成本，全年减免车辆通行费16.99亿元。交通惠民便民力度持续加大，11个市州实现交通一卡通互联互通，建成4个"司机之家"，普通货运车辆实现综检联网和网上年审，汽车维修电子健康档案系统实现一、二类维修企业100%全覆盖，出租汽车行业管理以及网约车等新业态发展不断规范。12328交通运输服务监督电话综合考核连续6个月排在全国前10位，服务公众能力不断提升。全面完成取消高速公路省界收费站任务，全省共拆除撤销省界收费站11个，建设ETC门架400套、入口治超系统161处，改造ETC车道899条。全年新增ETC用户186.48万辆，全省ETC在用用户量达262.8万辆，ETC安装率达81.56%，货车ETC累计发行24.57万辆。从2020年1月1日零时起，甘肃省高速公路与全国同步实现切换并网运行，全面实现省界不停车快捷通行。

【行业治理体系建设】2019年，省交通运输厅认真贯彻落实党政机构改革要求，优化调整了厅机关“三定”规定，厅属事业单位承担的行政职责全部划入厅机关，成立甘肃省邮政业安全中心，完成厅属事业单位公车改革。深入推进交通运输综合行政执法改革，全面完成省属国省干线路政执法人员、事权和资产的移交工作。持续深化“放管服”改革，印发公路工程设计变更审核负面清单，取消下放4项审批事项和7项证明事项，清理规范性文件41件，公布交通运输行业省市县三级权责清单目录439项；44项政务事项实现“一网通办”，全年政务服务事项网上办件总量达到6924件，在线申报率100%，在省直部门中排名第2。大件运输许可按时办结率达到100%，甘肃高速公路路政二维码信用执法系统全面推广运行。办理省人大代表意见建议87件、政协提案62件。提请省政府印发了公路省级存量债务风险化解方案，积极防范化解交通运输领域债务风险。大力推行“基于资源换资金的建养一体化”模式，在16个试点市州和县区推进普通国省道、旅游公路及农村公路建设和养护，累计投资规模达到55.32亿元，完成投资31.8亿元，双塔水库至石包城等5条省道和旅游公路项目建成通车。支持省属交通企业积极探索建设项目融资新模式，通过融资租赁、可续期企业债等多元化手段积极筹措发展资金，在利用权益类债券解决资本金缺口方面实现破题。积极探索路衍经济发展新路子，开工建设敦煌悬泉置世界遗产与现代服务区交旅融合项目。

【科技创新】2019年，省交通运输厅加强行业创新发展，智慧交通和绿色交通建设加快推进。成功举办中国（西部）智慧交通创新发展“黄河论坛”。建成甘肃省交通运输行业数据资源交换共享与开放应用平台，交旅融合“智联”项目顺利推进，“互联网＋道路”养护平台、农村公路信息管理平台投入试运行。4项成果入选交通运输部重大科技创新成果库，2项技术创新成果获首届交通BIM工程创新奖，2项技术荣获省科技进步奖，甘肃路桥行业研发中心再度评为2019年行业重点科研平台十大“创新平台”。

【生态环境保护】全面加强交通运输生态保护，坚持把生态环境保护贯穿于交通项目规划、前期、建设、运营、管护全过程，在项目规划阶段加强前置审核，坚决守住“基本农田保护、自然保护区、水源地保护”三条红线，切实做到“不破坏就是最大的保护”要求。组织开展了“绿盾”2019公路项目自然保护区专项行动，启动黄河流域交通运输生态保护和高质量发展有关研究工作。武九、张扁和北仙高速公路绿色生态示范项目加快推进。行业污染防治工作不断深入，场站、码头以及公路路域环境整治初见成效。全省新增及更新新能源公交车703辆，公交、共享单车等绿色出行方式比例显著提升。

【安全与应急】2019年，全省交通运输行业持续强化平安交通建设，交通运输安全生产形势保持稳定。强化红线意识和底线思维，制定了全省公路水路行业安全生产重大风险清单，道路运输、工程建设、邮政快递物流等重点领域安全生产风险防控和隐患排查治理不断深入。持续推进“品质工程”示范创建，项目设计、施工、管理标准化体系建设加快推进。全省高速及一级公路、普通国省道建设工程质量抽检加权合格率达到97.5%、96.2%。完成乡道及以上公路生命安全防护工程13390公里，改造危桥294座。5413辆公交车安装司机安全防护装置，4306辆营运车辆安装智能视频监控报警装置。圆满完成国庆70周年等重大活动和重大节假日交通运输保障。成功处置“8·28”乌鞘岭隧道客车自燃事故。行业发生生产安全责任事故起数与上年持平，死亡和受伤人数比上年下降11.1%和25%，未发生较大以上生产安全责任事故，行业安全生产形势总体稳定。

【合作与交流】2019年，省交通运输厅主动加强与周边的陕西、青海、宁夏等省区交通运输厅对接，并于2019年7月签订了《陕西、甘肃、青海、宁夏四省（区）共同推进六盘山片区省际公路建设合作协议》，合力助推省际公路通道和交通互联互通规划建设。深化甘肃与重庆、内蒙等省市区之间交通基础设施发展合作，制定了甘渝、甘蒙等省市区交通基础设施合作专项行动计划。积极参与“一带一路”建设，兰州南亚国际班列公铁联运示范工程被命名为“国家多式联运示范工程”。兰州陆港型物流枢纽入选首批国家物流枢纽建设名单。兰州中川国际机场旅客吞吐量突破1500万人次，开通“中巴经济走廊”兰州至拉合尔定期全货机航线等5条国际货运包机航线，新开敦煌直飞柬埔寨暹粒国际航线。国际货运班列发运车数增长50%以上，新开运“金张掖”号中欧货运班列。

【党的建设】2019年，省交通运输厅党组紧密结合交通运输实际，自上而下分两批扎实开展“不忘初心、牢记使命”主题教育，以上率下，示范带动厅系统463个党支部做实学习教育和检视整改，广大党员干部思想政治受到深刻洗礼，增强“四个意识”、坚定“四个自信”、做到“两个维护”的政治自觉进一步坚定，守初心担使命的思想自觉进一步增强。认真落实全面从严治党主体责任，修订厅党组巡察工作办法，对7家厅属单位进行第五轮巡察，整治形式主义、官僚主义，出台为基层减负“20条措施”，不断加强党风廉政建设和反腐败斗争，查处了一批违纪案件。深入推进交通扶贫领域腐败和作风问题专项治理，行业扫黑除恶专项斗争、反恐怖工作不断深入。厅机关全面推行公务员职务与职级并行制度，招录和引进了一批优秀年轻干部，干部队伍结构不断优化。离退休干部工作取得新成效，工青妇工作、机关服务保障工作质量进一步提升。组织开展了新中国成立70周年全省交通运输成就等主题宣传活动。涌现出“828”乌鞘岭隧道应急救援、“绿橄榄明星班组”等一批先进集体和个人，《甘肃省志·公路交通志》出版发行，为行业发展营造了良好氛围。

【公路水路运输】2019年，全省营运客车累计完成公路客运量3.6亿人，旅客周转量227.8亿人公里，比上年分别下降1.5%和2.4%。全省营运货车累计完成公路货运量6.8亿吨，货物周转量1193.8亿吨公里，分别增长6.4%和6.7%。全省公路运输总周转量累计完成1216.54亿吨公里，增长6.5%。全省累计完成水路客运量79.74万人，旅客周转量1292.24万人公里，分别增长2.6%和2.4%；累计完成水路货运量16.2万吨，水路货物周转量269.9万吨公里，分别下降41.8%和42.4%。

【民航运输】 2019年，全省民航旅客吞吐量、货邮吞吐量、运输起降架次累计完成1825.2万人次、7.6万吨、14.7万架次，比上年分别增长11.3%、18.3%、8.68%。累计执行客运航线250条（其中国际、地区航线24条），货运航线10条（其中国际航线5条），累计通航城市123座（其中国际、地区城市23座）。兰州中川国际机场共保障完成运输起降11.91万架次，增长8.43%；旅客吞吐量1530.30万人次，增长10.43%；货邮吞吐量7.2万吨，增长17.17%。

【邮政快递业务】 2019年，全省邮政行业业务收入（不包括邮政储蓄银行直接营业收入）43.49亿元，比上年增长16.72%；邮政行业业务总量38.63亿元，增长24.41%。邮政服务业务总量19.09亿元，增长16.71%。快递服务企业业务量10371.22万件，增长16.38%；业务收入22.64亿元，增长20.09%。

（尉永强）

铁路

【概况】 中国铁路兰州局集团有限公司（简称集团公司）始建于1956年，地处西部铁路网的枢纽，是亚欧大陆桥在中国境内的重要区段。截至年底，兰州局营业里程5698.8公里，其中高铁1263.8公里；职工总人数79800人，机关职能管理机构26个，生产机构1个，附属机构26个，基层单位58个。管辖车站（线路所）309个，配属机车1375台（其中电力机车1211台、内燃机车164台）、普通客车车辆1928辆、动车组68组。担当图定客车151.5对，其中管内91.5对、跨局60对。现管辖宝兰高铁、兰新客专、银兰客专、陇海、兰新、兰渝、兰青、包兰、宝中、干武、太中、定银、中川、天平（天华）、西平、敦煌16条干线和其他14条支线，连接着甘、宁、青、新、蒙、陕、川7省（区），是西北交通运输和经济建设的大动脉。

管辖范围：兰州局集团公司管内陇海线于社棠车站、天水车站间K1392+530公里处与西安局集团公司分界；兰新线于柳沟车站、安北车站间K985+500公里处与乌鲁木齐局集团公司分界，兰青线于水车湾车站、海石湾车站间K60+000公里处与青藏集团公司分界；包兰线于乌海西车站、惠农车站间K423+000公里处与呼和浩特局集团公司分界；宝中线于安口窑车站、崇信车站间K136+100公里处与西安局集团公司分界；太中线于安边镇车站、定边车站间K1461+280公里处与西安局集团公司分界；西平线于长武车站、长庆桥车站间K172+740公里处与西安局集团公司分界；兰新客专于陈家湾西车站、民和南车站间K1726+500公里处，浩门车站、军马场车站间K1944+926公里处与青藏集团公司分界，于柳沟南车站、石板墩南车站间K2580+236处与乌鲁木齐局集团公司分界；天平（天华）线于青林车站、华亭车站间K114+694处与西安局集团公司分界；兰渝线于羊木车站、广元车站间K497+443公里处与成都局集团公司分界；徐兰高速（宝兰高铁）于宝鸡南车站、东岔车站间K1305+110公里处与西安局集团公司分界；敦煌线于苏干湖车站、马海车站间K412+835处与青藏集团公司分界。

【基础设施】 兰州局集团公司管辖线路延长总计11658.61公里，其中正线延长9351.77公里、站特线延长2306.84公里。道岔总计7355组，其中正线道岔2972组、站特线道岔4383组。受委托管理的太中银铁路太中线、定银线，兰渝铁路兰州北环线、兰渝线，敦煌线，西平线，中川线，天平（天华）线等普速合资铁路延长2868.69公里，其中正线2279.23公里、站特岔线589.46公里；道岔总计1627组，其中正线552组、站特线1075组。受委托管理的徐兰高速（宝兰高铁）、兰新客专、银兰客专银川至中卫南段线路延长2686.95公里，其中正线2533.85公里、站特岔线153.10公里；道岔总计478组，其中正线285组、站特线193组。集团公司运营铁路桥梁1819座10.85万米，隧道166座15.11万米，涵渠7082座15.71万横延米，桥隧涵合计28.22万换算米；路基设备长度总计5791.13公里，其中正线4232.79公里、站线1558.33公里。合资铁路桥梁1200座68.36万米，隧道218座85.10万米，涵渠3750座9.20万横延米，桥隧涵合计104.09万换算米；路基本体长度2774.51公里，其中正线2111.89公里、站线662.62公里。电气化铁路营业里程5584.9公里，约占总营业里程的98%，接触网运营总里程5538.21公里（13802.47条公里）；电力线路18862.5公里；有接轨专用线、专用铁路230条，其中专用线205条、专用铁路25条。

【运输安全】 深入贯彻习近平总书记重要批示精神，全方位开展高铁环境集中整治大会战，整治隐患1109件。坚守政治红线和职业底线，持续深化"三位一体"安全保障体系建设，严格落实高铁和旅客列车105条安全关键卡控措施，确保动客车安全。狠抓制度建设，完善全员安全生产责任制，严抓严管，正向激励，安全管理水平稳步提升。聚焦基层基础，深入推进标准化规范化建设，安全基础更加坚实。紧盯过程控制，科学运用音视频大数据，实时监控、动态分析、严控风险；开发施工电子登销记系统，严抓施工安全"五条禁令"，施工责任事故同比下降40%；全覆盖开展"查问题、灭隐患、保安全"专项行动，多角度强化网络安全管控，分层级深化干部包保检查，确保全国"两会"、国庆70周年等重要时段安全稳定。全年铁路交通事故、行车事故、路外死亡人数同比分别下降40.2%、45%、5.9%，安全生产再上新台阶。

【运输主要指标】 全年旅客发送量、旅客周转量、换算周转量等同比显著增长，但货物发送量、货物周转量等指标出现下降。旅客发送量全年完成6548.3万人，为年计划6500万人的100.74%，比上年增加498.8万人，增长8.25%；货物发送量全年完成7533.6万吨，为年计划7370万吨的102.22%，比上年减少132.1万吨，下降1.72%；换算周转量全年完成1921.51亿吨公里，为年计划1881亿吨公里的102.15%，比上年增加16.17亿吨公里，增长0.85%；旅客周转量全年完成432.68亿人公里，为年计划420亿人公里的103.02%，比上年增加19.90亿人公里，增长4.82%；货物周转量全年完成1487.89亿吨公里，为年计划1460亿吨公里的101.91%，比上年减少3.72亿吨公里，下降0.25%。

【列车运行图编制】 客运能力调整：2·6兰新客专临时过渡图。兰新客专动车由23.5对调整为14.5对经兰青线迂回运行、普速6对经兰新线运行；调整运行区段中断至兰州西2.5对；增开动车组列车2列；停运动车9对。4·10二季度调图。新增兰州至成都动车1对，优化运行时刻2.5对，管内新增兰州—金昌车次，保证金昌早、中、晚都有到兰州的始发车。7·10三季度调图。新增高速动车组3对、动车组10对，管内临客纳入图定1对、纳入高峰线2对；新增快速列车2.5对，继续按照临客开行5对；延长运行区段2对；银川至陇南运行区段调整为银川至武威；集团公司担当兰州西至成都东CRH200J型160公里/小时动力集中车体重联1对，开创CRH200J型动车组重联先河。723、103中川线调整图。中川线由20对增加到30对。10·11四季度调图。优化宝兰高铁、兰新客专、兰渝线动车部分动车组列车运行时刻。12·30年底调图。新增高速动车组5对、D字头动车组1对；新增快速列车1对；新增银兰客专银中段城际列车10对；提高伊宁至上海、济南，西宁至上海列车等级为直达，喀什至西安等级列车为特快；调整运行区段1对；优化兰州西—郑州东G4286/5次为高铁大站车。货运能力调整：3月1日兰新线安北分界口货物列车由68对增加至70对。4月10日兰渝线货物列车羊木口由40对增至42对。7月10日安北口货物列车由70对增加到75对；安口窑口货物列车由13对增加到14对，华亭口货物列车1对。12月30日安北分界口货物列车由75对增加到78对。敦格线敦煌至格尔木（分界口苏干湖）嘉峪关至格尔木客车1对货车1对、嘉峪关至苏干湖各1对。

【国际运输】 响应国家"一带一路"政策号召，配合地方政府"丝绸之路经济带"建设，开行经阿拉山口（霍尔果斯）口岸出入境，在中国与亚洲、欧洲国家间开行，固定发到站、固定车次和运行线路，明确开行周期和全程运行时刻，按快运货物班列模式组织开行的集装箱国际联运货物列车。兰州局集团公司现图定开行每周1列，由兰州东川、中川北、白银市、武威南、迎水桥、银川南车站装车组织，主要到达哈萨克斯坦、乌兹别克斯坦、土库曼斯坦、吉尔吉斯斯坦、塔吉克斯坦、尼泊尔、白俄罗斯等国家。主要发送建筑材料、瓷砖、石材、玻璃、机械设备、日用品、医药用品等货物。

【铁路建设】 按照"保开通、保在建、保开工"的顺序，优化施组管理，全力攻坚克难，兰新客专至敦煌铁路联络线及敦煌铁路既有线提速改造工程7月10日开通，动车组列车顺利开进丝路名城敦煌；敦煌铁路12月18日全线通车，构建了中国西部一条新的南北铁路通道；银中高铁12月29日开通运营，宁夏自治区迈入高铁时代。兰州至张掖三四线铁路中川机场至武威段、酒泉至额济纳铁路酒泉至东风段6月30日开工建设，银西高铁、中兰铁路、包银铁路等在建项目有序推进。西宁至成都铁路等项目前期工作进展有序。中川铁路、干武二线、天平（天华）铁路、兰新客专完成竣工决算。全年投产新线348.9公里，其中高铁211.4公里。

【投资完成】 全年完成铁路基本建设投资218.5亿元，全部兑现年度投资计划，其中兰州至重庆铁路（全线）完成投资22.43亿元，宝兰客专完成投资6亿元，银西铁路完成投资90.5亿元，吴忠至中卫铁路完成投资7.5亿元，新建敦煌至格尔木铁路完成投资3亿元，敦煌铁路提速改造工程完成投资5.9亿元，天水至平凉铁路完成投资5.54亿元，平罗铁路综合货场完成投资0.65亿元，平凉南铁路综合性货场完成投资0.15亿元，代建包头至银川铁路银川至惠农段完成投资3亿元，代建中卫至兰州铁路宁夏段完成投资7亿元，代建中卫至兰州铁路甘肃段完成投资60亿元，干塘至武威南铁路增建二线0.33亿元，兰州至张掖三四线铁路中川机场至武威段完成投资2.5亿元，酒泉至额济纳铁路酒泉至东风段升级改造工程完成投资4亿元。

【敦格铁路】 总投资80.46亿元，由敦煌铁路公司负责组织建设，2013年4月开工建设。截至年底，累计完成投资72亿元，完成总投资的89.49%。敦煌至肃北段工程于2015年12月10日开通运营，肃北至省界段于2019年12月18日开通运营。

【敦煌铁路提速改造】 总投资9.1亿元，由敦煌铁路公司负责组织建设，于2019年6月28日开通运营。截至年底，累计完成投资8.4亿元，完成总投资的92.39%。

【兰州至张掖三四线铁路中川机场至武威段】 总投资242.9亿元，2019年6月30日开工建设，建设工期5年，由中川公司负责组织建设。截至年底，累计完成投资2.5亿元，完成总投资的1.03%。

【机车、乘务交路】 客运机车交路通至北京、太原、集宁南、武昌、上海、成都、重庆、肃北、乌鲁木齐、西宁；客运乘务交路担当至太原、包头、西安（北）、广元、嘉峪关（南）、肃北、西宁。货运机车交路通至榆次、包头西、郑州北、千河、成都北、兴隆场、肃北、乌鲁木齐西、西宁货；货运乘务交路担当至惠农、靖边、新丰镇、广元南、肃北、柳园、西宁货。主要客运机车交路实现HXD1D、HXD3D型160公里/小时客运机车牵引，兰渝线货运交路牵引定数实现4500吨贯通，兰新线货运交路牵引定数实现5000吨贯通。

【临客及旅游列车开行】 全年组织

开行临客4005列、旅游列车58列。春运期间,加开临客126列。暑运期间,加开临客160列。清明等小长假期间,加开临客149列。长期临客3570列。开行跨局旅游专列14列、“环西部火车游”旅游专列44列。

【“铁路e卡通”业务推广】 与中铁银通支付有限公司合作，改造中川城际铁路有关车站售、检票设备，于9月12日开通中川城际“铁路e卡通”业务，该线是全国第二条开通“铁路e卡通”业务的铁路线。

【电子客票扩大试点】 按照国铁集团电子客票推进要求，作为全路第二批电子客票试点，兰州局集团公司分别于11月30日、12月5日、12月29日开通中川城际、宝兰高铁、银中高铁电子客票业务。

【人才强局战略】 大力推进应用技术创新，《铁路客车车轮轮辋超声波自动化检测技术及装备研究》获中国铁道学会科技二等奖，《25T型密接式车钩遥控电动提钩器》等8项成果获全国铁路青年科技创新奖，2篇科技论文、1项成果专利入选铁路重大科技创新成果库。深化“十百千人才”工程，向国铁集团推荐10名专业领军人物、43名专业带头人、3名铁路工匠候选人。加强接续培养人才挂职锻炼，全年提拔领导人员中“70后”“80后”占比达到77%。培训管理和专业技术人员1.2万人次，组织职工适应性培训39万人次，在全路职业技能竞赛中获7个总成绩团体奖、9个单项工种团体奖，45人取得竞赛名次，团体和个人成绩均实现历史性突破。广泛培育先进，评选“感动兰铁”年度人物11名，选树“兰铁工匠”10名，12名个人分获“全国五一劳动奖章”“火车头奖章”和甘宁两省区“五一劳动奖章”。

【民生工程】 落实改善职工生产生活三年行动计划，先后调整职工企业年金缴费比例和住房公积金缴存基数，两次调增职工安全绩效工资标准，职工平均工资增长8%。实施“青年安居工程”三年规划，专项技术改造投资1090万元，分配保障性住房1566套，办理入住公租房497套，完成单身宿舍改造898间。投入1.16亿元，加大对沿线基础设施差、就餐面积不足的职工食堂硬件设施进行改造。投入4430万元开展职工健康体检。投入11035.03万元建设“幸福餐桌”。投入2648.87万元助困助医助学5.69万人次。高质量办结“十件实事”，民生福祉进一步提升。

【重大事件】 1月17日甘肃省陇能煤炭物流有限公司实现首发。

1月21日至3月1日春运40天，兰州局集团公司发送旅客787.8万人，日均发送旅客19.7万人，同比增长5.1%，增加38.4万人。客流高峰日2月10日，当日发送旅客28.17万人。

1月22日兰州局集团公司党委书记、董事长杨伟军，总经理李力与来访的酒钢集团公司董事长陈春明、总经理魏志斌一行座谈，双方就深化合作、实现共赢发展进行交流。

1月24日兰州局集团公司总经理李力与来访的陇南市市长崔景瑜一行座谈，双方就进一步深化战略合作，实现互利共赢，携手推进路地双方发展进行交流。

1月24日甘肃省副省长李沛兴在兰州局集团公司党委书记、董事长杨伟军的陪同下，深入兰州西站检查指导春运工作，慰问奋战在运输一线的广大干部职工、公安民警和青年志愿者。

2月1日甘肃省副省长常正国在兰州局集团公司总经理李力的陪同下，深入兰州车站检查调研集团公司春运工作，看望慰问奋战在春运一线的广大干部职工、公安民警和青年志愿者。

2月1日兰州局集团公司与中国移动甘肃公司举行战略合作协议签约仪式。集团公司党委书记、董事长杨伟军，总经理李力，中国移动甘肃公司党委书记、董事长、总经理彭晓川，副总经理尚桢参加签约仪式。副总经理朱兴永、中国移动甘肃公司副总经理尚桢代表路企双方签署协议。

2月12日兰州局集团公司党委书记、董事长杨伟军与来访的甘肃电力投资集团公司党委副书记、总经理刘万祥一行座谈，双方就运营好甘肃陇能煤炭物流有限公司，加强路企战略合作、实现互利共赢进行交流。

2月15日兰州局集团公司党委宣传部组织新华社、中央广播电视总台、中国新闻社和甘肃日报社、甘肃省广播电视总台等20余家主流媒体到兰州西站，对集团公司节后返程客流高峰进行体验式报道。

2月18日甘肃省委书记、省人大常委会主任林铎，省委常委、省委秘书长王嘉毅一行到兰州局集团公司，调研铁路运力布局、调度指挥、客货运输以及企业党建工作等情况，看望慰问奋战在春运一线的铁路干部职工。

3月12日以“发挥铁路优势、助推产业扶贫”为主题的兰州局集团公司扶贫联系点特色农产品推介座谈会在陇西召开。集团公司陇西地区部分单位及扶贫联系点20名代表参加座谈会。

3月15日兰州局集团公司总经理李力与来访的定西市委副书记、市长戴超，市委常委、常务副市长王均一行座谈，双方就进一步深化合作，实现共赢，携手推进路地双方发展进行交流。

3月16日10时55分，兰州局集团公司2019年首趟Y58次“环西部火车游·走进港珠澳”跨局长线旅游专列发车启程。

3月27日甘肃省铁路护路联防工作会议在兰州召开。会议回顾2018年全省铁路护路联防工作，安排部署2019年铁路护路联防重点任务，通报表扬2018年铁路护路联防先进市、县。

4月2日中共甘肃省委副书记、省长唐仁健，副省长常正国，省政府秘书长李志勋，兰州市市长张伟文一行，在兰州局集团公司党委书记、董事长杨伟军，总经理李力的陪同下，调研铁路安全生产、调度指挥、客货运输、铁路建设等情况，看望慰问铁路干部职工。

4月4—7日清明小长假期间，兰州局集团公司发送旅客83.82万人，同比增长6.1%，增加4.8万人。其中4月5日为客发最高日，发送旅客24.73万人，同比增长3.9%，增加0.93万人。

4月30日至5月4日“五一”小长假期间，兰州局集团公司发送旅客

133.4 万人，日均发送 26.7 万人，同比增长 24.1%，增加 25.9 万人。5 月 1 日迎来最大客流高峰，单日发送旅客 34.4 万人，同比增长 40.4%，增加 9.9 万人。

5 月 10 日乌鞘岭特长隧道 13.05 公里完成换铺无缝线路施工。

6 月 3 日甘肃省人大常委会副主任、党组书记王玺玉带领部分在甘全国人大代表和甘肃省人大代表赴兰州局集团公司视察。甘肃省人大常委会副主任吴明明，全国人大代表、甘肃省人大常委会委员、甘肃省人大教育科学文化卫生委员会副主任委员、甘肃省人大常委会教育科学文化卫生工作委员会主任范鹏等 31 名人大代表参加视察调研。

6 月 6—9 日端午小长假期间，兰州局集团公司发送旅客 88.08 万人，同比增长 5.2%，增加 4.36 万人。6 月 9 日创单日发送最高记录，发送旅客 25.48 万人，同比增长 18.1%，增加 3.9 万人。货运日均装车 3456 车，发送货物 84.14 万吨。

7 月 4 日兰州局集团公司党委书记、董事长杨伟军，总经理李力与来访的嘉峪关市市委书记李忠科，市长丁巨胜，酒钢集团公司党委书记、董事长陈得信，总经理魏志斌一行进行座谈，双方就进一步深化合作、实现互利共赢进行交流。

7 月 10 日零时起，兰州局集团公司实施三季度调图方案。动卧列车首次开进兰州，天津、福州方向开行高铁"直通车"，敦煌正式纳入全国高铁旅游网。

7 月 17 日兰州局集团公司党委书记、董事长杨伟军，总经理李力与来访的兰州市城关区区委书记武和谦、区长乔建新一行进行座谈，双方就城市建设、社会事务管理、环境整治等问题进行交流，并观看集团公司党建工作专题片《铸魂》。

7 月 23 日零时起，兰州局集团公司进一步加大中川城际动车组开行密度，兰州站（兰州西站）至中川机场站间动车组列车由原来的每天 36 趟增加至 44 趟。同时，增加经停站点，并在中川机场站推出急客通道服务，旅客凭当日登机牌可直接进站上车。中川城际实现动车"公交化"。

8 月 25 日兰州局集团公司加开夜间兰州西站至兰州站 C8580 次城际列车，方便每日 23 时后到达兰州西站的 5 趟动车旅客前往城关区的出行需求。

9 月 10—11 日兰州局集团公司组织酒泉市浩海煤化有限公司、宁夏驰创贸易有限公司、国电电力酒泉发电有限公司、甘肃电投长乐发电有限公司、国家粮食和物资储备局宁夏局九三〇处及宁夏交通物流产业股份有限公司共 6 家企业及集团公司相关部门、单位召开铁路专用线建设"一对一"专项协调会。

9 月 17 日兰州局集团公司根据中川城际列车公交化运营特点，在中川城际列车线路开通"铁路 e 卡通"服务。自此，兰州车站成为全国铁路第二个通过手机扫码进站乘车的车站。

9 月 28 日至 10 月 7 日国庆黄金周期间，兰州局集团公司旅客发送量创 267.5 万人新高，同比增长 8.4%，增加 20.7 万人，全路排名第五，并在 10 月 1 日创 35.89 万人单日发送量新纪录。

9 月 29 日兰州局集团公司党委书记、董事长杨伟军，总经理李力，深入集团公司帮扶的甘肃省陇西县文峰镇东梁村，实地调研肉牛养殖产业发展情况，看望慰问困难群众和铁路驻村干部。

10 月 18 日兰州局集团公司在中川城际铁路实施新的冬季列车运行图，周一至周四每天公交化往返开行 56 趟兰州站（兰州西站）至中川机场站间的动车组，周五至周日每天往返开行 60 趟，平均每趟运行时间间隔 30 分钟。

11 月 29 日由中国国家铁路集团有限公司、甘肃省人民政府联合主办，中国铁道学会、甘肃省发改委、兰州局集团公司等单位承办的"一带一路"轨道交通发展论坛在兰州举行，甘肃省委常委、常务副省长宋亮，国铁集团党组成员、副总经理李文新分别致辞，集团公司党委书记、董事长杨伟军，总经理李力参加论坛。

11 月 30 日中川城际铁路兰州站、兰州西站、中川机场站开始实行电子客票。

12 月 30 日零时起，全国铁路实施年底大调图，兰州局集团公司新增南到福建厦门，东达山东威海等沿海临江城市的 5 对动车组列车。

（杨雍梅）

通信管理

【发展概况】2019 年，全省完成电信业务总量 1958.5 亿元，比上年增长 64.3%；电信业务收入 181 亿元，下降 0.7%，基本实现"力争全省电信业务收入增幅由负转正"的增长目标。电话用户达到 3082.9 万户，增长 0.6%。其中，移动互联网用户 2323.1 万户，增长 3%。

【5G 组网建设】 为落实组织领导责任，组织开展调查研究，摸清全省 5G 发展的基本状况。截至目前，全省 5G 网络建设投资 2.85 亿，新建 5G 基站 996 个、完成站点配套改造 2575 个。召开办公室第一次工作会议，研究提出 2020 年度阶段性发展目标任务。

【网络提速降费】 推动网络"提速降费"政策落实，全面推进光纤入户工作，全省光纤用户数达到 830.2 万户，光纤端口达到 1346.8 万个，光纤用户占比达到 95.3%；全省省际出口带宽达 12430G，提前完成全省信息通信业"十三五"发展规划的目标任务（8000G）。对中小企业宽带资费降幅超过 15%（电信、移动、联通公司分别下降 17.6%、16.3%、51.9%），提前完成降费目标。截至目前，全省移动流量平均资费水平 3.8 元 /G，低于西北地区、全国的平均水平。

【电信普遍服务试点】 完成 2018 年度电信普遍服务试点 316 个 4G 基站建设任务；开展 2019 年度电信普遍服务试申报，获得中央补助资金 1.42 亿元，支持全省建设 521 个 4G 基站，已在建设阶段。通过参与国家五批次电信普遍服务试点项目，争取中央普遍服务试点补助资金 19.2 亿元，支持全省 12 个市（州）11230 个行政村光纤宽带网络建设，以及837个4G基站建设，行政村光纤宽带和4G网络覆盖率达到99%以上，实现农村宽带网络建设跨越发展，彻底改变了甘肃农村地区宽带网络建设落后面貌。对口帮扶的临夏州康乐县古洞沟村脱贫攻坚，通过州级验收，接受省级验收。配合工信部完成“电信普遍服务与网络扶贫”国际研讨会承办任务；国际电联在会议上首次发布“敦煌倡议”，肯定甘肃推进电信普遍服务实践探索的经验。

【通信建设项目联审联验】 结合全省工程建设项目审批制度改革，协调各市（州）共建办派专人入驻地方政务服务大厅，联合开展甘肃通信建设项目联审联验。从源头治理“入场难、收费高”等问题。推动全省14个市（州）结合实际，制定具体工作流程，纳入地方改革实施方案，兰州、庆阳、陇南、甘南、天水、临夏等6地已落实图审、通信报装及验收等流程。编制《甘肃省建筑物移动通信基础设施建设规范》，参加省内立项评审，推动工作规范化。

【放管服”改革】 如期向社会提供“携号转网”服务。成立“携号转网”工作领导小组及联调联测领导小组，印发实施方案，开展联调联测，聘请第三方机构协助开展全流程测试。目前已正式向社会提供“携号转网”服务。强化事中事后监管。依托甘肃省政务服务事项管理系统平台，编制省级信息通信业政务服务事项清单，并纳入平台管理，实现信息共享，推进政府服务“一网通办”；强化网络监管，网站备案率、主体信息准确率99.9%；发挥信用体系联合惩戒作用，将51家未按时限报送年报的企业列入不良企业名单，并对社会公布。

【行风建设】 针对漠视侵害群众利益的突出问题，聚焦农村网络日常维护质量，建立快速处理机制。省申诉受理中心全年共收到电信用户咨询和申诉计7000人次，比上年下降39.7%。其中，咨询类5387人次，下降34.02%；申诉类1613人次，下降53.15%。细化基础运营企业属地化年度考核方案，开展网络基础设施远程检测和现场检查，督促企业完善内部管理，落实保护重要数据及用户个人信息安全主体责任。深刻汲取2018年全省校园市场监管教训，加强校园“迎新”市场秩序监管，联合省市场监管局和省教育厅，召开校园通信市场规范管理部署会议，探索建立长效治理机制，研究制定规范校园电信市场秩序文件。组织签署责任承诺书，约谈企业主要负责人，要求服务和保障新中国成立70周年和谐稳定大局，严守政策底线，共同营造公平有序的校园市场秩序。

【学校联网攻坚】 会同省教育厅，联合开展学校联网攻坚行动，改善全省农村地区或偏远地区的校园网络环境，对网速不达标的学校实施光纤改造升级。2019年，全省未联网学校已由1659个下降至300个。为助推对口帮扶的临夏康乐脱贫攻坚，联合中国儿童文学研究会、中国通信企业协会，利用互联网教育优势，在临夏康乐实施“童悦工程”，为其在全国推广树立了样板和典范。

【网络信息安全管理】 加大互联网接入服务市场规范、骚扰电话专项整治，加强对通信资源和用户管理，提升技术防范能力，优化骚扰电话举报、处置、追责及网间联动等协查流程，探索建立长效管控机制。印发《甘肃省通信行业防范打击通信网络违法犯罪行动实施方案》，部署专项行动，指导基础运营企业完善工作机制，自查发现存在漏洞业务2283个，完成整改2274个。畅通被诈骗群众快速报案渠道，与省公安厅协调，开通96110反诈骗报警公益热线电话。升级电话诈骗防范系统功能，推进互联网反诈系统建设，治理网络安全威胁。会同省直有关部门，开展专项治理，消除网络安全隐患；配合开展“扫黄打非”等工作，组织基础电信企业累计发送“扫黑除恶”短信约3.85亿次、反邪教短信8300余万次，处置网络安全事件35716件。

【应急通信保障】 7月，甘南州迭部县达拉乡次哇村发生严重暴洪灾害，省通信管理局启动应急通信保障预案，赶赴灾区现场指导工作。参与并做好甘南州夏河县抗震抢修及保障工作，按照响应级别实施24小时值班，应对网络拥塞情况，为抢险救灾提供通信保障。配合做好新中国成立70周年国庆期间网络安全保障，支持甘南文博会应急通信，完成主会场、分会场和景区道路沿线通信站点建设195个；配合做好黄河汛期防汛应急各项准备。制定《公共安全突发事件通信网络应急处置预案》，开展应急演练，提升处置突发事件及做好重大活动的通信应急保障水平。

（田卫国）

邮政管理

【业务发展】 2019年，全省完成邮政行业业务收入（不包括邮政储蓄银行直接营业收入）43.49亿元，比上年增长16.72%；邮政行业业务总量38.63亿元，增长24.41%。全省快递服务企业业务量10371.22万件，增长16.38%；业务收入22.64亿元，增长20.09%。其中，同城业务量1824.35万件，下降28.29%；异地业务量8541.80万件，增长34.26%；国际及港澳台业务量5.07万件，下降1.61%。邮政业服务满意度稳中有升，消费者申诉处理满意率达99.4%。“双十一”期间，全省共处理进出口快件2787万件，最高单日处理量突破371万件。

【党建工作】 深入开展“不忘初心、牢记使命”主题教育，全面从严治党纵深推进，全省邮政行业发展质量持续提升，服务面貌明显改善，安全基础得以巩固，治理水平得到提高，全省邮政行业保持稳步健康发展势头，在全省经济社会发展中的作用不断增强。一是主题教育扎实开展。全省邮政管理系统牢牢把握“不忘初心、牢记使命”主题教育的目标、任务、原则和措施，采取“两批主题教育前后衔接、三级机构上下联动、领导干部一岗双责、政治业务相互融合”方式方法，突出抓好贯彻落实习近平总书记视察甘肃重要讲话和对邮政业重要指示批示、党中央重大决策部署，开展“8+1+3”专项整治。实现对14个市州局调研指导全覆盖，党中央和国家局党组布置的专项整治任务得到全面落实。二是党建工作全面提升。调整省局机关内设机构，增设人事处（党建办公室、纪检监察室），人员编制2人，承担全省邮政管理系统的领导班子建设、干部队伍管理、党建、纪检工作职责，强化党建工作职能。制定《甘肃省邮政管理系统基层党建工作“三级五岗”责任清单》，推广党组和党委工作同步研究、党务和业务同步开展、党组织机构和行政机构同步设置、党务工作人员和业务干部同步配备的“四同步工作法”。设置标准化党员活动室和职工书屋，规范10类基础台账，强化学习强国、甘肃党建APP应用，不断提升基层党建标准化水平。深入开展“双找双培”活动，协同主管部门落实非公快递企业党建工作，指导组建和理顺基层非公党组织13个，71名党员回归组织，初步构建起“两个全覆盖”组织体系。三是正风肃纪取得实效。落实解决形式主义突出问题切实为基层减负的10项具体措施，在省局机关建立AB岗制度，畅通局长信箱、公众留言受理等渠道。走进省广电总台“阳光在线”直播间，积极回应各方关切。组织开展作风评议活动，将征集到的问题纳入主题教育检视整改，如期完成国家局第一轮巡视对甘肃局提出的53项整改任务，实现了对14个市州局巡察工作全覆盖，对所发现501条问题进行认真整改。举办全系统党风廉政建设和党内法规专题培训班，通报系统内违规违纪案例和对市州局巡察发现的共性问题，深化监督执纪“四种形态”运用。四是行业模范不断涌现。组织全系统党员干部认真学习时代楷模其美多吉等先进模范事迹，开展最美快递员评选、慰问快递小哥等系列活动。特别授予勇救落水女孩的4名快递小哥“全省最美快递员”荣誉称号。全省邮政行业19个单位及个人受到国家、省、市（州）级表彰，其中省级以上奖励9个。兰州市邮递员唐和顺、嘉峪关市快递员宋玉凤荣登“中国好人”榜，宋玉凤荣获“全国最美家庭”“中国好人”称号，并作为全国邮政行业优秀代表受习近平总书记邀请参加中华人民共和国成立70周年国庆招待会。酒泉局团工委获得“全国五四红旗团委（团支部）”荣誉称号。省局机关和12个市州局机关进入文明单位行列。

【发展环境】 积极协调省政府及相关部门，推动出台《甘肃省交通运输领域省与市县财政事权和支出责任划分改革方案》和《关于加快发展流通促进商业消费的实施意见》等文件，努力为行业发展提供更加优良的政策环境。协力推进甘肃国际邮件互换局建设。主动对接《甘肃省综合立体交通网规划（2021—2050年）》项目，编制邮政行业专项规划，启动全省邮政业十四五规划编制工作。联合税务部门开展减税降费政策培训，14个市州全部出台快递车辆便捷通行政策。组织省邮政公司和9家快递企业正式签订合作下乡进村框架协议，邮快合作进入快车道。省邮政业安全中心当年申建、当年获甘肃省委编办正式批复并挂牌运行，为公益一类事业单位，正处级建制，隶属省交通运输厅管理，业务工作受省邮政管理局指导，核定全额拨款事业编制15名。12月，中共定西市委机构编制委员会批复设立定西市邮政业安全中心。省局与省人社厅联合开展快递工程专业技术职称评审工作，402名从业人员取得专业技术职称。组织14个市州39名选手参加全省邮政行业职业技能竞赛，组织开展了形式多样的“快递从业青年服务月”活动。

【普遍服务】 提前完成全省16023个建制村直接通邮率100%的目标，建制村定位信息采集已达100%，及时投递打卡率稳定在98%以上。新建邮乐购站点308个，累计建成5451个。1157个普服网点开展警邮、税邮、政邮合作，搭载8大类20余项便民服务，累计服务70余万人次。指导企业优化线路和服务流程，通过组开普邮专线、推动交邮合作等多种方式，确保党报党刊优先处理、优先发运、优先通行、优先投递，全省69个县（区）中48个县（区）的县域党政机关党报党刊实现当日见报，日见报覆盖率提升10%，达到70%。持续提升行政审批质量，全年共办理撤销提供邮政普遍服务营业场所的行政审批5起，受理5起，同意撤销5起；办理行政备案事项54项。引导邮政特邀监督员从多角度、多方位反馈监督信息，为促进行业发展建言献策，监督员累计向媒体投稿88篇、刊登61篇。

【快递服务】 推动快递电商深度融合，“一地一品”项目在全省形成良性发展趋势，特色农产品通过寄递渠道外销已经成为地方经济发展的新常态。全年培育“寄递＋农特产品”项目82个，发运“牛羊菜果薯药”农特产品超过2500万件，带动农产品销售额突破27亿元。落实快递服务制造业项目24个，业务量34万件，直接服务制造业产值突破46亿元。全力提升末端投递服务能力，建成城市快递末端公共服务站896个，投入运营智能快件箱2042组，智能快件箱投递快件2354万件。主要品牌快递企业城区标准化网点1884个，自营网点标准化率97.2%，比上年提高7%。已建成乡镇快递网点2124个，新增113个，增长6.3%，乡镇覆盖率达96.3%。全省快递信息化建设进一步加快，分拣自动化设备、先进运输装备以及移动客户端软件等科技成果得到大力推广。全省快递企业配备手持终端1.5万台，重点快递企业业务员基本实现手持终端人手一台。拥有半自动化分拣设备36套，邮政速递、顺丰、中通等24个重点品牌分拨中心实现半自动化分拣设备全覆盖，多功能“龙门扫码机”在重点品牌企业中普遍使用。快递企业电话、网络平台查询业务开通率达100%。

【行政执法】 2019年，共办理法人快递企业许可审批101件，审批通过41家。办理许可变更事项896项，审批通过新增分支机构393家，核准撤销250家，办理分支机构备案审批事项84个，核准变更申请事项536起，审核通过年度报告150份，注销许可企业12家，快递许可平均办结时限压缩至7.5个工作日内。严格开展“双随机、一公开”执法检查。市州间跨区域联合执法和交叉检查机制逐步成熟。

开展行政执法评议和案卷评查。狠抓“三项制度”落实，实现了收寄验视责任可溯，实名收寄率稳定在99%以上。全省开展执法检查2600多次，约谈告诫204次，责令整改805次，立案查处173起，罚款金额53.36万元。坚持每月公开12305消费者申诉情况，接受公众监督。累计处理消费者申诉3418件，为消费者挽回损失69.7万元。

【行业安全】 强化监督检查和隐患整改，实现邮政机要通信连续29年零事故。省局被纳入省委机要交通协调保障领导小组副组长单位。保障巡视巡察、扫黑除恶等“专用邮政信箱”寄递服务。深入开展行业“扫黄打非”、涉枪涉爆专项整治、禁毒、打击侵权假冒及反恐怖工作。及时排查和有效化解快递企业矛盾纠纷隐患3起。督促寄递企业严格执行《禁止寄递物品安全管理规定》，加强与政法委、公安、国安等部门的协作，开展联合检查60余次，对违规违法行为行政约谈36次，立案查处106起。全省共配备X光安检机292台，基本满足出口件安检需要。配合国家局完成了“绿盾”工程建设阶段性任务。圆满完成全国“两会”、中国国际进口博览会、“国庆70周年”和“双十一”业务旺季等重点时段寄递渠道安保任务，有力保障主场举办的“一会一节”寄递渠道安全服务工作。成功创建2个全国青年安全示范岗集体。

【脱贫攻坚】 省局和9个市州局对口帮扶10个贫困村，选派12名优秀年轻干部常年驻村帮扶，全面完成省委确定的冲刺清零活动等任务，省局获评甘肃省脱贫攻坚“优秀等次单位”。在定西市开展快递实训就业扶贫试点，建立村级快递扶贫实训基地330个、乡镇基地18个，提供就业岗位2000个，实现就业创业600余人次。邮政企业全年共参与寄递特色农产品项目71项，形成包裹495.4万件，带动销售农产品2.7万吨，带动农特产品销售额1.96亿元。快递协会组织邮政快递企业捐助10.57万元，主要用于采购教学设备、电商设备设施，困难户慰问活动。邮政、顺丰等企业通过引进和自筹等形式，投入帮扶资金420万元，推动助学扶智、环境治理等项目落地。

【绿色邮政】 深入实施“绿色邮政”行动计划和“9571”工程，联合相关部门开展绿色快递进校园系列活动，在全行业广泛宣传绿色发展理念，努力提升行业绿色发展水平。督促和指导寄递企业推广使用中转箱、环保袋、笼车等物品设备；大力推广应用电子运单，全省电子运单使用率保持在98%以上，超过85%的电商快件不再二次包装，循环中转袋使用率超过75%，在832个邮政快递网点设置了包装废弃物回收装置，45毫米以下胶带使用量超过90%，重点品牌企业开始分阶段更换和使用环保包装材料，高污染、不可降解塑料包装材料逐步淘汰。全行业投运新能源车辆140辆。

（俞嘉亮）

财政 金融

财政

【预算执行情况】全省预算执行情况。全省一般公共预算收入850.5亿元，为预算数的98.7%，比上年下降2.4%，同口径增长5.2%。其中，税收收入577.9亿元，为预算数的93.4%，下降5.3%。从主体税种看，增值税276.8亿元，下降5.8%；企业所得税64.8亿元，下降13.1%。非税收入272.6亿元，为预算数的112.3%，增长4.6%。一般公共预算收入加上中央补助收入2680.7亿元、调入预算稳定调节基金113.2亿元、从政府性基金和国有资本经营预算等调入资金174.7亿元、地方政府债券收入374.6亿元、国债转贷资金上年结余0.2亿元、上年结余49.5亿元，总收入4243.4亿元。一般公共预算支出3951.6亿元，为预算数的99.0%，比上年增长4.8%。一般公共预算支出加上上解中央支出21.8亿元、补充预算稳定调节基金104.8亿元、地方政府债务还本支出125.8亿元、国债转贷资金结余0.2亿元，总支出4204.2亿元。收支相抵，结转下年支出39.2亿元。

全省政府性基金预算收入520.8亿元，比上年增长30.4%，主要是国有土地使用权出让收入增加。加上上年结余39.3亿元、中央补助收入13.4亿元、债务收入401.7亿元，调入资金0.6亿元，总收入975.8亿元。政府性基金预算支出773.1亿元，比上年增长40.0%，主要是发行政府收费公路、棚户区改造等专项债券，交通运输、城乡社区等支出增加。加上债务还本支出33.8亿元、调出资金134.3亿元，总支出941.2亿元。收支相抵，结转下年支出34.6亿元。

全省国有资本经营预算收入8.8亿元，比上年下降23.5%，主要是省属骨干企业上缴收益减少。加上上年结余2.2亿元，抵扣中央长拨资金1.5亿元，总收入9.5亿元。国有资本经营预算支出4.9亿元，比上年下降67.5%，主要是中央政策性补助减少。加上调出资金2.7亿元，总支出7.6亿元。收支相抵，结转下年支出1.9亿元。

全省社会保险基金收入1084.6亿元，支出1003.9亿元，当年收支结余80.7亿元，年末滚存结余994.7亿元。

省级预算执行情况。省级一般公共预算收入236.8亿元，为预算的91.5%，加上中央补助2680.7亿元、调入资金101.8亿元、上年结转12亿元、下级上解收入84.4亿元，以及政府一般债券收入等，总收入3490.5亿元。省级一般公共预算支出832.2亿元，完成预算的99.1%，加上上解中央支出21.8亿元、对市县转移支付2273.7亿元、一般债务还本支出99.5亿元、一般债券转贷市县支出182.9亿元、补充预算稳定调节基金73亿元等，总支出3483.3亿元。收支相抵，结余7.2亿元，全部结转下年项目资金。

在省级收入决算中，税收收入166.3亿元，为预算的86.7%；非税收入70.5亿元，为预算的105.2%。税收收入中，增值税108.3亿元，为预算的92.6%；企业所得税35.1亿元，为预算的74.9%，主要是受国家实施更大规模减税降费政策影响；个人所得税10.2亿元，为预算的72.8%，主要是提高基本减除费用标准和实施6项专项附加扣除政策等减税规模超出预期；资源税11.9亿元，为预算的88.8%，主要是受矿产品价格、销量下降影响。

在省级支出决算中，社会保障和就业支出148.2亿元；教育支出81亿元；农林水支出69.6亿元；公共安全支出71.4亿元；文化旅游体育与传媒支出21.6亿元；卫生健康支出20.5亿元；科学技术支出11.8亿元；节能环保支出11亿元；债务付息支出29亿元。

省级下达市县转移支付2273.7亿元，增加131.9亿元，比上年增长6.2%。其中，税收返还56.6亿元，一般性转移支付1817.9亿元，专项转移支付399.2亿元。

省级机关事业单位财政拨款“三公”经费支出2.5亿元，比上年增长10.5%，剔除法检系统集中更新到期报废车辆等一次性因素后，同比下降4%。其中：公务用车购置及运行维护费2亿元，同比下降3%；因公出国（境）费2205.7万元，同比下降11.2%；公务接待费2417.9万元，同比下降8.2%。

省级安排预算内基本建设投资16亿元，其中：省级支出4.7亿元，对市县转移支付11.3亿元。主要用于引洮二期骨干工程、农村扶贫公路、光伏扶贫等重点项目建设，以及PPP项目引导、重大项目前期工作等方面。

省级政府性基金预算收入96.8亿元，为预算的109.6%，加上中央补助13.4亿元、上年结转10亿元、政府专项债券收入401.7亿元、下级上解收入1.8亿元，总收入523.7亿元；支出143.8亿元，完成预算的95%，加上补助市县支出24.3亿元、调出资金16.3亿元、债券转贷支出331.7亿元等，总支出516.1亿元。收支相抵，结转下年7.6亿元。

省级国有资本经营预算收入4.2亿元，为预算的69.7%，主要是部分省属企业利润弥补了以前年度亏损；加上上年结余0.5亿元，抵扣中央长拨资金1.5亿元，总收入3.2亿元；支出2.9亿元，完成预算的100%，加上调入一般公共预算资金 0.3 亿元，总支出 3.2 亿元。

省级社会保险基金预算收入 413.2 亿元，比上年增长 4.1%；支出 380.0 亿元，增长 9.7%。当年结余 33.1 亿元，年末滚存结余 536.6 亿元。

省级财政预算调整情况。2019 年 5 月，省十三届人大常委会第十次会议审查批准了当年新增政府债券限额分配计划和省级财政预算调整方案，省级一般公共预算支出由年初预算 787.1 亿元调整为 812.5 亿元，增加 25.4 亿元；省对市县税收返还及转移支付由年初预算 1670.7 亿元调整为 1673.1 亿元，增加 2.4 亿元。2019 年 11 月，省十三届人大常委会第十三次会议审查批准了 2019 年省级预算调整方案，通过调入预算稳定调节基金 17 亿元、压减支出 2.5 亿元弥补落实减税降费形成的收支缺口，以实现年度收支预算平衡，保障省委省政府年初确定重点支出事项落实。这样调整后，2019 年省级一般公共预算收入预期由年初的 258.8 亿元调减为 239.8 亿元，省对市县税收返还及转移支付由省十三届人大常委会第十次会议批准的 1673.1 亿元调整为 1670.6 亿元。执行中随着中央对甘肃省转移支付增加，省级支出预算变动为 842.6 亿元，省对市县税收返还及转移支付预算变动为 2281.8 亿元。

政府债务情况。政府债务限额余额情况。经国务院批准，财政部核定 2019 年全省政府债务限额 3406.8 亿元（一般债务 1972.3 亿元，专项债务 1434.5 亿元），比上年增加 661.3 亿元（一般债务 261 亿元，含外债转贷限额 7.5 亿元；专项债务 400.3 亿元）。截至 2019 年年底，全省政府债务余额 3116.6 亿元（一般债务 1880.4 亿元，专项债务 1236.2 亿元），其中省级 1009.9 亿元（一般债务 875.9 亿元，专项债务 134 亿元）。

政府债券发行情况。按规定程序，2019 年全省共发行政府债券 776.2 亿元。其中：新增债券 617.5 亿元（一般债券 249.5 亿元、专项债券 368 亿元）；置换债券 59.7 亿元（一般债券 26 亿元、专项债券 33.7 亿元）；再融资债券 99 亿元，全部为一般债券。省本级发行地方政府债券 321.4 亿元，其中：新增债券 162.7 亿元（一般债券 92.7 亿元，专项债券 70 亿元）；再融资债券 99 亿元，全部为一般债券。

政府债务还本情况。2019 年全省共偿还政府债务本金 159.6 亿元，其中：一般债务还本 125.8 亿元（一般债券还本 99.5 亿元，其他一般债务还本 26.3 亿元），专项债务还本 33.8 亿元。省级共偿还债务本金 99.5 亿元（一般债券还本 99.5 亿元，其他一般债务还本 0.03 亿元）。

预算稳定调节基金情况。根据各级人大批准的年度财政决算，2018 年末，全省预算稳定调节基金规模为 121.9 亿元。其中：省级为 80.2 亿元，市县 41.7 亿元。2019 年全省动用预算稳定调节基金 113.2 亿元，其中省级动用 78 亿元，市县动用 35.2 亿元。2019 年末全省预算稳定调节基金总规模 113.4 亿元，其中省级 75.2 亿元。

【落实省人大决议和财政重点工作情况】 强化政策落实和资金保障，支持打好三大攻坚战。在巩固已有成果基础上，不断完善制度机制，细化实化工作举措，加大补短板、强弱项力度，支持打好三大攻坚战。

全力支持脱贫攻坚。认真落实脱贫攻坚各项政策举措，全力以赴支持打好脱贫攻坚战。2019 年共安排财政专项扶贫资金 207.7 亿元，其中：中央补助 108.1 亿元，比上年增长 24.8%；省级安排 60 亿元，增长 29.9%；市县落实 39.6 亿元。省市县投入与中央补助接近 1 ∶ 1。下达城乡建设用地增减挂钩节余指标跨省域调剂资金 52.3 亿元，全部由 30 个深度贫困县专项用于巩固脱贫攻坚成果和支持实施乡村振兴战略。完善贫困县涉农资金整合制度机制，省级主管部门切块下达资金，不戴帽子、不跟任务，彻底为贫困县整合松绑，由县级政府自主安排使用。省级下达涉农可整合资金 277.1 亿元，贫困县实际整合使用 251.2 亿元，基本做到了“因需而整”“应整尽整”。调整完善扶贫小额信贷政策，依法合规开展回收续贷工作。全省累计发放贷款 437.6 亿元，已回收 239.3 亿元，余额 198.3 亿元，逾期率 0.13%，低于国务院扶贫办控制目标。省级拨付农业保险保费补贴资金 8.1 亿元，持续推进全省农业保险增品扩面提标，切实发挥农业保险在防范农业生产风险、稳定农民收入方面的积极作用。省级筹集奖补资金 3000 万元，对推动“五小”产业工作成效显著的 30 个县区给予奖励。筹措资金 5.3 亿元，支持选聘 4 万多名建档立卡贫困户生态护林员、新开发 5000 个乡村公益性岗位，促进就地就近就业，助力脱贫攻坚。实施惠民惠农财政补贴“一卡通”专项治理，筛查管理漏洞，建立长效机制，确保财政补贴资金及时、安全、足额到人到户。强化扶贫资金动态监控，全面推进扶贫项目资金绩效管理。严格执行“两个一律”规定，落实公示公开制度，提高扶贫资金项目管理使用的规范性和透明度。积极防范政府债务风险。

积极防范政府债务风险。按照“开正门、堵后门”工作思路，严格执行政府债务限额管理和预算管理制度，切实规范政府举债融资行为。2019 年争取新增政府债务限额 625 亿元，较上年增加 179 亿元，有力支持了甘肃省重大项目建设。加强政府隐性债务管理，督促市县通过年度预算安排、压减一般性支出、处置政府资产等方式筹措资金，落实分年度化解方案，稳妥化解隐性债务存量。健全跨部门统计监测机制，加大监督检查力度，坚决遏制隐性债务增量。完善风险预警处置机制，根据债务风险评估和预警结果，督促 2018 年政府债务风险较高的 2 个市本级、11 个县区采取有效措施降低政府债务风险。加强债务风险评估结果应用，合理控制高风险地区新增政府债务限额。2019 年底全省政府债务余额低于财政部核定的债务限额，债务风险总体可控。

着力支持污染防治。坚持贯彻“绿水青山就是金山银山”理念，积极筹措资金，全力推进生态文明建设，坚决打赢污染防治攻坚战。争取国家重点生态功能区转移支付 64.6 亿元，支持生态环境保护治理。统筹中央补助、省级资金 12.1 亿元，扎实整改祁连山自然保护区生态环境问题，按时限要求完成祁连山生态环境治理整改任务，认真实施山水林田湖草项目，稳步推进祁连山和大熊猫国家公园体制试点。筹措30.1亿元，实施大气、水、土壤污染防治，开展大规模国土绿化，提高森林覆盖率，推动新一轮退耕还林还草，支持张掖市实施城市黑臭水体治理示范项目，提升环境监测监管能力。落实资金7.7亿元，采取以奖代补的方式，引导市县推动实施厕所、风貌、垃圾“三大革命”，深入推进人居环境整治。

坚持尽力而为量力而行，着力保障和改善民生。贯彻以人民为中心的发展思想，在财政短收较大情况下，坚持民生投入只增不减，保障重大民生政策落实。全省教育、卫生等11类民生支出3183.6亿元，比上年增长6%，占总支出的80.6%。省级拨付资金20.8亿元，支持10件为民实事落实。

教育支出636.1亿元。进一步巩固城乡义务教育经费保障机制，改善义务教育办学条件，支持消除城镇“大班额”，推动乡镇寄宿制学校和乡村小规模学校建设，落实中等职业教育国家奖学金政策。支持深度贫困村中小学建设教师周转宿舍5.3万平方米，实施543个农村边远地区中小学温暖工程项目，解决149万平方米校舍采暖问题。发行教育专项债券3亿元，支持高校基础设施建设。

社会保障和就业支出529.1亿元。落实退休人员养老金调标政策，企业和机关事业单位退休人员基本养老金平均增长5%。坚持低保标准与脱贫标准相衔接，农村低保一、二类对象补助水平分别提高8%和9.7%；城市低保补助水平提高8%。城乡特困人员基本生活补助标准分别提高到不低于每人每年8174元、5226元，并实行照料护理补助政策。落实积极的就业政策，支持重点群体就业创业。支持残疾人事业发展，提高工伤人员伤残津贴、供养亲属抚恤金、生活护理费等待遇。出台全省部分退役士兵社会保险接续政策，完善退役军人服务保障体系建设。

卫生健康支出326.4亿元。深化医药卫生体制改革，持续支持实施国家基本药物制度，落实公立医院取消药品加成财政补助政策，推动公立医院综合改革。基本公共卫生服务政府补助标准从年人均55元提高到69元；城乡居民基本医疗保险政府补贴标准由490元提高到520元，惠及2200多万城乡参保居民。

住房保障支出161.2亿元。推动保障性安居工程建设，为4.57万户城镇低收入家庭发放住房租赁补贴；采取分地区差异化补助的方式，支持完成2.65万户四类重点对象和新排查1.27万户农村危房改造。发行专项债券175亿元，支持实施18.27万户棚户区、7.9万户老旧小区改造。安排以奖代补资金5015万元，支持城市老旧住宅小区电梯改造。

文化旅游体育与传媒支出83.8亿元。推进公共文化服务城乡协调发展，支持县级融媒体中心、村综合文化服务中心等项目建设，实施农村公益电影放映、农家书屋出版物更新等文化惠农工程，推动全民健身行动，支持图书馆、文化馆、美术馆、乡镇综合文化站免费开放和大型体育场馆免费或低收费开放。保障庆祝中华人民共和国成立70周年活动，支持“一会一节”、中医药产业博览会等重大节会成功举办。

加大财政投入力度，促进经济高质量发展。深入贯彻甘肃省委省政府关于构建生态产业体系推动绿色发展崛起的总体决策部署，按照“1+1+10+X”政策框架体系，不断创新思路，强化组织协调，统筹推进抓好落实。

推动十大生态产业发展。完善绿色生态产业发展基金管理方式，拓宽基金投资、参股渠道，支持十大生态产业发展。引导基金投入运营，已完成首笔投资；十大生态产业子基金中8只基金方案已批复，其中5只基金已注册运营。

支持重大基础设施项目建设。聚焦基础设施补短板强弱项，筹措505亿元，支持交通、水利、城市基础设施等重大项目建设；安排项目前期费3.7亿元，支持157个重大项目落地建设。抢抓“一带一路”建设重大机遇，统筹推动文化、枢纽、技术、信息、生态领域重大项目落地；落实支持兰州新区发展政策举措，安排20亿元专项债券由兰州市重点用于榆中生态创新城建设，积极支持培育新的增长点、增长极、增长带。

积极缓解企业融资难题。省级财政累计注入资本金40亿元，支持政府性融资担保体系建设，实现全省所有市县政策性担保服务机构全覆盖。支持设立纾困基金、倒贷基金。积极推动绿色金融发展，支持绿色项目建设。安排4.8亿元，引导推动普惠金融发展，保障农民、城镇低收入人群等弱势群体基层金融服务需求；支持深化民营和小微企业金融服务综合改革试点城市工作，引导金融资源更好发挥“支小助微”作用。扎实推进清理拖欠民营企业中小企业账款工作，全省各级政府及其所属机构已偿还欠款112.6亿元，完成了年度清偿50%以上的任务。

支持农业农村加快发展。加快现代农业发展步伐，筹措产业发展资金12.6亿元，大力支持发展“牛羊菜果薯药”六大产业，推动戈壁生态农业、现代丝路寒旱农业发展，促进特色优势产业提质增效和转型升级。培育壮大新型经营主体，统筹安排6.6亿元，扶持农民专业合作社示范社发展、壮大村级集体经济，创建2个国家级现代农业产业园、7个产业兴村强镇试点，推动乡村产业融合发展。筹措资金53.8亿元，提升农业综合生产能力，促进耕地保护和休养生息，推动高标准农田建设。

支持实施创新驱动战略。健全科技投入保障机制，推动科研领域“放管服”改革，落实科技创新奖补措施，促进科技成果转化，激发创新主体活力和潜力，推进“大众创业、万众创新”。落实省长人才奖及人才津贴政策，大力扶持创新创业人才队伍。2019年科技领域支出29.4亿元，比上年增长14.2%，高于一般公共预算支出增幅9.4个百分点。

加强财政收支管理，保障减税降费政策落地见效。认真贯彻落实党中央、国务院更大规模减税降费政策措施，多措并举开源节流，保障重点领域支出，支持减税降费政策落地生根。全省累计新增减税降费189.74亿元，其中，新增减税146.97亿元，新增降费42.77亿元。在减轻企业成本负担、促进企业加大研发投入、增加居民收入和消费能力等方面发挥了积极作用，近70万户企业和280万人民群众享受到了减税降费政策红利。

积极争取中央支持。根据中央政策及预算安排情况，细化分解任务，加强向上对接沟通，主动跟进落实，争取中央支持工作成效明显。中央下达一般公共预算各类补助资金2680.7亿元，比上年增加177.8亿元，增长7.1%。特别是在公路建设、农村危房改造、资源枯竭城市转移支付等方面给予了倾斜支持。

多渠道弥补减税降费形成的收支缺口。通过加大预算稳定调节基金、政府性基金预算、国有资本经营预算调入力度和清理盘活闲置资产等措施，弥补实施减税降费政策形成的短收，努力保障重点领域支出。

大力压减一般性支出。坚持勤俭节约、精打细算，从严控制和压减一般性支出以及非急需、非刚性支出，重点保障省委省政府重大决策部署落实。2019年省级一般性支出年初预算压减幅度达7.3%。执行中，督促省级各部门进一步严控一般性支出，严禁超范围、超标准报销费用。

切实兜牢县级“三保”底线。坚持财力下沉，加大省对市县转移支付力度，增强市县特别是财政困难地区的托底能力。加强县级“三保”支出预算审核，提出调整完善意见，优先保障“三保”支出需求。建立工资专户管理制度，实行封闭式管理，保证国家标准工资及时发放，支持做好县级“保工资”工作。

硬化预算执行约束。严格执行人民代表大会批准的预算，坚决杜绝无预算安排支出行为。严把预算支出关口，坚持先有预算后有支出，严控预算追加事项，确需增加的支出通过部门内部调剂解决。认真落实《预算法》，执行中确需调整年初预算的，严格按程序提请人大常委会审查批准。

全面落实改革管理举措，推进建立现代财政制度取得新进展。积极应对财政收支矛盾，突出依法理财、依法行政，不断提升财政管理科学化、规范化水平。

深化财税体制改革。严格落实基本公共服务、医疗卫生领域各级政府支出责任和分担机制，出台教育、科技、交通运输领域省与市县财政事权和支出责任划分改革方案，促进基本公共服务均等化。完善省对市县转移支付制度，设立共同财政事权转移支付，加强转移支付管理。完善税收管理制度，明确我省耕地占用税具体适用税额，启动实施资源税法及水资源税试点前期准备工作。按照保持现有财力格局总体稳定原则，明确增值税省与市县分享比例，优化省与市县增值税留抵退税分担机制，调动省与市县两个积极性。

改进预算编制管理。认真编制中期财政规划，增强年度间政府预算的衔接与约束。加大一般公共预算、政府性基金预算和国有资本经营预算统筹使用力度，完善基本支出定额标准体系，推动预算项目库滚动管理。将中央提前下达转移支付、省级各类结转资金等全部纳入预算盘子，并将对市县转移支付细化到具体地区和项目，提高年初预算到位率。强化采购预算、资产配置预算编制与执行，坚持无预算不得采购、配置。

全面实施预算绩效管理。强化预算绩效源头管控，省级将预算绩效目标编制作为部门预算编制的前置条件，实现一般公共预算项目全覆盖。加强预算绩效目标管理，加大绩效信息公开力度。实施预算执行进度和绩效目标实现程度“双监控”，及时督促部门纠正偏差。强化绩效评价结果运用，将评价结果作为预算安排的重要依据。

积极服务人大、政协监督。认真落实人大预算审查监督重点拓展改革有关要求，制定财政部门贯彻落实人大预算审查监督重点向支出预算和政策拓展的实施方案。扎实落实国有资产管理报告制度，省级和大部分市县按程序向同级人大常委会报告了国有资产管理情况。建立健全服务代表委员工作机制，主动通报财政重点工作及财税改革进展情况，听取代表委员对财政工作的意见建议。认真研究代表委员意见建议，提高建议提案办理质量。

（张效功）

税务

按照党中央、国务院关于国税地税征管体制改革的决策部署，国家税务总局甘肃省税务局于2018年6月15日挂牌运行，机构由原甘肃省国税局和甘肃省地税局合并组建。2019年，甘肃省税务局以习近平新时代中国特色社会主义思想为统领，认真落实省委、省政府和税务总局各项决策部署，统筹推进“不忘初心牢记使命”主题教育，减税降费、组织收入、优化税收营商环境、脱贫攻坚战等工作，收入规模达到1984.56亿元，为地方经济社会高质量发展作出了积极地贡献。

【减税降费】牢固树立落实减税降费是硬任务的理念，全力推动减税降费政策措施落地生根，得到税务总局和省委省政府主要领导肯定。层层成立落实减税降费政策措施领导小组，构建“一揽子统筹、一竿子到底”的统一指挥体系。定期召开周例会，研究细化任务清单8大类91项281条，推出44批次重点工作事项，出台优化服务措施近120项，取消证明事项61项，推送“减税降费明白卡”25.4万份，开发实时监控平台，建立政策落实快速响应机制和问题收集反馈机制。针对个人所得税改革方案、小微企业普惠性减税、深化增值税改革、降低社保费率等，开展事前测算、事中跟踪、事后评估、全程监控，建立分政策类型、分地区、分行业减税降费核算台账，切实把减税降费算精算细。提请省政府印发《甘肃省城乡居民基本养老保险和基本医疗保险征缴工作的通知》，联合省财政厅等部门牵头制定《贯彻落实减税降费政策实施方案》，定期召开联席会议。联合省纪委监委等部门开展减税降费工作专项督查、第三方涉税服务乱收费行为排查整治。主动向地方党委政府和有关部门请示沟通，推动构建减税降费协同共治良好格局，全系统共对接外部单位435个，配合外部监督检查37次。发布宣传稿件3242篇（次），营造社会良好氛围。举办525场辅导会，辅导纳税人162906人（次）。省局主要领导为全省厅级领导干部讲授减税降费政策措施。开展形式多样的"县长税课"活动，覆盖80个县（区）1500余人次。参加"阳光在线"直播节目，走访在甘全国人大代表和政协委员，召开民营企业座谈会，部分代表委员、高校专家、企业家代表座谈会和"千户集团"在甘企业汇报会，在宣讲政策的同时征询他们的意见建议。先后14次深入17个市（州、区）开展专题督导调研，着力解决纳税人缴费人难点堵点痛点。累计新增减税降费189.74亿元。

【征税收费】 严格遵守组织收入原则，认真落实"坚决依法收好税、坚决不收'过头税'、坚决落实减免税、坚决打击偷骗税"的"四个坚决"工作要求，做到依法征税、应收尽收，严厉惩处收"过头税费"等行为。全年累计完成各项税费收入1309.88亿元（含海关代征增值税、消费税，未扣减出口退税）。其中，海关代征完成14.69亿元，比上年减少8.65亿元，下降37.1%；办理出口退税6.95亿元，增加1.62亿元，增长30.4%，圆满完成预算确定的税收收入任务。

【税收经济分析】 密切关注固定资产投资、工业产品价格等重大经济运行指标，算好组织收入"精细账"。对税收实行日监控、旬跟踪、月分析，紧盯1283户重点企业，重点关注十大类生态产业，及时解决组织收入工作中的苗头性、趋势性问题，牢牢把握组织收入工作主动权。聚焦宏观经济运行、产业结构调整、行业和大企业税源情况等领域开展专题分析，从税收视角为全省经济社会发展建言献策。全年完成各类分析报告516篇，2篇分析报告得到税务总局王军局长批示表扬。

【强化征管质效】 全面实施《税收征管操作规程》，积极探索在税源管理特别是地方税费管理方面的新举措、新途径，切实提高征管质量，促进收入增长。依托"金三"系统，加强税收大数据和风险管理，开展税收风险应对。全年推送税收风险应对任务18841户次，入库税款7.48亿元。坚持以查促管，以查促收，充分发挥税收稽查职能。全年共组织自查和实施检查纳税人2819户，查补税款10.4亿元。坚持税费并重，全面提升社保费和非税收入征管质效，实现社保费全险种上线征收。城乡居民"两险"征缴工作得到税务总局充分肯定，在全国税务系统予以推广。积极向各级地方党委政府汇报组织收入形势及减税降费对税收收入的影响，积极争取理解支持。以《甘肃省税收保障办法》为依托，进一步巩固税收协同共治格局，有力保障了税费收入。

【税种管理】 坚决落实个人所得税各项改革举措，强化政策解读宣传、业务培训指导、政策效应分析、数据质量管理和动态跟踪监控，狠抓全员全额扣缴申报管理，全力推动专项附加扣除等政策落地，稳妥推进个人所得税汇算清缴准备工作。进一步规范房产税、城镇土地使用税税种认定，规范明确契税缴纳期限，推进土地增值税清算审核工作，强化房地产税收管理平台建设，持续强化企业所得税、消费税、耕地占用税、环境保护税、车船税、资源税等税种管理，切实降低涉税风险。全面简化提速出口退（免）税，加强反避税和非居民税收管理，全面提升税收治理能力。顺利完成"金税三期"系统并库，成功上线增值税发票系统2.0版，增值税发票公共服务平台，建成大企业税收数据监控指挥中心，省局被总局命名为"全国大企业税收数据管理省级示范基地"。

【放管服改革】 不断深化"放管服"改革，持续优化税收营商环境。全面推行"三项制度"改革，深入开展执法督察，严格追究执法过错。切实加强内控机制建设和内控平台运用，坚决纠正违规行为。扎实推进扫黑除恶专项斗争，建立"2347"组织领导体系，联合公安、银行、海关等部门侦办涉黑涉恶涉税案件，查补税收1.59亿元，得到中央第19督导组的肯定。联手开展打虚打骗两年专项行动，挽回税收损失5618.15万元；合作开展红黑榜发布、税收"黑名单"曝光和涉税联合惩戒，构建公平诚信税收环境。

【纳税服务】 制发"便民办税春风行动"实施方案，细化60条便民措施。发布《办税事项"最多跑一次"清单》，实现《纳税人办税指南》所列事项中85%的事项"一次办结"。推行个性精准的"项目管家"服务，服务全省重点项目4187个，有力支持了在甘重点项目落地建设。打造"不来即享"升级版，直接取消806种办税资料，不断完善电子税务局功能，让纳税人实现税收优惠在家坐享、不来就享。升级"银税互动"，累计为19887户企业（民营企业占比99%）发放贷款874.73亿元，缓解企业融资难题。建立与海关等部门合作机制，实现部门间跨境经营信息共享。在全国满意度调查中，排名第8名，比去年上升16名。

【脱贫攻坚】 省局全力履行组长单位和帮扶单位双重职责，全力推进脱贫攻坚冲刺清零。全系统共有7335名干部参与脱贫攻坚帮扶工作，对接帮扶281个贫困村18012户建档立卡贫困户，派驻243个驻村帮扶工作队，选派303名干部担任工作队队长兼第一书记，339名干部主动请缨参加驻村，累计进村入户17.3万人次。实施道路建等帮扶项目2572多个，开展危房改造等活动3400多次。积极开展"消费扶贫"，帮助帮扶村销售土特产品。目前，省局帮扶的碌曲县经省政府验收批准，正式退出贫困县。114个帮扶村已实现整村脱贫，13382个帮扶户已达到脱贫目标。全系统多家单位和个人先后受到省委省政府的表彰。

【党建工作】 突出班子建设，严格落实管党治党责任。省局党委履行全面从严治党主体责任，党委书记履行第一责任人责任，其他班子成员认真落实"一岗双责"，切实增强"四个意识"、坚定"四个自信"、做到"两个维护"。细化落实全面从严治党主体责任和监督责任工作任务111项，有效推动党建工作任务层层落实。严格落实中央八项规定及其实施细则精神，开展落实八项规定精神"回头看"，对17个市级局实施全覆盖检查。严格履行党管意识形态责任、抓好税收宣传、信访维稳、机要保密、税收舆情等工作，严格落实请示报告等制度。扎实开展项目内部审计和市县局主要领导实施了经济责任审计。有序开展巡察了省、市、县局和税务分局基层党组织政治巡察，对漠视侵害群众利益等问题开展专项整治，切实发挥巡察利剑作用。突出从严从实，全力支持纪检组履行监督责任。严格执行《税务系统落实全面从严治党主体责任和监督责任实施办法（试行）》，持续加强纪律教育。召开警示教育大会，紧盯元旦、春节等时间节点及时提醒，做到警钟长鸣。

【主题教育】 突出关键少数，深入开展主题教育。分两批扎实开展主题教育，省市县税务局党委层层成立领导小组，制定实施方案，推进主题教育深入开展。开展班子成员带头逐篇学等“八个学”活动，举办读书班和研讨班255期，开展革命传统教育等各类教育946次，举办党支部书记培训班113期。各级局班子成员深入基层征管一线、帮扶贫困村和贫困户、重点纳税企业和民营企业，开展“下连当兵式”调研，针对发现的问题整合优化管理制度197项，出台制度办法108个。层层召开对照党章党规找差距会议，担当作为大讨论、民主生活会和专题组织生活会，确定整改任务3097条，制定整改措施3155条，优化基层党组织713个。大力开展“8+3”专项整治，坚决整治形式主义、官僚主义突出问题，扎实推进“基层减负年”工作，得到省委领导批示肯定。

【基层组织建设】 突出夯基固本，切实筑牢党的基层战斗堡垒。严肃党内组织生活制度，严格执行党支部工作条例，扎实开展党支部标准化建设。各级党组织分别召开民主生活会和组织生活会，严肃开展批评和自我批评，强化问题整改落实。党委委员以普通党员身份参加组织生活会，自觉接受党内监督。主动接受地方党委领导，建立常态化联动机制。建立681个基层党建联系点，和789个基层地方党支部结对共建。积极投身创先争优活动，4个党支部被命名为全省首批“省直机关标准化建设示范党支部”。

【干部队伍建设】 省局领导深入基层开展多轮调研和“面对面”谈心谈话，疏导干部情绪、解决干部难题。坚持正确的选人用人导向，坚持党管干部原则选拔任用优秀干部，稳妥推进职务与职级并行。畅通干部出口，向地方推荐交流优秀干部。省局机关公开选调优秀年轻干部，与上海等3省市互派干部挂职交流。制发《税收执法考评与容错纠错工作手册》，对干部进行容错纠错，激励干部担当作为。优化绩效考核指标，全面推行数字人事，绩效管理和数字人事激发活力、严管善待的作用得到充分发挥。扎实开展干部培训，选拔领军人才和青年才俊。发挥群团组织作用，举办首届职工运动会等各种形式活动，促进干部队伍“四合”。全系统1家单位、2名同志受到国务院表彰，13家单位和多名同志荣获省部级荣誉。

（何旻）

证券监管

【概述】 2019年，甘肃证监局以习近平新时代中国特色社会主义思想为指导，深入学习贯彻党的十九大精神，认真落实证监会党委各项工作部署，牢固树立“四个意识”，不断增强“四个自信”，坚决做到“两个维护”，坚定“四个敬畏、一个合力”监管理念，坚持市场化法治化原则，坚守全面深化资本市场改革方向，在推进全面从严治党、防范化解金融风险、落实辖区监管责任制，服务经济高质量发展等方面取得了较好成效。

【市场情况】 截至2019年12月末，甘肃辖区共有A股上市公司33家，总股本446.73亿股，总市值2159.37亿元。33家上市公司中，在上海证券交易所上市16家，在深圳证券交易所主板上市8家，中小板上市6家，创业板上市3家。从地区分布看，兰州市20家，白银市3家，酒泉市、武威市、嘉峪关市、天水市、陇南市各2家，其余7个市（州）无上市公司。从控股股东看，地方国资控股13家，中央企业控股2家，民营资本控股18家。

截至12月末，甘肃拟上市公司共有9家。兰州银行正在审核中；清河源、金川科技完成辅导验收；西部中大建设、扶正药业、金昌宇恒镍网、中天羊业、华龙证券和甘肃银行6家处于辅导期。

截至12月末，甘肃辖区有“新三板”挂牌公司32家，其中兰州市16家，定西市、天水市各3家，武威市、白银市和临夏回族自治州各2家，张掖市、酒泉市、嘉峪关市、陇南市各1家。

截至12月末，甘肃辖区有1家证券公司，118家证券分支机构，其中22家证券分公司，96家证券营业部。客户托管资产总额1338.93亿元，比上年增长29.81%；证券资金账户数243.74万户，增长6.17%。辖区证券分支机构实现证券交易额10935.51亿元，增长28.68%；实现营业收入7.88亿元，增长29.18%。

截至12月末，甘肃辖区有1家期货公司，7家期货分支机构，其中1家期货分公司，6家期货营业部。客户权益总额5.99亿元，比上年增长12.17%；期货账户数1.51万户，增长8.63%。全年辖区期货经营机构实现期货交易额4390.6亿元，增长1.35%；实现营业收入5220.12万元，下降13.92%。

【党建纪检工作】 加强政治理论学习，严肃开展党内政治生活。扎实开展“不忘初心、牢记使命”主题教育，举办专题学习班，组织全体党员干部前往玉门油田、甘肃矿区开展主题党日活动，深入开展调研，认真召开专题民主生活会，制定问题清单并迅速开展整改，初步达到理论学习有收获、思想政治受洗礼、干事创业敢担当、为民服务解难题、清正廉洁作表率的目标。认真学习贯彻习近平新时代中国特色社会主义思想，严格落实党委中心组学习计划，做到“有领学、有讨论”，党委班子政治理论水平明显提高。坚持民主集中制原则，认真落实“三重一大”制度，重大决定均在充分酝酿、充分发表意见、集体协商、集体决策的基础上作出。以党支部标准化建设为抓手，切实加强基层组织建设，制定印发《甘肃证监局党支部建设标准化工作手册》，依托省委党校举办专题研讨班，邀请党校教授专题授课，组织支部委员交流讨论，进一步明确了基层党建工作着力点。督促各党支部落实"三会一课"制度，开展政治理论学习，指导党支部进行改选，严格执行党员领导干部双重组织生活会制度，党委班子成员带头参加所在党支部组织生活会，努力把党支部建成坚强战斗堡垒。

筑牢廉洁从政防线，加大监督执纪问责力度。落实党风廉政建设党委主体责任，压实党委书记第一责任、班子成员一岗双责。切实履行纪委监督责任。认真履行纪委对党委的同级监督职责，重点针对干部选拔、维修改造等重要事项，及时提醒工作程序，全程开展廉政监督。组织开展违反中央八项规定精神突出问题专项整治和形式主义、官僚主义突出问题大排查。与甘肃省纪委监委建立沟通协商机制，首次对2018年以来扶贫情况开展廉政专项检查，探索建立纪检办列席处务会议工作机制。加强内部监督检查，以"每季一查"为抓手，比照巡视要求，开展监督监察，组织对出入国（境）、买卖股票、党费收缴使用情况等开展专项检查，查找漏洞、传导压力、改进工作。组织梳理公权力，形成公权力清单和责任清单，按照高中低三种风险等级进行分级评估，制定权利运行流程图，完善监督制约机制，把权力关进制度笼子。完善外部监督体系，回访廉政外部监督员单位，组织开展廉政评议。常抓廉洁教育，紧盯元旦、春节、端午、中秋、国庆等每一个重要节日，党委纪委联合开展廉政提醒，向党员干部、监管对象和服务对象发出《廉政提醒函》。派员参加驻证监会纪检监察组行政执法全链条检查，参与驻证监会纪检监察组和地方纪委监委专项工作，积累了工作经验，提升了纪检水平。

【市场监管】加大监管执法力度，不断增强监管威慑。坚持问题和风险导向，通过全面检查、专项核查和"双随机"抽查等方式进行，全年完成各类现场检查45家次。严肃处理市场主体违规行为，采取行政监管措施8次，涉及5家公司和13名个人，较好地发挥了警示问题、促进规范作用。加大稽查执法力度，严厉打击证券期货违法行为，主办案件10起，其中立案4起，作出行政处罚4起，罚没款合计382万元，发出了监管强音，维护了法律权威。

严密防控金融风险，确保市场稳健运行。面对宏观经济下行压力加大、资本市场各类风险频发的严峻局面，保持政治定力，紧盯股票质押、债券违约、退市等重大风险，及时报告、分类施策、快速处置，有效控制了风险蔓延恶化趋势，没有发生区域性金融风险，基本实现了市场稳健运行。在风险处置过程中，注重协调地方党委政府共同推进，多次向甘肃省委省政府报送专题报告，为风险处置争取了有力支持。截至12月末，辖区上市公司第一大股东股票质押比例超过80%的公司数量由年初的10家降为6家，化解比例为40%。针对1家上市公司暂停上市并可能退市现状，引入省内知名企业作为战略投资者，重启公司主业，为恢复上市创造有利条件。高度重视上市公司债券违约风险，持续传导监管压力，压实发行人和受托管理人职责，督促公司筹措兑付资金，风险处置工作稳步推进。

进一步提升辖区证券经营机构合规经营意识，突出风险全面摸排和有效防控，成功处理多起辖区机构重大事件，平稳压降资管存量产品，有效处置辖区证券公司组织架构整改缓慢事项，对辖区证券公司采取责令增加合规次数的行政监管措施。规范期货经营机构行为，对辖区期货公司和分支机构开展现场检查，根据检查情况，出具行政监管措施。做好科创板企业摸底工作，协调解决拟上市公司上市过程中的重大问题，推动兰州市委市政府对董事会进行换届。

【服务实体经济】发挥资本市场功能，服务实体经济发展。积极凝聚推动资本市场发展合力，举办甘肃省领导干部金融研修班、甘肃省领导干部"保险+期货"专业知识培训班、甘肃资本市场多部门合作讲座、"筑梦资本市场助力实体经济"主题座谈会，共计2000余人参加。发挥资本市场在促进资本形成、优化资源配置、激发创新创业、支持地方发展等方面的积极作用，上市公司实现融资141亿元，新三板公司实现融资1.58亿元，区域性股权市场实现融资81.85亿元。

【脱贫攻坚】做实精准扶贫工作，服务脱贫攻坚战略。认真履行全省脱贫攻坚领导小组成员职责，落实任务分工、积极主动配合，全力助推打赢脱贫攻坚战。高度重视扶贫工作，多次召开局党委会、局长办公会研究脱贫攻坚工作。强化驻村帮扶力量，调整并选派2名优秀干部担任帮扶村党支部第一书记兼帮扶工作队队长，与贫困户结对帮扶干部由17人增加到30人，组织入户走访5次。开展消费扶贫，动员辖区市场主体购买滞销苹果3万余斤。协调资金123.2万元，为帮扶村购买农业机械、修建排洪渠、为贫困学生发放助学金等。同时，积极发挥行业力量，共有25家上市公司、26家证券期货经营机构在全省29个贫困县区累计投入资金1.7亿元，较好地改变了贫困地区落后面貌。大力推动"保险+期货"试点业务，在10个市县举办18场"保险+期货"业务培训会，培训近1500人，协调郑州商品交易所投入资金2300万元在静宁县实施苹果"保险+期货"县域全覆盖项目，已赔付金额超过800万元。

（李照耀）

金融监管

【概况】2019年，全省各金融监管部门和金融机构坚持稳中求进工作总基调，认真落实服务实体经济、防控金融风险、深化金融改革三项任务，金融业保持了平稳健康发展的良好态势。全年全省金融业实现增加值826.3亿元，比上年增长10.6%，占全省GDP比重9.89%，占第三产业增加值比重17.94%，金融业的支柱性作用进一步增强，为全省经济稳定运行提供了有力支撑。

全省金融机构本外币各项贷款余

额20677.93亿元，较年初新增1225.88亿元，比上年增长6.74%。全省金融机构本外币存款余额19768.46亿元，较年初新增1085.39亿元，增长5.84%。全省金融机构存贷比104.60，高出全国24.56个百分点。

全省完成直接融资779.10亿元，比上年增长47.28%，保持了快速增长的势头。其中，股权融资203.45亿元，债权融资575.65亿元。年末，全省共有上市公司34家。其中，沪市主板16家，深市主板8家，中小板6家，创业板3家，H股2家（庄园牧场A+H）。“新三板”挂牌企业32家。甘肃股权交易中心挂牌展示企业2495家，纯托管企业1375家。

全省保险业累计实现原保险保费收入444.32亿元，比上年增长11.36%。其中，产险公司实现154.62亿元，增长11.97%；寿险公司实现289.70亿元，增长11.04%。全省赔付支出151.59亿元，增长9.04%。全省“险资入甘”余额累计达720亿元，当年新增160.5亿元，已连续四年突破100亿元。

全省有7类地方金融从业机构908家，其中：小贷公司451家、融资担保公司244家、典当行207家、融资租赁公司3家、商业保理公司0家、地方资产管理公司2家、区域性股权交易市场1家。

【金融服务实体经济】 引导各金融机构围绕省委省政府确定的2019年目标任务，重点加大对脱贫攻坚、乡村振兴、十大生态产业、重大基础设施建设等方面融资支持，信贷投放保持稳定增长。推动工商银行总行、光大集团分别与省政府签署战略合作协议，未来五年将分别向我省提供不少于1000亿元、1700亿元的融资支持。加大金政企对接力度，10月份举办了2019年全省“金政企”项目对接会议，现场签约融资额511.61亿元。鼓励政策性金融机构充分发挥政策性金融中长期、低成本优势，助力降低我省重点工程、重大项目融资成本。截至2019年末，重点投向棚改、交通运输、水利等基础设施建设重点项目的中长期贷款余额9887.56亿元，占各项贷款余额的47.82%，比上年增长8.42%。

省委办公厅、省政府办公厅《关于加强金融服务民营企业的若干措施》印发实施。各金融机构积极开发精准对接民营和小微企业需求的金融产品和服务，全省银行机构针对不同行业及运作模式的民营和小微企业，累计创新推出80多个金融产品，从资金匹配、期限匹配、结构匹配等不同方面满足企业差异化需求，小微企业融资余额持续增长，融资成本持续下降。2019年末，小微企业贷款余额4735.91亿元，占全省贷款余额的22.9%，当年新增196.86亿元。全省金融机构新发放企业贷款加权平均利率5.61%，比上年降低0.08个百分点。其中：大型企业4.78%，降低0.05个百分点；中型企业5.95%，降低0.02个百分点；小型企业6.28%，降低0.26个百分点；微型企业6.64%，降低0.5个百分点。

【金融扶贫】 加大普惠金融、金融支持“三农”、金融支持扶贫开发力度，引导金融机构下沉金融服务，将金融资源向农村特别是贫困地区倾斜。2019年末，全省涉农贷款余额6719.55亿元，占全省各项贷款余额的32.50%。认真落实精准扶贫工作部署要求，持续加大金融扶贫力度，强化对农业产业化项目和龙头企业的融资支持，充分发挥农业保险风险保障作用，带动农户稳定脱贫。全省全年投放特色产业工程贷款562.33亿元，超目标任务82.33亿元、17.15个百分点，累计投放达到942.84亿元。投放农产品收购贷款221.48亿元，超目标任务11.48亿元、5.47个百分点，累计投放达到365.08亿元。中央政策性农险、省级政策性农险、“一县一（多）品”特色农产品保险、种养产业综合保险的推广以及承保理赔工作有序开展。截至2019年末，全省签单实施农业保险品种78个，实现签单保费16.23亿元，203.21万农户参加农业保险（其中建档立卡贫困户105.21万户），累计支付赔款11.03亿元，受益农户118.90万户次。着力破解农村金融服务“最后一公里”难题，全省应建已建“农金室”15754个，1205个乡镇设立了“农金站”“农金室”在册工作人员43632名，“农金站”兼职（专职）工作人员3017名。“农金室”建成运行后，在扶贫小额信贷的发放、使用、续贷、回收和种养产业综合保险等政策性农业保险信息登记、保费收取、标的查验、查勘定损、赔款到户等方面发挥了积极作用，已成为改善农村金融生态环境的重要载体。

【金融改革】 加快形成多层次绿色金融组织体系、多元化绿色金融产品服务体系和多层级政策支持服务体系，绿色金融发展实现重大突破。银行业金融机构不断增大绿色信贷产品创新力度，积极将绿色环保理念引入信贷政策制定、业务流程管理、产品设计研发等环节，全省绿色信贷持续增长，截至2019年末，全省绿色信贷余额2625.51亿元，占各项贷款余额的12.70%，比上年增长8.66%，高于各项贷款增速1.92个百分点。4月，兰州银行成功发行20亿元绿色金融债，募集资金全部专项用于绿色产业项目；12月，甘肃电投能源发行5亿元绿色中期票据，是我省首单银行间市场绿色债务融资工具，首单非金融企业绿色债券。加大兰州新区绿色金融改革创新试验区申建力度，推动绿色金融要素向兰州新区聚集，5月，我省首家绿色支行——兴业银行兰州新区“绿色支行”正式揭牌营业；11月，兰州新区绿色金融改革创新试验区获批建设。同时，兰州大学、甘肃省地方金融监督管理局等多个单位共同发起组建的兰州大学绿色金融研究院揭牌成立。

省政府办公厅《关于完善政府性融资担保体系切实支持小微企业和“三农”发展的实施意见》印发实施。2018年在省金控融资担保集团及其市州分支机构设立的基础上，2019年实现了市州级政府性融资担保机构全覆盖。完善“政银担企”四方联动机制，督促各县区积极筹措落实风险补偿金，专门用于分担特色产业贷款担保代偿。通过综合施策，全省融资担保业务规模迅速提升，2019年全省新增融资担保业务额399.51亿元，是2018年新增业务额的1.8倍。其中，以省金控融资担保集团为核心的政府性融资担保龙头企业带动作用明显，共新增融资担保业务额363.30亿元，占全省新增业务额的91%。

【金融安全稳定】强化“底线”思维和风险“意识”，深入开展金融领域风险摸排，认真落实属地金融风险处置责任，压紧风险防控主体责任，积极推动地方法人银行机构风险化解，强化上市公司退市风险跟踪预警，加强对7类地方金融从业机构的监管力度，深入开展互联网金融风险专项整治和交易场所清理整顿工作，打好防范化解重大金融风险攻坚战“组合拳”，牢牢守住了不发生区域性系统性风险的“底线”。认真推进防范和处置非法集资各项工作，加大非法集资打击力度、跨部门跨区域联动、举报奖励力度，推进陈案积案处置，2019年，全省新发案件数和集资参与人数呈下降趋势，属全国非法集资少发地区。深入推进地方金融领域扫黑除恶专项斗争，按照“有黑扫黑、有恶除恶、有乱治乱”的要求，加强7类地方金融从业机构涉黑涉恶问题排查整治，严厉处置涉黑涉恶问题。

（马文骥）

中国人民银行兰州中心支行

【货币信贷】逆周期调节力度不断加大。组织召开信贷工作调度会、专题会10余次，及时传达信贷调控要求。多次约谈和实地督导有关金融机构，积极对接需求，加快投放节奏。通过一对一指导、座谈督导等形式，确保金融机构严格落实总行信贷调控要求。2019年末，全省金融机构本外币贷款余额20677.93亿元，比上年末增长6.74%。再贷款管理规范性进一步提升。对3类再贷款实施细则进行整合完善和修订，连续13次下发加强再贷款管理的通知，规范再贷款审批、发放和使用流程。指导各市州中支对辖内再贷款使用情况进行全面核查，对违规情况进行批评警示。督促市州中支和县支行严格实行“一把手负责制”，并按照稳妥有序原则，将不符合规定的再贷款提前收回。建立再贷款使用情况评估、高风险机构和深贫地区机构使用再贷款情况等分类统计制度，同时充分依托央行资金管理系统、金融（非金融）企业评级系统对全省再贷款管理实施“按日盯盘”动态监测，确保全省再贷款管理合规高效。利率市场化改革不断深化。多次召开重点金融机构座谈交流会、省级自律机制、人民银行系统条线等多项工作会议贯彻落实LPR改革精神。协助全国市场利率定价自律机制组织召开西北地区LPR改革政策宣讲会，西北五省262家机构1200余人参加，实现甘肃省金融机构LPR政策培训全覆盖。至2019年末，全省新发放贷款LPR运用占比已达到93%，其中法人机构LPR运用占比为95%，打破了贷款利率隐性下限，降低了企业融资成本。跨境人民币业务量和覆盖面进一步提升。深入开展“回顾十周年跨境再出发”系列活动，举办甘肃省跨境人民币与外汇业务政策与实务暨银企对接会，推动19家结算银行与39家企业签订跨境人民币业务合作协议，为89户企业办理跨境贸易、投融资等业务30亿元。

【金融稳定】聚力打好防范化解金融风险攻坚战。研究制定《关于打好防范化解金融风险攻坚战工作方案》并印发全省人民银行，指导各市州中支成立攻坚战领导小组，统筹推进风险防范化解各项工作。推动成立了省委省政府主要领导任组长的省防范化解重大风险工作领导小组和省农信合机构风险化解领导小组，配合印发《关于化解全省农村合作金融机构风险的意见》。向甘肃银保监局、省金融监管局全面通报央行评级及高风险机构风险状况，共同约谈高风险机构所在地党政领导，三次约谈省联社及其他高风险机构主要负责人，进一步凝聚风险化解工作合力。构建了“三级联动、分级负责、属地管理、一行（社）一策”的问题投保机构专人监测机制，指导庆阳、临夏等高风险地区建立行领导包片负责工作机制。稳妥推进高风险机构风险化解处置工作。配合省政府研究制定高风险机构风险化解方案，并按照职责分工，加强金融风险监测预警。扎实做好包商银行接管相关工作，牵头成立了由一行三局、建行组成的接管工作小组，形成“5合1”工作机制，如期顺利完成辖内金融机构与包商银行大额同业债权转让与收购工作。加强问题投保机构风险早期纠正，对问题投保机构实施名单制管理，按照“一行一策”原则，及时下发早期纠正通知书45份，督导制定风险化解方案，全力压降不良贷款。深入开展金融机构现场检查与风险评估。稳步推进央行金融机构评级工作，按季对全省114家法人银行业机构开展央行评级，审慎客观评价法人机构经营及风险状况，指导各市州中支对辖区评级结果较差的机构进行“一对一”风险提示。组织对省联社和全省13家农信合机构开展综合执法检查和稳健性现场评估，督导省联社加大对各法人行社风险化解工作的监督考核。全面加强存款保险现场核查，制定印发《2019—2021年甘肃省存款保险现场核查实施方案》，组织对全省51家法人投保机构开展现场核查，存款保险制度正向激励和风险约束作用逐步显现。

【外汇管理】贯彻落实外汇领域改革开放举措。积极推进外汇支持甘肃“一带一路”建设7项政策落地，制定了“货物贸易外汇收支便利化试点”“支持中国（兰州）跨境电子商务综合试验区建设”“对外承包工程银行对外支付便利化措施”三项政策诉求制度规程，极大提升了全省贸易便利化水平。认真贯彻《甘肃省外汇管理系统支持企业国际化经营工作指引》，落实甘肃“一带一路”建设和国际产能合作有关政策，加大跨境融资宏观审慎管理政策宣传指导力度，做好对14家重点支持企业的跟踪监测与管理服务。积极推动区块链技术在甘肃贸易金融领域的应用，指导招商银行兰州分行成功向兰州国际港务区发放了基于央行贸金平台的400万元应收账款融资款，示范效应显著提升。深化“放管服”改革。严格依法行政，践行“五心”服务和“四项承诺”，共办理356笔行政审批事项，当日现场办结率达到 100%。借鉴四川经验做法，依托税网系统在兰州开展服务贸易税务备案电子化试点工作，规范了服务贸易对外支付税务备案表管理。优化贸易企业名录登记管理流程，对 104 家辅导期到期企业进行政策辅导，报告完成率达 92.3%。畅通与商务、工商、税务等部门的沟通渠道，积极推进直接投资存量权益登记工作。切实防范跨境资本流动风险。建立“五重一大”监测库，按月跟踪监测重点库企业，及时发现异常及可疑线索，并开展服务贸易专项核查、资本项目重点业务核查等工作，各业务条线共监测数据 3000 余笔，发现异常可疑线索和规范性问题 73 项。不断增强事中事后监管效能。强化对“五重一大”和限制类“六大行业”“四种现象”的监管，持续关注境外投资资金违规汇出等重点问题。严格外贸企业名录准入管理，有效防范了部分异常企业利用 A 类“身份便利”向境外转移资金。审批 7 家银行网点加入外汇账户系统和资本项目信息系统，6 家银行网点加入个人外汇管理系统。加强与商务、海关、税务等部门的监管合作，推动形成“信息互享、执法互助、监管互认”的常态化协作机制。

【金融管理】 金融监管效能明显提升。受理办结金融机构业务申请 66 项，接受重大事项报告 1002 项，对 90 家金融机构开展综合评价，对 14 家金融机构开展了综合执法检查和专项检查。全面取消企业开立银行账户的行政许可。反洗钱监管框架更趋完善，配合公安等部门开展了打击骗税和虚开发票等洗钱犯罪专项行动，打击电信诈骗、反恐、禁毒以及扫黑除恶专项斗争等工作取得良好成效。宏观审慎管理水平进一步提升。积极研究完善宏观审慎管理工作机制，及时对省级人民银行开展房地产金融、区域系统重要性金融机构、金控公司及跨境资本流动宏观审慎管理的职责、思路和重点工作进行梳理。全面摸排辖内非金融企业投资两类及两类以上金融机构情况，初步探索建立了金融控股公司监管工作机制和数据信息共享机制。切实做好宏观审慎评估，按季对 107 家法人金融机构开展宏观审慎评估，结合甘肃实际，合理调整结构性参数和容忍度，引导金融机构加大对实体经济支持力度。配合促进定向降准等政策落地，细化民营和小微企业融资、涉农信贷、房地产信贷等考核细则，督促金融机构加大对重点领域和薄弱环节的支持力度。加强宏观审慎监测分析研究。围绕“双支柱”协调配合、系统重要性金融机构监管、宏观审慎管理国际经验等重点，建立跟踪监测研究机制。认真做好金融机构综合评价及日常管理工作。指导金融机构规范高效加入人民银行金融管理与服务体系，加强重大事项报告。对省级 90 家金融机构开展综合评价，向各金融机构通报存在的主要问题，并抄送各金融监管部门，全方位多层次促进金融机构合规经营。督导农业银行落实县域“三农金融事业部”分类管理要求，不断提升县域金融服务能力。坚持农信社立足“三农”市场定位，研究省联社和法人社改革路径，为下一步深化改革提供借鉴。

【金融服务】 征信体系建设取得新突破，在全国率先建成全省统一的“农（牧）户信用信息管理系统”，成为农村信用体系建设的“甘肃品牌”；指导建成股权交易中心中小企业信用信息服务平台，累计为 4700 余户挂牌企业建立了信用档案；甘肃征信股份有限公司成为全国第二家备案的省级国有控股征信机构。经理国库职责高效履行，大力推动手机缴税，电子缴库业务比重达 97.6%；12 个市州实现支出无纸化，全省退库业务电子化实现了全覆盖；“代理支库上线 TCBS 系统”被评为“全国国库创新工作最佳项目”。城乡支付环境持续改善，建成 27 个“云闪付之城”和 135 个移动云闪付示范商圈和示范街区，手机号码支付完成率高出全国平均水平 68.2 个百分点；大力改善农村支付服务环境，在开通网络的空白行政村新设立助农取款服务点 2055 个；探索引入“背包银行”服务模式，推进“指尖银行”入户。截至 2019 年末，建成助农取款服务点 2.40 万个，布放 ATM 机 1.13 万台、POS 机 23.24 万台，手机银行用户数量达到 2114.86 万户。全面开展金融消费权益保护评估和监督工作，对 160 家金融机构履行金融消费者权益保护义务情况开展评估，对 41 家银行业金融机构和 1 家支付机构金融消费权益保护工作开展现场检查，全年受理金融消费者投诉咨询电话 2820 件。落实甘肃省“一行三局”金融统计信息交流与共享工作机制，加强与甘肃省银、证、保等相关金融监管部门的沟通和信息共享。按季度编制《甘肃省银行业统计信息资料汇编》。货币金银服务水平进一步提升，在全省共设立现金调剂中心 21 个，县域现金直接供应覆盖面提高到 80%；大力推广硬币自循环手机 APP，提高社会公众接受度和使用效率；全面开展流通中人民币纸币整洁度监测工作，流通中纸币总体整洁度达到 80.04%。建立了“飞天金融大讲堂”“金融科技大讲堂”等学习交流平台。建立了新闻通气会制度，进一步畅通金融宣传和政策传导渠道。金融精准扶贫工作有序开展。组织召开全省金融精准扶贫工作会议，制定印发金融倾斜支持深度贫困地区脱贫攻坚工作意见，对金融支持深度贫困地区脱贫攻坚全面安排部署。对全省 58 个贫困县区及其辖内 380 家县级银行机构开展金融精准扶贫政策效果评估。瞄准甘肃深贫地区优势产业，引导金融机构创新推出“宕昌模式”“蓝天模式”等扶贫模式和特色信贷产品 20 多个。引导金融机构发放特色产业工程贷款，惠及 5000 多家农业企业和农民专业合作社。绿色金融正式落地。兰州新区国家级绿色金融改革创新试验区方案正式获批。在武威开展绿色生态产业项目库建设试点。甘肃首单 5 亿元绿色债务融资工具和 20 亿元绿色金融债成功发行。

（巩月明）

银保监管

【概况】 2019 年末，全省银行业总资产 28800.90 亿元，比上年增长 4.87%；总负债 27597.85 亿元，增长

5.54%；各项贷款余额 20782.96 亿元，增长 7.27%；各项存款余额 19305.43 亿元，增长 6.26%。全省共有各类银行业金融机构 141 家，其中，政策性银行 3 家、国有大型银行 6 家、股份制商业银行 8 家、城市商业银行 2 家、农村合作金融机构 85 家、村镇银行 24 家、资金互助社 3 家、财务公司 3 家、信托公司 1 家、金融租赁公司 2 家、资产管理公司 4 家。

2019 年，全省保险业实现原保险保费收入 444.32 亿元，比上年增长 11.36%。其中，财产险公司实现原保险保费收入 154.62 亿元，增长 11.97%；人身险公司实现原保险保费收入 289.7 亿元，增长 11.04%。全省发生赔付支出 151.59 亿元，增长 9.04%。其中，产险公司赔款支出 86.69 亿元，增长 20.12%；人身险公司赔款及给付支出 64.9 亿元，下降 2.93%。全省共有法人保险主体 1 家，省级保险主体 32 家，其中财产保险公司 20 家，人身保险公司 12 家；保险专业中介机构 86 家，兼业代理机构 5366 家。

【服务经济发展】 2019 年，甘肃银保监局着力推动全省银行保险机构树立正确经营理念，坚持回归主业、回归本源，主动融入全省经济发展战略，积极对接重点领域、重点项目以及普惠领域资金需求，持续加大支持力度，顶住经济下行压力，实现业务发展稳中有进。

一是推进供给侧结构性改革。要求银行业金融机构主动融入全省经济发展战略，积极对接重点领域、重点项目资金需求，加大对资本金到位、运作规范的基础设施补短板项目的信贷投放。截至 2019 年末，全省电力、交通、水利等重大基础设施建设项目贷款余额 5370.83 亿元，比上年末增长 9.21%。新增“险资入甘”项目落地资金 163.79 亿元，连续 4 年突破 100 亿元。联合出台全省首台（套）重大技术装备保险补偿政策和管理办法，更好地为全省重点产业产品结构调整和转型升级提供保险保障和发展动能。

二是改善小微企业金融服务。鼓励银行保险机构积极扩展服务渠道，通过产品创新、服务优化、增信合作、技术升级等方式降低小微、民营企业融资成本。联合多部门制定印发《2019 年全省促进中小企业高质量发展工作要点》《加强民营企业金融服务的若干措施》《关于 2019 年辖区银行业保险业进一步做好服务民营企业发展的通知》，推动银行保险机构完善内部绩效考核机制、授信尽职免责制度和容错纠错机制，切实为企业发展纾危解困。深化银税合作，指导银行机构充分利用纳税信息增信作用，与省税务局合作推出“税易贷”“银税通”“税贷通”“税 e 融”等“银税互动”贷款产品。截至 2019 年末，全省小微企业贷款余额 5624.03 亿元，占各项贷款余额的 27.06%。

三是提升服务“三农”能力。印发《关于全省银行业保险业做好特色产业发展工程贷款工作的实施意见》，大力支持特色农业和农业龙头企业发展。紧盯全省“三农”金融服务需求，发展农村小额信贷业务，不断增加涉农信贷投入。截至 2019 年末，全省涉农贷款余额 6738.49 亿元，占各项贷款余额的 32.42%。召开全省农业保险工作会议和全省农业保险助推脱贫攻坚现场推进会议，制定《推动全省农业保险高质量发展的实施意见》，推动农业保险呈现跨越式发展势头。截至 2019 年末，农业保险实现保费收入 16.7 亿元，比上年末增长 44.8%，支付赔款 11.81 亿元，增长 55.88%，已发展为甘肃财险第二大险种，位居西北第二。

四是加强民生领域金融服务。截至 2019 年末，全省卫生、教育、文化、体育类产业贷款 266.58 亿元，比上年末增长 9.08%；保障性住房贷款 1408.41 亿元，增长 7.58%，其中棚户区及垦区危房改造贷款 1365.48 亿元，增长 8.03%。民生保险稳步发展，全省大病保险承保 2222.99 万人，筹资总额 20.01 亿元，赔付 88.63 万人次，补偿金额 20.54 亿元。联合印发《关于深化警保合作推进农村道路交通安全工作的指导意见》，做好“11·3”兰海高速重大交通事故保险理赔工作。积极稳妥开展甘南州迭部县“7·29”泥石流灾害和夏河县 5.7 级地震灾害理赔。

【助推脱贫攻坚】 一是完善银行保险扶贫工作机制。深入贯彻落实习近平总书记在参加十三届全国人大二次会议甘肃代表团审议和在甘调研时的重要讲话精神，认真落实银保监会 2019 年银行业保险业服务乡村振兴和助力脱贫攻坚工作要求，制定印发《2019 年倾斜支持深度贫困地区脱贫攻坚工作方案》和《关于进一步做好服务乡村振兴和助力脱贫攻坚工作的通知》，聚焦“两州一县”和 18 个省定深度贫困县，引导银行业和保险业加大倾斜支持力度。积极落实《甘肃省人民政府办公厅关于推进全省农村金融综合服务室建设运行的实施意见》，召开农金室建设运行推进会议，加快农金室建设，统筹推进全省行政村基础金融服务全覆盖，目前全省基础金融服务行政村覆盖率已达到 99.66%。

二是提升银行业扶贫工作质效。联合制定《扶贫小额信贷统计制度》，强化扶贫小额信贷质量管理，坚持户贷、户用、户还原则，保障贷款用得好、收得回、有效益。截至 2019 年末，全省扶贫小额贷款累计投放 588.43 亿元，惠及全省建档立卡贫困户 131.68 万户。聚焦整合农村金融服务资源，持续加大贫困地区基础设施建设、移民搬迁、生态保护、饮水工程等领域金融支持力度，加快改善贫困地区生产生活条件。截至 2019 年末，全省金融扶贫开发贷款余额 932.06 亿元，易地扶贫搬迁贷款余额 194.71 亿元，有力完成了阶段性扶贫工作任务。

三是加大保险扶贫工作力度。聚焦贫困地区和贫困户，推行“一户一单、一户一保、一户一赔”种养产业综合保险，农险品种保额普遍提高 30%—100%，保险费率下降 30%—40%。2019 年，全省签单承保农业保险品种 78 个，参保农户 333.16 万户次，支付赔款 11.25 亿元，从中直接受益农户 122.45 万户次。支持农业保险经办机构健全完善县、乡、村三级服务网络，加大承保理赔模式创新，在全省形成“大宗种养殖、区域性优势品种、地方性特色产品”和“传统成本保险、目标价格保险、天气指数保险”的“3+3”

保障体系。联合印发《关于切实加强当前农业防灾减灾和保险理赔工作的紧急通知》《关于做好农业保险理赔工作的通知》等文件，建立了灾害协调会商、应急值守、联动核查等工作机制。稳步推进“两保一孤”“三户一孤”保险，截至2019年末，累计承保419.71万人，保险金额1223亿元。认真履行甘肃省健康扶贫专责组成员职责，积极做好健康扶贫工作。截至2019年末，累计为49.21万贫困群众支付大病保险补偿8.49亿元。

【重点风险防控】 一是持续深化市场乱象治理。落实防范化解重大风险工作要求，坚持把风险防控放在更加重要的位置，在全面排查风险的基础上，认真开展“巩固治乱象成果、促进合规建设”工作，重点在公司治理、交叉金融产品、监管套利、合规经营、金融消费者权益、保险销售及理赔、违规套费、民营企业及小微企业政策落实情况等方面组织机构开展自查并进行监管检查。督促银行保险机构从激励约束机制、制度规程、业务流程、信息系统等方面深挖问题根源，补齐制度短板，强化信息系统建设，有效遏制违规经营和违法犯罪。

二是突出重点领域风险化解力度。督促银行业金融机构做实不良贷款分类，通过不良贷款批量转让、不良资产核销、自主清收等方式加大不良贷款处置力度。截至2019年末，全省银行业金融机构共处置不良贷款374.36亿元。提请省政府成立了以省委书记、省长为“双组长”的全省农合机构风险处置工作领导小组，全力推动风险处置工作取得实质性进展。推动银行保险机构积极与人民银行、公安机关、检察机关、人民法院等建立联动工作机制，加快司法处置进度，打击金融领域失信行为，加大企业逃废债打击力度，有效维护金融债权。

三是严防保险业市场经营风险。指导省保险行业协会制定出台《车险自律公约》，开展车险投保人缴费实名认证工作，客户真实性和反洗钱等风险管控效果初步显现。开展4S店兼业代理捆绑销售保险专项整治，重点查处了车商捆绑销售保险、违规套费、操作不合规等情况。持续关注满期给付和退保风险，开展银保业务产品销售摸排暗访，对发现问题整改情况持续跟进。严打非法保险中介活动，全力做好风险隐患排查和化解工作。开展保险销售从业人员“清虚”工作，使得保险销售从业人员数据失真、管理不善、虚挂人员等问题得到有效改善。

四是扎实开展扫黑除恶等专项工作。落实“打伞破网”“打财断血”工作要求，将扫黑除恶与市场乱象治理、打击非法集资等工作相结合，深入核查银行业保险业涉嫌黑恶势力案件线索，深挖根治、全面纵深推进扫黑除恶专项斗争工作，有效防止了社会非法金融风险向银行保险机构传导。制定《关于密切协作全力开展打击治理电信网络新型违法犯罪有关工作的通知》，严厉打击电信网络新型违法犯罪，坚决遏制电信网络新型违法犯罪发展蔓延势头，切实维护金融机构信誉和发展环境。

【监管能力建设】 一是推进金融服务改革。强化窗口指导及监管服务职能，制定印发《甘肃银保监局行政许可委员会工作规则》和《甘肃银保监局行政处罚委员会工作规则》，严格按照规范程序做好行政许可工作。下发《关于明确全省保险业监管职责的通知》和《甘肃保险业机构行政许可事项项目责任清单》，进一步明确保险监管事权，保证全辖保险监管工作有序衔接。组织全系统开展政策措施公平竞争审查清理，强化公平竞争审查工作，防止监管机构出现边清理、边违规的问题。积极引进全国性股份制商业银行在甘肃落户，平安银行兰州分行获批筹建。

二是加强内部管理。加快规章制度清理排查和规范完善进度，对原银监局和原保监局共166项规章制度进行全面梳理排查，对55个各类领导小组和13个议事协调机制进行清理规范，根据工作需要合并相关职能、废止部分议事机制，实现了更加高效、事权更为明晰的议事协调工作机制。研究修订内部管理规定，加强机关日常管理，抓实监审联动、应急管理、科技保障、保密安全、信息报送、网络管理等工作，维护正常工作秩序。制定印发《关于加强和规范辖内银行业协会保险行业协会（学会）工作的意见》，加强对辖内银行业协会保险行业协会（学会）的监督与指导。

三是加大监管工作力度。坚持把解决银行业和保险业长期结构性问题与化解短期集聚性风险相结合，深化监管统计基础管理工作，加强数据报表应用，在分析研判机构、地区、行业趋势及单体风险的基础上，加大对“三农”服务、小微民营企业发展、不良贷款增长等重点领域的关注，有效发挥了监测预警和监管引导作用。集中精力对市场乱象治理、不合理抽贷断贷、股权与关联交易等重点领域开展现场检查，通过现场检查特别是上下之间联动、省内外联动等检查方式，有效提升现场检查能力，改进现场检查效率，积累现场检查经验，起到交互检查、联动检查的良好效果。2019年派出检查组432家次，发出检查意见书346份。

【开展主题教育】 坚持把开展“不忘初心、牢记使命”主题教育作为党内政治生活的头等大事来抓，及时成立领导小组，制定《“不忘初心、牢记使命”主题教育实施方案》，严格按照“守初心、担使命，找差距、抓落实”的总要求抓好主题教育各项任务落实。认真开展集中学习研讨和巡回指导，邀请省委党校专家学者进行现场辅导，党委书记以“不忘初心、牢记使命，开创甘肃银行保险监管工作新局面”为题为系统全体干部讲授专题党课，党委班子成员及各分局主要负责同志分别开展专题党课辅导，在内网开设“不忘初心、牢记使命”主题教育学习专栏，全系统共开展党课辅导59次，集中学习研讨212次。召开对照党章党规找差距专题会议，坚持对标对表，认真检视问题，系统各级党委和班子成员共查摆问题725条，制定整改措施614条。局党委召开专题民主生活会，在认真学习和谈心谈话的基础上，系统梳理发现问题，深入开展批评和自我批评，对查摆出的4个方面21条问题，逐条制定了整改措施。

（吕锐）

国家开发银行甘肃省分行

2019年，国家开发银行甘肃省分行深入学习贯彻习近平总书记对甘肃重要讲话和指示精神，认真落实省委省政府各项工作部署，集中信贷资源，支持全省经济社会重点领域、薄弱环节，努力发挥好逆周期调节作用。

【支持投资增长，稳定发展预期】 2019年全年发放贷款589亿元，完成表内外融资总量682亿元。成立20年来，累计发放贷款6788亿元，融资总量近八千亿元。同时，坚持保本微利、让利实体经济，发放贷款的平均利率比2018年降低0.1个百分点，比全省平均利率水平低1.8个百分点。当年新增贷款166亿元，比上年增长5.5%，占全省新增贷款的11.4%，其中人民币中长期贷款新增155亿元。截至2019年末，资产总额3635亿元，贷款余额3202亿元，占全省贷款余额的15.3%，继续保持同业首位。其中，人民币贷款余额2997亿元，人民币中长期贷款余额占全省30%；外汇贷款余额29.5亿美元，占全省83%。不良贷款率0.41%，较年初下降0.12个百分点。

【支持脱贫攻坚，破解发展瓶颈】 聚焦深度贫困地区、聚焦突出问题，做到信贷资源、人力资源、政策资源“三个倾斜”，党委班子成员带队开展29次扶贫调研，发放各项扶贫贷款236亿元，其中143亿元投向深度贫困地区。“十三五”以来，累计发放扶贫贷款979亿元，有力支持贫困地区发展、巩固脱贫成果。一是着力推进产业扶贫。发放特色产业贷款29亿元，支持农业规模化、产业化发展，促进新型农业主体培育壮大，带动近万贫困人口，85%投向深度贫困地区。其中，发放扶贫转贷款15.3亿元，发挥地方银行网点优势，精准支持30个贫困县468户带贫企业、合作社和农业大户；发放易地搬迁后续发展贷款7.6亿元，支持古浪等6个县的16个集中安置区，助力1.3万群众搬得出、稳得住、能脱贫；依托“宕昌模式”，创新运用订单融资，以股权为纽带，构建涵盖市县乡村四级的供应链和利益链，在陇南试点发放0.3亿元富民农合产业贷，惠及34家合作社；推动宕昌、天祝、渭源3个县“金鸡扶贫”项目落地，发放中长期贷款2亿元；此外，向省农垦集团等产业龙头发放贷款7.8亿元，向县域产业园区建设发放贷款3亿元，支持提升产业集聚和带动效果。二是支持改善农业农村基础条件。投放贫困地区基础设施项目贷款166亿元，支持公路、水利等项目建设，提升农业农村发展条件，其中106亿元投向深度贫困县。农村公路“建养一体化”实现发放，向康乐县投放贷款1亿元。三是“应贷尽贷”做好生源地助学贷款工作。发放助学贷款19.4亿元，惠及30.8万贫困学生，金额、人数均创历史新高，分别较上年增长11.2%、9.4%。会同省教育厅、扶贫办等部门，举办2场助贷专场招聘会，累计提供3.7万个岗位，打造“贷款资助+就业帮扶”的全流程教育资助体系。四是加大东西部扶贫协作力度引入东部资金资源。会同开行企业局及山东、厦门、天津、青岛分行，推动5个东西部协作项目落地，累计发放贷款12.4亿元，引入东部分行资金2亿元。五是扎实开展驻村帮扶。班子成员6次到华池慰问调研。继续向华池县派驻5名第一书记，逐户做好动态监测和帮扶工作，5月《人民日报》以《第一书记干成了三件事》为题，专门报道分行驻村干部。年底向对口帮扶村捐助资金92万元，并向古浪、舟曲、康乐3个县捐赠58万元，帮助解决群众出行问题，改善义务教育办学条件，提升饮水安全水平，近几年帮扶华池县5个贫困村摘帽。六是创新机制支持乡村振兴。按照市场化原则设计高台县农村房屋改造项目融资方式，发挥政府组织优势，靠实农民缴款责任，同时通过土地指标交易增加财政收入，落实3亿元贷款授信。

【支持重大项目，筑牢发展基础】 一是全力支持基础设施领域补短板。全年发放贷款189亿元，支持交通、能源、水利等领域重大项目建设。重大基础设施领域中长期贷款余额保持在全省的1/3以上。其中，向渭武、平天、武九、甜罗等高速公路项目发放贷款144亿元；向兰州轨道1、2号线发放贷款18亿元，历经六年累计提供融资168亿元，支持1号线一期工程通车运营；向白龙江引水工程承诺3.2亿元规划贷款，支持项目前期工作；率先落实中川机场三期项目162亿元全额授信。二是继续做好棚改项目融资保障。按照国家棚改政策，依法合规保障各地棚改资金需求，全年发放棚改贷款187亿元。2014年以来，累计投放棚改贷款达到1365亿元，支持38万户居民“出棚入楼”，占全省2014—2018年棚改计划的53%。三是加强综合金融服务。完成表外融资总量93亿元，超过前两年总和。发行省公航旅集团20亿元中期票据，完成公航旅6.5亿元公司债发行。推动公路、供热等资产售后回租，提供融资18亿元。

【支持动能转换，积聚发展后劲】 一是支持生态产业，促进绿色发展。向十大生态产业领域项目发放贷款22亿元，支持张掖智能终端科技城、兰州新区现代农业示范园、宕昌官鹅沟景区提升等新产业新业态，推动实施嘉峪关污水处理、兰州综合管廊、省属企业技改等节能环保项目，助力天水华天等高新企业发展。二是支持民营经济，增强市场活力。大力推广转贷款，与甘肃银行、兰州银行及19家农信社建立合作关系，年内发放28.6亿元，覆盖13个市州，支持870余户小微企业、农民合作社。发放11亿元民企流动性支持贷款，执行优惠利率，专门支持地方国企加快清理拖欠民营企业、中小企业账款工作，支持缓解177户民营企业资金压力。年底《甘肃日报》1版专题报道分行助小微、促“六稳”的工作成果。三是继续支持企业“走出去”，助力扩大开放。发放3亿元境外人民币贷款，支持省建投集团设备出口、境外工程承揽等业务发展。发放贷款3.5亿美元，继续推动金川集团南非思威铂矿、梅特瑞思铜钴矿和白银有色集团南非第一黄金等项目。

【支持规划决策，谋划发展方向】

一是围绕重点难点加强规划融智。自主开展前瞻性研究，形成融资平台市场化转型、生态产品价值实现等研究报告。积极对接各行业主管部门，参与黄河治理保护、国资国企改革、乡村振兴、全域旅游示范区等调查研究，为有关部门制定全省水务一体化方案及白龙江引水、中川机场三期等重大工程融资方案。二是围绕政府热点充实项目储备。紧盯省市重点投资项目、重大建设项目清单及“四补”等稳投资举措，压实责任、倒排进度，批量式开发项目，设计融资模式。

（刘东鑫）

中国工商银行甘肃省分行

【业务发展及社会责任】2019 年，中国工商银行甘肃省分行认真学习贯彻习近平新时代中国特色社会主义思想，坚守服务实体经济本源，紧紧围绕甘肃高质量发展大局，通过大力改进金融服务，加强经营管理，在建设幸福美好新甘肃的进程中，实现了服务实体经济水平和自身稳健发展能力的双提升，连续两年荣获省长金融奖和全省脱贫攻坚先进集体荣誉称号。截至 2019 年底，各项贷款净增 95.51 亿元，贷款余额突破 1700 亿元大关，是省内贷款总量最大的国有商业银行。各项存款净增 66.31 亿元，保持持续健康发展态势。实现拨备前利润 36.12 亿元，比上年增长 3.67%。实现中间业务收入 13.09 亿元，增长 1.3%。积极践行社会责任，展现大行担当，连续 12 年独家冠名“感动甘肃 · 十大陇人骄子”活动，表彰宣传了一大批先进典型，奏响拼搏奉献的主旋律，传递昂扬向上的正能量。连续两年与新华社联合举办“甘肃 · 祁连山高峰论坛”，为政府、企业、金融沟通交流搭建平台，引导更多企业走向绿色高质量发展道路，为甘肃高质量发展贡献工行智慧、工行力量。

【支持重点项目建设】立足甘肃经济社会发展实际，在建设幸福美好新甘肃、开创富民兴陇新局面中履行大行担当，全力服务实体经济。加大对重点项目建设的支持力度。主动对接甘肃省“十三五”规划以及省委省政府确定的重点工作、重大项目、重要产业，强化金融产品和服务创新，提升服务实体经济的效率。2019 年，累计发放公司贷款 406 亿元，主要投向基础设施、交通运输、制造业、幸福产业等重点领域，助推全省基础设施建设提速。加大对省内重点企业转型升级的支持力度。积极帮助省内企业开展债转股，为省内重点企业量身定做债转股方案，落地 50 亿元债转股项目。通过债权转股权的方式，帮助企业降低财务杠杆、改善公司治理结构、增强发展韧劲。加大对多元化金融需求的支持力度。注重创新服务，通过信贷 + 非信贷、股权 + 债权、商行 + 投行、表内 + 表外等方式，支持实体经济多元化金融需求。加大对企业“走出去”的支持力度。紧紧围绕甘肃抢抓“一带一路”建设发展机遇，依靠集团优势和机构优势，为省内重点企业“走出去”提供优质金融服务。

【服务社会民生及消费领域】积极推进智慧政务板块建设。着力打造政务服务和金融服务合作新渠道，助力政府职能转型升级，提高便民服务效率，充分利用政务服务领域的大数据资源与金融领域的专业优势，相互协作，建立政务 + 金融 + 科技的合作共建模式。将个人网银、企业网银的 216 项服务功能全部引入甘肃政务服务网。在全省 298 个营业网点、1583 台智能终端设备上一次性投产应用十一项企业和百姓经常办理的高频、热门查询类服务事项。被甘肃省政府列为 2019 年甘肃深化“放管服”改革优化营商环境的十大亮点之一。积极推进兰州新区中川商务智能化服务中心建设、庆阳市全民健康保障信息平台等项目，全方位配合各级政府部门推进网络化、智慧化、数字化转型发展。积极推进大零售战略落地。以客户为中心、营业贡献为导向、市场占比为标尺、系统进位为方向、服务提升为保障，推动“第一个人金融银行”战略落地。抢抓储蓄存款和个人金融资产。以添利宝为抓手，推动本源计划深入实施；紧紧依靠挂钩系列理财产品，提升鳌头和长城计划实施效果；做好农发行代理工作，拓展增资增存源泉。截至 2019 年底，储蓄存款较年初净增 72.61 亿元。推进零售贷款精品工程。加大了公积金贷款、个人消费贷款、个人住房贷款营销活动；开展了个人贷款“五真实”核查、压降 540 天超期未办妥抵押率等风险管控措施，实现个人贷款健康发展。截至 2019 年底，个人贷款较年初净增 21.59 亿元。进一步夯实客户基础。针对代发工资客户，重点开展了有贷法人客户代发业务渗透率提升工作；针对社保客户，开展了金融社保卡客户拓展活动，全行金融社保卡总量达 41.67 万张；针对“对公存款跨行转个人客户”，开展了精准营销活动，涉及目标客户 44350 户，交易金额 297.17 亿元。2019 年个人客户增幅创历史最高。

【助力民营小微企业发展】牢固树立“不做小微就没有未来”的发展理念，以支持地方特色产业发展为已任，努力将普惠金融业务“做真、做实、做好、做活、做持久”，不遗余力地推动甘肃经济高质量发展。加大对民营企业的资金支持。按照扎根实业、突出主业的原则，通过规范管理，加大对符合产业结构调整方向、具有核心技术和优质骨干民营企业的扶持力度。截至 2019 年底，累计投放民营企业贷款 71.5 亿元，在服务民营小微上展现了工行担当。创新推广重点融资产品。重点发展小额、便捷、全线上、纯信用的“网贷通”、供应链融资、E 抵快贷等产品；针对小微企业“担保难”问题，加强与政府部门合作，推出“银税通”“银政通”产品；针对小微企业连续用款需求，推出“续贷”产品，缓解了小微客户的资金周转困难。积极搭建良好的社会信用环境。与中国经济信息社甘肃经济研究中心共同发起主办“信用 + 普惠金融陇原行活动”，开展信用宣传，加快社会信用体系建设。

【加大金融扶贫力度】始终把扶贫作为光荣的政治使命，注重将金融扶贫和定点扶贫相结合，帮扶工作得到各方认可。因地制宜开展产业扶贫。推出戈壁农业贷款、特色产业担保贷款、惠农担保贷款等特色融资产品，积极支持牛羊菜果薯药等特色产业发展。2019 年累计投放特色产业贷款 93 亿元。加快金融扶贫产品创新，设计以“核心企业 + 合作社 + 农户”为核心的“蓝天贷”，为农民专业合作社和贫困户提供个性化融资。分区域召开产业扶贫推动会，携手全省 21 家龙头企业与合作社或农户签订订单。探索开展电商扶贫，在工行““融 e 购”开设甘肃特色产品馆，上线销售 200 余种甘肃特色农产品，自开馆以来实现销售额 1.85 亿元，拓宽了农产品的销售渠道。全力做好定点扶贫。在全省选派 60 名素质高、爱农民、懂农业的干部驻村开展帮扶工作，其中有 27 人担任第一书记或驻村队长。结合帮扶村帮扶户的实际困难，统筹开展党建扶贫、金融扶贫、产业扶贫、教育扶贫、健康扶贫。定点帮扶的 89 个行政村中，59 个村为贫困村，截至 2019 年末，有 56 个村已脱贫；30 个村为非贫困村，除 1 个村外，其他村贫困发生率下降到 3% 以下。

【强化金融风险防控】持续坚持从严治行的方针，牢固树立底线思维，狠抓“合规守纪”这个基础，着力压实主体责任、监督责任、整改责任，坚决守住案件风险事件管控目标，杜绝重大案件和风险事件发生。强化合规管理工作。扎实开展了“巩固治乱象成果，促进合规建设”、不良贷款管控、扫黑除恶专项斗争、营业场所销售行为现场检查、监管谈话问题整改落实、消费权益保护检查、案件防范责任制落实、操作风险“网状控制法”等监督检查，进一步夯实了依法合规经营管理基础。组织开展“压实责任年”主题活动。各级机构共组织开展“压实责任提升能力”合规课 73 场次，开展违法放贷案件宣讲 57 场次，开展内控合规“移动课堂”77 场次，开展“牢记合规红线提升履职能力”大讨论活动 156 场次，创建合规文化建设与发展实践“联系点”28 家。持续提升反洗钱工作质量。通过持续加强对异常交易报告质量管理、规范开展反洗钱报告质量自查自检、严格掌握报告审核审批标准等，进一步提升了反洗钱工作水平。

中国农业发展银行甘肃省分行

【概况】截至 2019 年底，各项贷款余额首次突破千亿元大关，达 1101.72 亿元，比年初增加 124.31 亿元，比上年增长 12.72%。对公存款余额 210.26 亿元，比年初增加 34.41 亿元，增长 19.57%。日均存款余额 193.6 亿元，比年初增加 17.8 亿元。不良贷款实现“双降”，余额 5.04 亿元，不良率 0.46%。

【信贷计划管理】一是突出信贷计划引领，资源配置持续优化。立足全省发展目标，引导信贷资源向脱贫攻坚、民营小微以及乡村振兴领域倾斜。累放各类贷款 281 亿元，及时申领 PSL 资金 74.4 亿元，引导“两州一县”使用专项扶贫再贷款资金 1.84 亿元。二是实施存款优化工程，存款业务稳步发展。存款机制、结构等有了较大改善。年末各项存款余额 210.3 亿元，比上年增长 19.6%。三是推行市场化改革，利率管理日趋完善。从防控利率风险着手，主动适应利率市场化改革，积极推进贷款市场报价利率，认真开展 FTP 应用分析，增强成本核算意识，规范定价行为。全辖审核发放以 LPR 为基础定价的贷款 201 笔、金额 93.86 亿元。四是实施统计提升工程，数据治理成效显著。以省分行执行力建设为契机，以报表审核为抓手，高标准、严要求，提高报表数据报送质量。开展报表整合清理，精简优化报表占比 36.4%。不断加强对全行资产负债情况、支持脱贫攻坚等领域的数据分析，为全行经营决策提供参考依据。

【服务脱贫攻坚】全年发放精准扶贫贷款 158.19 亿元，占全部贷款的 46.63%，比上年多放 37.3 亿元。聚焦“两不愁、三保障”突出问题，向 35 个深度贫困县累放扶贫贷款 57.39 亿元，余额 162.97 亿元，净增 35.5 亿元，比上年增长 27.85%，是全行贷款增速的 2.18 倍。向“两州一县”投放扶贫贷款 23.86 亿元，贷款余额 50.26 亿元，净增 18.66 亿元，增长 59.05%，是全行贷款增速的 4.64 倍。抓好“四融一体”定点帮扶，全省选派 56 名干部长期驻村帮扶，捐赠资金 19.2 万元为 109 户农户接通自来水；争取东西部协作资金 60 万元支持农村人居环境整村提升项目，修建镇政府及农户公厕 121 座。支持消费扶贫，组织员工购买特色农产品 36.29 万元，帮助销售农产品 24.89 万元。

【服务粮食安全】全年累放粮棉油贷款 34.81 亿元，剔除挂账因素比上年多投 10.45 亿元。年末，粮棉油贷款余额 152.61 亿元，净增 6.02 亿元。积极支持特色杂粮收购，出台支持粮食市场化改革与发展 40 条措施，将藜麦、青稞、小米、芸豆等小杂粮纳入粮食购销贷款范围，投放首笔小杂粮购加销供应链流动资金贷款 500 万元；投放贷款 6500 万元支持天祝县藜麦收购，成为当地唯一支持藜麦收购的金融机构。支持政策性粮油“去库存”1.01 亿斤，连续五年提前实现上年度收购贷款“双结零”。

【支持农业农村基础设施建设】投放农村公路贷款 33.35 亿元，支持新建农村道路 130 多公里、改扩建农村道路 2000 余公里；投放水利贷款 17.26 亿元，比上年增加 14.5 亿元，重点支持农村饮水安全、河道治理等项目；投放改善人居环境贷款 15.5 亿元，重点支持农村人居环境与产业融合、光热发电、生态宜居搬迁工程等项目；投放棚改贷款 35.85 亿元，支持新建住房面积 425.07 万平米，改善 5.22 万人住房条件；投放城乡一体化贷款 41.27 亿元，支持土地整治、民俗文化综合保护开发、集中供热等项目。服务黄河流域生态保护和高质量发展，全年投放黄河流域生态保护项目贷款 62 亿元，重点支持引洮二期配套供水工程、靖远县靖乐渠环境治理等项目建设。

【服务产业发展】全年向 71 户企业发放产业扶贫贷款 80.51 亿元，占扶贫贷款累放数的 50.89%，助力贫困地区提升“造血”能力。通过“农社担贷”模式为40家农民专业合作社授信9510万元，发放33户、7100万元，直接带动贫困人口8350人；通过“统贷共管”模式为环县、陇西县和庄浪县的湖羊、香菇、中药材等种、养殖合作社项目审批贷款6.19亿元，投放4亿元，支持合作社391个，带动建档立卡户13885户。支持“千企帮千村”客户147户、41.8亿元，分别较上年增加51户、7.43亿元。累计支持普惠小微企业133户、5.16亿元。全行民营小微客户较年初净增88户、2.53亿元，有效助力民营经济发展。

【国际业务】建立联动客户营销协调机制，增强国际业务服务质效。组织全辖主动对接服务新区农投、长城果汁、敦煌种业等全省农产品进出口重点客户，分析掌握客户需求，积极提供个性化、多元化金融服务，着力推进全省涉外农业经济发展。全年累计办理国际业务448笔，结算量4854.57万美元，比上年增长125.87%；完成对客结售汇4530.84万美元，增长116.79%；实现国际业务收入70.76万元，增长161.11%。加强业务合规自律管理。积极配合省外汇局、人民银行兰州中心支行等机构日常监管，先后组织开展“诚信兴商宣传月”等宣传活动，完成2019年外汇业务合规与审慎经营评估工作，参加相关会议和培训10次，报送各类稿件8篇。省分行被国家外汇管理局甘肃省分局评定为外汇业务合规与审慎经营A类行。

【金融服务】坚持减费让利，对所有贷款客户一律减免咨询顾问费、资产评估费等中间费用，年均为小微企业节约各类财务费用近2000万元。全行贷款加权平均利率较全省平均水平低100基点以上。开辟“绿色通道”，对精准扶贫贷款、民营小微企业贷款、重点民生项目贷款，实行贷款评估、调查、审查、审批、发放“五优先”，办贷时长缩短近30%。

【风险管控】全面风险管理体系建设稳步推进，制定《2019—2020年全面风险管理体系建设实施细则》，全辖配备专兼职部门风险经理225名。加强贷后管理，创新“请上来、走下去”模式提升贷后例会质效。规范风控委运行及重大事项督办机制，加强对不良贷款处置预案、融资性担保机构准入、资金支付关键环节的审查，操作风险、案件风险总体可控。

【内控合规】一是积极推进内控合规体制改革，辖内14家二级分行全部设立内控合规部门，完成省市县三级行115名风险合规专员配备工作。二是建立和完善联合监督机制，整合力量，成立联合监督委员会及其办公室，制定方案从10个方面对机制触发范围进行界定，对3个监督事项进行审议处理。三是扎实做好“合规管理样板行”创建工作，庆城县支行“一二三四五”的创建模式得到各级行认可肯定，创建材料在农发行《农业发展与金融》杂志刊发交流。四是统筹抓好内控合规重点工作，坚持做好转授权和制度“立改废”工作，围绕案防机制建设扎实开展案件警示教育、员工异常行为排查、非法集资风险排查“三项活动”，扎实开展扫黑除恶专项斗争。

【财会管理】一是扎实推进全面预算管理，深入优化财务资源配置。建立以经济利润为核心的财务预算体系，试行保障性与激励性费用分配方案，强化财务资源对重点工作的支持和保障，进一步发挥挂钩机制的导向作用。二是全力落实财务集中核算改革，提升财务管理精细化水平。明确各层级职能分工，加强协同配合，组织全辖完成5轮模拟演练、信息维护、数据迁移等工作，确保财务管理系统顺利上线、财务集中核算落地实施，全行财务开支规范化水平和集中管控能力不断提升。三是持续夯实基础管理，提升经营管理水平。强化业务规范，防范涉税风险，顺利完成年终决算工作，准确反映全行经营成果；加强队伍建设，全面提升财会基础管理水平。

【运营管理】一是强化运营基础管理。先后制定运营指导意见、操作细则等规范性文件10份，推进柜面合规建设。二是推广网上银行业务。3月8日农发行网银业务在甘肃正式上线，年末累计签约客户1387户，覆盖全省85个区县（含34个无机构区县）。三是成立集中运营中心。7月22日成功切换集中授权模式，至年末全辖累计发起4.69万笔集授业务。四是新核心系统成功上线。10月18日农发行新核心业务系统成功实现切换，至年末全辖机构在新系统发起业务流水27.22万笔，运行平稳，风险可控。五是推进账户改革。全辖累计清理各类冗余账户146户，顺利完成取消企业银行账户许可改革，实现账户全生命周期管理。

【信息科技】一是信息系统建设成效显著。重点做好以新核心业务系统、集约化运行平台、财务集中核算系统为代表的11个信息化项目建设，配合人行推广上线金融业电子公文交换系统。二是基础设施建设逐步完善。完成省行至总行一级广域网50M线路及省行至珠海20M线路带宽升级扩容，将金融城域网主备线路升级至10MMSTP。三是信息科技基础管理进一步夯实。制定和修订计算机软件管理、恶意代码防治管理等7项制度细则，编撰下发《二级分行信息科技工作指引》。举办省市行国家注册信息安全专业人员（CISP）认证培训班；积极参加人行网络安全宣传周活动，报送的《水能载舟亦能覆舟》主题征文荣获一等奖。

【纪检监察】一是理论武装不断深化。坚持以习近平新时代中国特色社会主义思想为指导，扎实开展“不忘初心、牢记使命”主题教育，为全行高质量发展凝聚了共识、夯实了思想基础。二是作风和纪律建设持续改善。制定作风建设15条，着力加强执行力建设，深入推进基层减负，全行重实效、强执行的工作作风逐步形成。三是巡察督查工作更加有力。分设纪委办、巡察办，对营业部等6个二级分行及辖属县支行开展脱贫攻坚专项巡察，对省分行机关4个处室、3个二级分行及辖属6个支行开展常规巡察。四是干部监督管理持续加强。不断强化监督职能，探索构建“三三四八”立体监督格局，综合运用“四种形态”精准问责，从严从紧抓纪律的工作秩序得到加强。

（付连顺）

中国农业银行甘肃省分行

【业务发展】2019年，中国农业银行股份有限公司甘肃省分行以习近平新时代中国特色社会主义思想为指导，深入实施总行党委治行兴行“六维方略”，认真落实总行部署“六件大事”，全力以赴打好“六大战役”，主动作为、攻坚克难，各项工作取得了新的进步和成效。截至年末，总资产达到2080亿元；各项存款净增53.84亿元，余额达到2015.58亿元；各项贷款净增46.97亿元，余额达到1555.89亿元。

【持续深化“三农”普惠金融服务】服务“三农”上，以“六大产业”为依托，推进服务“三农”提质扩面，加大县域贷款投放力度，县域贷款余额648.5亿元，净增35.2亿元；58个扶贫重点县贷款净增58.07亿元，完成总行任务的193.58%，比上年增长10.92%，高于全行7.81个百分点，23个深度贫困县贷款增量超额完成总行任务。持续做好精准贷到期管理，收回18.59亿元，续贷48.56亿元。惠农e贷净增32.21亿元，增长170%。加强贫困地区渠道建设，新增自助设备523台，新建乡镇物理网点2个，惠农服务点行政村覆盖率提高7.1个百分点。普惠金融上，创新推出富民产业贷新模式，探索“三农”信贷新路径，储备项目137个，已批复项目4个，投放1560万元。银保监口径、央行口径普惠金融贷款分别较年初增加19.82亿元、11.43亿元，完成年计划的152.49%、110.95%。

【持续推进扩户提质】开展客户建设“突破行动”，实行存量客户包户管理，实施机构客户挂牌营销，激励公私客户提质增量。对公上，新增对公结算账户1.45万户，完成年计划的106.63%，对公有贷户净增226户，对公线上活跃客户渗透率提高10.51个百分点。独家中标兰州大学学生银行业务并开立专户，获得省级职业年金资格“全满贯”，三级行账户份额排名同业第一；政府机构改革新增客户184户、账户240户。个人上，Ⅱ、Ⅲ类账户新增144.18万户，完成年计划的141.6%。私行折效客户增加155户、金融资产增加10.11亿元，完成年计划的172.22%、118.92%。新增信用卡有效客户23.85万户，完成年计划的101.49%。拓展ETC用户28.38万户，计划完成率居全国农行第1位。

【稳步推进数字化转型】召开数字化转型推进会，制定18项线上重点产品说明书和操作手册，并逐地市进行宣讲。成立客户、网金、科技部门联合作业专业团队，协同作业，强力推进。与和政县政府共同实施“银农直联+智慧乡村项目”，成功营销银企直联客户20家，中标省农民工工资支付管理公共服务平台合作银行项目，在甘肃政务网平台成功上线企业网银、电子商务、缴费理财等金融服务。上线全省所有县（区）城乡居民养老、医疗“两险”线上代缴业务，代发社保卡91万张；上线银医通项目8个、“智慧党费”项目158个。加大掌银营销力度，净增掌银活跃客户36.14万户，完成年计划的119.68%，重点客群掌银活跃客户渗透率提升11.81个百分点。

【风控案防明显加强】风控上，牢固树立“信贷质量立行”理念，制定《规范信贷经营管理行为加强信用风险管控若干意见》，从明确准入标准、优化信贷授权、提升调查层次、加强放款中心管理、规范信贷运作等各个方面夯实了信贷管理基础。开展不良贷款“攻坚行动”，深入推进“净表计划”，推行贷款进入不良满10天必须起诉、2个月必须审结、尽快执结的政策，处置不良贷款力度加大。加强高风险行业客户用信管控，压降压缩和退出类客户用信，不良贷款生成率下降0.84个百分点。案防上，制定《规范经营管理十五条禁止性规定》，开展真实性合规性大检查，召开案例警示教育大会，用好“四支利箭”，深化“三线一网格”应用，并对违规违纪行为从严从重处理，从严治行力度明显增强。

【党风行风持续好转】始终把党的政治建设摆在首位，增强“四个意识”，坚定“四个自信”，做到“两个维护”。分两批扎实开展“不忘初心、牢记使命”主题教育，检视问题整改率达98.1%。加强干部队伍建设，选拔省行部门正副总经理10人、空岗单元经理28人，补充员工60人，选拔优秀年轻员工担任一级支行副职、网点主任或副主任，解决人才队伍缺岗断层问题。深入实施关爱员工“五项行动”，为基层员工增发基本工资，提高取暖费、体检费、午餐补助标准，干部员工干事创业积极性明显提高。狠抓中央脱贫攻坚专项巡视整改，认领的20个问题按序时进度已全部整改；扎实推进总行“三整改”专项巡视整改，整改率95.45%；分两批对6家直管分支行开展巡察，有力推动了中央部署和总行要求在全行落地见效。推动全辖纪检监察机构改革全面落地，持之以恒正风肃纪，深入整治形式主义官僚主义，全面从严治党持续向纵深推进。

（常鸣强）

中国建设银行甘肃省分行

【综述】2019年，建设银行甘肃省分行坚决贯彻落实总行战略部署和监管部门要求，充分发挥党建统领作用，坚持以稳健经营、价值创造、高质量发展为基调，主要经营指标稳中向好，市场竞争力持续提升，内控合规和精细化管理基础进一步夯实，持续以新金融行动为建设幸福美好新甘肃贡献建行力量。截至2019年末，一般性存款日均余额1785亿元，日均新增60.57亿元，比上年多增59.78亿元。各项贷款余额1508.47亿元，新增123.76亿元。一般性、对公存款时点新增、个人存款时点及日均新增、各项贷款新增均为四行第一。实现税前利润12.08亿元，实现中间业务净收入13.6亿元，保持四行第一，占主营业务收入的27.61%。单位结算账户新增26009户，基本户新增18241户，账户总量和新增稳居四行第一。商户总量22.08万户，其中个人商户总数19.4万户，系统排名第九位。对公有效客户新增7426户，总行计划完成率230%。个人有效客户新增16.05万户，总行计划完成率110.07%。

【基建信贷】 以甘肃省政府已发布的三批“补短板”项目为服务重点，持续巩固基础设施领域传统业务优势和市场地位，加大信贷资源倾斜，切实助力地方基础设施补短板项目。全年支持基础设施建设领域贷款投放174.34亿元，信贷投放占比50.39%。铁路项目上投放贷款294.66亿元，重点支持兰渝铁路、宝兰客专、天平铁路、中川铁路、敦格铁路等重大项目的建设；公路建设项目上投放贷款156.48亿元，重点支持武罐高速、天定高速、临渭高速、十天高速、临合高速等重大项目建设；民航设施建设上给予甘肃省民航机场集团综合授信12亿元，支持机场扩建、新增机场等建设项目；城市轨道交通建设上为兰州市轨道交通一号线项目投放贷款29.97亿元。

【综合融资】 借助国家“一带一路”建设、西部大开发重大机遇，围绕省委、省政府经济部署，通过信贷投放导向促进甘肃实体经济产业结构的优化升级，增强对全省经济高质量发展基础项目的金融支持力度。截至12月末，对公贷款余额916.48亿元，较年初新增51.83亿元。认购地方政府债券148.7亿元，承销非金融企业债务融资33.75亿元，市场占比11.03%，市场排名第一。以债转股专项资金撬动社会资本实现市场化债转股业务落地26亿元，为省属国有企业降杠杆、提效益。民营企业贷款余额88.7亿元，信用余额2.75亿元。

【住房租赁】 实现与全省住建部门战略合作协议签约全覆盖、14个市州“监管+”模式平台上线全覆盖，省内住房租赁行业龙头企业全部入驻平台。新增社会化房源57456套，新增公租房83500套，新增签约合同数5776笔，新增月活跃用户156361户，全面完成年初计划任务。支持甘肃“留住人才计划”，创新推出“毕业季留兰州”住房租赁“鸿鹄计划”，针对省内9所高校开展公积金和住房租赁贷款。助推全省“智慧社区”建设，全省上线智慧社区项目21家。

【普惠金融】 积极支持民营企业和小微企业发展，切实解决小微企业“融资难、融资贵”问题。截至12月末，普惠金融小微企业授信户11302户，较年初增加3603户；普惠金融小微企业贷款余额85.75亿元，较年初增加8.69亿元。创新全线上自助办理的小微企业“云税贷”产品，为诚信纳税小微企业提供的纯信用贷款客户数4072户、贷款余额16.24亿元。开展“裕农通·村村通”乡村全覆盖攻坚行动，金融助力乡村振兴。截至12月末，全省裕农通服务点总量达到16287个，覆盖全省14625个行政村，乡村有效覆盖率108%。

【金融科技】 持续助力地方政府“放管服”改革和治理体系治理能力现代化，成功与甘肃省市场监督管理局签署“互联网+监管”平台建设合作协议；与甘肃省自然资源厅签署“互联网+不动产抵押登记”平台建设合作协议。实现全国首家非税电子化缴费省、市（州）、县（区）一体化覆盖。实现全辖网点智慧柜员机与政务服务网热门应用连接，开放全部293个营业网点和近1500台智慧柜员机。社会化平台有序推进。截至12月末，宗教事务平台用户达116户，新增114户；安心养老平台用户达177户，新增164户；党群综合平台累计签约上线652户，新增122户。

【劳动者港湾】 截至12月末，全行对外开放283个“劳动者港湾”，191个网点开放了卫生间，所有网点均提供休息、喝水、充电、免费上网、避雨等便民服务。自成立以来，全行“劳动者港湾”累计提供260万人次的服务，其中服务户外劳动者111万人次，服务老弱病残孕幼等特殊群体56万人次。

【建行大学】 建行大学成立一年来，在新金融人才培养、金智惠民、产教融合等领域进行了全方位的探索实践。在赋能员工方面，持续发挥党建统领、思想先行作用，举办“飞天逐梦”系列培训班56期，学员达到4025余人次；在赋能社会方面，切实履行国有大行社会责任，与省内知名高校共享优质金融教育资源，对外开展金智惠民培训206期，惠及公众23900余人次。

【扶贫攻坚】 积极探索政银担企四方联动共同推进特色产业工程贷款落地，全力支持全省“牛羊菜果薯药”等特色优势产业发展。全年累计投放特色产业工程贷款33.38亿，新增20.21亿，完成省政府下达计划任务101%。持续加大涉农及精准扶贫类贷款投放力度，涉农贷款余额194.14亿元，较年初新增3.6亿元。积极推动落实“农业公司+合作社+农户”“电商+农户”、扶贫车间、入股分红、“裕农通+”五大扶贫模式，不断丰富和发展“甘肃建行精准扶贫模式”新内涵。2019年定点扶贫捐赠395万元，用于定点扶贫村文化教育、医疗卫生、环境保护、富民产业等43个项目。截至目前，全行帮扶的64个贫困村，已脱贫27个，剩余37个；建档立卡贫困户3684户，已脱贫3031户，剩余653户；贫困人口14752人，已脱贫12115人，剩余2637人。

【风险管控】 坚决落实和加快构建全面主动智能风险管理“预、监、管”体系，积极应对内外部挑战，以“管好入口，畅通出口，夯基础，带队伍”为主线，“三道防线”齐抓共管，资产质量继续呈现稳中向好，核心指标实现协调管控。截至12月末，不良、逾期贷款额、率较年初“四降”，超额完成总行不良贷款额、逾期贷款额管控计划。不良贷款额26.63亿元，较年初减少10.18亿元；不良贷款率1.77%，较年初下降0.89个百分点；逾期贷款额32.58亿元，较年初减少7.11亿元；逾期率2.16%，较年初下降0.71个百分点。全年共处置不良资产23.97亿元，完成总行计划的122.91%。

【政治建设】 全行以政治建设为统领深化全面从严治党，严格落实“两个”责任，压实“一岗双责”。精心组织“不忘初心、牢记使命”主题教育，处级以上领导干部调研557次，讲授党课142次，检视问题374个，立行立改151个，在中央巡回督查组督查中获得好评。创新主题教育方式，在16个城市举办“张富清先进事迹情景报告会”26场，党政军企社会各界共22137人次现场聆听，800万人次在线观看，社会反响强烈，密切了银政、银企关系。广大党员干部增强“四个意识”、坚定“四个自信”、做到“两个维护”的行动更加自觉。

【基层党建】 夯实组织基础，调整充实党支部62个，新配备党建联系人475人，实现了网点党支部和党员的全覆盖。制定基层党建标准化建设清单，规范党内组织生活，着力提升基层党组织组织力。加强“党员之家”建设，建成“党员之家”344个、党员责任区274个。充分发挥党建工作凝聚人心、引航导向作用，开展“一个党员一面旗帜”等主题实践活动，组建张富清金融服务队237个、党员突击队214个，党员参加志愿服务3912人次，营造了学英雄、争先进的浓厚氛围。

【队伍建设】 坚持正确选人用人导向，完善干部选拔任用管理办法，全年调整七职等及以上人员51人。优化人才结构，新招聘员工300人；推进条线专业人才储备，建立金融科技等11个专业人才库，入库408人。举办业余党校培训班32期，开展“飞天逐梦”系列培训56期，共培训5085人次，提升员工理论水平和业务能力。组织240名在校大学生开展“金智惠民—乡村振兴”暑期下乡实践活动，为青年学子走进乡村、了解乡村、服务乡村提供实践舞台。推出关爱员工十件实事，启动“团圆计划”，推进“同心计划”，落实两个“五十万”商业补充医疗保险，增强员工获得感和幸福感。用心用情做好离退休干部工作，工会、共青团发挥好群团组织的桥梁和纽带作用。

【正风肃纪】 按照新三转要求，完成纪检派驻制改革，纪检监察更加聚焦主责主业。开展总行巡视整改“回头看”，对24个单位开展常规巡察、专项巡察和“回头看”，发现问题195个，强化系统性、根源性整改。做实做细日常监督，开展增强“三个能力”、落实“三大战略”等13个专项督查，对履职不力的6个党组织和11名主要负责人进行问责，以强有力问责倒逼责任落实，全行在关键节点打硬仗的能力得到提高。深刻反思林燕案件暴露出的问题，举一反三，全面排查风险隐患，持续开展以案促改工作。从严从实、依纪依法执纪问责，综合运用“四种形态”处理148人次。集中整治形式主义、官僚主义，开展“基层减负年”活动，为基层赋能减负。

（王敦生）

经济管理

国资监管

【思想政治建设】一是持续加强政治理论武装。一年来，党委理论学习中心组集体学习24次，研讨交流13次，班子成员在机关各党支部、委管班子企业讲党课、作辅导32次，举办学习党的十九届四中全会精神等专题培训班和报告会9期，培训1300多人次，11名委领导和12名机关党员干部参加了省委党校举办的习近平新时代中国特色社会主义思想进修班，不断夯实增强“四个意识”、坚定“四个自信”、做到“两个维护”的政治理论基础。二是深入学习贯彻习近平总书记重要讲话和指示精神。对习近平总书记对甘肃的重要讲话和指示精神，省政府国资委党委第一时间组织学习和交流，举办专题辅导讲座，引导党员干部深刻理解掌握其中蕴含的理论观点、思想方法和工作要求，切实把思想和行动统一到习近平总书记重要讲话和指示精神上来，将学习成果转化为强烈的责任担当，融入到推动国资国企改革发展的具体实践。三是扎实开展“不忘初心、牢记使命”主题教育。按照中央和省委统一部署，组织委机关和19户委管班子企业7013名党员深入开展“不忘初心、牢记使命”主题教育。坚持把学习教育、调查研究、检视问题和整改落实贯穿始终，与国资监管和国企改革发展党建实际紧密结合，形成了领导干部“领学”、严格要求“促学”、对照先进“比学”、整改问题“践学”、分类指导“督学”的“五学联动”氛围，推动主题教育走深走心走实。委领导班子成员带队深入25户企业，围绕混合所有制改革等11个重点难点问题深入开展调研，查找短板、分析症结，发现影响企业改革发展的问题48个，形成专题调研报告12篇，研究提出解决问题和改进工作的思路举措55条。委机关对照检查问题25个，已全部完成整改；19户委管班子企业对照检查出问题249个，已整改完成246个，整改率达到99%。通过主题教育，广大党员干部锐意进取、开拓创新的精气神充分激发，埋头苦干、真抓实干的使命担当意识和行动自觉明显增强，职工群众反映集中的一批问题得到解决，取得了实实在在的效果。

【国有经济运行】2019年29户省属企业累计实现工业总产值2263.69亿元，比上年增长12.49%；营业总收入6859.55亿元，增长12.93%。根据财务快报，2019年29户省属企业实现利润总额96.78亿元，增长8.16%；实现净利润72.62亿元，增长17.65%。截至2019年12月末，29户省属企业资产负债率63.14%，比上年下降0.57个百分点，比全国地方监管企业11月末的68.4%低5.26个百分点。2019年省属企业全年完成固定资产投资757.20亿元，完成年度投资计划的96%，比上年增长24.82%。其中，44个省列重点项目全年完成投资559.08亿元，完成年度投资计划的96.54%。

【国资国企改革】一是持续加强改革配套制度建设。对照国资国企改革“1+N”政策体系，2019年制订出台了完善省属企业工资决定机制、国有资本授权经营体制改革、开展落实董事会职权试点、国有资本投资运营公司改革试点、党政机关事业单位经营性国有资产集中统一监管等5项改革配套制度，形成了国资国企改革“1+27”配套制度体系。二是持续加强现代企业制度建设。指导新组建9户企业集团完成了章程制定，18户企业完成了章程修订，建立了公司章程动态管理机制。持续推进规范董事会建设，向省属企业委派25名外部董事，24户省属企业实现了外部董事占多数；落实董事会年度工作报告制度，对24户国有独资公司董事会工作报告进行了审核。深化三项制度改革，推行经理层任期制契约化管理和职业经理人制度，14户省属企业二级以下子公司市场化选聘经理层成员47名。三是积极推进混合所有制改革。指导省属企业梳理推出116项混改项目，2019年完成41项，引进非公资本33.22亿元，加快推进金川集团股份有限公司、华龙证券股份有限公司等主业上市。完成了甘肃工程咨询集团股份有限公司、兰州助剂厂有限责任公司等5户企业员工持股试点。截至2019年底，省属各级企业中，581户实现混改，户数占比41.8%，较年初增长6.2%；混改企业资产占比13.45%，较年初增长10.63%。四是大力推进综合改革示范工程。加快推进列入全国“双百行动”6户企业综合改革，纳入综合改革三年（2018—2020年）台账的294项任务已完成210项。借鉴中央“双百行动”综合改革做法，遴选了54户省属二级企业和市（州）企业开展综合改革“示范工程”，以点带面推进省属企业改革不断向纵深发展。推荐甘肃省化工研究院、甘肃祁牧乳业有限责任公司2户企业参加国家“百户科技型企业深化市场化改革提升自主创新能力专项行动”，在公司治理机制、选人用人机制、激励约束机制等方面实现新突破。

【供给侧结构性改革】一是加大资源资产变现支持十大生态产业发展和基础设施项目建设，分三批公开推介55个项目，通过资源资产变现、发行“永续债”、设立基金、清收股利等方式落实资金157.70亿元。二是大力推动科技创新驱动。14户省属企业与科研机构、省内高校签订科研合作项目268项，合同金额9597.49万元。建立了省属企业与中科院兰州分院“一院三所”科技创新合作机制，搭建了校企联盟、技术承接转移中心和3个研究中心、5个合资公司等科技成果转化平台，协同开展技术攻关项目34个，推介科研成果160项。2019年，省属企业研发投入57.37亿元，比上年增长31.4%，全年实现新产品产值21.45亿元，增长55.65%。三是积极参与国际产能合作。围绕抢占“一带一路”建设文化、通道、技术、信息、生态“五个制高点”，支持省属企业积极参与国际陆海贸易新通道、广西临海飞地经济区建设。金川集团股份有限公司入围2019年世界500强，并申报列入国务院国资委推荐世界一流企业候选名单。

【国有资产监管】一是深化国有资本授权经营体制改革，向省属企业普遍授权放权20项的基础上，向5户落实董事会职权试点企业增加授权放权4项，向4户国有资本投资、运营公司改革试点企业增加授权放权7项。选择4户企业开展国有资本投资运营公司试点，指导试点企业科学制定实施方案，在战略规划、选人用人、工资总额管理等方面给予企业更充分的自主权。二是不断优化和改进国资监管方式。强化依法监管，公布权责任清单、审批事项清单，明确了32项监管权责事项、22项审批事项。加强财务监督等业务监管，向48户企业委派了财务总监，并推动业务处室加强协同，构建业务监督、综合监督、责任追究三位一体的出资人监督工作闭环。同时，加强与审计、纪检监察、巡视巡察等外部监督力量的有效衔接，完善重大问题线索移交核查机制，着力形成监督合力。三是按照构建国资监管大格局、形成国资监管一盘棋的总体要求，进一步加强对市（州）国资监管机构的指导，组织召开了14次市（州）国资监管机构负责人业务培训暨座谈会。将市（州）国资监管机构纳入“十四五”规划编制范围，构建国资国企三级规划体系。启动建设可实现与国务院国资委、省政府电子政务网、省属监管企业、市（州）国资监管机构数据共享、可对全省国有资本实时在线监管的信息化国资监管平台。

【党建工作】一是层层压实党建工作责任。坚持以党的政治建设为统领，认真履行委党委主体责任、党委书记第一责任、班子成员“一岗双责”。明确了省属企业党建质量提升的总体目标和44项重点任务，将省属企业党建工作考核结果按20%权重纳入企业负责人经营业绩考核评价体系。对87个软弱涣散企业基层党组织进行整治，指导7户境外设立分支机构的省属企业设立基层党组织28个，实现了境外机构党组织全覆盖。二是加强党风廉政教育，开展党风廉政教育1475次，开展警示教育9548场次。紧盯选人用人、业绩考核、薪酬管理、资产重组、招标投标、项目建设、产权交易等重点环节，确保权力规范运行。加强执纪问责，运用监督执纪“四种形态”处置987人次。全力配合省委巡视工作，坚持把巡视整改作为首要政治责任，制定了巡视反馈问题整改方案，认真抓好整改落实；委党委对6户省属企业开展了政治巡察。开展“作风建设年”“四察四治”“基层减负年”“纪律教育月”等专项行动，集中整治影响和制约脱贫攻坚、基层减负、优化营商环境等的形式主义、官僚主义。三是举办了省政府国资委和省属企业“新闻发言人与舆情应对处置”专题培训班，提升意识形态工作人员业务素质。制定了《关于正能量网络大V和网评员队伍建设实施方案》，举办了5场“我和我的祖国·我为企业高质量发展做贡献”先进模范巡回演讲报告会，弘扬主旋律，传递正能量。

【精准脱贫攻坚】一是积极做好央企定点帮扶和东西部协作对接服务工作。2019年，11户定点帮扶的中央企业投入帮扶资金2.12亿元，实施帮扶项目111个，建立扶贫车间11个，开展各类培训3000多人次，消费购买农特产品2500多万元，帮助解决就业2000多人；天津市国资委与我省3个县签订“万企帮万村”村企结对协议。二是积极推动归口管理国有企业脱贫攻坚帮扶工作。2019年，46户中央在甘企业、31户省属企业共投入帮扶资金1.65亿元，引进帮扶资金2600多万元，实施帮扶项目216个，新建扶贫车间13个。三是认真做好委机关对口帮扶脱贫攻坚工作。增派4名干部进村驻点工作，加强对帮扶工作的组织推动。以“唱响国企脱贫攻坚主旋律，凝聚弘扬脱贫攻坚正能量”为主题，在《甘肃日报》集中宣传定点帮扶的中央企业、省属企业脱贫攻坚帮扶工作成效做法，彰显国有企业社会责任担当。

（朱焕强）

市场监督管理

【质量发展】2019年，启动开展全省公共服务质量监测工作，筹措专项资金150万元，通过购买服务的形式，委托国家标准化研究院对全省14个市州和兰州新区的公共教育、公共就业等12个领域的公共服务，开展了以县域为单位的质量监测评价工作。把公共服务质量监测结果纳入了质量工作考核内容，督促引导各地狠抓服务质量水平提升。授予陇南市祥宇油橄榄开发有限责任公司、白银有色集团股份有限公司、兰州环境能源交易中心有限公司等3家组织为第六届省政府质量获奖单位，甘肃省中医院、天水电气传动研究所有限责任公司、甘肃天士力中天药业有限责任公司、兰州华能生态能源科技股份有限公司、甘肃天盛生物科技有限公司等5家组织为第六届省政府质量奖提名奖单位。对荣获第三届中国质量奖和中国质量奖提名奖以及荣获提名奖的个人给予奖励。在省质检院加挂“甘肃省缺陷产品召回技术中心”牌子，制定了《甘肃省缺陷产品召回技术中心工作规程》。组织开展全国“质量月”活动，开展了内容丰富的“质量开放日”活动，在提高全社会“质量第一”意识方面取得了显著成效。

【综合行政执法】将分散在多部门的执法职能进行集中整合，归集行政执法事项325项，合理划分事权，明确层级职责，统一执法主体。2019年，全省查处各类案件7555件，案件货值2193.23万元，罚没金额5506.89万元。其中，质量违法案件543件，食品安全违法案件3932件，市场准入案件870件，知识产权案件406件，侵犯消费者权益案件233件。开展食品安全联合执法行动，查办案件1000余件，罚没款530余万元，责令停产停业78户，吊销违法企业经营许可证6件，取缔“黑工厂”“黑作坊”“黑窝点”28家。组织开展非法食品公开销毁行动，销毁的违法食品涉及酒类、饮料、副食品、农产品等10余种类别，共计106吨，货值1800余万元。承担省打击侵犯知识产权和制售假冒伪劣商品工作领导小组办公室职责，牵头组织全省“双打”工作，突出重点商品、重点行业、重点领域专项整治，严厉打击侵犯知识产权和制售假冒伪劣商品违法行为。深入开展扫黑除恶专项斗争，累计核查线索2786件，其中核查部门移送线索639件，向有关部门移送线索164件。

【登记注册】2019年，对第一批106项涉企行政审批事项，分别按照直接取消审批、审批改为备案、实行告知承诺、优化准入服务等四种方式实施“证照分离”改革，四种改革方式累计办理总量17598件。报请省政府出台《关于持续深化压缩企业开办时间的实施方案》，启动运行了全省企业开办“一网通办”服务平台，年底前企业开办时间压缩至3个工作日以内，并将社保、银行预约开户业务一并纳入企业开办“一网通办”服务平台。大力推进企业注销便利化改革，开发建设“甘肃省企业注销‘一网办’服务平台”，实现了市场监管、人力资源、商务、海关、税务等涉企证照一网注销。扩大无纸全程电子化登记系统应用功能，在企业设立登记无纸全程电子化基础上，先后上线运行企业、个体工商户无纸全程电子化登记系统和手机办照系统，提升了市场主体准入的智能化水平和便利化程度。在全省16家银行的1560网点开展“政银便民通”业务，提高企业就近办理便利度。深化企业名称制度改革，实现企业名称自主申报。组织开展全省营业执照换发工作，强化电子营业执照的管理和应用，完成与省政务服务平台的对接，电子营业执照在一体化平台全面深度应用。

【市场主体】2019年，全省新增市场主体25.98万户，累计达到170.79万户，注册资本达到3.93万亿元，分别比上年增长7.31%、15%。个体私营经济保持了持续、快速、健康发展势头，截至年底，个体工商户达到118.72万户，从业人员230.34万人，资金数额0.14万亿元；私营企业39.06万户，注册资本（金）2.53万亿元，从业人员285.45万人；农民专业合作社9.59万户，出资总额0.26万亿元，成员总数76.16万个。非公经济市场主体累计达到167.36万户，占市场主体总数的97.99%。全省累计登记注册外商及港、澳、台商投资企业2554户，注册资本184.81亿美元。

【信用监管】2019年，全省开展双随机抽查，抽查企业占全省企业总数5%以上。组织全省“互联网+监管”系统建设重点任务，依托省政务服务网开通了省、市、县三级4000多个部门的电子外网访问权限，并与国家网络联通。完成了全省各部门1126项监管事项清单和816项检查实施清单的认领工作。建成了监管对象、监管行为、执法人员、双随机一公开、投诉举报等四大类基础信息汇集信息库。全省共推送数据900万条，成功对接637多万条。完成2018年度年报公示工作任务，全省企业年报公示工作走在全国前列。全省共有851个部门与公示系统建立了信息交换共享通道，实现了行政许可、行政处罚等涉企信息的统一归集和交换共享。全省市场监管部门累计向其他部门提供数据近4671万条，其他部门累计向市场监管部门提供数据近683万条。公示系统（甘肃）累计公示了305万户市场主体的3025万条基础信息。

【反垄断工作】充分发挥甘肃省公平竞争审查工作部门联席会议制度的作用，统筹协调推进公平竞争审查工作；督促各地、各部门在2018年清理工作的基础上，严格审查增量政策，进一步清理存量政策，对含有排除、限制竞争的政策措施及时调整或废止；进一步完善公平竞争审查内部工作机制，明确责任机构，严格履行审查程序，落实审查责任，提高审查质量。全面落实公平竞争审查工作的要求，实现了公平竞争审查制度在省、市、县三级政府全覆盖。依法做好全省范围内反垄断有关举报受理、线索核查、立案调查和案件处理等工作，做到有案必查、违法必究。对1起涉嫌滥用市场支配地位案件调查完毕，已上报国家市场监管总局；1起涉嫌价格垄断案件正在进一步调查之中，共接到涉嫌垄断线索9件，已核查完毕8件。经调查核实，纠正行政性垄断行为4起。

【价格监督检查和反不正当竞争】全省市场监管部门共查办价格、收费、不正当竞争、传销案件983起，违法金额和案值6352.4万元，已办结681起，实施经济制裁3112.47万元。全省共受理价监竞争业务领域消费者投诉举报3678件，为消费者挽回经济损失105.49万元。督查电网企业已全部落实今年的两次降价政策，每千瓦时降价8.77分，降幅12.61%，降价总金额11.64亿元。共检查商业综合体、产业园区、写字楼、机场、车站等转供电主体1729个，已督促退还降价电费757.22万元。依法处理2018年遗留案件，直接处理违规收费案件18件，退还违规收费375.31万元，收缴罚没款161.94万元。开展猪肉等消费品市场检查巡查，确保节日市场和重点消费品价格稳定。开展医疗服务价格专项整治，共检查各类医疗机构844个，查出违规收费1851万元，已实施经济制裁336万元（退还113万元，没收202万元，罚款21万元）。开展整治“保健”市场乱象百日行动，受理消费者投诉举报2188件，为消费者挽回经济损失105.49万元。严查非法传销，全省共捣毁传销窝点4个，查处非法传销案件3起，结案2起，分别给予当事人罚没款107万元、55万元的经济制裁并没收作案工具。

【网络交易监管】对全省32815家网络市场主体按1%的比例随机抽查了我省328家在天猫、京东等几家大平台的亮照经营情况，其中309家亮照经营，亮照经营率94.2%，基本做到了“亮照经营”。开展2019年网络市场监管专项行动（网剑行动），联合商务厅、公安厅等八部门制定印发了《甘肃省2019网络市场监管专项行动工作方案》，全省各级市场监管部门网上检查网站、网店13850个，实地检查网站4575个，删除违法商品信息322条，提请关闭网站103个，责令整改网站111个，责令停止平台服务的网店4个，监测排查涉嫌违法线索394条，办结涉网案件43件，罚没款52.76万元。开展了“元旦春节市场整治”“保健品百日行动”“涉黑涉恶”“涉枪涉爆”“网剑行动”“双11网络交易”“电子烟”等方面7次网络交易专项监测，监测网络市场主体91316家，商品457.62万件，其中排查出涉嫌违法销售保健品线索107条，已经办结涉网案件43条，罚没款52.76万元。2019年办理动产抵押登记1580份，抵押登记数额307.21亿元，分别比上年增长56%和200%。

【消费维权】2019年，新增放心消费示范创建单位（店）3001家，比上年增长900%，全省放心消费示范创建单位共3301家。坚持民生导向，严守质量安全底线，优化流程，完善功能，实现电话、语音留言、互联网、短信、QQ、微信、来访、来函等投诉渠道全覆盖。共接收登记消费者反映问题256367件，其中咨询187570件、投诉53366件、举报12832件、建议2387件、检举30件、表扬182件；电梯困人4043件，为消费者挽回经济损失6077.62万元。将原工商12315、原质监12365、原食药12331、原价监12358、原知识产权12330进行整合为12315“一号通”，完成了我省热线电话“五线合一”任务，彻底结束“多线并号”模式，建立起全国首家省级大集中接听、24小时人工服务的12315平台，为消费者提供了更方便、更快捷、更高效的服务，为维护消费环境和市场秩序提供有力支撑。全省消费者协会组织共接待来访、咨询29487人次;受理消费者投诉10445件，调解处理1008件，解诉率96.53%，为消费者挽回经济损失1576.11万元。

【广告监管】2019年，全省广告经营单位3843户，从业人员13143人，广告经营额75782.61万元。全省共查处违法广告案件129件，罚没款总计525.14万元。在全省范围内开展了传统媒体、互联网、“三品一械”及专利广告和户外广告等4项专项整治活动。共查处互联网违法广告案件24起，罚没款30.9万元。开展了对全省传统媒体和互联网广告的监测工作，共监测省、市各级各类媒体126家，监测广告241.88万条次，发现涉嫌违法广告7911条次，违法广告条次违法率为0.75%；召开媒体约谈会3次，下发责令改正通知书124份，责令停止发布违法广告346条。

【产品质量安全监管】2019年，全省共抽检食品32大类243个食品细类的抽检监测任务，共计10.93万批次。其中，国家食品安全抽检（国抽）任务4730批次，省级食品安全抽检（省抽）任务9.52万批次，食品安全评价性抽检1710批次，市县抽检任务9.52万批次。完成国家转移地方5750批次抽检任务，不合格/问题样品率为3.13%；省级匹配6633批次，不合格样品率为0.95%；评价性抽检1710批次，不合格样品率0.63%。发布不合格食品信息通告13期，完成总局本级抽检不合格核查处置情况通告6期，通过发布不合格食品信息公示，督促生产经营企业履行好食品第一责任人的职责，保障消费者的食用安全。监督抽查3批工业产品、2批环保产品；专项监督抽查电动自行车、农村厕具产品；产品质量安全风险监测抽取227批次，发现5个食品安全风险点；对国储棉公检、棉花收购、棉花入库情况进行检查。组织开展2019年儿童和学生用品安全守护专项行动和消费安全“进社区、进校园、进乡镇”活动，在中国质量报、中国消费者报等媒体予以报道。

【食品监管】食品安全协调工作。会同公安、教育、农业农村等部门，开展在主题教育中整治食品安全问题联合行动，全系统共查办食品案件1294件，责令停产92户，取缔“黑工厂”“黑作坊”“黑窝点”28家，销毁违法食品约106吨，货值1800余万元。举办全省食品安全监管培训班，对省市县三级200余名监管人员进行集中培训，着力提升基层监管能力。会同省委组织部举办全省食品安全战略专题研讨培训班，着力提升各级领导食品安全工作能力。组织机关食品安全相关干部深入10县27个基层所开展食品安全监管学习调研，提升机关干部监管能力。会同省文明办等23部门，省市县同步举行全国食品安全宣传周系列活动，营造浓厚的社会共治氛围。会同省教育厅组成4个联合工作组，对全省城乡的100余所中小学校进行了督查；会同省药品监管局对14个市州及兰州新区上半年食品安全工作进行督查；组织省公安厅、省教育厅、省农业农村厅对14个市州及兰州新区贯彻落实党中央国务院及省委省政府决策部署情况进行督查，落实各项工作部署。

食品生产安全监管。2019年，全系统共出动执法人员4.23万人次，检查食品生产企业和小作坊1.89万户次；共组织食品生产飞行检查375户次，食品生产体系检查366户次。以乳制品、肉制品、糕点、蜂产品、冷冻饮品以及食品小作坊等为重点组织了7次专项整治，责令停产整改企业76户，查处违法违规食品生产企业和小作坊219户，罚没款50万元，吊销食品生产许可（登记）证6张，查处黑作坊47个，其中有5起案件向公安机关进行了移交。全省共网上巡查各类食品生产加工单位28039户次，共发现4927条各类问题并记分。由记分系统自动生产风险等级为A级的食品生产企业266户、B级1800户、C级458户、D级41户。全省各级市场监管部门已形成责任约谈常态化机制，当年全省共约谈各类食品生产企业和食品小作坊1325户次。

食品流通领域监管。2019年，全省共查处不符合食品安全标准的食品案件1041件，查处涉案食品及食用农产品20.3吨，罚没款金额733.05万余元，捣毁售假窝点4个，移送司法机关案件14件。开展保健食品虚假宣传专项整治。接受群众投诉举报32条，科普宣传2876场次，开展茶叶及其制品销售工作专项整治。深入推进“放心肉菜示范超市”创建工作，推进“互联网+食品”监管的重要举措，抓好“电子一票通”的应用，督促食品生产经营者落实进货查验和查验记录制度。

餐饮服务食品监管。全省持证的餐饮服务单位共计102126家；量化分级评定率为97.13%（其中A级占9.89%，B级占69.73%，C级占20.38%），实施“明厨亮灶”99002家，实施率97%。全面实施“互联网+明厨亮灶”工程，全省餐饮服务市场的智能化、专业化、社会化治理水平显著提升。开展校园食品安全守护行动。全省已备案的网络餐饮服务第三方平台及其分支机构（含代理商）163家，入网餐饮服务提供者3.26万家。对9251家疑似不合格信息全部开展线下核查，严厉打击无资质入网供餐等违法违规行为。建立并督促餐饮服务单位严格执行“三书一台账”制度，确保底数清、情况明、动向可控。严格农村集体聚餐食品安全监管，全省农村集体聚餐报告登记2.9万起，登记流动厨师5419人，聚餐28.5万人。突出查看食盐批发经营资质、食盐仓储运输设施、库存食盐批次检验报告、食盐购销台账记录、电子一票通开具、社会责任储备，净化了食盐市场秩序。

【特种设备安全监察】2019年，全省有各类在册设备237814台，在用特种设备163074台。全年各级特种设备监察机构累计办理特种设备施工告知20924台（套），新登记各类特种设备19956台（套）。开展“三大专项整治行动”，深入开展气瓶安专项整治，持续深化大型游乐设施乘客束缚装置和客运索道隐患排查治理。各类检查行动中，全省共计检查特种设备生产、经营、使用及检验检测单位13517家，检查特种设备68826台（套）。全省在用直梯66379台，纳入应急处置平台61096台，进入率达到90.68%，全省累计发放电梯应急处置标识牌58253张，累计实施电梯应急处置3881次，解救受困人数8874人。累计对全省517台老旧住宅加装电梯减免了监督检验费用，完成老旧电梯安全评价48台。刷卡维保电梯数49341台，刷卡维保率73.81%。在用电梯已购买责任险9135台，保险覆盖率提升至12.5%。全年共发生特种设备一般事故1起，致1人死亡；发生特种设备相关事故2起，致3人死亡，2人受伤。完成燃煤锅炉环保达标治理168台，待淘汰整治12台，整改率达到98.6%。

【计量工作】2019年，全省共有法定计量检定机构111家，授权建立的法定计量检定机构27家，全省共建立了涉及长度、力学、热工、电学、声学等十大类社会公用计量标准1231项，其中省级社会公用计量标准446项，市级社会公用计量标准489项，县级社会公用计量标准296项。全省计量业务收入4704万元，免收强制检定费用6987万元。全省年能耗5000吨标准煤以上的用能单位能源计量器具配备率稳定在99%。共抽查集贸市场316家、商场超市283家，抽查计量器具4629台件，对不合格的47台衡器依法进行了查处。针对民用“三表”（电能表、水表、燃气表）设备老化、计量失准的问题开展检查摸底，共统计民用“三表”184.56万台件。共抽查加油站113家，抽查加油机268台，抽查加油枪724把，查处违法案件1起。全省共检查在用环保类计量器具4422台件，已检定3404台件，受检率76.9%。组织开展2019年度能效水效标识监督检查工作，全省共出动3400人次，检查生产企业3家、销售企业2326家，查获案件63起，货值370.7万元。

【标准化工作】2019年，会同行业主管部门审查地方标准制修订项目建议书306项，下达地方标准制修订计划5批161项，审批发布地方标准160项（其中工程建设类标准20项）。依据新《标准化法》，分三批对1848项地方标准和326项地方制修订计划进行了集中复审，其中，分两批废止了工业产品类和绿色食品类地方标准41项，其他1569项地方标准和318项地方标准制修订计划复审结论向社会进行公示，进一步优化了地方标准体系结构，提升了地方标准的质量水平。全省共有2462家企业公开8422项标准，涵盖15538种产品，极大地降低了企业的生产成本。不断加强企业产品标准事中事后监管，对随机抽取的173家企业的200项标准进行了比对分析，将评价结果向全省进行了通报并100%整改到位。全省有275家企业通过良好行为确认，263家企业784个产品采用国际标准和国外先进标准。团体标准不断发展壮大，全省已有10家社会团体，累计发布25项团体标准，3家社会团体开展了团体标准试点工作。按计划完成11项国家级和24项省级各类试点示范项目考核评估；新培育获批1项国家级农业标准化区域与服务推广平台项目、4项国家级服务标准化试点项目和1项团体标准试点项目。

【认证认可与检验检测监管】全省取得资质认定证书的检验检测机构共921家，实现各类检验检测收入25.51亿元，向社会出具检验检测报告465.61万份，共有从业人员21381人，共拥有各类仪器设备121469台套，资产原值57.82亿元，共有工作总面积391.03万平方米。全省新增和保持的各类认证证书13416张，涉及4980个组织，比上年增长23.13%。管理体系认证证书8982张，增长24.8%。全省新增和保持的各类产品认证证书4022张，增长10.98%。全省共发生各类认证活动7626起，涉及87家认证机构、3591个获证组织，各级认证监管人员对其中的5315起认证活动进行了现场监督检查，认证活动检查达到69.7%。加强强制性产品认证监管，组织检查6起强制性产品认证活动，认证认可监管平台上报信息中的计划开展现场审查活动，人员、日期、天数均符合认证活动及相关程序要求。全年组织检查获证检验检测机构181家。共有531名人员取得资质认定评审员资格，其中主任评审员84名，评审员447名。开展“有机产品认证示范区（县）”创建活动，确定了甘肃省第二第三批有机产品认证示范创建区

（县）。全省共有9个省级有机产品认证示范创建区（县），4个国家级有机产品认证示范创建区（县）。

【知识产权保护运用】2019年，共处理专利侵权纠纷案件512件，积极构建电商领域专利执法维权协作机制，办理电商领域专利侵权案件480件；查处商标违法案件211件，案值222万元，罚没金额179万元，没收涉案物品货值总额11万元，移送司法机关案件1件。推进专利质押融资，落实2018年专利权质押融资贴息补助327万元。全省新增专利质押融资19笔，质押专利79件，融资金额1.59亿元。落实知识产权优势示范企业奖补资金2586.52万元。完成92家国家知识产权示范优势企业的考核复核工作；23家企业经过评审确定为国家知识产权示范优势企业（4家示范、19家优势），新认定2019年度甘肃省知识产权优势企业28家。在对通过网络初审和形式审查的112项省专利奖申报项目、36项专利发明人奖申报人进行公示后，召开省专利奖励评审会议，产生了50项专利奖授奖建议名单和15项专利发明人奖授奖建议名单进行公示。推荐16件专利参加第二十一届中国专利奖评选，其中1件专利进入中国专利金奖预获奖项目。

【商标专利监管】截至2019年12月15日，全省商标申请39244件，比上年同期增长27.97%；注册28474件，增长34.36%；累计有效注册量达到98929件，增长34.93%，累计申请注册地理标志证明商标共计126件（新增21件）；认定中国驰名商标75件（新增1件）。全省共有国家地理标志保护产品67件，其中，中药材13件，占全省国家地理标志保护产品总数的19%；共有中药材地理标志证明商标18件，标志证明商标中涉及粮油类16个，2019年新增2件；涉及粮油类的国家地理标志保护产品7件，占全省国家地理标志保护产品总数的10.4%。“兰州百合”“静宁苹果”等7个地理标志，成为助力精准扶贫典型案例。2019年，全省专利申请27637件，比上年下降0.88%，低于全国（1.17%）；专利授权14894件，增长6.71%，高于全国（5.95%）。全省发明专利申请6056件，增长0.35%，高于全国（-10.78%）；发明专利授权1154件，下降9.84%，低于全国（4.32%）。有效发明专利7432件，每万人口发明专利拥有量为2.82件，增长7.63%。全省PCT国际专利申请15件。兰州代办处服务窗口共受理专利申请37234件，电子申请率达到100%，代收取各种专利费用32018笔，1392.84万元。

【药品监管】2019年，签发全省第一张在线服务电子许可证。从放宽市场准入、开辟绿色通道等10个方面最大限度地利企便民，优化“互联网+政务服务平台”，先期实现与省政府政务服务平台有效对接，新平台于10月14日正式上线运行。持续深化“四办”改革，《药品经营许可证》（批发）变更、第二类医疗器械延续注册、《化妆品生产许可证》核发等19个事项审批时限整体压缩50%以上。推进疫苗国家监管体系评估（NRA），健全甘肃疫苗监管质量管理体系（QMS），收回疫苗生产企业日常监管责任事权由省级直接监管，派驻检查员到疫苗生产企业开展工作。全省立案查处违法案件1158件，移送司法机关31件，罚没款856.45万元，责令停产停业8户，取缔无证经营26户。收回GMP证书8张、GSP证书30张，撤销GSP证书14张。行政处罚案件信息公示率100%。突出问题导向和靶向监管，科学开展抽检检验，基本药物抽检生产环节合格率100%，流通环节合格率100%；医疗器械抽检合格率97. 2%；化妆品抽检合格率98.4%。中药材中药饮片抽检合格率96%。加快建立科学、全面、可检验、能执行的最严谨的道地药材标准体系，在第二届中国药博会期间发布了三类9个中药材和产地加工切片标准。首台自主知识产权的碳离子治疗系统——武威碳离子治疗系统完成注册审批，实现我国在高端医疗器械装备国产化道路上取得重大突破。总投资2.23亿元的“甘肃省医疗器械检验检测机构能力建设项目”，列入“提升我国医疗器械检验检测能力建设项目”。

（何文涛、陈广宏）

审计

【审计概况】2019年，全省共有审计机关103个，审计人员3299人。其中，省审计厅实有人员245人。省委审计委员会办公室设在省审计厅，下设省委审计委员会办公室秘书处。厅机关内设20个处室，10个派出审计局，3个直属事业单位。

【审计成果】2019年，全省共审计和审计调查项目5571个，查出违规问题资金58.1亿元，管理不规范资金3819.1亿元。通过审计处理，上缴财政资金16.9亿元，促进增收节支49.2亿元；向各级党委政府和上级审计机关提交审计报告、审计专报等2016篇，领导批示1049篇次。向被审计单位提出审计建议8700条。

【政策措施贯彻落实跟踪审计】对5个市州贯彻落实重大政策措施情况进行跟踪审计，重点关注打赢“三大攻坚战”、深化“放管服”改革、清理拖欠民营企业中小企业账款、“六个稳”、促进服务业发展、网络安全建设、推动十大生态产业发展等重大政策、重要决策部署贯彻落实情况，揭示和反映各部门存在的政策措施落实不到位、工作任务和项目推进缓慢、财政资金使用绩效不高影响政策目标实现等问题。共抽审单位1513家，抽审项目1817个，发现问题1192个、涉及资金180.8亿元。通过审计，促进统筹盘活资金16.6亿元，促进加快建设进度项目141个，推动加快行政审批事项124个。

【审计工作开展情况】扶贫审计。把扶贫审计作为重大政治任务来抓，2019年，抽调全省审计人员400多人次，对29个贫困县的扶贫资金、东西部扶贫协作资金和50个县区2018年惠民惠农财政补贴资金使用“一卡通”情况进行审计，对2018年全省特色产业发展工程贷款发放情况和产业扶贫到户资金到位情况进行专项审计调查。审计抽查扶贫资金165.6亿元，延伸审计262个乡镇，入户走访3477个贫困家庭。通过审计，促进统筹盘活资金1.4亿元，促进资金拨付或支出8.3亿元，收回违纪违规资金、上缴财政收入等4.1亿元。

领导干部自然资源资产离任审计。牢固树立“绿水青山就是金山银山”的理念，有效发挥审计监督在自然资源资产管理、生态环境保护和生态文明建设中的积极作用。2019年，组织开展了2市州9县区党政主要领导干部自然资源资产离任（任中）审计，运用遥感影像、地理测绘等现代技术方法，分析找出疑点，重点揭示造成资源损毁、环境污染、生态破坏等方面的突出问题，促进生态环境保护和绿色发展崛起，努力推进建设“山川秀美”新甘肃。甘肃的做法和经验被审计署推广全国审计机关进行交流学习。

财政审计。不断深化预算执行和决算草案、税收征管等审计，重点关注财政收支的真实合法效益、财政资金统筹整合、公务支出及重点专项资金绩效等情况，推动财政资金高效使用。受省政府委托，分别于7月份和11月份向省人大常委会做了审计工作报告和审计整改情况报告，受到省人大常委会的高度评价，认为审计工作认真负责、直面问题、不遮不掩、揭丑亮短、敢于担当，审计工作报告质量明显提高。

民生审计。组织开展了“三农”、医疗、社保等民生资金和项目审计，切实维护群众利益，确保惠民政策落实到位。2019年，组织全省140多名审计人员，采取“上审下”和“交叉审”的方式，完成了对4个市及所属25个县区2018年保障性安居工程审计，审计查出目标任务完成、资金管理、建设程序、分配使用等方面问题202个。通过审计，追回资金1.1亿元，补充安排或盘活资金15.4亿元，取消保障对象资格或调整保障待遇2302户，清退违规分配使用的住房1384套，盘活安居工程住房4143套。各级政府根据审计建议修订完善规章制度，进一步规范保障性安居工程建设管理和使用。

经济责任审计。认真落实《党政主要领导干部和国有企事业单位主要领导人员经济责任审计规定》，采取与预算执行审计、资源环境审计、专项审计等相结合的“1托N”方式，合理配置审计力量，组织对40个党政部门、事业单位和国有企业的65名主要领导干部进行经济责任审计，加大对重大资金、重点项目、重要事项的决策权、分配权、管理权、执行权和监督权的审计力度，有效促进领导干部守法守纪守规尽责。

投资审计。认真贯彻落实审计署《关于进一步完善和规范投资审计工作的意见》，对4个重点项目进行了审计，着力反映投资结构不合理、重复建设、损失浪费等问题，促进规范政府投资项目管理，提高政府投资绩效。对17项外资项目进行公证审计，重点关注利用外资、对外援助、对外投资和境外国有资产管理使用情况，促进提高利用外资质量效益。

企业审计。开展了4户省属大型国有企业审计，完成6户省属国有企业境外资金资产及绩效情况专项审计调查，重点揭示法人治理结构不完善、决策不科学、管控不到位和损失、亏损严重等问题及其原因，为促进实现国有资本保值增值、维护国有资本安全、推动国有资本做强做优做大发挥了重要作用。

【审计管理体制】 始终坚持党对审计工作的集中统一领导。发挥好省委审计委员会办公室的职能作用，提请省委审计委员会及时召开了第一次、第二次、第三次会议，研究部署甘肃审计重大事项。各市县党委全部成立了审计委员会。坚持全省审计“一盘棋”，认真做好“两统筹”，会同审计署兰州特派办印发《关于建立审计工作沟通衔接机制的实施意见》《关于加强甘肃审计“两统筹”工作的实施意见》，成立甘肃审计“两统筹”工作领导小组。积极与纪检监察、组织、巡视等部门（机构）构建会商机制，加强协作配合，整合监督资源，提升监督成效。

【审计质量管控】 加强项目审理，坚持“十查十看”，严把质量关口。对兰州市等5市及所辖10县区审计局审计质量进行了检查，对发现的16类问题进行通报，促进整改落实。开展投资审计“以审代结”专项清理检查，全省共清理地方法规19项。不断完善审计权力监督制约机制，全省制定出台了《审计执法全过程记录办法》等审计业务管理方面的制度1121项。强化内审工作，省厅对120家单位内审机构建设情况和省属金融机构开展了摸底调查，指导健全完善内审制度。发挥优秀审计项目的示范引领作用，全省评出20个优秀和表彰项目。

【审计信息化建设】 积极推进以“金审三期”为核心的审计信息化建设，完成了1100多个预算单位财务账套和业务数据的采集和标准化工作，调查信息系统472个。采取“总体分析、发现疑点、分散核实、系统研究”大数据审计工作模式，加强对多维度、跨行业、跨部门数据的对比分析，有效拓展了审计的广度和深度。运用大数据分析和信息化手段，对国库集中支付、政府采购等情况进行分析，实现了省级一级预算单位年度审计全覆盖。

【审计结果运用】 坚持边审计、边督促整改，定期开展审计整改“回头看”，对审计查出问题逐一盯紧落实。加强与有关部门的协同配合，合力推动整改。加大审计公告力度，在《甘肃日报》、厅门户网站对审计结果和审计查出问题整改情况进行公告。通过督促整改，全省共促进拨付资金101.2亿元，收回违纪违规资金10.4亿元，促进497个项目加快建设进度，问责处理257人。省审计厅在省委督查工作领导小组会议上，就督促审计整改落实工作做了经验交流发言。

【党风廉政建设】 加强全面从严治党，严格落实党建工作责任，扎实推进机关党建标准化建设。从严从实开展“不忘初心、牢记使命”主题教育，在认真学习的基础上，突出解决实际问题，厅领导班子成员领题带队，深入60多个市县联系点、审计点和帮扶点开展富有针对性的调研，形成了一批高质量的调研报告，有力促进了各项工作。坚持用“放大镜”检视问题，用“细筛子”过滤整改，厅领导班子和班子成员检视、查出的问题已全部整改到位。切实抓好常态化党纪党规执行，深化廉政教育，对党员形成经常性的提醒、告诫和监督。加大对重要岗位、关键环节的制约和监督，把风险防控融入审计权力运行的各环节。省厅对厅机关干部开展了全覆盖廉政谈话，对9个审计组廉政情况开展了调研督查。全力推行无纸化办公，精简会议、文件30%以上。

【干部队伍建设】充分发挥厅党组的领导核心作用，严格执行民主集中制，对“三重一大”事项均通过会议集体研究决定，做到科学决策、民主决策、依法决策。积极推进机构改革，省厅新设立10个派出审计局、4个处室，接收转隶人员36名。有力有序推进职级并行，选拔任用处级干部33名，聘用副高级专业技术人员5名，轮岗交流干部56名。加强专业培训，组织全省审计机关开展集中整训，组织参加“审计大讲堂”19期，举办全省财政绩效审计等培训班15期，培训人员4000多人次，选派12名市县审计机关年轻干部赴天津市审计局参加审计实战锻炼，不断提升审计人员的专业能力。

【审计社会影响力】强化舆论引导，利用《甘肃审计》、厅门户网站等宣传阵地，弘扬主旋律，宣传正能量。会同审计署宣传中心举办国家审计进高校宣讲活动，向兰州交通大学300多名师生宣传国家审计和财经法规知识。在《中国审计报》等新闻媒体发表新闻稿件200多篇，《甘肃日报》2次专版宣传报道全省审计工作。在《甘肃日报》、厅门户网站等媒体公告2018年度省级预算执行和其他财政收支的审计结果及整改落实情况，引起了社会各界的关注。全省审计机关向各级党委政府上报审计报告、审计专报等2016篇，领导批示1049篇次，有效提升了审计的社会影响力。

【脱贫攻坚】选派12名优秀年轻干部担任9个联系村第一书记或驻村帮扶工作队长，组织厅机关32个党支部与9个联系村党组织结成共建，夯实基层组织。为帮扶村多渠道争取资金630多万元，帮办实事20多件，重点发展特色养殖种植、小杂粮加工等扶贫产业和项目，着力带动贫困户增收致富。连续4年被省委省政府授予“民心奖”和“组织奖”，3名同志被评为全省优秀帮扶工作队长，2名同志分别被评为全省帮扶工作先进个人、全省脱贫攻坚奖先进个人，1名同志被评为2019年全省“最美扶贫人”。

（刘春瑾）

统计

【党的建设】各级统计部门按照“守初心、担使命，找差距、抓落实”的总要求，加强组织领导，把学习教育、调查研究、检视问题、整改落实贯穿主题教育全过程。一是深入传达学习。我们严格按照省委《关于在全党开展“不忘初心、牢记使命”主题教育实施方案》要求开展学习教育，明确职责定位，提高理论素养，增强工作本领，有力推动了主题教育在统计系统落地见效，更好履行新时代统计职责。二是精心组织实施。制定了《省统计局“不忘初心、牢记使命”主题教育实施方案》，印发学习资料，制作宣传展板和标语，举办全局处以上干部主题教育读书班，围绕党的政治建设、全面从严治党、理想信念等若干专题，进行专题辅导和研讨交流19次，增强了主题教育的针对性、实效性。三是深入实地调研。紧密结合主题教育，针对全面建成小康社会进程和短板开展专题调研，成立5个调研组，对全省10个市州进行实地调研。向省委省政府呈送《牢记初心使命奋力攻坚克难努力与全国一道建成小康社会》调研报告，得到省上领导认可并批示。四是抓好问题整改。认真贯彻执行省委《关于印发“不忘初心、牢记使命”主题教育8个专项整治实施方案的通知》，紧密结合统计工作实际，制定整改方案，认真分解任务，逐项对号入座，指定责任领导、责任处室和整改期限，全面推动问题整改。

【统计改革】着力推进GDP统一核算等重大统计改革。积极推进地区生产总值统一核算改革，确保了全省与市州地区生产总值总量结构和增长速度基本衔接。积极与相关部门沟通协调，形成工作合力，全力抓好“两园”自然资源资产负债表编制工作。不断推进服务业统计改革，做好服务业生产指数试编试算工作。强化相关领域“三新”统计调研，积极开展“三新”统计分析和制度方法研究。积极开展十大生态产业统计监测及核算工作。深入贯彻落实省委、省政府关于推动“十大生态产业”发展崛起的一系列部署，进一步修订完善了“十大生态产业”统计监测实施方案，科学制定了增加值核算办法，顺利完成了十大生态产业统计监测核算工作。同时，开展了生态文明建设年度评价。不断推进地方特色和社会民生统计调查。积极开展“兰白自创区”“兰白科技创新改革试验区”和非公经济等领域的统计监测工作。充分发挥省社情民意调查平台优势，围绕民生、就业等社会热点问题开展15项统计调查，圆满完成国家统计局和省委省政府交办的调查任务。

【经济普查】在省政府的统一领导下，全省上下齐心协力，各部门积极主动参与，聘用近5万名普查指导员和普查员，完成了50多万家法人单位和产业活动单位，77万个体户地毯式单位清查及部分个体经营户普查的现场登记，组织力量对14个市州、42个普查小区开展专项督查和事后质量抽查，客观评估全省普查数据质量，积极配合国务院经普办事后质量抽查组，圆满完成了我省9个县（区）的国家级事后质量抽查验收。同时，完成了农业普查资料开发、总结表彰和第七次全国人口普查前期筹划工作。

【统计服务】认真贯彻落实唐仁健省长调研指示精神，充分发挥“高像素的照相机”和“高精度的扫描仪”作用，紧跟决策需求和工作重点，统计服务能力和水平进一步提升。强化经济形势分析研判。面对错综复杂的经济形势和党政领导更高要求，紧盯中心任务，着力突出统计服务的“快、精、准、细”特点。第一时间上报主要数据和经济运行监测分析，每月汇报经济形势。进一步强化月度、季度、半年、年度主要宏观指标监测的及时性、有效性、针对性，及时发现新变化新问题，主动研判预警。聚焦重大部署、重大政策和热点难点问题，积极开展分析研究。持续加强对工业、投资、贸易、服务业等重点领域、重点企业、重大项目和重要指标的动态监测，通过对微观经济“把脉、问诊、解剖”，实打实“开方”，为破解我省经济急难险重问题出谋划策。编辑出版《数说甘肃辉煌70年》大型统计资料，组织开展新中国成立70年甘肃发展成就系列分析宣传，成功举办甘肃省第十届“统计开放日”活动。及时向社会公众发布经济运行情况，解读经济社会发展形势，有效引导预期。深入开展调查研究。针对经济社会运行中堵点、痛点、难点问题，贴近企业和投资项目一线开展专题调研，通过了解企业的生产经营状况、项目进展过程中存在的问题与困难，主动提供全方位统计咨询服务，做到点面结合、底清事明、心中有数，以深入调研支撑经济运行分析研究。全力做好全面建成小康社会统计监测服务。修订完善《甘肃全面建成小康社会统计监测方案》，并经省政府常务会审议通过，完成了14个市州2015至2017年全面小康监测数据测算，形成甘肃全面建成小康社会统计监测报告，为我省全面建成小康社会提供了优质统计服务。

【依法治统】全系统深入学习贯彻落实习近平总书记等中央领导同志关于统计工作的重要指示批示精神，持续推动中办、国办《关于深化统计管理体制改革提高统计数据真实性的意见》《统计违纪违法责任人处分处理建议办法》《防范和惩治统计造假、弄虚作假督察工作规定》（以下简称《意见》《办法》《规定》）在我省的全面贯彻落实，防范和惩治统计造假、弄虚作假。加大统计法治宣传。多次在省委党校（行政学院）和市州为各级党政领导干部进行《意见》《办法》《规定》和统计法律法规授课辅导，在门户网站和甘肃统计微讯设置专栏，强化统计法治宣传力度，营造良好统计法治环境。推进地方统计立法。省人大常委会审议通过《甘肃省统计条例》。严格统计执法。全系统严肃查处各类统计违纪违法案件95起，88家统计违法企业受到行政处罚。40多名相关责任人受到党纪政务处分。深入开展统计造假专项整治和统计“双随机”执法检查，不断构筑起风清气正的良好统计生态。

【脱贫攻坚】各级统计部门选派驻村干部，配齐配强帮扶力量，加大资金投入和项目协调力度。省局建立常态化帮扶机制，精心制定年度帮扶计划、完善“一户一策”。自筹资金130万元下拨灵台县5个贫困村，聚焦短板弱项，党组强力推动抓督战、拓宽增收渠道抓产业、完善基础设施抓提升、推进民生工作抓保障、围绕六项任务抓清零、健全工作机制抓推进，“两不愁、三保障”全面达标不断巩固，5个村实现全面脱贫。完成2019年贫困人口退出验收收入人均纯收入省级核查认定工作，助推全省脱贫攻坚进程。

【部门统计】2019年，各部门紧紧围绕全省经济社会发展大局和本部门管理需求，不断加强统计工作。省发改委、省财政厅、省工信厅、国家统计局甘肃调查总队等部门积极应对经济运行形势的不确定性出谋划策，主动提供行业分析材料，与我局群策群力一道精准分析研判，为全省经济平稳运行作出了积极贡献；省公安厅、省住建厅、市场监管局、省税务局等第四次全国经济普查领导小组各成员单位积极配合我局开展普查工作；省科技厅和我局联合实施兰白试验区统计监测评价工作；省生态环境厅、省农业农村厅等部门积极支持祁连山国家公园和大熊猫国家公园自然资源资产负债表编制工作；省交通运输厅、省商务厅、兰州铁路局、省通信管理局、兰州海关等部门积极提供行业部门数据。各部门密切合作，全力支持配合国民经济核算，积极探索建立数据共享机制，部门间数据的协调性和匹配性不断增强，形成了政府统计强大合力。

（王玫）

应急管理

【安全生产综述】2019年，全省共发生各类生产安全事故843起，死亡709人，受伤617人，直接经济损失1.64亿元，分别比上年下降11.73%、8.63%、13.22%和14.64%；未发生重大及以上生产安全事故。全省共发生消防火灾7972起，死亡11人，受伤6人，直接财产损失3551.76万元，森林草原火灾25起，过火面积134.29公顷，受害森林面积102.83公顷，未发生较大以上火灾事故。

【自然灾害综述】2019年，全省各类灾害多发频发，先后遭受了低温冷冻、风雹、洪涝、泥石流、滑坡、地震、山体崩塌、干旱、雪灾等多种自然灾害，共造成408.22万人受灾，因灾死亡、失踪21人，房屋倒损2.07万间，农作物受灾27.19万公顷，直接经济损失39.25亿元，全年因灾死亡失踪人数比上年下降74.07%。

【应急管理制度建设】8月，组织起草并提请省委、省政府出台《关于加快建设全省新型应急管理体系的意见》《关于全面加强自然灾害防治能力建设的意见》，确定了新型应急管理体系建设坚持“一个中心”（坚持以人民为中心的发展思想），实现“三大目标”（安全水平巩固提升、应急能力稳步提升、队伍素质显著提升），建设“六大体系”（专业化的安全生产隐患排查和风险防控体系、科学化的企业本质安全体系、标准化的事故灾害防护设施体系、实战化的应急指挥体系、专兼结合的应急救援力量体系、全民性的事故灾害防范教育体系），实施“九大工程”（灾害风险调查和重点隐患排查工程、重点生态功能区修复工程、地震易发区房屋设施加固工程、防汛抗旱水利提升工程、地质灾害综合治理和移民搬迁工程、应急救援中心建设工程、自然灾害监测预警信息化工程、自然灾害防治技术装备现代化工程、全民防灾减灾能力素质提升工程）的总体思路和主要任务，构建了甘肃省应急管理体制改革的制度框架。11月，按照一个体系一个指导意见、一个工程一套实施方案的原则，制定出台了构建“六大体系”的6个指导意见和省应急厅牵头的4项防灾工程实施方案，明确了目标任务、实施措施和责任单位。

【理顺体制机制】全省14个市州、86个县区应急管理局全面组建成立，613个乡镇将原乡镇（街道）安监站更名组建应急管理所，村（社区）安监室更名组建应急管理室。6月，完成省减灾委、省消委会和省防汛抗旱、森林草原防灭火、抗震救灾、防震减灾、地质灾害应急等省级指挥机构成员单位及人员调整。在全国率先实现了安全生产、消防管理、森林防火三个应急指挥平台的联通，基本实现应急部门与水利、自然资源、林草、气象等部门信息系统的互联互通。

【强化安全监管】 1月30日，与全省14个市州政府、34个行业部门签订了安全生产、防灾减灾、应急救援"三位一体"目标责任书。深刻汲取江苏响水"3·21"事故教训，全力确保新中国成立70周年大庆期间安全稳定，持续推进危化、矿山、道路交通、建筑施工等领域专项整治，突出重点时段、重点区域、重要活动，组织开展安全生产大排查大整治大提升、防风险查隐患保安全等专项整治行动，集中消除了一批安全隐患问题。淘汰关闭不具备安全生产条件的非煤矿山30座，对高风险煤矿开展"体检"；为2704辆公交车安装司机安全防护栏，在2621辆"两客一危"车辆上安装智能视频监控报警装置；开展旅游包车专项整治行动；出台《关于加强企业本质安全体系建设的指导意见》，召开全省危化、矿山领域企业本质安全体系建设现场培训会，启动危化、矿山领域企业本质安全体系建设。

【自然灾害应对】 加强与水利、自然资源、气象等部门联合会商、分析研判，建立了预警信息联合发布机制。充分发挥甘肃省预警发布中心作用，分级发布暴雨预警，联合发布地质灾害预警，指导各地部署开展防范救援工作。与省交通厅建立了应急救援车辆执行抢险救灾任务快速通行协同保障机制；与省水利厅积极探索协作联动新模式，建立信息资源共享、重点工作会商、预警信息发布、防汛隐患共查、应急救援联动等五项机制，有效应对了2019年的严峻汛情和抢险救援任务，受到应急部的充分肯定。组织各方力量全力开展抢险救援，下拨各类救灾资金8520万元，及时核查上报灾情，紧急转移安置群众，配发救援预警装备、组织灾后基础设施修复等工作，有效应对了舟曲县东山镇山体滑坡、迭部县达拉乡次哇村山洪灾害、甘南夏河5.7级地震等自然灾害，全年全省因灾死亡人数比2018年下降77%。

【应急能力提升】3月，完成第一批消防员招录1047名，9月完成第二批消防员招录745名，充实了两支专职消防队伍的人员力量，15个省直部门出台甘肃省消防救援队伍优抚优待工作文件，提升综合性消防队伍凝聚力；加大18支矿山危化专业救援队培训力度，推进专业化救援队伍"一专多能"建设；5月，与清华大学、应急部信息研究院、省公航旅、蓝天、方舟、厚天等企事业单位、社会救援力量签订协议，强化了技术支撑，优化了队伍结构。争取国家和省级资金1.2亿元，购买各类救援装备物资2.43万台(套)。采取省市县三级联动，政府、园区、企业三方共建，加强了专兼职救援队伍建设。举办全国救援协调和预案管理工作现场会，开展了甘肃省2019年地震灾害应急救援演练、2019年灾害事故救援联合应急演练；矿山、危化、地震、消防、森林、武警、民兵预备役、社会救援队以及行业部门应急力量演练300多场次；指导全省各级开展各类应急演练1000余场次。

【宣传教育】 8月，出台了《全民性安全防灾教育体系建设指导意见》，实施全民防灾减灾能力素质提升工程。依托兰州资源环境职业技术学院，率先在全国成立甘肃应急管理学院；应急厅与甘肃广播电视总台签订战略合作协议，率先在全国开设了公共应急频道。开设应急安全电视专栏《问安陇原》和应急广播专栏《陇原应急之声》，在"中国·甘肃网"设置应急管理专题栏目。开通"甘肃应急"微信公众号、"甘肃应急发布"政务微博。开办"大学习大培训大提升"应急安全大课堂，邀请知名专家进行10期专题讲座，全省应急系统干部6万余人次参训。加大对高危行业从业人员、驾驶员、农机操作人员、农民工、劳务工等重点人群培训力度，提高了防范事故和避险能力水平。组织开展"安全生产月"活动，开展宣传咨询2600余场，发放宣传资料1500余万份，并于森林草原高火险期，在甘肃卫视频道高频次刊播森林草原防火提示；制作下发防汛预警、安全生产警示等教育片，多层次、全方位开展宣传教育，增强全民安全防范意识和能力。

社会事业

科技

【概况】2019年，全省科技进步对经济增长的贡献率达到52.8%，研究与试验发展经费投入强度1.18%。共登记科技成果1479项，比上年增长25.51%，284项技术成果实现产业化应用，共创造经济效益517.07亿元。共登记各类技术交易合同5921项，技术合同成交额196.42亿元，增长8.59%。争取国家各类科技项目706项，获得资金支持7.94亿元，增长9.97%。高新技术企业数量达到1052家，增长17.28%。新增2家国家级科技企业孵化器。国内首台自主知识产权碳离子治疗系统获批注册上市。1人当选中国科学院院士，2人获得国家杰出青年基金资助。牵头或参与的9项科技成果获得国家科技奖。

【优化创新生态】推进“项目评审、人才评价、机构评估”改革，制定完善有利于创新的评价激励制度，优化科研管理，提升科研绩效。出台《关于深化科技奖励制度改革的实施方案》，发挥科技奖励的激励导向作用，充分调动科研人员科技创新的积极性和创造性。制定科技创新支撑十大绿色生态产业的措施，提高十大生态产业的科技含量，推动全省发展质量变革、效率变革、动力变革。落实《甘肃省支持科技创新若干措施》，兑现奖补事项1407项，下达奖补资金2.84亿元，占年度科技预算资金的57.55%。成立由省政府主要领导任组长、分管领导任副组长的全省科技领导小组，完成机构改革任务，加挂省外国专家局、兰白自创区办公室牌子。

【科技精准脱贫】在全省58个集中连片特困县示范应用综合集成技术和先进实用技术成果，加快推进脱贫攻坚进程。积极与天津、厦门、青岛和福州4个东部对口帮扶市科技管理部门沟通对接，设立东西部扶贫协作专题，初步探索出了一条“输血与造血结合、支援与合作并举”的科技扶贫协作模式。全年引进东部新技术62项，开展人员培训交流612人（次），东部4市支持甘肃科技帮扶资金7385万元，科技计划项目36项，共建研发平台2个。充分发挥省直帮扶康县组长单位职责，聚集项目、资金、技术深入推进帮扶，承担康县脱贫攻坚帮扶工作的单位共落实帮扶资金807.08万元。

【区域经济发展】优化创新政策供给，省委出台支持兰白自创区建设40项具体措施。加大招商引资力度，围绕十大生态产业发展，兰州高新区、白银高新区先后引进（签约）58个项目、总投资约515.49亿元。兰州高新区以“一谷五园”建设为核心，先后与10家企业签约，签约资金总额136.25亿元。兰州、白银高新区获中央支持创新创业特色载体，获得支持资金7700万元。在科技创新的支撑下，2019年，兰白自创区生产总值预计达到391亿元。

【完善科技创新体系】凝练全省在科技创新基地、科技人才待遇等方面的需求，积极争取国家倾斜支持，着力破解我省创新体系效能不足、创新基地体系不够完善等突出矛盾和问题。同时，进一步健全完善省实验室体系，提高科技创新效能，发挥科技创新支撑引领作用，组建了甘肃省同位素实验室、甘肃省敦煌文物保护研究中心、甘肃省黄河水环境重点实验室，为布局建设国家级科技创新基地奠定基础。加快培育新型研发（转化）机构，打通产学研和资本的全链条通道，构建新型创新体系，认定首批新型研发机构11家，培育9家。

【科技经济融合】在重大科技项目布局上，加强与国家科技资源布局的对接，紧密围绕重大决策部署和区域创新需求，集聚优质创新资源；在重大科技项目论证上，优化科技决策机制，组织来自科技界、产业界、金融界的专家，强化“外脑”在科技资源布局中的作用，建立多层次、全方位、高质量的决策咨询机制。围绕十大生态产业提质增效、农业特色产业发展、生态环境保护和可持续发展、“一带一路”科技走廊建设等，组织省级科技重大专项项目17项。编制印发《甘肃省十大生态产业技术引进指南（2019年版）》和《甘肃省十大生态产业省内技术信息服务指南（2019年版）》，梳理了十大类83项技术，为十大绿色生态产业发展提供科技支撑。

【科技创新潜力】深入实施科技成果转移转化直通机制，省科技厅与省财政厅联合印发《落实关于建立科技成果转移转化直通机制的实施意见奖励措施实施方案（试行）》，在定西举办全省科技成果转移转化现场会，对年度促成在甘落地的技术交易合同额达到标准的综合服务平台、服务机构和科技成果转移转化取得良好效益的企业进行奖励，下达2000万元专项奖补资金。搭建科技金融服务平台，中国邮储银行甘肃省分行3年内为全省科技型企业提供200亿元信贷支持。

【科技特派员队伍建设】甘肃作为全国首批科技特派员试点省份以来，科技特派员制度在陇原大地生根发芽，点亮了陇原农村发展的科技之光，架通了产业发展和增收致富的桥梁，是我省做好“三农”工作的重要抓手。

目前，全省共有万名科技特派员活跃在基层一线，实现了6220个建档立卡贫困村全覆盖。坚持以科技人才为主体、以科技成果为纽带，通过人才下沉、科技下乡、服务“三农”，重点在58个集中连片贫困县、17个插花型贫困县和23个深度贫困县开展科技特派员服务工作，不断创新服务模式，切实解决农民群众生产经营中的科技难题，在助力打赢脱贫攻坚和实施乡村振兴战略中取得显著成效。

【组织模式创新】 积极融入“一带一路”建设，制定技术制高点实施方案，支持一批高校、科研院所、企业“走出去、请进来”，与“一带一路”国家开展创新合作，承办完成多期发展中国家技术培训班任务，得到科技部肯定。推进发展中国家杰出青年科学家来华工作计划、政府间合作及科技援外等合作交流项目实施。依托重大项目、重要工程和重点领域开展引才引智工作，推动引进高端外国人才项目提质增效。2019年，科技部批准甘肃省外国专家项目计划11项；2人入选第九批“高层次计划”外专项目。省生产力促进中心与新加坡易通机构签署了共建“新加坡—甘肃引才引智及人员培训平台建设框架合作协议”，双方在平台建设、互访交流、人员培训等方面开展合作，并共同成功举办首届新陇合作创新发展高峰论坛。甘肃省2名外国专家获得中国政府“友谊奖”，7名外国专家获得甘肃省政府“敦煌奖”，受理办结外国人来华工作许可业务423件。

（荣良骥　刘军）

教育

【概况】2019年，全省各级各类学校共1.56万所，在校生501.1万人，教职工41.8万人。其中幼儿园7988所，在园幼儿93.3万人、专任教师4.9万人；普通小学5444所，在校生194.1万人，专任教师14.8万人；普通初中1465所，在校生88.2万人，专任教师8.1万人；普通高中376所，在校生52.6万人，专任教师4.6万人；中职学校205所，在校生18.7万人，专任教师1.4万人；普通高等学校49所，本专科在校生52.3万人，专任教师3万人。学前三年毛入园率93%，九年义务教育巩固率96.2%，高中阶段毛入学率95%，高等教育毛入学率40%。

【不忘初心、牢记使命”主题教育成效】 秉持“守教育报国初心、担立德树人使命”理念，围绕主题教育总体要求和目标任务，结合实际制定《实施方案》，成立主题教育领导小组，建立重点问题厅党组专题研究、关键环节领导小组把关审定、具体任务主题教育办公室统筹推进的工作机制。召开厅党组（扩大）会议8次、理论中心组学习会16次，集中系统学习中央、省委部署要求，组建督导检查组全程指导25个直属单位以主题教育推动各项工作。省委主题教育简报9期、甘肃日报等主流媒体29次报道省教育厅主题教育特色亮点。坚持“找准短板差距、抓好任务落实”做法，用工作成果检验主题教育成效。厅党组确定31个调研主题，深入基层调研形成47篇报告，厅党组班子成员讲专题党课10次，厅系统累计讲党课61次，召开“读书班集中研讨”“调研成果交流”“主要负责人讲专题党课”“对照党章党规找差距会议”“主题教育总结评估大会”“专题民主生活会”7次，制定8个专项整治方案推动解决领导关心、社会关注和群众关切的问题。

【党建思政工作质量全面提升】 出台《关于以习近平新时代中国特色社会主义思想统领教育工作的实施方案》，召开全省高校党的建设工作会议、高校党委书记座谈会、学校思想政治理论课教师座谈会、高校意识形态领域风险防控工作会议，成立高校党建整改工作领导小组，建立高校党委交流互鉴工作机制、落实党建工作重点任务工作责任制、意识形态工作月报告研判及定期通报制度，实施“双带头人”工程，制订《甘肃省高校党建工作重点任务责任清单》《甘肃省教育系统党支部建设标准化工作指导方案》。全年排查、督促整改软弱涣散基层党组织118个；省内高校专任教师党支部书记“双带头人”配备867人、比例达到91%；推荐党建示范高校3所、标杆院系11个、样板支部55个参加第二批国选；培育创建2788个标准化支部联系点、1142个先进党支部；举办“双带头人”、中小学党支部书记、市县教育行政部门党务干部、高校党组织书记、藏区中小学党支部书记示范培训班8期，集中培训740余人次；省领导在联系高校作形势与政策报告近20场次，启动“甘肃省高校思想政治理论课名师工作室”计划，高校思政课专兼职教师1894人、师生比1∶287，专兼职辅导员6266人、师生比1∶140。

【教育扶贫】研制“甘肃省控辍保学动态监测信息管理系统”，完善省市县校四级联动控辍保学机制，辍学学生基本都已回校上学。采取单独编办、普职融合等方式分类施教，探索形成了劝返复学和教育质量“双提升”的有效模式，中央巡视和国家督查反馈问题整改全部完成。着力夯实贫困地区教育发展根基，“全面改薄”校舍建设面积和设备采购资金均100%完成五年规划任务，义务教育阶段学校全部达到国家“20条底线”要求。“温暖工程”543个项目全部完成，“周转宿舍”40个项目开工率100%，解决了1025所中小学33万余名师生的采暖问题和127所学校5.6万名教师的住宿问题。“三区三州”项目重点新建、改扩建58所民族地区农村寄宿制学校。精准实施“两类学校”建设方案，全年安排乡镇寄宿制学校414所、乡村小规模学校807所。投入35.17亿元启动实施义务教育学校薄弱环节改善与能力提升项目，农村教育办学条件大幅改善。精准到人资助体系实现全覆盖，建立起从学前教育到高等教育的全学段、全过程、全覆盖的资助体系，全面构筑起了阻止因学致贫、因学返贫的“防火墙”。2019年落实免、奖、助、补资金54.16亿元，惠及学生270.98万人（次）。

【教育体制机制改革】 2019年承担省上涉及教育的改革事项共6项，完成5项，1项高考综合改革正在推进。制定《甘肃教育现代化2035规划纲要》

和《甘肃省加快推进教育现代化实施方案（2019—2023年）》，确立加快教育现代化进程的发展框架。出台深化学前教育、义务教育、职业教育、高等教育改革的系列政策文件，系统推进育人方式、办学模式、管理体制、保障机制改革。修订《敦煌艺术学院筹建框架方案》，完成甘肃政法学院更名甘肃政法大学、兰州航空工业职工大学移交甘肃广播电视大学、甘肃中医药大学增设附属医院、培黎国际职业学院（筹）申报等工作，优化教育结构布局工作步入新阶段。稳步推进考试招生改革。成立甘肃省高考综合改革领导小组，修订《甘肃省深化高等学校考试招生综合改革实施方案》《甘肃省普通高中学业水平考试实施办法》等推进高考改革的政策文件，奠定深化高考综合改革的基础。推进“放管服”改革，梳理形成省教育厅“监管事项目录清单”和“监管事项检查实施清单”，开展证明事项清理，实现证明事项清单化管理，逐步完善政务服务一体化平台建设。

【教育公平发展水平】推进学前教育普及普惠发展，出台《关于学前教育深化改革规范发展的实施意见》《甘肃省城镇小区配套幼儿园治理工作方案》《甘肃省普惠性民办幼儿园认定扶持管理办法》，督促整改配套幼儿园569所省级示范性幼儿园累积达到95所。推进义务教育均衡优质发展，出台《甘肃省义务教育学校办学标准》《关于深化教育教学改革全面提高义务教育质量的实施意见》《甘肃省中小学地方课程教材和教辅材料整体调整更新工作方案》《关于做好中小学生课后服务工作的实施意见》，基本实现年度消除“大班额”工作目标。推进普通高中教育内涵发展，实施高中阶段教育普及攻坚计划，投入资金3.81亿元改善133所普通高中学校办学条件。制定《甘肃省普通高中新课程新教材实施工作方案》，省级示范性普通高中累计达到65所，普通高中特色实验校累计达到100所。推进职业教育创新性发展，3所高职院校入选“双高计划”，2所高职院校进入全国学生管理和实习管理“50强”，1所高职院校入选年度50所全国创新创业典型经验高校。推进高等教育高质量发展，制定《关于振兴本科教育提高人才培养能力的实施意见》《一流本科专业建设规划方案》《关于加快推进甘肃省高等学校“双一流”特色建设工程的意见》，实施“全面振兴本科教育攻坚行动”、高等学校教学质量提高工程和“双一流”特色建设工程，兰州大学成为全国31所学位授权自主审核单位之一，兰州财经大学、天水师范学院、甘肃医学院分别新增为博士、硕士、学士学位授予单位。推进民族地区教育跨越发展，下达全省少数民族地区教育特殊补助专项资金、藏区“9+3”项目和“内地班”补助资金1.02亿元。完成883名少数民族高层次骨干人才硕士研究生的报考、复审等工作，实施藏区“9+3”免费中职教育和内地民族班扩招工程。促进民办教育规范健康发展，出台《关于规范校外培训机构发展的实施意见》，规范学科类校外线上培训活动。推进特殊教育普及融合发展，投入特殊教育补助资金1700万元改善39所特殊教育学校14个特殊教育指导中心教育教学条件。

【素质教育】加强社会主义核心价值观教育，以社会主义核心价值观为引领的大中小幼一体化德育体系基本建成。全年评选普通高校“三好学生”1200名、优秀毕业生1400名。创建国家级中华优秀传统文化传承基地3个、全国中小学中华优秀文化艺术传承学校44所、德育示范校1000所、快乐校园示范校1000所、乡村学校少年宫615个、全国文明校园先进单位207个、省级文明校园325个。强化体卫艺教育。省政府与教育部签署《全面加强儿童青少年近视综合防控工作责任书》，出台《甘肃省综合防控儿童青少年近视实施方案》，成立甘肃省青少年儿童健康成长指导中心，建立全省中小学生健康体检信息管理系统，创建全国校园足球改革试验区2个、全国校园足球试点4个、全国校园足球特色学校794所（中小学632所、幼儿园162所）、全国青少年校园篮球特色学校30所。成功举办甘肃省首届学生合唱艺术节暨庆祝新中国成立70周年合唱音乐展演、甘肃省首届高校音乐美术学生基本功展示活动，促全省中小学校按标准基本开齐了音体美和书法课程，对全省23个深度贫困县百名乡村美育教师进行专项培训，高雅艺术进校园活动覆盖各级各类学校。依法加强语言文字工作。召开2019年推普脱贫攻坚推进会暨全省语言文字工作会议，完成省语言文字工作委员会委员调整工作，2018年全省普通话普及率达80.9%，全省语言文字规范化示范校1206所（国家级36所），标准化普通话测试站（点）71个（高校34个）。

【服务经济社会】增强服务产业发展能力。出台《甘肃省教育科技赋能文旅产业实施方案》，成立甘肃省教育科技赋能文旅产业工作领导小组，兰州大学、河西学院和甘肃农业大学成立3个乡村振兴研究院或学院。高起点谋划兰州榆中生态创新城教育布局。印发《甘肃省职业教育助推绿色生态产业发展实施方案》《深化职业教育改革服务全省经济社会发展行动计划（2019—2022年）》，主动服务甘肃“十大生态产业”发展。组织高校立项22项产业支撑项目，我省高校在全国第五届“互联网+”大学生创新创业大赛中获得了1金2银14铜的好成绩，实现金奖零的突破。着力提升高校研发能力。由高校牵头完成的45项科研成果荣获2018年甘肃省科学技术奖励、占全省总数的30%，2019年全省高校共获得国家自然科学基金437项、较2018年增长2.1%，获得国家社科基金93项、较2018年增长22.9%。出台“黄金30条”，支持高校和地方企业围绕产业联合科技创新，校企合作研究项目8000多项，拉动经济效益100多亿。制定《甘肃省职业教育校企合作实施方案》，省级行业型职教集团达到26个。提高大学生创业就业质量。实施大学生就业创业能力提升工程，安排5000万元专项经费，在27所院校实施66个就业创业项目。为贫困家庭大学毕业生提供3个以上就业岗位，2019年全省高校毕业生初次就业率为75.05%，较2018年同期增长 0.13 个百分点，建档立卡贫困家庭大学毕业生初次就业率为 80.51%。2019 年高校大学生入伍人数超任务数 784 人，任务完成率 127.51%。

【对外开放合作】教育协作领域有新拓展。北京大学、清华大学等 11 知名高校与我省建立战略合作关系。推动四川、海南省高校与甘肃省高校开展务实合作，签署甘肃与重庆、内蒙古教育合作专项行动计划。推进“一带一路”教育行动，成功举办 2019 年“一带一路”高校联盟论坛，联盟成员 173 个，涵盖亚、欧、非、北美等 27 个国家和地区。召开 2019 年中小学校长国际论坛暨“百校结好”项目推进会，成立甘肃省白俄罗斯研究院，组织中小学骨干教师和省内有关高校本科生分赴新加坡、俄罗斯进行培训深造，2019 年在甘留学生 3036 人。在甘留学生达 3530 人。国家公派出国留学项目录取我省 142 名业务骨干。全省高校举办的孔子学院达到 6 所。甘肃中医药大学建成 8 所“岐黄中医学院”。

【服务保障体系】全面加强新时代教师队伍建设。出台甘肃省高校、中小学、幼儿园教师违反职业道德行为处理办法实施细则（试行），将所有贫困县农村幼儿园教师纳入乡村教师生活补助范围。全年投入 3.68 亿元为近 17 万乡村教师发放生活补助，人均月补助标准达到 400 元以上，部分县区教师月补助标准超过 1000 元。全省 86 个县区的义务教育教师工资收入水平已全部达到不低于当地公务员平均工资收入水平的法定要求。召开全省庆祝第 35 个教师节暨优秀教师表彰大会，表彰全国教书育人楷模 1 名、全国模范教师 17 名、全国优秀教师 31 名、全国教育系统先进工作者 2 名、全国优秀教育工作者 3 名。全省基础教育领域陇原名师 185 名、名师工作室 141 个，省级特级教师 1272 名、学科带头人 300 名、骨干教师 2896 名、农村骨干教师 9812 名、特岗教师 40920 名，高等教育领域职业教育名师工作室 30 个、教学名师 214 名（国家级 7 名、省级 207 名）。创新农村中小学教师补充机制，推进义务教育教师“县管校聘”改革，探索“互联网 + 支教”等方式，实行学区走教和银龄讲学计划等制度，选派 2679 名优秀教师到“三区”乡村学校完成为期 1 年的支教。以教育信息化促进教育公平。实施“以教育信息化促进教育公平”的教育厅长突破项目，全省中小学互联网接入率达到 97.25%。坚持经费只增不减。争取中央财政下达我省 2019 年度教育专项经费 109.25 亿元，较上年增加 3.25 亿元，2019 年全省一般公共预算安排教育经费 564.75 亿元，较上年年初预算增长 39.06 亿元（增幅 7.43%）。顺利实施省级教育系统事业单位公务用车制度改革。开展资产清查，分类组织实施土地、房屋等特定资产统一权属登记。积极开展省属高校所属企业体制改革试点工作，清理关闭、脱钩剥离和保留管理企业 40 户。完成 2019 年《省政府工作报告》中涉及省级教育系统 8 户小微企业的关闭注销、保留管理和暂缓注销工作。

【教育治理和安全管理】完善法治教育体系。制定全省教育系统 2019 年普法责任清单，开展教育普法和“法治进校园”工作，推行全省检察机关领导干部联系学校制度，法治副校长配备率达 91.37%。出台《甘肃省专门学校与专门教育建设实施意见》，成立甘肃专门教育指导委员会，专门学校建设工作迈上新台阶。“一校一章程”在全省中等职业学校实现全覆盖，核准 29 所高校《大学章程》，7 所民办性质高校均制定学校章程，中小学校“一校一章程”建设全面启动。全省大中小学校均设立法治教育专门课程，加强教育督导力度。出台《甘肃省教育督导办法》，完成清水、漳县等 11 个县义务教育均衡发展省级督导评估，组织兰州市安宁区、临夏州积石山县等 10 个县区完成 2019 年全国义务教育质量监测，组织全省 10 个样本县 194 所样本校、5799 名学生、1611 名教师参加全国义务教育阶段学生语文和艺术学习监测。推荐 5 名第十一届国家督学和 4 名特约督导员。安全稳定管理工作持续加强。成立教育系统学校安全稳定工作、国家安全工作等专门领导小组，制定实施健全学校安全管理工作机制的意见、学校安全稳定工作责任制实施细则、中小学欺凌综合治理实施方案及责任分工、教育系统扫黑除恶专项斗争工作方案等。全省教育系统各类涉生安全事故比 2018 年下降 10.5%，安全稳定大局持续向好。

（张永华）

文化旅游

【概况】2019 年，甘肃省文化旅游行业坚持以习近平新时代中国特色社会主义思想为指导，深入贯彻党的十九大和十九届二中、三中、四中全会精神以及习近平总书记对甘肃重要讲话和指示精神，抢抓“一带一路”战略机遇，认真落实省委省政府安排部署，精准发力、攻坚克难，深入推进文旅融合，持续放大文化旅游业综合效应，着力推动文旅产业提质增效高质量发展。2019 年，全省共接待游客 3.74 亿人次，实现旅游综合收入 2680 亿元，分别比上年增长 24% 和 30%。

【行业规模】2019 年，全省新增文化市场经营场所 300 家，文化市场经营主体达到 565O 家。其中，互联网上网服务营业场所 2301 家，经营性互联网文化单位 152 家，娱乐场所 2153 家，演出单位 533 家，艺术品经营单位 511 家。全省新增旅行社 75 家、星级饭店 9 家、导游人员 1210 名，截至 2019 年底共有旅行社 652 家，星级饭店 402 家，执业导游人员 10179 名。

【一会一节】第四届丝绸之路（敦煌）国际文化博览会和第九届敦煌行 · 丝绸之路国际旅游节首次联合举办，7 月 30 日在甘南州合作市精彩开幕，8 月 31 日在敦煌市圆满闭幕。“一会一节”期间举办“论、展、演、游、贸、创”6 大类 23 项主体活动，来自 44 个国家和地区的 1000 多名中外嘉宾出席相关活动。全省各地相继举办“交响丝路 · 问道崆峒”文化旅游节、陇南乞巧女儿节、天水伏羲文化旅游节等 30 多项活动，接待游客 5174 万人次，实现旅游收入 405.6 亿元。节会品牌运营成效明显，与中国银行甘肃分行等10多家金融机构和企业达成战略合作伙伴关系，合作金额达到2000多万元。“一会一节”荣获2019年度博鳌国际旅游奖年度节庆活动榜大奖，被文旅部赞誉为文旅融合的典范。

【国内旅游市场】“交响丝路·如意甘肃”品牌影响力不断扩大。“交响丝路·如意甘肃”彩车被国庆70周年庆祝大会服务保障和群众游行指挥部授予“创新奖”。全年组团参加国际旅游交易会、2019青海文化旅游节暨中国西北旅游营销大会、2019西安丝绸之路国际旅游博览会等重要节会；与中国铁路兰州局集团公司、东航甘肃公司等对接，拓展重庆、成都、上海、广州、杭州等重点客源市场；持续开展“丰收了·游甘肃”冬春旅游惠民活动，协调全省300多家A级旅游景区、400多家星级酒店和旅游企业实施优惠政策，策划推出200多项文化旅游主题活动，“丰收了·游甘肃”荣获“2018中国旅游影响力营销推广活动TOP10”大奖、首届中国黄河旅游文化奖活动奖。《如意甘肃》文旅宣传片荣获2019年度博鳌国际旅游奖年度宣传片榜（形象片榜）大奖。

【入境旅游市场】2019年，全省接待入境旅游者19.82万人次，比上年增长98%；实现旅游外汇收入约5904.6万美元，增长108.7%。其中，外国人11.37万人次，增长99.84%；香港同胞3.02万人次，增长76.71%；澳门同胞0.66万人次，增长158.55%；台湾同胞4.77万人次，增长102.37%。大力实施请进来、走出去、线上线下精准营销，赴日本、韩国及欧洲、东南亚等20多个国家和地区开展系列文旅推介交流活动。邀请香港华商旅游协会“一带一路”丝绸之路黄金段同业考察团、台湾旅行商媒体踩线团、中国国际电视台阿拉伯语频道栏目组等来甘肃考察踩线，拍摄纪录片《盛境甘南》等专题宣传片。

【乡村旅游和旅游扶贫】充分发挥甘肃省作为“三区三州”旅游大环线联盟秘书处作用，联合举办“三区三州”旅游大环线线路推介、“美丽战胜贫困”工作论坛、少数民族文艺展演和旅游商品展销等活动，协调开行“三区三州”旅游大环线旅游专列。开展示范村绩效评估，着力推进乡村旅游高质量发展。与天津市文旅局签订《关于深化甘肃与天津文化旅游业合作发展的协议》，协调指导陇南、临夏、定西与各自对口帮扶城市对接签订文旅合作协议，培育开通航线、举办推介会，扎实推进东西部文化旅游合作。切实发挥扶贫组长单位作用，下拨文旅专项资金1200多万元支持帮扶永靖县培育壮大合作社、发展乡村旅游。2019年共安排专项资金1.2亿元，重点推进268个乡村旅游示范村建设。新发展旅游专业村271个，建成示范村121个，其中12个示范村被国家文化和旅游部列为首批全国乡村旅游重点村。培育乡村旅游合作社151个，乡村旅游民宿652家，农家乐2500户，完成深度贫困地区旅游扶贫培训6000多人次。全省乡村旅游接待人数1.07亿人次，实现乡村旅游收入220亿元，通过发展文旅产业带动15.2万人脱贫。

【文化扶贫】争取总投资3.772亿元的首批文化旅游提升工程中央预算内投资支持扶贫项目31个，争取中央补助地方建设3378万元，完成1689个贫困村（深度贫困村全覆盖）乐器、音响设备配送；争取中央补助地方建设资金935万元，完成全省155个贫困乡镇、64个贫困村公共数字文化设备配送。

【全域旅游】督促指导全省32家国家级、省级全域旅游示范区创建单位加快推进创建，争取国家旅游发展基金900万元支持全域旅游示范区项目建设。指导敦煌市创建为首批国家全域旅游示范区，金川区、玉门市、庆城县、两当县认定为首批省级全域旅游示范区，酒泉市等5市（州）完成全域旅游发展规划编制工作。督促各市（州）做好A级旅游景区环境卫生治理，全力推进全省文旅系统全域无垃圾工作。

【红色旅游】组织开展“讲好红色故事、传承红色基因”为主题的全省红色旅游创新融合发展行动，会同省委党史研究室、省委党校等单位编制俄界会议旧址红色旅游经典景区陈展大纲和形式设计方案，培育形成红色主题鲜明、内涵丰富、形式多样的复合型旅游产品和线路。

【旅游厕所建设】持续推进旅游厕所建设，争取国家项目经费420万元，积极实施“厕所革命”新三年计划。全年共建成816座旅游厕所，超额完成文化和旅游部下达任务。

【招商引资】协调世界银行为甘肃丝绸之路经济带文化传承创新发展项目提供贷款1.8亿元。积极推进大敦煌文化旅游圈等重点项目和省列13个重大项目建设。充分利用“一会一节”、兰洽会、绿公司年会、非公经济论坛、招商引资大会等平台加大招商引资，签约重大文旅项目69项，开工38项，到位资金50亿元。

【旅游景区建设】张掖七彩丹霞晋升为国家5A级景区，3家景区被评为省级旅游度假区。完成祁连山自然保护区25个旅游设施项目分类整改和生态环境修复。配合省交通厅加快全省4A级以上景区连接道路提等改造，新建自驾车（房车）营地42个，其中建成19个，正在建设23个。

【旅游服务质量提升】以高质量发展为目标，积极开展张掖市创建全国旅游标准化示范城市工作，系统提升并带动了城市旅游标准化服务水平。举办全省第四届旅游星级饭店服务技能竞赛，4万余名饭店职工以岗位练兵方式参加竞赛，有力促进了服务质量提升。印发实施旅游行业服务质量提升行动方案、诚信经营建设实施方案，较好促进了全行业高质量发展。

【智慧旅游建设】“一部手机游甘肃”公共服务平台荣获第四届中国文旅产业巅峰大会文化和旅游产业年度突出贡献奖。“一包如意走丝路”上线“双十一”天猫电商平台。甘肃省文化和旅游厅荣获腾讯全球数字生态大会“数字文旅先锋奖”。甘肃文旅大数据中心完成4A级以上景区和涉旅行业数据接入，6个市（州）、22个县建成文旅大数据中心。全域旅游“内容云”，数字节会、演艺、非遗、图书馆、博物馆及数字莫高窟建设加快推进。

【文艺创作与活动】省文化和旅

游厅荣获第十二届中国艺术节“演艺及文创博览会优秀组织奖”。全省召开艺术创作工作会议、剧本研讨会。张掖市七一剧团创排的秦腔《民乐情》先后获得第29届上海白玉兰戏剧表演艺术奖“主角提名奖”“配角奖”和“第十六届文华大奖提名剧目奖”。“春绿陇原”展演61台剧目、108场次演出，现场9.7万人、网络直播7052万人次关注，4次位居全国现场直播周排行榜第一名。《丝路花雨》《又见敦煌》《回道张掖》《乐动敦煌》《黄河之上·多彩白银》等文化旅游驻场演艺逐步常态化。“绝色敦煌—文化时尚秀”惊艳亮相英国伦敦第十五届世界华商大会。2019年全省旅游演艺演出2000场，总收入2.5亿元。

【公共文化与服务】甘肃简牍博物馆开工建设，平凉市、武威市博物馆新馆建成开放。在国家博物馆举办“丝路孔道——甘肃文物菁华展”，展出全省42个文物收藏单位精品文物516件（套）。各级博物馆、纪念馆新推陈列展览15个、举办主题展览330多个，累计接待观众近3000万人次。举办庆祝中华人民共和国成立70周年暨甘肃省第五届群星艺术节活动，以“文艺轻骑兵”“全民阅读日”“漂流图书”等为主要载体，推动农村文艺生活固定化、常态化。全省专业院团开展演出2100多场，服务群众188万多人次，各级文化馆（站）举办文化艺术展演培训1.8万余场次，服务群众1000多万人次。各级图书馆外借图书660多万册，组织各类知识讲座、读书演讲2000余场次，网站点击量530多万人次，服务群众770多万人次。

【市场管理和安全生产】全年开展5轮次文化旅游市场秩序和安全生产明察暗访和交叉检查，深入开展扫黑除恶专项斗争工作，检查各类场所14722家，摸排问题线索371件，从严从实推进整改落实。强化对旅游客运企业、游乐设施等重点领域隐患排查整治，派出检查组245个，检查文化旅游企业4777家，排查隐患1399条，完成整改1281条，限期整改118条；组织6次安全教育培训和应急演练，发布警示提示70条。紧盯旅游旺季、国庆70周年大庆等重点时段，与省交通厅、公安厅联合开展旅游包车专项整治行动。推进“九项重点工程”建设工作，向文化和旅游部上报170个自然灾害防治重点建设项目。

【对外文化交流】2019年组团赴20多个境外甘肃客源市场开展文旅推介交流活动，开展对外和对港澳台文化旅游交流合作项目133起。2019年“欢乐春节”演出活动共组派全省文艺院团6个演出团组230多人，赴保加利亚、新加坡、泰国、以色列等9国16个城市，举办专场文艺演出、非遗展览、迎春巡游、新春招待会、团拜会、华人华侨新春晚会和新春慰问等系列活动，演出80余场，观众达20余万人次。借助部省年度合作平台，与特拉维夫中国文化中心全面开展部省合作计划，组派出访项目10起，接待中心选派来访项目4起，先后在以色列举办剪纸、武术、少儿画培训、甘肃非遗展演、牛肉面制作展示、文旅资源图片展览、民族交响乐和歌舞演出、数字敦煌展和“朝圣敦煌”中国画展等系列活动，组织接待中心伙伴团、中心优秀学员团、以色列艺术家团访甘活动。组派省内文艺团组赴阿富汗、巴基斯坦、匈牙利、斯洛伐克、波兰等国参加中国驻外使馆庆国庆文艺演出活动；赴以色列、西班牙、意大利、希腊执行中宣部“相约千年·魅力丝路文化行”系列文化访演活动；在中阿合作论坛期间举办“数字敦煌”展览；指导拍摄“莫高窟与吴哥窟对话”纪录片并在甘、柬两地首映，成为2019年中柬文化旅游年重点展演内容。

【文化旅游产业】大力实施“文旅+”战略，催生一批新产品和新业态集群。开发溪谷漂流、农事体验、民俗演艺等多种融合产品。成功举办商学院丝绸之路戈壁挑战赛、第二届黄河石林百公里越野赛暨山地马拉松赛事等品牌旅游赛事。嘉峪关、平凉、定西、甘南、宕昌等多市（县）进入国际国内各类旅游品牌榜单。持续提升敦煌文化产业园等9个国家级文化产业园区基地、26个省级文化产业示范园区基地建设水平。

【文物保护】加强文物保护，颁布实施《甘肃省长城保护条例》，积极落实《甘肃省文物安全管理办法》。全省新增国保单位22处，总数增至152处。推进长城、长征国家文化公园建设，启动以全国首批革命文物保护利用片区庆阳市7县为重点的革命文物保护利用工程建设。完成40余项重大基本建设工程中的文物考古调查工作。投资2.8亿元实施150个重点项目，文物保护状况持续改善，“三防”水平显著提升。开展考古勘探发掘项目16项，天祝吐谷浑王族墓葬列入“考古中国”重大发现。夏河县丹尼索瓦人考古研究入选2019年度世界十大考古发现。敦煌研究院名誉院长樊锦诗获“文物保护杰出贡献者”国家荣誉称号。

【非物质文化遗产保护】制定《甘肃省级文化生态保护区管理办法》。启动《甘肃非遗辞典》编纂和省级传统工艺振兴目录的遴选、编制工作。2019年“非遗过大年文化进万家”活动组织各类非遗展演展示、民俗活动205项、1300多场次。联合陕西、宁夏、青海、新疆文旅厅在敦煌共同举办“丝路记忆·西北五省区非遗展演”暨2019年甘肃省非遗宣传展示等活动，组织参加山东济南市百花洲非遗扶贫展销活动、广州“文化和自然遗产日”活动。积极协调支持建成非遗扶贫就业工坊106家，开发非遗文创产品64861个，订单量突破23.5万元，50%以上产品上线销售，非遗成果市场化转换步伐加快。

【文化旅游商品】全力推进文创产品研发，扶持小微文化企业30多家。组织企业参加2019第11届中国国际旅游商品博览会，参赛商品获奖排名全国前3位。在第六届四川国际旅游交易博览会上，甘肃省60个系列商品获3金4银13铜，奖项总数排名全国第5位。

（张萌　戚炯德）

卫生健康

【概况】2019年，甘肃省卫生健康委认真学习贯彻党的十九大精神，全面落实习近平总书记视察甘肃重要讲话和指示精神，确立了“以‘优省市、强县区、活乡社、稳村组’为手段，优化体系链条”和“以‘强管理、重规范、优服务、抓细节、补漏洞、提质量’为手段，优化服务链条”的工作思路，聚焦影响卫生健康事业不平衡、不充分发展的突出问题，全省卫生健康系统上下齐心、步调一致，以同样的标准规范、同样的严谨细致推动工作落实，取得了较好成效。

【健康扶贫】2019年是脱贫攻坚决战决胜、全面收官的关键之年，全省卫生健康系统紧盯脱贫验收标准敢死拼命、奋发作为，健康扶贫各项工作取得实质成效。全面完成冲刺清零任务。在全面摸排基本医疗有保障突出问题的基础上，建立全省短板问题台账。通过腾挪、新建、改建、扩建等途径解决村卫生室缺口；通过全省乡村医生资格考试等“四个一批”（培训考试选拔一批、面向社会招录一批、乡镇卫生院派驻一批、县域内调剂补充一批）措施补齐合格村医缺口；按照查漏补缺，填平补齐的原则，健全乡镇卫生院科室设置、配齐合格医生和基本医疗设备；通过重新评审县级医疗机构等级确保达到标准要求。全省1801个行政村卫生室完成了分类建设，1154个行政村配备了合格村医，247个乡镇卫生院完成了科室设置任务，5个乡镇卫生院配备了合格执业（助理）医师，73家县级公立医院完成了等级评审，16家县级公立医院专业科室配备了合格执业医师，全省县、乡、村医疗机构和人员“空白点”全面消除，基本医疗有保障（医疗部分）冲刺清零任务全部完成。东西部协作和组团式帮扶成效明显。天津、福州、厦门和青岛4市派出813名专业技术人员在全省10个市州及58个县区医疗卫生机构开展蹲点帮扶和巡回诊疗，开展门急诊26.66万人次、手术6669台次，培训医务人员3.6万人次。省内及天津市、军队三级医院对口帮扶63家贫困县县级医院，从医院管理、薄弱学科和区域医学中心建设、技术提高、人才培养等多方面进行深度帮扶，实现贫困县医院从“输血”向“造血”转变，当地医疗服务能力得到快速提升。全力开展贫困人口大病救治。农村贫困人口大病救治病种增加至25种，全省救治39112人，救治覆盖率达99.93%。实施“光明扶贫”工程项目，为7278名建档立卡白内障患者免费实施白内障手术。

【医药卫生体制改革】紧紧围绕解决看病难、看病贵问题，坚持保基本、强基层、建机制，深入推进医疗、医保、医药联动改革，推动医改成效惠及人民群众。统筹推进区域综合医改试点。在白银、庆阳2市及成县、甘谷等7县区统筹推进区域综合医改试点工作，从政府投入、人事编制、薪酬制度、药品采购、医保支付等方面破解医改中的堵点难点问题。积极开展现代医院制度建设试点。在全省45家医院开展试点工作，从加强党的建设、落实政府办医、放开用人自主权、实行绩效管理等方面推动建立现代医院管理制度，全省29家医院开展三级公立医院绩效考核，213家二级以上医院全部完成现代医院管理章程制定。巩固完善基本药物制度。全面执行新版国家基本药物目录，开辟阳光挂网绿色通道，基本药物全部纳入阳光采购。坚持基本药物主导地位，建立完善优先使用激励机制，不断提高各级医疗机构使用比例。发挥部门会商联动机制作用，加强短缺药品监测预警，健全药品储备制度，完成药品储备163种，保障临床必需和短缺类品种供应。

【医疗服务体系建设】通过做优省市、做强县区、做活乡社、做稳村组，优化体系链条，医疗资源供给能力不断提升。启动新一轮医院等级评审，组建省级评审专家库，促进医疗机构管理体制和功能定位全面提升。开展省级医疗卫生重点学科评审，对41家单位、288个学科进行集中审核，确定省级重点学科及学科带头人，在学科发展、项目经费支持方面予以倾斜。推动急需紧缺人才引进工作，会同组织、人社等部门出台《关于加强和改进全省卫生健康人才引进工作的通知》，落实公立医院用人自主权，全省各级医疗机构自主引进高层次及急需紧缺人才794名。投入2.62亿元支持建设临夏市等6个深度贫困县县级医院建设项目，投入7000万元建设56个深度贫困县妇、儿、急、神等薄弱学科，支持58个贫困县建成影像、心电、病理、检验、消毒供应等县级区域医学中心，有效提升县级医院综合服务能力。全面推进乡村一体化，乡镇卫生院对村卫生室行政、业务、人员、药械、财务、绩效考核“六统一”管理，全省乡村一体化管理率达到94.39%。全面推行绩效工资制度，充分调动医务人员积极性，激发机构运行活力，基层医疗卫生机构绩效工资制度占比为94.02%。组织全省乡村医生资格考试，考试合格人员中有1872人聘用到村医岗位，面向社会招聘349名持有相关执业资格证人员、由乡镇卫生院选派588名持有相关执业资格证人员到村卫生室执业，确保全省所有行政村有合格村医。全面落实乡村医生准入、退出、培训、养老和在岗待遇政策落实，在岗村医养老保险购买率、离岗村医养老补助发放率分别为95.09%、99.28%，解决了村医后顾之忧。

【医疗服务质量】通过强管理、重规范、优服务、抓细节、补漏洞、提质量，不断优化服务链条，提升服务质量。按照现代医院管理章程建立了权责清晰、管理科学、治理完善、运行高效、监督有力的管理制度。强化学科管理，以重点学科建设为龙头，提升学科发展质量，推动医疗、科研全面发展。推行三级医院总会计师制度，全面开展全成本核算和预算管理，实行精细化经济管理。加强医德医风和行业作风建设，增强依法执业、依法行医、廉洁行医意识，树立风清气正的行业风气。出台了《关于加强三级公立医院绩效考核工作的实施意见》《2019年全省医疗管理工作要点》《加强省级医疗质量控制中心管理工作方案》《关于进一步规范基本公共卫生服务项目工作的通知》《提升基层医疗机构服务质量实施方案》《甘肃医疗卫生机构医疗卫生人员行业作风违规问责管理办法（试行）》等系列规范性文件，狠抓落地落实，确保制度规范、行为规范、诊疗规范、服务规范。实施进一步改善医疗服务行动计划，完善预约挂号系统，全面提供分时段预约诊疗、智能导医分诊、候诊提醒等线上服务，预约诊疗时段精确到1小时以内，专家门诊号源网上开放比例达85%。加快推广居民电子健康卡，全省发卡量突破1347.39万张，覆盖75%以上公立医院，运用电子健康卡探索打通就医“最后一公里”这一典型经验做法被国务院办公厅通报表扬。制定省、市、县、乡四级医疗机构500个分级诊疗病种临床路径，明确标准化治疗模式与程序。在省人民医院等3家省级医疗机构和会宁、庄浪等县级医院开展DRGs（按疾病诊断相关分组）试点，实施差别化支付政策。开展医疗质量专项督查行动，对发现的问题限期整改。综合运用公立医院绩效考核、“千分制”等考评结果，建立健全考评结果与医疗机构等级评审、签订医保定点协议、重点专科设置、财政补助、负责人晋升和奖惩等挂钩机制。通过加大监督力度，填补管理漏洞、服务漏洞、监管漏洞，防隐患于未然。加强质量管理工作领导，设立医疗质量管理委员会和医疗质量管理小组，明确医疗机构主要负责人为质量管理第一责任人，建立质量追究机制。加强质控中心建设，督促发挥质量指导、监管的作用，健全完善医疗质量控制体系。开展医疗质量专项督查，发现问题限期整改，责任事故严肃问责。

【医疗卫生信息化建设】建成全民健康信息平台。全省基本建成涵盖公共卫生、医疗服务、医疗保障、药品管理、计划生育、综合管理六大业务系统的全民健康信息平台，实现与国家平台以及各级公立医疗机构、公共卫生、政务服务等信息系统的互联互通。完善远程医学信息平台。全省共有947家医疗机构接入平台，其中省级10家，市级54家，县级149家，乡镇698家，妇幼保健机构36家，促进三级医院优质医疗资源下沉，推行同质化管理、诊断、治疗、护理和治愈效果，全年开展远程会诊2420例、远程教育472次。全面启用居民电子健康卡平台。全省电子健康卡发卡量1320余万张，共有299家二级以上医院完成用卡环境改造，247家医院实现发卡，居民电子健康卡应用覆盖73%以上的公立医院（全省1347家乡镇卫生院、社区卫生服务中心215家具备发卡条件），累计挂号1200余万次。11月1日，国务院办公厅对甘肃省运用电子健康卡探索打通就医“最后一公里”这一典型经验做法给予表扬。推进网上便民服务。强化系统整合，在省级政务服务网实现医疗机构设置、职业病诊断资质审批、医师护士资格注册变更、医疗机构相关查询等在线办理，方便群众办事。

【医疗卫生综合监管】联合省委网信办等7部门开展医疗综合监管风暴行动。共检查民营医院678家次，责令限期整改399家，立案查处289家，向有关部门移交民营医院案件45家，注销医疗机构执业许可证38家，吊销医疗机构执业许可证7家。开展医疗乱象专项整治行动，围绕打击和整治违法违规执业、医疗驻保、虚假宣传、不规范收费和诱导消费等医疗乱象，全省共排查各级各类医疗机构7797家，责令限期整改1855家，立案查处案件1207起，移送21起，其中发现存在违法违规问题民营医院69家、行政处罚31家，罚款20余万元，注销民营医院26家，吊销12家民营医院《医疗机构执业许可证》。深入开展扫黑除恶专项斗争稳，建立健全扫黑除恶工作机制，持续推进全行业依法执业和规范执业监督检查，打击非法行医，净化医疗服务环境；及时整改中央督导组督导反馈的问题，确保扫黑除恶专项斗争向纵深推进持续推进。

【中医中药发展】实施贫困县中医医院服务能力提升工程和中医医院重症监护室、薄弱学科建设，开展省级重点中医药专科建设和重大疑难疾病中西医临床协作试点。努力推进中医药科研工作，评选皇甫谧中医药科技奖32项，建立国医大师工作站4个，岐黄学者传承工作室2个、全国名老中医药专家传承工作室2个，2人获得“全国中医药杰出贡献奖”荣誉称号。全力推动中医药产业发展壮大，全省中药材种植面积达到470万亩，标准化种植180万亩，预计产量120万吨，比上年增加约10.31万吨。全省中药材批发业销售额、零售业销售额分别达15.34亿元、2.82亿元，比上年增长8.05%。中医药生产企业实现工业总产值53.15亿元，增长9.3%。陇西县建成静态仓储能力100万吨，仓储品种320多个。成功举办第二届药博会，签署框架协议、投资合同、采供销协议等累计总金额达131.77亿元，初步发挥了中医药国际交流合作平台、中医药新政策新标准新技术新产品权威发布解读平台、全国中医药产业创新发展成果的展示平台、中医药产业助推脱贫攻坚的支撑平台、中医药文化的传承创新平台等“五个平台”作用。

【卫生应急管理】2019年甘肃省卫生健康委应急办被省委、省政府记为第六届全省一等功公务员集体。加强卫生应急演练，10月12至16日举办甘肃省卫生应急综合演练，模拟发生较大地震后恶劣气候环境下应急响应、组织伤员转运及救治、紧急空中转运、血液供应保障、卫生防疫、卫生监督、心理干预、健康教育等全流程、全方位、一体实战演练，共有国家、省、市三级30支卫生应急队伍1000多人参加，搭建帐篷181顶，动用车辆200台。科学有效处置一起人间鼠疫疫情，9月27日，阿克塞县发生鼠疫病例，发病1人，死亡1人，按照《甘肃省鼠疫控制应急预案》组织实施了大小隔离圈的设置、密切接触者的隔离医学观察、死者尸体的无害化处理、疫点的消杀灭、流行病学调查、网络舆情管控、心理干预等工作措施，连续9天无继发病例，及时扑灭疫情，没有造成再次流行和传播。完成第二十五届兰洽会、“一会一节”、2019中国（甘肃）非公有制经济发展论坛、第二届中国（甘肃）中医药产业博览会等省级重大节会以及兰州马拉松赛、2019年丝绸之路国际汽车拉力赛（甘肃段）、2019年国际篮联三人篮球U23世界杯等重大赛事活动的医疗卫生保障工作，所有伤病员都得到了及时救治，未发生伤病员延误救治事件，未发生医疗保健工作不到位事件，未发生传染病疫情流行和蔓延。

【疾病预防控制】加强高血压、糖

尿病、结核病、严重精神障碍的综合防治与全程管理。健全综合防控机制，印发《关于加强慢性“四病”综合防治与管理的通知》，明确防、治、管、教“四位一体”的防控机制和医防融合的防控体系。启用慢病管理信息系统，打通与城乡居民健康档案、健康甘肃、家庭医生签约信息系统，实现数据调阅互通和在线管理、实时提醒、远程服务，实际使用账号2.95万个，完成全省272家综合医院的慢病协同防控，累计业务数据量430.68万条。提升慢性服务能力，组织专家编写统一教材，开展全省慢病管理师资培训，加大指导县（市、区）综合评价，全面提升基层慢性病综合防治与管理能力，高台县、敦煌市、甘州区通过国家级慢性病综合防控示范区验收。搭建重点癌症早诊早治项目技术平台，全省建立10个肿瘤登记处，覆盖23个县、市、区939万人口，占全省人口的36.72%。完成农村上消化道癌近7万人的筛查，初步搭建甘肃省肿瘤随访登记平台及癌症筛查和早诊早治技术研究平台，重点癌症早诊早治人才队伍不断壮大，通过项目实施基层医疗机构癌症早诊早治能力得以提升。

【地方病管理】全面开展地方病防治三年攻坚行动，与国家卫生健康委、各市州政府签订了《落实甘肃省地方病防治三年攻坚行动目标责任书》。加强全省地方病患者救治和管理工作，确定5家省级地方病定点救治医院，各市州和县市区确定1家地方病定点救治医院，对定点医院医务管理工作者开展业务培训。全面落实三年攻坚行动实施方案科技防病突破行动，开展饮茶型氟中毒研究，成立甘肃省地方病防治专家咨询委员会和地方性骨关节病专家组，对全省大骨节病和氟骨症病患者手术治疗方案进行研讨。联合省总工会举办甘肃省首届寄生虫病防治技术竞赛，提高全省疾病预防控制及医疗专业技术人员的寄生虫病防治理论水平与检测技能，提高各地寄生虫病的综合防治能力。不断加强部门协作，广泛开展大众及目标人群的健康教育，持续推进消除疟疾进程，2019年全省顺利通过国家卫生健康委消除疟疾技术评估与终审评估。

【妇幼健康服务】夯实妇幼健康服务，以等级评审为抓手，推进妇幼保健机构标准化建设与规范化管理，11家妇幼保健院通过二级甲等省级复评，制定出台一级妇幼保健机构等级评审标准和实施细则，启动一级妇幼保健机构创建工作。全面落实母婴安全行动计划，开展妊娠风险防范、危急重症救治、便民优质服务等行动，保障母婴安全。组织开展全省孕妇学校示范基地创建工作，推动示范基地创建。加强儿童健康促进工作，持续实施甘肃省健康儿童行动计划，推进儿童健康促进、新生儿安全、儿童早期发展、儿童营养改善等行动。加强新生儿安全管理，开展第三周期新生儿复苏项目工作，培养新生儿复苏技术骨干。加强出生缺陷综合防治，将新生儿疾病筛查、孕前优生健康检查、农村妇女孕前和孕早期叶酸补服等项目纳入健康扶贫内容，定期跟进，促进项目落实。实施甘肃省贫困听障儿童救治项目，加强县级听力诊断中心设施设备配备和人才培养，规范新生儿听力筛查和转诊救治，在27家县级医疗机构建设县级临床听力诊断中心。推进妇幼健康项目,农村妇女“两癌”检查、新生儿多种遗传代谢病筛查项目实现所有县（市区）全覆盖，贫困地区儿童营养改善项目覆盖到75个贫困县。

【老龄健康服务】加快医疗卫生与养老服务融合发展，优化医养结合机构审批登记流程，联合省民政厅、市场监管局制定下发《关于做好医养结合机构审批登记工作的通知》，优化医养结合机构审批登记，简化办理流程，实行“前台综合受理、后台分类审批、综合窗口出件”，让申办人只进一扇门，最多跑一次。开展安宁疗护试点，遴选推荐兰州、白银、金昌等3市被确定为第二批国家安宁疗护试点城市。增加安宁疗护服务供给，为疾病终末期老年人提供临终前疼痛及其他症状控制、舒适照护等服务，并对患者及家属提供心理支持和人文关怀。推动创建全国智慧健康养老试点工作，兰州市城关区和城关区临夏路街道、团结新村街道、盐场路街道被评为第三批国家智慧健康养老示范基地、示范街道（乡镇）。建立老年健康服务信息系统，实现老年人三间分布、五期分布、失能个案、经济状况、健康养老需求等动态监测，全面摸清了老年人底数和健康养老需求，为科学精准布局全省老年健康和医养结合工作提供了信数据支撑。启动实施国家老年健康教育项目，确定张掖市为国家老年健康教育项目点，每个市州确定一个县区市作为省级项目点，广泛开展老年健康知识宣传教育和健康服务，着力提升老年人健康素养和水平。积极开展老年人心理关爱试点，确定兰州、庆阳、天水、陇南市为国家级老年人心理关爱项目单位，组织对项目点常住65岁及以上老年人，开展心理健康评估，了解老年人常见心理问题。

【对外交流合作】加强卫生健康领域对外交流合作，全省累计引进海外专家77人。持续开展高层次人才境外进修工作，累计派出317名医疗卫生专业技术人员赴国（境）外进修。促进与相关国家医疗卫生合作交流，邀请巴西卫生部代表团、瑞典延雪平大学健康福利学院代表团、丹麦哥本哈根大学哈维德夫医院代表团、美国南佛罗里达大学代表团、加拿大麦吉尔大学代表团、韩国峨山医院代表团、德中医学会代表团等12批团组来访。“一带一路”中医药国际合作有序开展，全省海外中医机构共诊疗患者约19700人次，开展义诊活动近10000人次，培训境外医师278人，培训境外中医药产业从业人员392人次，向境外派遣中医师16人次，推动甘肃中医药服务贸易发展和中医药产业“走出去”。匈牙利中医中心注册甘肃省中药颗粒170多种，中药饮片40多种，中成药18种。甘肃中医药大学附属医院、兰州佛慈制药有限公司与巴西达明公司签订战略合作协议，完成“中巴中医中医药国际合作基地”项目（试运营阶段）；根据《甘肃省人民政府办公厅关于加快落实唐仁健省长率团访问蒙古国、白俄罗斯、吉尔吉斯斯坦三国商谈合作项目的通知》文件要求，向吉尔吉斯斯坦奥什州捐赠价值约205

万元的医疗设备。第21批援马达加斯加医疗队顺利完成回国总结工作，第22批援马医疗队积极开展医疗诊治、义诊、培训等工作，为马国人民提供健康服务。启动“中国—马达加斯加中医中心项目”，完成中医中心建设工作。国务院副总理孙春兰专程赴我国援建的阿努西亚拉医院看望第22批中国援马达加斯加医疗队，为甘肃承建的“中国—马达加斯加中医中心”揭牌，肯定甘肃援外医疗工作。

【卫生事业发展数据】2019年底，全省共有各类医疗卫生机构26692家（含村卫生室）。其中，医院718家，包括三级医院41家，二级医院216家，一级医院73家，其他医院388家；基层医疗卫生机构24758家，包括社区卫生服务中心（站）675家，乡镇卫生院1379家，村卫生室16458家，其他门诊（诊所）等6246家；公共卫生机构1123家，包括疾病预防控制中心103家，专科疾病防治院（所、站）8家，妇幼保健院（站、所）99家，急救中心（站）3家，卫生监督局（所）等其他机构910家。

2019年底，全省医疗卫生机构共有床位172594张。其中，医院床位134286张，基层医疗卫生机构床位32295张，公共卫生机构床位5395张，其他卫生机构床位618张。全省每千人口床位数为6.52张。

2019年底，全省医疗卫生机构共有人员228654人。其中，卫生技术人员178869人，包括执业（助理）医师62891人，注册护士79531人，药师（士）7492人，技师（士）10041人；其他技术人员18911人；管理人员9110人；工勤技能人员12398人。全省每千人口卫生技术人员数为6.75人，每千人口执业（助理）医师数为2.38人，每千人口注册护士数为3.00人。

2018年，全省卫生总费用为905.32亿元，其中，政府卫生支出318.03亿元，社会卫生支出330.65亿元，个人卫生支出256.64亿元。人均卫生总费用为3432.77元。

2019年，全省各类医疗机构总诊疗人数12732.55万人次，其中，医院总诊疗人次5505.53万次（占43.24%），基层医疗卫生机构总诊疗人次6661.87万人次（占52.32%），专业公共卫生机构总诊疗人次为564.71万人次（占4.44%）。全省医疗机构出院人数517.67万人，人均住院0.20次。其中，医院414.28万人（占80.03%），基层医疗卫生机构82.72万人次（占15.98%），专业公共卫生机构20.54万人（占3.97%）。

2019年，全省公立医院次均门诊费用为208.0元，其中药费93.8元；人均住院费用6512.5元，其中药费1629.7元。全省三级医院次均门诊费用为284.9元，其中药费129.8元；人均住院费用为10712.5元，其中药费为2580.1元。全省二级医院次均门诊费用为154.3元，其中药费67.8元；人均住院费用为3905.1元，其中药费为1048.2元。社区卫生服务中心（站）次均门诊费用56.8元，其中药费39.9元；人均住院费用1106.3元，其中药费428.9元。卫生院次均门诊费用55.4元，其中药费41.3元；人均住院费用1165.7元，其中药费521.5元。

医疗保障

【概况】甘肃省医疗保障局于2018年11月1日挂牌成立，为省政府直属机构，主要职能是建立完善统一的城乡居民基本医疗保险制度和大病保险制度，建立健全覆盖全民、城乡统筹的多层次医疗保障体系，确保医保资金合理使用、安全可控，推进医疗、医保、医药“三医联动”改革。局机关设办公室、规划财务和政策法规处、待遇保障处、医药服务管理处、医药价格和招标采购处、基金监管处、机关党委（人事处）等7个处（室），人员编制51人。甘肃省医疗保障局下设甘肃省医疗保障服务中心、甘肃省医疗保障局信息中心2个事业单位，人员编制分别为20人、12人，均为公益一类正处级建制。

【医保扶贫】全力推进中央脱贫攻坚专项巡视反馈问题整改，将医保扶贫所有政策回归国家标准。除由省财政资金提高建档立卡贫困人口住院报销比例5个百分点的政策外，全体参保人员享受同等基本医保待遇政策；将建档立卡贫困人口大病保险起付线调整为2500元，比普通群众起付线（5000元）降低50%，分段报销比例为65%—85%、比普通群众提高5个百分点；对建档立卡贫困人口政策范围内住院医疗费用经基本医保、大病保险报销后的个人自付部分，按照年度救助限额内不低70%的标准进行医疗救助；“两州一县”及省定18个深度贫困县救助比例适当提高。2019年11月，国家医保局对甘肃情况全面分析后，向韩正副总理报送了《关于治理医保扶贫领域过度保障实现基金可持续情况的报告》，报告指出“甘肃省的治理工作取得了明显成效，提供了可供借鉴的经验”。按照省委省政府统一部署，积极开展脱贫攻坚“3+1”冲刺清零行动，实现了建档立卡贫困人口参保、资助、待遇享受3个全覆盖和建档立卡贫困人口市域内定点医疗机构住院“一站式”即时结报和村卫生室即时结算；扎实开展31个贫困县退出验收实地核查和组织第三方开展评估验收工作，31个贫困县医保扶贫达到行业验收标准。

【市级统筹】2019年5月，在2018年年初已实现城乡居民基本医疗保险合并运行的基础上，会同省财政厅、省税务局印发了《甘肃省城乡居民基本医疗保险市级统筹实施意见》，指导各市州在以收定支、收支平衡的基础上，落实“六统一”要求，增强基金共济能力，突出公平普惠、综合保障，简化归并、统一规范城乡居民基本医疗保险起付标准、支付比例、最高支付限额及基本医保支付范围等政策，健全医疗费用分担机制和自我约束机制。截至年底，全省14个市州全部实现了城乡居民基本医疗保险市级统筹。

【医保基金监管】建立制度机制。先后印发《严防欺诈骗取医疗保障基金行为实施方案》《欺诈骗取医疗保障基金行为举报奖励实施办法》等文件，全省各级医保部门均成立了多部门参与的打击欺诈骗保工作领导小组，推进联合监管惩戒。实行医保重点工作季度通报和欺诈骗保要情报送制度，制度机制初步建立。加强舆论引导。组织开展全省"打击欺诈骗保维护基金安全"集中宣传月活动，召开全省打击欺诈骗保新闻发布会，参加《阳光在线》节目，广泛宣传，营造舆论氛围，引导社会各界积极参与医保基金监督。打击欺诈骗保。集中组织打击欺诈骗保专项治理、医疗乱象专项整治等行动，开展全覆盖现场检查、重点督查和飞行检查，防控基金风险。截至12月31日，共检查定点医药机构9630家，查处2355家，追罚金额合计12761.7万元，有效遏制了欺诈骗保蔓延势头，高压态势初步形成。

【两险合并实施】10月25日，省政府办公厅印发《甘肃省生育保险和职工基本医疗保险合并实施方案》，对推进我省生育保险和职工基本医疗保险合并实施进行安排部署，明确了"四统一、两确保"的政策措施，统一参保登记、统一基金征缴和管理、统一医疗服务管理、统一经办和信息服务，确保职工生育期间的生育保障待遇不变、确保制度的可持续性。从2020年1月1日起，全省按照新调整政策全面实施。

【异地就医】6月份，省医保局、省财政厅印发《甘肃省城乡居民基本医疗保障省内异地就医直接结算实施方案》，从结算范围、备案管理、就医管理、费用结算、预付金管理、清算资金管理等方面进一步明确我省城乡居民省内异地就医直接结算工作。9月底省医保局印发《关于完善城乡居民基本医保省内异地就医直接结算工作的通知》，10月1日起全面开展城乡居民省内异地就医直接结算工作，符合省内异地就医的参保人员通过备案在省内定点医疗机构实现了直接结算。

【药品招标采购和保障供应】11月28日，省医疗保障局等10部门联合印发了《甘肃省落实国家组织药品集中带量采购和使用工作实施方案》，并出台了一系列配套措施，自2019年12月20日起，全省公立医疗机构正式执行国家组织药品集中带量采购中选结果。此次联盟地区25个中选药品中，中选价格与去年同品种最低采购价相比，平均降幅59%，最高降幅96%。组织开展短缺药品和涨价药品磋商撮合工作，共有137个品规成交，确保了全省短缺药品的稳价保供工作。完善13大类高值医用耗材阳光采购参考价形成规则和企业及产品准入规则，高值医用耗材现有挂网企业1071家，挂网产品48670个，截至12月30日，采购金额为54.65亿元，节约资金3.3亿元，甘肃省采购价与陕西联盟限价比平均降幅30.85%；完成了体外诊断试剂阳光挂网工作，挂网企业559家，挂网产品20125个，采购金额为1.74亿元。甘肃省中药饮片谈判采购开全国之先河，共有57家中药饮片和6家配方颗粒生产企业入围，甘肃省23个道地药材纳入采购目录，截至12月31日，县以上使用中药饮片的医疗机构全部参与网上采购，成交金额5583.48万元。

【城乡居民高血压糖尿病门诊用药保障机制】2019年11月13日，省医保局等4部门印发《完善城乡居民高血压糖尿病门诊用药保障机制的实施意见》，以完善城乡居民基本医疗保险参保人员"两病"门诊用药保障为切入点，坚持"既尽力而为、又量力而行"的原则，科学合理制定政策并做好相关政策衔接，探索完善门诊慢性病用药保障机制，增强基本医保门诊保障能力，减轻患者门诊药费负担。12月16日，省医保局印发《甘肃省城乡居民高血压糖尿病门诊用药医保支付标准的通知》，"两病"门诊用药报销政策与药品支付标准同步实施，参保人员在门诊使用"两病"用药后，医保以支付标准作为结算基准，依据统筹地区相关政策按规定报销。

【DRG付费试点工作】2019年5月，国家医保局确定庆阳市为DRG付费国家试点城市。7月份，省医疗保障局会同省财政厅、省卫生健康委印发了《关于成立甘肃省DRG付费试点工作组的通知》，成立了DRG付费省级工作组及省级专家队伍。8月份和11月份分别举办全省医保支付方式改革培训班和全省医疗机构编码员培训班，对全省医保服务相关工作人员及三级以上定点医疗机构DRG付费改革进行基础知识培训。12月份邀请国家级DRG技术指导组专家对庆阳试点城市及省内三级医院医保、信息、病案、统计、编码等相关技术、管理人员开展基础知识及相关技能培训。选派业务骨干积极参与国家医保局医保版DRG数据分析工作，为推进全省DRG付费试点工作奠定良好条件。

【药品目录调整】按照国家医疗保障局《2019年国家医保药品目录调整工作方案》、人力资源和社会保障部、国家医疗保障局《国家基本医疗保险、工伤保险和生育保险药品目录》，甘肃省成立省医保药品目录调整工作领导小组，依托课题研究，组织开展药品目录比对分析，全面梳理了全省中药饮片、民族药、省补基药、国家重点监控药品、医院制剂、不良反应监测数据资料、药品平台采购等情况。甘肃于2020年1月1日统一执行新版药品目录。国家谈判药品与常规准入药品同步实施。

【信息化建设】结合全省医保信息系统碎片化、分散化、老旧化实际，制定医保信息系统移交方案，建立部门会商机制，完成城乡居民医保结算管理系统、A++社保基金财务系统、药品集中采购平台、医用耗材阳光采购平台和中药饮片采购平台等5个系统的接收。对城乡居民医保信息系统升级改造，将基本医保系统与大病保险信息系统、省民政厅救助信息系统对接，实现基本医保、大病保险、医疗救助三个系统信息共享。对定点医疗机构HIS接口进行改造（除村卫生室），全省2162家定点医疗机构实现"一站式"结报。有序开展原金穗惠农卡退出医保结算工作。积极完成全省16周岁以下建档立卡贫困人口社保卡信息采集工作。为全省定点医疗机构配发即时结算设备，全面推进村卫生室即时结算。完成异地就医备案系统的部署应用。积极争取并被国家医保局确定为全国医保信息化建设试点省，《甘肃省医疗保障局医疗保障信息平台建设工程可行性研究报告》已报国家医疗保障局备案，并完成立项工作。

（许沛尧）

民政

【概况】2019年，争取中央专项资金及省财政预算资金共计121.64亿元，其中，社会救助资金114.16亿元、彩票公益金5.51亿元、中央预算内投资项目资金1.97亿元。

【社会救助】联合9部门全面建立信息核对联动机制，定期开展数据比对和信息核查，确保保障对象认定精准。省市县三级成立了以民政部门为组长单位，人社、教育、卫健、残联、妇联、医保局为成员单位的兜底保障专责工作组，统筹推动脱贫攻坚兜底保障工作。在连续13年提标的基础上，继续提高城乡低保和特困人员救助供养标准。全省城乡低保指导标准提高8%，城市低保标准达到每人每年6288元，实行补差发放；农村低保标准达到每人每年4020元（比全省脱贫收入标准高出220元），农村低保一二类对象年人均补助水平分别达到4020元、3816元。城乡特困人员基本生活标准分别达到每人每年8173元和5226元以上，照料护理标准按全自理、半护理、全护理情形分别达到每人每年1200元、2400元、3600元。通过社会救助政策性兜底保障，使完全或部分丧失劳动能力的农村低保一、二类对象和特困人员持续实现了收入上的"政策性脱贫"。筹集下达中央和省级困难群众救助补助资金114.1亿元，比2018年增加11.8亿元，增幅达到11.5%，为有效保障困难群众基本生活奠定了坚实资金基础。聚焦"两州一县"等深度贫困地区，在政策、资金、项目和工作指导等方面给予重点倾斜，其中下达深度贫困地区的补助资金占全省救助资金总量的52.5%。加大临时救助力度，全年共开展临时救助111万人次，支出临时救助资金16.3亿元，较好化解了城乡居民突发性、紧迫性、临时性基本生活困难。连续8个月发放价格临时补贴2.4亿元，惠及困难群众1559万人次。按照省委、省政府开展"3+3"冲刺清零的总体部署，建立了8名厅级干部巡查13个市州、57名民政骨干蹲点57个贫困县的包抓责任制，开展为期两个月的"下沉"包抓行动，有效推动工作末端落实。深入开展兜底保障冲刺清零和农村低保专项治理行动，"错保""漏保"等问题得到有效解决。强化分散供养特困人员监护照料责任，积极推行政府购买服务，为全省所有分散供养特困人员购买配发棉衣、棉被、床单、被褥、取暖设施等生活物资47.9万件，有效改善特困人员生活条件。在民政部、财政部组织开展的困难群众救助工作绩效评价中，甘肃省获得"优秀"等次。

【养老服务】出台养老机构运营补贴和发展居家社区养老服务的一系列政策文件，《甘肃省养老服务条例（草案）》已经省人大常委会一审。列支省本级福彩公益金2640万元，资助建成160个城乡社区日间照料中心，全省社区日间照料中心已覆盖88%的城市社区和超过50%的行政村。在嘉峪关居家和社区养老服务改革试点取得民政部评估"优秀"等次的基础上，积极争取民政部、财政部将金昌市列为全国第四批居家和社区养老服务改革试点城市。推动全省养老服务信息平台上线运行。深入推进养老院服务质量建设专项行动，扎实开展风险隐患排查整治，全面推进特困供养机构法人登记。继续实施"百院万床"改造提升计划，安排省本级福彩公益金3790万元，重点资助养老机构改造提升安全设施或设备配置。建立养老机构运营补贴制度。深入推进养老院服务质量建设专项行动，养老机构重大安全隐患整治率超过98%，符合《养老机构服务质量基本规范》的达到94%，99%的特困供养机构完成了法人登记。争取民政部本级福彩公益金资助我省养老服务项目5470万元，列支"两州一县"养老服务资金2682万元，用于养老服务资金总量比2018年增长了45%。

【社会组织管理】印发《甘肃省民政厅关于进一步引导和动员社会组织参与脱贫攻坚工作的通知》《甘肃省全面推开行业协会商会与行政机关脱钩改革工作方案》《甘肃省民政厅清理规范行业协会商会收费行为的实施方案》《全省社会组织党支部建设标准化工作指导意见》《关于在社会组织中开展"双强六好"示范党支部创建活动的通知》。召开全省社会组织党建助推脱贫攻坚工作推进会，全省社会组织累计投入帮扶资金9170余万元，并引入天津等4个东西部扶贫协作帮扶市社会组织资金3829.67万元。办理宗教活动场所法人登记40家，认定公益性组织免税资格17家、公益性社会团体捐赠税前扣除资格19家。争取中央财政支持社会组织参与社会服务项目30个、1680万元。列支省级福彩公益金600万元，支持25家社会组织。认真组织行业协会商会涉企收费自查自清和复核审查工作。通过第三方机构开展全省性社会组织法定代表人离任审计。年检社会组织717家、评估社会组织85家。依法撤销登记的41家全省性社会组织列入活动异常名录。常态化开展打击整治非法社会组织行动，劝散非法社会组织12家、引导登记2家。报请省委批复成立省社会组织党委，全省社会组织党组织覆盖率达到78%。巡回指导全省性社会组织开展第二批"不忘初心、牢记使命"主题教育。

【基层政权建设与社区治理】修订完善村民委员会组织法、城市居民委员会组织法、村民委员会选举办法三个地方性配套法规，出台《关于做好村规民约和居民公约工作的实施意见》。创新开展全省城乡社区治理创新实验区创建工作，2019年9月份召开现场推进会进行动员部署，第三批命名全省农村社区建设示范单位35个，指导金昌市金川区、酒泉市肃州区开展国家级城乡社区治理创新实验区创建活动。武威市凉州区的做法被民政部列为全国首批十大典型经验之一。深入推进民政领域扫黑除恶专项斗争，指导各地严格落实村委会班子候选人县级联审机制，全面开展村委会成员联审情况"回头看"，积极推动村党组织书记和村委会主任"一肩挑"，全省实现"一肩挑"的村占比达到55.2%。

【区划地名管理】完成6个乡改镇

工作，建制镇数量由886个增加到892个，占乡镇总数的比例提高到72.2%。完成嘉峪关设立2个街道办事处工作。地名普查成果转化全面展开，省级确定的9项“二普”成果转化项目正在有序推进。省级确定《甘肃省标准地名图集》《甘肃省标准地名录》《甘肃省标准地名词典》《甘肃省标准地名志》《甘肃省标准地名二维码图集》《甘肃省区划地名溯源》等九项“二普”成果转化项目。成立甘肃省清理整治不规范地名工作领导小组，共清理整治不规范地名清单3202条，标准化处理2243条，标准化率70%。开展川甘两省行政区域界线第四轮联检工作，开展第四轮县级行政区域界线联检工作，完成了甘川省界40条县级界线联检任务。甘肃省第二次全国地名普查工作圆满收官。出台《关于加强行政区域界线管理工作的意见》《甘肃省平安和谐边界创建活动实施方案》等政策性文件。酒泉、张掖、庆阳三市对所属界桩进行了全部更换，其他市州及时补栽了丢失破损的界桩。完成了永昌县与凉州区行政区域界线的放样工作，与陕西省民政厅共同完成了甘陕边界宁县与长武县在贾家坡段放样。督促酒泉市、金塔县落实《甘蒙两省区边界纠纷协商会议纪要》精神。加大祁连山国家公园体制试点甘肃省片区界碑界桩功能区界桩标识牌设置工作。

【社会事务】完善困难残疾人生活补贴和重度残疾人护理补贴政策，已有54.9万人纳入残疾人两项补贴范围，补贴资金4.8亿元。及时将未脱贫建档立卡贫困人口中的重残、重病人员参照单人户纳入低保。进一步加强和改进生活无着流浪乞讨人员救助管理工作，调整完善了联席会议制度，全年累计救助流浪乞讨人员1.7万多人次。修订完善了《甘肃省公墓管理办法》，制定《殡葬服务单位业务档案管理标准》《生态安葬服务规范》等2个行业标准。下拨1.05亿元，重点资助建设了一批殡葬服务设施。建立由省政府分管领导为总召集人的殡葬改革工作联席会议制度。加大违法违规私建“住宅式”墓地摸排整治力度，拆除私建硬化大墓35个、活人墓1个、公墓内违规造像19尊，查处8起违法案件和2宗非法行为。完善和优化婚姻登记管理信息系统，婚姻登记信息实现与全国婚姻登记数据库对接、全国人口库核查、全省联网和省级多部门的信息共享。不断提高孤弃儿童基本生活保障水平，集中和分散供养对象保障标准达到月人均1360元、1000元。全面建立农村留守儿童和困境儿童关爱保护制度，配备乡镇儿童工作督导员、村（居）儿童主任1.8万多人；持续开展“合力监护、相伴成长”关爱保护专项行动。扎实推进事实无人抚养儿童保障工作，将近1万名事实无人抚养儿童纳入政府保障范围。

【慈善事业与社会工作】深入学习贯彻《慈善法》，深入开展“中华慈善日”宣传活动。在兰州市民广场组织了以“慈善聚焦脱贫攻坚，携手共创美好生活”的大型活动，举行《精致兰州·与爱同行》慈善文艺晚会。参加第七届中国公益慈善项目交流展示会，临夏州东乡县成功对接3.5亿元资助项目。光大信托向甘肃省兰州市民政局备案慈善信托18单，合同规模合计7600余万元，目前已完成拨付并使用资金5400余万元。省级慈善组织46个，其中20个具有公开募捐资格，备案网络募捐项目20个。加快推进社工和志愿服务队伍建设，全省注册志愿者达到206.47万元，同比增长30%；注册志愿团体1.61万个、注册志愿项目总数5.04万个，全省持证社工3739人，比上年增长41%，登记成立社会工作服务机构114个，全省社会工作和志愿服务专业服务水平不断提高。

（李永成）

体育

【体育改革】成立省体育局全面深化改革领导小组，确定了深化体育改革的26项重点工作任务；换届产生甘肃省足球运动协会第六届委员会，制定实施省足协第六届委员会工作计划，加快全省足球运动改革步伐；在国家体育总局支持下，与北京体育大学密切合作，中国足球学院西北分院落地甘肃省体育运动学校；落实中央、省委发展冰雪运动的战略部署，组建甘肃省冬季运动管理中心，成立甘肃省冰雪运动协会；经国家体育总局批准，确定甘肃省为冰雪运动“南展西扩东进”战略西部地区的支点省份，选拔11名运动员赴国家体育总局进行曲棍球转冰球跨项集训和越野滑雪集训；深入推进事业单位分类改革工作，研究提出局系统事业单位机构改革一揽子方案，省体校加挂甘肃体育中学牌子，省体科所加挂甘肃体育反兴奋剂中心牌子，撤销原省体育局接待站和甘肃国际体育旅行社（退出事业编，保留企业性质）。

【基础设施】全省累计投入体育彩票公益金1.6亿元，新建乡镇和社区健身中心100个、健身步道38条、笼式足球场60个、体育公园5个、健身路径220套、行政村农民体育健身工程415个；全省14个市、州、兰州新区的体育馆或全民健身中心实现了全覆盖，11个市、州建成公共体育场，占市、州的79%；有69个县、市、区在建或建成体育馆或全民健身活动中心，占全省县、市、区的74%；有68个县、市、区在建或建成公共体育场，占全省县、市、区的80%；有1229个乡镇文体活动站实现全覆盖，实施乡镇农民体育健身提升工程346个，乡镇和社区体育健身中心903个；建成笼式足球场281个、拼装式泳池11个、拆装式冰场2个、多功能运动场20个、健身步道46条、体育公园11个；建成行政村农民体育健身工程15738个，占全省行政村总数的98%；公共体育场馆免费低收费开放工作稳步推进，全省有45个大型公共体育场馆享受中央和省级财政补助资金5272万元，免费低收费开放率达100%；省级重点项目稳步推进，甘肃省体育馆建设项目进入收尾阶段，室内冰场已建成并试开放；七里河体育场建设项目、兰州体育馆提升改造项目先后开工建设；临洮训练基地一期工程基本完成，国家体育训练基地正式挂牌，总体建设规划已全面修订并启动二期建设工作，高水平训练基地建设迈出坚实步伐；支持白银市政府采取PPP模式争取社会投资建设黄河石林国家冬季训练基地，目前已完成赛道靶场、运动员公寓等基础设施建设。

【群众体育】全省各地充分发挥地域、人文、自然资源优势，组织开展全民健身在陇原、群众冰雪嘉年华、新年登高、毛泽东主席题词日、全民健身日等传统性全民健身活动2000余项，参加人次达400万以上；成功举办甘肃省第二届全民健身运动会，分别在全省16个市、县举办了滑雪等18个项目的比赛，参与人数近万人，实现了“参赛主体全、举办地域广、协会唱主角、节俭办赛事、比赛零事故”的目标；成功举办金昌国际青少年生存训练营、全国群众健身登山大会、玛曲格萨尔赛马大会、中国龙舟公开赛等一批群众性体育品牌赛事；配合省民委圆满完成全国第十一届少数民族传统体育运动会组队参赛任务，共获得4个一等奖、5个二等奖、13个三等奖，取得了近十年来的最好成绩；按照“分类指导、整体推进、试点先行、重点突破”的原则，引导我省体育社团深化改革，由单一的开展项目竞赛、培训活动向“项目管理+赛事活动+体育产业+体育文化”相融合的方向发展，不断提升体育社团的业务能力和服务水平，新成立省级独立法人体育协会8个，指导完成省级协会换届6个，全省目前省级体育单项协会发展到45个，行业体育协会19个；充分发挥各级社会体育指导员作用，改进培训方式，完善服务机制，全年培训社会体育指导员国家级220人，一级1120人；承办全国群众体育健身活动状况调查（西部）技术培训班，来自天津等九个省（区、市）的320名群众体育和体育科研专业人员参加培训；举办“大众冰雪季”等近30场群众性冰雪赛事活动，参与人次超过100万。

【竞技体育】竞技体育管理体制和运行机制不断完善，竞赛组织水平和优秀运动队科学训练水平进一步提升。组织省优秀运动队参加全国年度各类比赛，获得金牌99枚、银牌108枚、铜牌106枚；全力备战2020年东京奥运会，在7月于黎巴嫩举行的亚洲山地自行车锦标赛中，甘肃运动员姚变娃不畏强手，发挥出色，获得女子越野赛冠军，夺得全省首张东京奥运会入场券；全力备战第二届全国青年运动会，甘肃共有23个大项、222个小项的524名运动员取得决赛资格，共获得金牌19枚、银牌25枚、铜牌21枚，四至八名87个，创造了甘肃省参赛全国各类综合性运动会的最佳战绩；抢抓国家冰雪项目“跨界跨项”选材机遇，全力支持国家备战2022年北京冬奥会，向国家队输送优秀运动员4名；冰雪运动竞技水平稳步提高，先后组建了越野滑雪、冬季两项、轮滑冰球、陆地冰壶4支省级优秀运动队，将有52名运动员参加第十四届全国冬季运动会4个大项16个小项的比赛；认真学习贯彻习近平总书记对反兴奋剂工作的系列重要指示批示精神和最高人民法院发布的《关于审理走私、非法经营、非法使用兴奋剂刑事案件适用法律若干问题的解释》，召开全省体育系统反兴奋剂工作会，切实提高思想重视，层层签订目标责任书，落实工作责任。组织参加国家级纯洁讲师和兴奋剂检察官培训5人次，积极配合兴奋剂检查，省优秀运动队共有28人63次接受了国家体育总局反兴奋剂中心的飞行检测，无一例违规；审批一级运动员241人，报批国家体育总局运动健将19人。组织参加全国教练员培训20余人次，国家级裁判员培训20余人次，全年共注册运动员1680人次。

【青少年体育】青少年体育公共服务体系建设持续推进，竞技体育后备人才培训体系不断完善。全年共举办省级青少年锦标赛21项，区域性、全国性青少年U系列赛事活动5项，5000多名青少年运动员参赛；与省教育厅联合举办了全省第四届大学生、中学生运动会，以及篮球、乒乓球等U系列赛事，探索甘肃省“体教融合”新路子；先后16次组织派出全省43名青少年体育工作者参加国家体育总局青少年体育司举办的俱乐部、营地管理人员、国家级高水平基地校长、青少年体育工作管理干部等各类业务技能、理论知识培训班；承办全国体育传统项目学校体育师资甘青宁培训班和第七期全国各级各类体校教练员通识知识更新轮训班，三省区共200余名学员参加培训；组织开展足球、篮球、乒乓球、冰雪运动等25个项目的全国青少年体育冬夏令营活动，全省万余名青少年参与；组织开展“五模两电”青少年科技体育活动7项，参与的青少年人数达15万多人次。

【体育产业】认真落实国家和甘肃省关于发展体育产业的发展政策，按照省委、省政府发展十大生态产业的规划，主动促进体育产业与文旅产业融合发展；联合省发改委制定了《促进体育消费行动计划（2019—2020年）》，优化体育发展环境，激发市场活力；组织编制马拉松、武术、自行车、航空运动、水上运动、户外运动、汽摩运动等7个专项的产业发展规划；出台《甘肃省关于加快发展体育竞赛表演产业的实施意见》，进一步推动体育健身休闲和竞赛表演产业的发展，推动体育产业与文化、教育、旅游、农林、医养等相关产业融合发展；截至年底全省各类体育产业实体户数达7843家，体育产业总规模达100亿元以上，从业人员达12万多人；体育健身消费观念明显增强，体育消费习惯正在养成，体育消费环境初步形成，体育健身消费产品和服务供给不断增加，体育用品消费及体育健身消费达50亿元以上；全年体育彩票销售达到34.24亿元，市场份额增加到50.24%，年度市场份额首次超越福利彩票，实现历史性突破，体彩总销量位列西北五省第2名。

【体育宣传和体育文化】通过重大体育赛事和“全民健身日”等主题示范活动广泛开展宣传活动，加大全民健身宣传力度，多点布局做好体育宣传工作。全年在省体育局官方网站发布稿件2377条，总点击量超110万次，微信公众号推送260期1059篇体育新闻，5065人关注；不断丰富《甘肃体育视野》稿件内容，提高稿件质量，全年发行6期，共9000册，约65万字，图片1300多张，全方位、多层次、及时报道甘肃体育工作；重视推动“两微一端”和融媒体建设，与每日甘肃网、今日头条网络媒体平台合作，加大体育宣传新媒体多渠道和全覆盖力度，进一步拓宽宣传渠道；与省广电总台签署战略合作框架协议，发挥各自优势，开展深层次合作，共同打造《全民新体育》体育专栏，满足人民群众日益增长的体育文化需求，展示甘肃体育新形象。

举办庆祝中华人民共和国成立70周年书画摄影展，共收集摄影作品2600余张、书画作品200幅；积极协调国家体育总局等相关部委及人民日报等中央主流媒体来甘调研甘肃发展省体育产业发展情况；支持和宣传甘肃本土题材的体育专题纪录电影《踢球吧，孩子》，该片获得2019年第32届中国电影金鸡奖最佳纪录片提名奖；开展甘肃体育十大新闻评选，制作甘肃体育宣传短片和微电影，从多渠道多视角宣传甘肃体育新形象。评审立项2019年度全省体育社科类科研项目145项，确定2017年度优秀成果47项。

【对外交流】紧扣“一带一路”国家战略，依托甘肃地处“丝绸之路”黄金通道的战略地位和丰富的体育旅游资源，进一步加强体育对外交流合作。先后举办或承办“环青海湖”国际公路自行车赛（甘肃段）、兰州国际马拉松赛、金昌国际青少年生存训练营、嘉峪关铁人三项亚洲杯赛、丝绸之路国际汽车拉力赛、“一带一路”国际式摔跤邀请赛暨西北五省摔跤锦标赛等一系列国际交流性赛事；成功承办国际篮联三人篮球世界杯赛，这是全省近年来举办的级别最高、参赛国家最多的国际A级赛事，共有包括中国在内的33个国家参赛；谋划论证并启动了“一带一路”国际武术节和“一带一路”国际山地自行车赛等2个省级重点比赛，工作方案已经省政府审定同意，正在有序推进；在国家体育总局支持下，组织开展中日群众体育交流互访活动，双方互派60名代表开展比赛交流，互访5天，进一步扩大了甘肃的影响力；组织我省4名青少年体育工作管理者赴日本岗山、爱媛县开展中日青少年体育交流活动，走出国门、学习交流；选派青少年体育工作骨干参加国家体育总局赴台青年体育工作者参访交流活动，积极参与推动两岸体育交流、和平发展、促进统一的工作。

（刘志忠）

广播电视

【舆论宣传】全省广播电视系统以实施“舆论引导能力提升”工程为抓手，紧紧围绕学习宣传贯彻习近平新时代中国特色社会主义思想，认真学习领会习近平总书记对甘肃重要讲话及指示精神，精心指导全省各级广播电视主流媒体开展宣传报道。全力抓好视听网站“首页首屏首条”建设，确保习近平新时代中国特色社会主义思想和重要讲话精神“天天见、天天新、天天深”。扎实开展“纪念新中国成立70周年”宣传报道活动，营造了“礼赞新中国、奋进新时代”的良好舆论氛围。围绕全国全省“两会”、三大攻坚战、“一会一节”等重要会议和重大活动，有力发挥了新闻宣传、文艺宣传主阵地作用。

【阵地建设】以实施“管理优化工程”为抓手，先后3次召开全省广播电视安全保障工作电视电话会议，组织开展了“庆祝新中国成立70周年”全省广电行业安全保障实战演练，有力保障了国庆等重要保障期广播电视安全播出，我局被总局评为“国庆70周年广播电视行业安全保障工作先进集体”。加大对节目编码和转码、基本设施设备、5G干扰广播电视卫星接收、“黑广播”“灰广播”、非法卫星电视地面接收设施整治力度。全面完成全省广播电视播出机构、网络传输机构规范化管理检查工作。深入开展整治保健市场“百日行动”，受到国家整治保健市场“回头看”工作组的表扬。

【深化文化体制改革】持续深化“放管服”改革和“四办”改革，编制了《权责清单目录》和《“互联网+监管”事项目录清单》，窗口审批事项按期办结率持续保持在100%，现场办结率达93.8%。扎实推进“互联网+政务服务”工作，顺利实现省级“互联网+监管”系统与国家平台的对接互联。着力整章建制，共修订规章制度47件、新制定9件、废止4件。

【公共文化服务体系建设】甘南州夏河县博拉实验台和卓尼县刀告实验台建设已全部完工，列入《2019年政府工作报告》的应急广播工程建设项目推进顺利，目前，纳入2019年度建设计划的17个县（区）正在进行设备安装和调试；2020年度全省16个中央财政补助深度贫困县应急广播体系建设资金项目申报分配工作已完成，为2424个乡村建议安排资金7200万元。2018年实施的5个无线发射台站基础设施二期建设项目已全面竣工验收；2019年实施的11个二期项目竣工验收4个。修订完善了《甘肃省广播电视村村通户户通长效运维监管方案》，检查运维网点20个，督促运维机构及时为群众提供统一标准服务。

【精品创作】实施“新时代精品工程”。《金城兰州》（第二季）、《江河万古流》《河西走廊之嘉峪关》《莫高窟与吴哥窟的对话》等12部纪录片在央视播出。《扶贫第一线》等多个节目栏目获国家广电总局表彰奖励。38集电视剧《陇原英雄传》入选新中国成立70周年推荐展播剧目，《荒漠游侠》《少女天师》等网络电影在“优爱腾”等平台播放量达1000多万次。《文化自信丝路花雨篇》《我家住在解放路》等作品入选“全国优秀广播电视公益广告作品库”并展播。电视剧《土地》获总局剧本扶持专项资金资助，《丝路骊靬魂》《敦煌少年》入选总局“丝绸之路影视桥工程”项目。正在对《西路军》进行重大革命历史题材电视剧立项准备。

【国际交流】一是加强中国甘肃·日本秋田电视友好交流活动。2019年9月12日上午，以台长石塚真人为团长的日本秋田电视台交流团一行来到甘肃省广播电视总台，举行第十七届中国甘肃·日本秋田电视友好交流活动。双方在经济、文化、广播电视、体育、医疗卫生、农业、环保、人才培养等领域开展了多种形式的交流。在合作交流过程中，两省县电视台利用各自媒介和渠道，对中日两国和甘肃、秋田两省县的社会、经济、文化等领域进行了多层次、多角度的报道与呈现，不仅丰富了两省县文化领域交流合作内容，也为彼此间的友谊不断注入了新的生机与活力，共同搭建起一座甘肃、秋田交流合作的友谊之桥。二是组织开展向西开放和"走出去"宣传工作。积极参加各类交流活动。我局积极参加国家广播电视总局组织的各类论坛、盛会，局主要领导出席了"第四届中国-阿拉伯国家广电合作论坛"。通过参加各类对外合作论坛和盛会，积极主动与境外媒体专业人士进行了深度交流，学习了新经验、发掘了新机遇。加强行业对外交流。纪录片《莫高窟与吴哥窟的对话》紧扣"一带一路"倡议大背景，积极采访中、柬、法等国知名专家学者，使用国际化的纪录传播视角，将相隔万里的两大人类精神文化遗产联系在一起，激发起受众对文物保护、人文交流、协和共生的共鸣，阐释和论证了人类命运共同体的重要性和科学性。该片已在央视播出，目前正在计划译制成多国语言，积极组织在境外发行。指导境外播出。兰州文理学院教授胡源团队创作的纪录片《青砖上的乾坤》以首批国家级非物质文化遗产——临夏砖雕为主题，经五洲传播中心译制改编后，在东南亚等丝路沿线多国电视台和网络平台播出，取得了较好的收视效果，也是甘肃本土纪录片首次实现大体量海外播出。三是做好广播电视境外嘉宾管理。积极对接国家广电总局国际司，做好外籍嘉宾来甘参与节目录制的申报工作。申报甘肃卫视邀请台湾人士钟季容作为嘉宾参与2019年公祭伏羲大典节目制作工作。

【广播电视技术发展】广电5G推进情况。一是开展广播电视传输网摸底。对现有广播电视有线、无线、卫星的光缆通达、台站站点分布、覆盖范围等情况进行全面摸底，为我省广电5G网络架构规划、基础网络建设提供可靠依据。二是持续跟进全国广电5G规划。持续与总局科技司、各兄弟省局等相关单位沟通跟进，掌握全国广电5G标准体系建设、全国有线电视网络整合和广电5G建设一体化发展等规划情况，优化我省广电5G发展规划，指导我省广电5G发展。

智慧广电建设推进情况。一是召开甘南合作推进"智慧广电"建设高峰论坛。2019年7月30日，由国家广电总局、甘肃省政府共同主办的推进"智慧广电"建设高峰论坛在甘南合作召开，全国广电系统300余名代表相继赴甘南共话"智慧广电"发展。会上，国家广电总局张宏森副局长与甘肃省人民政府何伟副省长分别代表国家广电总局与甘肃省政府签订了《加快智慧广电建设推动广播电视公共服务转型升级高质量发展合作备忘录》，为推进我省智慧广电建设提供了有力指导。二是发布《加快推进"如意甘肃·智慧广电"工程建设的实施意见》。认真贯彻落实国家广电总局《关于促进智慧广电发展的指导意见》及全国智慧广电建设现场会精神，结合我省发展实际，制定了《加快推进"如意甘肃·智慧广电"工程建设的实施意见》，报由省政府发布。实施意见的发布，进一步加快了全省智慧广电建设步伐，激发了我省智慧广电发展活力。三是推动智慧广电安全与监管体系建设。《省广播电视和网络视听省级监管监测平台建设方案》通过专家论证，使平台在设计、技术、设备上达到了科学、先进、规范的要求。该项目已列入2020年度省政府工作报告。支持各市（州）、县（区）建设各级监测监管平台，努力实现中央和省市县四级监测监管平台互联互通、资源共享。四是推进智慧广电应用。敦煌智慧城市：目前主要建设有平安城市、智慧交通、智慧政务、智慧景区、智慧教育、智慧城建、无线城市等七大板块。"雪亮工程"项目：结合新形势的发展和全国综治工作的新要求，张掖广电网络以"雪亮工程""党教平台""智慧酒店"等新业务板块为突破口，大力推广"雪亮工程"县镇村三级平台建设，取得了良好的经济效益。2019年张掖市甘州区"雪亮工程"一期二期工程、甘州区乡镇"雪亮工程"建设正在陆续推进。智慧华亭：省广电网络公司与华亭县委县政府合作，完成"智慧华亭"顶层设计，建成"平安乡村广电光缆进村入户全覆盖、三维数字社会服务管理平台、平安乡村和雪亮工程、平安城市、农村交通安全劝导站、智慧旅游、智慧党教平台"七大项目。实现了全县11个乡镇（工业园区）114个村全覆盖，县、乡、村、社网络四级贯通。全县农民看电视的方式由无线村村通户户通可改为有线数字电视，3万多户农民看到了全省统一的180多套数字电视节目。党员教育智慧云电视平台：党员教育的综合云平台通过线上线下相结合的方式，将党员教育管理服务具体延伸到每个基层党支部、每个共产党员。智慧党员教育云服务一期主要面对全省农村党支部用户数量为11200个；二期面向全省各级各类党支部数量为14万个，并逐步将智慧党员教育业务延伸至全省175万党员个人；截至2019年10月底，完成接入基层党支部数量1.7万个。五是省广电总台"融媒飞天云平台"迭代升级。支持省广电总台逐步在"策、采、编、审、发、播、存、管、用"整个业务流程中实现数字化、网络化、云化、智能化，增加人工智能、虚拟现实等新技术的系统支撑能力，增强智能协同能力，完善融媒业务生产流程。六是4K等高新技术应用。支持省广电总台在节目制播过程中开展4K、AR/VR、AI等高新技术的应用试点。2019年7月30日，在甘南州合作市举行的"一会一节"开幕式上，总台联合中国移动甘肃公司利用"5G+4K"技术手段，对当周草原九色香巴拉文艺演出活动进行4K超高清节目录制和5G网络直播，为未来"5G+4K"的高新技术在节目制播中的应用打下了基础。七是省广电网络公司"宽带乡村"建设。支持省广电网络公司"电信普遍服务"项目建设、入户线路光改项目建设，提高广电有线网络入村进户的通达率，加快了村村通向户户通的升级改造，为农村地区人民群众提供更优质便捷的网络电视公共服务。

【脱贫攻坚】积极推进行业扶贫，2018年开始实施的29个贫困地区县级广播电视播出机构制播能力建设项目，已竣工验收27个；2019年实施的7个项目已竣工验收3个、竣工待验收2个，其余项目正在按进度推进。积极与天津市对接，签署了省（市）扶贫协作框架协议。认真履行组长单位职责，积极协调各成员单位做好脱贫帮扶工作。为6个帮扶村投入林下养鸡产业发展资金60万元，持续壮大林下养鸡产业规模。支持帮扶工作经费40万元，用于拆危治乱治理和帮扶群众异地搬迁奖补。组织8批次220余名帮扶责任人进村入户开展帮扶工作，为帮扶群众帮办好事实事230余件。

【人才队伍建设】截至2019年年底，全省广电播出制作单位现有从业人员14478人。按岗位分布，管理人员3056人，占21.1%，专业人员7197人（编辑、记者3153人，播音员、主持人603人，工程技术人员1880人，艺术人员324人，经营管理人员726人），占49.7%；其他人员4225人，占29.2%。按学历分布，研究生及以上433人，占3%；本科及大专11290人，占78%；高中及以下2755人，占19%。按职称分布，取得专业技术职称共计8027人，正高职称130人，占1.6%；副高643人，占8%；中级2321人，占28.9%；初级及以下4933人，占61.5%。按年龄分布，35岁及以下5220人，占36.1%；36-50岁6933人，占47.9%；51岁及以上2325人，占16%。从广播电视行业人力资源总量来看，基本形成了以新闻宣传、节目创作、工程技术、经营管理为主体的广播电视传媒人才队伍。

（李函珂）

生态环境保护

【概况】环境空气质量。2019年全省空气综合质量指数为3.59，比2018年下降3.5%。13个市州空气质量均达到国家二级标准，兰州市$PM_{2.5}$浓度均值为36微克/立方米。14个市州政府所在地空气质量优良天数平均比率为93.1%，比上年提高4.5个百分点；$PM_{2.5}$浓度均值为26微克/立方米，下降7.1%；PM_{10}浓度均值为58微克/立方米，下降7.9%。水环境质量。全省38个地表水国考断面中36个水质达到优良，优良比例为94.7%，高于全国平均水平约23个百分点，无劣Ⅴ类断面水体；17个国家重点监管地级城市集中式饮用水水源地有16个水质达到Ⅲ类目标要求（国家要求达到100%，庆阳市巴家咀水库水源地存在硫酸盐等非污染因子超标问题），35个地下水质量考核点位水质极差比例为2.9%（国家要求控制31.4%）。主要污染物总量减排和碳减排。经自查，预计全省二氧化硫、氮氧化物、化学需氧量、氨氮4项主要污染物排放量和二氧化碳排放强度可以完成国家下达的减排任务。

【生态文明建设和生态环境保护的政治责任】以习近平生态文明思想，深入贯彻落实全国、全省生态环境保护大会精神，不断增强“四个意识”，坚定“四个自信”，做到“两个维护”，坚持生态文明建设“六大原则”，坚守“生态环境质量只能变好，不能变坏”的底线，进一步提高政治站位，坚持把生态文明建设和生态环境保护作为严守党的政治纪律和政治规矩的现实检验。立足甘肃作为西部乃至全国重要生态安全屏障重要生态战略定位，按照省政府主要领导部署要求，研究提出生态立省战略构想，编制完成《甘肃“生态立省”专题研究报告》。主动融入“一带一路”建设，研究制定《新时代甘肃融入“一带一路”建设打造生态制高点实施方案》，积极抢占生态制高点。一年来，全省上下贯彻落实中央决策部署的执行力和落实力不断提升，推动生态文明建设迈步伐进一步加快，生态环境质量持续改善。

【生态文明体制改革】坚持生态环境问题整改与生态环保政策措施完善同步推进，修订出台《甘肃省环境保护条例》等2部地方法规，发布《农村生活污水处理设施水污染物排放标准》等5项地方环境保护标准，编制完成《甘肃省省直有关部门生态环境保护责任清单》，进一步健全完善了治理生态环境问题的长效机制。加快生态环保机构改革，全省14个市州生态环境监测中心已全部挂牌，并有序完成相关转隶工作。推进生态环境监测网络建设，基本建成覆盖全省县级以上城市和重点工业城镇的环境空气质量监测网、115个断面组成的水环境监测网、1741个监测点位组成的土壤环境质量监测网、2451个监测点位组成的声环境质量监测网和覆盖全省14个市州的辐射环境监测网。下放84%的建设项目环评审批权，行政审批事项办理时限缩短30%—50%。在兰州市、平凉市排污权交易试点的基础上，继续在祁连山片区和黄河流域探索推行试点工作。积极开展国家公园体制试点，推动国家公园总体规划编制。全面推进以兰白经济区为核心的中部绿色生态产业生态示范区、黄土高原现代生态农业示范区，创建榆中生态创新城。

【生态环境问题整改整治】中央环保督察反馈意见梳理出的62项具体问题，2017、2018年度的52项整改任务已完成整改47项、5项正在强力推进，2020年底前应完成整改的10项问题正按计划推进。积极配合完成第二轮中央生态环境保护督察工作，截至目前，交办的2643件信访问题已办结2151件、阶段性办结222件。“绿盾专项行动”整改问题完成整改1790个。祁连山生态保护实现“由乱到治，大见成效”的转变，自然保护区内144宗矿业权已全部分类退出；42座水电站全部完成分类处置，9座在建水电站退出7座、保留2座，33座已建成水电站关停退出3座、规范运营30座，全部安装生态流量无障碍下泄设施和计量监控系统；25个旅游设施已按差别化整治措施完成分类整改并实施生态环境修复；完成草原减畜21.97万羊单位的任务，传统共牧区放牧牲畜全部退出并实行禁牧管理，林权证、草原证“一地两证”问题彻底解决。

【污染防治】成立省委、省政府主要领导任组长的省污染防治攻坚战领导小组，制定印发《2019年污染防治攻坚“三大战役”重点任务清单》，压茬推进重点任务落实。在打赢蓝天保卫战方面，紧盯“四个重点”（重点区域、重点行业、重点时段、重点因子），优化调整“四大结构”（产业结构、能源结构、交通运输结构、用地结构），重点治理“四类污染源”（燃煤、扬尘、机动车、工业企业）。完成10台计335.5万千瓦煤电机组超低排放改造，提前1年完成煤电机组超低排放改造目标；综合整治燃煤锅炉1143台4183蒸吨。持续实施工业炉窑、重点行业挥发性有机物治理。完成“散乱污”企业整治781家。全省完成清洁取暖改造40余万户，14个市州基本建成煤炭集中配送和监管体系。施工场地落实“六个百分之百”抑尘措施合格率99.6%，城市道路机械化清扫率达到70%。全面建成投运空气微测网，淘汰老旧机动车16.3万辆，引导中长途大宗物资运输“公转铁”。兰州市建成投运地铁交通一号线，有效降低机动车污染物排放强度。定西市建成机动车尾气遥感监测网络。在打好碧水保卫战方面，在黄河干流、渭河流域、泾河、马莲河等重点流域谋划实施21项治理工程。全省18条黑臭水体基本完成整治；156个县级及以上地表水型饮用水水源地环境问题全部完成整治，兰州市第二水源地全面建成投用。2018年新批复的11个省级工业集聚区的污水处理设施中，4个已建成投运、3个主体建成、4个正在建设；142个国家重点镇中112个具备污水收集处理能力，城市、县城污水处理率、地级城市污泥无害化处理处置率提前完成“十三五”目标任务；兰州、白银、陇南、临夏码头污染防治设施建设完成75%以上。实施全省地下水基础环境状况调查评估和监管能力建设项目。在111个行政村开展农村生活污水治理试点示范。在推进净土保卫战方面，全面完成农用地土壤详查，技术报告和相关成果顺利通过国家技术评审（得分89分，位于全国前列）。开展重点行业企业用地调查，筛选确定近300个高关注度地块进行初步采样调查。强化污染地块环境风险管控，确定101个疑似污染地块和23个污染地块，发布《甘肃省建设用地土壤污染风险管控和修复名录（第一批）》，34个试点项目基本达到年度工作目标。推动受污染耕地安全利用，支持37个重点县（市、区）开展受污染耕地治理修复。确定170家全省土壤污染重点监管企业，督促开展企业用地土壤环境质量自行监测和信息公开。调整或取消畜禽养殖禁养区1161块2.57万平方公里，规模化畜禽规模养殖场（小区）废弃物处理利用设施配套比例达到92.44%。完成736个建制村农村环境综合整治，“十三五”以来累计完成2060个，占总任务数的82.4%。深入开展涉镉等重金属污染源排查整治。重金属污染防治及总量削减有序开展，危险废物专项治理、固体废物堆存场所整治有效推进，废铅蓄电池集中收集和跨区域转运试点工作进展顺利。

【黄河流域污染防治】积极开展黄河流域（甘肃段）污染防治和协力推动高质量发展专题研究，提出了全面推进“三水统筹”“五河共治”、甘南高原地区黄河上游生态安全屏障“保好水”、中部沿黄地区生态走廊“用中水”、陇东陇中地区黄土高原生态安全屏障“治差水”的总体工作思路。组织开展黄河干流、一二级支流生态环境和污染防治现状调研，制定《黄河流域（甘肃段）水污染防治总体实施方案》。组织开展黄河流域生态环境及污染现状调查，先期安排专项资金6000万元，启动黄河流域甘肃段污染防治调查评估、马莲河流域查测溯源调查评估等，已完成部分河段无人机飞行排查工作。

【服务保障经济社会高质量发展】不断深化“放管服”改革，下放辐射安全许可两大类9项许可审批权限；全力推进省列重大项目落地，2019年151个省列重大项目完成环评审批131个；与省工商联共同召开支持服务民营企业绿色发展座谈会，签订合作协议，助推民营企业绿色发展。有序推动环保产业发展，推动绿色发展基金落地见效，筛选8个项目积极争取基金支持，积极配合设立节能环保产业发展基金；完成省级清洁生产审核85家，促进重点行业节能减排和产业升级改造；全省完成407家企业“一考双评”工作。积极应对气候变化，完成109家重点排放企业2018年度温室气体排放报告和碳核查，确定23家发电企业参与全国碳排放权交易，完成省政府控制温室气体排放目标责任落实情况评估。积极服务核产业发展，协调对接乏燃料和放射性废物处理处置设施项目落地甘肃的前期有关工作，做好中核甘肃核技术产业园、钍基熔盐堆、乏燃料和放射性废物处理处置项目选点等重点项目建设的服务和监管工作。

军民融合

【政治理论学习】始终把学习贯彻习近平新时代中国特色社会主义思想作为推动各项工作开展的关键，扎实开展“不忘初心、牢记使命”主题教育，不断增强全体干部初心意识和担当精神，切实增强“四个意识”、坚定“四个自信”，做到“两个维护”。深入学习领会习近平总书记讲话精神。认真学习习近平总书记在十九届中央军民融合发展委员会第一次、第二次、第三次全体会议上的重要讲话精神，深学悟透习近平总书记关于军民融合发展重要论述和视察甘肃重要讲话和指示精神，紧紧把握其科学内涵和精髓要义，充分认清我省军民融合产业的巨大潜力和广阔前景，为做好甘肃军民融合发展这篇大文章增强了信心、凝聚了人心。为全面提升全省推动军民融合发展工作的能力和水平，组织举办了以学习贯彻习近平强军思想和关于军民融合发展重要论述为主要内容的全省军民融合发展领导干部示范培训班，聘请相关领域9名国内知名专家授课，培训取得良好效果，受到参训人员的高度评价。

【《军民融合发展战略纲要》贯彻】全面贯彻落实《纲要》要求。紧紧围绕中央《军民融合发展战略纲要》，结合甘肃省情实际，起草了《中共甘肃省委关于贯彻＜军民融合发展战略纲要＞的实施意见》，进一步明确了甘肃军民融合发展目标、重点领域、主攻方向和发展路径，为今后一段时期甘肃军民融合发展规划了时间表、任务书和路线图。坚持调研先行，深入军工企事业单位了解实情，重视推动核产业、航空航天等重点领域的统筹规划，不断深化军民在产业发展、技术研发、成果转化、人才培养、基础设施等方面的统筹融合，谋划实施了一批军民融合发展重大项目。组织召开了全省军民融合发展工作推进会，省委主要领导为军民融合发展基金、航天510所兰州军民融合产业园、军民融合发展研究院授牌，签署了一批涉及军地医疗、政银合作及核产业、航空航天、新材料等领域重大项目的战略合作协议，为开创甘肃军民融合发展新局面提供了坚强支撑。“三大体系”建设取得显著成效。指导各市州组建了军民融合发展委员会，作为党委议事协调机构，建立健全了议事规则和制度，对改革开放以来与军民融合有关的法律、法规、规章和政策性文件进行全面彻底清查清理。全省军民融合发展的组织管理体系、工作运行体系、政策制度体系初步建立。

【军民融合产业发展】不断优化军民融合产业发展推进和重大项目包抓机制，及时协调解决企业运行和重点项目推进过程中的困难问题，确保军民融合产业发展重点任务落地见效。加快重点项目建设。进一步加大项目建设推进力度，中核甘肃核技术产业园、兰州航天军民融合产业园等16个军民融合产业重点项目建设进展顺利，累计完成投资88.76亿元。军民融合发展项目库实现动态管理。根据“十大生态产业”发展部署要求，对军民融合产业专项行动计划确定的91个重点项目实行动态管理，及时清理了39个不能实施项目，补充23个发展前景较好项目，将重点项目调整为73个。通过深化与军工集团公司的对接合作、抓好全省知识产权军民融合试点等措施，鼓励全产业链军地协同创新和联合攻关，深入谋划军民融合产业重大项目。

【军民科技协同创新】认真做好甘肃知识产权军民融合发展国家试点工作。积极开展关于《甘肃省知识产权军民融合试点推进工作》的项目研究，贯彻落实国家有关开放共享管理办法，重点推进全省承担军民融合任务的科研院所、重点实验室、国家级企业技术中心开放共享，促进科技创新领域信息资源、基础设施军民共建共用。建立健全军民融合信息共享制度。编制上报2019年度“军转民”“民参军”技术和产品目录信息，以及军民融合产业重点技术产品引进以及推广指南，推动军民技术成果双向转移转化应用。推动18家军民融合协同创新中心依托各自优势开展关键技术产品攻关。新认定第三批5家军民融合协同创新中心。积极推动军民需求对接。组织召开中国先进技术转化应用大赛兰州站说明会，召开兰州市军民两用技术产品需求对接会，帮助省内优势企事业单位及时掌握军转民、民参军需求动态。19个项目入围中国先进技术转化应用大赛参评环节，有13个进入半决赛，5个项目进入决赛，1个项目获得铜奖。开展民营商业航天发射任务探索，成功举办民商航天发射与服务研讨会，为民营商业航天纳入国家航天体系积累经验、探索路径。

【军地资源共建共享】积极推进省内高速公路、国省干线、铁路交通枢纽项目建设贯彻国防要求，加强交通领域军地资源共享与协作，统筹规划，协调推进。将等级公路、交通枢纽、新建机场纳入国防需求或子项目内容，实现社会资源与军事需求有序对接。根据部队大型装备通行需求，明确甘肃境内高速、省道沿途桥梁、收费站、检查站、限高限宽等设施在新建或改扩建时征求部队意见。协调做好总投资44亿元酒泉至额济纳铁路项目建设前期各项工作，项目获国家批复并于上半年开工建设。积极协调推进天水、平凉、武威等军民两用机场的迁建和新建工程。依托公航旅金汇公司航空专业保障队伍，加紧组建甘肃省军民融合航空专业保障队伍，力争2020年形成覆盖全省的航空应急救援、医疗救护、人员物资投送、警航飞行、短途运输、空中巡查等通航综合保障的能力。努力构建军地之间布局合理、优势互补的天地空一体化气象观测体系。为满足航天发射气象保障需求，在酒泉卫星发射中心建设了标准化的气象观测场。

【军地人才双向交流】鼓励和支持省内各高校主动服务国家军民融合发展战略，根据国防和军队建设需要，充分发挥兰州大学、兰州理工大学、航天510所、中科院兰州化物所等军工承研单位优势，培养军地通用专业人才和高素质复合型人才。支持兰州资源环境职业技术学院牵头建设甘肃省军事人才培养军民融合协同创新中心，依托兰州资源环境学院、甘肃工业职业技术学院两所院校为部队培养士官、为国防科工业企业培养输送人才，积极争取将酒泉职业技术学院纳入定向培养士官定点高校名录，增强甘肃高等院校为军队定向培养士官的能力。加强全省军民融合发展领域高层次人才选拔激励，全年选拔39名军民整合发展领域专业技术人才为“甘肃省领军人才”，确定83名军民融合发展领域专业技术人才为2019年度享受甘肃高层次专业技术人才津贴人员。鼓励大中专毕业生积极支持国防，在兰州理工大学举办军民融合企业招聘洽谈会，现场签约近300人。运用地方企业资源为部队培养专业人才，以批量入役尚未形成修理能力的武器装备为载体，协调新装备承研承制承修单位培训技术人员。印发《关于促进新时代退役军人就业创业工作的意见》，从24个方面对促进退役军人就业创业提出激励措施，引导广大退役军人积极投身“大众创业、万众创新”实践，助推经济社会发展发挥重要作用。在兰州举办2019年退役军人暨现役军人家属就业大型专场招聘会，共有212家省内外企业入驻，提供1万多个岗位，有7482名求职者入场求职，达成意向性就业协议3499份，现场签约976人。

【军事后勤保障】利用社会化服务资源，推动部队由自我保障向购买服务和依托政府保障转变，探索社会化保障新模式。加大协调军地有关部门力度，稳步推进项目建设。协调省内军粮供应站和副食品超市签订应急保障协议。协调部队与餐饮公司签订应急保障协议，积极探索对部队提供“快餐化”加“野战化”饮食保障模式。协调部队与建筑公司签订宿营保障协议。协调部队与地方学校签订保障协议，在学生放寒暑假期间，可依托学生宿舍和训练场地保障官兵宿营需求。协调部队与地方物流公司签订了军民融合航材物流协议、有力缩短了日常航材运送时间，有效提高了大项演训保障效率。依托地方优质维修资源，签订车辆定点维修协议。

【国防动员】健全国防动员运行体制机制。结合全省机构改革和工作需要，指导市（州）、县（市、区）调整完善本级国动委组成和办事机构设置，强化对国防动员工作的组织领导。构建现代国防动员力量体系。全省建设完善民兵预备役综合训练基地和县（市、区）训练场，依托训练基地组织民兵集中轮训备勤。创新国防动员建设模式方面。深化普及全民国防教育方面。深入开展国防教育进机关、进学校、进社区、进农村、进企业、进家庭工作，促进国防教育在普及中加强。先后建设命名了183个国防教育基地。

【党建工作】紧紧围绕新时代党的建设总要求，以习近平新时代中国特色社会主义思想为指导，结合“不忘初心、牢记使命”主题教育，认真学习习近平总书记在中央和国家机关党的建设工作会议上的重要讲话，教育引导党员干部坚决贯彻党的基本理论、基本路线、基本方略，旗帜鲜明讲政治，坚定不移向党中央看齐，自觉在思想上政治上行动上同以习近平同志为核心的党中央保持高度一致。围绕习近平总书记视察甘肃重要讲话、在中央和国家机关党的建设工作会议上的讲话等内容，组织开展了11次交流研讨，着力研究解决基层党建工作中一些具体问题。组织召开了全省国防科工系统2019年党建工作会，全面提升了党建工作质量，进一步增强各级党组织的政治领导力、思想引领力、群众组织力，为甘肃产业转型升级、企业高质量发展提供了坚强的政治保证。牢牢把握新时代从严治党工作的总要求，严格落实中央八项规定及其实施细则要求，研究制定了《中共甘肃省委军民融合发展委员会办公室贯彻落实中央八项规定实施细则的实施办法》，坚决扛起全面从严治党主体责任，不断把全面从严治党引向深入，营造风清气正、向上向善的浓厚氛围。

党史研究

【“不忘初心、牢记使命”主题教育活动】按照中央主题教育工作会议精神和省委主题教育动员部署会议精神，结合单位实际，及时召开动员部署会议，成立室主题教育领导小组，制定和细化《实施方案》，明确领导职责、总体要求和主要任务。认真组织全室党员干部深入学习习近平新时代中国特色社会主义思想，跟进学习习近平总书记重要讲话，认真学习党史、新中国史，系统研读《习近平新时代中国特色社会主义思想学习纲要》《习近平关于“不忘初心、牢记使命”重要论述选编》《习近平论党史和文献工作》等书籍，不断增强“四个意识”，坚定“四个自信”，进一步提高党员干部职工守初心、担使命的政治理论水平和综合业务素质。按照专项整治、“四个对照、四个找一找”的要求，广泛征求意见，深入查找梳理存在的问题和不足，召开民主生活会和组织生活会，印发《专项整改方案》。截至2019年底，领导班子7个方面的问题和班子成员15个问题已全部整改完成。

【党史资料征集】完成《甘肃改革开放纪实》《胡继宗在甘肃》专题资料和《甘肃发展70年印记》口述史资料收集整理工作。配合省委宣传部完成红军长征进入甘肃至大会师期间的素材整理提供工作，有力支持了中宣部“壮丽70年奋斗新时代——记者再走长征路”主题采访活动在甘肃的采访活动。配合省委组织部完成甘肃省庆祝中华人民共和国成立70周年大型主题展览组织工作部分资料的收集整理工作。配合省政协完成《甘肃70年建设改革发展纪事》重大历史事件“三亲”（亲历、亲闻、亲见）史料撰写工作。9月28日，省委党史研究室与甘肃省中共党史学会联合举办“全省党史系统庆祝新中国成立70周年座谈会”。征文活动共收到来稿167篇，经过专家组评审，评选出入选座谈会论文85篇，其中，19篇论文获特等奖，15篇论文获优秀论文。

【党史研究与编撰出版】编撰出版《陕甘边革命根据地史》《南梁精神的当代价值研究》等4本书籍，在甘肃日报等报刊发表《陕甘边革命根据地不可替代的历史地位》《甘肃红色资源的丰富内涵和时代价值》等理论文章5篇。编辑出版发行《中国共产党甘肃历史知识简明读本（二）》。内部出版《中国共产党甘肃大事纪实（2018）》《甘肃省脱贫攻坚工作文献选编（2018）》。完成第二轮《甘肃省志·共产党志》和《艰辛的历程永远的初心——中共甘肃历史记略》送审稿和《甘肃抗战口述史》初稿。

【课题研究】为贯彻落实习近平总书记视察甘肃重要讲话精神，从党的历史中汲取丰富精神滋养，助推全省各项事业快速健康发展，省委党史研究室谋划的党史重大课题《甘肃革命精神谱系研究》得到省委领导的肯定，《甘肃扶贫开发历程》被列入省社科规划项目，课题研究已全面启动。

【党史书籍影视审读审看】审读《中国共产党武威历史（1949—1978）》《中国共产党金昌大事记（2005.01—2018.12）》等市县区党史基本著作10本。组织审读《人文甘肃》《中国工农红军西路军血战高台》等书籍4本，审看《英雄团长王学礼》等影视剧2部，协助拍摄电视剧《面孔——张一悟》《陇上英烈——武治安》。参与审读《俄界纪念馆展览大纲》《甘肃70年成就展览大纲》等红色纪念场馆、展览陈展大纲。

【党史宣传教育】将甘肃党史网与甘肃省红色纪念馆网合并、改版升级，在《甘肃党史》期刊增加“党史故事”，优化宣传效果。坚持在省直机关工委微信群等18个微信群推送“党史上的今天”，持续开展党史知识普及宣传教育。安排党史干部为兰州大学、省安全厅、兰石化、陇西县委等单位讲党史和党课15场次；开展“送党史进社区”活动，赠送的《甘肃党史》等书籍深受社区居民欢迎；与甘肃省森林消防总队政治部联合举办“不忘初心、牢记使命”红色经典故事咏诵会，向消防官兵赠送党史图书1200多册。在甘肃日报开辟“陇原红色遗珍”栏目，刊登《遗落在甘南的红军“官印”》等系列文章8篇，使读者特别是青少年通过阅读红色文物背后的感人故事，接受革命教育，传承红色基因。组织开发的《中国共产党甘肃历史(新民主主义革命时期)》网上3D展馆即将上线试运行。与甘肃省“学习强国”学习平台领导小组联合，在甘肃学习平台增设“红色陇原”栏目，完成与市州党史部门链接供稿管理后台的建设工作，并推送党史资料、党史微记录片等160多条，点击量达10万次。

【校室交流合作】与兰州大学签署《合作框架协议》及《合作交流备忘录》。依托兰州大学马克思主义学院，发挥各自优势，整合盘活各方资源，建设兰州大学西北党史党建研究中心，促进和提升双方科学研究、人才培养、社会服务的质量和水平，共同推动西北党史党建研究整体上水平、上台阶。参加陇东学院南梁精神研究中心揭牌仪式，并就开展省校合作、进一步深化南梁精神研究等达成初步协议。

【《陕甘边革命根据地史》出版发行】4月份，省委党史研究室编写的《陕甘边革命根据地史》由中共党史出版社出版发行。全书共十一章，分别是陕甘边革命根据地创建前的社会状况、党在陕甘边区武装反抗国民党反动统治的斗争、陕甘边区革命武装的初创、以寺村原为中心的陕甘边革命根据地的创建、以照金为中心的陕甘边革命根据地的开辟、以南梁为中心的陕甘边革命根据地的形成、陕甘边革命根据地的发展壮大和陕甘边苏维埃政府的成立、陕甘革命根据地的形成与扩大、陕甘革命根据地成为党中央和红军的落脚点、陕甘宁革命根据地成为八路军奔赴抗日前线的出发点、陕甘边区的革命精神。该书全面记述和反映陕甘边革命根据地为中国革命的胜利作出的重大贡献，是一部宝贵的资料书，近36万字。

【干部培训】6月，全省党史干部业务培训班（总第15期）在会宁县举办。各市州、县区党史部门和省委党史研究室业务骨干共110人参加培训。培训采取专家授课、现场教学、经验交流、情景教学、分组讨论、激情教学、大会交流的形式进行。围绕《党的文献编辑工作》《党史基本著作编写的基本要求——以党史二卷为例》《党史资料的征集整理、考证利用》《书稿审读的基本问题和注意事项》进行专题讲座。组织学员前往会宁红军长征胜利纪念馆和旧址、红军长征界石铺纪念园、六盘山红军长征纪念馆开展了现场教学活动。分别围绕《党史基本著作编撰中的难点和重点问题》《地方党史专题资料征编工作》《口述史资料的征集整理》《推动党史“进校园”活动的思考》进行了大会交流发言。庆阳市、张掖市、平凉市、镇原县、靖远县、榆中县、永昌县、阿克塞县、武威市凉州区等党史部门围绕地方党史正本编写、党史宣传教育、党史资料征集、纪念场馆建设等进行了经验交流，并组织学员开展了红色故事宣讲会，观看了会师纪念园管委会演出队表演的《红色故事会》节目。9月，省委党史研究室依托中央党史和文献研究院在甘肃玉门铁人干部学院举办西部地区党史和文献干部培训班的有利时机的平台，举办了全省党史干部业务培训班（总第16期），省委党史研究室及14个市州和部分县区的30名党史业务干部参加培训。

【意识形态工作】坚持守土有责，全力抓好意识形态工作。始终把加强意识形态工作作为重要政治责任，扛在肩上，落实到具体工作中。加强学习提高思想认识，深入学习习近平总书记关于意识形态工作的有关论述精神，及时传达全国、全省意识形态领域工作情况通报，掌握意识形态领域工作新动向，增强忧患意识，克服麻痹思想，见微知著、防微杜渐，防患于未然。加强涉党史意识形态领域风险防控，认真排查梳理涉党史意识形态领域风险隐患，制定风险隐患清单，明确应对措施，确定责任领导、责任处室和责任人，切实做好防范应对处置工作。加强对甘肃党史网、甘肃党史微信公众号、甘肃党史微博的管理，严格信息登载、文章转载三级审查制度，加强技术保护，确保发布信息的政治性权威性，确保网站运行的安全性。加强对干部涉意识形态领域的教育管理。室领导结合涉意识形态领域典型事例，向全室干部职工讲解低级红、高级黑的问题，使大家明白其中的险恶用心，进而增强对诸如此类问题的分析辨别能力，自觉做到不信谣不传谣。各党支部注意加强对党员的教育管理，积极开展学习交流，提高党员思想认识，增强对各类纷繁复杂信息的辨识能力，自觉以党员标准严格要求自己，管好自己的社交圈、朋友圈、微信圈，不人云亦云不推波助澜，坚持做奋斗者积极传递正能量，以实际行动助力中华民族伟大复兴。

【脱贫攻坚帮扶工作】强化政治担当，倾情倾心做好帮扶工作。增派政治素质过硬，作风严谨务实的1名处级干部担任帮扶村党支部第一书记、驻村工作队队长，充实帮扶力量。与2个帮扶村党支部开展支部共建，指导帮扶村党支部规范组织生活，考察学习清水县白沙镇赵沟村特色产业、文明乡村建设经验，提升帮扶村党支部及全体党员带领群众致富的信心和能力。筹资2万元在两个帮扶村各建“爱心超市”1个，鼓励村民通过勤劳致富、参与美丽乡村建设中的积极表现获得积分，兑换超市中的日用品。向两个帮扶村2019年被录取的8名大学生、研究生资助爱心助学金1.3万元，既解决贫困学子一时之困，也树立重视教育的鲜明导向。持续关注步沟村花椒产业发展，购买花椒树苗3200株分发农户用以补栽，邀请专家对村民进行花椒树田间管理等实用技术知识培训。持续帮助李家渠村合作社做好挂面和食用植物油的生产加工、包装存储、运输销售工作，做大做强村集体经济。筹资4.2万余元，为帮扶村购买国旗杆建起升旗台，制作党建宣传墙和党史宣传栏，维修粉刷党员活动室，购置会议室桌椅，修缮村民文化广场，购置无线电广播系统，村党支部的凝聚力号召力进一步增强。组织干部走访看望慰问帮扶村老党员、高龄老人和残疾人，带去温暖与关怀。邀请医疗专家组深入帮扶村为村民进行义诊，免费赠送近万元药品；向村民宣传日常保健和常见病、多发病的预防、常用药服用等医疗保健知识，受到了村民的高度称赞。

【机关党建】坚持政治引领，提升机关党建工作水平，以习近平总书记"7·9"重要讲话和党的十九大精神为指导，按照机关党的建设的总要求，全面推进党支部建设标准化和"作风建设年"活动，在服务中心工作、推进党史工作高质量发展中发挥重要作用。统筹安排党建工作，压实党建主体责任。室领导班子高度重视机关党建工作，坚持把党建工作与业务工作同安排同部署，全年召开专题会议3次，讨论确定党建工作要点，研究解决党建工作中存在的突出问题，印发《2019年机关党建工作要点》《2019年纪检工作要点》，明确室领导和各处室委馆负责人抓党建主体责任，落实"一岗双责"，推动全室党建工作扎实有序开展。开好民主生活会，建设坚强有力领导班子。严格落实领导班子民主生活会各项要求，室领导班子成员之间、领导班子成员与普通党员之间坦诚地进行谈心谈话，把问题谈透，把心结谈开，把根源找准，严肃认真开好民主生活会，把领导班子建成政治坚定、纪律严明、作风过硬、清正廉洁的好班子，增强班子的组织力号召力。加强支部建设，提高凝聚力战斗力。认真学习贯彻《中国共产党支部工作条例（试行）》《中国共产党党员教育管理工作条例》，按照支部建设标准化要求，严格落实"三会一课"、民主评议党员、谈心谈话等制度，充分发挥党支部在教育管理监督党员中的重要作用。持续加强纪律教育，严格执行各项规章制度。持续组织党员干部深入学习《纪律处分条例》等党纪党规，增强党员干部纪律观念。严格贯彻执行中央八项规定，坚持用好监督执纪"四种形态"，不断推进纪律教育经常化、制度化。严格落实考勤制度、请假制度、离兰外出报告制度、节假日带班值班等制度，强化干部职工遵守纪律的意识，以严的纪律保证好的作风。

（范兵香）

民族事务管理

【民族团结进步创建】认真贯彻落实中央《关于全面深入持久开展民族团结进步创建工作铸牢中华民族共同体意识的意见》精神，坚持以民族团结进步创建总揽民族工作，不断推动创建工作全面深入持久开展。一是创新谋划民族团结进步创建工作。省委办公厅、省政府办公厅印发出台了《甘肃省关于全面深入持久开展民族团结进步创建工作铸牢中华民族共同体意识的实施方案》，从五个方面认真总结近年来民族团结进步创建工作实践，注重坚持中央精神与甘肃实际，进一步健全甘肃省民族团结进步体制机制，促进创建工作各类活动开展的制度化、常态化，有效激发全省各地各部门创建工作的积极性、主动性和创造性。结合甘肃省创建工作实际，创新谋划实施全省民族团结进步创建"一廊一区一带"行动，倾力打造"河西民族团结进步示范走廊"，努力建设"陇东南民族团结进步巩固区"，着力创建"沿黄河—洮河民族团结进步提升带"，省委统一战线（民族宗教）工作领导小组印发行动方案，先后在兰州、酒泉、天水召开沿黄河—洮河、河西、陇东南地区民族宗教工作部署3个片会和3个现场推进会。二是深入推进民族团结进步宣传教育。组织召开全省第16个民族团结进步宣传月活动视频动员会，邀请国家民委相关同志在"富民兴陇"大讲堂作了题为"推动中华民族走向凝聚力更为强大的命运共同体—习近平总书记关于民族工作的重要论述"的专题辅导讲座，全省2万余人收看讲座。紧扣中央和省委关于民族宗教工作的一系列重大决策部署，在兰州、甘南、平凉、庆阳、武威、金昌、定西等市州及兰州新区、大中专院校开展民族宗教理论政策下基层"百场万人"大宣讲活动60余场次，参加人数7000余人。与省广电总台都市频道联合制作《民族团结进步创建工作纪实》41部、《"中华民族一家亲"好故事》27部，组织省民族歌舞团赴临夏、白银等市州及七里河、景泰、张家川、靖远等县区开展大型文艺演出43场次，营造了良好的民族团结氛围。三是大力开展民族团结进步示范典型表彰命名。通过广泛评选推荐，甘肃省共20个单位、28名个人被国务院表彰为全国民族团结进步模范集体、模范个人，10个地方和单位成功创建全国民族团结进步示范区（单位），3个单位被命名为全国民族团结进步教育基地，数量均比往届往年有增加，特别是酒泉市成为全国第一个非民族省份成功创建示范区的地方，省法官学院成为全国法院系统唯一被命名的教育基地。精心筹备召开甘肃省第八次民族团结进步表彰大会，省委、省政府表彰全省模范集体92个、模范个人195名。省委宣传部、省委统战部、省民委命名全省民族团结进步示范区19个、示范单位50个，各地、各部门比学赶超的创建工作局面逐步形成，全省创建工作掀起了新高潮。

【民族地区脱贫攻坚】紧盯全省少数民族群众和民族地区与全省同步实现全面小康这一目标，持续在助力加快发展这个"总钥匙"上精准发力。一是加强少数民族发展资金使用管理。将财政专项扶贫资金（少数民族发展方向）新增资金全部重点用于"两州一县"和深度贫困县，2019年下达32212万元，其中深度贫困县27673万元，占总资金的85.9%；"两州一县"资金25099万元，占总资金的77.9%。在保持"两州一县"现有投入不减少的同时，足额落实"两州一县"新增资金规模。切实做好资金整合和整合后的资金监管工作，印发《关于进一步做好财政专项扶贫资金（少数民族发展资金）整合及跟踪监管工作的通知》，进一步明确和规范了县市区民族工作部门落实资金整合和监管责任的具体任务，并会同有关部门深入甘南、临夏等地开展检查指导，推动加快项目实施和资金支付进度。二是全力支持民族地区脱贫攻坚工作。认真履行省脱贫攻坚领导小组成员单位职责，印发实施《省民委关于2019年倾斜支持深度贫困地区脱贫攻坚工作方案》和《省民委关于脱贫攻坚领域防范化解重大风险点排查情况》。组织人员赴临夏州东乡县和积石山县指导开展“3+3”冲刺清零行动，督促落实义务教育、基本医疗、住房安全、安全饮水、易地搬迁、兜底保障等6个专项清零筛查工作方案。不断加大帮扶力度，为张家川县扶贫点切块下拨扶贫资金（少数民族方向）共计2294万元，比上年度增加了576万元、增加了33.5%，增速比国家民委下拨省民委扶贫资金总量高出29个百分点。不断加大帮扶力度，为张家川县扶贫点切块下拨扶贫资金（少数民族方向）共计2294万元，比上年度增加576万元、增长33.5%。2019年甘肃省民族地区有9个贫困县摘帽，涉藏州县实现整体脱贫，减贫17.66万人、贫困人口减少到3.82万人，贫困发生率下降到1.32%。三是积极谋划推动民族地区经济社会发展。认真落实民委委员单位帮办实事制度，协调推动省民委委员单位为少数民族和民族地区办实事好事75件，落实项目资金36.812亿元。全面贯彻落实中央有关会议精神，深入实施兴边富民行动，省委、省政府成立甘肃省推进兴边富民行动领导小组，省委办公厅、省政府办公厅文件印发出台《关于深入推进兴边富民行动支持肃北县加快经济社会发展的意见》，省民委组织相关部门深入肃北县调研兴边富民工作，全力助推肃北蒙古族自治县经济社会快速发展。认真落实扶持人口较少民族发展、少数民族特色村镇保护与发展等专项规划，省民委、省财政厅印发《甘肃省民族贸易和民族特需商品生产企业贷款贴息引导支持资金管理办法》，确定60家民品生产企业，落实国家贷款贴息引导支持资金3308万元。

【民族文化繁荣发展】大力传承发展少数民族文化，把增强文化认同、加强文化交流，作为建设各民族共有精神家园的出发点和落脚点，构筑各民族共有精神家园。一是成功举办“石榴杯”甘肃省少数民族文艺会演。省民委会同省文旅厅、省文联联合举办庆祝中华人民共和国成立70周年“石榴杯”甘肃省少数民族文艺会演，在为期12天的会演中，17个民族的1500多名演职人员在省城兰州呈现16场精彩演出，共有1.2万余人次到现场观看演出，网络直播观看1352万人次。文艺会演规模盛大、影响广泛，被誉为“民族的节日、文艺的盛会、团结的乐章”，在全省各族群众中引起了强烈反响。二是组团参加第十一届全国少数民族传统体育运动会。成立由各民族组成的甘肃省代表团，组织111名运动员参加了8个竞赛大项55个小项和4个表演项目的比赛，取得了4个一等奖、5个二等奖、13个三等奖的好成绩，3个集体、24名个人获得“体育道德风尚奖”，实现了运动成绩和精神文明双丰收，是近三届以来甘肃代表团在全国民族运动会上取得的最好成绩。三是大力推动少数民族文化繁荣发展。根据《甘肃省少数民族文化事业发展专项资金管理办法》，及时下拨2019年度少数民族文化事业发展专项资金1200万元，并对2019年度专项资金项目绩效进行跟踪监控。深入开展少数民族文化传承与发展调研，形成专题调研报告，提出了繁荣发展民族文化的工作建议。深入挖掘、传承保护优秀民族文化，创拍播出甘肃少数民族文化纪录片《陇原芬芳》之《藏族篇》《回族篇》《东乡族篇》，得到了社会各族各界的肯定，被央视选中拟在CCTV—6展播。省民族歌舞团参加国家文旅部举办的“三区三州”文化旅游推介会、第四届丝绸之路（敦煌）国际文化博览会、第九届敦煌行·丝绸之路国际旅游节等文艺展演，充分展示了甘肃省少数民族独特的文化风情。四是大力推进少数民族语言文字和古籍整理工作。整理完成国家民委“十三五”少数民族古籍整理出版重点项目《卓尼扎巴协珠文集》。顺利完成《甘肃省藏文古籍文献总目录》出版前期有关工作和《藏医秘诀宝典》《藏医兽医学实践宝串》《玉匣记》等藏医学古籍文献整理工作，少数民族古籍保护传承取得了新进展。承办召开八省区蒙古语文工作协作小组第十八次成员会议，省政府分管领导出席会议并致辞，内蒙古、黑龙江、吉林、辽宁、河北、新疆、青海等省区代表90余人参加，取得了圆满成功。

【依法治理民族事务】把依法治理作为实现民族事务治理体系和治理能力现代化的重要途径，努力营造各族群众在城市共居共学共事共乐的良好氛围。一是不断加强民族领域法治宣传工作。认真落实《甘肃省民委系统法治宣传教育第七个五年规划》，组织编辑《甘肃省民族团结进步法治宣传教育通俗读本》，在“宪法宣传周”等重要时间节点发放《甘肃省实施民族区域自治法若干规定》等法律法规宣传资料，营造了良好的法治氛围。二是严格依法处理民族事务。认真做好涉及民族事务公开出版物审核工作，全年审核涉及民族事务公开出版物、内部出版物16件，有效避免了民族出版领域可能出现的不稳定因素。严格执行《甘肃省公民民族成份登记管理实施细则》，各有关部门积极沟通衔接，对基层进行指导培训，及时答疑解惑、纠正偏差。三是认真做好少数民族流动人口服务管理。全面贯彻落实中央《关于加强和改进少数民族流动人口服务管理工作的意见》精神，召开省民委委员全体会议暨城市民族工作会议，省委、省政府分管领导出席会议并讲话，对切实做好少数民族流动人口服务管理工作进行安排部署。深入开展少数民族聚居区社会综合治理工作，以少数民族流动人口服务管理为抓手，加强与签订《少数民族流动人口流入地流出地工作协作机制协议书》的市、省沟通衔接，配合处理了一批涉民族因素的矛盾纠纷。

【民族宣传工作】持续加强宣传引导，部署开展“民族工作宣传年”活动，全力调动各方面力量，形成了强大宣传声势。一是借助各类媒体平台开展宣传。积极协调国家民委“一报两刊”和省内主流媒体，对甘肃省民族领域重点工作、重大活动、重要会议开展多层次、全方位、立体化的宣传报道达130余篇（次）。在新中国成立70周年等关键时间节点，组织拍摄反映甘肃省民族团结的宣传片，在兰州市重点地区五块LED大屏和主干道1100面道旗投放民族团结宣传广告标语，进一步提升了民族工作的影响力。

二是注重发挥自有宣传平台作用。不断加强委门户网站、微信公众平台的维护更新，制作专栏专题，及时发布工作动态，切实发挥了宣传推介作用，省民委网站共刊发稿件2763篇，访问量达22万人次，省民委门户网站连续四年获得“中国政务网站优秀奖”；微信公众号刊发稿件161篇、甘肃民族政务头条号刊发稿件141篇，累计阅读量达10万人次，三是切实维护网络意识形态安全。持续加强网上涉民族因素网络舆情监测、分析研判和处置，网上涉及“甘肃民族宗教”的信息达73万条，主要以正面信息为主，对涉及党的民族政策、清真食品管理等方面出现的负面信息，及时跟进了解、分析研判，全年妥善处理网络舆情15起，没有发生影响民族团结和民族工作开展的重大网络舆情，民族领域意识形态总体平稳向好。

【健全民族工作运行体制】进一步完善民委委员制度，调整充实28个委员单位，明确职责分工和工作制度；新增11个省委部门和群团组织作为民族工作重点联系单位，这是甘肃省民族工作体制机制的重大创新。根据省委统一战线工作领导小组部署安排，将省民委直属的两个研究机构整合到省委统战部，与省工业合作社合并成立了甘肃省民族宗教研究中心，进一步加强了甘肃省少数民族历史文化和宗教问题研究力量。

【民族工作干部教育培训】按照用三年时间将全省民族工作干部轮训一遍的工作思路，制定2019年省民委干部教育培训计划，举办了民族团结进步创建、县处级少数民族干部、民族语文翻译、舆情工作等培训班5期，培训539人次。选调学员35人次参加中央民族干部学院、省委党校（甘肃行政学院）等培训机构的各类调训，各级民族工作干部的能力水平有力显著提升。

【民族工作调查研究】重点围绕中央和全省民族工作会议精神的贯彻落实特别是民族地区脱贫攻坚和执行差别化政策情况，在全省范围内组织开展了大调研大督查活动。在此基础上，结合开展主题教育，重点围绕6个方面的专题，省民委领导带队深入14个市州、17个县市区、33个乡镇和街道开展调查研究，形成《深化新时代全省民族团结进步创建工作调研报告》《甘肃省少数民族文化传承与发展调研报告》等一批较高质量的调研报告，对新时代甘肃省民族工作进行了深度分析研判。

妇女工作

【“巾帼心向党·礼赞新中国”群众性宣传教育活动】策划“巾帼心向党·礼赞新中国”群众性主题教育活动、“献礼七十周年，陇原巾帼讲述脱贫故事”主题宣讲等5776场次，188万名妇女参与。举办“倾情礼赞新中国·巾帼建功新时代”纪念三八系列活动1.72万场次，428万人次参与。积极投身新时代文明实践，组织4217支巾帼志愿服务队、10.85万余名志愿者常态化服务。为荣获全国三八红旗手（集体）称号的6人、5个集体送奖到基层，组织“致敬三八红旗手”走访慰问157名，发放慰问金31.4万元。表彰陇原杰出女性，授予全国三八红旗手标兵樊锦诗、何鄂“陇原巾帼先锋”荣誉称号，推荐何鄂参加国庆大典观礼。

【深化妇联改革】指导舟曲、宕昌等5个党建带妇建促脱贫示范点建设，切实发挥乡村两级妇联执委作用，示范带动贫困妇女投身脱贫攻坚和乡村振兴。全面推行亮牌服务，基层妇联组织建设更加规范化、有形化、常态化。推动在扶贫车间、行业协会、电商联盟、小区物业、志愿者服务团体等“四新”领域建妇女组织1181个，联系女性社会组织709个。指导成立兰州中川机场入驻企业妇联，创全国首例。制定完善团体会员管理办法，吸收省妇女儿童心理咨询协会、省女检察官协会进入团体会员队伍，联系服务范围不断扩大。

【“头雁”计划】举办全省妇联干部脱贫攻坚能力提升培训班，新任妇联主席和执委培训班，“头雁计划”示范培训班，基层妇联主席党员示范培训班，710名基层妇联主席和执委参训。“基层妇联领头雁培训计划”培训县级妇联主席、副主席154人，基层妇联组织成员43098人，激发干事创业热情。

【“双促进、双提升”工作】以点带面，推进巾帼脱贫行动质量和妇女工作水平“双促进、双提升”。组织座谈，举办研讨班，召开脱贫攻坚现场办公会，破解政策、资源等实际问题，建立妇女用工信息互通、“西货东销”消费扶贫等协作机制，发挥巾帼脱贫品牌作用。与民政厅、财政厅制定相关措施，推动基层开展特困群众关爱救助工作，1428名妇女受益。与省扶贫办制定《关于深化“巾帼脱贫行动”促进贫困妇女脱贫的意见》，在全国率先出台针对妇女脱贫全省指导性文件，在全省脱贫攻坚大局中彰显了妇联组织独特优势。

【“巾帼扶贫车间”】建成“巾帼扶贫车间”458个，带动贫困妇女就近就业2.59万人，人均月收入1830元左右。协调财政资金1000万，通过集中培训、技能竞赛、选树典型等方式，培训“车间”骨干23期1300人，扶持奖励脱贫带动性强的优秀“车间”71个，奖励资金425万元。将妇女组织建到“车间”，开展“五个一”创建活动，实现“车间”建起来，姐妹手拉手富起来。

【妇女就业技能培训】以“陇原巧手”技能培训、“陇原妹”劳务输转和妇女劳务品牌培训为抓手，组织41664名妇女参加就业技能培训，帮助贫困妇女通过掌握手工编织技能人均年增收2000元以上。输转陇原妹3000人，省外就业人均月收入5500元，省内就业人均月收入3500元以上。组织参加中国妇女手工创新创业大赛、第十七届海峡项目成果交易会、第三届工业设计展览会等，3家甘肃企业入围全国总决赛，雅路人麻编工艺制品公司获西北赛区第一名、总决赛铜奖。“陇原妹”被全国妇联、人力资源和社会保障部评为全国家庭服务业著名品牌。

【巾帼扶贫产业】班子成员带头对接扶贫产业，指导形成巾帼脱贫和基层组织规范化建设等一批制度，争取东西部扶贫协作项目资金1047.8万元，倾斜支持35个深度贫困县执行各类项目资金合计5412.32万元。争取260万元，创建全国巾帼脱贫示范基地12个、贫困妇女种植养殖示范基地20个。举办“春风送岗位.巾帼建新功”甘肃省女性人才专场招聘会，达成意向性就业协议770份。组织11名爱心企业消费扶贫，认购漳县农特产品近150万元，助力脱贫攻坚。

【家风家教主题宣传月】推进“家家幸福安康工程”，利用5—6月家风家教主题宣传月，开展主题宣传展示活动1000多场，50万人次参与。命名“最美家庭”1000户，制作播出家风好故事20期，组织25户全国“最美家庭”事迹巡展。统筹各方力量支持家庭教育，与省教育厅联合开展“家校协同，让孩子健康成长”主题宣传活动，创建实践基地210个，开展“书香飘万家亲子阅读”活动20期，示范带动我全省家庭教育工作再上新台阶。

【“巾帼共建美丽家园”】深入倡导爱干净、讲卫生的生活理念，开展宣传活动4000多场次，发放围裙、手提袋等15万余份，刷写道路标语、悬挂条幅、张贴入户宣传画6万余份，引导妇女全面净化美化庭院。联合省住建厅开展“美丽庭院”创建工作，推广“六美”标准，培树示范村364个，示范户3331户，挂牌示范。集中开展农村人居环境整治主题活动38253次，培养健康卫生好习惯。

【“巾帼家美积分超市”】探索建设“巾帼家美积分超市”，以家庭为单位、以“七净一规范”等为标准积分，将群众参与厕所、垃圾、风貌三大革命和移风易俗等内容纳入积分。先后投入资金1800余万元，建成“超市”3528家。小超市撬动作用初显，村民环境卫生意识不断增强，有效改变“脏、乱、差”面貌，得到全国妇联和省委省政府的肯定、基层党政的支持和群众的认可。“超市”为村妇联干部履职尽责搭建平台，成为基层党政推动农村精神文明建设、化解矛盾纠纷、建设和谐村庄的新通道。

【妇女维权法治宣传】联合省政法委、省禁毒办分别开展“平安家庭与法同行”三八维权周和“不让毒品进我家·共创平安幸福家”暨6.26国际禁毒日大型宣传活动，配合省应急厅、省司法厅开展安全生产月和宪法宣传周活动，向广大群众宣传《中华人民共和国宪法》、禁毒、防性侵以及安全生产等相关法律知识。全年共组织开展法治主题宣传活动近140场次，发放宣传资料近10万份，覆盖群众5.9万人，学法懂法守法用法的氛围日益浓厚。

【妇女源头维权】协调相关部门制定实施政策文件，保障妇女在公平就业、土地改革和村规民约中的合法权益，加强婚姻家庭纠纷预防化解工作，推动省公安厅制定《进一步加强预防和制止家庭暴力依法处置家庭暴力案件指南》，指导基层开展婚姻家庭矛盾纠纷化解和反家庭暴力，推动构建全省五级联动关爱保护妇女儿童工作体系。

【妇女实事化维权】评选妇女儿童维权典型案例10件。印发婚姻家庭、信访、维权、防性侵等四类宣传手册近4万册，制定妇女儿童维权舆情监测、研判、应对工作制度，为基层妇联正确监测、研判舆情提供政策依据。加强12338维权热线管理接听工作，畅通公共法律服务和信访渠道。妥善处理来信来访来电，化解调处率98%以上。

【农村妇女“两癌”检查为民实事项目】连续两年将农村妇女“两癌”检查纳入省政府为民办实事项目，坚持月统计、月通报、销号督办制度，全力推进实事项目，全省检查89.42万人，其中建档立卡贫困妇女13.92万人，完成全年任务的107.30%，检查出乳腺癌患者176人，宫颈癌患者274人，有效防范因病致贫、返贫的风险。抓节点开展女性健康知识科普讲座3458场次，106.12万人受益。为2145名农村贫困“两癌”患病妇女每人争取1万元救助，覆盖建档立卡、“两州一县”、18个深度贫困县患病妇女。争取社会爱心，为东乡等3县1万名建档立卡贫困妇女购买10万元“两癌”保险。

【巾帼暖人心关爱活动】对全省8.9万农村留守妇女、32万困境妇女儿童进行摸底统计，分级建立台账。走访困境妇女8.4万人次，及时报备苗头隐患，开展婚姻家庭矛盾纠纷调处化解，发放慰问金676.17万元，捐助277.18万元爱心物资。举办“情系幸福家庭·共创平安甘肃”讲座，50个贫困乡镇的6000多名妇女参加。动员5000余名大学生志愿者，在300多个村、社区开展“大手拉小手——守护童年”活动，4万余名农村留守儿童受益。执行“春蕾计划”“恒爱行动”“儿童快乐家园”等24个项目637.08万元，捐赠物资155.23万元，组织活动25场次，2万多名妇女儿童受益。

（顾晓冬）

人民生活

城镇居民

2019年，甘肃省委、省政府坚持以习近平新时代中国特色社会主义思想为指导，高度重视居民增收问题，坚持稳中求进总基调，积极践行新发展理念，切实推动经济高质量发展，持续抓好民生政策的落实，不断增强人民群众的获得感和幸福感，全年全省城镇居民收入继续保持增长态势，生活质量持续改善。

【城镇居民收入】2019年，甘肃城镇居民人均可支配收入32323.4元，比上年增长7.9%，增速与全国平均水平持平，在全国31个省（区、市）中排名第19位，绝对值在全国31个省（区、市）中排名第29位。

全年全省城镇居民人均工资性收入21707.5元，比上年增长8.9%；占人均可支配收入的67.2%；对城镇居民收入增长的贡献率最大，为75.1%，拉动可支配收入增长5.9个百分点，仍是促进城镇居民收入稳定增长的最重要因素。工资性收入增长的主要因素：一是就业整体稳定。2019年以来全省继续坚持抓培训、促就业、保增收的工作思路，加大新一轮积极就业政策落实力度，健全完善促进就业政策体系，加强创业带动就业，加大高校毕业生就业扶持力度，为工资性收入稳定增长打下坚实基础；二是最低工资标准和企业工资增长指导线上调，有效保障了企业职工工资收入增加；三是行政单位考核奖、科学发展观奖的奖励增加、部分企事业单位绩效工资和年终奖金标准提高，带动全社会整体工资水平提高。

全年全省城镇居民人均经营净收入2483.9元，比上年增长6.4%；占可支配收入的7.7%；对收入增长的贡献率为6.3%，拉动可支配收入增长0.5个百分点。在“三新”经济的引领以及税费改革、全域旅游等政策推动下，甘肃创业环境不断改善，小微企业、个体工商户较快发展，促进了城镇居民家庭经营收入持续发展。

全年全省城镇居民人均财产净收入2539.2元，比上年增长0.5%；占可支配收入的7.9%；对可支配收入增长的贡献率为0.5%，拉动可支配收入增长仅0.1个百分点。随着房地产调控和减息政策的实施，存款、理财利率下降，个人消费信贷增多，房贷、车贷等生活消费利息支出增多，使财产性收入增幅收窄。

全年全省城镇居民人均转移净收入5592.8元，比上年增长8.3%；占可支配收入的17.2%；对收入增长的贡献率为18.1%，拉动可支配收入增长1.4个百分点，是城镇居民收入增长第二大动力因素。养老、医保、低保等各项补贴政策相继提高标准，惠及不同居民群体，政策性促增实现全覆盖，是促使转移性收入增长的主要因素。

【城镇居民生活消费支出】随着城镇居民收入稳步增加，消费水平也不断提高，消费亮点突出，生活质量持续改善。2019年，甘肃城镇居民人均消费支出24453.9元，居全国第18位；比上年增长8.2%，增速居全国第11位，增速快于可支配收入0.3个百分点。八大类消费全面增长。其中，交通通信支出增长24.6%，增长最快；居住、食品烟酒、教育文化娱乐、其他用品和服务消费支出保持平稳增长，分别增长11.1%、7.8%、4.7%和4.6%；医疗保健、衣着、生活用品及服务消费与上年基本持平，分别增长0.8%、0.7%和0.6%。

全年全省城镇居民生活消费结构升级明显，生存型、物质型消费支出占比下降，发展型、享受型消费支出占比提高。一是从生存型消费向发展型消费的升级。全年全省城镇居民生存型消费支出14537.9元，占生活消费支出的比重为59.4%，比上年下降0.1个百分点；发展型消费支出6914.9元，占生活消费支出的比重为28.3%，提高1.5个百分点。二是从物质型消费向服务型消费的升级。一方面，在经历了改革开放40年的消费扩张后，城镇居民物质性消费基本得到满足。城镇人均食品烟酒支出占人均消费支出的比重（即恩格尔系数）比上年下降0.1个百分点，城镇居民家庭的“大件”基本普及。另一方面，居民服务性消费需求快速增长。人均服务性消费支出10894.9元，增长7.6%，占人均消费支出的比重为44.6%。

消费热点亮点频现，提档升级趋势明显。一是交通消费旺盛。全年全省城镇居民每百户拥有汽车数量达到32辆，比上年增长6.7%。在此背景下，城镇居民人均交通工具用燃料、交通工具使用及维修消费支出分别增长13.3%、16.1%。汽车拥有量的快速增长，推动了自有交通工具消费支出的快速增长。二是食品消费趋于健康。全年全省城镇居民人均食品烟酒消费支出6996.1元，比上年增长7.8%。一方面随着家庭收入越来越富裕，居民享受“舌尖上的甘肃”的同时，更加注重营养健康。城镇居民人均蔬菜和食用菌、肉类、禽类、水产品支出分别增长7.1%、0.6%、13.3%和23.3%，用于酒类和食用油支出小幅下降。另一方面随着互联网的普及，外卖平台用户呈现迅猛增长态势，传统餐饮模式正在转型，城镇居民人均饮食服务消费增长 21.1%。

（黄馨仪）

农村居民

2019 年是决胜全面建成小康社会的冲刺之年，甘肃采取一系列有力措施，全力推进经济结构的调整和发展方式的转变，促进农村经济的稳定发展，千方百计减轻农村居民负担，增加收入，进一步拓宽增收渠道，有力带动了贫困地区尤其是深度贫困地区产业发展和农民增收，实现农村居民收支的持续稳定增长。

【农村居民收入】随着系列惠民惠农政策的实施和落实，全年全省农村居民人均可支配收入 9628.9 元，比上年增长 9.4%。其中经营净收入仍是构成居民收入的主体，占可支配收入的 44.9%，对可支配收入的贡献率为 60.4%，拉动可支配收入增长 5.7%，对农村居民增收起到重要作用。

农村居民收入增速快于城镇居民。全年全省城镇居民人均可支配收入为 32323.4 元，比上年增长 7.9%；农村居民人均可支配收入为 9628.9 元，增长 9.4%，高出城镇居民收入增速 1.5 个百分点。

农村居民收入总量和增速均低于全国平均水平。全年全省农村居民人均可支配收入增长 9.4%，比全国平均水平略低 0.2 个百分点，居全国第 19 位，居于中游。农村居民可支配收入绝对值比全国平均水平低 6392 元。

农村居民工资性收入增速平稳。全年全省农村居民人均工资性收入 2769.2 元，占人均可支配收入的比重为 28.8%，比上年增长 9.3%，对可支配收入增长的贡献率为 28.4%，是农村居民收入增长的主要来源。部分企业为缓解用工荒，采取了提高工资、发放加班补贴等措施，推动了农村务工人员劳动力价格的上涨。据农民工监测调查数据显示，全年全省农民工总量达 425.4 万人，比上年增长 2.2%。外出农民工月均收入比上年增长 6.1%。

农村居民家庭经营净收入增长最快。全年全省农村居民人均经营净收入 4322.0 元，比上年增长 13.0%，占可支配收入比重为 44.9%，在四项收入中占比最大。其中，第一产业经营净收入增长 13%，第三产业经营净收入增长 8.2%。据主要畜禽监测调查数据显示，全年全省牛存、出栏分别比上年增长 4.0% 和 6.4%，价格增长 5.3%；羊存、出栏分别增长 5.4% 和 5.8%，价格增长 17.9%；猪存、出栏分别下降 11.9% 和 6.2%，价格增长 39.3%；禽存、出栏分别增长 7.1% 和 14.5%，价格增长 9.5%。畜牧业生产稳中有进，市场供给充足，价格持续高位运行助推了农村居民家庭经营净收入快速增长。

农村居民财产性收入下降。全年全省农村居民人均财产性收入 129.5 元，比上年下降 38.8%，在现金收入中的占比仅为 1.3%，对农村居民可支配收入增长有影响，但影响不大。

转移性收入较快增长。全年全省农村居民人均转移性收入 2408.2 元，比上年增长 7.8%。人均养老金或离退休金、外出从业人员寄带回收入的增长，以及粮食直接补贴、医保补助、农村基本养老等政策性补助标准的提高，带动农村居民转移性收入增长。

【农村居民生活消费支出】价格上涨带动食品支出增加。全年全省农村居民人均食品烟酒消费支出 2827.0 元，比上年增长 4.9%。其中，人均食品消费支出增长 2.2%，受物价影响，禽类和肉类消费支出分别增长 36.7% 和 7.8%。衣着消费支出略有下降。全年全省农村居民人均衣着消费支出 551.9 元，比上年减少 6.0 元，下降 1.1%。居住消费支出占比最大。全年全省农村居民人均居住支出 1866.9 元，比上年增长 8.2%，占生活消费总支出的 19.3%。生活用品及服务支出增长较快。全年全省农村居民人均生活用品及服务支出 577.6 元，比上年增长 12.4%，快于农村居民生活消费总支出 5.5 个百分点。交通和通信支出增长加快。全年全省农村居民人均交通和通信支出 1195.5 元，比上年增长 10.9%。文化娱乐生活日趋丰富。全年全省农村居民人均文化教育、娱乐用品及服务支出 1330.5 元，比上年增长 10.7%。健康意识逐渐增强。全年全省农村居民人均医疗保健支出 1183.0 元，比上年增长 4.5%。金银珠宝、化妆品、美容美发等杂项支出小幅上扬。全年全省农村居民人均其他商品和服务支出 161.5 元，比上年增长 0.9%。

（杨涛）

人力资源和社会保障

【就业创业】完善就业政策体系。围绕贯彻落实国务院和省政府关于做好当前和今后一个时期促进就业工作的实施意见，制定出台了《关于困难企业享受职业培训补贴有关事项的通知》《甘肃省就业补助资金管理办法的补充通知》《关于推进全方位公共就业服务的实施意见》等系列文件，提请省政府成立了就业工作领导小组，进一步加强对全省就业工作的组织领导和统筹协调。2019 年，全省城镇新增就业 39.22 万人，完成年度目标任务的 103%。城镇登记失业率 3%，低于 4% 的年度控制计划。

做好重点群体就业。选拔 6574 名高校毕业生到基层服务，通过项目引领支持1万名毕业生到各类企业就业，全省共组织 3946 人参加了青年就业见习。组织实施失业保险援企稳岗“护航行动”和失业保险支持提升职业技能“展翅行动”，为 4074 户企业发放稳岗补贴 3.03 亿元，惠及职工 78.49 万人，为 5570 人次发放技能提升补贴 1.04 亿元。对就业困难的农民工，鼓励各地积极引导，使政府投资项目使用本地劳动力的比例不低于 50%，组织省内劳务输入型地区用人单位到输出型地区招聘用工。帮助 16.2 万名失业人员和 5.95 万名就业困难人员实现就业。

积极推进创业带动就业。推进省级创业就业孵化示范基地（园区）建设工作，新认定13家省级创业就业孵化示范基地（园区）。省级创业带动就业扶持资金投入7000万元，对符合条件的创业对象给予扶持。为全省2.79万名个人、2937名高校毕业生、859名建档立卡贫困人口、140户小微企业发放创业担保贷款29.88亿元。

不断强化技能培训。制定实施运用失业保险基金结余开展大规模职业技能提升行动计划，共培训各类技能人员81.39万人，职业技能鉴定20.64万人。

持续加强公共就业服务。制定出台关于充分发挥市场作用促进人才顺畅有序流动的实施意见。在全省组织开展了就业服务月、“春风行动”、民营企业招聘周等公共就业服务活动，帮助城乡劳动者就业创业。省人力资源市场共举办各类人才招聘会141场次，累计提供就业岗位37.67万个，达成意向性就业协议10.05万份。对全省失业动态监测企业样本进行了优化，涉及行业18个、职工67.3万人，全年未发生Ⅲ级以上失业预警警报。

【城镇居民收入】2019年，全省城镇居民人均可支配收入32323.4元，同比增长7.9%，完成7%的年度增长目标。健全企业工资分配制度。发布企业在岗职工工资增长调控目标，调整后的企业货币工资增长上限为12%，下线为4%，基准线为7%。指导各市州出台改革国有企业工资决定机制实施方案，推进建立国有企业与劳动力市场基本适应、与经济效益和劳动生产率挂钩的工资决定和增长机制。完善事业单位工资分配制度。全面完成公立医院薪酬制度改革试点工作，初步建立了以公益性为导向的薪酬分配机制，促进公立医院薪酬水平提升。制定《关于进一步提高中小学教师工资待遇保障水平的通知》，通过提高中小学教师绩效工资总量、核增中小学班主任津贴、提高乡村教师生活补助标准等措施，提高中小学教师工资待遇水平。着力增加转移性收入。继续调整提高各项社会保险待遇水平，其中，企业职工（含机关事业单位）退休人员基本养老金平均增幅5.1%，月人均达到2695元，城乡居民基础养老金月最低标准提高到103元；失业保险金标准一次性提高至最低工资标准的90%，月均达到1391元；工伤保险月人均伤残津贴达到2975元。

【社会保障】认真贯彻落实《甘肃省降低社会保险费率综合实施方案》，从2019年5月1日起，企业职工养老保险单位缴费比例由19%下调至16%，失业保险、工伤保险继续执行阶段性降低费率政策，执行期限延长到2020年4月30日。会同财政厅、税务局、医疗保障局就抓好贯彻落实专门印发通知，并对各地执行情况进行了实地督导。养老保险已为企业降低成本31亿元，惠及4.66万户企业，154.3万参保人员；失业保险减少用工单位成本9.7亿元，惠及4.9万户企业，157万参保人员。工伤保险减少用工单位成本1.43亿元，惠及3.56万户企业，135.9万参保人员。推动建立城乡居民基本养老保险待遇确定和基础养老金正常调整机制，督促指导各地出台了实施方案。印发了《关于甘肃省机关事业单位基本养老保险视同缴费指数有关问题的通知》，规定从2019年8月起，对全省机关事业单位养老保险制度改革后的“中人”养老保险待遇重新按新老办法对比计发待遇，全省已完成2.18万名无特殊情况“中人”养老待遇新办法实发工作，其中，省直参保单位完成2323人。继续调整提高各项社会保险待遇水平，其中，退休人员基本养老金平均增幅5.1%，月人均达到2695元，居民基础养老金最低标准提高到103元；将失业保险金标准一次性提高至最低工资标准的90%，月均达到1391元；工伤保险月人均伤残津贴达到2975元。加大社保基金征收力度，基金收入686.27亿元，支出651.48亿元，累计结余748.6亿元，强化社保基金监督检查，严密防控基金运行风险，确保基金总体平稳运行。

【人事人才】完成省领军人才聘期考核，提出国家“百千万”人才候选人。努力提高院士津贴标准和甘肃省领军人才考核奖励标准，设立高层次专业技术人才津贴，为考核为优秀等次的51名领军人才分别发放了一次性20万元、10万元奖励，对1832名专业技术人才每人每月发放津贴1000元。修订了领军人才实施办法，与868名领军人才签订了目标责任书。持续推进职称评审改革，在全国率先建成“甘肃省职称申报评审管理信息系统”，已完全实现职称评审全程网上办理，制定出台全省有效评价条件标准39个。进一步下放了事业单位岗位管理、公开招聘、年度考核等多项权限，按照“零门槛”“零障碍”的要求，实行服务事项限时办结和承诺制。持续推进事业单位人事管理规范化，及时废止与省委引进高层次人才改革举措不相符的政策文件，报请省委组织部出台了《关于省直事业单位引进高层次和急需紧缺人才相关工作的补充通知》，全面梳理政策，对外公布服务事项，优化业务流程，积极推进网上办理，努力提升服务水平。加强岗位管理和公开聘用，完成53家省直事业单位招聘公告发布、计划招聘1091人，共为777家省直事业单位的5715人办理了人员聘用备案手续，兑现了岗位待遇。圆满完成人事考试工作，考试安全制度建设和风险防控进一步强化。

【劳动关系】认真贯彻落实习近平总书记关于根治欠薪问题的重要指示批示要求和李克强总理的批示要求，以实现农民工工资基本无拖欠为主线，坚持把功夫下在平时，督促各地各部门和用人单位切实履行主体责任，强化源头治理，完善长效机制，加大惩戒力度，全省拖欠农民工工资案件、涉及人数、拖欠农民工工资总额比上年分别下降35.7%、75.6%、75.8%，2018年考核被评为B级。省政府成立了根治拖欠农民工工资工作领导小组，进一步加强对根治欠薪工作的组织领导。省联席会议成员单位严格按照包保市州工作责任制的要求，重点对各包保市州排查欠薪隐患苗头、检查政府投资项目工资支付、查处历史欠薪存量案件等工作开展情况跟进掌握，并督促各市州按照《专项行动方案》要求，完成各项工作任务。加强欠薪案件处置，以工程建设领域和政府投资工程项目为重点，集中组织开展了“夏季专项行动”和“冬季攻坚行动”，对全省各类在建工程项目及已竣工但仍存在欠薪的工程项目进行全面核查，依法处置拖欠农民工工资违法行为，严厉打击拒不支付劳动报酬犯罪行为，对欠薪违法行为依法依规实施信用惩戒。加大对重点欠薪案件的督办盯办，督促省广电网络公司于2019年12月26日前完成了欠薪兑付工作，分三批支付农民工工资8332万元，涉及农民工7204人次，这一涉及市州最多、拖欠金额最大、风险隐患最高的欠薪问题得以圆满解决。进一步加大对重大欠薪违法行为的社会公布力度，向社会公布拖欠农民工工资重大违法案件52件，将18家企业列入拖欠农民工工资“黑名单”。发布企业在岗职工工资增长调控目标，调整后的企业货币工资增长上限为12%，下线为4%，基准线为7%。完善调解仲裁多元处理机制，依法公正及时处理争议、化解风险，仲裁结案率达到96.7%。

【人社扶贫】切实担起转移就业专责组牵头职责。积极发挥牵头部门职能作用，加强转移就业专责组统筹联动，组织召开5次全体会议、3次专题会议认真学习习近平总书记扶贫工作重要论述，聚焦转移就业各项重点任务，研究落实举措，强化部门协同。厅党组始终把脱贫攻坚作为一号工程，共召开23次厅党组会议、涉及30个议题，研究推动人社脱贫攻坚工作，进一步完善政策措施，先后印发建立健全精准扶贫劳动力培训与输转一体化服务体系、进一步推动扶贫车间规范健康发展两个文件，并对163名就业扶贫业务骨干开展了政策辅导。强化工作推进机制，在就业扶贫和社保扶贫方面都坚持完善厅级领导分片包抓制度，靠实责任，传导压力，与市县一起研究解决问题。

扎实做好精准扶贫劳动力培训。制定印发了《2019年甘肃省精准扶贫劳动力培训实施计划》。围绕推进培训输转一体化，依托当地龙头企业开展农业实用技术培训，依托用人单位开展就业技能培训，依托东西部扶贫劳务协作开展定向定岗培训，培训期间同步跟进开展技能鉴定上门服务。将2019年建档立卡贫困劳动力培训补助纳入财政专项扶贫资金列支范围，及时落实各类培训补贴。2019年，全省用于劳动力培训资金共计3.07亿元，其中，就业补助资金和失业保险结余资金支出1.4亿元，扶贫资金1.67亿元。

多措并举提高劳务组织化程度。着力加强劳务输转供给和需求对接，在深入摸底掌握务工人员意愿的基础上，紧紧围绕市场用工需求，优化供给服务，多措并举促进有组织输转，全省劳务组织化程度提高到73%。在岗位开发推介方面，广泛搜集企业用工信息，组织开展“春风行动”“就业援助月”等公共就业服务活动，积极发挥劳务派遣公司、中介机构及经纪人和带头人队伍作用，开展有组织输转。累计举办劳务专场招聘会232场次。在促进贫困家庭劳动力就地就近输转方面，积极兑现奖补政策，鼓励企业等各类经济组织吸纳建档立卡贫困劳动力就业，累计兑现奖补资金5507.75万元，涉及企业1825家。

引导扶贫车间规范健康发展。一方面，采取多种方式扶持创办，通过引导本地企业创建、各类龙头企业到村创办、争取东部对口协作市企业创办、鼓励返乡创业农民工创办等，稳步扩大规模。另一方面，鼓励多领域多业态发展，既注重扶持创办特色农产品加工、手工工艺等扶贫车间，也鼓励结合当地产业基础，积极创办来料加工、工业产品零部件加工、商贸物流、营销服务等扶贫车间，不断延伸当地扶贫产业链。对吸纳贫困劳动力人数和稳定就业时间达到一定条件的给予奖补，共落实财政奖补资金2046万元。全省新增扶贫车间1255个，累计达到1982个，吸纳建档立卡贫困劳动力3.34万人，在扶贫车间就业的贫困劳动力月人均工资1600—3500元，年人均收入可达2万元以上。

努力提升东西部扶贫劳务协作水平。认真落实2019年度东西部扶贫协作责任书，完善协作机制，强化跟踪服务，我省向帮扶四市共输出建档立卡贫困劳动力6983人（年度目标为3170人）；通过引导对口帮扶市创办扶贫车间等方式，就近就地输转建档立卡劳动力5.17万人（年度目标为3335人）。全省累计与东部四市签订劳务协作协议50份，建立了59个劳务工作站。在完善补贴政策方面，协调东部四市都出台了促进稳定输转相关政策文件。

大力开发乡村公益性岗位。制定了《2019年开发乡村公益性岗位实施细则》，及时拨付省级补助资金1.2亿元，全省共开发乡村公益性岗位12259个，完成年计划的122.6%，其中省级补助资金开发5000个，市县配套开发7259个。全省乡村公益性岗位累计达到4.9万个。同时，组织实施全省乡村公益性岗位补贴资金“一卡通”管理专项治理，对发现违规使用的问题及时予以纠正，督促各地将岗位补贴发放方式由个人银行账户全部调整到“一卡通”账户。

积极推进社会保险扶贫和人事人才扶贫。社保扶贫方面，先后印发通知，对做好建档立卡贫困人口参加城乡居民基本养老保险数据核实和参保、开展应保尽保冲刺清零行动等作出安排，从3月23日起至6月底，实行日调度日通报制度，组织各地全面实行动态清零，确保建档立卡贫困人口参加城乡居民养老保险应保尽保、应代尽代。全省困难群体实际参保纳入人数524.69万人，其中实际代缴总人数418.88万人（含建档立卡贫困劳动力341.95万人），代缴总金额4.15亿元。实际享受待遇的各类困难群体人数为110.70万人，其中建档立卡贫困人口85.93万人。人才扶贫方面，鼓励人才向基层贫困地区流动，全省有52名县及以下贫困地区基层专业技术人员享受了甘肃高层次专业技术人才津贴待遇；制定《关于加强和改进全省卫生健康人才引进工作的通知》，为基层医疗卫生机构引进急需紧缺人才开辟绿色通道；推动特殊人才职称特殊评价，有18名基层专业技术人员取得职称资格并全部落实聘用岗位。鼓励专家服务基层，依托人社部“万名专家服务基层行动计划”，组织4期专家服务团，选派省内外30余名专家赴甘南、临夏、庆阳等贫困地区基层开展技术帮扶活动，为地方培训专业技术人员600余名，有效帮助基层解决发展技术难题。依托东西部扶贫协作，协调天津市组织专门针对我省的高级研修班1期，选派70名专业技术人员参训。

【全面从严治党】突出加强政治建设。厅党组始终把增强“四个意识”，坚定“四个自信”，做到“两个维护”作为首要政治纪律，坚持党组会“首题必学”习近平新时代中国特色社会主义思想，及时跟进学习习近平总书记最新重要讲话、重要指示批示精神，切实增强贯彻落实的思想自觉、政治自觉和行动自觉。制定省人社厅党组认真学习贯彻习近平总书记视察甘肃重要讲话精神实施方案，坚持以习近平总书记重要讲话和指示精神统揽人社工作，时刻对标对表，确保人社工作始终沿着正确的政治方向。

扎实推进“不忘初心、牢记使命”主题教育。深化理论学习，党组理论学习中心组学习会议、党组扩大会议分别学习9次和10次，举办了为期一周的主题教育读书班，认真学习规定书目和内容，组织开展3次研讨交流活动，班子成员在全厅范围或分管领域党支部讲授党课，举办专题讲座3次，开展警示教育2次，组织处级以上干部赴八路军办事处、兰州战役纪念馆进行参观见学，举办学习贯彻习近平总书记视察甘肃重要讲话精神暨党务干部集中培训。深入开展调研，班子成员结合分管工作，带头深入12个市州、16个县区开展实地调研，听取基层和服务对象意见建议，协调解决突出问题，并形成了5篇高质量的调研报告。全面检视问题，通过征求意见座谈会、服务对象反馈等多种形式，共查找出原汁原味具体问题163项，梳理汇总后形成了班子专项整治问题清单和检视问题清单，专项整治方面整改到位10项，完成阶段性整改任务还需要长期坚持的5项，取得阶段性成效正在整改落实的1项；检视问题整改到位的13项，完成阶段性整改任务还需要长期坚持的8项，取得阶段性成效正在整改的1项。主题教育开展以来，共新建制度12项、修订制度3项、废止制度1项。

持续推动作风转变。集中整治形式主义和官僚主义，制定印发了《深入开展作风建设年活动集中整治形式主义官僚主义实施方案》，全厅共制发重点精简的文件17件，总数较2018年同期减少46%；将年初各处室提出的45项会议，统筹整合为16项，较2018年减少33.3%；进一步规范督查考核，全年督查检查考核事项比去年减少38项，压减88%。扎实开展“四察四治”专项行动，制定印发《关于扎实开展“四察四治”专项行动深入整治形式主义官僚主义的通知》，自下而上，逐级开展自查活动，全面梳理形成了问题清单，建立了整改台账。全面加强人社扶贫领域腐败和作风问题专项治理，设立了人社扶贫监管组和纪检监督组，及时发现和纠正了各地违规发放补贴、公益性岗位重复享受、顶替上岗等问题。

【行风建设】深入推进人社系统“一网一门一次”改革，现有6项行政审批项目全部入驻省政府政务大厅实行集中受理、统一办结，全部实行网上公开办理；梳理全省人社系统权责事项，编制了《省人社厅权责清单》（共85项）和《全省人社系统权责清单指导目录》（共101项主项168子项）；分两批取消了102项规范性文件设定的证明材料，并及时向社会公布；按照全程网上申请网上办理的举措积极推行人社“不来即享”服务，全厅系统25项重点事项实现了“不来即享”、45项事项实现了“只跑一次”；开发了人事代理档案管理系统，推进“平行窗口”和“一站式”服务；全省22项专业技术人员职业资格考试实现了“一网通办”，同时实行资格证书网上受理补办制度；建立了全省首个智能化人才招聘服务平台，为用人单位和求职者提供了信息化就业服务；完善“双随机一公开”抽查机制，制定了《甘肃省劳动保障监察推广随机抽查规范事中事后监管工作实施方案》；积极开展“互联网+监管”行动，认领了21项全省人社领域监管事项，编制了6项检查实施清单；完成了全省457家人力资源服务机构年度报告的上报汇总工作。人社信息化建设积极推进，建成了全省统一的人社网上办事大厅，与省政府政务服务网、“大就业”信息系统、社保信息系统等实现对接，实现了统一用户登录、统一事项名称、统一办件反馈；顺利完成省政府数据共享平台接入工作，按时完成了今年省直单位数据共享责任清单任务，完成了省集中社保信息系统与省市场监管局系统的接口对接，实现了企业注销信息共享和注销业务“一网办理”；进一步完善社会保险信息系统，社会保险公共服务平台实现与国家对接，全省社保卡持卡人数达2540万人，完成人社部下达任务2310万张的110%。组织开展了全省人社系统窗口单位技能比武活动，有力促进窗口单位人员能力素质提升。

（李军岐）

扶贫开发

【概述】2019年，甘肃省委、省政府认真学习贯彻习近平总书记关于扶贫工作的重要论述和对甘肃重要讲话和指示精神，坚决贯彻落实党中央、国务院决策部署，坚持把打赢脱贫攻坚战作为首要政治任务和底线性任务，牢牢扭住脱贫目标标准，紧紧围绕提高脱贫质量，以深度贫困地区和特殊困难群体为重点，以完善和落实“一户一策”为路径，以实施产业扶贫和“3+1”冲刺清零专项行动为抓手，把突出问题整改贯穿全过程，着力夯实精准帮扶、产业扶贫、各方责任、基层队伍、工作作风“五个基础”，脱贫攻坚取得显著进展和成效。全年减贫93.5万人，贫困人口由2018年底的111万人减少至17.5万人，贫困发生率由5.6%下降到0.9%。退出贫困村3392个，累计退出6868个，占贫困村总数的94.6%。31个贫困县（片区县30个、插花县1个）摘帽退出，累计摘帽67个，占贫困县总数的89%。藏区实现整体脱贫。

【扶贫资金投入】投入脱贫攻坚各类资金473亿元，比上年增长21%。投入财政专项扶贫资金207.67亿元，其中：中央财政专项扶贫资金108.07亿元，增长24.8%；省级财政专项扶贫资金60亿元，增长30.6%，占中央到省资金的55.5%；市县两级财政专项扶贫资金39.6亿元。省、市、县三级财政专项扶贫资金投入占全省一般公共预算收入的11.71%，与中央投入的比例接近1：1。

【扶贫资金管理】制定《县级脱贫攻坚项目库建设流程图》，将项目入库细化为6大流程、16个具体工作节点。对县级脱贫攻坚项目库和涉农资金整合方案开展“一对一”“面对面”业务指导培训和联合审查，入库项目1.51万个，投资估算745.54亿元，整合使用财政涉农资金251.2亿元，整合率达到86.4%。聘请第三方会计师事务所，采取“五查五看”的办法，开展实地核查和业务培训，提升精准使用资金水平。在2019年国家财政专项扶贫资金绩效评价中被评为“优秀”等次，奖励财政专项扶贫资金1.2亿元。

【“3+1”冲刺清零专项行动】开展义务教育、基本医疗、住房安全和饮水安全“3+1”冲刺清零专项行动，用过筛子的办法摸排短板和弱项，分门别类制定实施方案，逐村逐户、逐人逐项解决问题，基本实现重点领域主要任务清零达标。完善省市县校四级工作台账，指定包抓干部劝返稳学，采取单独编班、普职融合等方式分类施教，义务教育阶段辍学学生全部返校上学。统筹各类资金16.85亿元，改善1273所义务教育学校办学条件。加强“两类学校”建设，新建和改扩建寄宿制学校414所。1801个未达标村卫生室实现分类达标，1154名合格村医缺口配备到岗，247个科室设置不全乡镇卫生院全部达标，75个县级公立医院全部达到分类建设标准并配备合格医生，1.85万未享受参保资助贫困人口全部落实政策。医保政策调整到“基本医保公平普惠、大病保险有倾斜、医疗救助有托底”的三重保障制度框架内，医疗政策知晓率和落实率进一步提高，因病致贫问题得到改善。纳入国家计划的“四类重点对象”危改2.65万户和固强补弱及新筛查危改1.27万户全部完成改造。集中供水率、自来水普及率达到91%和88%，饮水安全问题得到有效解决。

【深度贫困地区攻坚】投入“两州一县”专项扶贫资金52.78亿元、省定18个深度贫困县74.44亿元，占中央和省级财政专项扶贫资金总额的75.7%。整合涉农资金277.11亿元，切块下达到县，倾斜支持深度贫困县。城乡建设用地增减挂钩节余指标跨省调剂收入52.3亿元，全部用于深度贫困县脱贫攻坚和支持实施乡村振兴战略。“两州一县”减贫15.29万人，贫困人口减至3.55万人，贫困发生率降至1.39%；18个省定深度贫困县减贫54.78万人，贫困人口减至10.16万人，贫困发生率降至1.46%。

【产业扶贫】投入到户种养产业扶持资金60.3亿元，扶持贫困户109.4万户。出台《关于进一步完善产业扶贫措施和带贫减贫机制促进高质量打赢脱贫攻坚战的通知》，规范资金使用，强化风险防范，健全新型经营主体带贫减贫机制，带动52.02万贫困户融入现代农业产业发展体系。75个贫困县新增龙头企业303家，累计达到2746家。开展“壮大万家合作社行动计划”和合作社带头人“万人培训计划”，提高农民专业合作社带贫益贫效能。“十三五”第一、第二批光伏扶贫项目全容量建成并网，村级光伏扶贫电站达到70.14万千瓦，受益群众12.35万户。12个村被列为全国乡村旅游重点村，扶持贫困地区187个村发展乡村旅游，带动3.8万户15.2万贫困人口脱贫。3594个集体经济“空壳村”全部消除，贫困村村均收入达到4.22万元。贫困县电商服务中心实现全覆盖，农产品网上销售金额达到159亿元，带动农民人均增收370元。农业保险对有投保意愿的贫困户主要增收产业全覆盖，贫困户参保给予保费减半的特惠政策。

【特色产业扶贫】“牛羊菜果薯药”六大特色产业种养规模进一步扩大，牛羊存栏分别达到458.8万头和2000万只，蔬菜、苹果、马铃薯、中药材产量分别比上年增长3.3%、62.5%、23.46%和5.69%，特色优势产业种植面积扩大到3286万亩，中药材、马铃薯种植面积和产量居全国前列。扶持8.28万户贫困群众发展小庭院、小家禽、小手工、小买卖、小作坊等“五小”产业。贫困县建设果蔬保鲜库1019座，购置厢式冷藏车222辆。举办甘肃特色农产品贸易洽谈会、“三区三州”贫困地区特色农产品产销对接活动，签约金额283.99亿元。推广两个“三品一标”，打造“甘味”农产品品牌，会宁胡麻油、永登苦水玫瑰等10个品种入选2019中国农业品牌。

【就业扶贫】精准扶贫劳动力培训38.55万人，输转贫困劳动力116.9万人，创劳务收入236.2亿元。累计建成扶贫车间1982个，吸纳就业9.18万人。新开发乡村公益性岗位1.23万个，着重解决半劳力、残疾人、贫困妇女等的就业和收入问题。“陇原妹”等劳务品牌被全国妇联、人力资源和社会保障部评为全国家庭服务业著名品牌。

【东西部扶贫协作】聚焦“六大任务”，甘肃省委、省政府主要领导率团赴天津、青岛、福州、厦门4市开展高层互访对接。11个牵头单位分别出台主动对接落实干部人才支援、产业帮扶、劳务协作等专项工作实施方案。修订出台《东西部扶贫协作成效评价实施办法》，以考促改，以考问效。修订出台《东西部扶贫协作资金管理办法》，将财政援助资金纳入预算管理。组织中国经典舞剧《丝路花雨》赴东部四市答谢演出。东部4市共投入财政援助资金28.25亿元，实施重点协作项目1470个，带动贫困人口136.67万人；帮助引进企业201家、带动贫困人口13.7万人；帮助销售贫困地区农产品17.96亿元，带动贫困人口20万人；向东部协作地输转贫困劳动力6983人，吸纳就近就地就业5.2万人；社会组织帮扶累计投入资金和捐物折款3829.67万元。在2019年国家东西部扶贫协作成效评价中被评定为“好”等次，受到通报表扬。

【中央单位定点扶贫】出台《关于充分发挥考核指挥棒作用主动对接落实中央单位定点扶贫工作的实施意见》，围绕“六大任务”和工作创新，43个定点扶贫县主动对接36家中央定点扶贫单位。36家中央单位选派100名干部在定点扶贫县挂职。直接投入帮扶资金4.91亿元，实施帮扶项目344

个，帮助引进各类资金 6.75 亿元、项目 249 个。劳务输出培训 1.56 万人次，帮助贫困户实现劳务就业 7971 人次。购买贫困地区农产品 1.3 亿元、带动贫困人口 10.48 万人。

【易地扶贫搬迁】“十三五”49.9 万建档立卡贫困人口 11.4 万套安置住房全部竣工，群众基本实现搬迁入住，拆除旧房 6.47 万套，拆除率 68.4%。出台《关于进一步加大易地扶贫搬迁后续扶持工作力度的实施意见》，将易地扶贫搬迁群众纳入产业到户扶持范围，因人因户精准施策，通过特色种养、扶贫车间、乡村旅游、公益岗位、资产收益分红等多种措施，引导搬迁群众在安置点就地就近就业。

【基础设施建设】巩固提升 1413 处集中供水工程和 4430 处分散供水工程，改造冬季冻管 4888 公里，试验安装水窖水净化设备 3.99 万套。贫困地区新改建农村公路 3084 公里，“畅返不畅”整治 2271 公里。实施农网改造升级，自然村全部实现通动力电和生活用电。累计建设 4G 基站 10.1 万个，行政村光纤宽带网络和 4G 网络覆盖率均达到 99% 以上。

【以工代赈】投入以工代赈资金 11.15 亿元，项目资金审批权和使用权全部下放到县，由县级统筹整合使用。推广自建、自管、自营等以工代赈方式，鼓励当地贫困群众积极参与基础设施、生态保护、水利工程等项目建设，通过参与式扶贫激发内生动力，共建美好家园。

【动态管理】定期开展动态管理和数据比对，新识别贫困人口 0.1 万人、返贫人口 0.02 万人，清退 1.3 万人，按照缺什么补什么的原则及时对新发生和返贫人口给予针对性帮扶。对收入在 5000 元以下且有致贫风险的边缘户和有返贫风险的脱贫户进行摸排，共摸排出 9.6 万户 38.66 万人，全部标注录入全国扶贫开发信息系统进行监测和帮扶。

【四个不摘】出台《关于贫困县摘帽后继续加大工作力度切实做到“四个不摘”的若干意见》，明确对摘帽县继续实行扶贫开发成效年度考核，分值仍占实绩考核 75% 的权重，并将“四个不摘”作为摘帽县党政正职平时考核的重要依据。

【驻村帮扶】把最精锐的力量安排到最需要的地方，新增驻村帮扶工作队员 10148 名，总计 22587 名。对驻村帮扶工作队员进行全面培训，夯实到户帮扶责任人责任，驻村帮扶工作队和队员的“六大队”“六大员”作用不断增强。

【雨露计划】出台《关于进一步做好雨露计划支持农村贫困家庭新成长劳动力接受职业教育实施意见》，对符合“雨露计划”补助发放条件的学生按每生每年 3000 元左右的标准进行补助，共发放补助 8.81 万人次，补助资金 1.98 亿元，受益贫困人口 18.14 万人。

【社会扶贫】继续实施“千企帮千村”精准扶贫行动，2138 户企业与 4531 个村建立结对帮扶关系，投入资金 40.07 亿，实施项目 2618 个，带动贫困人口 78.59 万人。“中国光彩事业临夏行”活动签约项目 103 项、金额 234.8 亿元，募集公益捐赠资金 1.88 亿元。“津企陇上行”活动签约项目 54 个、金额 104.5 亿元。中华思源工程扶贫基金会捐款 1420 万元，用于农村茶叶扶贫、教育扶贫等。欧美同学会总会捐助教育、医疗等设备物资 653.5 万元。

【扶贫宣传】推广宣传典型案例，编发《甘肃省脱贫攻坚专报》61 期、《甘肃脱贫攻坚动态》87 期，编印《甘肃精准脱贫 100 例》《激发脱贫内力 100 例》，激励贫困群众坚定信心，依靠自身努力脱贫致富。开展先进典型评树，1 个集体和 4 名个人获全国脱贫攻坚奖，1 名个人获全国脱贫攻坚模范称号，20 个集体和 19 名个人获全省脱贫攻坚奖，100 个单位和 199 名个人获全省脱贫攻坚先进集体和先进个人，189 个集体和 410 名个人获全省脱贫攻坚帮扶先进集体和先进个人，典型人物的先进事迹引发强烈反响，发挥了很好的引领示范作用。

（冯宝元）

市州及兰州新区概况

兰州市

【基本情况】兰州是甘肃省省会，位于祖国西部三大高原交汇处，是全省的政治、经济、文化中心。兰州地处黄河上游、甘肃省中部及我国陆域版图的几何中心，是西陇海兰新线经济带的重要支撑点和辐射源，也是新亚欧大陆桥通往中亚、西亚和欧洲的国际大通道和陆路口岸。市区东西黄河穿城而过，南北群山环抱，属中温带大陆性气候，享有"丝路重镇""黄河明珠""西部夏宫""水车之都""瓜果名城"等美誉。兰州现辖城关、七里河、西固、安宁、红古5个区和永登、榆中、皋兰3个县以及国家级兰州新区、高新技术开发区和经济技术开发区，有14个乡、47个镇、54个街道办事处，行政区划面积1.32万平方公里。截至2019年末，全市常住人口379.09万人。户籍人口331.92万人，其中城镇人口235.72万人。

【资源优势】兰州境内已发现和查明矿产地共274处，主要有黑色金属、有色金属、贵金属、稀土等37个矿种，极具潜在经济开发价值。兰州水力资源丰富，是黄河上游最大的水利发电中心，是全国工业用电成本最低的城市之一，现已建成刘家峡、八盘峡、盐锅峡和大峡等水电站。贯穿市域的黄河及其支流湟水、大通河等，水资源丰富，水量稳定，可满足城市工农业用水和生活用水。兰州是闻名全国的"瓜果城"，盛产白兰瓜、黄河蜜瓜、软儿梨、白凤桃等瓜果，百合、黑瓜子、玫瑰、蕨菜、水烟等土特产蜚声中外，素有"看景下杭州、品瓜上兰州"之说。兰州的旅游资源有着广阔的开发前景，兰州是丝绸之路大旅游区的中心，东有天水麦积山、平凉崆峒山，西有永靖炳灵寺，南有夏河拉卜楞寺，北有敦煌莫高窟。市域内有我国保存最为完好的土司衙门—鲁土司衙门，有"天下黄河第一桥"—中山铁桥，有"陇右第一名山"—兴隆山，有国家级森林公园—吐鲁沟、石佛沟、徐家山，有"母亲河、生命河"的象征—黄河母亲雕像。

【国民经济】2019年兰州市实现地区生产总值2837.36亿元，比上年增长6.0%。其中，第一产业增加值51.68亿元，增长5.5%；第二产业增加值945.38亿元，增长1.9%；第三产业增加值1840.3亿元，增长8.4%。三次产业结构比为1.82 ∶ 33.32 ∶ 64.86。全市实现规模以上工业增加值增长2.0%；固定资产投资下降4.7%；社会消费品零售总额1454.94亿元，增长7.6%。一般公共预算收入233.23亿元，下降0.1%；一般公共预算支出456.66亿元，下降1.9%。

【供给侧结构性改革】大力发展新能源、高铁经济、"夜经济"，重振"兰州制造"，不断增强创新驱动能力。稳步推进兰白自创区、兰白试验区建设，新增国家级创新示范企业1家、省级企业技术中心3家、技术创新示范企业4家、行业技术中心5家。产业升级步伐持续加快，聚力发展"四千七百"和十大生态产业，实施工业和信息化项目183个，创建智能工厂11户，成立先进制造业发展促进中心，与华为、浪潮等35家企业构建产业联盟，高分子防水新材料产业基地等项目建成投产，战略性新兴产业增加值占生产总值比重达到15.3%。成为全国首批城乡高效配送试点城市，电商交易规模和展会交易额均增长20%，全年接待国内游客8205.02万人次，比上年增长22.1%；国内旅游收入765.27亿元，增长29.0%。接待入境游客5.78万人次，增长73.1%。其中，接待外国游客3.79万人次，增长15.4%；接待港澳台同胞2.38万人次，下降17.3%。国际旅游外汇收入1861.6万美元，增长92.4%。旅游人均花费933元，增加49元。坚持精准招商，组织参加中国绿公司年会、沪浙招商、新加坡招商等重点活动，新引进项目280个，总投资1944.78亿元，执行省外招商引资项目607个，到位资金877.51亿元，增长24.4%。兰州新区获批国家外贸转型升级基地，兰州陆港型物流枢纽列为首批国家物流枢纽，兰州南亚班列被命名为"国家多式联运示范工程"，国际货运班列发运264列11883车，增长36.2%。新开行国际货运航线6条，中川机场年旅客吞吐量突破1500万人次。进境粮食口岸、汽车整车进口口岸、有色金属交割库建成。白俄罗斯格罗德诺市甘肃兰州特色商品展览中心、跨境电商公共服务平台和丝路跨境电商产业园投入运营。新设立外商投资企业7家，合同利用外资1.23亿美元。实现外贸进出口总额119.41亿元，逐步成为"一带一路"向西、向南开放的重要支点。

【脱贫攻坚】集中力量持续打好精准脱贫攻坚战，永登县、榆中县脱贫摘帽，皋兰县、七里河区脱贫成果持续巩固，减少贫困人口3638户10562人，贫困发生率由上年的1.2%下降到0.3%。整合投入扶贫资金12.87亿元，扎实开展"3+1"冲刺清零行动，贫困家庭子女义务教育巩固率达到100%，住院费用基本医疗保险报销比例提高5%，大病保险起付线降低50%、大病保险报销比例提高5%。组织开展建档立卡贫困劳动力精准劳动力培训2620人，新建“扶贫车间”40个、“百千万”就地转移劳务基地28家，农村四类重点对象存量危房全部清零，饮水安全巩固提升工程年度任务全面完成。实施美丽乡村示范行动，扎实推进农村厕所、垃圾、风貌“三大革命”，新改建农村户厕5.4万户、公厕474座，创建清洁村庄578个。建设“四好农村路”300公里。市农村一、二类低保对象月保障标准分别由310元、292元提高至335元、318元；农村特困救助供养标准由每人每年5155元提高至5226元。

【“三农”工作】全年粮食产量30.33万吨，增产1.9%。其中，夏粮产量9.71万吨，增产0.7%；秋粮产量20.62万吨，增产2.4%。粮食作物播种面积114.61万亩，油料播种面积13.63万亩，蔬菜播种面积82.96万亩，中药材播种面积13.78万亩，果园面积13.40万亩。蔬菜产量180.49万吨，园林水果产量13.22万吨，中药材产量3.26万吨。肉类产量4.30万吨，牛奶产量8.47万吨。年末大牲畜存栏7.06万头，其中牛存栏4.95万头，羊存栏67.9万只，生猪存栏37.74万头。牛出栏1.07万头，羊出栏38.39万只，生猪出栏40.77万头。优化“九区十带”农业产业布局，建成“互联网+”现代农业示范点5个，新改扩建规模养殖场62个，特色产业种植面积达到109.4万亩。永登县苦水镇成功入选全国“一村一品”示范镇。开展特色农产品产销对接活动，兰州高原夏菜直供粤港澳大湾区。国际花卉拍卖交易中心西北分中心投入运营。全面推进农村“三变”改革和集体产权制度改革，新评定省级合作社示范社24家。

【项目建设】致力推动“都会城市、精致兰州”建设，城市面貌呈现崭新气象。启动编制国土空间总体规划，着力优化空间功能布局。轨道交通1号线一期工程开通运行，2号线一期工程进展顺利，兰州迈入“地铁时代”。中通道等重大项目开工建设，东岗立交桥重建、青白石互通立交、川海大桥等工程建成通车，新建兰州东、兰州北收费站并撤销5个收费站，打通疏解路20条，建成公共停车泊位5000个。新水源地项目建成通水。清理空中线缆121.2公里。棚户区改造开工1.33万户、建成1.44万户，改造老旧楼院40处，加装老旧小区电梯270部。奥体中心、万达文旅城等新地标开工建设，兰州中心、名城广场、砂之船奥特莱斯等综合体开业运营。新型智慧城市加快建设，5G商用全面推开，兰州荣获“中国智慧城市建设进步奖”，“市民城管”项目获得“中国城市治理创新奖”优胜奖。深入开展项目建设大比拼活动，规范项目团队管理，新建项目开工率达到97.1%。

【人民生活】积极创建全国文明城市，扎实开展“一月一主题”和“十大突破”行动，精心组织新中国成立70周年系列庆祝活动，市民文明素质和城市文明程度不断提高。着力做好“黄河文章”，编制完成《黄河（兰州段）生态文明建设规划》，全方位改造提升黄河风情线和南北两山生态景观，实施核心段亮化工程，举办首届黄河之滨音乐节等系列活动。年末广播综合人口覆盖率99.74%，比上年末提高0.09个百分点；电视综合人口覆盖率99.75%，提高0.05个百分点。在国内首次承办国际田联路跑会议，成功举办2019兰州国际马拉松赛、国际篮联三人篮球U23世界杯等重大赛事。全年全市共获得国家级金牌1枚、银牌6枚、铜牌3枚，国际赛事金牌1枚，合计全年体育获得各类奖牌11枚，比上年增加2枚。全年全市城镇居民人均可支配收入38095元，增长8.8%；农村居民人均可支配收入13605元，增长10.0%。城镇居民人均消费支出27035元，增长3.5%，恩格尔系数为30.0%；农村居民人均消费支出11245元，增长16.0%，恩格尔系数为31.7%。

【环境保护】打好污染防治攻坚战，开展大气污染专项整治行动，实施兰铝电厂超低排放改造、燃气锅炉低氮改造试点等项目，改造居民小火炉9.6万台。扎实推进“携手清四乱·保护母亲河”等专项行动，整治河洪道262公里，黄河兰州段干支流主要水质考核断面和县级以上饮用水水源地水质均100%达标。湟水流域红古段、黄河干流榆中段水污染综合治理项目稳步推进，西固污水处理厂提标改造工程完工，七里河安宁污水处理厂扩容工程开工建设，城区污水处理率达到96%。深入推进全域无垃圾专项治理行动，清理垃圾458万吨，处置危险废物13.6万吨。城区居民生活垃圾分类收集覆盖率达到64.5%，无害化处理率达到100%。巩固提升国家园林城市创建成果，新增改造城市绿地114.16公顷，新改扩建小游园16个，彭家坪中央生态公园西园建成开放。有序实施大规模国土绿化，完成营造林12.68万亩，建设生态镇4个，绿化重点村14个。全年环境空气质量达标296天，比上年增加39天，达标率81.1%，比上年提升10.7个百分点，创国家实行新标评价以来最好成绩。

【社会保障】2019年末城镇新增就业9.36万人，其中失业人员再就业3.75万人。年末城镇登记失业率为3.38%。全年输转城乡富余劳动力25.94万人，创劳务收入64.17亿元。市级财政的80.5%用于民生支出，7件省列和10件市列为民办实事全部办结。实施普惠性人才政策，继续放宽落户条件，设立驻外人才工作站，赴北京等地引进高层次急需紧缺人才1662人，新增人口14.5万人。持续推进创业带动就业，发放创业担保贷款、求职创业补贴、就业补助资金4.71亿元，新增创业企业1.22万户。基础养老金标准持续提高，养老、工伤、失业三项社会保险缴费费率降低，减轻企业负担8.6亿元。城乡低保标准提高8%，城乡特困供养标准分别提高到11107元和5226元。年末全市共有3.3万人享受城镇居民最低生活保障，4.4万人享受农村居民最低生活保障，0.34万人享受农村特困人员救助供养。全年315.8万人参加基本医疗保险，医疗救助资助保险人数35.3万次。全市共有社区服务机构和设施1269个。其中，社会服务中心52个，社区服务站390个，社区养老机构和设施170个，社区互助型养老设施503个，其他社区服务机构和设施154个。建成医养结合示范点50家，新增城乡社区日间照料中心55个，市养老服务平台投入运营。

【社会事业】全市共有国家工程技术研究中心3个。全年登记市级科技成果1026项，其中，基础理论485项，应用技术类成果521项，软科学47项。获得国家级科技奖励2项。专利申请量13728件，比上年增长28.2%；专利授权量6385件，增长22.1%，其中发明专利授权量840件，下降5.9%。有效发明专利4897件，每万人口发明专利拥有量12.92件。共签订技术合同4653项，增长16%；技术合同成交金额67.18亿元，增长6.9%。

教育资源供给不断扩大，新聘同工同酬教师982名，新建和改扩建中小学、幼儿园20所，新增学位1.64万个，公办园幼儿占比从上年的29.2%提高到40.7%，义务教育学校超大班额完全消除，大班额比例下降为7.32%。全年研究生教育招生1.5万人，在校生4.21万人，毕业生1.02万人。普通高等教育招生16.95万人，在校生54.66万人，毕业生14.52万人。中等职业教育招生1.31万人，在校生3.5万人，毕业生1.3万人。普通高中招生2.06万人，在校生6.3万人，毕业生2.26万人。初中招生3.53万人，在校生10.2万人，毕业生3.25万人。普通小学招生4.34万人，在校生23.39万人，毕业生3.55万人。特殊教育招生0.02万人，在校生0.06万人。幼儿园在园幼儿12.02万人。学龄儿童入学率为100%，九年义务教育巩固率为100.3%，高中阶段毛入学率为99.0%。

医疗卫生基础设施建设加快推进，分级诊疗制度更加完善，居民电子健康卡全面推广，县级以上综合医院远程会诊实现全覆盖。年末全市共有医疗卫生机构2275个，其中，医院、卫生院196个，妇幼保健院（所、站）10个，专科疾病防治院（所、站）2个，社区卫生服务中心（站）251个，诊所、卫生所、医务室922个。卫生技术人员3.97万人，其中，执业医师和执业助理医师1.44万人，注册护士1.93万人。疾病预防控制中心（防疫站）10个，疾病预防控制中心（防疫站）卫生技术人员582人；卫生监督所（中心）8个，卫生监督所（中心）卫生技术人员181人。乡镇卫生院67个，乡镇卫生院卫生技术人员1581人。医疗卫生机构拥有床位数3.14万张，其中医院、卫生院拥有床位2.86万张。全年总诊疗人次2447.50万人次，出院人数92.02万人。

嘉峪关市

【基本情况】嘉峪关市因关得名，因企设市。是1958年依托国家“一五”计划重点项目“酒泉钢铁公司”的建设而新兴的工业城市，1965年建市，1971年经国务院批准为省辖市。嘉峪关市位于甘肃省西北部，河西走廊中部，东临河西重镇酒泉市，距省会兰州776公里；西连石油城玉门市，至新疆哈密650公里；南倚终年积雪的祁连山与肃南裕固族自治县接壤，与青海相距300余公里；北枕色如铸铜的黑山，与酒泉金塔县、酒泉卫星发射基地和内蒙额济纳旗相连接，中部为酒泉绿洲西缘。境内地势平坦，土地类型多样。城市的中西部多为戈壁，是市区和工业企业所在地；东南、东北为绿洲，是农业区，绿洲随地貌被戈壁分割为点、块、条、带状，占总土地面积的1.9%。嘉峪关是长城文化和丝路文化的交汇点，拥有世界历史文化遗产地——嘉峪关关城、世界一流的国际滑翔基地、国家重点文物保护单位魏晋墓群、“西部八达岭”之称的悬壁长城、万里长城第一墩、讨赖河大峡谷、长城博物馆、迎宾湖旅游园区、东湖生态旅游景区和酒钢水上乐园、方特欢乐世界等旅游资源，是中国优秀旅游城市。嘉峪关市还是中国铁人三项运动训练基地和专业赛场，是国际铁人三项赛和全国汽车场地越野赛重要举办地，有西北一流的体育场馆，是举办国际、国内重大体育赛事的理想城市。2019年末全市常住人口为25.3万人，比上年增加0.1万人，城镇人口23.7万人，城镇化率为93.7%。

【国民经济】2019年，全市实现地区生产总值283.4亿元，比上年增长6.5%。其中，第一产业增加值4.7亿元，增长5.2%；第二产业增加值178.1亿元，增长7.6%；第三产业增加值100.6亿元，增长4.2%。三次产业结构由上年的1.3 ∶ 61.1 ∶ 37.6调整为1.7 ∶ 62.8 ∶ 35.5，第一产业所占比重上升0.4个百分点，第二产业所占比重上升1.7个百分点，第三产业所占比重下降2.1个百分点。人均地区生产总值112219元。

2019年，完成工业增加值171.2亿元，比上年增长7.8%。规模以上工业企业增加值增长8%。其中，市属规模以上工业企业增加值增长15%。规模以上工业企业产品产销率98.7%，比上年下降0.7个百分点。全年规模以上工业企业实现营业收入1480.5亿元，增长6.6%。实现利润总额6.6亿元，增长6.6%，全市规模以上工业企业营业收入利润率与上年持平。

全年实现社会消费品零售总额72.7亿元，比上年增长7.2%。批发业商品销售额130.9亿元，增长8.8%；零售业商品销售额74.4亿元，增长8.8%；住宿业营业额2.6亿元，增长8.1%；餐饮业营业额16.6亿元，增长12.3%。

【扶贫开发】嘉峪关市深入实施“双促双增”精准帮扶行动，推动农业提质增效、农民持续增收、乡村全面振兴。

一是深入开展“企业帮村”行动。45家经营效益较好的民营企业党组织，捐助乡村振兴精准帮扶资金39万元，出资出力修建羊圈鸡舍，流转土地3800亩，对农户在产业发展、农村人居环境综合整治工作上进行全面精准帮扶。二是有序推进农产品对接销售。鼓励帮扶单位使用工会会费和福利费采购农产品，充分调动干部职工认购本地农产品的积极性，帮助农民增加收入、解决农产品销售难问题，全年认购农产品突破600万元，带动农户户均增收1000元左右。三是提升村党组织带富能力。在39个农业产业基地和示范项目中，建立15个农民专业合作社党组织，带动417户相对贫困户每年每户增收4000余元，全市村集体资金累积达1466万元。鼓励和引导村党组织书记、第一书记、大学生村官领办创办致富项目，建成塔湾村食用菌种植、长城村无公害蔬菜等项目26个、新建农家乐40家，带动农民增收670万元。四是有力促进农业产业发展。鼓励引导农村集体组织采用“农业专业合作社＋农户”“村集体＋合作社＋农户”模式，发展瓜菜基地5个，落实各种瓜菜订单1.2万亩，培育青贮饲料种植基地1个。积极争取国家、省级合作社扶持奖励项目资金200万元，进一步对16个国家、省级合作社进行规范扶持，目前已完成项目建设12个。大力实施休闲农业和乡村旅游精品工程，引导农民主动融入旅游产业，依靠旅游增收致富，全市农家乐和乡村民宿点达到130个。

【“三农”工作】构建现代农业产业体系。一是加大主导产业培育。新建戈壁农业1000亩，建设特色农业产业示范园和生产基地6个，培育精细蔬菜、高效制种、经济林果、优良畜禽、乡村旅游等特色优势高效产业。二是积极发展劳务经济。全年劳务输转7191人，其中有组织输转5232人，劳务输转率达到74.7%，实现劳务收入18002万元。发放创业担保贷款和一次性创业补助资金31万元，支持农民工返乡创业。培训服务员、育婴员、电焊工等1690人，完成劳务品牌培训300人。三是发展壮大新型经营主体。发展市级以上重点龙头企业7家，全年销售收入3.6亿元，较上年增长8.2%，与4800户农户建立了利益联结机制。全市现注册农民专业合作社273家，入社农户4605户，组织化率84%；完成市级示范社创建评定工作，现有国家级示范社6家，省级示范社15家，市级示范社38家。出台扶持家庭农场发展的政策措施，落实培育资金20万元，对6家家庭农场进行名录系统登记管理。四是打造“甘味”农产品品牌。累计认证绿色食品10个，创建无公害农产品生产示范基地3.2万亩，创建省级以上畜禽养殖标准化示范场7个。围绕主导产业，建设农产品产地批发市场1个，正大肥猪、种猪销售中心2个，建设大型蔬菜储藏库2个、果蔬气调库7座，构建了产地到销售的市场网络体系。将22家农业生产企业纳入省级农产品质量安全追溯体系建设平台管理。

加强人居环境综合整治。一是稳步推进“厕所革命”。配套农村污水处理设施及管网建设项目，实施农户水冲式无害化卫生厕所改建项目，改建户用卫生厕所1389户，是省级下达任务的113%，群众满意度达到99.6%；新建农村公共厕所8座，全市村级公共厕所全覆盖。二是全域推进“垃圾革命”。实施农村生活垃圾分类清运处理配套设施建设项目，建成农村生活垃圾压缩站4个，太阳能阳光堆肥房3个，配备生活垃圾收集斗234个，垃圾压缩收集车4辆，农村生活垃圾无害化处理率达到100%，建立了“组清扫、村收集、镇转运、市处理”的长效运营模式。三是压茬推进“风貌革命”。深入开展“三清三拆三创建”专项行动，拆除各类违章废弃建筑物1900余处，清理排水沟渠432公里。实施了农村亮化、美化、硬化项目，完成乡村造林绿化面积1011.4亩，全市17个行政村全部打造成“清洁村庄”，完成省上下达任务的142%。四是有效治理“面源污染”。制定《嘉峪关市实施农业投入结构调整控制农业面源污染行动方案》，出台《嘉峪关市废旧农膜回收利用补助奖励办法》，废旧农膜回收率达到82%，尾菜处理利用率达到46.6%，规模化养殖场全部配套建设粪污处理设施，畜禽养殖粪污综合利用率达到80.2%。

深入推进农村改革。持续推进农村集体产权制度改革，17个村集体股份经济合作社全部正常运行，改革试点任务圆满完成。扎实推进农村“三变”改革，出台了财政支农资金在“三变”改革中入股和资产量化折股实施细则等配套政策，落实“三变”改革合同书、股权证、分红单“三个到户”；推进“农村家庭法律顾问”工作，完善风险防控机制，支持工商资本与村集体经济组织合作，发展特色种养业和农产品加工业，形成了“三变＋乡村旅游”“三变＋土地＋劳动力”“三变＋戈壁农业”等模式。

【项目建设】2019年，嘉峪关市投资1000万元以上市列重点建设项目共计110个，总投资规模340亿元，年度计划投资72亿元。主要包括绿色生态产业重点项目和基础设施、民生保障及房地产开发项目两个板块。按建设性质分：续建项目47个，总投资规模243.6亿元，年度计划投资39.4亿元；计划新开工项目52个，总投资规模85.6亿元，年度计划投资24.8亿元；改造（建）项目11个，总投资规模13.8亿元，年度计划投资7.8亿元。按投资规模划分：投资规模在10亿元以上的项目7个；1亿元以上10亿元以下的项目45个；1000万元以上1亿元以下的项目58个。

全年110个市列重点建设项目共复工开工88个，开工率80%，累计完成投资65亿元，占年度投资计划的90%。其中，47个续建项目复工44个，复工率93.6%，完成投资33.2亿元；52个新建项目开工33个，开工率63.5%，完成投资24.3亿元；11个改造（建）项目全部开工，完成投资7.4亿元。其中，丝绸之路文化博览园、峪泉古街一期、嘉北污水处理厂及管网、索通公司54室焙烧炉节能改造、天成彩铝绿色短流程铸轧铝深加工、焦化厂酚氰废水达标处理回用项目、G312线嘉峪关至清泉段公路工程、嘉峪关市转运站及军人子女教育食宿站、远东华府住宅小区等28个项目已建成，部分已投入生产或试运行。

【人民生活】全年城镇居民人均可支配收入42601元，比上年增长7.5%；城镇居民人均生活消费支出30157元，增长5.2%；城镇居民食品烟酒消费支出占消费性支出的比重为31%。农村居民人均可支配收入21027元，增长9%；农村居民人均生活消费支出15575元，增长8.9%；农村居民食品烟酒消费支出占消费性支出的比重为30%。

【环境保护】全市从事环保工作人员75人，拥有各级环境监测站1个，监测人员17人，城市生活垃圾无害化处理率100%。一年内空气质量达标天数331天，比上年增加27天。全市气象雷达观测站点1个，卫星云图接受站点1个，年平均气温9.2度，比上年偏高0.9度，年平均降水量173.3毫米，比上年增长32.1%。全年完成人工造林面积325.5公顷，开展全民义务植树58.3万株。

【社会保障】2019年末，全市参加城镇职工基本养老保险12.9万人，比上年增长1.7%，其中职工9.2万人，增长1.1%，离退休人员3.7万人，增长3.3%；年末参加城镇居民基本医疗保险11.5万人，下降1.1%；年末参加城镇职工医疗保险10.8万人，增长10.8%；参加失业保险6.6万人，增长1.5%；参加工伤保险7.5万人，增长1.9%，其中参保农民工1.1万人，下降25.1%；参加生育保险6.9万人，与上年持平；年末参加城乡居民基本养老保险2.2万人，增长4.9%。城镇居民得到政府最低生活保障20581人，下降17.3%；农村居民得到政府最低生活保障2960人，下降17.5%；城市医疗救助629人次，农村医疗救助145人次；各类收养性社会福利单位收养405人，增长31%；市慈善协会接受社会募捐151万元，增长107%。2019年末共有提供住宿的社会服务机构2个，养老服务机构9个。社会服务机构床位20张，养老服务机构床位717张。年末共有社区服务中心31个。

【社会事业】教育：中等职业教育招生791人，比上年增长24.8%；普通高中招生2099人，增长3.1%；初中学校招生2871人，增长1.9%；普通小学招生3207人，增长10.7%；特殊教育招生10人，在校53人；幼儿园在园幼儿10699人，学前3年毛入园率98.2%。

文化：年末全市共有文化馆1个，公共图书馆2个，广播电视台1座，电视综合人口覆盖率100%，增长0.3%。有线电视用户2.1万户。

卫生：年末全市共有医疗卫生机构128个，比上年增长0.8%。其中，医院、卫生院14个，妇幼保健院（所、站）1个，社区卫生服务中心（站）19个，疾病预防控制中心（防疫站）1个。医院、卫生院床位数1663张，卫生技术人员2694人，其中，执业医师和执业助理医师911人，注册护士1235人，疾病预防控制中心（防疫站）卫生技术人员26人。乡镇卫生院3个，乡镇卫生院床位61张，乡镇卫生院卫生技术人员87人，报告甲、乙类传染病发病人数445例。

体育：全年举办体育竞赛活动38次，参加比赛人数16041人，参加省级及以上比赛22次。获得省级及以上各类奖牌61枚，其中，金牌20枚，银牌23枚，铜牌18枚。

金昌市

【基本情况】金昌市1981年建市，地处甘肃省河西走廊东段，祁连山北麓，阿拉善台地南缘。北、东与民勤县相连，东南与武威市相靠，南与肃南裕固族自治县相接，西南与青海省门源回族自治县搭界，西与张掖市山丹、民乐县接壤，西北与内蒙古自治区阿拉善右旗毗邻。全市国土总面积9600平方公里。截至2019年底，金昌市区城市建成区面积44.5平方公里，规划建设用地面积52.3平方公里。金昌市下辖永昌县、金川区，共有12个乡（镇），6个街道办事处，金昌市人民政府驻金川区。2019年末，全市常住人口45.82万人，其中：永昌县人口22.45万人，金川区人口23.37万人。

金昌地处河西走廊中段，为古丝绸之路重要节点城市和河西走廊主要城市之一，自古以来自然条件较为严酷，区域年均蒸发量是降水量的18倍，是全国110个重点缺水城市和13个资源型缺水城市之一，也是中国西部地区自然生态环境比较脆弱的地区。近年来，金昌市以建设西部戈壁园林城市为目标，牢固树立"以人为本、生态立市"的理念，突出"活力镍都·戈壁绿城"的主题，切实加快以节水型城市园林绿化为重点的生态环境建设，创建工作取得了明显成效。2013年，中国社科院发布"2013年城市竞争力报告"，金昌进入全国宜居城市百强行列，排名第77位，成为甘肃省最宜居的城市之一；2014年，被国家城乡建设部命名为"国家园林城市"；2015年，被中央文明委评选为全国文明城市，成为甘肃省唯一一座获得全国文明城市称号的城市，2017年又成功蝉联"全国文明城市"荣誉称号。

【资源优势】金昌缘矿兴企、因企设市，因盛产镍被誉为"祖国的镍都"。金昌横跨两个地质构造单元，以龙首山南侧深大断裂为界，北部为阿拉善台块，南部为祁连山褶皱带，在经历了漫长复杂的地质演化后，造就了优越的成矿条件，生成了丰富的矿产资源。境内已探明矿种38种，以镍、铜、钴和铂族贵金属为主的金川硫化铜镍矿床，在世界同类矿床中镍储量居世界第三，亚洲第一；与镍铜伴生的铂、钯、铱、钌、铑等稀贵金属储量居全国之首，铜、钴矿产储量居全国第二。驻金国有省属企业金川集团公司是全球知名的采、选、冶配套大型有色冶金和化工联合企业，是全国最大的镍钴铂族金属生产企业和第三大铜生产企业，是甘肃省唯一进入"世界500强"的企业。

【国民经济】2019年，全市上下坚持稳中求进总基调，以新发展理念为引领，落实高质量发展要求，扎实推进"三大攻坚战"，着力推进稳增长、促改革、调结构、惠民生、防风险、保稳定，在下行压力持续加大的逆境中，经济发展实现了从"开门红"到"全年稳"的目标，全市综合实力稳步提升，为加快转型发展、建设幸福金昌、决胜全面小康奠定了坚实基础。全年全市实现地区生产总值340.31亿元，比上年增长9.7%。其中，第一产业增加值24.07亿元，增长5.8%；第二产业增加值219.92亿元，增长13.6%；第三产业增加值96.31亿元，增长1.8%。规模以上工业增加值增长15.9%；固定资产投资增长10.4%；社会消费品零售总额102.51亿元，增长7.8%；一般公共预算收入20.83亿元，下降9.8%；进出口贸易总额141.52亿元，增长7.7%；居民消费价格总指数102.4%。

【"三农"工作】农业经济发展质量稳步提高。以高原夏菜、草食畜牧业等优势产业为主导，奶绵羊等新兴产业梯次发展的特色产业体系不断完善，建成万亩绿色蔬菜标准化生产基地6个、精品蔬菜标准园10个，和鑫源等3家企业被认定为第一批粤港澳大湾区“菜篮子”生产基地，高原夏菜远销北上广等60多个城市。居佳30万只肉羊屠宰分割加工生产线等项目建成投运，瑞嘉和新希望万头奶牛场、天康30万头生猪等项目进展顺利，奶绵羊饲养量达到1万只，牧草种植面积25万亩，已成为国内优质牧草重要产地和全省最大的商品苜蓿种植基地。新型经营主体带动能力不断增强，新认定省级农业产业化重点龙头企业6家、市级14家，新型经营主体64家。国家农产品质量安全市创建稳步推进，“三品一标”农产品达到111个，农畜产品抽检合格率达99%以上，“祁连天宝羊肉”获中国农业产业化交易会金奖。

农业种植结构进一步调整。2019年，全市粮食种植面积84.13万亩，比上年减少6.7万亩；蔬菜种植面积20.61万亩，增加4.83万亩；饲草播种面积10.87万亩，增长1.1倍。粮经饲比例调整至70.7 ： 20.1 ： 9.2。粮食产量40.69万吨，减产5.7%；蔬菜产量71.97万吨，增产35%；园林水果产量0.93万吨，增产16.5%。

畜牧业生产总体稳定。2019年末，全市大牲畜存栏5.77万头（只），比上年末增长16.7%；大牲畜出栏1.73万头（只），增长29.1%。羊存栏82.08万只，增长10.2%；羊出栏47.02万只，增长7.9%。生猪存栏3.27万头，下降13.7%；生猪出栏4.46万头，下降14.4%。肉类产量1.29万吨，比上年增长3.2%；牛奶产量3.2万吨，增长0.4%。

【优势产业】主导产业经济稳步加快，支撑带动明显。2019年，全市工业增加值比上年增长15.4%，对全市地区生产总值增长贡献率超过90%。企业效益总体良好，全年实现主营业务收入2825.5亿元，增长13.7%；利润总额32.7亿元。

转型发展步伐明显加快。十大生态产业发展体系基本形成，2019年，全市十大生态产业增加值占地区生产总值的21.05%，比重较上年提高3.77个百分点。地企融合推进工业强市，“五大产业链”不断完善，产业集群效应初步显现，有色金属深加工、氯碱化工产业集群拉动工业经济增长13个百分点。全市91户规模以上工业企业盈利面超过70%，金川集团公司跻身世界500强企业。

现代服务业稳步发展。全域旅游发展规划编制工作积极推进，金川区被评定为省级全域旅游示范区，A级景区改造提升工程进展顺利，金水湖景区晋升为国家湿地公园，南坝滑雪场等项目建成投用，双湾镇陈家沟村被评为2019中国美丽休闲乡村，建成5个省级乡村旅游示范村，新城子镇毛家庄村被评为全省优秀示范村。新中国成立70周年系列庆祝活动、第四届全省中学生运动会、“中国航天日”甘肃金昌分会场开幕式暨“火星1号基地”开营仪式、薰衣草之约集体婚礼、国际青少年生存训练营、环青海湖国际公路自行车赛金昌段、金昌国际半程马拉松赛成功举办。2019年，全市规模以上服务业企业实现营业收入26.14亿元，比上年增长49.94%。接待国内游客576.3万人次，增长16.2%；国内旅游收入34亿元，增长18.3%。

【项目建设】投资增长保持平稳。2019年，全市固定资产投资比上年增长10.4%，其中，第一产业投资增长14.1%，第二产业投资增长33.7%，第三产业投资下降2.7%。民间固定资产投资增长24.7%。

项目建设取得成效。2019年，全市项目投资比上年增长9.91%。90项重大项目开复工率达93.3%，255项重点项目开复工率达89.8%；全年向上争取各类项目资金33.2亿元；实施招商引资项目122项、到位资金89.87亿元；第25届兰洽会签约项目23项、签约金额85.37亿元，已开工15项，开工率65.22%。

重点项目有序推进。金川民营经济产业园加快建设，金川集团公司东部贫矿开采工程建成投产，3.5万吨/年硫酸镍扩能改造等项目达产达标，3万吨/年动力锂离子电池用三元前驱体、3.5万吨/年高端电镀用镍盐等项目试运行，紫金云大数据产业园数据中心一期基本建成，9.4万吨/年精细化工产品（二期）、合成氨联碱装置搬迁升级改造等项目开工建设；金昌铁路货场一期项目有序推进；城市供水改扩建工程、供热一级管网老化设施改造、“三供一业”改造、电网改造等项目加快推进；实施电（气）暖改水暖工程，开工建设棚户区改造项目35个31271套，建成11593套，老旧小区加装电梯14部。

【供给侧结构性改革】供给侧结构性改革持续推进。2019年，全市房地产去库存35.43万平方米，住宅去化周期7.33个月，处于合理区间。规模以上工业企业库存比上年下降2.6%；资产负债率64.9%，下降1.6个百分点；每百元主营业务收入成本95.3元，较上年降低0.8元。规模以上营利性服务业企业实现营业收入2.25亿元，增长20.7%。

【人民生活】人口城镇化水平稳步提高，居民收入稳步增加。2019年末，全市常住人口中，城镇人口32.51万人，乡村人口13.31万人，常住人口城镇化率70.95%，比上年末提高0.48个百分点。城乡居民收入稳步提高。2019年，全市城镇居民人均可支配收入比上年增长8.2%，农村居民人均可支配收入增长8.9%，城乡居民收入比由2018年的2.6 ： 1进一步缩小为2.58 ： 1。

居民物质和信息化水平稳步提高。2019年末，全市注册机动车总量115833辆，比上年末增加4255辆，其中个人汽车保有量77260辆，增加6368辆。移动电话用户58.35万户，其中，3G用户1.69万户、4G用户48.28万户、5G用户0.09万户；宽带互联网用户19.12万户；广播综合人口覆盖率99.10%，比上年末提高0.4个百分点；电视综合人口覆盖率99.05%，提高0.15个百分点。

【脱贫攻坚】脱贫攻坚成效明显。认真贯彻落实中央和省委、省政府一系列决策部署，坚持把脱贫攻坚作为全面小康的重中之重，综合施策，聚力攻坚，精准扶贫精准脱贫工作取得良好成效。2019年，全市列支财政专项扶贫资金8483万元，脱贫攻坚“3+1”冲刺清零任务全面完成。剩余92户建档立卡贫困人口全部脱贫，农村贫困发生率0，比上年下降0.04个百分点。

【环境保护】生态安全屏障进一步筑牢。祁连山生态环境、中央和省级环保督察等反馈问题完成年度整改任务，“绿盾2019”专项行动深入开展，防沙治沙和国土绿化工作高质量推进，污染防治攻坚战成效明显，主要污染物排放控制在下达指标以内，全年空气质量优良天数比率为94.2%，比上年提高4.6个百分点。自然保护区2个，其中国家级自然保护区1个；省级地质公园1个，省级地质遗迹保护区1个；市内4个地表水监测断面中，达到或优于Ⅲ类断面比例为100%。全年完成人工造林5.2万亩、封山育林2.5万亩，沙化土地综合治理9.2万亩，建设国家级绿色矿山2家。

全域无垃圾专项整治行动成效明显，村容村貌得到明显改善。全面建成农村户用卫生厕所9453户、行政村卫生公厕97座，拆除破旧房屋3649院，实施风貌改造742院，新建农宅2722院。修编完成20个省级美丽乡村建设规划，命名市级“美丽乡村”11个。农村废旧农膜利用率达82.2%，尾菜处理率达37%，秸秆综合利用率达85%，畜禽粪污资源化利用率达75.2%。

【社会保障】社会保障体系进一步完善。困难群众基本生活保障水平持续提升，特困供养和临时救助力度不断加大。2019年，全市城镇棚户区住房改造开工31271套，棚户区改造基本建成1545套；农村危房改造314户，其中农村地区建档立卡贫困户危房改造122户。全市共有1.04万人享受城市居民最低生活保障，0.57万人享受农村居民最低生活保障，0.07万人享受农村特困人员救助供养。全市共有社区服务机构和设施321个，其中：社区服务中心28个，社区服务站155个，社区养老机构和设施16个，社区互助型养老设施119个，其他社区服务机构和设施3个。市残疾人康复中心建成投用，市养老康复中心二期项目进展顺利，我市被确定为第四批全国居家和社区养老服务改革试点地区。

就业形势整体稳定。2019年，全市城镇新增就业14389人，完成年度目标任务的104.27%；城镇登记失业率2.64%；失业人员实现再就业12845人；就业困难人员实现就业1749人。

【社会事业】科技创新能力不断增强。2019年，全市现有国家工程技术研究中心1个。全年登记市级科技成果10项，其中应用技术类成果10项；科技专利申请量910件，专利授权量557件，其中发明专利授权量44件；有效发明专利370件，每万人口发明专利拥有量7.9件。

教育事业蓬勃发展。落实立德树人目标任务，教育高质量发展，城区集团化办学和城乡教育联盟加快推进，永昌县第四幼儿园和第四小学建成投用，金川总校二高、八冶一小完成搬迁，龙门学校迁建项目进展顺利，金川区第一幼儿园开工建设，市区教育布局更趋合理，中小学生课外负担重、择校热、大班额等突出问题有效缓解。截至2019年末，全年全市中等职业教育招生1079人，在校生2755人，毕业生88人；普通高中招生3009人，在校生9628人，毕业生3995人；初中招生4700人，在校生14453人，毕业生4914人；普通小学招生3804人，在校生24725人，毕业生4735人；特殊教育招生69人，在校生112人；幼儿园在园幼儿10932人。学龄儿童入学率为100%，九年义务教育巩固率为99.19%，高中阶段入学率为99.77%。

医疗卫生水平不断提高。医药卫生体制改革稳步推进，基层医疗服务体系不断健全，公共卫生服务不断规范，城乡居民电子健康档案建档率达到84.5%。市人民医院迁建项目竣工验收，市中心医院住院部综合大楼、永昌县中医院迁建等项目建成投用，八冶康颐、市第一人民医院、市中西医结合医院被命名为全省第一批医养结合示范单位。2019年末，全市共有医疗卫生机构587家，其中：医院、卫生院30个，妇幼保健院（所、站）3个，专科疾病防治院（所、站）8个，社区卫生服务中心（站）35个，诊所、卫生所、医务室374个。疾病预防控制中心（防疫站）3个，疾病预防控制中心（防疫站）卫生技术人员51人；卫生监督所(中心)2个,卫生监督所(中心)卫生技术人员5人；乡镇卫生院12个，乡镇卫生院卫生技术人员582人。医疗卫生机构拥有床位数0.31万张，其中医院、卫生院拥有床位0.31万张。全年总诊疗人次200.56万人次，出院人数10.57万人。

文化体育事业稳步发展。25个行政村综合文化服务中心巩固提升项目、8个社区综合文化服务中心新建项目、4个乡镇（社区）体育健身中心项目全部建成。文化遗产传承保护和开发利用工作不断加强，永昌北海子塔晋升为第八批全国重点文物保护单位。2019年，全市获得各类体育奖牌数52枚，其中金牌17枚、银牌18枚、铜牌17枚，比上年减少14枚。

（蔺彧）

白银市

【基本情况】白银地处黄河上游、甘肃中部，因矿得名，因企设市。明洪武年间，官方设立办矿机构“白银厂”，一时“日出斗金，积销金城”。1956年震惊世界的矿山大爆破，拉开了有色金属资源开发的序幕，白银在一片戈壁荒滩上建市，1963年撤销，成为兰州市所辖区，1985年恢复成立地级市。是全国唯一以贵金属命名的城市，是丝绸之路的枢纽要地、兰白都市圈的核心之地、藏金聚宝的资源富地、享誉全国的工业重地、绿色高效的农业基地、绚丽多彩的旅游胜地。地处黄河上游，甘肃省中东部，东西跨147.75公里，南北长249.25公里。黄河自南向北呈S形流经白银区、靖远县、平川区、景泰县，全长258千米，流域面积14710平方千米。境内海拔最高3321米、最低1275米。年平均气温9.7℃，年平均降水量316.2mm，其分布由北向南逐渐增多。年日照时数2165—2485小时，由北向南逐渐减少。无霜期168天。白银市辖会宁、靖远、景泰三县和白银、平川两区，有53镇16乡9街道。辖区总面积2.12

万平方公里。2019年末全市常住人口174.08万人。其中，城镇人口89.53万人，占常住人口比重为51.43%（常住人口城镇化率），人口自然增长率为3.15‰。

【国民经济】2019年，在省委、省政府和市委的坚强领导下，全市上下坚持以习近平新时代中国特色社会主义思想为引领，全面贯彻落实党的十九大和十九届二中、三中、四中全会精神，深入学习贯彻习近平总书记对甘肃重要讲话和指示精神，坚持稳中求进工作总基调，积极践行新发展理念，落实高质量发展要求，统筹推进稳增长、促改革、调结构、惠民生、防风险、保稳定各项工作。全市实现地区生产总值486.33亿元，比上年增长6.2%（其中，第一产业增加值增长6.1%，第二产业增加值增长6.8%，第三产业增加值增长5.7%），三次产业结构比例由2018年的16.35 ∶ 38.57 ∶ 45.08调整为17.89 ∶ 37.17 ∶ 44.94。按常住人口计算，人均地区生产总值27990元，增长5.9%；规上工业增加值增长6.6%；固定资产投资增长13.07%；社会消费品零售总额237.36亿元，增长8.1%；一般公共预算收入31.12亿元，增长7.9%；居民消费价格总水平上涨2.5%；城镇居民人均可支配收入31769元，增长7.8%；农村居民人均可支配收入9927元，增长9.6%。

【脱贫攻坚】近年来，紧紧围绕“两园两率两节点”，产业脱贫行动，把产业培育作为脱贫攻坚的治本之策。建成脱贫产业园328个、特色产业园403个，带动贫困户8.62万户、37.06万人人均增收2205元。81.6兆瓦光伏扶贫项目建成并网，带动1.77万户贫困户脱贫。精准脱贫培训劳动力2.51万人，开发乡村振兴公益性岗位2169个，105个“扶贫车间”吸纳就业3911人。改造农村危房4099户。累计建成易地扶贫搬迁安置点124个，搬迁贫困群众1.2万户、5.2万人。建成农村饮水安全巩固提升工程13处，改造冬季冻管234公里，安装水窖水净化设备3633套，自来水普及率达到82%。

【农业经济】以农业供给侧结构性改革为主线，大力发展现代丝路寒旱农业，着力构建牛、羊、果、薯、药、蔬、黑毛驴、小杂粮、水产养殖九大优势特色产业新格局。2019年，肉牛、肉羊、生猪、黑毛驴饲养量达到515.7万头（只），果品、蔬菜、中药材、马铃薯、小杂粮、文冠果等种植面积达到350.06万亩，特色水产养殖面积达到1.39万亩。中天羊业100万只肉羊加工、四川德康100万头生猪养殖及肉食加工、新希望50万头生猪种养一体化生态产业园、新疆润丰46万亩现代农业产业园等全产业链项目稳步推进，引进雄特牧业、海景洲渔业等龙头企业10家，新增农民专业合作社495家、家庭农场342家。认证“三品一标”农产品累计达到188个，新增全国“一村一品”示范村镇2个，会宁胡麻油入选中国农业品牌目录，靖远县被评选为“全国文冠果之乡”，“银字号”农产品的影响力和竞争力不断扩大。

【工业经济】以绿色发展崛起为导向，抓实抓细十大生态产业和重大示范性工程项目，进一步强龙头、补链条、聚集群，加快新旧动能转换，推动经济转型升级。成功入选国家工业资源综合利用基地，银西生态产业园入选全国绿色园区。白银公司铜冶炼技术提升改造、容和矿用防爆电气智能制造生产线等项目建成投产，鑫海成大数据中心、华实生物全球新药生产服务基地、青宇新型粉末涂料固化剂等项目进展顺利，省光化特种新材料制造业创新中心启动建设，培育国家“两化”融合管理体系贯标认证企业2家、试点企业3家。全市规上工业非公经济增长14.8%，高于全市规上工业增加值增速8.2个百分点。

【第三产业】坚持把文化旅游、商贸物流、金融服务等现代服务业作为培育新动能的关键领域和推进产业升级的有力支撑，黄河石林、会师旧址等核心景区加快提升改造，情景歌舞剧《黄河之上 · 多彩白银》精彩上演，第三届黄河风情文化旅游节、第五届中国驴业发展大会、第五届西部陶瓷峰会、第五届靖远枸杞爱心采摘节、第三届会宁油菜花文化旅游节、第三届荷花美食暨乡村文化旅游节等节会成功举办，全市旅游接待人数、综合收入分别比上年增长24.9%和28%。白银综合物流园、邦农现代农业产业物流园二期等商贸物流项目加快推进，建成县乡农贸市场64个、农产品产地批发市场4个。积极融入“一带一路”建设，“白银号”中亚班列累计发运54列2160车。支持白银公司等企业加强国际产能合作，实现进出口贸易总额47.6亿元，增长2.1%。组团参加进博会、兰洽会等重大节会，赴京津冀、珠三角、长三角等地推介招商，全年招商引资在建项目251个，到位资金243.5亿元。第三产业增加值增长5.7%，占地区生产总值比重达到44.94%。

【项目建设】把项目建设作为稳增长的重要抓手，持续扩大投资规模，全力做大投资总量，实现固定资产投资更快更多增长。甘肃中部生态移民扶贫开发供水工程、银西通用机场开工建设，中卫至兰州客运专线白银段、国道341线白银至中川一级公路、景泰至中川高速公路建设进展顺利，国道338线景泰至天祝二级公路建成通车。全年民间投资比上年增长3.6%。

【科技创新】加大关键技术攻克力度，兰州大学白银产业技术研究院聚合硫酸酯材料处于国际领先地位，华隆芯材料光刻胶有效加速国家集成电路产业关键技术本土化，东方钛业建成国内首条全自动、单体最大钛白粉生产线。认定省级新型研发机构2家，建成创新平台20家，组建科研机构5家，高新技术企业达到80家，转化重大科技成果25项。西北矿冶研究院被认定为全省唯一一家技术先进型服务企业，科技企业孵化器新入孵企业18家，白银孵化器双创综合服务平台荣获全国创业就业服务展示交流活动优秀项目奖。建成国家级院士专家服务基地，聘请26名院士担任科技顾问，引进创新团队20个。在全省率先建立知识产权保护暨维权援助工作站，3家企业被评为国家知识产权示范及优势企业，每万人口发明专利拥有量达到2.2件。

【园区建设】强化“3+2+10”创新政策落实，赋予高新区市级管理权限92项，成立高新投资集团，形成“管委会+平台公司”运行模式。入驻企业642家，已形成了有色金属（稀土）、化工、能源、装备制造、生物医药等支柱产业。2019年，“一区六园”完成工业总产值比上年增长4.6%，固定资产投资增长6.48%。

【环境治理】持续推进污染防治，清理整治“散乱污”企业11家，综合整治燃煤锅炉90台，完成翔发电石等企业环保设施提标改造，清洁化改造燃煤小火炉、农村土炕1.3万户，市区环境空气质量优良天数达到339天。严格落实河湖长制，疏浚河道34.8公里，黄河白银段水质达到Ⅱ类标准，白银热电公司中水深度处理及会宁城区污水处理厂提标改造工程和白银高新区、银西生物医药产业园、刘川新材料产业园、平川陶瓷建材产业园及7个重点建制镇污水处理设施建成，黄河白银段防洪工程顺利竣工。东大沟河道重金属污染治理及历史遗留含铬污染土壤治理全面完成，在全省率先开展废弃伪劣农药和包装物危险废物监管。中央及省级环保督察、“绿盾”专项行动等反馈问题完成年度整改任务，中央环保督察转办群众信访问题办结率达到85%。深入实施国土绿化行动，完成营造林33.98万亩，森林覆盖率达到13.59%。

【生态建设】以十大生态产业为重点，推进新旧动能转换，十大生态产业完成增加值占地区生产总值比重高达24.98%，较上年提高7.6个百分点，以新技术新业态新模式延链提质传统产业、培育壮大新兴产业，白银市成功入选国家工业资源综合利用基地，银西生态产业园入选全国绿色园区。2019年共完成各类营造林33.98万亩，其中人工造林23.96万亩，封山育林面积1.5万亩，森林抚育面积8.53万亩，全市共有自然保护区5个，面积26552公顷。

【城乡建设】扎实开展“三城同创”，持续改善人居环境，全面刷新城乡“颜值”。加快道路、供排水、园林绿化等市政设施建设，城市地下综合管廊全面运行，改造提升城市道路17条，市区北环路、银山路等主干道路全线贯通，城区路网主框架基本形成；敷设污水管网80公里，城市污水处理率达到93.94%；长通公园、银凤湖公园改造完成，金岭公园西入口、市区东出口公园、金沟生态景观带等建设顺利推进，城市绿化覆盖率达到29.6%。加快推进美丽乡村建设，依托靖远县三产融合发展示范县和会宁县河畔镇、景泰县喜泉镇三产融合强镇，打造沿黄、沿国省道、沿高扬程灌区、沿景郊周边风景线，建设田园综合体和乡村特色小镇10个。

【民生工程】不断满足人民对美好生活的向往，扎扎实实解决好群众身边的操心事烦心事揪心事。全年用于民生支出占财政总支出的85.33%，比上年提高18.69个百分点，省市确定的民生实事全部落实。城乡居民人均可支配收入增速分别高于地区生产总值1.6、3.4个百分点。就业创业稳步扩大。城镇新增就业4.1万人，城镇登记失业率控制在2.15%。支持高校毕业生、残疾人、返乡人员等重点群体创业就业，发放创业担保贷款2.5亿元。教育事业全面进步。投入4.55亿元，实施学前教育三年行动计划、薄改与能力提升、普通高中改善办学条件等项目340个，新改扩建校舍15万平方米。全市高考一本上线人数4885人，创恢复高考以来最好成绩。

【社会事业】社保体系更加完善，医疗服务不断提升。城乡低保指导标准提高8%，特困人员供养标准达到城乡低保标准的1.3倍。城乡养老服务设施覆盖率分别达到82%和72%。全省规模最大的白银市社会组织双孵化中心建成投运。市医疗集团组建运行，市全科医生临床培养基地开工建设，市第三人民医院科室楼、景泰县中医院门诊楼、平川区中医院完成主体工程。开展白银智慧医保和慢病药品配送平台建设，全面启动社保卡就医结算功能，16家定点医疗机构接入全国异地就医直接结算平台，城乡居民医疗保险参保率达到97%以上。依法严厉打击各类违法犯罪活动，打掉涉黑涉恶犯罪集团和团伙47个，立案查处涉黑涉恶腐败和保护伞问题69件。2人分别荣获“全国助残先进个人”和“全国自强模范”称号。靖远县、景泰县荣获“全省民族团结进步示范县”，会宁红军会师旧址被评为“全国民族团结进步教育基地”。

天水市

【基本情况】天水，因“天河注水”的传说而得名，位于甘肃省东南部，是祖国版图的几何中心，居陕、甘、川三省之要冲，自古以来就是西北的咽喉通道、陇东南的交通枢纽和物流中心。天水地处黄土高原与西秦岭山脉结合地带，横跨长江、黄河两大流域，属暖温带半湿润半干旱气候。境内有小陇山、关山、西秦岭三大林区，素有“陇上江南”之美誉，是西部最佳宜居环境城市。天水是中华民族的重要发祥地之一，早在八千年前就有人类繁衍生息，有史可稽的建置史达2600多年，1992年江泽民同志视察天水时亲笔题词“羲皇故里”。境内有全国最大的明代建筑群伏羲庙和伏羲创画八卦的遗址卦台山，是全球华人寻根祭祖的圣地。飞将军李广、三国名将姜维、陇上铁汉安维峻、爱国名将邓宝珊等众多历史名人都诞生在天水，以伏羲文化、大地湾文化、秦早期文化、麦积山石窟文化、三国古战场文化为代表的五大文化源远流长、积淀深厚，构成了天水独具特色的历史文化。全市现辖秦州、麦积两区和甘谷、武山、秦安、清水、张家川回族自治县五县，总面积1.44万平方公里。2019年末全市常住人口336.89万人，城镇人口142.46万人，城镇化率42.29%。

【资源优势】天水气候温和适宜，农林资源丰富。境内有粮食作物10多种、经济作物20多种，是西北农作物生长最适宜的地区之一，也是我国北方最佳水果和蔬菜生产基地之一；苹果、桃、梨核桃、花椒、辣椒、韭菜等果品和蔬菜产量大、品质优，特别是“花牛”苹果在海内外市场享有盛誉；野生植物资源丰富，有林木资源2500多种，森林覆盖率达36.72%，境内的小陇山、关山、秦岭三大林区林地面积达1026万多亩，有木本植物87科224属804种，天野生药用植物660多种，野生动物30多种，是西北最大的天然林基地之一。矿产资源丰富。天水已发现的矿种有金、铁、锰、铜、铅、锌、银、钼、钨、镍、镁、白云岩、蛇纹岩、透辉石、地热等40多个；另外还存在着大量的矿化点、多条成矿带及物化探异常区。旅游资源丰富。天水风光秀丽，历史悠久，是中国优秀旅游城市和中国历史文化名城，古民居、古建筑、古墓群、古战场、古石窟等名胜古迹众多，伏羲庙、玉泉观、南郭寺被评为国家4A级旅游景区，大地湾、卦台山、大象山、水帘洞等景区景点特色鲜明，特别是中国四大石窟之一的麦积山石窟，被誉为“东方雕塑艺术陈列馆”，魅力独具、闻名遐迩。2019年，全市接待国内外游客4800万人次，实现旅游收入302.8亿元。

【国民经济】2019年，全市实现地区生产总值632.67亿元，比上年增长6.7%。其中，第一产业增加值114.91亿元，增长5.7%；第二产业增加值159.59亿元，增长4.9%；第三产业增加值358.17亿元，增长8%。三次产业结构比为18.2 ∶ 25.2 ∶ 56.6。规模以上工业增加值增长6.2%；规模以上工业企业实现利润总额11.4亿元，下降17.3%；主营业务收入232.2亿元，增长13.5%；销售产值339.7亿元，增长8.2%；产品产销率97.5%。社会消费品零售总额270.11亿元，增长8%。其中，城镇消费品零售额211.04亿元，增长7.9%；乡村消费品零售额59.07亿元，增长8.3%。固定资产投资增长11.48%，其中，第一产业投资下降42.42%，第二产业投资增长0.65%，第三产业投资增长16.88%。民间固定资产投资增长13.71%，项目投资下降2.7%，房地产开发投资增长52.55%。一般公共预算收入50.36亿元，增长7.99%；一般公共预算支出311.41亿元，增长6.89%。；金融机构人民币各项存款余额1480.86亿元，增长10.87%；金融机构人民币各项贷款余额1080.92亿元，增长12.87%。

【脱贫攻坚】2019年，全市减贫12.95万人，退出贫困村523个，贫困人口减少到2.09万人，贫困发生率下降到0.68%。投入各级财政扶贫专项资金25.08亿元，整合涉农资金25.9亿元，落实到户产业扶持资金7.45亿元，累计发放特色产业工程贷款65.79亿元。实施“短平快”农业项目280个，发展“五小”产业项目5696个。累计建成并网光伏扶贫电站121.59兆瓦，清水县50兆瓦光伏扶贫电站建成运行。支持发展扶贫车间198家，建成贫困村果蔬保鲜库119座。落实农村“八大员”公益性岗位18522个，贫困村电商服务点、行政村农村金融综合服务室实现全覆盖。狠抓脱贫攻坚“3+3”冲刺清零和问题整改，完成64处农村安全饮水巩固提升工程，解决了108.12万人的饮水不稳定问题。新改建寄宿制学校28所、乡村小规模学校112所，九年义务教育巩固率达到99.5%。“十三五”易地扶贫搬迁的10749户建档立卡户全部搬迁入住，3337户四类重点对象和259户新排查农村危房户全部改造完成。新建改建标准化村卫生室217个，建档立卡贫困人口住院医疗费用平均报销比例达到95.23%，贫困人口慢性病签约服务实现全覆盖。深化东西扶贫协作，积极开展“百企帮百村”行动，落实各类帮扶资金3.13亿元，中央定点帮扶单位投入资金1772.5万元。

【“三农”工作】2019年，全市粮食作物播种面积473.03万亩，产量123.17万吨，比上年增产6.4%。其中，小麦产量40.16万吨，增产4.12%；玉米产量53.46万吨，增产5.59%；洋芋产量25.76万吨，增产7.83%。油料产量11.64万吨，比上年下降3.83%；蔬菜产量200.8万吨，增产8.8%；中药材产量4.79万吨，增产14.96%；水果产量137.87万吨，增产9.18%。年末生猪出栏62.66万头，下降4.22%；牛出栏8.57万头，增长6.65%；羊出栏16.62万只，增长6.63%。肉类产量5.98万吨，下降1.41%。禽蛋产量1.51万吨，增产2.39%。全市引进培育农业龙头企业48家、农民合作社847家、家庭农场157家，打造产业振兴示范点40个。唐人神集团200万头生猪全产业链、秦安县百万蛋鸭养殖、绿科500万只蛋鸡养殖等重点项目加快建设。实施农村电网升级改造项目91个，完成水土流失治理250平方公里，新修梯田10万亩、堤防61.2公里，疏浚治理河道165公里。强力推动农村人居环境整治“三大革命”和“六项行动”，全面整治农村“八差”问题，新改建农村卫生公厕1856个、户用卫生厕所6.81万座，累计建成乡镇生活垃圾焚烧站15座，新建生活垃圾收集站130座、生活垃圾填埋场4座、压缩式垃圾中转站4个，创建“清洁村庄”604个、市级人居环境综合整治示范村23个。

【项目建设】天水历史上最大的民生项目城区引洮供水工程建成通水，秦州大道、麦积山大道、东柯大道、310国道升级改造、天定高速藉口出口、洛门至水帘洞景区旅游公路等项目建成通车，有轨电车示范线一期工程开始联调联试，宝兰高铁天水东岔站投入使用。天平高速天水段、三阳川隧道（岷山厂）、引洮供水二期天水配套工程、天水国际陆港基础设施一期、天水南站新增动车组存车线、甘泉至麦积山旅游公路、清水60兆瓦风电等项目加快建设。静天高速天水段、曲溪城乡供水等项目开工建设。天水军民合用机场迁建项目即将获批立项，天水绕城高速等项目前期工作积极推进。全面推行重大招商引资“项目管家”服务机制，万达广场、世茂国际生态城、江南市场等项目落地实施。

【优势产业】文化旅游产业发展迅速。引进华侨城、公航旅等企业参与文化旅游资源开发，天水白鹿仓国际旅游度假区、麦积山自驾游房车露营基地全面启动；麦积山大景区游客服务中心、天水大剧院、伏羲庙游客服务中心及停车场、水帘洞鲁班山大景区、街亭古镇保护开发、南山云端、樱花小镇等项目进展顺利；坚持用好开放发展平台，成功举办公祭伏羲大典暨伏羲文化旅游节、名优产品暨海峡两岸特色商品博览会、“轩辕杯”全国徒步大会、全国象棋公开赛、全国山地自行车公开赛、全国龙舟公开赛、国际篮球精英邀请赛等重点文化、商贸、体育活动。商贸物流基础设施不断完善。天水区域粮食仓储物流生态产业园、天水华夏物流园、秦州暖和湾建材市场、武山5万吨冷链物流等项目加快建设，京东TDC仓成功落户天水；成立天水电子商务发展协会，加快实施国家电子商务进农村综合示范项目，与顺丰速运合作建立天水优质农产品“育产销运管”体系。

【人民生活】人民生活水平稳步提高。2019年全市城镇居民人均可支配收入28708元，比上年增长8%；人均消费支出15631元，增长6.4%。农村居民人均可支配收入8439元，增长9.7%；人均消费支出9519元，增长9.1%。

【环境保护】全年全市环境空气质量综合指数3.83。优良天数347天，占监测总天数的95.1%。渭河葡萄园国控出境断面水质综合评价结果为三类。

【社会保障】2019年末全市参加基本养老、失业、城镇职工基本医疗、工伤、生育五项社会保险人数分别为37.8万人、13.51万人、27.86万人、17.38万人和18.28万人。各类企业劳动合同签订率94.6%。共有城市最低生活保障对象2.06万户、5.08万人，累计发放低保补助资金2.58亿元；农村最低生活保障对象7.13万户、24.22万人，累计发放低保补助资金4.9亿元。农村临时救助19.38万人次。

【社会事业】全市共有省级工程技术研究中心16家；重点实验室7家，其中国家级1家、省级6家；省级科技创新型企业10家，高新技术企业55家；全年全市共组织实施市级以上科技项目411项，其中取得科技创新成果109项。共有普通高校5所（包括电大），在校学生4.69万人；中等职业学校12所，在校学生2.14万人；普通中小学校847所（不包括1265个小学教学点，其中高中44所），在校学生46.49万人（其中高中8.01万人）；小学学龄儿童入学率100%，初中学龄儿童入学率99.99%。共有文化艺术表演团体24个，文化馆8个，乡镇综合文化站113个，公共图书馆8个，各类藏书92万册，广播、电视人口覆盖率分别达99.8%和99.6%，有线数字电视用户15万户。共有卫生机构3413个（包含诊所424个），其中医院119个、卫生院136个、妇幼保健院、所、站8个，社区卫生服务中心（站）85个；各类卫生技术人员1.85万人（含村卫生室卫生员），其中执业医师（助理）5991人、注册护士8458人；床位2.01万张；年内国家免疫规划疫苗接种率稳定在90%以上。共有全民健身点265个，经常参加体育锻炼的约150万人，在省级以上各类比赛中共获得金牌68枚、银牌61枚、铜牌41枚。

武威市

【基本情况】武威，位于甘肃省中部，河西走廊的东端，是中国旅游标志——马踏飞燕的出土地。1986年被国务院命名为全国历史文化名城和对外开放城市，2001年5月经国务院批准撤地设市，2005年被命名为中国优秀旅游城市，2012年10月被命名为“中国葡萄酒城”。现辖凉州区、民勤县、古浪县和天祝藏族自治县，总面积3.2万平方公里，有93个乡镇、1106个村民委员会、9个街道办事处、74个居民委员会。2019年末，常住人口182.5万人，其中城镇人口79.1万人，乡村人口103.5万人，聚居着汉、藏、回、蒙等45个民族。

【资源优势】武威物产丰富，自古就是“人烟朴地桑柘稠”的富饶之地，地势平坦，风能、光热资源丰富。武威农业资源得天独厚，是全省瓜果及肉类生产基地，也是绿色食品最佳产区之一，更是酿酒葡萄的绝佳产地，日光温室蔬菜、肉蛋奶以及特色林果等发展优势明显。全市矿产资源赋存丰富。矿产资源主要以煤炭和非金属类矿产为主。已发现煤炭、铁、钛、铜、金、稀土、石墨、芒硝、石膏、重晶石、普通萤石、建筑用砂、建筑用石料和砖瓦用粘土等各类矿产44种；重要和优势矿产为煤炭、油页岩、铁、钛、稀土、石墨、芒硝、石膏、普通萤石、水泥用灰岩等。

【国民经济】2019年，全市实现地区生产总值488.5亿元，比上年增长4.0%。其中，第一产业增加值144.1亿元，增长6.0%；第二产业增加值76.1亿元，增长1.1%；第三产业增加值268.3亿元，增长3.9%。人均地区生产总值26744元、增长4.0%。三次产业结构比为29.5 ∶ 15.6 ∶ 54.9。社会消费品零售总额221.4亿元，增长7.6%。一般公共预算收入28.4亿元，下降1.6%；一般公共预算支出204.6亿元，增长1.7%。

【脱贫攻坚】全年投入财政专项扶贫资金13.8亿元，比上年增长17.0%；落实东西部扶贫协作和中央单位定点帮扶资金1.4亿元，增长101.4%；落实城乡建设用地增减挂钩节余指标跨省调剂资金8.9亿元，全部用于贫困村发展。实施农村饮水安全巩固提升工程16项，受益农户10.2万户。大力培育发展扶贫产业，沿山沿川沿沙“三大特色产业带”布局初步形成，牛羊鸡菜果菌薯药“八大产业”均有一批龙头企业、专业合作社、能人大户支撑带动，德青源金鸡、顶乐肉牛、兴盛种羊、纯洁藜麦等项目带贫益贫效益逐步凸显。贫困村发展高原夏菜、中药材等特色作物27.4万亩，建成果蔬保鲜库32座。电商扶贫实现销售额7700万元。发展光伏扶贫58.8兆瓦，受益农户9105户。完成贫困人口技能培训7576人，新开发乡村公益性岗位522个，新建扶贫车间107家。2019年脱贫攻坚取得决定性成就，全年减贫2.5万人，贫困发生率下降到0.025%，天祝、古浪两县摘帽退出，全市实现整体脱贫。

【“三农”工作】坚持以工业化理念谋划发展现代农业，在建成众兴菌业二期、正阳马铃薯主食化等项目的同时，加快推进牧原生猪、海升集团农业产业化、浪美和天美牛羊精深加工等项目建设，新引进优然牧业奶牛规模养殖、华中农业露地蔬菜种植及现代冷链物流等项目。累计培育龙头企业292家、农民专业合作社7162家、家庭农场495家，冷链储藏库容达到58.7万吨。以节水增收为导向，发展戈壁生态农业2.3万亩、特色优势作物187.1万亩，畜禽饲养量达到1949.2万头（只）。加大农业品牌建设力度，新增“三品一标”农产品114个，累计认证328个，推出“民清源”“原味古浪”“天祝原生”等区域公共品牌，天祝白牦牛入选中国农业品牌目录，武威甘草、民勤肉羊、天祝高原藜麦等6个农产品入选“甘味”品牌，普康养殖公司入选国家肉羊核心育种场，民勤腾盛公司、古浪黄花滩六道沟蔬菜基地被认定为粤港澳大湾区“菜篮子”生产基地，民勤县被授予“中华苏武沙羊美食之乡”，天祝县被誉名“中国高原藜麦之都”“中国高原食用菌之乡”“中国高原夏菜之乡”，凉州区创建为国家农产品质量安全县。坚持全产业链谋划，大力发展高效节水农业、绿色有机农业。全年蔬菜产量253.8万吨，比上年增长0.6%；中药材产量8万吨，增长14.2%；水果产量16.9万吨，增长5.4%。年末规模养殖小区达797个，规模养殖场401个，规模养殖户6.2万户。年末牛存栏55.9万头，比上年末增长6.7%；羊存栏394.9万只，增长14.9%；生猪存栏77.7万头，下降14.4%。全年实现农林牧渔业增加值146.7亿元，比上年增长5.8%。

【项目建设】把项目建设作为推动高质量发展的重要抓手，发挥招商引资主渠道作用，实施500万元及以上项目646个，其中亿元及以上102个，重大项目取得突破性进展，兰张三四线铁路中川机场至武威段控制性工程新乌鞘岭隧道开工，伊利绿色生产及智能制造示范应用等龙头项目加紧建设，钍基熔盐堆核能系统实验平台项目获批建设。国内首台自主知识产权碳离子治理肿瘤系统在武威注册许可，投入临床治理。古浪至凉州、大靖至干城公路建成通车。北仙高速民勤至武威段试通车，实现县县通高速。黄花滩生态移民区220万方调蓄水池建成运行。南营水库除险加固、红崖山水库至青土湖连通生态输水等工程相继建成。全年实施招商引资项目296项，落实到位资金225.9亿元。完成固定资产投资比上年增长14.3%。

【人民生活】狠抓政策落实，精准开展培训，支持创业就业，全年城镇新增就业2.6万人，城镇登记失业率3.2%。积极落实各项惠民政策和增资政策，城乡低保标准月均提高39元、25元，城镇职工退休人员养老金标准月均提高131元。牛羊鸡菜果菌薯药八大产业助农增收支撑作用逐步显现，农村“三变”改革和农村集体产权制度改革有序推进。城乡居民收入稳步增长，全年城镇居民人均可支配收入达30048元，比上年增长8.6%；城镇居民人均消费支出22433元，增长10.9%。农村居民人均可支配收入达12566元，增长9.1%；农村居民人均消费支出10271元，增长10.1%。

【环境保护】深入学习贯彻习近平生态文明思想，全力打好全域生态文明建设主动仗，科学推进防沙治沙、绿地倍增和国家节水行动，加快实施山水林田湖草、退牧还草等重点生态工程，稳步推进祁连山国家公园体制试点，武威市获批创建省级森林城市。据气象遥感监测，2019年祁连山武威段积雪面积为近7年来最大，较多年平均增加26%。7个县级及以上饮用水水源地、6个地下水国考监测点位水质全部达标。石羊河被遴选为全省唯一的拟建全国示范河湖。石羊河流域重点治理区地下水开采量较控制目标减少2000万立方米，蔡旗断面过水量突破4亿立方米，创近半个世纪以来新高，民勤外河近40年来首次出现过水。年降水量326.2毫米，增加16.0毫米。凉州城区空气质量优良率91.2%，迈入达标城市行列。城市建成区绿地率达31%。

【创建全国文明城市】持续深化文明创建行动，城市品位和市民文明素质不断提升。新建改建市政道路17条，打通城区“断头路”11条，整治背街小巷21条，建设停车场22个、新增车位5932个，新建改建城市公厕53座，改造提升老旧小区17个，创建物业管理示范小区22个。清理“五未”土地和违规配置土地7.56万亩。依法依规清查整治违建别墅，整治复垦废弃宅基地4.3万亩，整治“大棚房”124宗，累计拆违拆临1054万平方米，城乡环境面貌和公共服务功能持续改善，群众的幸福感、自豪感明显提升。

【社会保障】坚持群众至上、共建共享，民生福祉日益增进。持续加大民生领域投入，着力解决群众急难愁盼问题。省列市列为民实事全部办结。发放创业担保贷款2.5亿元，带动4700多人创业就业。年末全市企业职工基本养老保险参保人数16.6万人；城乡居民基本养老保险参保人数90.6万人，其中领取养老保险待遇人数23.6万人。城镇职工基本医疗保险参保人数14.4万人，城乡基本医疗保险参保人数为153万人。生育保险参保人数9.4万人，享受生育保险人数3209人。失业保险参保人数9.7万人，领取失业金人数1030人。工伤保险参保人数14.9万人，其中农民工参保2.6万人，享受工伤保险待遇人数1425人。年末城镇居民最低生活保障救济人数26380人，农村最低生活保障救济人数48368人。全市有福利院2所，在院人数558人；民办养老机构8所，拥有床位1487张；农村敬老院15个。扎实推进平安武威建设，建成标准化社区警务室354个，督促用人单位支付拖欠农民工工资9300万元。纵深推进扫黑除恶专项斗争，普通刑事发案下降17%、治安案件下降13%。

【社会事业】2019年末，全市有艺术表演机构2个，文物保护机构17个，图书馆5个，国有博物馆纪念馆11个，文化馆5个，乡镇文化站94个。村（社区）综合性文化服务中心建成率达100%。广播节目综合人口覆盖率达99.3%，电视节目综合人口覆盖率达99.8%。年末有乡镇以上医疗卫生计生机构160个，床位11647张；各类卫生技术人员13190人，其中临床执业（助理）医师4322人，每千人拥有医师2.4人，每千人拥有床位6.4张。新建村级体育场26个、健身站点20个，全市共有体育场地3799个，体育场地面积323.7万平方米，人均体育场地面积1.8平方米。共有各级各类学校和幼儿园1011所，在校（园）学生（幼儿）27.0万人。小学适龄儿童入学率、巩固率、毕业率均达100%；初中在校学生巩固率、毕业率均达100%；初中毕业生升入高中阶段的比率达94.6%，其中，升入普通高中比率53.8%。

（刘锦莲　冯淑玲）

张掖市

【基本情况】张掖古称甘州，西汉以“张国臂掖，以通西域”而得名，位于青藏高原和蒙古高原交汇的河西走廊中部，自古以来就是丝绸之路商贾重镇和咽喉要道，素有“塞上江南”“金张掖”之美誉。境内祁连山水源涵养区、黑河绿洲、荒漠戈壁三大生态系统交错衔接，雪山冰川、森林草原、七彩丹霞、田畴沃野、湿地候鸟、荒漠沙丘等地貌交相辉映，使张掖成为坐落在祁连山、黑河湿地两个国家级自然保护区之上的城市，被国家列为生态文明示范工程试点市。全市总面积3.86万平方公里，辖甘州区、临泽县、高台县、山丹县、民乐县、肃南县一区五县。2019年末全市常住人口123.76万人，城镇人口60.08万人，城镇化率48.55%，境内有汉、裕固、藏、蒙、回等38个民族，其中分布于祁连山区的裕固族是全国独有的少数民族。

【资源优势】境内河流众多，阳光充足，土地肥沃，灌溉便利，是国家现代农业示范区，是全国最大的玉米制种区和重要的粮食、蔬菜、瓜果、油料和牛羊生产基地。也是全省以钨钼、铜、金、铁、煤、粘土、钾盐等矿种为主的金属、非金属矿产集中区和水能、光能、风能开发区。张掖既有“半城芦苇”的自然美景，也有“半城塔影”的历史风貌，文化沉积深厚，人文景观丰富，是国家级历史文化名城和中国优秀旅游城市。这里有中国最美之一的祁连山草原、张掖丹霞、黑河湿地、黑河峡谷和平山湖大峡谷，有全国最大的山丹马场、保存最完整的汉明长城、历史文化名山焉支山、名城骆驼城，有距城市最近的七一冰川、沙漠公园，有全国最大的室内泥塑卧佛张掖大佛、坐佛山丹大佛，有与敦煌莫高窟同时代的马蹄寺石窟群，还有红西路军烈士陵园和独特的裕固族、蒙古族、藏族风情等。

【国民经济】2019年，全市实现地区生产总值448.73亿元，扣除价格因素，比上年增长6.5%。其中，第一产业增加值114.88亿元，增长5.8%；第二产业增加值87.62亿元，增长7.5%；第三产业增加值246.23亿元，增长6.3%。三次产业结构调整为25.6 ∶ 19.5 ∶ 54.9。按常住人口计算，人均地区生产总值36314元，增长6.1%。完成工业增加值50.56亿元，增长9.2%，其中规模以上工业增加值增长11.8%。社会消费品零售总额190.5亿元，增长8.2%。一般公共预算收入26.92亿元,同口径增长2.1%。

【供给侧结构性改革】2019年，“三去一降”成效显著。受供给侧结构性改革对市场供需环境调整和部分企业因资金链紧张而不能满负荷生产的双重影响，工业企业成本费用和产成品库存明显降低。全市规模以上工业企业中，从去产能情况看，3户水泥生产企业涉及产能达240万吨，而实际产量为150万吨，生产能力达到62.5%，水泥产能利用率明显提高；从去库存情况看，产成品库存16.2亿元，比上年下降5.3%；从去杠杆情况看，资产负债率为61.8%，降低0.7个百分点；从降成本情况看，每百元营业务收入中的成本合计为82.77元，减少0.49元，每百元营业收入中的费用合计为11.89元，减少0.75元。随着刺激房地产政策进一步发力，房地产销售情况良好，房地产去库存效果明显，2019年，全市商品房销售面积127.53万平方米，比上年增长7.2%。

【脱贫攻坚】2019年，全市认真落实中央决策部署和省委、省政府工作安排，坚持提高脱贫质量、巩固脱贫成果与剩余贫困人口脱贫并重，紧盯剩余贫困人口全部脱贫这一目标任务，完善落实“一户一策”精准脱贫计划，狠抓“两不愁三保障”问题清零和脱贫攻坚问题整改，脱贫攻坚取得了明显成效。经县区验收和市上抽验，全市剩余的3925户10553名贫困人口各项脱贫指标全部达标，待通过省上数据审核比对后，可全部脱贫，全面完成年度减贫目标任务。全市65个贫困村农业特色产业面积达到10.15万亩，累计投入各类资金3000多万元发展畜牧扶贫产业，助推60多家畜牧业专业合作社和畜牧龙头企业带动1000多户贫困户发展畜牧业。深入贫困村贫困户开展集中培训，共开展科技培训80多场次，培训2800多人次。全市65个贫困村集体经济总收入达447万元，5万元以上的村达到39个，占贫困村总数的60%，贫困村集体经济“空壳村”全部消除。培育“五小”产业969个，覆盖37个贫困村，504户贫困户。积极培育创业致富带头人，65个贫困村培育创业致富带头人236名，带动1578户贫困户参与135个特色产业项目。全市完成精准扶贫劳动力培训4764人，培训建档立卡劳动力1202人，输转建档立卡贫困劳动力1765人。累计建成扶贫车间59个，吸纳5327名农村劳动力就地转移就业，其中建档立卡劳动力824人。共有1085户贫困户领取公益性岗位补贴，促进了贫困户增收。调整完善“一户一策”精准脱贫计划3925份、巩固提升计划737份，督促落实各项帮扶措施。

【农业和农村经济】全年粮食种植面积303.98万亩，比上年减少6.64万亩。玉米制种面积92.17万亩，增加12.07万亩；蔬菜面积37.29万亩，增加8.29万亩；油料面积34.78万亩，减少10.87万亩；中药材面积27.27万亩，增加0.14万亩。粮食生产再获丰收。全年粮食产量138.9万吨，比上年下降0.52%。其中，夏粮产量43.18万吨，增长4.7%；秋粮产量95.72万吨，下降2.7%。主要粮食作物品种中，小麦产量25.54万吨，增长0.57%；玉米产量80.25万吨，下降2.28%。主要经济作物中，油料产量5.05万吨，下降30.36%；蔬菜产量115.81万吨，增长9.12%；水果产量6.75万吨，增长8.58%；中药材产量10.29万吨，增长0.29%。畜牧业发展势头良好。2019年末，猪存栏42.88万头，下降13.13%；猪出栏63.19万头，下降3.41%。牛存栏53.36万头，增长6.18%；牛出栏25.15万头，增长10.95%。羊存栏294.43万只，增长5.11%；羊出栏255.97万只，增长6.61%。全年肉类总产量11.66万吨，比上年增长3.59%。年末拥有农业机械总动力231.44万千瓦，拥有联合收获机械2066台，畜牧养殖机械3.6万台，大中型拖拉机1.26万台，小型拖拉机9.56万台，全年化肥使用量（折纯）8.37万吨。

【项目建设】全年固定资产投资增长13.46%，其中项目投资增长19.44%。按三次产业分，第一产业投资下降21.92%；第二产业投资增长56.63%，其中工业投资增长57.61%；第三产业投资增长7.85%。民间投资增长1.16%，占固定资产投资的比重为49.1%。基础设施投资增长21.83%，占固定资产投资的比重为27.5%。固定资产投资中，采矿业投资增长23.98%，制造业投资增长40.52%，电力、热力、燃气及水的生产和供应业投资增长103.19%，批发和零售业投资增长21.67%，交通运输、仓储和邮政业投资增长38.85%，水利、环境和公共设施管理业投资下降3.15%。全年完成房地产开发投资56.48亿元，比上年下降3.02%。其中，住宅投资41.81亿元，增长5.73%。房屋施工面积560.39万平方米，下降1.46%；房屋竣工面积105.1万平方米，下降14.35%；商品房销售面积127.53万平方米，增长7.23%。

【人民生活】就业形势比较稳定。年末全市常住人口123.76万人，比上年末增加0.38万人。其中，城镇人口60.08万人，占常住人口的48.55%，比上年末提高1个百分点；乡村人口63.68万人，占常住人口的51.45%。年末全市城乡从业人员72.98万人，其中城镇从业人员30.35万人，乡村从业人员42.63万人。全年城镇新增就业2.52万人，城镇登记失业率控制在2.8%以内。城乡居民收入稳步增长。2019年，全市城镇居民人均可支配收入27465元，比上年增长8.7%；城镇居民人均消费支出21974元，增长6.4%；城镇居民家庭恩格尔系数（即居民家庭食品消费支出占家庭消费支出的比重）为28.6%，比上年降低0.6个百分点。农村居民人均可支配收入14944元，比上年增长9.0%；农村居民人均消费支出13459元，增长10.5%；农村居民家庭恩格尔系数为29.6%，比上年降低2.1个百分点。

【社会保障】五大社会保险参保人数稳步增加。年末全市参加城镇职工基本养老保险人数7.72万人，参加城乡居民基本养老保险人数68.59万人，参加城镇职工基本医疗保险人数13.40万人，参加城乡居民基本医疗保险人数109.09万人，参加失业保险人数8.6万人，参加工伤保险人数10.76万人，其中参加工伤保险的农民工3.27万人。年末各项社会保险基金总收入28.63亿元，各项社会保险基金总支出27.18亿元。年末城镇居民最低生活保障人数2.04万人，城镇低保资金支出12341.1万元；农村居民最低生活保障人数4.45万人，农村低保资金支出11240.6万元。

【资源环境】全市可利用水资源总量26.5亿立方米，其中可利用地表水资源量24.75亿立方米，与地表水不重复的净地下水资源量1.75亿立方米。2019年总用水量20.64亿立方米。其中，生活用水0.46亿立方米，工业用水0.22亿立方米，农业用水19.53亿立方米，生态环境补水0.43亿立方米。空气可吸入颗粒物年均值55μg/m³，细颗粒物年均值28μg/m³，二氧化硫年均值12μg/m³，二氧化氮年均20μg/m³，空气优良天数（Ⅰ、Ⅱ级）比例为92.6%。城市区域噪声昼间平均等效声级为53.5dB，城市道路交通噪声昼间道路交通噪声平均等效声级为64.6dB。地表黑河干流水质达标率100%，城镇集中式饮用水源水质达标率100%。

【社会事业】科技事业有新进展。年末共有科研机构5个，全年科学技术支出8710万元，比上年增长19%。全年共取得市省级以上科技成果33项，获得奖励项目3项。受理专利申请2228件，授权专利1930件，授予发明专利权34件。共签订技术合同220项，技术合同成交金额25.36亿元，比上年增长12.21%。

教育事业稳步推进。2019年，普通高等教育招生4825人，在校生18652人，毕业生4635人。中等职业教育招生3718人，在校生10035人，毕业生3404人。普通高中招生7012人，在校生21169人，毕业生8479人。初中学校招生13185人，在校生38382人，毕业生12112人。普通小学招生12192人，在校生75989人，毕业生13182人。特殊教育招生14人，在校生195人。学前教育在园幼儿33838人。向全国各类高、中等专业院校输送新生14009人，高考录取率95.65%。

文化事业健康发展。年末全市共有文化馆7个，图书馆6个，档案馆7个，博物馆6个，艺术表演团体2个。广播节目综合人口覆盖率99.44%，电视节目综合人口覆盖率99.68%。有线电视用户16.99万户。

医疗卫生条件持续改善。年末全市共有卫生机构1466个，其中医院47个，乡镇卫生院84个，社区卫生服务中心（站）30个，村卫生室699个，门诊部（所）16个，疾病预防控制中心（防疫站）7个，妇幼保健院（所、站）7个，卫生监督所（中心）6个。卫生技术人员9877人，其中执业医师和执业助理医师3560人，注册护士4455人。医疗卫生机构拥有床位数10404张，其中医院、卫生院床位数9844张。

平凉市

【基本情况】平凉市地处陕、甘、宁三省（区）交汇处，东邻陕西咸阳，西连甘肃定西、白银，南接陕西宝鸡、甘肃天水，北倚宁夏固原、甘肃庆阳，是甘肃东部重要的区域性中心城市和承接中东部省区产业转移与开放开发的“东大门”。全市辖崆峒区、华亭市和泾川、灵台、崇信、庄浪、静宁5县，总面积1.1万平方公里，2019年末全市常住人口212.53万人。

【区位优势】平凉地处陕、甘、宁三省（区）交汇处，是古“丝绸之路”东端的交通要塞，甘肃东部重要的交通枢纽、商贸重镇和区域性中心城市，素有“陇上旱码头”之称。平凉不仅是西北地区重要的公路枢纽，也是欧亚大陆桥第二通道的重要中转站，312国道横穿全境，宝中铁路纵贯南北。特别是西平、天平铁路以及银武、平定、西长凤等高速公路的建成通车，平凉将成为贯通西兰银三条高速、三条铁路的重要交通枢纽，区位优势和交通战略通道作用将更加突出。

【历史文化】平凉是中华文明的发祥地之一，早在3000多年前，周朝先祖就在泾河流域创造了比较先进的农耕文化。公元376年，前秦灭前凉，置平凉郡，取“平定凉国”之意，平凉之名始见于史册。历史上曾孕育出世界针灸医学鼻祖皇甫谧、唐代著名宰相牛僧儒、南宋抗金名将吴玠、吴璘，明代“嘉靖八才子”之一的赵时春等彪炳史册的杰出人物。境内历史文化遗存众多，现已发现仰韶、齐家等各个时期的文化遗址2257处，有全国重点文物保护单位12个，省级重点文物保护单位65个，馆藏文物3万多件，其中国家一级文物199件。崆峒山道源文化、古成纪伏羲文化、西王母远古文化、皇甫谧医学文化独具魅力，出土的佛舍利金银棺、西周青铜器和南宋货币银盒子等文物，被誉为“中华之最”。与少林、武当、峨眉齐名的崆峒派武术等10多项民俗民间文化被列入省级非物质文化遗产保护名录。深厚的文化积淀与现代文明的有机结合，形成了多元、厚重、包容、开放的区域文化特色。

【国民经济】2019年，全市地区生产总值456.58亿元，增长6.4%。其中，第一产业增加值91.29亿元，增长6.0%；第二产业增加值123.68亿元，增长6.2%；第三产业增加值241.61亿元，增长6.6%。人均地区生产总值21514元，增长6.1%。三次产业结构由上年的21.7 ∶ 27.3 ∶ 51调整为20 ∶ 27.1 ∶ 52.9。全年居民消费价格比上年上涨2.4%，商品零售价格上涨1.0%。

农业经济：全年农林牧渔业增加值92.22亿元，比上年增长6.09%。粮食作物播种面积417.6万亩，减少40.19万亩；粮食总产量104.65万吨，减产2.83%。其中，夏粮播种面积151.76万亩，下降13.49%；产量32.23万吨，下降8.21%；秋粮播种面积265.84万亩，下降5.85%；产量72.42万吨，减产0.25%。蔬菜种植面积35.25万亩，增加2.64万亩，产量52.89万吨，增产13.38%；果园面积127.76万亩，增加5.74万亩，园林水果产量138.30万吨，增产24.65%。年末大牲畜存栏43.66万头（只），增长0.94%。牛存栏42.18万头，增长6.42%；出栏31.84万头，增长5.59%。猪存栏37.16万头，下降8.29%；出栏42.32万头，下降4.51%。羊存栏16.33万只，增长6.02%；出栏13.29万头，增长6.52%。全市肉类总产量6.69万吨，增长0.45%。牛奶产量2.61万吨，增长34.54%。水产品产量611.4吨，增长11.37%。

工业经济：全年全部工业增加值93.41亿元，比上年增长5.8%。规模以上工业增加值73.51亿元，增长6.2%。分经济类型看，国有企业增加值增长15.0%；集体企业下降5.7%；股份制企业增长3.3%。分轻重工业看，重工业增长5.0%；轻工业增长17.4%。全年原煤产量1990.76万吨，增长2.2%。甲醇36.03万吨，下降26.0%；发电量167.62亿度，增长1.4%；水泥391.22万吨，下降3.4%；机制纸0.84万吨，下降15.4%；纸制品8.31万吨，增长21.1%；棉纱1.58万吨，增长1.0%；陶质砖362.13万平方米，下降5.9%；小麦粉7.08万吨，下降5.5%。全年规模以上工业企业产品销售率106.3%；实现主营业务收入222.98亿元，下降0.3%；实现利税总额57.58亿元，增长25.2%；实现利润总额41.1亿元，增长60.1%。营业收入利润率15.28%，提高2.29个百分点；企业资产利润率23.56%，提高8.73个百分点；每百元主营业务收入中的成本82.22元，减少1.43元；产成品库存8.63亿元，增长34.6%。全年煤、电、建材三大行业完成工业增加值增长5.9%，占全市规上工业增加值的95.98%。实现利税57.13亿元，增长24.8%。实现利润41.11亿元，增长59.2%。

国内外贸易：全年社会消费品零售总额224.13亿元，比上年增长7.7%。按经营地统计，城镇消费品零售额157.79亿元，增长8.3%；乡村消费品零售额66.34亿元，增长6.3%。按消费类型统计，餐饮业收入额34.26亿元，增长12.9%；商品零售额189.87亿元，增长6.8%。按销售营业统计，批发业商品销售额103.95亿元，增长7.2%；零售业商品销售额296.07亿元，增长9.3%；住宿业营业额9.93亿元，增长8.7%；餐饮业营业额57.75亿元，增长13.6%。

旅游业：全年以新理念、新模式推进旅游业发展，承建了一批旅游扶贫示范村和乡村旅游示范村，统筹市域优质资源，积极对接引入知名旅游企业和旅游管理服务品牌策划运营，进一步提升了旅游产业的层次和水平。全年接待国内外游客2906.51万人次，比上年增长24%。国内游客2906.31万人次，增长24%。旅游综合收入173.77亿元，增长30%。国内旅游综合收入173.76亿元，增长30%。

交通、邮电业：全年交通运输、仓储和邮政业增加值7.81亿元，比上年增长6.9%。公路客运量3223.08万人次，下降4.5%；客运周转量17.81亿人公里，下降3.3%。货运量5776.61万吨，增长16.7%；货运周转量155.29亿吨公里，增长8.3%。年末全市民用汽车保有量23.89万辆，下降5.15%，其中私人汽车保有量21.37万辆，下降5.48%；民用轿车保有量11.66万辆，增长8.68%，其中私人轿车保有量11.12万辆，增长9.05%。邮政业务总量2.04亿元，增长22.3%。邮政业寄递服务业务量2517.49万件，增长0.5%。其中邮政函件业务7.62万件，包裹业务4.65万件。快递业务量401.31万件，增长9.3%；快递业务收入7389.55万元，增长6.4%。电信业务总量113.11亿元，增长69.7%。年末电话用户213.07万户，其中固定电话用户23.45万户、移动电话用户188.74万户，4G移动电话用户151.51万户。移动电话普及率88.81部/百人，年末移动电话交换机容量372.4万门。年末互联网宽带接入用户192.47万户，其中移动宽带用户105.52万户。互联网宽带接入用户普及率90.6部/百人，移动宽带接入用户普及率49.6部/百人。

财政、金融、保险业：全年一般公共预算收入32.54亿元，同口径增长14.9%；一般公共预算支出241.54亿元，增长13.5%。年末全市金融机构本外币各项存款余额916.49亿元，增长8.54%。人民币各项存款余额916.08亿元，增长8.55%。年末全市金融机构本外币各项贷款余额656.44亿元，增长4.69%。人民币各项贷款656.37亿元，增长4.69%。全市保费收入19.41亿元，增长5.3.%；赔付额6.45亿元，下降6.5%。

【项目建设】全年500万元以上和房地产项目531个，完成固定资产投资比上年增长12.32%。500万元以上投资项目441项，投资增长1.77%；5000万元以上投资项目108项，投资下降0.67%；亿元以上投资项目72项，投资下降2.94%。固定资产投资中，第一产业投资下降50.04%；第二产业投资下降8.53%；第三产业投资增长17.33%。全市民间投资（包括房地产）增长21.02%。

全年房地产开发投资增长38.53%。住宅投资增长42.05%，房屋施工面积549.63万平方米，增长9.65%。其中住宅施工面积383.68万平方米，增长6.24%。房屋新开工面积222.28万平方米，增长8.79%。其中住宅新开工面积158.47万平方米，增长6.38%。房屋竣工面积20.53万平方米，下降56.5%。其中住宅竣工面积14.92万平方米，下降59.2%。商品房销售面积135.47万平方米，增长18.97%。其中住宅销售面积127.56万平方米，增长13.95%。商品房销售额60.25亿元，增长37.49%；期房销售额55.74亿元，增长73.61%。

【人民生活】城镇居民人均可支配收入继续稳步增长。全年城镇居民人均可支配收入29643.8元，比上年增长8.0%；城镇居民人均消费性支出19576.3元，增长4.3%。工资性收入21175.3元，增长8.0%，占可支配收入的比重71.4%，工资性收入成为城镇居民人均可支配收入的主要来源。农村居民人均可支配收入9083.5元，增长9.4%；农村居民人均生活消费支出9675.2元，增长5.8%。随着本地危房和棚户区改造等建筑工程增多，本地务工形势较好，外出找工作困难的农民工和相当一部分家庭留守劳动力选择就近务工，吸纳劳动力人数持续增加，使农村居民劳动报酬有效增加，拉动了农村居民工资性收入的持续增长。城乡居民人均储蓄存款余额达到654.45亿元，增长9.44%。

【环境保护】城市环境质量进一步提高，全年平凉中心城区剔除沙尘影响后，全年环境空气质量达到或好于二级标准的天数为341天，达标率为93.4%，细颗粒物（$PM_{2.5}$）年均浓度为24微克/立方米，比上年下降35.1%。可吸入颗粒物（PM_{10}）年均浓度为56微克/立方米，比上年下降25.3%。二氧化硫（SO_2）年均浓度为9微克/立方米，较上年下降18.2%。二氧化氮（NO_2）年均浓度为35微克/立方米，与上年持平。全市地表水断面水质优良比例为100%，其中泾河、汭河、达溪河、水洛河、葫芦河全年水质综合评价达到国家Ⅲ类水质标准要求，城市集中式饮用水水源地水质达标率均为100%，地下水质量考核点位水质达标率100%。区域环境噪声昼间54.9分贝、夜间44.9分贝，交通干线噪声平均值昼间69.1分贝、夜间59.5分贝。

【社会保障】年末全市共有社区服务机构和设施2347个，其中社会服务中心105个，社区服务站1378个，社区养老机构和设施65个，社区互助型养老设施799个。年末全市从业人员28.46万人，其中本年新增城镇就业3.72万人，比上年增加3624人；下岗失业人员再就业1.24万人，年末城镇登记失业率3.34%。年末全市参加城镇职工基本养老保险21.48万人，比上年末增加1.36万人。其中职工14.59万人，增加7532人；离退休人员6.89万人，增加6051人。参加城乡居民基本养老保险129.24万人，增加1.66万人。参加基本医疗保险207.40万人，增加1.65万人。其中参加职工基本医疗保险13.78万人，增加7082人；参加城乡居民基本医疗保险193.62万人，增加9459人。参加失业保险人数9.03万人，增加1962人；领取失业保险金1143人。参加工伤保险12.74万人，增加2.49万人。参加生育保险9.82万人，增加1.44万人。全年各项社会保险基金总收入38.07亿元，各项社会保险基金总支出30.8亿元。全年资助72.01万人参加基本医疗保险，医疗救助41.8万人次。共有3.59万城镇居民和12.84万农村居民享受政府最低生活保障，7555人享受农村特困人员救助供养，全年临时救助14.64万人次。国家抚恤、补助退役军人和其他优抚对象1.40万人。

【社会事业】科技、教育、文化、广播、卫生健康等社会事业取得新成就。全年争取省上科技项目11项，资金290万元，安排实施市列科技项目16项，经费280万元。

全市有各级各类学校1801所。其中幼儿园886所，特教学校4所，小学734所，初中109所，九年制学校26所，完全中学14所，中等职业学校11所，独立高中15所，普通高校2所。

全年普通高校招生5265人，在校生14146人，毕业生3015人；中等职业学校招生8151人，在校生23150人，毕业生5781人；普通高中招生13915人，在校生44099人，毕业生17781人；初中招生24559人，在校生74700人，毕业生25828人；各类学校在校学生达到37.42万人。学前教育三年毛入园率93.46%，九年义务教育巩固率97.63%，高中阶段毛入学率94.67%。全市参加高考考生14422人，上线人数10942人，上线率75.9%。

全市有各种艺术表演团体8个；公共图书馆8个，博物馆（含纪念馆）15个。全年发行《平凉日报》365期，1131.5万份。有广播电台8座，有线广播电视传输干线网络总长8500公里，广播电视转播发射台10座。年末广播节目综合人口覆盖率99.27%；电视节目综合人口覆盖率98.41%，有线电视用户6.56万户，比上年增加0.09万户。

年末全市有卫生机构（包括村卫生室、诊所）2559个。其中医院、卫生院49个，社区卫生服务中心60个，诊所（卫生所、医务室）707个，妇幼保健医院8个，疾病预防控制中心（防疫站）8个，卫生监督所7个，乡镇卫生院106个。卫生技术人员13881人。其中执业医师和执业助理医师5433人，注册护士5664人；医院卫生技术人员7820个，社区卫生服务中心卫生技术人员552人,诊所技术人员831人,疾病预防控制中心卫生技术人员244人,卫生监督所卫生技术人员81人,乡镇卫生院卫生技术人员3228人。医院、卫生院实有床位1.47万张,全年总诊疗1082.6万人次,出院46.75万人次。

全市共有体育场地7442个,人均体育场地面积1.73平方米。全市运动员参加省级以上各类赛事获得奖牌90枚,其中金牌23枚,银牌33枚,铜牌34枚。

【安全生产】全市发生各类生产安全事故67起,死亡66人。亿元生产总值生产安全事故死亡人数0.14人,煤矿百万吨死亡人数为0.21人。全年发生道路交通事故140起,死亡100人,受伤127人,直接经济损失84.25万元,道路交通万车死亡人数为2.67人。

酒泉市

【基本情况】酒泉地处河西走廊西端,南接青海,西邻新疆,北界内蒙古并与蒙古国接壤,总面积16.8万平方公里,年日照时数2789—3222小时,年平均气温7.3—10.4摄氏度,年降水量42—202.6毫米,属典型的温带大陆性气候。境内聚居着汉、回、蒙、哈萨克、裕固等42个民族,2019年末常住人口113.2万人。辖1区2市4县,分别为肃州区、金塔县、玉门市、敦煌市、瓜州县、肃北县和阿克塞县,有68个乡镇438个村,8个街道80个社区。境内和周边分布着玉门石油管理局、酒泉钢铁公司、四〇四核工业城等一批国有重点大中型企业。酒泉历史悠久,文化积淀浓厚,是敦煌艺术的故乡、中国航天事业的摇篮、全国首座千万千瓦级风电基地、我国石油工业和核工业的发祥地、铁人王进喜故乡和“铁人精神”发源地。

【资源优势】酒泉有丰富的风能和太阳能。据评估,酒泉市风能资源的理论总储量为1.5亿千瓦,可开发量4000万千瓦以上;风能资源可开发利用面积近1万平方公里,占全市总面积的6%;10米高度风功率密度均在每平方米250—310瓦以上,年平均风速5.7米/秒以上,年有效风速达6300小时以上,具有建设大型风电场的良好资源条件。年平均日照时数3000小时以上,是全国最具开发潜力的清洁能源基地。有丰饶富庶、开发便利的水土资源,水资源可利用量29.2亿立方米。光热条件优越,农副产品种类多,粮食、棉花、蔬菜资源丰富,是全国、全省的商品粮棉基地、瓜果蔬菜基地和最具优势的对外瓜菜制种、花卉制种基地。矿藏种类多、储量大、品位高,有5个成矿带共有矿点572处,构成矿床92处,矿种48个。旅游资源得天独厚,境内已查明的文物景点1393处,其中国家级文物景点20处、省级75处,目前已开发利用98处。敦煌莫高窟、月牙泉、西汉胜迹、酒泉卫星发射中心等景区成为国内外游客向往的旅游目的地,敦煌文化、边塞文化和航天科技享誉海内外,酒泉曾被评为“最具人气的西部名城”,是中国优秀旅游城市。

【国民经济】2019年,全市实现地区生产总值618.2亿元,比上年增长7.7%。其中,第一产业增加值93.6亿元,增长6.3%;第二产业增加值253.8亿元,增长9.7%;第三产业增加值270.8亿元,增长6%。三次产业结构15.1 ∶ 41.1 ∶ 43.8。人均地区生产总值54729元,增长7.3%,一般公共预算收入37亿元,同口径增长8.5%。一般公共预算支出157.6亿元,增长14.9%。固定资产投资增长14.9%。社会消费品零售总额202.7亿元,增长7.4%。居民消费价格比上年上涨2.2%。

【改革创新】持续推进供给侧改革,“去降补”成效明显,年末商品房待售面积比上年减少23.9万平方米,减免企业税费9.1亿元,兑现运输补贴862万元,为18户企业落实直购电12亿千瓦时。“放管服”深入推进,年内取消市级行政审批事项28项、证明事项43项,累计减幅达54%和44%。微观主体活力不断增强,全年新登记市场主体1.8万户,年末市场主体总数10.8万户。政务云平台建成,35个政府部门、87个信息系统迁移上云,“最多跑一次”实现全覆盖,玉门“互联网+政务服务”荣获“2019年中国政府信息化管理创新奖”。“促改革”取得新进展,经投集团整合重组,金控酒泉担保公司组建运营,交投集团改革稳步实施,酒泉市被列入国家财政支持金融服务综合改革试点。农村“三变”改革扎实推进,全市50%的村、2.6万农户参与改革,实现农户分红2300多万元。供销社综合改革取得实效,玉门花海供销社被国家总社授予“金扁担改革贡献奖”。“走出去”步伐加快,新增进出口企业30户,奥凯种机、西农食品、东汇农业在东南亚和印度建成营销仓库,全市向北京、上海和粤港澳销售戈壁优质蔬菜15万吨。敦煌国际航空口岸正式开放。

【农村经济】2019年,全市农作物播种面积298万亩,比上年增加7.7万亩。全年粮食种植面积87.6万亩,减少14.8万亩;棉花种植面积22.7万亩,减少1.6万亩;油料种植面积19万亩,减少5.9万亩;蔬菜种植面积47.2万亩,增加5.2万亩;药材种植面积40.7万亩,增加6.9万亩;瓜果类种植面积27.3万亩,增加7.3万亩;果园面积17.6万亩,与上年持平。全年粮食产量46.1万吨,比上年减少4.8万吨;棉花产量2.7万吨,减产1.7%;油料产量3.3万吨,减产14%;蔬菜产量138.3万吨,增产12.2%;水果产量25.4万吨,增产6.5%;药材产量8.7万吨,减产4.2%。

全市牛饲养量23万头,比上年增长5%,其中存栏11.7万头,增长3.9%;出栏11.3万头,增长6.4%。羊饲养量553.4万只,比上年增长3.9%,其中存栏286.1万只,增长4.2%;出栏267.4万只,增长3.6%。生猪饲养量45.8万头,比上年下降6.2%,其中存栏19万头,下降11.2%;出栏26.8万头,下降2.5%。家禽饲养量931.9万只,比上年增长4.6%,其中出栏609.3万只,增长5.7%。全年肉类总产量7.8万吨,比上年增长2.8%。牛奶产量1.8万吨,下降0.6%。禽蛋产量0.97万吨,增长2.5%。水产品产量0.35万吨,增长1.1%。

年末农业机械总动力239.9万千

瓦，比上年增长3%。农用拖拉机11.6万台，与上年持平。全年化肥施用量6.6万吨，下降2.7%。农村用电量4.2亿千瓦时，增长1.1%。保灌面积305万亩，增加9.6万亩。

【项目建设】始终把项目建设作为高质量发展的重要引擎，落实领导包抓、清单管理、联审联批工作机制，出台简化项目审批“14条”等政策文件，实施招商引资和项目攻坚行动。全市年内开工建设项目（含房地产）976个，完成固定资产投资比上年增长14.9%。分产业看，第一产业投资下降39.9%，第二产业投资增长24.7%，第三产业投资增长17.5%。生态产业加速培育。按照“442”分类推进、县市区错位发展思路，强力推进绿色生态产业，清洁能源产业持续壮大，停滞4年的风电项目“解冻”，酒湖工程配套风光电项目开工，敦煌大成光热、玉门黑崖子和瓜州干河口平价风电项目建成，军民融合、清洁生产、节能环保产业持续发力，酒泉核技术产业园顺利推进，罗普特安防技术产业园开工建设，玉门润泽环保危废固废处理项目建成。数据信息、中医中药产业起步发展，酒泉大数据中心主体封顶，佛慈制药综合开发项目部分建成。基础设施投资增长15.6%，占固定资产投资的比重为28.5%。酒额铁路、肃北至沙枣园一级公路等新建项目开工，敦当高速公路进度加快，肃航一级公路投入运营，敦煌铁路改造提速开通动车，敦格铁路全线通车。民间固定资产投资增长6.5%，占固定资产投资的比重为51%。全市房地产开发项目118个，完成投资增长48.4%。招商引资力度不断加大，全年引进省外招商项目468个，建成投产项目180个，引进到位资金376.6亿元。

【乡村振兴】乡村振兴步伐加快。按照扩规模、引龙头、建体系、育品牌、增效益的思路，做大做强六大优势产业，实施高标准农田建设19.6万亩。加快发展戈壁生态农业，中以（酒泉）绿色生态产业园规划批复实施，引进入驻35家企业和49家合作社，建成粤港澳大湾区蔬菜基地2万亩，新建戈壁生态农业2.6万亩。肃州区国家级现代农业（种业）产业园获批建设，成功举办第二届现代种业博览会。强化农业品牌建设，新认证“三品一标”农产品35个，玉门市清泉乡跃进村入选全国“一村一品”示范村镇，“瓜州枸杞”荣登中国区域品牌百强榜。扶持发展农业新型经营主体，新增省级农业产业化龙头企业6家，创建省级农民专业合作社示范社44家。深入推进农村人居环境整治，建成示范乡镇20个、示范村215个，改造土坯房6298户、卫生户厕1.97万户，创建“清洁村庄”189个。新建改建农村道路704公里，肃州区创建为“四好农村路”省级示范县。

【城市建设】城市功能完善提升。持续推进酒泉城区风貌改造提升三年行动，四大街路网畅通、立面改造基本完成，新建改造滨河北路、春光路等道路9条，新增公共停车位2135个；供热、供排水、天然气、通信、电力等市政设施进一步完善，酒嘉城际公路、滨河南路等绿化工程建成，新增绿地面积75万平方米，城市“颜值”不断提升。全市改造棚户区2.37万户，玉门站前广场扩建、金塔城市主题绿苑、阿克塞民族风情街改造等项目建成。“智慧城市”建设步伐加快，5G网络试点启动实施，信号覆盖肃州、敦煌重点区域，敦煌蝉联“中国领军智慧城市”。

【人民生活】民生福祉持续增进。全市财政投入民生资金121.7亿元，占一般公共预算支出的77.3%。全市就业人员66.5万人，其中城镇就业人员30.1万人，城镇新增就业2.03万人，安置下岗失业人员再就业8681人，年末城镇登记失业率2.79%。城镇居民人均可支配收入38234元，比上年增长8.5%；城镇居民人均生活消费支出26831元，增长6.4%。城镇居民恩格尔系数29.1%，降低1.8个百分点。农村居民人均可支配收入18609元，增长8.8%；农村居民人均生活消费支出13819元，增长6%。农村居民恩格尔系数29%，降低0.5个百分点。实施民生项目146项，棚户区改造、城乡公厕建设等10件为民办实事全部落实。酒泉八中及附设幼儿园、市第四幼儿园建成招生，新增学位2820个。丝绸之路文化研究中心和图书馆项目批复立项，市融媒体中心上线运行。市中医院住院部综合楼开工，市县健康信息平台建成，远程会诊实现市县乡全覆盖，传染病防控工作受到国家卫健委通报表扬。城乡居民住院报销平均补偿比例提高到57%，城乡低保标准提高8%，4.4万困难群众基本生活得到保障。酒泉老年大学主体封顶，建成城乡养老机构6个、社区日间照料中心7个。食品药品安全有效保障，安全生产形势稳定。民族团结、双拥共建巩固提升，成功创建“全国民族团结进步示范市”和“全省双拥模范城”。扫黑除恶专项斗争深入开展，打掉涉黑涉恶犯罪团伙56个，刑事、治安发案持续下降，肃州区被确定为全国社区治理和服务创新实验区，瓜州县率先创建为全国平安县。

【生态环境】生态环境明显改善。坚决扛起生态文明建设政治责任，狠抓生态环保问题整改，中央第一轮环保督察、省级环保督察反馈问题整改完成进度要求，“绿盾”行动反馈问题整改率达95.7%，中央第二轮生态环保督察信访问题办结率达84.5%。扎实推进企业违法排污问题整改，污染区域修复治理工作稳步推进，园区污水处理厂调试运行。祁连山国家公园体制试点有序开展，核心区牧民搬迁完成阶段性任务。蓝天、碧水、净土三大保卫战成效明显，河（湖）长制全面落实，7个县市区污水处理厂提标改造及再生水利用项目建成，地表水国控省控考核断面、地下水监测点位和城镇集中饮用水全部达标。酒泉城区空气质量达到国家二级标准，优良天数330天，比上年增加23天，主要污染物减排任务完成，“十三五”减排目标提前实现。肃州危废处理中心和餐厨废弃物资源化处理项目开工，玉门同福化工、瓜州白墩子土壤污染治理与修复项目完成。实施生态建设项目59项，完成人工造林15.6万亩，封滩育林育草54.8万亩。年末森林面积1119万亩，森林覆盖率5.54%。全年用水总量22.2亿立方米，比上年下降1.4%，其中工业用水量0.71亿立方米，下降 11.3%。细颗粒物（$PM_{2.5}$）年平均浓度 25 微克 / 立方米，空气污染指数 90.4%。

【社会事业】2019 年，全市九年义务教育巩固率为 99.58%。高中阶段教育毛入学率 96.59%。初中毕业生升学率 96.59%。普通高校考生本科上线率 74.21%，普通高校录取学生总数 9477 人，总录取率 87.2%。学龄儿童入学率 100%，巩固率 99.58%。小学毕业生升学率 100%。初中学生辍学率 0.042%，小学学生辍学率为零。年末全市事业单位专业技术人员 17279 人，其中具有中级及中级以上职称人员 9680 人。财政投入科技经费 6539 万元。全年引进新技术成果 251 项，申请专利 1714 项，有效发明专利拥有量 209 项，每万人口发明专利拥有量 1.85 项。全年签订技术合同 178 项，技术合同成交额 26.8 亿元。全市共有医疗卫生机构 1011 个，医院 40 个，卫生院 75 个。卫生技术人员 8671 人。卫生机构床位 7830 张，其中医院 6589 张、卫生院 1498 张。全市共有卫生防疫防治机构 8 个，卫生技术人员 248 人。妇幼卫生机构 8 个，卫生技术人员 176 人。乡村医生和卫生员 596 人，农村有医疗点的村占总村数的 99%。全市有社会福利院 7 个，福利院床位 446 张。各类养老机构 25 个，住宿型床位 2600 张。全市共有体育场馆 16 个。

庆阳市

【基本情况】庆阳市位于甘肃省东部，习称“陇东”。东接陕西省的宜君、黄陵、富县、甘泉、志丹等县；北邻陕西省吴起、定边及宁夏回族自治区的盐池县；西与宁夏的同心、彭阳县接壤；南与本省的泾川县及陕西的长武、彬县、旬邑县相连。南北长 207 公里，东西跨 208 公里，总面积 27119 平方公里。辖庆城、环县、华池、合水、正宁、宁县、镇原 7 县和西峰区，116 个乡（镇），3 个街道办事处，75 个社区。地形北高南低，海拔在 885—2082 米之间，中南部为黄土高原沟壑区，北部为黄土丘陵沟壑区，东部为黄土丘陵区；山、川、塬兼有，沟、峁、梁相间，高原风貌雄浑独特。全境有 10 万亩以上大塬 12 条。董志塬面积为 136.47 万亩，平均海拔 1421 米，平畴沃野，一望无垠，是世界上面积最大、土层最厚、保存最完整的黄土塬面，堪称“天下黄土第一塬”。地处东南部的子午岭，林木茂密，水草丰盛其 470 多万亩次生林，为植被最好的水源涵养林，有“天然水库”之美誉。2019 年，银西高铁、甜永高速、打庆高速按计划顺利推进，五台山水库建成投用、小盘河、莲花寺水库基本竣工，海绵城市“三湖、三沟道、两大道”等重点项目陆续拉开，基础条件持续改善。全年降水量 525.8—807.6mm，与历年相比，全市降水均偏多。全年平均气温 8.5—10.2℃，与历年相比，西峰、宁县偏高，其余各地正常。全年日照时数 2076.8—2493.0 小时，与历年相比，各地均正常。2019 年末全市常住人口 227.88 万人，比上年末增加 1.22 万人，其中城镇人口 90.98 万人，占常住人口比重 39.92%。全年出生人口 2.59 万人，出生率为 11.37‰；死亡人口 1.64 万人，死亡率 7.19‰；自然增长率为 4.18‰。

【资源优势】庆阳能源富集、物产丰富。庆阳是甘肃的石油天然气化工基地、长庆油田的主产区。已探明石油总资源量 59.74 亿吨，占鄂尔多斯盆地总资源量的 40%，石油地质储量 17.96 亿吨；已探明天然气总资源量 2 万亿立方米，占鄂尔多斯盆地总资源量的 10%，天然气地质储量 318.6 亿立方米。2019 年原油产量 855.5 万吨，加工量 360 万吨。加快推动天然气开发，庆阳气田庆探 1 区块建成产能 3 亿方，在建产能 4 亿方，瑞华天然气、永欣石化两个石油石化产业链项目建成投用。庆阳素有“陇东粮仓”之美誉，盛产小麦、玉米、油料；荞麦、小米、燕麦、黄豆等特色小杂粮久负盛名，备受推崇。庆阳地处全国苹果生产最佳纬度区，是农业农村部确定的西北黄土高原苹果优生带。红富士苹果、曹杏、黄柑桃、九龙金枣倍受消费者青睐。庆阳是甘肃优质农畜产品生产基地，早胜牛、环县滩羊、陇东黑山羊、羊毛绒等大宗优质农牧产品享誉国内外。庆阳是全国规模最大的白瓜籽仁加工出口和杏制品加工基地，是全国品质最优、发展面积最大的黄花菜基地，是国家有关部门和单位命名的“中国优质苹果之乡”“中国黄花菜之乡”“中国小杂粮之乡”和“中国杏乡”。庆阳还是中医药之乡，产有甘草、黄芪、麻黄、穿地龙、柴胡等 300 多种中草药，其中 69 种已列入《中华人民共和国药典》。

【国民经济】2019 年，全市上下以习近平新时代中国特色社会主义思想为指导，全面贯彻落实习近平总书记视察甘肃重要讲话精神，坚持稳中求进工作总基调，坚持新发展理念，坚持推动经济高质量发展。面对复杂多变的宏观经济形势，全面落实“六稳”工作举措，积极应对持续加大的下行压力，着力推动经济结构优化、动能转换和质量提升。全市经济承压前行，运行总体平稳，呈现稳中有升、稳中向好态势。全市完成地区生产总值 742.94 亿元，比上年增长 5.3%。其中，第一产业增加值 85.2 亿元，增长 5.8%；第二产业增加值 372.56 亿元，增长 7.5%；第三产业增加值 285.18 亿元，增长 2.2%。三次产业对经济增长的贡献率分别为 10.85%、73.77% 和 15.38%，拉动经济增长 0.57、3.91 和 0.82 个百分点，第二产业是拉动经济增长的中坚力量。

【脱贫攻坚】2019 年全市脱贫攻坚取得决定性成就，全年投入各类扶贫资金 55.3 亿元，比上年增加 23.26 亿元。庆城、华池、宁县、合水、环县摘帽，331 个贫困村退出，11.28 万人脱贫，贫困发生率降至 0.64%，低于全省 0.26 个百分点。全市累计 95.1% 的贫困村出列，97.5% 的贫困人口稳定脱贫。“3+1”冲刺清零基本完成，义务教育、基本医疗、住房安全和饮水安全得到有效保障。“331+”产业扶贫取得实效，发放特色产业发展工程贷款 25.92 亿元，落实产业奖补资金 10.02 亿元，新建肉羊、生猪标准化“331+”合作社 512 个，累计建办农民专业合作社 8971 个，规范化率达到 76.5%。新引进和培育规上龙头企业9户，累计达到121户。龙头企业、合作社带动贫困群众14.68万户，分红1.01亿元。扶持9322户贫困群众发展“五小”产业。农村金融综合服务室覆盖所有行政村，农业保险覆盖主要增收种养产业，当年赔付5882万元。就业扶贫持续加强，完成贫困劳动力培训3.5万人（次），新开发乡村公益岗位854个，建办扶贫车间33家，输转建档立卡贫困劳动力2.6万人，劳务收入7.3亿元。东西协作扶贫扎实推进，成功举办了“津企陇上行”活动。天津静海、河东、南开、红桥、北辰5区投入帮扶资金3.37亿元，中央定点单位投入帮扶资金2806万元，共实施帮扶项目214个。城乡建设用地增减挂钩节余指标跨省交易收入10.8亿元、省内交易收入9.14亿元。农村人居环境持续改善，新建垃圾收集处理设施5773处，垃圾焚烧发电项目建成投运。改造户厕38988户，行政村卫生厕所覆盖率78.1%。创建清洁村庄382个。

【“三农”工作】2019年，全市完成农业增加值86.86亿元，比上年增长5.5%。农业种植结构调整明显，粮食作物播种面积下降，经济作物面积增加，结构调整成效逐步显现。粮食总产单产双增，全年粮食播种面积570.01万亩，下降2.5%；粮食总产量145.44万吨，增产3.83万吨，增长2.7%；平均亩产255.1公斤，亩增12.9公斤，增长5.3%，单产水平明显提升。特色产业效益提升。一是水果呈恢复性生产。2019年全市气候温和多雨，光照充足，苹果呈恢复性生产。果园面积83.18万亩，增长2.7%；水果产量47.65万吨，增长38.6%。二是蔬菜瓜果生产动能提升。全市蔬菜种植面积52.23万亩，增长19.5%，蔬菜产量45.78万吨，增长10.4%；瓜类面积15.78万亩，增长27.9%，瓜类产量52.83万吨，增长34.6%。三是中药材种植规模扩大。全市中药材面积12.89万亩，增长1.7倍，产量5.3万吨，增长1.3倍。畜牧产业总体稳定，全市大牲畜存栏35.51万头，增长0.3%。其中，牛存栏增长1.5%，羊存栏增长3.3%，猪存栏下降7.1%；牛出栏增长1.0%，羊出栏增长5.1%，猪出栏下降6.3%。家禽存栏401.98万只，增长1.3%。

【项目建设】2019年，全市以甜永高速、海绵城市、打庆高速为代表的基础设施建设项目，以核桃峪煤矿、新庄煤矿为代表的工业投资项目体量大，工程进度快，完成投资额度高，支撑力强，同时进入三季度以来房地产投资逐步提升。全市投资总额扭转了前两年的下降趋势，全年增长14.9%。从项目投资看，至12月底在库500万元以上投资项目505个，同比减少105个。其中5000万元以上项目125个，减少13个，完成投资额增长17.5%；5000万元以下项目380个，减少92个，完成投资额下降5.7%。从三次产业看，第一产业下降5.0%；第二产业增长18.6%，其中工业投资增长20.2%，工业投资增势强劲，成为拉动投资总额的主要动力；第三产业增长15.5%。从到位资金看，5000万元以上项目到位资金同比增长18.3%，其中国家预算资金增长3.6%，国内贷款增长22.1%，自筹资金增长40.3%，其他资金下降74.3%。房地产开发投资增长29.8%。

【优势产业】能源开发迈出新步伐，发现储量10亿吨级庆城大油田。新建原油产能110.9万吨，完成产量855.5万吨、加工量360万吨，天然气产量1.5亿方。建成20万方LNG液化装置，加工天然气8000万方。核桃峪矿井三期、新庄矿井二期建设顺利推进。陇东至山东±800千伏特高压直流外送工程前期工作进展顺利。十大生态产业加快发展，增加值占生产总值比重达到25.2%。中盛肉羊、圣农肉鸡、正大生猪和海升苹果、天士力中药材等循环农业集群化推进。新（扩）建庆城驿马、华池山庄等万只湖羊种羊繁育场13个，新增60万只肉羊屠宰加工能力。肉羊、肉蛋鸡和生猪饲养量分别达到746万只、3051万只和190万头。成功举办第十六届中国羊业发展大会暨庆阳农耕文化节。新栽苹果10万亩，建成果蔬保鲜库101座。宁县万亩苹果基地列入国家现代农业产业园项目支持名录。“庆阳苹果”跻身“十大绿色甘味”，入选农业农村部首次认定的中国农业品牌目录；“环县羔羊肉”被中国畜牧业协会评为全国十佳羊肉品牌。种植中药材近13万亩。文化旅游业快速发展，南梁、北石窟驿、药王洞养生小镇等重点景区功能不断完善，实施乡村旅游项目20个，庆城县被评为全省首批全域旅游示范县。举办第十七届香包民俗文化节，全年接待游客1316万人（次），实现旅游综合收入72亿元，分别增长21%和30%。

【人民生活】2019年，全市城镇居民人均可支配收入32107元，比上年增长8.3%；农村居民人均可支配收入9686元，增长9.3%。全年居民消费价格总指数（CPI）102.0%，商品零售价格总指数100.8%，农业生产资料价格指数100.6%。

【环境保护】全力打好蓝天、碧水、净土保卫战，扎实推进中省环保督察反馈问题整改。全市建成区内628台10蒸吨以下燃煤锅炉全部淘汰，市区空气质量不断提升。攻坚马莲河、蒲河流域水污染防治，排查处置入河排污口273处，沿线乡镇污水处理站建成58座、在建26座，西峰东区污水处理厂建成投运，各县城污水处理厂正在提标改造。经过艰辛努力，马莲河宁县桥头、蒲河马头坡2个国考断面水质实现达标。加强农村面源污染防治，实施庆阳石化老厂区、原马岭炼厂等4个废弃工业场地治理项目。开展“大棚房”和违建别墅清查整治工作。实施国土绿化106.7万亩，治理保护塬面210平方公里，新修梯田10.76万亩，加固淤地坝43座。

【社会事业】科技推广成效显著。全市事业单位各类专业技术人员44744人，其中高级技术人员3263人。全年共组织实施农业、工业、医疗卫生和社会公益事业等各类国家、省、市科技计划项目28项，共投入科技经费209万元。教育事业全面发展。全市普通高等学校招生8116人，在校学生23016人，毕业5418人；中等职业学校招生6418人，在校学生14756人，毕业4922人；普通高中招生16429人，在校学生49503人，毕业16473人。九年义务教育巩固率达到99.45%。全市大专以上高考录取人数15939人，录取率82.81%，比上年提高3.11个百分点。文化事业蓬勃开展。全市共有专业国有文化艺术表演团体9个，全年演出2050场（次），观众235万人（次）；年末共有公共图书馆9个，藏书86.11万册；博物馆、纪念馆21个，文物藏量33317件；综合性档案馆9个，馆藏各类档案62.11万卷、64.31万件，资料10.28万册，照片2.7万张；文化站119个。全市有线电视用户增加到13.92万户，有线电视人口覆盖率达到22.8%。广播人口覆盖率达到100%。全年《陇东报》出版365期，发行1239.5万份。医疗保障不断完善。全市医疗卫生机构总数2058个，比上年增加61个。其中，医院44个，乡镇卫生院125个，社区卫生服务中心（站）27个，村卫生室1276个，门诊部12个，诊所472个，妇幼保健院（站）9个，疾病预防控制中心9个，卫生监督所（中心）8个，采血机构1个，地方病防治机构9个，计划生育技术服务机构66个。2019年年末实有医疗床位12393张，比上年净增272张，增长2.2%。其中，医院9616张，净减3张，减低0.03%。全市共有卫生技术人员18857人，净增3591人，增长26.8%；其中，执业医师4228人，净增578人，增长15.8%；执业助理医师1352人，净增229人，增长20.4%；注册护士9245人，净增2305人，增长33.2%；药师（士）465人，净增54人，增长13.1%；技师（士）793人，净增296人，增长59.6%；其他卫生技术人员1272人，增加204人，增长19.1%。竞技体育水平保持稳定。全市举办县以上运动会17次，参加运动员29946人次。在市级以上运动会上我市体育健儿共夺得9枚金牌，6枚银牌，5枚铜牌。

【社会保障】年末全市参加城镇企业基本养老保险人数8.07万人，比上年末增加7168人。其中，参保职工4.89万人，参保离退休人员3.18万人。参加城镇职工医疗保险人数15.84万人。参加失业保险人数8.35万人。参加工伤保险人数10.32万人，增加1.67万人。参加生育保险人数10.75万人，增加0.72万人。参加城乡居民基本医疗保险人数226.27万人，参保率稳定保持在98%以上。全年筹集城乡居民医保基金169756.12万元，基金支出共计167948.3万元，基金累计结余25558.73万元。全市城市低保12284户28727人，比上年末减少1480户、减少3749人；农村低保53530户160812人，减少17040户、减少72709人。

定西市

【基本情况】定西市位于甘肃省中部，古称“陇中”，东接天水市，西靠兰州市，北邻白银市，南连陇南市，并于甘南州、临夏州接壤。是古丝绸之路上的重镇，新欧亚大陆桥的必经之地，也是省会兰州的东大门。距兰州98公里，陇海铁路、兰渝铁路、宝兰客运专线和兰定、兰临、平定、天定高速公路及312、310、316、212国道穿境而过，成为甘肃中部重要的交通枢纽。定西市辖一区六县，122个乡镇和街道办事处，其中乡32个，镇87个，街道办事处3个。居民委员会78个，村民委员会1887个。2019年末，全市常住人口282.58万人，其中城镇人口102.79万人。人口自然增长率为3.3‰。全市总面积1.96万平方千米，耕地面积1210万亩。地势西高东低，海拔1420—3941米，气候属温带半湿润和中温带半干旱区，东南暖湿气流受阻，大陆性气候特征明显，年平均气温5.7℃—7.7℃，年降水量400—600毫米，无霜期142天，日照充足。定西自然资源丰富，已经探明的金属矿和非金属矿藏有50多种，其中黄金、地热水、红柱石、大理石等储量大，开发利用前景广阔。全市自然景观得天独厚，有陇上仙境贵清山、风光秀美遮阳山、九峰环峙莲峰山、云遮雾绕太白山、深谷探幽天井峡、渭水长虹霸陵桥、夷齐食薇首阳山、风景如画南屏山、宜浴宜疗通渭温泉等自然景观，有着较为丰富的旅游资源。

【国民经济】2019年全市实现地区生产总值416.38亿元，比上年增长6.2%。第一、二、三产业增加值分别为77.98、66.26和272.14亿元，比上年分别增长6.2%、3.5%和7%。三次产业结构比为18.7 ∶ 15.9 ∶ 65.4，对经济增长的贡献率分别为19.5%、9.6%和70.9%。按常住人口计算，人均地区生产总值14746元，增长5.9%。固定资产投资增长15.4%；社会消费品零售总额141.1亿元，增长7.7%；一般公共预算收入24.7亿元，增长2.6%；一般公共预算支出260.2亿元，增长3.7%。

【农业经济】全年种植各类农作物787.2万亩，比上年增长2.8%。其中，粮食作物584.84万亩，增长0.3%；经济作物192.78万亩，增长11.5%。粮食作物中夏粮150万亩，秋粮434.83万亩。马铃薯、中药材、蔬菜等特色优势产业种植面积分别达到254.37、121.47和36.69万亩，分别增长2.4%、9.5%、13.8%。粮食总产量152.5万吨，增长8.1%。其中夏粮27.97万吨，秋粮124.5万吨。年末大牲畜存栏41.03万头，比上年末增长5.2%。猪、牛、羊、家禽存栏分别为42.8万头、33.6万头、106万只和352.68万只，出栏分别为48.8万头、8.33万头、68.34万只和286.74万只。全年肉类总产量5.86万吨，比上年下降1.7%；鲜蛋产量1.06万吨，增长7.7%；牛奶产量0.81万吨，下降2.2%。

【工业经济】全年实现工业增加值34.36亿元，比上年增长3%。规模以上工业增加值增长3.9%；规模以下工业增加值增长1%。规模以上工业中，医药制造业、非金属矿物制品业、电力热力生产和供应业、有色金属冶炼和压延加工业、农副食品加工业五大重点行业实现增加值29.48亿元，增长4.2%。其中，非金属矿物制品业增长16.3%；电力、热力生产和供应业增长13.1%；医药制造业下降7.8%；农副食品加工业下降9.5%；有色金属冶炼和压延加工业下降15.6%。全年规模以上工业企业实现主营业务收入147.37亿元，增长5.2%；实现利润总额5.59亿元，下降6.9%；主营业务成本127.15亿元，增长4.9%；每百元营业收入中的成本为86.53元，增加0.12元。全年发电量51.35亿千瓦时，增长11.8%；生产铝材22.01万吨，下降

5.4%；水泥494万吨，增长18.1%；中成药0.29万吨，增长7.7%。

【项目建设】全年实施500万元以上项目880个，固定资产投资比上年增长15.4%，其中项目投资增长9.7%，房地产开发投资增长33.7%。按三次产业分，第一产业投资下降31.1%，第二产业投资增长27.1%，第三产业投资增长18.7%，占固定资产投资的比重分别为5.3%、14.1%、80.6%。按行业分，电力、热力、燃气及水的生产和供应业投资增长93.4%，交通运输、仓储和邮政业投资增长49.9%，卫生和社会工作投资增长16.6%。全年基础设施投资比上年增长38.3%，占全部投资的比重为37.7%，比上年提高6.2个百分点。在定西至临洮、陇西至漳县、通渭至定西、渭源至武都四条高速公路项目等省市列重大项目持续推动下，全市5000万元以上项目投资，保持平稳较快增长势头，完成投资占全部投资总额的52.4%。"两港两中心"规划建设加快推进，甘肃（岷州）国际陆港规划通过省级评审，部分基础设施开工建设；陇西中医药信息物流港（李氏健康城）、陇中仓储商贸物流中心、甘肃南部（临洮）物流中心规划初步完成；铭峰农产品恒温库等7个冷链物流项目建成投用。

【"三农"工作】"三变"改革全面推开，入股房屋、机械设备等固定资产6630万元，入股各类土地21万多亩；各类财政资金投入农村"三变"改革达17.73亿元，村集体资金入股1.16亿元，撬动社会资金投入3.8亿元；"农民变股东"33.16万人，参与农户18.4万户，村集体和农户分红1.8亿元。实施易地搬迁建设20883户92266人全部搬迁入住，同步推进生产配套、后续扶持和拆旧复垦工作，确保群众搬得出、稳得住、能致富；实施农村安全饮水巩固提升工程27个，完成投资4.16亿元，解决1.06万户4.6万人供水问题，集中供水率达93%以上，自来水普及率达91%以上；千人以上有需求的行政村幼儿园实现全覆盖，学前三年毛入园率达96.53%；九年义务教育巩固率达97.69%；建设农村公路和自然村通硬化路1400公里。

【优势产业】深入开展十大生态产业项目谋划和招商引资"两个攻坚年"行动，实施重大带动性工程59个。全市中医药产业链不断充实完善，中医药产业全面健康发展，颁布5个品种道地药材产地饮片和岷归道地药材质量标准，7家企业通过甘肃道地药材生产企业认证。全市中药材产量33.3万吨，比上年增长10.7%。建立中药材良种繁育基地2.5万亩、优质种苗繁育基地12.3万亩。定西牧草产业科技示范园顺利实施，草畜一体化格局初步形成。安定、临洮国家级现代农业产业园通过评估认定，陇西循环农业示范园项目建设全面推进。甘肃雪榕食用菌产业园一期、渭源金鸡产业园建成投产。文旅产业加快发展，榜罗会议纪念馆、悦心国际书画村、渭源首阳山创建为国家4A级旅游景区，定西荣膺"2019避暑旅游十强城市"，接待游客首次突破千万人次。

【城乡建设】以新型城镇化为引领，加快推进城乡一体化进程，城镇化率达到36.38%，较上年提高0.13个百分点。实施"十大城建工程"项目240个，完成投资158.5亿元。市会务中心、市委党校（新建校址）、万达广场、中华路市民公园进展顺利，福台林建成开放，市体育场基本建成；定西公交总站主体完工，市区公交车全部更新为新能源汽车；改造棚户区2.2万套、老旧小区94个；22个城市停车场、38个公厕建成投用。市县城区供暖配套设施得到改造提升，管道天然气入户1.6万户。实施引洮一期填平补齐和二期配套等重点水利项目49个，完成投资6亿元。

【脱贫攻坚】聚焦深度贫困，靠牢攻坚责任，组织实施"六查六清四提升""3+1+2"冲刺清零行动，落实各类财政扶贫资金55.2亿元，紧盯"一超过、两不愁、三保障"脱贫标准，坚持精准方略，坚持"一户一策"，全市减少贫困人口19.79万人，贫困人口由2018年底的23.95万人减少到4.16万人，贫困发生率由9.12%降到1.58%；全市退出贫困村715个，贫困村累计退出982个，占全市1101个贫困村的89.2%；安定区、陇西县、临洮县、漳县、渭源县5个县区实现脱贫摘帽。落实到户产业扶持资金13.4亿元，发放特色产业贷款39.4亿元，培育引进龙头企业43家，规范提升农民专业合作社4607家，新建扶贫车间151家，带贫减贫力度持续加大。东西部扶贫协作到位财政资金3.6亿元、社会捐款及物资折价1.1亿元，实施协作项目197个，引导28家企业投资3.3亿元开展产业合作，建成福定生态林（三期）4800亩。中央单位定点扶贫落实资金5908万元，实施帮扶项目140个，到位资金3.9亿元。

【人民生活】财政用于民生方面支出217.5亿元，比上年增长2.9%。省市10件实事全部办结。新增城镇就业1.8万人，输转城乡劳动力63万人，实现劳务收入136亿元。全年城镇居民人均可支配收入26222元，增长7.9%；城镇居民人均消费支出18887元，增长9.6%；城镇居民家庭恩格尔系数为30.4%，比上年降低0.4个百分点。农村居民人均可支配收入8226元，增长9.8%；农村居民人均生活消费支出8738元，增长5.1%；农村居民家庭恩格尔系数为32%，比上年降低4个百分点。城乡居民收入差距进一步缩小。

【文化旅游】年末共有国有转企改制演艺企业6个，文化馆8个，公共图书馆8个，博物馆8个；乡镇（街道）综合文化站122个，农家书屋1860个，文化信息资源共享工程村级服务点1766个；建成村级综合性文化服务中心（乡村舞台）1853个；建成城市数字影院13个。全市有广播电视台8个，发射主站8个、辅站104个、补点站300个，有线电视用户6.63万户。年末广播节目综合人口覆盖率为96.9%；电视节目综合人口覆盖率为97.3%。全年实施文化旅游产业项目47个，完成投资16.8亿元，比上年增长16.7%；接待境内外游客1040万人次，增长27.6%；实现旅游综合收入51亿元，增长31.9%。

【社会保障】年末全市城镇企业职工基本养老保险参保人数10.81万人，比上年末下降1.1%；机关事业单位养老保险参保人数10.98万人，增长1.2%；失业保险参保人数9.6万人，增长5.2%；失业保险金领取人员251人。工伤保险参保人数12.4万人，增长21.7%；支付工伤保险金1531万元。生育保险参保人数11.82万人，增长1.8%。城乡居民养老保险实际参保165.5万人，增长2.18%，领取养老保险待遇41.45万人。城镇职工基本医疗保险参保人数16.69万人，增长2.6%。城乡居民基本医疗保险参保人数256.22万人，增长0.04%；城乡居民基本医疗保险基金支出总额19.91亿元，增长7.9%；累计受益377.87万人次。全年享受城市最低生活保障居民3.04万人，共发放城市低保金1.46亿元；享受农村最低生活保障的居民17.95万人，共发放农村低保金4.87亿元。全市城乡特困供养人数1.35万人，发放特困供养金0.92亿元；发放孤儿基本生活保障金0.11亿元，共保障孤儿715人；发放临时救助资金1.99亿元，救助城乡困难群众19.64万人；落实困难残疾人生活补贴和重度残疾人护理补贴7.27万人，共发补贴资金0.55亿元；落实经济困难老人补贴6.33万人次，共发放补贴资金889.16万元。

【社会事业】年末共有各级各类学校2034所。其中，成人高校1所，高级中学25所，完全中学16所，初中111所，九年制学校101所，小学611所，幼儿园1144所，职业学校19所，特教学校6所。学前教育三年毛入园率97.7%，九年义务教育巩固率为99.5%，高中阶段毛入学率为96.1%。向全国各类高等院校输送新生25316人，高考录取率达到80.5%，比上年提高2.7个百分点。全年科学技术支出10079万元。荣获省科学技术奖1项；登记市级科技成果58项；认定登记技术服务合同128份，交易额6.23亿元，比上年增长13.9%。专利申请受理980件，增长20%；专利授权395件，增长20%。其中发明专利授权31件，增长10.1%。每万人口发明专利拥有量达到0.81件。年末共有医疗卫生机构2840个。其中，医院51个，乡镇卫生院132个，社区卫生服务中心（站）33个，村卫生室2013个，诊所（卫生所、医务室）331个，疾病预防控制中心8个，妇幼保健院（所、站）8个，卫生监督所（中心）8个，采供血机构3个，健康教育所2个，计划生育技术服务及其他卫生计生机构251个。医疗卫生机构床位17260张。其中，医院12673张，乡镇卫生院3741张，社区卫生服务中心（含站）482张，妇幼保健院（所、站）314张。卫生技术人员14396人。其中，执业（助理）医师5639人，注册护士5812人。

【环境保护】坚持春秋季造林并重，完成三北防护林、天然林保护等林业重点工程40万亩，建设经济林果13万亩，全民义务植树2087万株。新修梯田10.7万亩，综合治理水土流失323平方公里。开展河湖“清四乱”专项行动，加强水体和岸线空间管理，“五河”治理顺利推进，河（湖）长制有效落实。开展水源地环境保护专项行动，提标改造污水处理厂4个，地表水、地下水及水源地水质全部达标，地表水国考省考断面水质达标率100%，县级以上城市饮用水水源地水质达标率100%。永久基本农田得到有效保护。全域无垃圾专项治理深入开展，城市垃圾分类试点启动实施。新建改建农村厕所5.6万座，创建清洁村庄553个，农村人居环境得到有效整治。坚决打好污染防治攻坚战，燃煤锅炉淘汰整治基本完成，市区空气质量持续改善。全年剔除输入性沙尘天气后，空气可吸入颗粒物（PM_{10}）年平均浓度为57ug/m^3，细颗粒物（$PM_{2.5}$）年平均浓度26ug/m^3，二氧化硫年平均浓度为11ug/m^3，二氧化氮年平均浓度为25ug/m^3；区域噪声昼间平均值53.2〔dB（A）〕，区域噪声夜间平均值44.2〔dB（A）〕。交通噪声昼间平均值65.7〔dB（A）〕，交通噪声夜间平均值61.6〔dB（A）〕。

（杨虎）

陇南市

【基本情况】陇南市位于甘肃南部，东邻陕西，南接四川，地处中国大陆二级阶梯向三级阶梯的过渡地带，位于秦巴山区、青藏高原、黄土高原三大地形交汇区域，西部向青藏高原边缘过渡，北部向陇中黄土高原过渡，东部与西秦岭和汉中盆地连接，南部向四川盆地过渡，整个地形西北高东南低，西秦岭和岷山两大山系分别从东西两方伸入全境，境内形成了高山峻岭与峡谷盆地相间的复杂地形，是甘肃省唯一的长江流域地区。辖一区八县，全市共195个乡镇——55个乡（含4个民族乡）、140个镇，3167个村委会（其中141个社区）。2019年末，全市总人口286.5万人，常住人口264.3万人，其中城镇人口92.0万人，人口自然增长率为3.53‰。全市分布着汉、回、藏、蒙等29个民族。总面积2.8万平方公里，其中耕地面积829.5万亩。陇南处于北亚热带向暖温带的过渡地区，年平均气温11—16℃，年降雨量500—900毫米之间，无霜期180—300天。海拔在550—4187米之间。境内地貌俊秀、气候宜人、雨量充沛、光照充足、森林覆盖率高，素有“陇上江南”之美称。

【资源优势】陇南市由于特殊的地理位置，复杂的地质地貌，多样的气候条件等诸要素的多种组合，造就了其丰富的生物资源，境内自然生长的树种有1300多种，其中有花椒、核桃、油橄榄、茶叶、银杏等经济树种400多种，是甘肃唯一产茶区和全国油橄榄最佳适生区；有中药材1300多种，其中名贵中药材300多种，《本草纲目》中的党参、当归、红芪、大黄、甘草等五大药材中，四种产于陇南，而且以量大质优闻名于国内外。自公元505年，宕昌国王梁帝贡献当归，距今已有1500多年历史，素有“天然药库”“千年药乡”之称誉。有可利用天然草场990万亩，加之荒山荒坡、退耕地人工种草和大量的农作物秸秆，发展草食畜牧业具有优厚的资源；境内有山珍、食用菌100多种。这种复杂自然禀赋构成了资源的多样性，适宜多种动植物生长，天然地形成了发展经济林果、畜牧养殖、蔬菜、中药材、食用菌等农业特色产业得天独厚的优势和条件。矿产资源富集。有铅、锌、锑、铜、锰、金、硅、重晶石、煤等金属和非金属矿34种，其中西成铅锌矿带为我国第二大矿体，已探明储量2400万吨；锑为我国第三大矿体，已探明金属储量14.9万吨；文县阳山金矿已探明储量300吨以上，是我国特大型金矿之一，有望成为亚洲最大的金矿。水力资源丰富。市内河流纵横交错，有嘉陵江、白龙江、白水江、西汉水四大水系，大小河流3900多条，年径流量279亿立方米，人均用水占有量远远高于全国全省平均水平。水电开发潜力较大，目前的开发量极为有限，水电能源产业有很大的发展空间。

【国民经济】2019年，全市实现地区生产总值445.1亿元，比上年增长7.4%。分产业看，第一产业增加值78.9亿元，增长5.9%；第二产业增加值106.8亿元，增长9.0%；第三产业增加值259.4亿元，增长7.2%。第一、二、三产业对地区生产总值的贡献率分别为14.2%、31.1%和54.7%，第三产业成为拉动经济增长的主要动力。第一、二、三产业增加值占生产总值的比重分别为17.7 ：24.0 ：58.3，与上年相比，第一产业占比下降1个百分点，第二产业占比上升4.3个百分点，第三产业比重下降3.3个百分点。全部工业增加值增长10.1%，规模以上工业增加值增长11.3%。固定资产投资额增长11.8%。社会消费品零售总额123.5亿元，增长7.6%。进出口总额19000万元，下降1.1%。其中，直接出口总额18908.8万元；进口额91.2万元。一般公共预算收入23.6亿元，下降6.9%。一般公共预算支出278.5亿元，增长6.2%。年末全市金融机构人民币各项存款余额975.5亿元，增长9.4%。其中，非金融企业存款余额180.3亿元，下降3.1%；住户存款余额673.2亿元，增长13.7%。金融机构人民币各项贷款余额698.2亿元，增长6.0%。

【供给侧结构性改革】2019年，全市循环农业示范县、示范点建设有序推进，建设现代农业示范园区10个，宕昌多业态复合农业、武都油橄榄等融合发展示范园进展顺利，西和县凹凸棒微生物肥生产项目落地建设，建设田园综合体25个。工业转型升级进展良好，实施市列重点工业项目24个，完成投资39.5亿元。承接产业转移项目30个，新增入规企业7户，新增中小微企业410户。长城果汁生产线升级改造、耀华灯饰一期等8个项目建成投产，果老仙酒业蜂蜜酒生产线等6个项目加快建设。建成绿色矿山9家，金徽酒公司被列入全国第四批绿色制造企业。陇南经济开发区建设全面推进，利和萃取等项目建成投用，科创孵化园等项目即将建成，红川大道、江南商旅小镇等项目加快建设，引进13户企业落户开发区，园区工业总产值25.5亿元。中医药产业不断壮大，中药材标准化种植50万亩，建成国家、省级中医药重点专科15个，国药公司、广药集团等项目进展顺利。成功举办中国（甘肃）中医药产业博览会陇南分会，全省中药材标准化基地建设现场会在宕昌召开。

【脱贫攻坚】2019年，全市坚持基础性工作与产业扶贫两手抓，扎实开展“3+1”冲刺清零，全面解决“两不愁、三保障”问题，全年减贫14.5万人，退出贫困村631个，全市贫困发生率下降到1.56%。建成易地扶贫搬迁集中安置点89个，17622户73172人搬入新房，改造农村危房4536户，解决了9.3万户39.8万人的安全饮水问题，全市2983所村卫生室全面达标，义务教育、基本医疗等保障政策全面落实。大力发展脱贫产业，投入到户产业扶持资金7.3亿元，发展亩均收益3000元以上的种植业17544户、户均收益1万元以上的养殖业5962户，建设产业扶贫示范点1032个，发展订单辣椒8万亩，种植蔬菜74.8万亩，食用菌、中药材、养殖、经济林果等产业全面发展，宕昌县、礼县金鸡产业项目建成投产，“五小”产业带贫作用明显增强。全面推广“宕昌模式”，鼓励选派436名带头人领办创办合作社，创建示范合作社444个，发展扶贫车间308家，全省合作社建设现场会在宕昌县召开。完成精准扶贫劳动力培训75105人，新开发乡村公益性岗位2552个。深化东西扶贫协作和定点扶贫，落实帮扶资金5.67亿元，土地增减挂钩跨省交易资金12.3亿元，新签约扶贫协作项目65项，引进青岛企业16家，社会帮扶的深度和广度不断拓展。全省脱贫攻坚固强补弱现场会在陇南召开，全市消费扶贫工作被国家发改委评为全国典型案例。

【“三农”工作】2019年，陇南市认真贯彻落实国家及省市农业农村工作会议精神，积极推进特色农业产业化经营，全面落实各项强农惠农政策，大力推广农业新技术，加快推广旱作农业，提升特色产业示范点水平，使全市农业基础条件得到改善，粮食、畜禽生产稳定发展，特色优势产业发展壮大，结构调整有了新突破，实现了粮食增产、农业增效、农民增收，农业农村经济保持良好发展态势。全年粮食种植面积为348.1万亩，比上年增长0.4%；油料种植面积41.6万亩，增长1.3%；蔬菜种植面积51.0万亩，增长3.9%。全年粮食总产量85.4万吨，增长2.5%。其中，夏粮31.6万吨，增长1.4%；秋粮53.9万吨，增长3.1%。全市农村居民人均可支配收入7734元，增长10.3%。

【项目建设】2019年，陇南市扎实开展“项目落地攻坚年”活动，实施500万元以上项目768个，5个省列重大项目完成投资76亿元，72个市列重点项目完成投资50.8亿元。天水至陇南铁路、兰渝高铁前期工作加快推进，两徽高速、渭武高速陇南段建成通车，武九高速加快建设，景礼高速即将开工，康县望关至略阳、文广高速余凡段、西和至宕昌、两当至天水、成县至天水等高速前期工作进展顺利，新建普通省道及旅游公路120公里、产业路405公里，改造提升自然村组道路306公里，陇南综合客运枢纽建成投用。两当县徐杨河引水工程开工建设，修建中小河流和江河干支流堤防工程93.5公里，“三江一水”综合治理成效明显。徽县330千伏变电工程建成运行，新建4G基站92座，建成5G应用示范点60个，行政村实现有线宽带全覆盖，兰渝铁路陇南段实现通信网络全覆盖。

【优势产业】2019年，全市发放特色产业发展贷款44亿元，特色产业面积稳定在1000万亩左右。新建标准化规模养殖场30个，生态放养鸡580

万只，中蜂养殖39万箱。稳定生猪生产，出栏牛羊猪123万头。新增龙头企业16户，申报省级重点龙头企业21家，建成果蔬保鲜库229座。农业保险完成率111.7%。申报绿色食品企业32家，新颁“三品一标”证书15个。康县阳坝镇被列入全国“产业兴村强镇”，礼县捷地村被评为全国“一村一品示范村”。旅游产业蓬勃发展，与省公航旅签约投资10亿元、青旅集团签约投资6.7亿元旅游项目，宕昌官鹅沟5A级景区创建工作进展顺利，创建4A级景区2个，创建省市级乡村旅游示范村29个，两当县创建为省级全域旅游示范县。全年接待游客2170万人，比上年增长23%；实现旅游综合收入117.4亿元，增长27%。通道物流产业加快发展，陇南东盛物流港完成交易额14亿元，全市物流企业达到296家，客运、货运周转量分别增长11%、9%。实施先进制造和清洁生产项目4个。建成市融媒体暨大数据运用体验中心，陇南乡村大数据荣获“2019中国网络理政十大创新案例”。培育销售额千万元以上的电商网店102户，创建为国家电子商务示范市。金融业快速健康发展，全市贷款余额突破700亿元，存款余额接近1000亿元，为全市经济发展提供了强有力的金融支撑。

【人民生活】2019年，全市实施社会事业项目32个，民生支出占财政总支出的82.5%。城镇新增就业20303人，转移富余劳动力67.9万人。实施562所中小学和幼儿园建设项目，大力推进教育信息化，提升50所乡村学校教学质量，新建4所城区学校，“入学难”“大班额”问题进一步缓解，礼县、康县义务教育均衡发展通过省级验收，高考本科上线率63.8%。实施全民健康保障工程3个，陇南卫校综合实训楼开工建设，居民医保住院费用报销比例、大病保险、医疗救助水平稳步提升。建成10个市县居家养老服务中心，企业和机关事业单位退休人员基本养老金分别增长6.8%、3.9%。新建“历史再现”工程博物馆13个，推荐入库科技型中小企业13家，认定高新技术企业5家，建立科技特派员工作站110个，取得科技成果53项。圆满承办了全国游泳城市联盟（陇南站）比赛，在国省赛事中获奖成绩创历史新高。建立了市村直通解民忧办法，收集办理群众意见1486个。10件省列民生实事、8件市列民生实事全部完成，妥善安置了180名退役军人。党的民族宗教政策全面落实，安全生产形势总体平稳，“扫黑除恶”专项斗争形成震慑，社会大局保持和谐稳定。

【环境保护】2019年，全市积极开展国土绿化行动，完成人工造林33万亩，建设绿色通道488公里，义务植树1035万株，森林覆盖率达到42.0%。大熊猫国家公园加快建设。全面落实“双河湖长制”，专项清理河湖“四乱”，扎实开展生态环境风险排查整治，查处环境违法行为86起。扎实整改环保督察和“绿盾”专项行动反馈问题，办结第二轮中央环保督察交办信访案件120件。扎实整改秦岭陇南段督查反馈问题133个，超额完成年度保护地矿业权退出任务。实施水源地和污水治理项目37个，治理水土流失63平方公里。积极实施土壤污染治理修复项目，地表水达标率100%，各县城区污水处理率84.5%，城区垃圾无害化处理率100%，完成燃煤小锅炉综合整治554台。市区空气环境质量指数稳居全省前列，康县阳坝镇、文县碧口镇入选首批“甘肃特色气候小镇”。

【社会保障】2019年末，全市城镇职工医疗保险15.0万人，增长1.9%；城乡居民医疗保险248.5万人，增长1.5%；城镇养老保险8.3万人，增长3.3%；工伤保险参保10.4万人，增长37%。城镇居民最低生活保障对象3.6万人，发放低保金2.1亿元；农村低保对象16.9万人，发放低保金5.0亿元。

【社会事业】2019年末，学校总数2504所，教职工3.1万人，其中专任教师3.0万人。在校学生数50.4万人，其中幼儿园10.5万人、小学在校生21.9万人、初中生9.5万人、高中生5.5万人、中等职业学校1.7万人、大专院校1.2万人。学龄儿童入学率99.7%，初中入学率99.8%。小学、初中、高中专任教师合格率分别为99.9%、99.8%、93.6%。全市普通高中招生1.9万人，增长2.8%；初中招生3.2万人，下降2.1%；小学招生4.0万人，增长0.5%。各类普通高校在陇南招生1.8万人，增长12.3%，各类中等职业学校招生8798人，下降14.8%。全市共有艺术表演团体84个，全年演出2162场，观众达38万人次；文化馆10个；公共图书馆10个，藏书达86.71万余册；博物馆17个；文化古迹70处，其中国家级8处、省级43处、市级19处；文物藏量9910件，其中一级文物140件。广播和电视综合覆盖率分别为99.4%和96.3%；数字有线电视用户16.2万户，增长1.7%。2018年末，全市有公立医疗卫生机构1823个，其中县级以上综合医院35个、中医院24个、疾病防控中心10个、社区服务中心（站）11个、妇幼保健院（站）9个、卫生监督所10个、乡镇卫生院216个。拥有病床位13475张，共有卫生技术人员12761人，其中执业医师和执业助理医师4333人、注册护士4760人、药师（士）512人、技师（士）646人、其他2509人。

临夏回族自治州

【基本情况】临夏回族自治州地处甘肃中部西南，北邻兰州市，南靠甘南藏族自治州，东连定西市，西接青海省，州府仅距省会150公里。全州土地面积8169平方公里，平均海拔2000米，最高处4636米，最低处1563米。年平均气温为6.0—9.8℃，无霜期132—219天，年平均降雨量363.3—610.1毫米，属温带大陆性气候。全州有临夏市1个县级市，临夏县、康乐县、永靖县、广河县、和政县5个县，东乡族自治县、积石山保安族东乡族撒拉族自治县2个自治县，58个镇、65个乡、7个街道办事处，80个社区居委会、1116个行政村。2019年末常住人口207.14万人，州内聚居回、汉、东乡、保安、撒拉等民族，其中东乡族、保安族是临夏独有的民族。境内有形成距今1.7亿多年前的世界罕见的恐龙足印群，还有距今1300多万年的在亚欧大陆分布最为集中的三趾马、铲齿象、和政羊等古动物化石群。著名的马家窑文化、齐家文化、半山文化闻名遐迩，出土彩陶纹饰精美，其中盛负其名的“彩陶王”现为中国历史博物馆收藏。这里自古是丝绸之路南道、唐蕃古道、甘川古道之要塞，素有西部“旱码头”“茶马互市”之称。黄河三峡、炳灵寺石窟等自然景观巧夺天工，民族特需用品、毛纺地毯、手工艺品享有声誉，民族建筑、砖雕、木雕、彩绘等别具一格。

【资源优势】临夏历史文化悠久，古迹众多，史前遗迹众多，以马家窑文化、齐家文化为代表的各类文物遗址达829处，是我国新石器文化最集中、考古发掘最多的地区之一，因出土现珍藏于国家博物馆的“彩陶王”，而被誉为“中国的彩陶之乡”。长久以来，在这片丝绸古路、唐蕃古道、甘川要道交错伸展的土地上，茶马互市、商贾云集，在漫漫的历史长河中，各民族共同开拓，创造了灿烂的历史文明。这里有世界文化遗产炳灵寺石窟，距今已有1600多年历史，是我国六大石窟之一。

生态资源丰富，风景如画。黄河流经临夏水域面积150平方公里，形成了炳灵峡、刘家峡、盐锅峡三大峡谷景观，这里有黄土高原特有的丹霞国家地质公园，有亚洲第一座百万千瓦级水电站刘家峡水电站，有黄河中上游最大的人工湿地太极岛。临夏南部生态环境优美，自然风光秀丽，高山草甸和森林沿太子山山麓绵延数百里，有国家4A级景区松鸣岩和莲花山，是甘肃中南部森林生态观光游览的首选之地。

化石资源丰富，举世闻名。古老而神奇的临夏盆地，是远古动物繁衍生息的乐园。以“和政羊”为代表的化石群在世界上独一无二，和政县古动物化石凭借其种群和个体数量之多、保存之完整、科研价值之高，占据了“六项世界之最”。永靖县发现的黄河龙骨架化石和世界上最大的恐龙足印化石群令人称奇。

民俗风情浓郁，独具特色。“牡丹随处有，胜绝是河州”，临夏人喜爱牡丹。每年五月，万千牡丹竞相怒放，争奇斗艳，花香诱人。有风格迥异的清真寺、拱北等民族建筑，有风味独特的民族小吃，有世界非物质文化遗产“花儿”和临夏传统民居——八坊十三巷，充满民俗风情，独具魅力。

全州境内河流纵横，有黄河、洮河、湟水河、大夏河及其支流牛津河、广通河、三岔河、冶木河等30多条。黄河自西入境横贯北部，流长124公里，多年平均流量882.4立方米/秒；洮河流经州界东部边沿97公里，多年平均流量162立方米/秒；大夏河自西南流经临夏盆地58公里，多年平均流量34.3立方米/秒；湟水河流经我州永靖县33公里以兰州市红古区为界，多年平均流量146.4立方米/秒；还有其他河流和季节性山溪。年过境径流量324亿立方米，自产水量12.15亿立方米，水资源总量336.15亿立方米。

【国民经济】2019年，实现地区生产总值303.5亿元，比上年增长6.0%。其中，第一产业增加值40.6亿元，增长4.8%，第二产业增加值58.6亿元，增长5.8%，第三产业增加值204.3亿元，增长6.2%。三次产业结构比为13.4∶19.3∶67.3。工业增加值28.8亿元，增长4.7%，其中规模以上工业企业实现增加值21.3亿元，增长7.3%。固定资产投资增长4.6%。社会消费品零售总额101.4亿元，增长8.0%。完成一般公共预算收入16.4亿元，增长5.5%；一般公共预算支出275.6亿元，增长9.2%。城镇居民人均可支配收入22376元，增长7.4%；农村居民人均可支配收入7512元，增长10.2%。居民消费价格总水平上涨2.3%。

【供给侧结构性改革】深化“放管服”改革，继续取消下放调整行政审批事项，推进“一网一窗一次”改革、投资项目审批制度改革、建设工程领域审批制度改革，深化“双随机一公开”“证照分离”等商事制度改革，开展“减证便民”行动，完成一体化政务服务平台一期建设任务，政府服务效能和营商环境明显改进。完成机构改革各项任务，体制机制运行更加顺畅。组建城投、水投、农牧投、文旅投4个国有投资公司，用市场化手段盘活州内资源和国有资产迈出重要一步。2019年召开全州民营经济发展暨优化营商环境大会，制定出台促进中小微企业高质量发展的《若干措施》、进一步简化项目审批程序的《意见》、招商引资优惠政策等制度文件，建立落实地级干部联系州内重点民营企业制度，健全政府、银行、企业定期协商沟通机制，全方位营造便捷、高效、透明、法治、可预期的营商环境，加大企业家培训力度，民营企业发展活力不断释放。

【脱贫攻坚】2019年，临夏州委、州政府以习近平新时代中国特色社会主义思想为指导，深入贯彻落实习近平总书记参加甘肃代表团审议、解决“两不愁三保障”突出问题座谈会、视察甘肃时的重要讲话和指示精神，坚持靶心不偏、焦点不散、标准不变，以不获全胜、决不收兵的决心，以精细精微精确的“绣花功夫”，坚定信心、全民动员，尽锐出战、攻坚克难，举全州之力向深度贫困堡垒发起总攻。经州、县、乡、村逐级自评验收，全州贫困人口从2018年底的16.38万人减少到3.24万人，贫困发生率从8.97%下降到1.77%，下降7.2个百分点；拟退出贫困村403个，累计退出达到583个、占贫困村总数649个的90%。全面落实饮水安全保障政策，解决了1.12万户、5.25万人的自来水入户问题，改善了4.57万户、22.82万人的供水不稳定问题。全面落实产业扶贫政策，全力实施贫困户2万元到户增收项目，扶持7.08万户贫困户通过自繁自育、资金入股、托养、配股分红等方式发展养殖业，发放能繁母牛3.27万头、能繁母羊26.21万只、能繁母猪2.12万头，配套机械1017套，扶持2.77万户贫困户发展中药材等特色种植业。全面落实就业扶贫政策，全州累计建成扶贫车间212个，吸纳就业人员10217人，其中建档立卡贫困人口4622人，帮助贫困群众就近就地就业。全面落实易地扶贫搬迁政策，“十三五”期间全州计划搬迁的75139名建档立卡贫困人口安置住房建设任务已全部完成，建成率、入住率均达到100%，拆旧复垦7655户、拆旧率52%。全面落实农村危房改造政策，全州3488户农村四类重点对象存量危房改造全部竣工，已完成州县两级验收，全州新筛查危房改造任务1551户，目前已全部竣工并完成了州县两级验收。全面落实教育扶贫政策，已投入资金7.85亿元，对全州355所学校进行新建或改扩建，目前213所已投入使用，48所主体已完工，67所已开工建设，27所正在开展前期准备工作。

【“三农”工作】按照“稳粮、优经、扩饲”总体要求，大力发展马铃薯、蔬菜、油菜、中药材等特色富民增收产业。全州完成农作物播种面积323.8万亩，其中玉米140.53万亩、马铃薯64万亩、小麦38.95万亩、蔬菜29.49万亩、油菜29.19万亩、中药材15.46万亩、豆类5.29万亩。旱作农业技术推广面积达到164.86万亩。积极调整优化种植结构，发展特色产业7.34万亩，其中百合5.4万亩、藜麦0.48万亩、金银花1.36万亩、树莓0.1万亩。加快以日光温室、塑料大棚为主的设施蔬菜发展，全州蔬菜种植面积达到29.49万亩。全年完成造林面积28.27万亩，比上年增长16.53%。新栽植花椒1.13万亩，啤特果3.9万亩，核桃0.57万亩，育苗1.17万亩。大牲畜年末存栏31.13万头，比上年末增长10.9%；羊存栏144.33万只，增长8.6%。全年肉类总产量5.64万吨，比上年增长3.7%。

【项目建设】2019年全州上下把项目建设作为高质量发展的强力引擎，实行投资项目清单管理、新开工项目公示、重大项目领导包抓等制度，积极拓宽投融资渠道，全力推进以“十大项目工程”为主的重大项目建设，项目建设呈现投资规模大、推进速度快、实施标准高、带动效应强的显著特点，全州形成了大建设大发展的强劲势头。总投资95.4亿元的临大高速公路全线开工建设；总投资79.7亿元的东乡县沿洮河经济带开发快速推进，创造了“达板模式、达板标准、达板速度”；东乡南阳渠提质增效及水系连通工程加紧实施；总投资20.7亿元的临夏市环城北路建设全面启动；兰合铁路纳入全国“八纵八横”铁路网骨干铁路，控制性工程黄家岭隧道开工建设，各项前置要件基本就绪，调整可研报告待国铁集团批复；临夏民用机场项目通过民航总局评估，正在积极衔接签订军地协议。全年有286个项目开工建设，折红二级公路、康卓二级公路、永靖县西山农村饮水安全巩固提升工程、临夏LNG储备中心等195个项目建成投入使用，完成投资143.72亿元。围绕国家政策导向和支持重点，全力争取了一批基础设施、公共服务、生态环保等方面的重点项目，共落实中央和省级资金16.18亿元，增加2.34亿元。围绕“十四五”等重大规划编制，扎实推进项目谋划，储备重点项目426个、总投资3740亿元，正在积极衔接重大项目进入国家、省上规划盘子。

【优势产业】2019年装机120.4兆瓦的一、二批光伏电站建成并网，新争取的143兆瓦追加项目如期并网，全州光伏电站总装机容量达263.4兆瓦，将辐射带动7个县的581个贫困村、5.16万户贫困户稳定脱贫、长期受益。积极推进旅游基础建设、综合开发、宣传推介和融合发展，成功举办“三区三州”旅游大环线推介、全国滑翔伞竞标赛、临博会、河州牡丹文化月、花儿临夏马拉松等节会活动，临夏的旅游形象、旅游人气持续攀升，被国际旅游联合会评定为最美中国旅游城市，被《半月谈》杂志社评为“2019年中国（区域）最具魅力人气旅游城市”。临夏州和永靖县、临夏市《全域旅游总体规划》正在加快编制，炳灵寺世界文化遗产旅游区通过国家5A级景区景观质量评审，和政县法台山和桦林万兽谷景区成功获批国家4A景区，黄河三峡景区成为省级旅游度假区。厦门恒兴集团投资30亿元的黄河三峡文旅开发项目正在推进。

【人民生活】城乡居民收入持续增加，人民生活水平继续改善。2019年，全州城镇居民人均可支配收入22376元，比上年增长7.4%；农村居民人均可支配收入7512元，增长10.2%。城镇居民人均消费支出16204元，增长5.9%；农村居民人均消费支出6769元，增长9.9%。

【环境保护】全州共淘汰10蒸吨及以下燃煤锅炉、茶水炉等燃煤设施667台295.35蒸吨，全州20蒸吨及以上燃煤锅炉全面完成提标改造工作。全州共建成12个煤炭集中交易市场，配套建设129个乡镇二级配送网点，完成6.1万个土炕、土灶和小煤炉冬季清洁取暖改造。2019年全州共淘汰老旧机动车辆10169辆，临夏市建成3套机动车尾气遥感监测及黑烟车抓拍设备并投入试运行。关停取缔不符合产业政策的“散乱污”企业22家，升级提升改造11家，对全州155家砖瓦窑厂进行了综合整治。东乡、广河经济开发区等4个省列园区污水处理厂建成投运，河滩镇、古城新区、土桥镇、达板镇、盐锅峡镇污水处理厂已建成投运，莲麓镇生活污水处理厂已完成主体建设，临夏市枹罕镇污水收集管网建设已完成主管网建设任务，临夏市污水处理厂污泥无害化处理处置工程已开工建设。规模化畜禽养殖场畜禽养殖废弃物资源化利用率达到73%以上，完成10座码头和1座船舶检验起泊设施的污染防治设施建设任务，全面完成全州47座加油站地下油罐防渗改造任务。开展了2019年饮用水水源地环境保护专项行动，对全州31个饮用水水源地实施了保护工程。完成工业用地土壤污染详查信息采集工作，建成永靖县西河镇铅锌冶炼厂旧址土壤污染修复治理和75个农村环境综合整治项目。

【社会保障】年末全州参加失业保险的职工人数2.97万人，领取失业保险金的人数182人；参加基本养老保险的人数154.96万人；参加基本医疗保险的人数214.34万人，其中城镇职工11.72万人，城乡居民202.62万人。全社会低保户数6.23万户，其中农村4.75万户，城镇1.48万户；低保人数21.58万人，其中农村17.48万人，城镇4.10万人。年末全州社区日间照料中心840个。

2019年，全州1.93万户7.89万建档立卡贫困人口纳入低保范围，占农村低保对象的46%。在124个乡镇设立社会救助综合服务窗口，建立临时救助备用金制度，全州累计实施临时救助 19.3 万人次，支出临时救助资金达 3.92 亿元。严格执行残疾人“两项补贴”制度，为 4.97 万残疾人累计共发放补贴资金 3450 万元。

【社会事业】全年共组织实施各类科技计划项目 38 项，其中国家级、省级 15 项，州级 23 项；全年共取得科技成果 16 项，全年申请专利 383 项。年末全州各级各类学校共有 2403 所，其中幼儿园 1167 所，小学 1121 所，九年一贯制学校 19 所，初级中学 64 所，完全中学 7 所，高级中学 13 所，电大分校 1 所，中专及职校 9 所，特殊教育学校 1 所，高职院校 1 所。普通中学在校学生数 11.25 万人，比上年增加 0.93 万人。其中，高中 3.55 万人，减少 148 人；初中 7.70 万人，增加 0.92 万人。小学在校学生数 22.73 万人，增加 1.42 万人。中专及职校在校学生数 0.52 万人，增加 614 人。全州中专及职校专任教师 601 人，中学专任教师 0.91 万人,小学专任教师 1.38 万人。学龄儿童入学率 99.98%，提高 0.02 个百分点。年末全州拥有县市文化馆 8 个,公共图书馆 8 个,博物馆(纪念馆）13 个，文物管理所 4 个，乡镇综合文化站 123 个，建成文化信息资源共享工程县级分中心 8 个。全州广播电视转播台 10 座，广播人口覆盖率 99.03%，电视人口覆盖率 99.07%。年末全州共有医疗单位 196 个，其中县级及以上医院 15 个，乡（镇）卫生院 133 个；病床 10158 张，专业卫生技术人员 8770 人。全年共举办各类体育活动 680 余场（次），参加人数达 100 万余人（次），乡镇全民健身中心 9 个，笼式足球场 3 个，行政村农民体育工程配备器材 42 个，社区健身器材配置 37 个村。在甘肃省射击、跆拳道、曲棍球、武术、五人制足球、摔跤等项目的锦标赛，获金牌 9 枚、银牌 8 枚、铜牌 10 枚。

甘南藏族自治州

【基本情况】甘南藏族自治州是全国十个藏族自治州之一，位于甘肃省西南部，地处青藏高原东北边缘与黄土高原西部过渡地段，是藏、汉文化的交汇带，是黄河、长江的水源涵养区和补给区，被费孝通先生称之为“青藏高原的窗口”和“藏族现代化的跳板”，并被国家确定为生态主体功能区和生态文明先行示范区，境内草原广阔，海拔 1100—4900 米，大部分地区在 3000 米以上。自治州辖夏河、碌曲、玛曲、迭部、舟曲、临潭、卓尼七县及合作市，共有 99 个乡镇（街道办）、662 个行政村，国土总面积 4.5 万平方公里。2019 年末，全州总人口 74.97 万人，其中藏族人口 42.38 万人，占总人口的 56.53%；常住人口 72.32 万人，其中城镇人口 26.76 万人，城镇化率 37.0%。

【资源优势】文化旅游：全州现有国家 4A 级景区 8 处、3A 级 11 处、2A 级 12 处，境内有尕海、则岔两个国家级自然保护区、莲花山和冶力关国家森林公园，以及桑科草原、黄河首曲、大峪沟等几十处优美的自然景区；有全国文物保护单位夏河拉卜楞寺、卓尼禅定寺和碌曲郎木寺等 121 座藏传佛教寺院；有红军长征经历的天险腊子口、俄界会议遗址等十多处革命历史遗迹；有香浪节、晒佛节、采花节、花儿会等几十种民俗节庆活动，被誉为“中国的小西藏，甘肃的后花园”。山野珍品：全州中藏药和林下资源丰富，是全省重要的中藏药材和山野珍品生产加工基地。境内有红景天、雪莲、冬虫夏草、贝母等中藏药材 850 多种，羊肚菌、蕨菜、木耳、松茸、沙棘等山野珍品 130 多种。清洁能源：甘南地处长江、黄河上游，境内有黄河、洮河、大夏河、白龙江等 120 多条干支河流，水电资源理论蕴藏量达 361 万千瓦，占全省水电资源蕴藏量的 21%，可开发量为 216 万千瓦，占全省可开发量的 22%。全州日照时间长，风量大，太阳能、风能等清洁能源资源也十分丰富。牧业资源：全州有天然草场 4085 万亩，其中可利用草原面积 3843 万亩。理论载畜量 621 万个羊单位，属青藏高原和全省天然牧场中自然载畜能力较高，耐放牧性最大的草场。

【国民经济】全年全州实现地区生产总值 218.33 亿元，按不变价格计算，比上年增长 3.5%。其中，第一产业增加值 41.72 亿元，增长 5.1%，对经济的贡献率 21.74%，拉动经济增长 0.8 个百分点；第二产业增加值 33.22 亿元，下降 3.6%，对经济的贡献率 -19.37%，拉动经济增长 -0.7 个百分点；第三产业增加值 143.39 亿元，增长 5.1%，对经济的贡献率 97.62%，拉动经济增长 3.4 个百分点。三次产业结构比由 2018 年的 18.11 ：16.93 ：64.96 调整为 19.11 ：15.21 ：65.68，第一产业比重上升 1 个百分点，第二产业比重下降 1.72 个百分点，第三产业比重上升 0.72 个百分点。社会消费品零售总额 55.95 亿元，增长 7.0%。一般公共预算收入 10.49 亿元，增长 5.0%；一般公共预算支出 209.99 亿元，增长 3.6%。金融机构人民币各项存款余额 389.58 亿元，增长 5.5%；各项贷款余额 244.46 亿元，增长 3.9%。

【脱贫攻坚】全州年内减少贫困人口 1.9 万人，贫困发生率下降到 0.46%；退出贫困村 107 个，贫困村退出比例达到 99.36%。旅游扶贫方面，组织实施旅游基础设施项目 48 个，扶持发展农（牧）家乐 1449 户，带动贫困人口 8000 人。农牧产业方面，加大牛、羊、果品、蔬菜、药材、马铃薯、蕨麻猪、从岭藏鸡等八大产业扶持力度，生态畜牧业效益明显提升，种植业结构不断优化。就业扶贫方面，全州新开发乡村公益性岗位 855 名，已全部上岗开展工作；开展精准扶贫劳动力培训 1.4 万人次，输转富余劳动力 12 万人次，其中有组织输转 9.7 万人，实现劳务创收 22 亿元。建成“扶贫车间”151 个，共吸纳农牧村劳动力 5213 人，其中建档立卡贫困劳动力 1814 人。生态扶贫方面，统筹推进脱贫攻坚与生态建设，新聘生态护林员 1055 名，续聘 9268 名，累计兑现报酬补助 2.13 亿元；完成退耕还林 10.51 万亩，受益建档立卡户 7985 户。光伏扶贫方面，52 兆瓦的分布式光伏发电系统全面建成并上网发电，125 个贫困村及 8063 户贫困户从中受益，新开工的 2.4 兆瓦光伏电站于 12 月中旬并网发电。电商扶贫方面，全州八县市全部创建为电子商务进农村示范县，建成县级电商服务中心8个、乡镇服务站89个、村级服务点314个，农畜产品上网销售额1.5亿元。同时，村组道路、安全饮水、厕所革命、贫困村“三化”、高标准农田等一大批项目全面完成，贫困村整体面貌和贫困群众生产生活条件得到有效提升。

【“三农”工作】纵深推进全域无垃圾三年治理提升行动，集中开展电力通讯、道路街道、景区景点、农牧村和综合市场等重点领域环境综合整治，创建清洁村庄示范县2个、清洁村庄258个，实施农牧村生活污水治理项目31个，在17个重点乡镇建设垃圾热气化处理站，行政村生活垃圾无害化处理覆盖率达77.6%。新建改建农牧户厕所2.76万座、村级公厕580座，改造土炕4628户。投资23.2亿元，新建生态文明小康村300个，惠及群众1.4万户6.5万人。启动“一十百千万”工程，建设旅游专业村60个，实施旅游扶贫重点村基础设施建设项目23个，扶持农牧家乐350户，卓尼博峪村、碌曲尕秀村、夏河香告村入选第一批全国乡村旅游重点村名录，合作市沟七峡村等8个村入选全省乡村旅游示范村创建名录。推动乡村治理重心下移，完善村规民约等治理制度，创新村民自治机制，村级公益性设施管护不断加强，夏河县麻莲滩村被评为全国乡村治理示范村。全年全州完成农林牧渔业及农林牧渔服务业增加值43.83亿元，比上年增长4.7%。粮食总产量10.51万吨，增加1.10万吨。油料产量2.18万吨，增加0.23万吨。中药材产量5.46万吨，增加1.23万吨。蔬菜产量2.05万吨，增加0.19万吨。年末各类牲畜存栏355.46万头、只，比上年末减少9.25万头、只。全年肉类总产量9.67万吨，增加0.14万吨；牛奶产量10.23万吨，增加0.29万吨；绵羊毛产量0.19万吨，减少55吨。年末全州农业机械总动力40.28万千瓦，拖拉机9514台，耕种收综合机械化水平36.99%。农用化肥施用实物量8587吨。全州灌溉面积20.25万亩。

【项目建设】王格尔塘至夏河高速公路完成投资27.94亿元，卓尼至合作高速公路一期工程开工建设。渭武高速舟曲连接线建成通车。卓碌二级公路试验段全面完工、一期工程开工建设，玛久二级公路通过验收，康卓二级公路新城至卓尼段基本建成，峰代二级公路二期工程、江迭二级公路康木车至扎古录段完成路基。迭部至若尔盖、那吾至扎油三级公路建成通车，舟曲至四川永和、河曲马场至采日玛三级公路稳步推进。八角至康多彩色旅游公路如期建成，水地至拉尕山、木耳至大峪沟、益哇沟口至扎尕那等重点景区公路进展顺利。合作市客运枢纽中心基本建成。兰合铁路纳入国家中长期铁路网规划，按双线200千米每小时建设标准报批可研。西成铁路纳入国家发改委“双百”工程交通扶贫铁路项目，完成可研批复。大力推进“四好农村路”建设，提前一年实现建制村通硬化路。引洮济合完成工程量的94.3%，玛曲县城引水工程顺利完成。总投资15.61亿元的城市道路、桥梁、给排水、垃圾污水处理等市政设施建设项目进展顺利。高标准实施106项城区主干道节点景观打造、沿街建筑群立面亮化、楼宇风貌改造等城市基础设施提升工程。投资4.5亿元，新建110千伏及以下供电线路1607千米。5G网络在合作开通，新建行政村4G基站37座。

【优势产业】围绕现代农牧业和文化旅游业两大首位产业，持续加大财政投入和金融扶持力度，扶持壮大畜牧产业，牲畜总增率、出栏率、商品率分别达到41.78%、61.05%、55.94%。加快推进中藏药材、高原夏菜、杂交油菜、优质青稞、优质饲草产业带建设，农作物播种面积达116.09万亩。增殖放流鱼苗266万尾。整顿规范农牧民专业合作社2735家，扶持示范社120家，组建联合社60家，创建州级以上示范社350家。落实综合性扶持政策，华羚、燎原、雪顿、安多、百草等民营龙头企业发展壮大，辐射带动能力显著增强。投资2.65亿元，进一步完善冶力关、拉卜楞、扎尕那、俄界、大峪沟、拉尕山、“三玛”湿地、阿万仓、熊猫沟等重点景区基础设施。尕秀藏寨文化生态旅游区晋升为4A级景区。新建观景台8处、旅游厕所140座。在尼泊尔和国内重要客源地开展文化旅游宣传推介，邀请罗马尼亚国家电视台、台湾旅行商、腾讯等实地体验营销。成功举办藏地传奇自行车赛、夏河高原半程马拉松赛、卓尼自驾狂欢节、临潭洮州民俗文化节、玛曲格萨尔赛马大会、迭部则巴邀请赛、碌曲锅庄舞大赛、舟曲楹联文化节等一系列节庆赛事活动，“九色甘南香巴拉”旅游品牌影响力日益扩大。全年共接待国内外游客1447万人次，比上年增长15.0%；实现旅游综合收入74亿元，增长16.0%。甘南州荣获2019年亚洲旅游红珊瑚奖及“十大最受欢迎文旅目的地”称号。国家级电子商务进农牧村示范县项目实现全覆盖，村级电商服务网点覆盖率达到66%，电商平台销售额突破1.81亿元，京东·甘南扶贫馆上线运营。

【人民生活】全年全州城镇居民人均可支配收入26592元，比上年增加1809元，增长7.3%，城镇居民恩格尔系数36.27%，比上年降低0.62个百分点。农村居民人均可支配收入8437元，比上年增加760元，增长9.9%，农村居民恩格尔系数43.09%，比上年降低0.59个百分点。劳务输转12.1万人，劳务创收22.22亿元。城镇新增就业5397人，失业人员再就业2609人，就业困难人员实现就业2492人。5086名大中专毕业生实现了就业，就业率达87.8%。发放创业担保贷款5116万元，开展职业技能培训10308人，开发就业见习岗位70个，发放见习补贴资金32万元。举办企业人才招聘会46期，现场签约6338人。通过开发公益性岗位解决了1709名未就业大中专毕业生、零就业家庭、城镇登记失业人员、享受城镇最低生活保障人员、残疾人、连续失业6个月以上城镇居民等就业困难人员的就业。为2个省级创业就业孵化示范基地发放省级创业带动就业扶持资金120万元，为48个高校毕业生初始创业、返乡人员创业发放省级创业带动就业扶持资金240万元。城镇登记失业率2.63%。

【环境保护】国家生态文明先行示范区和生态主体功能区建设成效显著，生态安全屏障进一步筑牢。持续推进生态保护与建设项目，保障了647.42万亩天然林和290.27万亩公益林资源安全，国土绿化21.89万亩，义务植树345万株，退耕还林还草3.57万亩、围栏草场120万亩、建植人工草地50万亩、退化草原改良6.4万亩、沙化草原（黑土滩）综合治理94万亩、毒害草治理4万亩，中度以上退化草原减少259万亩，下降11.2%。全面推进污染防治各项工作，落实散乱污企业关停取缔、机动车尾气遥感检测、燃煤锅炉整治措施；落实河长湖长责任，加强水源地保护，开展河湖“清四乱”专项行动，投入2.33亿元开展大夏河洮河流域综合治理；投入2.75亿元开展重点矿区生态环境恢复治理，投入3550万元实施舟曲牙豁口滑坡治理等3项地质灾害防治工程，合作答浪沟等3个土壤污染防治项目加快实施，蓝天、碧水、净土“三大保卫战”取得实效。完成第三次全国国土调查和第二次污染源普查。大棚房整治、违建别墅清查等专项行动有序推进。

【社会保障】全州城镇职工基本养老、机关事业单位养老、城乡居民养老、失业和工伤保险参保人数56.74万人，基金征缴13.71亿元，基金支出11.75亿元。为全州60周岁以上享受城乡居民基本养老保险待遇的7.98万人发放养老金1.04亿元，养老金发放率100%。全年劳动能力鉴定申请97件，伤残鉴定申请13件，受理工伤（亡）认定申请85件，受理劳动仲裁调解案件40件，调解率100%。全州城镇职工基本医疗保险参保人数8.59万人；城镇职工生育保险参保人数6.43万人；城乡居民基本医疗保险参保人数61.76万人，参保率99.2%。当年征缴基金4.58亿元。城镇职工省内外异地备案9281人，实际就医7662人，统筹基金支付7149万元。城乡居民跨省异地备案963人，实际就医121人，结算金额141万元；省内实际就医11359人，结算金额9042万元。为1.26万城市低保对象发放低保金8918万元；为3.67万农村低保对象发放救助金9296万元；为3299名城乡特困人员发放供养金2442万元；为城乡低保和特困供养人员发放价格临时补贴538万元；为6147名困难残疾人发放生活补贴958万元；为8912名重度残疾人发放护理补贴1184万元；为2554名经济困难老年人发放护理补贴306万元；为390名孤儿发放生活费599万元。全年累计救助城乡困难群众50372人次，发放临时救助金8920万元；救助各类流浪乞讨人员502人次，发放救助金68万元。养老院床位利用率由28%提高到39%，基础性指标合格率达到83%。

【社会事业】全州共有各级各类学校（园）806所，在校（园）学生141093名，教职工13870人。“全面改薄”扎实推进，办学条件和教育质量进一步提高，提前一年实现义务教育均衡发展目标。学前教育三年毛入学率、九年义务教育巩固率、高中阶段毛入学率分别达到92.4%、99.1%和94.1%。县级综合医院完成二甲等级评审。医保基金统筹层次和保障能力大幅提升，率先在全省实行所有参保人免收住院押金制度，1.5万人次通过全国异地就医平台实现直接结算。天津培养的98名定向医学本科生已毕业上岗。共有各级各类医疗卫生机构886个，实有床位3473张，卫生技术人员4400人，每千人拥有卫生技术人员6人。孕产妇死亡率降至15.2/10万，婴儿死亡率降至4.8‰，5岁以下儿童死亡率降至5.6‰。全州无法定甲类传染病报告病例，法定传染病报告率100%。甘南国家农业科技园区通过科技部验收，园区已入驻高新技术企业、工程中心、星创天地、众创空间等各类创新平台和创新主体27家，累计实施各类科技项目47项，取得科技成果28项，获得国家科技进步二等奖1项，省级科技进步二等奖1项、三等奖4项，发明专利37项，应用各类新技术96项、新品种189个，园区农业科技贡献率达到63.0%。全年全州专利申请87件，其中发明专利5件；实用新型专利60件；外观设计专利22件，每万人口发明专利拥有量1.2件。共举办各类文艺演出116场次，观众6.5万人次；接待读者3.57万人次，借阅图书期刊10.7万册次；举办第二届少儿春节联欢晚会等活动21场次、书画摄影展览10期。夏河白石崖溶洞发现的丹尼索瓦人下颌骨化石入选2019世界十大考古发现，“南木特”藏戏展演成功举办，临潭县尕路田大房子确定为第八批全国重点文物保护单位。联合摄制电影《生根》荣获第十五届中美电影节“评委会金天使奖”。共有广播电视直播卫星用户16.21万户。有线电视在网用户5.61万户。出版发行藏汉两文《甘南日报》392.35万份。共举办各类群众性体育活动180余场次，参与人数超过45万人次。群众自发性体育活动370余场次，参与人数超过63万人次。共有全民健身站点179个。审批国家二级运动员11名。共有各类体育场地2576个，场地面积130.79万平方米，人均体育场地面积1.99平方米。

（蔡春辉）

兰州新区

【基本情况】兰州新区位于甘肃省兰州市北部的秦王川盆地，南北长约49公里，东西宽约23公里，地处兰州、西宁、银川3个省会城市共生带的中间位置，是丝绸之路经济带上的重要节点，也是甘肃对外开放的重要窗口和门户。2010年12月，甘肃省设立兰州新区。2012年8月，国务院批复为国家级新区，并赋予“西北地区重要的经济增长极、国家重要的产业基地、向西开放的重要战略平台、承接产业转移示范区”战略定位，规划范围涉及兰州市永登、皋兰两县6镇，总面积1744平方公里，规划控制面积821平方公里，核心区规划建设面积246平方公里。现已托管永登县中川镇、秦川镇和皋兰县西岔镇3个镇，面积约843.7平方公里。2019年末，新区户籍人口15.74万人。兰州新区是青藏高原、内蒙古高原、黄土高原的过渡带和阻断腾格里沙漠南移的重要屏障，也是回族、藏族、东乡族等多民族的交融地。地势由西北向东南倾斜，东西两面是低矮黄土山丘，平均海拔1910米。属典型的温带半干旱大陆性气候，四季分明，阳光充足，冬季寒冷干燥，春季多风少雨，夏无酷暑，秋季温凉。

交通条件便捷。兰州新区是渝新欧、蓉欧、郑新欧等国际货运大通道必经之地，是国家“八纵八横”铁路网的重要枢纽，有10条铁路干线在这里交汇，7条高速公路与周边城市相连。省内唯一的大型国际机场—中川国际机场，现有客运航线218条、通航100多个国内外重点城市，客运吞吐量达到1530.3万人次，货邮吞吐量7.2万吨。2019年，景泰至中川、中川至白银、兰州市至新区（中通道）等高速公路加快建设，建成后将与兰州、白银形成半小时经济圈。

【资源优势】兰州新区空气干燥、气候温凉、境内无自然保护区、环境容量大，在土地和水资源方面具有较大优势。土地资源方面，秦王川盆地是兰州市周边最大的一块高原盆地，空间开阔、地势平坦，非常适宜发展非农产业和大规模开发建设。水利资源方面，秦王川水资源比较充裕，有引大入秦工程提灌的优质水，年引水量4.43亿方，水资源完全能够满足兰州新区未来的建设需求。

【国民经济】2019年，兰州新区实现生产总值201.6亿元，比上年增长17.1%。其中，第一产业增加值1.6亿元，增长0.2%；第二产业增加值99.3亿元，增长18.6%；第三产业增加值100.7亿元，增长14.3%。三次产业结构由2018年的0.73 ： 54.27 ： 45调整为2019年的0.8 ： 49.3 ： 49.9。第三产业比重持续提升，经济结构进一步优化，新区经济从投资拉动向产业发展转变。规上工业增加值增长26.2%；固定资产投资增长13.1%；社会消费品零售总额40.2亿元，增长10%，消费品市场保持平稳运行。一般公共预算收入17.6亿元，增长16%；一般公共预算支出43.1亿元，增长6.5%。

【供给侧结构性改革】扎实有效去产能。严格执行环保、能耗、质量、安全等相关法律法规和标准，坚决淘汰不达标的落后产能，有效处置“僵尸企业”，严控过剩行业新上产能。房地产去库存效果明显。加强房地产市场分类调控，进一步规范开发、销售、中介等行为。2019年完成商品房销售面积123.27万平方米，增长29.96%。积极稳妥去杠杆。2019年规上工业企业资产负债率为64.9%，比上年下降9.7个百分点。企业生产成本有所下降。落实小微企业享受减半征收所得税优惠政策，积极争取国家和省上在电力等领域的支持政策，推动区域电网建设进程，扩大大用户直供电的受益面，对符合条件的企业落实新区电价优惠政策。2019年，规上工业企业每百元营业收入中的成本为13.9元，比上年减少1.9元。精准加力补短板。大力加快制造业升级，积极培育经济新动能。推进基础设施向产业区延伸，完成化工园区、兰新铝业等多个项目电力、通信线缆改迁，化工片区110KV变电站、北部片区热源厂正在加快建设。保障性安居工程方面，火家湾棚改、方家坡二期、瑞岭馨苑等一批项目正在快速建设，建成后将充分保障引进人才、产业工人等不同群体住房需求。

【脱贫攻坚】全面巩固拓展脱贫成果。紧紧围绕“两不愁、三保障”回头看、贫困人口动态管理及调整，对收入不达标、住危房、义务教育辍学、重病患者家庭，组织镇村干部、驻村工作队逐户摸底，排摸出边缘户3户12人，脱贫监测户25户144人。扎实推进帮扶措施到村到户到人，完善落实“一户一策”205户698人，完成190户647人贫困人口脱贫任务，回退贫困人口2户9人，贫困发生率降至0.06%。农村金融方面，全面推进54个行政村“支协+协会”村级发展互助资金运行管理，对运行不规范和未运行的37个扶贫互助资金进行退出，资金上缴再次用于村级集体经济发展。积极组织园区、乡镇干部对2450户12250万元精准扶贫专项贷款进行收缴，实现精准扶贫贷款零逾期。

【“三农”工作】加快全域现代农业建设。出台了《关于深入实施乡村振兴战略加快推进农业农村高质量发展的实施意见》关于引导和推动农民专业合作社发展的实施意见》等文件，加快农业农村高质量发展步伐，“三农”工作取得新进展。

现代农业初显成效。推进农业生产设施化。引进现代柔性引力双模大棚、主动蓄热模块化可移动日光温室等国际先进设施，示范推广荷兰智能控制系统、美国潮汐灌溉、以色列水肥一体化等国际先进技术，建成可移动、模块化、装配式日光温室1100座，中药材育苗300座。培育雪里香草莓、黑罗汉圣女果、阳光玫瑰葡萄等29个水果品种和水瓶座、娜欧密、索邦百合等9个花卉品种，形成全省最大的日光温室示范推广基地。大力发展中高端花卉产业，建成36万平方米亚洲单体最大、技术最先进的智能温室高端花卉基地，鲜花交易市场建成运营，形成鲜切花市场“西南看云南、西北看兰州新区”的格局。加快建设生态循环养殖园。新希望250万头、天兆60万头国内最先进生猪种养加智能生态循环项目开工建设，中天羊业3000只、天欣4500只种羊入栏。2019年新区农业种植面积13.5万亩，其中粮食作物6.1万亩，经济作物5.2万亩，蔬菜瓜果1.96万亩，农业增加值达到1.6亿元。

农民增收渠道不断拓宽。深化“三变”改革，组建“土储银行”，对新区农田实现全集约，累计流转和整理土地面积19.8万亩。引导农民以土地、劳务、资金等入股国有企业和村领办合作社，参与现代农业发展、基础设施建设、公共服务提升等领域，带动农民就业1.5万人、农民转产业工人9000人。

全面实施美丽乡村建设。累计创建省级“千村美丽”示范村4个，市级美丽乡村示范村6个，实施全域美丽乡村风貌改造项目25个，实现了永久保留村美丽乡村全覆盖。全面推进农村“厕所革命”。2019年完成户厕7675户，农村公厕22个。加强农业面源污染防治，2019年新区秸秆综合利用率达到84%以上，废旧农膜回收率达到80%以上，尾菜处理率达45%以上。

【项目建设】围绕国家、省、市确定的重点领域，在基础设施建设、产业发展等方面征集项目339个，总投资1686亿元，年度计划投资332亿元。截至2019年底共实施项目332个，其中续建项目124个，新建项目208个。同时谋划了兰州粮食现代物流产业园、年产20万吨铝箔等32个省市列重大项目，农业双创基地、经三十三路与G341线立交工程等28个项目正在加快建设，机场三期改扩建、多式联运示范工程4个项目正在推进，固定资产投资保持了平稳增长。2019年，兰州新区固定资产投资比上年增长13.12%。按三次产业分，第一产业投资增长231.07%；第二产业投资增长9.52%，其中工业投资增长15.28%；第三产业投资增长2.92%。基础设施投资下降28.01%；民间投资增长1.58%。

【优势产业】围绕打造西部战略性新兴产业新高地，充分发挥区位交通、资源要素、政策保障等比较优势，大力发展战略性新兴产业，先进装备制造、绿色化工、新材料、大数据、新能源汽车、生物医药、商贸物流、文化旅游、现代农业九大产业集聚效应凸显，已累计引进产业项目660多个，总投资3200多亿元。

绿色化工产业。把绿色化工作为支柱性产业来培育，抢抓沿江、沿海化工企业搬迁改造机遇，高标准规划建设100平方公里千亿级绿色高端化工产业园。累计引进产业项目112个、总投资217亿元，65个开工建设，12个具备投产条件。“专精特新”化工新材料产业园落地项目35个，填补空白、替代进口、弥补短缺化工产品过百种。上海康鹏威耳从考察洽谈到建成试生产仅用半年时间，刷新化工行业项目建设新纪录，体现“新区速度”。

大数据产业。把握气候温凉、电力富裕优势，充分利用已建成国际互联网数据专用通道，作为丝绸之路信息港中心载体，获批国家新型工业化产业示范基地（大数据）等优势，加速大数据产业集聚。电信、移动数据中心和新区大数据产业园一期等14个项目上网运行，国网云数据中心、移动数据中心二期、电信数据中心二期等9个项目加快建设，装配机架将达2.5万个。

先进装备制造。重点布局石化重型装备制造、新能源装备生产、大科学装置等设备制造产业体系。引进中科院大科学装置、兰泵、兰州电机、北科维拓等先进装备制造产业项目130多个，初步形成集研发、设计、制造、服务于一体的装备制造基地。省铁投装备产业园、新合制罐、博睿重装制造生产基地建成投产。重离子应用技术及装备制造产业基地等16个项目加快建设。新引进柳工西北再制造研发中心等项目13个。兰石自主研发15000米超深井海洋钻机完成设计、进入样机制造阶段。

新材料产业。立足省内有色金属原材料生产规模大、气候适宜、电力和运输成本低等实际，重点发展光电新材料、光器件产业链，促进高端金属合金材料技术在新区快速转化，推进绿色建材等新材料产业。德福年产5万吨超薄铜箔项目一期投产、二期开工。兰飞军民融合高强度铝合金轻量化轮毂、大禹高分子防水新材料产业基地等6个项目建成投产。商投年产20万吨高档铝箔、正威三期年产10万吨高导新材料等项目加快建设。新引进项目14个、总投资77亿元。大禹防水卷材获“大世界基尼斯之最”。有色金属、绿色建材、光电材料等新材料产业体系形成。

生物医药。依托甘肃省丰富的中药材资源优势和兰州生物制药研究、中成药品牌优势，布局建设生物医药产业园区，初步形成中成药、化学药、动物疫苗、医疗器械、医药物流等生物医药产业集群。佛慈、和盛堂、兰药药业等10个项目建成投产。和盛堂中药戒毒产品“福康片”列入国家中药保护品种、国家保密配方产品。凯博药业“速毕渟”止血材料通过国际标准体系认证。

新能源汽车。借力“一带一路”重要节点和辐射西北地区的区位优势，打造集研发设计、配件生产、整车组装、销售为一体的新能源汽车产业集群。引进兰州知豆、兰石兰驼、兰州广通、亚太等一批新能源汽车产业项目，已全部建成投产，设计生产新能源公交车6000辆、乘用车9万辆、物流车2.5万辆、特种车6万辆的规模。其中兰州广通成功收购重组塞尔维亚贝尔格莱德公交车厂，首台欧洲样车通过欧盟认证，开启甘肃省汽车企业走向海外市场的先河。

商贸物流。抢抓“一带一路”建设机遇，深度融入国际陆海贸易新通道，争当甘肃对外开放“桥头堡”。建成综合保税区、国际航空港、铁路口岸、国际通信专用通道形成“一区一港一口岸一通道”立体化开放平台，木材、粮食、水果、海产品等特种口岸齐全，通关便利化水平不断提升，对外贸易爆发式增长。多式联运示范工程加快建设，面向“一带一路”沿线国家的物流集散枢纽和多式联运中心加速形成，向西开放比较优势更加突出、发展前景更加广阔。

文化旅游。通过提炼秦王川特色历史文化，大力发展文化旅游产业。建成运营西部恐龙园、秦王川国家湿地公园、晴望川民俗文化村等7大旅游景区，2019年共接待游客621万人次，实现旅游收入23亿元，分别比上年增长57.9%、68.8%。

现代农业。瞄准绿色高科技、高附加值、都市型农业发展方向，加快建设全省规模最大现代农业公园、示范园、生态循环养殖园。规模化、集约化种植基地建设全面启动，紫花苜蓿、和尚头小麦等特色种植10万亩。饲草种植、规模养殖、屠宰冷链、有机肥加工为一体的全产业链基本形成。

【人民生活】2019年，兰州新区城镇居民人均可支配收入32711元，比上年增长8.7%；农村居民人均可支配收入11990元，增长10.1%。居民人均消费支出13424.9元，其中，城镇居民人均消费支出16484.8元，农村居民人均消费支出10343.4元。

【环境保护】2019年，兰州新区以绿色化工园区为依托，大力发展废气、水、固废治理综合利用项目，加快兰州新区全省环保产业基地建设。截至2019年底，正在建设项目13个，总投资达18亿元；计划建设项目6个，总投资达34亿元。2019年，新区环境空气良好以上天数为330天（同比增加35天），剔除沙尘天气影响后达标率为95%。水污染防治成效突出。湿地公园下游出水口水质达标，第一污水处理厂、职教园区污水处理东中心水质基本达到《城镇污水处理厂污染排放标准》(GB18918—2002)一级A排放标准。地下水水质基本稳定。集中式饮用水源地水质达标率100%，水源地规范化建设的具体做法和成效，得到生态环境部现场强化督查组肯定和好评。新区无污染地块，土壤环境持续稳定。

【社会保障】牢固树立以人民为中心的发展理念，不断加大民生投入，着力保障和改善民生。建成二甲综合性中川人民医院。甘肃省人民医院新区分院、省残疾人康复中心等项目加快建设。年末共有卫生机构122个，其中医院7个；医疗卫生机构拥有床位数747张，每千人口医院床位数2.27张；卫生机构卫生技术人员1079人，其中医生335人，每千人口医生数1.27人。社会保险参保覆盖面持续扩大，城乡居民基本医疗保险参保率达到99.33%。继续实施分级诊疗、转诊转院和大病保险等制度，城乡居民基本医疗保险“一站式”结算1.86万人。坚持就业优先战略和更加积极的就业政策，实现新增城镇化就业5.1万人，城镇登记失业率控制在2%以内。

【社会事业】统筹推进城乡教育、卫生等公共服务均等化，2019年，新区各类学校96所，其中各类幼儿园60所，中小学36所，在校中小学生3.09万人，学龄儿童入学率100%、学前三年毛入园率93.8%。普惠性民办幼儿园覆盖率全省领先。推动职教教育规模化、品牌化、特色化建设，打造全省乃至全国职业教育改革与发展的范本。2019年，新建成院校3所、入驻师生总数达7万人，兰州理工大学技术工程学院实现当年建成、当年招生，甘肃政法大学等6所院校加快建设，引进兰州交大博文学院、兰州航空旅游职业学院，共享区工业4.0实训中心、孵化基地等公共配套全面投运，成为名副其实的高技能人才“摇篮”。

1 综　合

General Survey

简要说明

一、本篇资料主要内容

本篇资料主要包括行政区划、河流基本情况、国民经济和社会发展综合资料、私营个体经济基本情况及法人单位与产业活动单位基本情况资料。

二、本篇资料来源

1. 甘肃行政区划资料是截至 2019 年末全省行政区划变更情况汇总，由省民政厅提供。

2. 河流资料由省水利厅提供。

3. 国民经济和社会发展综合资料是由省统计局国民经济综合统计处抽取全书的精华，通过对各篇章主要统计指标及其速度、结构、比例和效益等加工计算，来反映国民经济和社会发展的总体情况。

4. 全省私营个体经济资料来自省市场监督管理局。

5. 全省法人单位与产业活动单位资料由省统计局普查中心汇总、加工整理。

1-1 行政区划（2019）
Divisions of Administrative Areas in Gansu （2019）

单位：个 （unit）

地级区划名称	Prefectures, Autonomous Regions and Municipalities	地级 Prefecture Level	县级 County Level	县 Counties	自治县 Autonomous Counties	市 Cities	市辖区 Districts under the Jurisdiction of Cites	乡镇级 Townships Level	镇 Towns	乡 Towns	民族乡 Ethnic Community Towns	街道办事处 Street Communities
甘肃省	**Gansu**	**14**	**86**	**57**	**7**	**5**	**17**	**1357**	**892**	**305**	**32**	**128**
兰州市	Lanzhou	1	8	3			5	112	44	14		54
嘉峪关市	Jiayuguan	1						5	3			2
金昌市	Jinchang	1	2	1			1	18	11	1		6
白银市	Baiyin	1	5	3			2	78	53	15	1	9
天水市	Tianshui	1	7	4	1		2	123	101	12		10
武威市	Wuwei	1	4	2	1		1	102	84	9		9
张掖市	Zhangye	1	6	4	1		1	65	48	8	4	5
平凉市	Pingliang	1	7	5		1	1	105	70	23	9	3
酒泉市	Jiuquan	1	7	2	2	2	1	76	53	9	6	8
庆阳市	Qingyang	1	8	7			1	119	73	42	1	3
定西市	Dingxi	1	7	6			1	122	87	32		3
陇南市	Longnan	1	9	8			1	199	140	51	4	4
临夏州	Linxia	1	8	5	2	1		130	58	61	4	7
甘南州	Gannan	1	8	7		1		99	64	28	3	4
兰州新区	Lanzhou New Area							3	3			
甘肃矿区	Gansu Mining Area							1				1

1-2 河流基本情况
Major Rivers

名 称	River	流域面积（万平方公里）Drainage Area Within Borders (10 000 sq.km)	河流长度（公里）Length Within Borders (km)	年径流量（亿立方米）Annual Flow (100 million cu.m)
长江	Yangtze River	3.83	3484.66	116.52
#白龙江	Bailong River	1.81	450.00	94.73
黄河	Huanghe River (Yellow River)	14.27	7752.46	135.59
#洮河	Taohe River	2.52	673.00	49.31
内陆河	Inland Rivers	27.00	4691.00	60.02
疏勒河	Shulehe River	13.01	583.00	13.20
黑河	Heihe River	5.60	413.00	26.90
石羊河	Shiyanghe River	3.97	179.60	14.26
干河	Suganhe River	1.89	204.00	5.66

注：1. 流域面积依据第三次全省水资源调查评价（审查通过）已更新。
2. 增加了苏干湖水资源信息，河长为大小哈尔腾河河长之和。

a) The basin area has been updated based on the third water resources survey and evaluation of Gansu province (passed by review).
b) The water resources information of Sugan Lake has been added, and the length of the river is the sum of the lengths of the large and small Harten Rivers.

1-3 国民经济和社会发展总量与速度指标

指　标	Item	总量指标 Aggregate Data	
		2005	2010
人口（万人）	**Population (10 000 persons)**		
年末常住人口	Permanent Population at Year-end	2545.10	2559.98
城镇人口	Urban Population	764.04	924.66
乡村人口	Rural Population	1781.06	1635.32
就业（万人）	**Employment (10 000 persons)**		
就业人员数	Total Number of Employed Persons	1391.36	1499.56
第一产业	Primary Industry	885.82	923.88
第二产业	Secondary Industry	203.96	230.33
第三产业	Tertiary Industry	301.58	345.35
# 在岗职工人数	Number of Staff and Workers	188.49	187.96
城镇登记失业人数	Number of Registered Unemployed Persons in Urban Areas	9.26	10.72
国民经济核算	**National Accounts**		
地区生产总值（亿元）	Gross Regional Product (100 million yuan)	1864.63	3943.73
第一产业	Primary Industry	304.28	472.61
第二产业	Secondary Industry	772.24	1910.35
第三产业	Tertiary Industry	788.11	1560.77
人均地区生产总值（元）	Per Capita GDP (yuan)	7332	15421
固定资产投资（%）	**Investment in Fixed Assets (%)**		
固定资产投资总额	Total Investment in Fixed Assets	15.68	36.24
第一产业	Primary Industry	13.81	10.69
第二产业	Secondary Industry	10.65	32.99
第三产业	Tertiary Industry	19.80	39.98
财政（亿元）	**Finance (100 million yuan)**		
财政收入	Government Revenue	254.57	745.25
一般公共预算收入	General Public Budget Revenue	123.50	353.58
一般公共预算支出	General Public Budget Expenditure	429.35	1468.58
物价总指数（上年 =100)	**Price Indices (preceding year=100)**		
商品零售价格指数	Retail Price Index	99.9	104.6
居民消费价格指数	Consumer Price Index	101.7	104.1
工业生产者出厂价格指数	Producer Price Indices for Industrial Products	109.6	115.0
工业生产者购进价格指数	Purchasing Price Index for Industrial Producers	109.9	114.4
农业生产资料价格指数	Price Indices for Farm Products	109.0	101.7
能源（万吨标煤）	**Energy (10 000 tons of SCE)**		
能源生产总量	Total Energy Production	3605.12	4631.59
能源消费总量	Total Energy Consumption	4300.88	5829.85

注：1. 2010 年度以前（含 2010 年）固定资产投资数据为全社会口径（包含农户投资和跨区域项目投资），自 2011 年起，固定资产投资数据数据口径为 500 万元以上项目及房地产开发投资。
2. 因 2018 年国家方法制度有所调整，2018 年固定资产投资增速按可比口径计算。

Principal Aggregate Indicators on National Economic and Social Development and Their Related Indices and Growth Rates

				速度指标 (%) Indices and Growth Rates							
				指数 (2019 年为以下各年 %) Index (2019 as Percentage of the Following Years)					年均增长速度 Average Annual Growth Rate		
2015	2017	2018	2019	2005	2010	2015	2017	2018	2006-2010	2011-2015	2016-2019
2599.55	2625.71	2637.26	2647.43	104.02	103.42	101.84	100.83	100.39	0.12	0.31	0.46
1122.75	1218.07	1257.71	1283.74	168.02	138.83	114.34	105.39	102.07	3.89	3.96	3.41
1476.80	1407.64	1379.55	1363.69	76.57	83.39	92.34	96.88	98.85	-1.69	-2.02	-1.97
1535.69	1553.84	1555.64	1549.50	111.37	103.33	100.90	99.72	99.61	1.51	0.48	0.22
876.27	852.44	838.54	820.80	92.66	88.84	93.67	96.29	97.88	0.84	-1.05	-1.62
247.39	244.26	241.16	233.70	114.58	101.46	94.47	95.68	96.91	2.46	1.44	-1.41
412.03	457.14	475.94	495.00	164.14	143.33	120.14	108.28	104.00	2.75	3.59	4.69
228.97	222.69	212.72	213.60	113.32	113.64	93.29	95.92	100.41	-0.06	4.03	-1.72
9.48	9.65	9.95	10.83	116.95	101.03	114.24	112.23	108.84	2.97	-2.43	3.38
6556.55	7336.74	8104.07	8718.30	355.48	208.41	125.55	112.67	106.15	11.27	10.67	5.85
733.37	859.75	926.05	1050.48	204.98	163.58	123.45	110.97	105.80	4.62	5.79	5.41
2505.41	2515.75	2761.64	2862.42	361.31	193.36	115.50	109.03	104.67	13.32	10.86	3.67
3317.77	3961.24	4416.38	4805.40	400.97	233.01	133.60	115.54	107.22	11.47	11.77	7.51
25264	28026	30797	32995	342.15	201.71	123.30	111.62	105.71	11.15	10.34	5.38
11.17	-40.25	-3.90	6.56	755.47	195.57	67.62	102.40	106.56	31.03	23.67	-9.32
30.75	-43.69	18.76	-9.74	1103.92	375.61	76.54	107.18	90.26	24.06	37.46	-6.46
-2.74	-63.11	-10.80	23.82	398.74	86.04	38.21	110.45	123.82	35.89	17.63	-21.38
21.94	-26.78	-3.56	4.26	965.68	309.91	89.09	100.55	104.26	25.52	28.32	-2.85
1386.28	1540.59	1641.71	1589.52	624.40	213.29	114.66	103.18	96.82	23.97	13.22	3.48
743.86	815.73	871.05	850.49	688.64	240.53	114.33	104.26	97.64	23.41	16.04	3.41
2958.31	3304.44	3772.23	3951.60	920.37	269.08	133.58	119.58	104.75	27.88	15.03	7.51
101.0	101.4	101.7	101.9								
101.6	101.4	102.0	102.3								
87.0	114.5	109.5	98.3								
87.0	115.5	109.8	99.0								
98.6	103.7	104.2	101.1								
5816.78	5749.10	6107.42	6394.63	177.38	138.07	109.93	111.23	104.70	5.14	4.66	2.40
7488.50	7503.63	7822.54	7818.02	181.78	134.10	104.40	104.19	99.94	6.27	5.14	1.08

a) Before 2010 (including 2010) ,data of fixed asset investment are the caliber of total society(including Farm households investment and cross-regional project investment). Since 2011, the statistics caliber of investment in fixed assets covers project and real estate development investments.

b) Due to the adjustment of the national method system in 2018, the growth rate of Investment in Fixed Assets in 2018 is calculated on comparable coverage.

1-3 续表 1

指 标	Item	总量指标 Aggregate Data 2005	2010
农业	**Agriculture**		
农林牧渔业从业人员（万人）	Employed Persons of Agriculture, Forestry, Animal, Husbandry & Fishery (10 000 persons)	761.37	724.82
农林牧渔业总产值（亿元）	Gross Output Value of Agriculture Forestry, Animal Husbandry and Fishery (100 million yuan)	549.71	905.22
主要农产品产量（万吨）	Output of Major Farm Products (10 000 tons)		
粮食	Grain	836.89	948.79
棉花	Cotton	11.05	7.99
油料	Oil-bearing Crops	50.31	66.06
中药材	Chinese Medicinal Materials	35.55	48.47
甜菜	Beet Roots	14.54	23.31
园林水果	Garden Fruits	172.45	197.17
肉类	Meat	69.81	81.50
#猪牛羊肉	Pork,Beef,Mutton	64.09	75.15
工业	**Industry**		
工业增加值（亿元）	Value-added of Industry above Designated Size (100 million yuan)	633.32	1613.76
规模以上工业主要产品产量	Main Product Output of Industry above Designated Size		
原煤（万吨）	Coal (10 000 tons)	3619.84	4547.20
原油（万吨）	Crude Oil (10 000 tons)	304.55	382.14
发电量（亿千瓦小时）	Electricity (100 million kwh)	506.17	791.53
粗钢（万吨）	Crude Steel (10 000 tons)	458.44	662.25
水泥（万吨）	Cement (10 000 tons)	1553.29	2414.11
乙烯（万吨）	Ethene (10 000 tons)	24.57	69.48
卷烟（万箱）	Cigarettes (10 000 packs)	71.00	80.00
建筑业	**Construction**		
建筑业从业人员（万人）	Number of Employed Persons of Construction (10 000 persons)	42.77	45.76
建筑业增加值（亿元）	Value-added of Construction (100 million yuan)	138.92	296.59
房地产业	**Real Estate**		
施工房屋面积（万平方米）	Floor Space of Buildings under Construction (10 000 sq.m)	1449.43	3130.40
竣工房屋面积（万平方米）	Floor Space of Buildings Completed (10 000 sq.m)	338.88	598.66
商品房销售面积（万平方米）	Floor Space of Commercialized Buildings Sold (10 000 sq.m)	340.37	756.51
#住宅	Residential Buildings	299.17	692.07
商品房销售额（亿元）	Total Sale of Commercialized Buildings (100 million yuan)	64.11	227.81
#住宅	Residential Buildings	50.98	201.47
交通运输	**Transportation**		
货运量（万吨）	Freight Traffic (10 000 tons)	25843.1	29008.8
#铁路	Railways	3274.0	4926.0
公路	Highways	22520.0	24050.0

注：1. 从 2011 年开始，规模以上工业统计范围的工业企业起点标准从年主营业务收入在 500 万元提高到 2000 万元（下表同）。
2. 2013 年起，公路数据统计口径为交通部专项调查数据，与往年不可比。2015 年公路数据为交通部根据 2015 年 6 月专项调查反馈数据，与往年不可比（下表同）。

continued

				速度指标 (%) Indices and Growth Rates							
				指数 (2019 年为以下各年 %) Index (2019 as Percentage of the Following Years)					年均增长速度 Average Annual Growth Rate		
2015	2017	2018	2019	2005	2010	2015	2017	2018	2006-2010	2011-2015	2016-2019
668.07	656.37	652.26	645.18	84.74	89.01	96.57	98.29	98.91	-0.98	-1.62	-0.87
1386.18	1559.64	1659.36	1887.58	208.52	159.21	121.61	109.75	105.84	5.54	5.54	5.01
1154.58	1105.90	1151.43	1162.58	138.92	122.53	100.69	105.13	100.97	2.54	4.00	0.17
4.82	3.20	3.53	3.27	29.55	40.88	67.77	102.05	92.51	-6.28	-9.62	-9.27
76.71	77.35	70.41	63.18	125.57	95.63	82.36	81.67	89.72	5.60	3.03	-4.74
83.75	92.72	101.85	113.15	318.27	233.44	135.11	122.03	111.10	6.40	11.56	7.81
18.26	26.69	25.20	26.51	182.34	113.72	145.22	99.33	105.21	9.90	-4.77	9.78
304.06	397.15	370.03	438.54	254.30	222.42	144.22	110.42	118.51	2.72	9.05	9.59
89.90	99.14	101.16	101.68	145.66	124.77	113.11	102.57	100.52	3.14	1.98	3.13
82.43	93.60	95.60	95.75	149.39	127.40	116.16	102.29	100.15	3.24	1.86	3.82
2031.55	2020.50	2253.41	2319.75	396.34	202.76	117.78	110.38	104.90	14.34	11.48	4.18
4390.27	3712.31	3575.11	3663.08	101.19	80.56	83.44	98.67	102.46	4.67	-0.70	-4.43
820.09	826.96	859.76	903.55	296.68	236.44	110.18	109.26	105.09	4.64	16.50	2.45
1139.45	1244.54	1427.31	1479.60	292.31	186.93	129.85	118.89	103.66	9.35	7.56	6.75
852.10	560.52	802.41	877.77	191.47	132.54	103.01	156.60	109.39	7.63	5.17	0.74
4764.30	4009.36	3847.15	4409.48	283.88	182.65	92.55	109.98	114.62	9.22	14.56	-1.92
64.20	64.00	64.39	53.34	217.09	76.77	83.09	83.34	82.85	23.11	-1.57	-4.53
103.00	96.50	94.30	94.30	132.82	117.88	91.55	97.72	100.00	2.42	5.18	-2.18
55.10	48.60	43.39	43.02	100.58	94.01	78.08	88.53	99.15	1.36	3.78	-6.00
484.24	504.60	518.24	552.99	230.86	156.39	105.65	103.06	103.60	8.10	8.16	1.38
8586.18	9153.46	9428.51	10977.33	757.35	350.67	127.85	119.93	116.43	16.65	22.36	6.33
962.24	847.91	752.34	674.14	198.93	112.61	70.06	79.51	89.61	12.05	9.96	-8.51
1434.96	1559.51	1595.65	1705.31	501.02	225.42	118.84	109.35	106.87	17.32	13.66	4.41
1307.48	1386.04	1437.95	1569.16	524.50	226.73	120.01	113.21	109.12	18.26	13.57	4.67
704.93	890.31	922.34	1019.28	1589.89	447.42	144.59	114.49	110.51	28.86	25.35	9.66
603.08	738.22	774.63	907.07	1779.27	450.23	150.41	122.87	117.10	31.63	24.52	10.74
58258.0	66205.0	70387.7	73748.0	285.37	254.23	126.59	111.39	104.77	2.34		6.07
5936.0	6052.2	6087.0	5366.0	163.90	108.93	90.40	88.66	88.16	8.51	3.80	-2.49
52281.0	60117.0	64271.1	58228.0	258.56	242.11	111.38	96.86	90.60	1.32		2.73

a) Since 2011,the cut-off point of Industrial enterprises covered by statistics of industrial enterprises above designated size are raised from revenue from principal business of 5 million yuan to 20 million yuan. The same applies to the tables following.

b) Since 2013,the statistical coverage of highway data are the data from the survey of transport economics, and the data are not comparable with those in previous years.Highway data of 2015 are the feedback data according to special survey in June 2015 by Ministry of Communications,and the data are not comparable with those in previous years.The same applies to the table following.

1-3 续表 2

指 标	Item	总量指标 Aggregate Data 2005	2010
客运量（万人）	Passenger Traffic (10 000 persons)	17803	53776
#铁路	Railways	1230	2178
公路	Highways	16247	51404
邮电通信业	**Postal and Telecommunication Services**		
邮政业务总量（亿元）	Business Volume of Postal Services (100 million yuan)	7.02	8.49
电信业务总量（亿元）	Business Volume of Telecommunication Services (100 million yuan)	128.90	444.81
函件（万件）	Number of Letters Delivered (10 000 pieces)	5070.60	3805.70
报刊期发数（万份）	Number of Newspapers and Magazines Distributed (10 000 copies)	175.00	210.10
移动电话年末用户（万户）	Number of Mobile Telephone Subscribers at Year-end(10 000 subscribers)	408.44	1390.00
固定电话年末用户（万户）	Number of Fixed Telephone Subscribers at Year-end (10 000 subscribers)	548.04	411.90
国内商业	**Domestic Trade**		
社会消费品零售总额（亿元）	Total Retail Sales of Consumer Goods (100 million yuan)	619.28	1373.52
对外经济贸易	**Foreign Trade**		
进出口总额（万元）	Total Value of Exports and Imports (10 000 yuan)	1622417	5012219
出口总额	Total Exports	895867	1107380
进口总额	Total Imports	726551	3904838
金融业（亿元）	**Financial Intermediation(100 million yuan)**		
金融机构人民币各项存款	Deposits of National Banking System	2895.86	7115.37
金融机构人民币各项贷款	Loans of National Banking System	1923.46	4433.05
保险公司保费收入	Insurance Premium of Insurance Companies	48.24	146.34
保险公司赔付支出	Indemnity Expenditure and Payment of Insurance Companies	11.83	31.18
教育	**Education**		
专任教师数（人）	Number of Full-time Teachers (person)		
#普通高等学校	Regular Higher Education Institutions	14816	20761
普通中学	Regular Secondary Schools	99150	120689
普通小学	Regular Primary Schools	130841	140381
在校学生数（万人）	Students Enrollment (10 000 persons)		
#普通高等学校	Regular Higher Education Institutions	22.95	38.15
普通中学	Regular Secondary Schools	194.38	203.10
普通小学	Regular Primary Schools	303.58	237.04
地方财政用于教育的支出（亿元）	Government Expenditures on Education (100 million yuan)	75.22	228.23
科技	**Science and Technology**		
R&D 经费内部支出（亿元）	Internal Expenditures on R & D (100 million yuan)	19.49	41.59

注：邮政业务总量和电信业务总量 2000 年及以前按 1990 年不变价格计算，2001-2010 年按 2000 年不变价格计算，2011 年起按 2010 年不变价格计算，2016 年起电信业务总量按 2015 年不变价格计算。

continued

				速度指标(%) Indices and Growth Rates							
				指数(2019年为以下各年%) Index (2019 as Percentage of the Following Years)					年均增长速度 Average Annual Growth Rate		
2015	2017	2018	2019	2005	2010	2015	2017	2018	2006-2010	2011-2015	2016-2019
41516	42793	42353	42321	237.72	78.70	101.94	98.90	99.93	24.74		0.48
3123	4468	5474	5969	485.28	274.06	191.13	133.61	109.04	12.11	7.47	17.58
37242	38080	36634	36085	222.10	70.20	96.89	94.76	98.50	25.91		-0.79
16.32	26.70	31.05	38.63	550.09	455.16	236.63	144.68	124.41	3.86	13.98	24.03
347.29	455.90	1194.30	1958.90	1519.68	440.39	564.06	429.68	164.02	28.11	-4.83	54.11
1582.40	864.03	764.79	721.98	14.24	18.97	45.63	83.56	94.40	-5.58	-16.10	-17.81
124.00	127.77	132.50	124.86	71.35	59.43	100.69	97.72	94.23	3.72	-10.01	0.17
2108.10	2526.41	2735.99	2751.17	673.58	197.93	130.50	108.90	100.55	27.76	8.69	6.88
325.99	326.77	332.83	331.75	60.53	80.54	101.77	101.52	99.68	-5.55	-4.57	0.44
2737.10	3206.15	3435.65	3700.27	597.51	269.40	135.19	115.41	107.70	17.27	14.79	7.83
4930694	3254150	3945200	3802552	234.38	75.87	77.12	116.85	96.38	25.31	-0.33	-6.29
3610579	1147573	1449692	1313308	146.60	118.60	36.37	114.44	90.59	4.33	26.66	-22.34
1320114	2106576	2495508	2489244	342.61	63.75	188.56	118.17	99.75	39.98	-19.50	17.18
16141.19	17660.82	18568.68	19717.01	680.87	277.10	122.15	111.64	106.18	19.70	17.80	5.13
13292.18	17404.56	19094.39	20424.30	1061.85	460.73	153.66	117.35	106.96	18.17	24.56	11.34
256.89	366.38	398.98	444.32	921.06	303.63	172.96	121.27	111.36	24.85	11.91	14.68
92.75	119.18	139.03	151.59	1281.40	486.13	163.44	127.19	109.04	21.39	24.36	13.07
26132	28474	28939	29755	200.83	143.32	113.86	104.50	102.82	6.98	4.71	3.30
128621	126418	125682	126850	127.94	105.10	98.62	100.34	100.93	4.01	1.28	-0.35
140320	141962	143260	148408	113.43	105.72	105.76	104.54	103.59	1.42	-0.01	1.41
45.05	46.62	48.36	52.49	228.74	137.59	116.54	112.61	108.55	10.70	3.38	3.90
153.86	143.34	141.93	140.81	72.44	69.33	91.51	98.23	99.21	0.88	-5.40	-2.19
180.24	185.57	189.65	194.14	63.95	81.90	107.71	104.62	102.37	-4.83	-5.33	1.87
498.33	567.35	592.96	636.05	845.64	278.69	127.64	112.11	107.27	24.86	16.90	6.29
82.72	88.41	97.05	110.24	565.59	265.08	133.27	124.70	113.59	16.37	14.74	7.45

a) Business volume of postal services and business volume of telecommunication services before 2000 was calculated at 1990 constant prices and that from 2001 to 2010 was calculated at 2000 constant prices. Since 2011, it was calculated at 2010 constant prices. Business volume of telecommunication services was calculated at 2015 constant prices since 2016.

1-3 续表 3

指 标	Item	总量指标 Aggregate Data 2005	2010
文化	**Culture**		
图书出版总印数(万册)	Number of Books Published (10 000 Volumes)	5895	6737
期刊出版总印数(万册)	Number of Magazines Issued (10 000 Volumes)	14766	11082
报纸出版总印数(万份)	Number of Newspapers Issue (10 000 Copies)	37900	40714
家庭	**Family**		
家庭总户数(万户)	Total Number of Households (10 000 households)	682.79	777.20
城镇居民平均每户家庭人口(人)	Average Household Size in Urban Areas (person)	2.9	2.8
农村居民平均每户家庭人口(人)	Average Household Size in Rural Areas (person)	4.7	4.6
婚姻	**Marriages and Divorces**		
结婚登记总数(对)	Registered Number of Marriages (couples)	114554	142294
离婚数(对)	Number of Divorces (couples)	22260	27926
居住	**Housing**		
城镇居民人均居住面积(平方米)	Per Capita Net Floor Space of Urban Residents (sq.m)	24.16	27.89
农村居民人均居住面积(平方米)	Per Capita Net Floor Space of Rural Residents (sq.m)	18.71	20.96
生活	**People's Livelihood**		
城镇居民人均可支配收入(元)	Per Capita Disposable Income of Urban Households (yuan)	8323	13820
农村居民人均可支配收入(元)	Per Capita Disposable Income of Rural Households (yuan)	2091	3747
城乡居民人民币储蓄存款余额(亿元)	Outstanding Amount of Saving Deposits in Urban and Rural Areas (100 million yuan)	1587	3598
工资	**Wages**		
在岗职工工资总额(亿元)	Total Wages of Fully-employed staff and workers(100 million yuan)	290.22	560.63
在岗职工平均工资(元)	Average Wage of Fully-employed Staff and Workers (yuan)	14939	29588
卫生	**Health Care**		
卫生机构数(个)	Number of Health Care Institutions (unit)	11849	10267
#医院、卫生院	Number of Hospitals and Health Centers	1741	1728
卫生机构床位数(张)	Number of Beds in Health Care Institutions (unit)	63638	94883
#医院、卫生院	Number of Beds in Hospital and Health Centers	59856	82422
卫生技术人员(人)	Number of Medical Tenchnical Personnel (person)	66926	97387
#执业(助理)医师	Number of Licensed (Assistant) Doctors	29701	38249

注：1. 家庭总户数为公安厅户籍统计人口数。
2. 卫生机构数不包含村卫生室数。

continued

				速度指标 (%) Indices and Growth Rates							
				指数（2019 年为以下各年 %） Index （2019 as Percentage of the Following Years）					年均增长速度 Average Annual Growth Rate		
2015	2017	2018	2019	2005	2010	2015	2017	2018	2006-2010	2011-2015	2016-2019
6650	7288	8412	9665	163.95	143.46	145.34	132.61	114.89	2.71	-0.26	9.80
9672	8769	8093	8038	54.44	72.53	83.11	91.67	99.32	-5.58	-2.69	-4.52
50828	47025	42841	41127	108.51	101.01	80.91	87.46	96.00	1.44	4.54	-5.16
834.49	844.52	847.33	840.66	123.12	108.17	100.74	99.54	99.21	2.62	1.43	0.18
3.2	3.1	3.3	3.3	113.84	119.20	102.81	106.13	99.70	-0.92	3.00	0.70
4.5	3.7	3.9	3.8	81.29	82.17	84.00	102.16	96.92	-0.22	-0.44	-4.27
220327	197930	210653	198507	173.29	139.50	90.10	100.29	94.23	4.43	9.14	-2.57
46185	41272	46166	62172	279.30	222.63	134.62	150.64	134.67	4.64	10.59	7.71
34.00	33.80	33.90	34.60	143.21	124.06	101.76	102.37	102.06	2.91	4.04	0.44
29.30	31.40	31.80	31.30	167.29	149.33	106.83	99.68	98.43	2.30	6.93	1.66
23767	27763	29957	32323	388.36	233.89	136.00	116.43	107.90	10.67	11.45	7.99
6936	8076	8804	9629	460.49	256.98	138.82	119.23	109.37	12.37	13.11	8.55
7580	8720	9330	10478	660.37	291.19	138.22	120.15	112.31	17.79	16.07	8.43
1259.57	1478.86	1590.34	1677.93	578.16	299.29	133.21	113.46	105.51	14.07	17.57	7.43
54454	65726	73704	77336	517.68	261.38	142.02	117.66	104.93	14.65	12.98	9.17
11031	11847	11398	10234	86.37	99.68	92.77	86.38	89.79	-2.83	1.45	-1.86
1793	1899	2002	2097	120.45	121.35	116.95	110.43	104.75	-0.15	0.74	3.99
127011	147305	162667	172594	271.21	181.90	135.89	117.17	106.10	8.32	6.01	7.97
118609	137180	152854	162185	270.96	196.77	136.74	118.23	106.10	6.61	7.55	8.14
129523	147612	156343	178869	267.26	183.67	138.10	121.18	114.41	7.79	5.87	8.40
49663	56398	59370	62891	211.75	164.43	126.64	111.51	105.93	5.19	5.36	6.08

a) The total number of households are the household registration population counted by Gansu Provincial Public Security Department.

b) Number of health care institutions doesn't include villages clinics.

1-4 国民经济和社会发展结构指标
Structural Indicators on National Economic and Social Development

单位：%　　　　(%)

指 标	Item	2005	2010	2015	2017	2018	2019
人口	**Population**						
城乡结构	Urban and Rural Composition						
城镇	Urban	30.02	36.12	43.19	46.39	47.69	48.49
乡村	Rural	69.98	63.88	56.81	53.61	52.31	51.51
性别结构	Sexual Composition						
男	Male	51.44	51.08	51.04	51.02	51.01	51.00
女	Female	48.56	48.92	48.96	48.98	48.99	49.00
就业	**Employment**						
产业结构	Industrial Composition						
第一产业	Primary Industry	63.67	61.61	57.06	54.86	53.90	53.00
第二产业	Secondary Industry	14.66	15.36	16.11	15.72	15.50	15.10
第三产业	Tertiary Industry	21.67	23.03	26.83	29.42	30.60	31.90
国民经济核算	**National Accounts**						
生产总值产业结构	Industrial Composition						
第一产业	Primary Industry	15.93	12.47	11.07	11.53	11.17	12.05
第二产业	Secondary Industry	43.36	49.34	38.09	34.34	33.89	32.83
第三产业	Tertiary Industry	40.71	38.19	50.84	54.13	54.94	55.12
投资	**Investment in Fixed Assets**						
固定资产投资结构	Composition of Total Investment in Fixed Assets						
产业结构	Industrial Composition						
第一产业	Primary Industry	4.79	4.08	6.20	6.71	4.59	3.89
第二产业	Secondary Industry	40.04	47.29	39.82	20.86	15.03	17.47
第三产业	Tertiary Industry	55.17	48.62	53.98	72.43	80.38	78.64
资金来源结构	Composition of Funding Sources						
国家预算内资金	State Budget	9.62	16.41	13.01	15.47	9.91	16.40
国内贷款	Domestic Loans	19.90	18.36	11.69	14.88	18.92	26.82
债券	Bonds			0.21	0.37	1.78	3.29
利用外资	Foreign Investment	1.65	0.53	0.25	0.09	0.11	0.40
自筹资金	Self-raising Funds	55.31	52.54	64.81	51.99	43.05	42.41
其他投资	Other Investments	13.52	12.16	10.02	17.19	26.24	10.67
农业	**Agriculture**						
农林牧渔业产值结构	Composition of Gross Output Value of Agriculture						
农业	Agriculture	66.01	69.47	68.62	68.52	70.27	69.21
林业	Forestry	2.89	2.44	2.44	2.02	1.99	2.02
牧业	Animal Husbandry	20.80	15.63	15.69	19.81	19.22	20.96
渔业	Fishery	0.19	0.09	0.10	0.13	0.12	0.11
农林牧渔服务业	Service for Agriculture,Forestry, Animal Husbandry and Fishery	10.11	12.37	13.14	9.51	8.40	7.71
工业	**Industry**						
规模以上工业增加值结构	Composition of Value-added of Industry above Designated Size						
轻工业	Light Industry	18.77	14.09	19.24	16.21	13.44	14.28
重工业	Heavy Industry	81.23	85.91	80.76	83.79	86.56	85.72

1-4 续表 1 continued

单位：% (%)

指 标	Item	2005	2010	2015	2017	2018	2019
建筑业	**Construction**						
建筑业总产值结构	Composition of Gross Output Value of Construction Industry						
国有经济	State-owned Enterprise	37.22	17.33	14.77	24.77	26.42	26.93
城镇集体经济	Collective-owned Enterprises	11.97	7.72	6.74	4.89	3.82	3.45
其他	Others	50.81	74.95	78.49	70.35	69.77	69.62
运输业	**Transportation**						
货运量结构	Composition of Freight Traffic						
#铁路	Railways	12.67	16.98	10.19	9.14	8.65	7.28
公路	Highways	87.14	82.91	89.74	90.80	91.31	78.96
国内商业	**Domestic Trade**						
社会消费品零售总额构成	Composition of Retail Sales of Consumer Goods						
城镇	Urban		80.55	79.69	79.67	80.31	82.57
#城区	City Subdivision		59.82	58.79	59.57	63.33	60.01
乡村	Rural		19.45	20.31	20.33	19.69	17.40
对外经济贸易	**Foreign Trade**						
进出口总值构成	Composition of Imports and Exports						
出口	Exports	55.22	22.09	73.23	35.26	36.75	34.54
进口	Imports	44.78	77.91	26.77	64.74	63.25	65.46
教育	**Education**						
普通学校在校学生结构	Composition of Student Enrollment in Regular Schools						
大学	Colleges and Universities	4.40	7.98	11.88	12.41	12.73	13.55
中学	Secondary Schools	37.32	42.46	40.58	38.17	37.36	36.34
小学	Primary Schools	58.28	49.56	47.54	49.42	49.91	50.11
普通学校专任教师结构	Composition of Full-time Teachers in Regular Schools						
大学	Colleges and Universities	6.05	7.37	8.86	9.59	9.71	9.76
中学	Secondary Schools	40.50	42.82	43.59	42.59	42.19	41.59
小学	Primary Schools	53.45	49.81	47.55	47.82	48.09	48.66
科技	**Science and Technology**						
R&D 经费内部支出结构	Composition of Intramural Expenditure on R&D by Sources						
基础研究	Basic Research		13.58	15.45	15.21	16.30	16.84
应用研究	Applied Research		21.05	15.59	16.12	21.99	21.73
试验发展	Experimental Development		65.37	68.95	68.67	61.71	61.43

1-4 续表 2 continued

单位：% （%）

指 标	Item	2005	2010	2015	2017	2018	2019
生活	**People's Living Conditions**						
农村居民消费结构	Consumption Composition of Urban Residents						
食品烟酒	Food,Tobacco and Liquor	47.20	44.71	32.86	30.36	29.73	29.16
衣着	Clothing	5.07	6.26	6.83	6.33	6.15	5.69
居住	Residence	13.23	18.75	17.88	19.45	19.04	19.26
生活用品及服务	Household Facilities,Articles and Services	4.07	4.99	6.52	6.04	5.67	5.96
交通通信	Transport and Communications	8.52	8.73	11.88	12.65	11.89	12.33
教育文化娱乐	Education, Cultural and Recreation	14.17	8.09	12.50	12.38	13.26	13.72
医疗保健	Health Care and Medical Services	6.26	6.90	9.81	11.09	12.49	12.20
其他用品及服务	Other Goods and Services	1.48	1.57	1.73	1.70	1.77	1.66
城镇居民消费结构	Consumption Composition of Urban Residents						
食品烟酒	Food,Tobacco and Liquor	36.04	37.41	30.63	29.20	28.71	28.61
衣着	Clothing	12.35	12.69	10.08	9.22	8.43	7.85
居住	Residence	10.43	9.20	20.28	18.53	22.39	22.99
生活用品及服务	Household Facilities,Articles and Services	5.61	6.04	6.45	6.57	6.40	5.95
交通通信	Transport and Communications	9.78	10.88	10.60	14.29	10.83	12.47
教育文化娱乐	Education, Cultural and Recreation	14.44	11.49	11.72	11.34	10.79	10.45
医疗保健	Health Care and Medical Services	7.54	8.37	7.97	8.43	9.76	9.10
其他用品及服务	Other Goods and Services	3.82	3.92	2.27	2.42	2.67	2.58
卫生	**Health Care**						
卫生机构人员结构	Composition of Health Agency Personnel						
#执业助理医师	Licensed (Assistant) Doctors	36.65	33.15	27.24	28.14	28.81	27.50
#执业医师	Licensed Doctors	28.65	27.14	22.04	22.74	23.33	22.00
注册护士	Registered Nurses	27.64	25.70	26.24	29.28	30.97	34.78
药师（士）	Pharmacist	6.20	4.38	3.36	3.24	3.37	3.28
检验技师（士）	Laboratory Technician	4.27	4.79	3.68	3.92	4.04	4.39
医院床位结构	Composition of Hospital Beds						
#医院	Hospitals	73.97	64.25	74.48	75.62	77.51	77.80
卫生院	Health Centers	20.09	22.62	18.91	17.51	16.46	16.16

注：2014 年以前城乡居民食品烟酒支出为食品支出（下表同）。
a) Expenditures of food, tobacco and liquor are the expenditures of food before 2014.The same applies to the tables following.

1-5 国民经济和社会发展比例及效益指标
Indicators on Proportions and Efficiency in National Economic and Social Development

指 标	Item	2005	2010	2015	2017	2018	2019
人口与就业	**Population and Employment**						
出生率(‰)	Birth Rate (‰)	12.59	12.05	12.36	12.54	11.07	10.60
死亡率(‰)	Death Rate (‰)	6.57	6.02	6.15	6.52	6.65	6.75
自然增长率(‰)	Natural Growth Rate (‰)	6.02	6.03	6.21	6.02	4.42	3.85
城镇登记失业率(%)	Registered Unemployment Rate in Urban Areas(%)	3.26	3.21	2.14	2.71	2.78	3.00
国民经济核算	**National Accounts**						
全员劳动生产率(元/人·年)	Overall Labor Productivity (yuan/person·year)	12807	26395	42916	47096	49876	53019
第一产业	Primary Industry	3426	5118	8343	9492	10121	10912
第二产业	Secondary Industry	31611	83514	101825	108146	113907	121890
第三产业	Tertiary Industry	24370	45655	82398	85948	88612	91304
人均生产总值(元)	Per Capita GDP (yuan)	7332	15421	25264	28026	30797	32995
固定资产投资	**Investment in Fixed Assets**						
房地产开发企业房屋建筑面积竣工率(%)	Rate of Floor Space of Buildings Completed (%)		19.12	11.21	9.26	7.98	6.14
财政	**Government Finance**						
财政收入相当于生产总值比例(%)	Proportion of Government Revenue to Gross Regional Product (%)	13.65	18.90	21.14	21.00	20.26	18.23
一般公共预算支出相当于生产总值比例(%)	Proportion of General Public Budget Expenditure to Gross Regional Product (%)	23.03	37.24	45.12	45.04	46.55	45.33
农业	**Agriculture**						
农业从业者人均农产品产量(千克)	Output of Farm Corps per Agricultural Laborer (kg)						
粮食	Grain	1099.2	1309.0	1728.2	1684.9	1765.3	1802.0
中药材	Chinese Medicinal Materials	46.7	66.9	125.4	141.3	156.1	175.4
油料	Oil-bearing Crops	66.1	91.1	114.8	117.8	107.9	97.9
猪牛羊肉	Pork,Beef and Mutton	84.2	103.7	123.4	142.6	146.6	148.4
每公顷播种面积农产品产量(千克)	Output of Farm Crops Per Hectare of Sown Area (kg)						
粮食	Grain	3235	3485	4251	4178	4353	4504
中药材	Chinese Medicinal Materials	2489	3183	4027	4094	4348	4173

注：全员劳动生产率2015—2019年按2015价计算。

a) The constant prices overall labor productivity data from 2015 to 2019 are calculated on the basis of the 2015 prices.

1-5 续表 continued

指 标	Item	2005	2010	2015	2017	2018	2019
工业	**Industry**						
总资产贡献率(%)	Ratio of Total Assets to Industrial Output Value (%)	8.37	11.01	5.65	8.35	8.86	8.45
资产负债率(%)	Assets-Liability Ratio (%)	58.70	62.32	65.37	65.30	65.00	61.79
流动资产周转次数(次/年)	Number of Times of Annual of Turnover Circulating Funds (times/year)	1.96	2.05	2.08	1.96	2.03	1.72
成本费用利润率(%)	Ratio of Profits to Industrial Cost (%)	3.49	4.73	-1.08	3.07	3.23	4.36
产品销售率(%)	Proportion of Products Sold (%)		95.15	94.78	97.01	99.08	99.37
建筑业	**Construction**						
产值利税率(%)	Ratio of Pre-tax Profits to Gross Output Value (%)	3.80	8.10	7.48	7.82	7.57	8.23
全员劳动生产率(元/人)(按总产值计算)	Overall Labor Productivity (yuan/person) (By Gross Output Value)	73456	164323	303474	292805	334784	353897
对外经济贸易	**Foreign Trade**						
进出口总额相当于生产总值比例(%)	Proportion of Total Value of Imports & Exports to Gross Product (%)	8.70	12.71	7.52	4.44	4.87	4.36
金融	**Financial Intermediation**						
金融机构人民币存款相当于生产总值比例(%)	Deposits of Financial Institutions as Percentage of GDP (Renminbi) (%)	155.30	180.42	246.18	270.77	229.13	226.16
金融机构人民币贷款相当于生产总值比例(%)	Loans of Financial Institutions as Percentage of GDP(Renminbi) (%)	103.15	112.41	202.73	237.22	235.61	234.27
教育	**Education**						
小学学龄儿童净入学率(%)	Net Enrollment Ratio of Primary Schools (%)	98.87	99.46	99.83	99.90	99.91	99.99
小学升学率(%)	Promotion Rate from Primary Schools to Junior Secondary Schools (%)	96.67	95.67	96.90	97.10	98.59	98.78
初中升学率(%)	Promotion Rate from Junior Secondary Schools to Senior Secondary Schools (%)	48.58	48.31	60.00	61.27	60.95	60.16
平均每个教师负担学生数(人)	Students Taught Each Teacher (person)						
普通高等学校	Regular Higher Education Institutions	15	18	18	18	17	18
普通中等专业学校	Regular Secondary Vocational Schools	20	23	17	16	16	14
普通中学	Regular Secondary Schools	20	17	12	11	11	11
普通小学	Regular Primary Schools	23	17	13	13	13	13
科技	**Science and Technology**						
R&D 经费内部支出相当于生产总值比例(%)	Ratio of Intramural Expenditure on R&D to GDP (%)	1.01	1.03	1.22	1.19	1.18	1.26
卫生	**Health Care**						
每万人执业(助理)医师(人)	Number of Licensed (Assistant) Doctors per 10 000 Population (person)	13.6	15.0	19.1	21.5	22.5	23.8
每万人口医疗卫生机构床位数(张)	Beds of Medical Institutions per 10000 Population (unit)	25.0	37.1	48.9	56.1	61.7	65.2
婚姻	**Marriages and Divorces**						
离婚率(‰)	Divorce Rate (‰)	1.72	2.18	3.56	1.58	1.75	2.35

1-6 甘肃国民经济主要指标占全国比重（2019）

Percentage of Gansu's National Economy in the Whole Nation (2019)

指 标	Item	全国 Whole Nation	甘肃 Gansu	甘肃省占全国 % As Percentage of the Whole Nation
年末总人口（万人）	Total Population at Year-end (10 000 persons)	140005.0	2647.4	1.89
就业人员（万人）	Employment at the Year-end (10 000 persons)	77471.0	1549.5	2.00
国内生产总值（亿元）	Gross Regional Product (100 million yuan)	990865.1	8718.3	0.88
第一产业	Primary Industry	70466.7	1050.5	1.49
第二产业	Secondary Industry	386165.3	2862.4	0.74
第三产业	Tertiary Industry	534233.1	4805.4	0.90
固定资产投资增长 (%)	Growth Rate of Investment in Fixed Assets (%)	5.1	6.6	
一般公共预算收入（亿元）	General Public Budget Revenue (100 million yuan)	190390.1	850.5	0.45
一般公共预算支出（亿元）	General Public Budget Expenditure (100 million yuan)	238858.4	3951.6	1.65
在岗职工平均工资（元）	Average Wage of Fully Employed Staff and Workers (yuan)	93383	77336	82.82
城镇居民人均可支配收入（元）	Per Capita Disposable Income of Urban Residents (yuan)	42359	32323	76.31
农村居民人均可支配收入（元）	Per Capita Net Income of Rural Residents (yuan)	16021	9629	60.10
主要农产品产量（万吨）	Output of Major Agricultural Products (10 000 tons)			
粮食	Grain	66384.3	1162.6	1.75
油料	Oil-Bearing Crops	3493.0	63.2	1.81
肉类	Output of Meat	7758.8	101.7	1.31
主要工业产品产量	Output of Major Industry Products			
农用化肥（万吨）	Chemical Fertilizers (10 000 tons)	5731.2	17.0	0.30
原煤（亿吨）	Coal (100 million tons)	38.5	0.4	0.95
原油（万吨）	Crude Oil (10 000 tons)	19101.4	903.6	4.73
发电量（亿千瓦小时）	Electricity (100 million kwh)	75034.3	1479.6	1.97
粗钢（万吨）	Crude Steel (10 000 tons)	99541.9	877.8	0.88
水泥（万吨）	Cement (10 000 tons)	234430.6	4409.5	1.88
邮政业务总量（亿元）	Business Volume of Postal Services (100 million yuan)	16229.6	38.6	0.24
电信业务总量（亿元）	Business Volume of Telecommunication Services (100 million yuan)	106810.7	1958.9	1.83
社会消费品零售总额（亿元）	Total Retail Sales of Consumer Goods (100 million yuan)	408017.2	3700.3	0.91
进出口总额（亿元）	Totel Exports and Imports (100 million)	315627.3	380.3	0.12
#出口总额	Total Exports	172373.6	131.3	0.08
普通高等学校在校学生数（万人）	Students Enrollment in Institutions of Higher Education (10 000 persons)	3031.5	52.5	1.73
医疗卫生机构数（个）	Number of Health Care Institutions(unit)	1007579	26692	2.65
医疗卫生机构床位数（万张）	Number of Hospital Beds(10 000 units)	880.70	17.26	1.96
执业（助理）医师（万人）	Licensed (Assistant) Doctors (10 000 persons)	386.69	6.29	1.63

注：1. 国家数据来源于《中国统计年鉴—2020》。
2. 本表卫生机构数包含村卫生室数。

a) Data of national are from the China Statistical Yearbook-2020.
b) Number of health care institutions in this table include villages clinics.

1-7 人均国民经济主要指标
Per Capita Major Indicators of National Economy

指　标	Item	2005	2010	2015	2017	2018	2019
生产总值（元）	Per Capita GDP (yuan)	7332	15421	25264	28026	30797	32995
第一产业	Primary Industry	1196	1848	2826	3284	3519	3976
第二产业	Secondary Industry	3036	7470	9654	9610	10495	10833
第三产业	Tertiary Industry	3099	6103	12784	15132	16783	18186
主要工农业产品产量	Output of Major Industry and Agricultural Products						
粮食（千克）	Grain (kg)	329	371	445	422	438	440
中药材（千克）	Chinese Medicinal Materials (kg)	14.0	19.0	32.3	35.4	38.7	42.8
油料（千克）	Oil-Bearing (kg)	19.8	25.8	29.6	29.5	26.8	23.9
禽蛋（千克）	Eggs (kg)	4.3	6.2	8.0	5.3	5.4	5.7
牛奶（千克）	Milk (kg)	12.3	13.6	14.5	15.4	15.4	16.7
粗钢（千克）	Crude Steel (kg)	180	259	328	214	305	332
原煤（千克）	Coal (kg)	1423	1778	1692	1418	1359	1386
发电量（千瓦小时）	Electricity (kw·h)	1990	3095	4391	4754	5424	5600
固定资产投资额（元）	Total Investment in Fixed Assets (yuan)	3439	13209	33241	21760		
社会消费品零售总额（元）	Total Retail Sales of Consumer Goods (yuan)	2509	5613	11202	13090	13028	14004
一般公共预算收入（元）	General Public Budget Revenue (yuan)	486	1383	2866	3116	3310	3219
一般公共预算支出（元）	General Public Budget Expenditure (yuan)	1688	5742	11399	12623	14335	14955
在岗职工平均工资（元）	Average Annual Wage of Staff and Workers (yuan)	14939	29588	54454	65726	73704	77336
城镇居民人均可支配收入（元）	Per Capita Disposable Income of Urban Residents (yuan)	8323	13820	23767	27763	29957	32323
农村居民人均可支配收入（元）	Per Capita Disposable Income of Rural Households (yuan)	2091	3747	6936	8076	8804	9629
城乡居民储蓄存款余额（元）	Saving Depositin Urban and Rural Areas (yuan)	6239	14070	29209	33312	35454	39654

注：从2011年起职工平均工资为在岗职工平均工资。

a) Since 2011, average wage of employed persons are average wage of staff and workers.

1-8 个体工商业基本情况（2019）
Basic Statistics on Individual Industrial and Commercial Business （2019）

行 业	Itme	户数（户）Number of Household (household)	从业人员（人）Number of Engaged Persons (person)	资金数额（万元）Amount of Funds (10 000yuan)
合 计	**Total**	**1187230**	**2303410**	**13791104**
农、林、牧、渔业	Agriculture,Forestry,Animal Husbandry and Fishery	30844	79196	1261901
采矿业	Mining	638	3778	44252
制造业	Manufacturing	49355	113217	666408
电力、热力、燃气及水生产和供应业	Production and Supply of Electricity, Heat, Gas and Water	219	560	9533
建筑业	Construction	3760	23810	112445
批发和零售业	Wholesale and Retail Trades	704314	1201547	6709021
交通运输、仓储和邮政业	Transport,Storage and Post	10111	16932	121858
住宿和餐饮业	Hotels and Catering Services	207649	510337	2935200
信息传输、软件和信息技术服务业	Information Transmission, Software and Information Technology	10087	18728	132727
金融业	Financial Intermediation	16	31	114
房地产业	Real Estate	368	3201	3721
租赁和商务服务业	Leasing and Business Services	13613	30701	241671
科学研究和技术服务业	Scientific Research and Technical Services	1166	2892	8203
水利、环境和公共设施管理业	Management of Water Conservancy, Environment and Public Facilities	100	252	2563
居民服务、修理和其他服务业	Services to Households，Repair and Other Services	134702	251834	1163315
教育	Education	893	2893	19790
卫生和社会工作	Health and Social Service	7942	16227	127055
文化、体育和娱乐业	Culture, Sports and Entertainment	10860	26315	228373
其他	Others	593	959	2955

1-9 私营企业基本情况 (2019)
Basic Conditions of Private Enterprises (2019)

行 业	Item	户数（户）Number of Enterprises (unit)	投资者人数（人）Number of Investor (person)	雇工人数（人）Number of Engaged Persons (person)	注册资本(金)（亿元）Registered Capital (100 million yuan)
合 计	**Total**	**390550**	**627347**	**2227117**	**253231896**
农、林、牧、渔业	Agriculture,Forestry,Animal Husbandry and Fishery	35882	54152	234437	18261744
采矿业	Mining	2411	4751	29855	4890059
制造业	Manufacturing	22209	42966	214698	18822074
电力、热力、燃气及水生产和供应业	Production and Supply of Electricity, Heat, Gas and Water	2635	5383	20410	7713300
建筑业	Construction	47952	75698	336263	37375181
批发和零售业	Wholesale and Retail Trades	139886	220199	681227	53110608
交通运输、仓储和邮政业	Transport,Storage and Post	10552	14501	57974	32249172
住宿和餐饮业	Hotels and Catering Services	11068	16982	70035	4206128
信息传输、软件和信息技术服务业	Information Transmission, Software and Information Technology	15774	26424	70554	5339636
金融业	Financial Intermediation	2023	6420	12702	16656116
房地产业	Real Estate	11820	21932	93492	11475776
租赁和商务服务业	Leasing and Business Services	38392	60916	169523	21739320
科学研究和技术服务业	Scientific Research and Technical Services	12850	21859	51997	7928812
水利、环境和公共设施管理业	Management of Water Conservancy, Environment and Public Facilities	2086	3536	10536	2321489
居民服务、修理和其他服务业	Services to Households，Repair and Other Services	17584	24929	88927	5172493
教育	Education	4109	5747	19999	559519
卫生和社会工作	Health and Social Service	1365	1941	7827	837610
文化、体育和娱乐业	Culture, Sports and Entertainment	11703	18524	55001	4472156
其他	Others	249	487	1660	100702

1-10 按登记注册类型分法人单位与产业活动单位数(2019)
Number of Legal Entities and Industrial Active Units by Status of Registration(2019)

单位：个 (Unit)

登记注册类型	Status of Registration	法人单位数 Number of Legal Entities	产业活动单位数 Number of Industrial Active Units
合　计	**Total**	**266602**	**314177**
内资企业	**Domestic Funded Enterprises**	**266426**	**313581**
国有企业	State-owned Enterprises	26388	51241
集体企业	Collective-owned Enterprises	4546	6057
股份合作企业	Share-holding Corporations	278	758
联营企业	Joint Ownership Enterprises	287	374
国有联营企业	State Joint Ownership Enterprises	32	54
集体联营企业	Collective Joint Ownership Enterprises	110	147
国有与集体联营企业	Joint State-collective Enterprises	22	27
其他联营企业	Other Joint Ownership Enterprises	123	146
有限责任公司	Limited Liability Corporations	30713	36042
国有独资公司	State Sole Funded Corporations	1043	1404
其他有限责任公司	Other Limited Liability Corporations	29670	34638
股份有限公司	Share-holding Corporations Limited	3129	8343
私营企业	Private Enterprises	112269	119885
私营独资	Private-funded Enterprises	15509	15875
私营合伙	Private Partnership Enterprises	811	828
私营有限责任公司	Private Limited Liability Corporations	93351	100236
私营股份有限公司	Private Share-holding Corporations Ltd.	2598	2946
其他内资企业	Other Domestic Funded Enterprises	88816	90881
港澳台商投资企业	**Enterprises with Funds from Hong Kong, Macao and Taiwan**	**68**	**245**
与港澳台商合资经营	Joint-venture Enterprises	33	43
与港澳台商合作经营	Cooperative Enterprises	2	6
港澳台商独资	Enterprises with Sole Investment	28	171
港澳台商投资股份有限公司	Share-holding Corporations Ltd.	3	10
其他港、澳、台商投资	Other Enterprises with Funds from Hong Kong, Macao and Taiwan	2	15
外商投资企业	**Foreign Funded Enterprises**	**108**	**351**
中外合资经营	Joint-venture Enterprises	43	78
中外合作经营	Cooperation Enterprises	3	8
外资企业	Enterprises with Sole Funds	32	158
外商投资股份有限公司	Share-holding Corporations Ltd.	7	60
其他外商投资	Other Foreign Funded Enterprises	23	47

1-11 按机构类型和行业分法人单位与产业活动单位数（2019）
Number of Legal Entities and Industrial Active Units by Type of Institutions and Sectors（2019）

单位：个 (unit)

类　别	Item	法人单位数 Number of Legal Entities	产业活动单位数 Number of Industrial Active Units
总　计	**Total**	**266602**	**314177**
按机构类型分	**By Type of Institutions**		
企业	Enterprise	146199	168352
事业单位	Institution Entity	18186	38397
机关	Government Entity	6761	10697
社会团体	Social Organization	15959	15981
其他	Other	79497	80750
按行业分	**By Sector**		
农、林、牧、渔业	Agriculture, Forestry, Animal Husbandry and Fishery	56833	57396
采矿业	Mining	1133	1196
制造业	Manufacturing	13165	13483
电力、燃气及水生产和供应业	Production and Supply of Electricity,Heat, Gas and Water	1513	1966
建筑业	Construction	13480	14488
批发和零售业	Wholesale and Retail Trades	52005	59116
交通运输、仓储和邮政业	Transport, Storage and Post	4510	7387
住宿和餐饮业	Hotels and Catering Services	5350	6070
信息传输、软件和信息技术服务业	Information Transmission, Software and Information Technology	3732	4697
金融业	Financial Intermediation	1232	6677
房地产业	Real Estate	6852	7685
租赁和商务服务业	Leasing and Business Services	18415	20059
科学研究和技术服务业	Scientific Research and Technical Services	7136	9374
水利、环境和公共设施管理业	Management of Water Conservancy, Environment and Public Facilities	1626	2070
居民服务、修理和其他服务业	Service to Households, Repair and Other Services	5176	5449
教育	Education	12519	18845
卫生和社会工作	Health and Social Service	3881	6319
文化、体育和娱乐业	Culture, Sports and Entertainment	5552	6229
公共管理、社会保障和社会组织	Public Management,Social Security ana Social Organizations	52492	65671
国际组织	International organizations		

1-12 各地区法人单位与产业活动单位数（2019）
Number of Legal Entities and Industrial Active Units by Region（2019）

单位：个 （unit）

地 区	Region	法人单位数 Number of Legal Entities	产业活动单位数 Number of Industrial Active Units
甘肃省	**Gansu**	**266602**	**314177**
兰州市	Lanzhou	52272	59065
嘉峪关市	Jiayuguan	4402	5263
金昌市	Jinchang	4915	6011
白银市	Baiyin	20344	23361
天水市	Tianshui	25850	30486
武威市	Wuwei	14891	18768
张掖市	Zhangye	21061	24061
平凉市	Pingliang	14930	18486
酒泉市	Jiuquan	16072	18627
庆阳市	Qingyang	21242	24214
定西市	Dingxi	21440	26613
陇南市	Longnan	22972	26782
临夏州	Linxia	18994	22305
甘南州	Gannan	7217	10135

主要统计指标解释

行政区划 指国家对行政区域的划分。根据有关法规规定，我国的行政区域划分如下：(1) 全国分为省、自治区、直辖市；(2) 省、自治区分为自治州、县、自治县、市；(3) 自治州分为县、自治县、市；(4) 县、自治县分为乡、民族乡、镇；(5) 直辖市和较大的市分为区、县；(6) 国家在必要时设立的特别行政区。

企业（单位）登记注册类型 是以在工商行政管理机关登记注册的各类企业为划分对象，以工商行政管理部门对企业登记注册的类型为依据，将企业登记注册类型分为内资企业、港澳台商投资企业和外商投资企业三大类。内资企业包括国有企业、集体企业、股份合作企业、联营企业、有限责任公司、股份有限公司、私营公司和其他企业；港澳台商投资企业和外商投资企业分别包括合资经营企业、合作经营企业、独资经营企业和股份有限公司。对不在工商行政管理部门进行登记注册的行政机关、事业单位和社会团体，主要按其经费来源和管理方式进行划分。

国有企业 指企业全部资产归国家所有，并按《中华人民共和国企业法人登记管理条例》规定登记注册的非公司制的经济组织。不包括有限责任公司中的国有独资公司。

集体企业 指企业资产归集体所有，并按《中华人民共和国企业法人登记管理条例》规定登记注册的经济组织。

股份合作企业 指以合作制为基础，由企业职工共同出资入股，吸收一定比例的社会资产投资组建，实行自主经营，自负盈亏，共同劳动，民主管理，按劳分配与按股分红相结合的一种集体经济组织。

联营企业 指两个及两个以上相同或不同所有制性质的企业法人或事业单位法人，按自愿、平等、互利的原则，共同投资组成的经济组织。联营企业包括国有联营企业、集体联营企业、国有与集体联营企业和其他联营企业。

有限责任公司 指根据《中华人民共和国公司登记管理条例》规定登记注册，由两个以上、五十个以下的股东共同出资，每个股东以其所认缴的出资额对公司承担有限责任，公司以其全部资产对其债务承担责任的经济组织。有限责任公司包括国有独资公司以及其他有限责任公司。

股份有限公司 指根据《中华人民共和国公司登记管理条例》规定登记注册，其全部注册资本由等额股份构成并通过发行股票筹集资本，股东以其认购的股份对公司承担有限责任，公司以其全部资产对其债务承担责任的经济组织。

私营企业 指由自然人投资设立或由自然人控股，以雇佣劳动为基础的营利性经济组织。包括按照《公司法》《合伙企业法》《个人独资企业法》规定登记注册的私营独资企业、私营合伙企业、私营有限责任公司、私营股份有限公司和个人独资企业。

其他内资企业 指上述企业之外的其他内资经济组织。

与港澳台商合资经营企业 指港澳台地区投资者与内地企业依照《中华人民共和国中外合资经营企业法》及有关法律的规定，按合同规定的比例投资设立、分享利润和分担风险的企业。

与港澳台商合作经营企业 指港澳台地区投资者与内地企业依照《中华人民共和国中外合作经营企业法》及有关法律的规定，依照合作合同的约定进行投资或提供条件设立，分配利润、分担风险和亏损的企业。

港澳台商独资经营企业 指依照《中华人民共和国外资企业法》及有关法律的规定，在内地由港澳台地区投资者全额投资设立的企业。

港澳台商投资股份有限公司 指根据国家有关规定，经商务部（原外经贸部）批准设立，并且其中港、澳、台商的股本占公司注册资本的比例达 25% 以上的股份有限公司。凡其中港、澳、台商的股本占公司注册资本的比例小于 25% 的，属于内资中的股份有限公司。

其他港、澳、台商投资企业 指在中国境内参照《外国企业或个人在中国境内设立合伙企业管理办法》和《外商投资合伙企业登记管理规定》，依法设立的港、澳、台商投资合伙企业等。

中外合资经营企业 指外国企业或外国人与中国内地企业依照《中华人民共和国中外合资经营企业法》及有关法律的规定，按合同规定的比例投资设立、分享利润和分担风险的企业。

中外合作经营企业 指外国企业或外国人与中国内地企业依照《中华人民共和国中外合作经营企业法》及有关法律的规定，依照合作合同的约定进行投资或提供条件设立，分配利润、分担风险和亏损的企业。

外资企业 指依照《中华人民共和国外资企业法》及有关法律的规定，在中国内地由外国投资者全额投资设立的企业。

外商投资股份有限公司 指根据国家有关规定，经商务部（原外经贸部）批准设立，并且其中外资的股本占公司注册资本的比例达 25% 以上的股份有限公司。凡其中外资股本占公司注册资本的比例小于 25% 的，属于内资中的股份有限公司。

其他外商投资企业 指在中国境内依照《外国企业或个人在中国境内设立合伙企业管理办法》和《外商投资合伙企业登记管理规定》，依法设立的外商投资合伙企业等。

2

人 口

Population

简要说明

一、本篇资料主要内容

本篇资料主要包括人口方面的基本情况，计划生育情况。

二、本篇资料来源

1. 本篇资料由省统计局人口与就业处整理。

2. 总人口指当地户籍人口与户口待定人口之和，包括户籍外出人口，不包括外来人口。

3. 常住人口是指实际经常居住在某地区半年以上的人口，包括离开户籍地半年以上的外来人口，不包括当地户籍外出半年以上的外出人口。常住人口包括：居住在本乡镇街道、户口在本乡镇街道或户口待定的人；居住在本乡镇街道、离开户口所在乡镇街道半年以上的人；户口在本乡镇街道、外出不满半年或在境外工作学习的人。

4. 家庭户是指以家庭成员关系为主、居住一处共同生活的人组成的户。

5. 城乡人口是指居住在城镇、乡村地域上的人口，城镇、乡村是按 2008 年国家统计局《统计上划分城乡的规定》划分的。

6. 计划生育资料来源于省卫健委。

7. 户籍总人口资料来源于省公安厅。

2-1 人口数及构成
Population and Its Composition

单位：万人　　　　　　　　　　　　　　　　　　　　　　　　　　　　　　　（10 000 persons）

年份 Year	年末总人口 Total Population (year-end)	按性别分 By Sex				按城乡分 By Urban and Rural			
		男 Male		女 Female		城镇 Urban		乡村 Rural	
		人口数 Population	比重（%）Proportion	人口数 Population	比重（%）Proportion	人口数 Population	比重（%）Proportion	人口数 Population	比重（%）Proportion
1978	1870.05	965.88	51.65	904.17	48.35	269.44	14.41	1600.61	85.59
1979	1893.79	977.39	51.61	916.40	48.39	279.89	14.78	1613.90	85.22
1980	1918.43	989.72	51.59	928.71	48.41	290.65	15.15	1627.78	84.85
1981	1941.40	1004.29	51.73	937.11	48.27	304.72	15.70	1636.68	84.30
1982	1974.88	1021.41	51.72	953.47	48.28	305.83	15.49	1669.05	84.51
1983	1999.84	1034.52	51.73	965.32	48.27	324.91	16.25	1674.93	83.75
1984	2025.88	1047.58	51.71	978.30	48.29	345.18	17.04	1680.70	82.96
1985	2052.89	1063.19	51.79	989.70	48.21	366.71	17.86	1686.18	82.14
1986	2085.39	1078.36	51.71	1007.03	48.29	389.58	18.68	1695.81	81.32
1987	2115.73	1093.41	51.68	1022.32	48.32	413.88	19.56	1701.85	80.44
1988	2148.15	1110.38	51.69	1037.77	48.31	439.69	20.47	1708.46	79.53
1989	2184.86	1128.92	51.67	1055.94	48.33	467.12	21.38	1717.74	78.62
1990	2254.67	1151.95	51.09	1102.72	48.91	496.25	22.01	1758.42	77.99
1991	2284.92	1180.85	51.68	1104.07	48.32	508.76	22.27	1776.16	77.73
1992	2314.19	1197.59	51.75	1116.60	48.25	521.59	22.54	1792.60	77.46
1993	2345.23	1194.25	50.92	1150.98	49.08	534.75	22.80	1810.48	77.20
1994	2387.25	1222.27	51.20	1164.98	48.80	548.23	22.96	1839.02	77.04
1995	2437.95	1256.49	51.54	1181.46	48.46	562.06	23.05	1875.89	76.95
1996	2466.86	1276.67	51.75	1190.19	48.25	572.07	23.19	1894.79	76.81
1997	2494.20	1278.57	51.26	1215.63	48.74	582.26	23.34	1911.94	76.66
1998	2519.37	1289.16	51.17	1230.21	48.83	592.63	23.52	1926.74	76.48
1999	2542.58	1292.05	50.82	1250.53	49.18	603.18	23.72	1939.40	76.28
2000	2515.31	1303.69	51.83	1211.62	48.17	603.93	24.01	1911.38	75.99
2001	2523.35	1307.85	51.83	1215.50	48.17	618.47	24.51	1904.88	75.49
2002	2530.76	1311.95	51.84	1218.81	48.16	656.99	25.96	1873.77	74.04
2003	2537.19	1313.00	51.75	1224.19	48.25	694.68	27.38	1842.51	72.62
2004	2541.48	1314.45	51.72	1227.03	48.28	727.12	28.61	1814.36	71.39
2005	2545.10	1309.20	51.44	1235.90	48.56	764.04	30.02	1781.06	69.98
2006	2546.79	1308.54	51.38	1238.25	48.62	791.80	31.09	1754.99	68.91
2007	2548.19	1308.50	51.35	1239.69	48.65	804.97	31.59	1743.22	68.41
2008	2550.88	1309.11	51.32	1241.77	48.68	820.11	32.15	1730.77	67.85
2009	2554.91	1310.16	51.28	1244.75	48.72	834.18	32.65	1720.73	67.35
2010	2559.98	1307.64	51.08	1252.34	48.92	924.66	36.12	1635.32	63.88
2011	2564.19	1309.02	51.05	1255.17	48.95	952.60	37.15	1611.59	62.85
2012	2577.55	1316.87	51.09	1260.68	48.91	998.80	38.75	1578.75	61.25
2013	2582.18	1318.72	51.07	1263.46	48.93	1036.23	40.13	1545.95	59.87
2014	2590.78	1322.85	51.06	1267.93	48.94	1079.84	41.68	1510.94	58.32
2015	2599.55	1326.81	51.04	1272.74	48.96	1122.75	43.19	1476.80	56.81
2016	2609.95	1331.86	51.03	1278.09	48.97	1166.39	44.69	1443.56	55.31
2017	2625.71	1339.64	51.02	1286.07	48.98	1218.07	46.39	1407.64	53.61
2018	2637.26	1345.27	51.01	1291.99	48.99	1257.71	47.69	1379.55	52.31
2019	2647.43	1350.19	51.00	1297.24	49.00	1283.74	48.49	1363.69	51.51

注：1. 1981 年及以前数据为户籍统计数；1982、1990、2000、2010 年数据为当年人口普查数据推算数，其余年份数据为年度人口抽样调查推算数据（下表同）。

2. 2000 年及以后数据为常住人口口径。

a）Figures 1981（inclusive）are from household registrations; for the year 1982,1990,2000 and 2010 are the census year estimates; the rest of the data covered in those tables have been estimated on the basis of the annual national sample surveys of population. The same applies to the relevant tables following.

b）Data since 2000 are obtained from the standard of permanent population.

2-2 人口出生率、死亡率和自然增长率
Birth Rate, Death Rate and Natural Growth Rate of Population

单位：‰ (‰)

年份 Year	出生率 Birth Rate	死亡率 Death Rate	自然增长率 Natural Growth Rate
1978	17.77	5.87	11.90
1980	16.53	5.15	11.38
1985	18.31	5.46	12.85
1986	21.14	5.91	15.23
1987	20.55	5.71	14.84
1988	20.41	5.06	15.35
1989	22.57	5.60	16.97
1990	20.68	6.08	14.60
1991	19.38	6.05	13.33
1992	19.37	6.64	12.73
1993	20.16	6.84	13.32
1994	20.82	6.84	13.98
1995	20.65	6.49	14.16
1996	18.43	6.64	11.79
1997	17.22	6.20	11.02
1998	16.45	6.41	10.04
1999	15.61	6.44	9.17
2000	14.38	6.41	7.97
2001	13.58	6.43	7.15
2002	13.16	6.45	6.71
2003	12.58	6.46	6.12
2004	12.43	6.52	5.91
2005	12.59	6.57	6.02
2006	12.86	6.62	6.24
2007	13.14	6.65	6.49
2008	13.22	6.68	6.54
2009	13.32	6.71	6.61
2010	12.05	6.02	6.03
2011	12.08	6.03	6.05
2012	12.11	6.05	6.06
2013	12.16	6.08	6.08
2014	12.21	6.11	6.10
2015	12.36	6.15	6.21
2016	12.18	6.18	6.00
2017	12.54	6.52	6.02
2018	11.07	6.65	4.42
2019	10.60	6.75	3.85

2-3 六次人口普查基本情况

Basic Statistics on National Population Census in 1953, 1964, 1982, 1990, 2000 and 2010

指标	Item	1953	1964	1982	1990	2000	2010
总人口（万人）	**Total population (10 000 persons)**	**1109.36**	**1263.06**	**1956.93**	**2237.11**	**2512.43**	**2557.53**
男	Male	580.80	657.17	1012.37	1159.28	1302.17	1306.41
女	Female	528.56	605.89	944.56	1077.83	1210.26	1251.11
性别比（以女性为 100）	Sex Ratio (female=100)	109.88	108.46	107.18	107.56	107.59	104.42
家庭户规模（人／户）	**Average Family Household Size (person/household)**	**5.40**	**4.95**	**5.17**	**4.58**	**3.99**	**3.49**
各年龄组人口（%）	**Population by Age Group (%)**						
0–14 岁	Aged 0-14	39.56	40.18	36.32	27.97	27.00	18.16
15–64 岁	Aged 15-64	57.35	57.75	60.19	67.97	68.00	73.61
65 岁及以上	Aged 65 and Over	3.09	2.07	3.49	4.06	5.00	8.23
民族人口	**Population by Ethnicity**						
汉族（万人）	Han (10 000 persons)	1013.18	1167.50	1802.03	2051.50	2292.51	2316.48
占总人口比重（%）	Percentage to Total Population (%)	91.33	92.43	92.08	91.70	91.25	90.57
少数民族（万人）	Ethnic Minorities (10 000 persons)	96.18	95.56	154.90	185.61	219.92	241.05
占总人口比重（%）	Percentage to Total Population (%)	8.67	7.57	7.92	8.30	8.75	9.43
每十万人拥有的各种受教育程度人口（人）	**Population with Various Education Attainments Per 100 000 Persons (person)**						
大专及以上	Junior College and Above			551	1104	2665	7520
高中和中专	Senior Secondary School and Technical Secondary School			6246	7825	9863	12686
初中	Junior Secondary School			12190	16851	23925	31213
小学	Primary School			27679	29127	36907	32504
文盲人口及文盲率	**Illiterate Population and Illiterate Rate**						
文盲人口（万人）	Illiterate Population (10 000 persons)			634.48	631.06	361.32	222.22
文盲率（%）	Illiterate Rate(%)			50.91	39.17	19.68	8.69
城乡人口（万人）	**Population by Residence (10 000 persons)**						
城镇人口	Urban Population	111.27	140.58	300.19	493.06	603.23	923.66
乡村人口	Rural Population	998.09	1122.48	1656.74	1744.05	1909.20	1633.87
平均预期寿命（岁）	**Life Expectancy (year old)**			**65.75**	**68.25**	**70.39**	**72.23**
男	Male			65.05	67.42	69.28	70.60
女	Female			66.49	69.17	71.88	74.06

注：1. 1953 年、1964 年、1982 年及 1990 年全国人口普查标准时点为当年 7 月 1 日零时，2000 年和 2010 年全国人口普查标准时点为当年 11 月 1 日零时。
2. 2000 年、2010 年人口为常住人口。

a) Standard reference time of national population census in 1953,1964,1982 and 1990 was zero hour of July 1st, and in 2000 and 2010 was zero hour of November 1st

b) Total population of 2000 and 2010 are permanent population..

2-4 各市（州）人口年龄构成和抚养比（2019）
Age Composition and Dependency Ratio of Population by Region （2019）

市（州）	Region	年末常住人口（万人）Permanent Population at Year-end (10000persons)	0-14 岁 Aged 0-14	15-64 岁 Aged 15-64	65 岁及以上 Aged 65 and Over	总抚养比（%）Gross Dependency Ratio (%)	少年儿童抚养比 Children Dependency Ratio	老年人口抚养比 Old Dependency Ratio
甘肃省	**Gansu**	**2647.43**	**461.18**	**1878.88**	**307.37**	**40.90**	**24.55**	**16.36**
兰州市	Lanzhou	379.09	54.06	274.23	50.80	38.24	19.71	18.52
嘉峪关市	Jiayuguan	25.31	3.99	18.39	2.93	37.63	21.70	15.93
金昌市	Jinchang	45.82	6.54	33.96	5.32	34.92	19.26	15.67
白银市	Baiyin	174.08	27.86	122.55	23.67	42.05	22.73	19.31
天水市	Tianshui	336.89	64.41	235.42	37.06	43.10	27.36	15.74
武威市	Wuwei	182.50	28.31	134.52	19.67	35.67	21.05	14.62
张掖市	Zhangye	123.76	19.15	91.22	13.39	35.67	20.99	14.68
平凉市	Pingliang	212.53	36.43	151.79	24.31	40.02	24.00	16.02
酒泉市	Jiuquan	113.22	16.63	84.62	11.97	33.80	19.65	14.15
庆阳市	Qingyang	227.88	42.76	159.84	25.28	42.57	26.75	15.82
定西市	Dingxi	282.58	48.24	200.32	34.02	41.06	24.08	16.98
陇南市	Longnan	264.31	48.05	185.99	30.27	42.11	25.83	16.28
临夏州	Linxia	207.14	49.92	135.55	21.67	52.81	36.83	15.99
甘南州	Gannan	72.32	14.83	50.48	7.01	43.26	29.38	13.89

2-5 各市（州）城乡人口及构成（2019）
Population of Urban and Rural and Its composition by Region （2019）

单位：万人　　（10 000 persons）

市（州）	Region	年末常住人口 Permanent Population at Year-end	城镇 Urban 人口数 Population	城镇 Urban 比重（%）Proportion（%）	乡村 Rural 人口数 Population	乡村 Rural 比重（%）Proportion（%）
甘肃省	**Gansu**	**2647.43**	**1283.74**	**48.49**	**1363.69**	**51.51**
兰州市	Lanzhou	379.09	307.21	81.04	71.88	18.96
嘉峪关市	Jiayuguan	25.31	23.71	93.68	1.60	6.32
金昌市	Jinchang	45.82	32.51	70.95	13.31	29.05
白银市	Baiyin	174.08	89.53	51.43	84.55	48.57
天水市	Tianshui	336.89	142.46	42.29	194.43	57.71
武威市	Wuwei	182.50	79.05	43.32	103.45	56.68
张掖市	Zhangye	123.76	60.08	48.55	63.68	51.45
平凉市	Pingliang	212.53	89.21	41.98	123.32	58.02
酒泉市	Jiuquan	113.22	70.69	62.44	42.53	37.56
庆阳市	Qingyang	227.88	90.98	39.92	136.90	60.08
定西市	Dingxi	282.58	102.79	36.38	179.79	63.62
陇南市	Longnan	264.31	92.03	34.82	172.28	65.18
临夏州	Linxia	207.14	76.73	37.04	130.41	62.96
甘南州	Gannan	72.32	26.76	37.00	45.56	63.00

2-6 各地、县人口（2019）
Population by Region & County （2019）

单位：万人 （10 000 persons）

地、县	Region & County	年末常住人口 Permanent Population at Year-end	#女性 Female	出生率（‰） Birth Rate（‰）	死亡率（‰） Death Rate（‰）	自然增长率（‰） Natural Growth Rate（‰）
兰州市	**Lanzhou**	**379.09**	**186.51**	**9.00**	**5.53**	**3.47**
城关区	Chengguan	133.07	65.74	8.12	4.20	3.92
七里河区	Qilihe	58.34	28.70	7.22	5.26	1.96
西固区	Xigu	37.27	18.24	8.34	6.52	1.82
安宁区	Anning	28.76	14.39	7.44	4.87	2.57
红古区	Honggu	14.37	6.92	10.07	5.91	4.16
永登县	Yongdeng	34.95	17.22	11.68	7.07	4.61
皋兰县	Gaolan	11.06	5.39	10.65	7.65	3.00
榆中县	Yuzhong	44.70	21.87	12.50	7.96	4.54
兰州新区	LanzhouNewArea	16.57	8.04	9.64	4.81	4.83
嘉峪关市	**Jiayuguan**	**25.31**	**12.59**	**9.88**	**4.88**	**5.00**
金昌市	**Jinchang**	**45.82**	**22.45**	**7.64**	**5.33**	**2.31**
金川区	Jinchuan	23.37	11.26	7.49	4.58	2.91
永昌县	Yongchang	22.45	11.19	7.80	6.11	1.69
白银市	**Baiyin**	**174.08**	**85.27**	**8.67**	**5.52**	**3.15**
白银区	Baiyin	30.47	15.42	8.05	5.48	2.57
平川区	Pingchuan	19.80	9.66	8.24	5.30	2.94
靖远县	Jingyuan	46.68	22.83	8.87	5.56	3.31
会宁县	Huining	54.57	26.21	9.01	5.63	3.38
景泰县	Jingtai	22.56	11.15	8.89	5.42	3.47
天水市	**Tianshui**	**336.89**	**165.75**	**10.45**	**7.04**	**3.41**
秦州区	Qinzhou	66.60	32.76	10.06	6.91	3.15
麦积区	Maiji	57.28	28.18	10.30	6.98	3.32
清水县	Qingshui	27.84	13.70	10.42	7.18	3.24
秦安县	Qinan	53.19	26.17	10.53	7.22	3.31
甘谷县	Gangu	57.68	28.38	10.40	7.19	3.21
武山县	Wushan	44.49	21.89	10.56	6.93	3.63
张家川县	Zhangjiachuan	29.81	14.67	11.41	7.13	4.28
武威市	**Wuwei**	**182.50**	**88.66**	**9.21**	**6.32**	**2.89**
凉州区	Liangzhou	101.36	49.23	9.36	6.46	2.90
民勤县	Minqin	24.14	11.66	9.02	6.29	2.73
古浪县	Gulang	38.90	19.01	9.02	5.86	3.16
天祝县	Tianzhu	18.10	8.76	9.03	6.56	2.47
张掖市	**Zhangye**	**123.76**	**61.14**	**10.10**	**6.56**	**3.54**

2-6 续表 1 continued

单位：万人 (10 000 persons)

地、县	Region & County	年末常住人口 Permanent Population at Year-end	#女性 Female	出生率 (‰) Birth Rate (‰)	死亡率 (‰) Death Rate (‰)	自然增长率 (‰) Natural Growth Rate (‰)
甘州区	Ganzhou	51.97	25.81	10.11	6.19	3.92
肃南县	Sunan	3.53	1.68	10.17	5.98	4.19
民乐县	Minle	22.69	11.04	10.04	6.72	3.32
临泽县	Linze	13.83	6.86	10.30	7.19	3.11
高台县	Gaotai	14.73	7.33	10.08	7.01	3.07
山丹县	Shandan	17.01	8.42	9.99	6.72	3.27
平凉市	**Pingliang**	**212.53**	**104.57**	**10.07**	**6.49**	**3.58**
崆峒区	Kongtong	53.48	25.60	9.85	6.90	2.95
泾川县	Jingchuan	28.82	14.48	10.22	5.88	4.34
灵台县	Lingtai	18.53	9.23	9.79	6.51	3.28
崇信县	Chongxin	10.48	4.96	10.39	6.46	3.93
庄浪县	Zhuanglang	38.57	19.52	10.10	6.74	3.36
静宁县	Jingning	42.80	21.35	10.41	6.43	3.98
华亭市	Huating	19.85	9.43	9.73	5.90	3.83
酒泉市	**Jiuquan**	**113.22**	**54.86**	**8.39**	**5.62**	**2.77**
肃州区	Suzhou	45.08	22.10	7.39	5.17	2.22
金塔县	Jinta	14.51	7.03	7.79	5.28	2.51
瓜州县	Guazhou	14.98	7.17	8.96	5.93	3.03
肃北县	Subei	1.54	0.61	7.04	4.16	2.88
阿克塞县	Akesai	1.10	0.51	10.16	4.05	6.11
玉门市	Yumen	16.83	8.08	9.24	5.66	3.58
敦煌市	Dunhuang	19.18	9.36	10.02	6.87	3.15
庆阳市	**Qingyang**	**227.88**	**111.59**	**11.37**	**7.19**	**4.18**
西峰区	Xifeng	37.68	18.32	10.90	6.55	4.35
庆城县	Qingcheng	27.14	13.11	11.64	7.36	4.28
环　县	Huanxian	31.47	15.25	11.74	6.87	4.87
华池县	Huachi	13.50	6.44	12.37	6.97	5.40
合水县	Heshui	15.50	7.46	12.59	7.56	5.03
正宁县	Zhengning	18.56	9.19	11.23	7.07	4.16
宁　县	Ningxian	41.42	20.59	10.47	6.98	3.49
镇原县	Zhenyuan	42.61	21.23	11.51	8.08	3.43
定西市	**Dingxi**	**282.58**	**138.46**	**11.18**	**7.93**	**3.25**
安定区	Anding	43.32	21.24	11.12	7.95	3.17
通渭县	Tongwei	41.04	20.12	11.05	7.77	3.28

2-6 续表 2 continued

单位：万人 (10 000 persons)

地、县	Region & County	年末常住人口 Permanent Population at Year-end	# 女性 Female	出生率 (‰) Birth Rate (‰)	死亡率 (‰) Death Rate (‰)	自然增长率 (‰) Natural Growth Rate (‰)
陇西县	Longxi	46.58	22.84	11.21	7.94	3.27
渭源县	Weiyuan	33.31	16.31	11.19	7.91	3.28
临洮县	Lintao	52.12	25.76	11.22	7.98	3.24
漳　县	Zhangxian	19.94	9.72	11.21	7.83	3.38
岷　县	Minxian	46.28	22.46	11.27	7.77	3.50
陇南市	**Longnan**	**264.31**	**128.01**	**11.27**	**7.74**	**3.53**
武都区	Wudu	57.14	27.34	11.03	8.58	2.45
成　县	Chengxian	24.69	11.93	10.94	7.70	3.24
文　县	Wenxian	22.95	11.11	11.33	8.28	3.05
宕昌县	Tanchang	28.11	13.71	11.03	7.83	3.20
康　县	Kangxian	18.28	8.86	11.49	7.66	3.83
西和县	Xihe	40.59	20.01	10.84	7.14	3.70
礼　县	Lixian	47.72	23.13	12.15	7.33	4.82
徽　县	Huixian	20.15	9.63	11.41	7.44	3.97
两当县	Liangdang	4.68	2.29	10.68	6.41	4.27
临夏州	**Linxia**	**207.14**	**102.33**	**15.50**	**7.89**	**7.61**
临夏市	linxia	29.56	14.64	14.02	7.15	6.87
临夏县	linxia	34.37	16.98	15.39	8.09	7.30
康乐县	Kangle	24.63	12.20	15.75	7.64	8.11
永靖县	Yongjing	18.79	9.25	14.56	7.49	7.07
广河县	Guanghe	24.60	12.18	16.52	8.38	8.14
和政县	Hezheng	19.62	9.70	14.97	7.79	7.18
东乡县	Dongxiang	30.81	15.14	16.62	7.84	8.78
积石山县	Jishishan	24.76	12.24	15.92	8.68	7.24
甘南州	**Gannan**	**72.32**	**35.05**	**14.66**	**7.31**	**7.35**
合作市	Hezuo	9.58	4.63	14.93	6.48	8.45
临潭县	Lintan	14.23	6.95	14.20	7.23	6.97
卓尼县	Zhuoni	10.69	5.16	13.84	7.15	6.69
舟曲县	Zhouqu	13.56	6.62	13.72	7.90	5.82
迭部县	Diebu	5.45	2.67	13.94	7.67	6.27
玛曲县	Maqu	5.90	2.76	17.12	6.85	10.27
碌曲县	Luqu	3.85	1.86	16.62	7.90	8.72
夏河县	Xiahe	9.06	4.40	15.45	7.45	8.00

2-7 各地、县总户数及总人口（2019）
Total Household and Total Population by Region & County （2019）

地、县	Region & County	年末总户数（户）Number of Total Households（year-end）（household）	年末总人口（人）Total Population（year-end）（person）	#城镇 Urban
甘肃省	**Gansu**	**8406622**	**27833095**	**10363872**
兰州市	**Lanzhou**	**1146089**	**3319213**	**2357195**
城关区	Chengguan	354644	961916	953453
七里河区	Qilihe	172679	475000	400537
西固区	Xigu	118880	322853	292342
安宁区	Anning	79339	217230	217230
红古区	Honggu	55319	143436	112697
永登县	Yongdeng	167026	540222	179381
皋兰县	Gaolan	63603	197471	92317
榆中县	Yuzhong	134599	461085	109238
嘉峪关市	**Jiayuguan**	**79866**	**209562**	**201427**
金昌市	**Jinchang**	**176251**	**450839**	**268092**
金川区	Jinchuan	86091	210336	173631
永昌县	Yongchang	90160	240503	94461
白银市	**Baiyin**	**563023**	**1812134**	**716448**
白银区	Baiyin	116012	290873	238901
平川区	Pingchuan	68950	207153	131520
靖远县	Jingyuan	139206	503441	164068
会宁县	Huining	166789	571726	105902
景泰县	Jingtai	72066	238941	76057
天水市	**Tianshui**	**992761**	**3722465**	**1094624**
秦州区	Qinzhou	197494	700709	303658
麦积区	Maiji	175958	618039	250963
清水县	Qingshui	88932	332981	67526
秦安县	Qinan	155451	585162	129762
甘谷县	Gangu	166392	641994	153769
武山县	Wushan	121472	468767	115057
张家川县	Zhangjiachuan	87062	374813	73889
武威市	**Wuwei**	**597081**	**1888100**	**736446**
凉州区	Liangzhou	333376	1038986	501207
民勤县	Minqin	78967	263749	63344
古浪县	Gulang	117919	381020	107916
天祝县	Tianzhu	66819	204345	63979
张掖市	**Zhangye**	**462004**	**1311918**	**515705**

2-7 续表 1 continued

地、县	Region&County	年末总户数（户）Number of Total Households（year-end）（household）	年末总人口（人）Total Population（year-end）（person）	#城镇 Urban
甘州区	Ganzhou	179971	515874	209857
肃南县	Sunan	15053	39171	14013
民乐县	Minle	83374	247860	90766
临泽县	Linze	54868	149249	56981
高台县	Gaotai	55528	159387	68880
山丹县	Shandan	73210	200377	75208
平凉市	**Pingliang**	**725551**	**2335562**	**785243**
崆峒区	Kongtong	180913	526170	263745
泾川县	Jingchuan	111353	353028	118955
灵台县	Lingtai	78264	229145	61596
崇信县	Chongxin	32237	101458	35205
庄浪县	Zhuanglang	123723	453120	106433
静宁县	Jingning	135589	481972	105268
华亭市	Huating	63472	190669	94041
酒泉市	**Jiuquan**	**345337**	**1014719**	**498872**
肃州区	Suzhou	142538	418616	233582
金塔县	Jinta	47940	144986	52651
瓜州县	Guazhou	39536	128063	41770
肃北县	Subei	5048	12322	8003
阿克塞县	Akesai	3583	9415	6624
玉门市	Yumen	54646	157280	88381
敦煌市	Dunhuang	52046	144037	67861
庆阳市	**Qingyang**	**822578**	**2702169**	**669698**
西峰区	Xifeng	121805	395136	160396
庆城县	Qingcheng	93759	290362	53489
环　县	Huanxian	102761	365101	60638
华池县	Huachi	45237	138954	28536
合水县	Heshui	57621	182012	54561
正宁县	Zhengning	78932	244398	83050
宁　县	Ningxian	161414	559359	146506
镇原县	Zhenyuan	161049	526847	82522
定西市	**Dingxi**	**865967**	**3038229**	**867540**
安定区	Anding	150804	469142	160021
通渭县	Tongwei	121094	436041	104048

2-7 续表 1 continued

地、县	Region & County	年末总户数（户）Number of Total Households (year-end) (household)	年末总人口（人）Total Population (year-end) (person)	#城镇 Urban
陇西县	Longxi	139267	525044	227056
渭源县	Weiyuan	103410	345652	89958
临洮县	Lintao	163185	554925	161089
漳　县	Zhangxian	58555	211563	58861
岷　县	Minxian	129652	495862	66507
陇南市	**Longnan**	**839667**	**2864525**	**770079**
武都区	Wudu	187870	602554	171253
成　县	Chengxian	91215	265297	122574
文　县	Wenxian	84021	241036	60289
宕昌县	Tanchang	81084	304373	66461
康　县	Kangxian	63925	197244	40224
西和县	Xihe	112510	444624	83543
礼　县	Lixian	133699	536231	128565
徽　县	Huixian	68547	225106	80609
两当县	Liangdang	16796	48060	16561
临夏州	**Linxia**	**580398**	**2413956**	**634312**
临夏市	linxia	82281	279228	237671
临夏县	linxia	99795	424270	46834
康乐县	Kangle	73118	304985	54719
永靖县	Yongjing	59977	208555	75413
广河县	Guanghe	64149	299082	79152
和政县	Hezheng	54939	241006	49800
东乡县	Dongxiang	80967	378741	48258
积石山县	Jishishan	65172	278089	42465
甘南州	**Gannan**	**210049**	**749704**	**248191**
合作市	Hezuo	26483	90861	58953
临潭县	Lintan	46372	161156	53193
卓尼县	Zhuoni	29508	110733	32551
舟曲县	Zhouqu	43411	144076	32043
迭部县	Diebu	15192	57048	18020
玛曲县	Maqu	16582	55295	14051
碌曲县	Luqu	9927	37780	10583
夏河县	Xiahe	22574	92755	28797

2-8 计划生育情况
Statistics of Family Planning

项目	Item	2010	2015	2018	2019
全省计划生育状况	**Situation of Family Planning of Gansu**				
政策计划内生育（万人）	Births under Control (10 000 persons)	24.48	23.51	28.28	26.96
符合政策计划生育率（%）	Family Planning Rate that Consistent with the Policy (%)	91.36	92.58	97.11	96.07
已婚育龄妇女人数（万人）	Married Women at Childbearing Age (10 000 persons)	562.33	571.76	529.74	508.76
实际采取节育措施的人数（万人）	Number of Married People Adopting Birth Control Measures (10 000 persons)	490.28	493.58	438.66	407.43
独生子女领证率（%）	Coverage Rate of One-child Certificate (%)	9.75	11.86	10.06	10.63
城市计划生育状况	**Situation of Family Planning of Urban**				
政策计划内生育（万人）	Births Under Control (10 000 persons)	3.75	3.92	6.78	6.59
符合政策计划生育率（%）	Family Planning Rate that Consistent with the Policy (%)	99.03	98.02	99.49	99.33
已婚育龄妇女人数（万人）	Married Women at Childbearing Age (10 000 persons)	113.69	125.22	117.96	118.02
实际采取节育措施的人数（万人）	Number of Married People Adopting Birth Control Measures (10 000 persons)	93.89	103.29	89.09	86.22
独生子女领证率（%）	Coverage Rate of One-child Certificate (%)	33.06	34.75	29.87	28.48
农村计划生育状况	**Situation of Family Planning of Rural**				
政策计划内生育（万人）	Births under Control (10 000 persons)	20.65	18.92	21.50	20.37
符合政策计划生育率（%）	Family Planning Rate that Consistent with the Policy (%)	90.08	91.44	96.09	64.65
已婚育龄妇女人数（万人）	Married Women at Childbearing Age (10 000 persons)	436.70	425.65	411.78	390.74
实际采取节育措施的人数（万人）	Number of Married People Adopting Birth Control Measures (10 000 persons)	388.58	374.35	349.57	321.21
独生子女领证率（%）	Coverage Rate of One-child Certificate (%)	3.93	5.42	4.96	4.98

主要统计指标解释

人口数　指一定时点、一定地区范围内有生命的个人总和。年末统计的年末人口数指每年 12 月 31 日 24 时的人口数。

城镇人口和乡村人口　城镇人口是指居住在城镇地域内的全部常住人口；乡村人口是除上述人口以外的全部人口。

出生率（又称粗出生率）　指在一定时期内（通常为一年）一定地区的出生人数与同期内平均人数（或期中人数）之比，用千分率表示。本资料中的出生率指年出生率，其计算公式为：

$$出生率=\frac{年出生人数}{年平均人数}\times 1000‰$$

式中：出生人数指活产婴儿，即胎儿脱离母体时（不管怀孕月数），有过呼吸或其他生命现象。年平均人数指年初、年底人口数的平均数，也可用年中人口数代替。

死亡率（又称粗死亡率）　指在一定时期内（通常为一年）一定地区的死亡人数与同期内平均人数（或期中人数）之比，用千分率表示。本资料中的死亡率指年死亡率，其计算公式为：

$$死亡率=\frac{年死亡人数}{年平均人数}\times 1000‰$$

人口自然增长率　指在一定时期内（通常为一年）人口自然增加数（出生人数减死亡人数）与该时期内平均人数（或期中人数）之比，用千分率表示，其计算公式为：

$$人口自然增长率=\frac{本年出生人数-本年死亡人数}{年平均人数}\times 1000‰$$

$$=人口出生率-人口死亡率$$

总抚养比　也称总负担系数。指人口总体中非劳动年龄人口数与劳动年龄人口数之比。通常用百分比表示。说明每 100 名劳动年龄人口大致要负担多少名非劳动年龄人口。用于从人口角度反映人口与经济发展的基本关系。计算公式为：

$$GDR=\frac{P_{0\text{-}14}+P_{65^+}}{P_{15\sim64}}\times 100\%$$

其中：GDR 为总抚养比；

$P_{0\sim14}$ 为 0 ～ 14 岁少年儿童人口数；

P_{65^+} 为 65 岁及 65 岁以上的老年人口数；

$P_{15\sim64}$ 为 15 ～ 64 岁劳动年龄人口数。

老年人口抚养比　也称老年人口抚养系数。指某一人口中老年人口数与劳动年龄人口数之比。通常用百分比表示。用以表明每 100 名劳动年龄人口要负担多少名老年人。老年人口抚养比是从经济角度反映人口老化社会后果的指标之一。计算公式为：

$$ODR=\frac{P_{65^+}}{P_{15\sim64}}\times 100\%$$

其中：ODR 为老年人口抚养比；

P_{65^+} 为 65 岁及 65 岁以上的老年人口数；

$P_{15\sim64}$ 为 15 ～ 64 岁的劳动年龄人口数。

少年儿童抚养比　也称少年儿童抚养系数。指某一人口中少年儿童人口数与劳动年龄人口数之比。通常用百分比表示。以反映每 100 名劳动年龄人口要负担多少名少年儿童。计算公式为：

$$GDR=\frac{P_{0\text{-}14}}{P_{15\sim64}}\times 100\%$$

其中：CDR 为少年儿童抚养比；

$P_{0\sim14}$ 为 0 ～ 14 岁少年儿童人口数；

$P_{15\sim64}$ 为 15 ～ 64 岁劳动年龄人口数。

3

国民经济核算

National Accounts

简要说明

一、本篇资料主要内容

本篇资料主要包括国民经济核算基本情况资料。

二、本篇资料来源

本篇资料由省统计局国民经济核算处汇总、加工整理。

地区生产总值数据是由省统计局国民经济核算处根据不同产业部门、不同支出构成的特点和资料来源情况而采用不同方法计算的。本年鉴公布的地区生产总值以及与之有关的指标数据，最后一年数据不是最终数，还会在获得更多的财务和行政记录等资料后发生变动。如果遇到普查或者重大核算方法改革，在能够获得更详细的基础资料的情况下，地区生产总值的历史数据还会发生变动。

3-1 地区生产总值

Gross Regional Product

单位：亿元　　本表按当年价格计算。Data in this table are calculated at current prices.　　(100 million yuan)

年份 Year	地区生产总值 Gross Regional Product	第一产业 Primary Industry	第二产业 Secondary Industry	第三产业 Tertiary Industry	农林牧渔业 Agriculture, Forestry, Animal Husbandry and Fishery Industries	工业 Industry	建筑业 Construction
1978	64.73	13.21	39.04	12.48	13.21	34.66	4.38
1979	67.51	12.89	40.98	13.64	12.89	36.90	4.08
1980	73.90	16.46	39.85	17.59	16.46	35.25	4.60
1981	70.89	17.63	35.30	17.96	17.63	31.33	3.97
1982	76.88	19.68	38.54	18.66	19.68	33.63	4.91
1983	91.50	27.65	42.92	20.93	27.65	37.52	5.40
1984	103.17	27.83	49.98	25.36	27.83	43.65	6.33
1985	123.39	33.08	58.81	31.50	33.08	50.54	8.27
1986	140.74	38.02	65.27	37.45	38.02	56.01	9.26
1987	159.52	45.27	68.40	45.85	45.27	58.26	10.14
1988	191.84	52.77	81.33	57.74	52.77	67.28	14.05
1989	216.84	59.01	91.79	66.04	59.01	77.62	14.17
1990	242.80	64.06	98.33	80.41	64.06	83.93	14.40
1991	271.39	66.55	111.91	92.93	66.55	97.19	14.72
1992	317.79	74.20	128.66	114.93	75.32	110.21	18.45
1993	372.24	87.43	159.96	124.85	88.88	136.74	23.22
1994	453.61	103.87	198.67	151.07	105.59	174.56	24.11
1995	557.76	110.65	256.83	190.28	112.67	226.29	30.54
1996	722.52	188.12	311.98	222.42	191.13	276.37	35.61
1997	793.57	190.21	337.79	265.58	193.76	286.70	51.09
1998	887.67	202.76	373.43	311.48	206.73	311.26	62.17
1999	956.32	191.84	410.07	354.42	196.21	326.99	83.08
2000	1052.88	194.10	421.65	437.13	199.18	327.60	94.04
2001	1125.37	207.96	458.07	459.35	213.55	355.51	102.56
2002	1232.03	215.51	501.69	514.83	221.30	389.38	112.31
2003	1399.94	238.00	572.24	589.70	244.39	452.32	119.92
2004	1653.61	283.32	680.27	690.02	287.00	549.52	130.75
2005	1864.63	304.28	772.24	788.11	308.41	633.32	138.92
2006	2202.97	329.83	972.50	900.64	334.51	818.27	154.23
2007	2675.12	365.93	1254.14	1055.05	390.98	1070.21	183.93
2008	3071.70	391.24	1429.93	1250.53	418.60	1197.09	232.84
2009	3268.26	418.39	1473.24	1376.63	447.31	1214.03	259.21
2010	3943.73	472.61	1910.35	1560.77	501.73	1613.76	296.59
2011	4816.94	525.60	2288.63	2002.71	558.26	1947.15	341.48
2012	5393.12	590.94	2493.31	2308.87	626.71	2107.12	386.19
2013	6014.53	658.10	2674.04	2682.39	698.34	2262.55	428.90
2014	6518.39	695.77	2823.26	2999.36	739.69	2374.32	466.12
2015	6556.55	733.37	2505.41	3317.77	780.74	2031.55	484.24
2016	6907.91	800.75	2483.50	3623.66	834.46	1995.53	498.33
2017	7336.74	859.75	2515.75	3961.24	896.00	2020.50	504.60
2018	8104.07	926.05	2761.64	4416.38	962.28	2253.41	518.24
2019	8718.30	1050.48	2862.42	4805.40	1087.61	2319.75	552.99

注：1. 1991 年及以前年份农林牧渔业不包括农林牧渔服务业；交通运输仓储和邮政业包括电信业，不包括城市公共交通业；批发和零售业包括住宿业和餐饮业。
2. 2011 年及以前年份全省地区生产总值中不包含研究与开发支出。
3. 2012 年及以前年份工业不包括开采专业及辅助性活动和金属制品、机械和设备修理业。
4. 根据第四次经济普查结果，修订了 1978—2018 年地区生产总值数据。
5. 按照《国民经济行业分类（GB/T4754-2017）》标准，修订了 1992-2018 年细分行业增加值数据。
6. 2019 年数据为快报数。
7. 以下相关表同。

a) In 1991 and preceding years, agriculture, forestry, animal husbandry and fishery Industries did not include service of agriculture, forestry, animal husbandry and fishery Industries; Transport, storage and post included telecommunication services, but did not include urban public transport; Wholesale and retail trades included hotels and catering services.
b) In 2011 and preceding years, data of gross regional product did not include the R&D data.
c) In 2012 and preceding years, industry did not include mining ancillary activities, metal products, machinery and equipment repair industry.
d) According to "Fourth National Economic Census", the Data from 1978 to 2018 GDP were revised.
e) According to the "Classification of National Economic Industries (GB/T4754-2017) ", the added value data of sub-industries from 1992 to 2018 was revised.
f) Data of 2019 are preliminary data.
g) The same applies to the relevant tables following.

3-1 续表 1 continued

单位：亿元 （100 million yuan）

年份 Year	交通运输、仓储和邮政业 Transport, Storage and Post	批发和零售业 Wholesale and Retail Trades	住宿和餐饮业 Hotels and Catering Services	金融业 Financial Intermediation	房地产业 Real Estate	其他 Others	人均地区生产总值（元） Per Capita GDP (yuan)
1978	3.23	4.55		1.18		3.52	348
1979	3.26	4.83		1.32		4.23	359
1980	3.27	6.86		1.95	0.09	5.42	388
1981	3.50	7.07		0.10	0.60	6.69	367
1982	3.74	7.18		2.17	0.10	5.47	393
1983	4.07	8.63		2.26	0.11	5.86	460
1984	5.14	10.16		2.52	0.12	7.42	513
1985	7.36	11.40		3.76	0.13	8.85	605
1986	9.33	12.71		5.54	0.13	9.74	680
1987	10.67	15.67		8.37	0.17	10.97	759
1988	10.94	22.55		10.50	0.45	13.30	900
1989	11.82	29.08		10.90	0.50	13.74	1001
1990	12.01	30.64		11.30	0.90	25.56	1094
1991	12.45	31.17		13.28	0.96	35.07	1196
1992	28.29	14.18	10.86	14.87	1.14	44.47	1382
1993	31.01	15.03	12.10	15.73	1.48	48.05	1598
1994	37.48	21.40	12.69	24.02	7.83	45.93	1917
1995	46.72	28.72	20.27	30.74	9.76	52.05	2312
1996	54.96	33.66	23.90	32.54	11.25	63.10	2946
1997	63.25	43.74	26.29	41.64	13.71	73.40	3199
1998	68.42	52.20	29.92	50.55	18.66	87.76	3541
1999	73.57	60.26	33.58	54.08	21.48	107.08	3778
2000	78.54	78.38	34.27	55.87	24.78	160.21	4163
2001	84.37	89.00	36.91	57.53	27.44	158.50	4467
2002	94.83	107.01	35.08	42.08	41.52	188.52	4875
2003	100.45	127.13	38.15	43.05	49.26	225.27	5525
2004	116.90	126.11	44.64	44.51	59.66	294.52	6512
2005	129.71	152.23	48.38	47.12	68.58	337.96	7332
2006	144.31	181.45	52.05	54.14	80.65	383.36	8653
2007	164.59	197.24	57.63	67.18	94.26	449.10	10501
2008	193.73	233.66	63.07	80.44	108.46	543.81	12048
2009	226.83	240.50	69.92	99.66	120.08	590.72	12802
2010	266.25	260.10	74.38	126.08	139.74	665.11	15421
2011	343.43	303.58	91.26	201.85	182.81	847.12	18801
2012	387.79	330.26	101.14	262.47	217.61	973.83	20978
2013	445.59	349.19	112.36	342.99	269.79	1104.81	23313
2014	475.83	343.92	118.94	449.21	313.05	1237.31	25202
2015	490.29	342.21	126.70	555.13	335.34	1410.35	25264
2016	516.57	343.74	133.31	646.29	364.70	1574.98	26520
2017	540.63	378.28	138.67	717.99	394.35	1745.72	28026
2018	587.60	407.23	142.98	774.45	440.82	2017.06	30797
2019	646.28	438.39	158.27	862.33	470.49	2182.20	32995

3-2 地区生产总值构成
Composition of Gansu Gross Regional Product

单位：%　　本表按当年价格计算。Data in this table are calculated at current prices.　　(%)

年份 Year	地区生产总值 Gross Regional Product	第一产业 Primary Industry	第二产业 Secondary Industry	第三产业 Tertiary Industry	农林牧渔业 Agriculture, Forestry, Animal Husbandry and Fishery Industries	工业 Industry	建筑业 Construction
1978	100	20.41	60.31	19.28	20.41	53.55	6.77
1979	100	19.09	60.70	20.20	19.09	54.66	6.04
1980	100	22.27	53.92	23.80	22.27	47.70	6.22
1981	100	24.87	49.80	25.34	24.87	44.20	5.60
1982	100	25.60	50.13	24.27	25.60	43.74	6.39
1983	100	30.22	46.91	22.87	30.22	41.01	5.90
1984	100	26.97	48.44	24.58	26.97	42.31	6.14
1985	100	26.81	47.66	25.53	26.81	40.96	6.70
1986	100	27.01	46.38	26.61	27.01	39.80	6.58
1987	100	28.38	42.88	28.74	28.38	36.52	6.36
1988	100	27.51	42.39	30.10	27.51	35.07	7.32
1989	100	27.21	42.33	30.46	27.21	35.80	6.53
1990	100	26.38	40.50	33.12	26.38	34.57	5.93
1991	100	24.52	41.24	34.24	24.52	35.81	5.42
1992	100	23.35	40.49	36.17	23.70	34.68	5.81
1993	100	23.49	42.97	33.54	23.88	36.73	6.24
1994	100	22.90	43.80	33.30	23.28	38.48	5.32
1995	100	19.84	46.05	34.12	20.20	40.57	5.48
1996	100	26.04	43.18	30.78	26.45	38.25	4.93
1997	100	23.97	42.57	33.47	24.42	36.13	6.44
1998	100	22.84	42.07	35.09	23.29	35.06	7.00
1999	100	20.06	42.88	37.06	20.52	34.19	8.69
2000	100	18.44	40.05	41.52	18.92	31.12	8.93
2001	100	18.48	40.70	40.82	18.98	31.59	9.11
2002	100	17.49	40.72	41.79	17.96	31.60	9.12
2003	100	17.00	40.88	42.12	17.46	32.31	8.57
2004	100	17.13	41.14	41.73	17.36	33.23	7.91
2005	100	16.32	41.42	42.27	16.54	33.96	7.45
2006	100	14.97	44.14	40.88	15.18	37.14	7.00
2007	100	13.68	46.88	39.44	14.62	40.01	6.88
2008	100	12.74	46.55	40.71	13.63	38.97	7.58
2009	100	12.80	45.08	42.12	13.69	37.15	7.93
2010	100	11.98	48.44	39.58	12.72	40.92	7.52
2011	100	10.91	47.51	41.58	11.59	40.42	7.09
2012	100	10.96	46.23	42.81	11.62	39.07	7.16
2013	100	10.94	44.46	44.60	11.61	37.62	7.13
2014	100	10.67	43.31	46.01	11.35	36.42	7.15
2015	100	11.19	38.21	50.60	11.91	30.99	7.39
2016	100	11.59	35.95	52.46	12.08	28.89	7.21
2017	100	11.72	34.29	53.99	12.21	27.54	6.88
2018	100	11.43	34.08	54.50	11.87	27.81	6.39
2019	100	12.05	32.83	55.12	12.48	26.61	6.34

3-2 续表 continued

单位：% (%)

年份 Year	交通运输、仓储和邮政业 Transport，Storage and Post	批发和零售业 Wholesale and Retail Trades	住宿和餐饮业 Hotels and Catering Services	金融业 Financial Intermediation	房地产业 Real Estate	其他 Others
1978	4.99	7.03		1.82		5.44
1979	4.83	7.15		1.96		6.27
1980	4.42	9.28		2.64	0.12	7.33
1981	4.94	9.97		0.14	0.85	9.44
1982	4.86	9.34		2.82	0.13	7.11
1983	4.45	9.43		2.47	0.12	6.40
1984	4.98	9.85		2.44	0.12	7.19
1985	5.96	9.24		3.05	0.11	7.17
1986	6.63	9.03		3.94	0.09	6.92
1987	6.69	9.82		5.25	0.11	6.88
1988	5.70	11.75		5.47	0.23	6.93
1989	5.45	13.41		5.03	0.23	6.34
1990	4.95	12.62		4.65	0.37	10.53
1991	4.59	11.49		4.89	0.35	12.92
1992	8.90	4.46	3.42	4.68	0.36	13.99
1993	8.33	4.04	3.25	4.23	0.40	12.91
1994	8.26	4.72	2.80	5.30	1.73	10.13
1995	8.38	5.15	3.63	5.51	1.75	9.33
1996	7.61	4.66	3.31	4.50	1.56	8.73
1997	7.97	5.51	3.31	5.25	1.73	9.25
1998	7.71	5.88	3.37	5.69	2.10	9.89
1999	7.69	6.30	3.51	5.66	2.25	11.20
2000	7.46	7.44	3.25	5.31	2.35	15.22
2001	7.50	7.91	3.28	5.11	2.44	14.08
2002	7.70	8.69	2.85	3.42	3.37	15.30
2003	7.18	9.08	2.73	3.08	3.52	16.09
2004	7.07	7.63	2.70	2.69	3.61	17.81
2005	6.96	8.16	2.59	2.53	3.68	18.12
2006	6.55	8.24	2.36	2.46	3.66	17.40
2007	6.15	7.37	2.15	2.51	3.52	16.79
2008	6.31	7.61	2.05	2.62	3.53	17.70
2009	6.94	7.36	2.14	3.05	3.67	18.07
2010	6.75	6.60	1.89	3.20	3.54	16.86
2011	7.13	6.30	1.89	4.19	3.80	17.59
2012	7.19	6.12	1.88	4.87	4.03	18.06
2013	7.41	5.81	1.87	5.70	4.49	18.37
2014	7.30	5.28	1.82	6.89	4.80	18.98
2015	7.48	5.22	1.93	8.47	5.11	21.51
2016	7.48	4.98	1.93	9.36	5.28	22.80
2017	7.37	5.16	1.89	9.79	5.38	23.79
2018	7.25	5.02	1.76	9.56	5.44	24.89
2019	7.41	5.03	1.82	9.89	5.40	25.03

3-3 地区生产总值指数（上年 =100）
Indices of Gansu Gross Regional Product （preceding year=100）

本表按不变价格计算。 Date in this table are calculated at constant prices.

年份 Year	地区生产总值 Gross Regional Product	第一产业 Primary Industry	第二产业 Secondary Industry	第三产业 Tertiary Industry	农林牧渔业 Agriculture，Forestry，Animal Husbandry and Fishery Industries	工业 Industry	建筑业 Construction
1978	113.2	96.0	115.1	128.8	96.0	113.7	129.2
1979	101.4	87.4	104.9	103.2	87.4	105.7	97.2
1980	109.1	123.9	98.0	135.4	123.9	96.6	112.1
1981	91.6	93.8	85.9	102.3	93.8	85.8	86.3
1982	108.9	116.1	108.3	104.0	116.1	107.6	113.3
1983	114.9	112.6	113.1	120.4	112.6	112.3	119.4
1984	113.8	111.2	112.9	117.7	111.2	113.2	110.9
1985	113.2	108.1	113.5	116.9	108.1	111.2	129.8
1986	111.0	106.9	106.2	122.7	106.9	105.0	113.2
1987	108.9	106.5	102.4	120.3	106.5	102.2	103.4
1988	113.7	107.6	113.9	116.9	107.6	113.1	118.8
1989	108.8	106.0	109.8	109.0	106.0	110.0	108.2
1990	105.6	105.0	105.4	106.3	105.0	105.9	102.4
1991	106.6	101.6	109.0	107.6	101.6	109.0	108.9
1992	109.9	105.8	110.2	112.6	107.6	110.3	109.9
1993	111.6	108.8	113.6	111.1	108.8	114.2	110.2
1994	110.8	106.1	111.0	113.7	106.1	111.3	109.4
1995	110.4	103.1	110.0	115.5	103.1	110.1	109.3
1996	112.0	109.9	110.4	114.9	109.9	110.5	109.9
1997	109.1	98.1	110.0	114.1	98.1	110.3	108.3
1998	109.7	105.1	108.8	112.9	105.1	107.3	118.6
1999	109.0	99.5	108.5	113.8	99.5	96.3	178.7
2000	109.7	101.6	110.1	112.5	101.6	110.2	109.8
2001	109.8	107.6	109.5	111.0	107.6	110.0	107.8
2002	109.9	105.9	110.2	111.3	105.9	110.9	107.9
2003	111.3	105.5	111.8	113.2	105.5	113.9	104.3
2004	110.9	106.3	112.5	111.2	105.9	115.1	102.2
2005	111.8	105.8	113.4	112.6	105.9	116.1	101.2
2006	112.0	105.1	114.6	112.1	105.2	116.4	106.3
2007	112.3	99.7	117.4	111.8	106.1	117.9	114.8
2008	110.1	107.5	108.7	112.5	107.1	110.3	100.5
2009	110.2	105.2	111.3	110.7	105.1	111.5	110.2
2010	111.8	105.8	114.8	110.3	105.6	115.8	109.2
2011	113.2	105.9	116.0	111.9	105.9	117.6	107.2
2012	111.8	106.8	112.6	112.1	106.8	113.1	109.6
2013	111.3	105.4	110.5	114.0	105.6	111.4	110.2
2014	109.0	105.5	107.9	111.3	105.6	107.8	108.2
2015	108.2	105.3	107.5	109.6	105.4	107.8	105.7
2016	107.6	105.5	106.8	108.8	105.5	107.4	104.4
2017	103.5	105.4	99.2	106.3	105.3	99.4	98.2
2018	106.1	104.9	104.2	107.8	104.6	105.2	99.5
2019	106.2	105.8	104.7	107.2	105.6	104.9	103.6

3-3 续表 1 continued

年份 Year	交通运输、仓储和邮政业 Transport, Storage and Post	批发和零售业 Wholesale and Retail Trades	住宿和餐饮业 Hotels and Catering Services	金融业 Financial Intermediation	房地产业 Real Estate	其他 Others	人均地区生产总值 Per Capita GDP
1978	122.0	105.5				116.5	111.9
1979	105.0	100.0		120.2		97.9	100.2
1980	136.7	104.4		128.4		155.7	107.7
1981	222.4	50.2		98.3	97.9	97.2	90.4
1982	101.8	103.0		109.4	108.2	105.6	107.4
1983	112.2	113.7		104.3	105.3	141.8	113.2
1984	117.9	121.0		108.9	107.7	118.2	112.3
1985	112.0	129.5		120.3	118.8	114.5	111.7
1986	150.0	109.7		136.2	119.3	98.8	109.4
1987	135.2	110.2		139.7	118.8	96.5	107.3
1988	124.3	111.1		123.2	120.2	101.7	112.0
1989	114.2	112.2		109.0	107.2	92.7	107.0
1990	105.6	97.3		109.3	108.8	115.3	103.1
1991	278.6	41.3		109.4	109.0	105.8	104.2
1992	86.8	108.0		106.4	105.4	104.0	108.5
1993	116.2	109.6	118.1	109.4	111.4	104.7	110.1
1994	119.6	121.1	103.8	111.1	114.6	109.2	109.1
1995	108.4	122.9	139.0	115.8	117.4	110.5	108.2
1996	115.3	121.8	115.6	114.8	117.3	110.0	110.1
1997	110.8	124.6	105.9	119.9	115.4	113.0	107.8
1998	108.0	119.0	113.6	105.5	117.3	118.3	108.6
1999	109.8	116.6	114.6	107.0	115.1	119.7	108.0
2000	109.7	119.8	104.9	103.1	113.1	118.0	109.8
2001	108.4	114.4	108.7	103.8	113.0	113.3	110.2
2002	114.1	121.8	96.5	72.9	152.9	113.8	109.5
2003	111.4	123.8	114.4	101.4	116.2	110.4	111.0
2004	108.6	95.0	104.2	132.2	89.5	124.7	110.7
2005	110.7	116.2	103.9	110.4	108.2	114.3	111.7
2006	109.9	109.4	109.2	165.1	75.0	114.7	111.9
2007	109.2	108.2	109.4	112.8	101.4	110.6	112.2
2008	109.1	109.8	111.3	103.9	95.8	119.4	110.0
2009	115.0	102.5	122.2	109.6	105.3	112.0	110.1
2010	112.4	105.5	121.7	110.9	100.3	110.9	111.6
2011	113.0	105.9	207.8	125.1	55.6	112.8	113.0
2012	110.1	105.5	127.0	116.3	105.0	112.4	111.4
2013	112.0	101.2	129.3	119.1	102.8	113.6	110.9
2014	105.7	98.0	128.6	114.0	102.6	113.4	108.7
2015	102.0	101.4	123.6	108.2	103.8	111.3	107.8
2016	104.4	101.0	103.5	116.4	109.0	109.7	107.2
2017	103.2	109.9	102.4	107.1	104.4	107.2	103.0
2018	106.9	107.7	101.7	104.4	106.5	110.6	105.6
2019	107.9	108.0	109.3	110.6	104.7	106.0	105.7

3-4 地区生产总值指数（1978=100）
Indices of Gansu Gross Regional Product （year of 1978=100）

本表按不变价格计算。Date in this table are calculated at constant prices.

年份 Year	地区生产总值 Gross Regional Product	第一产业 Primary Industry	第二产业 Secondary Industry	第三产业 Tertiary Industry	农林牧渔业 Agriculture，Forestry，Animal Husbandry and Fishery Industries	工业 Industry
1979	101.4	87.4	104.9	103.2	87.4	105.7
1980	110.6	108.3	102.8	139.7	108.3	102.1
1981	101.3	101.6	88.3	142.9	101.6	87.7
1982	110.3	118.0	95.6	148.6	118.0	94.3
1983	126.7	132.9	108.1	178.9	132.9	105.9
1984	144.1	147.8	122.1	210.5	147.8	119.9
1985	163.2	159.8	138.6	246.1	159.8	133.3
1986	181.2	170.8	147.1	302.0	170.8	139.9
1987	197.3	182.0	150.7	363.4	182.0	143.0
1988	224.2	195.9	171.7	424.8	195.9	161.7
1989	243.9	207.6	188.4	463.2	207.6	177.9
1990	257.6	217.9	198.5	492.5	217.9	188.4
1991	274.5	221.4	216.4	529.8	221.4	205.4
1992	301.7	234.3	238.5	596.3	238.3	226.5
1993	336.6	254.9	270.9	662.4	259.3	258.6
1994	372.9	270.4	300.7	753.4	275.1	287.8
1995	411.5	278.8	330.8	870.1	283.6	316.8
1996	460.7	306.4	365.2	1000.1	311.7	350.1
1997	502.5	300.6	401.8	1141.0	305.8	386.1
1998	551.4	315.9	437.3	1287.8	321.4	414.3
1999	601.2	314.3	474.4	1465.6	319.8	398.9
2000	659.5	319.4	522.2	1648.2	324.9	439.5
2001	723.8	343.5	571.8	1829.1	349.5	483.4
2002	795.3	363.6	630.3	2035.1	369.9	535.9
2003	885.4	383.7	704.7	2304.6	390.2	610.3
2004	982.0	407.7	792.7	2563.8	413.2	702.3
2005	1098.4	431.2	898.7	2887.9	437.4	815.1
2006	1230.1	452.9	1029.9	3237.5	460.1	949.0
2007	1381.5	451.5	1209.0	3619.4	488.0	1118.8
2008	1521.4	485.6	1314.2	4070.0	522.7	1234.1
2009	1676.6	510.6	1462.3	4503.9	549.1	1375.6
2010	1873.5	540.3	1679.2	4969.6	579.9	1593.2
2011	2120.5	572.2	1947.8	5562.6	614.2	1873.8
2012	2369.7	611.3	2193.0	6236.4	655.9	2119.0
2013	2638.1	644.2	2423.8	7107.5	692.4	2360.6
2014	2875.4	679.7	2614.5	7908.6	731.2	2544.2
2015	3110.1	715.9	2811.3	8667.7	770.7	2742.9
2016	3347.7	755.3	3002.1	9427.0	813.0	2945.2
2017	3465.6	796.4	2978.0	10021.8	856.4	2926.7
2018	3678.3	835.4	3102.1	10800.3	895.6	3079.6
2019	3904.6	883.8	3246.9	11579.6	945.7	3230.5

3-4 续表 1 continued

年份 Year	建筑业 Construction	交通运输、仓储和邮政业 Transport, Storage and Post	批发和零售业 Wholesale and Retail Trades	金融业 Financial Intermediation	其他 Others	人均地区生产总值 Per Capita GDP
1979	97.2	105.0	100.0	120.2	97.9	100.2
1980	109.0	143.5	104.3	154.3	152.5	107.9
1981	94.1	319.3	52.3	151.7	148.3	97.5
1982	106.6	325.2	53.9	166.0	156.6	104.7
1983	127.3	365.0	61.3	173.1	222.1	118.5
1984	141.1	430.4	74.1	188.5	262.6	133.1
1985	183.2	482.2	96.0	226.8	300.8	148.7
1986	207.4	723.4	105.3	309.0	297.1	162.7
1987	214.5	978.4	116.1	431.6	286.7	174.6
1988	254.7	1216.1	129.0	532.0	291.5	195.5
1989	275.7	1388.8	144.7	579.8	270.3	209.2
1990	282.3	1466.5	140.8	633.6	311.8	215.7
1991	307.4	4085.7	58.2	692.8	329.8	224.8
1992	337.9	3545.8	62.8	736.8	343.1	243.8
1993	372.3	4119.1	68.8	806.1	359.2	268.5
1994	407.4	4927.7	83.4	895.5	392.4	292.9
1995	445.3	5343.7	102.5	1037.0	433.7	317.0
1996	489.4	6161.3	124.8	1190.5	477.3	349.2
1997	530.0	6828.1	155.4	1427.4	539.5	376.6
1998	628.6	7371.6	185.0	1505.9	638.0	408.8
1999	1123.1	8096.1	215.6	1611.4	763.8	441.5
2000	1233.1	8883.3	258.3	1661.3	901.6	484.7
2001	1329.7	9631.7	295.6	1724.4	1021.9	534.0
2002	1435.4	10989.4	359.9	1257.4	1162.5	585.0
2003	1496.6	12241.5	445.8	1275.0	1283.0	649.4
2004	1529.3	13288.8	423.5	1686.0	1600.1	718.8
2005	1547.9	14712.8	492.3	1861.7	1829.4	802.7
2006	1646.0	16174.9	538.5	3073.9	2097.8	898.1
2007	1889.6	17664.2	582.9	3467.0	2320.0	1008.0
2008	1898.4	19268.1	640.2	3601.0	2769.0	1109.1
2009	2092.9	22161.7	656.4	3948.3	3100.3	1220.7
2010	2284.9	24915.7	692.7	4380.5	3439.5	1361.7
2011	2450.0	28151.7	733.4	5480.9	3878.1	1538.3
2012	2685.3	30990.0	773.5	6374.8	4358.8	1713.3
2013	2958.9	34707.0	782.8	7594.7	4953.5	1900.7
2014	3200.2	36680.6	767.3	8660.6	5615.5	2066.4
2015	3382.2	37422.7	777.8	9368.3	6247.3	2227.5
2016	3530.0	39076.9	785.8	10904.0	6850.4	2388.9
2017	3467.2	40332.3	864.0	11681.5	7341.1	2460.6
2018	3449.2	43103.6	930.1	12197.4	8116.0	2598.1
2019	3573.4	46522.5	1004.5	13490.3	8606.4	2746.6

3-5 分行业增加值
Value-added by Sector

单位：亿元　　本表按当年价格计算。Data in this table are calculated at current prices.　　(100 million yuan)

行业	Sector	2015	2017	2018	2019
地区生产总值	**Gross Domestic Product**	**6556.55**	**7336.74**	**8104.07**	**8718.30**
农林牧渔业	Agriculture, Forestry, Animal Husbandry and Fishery	780.74	896.00	962.28	1087.61
采矿业	Mining	455.69	428.62	474.62	488.59
制造业	Manufacturing	1220.49	1234.95	1376.62	1417.14
电力、热力、燃气及水生产和供应业	Production and Supply of Electricity, Heat, Gas and Water	355.37	356.94	402.17	414.01
建筑业	Construction	484.24	504.60	518.24	552.99
批发和零售业	Wholesale and Retail Trades	490.29	540.63	587.60	646.28
交通运输、仓储和邮政业	Transport, Storage and Post	342.21	378.28	407.23	438.39
住宿和餐饮业	Hotels and Catering Services	126.70	138.67	142.98	158.27
信息传输、软件和信息技术服务业	Information Transmission, Software and Information Technology	96.39	114.33	120.27	132.20
金融业	Financial Intermediation	555.13	717.99	774.45	862.33
房地产业	Real Estate	335.34	394.35	440.82	470.49
租赁和商务服务业	Leasing and Business Services	128.04	143.83	154.32	172.76
科学研究和技术服务业	Scientific Research and Technical Services	116.00	146.81	172.98	182.67
水利、环境和公共设施管理业	Management of Water Conservancy, Environment and Public Facilities	28.71	33.73	38.65	42.62
居民服务、修理和其他服务业	Service to Households, Repair and Other Services	67.56	78.06	86.61	96.13
教育	Education	315.52	402.22	474.62	515.02
卫生和社会工作	Health and Social Service	154.76	199.07	235.96	253.90
文化、体育和娱乐业	Culture, Sports and Entertainment	39.12	46.54	52.84	56.77
公共管理、社会保障和社会组织	Public Management, Social Security and Social Organization	464.25	581.14	680.83	730.14

3-6 三次产业和主要行业贡献率
Share of the Contributions of the Three Strata of Industry and Main Sectors to the Increase of the GDP

单位：% 本表按不变价格计算。Data in this table are calculated at constant prices. (%)

年份 Year	地区生产总值 Gross Domestic Product	第一产业 Primary Industry	第二产业 Secondary Industry	第三产业 Tertiary Industry	# 工业 Industry	# 批发和零售业 Wholesale and Retail Trades	# 金融业 Financial Intermediation
1995	100	6.77	40.87	52.36	35.57	11.41	6.93
1996	100	17.49	36.76	45.75	31.91	10.46	5.90
1997	100	-4.34	45.98	58.36	40.72	16.92	10.72
1998	100	9.79	38.17	52.04	27.24	13.99	3.04
1999	100	-0.99	39.13	61.85	-14.60	14.22	4.01
2000	100	2.69	43.08	54.23	32.87	16.91	1.62
2001	100	21.51	38.03	40.45	30.82	6.26	5.31
2002	100	10.72	41.38	47.91	34.31	17.11	-13.77
2003	100	8.48	41.82	49.70	38.58	18.11	0.41
2004	100	9.45	46.02	44.52	44.41	-4.37	8.95
2005	100	7.68	46.05	46.28	45.28	11.22	3.18
2006	100	17.22	47.64	35.15	38.77	5.14	4.54
2007	100	-0.38	59.85	40.54	51.34	5.34	3.87
2008	100	10.11	38.07	51.81	37.74	7.47	1.43
2009	100	6.72	48.34	44.94	41.72	1.90	3.34
2010	100	6.26	55.73	38.00	50.58	3.35	3.27
2011	100	9.29	60.24	30.46	51.44	4.77	3.65
2012	100	6.51	53.16	40.33	47.34	2.87	4.90
2013	100	5.09	46.48	48.43	43.31	0.62	6.22
2014	100	6.22	43.41	50.36	37.23	-1.17	6.14
2015	100	6.41	45.33	48.26	40.76	0.80	4.12
2016	100	28.87	-102.30	173.44	-116.82	10.51	73.68
2017	100	16.97	-8.63	91.66	-5.53	13.85	18.55
2018	100	8.89	24.66	66.44	25.26	6.49	6.82
2019	100	10.41	27.06	62.54	23.43	6.86	16.06

注：贡献率指三次产业或主要行业增加值增量与 GDP 增量之比。

a) Share of the contributions of the three strata of industry or main sectors to the increase of the GDP refers to the proportion of the increment of the value-added of each industry to the increment of GDP.

3-7 三次产业和主要行业对地区生产总值增长的拉动
Contribution of the Three Strata of Industry and Main Sectors to GDP Growth

单位：百分点　　本表按不变价格计算。Data in this table are calculated at constant prices.　　(percentage points)

年 份 Year	地区生产总值 Gross Domestic Product	第一产业 Primary Industry	第二产业 Secondary Industry	第三产业 Tertiary Industry	#工业 Industry	#批发和零售业 Wholesale and Retail Trades	#金融业 Financial Intermediation
1995	10.36	0.70	4.23	5.43	3.68	1.18	0.72
1996	11.96	2.09	4.40	5.47	3.82	1.25	0.71
1997	9.08	-0.39	4.17	5.30	3.70	1.54	0.97
1998	9.72	0.95	3.71	5.06	2.65	1.36	0.30
1999	9.03	-0.09	3.53	5.59	-1.32	1.28	0.36
2000	9.70	0.26	4.18	5.26	3.19	1.64	0.16
2001	9.76	2.10	3.71	3.95	3.01	0.61	0.52
2002	9.87	1.06	4.08	4.73	3.39	1.69	-1.36
2003	11.33	0.96	4.74	5.63	4.37	2.05	0.05
2004	10.92	1.03	5.03	4.86	4.85	-0.48	0.98
2005	11.85	0.91	5.46	5.48	5.36	1.33	0.38
2006	11.99	2.06	5.71	4.21	4.65	0.62	0.54
2007	12.31	-0.05	7.37	4.99	6.32	0.66	0.48
2008	10.12	1.02	3.85	5.24	3.82	0.76	0.14
2009	10.20	0.69	4.93	4.58	4.25	0.19	0.34
2010	11.75	0.74	6.55	4.47	5.94	0.39	0.38
2011	13.18	1.22	7.94	4.01	6.78	0.63	0.48
2012	11.76	0.77	6.25	4.74	5.57	0.34	0.58
2013	11.32	0.58	5.26	5.48	4.90	0.07	0.70
2014	9.00	0.56	3.91	4.53	3.35	-0.10	0.55
2015	8.16	0.52	3.70	3.94	3.33	0.07	0.34
2016	7.64	2.21	-7.82	13.25	-8.93	0.80	5.63
2017	3.52	0.60	-0.30	3.23	-0.19	0.49	0.65
2018	6.14	0.55	1.51	4.08	1.55	0.40	0.42
2019	6.15	0.64	1.66	3.85	1.44	0.42	0.99

注：拉动指GDP增长速度与三次产业或主要行业贡献率之乘积。

a) Contribution of the three strata of industry or main sectors to GDP growth refers to the growth rate of GDP multiplied by the contribution share of every industry.

3-8 全员劳动生产率
Overall Labor Productivity

单位：元 / 人 · 年 (yuan/person · year)

年份 Year	全员劳动生产率 Over all Labor Productivity	第一产业 Primary Industry	第二产业 Secondary Industry	第三产业 Tertiary Industry
		按 1970 年价格计算	Price Base Year=1970	
1979	919.21			
1980	934.90			
		按 1980 年价格计算	Price Base Year=1980	
1980	979.46			
1981	826.16			
1982	860.96			
1983	908.36			
1984	943.73	280.70	4073.73	2548.05
1985	1024.24	305.66	3875.36	2365.80
1986	1110.14	329.55	3439.36	2783.45
1987	1177.68	358.43	3339.04	2648.03
1988	1292.30	383.62	3696.74	2631.97
1989	1361.74	388.93	3922.11	2931.99
1990	1373.21	384.32	4161.38	3003.44
		按 1990 年价格计算	Price Base Year=1990	
1990	1937.44	743.33	5316.57	3894.89
1991	1994.39	723.48	5583.22	4203.68
1992	2180.27	765.82	5867.99	4781.47
1993	2329.48	800.31	6136.56	5224.61
1994	2460.54	832.30	6091.22	5379.84
1995	2654.57	872.55	6086.88	5624.34
1996	2890.33	946.38	6343.43	6151.33
1997	3104.16	926.81	6663.90	6803.05
1998	3385.54	994.42	6998.07	7208.94
1999	3741.61	1026.29	7724.67	7722.36
2000	4192.28	1067.45	8955.59	8558.59
		按 2000 年价格计算	Price Base Year=2000	
2000	7100.98	2206.86	14600.57	13903.40
2001	7794.21	2362.74	16650.70	15076.75
2002	8494.27	2489.45	18399.54	16335.12
2003	9387.47	2621.82	20302.90	18190.80
2004	10344.50	2783.09	22585.12	19887.54
2005	12044.91	2950.21	29704.47	23683.44
		按 2005 年价格计算	Price Base Year=2005	
2005	12807.33	3425.75	31611.04	24369.51
2006	14954.74	3607.96	43045.35	28986.77
2007	16656.18	3595.48	49528.31	31655.78
2008	18053.62	3832.37	52416.10	34604.97
2009	19394.34	3949.42	56377.21	37004.63
2010	21287.20	4128.96	63083.60	39670.67
		按 2010 年价格计算	Price Base Year=2010	
2010	26395.47	5117.71	83514.26	45654.71
2011	29758.19	5431.99	95963.76	50269.60
2012	33345.12	5873.57	107358.32	55457.61
2013	37063.00	6283.19	116143.30	61307.43
2014	40019.62	6703.87	122332.88	64950.44
2015	42850.54	7123.52	129980.96	67607.24
		按 2015 年价格计算	Price Base Year=2015	
2015	42915.68	8342.52	101825.33	82398.30
2016	45762.56	8878.16	108328.33	85150.57
2017	47096.03	9491.63	108145.98	85948.40
2018	49876.25	10121.22	113906.64	88611.76
2019	53019.01	10912.18	121890.48	91303.77

3-9 各市（州）地区生产总值（2019）
Gross Regional Product by Region（2019）

单位：万元　　本表按当年价格计算。Data in this table are calculated at constant prices.　　（10 000 yuan）

市（州）	Region	地区生产总值 Gross Regional Product	第一产业 Primary Industry	第二产业 Secondary Industry	第三产业 Tertiary Industry	农林牧渔业 Agriculture,Forestry, Animal Husbandry and Fishery Industries	工业 Industry	建筑业 Construction
兰州市	Lanzhou	28373558	516748	9453813	18402997	537658	7499837	1971869
嘉峪关市	Jiayuguan	2834099	46571	1781393	1006135	46661	1711651	70272
金昌市	Jinchang	3403070	240715	2199216	963139	257811	1970088	231481
白银市	Baiyin	4863331	869892	1807885	2185554	895920	1492308	316134
天水市	Tianshui	6326699	1149114	1595916	3581669	1156315	1136412	478695
武威市	Wuwei	4884550	1440624	761100	2682825	1467297	465942	295355
张掖市	Zhangye	4487331	1148834	876186	2462311	1227069	505646	374039
平凉市	Pingliang	4565803	912865	1236863	2416075	922249	934363	302712
酒泉市	Jiuquan	6182169	935511	2538160	2708498	1028629	2216782	323154
庆阳市	Qingyang	7429377	852003	3725577	2851798	868632	3471421	309022
定西市	Dingxi	4163787	779756	662612	2721419	796492	343571	319362
陇南市	Longnan	4450866	789015	1067507	2594344	803223	893536	174956
临夏州	Linxia	3035174	405966	585814	2043394	429866	288217	298201
甘南州	Gannan	2183272	417210	332159	1433903	438274	267726	64648

3-9 续表 continued

单位：万元　　（10 000 yuan）

市（州）	Region	批发和零售业 Wholesale and Retail Trades	交通运输、仓储和邮政业 Transport Storage and Post	住宿和餐饮业 Hotels and Catering Services	金融业 Financial Intermediation	房地产业 Real Estate	其他 Other	人均地区生产总值（元） Per Capita GDP（yuan）
兰州市	Lanzhou	2234311	2551381	430257	4215811	1919388	7013046	75217
嘉峪关市	Jiayuguan	133250	105720	44594	175460	73852	472639	112219
金昌市	Jinchang	145943	34626	27069	137376	64933	533743	73437
白银市	Baiyin	284163	187060	54675	380884	199243	1052944	27990
天水市	Tianshui	514975	328286	82326	565052	363375	1701263	18819
武威市	Wuwei	665630	139562	70872	352780	373245	1053867	26744
张掖市	Zhangye	400708	172208	97246	393130	183990	1133295	36314
平凉市	Pingliang	227171	78135	74291	362731	293574	1370577	21514
酒泉市	Jiuquan	383321	316708	101650	445448	262964	1103513	54729
庆阳市	Qingyang	444604	118092	210961	373131	213680	1419834	32690
定西市	Dingxi	366193	112548	103525	429809	256270	1436017	14746
陇南市	Longnan	340964	63800	84185	416208	257499	1416495	16868
临夏州	Linxia	216058	61663	109851	240910	166712	1223696	14697
甘南州	Gannan	105507	114110	91197	134569	76171	891070	30252

3-10 各市（州）地区生产总值构成（2019）
Composition of Gross Regional Product by Region（2019）

单位：%　　本表按不变价格计算。Data in this table are calculated at constant prices.　　（%）

市（州）	Region	地区生产总值 Gross Regional Product	第一产业 Primary Industry	第二产业 Secondary Industry	第三产业 Tertiary Industry	农林牧渔业 Agriculture,Forestry, Animal Husbandry and Fishery Industries	工业 Industry	建筑业 Construction
兰州市	Lanzhou	100	1.82	33.32	64.86	1.89	26.43	6.95
嘉峪关市	Jiayuguan	100	1.64	62.86	35.50	1.65	60.39	2.48
金昌市	Jinchang	100	7.07	64.63	28.30	7.58	57.89	6.80
白银市	Baiyin	100	17.89	37.17	44.94	18.42	30.68	6.50
天水市	Tianshui	100	18.16	25.23	56.61	18.28	17.96	7.57
武威市	Wuwei	100	29.49	15.58	54.93	30.04	9.54	6.05
张掖市	Zhangye	100	25.60	19.53	54.87	27.35	11.27	8.34
平凉市	Pingliang	100	19.99	27.09	52.92	20.20	20.46	6.63
酒泉市	Jiuquan	100	15.13	41.06	43.81	16.64	35.86	5.23
庆阳市	Qingyang	100	11.47	50.15	38.39	11.69	46.73	4.16
定西市	Dingxi	100	18.73	15.91	65.36	19.10	8.30	7.70
陇南市	Longnan	100	17.73	23.98	58.29	18.05	20.08	3.93
临夏州	Linxia	100	13.38	19.30	67.32	14.16	9.50	9.82
甘南州	Gannan	100	19.11	15.21	65.68	20.07	12.26	2.96

3-10 续表 continued

单位：%　　（%）

市（州）	Region	批发和零售业 Wholesale and Retail Trades	交通运输、仓储和邮政业 Transport Storage and Post	住宿和餐饮业 Hotels and Catering Services	金融业 Financial Intermediation	房地产业 Real Estate	其他 Other
兰州市	Lanzhou	7.87	8.99	1.52	14.86	6.76	24.72
嘉峪关市	Jiayuguan	4.70	3.73	1.57	6.19	2.61	16.68
金昌市	Jinchang	4.29	1.02	0.80	4.04	1.91	15.68
白银市	Baiyin	5.84	3.85	1.12	7.83	4.10	21.65
天水市	Tianshui	8.14	5.19	1.30	8.93	5.74	26.89
武威市	Wuwei	13.63	2.86	1.45	7.22	7.64	21.57
张掖市	Zhangye	8.93	3.84	2.17	8.76	4.10	25.26
平凉市	Pingliang	4.98	1.71	1.63	7.95	6.43	30.01
酒泉市	Jiuquan	6.20	5.12	1.64	7.21	4.25	17.85
庆阳市	Qingyang	5.98	1.59	2.84	5.02	2.88	19.11
定西市	Dingxi	8.80	2.70	2.50	10.30	6.20	34.50
陇南市	Longnan	7.66	1.43	1.89	9.35	5.79	31.83
临夏州	Linxia	7.12	2.03	3.62	7.94	5.49	40.32
甘南州	Gannan	4.83	5.23	4.18	6.16	3.49	40.81

3-11 各市（州）地区生产总值指数（2019）
Indices of Gross Regional Product by Region （2019）

（上年 =100）　本表按不变价格计算。Data in this table are calculated at constant prices.　（preceding year=100）

市（州）	Region	地区生产总值 Gross Regional Product	第一产业 Primary Industry	第二产业 Secondary Industry	第三产业 Tertiary Industry	农林牧渔业 Agriculture,Forestry, Animal Husbandry and Fishery Industries	工业 Industry	建筑业 Construction
兰州市	Lanzhou	106.0	105.5	101.9	108.4	105.5	102.0	101.6
嘉峪关市	Jiayuguan	106.5	105.2	107.6	104.2	110.8	107.8	101.5
金昌市	Jinchang	109.7	105.8	113.6	101.8	105.7	115.4	99.1
白银市	Baiyin	106.2	106.1	106.8	105.7	106.1	106.2	110.6
天水市	Tianshui	106.7	105.7	104.9	108.0	105.7	105.4	103.6
武威市	Wuwei	104.0	106.0	101.1	103.9	105.8	101.5	100.3
张掖市	Zhangye	106.5	105.8	107.5	106.3	105.7	109.2	105.0
平凉市	Pingliang	106.4	106.0	106.2	106.6	106.1	105.8	107.8
酒泉市	Jiuquan	107.7	106.3	109.7	106.0	105.5	110.0	107.8
庆阳市	Qingyang	105.3	105.8	107.5	102.2	105.5	107.9	102.4
定西市	Dingxi	106.2	106.2	103.5	107.0	106.2	103.0	104.1
陇南市	Longnan	107.4	105.9	109.0	107.2	105.8	110.1	103.6
临夏州	Linxia	106.0	104.8	105.8	106.2	104.8	104.7	107.0
甘南州	Gannan	103.5	105.1	96.4	105.1	104.7	94.0	109.3

3-11 续表 continued

（上年 =100）　（preceding year=100）

市（州）	Region	批发和零售业 Wholesale and Retail Trades	交通运输、仓储和邮政业 Transport,Storage and Post	住宿和餐饮业 Hotels and Catering Services	金融业 Financial Intermediation	房地产业 Real Estate	其他 Other	人均地区生产总值（元） Per Capita GDP（yuan）
兰州市	Lanzhou	109.6	108.9	110.3	111.7	105.3	106.7	105.1
嘉峪关市	Jiayuguan	106.8	103.9	108.2	102.9	94.1	105.7	105.8
金昌市	Jinchang	104.5	104.5	107.8	99.6	89.4	102.7	111.0
白银市	Baiyin	105.4	106.9	107.6	104.6	105.9	105.9	105.9
天水市	Tianshui	107.1	107.2	109.3	109.5	105.0	108.7	106.3
武威市	Wuwei	105.7	107.0	109.0	105.0	105.3	101.4	104.0
张掖市	Zhangye	105.4	106.3	107.2	106.2	104.6	107.1	106.1
平凉市	Pingliang	106.3	106.9	108.0	107.5	106.3	106.3	106.1
酒泉市	Jiuquan	105.2	103.9	107.8	104.9	109.4	107.6	107.3
庆阳市	Qingyang	105.6	108.4	107.0	106.5	102.0	98.6	104.8
定西市	Dingxi	106.3	107.0	109.4	107.1	105.5	107.2	105.9
陇南市	Longnan	105.4	104.8	107.5	107.7	107.8	107.5	107.0
临夏州	Linxia	106.5	106.1	106.5	108.1	101.0	106.7	105.3
甘南州	Gannan	105.7	106.4	105.8	102.4	106.3	105.4	103.0

3-12 各地、县地区生产总值（2019）
Gross Regional Product by Region & County（2019）

单位：万元　　本表按当年价格计算。Data in this table are calculated at constant prices.　　（10000 yuan）

地、县	Region & County	地区生产总值 Gross Regional Product	第一产业 Primary Industry	第二产业 Secondary Industry	第三产业 Tertiary Industry	农林牧渔业 Agriculture, Forestry, Animal Husbandry and Fishery Industries	工业 Industry	建筑业 Construction
兰州市	**Lanzhou**	**28373558**	**516748**	**9453813**	**18402997**	**537658**	**7499837**	**1971869**
城关区	Chengguan	10349836	6070	1504578	8839188	6407	747603	762105
七里河区	Qilihe	5046828	60966	1876347	3109515	66825	1477120	406117
西固区	Xigu	4116344	32745	2331006	1752593	33221	2124778	208156
安宁区	Anning	2250615	1214	681481	1567919	1287	552231	129250
红古区	Honggu	1157250	54412	698935	403903	55236	687664	15216
永登县	Yongdeng	1121473	128665	308176	684633	130355	278610	29566
皋兰县	Gaolan	757709	76018	335141	346549	77940	319857	15284
榆中县	Yuzhong	1557086	140851	724546	691688	149226	675371	49175
兰州新区	LanzhouNewArea	2016417	15807	993603	1007008	17162	636603	357000
嘉峪关市	**Jiayuguan**	**2834099**	**46571**	**1781393**	**1006135**	**46661**	**1711651**	**70272**
金昌市	**Jinchang**	**3403070**	**240715**	**2199216**	**963139**	**257811**	**1970088**	**231481**
金川区	Jinchuan	2623407	59023	1990460	573924	67134	1793039	199114
永昌县	Yongchang	779663	181692	208756	389215	190677	177049	32367
白银市	**Baiyin**	**4863331**	**869892**	**1807885**	**2185554**	**895920**	**1492308**	**316134**
白银区	Baiyin	2186834	53290	1076998	1056546	57180	940137	136860
平川区	Pingchuan	698928	53811	370285	274832	55244	292410	77875
靖远县	Jingyuan	702072	332023	110984	259066	340387	65261	45723
会宁县	Huining	716809	268725	111584	336500	275124	73937	37647
景泰县	Jingtai	558688	162044	138034	258610	167985	120563	18028
天水市	**Tianshui**	**6326699**	**1149114**	**1595916**	**3581669**	**1156315**	**1136412**	**478695**
秦州区	Qinzhou	1971780	162161	613800	1195819	162927	399337	214463
麦积区	Maiji	1654047	167786	682360	803901	168598	649074	52477
清水县	Qingshui	345917	120325	18550	207042	121444	9571	8979
秦安县	Qinan	734806	188771	75494	470541	188948	26074	49420
甘谷县	Gangu	732528	197098	118646	416785	198546	33822	84824
武山县	Wushan	600310	221974	64508	313829	223549	11495	53012
张家川县	Zhangjiachuan	287313	90999	22558	173755	92303	7038	15520
武威市	**Wuwei**	**4884550**	**1440624**	**761100**	**2682825**	**1467297**	**465942**	**295355**
凉州区	Liangzhou	3144251	777176	543366	1823709	787678	302764	240757
民勤县	Minqin	720241	322026	83236	314979	330177	59195	24068
古浪县	Gulang	562577	223960	46713	291905	227918	30063	16658
天祝县	Tianzhu	457481	117463	87784	252233	121524	73919	13872
张掖市	**Zhangye**	**4487331**	**1148834**	**876186**	**2462311**	**1227069**	**505646**	**374039**

3-12 续表 1 continued

单位：万元 （10000 yuan）

地、县	Region & County	地区生产总值 Gross Regional Product	第一产业 Primary Industry	第二产业 Secondary Industry	第三产业 Tertiary Industry	农林牧渔业 Agriculture, Forestry, Animal Husbandry and Fishery Industries	工业 Industry	建筑业 Construction
甘州区	Ganzhou	1934543	381552	356271	1196721	439085	190932	168035
肃南县	Sunan	266431	69569	79545	117316	70459	63241	16493
民乐县	Minle	586816	189865	112054	284898	192756	82236	29818
临泽县	Linze	545894	184936	83577	277381	199555	35131	48446
高台县	Gaotai	577575	177339	123592	276644	178869	74489	49137
山丹县	Shandan	576071	145573	121146	309352	146345	59617	62109
平凉市	**Pingliang**	**4565803**	**912865**	**1236863**	**2416075**	**922249**	**934363**	**302712**
崆峒区	Kongtong	1480671	105545	400941	974185	106747	257756	143243
泾川县	Jingchuan	381455	83492	65139	232824	83989	32051	33092
灵台县	Lingtai	299936	91961	21368	186607	92619	15220	6151
崇信县	Chongxin	395134	81485	192657	120992	83072	182761	9945
庄浪县	Zhuanglang	636489	226002	58338	352149	228018	24454	33888
静宁县	Jingning	720838	269930	103751	347157	272392	34529	69224
华亭市	Huating	651281	54450	394669	202163	55412	387593	7169
酒泉市	**Jiuquan**	**6182169**	**935511**	**2538160**	**2708498**	**1028629**	**2216782**	**323154**
肃州区	Suzhou	1910671	302878	441132	1166661	361035	228447	213077
金塔县	Jinta	589881	235224	136908	217748	251981	117153	19836
瓜州县	Guazhou	873608	129287	402881	341440	135243	384383	18982
肃北县	Subei	163144	11079	68870	83195	11284	62994	5876
阿克塞县	Akesai	102481	8594	31388	62500	8674	26228	5159
玉门市	Yumen	1725232	149024	1269841	306367	152349	1237001	33398
敦煌市	Dunhuang	817154	99426	187141	530587	108062	160576	26825
庆阳市	**Qingyang**	**7429377**	**852003**	**3725577**	**2851798**	**868632**	**3471421**	**309022**
西峰区	Xifeng	2395350	68112	1175861	1151377	72628	1061161	148585
庆城县	Qingcheng	760670	89373	440974	230323	91398	415390	41700
环　县	Huanxian	1133689	149237	635345	349107	150779	611813	24818
华池县	Huachi	969599	55898	761030	152671	56606	736794	25330
合水县	Heshui	586402	62128	371392	152882	63124	362057	10061
正宁县	Zhengning	235680	50300	18651	166729	52004	10892	7772
宁　县	Ningxian	572718	159971	109782	302965	162393	71198	39849
镇原县	Zhenyuan	775267	216983	212541	345743	219700	202115	10907
定西市	**Dingxi**	**4163787**	**779756**	**662612**	**2721419**	**796492**	**343571**	**319362**
安定区	Anding	1062640	139463	175881	747297	140626	78200	97935
通渭县	Tongwei	526484	100638	67745	358102	101228	22473	45334

3-12 续表 2 continued

单位：万元 (10000 yuan)

地、县	Region & County	地区生产总值 Gross Regional Product	第一产业 Primary Industry	第二产业 Secondary Industry	第三产业 Tertiary Industry	农林牧渔业 Agriculture, Forestry, Animal Husbandry and Fishery Industries	工业 Industry	建筑业 Construction
陇西县	Longxi	720969	129672	132724	458573	138464	81582	51142
渭源县	Weiyuan	368718	122284	31387	215047	123288	13368	18019
临洮县	Lintao	762295	132384	157114	472797	137056	87560	69554
漳　县	Zhangxian	236572	58176	48173	130222	58382	40164	8009
岷　县	Minxian	486109	97138	49589	339382	97446	20223	29370
陇南市	**Longnan**	**4450866**	**789015**	**1067507**	**2594344**	**803223**	**893536**	**174956**
武都区	Wudu	1358737	227687	150178	980872	228758	60878	89299
成　县	Chengxian	642630	67850	284523	290257	71478	257761	27747
文　县	Wenxian	562405	79225	295882	187298	79640	292282	3600
宕昌县	Tanchang	295668	64714	14847	216107	65079	11497	3350
康　县	Kangxian	229347	41057	36853	151437	42020	22833	14020
西和县	Xihe	329737	69286	58266	202185	71092	51916	6350
礼　县	Lixian	416236	104060	45314	266862	107796	25714	19600
徽　县	Huixian	508748	103112	177535	228101	104931	168915	8620
两当县	Liangdang	107360	32024	4110	71226	32429	1740	2370
临夏州	**Linxia**	**3035174**	**405966**	**585814**	**2043394**	**429866**	**288217**	**298201**
临夏市	Linxia	904348	19259	133679	751410	22095	56626	77258
临夏县	Linxia	417072	88047	60131	268894	92703	28717	31599
康乐县	Kangle	208410	57190	54298	96922	61580	11754	42544
永靖县	Yongjing	513186	65513	196647	251026	68846	130263	66598
广河县	Guanghe	171360	37788	32812	100760	39823	23342	9470
和政县	Hezheng	254298	36785	40505	177008	38691	16758	23747
东乡县	Dongxiang	327072	71116	55398	200558	74366	10859	44539
积石山县	Jishishan	239428	30268	12344	196816	31762	9898	2446
甘南州	**Gannan**	**2183272**	**417210**	**332159**	**1433903**	**438274**	**267726**	**64648**
合作市	Hezuo	553976	33458	89871	430647	34283	64211	25810
临潭县	Lintan	251525	47754	19910	183862	51102	9450	10525
卓尼县	Zhuoni	279395	52159	48632	178603	55369	45964	2668
舟曲县	Zhouqu	282084	48458	27559	206067	52745	23974	3585
迭部县	Diebu	241378	43514	85229	112634	43515	76819	8410
玛曲县	Maqu	216588	74541	26002	116044	76904	20322	5680
碌曲县	Luqu	138457	46153	7633	84671	50077	3463	4170
夏河县	Xiahe	219869	71173	27322	121374	74278	23522	3800

3-12 续表 3 continued

单位：万元 （10000 yuan）

地、县	Region & County	交通运输、仓储和邮政业 Transport, Storage and Post	批发和零售业 Wholesale and Retail Trades	住宿和餐饮业 Hotels and Catering Services	金融业 Financial Intermediation	房地产业 Real Estate	其他 Others	人均地区生产总值（元） Per Capita GDP (yuan)
兰州市	**Lanzhou**	**2551381**	**2234311**	**430257**	**4215811**	**1919388**	**7013046**	**75217**
城关区	Chengguan	672100	1266233	231561	1940144	1060588	3663095	78118
七里河区	Qilihe	717970	223612	53912	962014	311833	827425	86932
西固区	Xigu	430569	109034	28760	520280	92301	569245	110998
安宁区	Anning	1402	324640	41042	218724	158128	823910	78638
红古区	Honggu	147569	24869	11707	59650	23879	131461	80927
永登县	Yongdeng	280532	57619	14399	102065	33719	194608	32125
皋兰县	Gaolan	44280	33275	4807	37811	79514	144941	68851
榆中县	Yuzhong	90356	40566	24256	85684	117476	324976	34861
兰州新区	LanzhouNewArea	166605	154463	19813	289437	41950	333384	125282
嘉峪关市	**Jiayuguan**	**133250**	**105720**	**44594**	**175460**	**73852**	**472639**	**112219**
金昌市	**Jinchang**	**34626**	**145943**	**27069**	**137376**	**64933**	**533743**	**73437**
金川区	Jinchuan	17014	91402	15827	81304	36939	321633	112231
永昌县	Yongchang	17612	54541	11242	56072	27994	212110	33950
白银市	**Baiyin**	**187060**	**284163**	**54675**	**380884**	**199243**	**1052944**	**27990**
白银区	Baiyin	143969	143966	21000	293096	55746	394879	71876
平川区	Pingchuan	9207	26110	8105	16397	30255	183324	35431
靖远县	Jingyuan	10137	44360	7389	28675	36913	123227	15097
会宁县	Huining	2301	29670	9331	24396	46376	218027	13157
景泰县	Jingtai	21446	40057	8850	18319	29953	133487	24704
天水市	**Tianshui**	**328286**	**514975**	**82326**	**565052**	**363375**	**1701263**	**18819**
秦州区	Qinzhou	51508	143126	26179	287140	103960	583140	29651
麦积区	Maiji	199968	143137	16070	104839	57598	262286	28937
清水县	Qingshui	1192	11296	6999	20061	25465	140910	12452
秦安县	Qinan	23176	125142	10122	54733	46123	211068	13841
甘谷县	Gangu	37844	56069	12901	40270	55485	212768	12724
武山县	Wushan	5704	27820	5998	37588	50083	185059	13508
张家川县	Zhangjiachuan	8894	8384	4057	20421	24661	106033	9662
武威市	**Wuwei**	**139562**	**665630**	**70872**	**352780**	**373245**	**1053867**	**26744**
凉州区	Liangzhou	101996	588665	57785	210443	253718	600446	30953
民勤县	Minqin	3935	40616	2995	45702	37517	176035	29811
古浪县	Gulang	17322	20190	3608	40280	50715	155823	14464
天祝县	Tianzhu	16309	16159	6484	56354	31295	121564	25409
张掖市	**Zhangye**	**172208**	**400708**	**97246**	**393130**	**183990**	**1133295**	**36314**

3-12 续表 4 continued

单位：万元 （10000 yuan）

地、县	Region & County	交通运输、仓储和邮政业 Transport, Storage and Post	批发和零售业 Wholesale and Retail Trades	住宿和餐饮业 Hotels and Catering Services	金融业 Financial Intermediation	房地产业 Real Estate	其他 Others	人均地区生产总值（元） Per Capita GDP (yuan)
甘州区	Ganzhou	81110	237481	50208	136193	85341	546158	37267
肃南县	Sunan	3281	17004	3779	14784	6704	70686	75691
民乐县	Minle	10277	39892	7235	69443	35070	120089	25919
临泽县	Linze	27218	33264	9880	47402	13797	131201	39543
高台县	Gaotai	20573	35438	12463	64747	13910	127949	39291
山丹县	Shandan	29750	37629	13683	60561	29166	137211	33896
平凉市	**Pingliang**	**78135**	**227171**	**74291**	**362731**	**293574**	**1370577**	**21514**
崆峒区	Kongtong	35765	119827	23244	198579	123201	472309	27728
泾川县	Jingchuan	2409	18295	12773	30494	33428	134923	13254
灵台县	Lingtai	659	9908	4772	24894	20952	124761	16208
崇信县	Chongxin	3629	7964	7702	14974	8218	76870	37758
庄浪县	Zhuanglang	5545	27749	8992	37536	41434	228874	16526
静宁县	Jingning	16465	30159	8482	29214	48822	211551	16868
华亭市	Huating	13663	13270	8326	27041	17519	121288	32860
酒泉市	**Jiuquan**	**316708**	**383321**	**101650**	**445448**	**262964**	**1103513**	**54729**
肃州区	Suzhou	78760	202892	32714	187045	159628	447073	42552
金塔县	Jinta	11426	15657	5177	53998	21126	93526	40574
瓜州县	Guazhou	75085	59263	11405	42149	19142	127956	58277
肃北县	Subei	11645	5658	3110	6438	2954	53184	105773
阿克塞县	Akesai	6855	4452	2541	5522	1237	41812	93845
玉门市	Yumen	62802	30016	6650	43544	23645	135826	102764
敦煌市	Dunhuang	70136	65382	40052	106752	35232	204137	42716
庆阳市	**Qingyang**	**118092**	**444604**	**210961**	**373131**	**213680**	**1419834**	**32690**
西峰区	Xifeng	75519	218262	72447	227897	54484	464367	63740
庆城县	Qingcheng	13450	25858	20853	18961	15907	117153	28105
环　县	Huanxian	3699	61463	35425	25907	24711	195074	36134
华池县	Huachi	3069	23957	15463	16571	11418	80391	72062
合水县	Heshui	2967	14184	14165	19183	9361	91300	37955
正宁县	Zhengning	3818	15262	9930	10554	21734	103714	12733
宁　县	Ningxian	8556	27957	13896	29421	33036	186412	13857
镇原县	Zhenyuan	7013	57660	28781	24637	43029	181425	18239
定西市	**Dingxi**	**112548**	**366193**	**103525**	**429809**	**256270**	**1436017**	**14746**
安定区	Anding	44287	145540	22927	124047	35501	373578	24550
通渭县	Tongwei	10214	28957	10784	42926	44487	220081	12838

3-12 续表 5 continued

单位：万元 （10000 yuan）

地、县	Region & County	交通运输、仓储和邮政业 Transport, Storage and Post	批发和零售业 Wholesale and Retail Trades	住宿和餐饮业 Hotels and Catering Services	金融业 Financial Intermediation	房地产业 Real Estate	其他 Others	人均地区生产总值（元） Per Capita GDP (yuan)
陇西县	Longxi	26630	58733	20446	83044	26525	234402	15490
渭源县	Weiyuan	5467	19270	7628	31703	28250	121725	11076
临洮县	Lintao	8917	52795	18456	79498	56069	252390	14637
漳　县	Zhangxian	3160	11979	5881	18460	16860	73674	11873
岷　县	Minxian	13873	48919	17402	50131	48577	160166	10512
陇南市	**Longnan**	**63800**	**340964**	**84185**	**416208**	**257499**	**1416495**	**16868**
武都区	Wudu	29542	155256	31800	239163	69163	454877	23897
成　县	Chengxian	2488	26465	8857	21848	22391	203596	26033
文　县	Wenxian	3346	19229	7696	16685	19413	120514	24516
宕昌县	Tanchang	3347	40228	10224	26274	24782	110887	10626
康　县	Kangxian	2419	6393	2732	20688	15191	103051	12722
西和县	Xihe	2819	12194	7705	20633	36380	120648	8213
礼　县	Lixian	8891	21294	4550	41081	45743	141567	8811
徽　县	Huixian	9889	52769	6300	19728	20377	117219	25410
两当县	Liangdang	1059	7136	4321	10108	4060	44137	23063
临夏州	**Linxia**	**61663**	**216058**	**109851**	**240910**	**166712**	**1223696**	**14697**
临夏市	Linxia	31125	97774	28884	103787	43703	443096	30786
临夏县	Linxia	7026	30689	18815	22156	12175	173192	12154
康乐县	Kangle	2314	11655	7181	17769	16950	36663	8481
永靖县	Yongjing	7170	16082	13912	35036	18001	157278	27406
广河县	Guanghe	2409	16950	10889	18242	23559	26676	6972
和政县	Hezheng	2079	15564	6779	15538	15145	119997	13004
东乡县	Dongxiang	2387	14141	10722	13870	20368	135820	10664
积石山县	Jishishan	7153	13203	12670	14513	16811	130972	9688
甘南州	**Gannan**	**114110**	**105507**	**91197**	**134569**	**76171**	**891070**	**30252**
合作市	Hezuo	66986	34757	17222	44274	36399	230034	57873
临潭县	Lintan	17255	13000	8205	14542	10174	117272	17673
卓尼县	Zhuoni	4870	3798	7584	13100	5760	140281	26138
舟曲县	Zhouqu	8972	23518	11098	21128	8327	128737	20926
迭部县	Diebu	5018	8051	23380	8739	3913	63532	44933
玛曲县	Maqu	6980	8173	6843	12325	1706	77654	37267
碌曲县	Luqu	2330	4174	3842	6900	1221	62278	35363
夏河县	Xiahe	1699	10037	13022	13561	8669	71281	24067

3-13 各地、县地区生产总值指数（2019）
Indices of Gross Regional Product by Region & County （2019）

（上年=100） 本表按不变价格计算。Data in this table are calculated at constant prices. （preceding year=100）

地、县	Region&County	地区生产总值 Gross Regional Product	第一产业 Primary Industry	第二产业 Secondary Industry	第三产业 Tertiary Industry	农林牧渔业 Agriculture, Forestry, Animal Husbandry and Fishery Industries	工业 Industry	建筑业 Construction
兰州市	**Lanzhou**	**106.0**	**105.5**	**101.9**	**108.4**	**105.5**	**102.0**	**101.6**
城关区	Chengguan	104.5	101.5	106.0	104.3	101.9	110.5	101.3
七里河区	Qilihe	104.5	103.5	101.6	106.6	103.9	101.7	101.3
西固区	Xigu	103.0	104.2	99.2	106.7	104.2	98.8	101.4
安宁区	Anning	105.5	60.8	103.8	107.1	60.0	103.7	104.0
红古区	Honggu	97.3	104.8	91.7	110.0	104.8	91.5	105.6
永登县	Yongdeng	105.0	106.9	97.9	108.9	106.8	97.5	102.0
皋兰县	Gaolan	117.2	105.1	132.4	108.2	105.1	134.0	104.1
榆中县	Yuzhong	109.6	107.0	113.1	105.8	106.9	113.8	102.1
兰州新区	LanzhouNewArea	117.1	100.2	118.6	114.3	100.5	122.5	102.5
嘉峪关市	**Jiayuguan**	**106.5**	**105.2**	**107.6**	**104.2**	**110.8**	**107.8**	**101.5**
金昌市	**Jinchang**	**109.7**	**105.8**	**113.6**	**101.8**	**105.7**	**115.4**	**99.1**
金川区	Jinchuan	110.8	106.2	113.6	101.3	105.8	115.3	98.9
永昌县	Yongchang	106.1	105.7	113.6	102.4	105.6	116.3	100.3
白银市	**Baiyin**	**106.2**	**106.1**	**106.8**	**105.7**	**106.1**	**106.2**	**110.6**
白银区	Baiyin	108.5	105.7	110.8	105.9	103.8	110.4	114.2
平川区	Pingchuan	100.9	106.3	96.7	107.0	106.2	93.7	111.0
靖远县	Jingyuan	105.8	105.6	104.6	106.6	107.3	102.8	106.5
会宁县	Huining	104.8	106.6	105.7	103.3	104.6	108.5	101.8
景泰县	Jingtai	106.0	106.5	105.3	106.1	106.7	104.0	113.6
天水市	**Tianshui**	**106.7**	**105.7**	**104.9**	**108.0**	**105.7**	**105.4**	**103.6**
秦州区	Qinzhou	106.8	105.6	104.6	108.4	105.6	106.0	101.7
麦积区	Maiji	106.3	106.1	104.8	107.8	105.9	104.7	106.1
清水县	Qingshui	106.1	105.9	99.2	107.0	105.9	107.4	90.8
秦安县	Qinan	107.3	106.0	110.2	107.3	106.0	105.2	113.4
甘谷县	Gangu	107.6	105.6	102.7	110.2	105.6	105.9	101.4
武山县	Wushan	105.4	105.7	106.4	105.0	105.7	122.8	103.1
张家川县	Zhangjiachuan	107.5	105.7	112.3	107.8	105.8	103.9	117.1
武威市	**Wuwei**	**104.0**	**106.0**	**101.1**	**103.9**	**105.8**	**101.5**	**100.3**
凉州区	Liangzhou	104.2	105.5	103.9	103.8	105.3	101.5	107.6
民勤县	Minqin	103.0	106.1	96.2	102.4	105.9	103.3	80.8
古浪县	Gulang	104.4	107.1	94.2	104.8	106.9	105.3	77.4
天祝县	Tianzhu	103.3	106.7	95.3	105.3	106.4	100.8	72.0
张掖市	**Zhangye**	**106.5**	**105.8**	**107.5**	**106.3**	**105.7**	**109.2**	**105.0**

3-13 续表 1 continued

（上年 =100） (preceding year=100)

地、县	Region & County	地区生产总值 Gross Regional Product	第一产业 Primary Industry	第二产业 Secondary Industry	第三产业 Tertiary Industry	农林牧渔业 Agriculture, Forestry, Animal Husbandry and Fishery Industries	工业 Industry	建筑业 Construction
甘州区	Ganzhou	106.7	105.7	105.2	107.4	105.7	105.8	104.4
肃南县	Sunan	104.0	105.0	113.0	97.5	105.0	114.8	105.9
民乐县	Minle	106.5	106.2	107.7	106.1	106.1	108.7	104.8
临泽县	Linze	106.1	106.2	106.2	106.0	105.9	105.7	106.7
高台县	Gaotai	108.0	105.8	114.5	106.0	105.7	120.0	105.4
山丹县	Shandan	106.3	105.6	108.3	105.7	105.7	111.6	105.0
平凉市	**Pingliang**	**106.4**	**106.0**	**106.2**	**106.6**	**106.1**	**105.8**	**107.8**
崆峒区	Kongtong	106.7	106.3	106.8	106.7	106.4	105.9	108.4
泾川县	Jingchuan	106.6	106.2	107.0	106.7	106.3	105.4	107.5
灵台县	Lingtai	107.3	106.1	121.7	106.8	106.1	134.9	104.0
崇信县	Chongxin	106.7	106.2	107.4	105.6	106.2	107.5	105.6
庄浪县	Zhuanglang	107.5	105.9	109.2	108.3	105.9	119.3	106.3
静宁县	Jingning	106.8	106.0	110.5	106.2	106.3	115.4	108.2
华亭市	Huating	104.1	105.8	103.8	104.5	105.7	103.7	105.7
酒泉市	**Jiuquan**	**107.7**	**106.3**	**109.7**	**106.0**	**105.5**	**110.0**	**107.8**
肃州区	Suzhou	109.1	106.3	114.8	107.7	106.4	120.5	108.8
金塔县	Jinta	103.8	106.1	101.8	102.9	106.1	101.6	103.4
瓜州县	Guazhou	102.1	106.8	97.9	105.9	107.1	97.4	110.2
肃北县	Subei	108.1	106.2	108.1	108.3	106.3	108.2	107.3
阿克塞县	Akesai	103.4	106.0	96.9	107.0	106.1	95.1	107.8
玉门市	Yumen	107.9	106.3	108.2	107.3	106.6	108.2	108.0
敦煌市	Dunhuang	104.0	105.6	99.4	104.9	99.2	99.0	101.5
庆阳市	**Qingyang**	**105.3**	**105.8**	**107.5**	**102.2**	**105.5**	**107.9**	**102.4**
西峰区	Xifeng	106.8	103.5	110.9	102.8	103.2	113.1	96.1
庆城县	Qingcheng	106.0	105.4	104.2	110.3	105.2	105.5	90.9
环　县	Huanxian	102.9	106.6	105.1	97.2	106.5	103.4	189.8
华池县	Huachi	106.8	105.6	107.8	101.6	105.6	107.9	104.5
合水县	Heshui	103.6	105.4	104.6	100.3	105.5	103.4	196.5
正宁县	Zhengning	101.2	103.3	95.6	101.2	103.1	97.9	92.2
宁　县	Ningxian	101.6	107.6	114.1	95.0	107.4	122.8	99.9
镇原县	Zhenyuan	107.4	105.8	106.2	109.2	105.7	106.3	104.0
定西市	**Dingxi**	**106.2**	**106.2**	**103.5**	**107.0**	**106.2**	**103.0**	**104.1**
安定区	Anding	106.0	105.7	104.1	106.6	105.9	106.2	102.3
通渭县	Tongwei	106.2	106.3	103.3	106.7	106.4	101.2	104.5

3-13 续表 2 continued

（上年 =100） （preceding year=100）

地、县	Region&County	地区生产总值 Gross Regional Product	第一产业 Primary Industry	第二产业 Secondary Industry	第三产业 Tertiary Industry	农林牧渔业 Agriculture, Forestry, Animal Husbandry and Fishery Industries	工业 Industry	建筑业 Construction
陇西县	Longxi	106.0	106.5	104.0	106.5	106.3	103.0	105.9
渭源县	Weiyuan	106.7	105.9	107.6	107.2	105.9	111.5	104.5
临洮县	Lintao	105.8	106.6	104.6	106.0	106.7	104.7	104.5
漳 县	Zhangxian	106.5	106.2	107.8	106.2	106.3	108.2	105.9
岷 县	Minxian	105.5	106.1	103.1	105.6	106.1	101.2	104.5
陇南市	**Longnan**	**107.4**	**105.9**	**109.0**	**107.2**	**105.8**	**110.1**	**103.6**
武都区	Wudu	106.6	106.0	104.7	107.1	105.9	105.7	104.0
成 县	Chengxian	109.8	106.0	116.9	102.8	106.0	118.4	102.6
文 县	Wenxian	109.7	105.8	113.4	104.7	105.8	113.5	103.1
宕昌县	Tanchang	106.8	105.7	103.4	107.4	105.7	103.5	102.9
康 县	Kangxian	105.6	106.1	105.3	105.5	106.1	106.5	103.2
西和县	Xihe	106.9	106.0	106.5	107.3	105.9	106.8	103.6
礼 县	Lixian	104.5	106.5	91.4	106.1	106.2	82.9	103.3
徽 县	Huixian	106.7	105.5	109.4	105.0	105.6	109.6	104.2
两当县	Liangdang	106.0	105.7	102.0	106.4	105.5	101.5	102.3
临夏州	**Linxia**	**106.0**	**104.8**	**105.8**	**106.2**	**104.8**	**104.7**	**107.0**
临夏市	Linxia	106.2	104.1	99.9	107.5	104.1	101.0	99.0
临夏县	Linxia	105.5	104.3	104.3	106.1	105.0	97.6	112.8
康乐县	Kangle	105.6	104.6	104.6	106.3	105.0	97.7	107.0
永靖县	Yongjing	105.9	104.4	105.2	106.7	104.4	106.4	103.0
广河县	Guanghe	105.6	104.6	100.4	107.8	104.6	101.5	96.8
和政县	Hezheng	105.8	105.3	112.5	104.4	105.3	110.2	114.6
东乡县	Dongxiang	106.0	104.8	122.1	102.2	104.8	108.8	126.8
积石山县	Jishishan	105.5	105.2	102.2	105.8	105.2	101.5	107.0
甘南州	**Gannan**	**103.5**	**105.1**	**96.4**	**105.1**	**104.7**	**94.0**	**109.3**
合作市	Hezuo	100.7	106.3	89.1	103.5	106.3	83.1	111.9
临潭县	Lintan	103.4	108.7	99.4	103.4	103.8	98.8	100.1
卓尼县	Zhuoni	106.8	109.2	92.5		108.9	92.1	100.1
舟曲县	Zhouqu	106.4	108.4	98.8	107.1	107.8	98.5	100.5
迭部县	Diebu	102.0	109.0	100.6	101.4	109.0	99.6	112.8
玛曲县	Maqu	100.6	97.3	96.8	103.1	97.5	93.3	113.9
碌曲县	Luqu	104.3	99.5	98.8	106.7	100.2	96.0	101.6
夏河县	Xiahe	108.3	108.6	113.9	106.9	108.8	111.3	136.0

3-13 续表 3 continued

（上年=100） （preceding year=100）

地、县	Region&County	交通运输、仓储和邮政业 Transport, Storage and Post	批发和零售业 Wholesale and Retail Trades	住宿和餐饮业 Hotels and Catering Services	金融业 Financial Intermediation	房地产业 Real Estate	其他 Others	人均地区生产总值（元） Per Capita GDP (yuan)
兰州市	**Lanzhou**	**108.9**	**109.6**	**110.3**	**111.7**	**105.3**	**106.7**	**105.1**
城关区	Chengguan	107.9	105.1	108.0	108.4	106.3	100.3	104.0
七里河区	Qilihe	109.5	105.4	109.7	107.4	103.7	103.9	103.7
西固区	Xigu	108.7	108.9	109.6	108.4	102.0	103.8	102.1
安宁区	Anning	113.6	116.7	111.8	121.3	100.0	101.4	104.8
红古区	Honggu	108.0	108.2	109.3	102.7	108.7	118.2	96.0
永登县	Yongdeng	108.0	108.9	110.3	108.7	107.1	110.6	104.5
皋兰县	Gaolan	106.9	112.3	109.0	108.1	103.9	110.2	115.7
榆中县	Yuzhong	108.3	102.2	109.1	111.6	107.5	103.3	109.1
兰州新区	LanzhouNewArea	106.9	123.1	109.2	120.8	115.2	109.9	111.8
嘉峪关市	**Jiayuguan**	**106.8**	**103.9**	**108.2**	**102.9**	**94.1**	**105.7**	**105.8**
金昌市	**Jinchang**	**104.5**	**104.5**	**107.8**	**99.6**	**89.4**	**102.7**	**111.0**
金川区	Jinchuan	104.5	103.0	109.4	99.9	86.4	102.5	110.8
永昌县	Yongchang	104.5	107.0	105.7	99.1	93.5	102.9	108.6
白银市	**Baiyin**	**106.9**	**105.4**	**107.6**	**104.6**	**105.9**	**105.9**	**105.9**
白银区	Baiyin	107.1	105.0	107.4	104.9	105.1	106.9	108.1
平川区	Pingchuan	106.5	105.8	107.2	103.0	111.5	106.8	100.7
靖远县	Jingyuan	106.0	105.5	107.2	102.5	106.8	103.4	105.2
会宁县	Huining	106.7	106.5	108.7	105.7	100.0	105.2	104.5
景泰县	Jingtai	106.3	105.8	107.9	103.6	110.8	105.0	106.1
天水市	**Tianshui**	**107.1**	**107.2**	**109.3**	**109.5**	**105.0**	**108.7**	**106.3**
秦州区	Qinzhou	106.9	106.8	108.1	110.4	102.5	109.1	106.4
麦积区	Maiji	108.6	106.6	112.0	111.2	103.4	107.7	105.9
清水县	Qingshui	105.2	107.9	107.4	106.4	107.3	107.0	105.7
秦安县	Qinan	104.5	107.6	108.8	105.6	106.9	108.0	106.8
甘谷县	Gangu	107.9	107.3	109.5	106.8	108.8	112.6	107.1
武山县	Wushan	106.0	108.0	108.4	113.9	107.4	102.1	105.0
张家川县	Zhangjiachuan	105.9	107.1	108.7	108.3	103.9	108.9	106.9
武威市	**Wuwei**	**107.0**	**105.7**	**109.0**	**105.0**	**105.3**	**101.4**	**104.0**
凉州区	Liangzhou	106.7	105.7	109.3	107.0	104.8	99.6	104.3
民勤县	Minqin	106.4	107.4	109.8	99.2	105.5	101.3	103.0
古浪县	Gulang	107.4	107.5	106.7	104.7	105.0	104.3	104.4
天祝县	Tianzhu	108.8	111.8	107.5	107.6	104.9	103.2	102.5
张掖市	**Zhangye**	**106.3**	**105.4**	**107.2**	**106.2**	**104.6**	**107.1**	**106.1**

3-13 续表 4 continued

（上年=100） （preceding year=100）

地、县	Region&County	交通运输、仓储和邮政业 Transport, Storage and Post	批发和零售业 Wholesale and Retail Trades	住宿和餐饮业 Hotels and Catering Services	金融业 Financial Intermediation	房地产业 Real Estate	其他 Others	人均地区生产总值（元） Per Capita GDP (yuan)
甘州区	Ganzhou	106.6	105.3	106.9	105.8	104.1	110.1	106.5
肃南县	Sunan	106.1	105.9	107.2	93.7	110.2	94.3	105.1
民乐县	Minle	106.3	106.8	107.5	109.1	105.6	104.3	106.1
临泽县	Linze	106.2	106.3	107.5	102.6	103.9	107.9	105.6
高台县	Gaotai	106.5	106.0	106.8	109.4	101.3	104.9	107.5
山丹县	Shandan	106.4	104.4	107.8	106.9	104.2	105.5	106.3
平凉市	**Pingliang**	**106.9**	**106.3**	**108.0**	**107.5**	**106.3**	**106.3**	**106.1**
崆峒区	Kongtong	106.6	106.1	107.8	113.1	103.0	105.2	106.4
泾川县	Jingchuan	106.7	106.8	108.3	104.9	103.1	107.9	106.2
灵台县	Lingtai	106.4	106.6	107.6	101.4	104.2	108.4	106.9
崇信县	Chongxin	106.3	107.2	108.3	103.6	104.9	105.5	106.3
庄浪县	Zhuanglang	106.9	106.6	108.0	105.4	107.0	109.4	107.3
静宁县	Jingning	107.7	106.2	108.1	107.0	105.0	105.9	106.6
华亭市	Huating	106.4	106.6	107.6	104.1	105.6	103.8	103.7
酒泉市	**Jiuquan**	**103.9**	**105.2**	**107.8**	**104.9**	**109.4**	**107.6**	**107.3**
肃州区	Suzhou	103.9	108.1	108.0	105.0	111.0	108.4	108.2
金塔县	Jinta	104.2	105.3	108.2	97.3	104.9	103.9	104.6
瓜州县	Guazhou	103.7	104.5	108.8	98.6	105.7	110.1	102.0
肃北县	Subei	104.3	103.7	108.7	112.3	118.9	108.9	108.1
阿克塞县	Akesai	104.2	106.3	108.0	111.8	105.9	106.9	101.5
玉门市	Yumen	103.8	102.2	108.4	100.9	109.9	112.1	107.3
敦煌市	Dunhuang	104.2	105.7	107.0	109.7	108.1	107.7	103.6
庆阳市	**Qingyang**	**108.4**	**105.6**	**107.0**	**106.5**	**102.0**	**98.6**	**104.8**
西峰区	Xifeng	107.9	105.6	110.2	106.0	82.1	100.5	106.5
庆城县	Qingcheng	108.5	105.5	106.5	104.0	112.7	114.9	105.4
环　县	Huanxian	109.9	105.7	104.7	102.9	109.1	91.1	102.5
华池县	Huachi	110.3	105.8	106.0	107.9	98.0	98.2	103.9
合水县	Heshui	108.9	105.8	106.6	110.3	113.5	95.0	102.8
正宁县	Zhengning	109.0	104.2	106.0	106.7	95.3	100.8	100.7
宁　县	Ningxian	109.8	106.2	106.3	107.5	102.4	88.9	101.1
镇原县	Zhenyuan	109.5	105.6	103.9	112.2	137.0	105.8	106.8
定西市	**Dingxi**	**107.0**	**106.3**	**109.4**	**107.1**	**105.5**	**107.2**	**105.9**
安定区	Anding	108.4	106.1	108.5	109.4	104.1	105.7	105.7
通渭县	Tongwei	108.0	106.8	108.9	104.4	106.9	106.9	105.8

3-13 续表 5 continued

（上年 =100） (preceding year=100)

地、县	Region&County	交通运输、仓储和邮政业 Transport, Storage and Post	批发和零售业 Wholesale and Retail Trades	住宿和餐饮业 Hotels and Catering Services	金融业 Financial Intermediation	房地产业 Real Estate	其他 Others	人均地区生产总值（元） Per Capita GDP (yuan)
陇西县	Longxi	108.1	108.8	110.3	104.0	104.4	106.6	105.6
渭源县	Weiyuan	107.8	106.5	108.5	109.2	105.2	107.2	106.4
临洮县	Lintao	108.0	107.1	106.4	109.2	106.8	104.4	105.4
漳　县	Zhangxian	106.9	106.1	109.1	103.7	106.2	106.4	106.2
岷　县	Minxian	108.8	106.2	108.7	106.2	106.3	104.4	105.1
陇南市	**Longnan**	**104.8**	**105.4**	**107.5**	**107.7**	**107.8**	**107.5**	**107.0**
武都区	Wudu	106.8	104.7	107.8	104.4	111.2	108.8	106.3
成　县	Chengxian	106.7	105.3	104.3	106.8	105.9	101.4	109.6
文　县	Wenxian	106.7	105.7	107.6	106.0	107.4	103.6	109.5
宕昌县	Tanchang	106.9	108.2	109.3	113.6	106.6	105.6	106.3
康　县	Kangxian	106.6	105.1	110.0	104.6	104.0	105.8	105.1
西和县	Xihe	106.7	104.9	103.3	107.9	106.3	108.1	106.4
礼　县	Lixian	108.9	106.0	108.6	107.3	109.2	104.8	104.0
徽　县	Huixian	106.7	105.3	110.1	105.2	107.6	103.8	106.3
两当县	Liangdang	114.0	108.5	109.0	107.5	104.8	105.6	105.2
临夏州	**Linxia**	**106.1**	**106.5**	**106.5**	**108.1**	**101.0**	**106.7**	**105.3**
临夏市	Linxia	103.9	107.2	105.8	111.9	97.9	108.1	102.3
临夏县	Linxia	104.5	106.3	107.1	107.7	134.7	104.2	104.9
康乐县	Kangle	106.0	104.6	105.5	105.5	102.9	110.2	104.9
永靖县	Yongjing	105.8	105.0	106.7	105.5	101.6	108.1	105.2
广河县	Guanghe	105.8	108.8	107.8	112.9	100.6	113.8	105.2
和政县	Hezheng	105.8	104.6	105.2	106.2	99.1	104.9	105.2
东乡县	Dongxiang	105.8	105.8	104.4	100.8	105.0	101.4	105.2
积石山县	Jishishan	113.9	104.2	104.0	106.6	103.2	105.9	104.8
甘南州	**Gannan**	**106.4**	**105.7**	**105.8**	**102.4**	**106.3**	**105.4**	**103.0**
合作市	Hezuo	106.4	102.0	105.2	99.1	107.7	103.0	100.3
临潭县	Lintan	106.4	106.2	102.2	98.1	105.0	104.0	103.0
卓尼县	Zhuoni	106.4	109.1	103.8	99.9	107.2	113.9	106.3
舟曲县	Zhouqu	106.4	112.0	121.2	108.5	104.8	105.3	105.9
迭部县	Diebu	106.4	104.9	97.9	96.2	104.2	102.5	101.5
玛曲县	Maqu	106.4	105.9	99.7	114.0	104.4	101.3	99.6
碌曲县	Luqu	106.4	103.9	103.4	101.8	105.0	107.9	103.6
夏河县	Xiahe	106.4	104.7	119.2	107.3	105.0	105.1	107.9

3-14　2017年投入产出基本流量表（中间使用部分）

单位：万元　　按当年生产者价格计算。Data are Calculated at producers' prices in 2017.

投入 Input	产出 Output	农林牧渔产品和服务 Agriculture, Forestry, Animal Husbandry & Fishery
总投入	**Total Inputs**	**15128922**
中间投入合计	**Total Intermediate Inputs**	**6160921**
农林牧渔产品和服务	Agriculture, Forestry, Animal Husbandry & Fishery	2043523
煤炭采选产品	Mining	79749
石油和天然气开采产品	Extraction Products of Petroleum and Natural Gas	0
金属矿采选产品	Mining and Processing Products of Metal Ores	0
非金属矿和其他矿采选产品	Mining and Processing Products of Non-metal Ores and others	20
食品和烟草	Foods and Tobacco	592424
纺织品	Textile Products	84
纺织服装鞋帽皮革羽绒及其制品	Textile, Wearing Apparel, Shoes and Leather Products	19926
木材加工品和家具	Wood Processing, Furniture	7516
造纸印刷和文教体育用品	Paper Making, Printing and Educational & Sporting Products	36830
石油、炼焦产品和核燃料加工品	Oil Refining, Coking and Nuclear Fuel processed products	46505
化学产品	Chemical Products	1436428
非金属矿物制品	Nonmetallic Mineral Products	6310
金属冶炼和压延加工品	Metal Manufacture and Rolled Products	27327
金属制品	Metal Products	139458
通用设备	General Equipment	9350
专用设备	Dedicated Equipment	116687
交通运输设备	Transport Equipment	27940
电气机械和器材	Electrical Machinery and Equipment	1459
通信设备、计算机和其他电子设备	Communication Equipment,Computers and Other Electronic Equipment	4014
仪器仪表	Instrumentation	129
其他制造产品及废品废料	Other Manufacture of Products and Scrap	282
金属制品、机械和设备修理服务	Repair Services of Metal Products, Machinery and Equipment	10083
电力、热力生产和供应	Production and Supply of Electric Power, Heat Power	256974
燃气生产和供应	Production and Supply of Gas	390
水生产和供应	Production and Supply of Water	122
建筑	Construction	22621
批发和零售	Wholesale and Retail Trades	360558
交通运输、仓储和邮政	Transport,Storage and Post	336921
住宿和餐饮	Hotels and Catering Services	66315
信息传输、软件和信息技术服务	Information Transmission, Software & Information Technology Services	25137
金融	Financial Intermediation	126938
房地产	Real Estate	0
租赁和商务服务	Leasing and Business Services	49740
研究和试验发展	Research and Experimental Development	0
综合技术服务	Comprehensive Technical Services	218763
水利、环境和公共设施管理	Management of Water Conservancy,Environment and Public Facilities	42455
居民服务、修理和其他服务	Services to Households and Other Services	12567
教育	Education	33429
卫生和社会工作	Health and Social Service	0
文化、体育和娱乐	Culture, Sports and Entertainment	3
公共管理、社会保障和社会组织	Public Management,Social Security and Social Organization	1944
增加值合计	**Total Value Added**	**8968001**
劳动者报酬	Compensation of Employees	9059304
生产税净额	Net Taxes on Production	-574500
固定资产折旧	Depreciation of Fixed Assets	313031
营业盈余	Operating Surplus	170166

Intermediate Use Part of 2017 Input-Output Table

（10 000 yuan）

煤炭采选产品 Mining	石油和天然气开采产品 Extraction Products of Petroleum and Natural Gas	金属矿采选产品 Mining and Processing Products of Metal Ores	非金属矿和其他矿采选产品 Mining and Processing Products of Non-metal Ores and others	食品和烟草 Foods and Tobacco	纺织品 Textile Products	纺织服装鞋帽皮革羽绒及其制品 Textile, Wearing Apparel, Shoes and Leather Products	木材加工品和家具 Wood Processing, Furniture
1878422	**2615074**	**1212592**	**393841**	**6652754**	**140272**	**168864**	**133108**
884914	**962746**	**781171**	**215660**	**4185035**	**105613**	**103696**	**110631**
1979	36	333	24	1942098	13314	6611	7186
226882	119140	26542	13118	16977	116	151	34
0	86710	2842	349	10486	1153	364	0
376	373	234986	793	0	0	0	0
10404	140177	2968	31245	459	0	22	1
155	173	100	98	796139	24	18175	100
536	5954	22	320	12601	38742	23434	791
1772	3220	1360	116	1968	268	21999	1052
2830	665	395	636	28395	129	92	23876
1282	2019	1116	2432	143769	662	439	13360
17256	62498	29696	8588	15930	391	461	698
43595	55353	42008	23507	124657	14982	5604	7824
5309	12133	4972	592	15164	67	41	470
17424	113493	5138	15799	6452	24	17	618
9460	5169	6004	4064	24979	176	110	1118
24232	30908	21249	767	10270	100	40	146
20181	44156	12430	16830	7001	835	75	58
2180	9897	3876	127	706	23	40	24
8915	18100	2586	52	2426	146	25	298
1125	4978	141	17	850	13	11	94
1705	4540	472	10	541	19	31	0
84	141	58	2	122	163	541	12
20240	7442	9657	2870	44927	658	13	21
82216	88405	114415	23591	67657	4681	884	1728
0	0	0	7866	0	1	5	3
197	658	181	115	4551	54	28	71
5035	875	2672	152	5397	69	22	41
68348	77665	26015	9865	513335	13509	16101	8984
96125	33165	57962	27313	157785	3308	2930	10423
7173	3383	3758	1489	36394	877	531	3301
511	341	415	83	3593	88	190	553
179154	7603	146944	16147	106581	7166	1872	8747
0	0	0	5	300	4	49	24
14323	21368	14034	1676	58933	1946	1321	16967
0	0	0	0	0	0	0	0
867	137	2364	4316	13794	1527	1283	1445
2996	259	1425	274	1583	8	14	24
8846	782	1238	206	5007	148	82	348
381	681	419	52	1304	165	8	41
0	0	0	0	0	2	1	2
774	144	261	129	1534	36	61	123
46	5	117	26	368	16	17	26
993508	**1652328**	**431421**	**178181**	**2467719**	**34659**	**65168**	**22477**
583171	672052	143774	120456	527665	64150	64020	12649
71091	358579	66604	7458	1141809	4191	2783	2129
60702	807934	126143	32987	252399	19766	5443	1935
278544	-186237	94900	17280	545846	-53448	-7078	5764

3-14 续表 1

单位：万元

投入 Input \ 产出 Output		造纸印刷和文教体育用品 Paper Making, Printing and Educational & Sporting Products
总投入	**Total Inputs**	**397379**
中间投入合计	**Total Intermediate Inputs**	**268056**
农林牧渔产品和服务	Agriculture, Forestry, Animal Husbandry & Fishery	14377
煤炭采选产品	Mining	3944
石油和天然气开采产品	Extraction Products of Petroleum and Natural Gas	669
金属矿采选产品	Mining and Processing Products of Metal Ores	0
非金属矿和其他矿采选产品	Mining and Processing Products of Non-metal Ores and others	414
食品和烟草	Foods and Tobacco	155
纺织品	Textile Products	473
纺织服装鞋帽皮革羽绒及其制品	Textile, Wearing Apparel, Shoes and Leather Products	262
木材加工品和家具	Wood Processing, Furniture	1595
造纸印刷和文教体育用品	Paper Making, Printing and Educational & Sporting Products	122929
石油、炼焦产品和核燃料加工品	Oil Refining, Coking and Nuclear Fuel processed products	1006
化学产品	Chemical Products	19964
非金属矿物制品	Nonmetallic Mineral Products	33
金属冶炼和压延加工品	Metal Manufacture and Rolled Products	218
金属制品	Metal Products	204
通用设备	General Equipment	502
专用设备	Dedicated Equipment	2362
交通运输设备	Transport Equipment	42
电气机械和器材	Electrical Machinery and Equipment	65
通信设备、计算机和其他电子设备	Communication Equipment,Computers and Other Electronic Equipment	123
仪器仪表	Instrumentation	33
其他制造产品及废品废料	Other Manufacture of Products and Scrap	42664
金属制品、机械和设备修理服务	Repair Services of Metal Products, Machinery and Equipment	1591
电力、热力生产和供应	Production and Supply of Electric Power, Heat Power	9779
燃气生产和供应	Production and Supply of Gas	1
水生产和供应	Production and Supply of Water	201
建筑	Construction	273
批发和零售	Wholesale and Retail Trades	19747
交通运输、仓储和邮政	Transport,Storage and Post	5326
住宿和餐饮	Hotels and Catering Services	2440
信息传输、软件和信息技术服务	Information Transmission, Software & Information Technology Services	330
金融	Financial Intermediation	10647
房地产	Real Estate	116
租赁和商务服务	Leasing and Business Services	1806
研究和试验发展	Research and Experimental Development	0
综合技术服务	Comprehensive Technical Services	2907
水利、环境和公共设施管理	Management of Water Conservancy,Environment and Public Facilities	14
居民服务、修理和其他服务	Services to Households and Other Services	542
教育	Education	136
卫生和社会工作	Health and Social Service	0
文化、体育和娱乐	Culture, Sports and Entertainment	124
公共管理、社会保障和社会组织	Public Management,Social Security and Social Organization	40
增加值合计	**Total Value Added**	**129323**
劳动者报酬	Compensation of Employees	85535
生产税净额	Net Taxes on Production	2744
固定资产折旧	Depreciation of Fixed Assets	33870
营业盈余	Operating Surplus	7174

continued

(10 000 yuan)

石油、炼焦产品和核燃料加工品 Oil Refining, Coking and Nuclear Fuel processed products	化学产品 Chemical Products	非金属矿物制品 Nonmetallic Mineral Products	金属冶炼和压延加工品 Metal Manufacture and Rolled Products	金属制品 Metal Products	通用设备 General Equipment	专用设备 Dedicated Equipment	交通运输设备 Transport Equipment
7590186	**6913655**	**4255603**	**18599550**	**3468458**	**641704**	**692695**	**358888**
5267980	**4999204**	**3054531**	**15216397**	**2627463**	**466659**	**470420**	**286167**
1763	328684	843	897	43	21	691	2
119877	157317	239853	348481	51	1073	2083	5
3641873	59942	35737	13698	1320	1991	1027	156
0	125940	4621	4384088	11081	0	94	0
19	104690	352173	32802	2821	177	422	7
98	21306	752	287	52	2804	1778	73
786	8816	2161	4017	2937	335	2244	49
1804	16149	4348	3990	1331	1154	1620	297
1577	16334	5196	1915	1201	1722	650	142
7300	51346	43994	8579	1616	2510	3250	793
308592	623152	451019	148155	2241	2637	6252	5208
196453	1996906	117845	417511	23202	25919	32806	24676
1086	20311	627874	819872	3354	3120	2855	599
788	31828	18533	5568507	843882	68694	100954	54831
1479	19291	18684	22434	903708	15950	21930	5550
3488	22287	15167	32017	10327	133441	42309	8588
1169	4969	21483	15726	51507	1887	81000	147
63	711	3383	1656	674	7224	863	102691
578	7060	9548	7664	1723	34046	19715	22310
228	1012	328	2385	66	10820	4691	10400
1330	2739	1747	3214	67	2794	3339	563
260	54079	56266	8191	117	621	1001	60
63190	55446	53694	86988	41749	4681	8984	125
112092	363094	276318	1525141	139198	10906	11974	1908
0	866	22	3	0	390	229	8
1367	4645	2572	2527	539	267	380	104
527	7321	5283	7287	219	171	585	186
507690	340944	227055	228469	514790	32737	34413	25744
115036	243930	210113	737730	22909	21203	26099	8577
3799	28794	17312	12637	3560	6347	8389	1345
883	3833	1807	1413	411	1664	1735	297
81942	121368	123023	691610	25754	39638	20470	3758
0	2698	1838	85	0	1179	283	5
84130	88400	84546	43828	10138	15838	11889	1354
0	133	0	0	0	0	0	0
3447	43736	6587	14318	4211	8847	10694	5117
16	314	206	7794	22	136	138	10
1222	14469	9934	7222	374	1878	1525	336
1608	1314	1029	2141	72	229	217	50
0	372	3	0	0	636	140	6
379	2298	1320	822	174	811	528	61
41	358	312	296	23	158	172	33
2322206	**1914451**	**1201072**	**3383153**	**840995**	**175045**	**222274**	**72721**
301343	701688	422296	1414189	611593	95976	100277	35053
1803788	357252	59789	424831	61893	22509	29606	1926
117259	333827	230217	1122040	111757	17961	24904	14318
99816	521684	488770	422093	55752	38599	67488	21424

3-14 续表 2

单位：万元

投入 Input ＼ 产出 Output		电气机械和器材 Electrical Machinery and Equipment
总投入	**Total Inputs**	**1222755**
中间投入合计	**Total Intermediate Inputs**	**974410**
农林牧渔产品和服务	Agriculture, Forestry, Animal Husbandry & Fishery	24
煤炭采选产品	Mining	496
石油和天然气开采产品	Extraction Products of Petroleum and Natural Gas	891
金属矿采选产品	Mining and Processing Products of Metal Ores	0
非金属矿和其他矿采选产品	Mining and Processing Products of Non-metal Ores and others	740
食品和烟草	Foods and Tobacco	3108
纺织品	Textile Products	1029
纺织服装鞋帽皮革羽绒及其制品	Textile, Wearing Apparel, Shoes and Leather Products	1556
木材加工品和家具	Wood Processing, Furniture	1542
造纸印刷和文教体育用品	Paper Making, Printing and Educational & Sporting Products	4349
石油、炼焦产品和核燃料加工品	Oil Refining, Coking and Nuclear Fuel processed products	2932
化学产品	Chemical Products	63386
非金属矿物制品	Nonmetallic Mineral Products	19836
金属冶炼和压延加工品	Metal Manufacture and Rolled Products	322383
金属制品	Metal Products	36543
通用设备	General Equipment	56184
专用设备	Dedicated Equipment	8925
交通运输设备	Transport Equipment	1364
电气机械和器材	Electrical Machinery and Equipment	168217
通信设备、计算机和其他电子设备	Communication Equipment,Computers and Other Electronic Equipment	15895
仪器仪表	Instrumentation	44877
其他制造产品及废品废料	Other Manufacture of Products and Scrap	607
金属制品、机械和设备修理服务	Repair Services of Metal Products, Machinery and Equipment	2413
电力、热力生产和供应	Production and Supply of Electric Power, Heat Power	13767
燃气生产和供应	Production and Supply of Gas	646
水生产和供应	Production and Supply of Water	481
建筑	Construction	460
批发和零售	Wholesale and Retail Trades	91900
交通运输、仓储和邮政	Transport,Storage and Post	31829
住宿和餐饮	Hotels and Catering Services	12157
信息传输、软件和信息技术服务	Information Transmission, Software & Information Technology Services	2723
金融	Financial Intermediation	33046
房地产	Real Estate	1031
租赁和商务服务	Leasing and Business Services	17254
研究和试验发展	Research and Experimental Development	0
综合技术服务	Comprehensive Technical Services	8871
水利、环境和公共设施管理	Management of Water Conservancy,Environment and Public Facilities	196
居民服务、修理和其他服务	Services to Households and Other Services	1289
教育	Education	251
卫生和社会工作	Health and Social Service	101
文化、体育和娱乐	Culture, Sports and Entertainment	978
公共管理、社会保障和社会组织	Public Management,Social Security and Social Organization	132
增加值合计	**Total Value Added**	**248345**
劳动者报酬	Compensation of Employees	152853
生产税净额	Net Taxes on Production	14349
固定资产折旧	Depreciation of Fixed Assets	36273
营业盈余	Operating Surplus	44871

continued

（10 000 yuan）

通信设备、计算机和其他电子设备 Communication Equipment,Computers and Other Electronic Equipment	仪器仪表 Instrumentation	其他制造产品及废品废料 Other Manufacture of Products and Scrap	金属制品、机械和设备修理服务 Repair Services of Metal Products, Machinery and Equipment	电力、热力生产和供应 Production and Supply of Electric Power, Heat Power	燃气生产和供应 Production and Supply of Gas	水生产和供应 Production and Supply of Water
1015514	**119780**	**697807**	**816210**	**8488985**	**467004**	**233577**
746963	**97663**	**517237**	**652968**	**5592668**	**312857**	**92276**
104	0	24745	0	179	3	8
0	0	993	1481	1298362	0	1
129	0	0	0	13562	176598	0
0	0	0	0	123	0	0
0	0	167	485	4441	0	1816
76	42	3493	674	155	7	8
1273	22	27273	1483	96	13	27
487	47	4208	3992	6964	91	591
2810	47	9688	1415	64	29	9
11151	456	7992	308	10734	132	161
980	398	9466	7917	17265	227	343
121136	7535	115695	26439	16227	200	8793
12177	44	4109	2327	3904	20	27
107951	28	47584	84706	3740	292	253
49034	8614	11024	52502	2115	42	78
1596	6459	8174	36978	16981	65	690
6431	44	807	13852	2758	527	33
28	20	122	97647	135	12	14
4678	41	5362	56851	17333	97	75
246331	20274	7904	29114	3099	12	21
16	21938	1812	9150	1536	181	99
3560	0	45191	1371	58	0	18
13017	1097	1258	34007	67340	2868	1679
19746	1375	14099	20320	2623933	18791	24785
0	0	729	3642	9695	98433	0
198	60	617	506	4960	66	3418
118	123	499	480	19455	321	208
91328	13394	65953	33885	277916	2736	1721
10645	2067	26026	57670	323140	684	1221
4430	1932	1480	25453	32036	328	585
260	630	4932	8974	7427	102	503
4504	5699	18455	10463	717836	5803	13017
0	0	2	5104	1359	0	0
4496	788	697	16371	25851	3575	5022
0	0	64	0	0	0	0
27510	3518	21798	2050	12786	6	8
39	16	2599	795	31194	2	26626
333	681	17596	2685	10751	376	189
159	88	529	448	653	173	149
0	0	640	148	0	0	0
201	150	3375	819	6282	40	59
29	37	79	457	222	5	21
268551	**22117**	**180570**	**163242**	**2896317**	**154147**	**141301**
95783	10324	48211	113456	1514387	46550	63684
6170	975	76189	27610	85962	1355	21132
74067	8002	10152	11048	1737352	27875	38954
92531	2816	46018	11129	-441384	78367	17531

3-14 续表 3

单位：万元

投入 Input	产出 Output	建筑 Construction
总投入	**Total Inputs**	**21076371**
中间投入合计	**Total Intermediate Inputs**	**16030370**
农林牧渔产品和服务	Agriculture, Forestry, Animal Husbandry & Fishery	221116
煤炭采选产品	Mining	69554
石油和天然气开采产品	Extraction Products of Petroleum and Natural Gas	13
金属矿采选产品	Mining and Processing Products of Metal Ores	0
非金属矿和其他矿采选产品	Mining and Processing Products of Non-metal Ores and others	1072423
食品和烟草	Foods and Tobacco	1758
纺织品	Textile Products	235
纺织服装鞋帽皮革羽绒及其制品	Textile, Wearing Apparel, Shoes and Leather Products	31111
木材加工品和家具	Wood Processing, Furniture	242490
造纸印刷和文教体育用品	Paper Making, Printing and Educational & Sporting Products	30646
石油、炼焦产品和核燃料加工品	Oil Refining, Coking and Nuclear Fuel processed products	321018
化学产品	Chemical Products	485768
非金属矿物制品	Nonmetallic Mineral Products	4266408
金属冶炼和压延加工品	Metal Manufacture and Rolled Products	3164966
金属制品	Metal Products	578382
通用设备	General Equipment	224916
专用设备	Dedicated Equipment	320818
交通运输设备	Transport Equipment	63242
电气机械和器材	Electrical Machinery and Equipment	486475
通信设备、计算机和其他电子设备	Communication Equipment,Computers and Other Electronic Equipment	283772
仪器仪表	Instrumentation	20814
其他制造产品及废品废料	Other Manufacture of Products and Scrap	514
金属制品、机械和设备修理服务	Repair Services of Metal Products, Machinery and Equipment	17395
电力、热力生产和供应	Production and Supply of Electric Power, Heat Power	323073
燃气生产和供应	Production and Supply of Gas	0
水生产和供应	Production and Supply of Water	17359
建筑	Construction	119392
批发和零售	Wholesale and Retail Trades	903758
交通运输、仓储和邮政	Transport,Storage and Post	385476
住宿和餐饮	Hotels and Catering Services	79829
信息传输、软件和信息技术服务	Information Transmission, Software & Information Technology Services	9315
金融	Financial Intermediation	796979
房地产	Real Estate	1832
租赁和商务服务	Leasing and Business Services	321143
研究和试验发展	Research and Experimental Development	0
综合技术服务	Comprehensive Technical Services	1093868
水利、环境和公共设施管理	Management of Water Conservancy,Environment and Public Facilities	10356
居民服务、修理和其他服务	Services to Households and Other Services	45730
教育	Education	8918
卫生和社会工作	Health and Social Service	0
文化、体育和娱乐	Culture, Sports and Entertainment	8064
公共管理、社会保障和社会组织	Public Management,Social Security and Social Organization	1444
增加值合计	**Total Value Added**	**5046001**
劳动者报酬	Compensation of Employees	4647977
生产税净额	Net Taxes on Production	121078
固定资产折旧	Depreciation of Fixed Assets	133452
营业盈余	Operating Surplus	143494

continued

（10 000 yuan）

批发和零售 Wholesale and Retail Trades	交通运输、仓储和邮政 Transport, Storage and Post	住宿和餐饮 Hotels and Catering Services	信息传输、软件和信息技术服务 Information Transmission, Software & Information Technology Services	金融 Financial Intermediation	房地产 Real Estate	租赁和商务服务 Leasing and Business Services	研究和试验发展 Research and Experimental Development
11723414	**7257854**	**3845601**	**2561941**	**11743921**	**6558422**	**4344425**	**524643**
6318741	**3519293**	**2469415**	**1317342**	**4688374**	**2627452**	**2905627**	**282999**
716	451	207745	108361	4114	6180	3164	364
0	3803	0	48	647	0	2	1812
0	0	0	0	0	0	0	235
0	0	0	0	0	0	0	0
0	801	119	1	18	8	27	0
4070	4738	809317	314789	9779	1994	1325	2416
5963	2203	26332	458	139	309	171	0
7215	11455	6094	2938	21083	1225	1050	2096
4454	3108	10059	1757	12219	1660	3297	5794
36199	25893	67355	48034	521186	66773	101637	10509
149627	557785	5650	3017	51778	90347	102856	7561
29029	147769	105261	16629	3089	14657	2682	27051
885	720	5530	890	338	309	303	0
503	4922	285	14	0	27	56	1
1558	8841	6214	1408	21	3790	894	574
3200	29322	10287	1253	40452	7903	2222	247
2123	5341	2957	812	35311	1144	112	7
223	149932	544	1640	8258	127	711	268
64086	11166	4252	23075	187	859	2898	893
128083	15166	5061	103661	34373	3796	9565	1417
179	807	140	1912	28	558	9	14909
44	1820	3919	423	55	7230	4926	1249
62309	40007	10830	418	8199	19010	33374	1817
271187	338579	177289	21458	74529	58051	41241	6332
1539	68480	21101	5013	269	7739	12426	12
11786	7809	5313	1668	5155	5229	675	823
88664	28219	26744	2481	31953	122422	17307	10611
1007930	131404	273182	74258	132550	29422	29810	13706
844728	724341	35912	59719	212676	145949	139744	22652
289136	51089	18914	5259	350577	47886	45566	46856
91509	56860	22497	225782	361600	15281	10723	1630
1368185	840228	69283	39426	1059956	1115225	1042030	8003
972604	33994	298514	102499	909438	354613	303259	12457
587802	92738	177423	123458	610220	482191	952304	22139
0	0	0	0	0	0	0	9485
137747	23784	1003	5266	1253	642	733	31762
2576	4794	495	2122	3426	528	199	51
64682	67556	44402	9549	37316	2847	28468	14315
59049	14978	3290	1598	101672	2250	3557	1395
1739	1031	497	50	0	0	0	0
14344	6726	5141	5093	31334	7876	4945	1360
3068	633	465	1108	13176	1394	1359	190
5404673	**3738561**	**1376186**	**1244599**	**7055547**	**3930970**	**1438798**	**241644**
2220553	2860021	679362	519805	3495508	1235728	846178	93535
557752	30914	133139	8578	314282	967448	216975	944
400105	1491011	128716	537922	505835	120316	118879	108015
2226263	-643385	434969	178294	2739921	1607478	256766	39150

3-14 续表 4

单位：万元

投入 Input \ 产出 Output		综合技术服务 Comprehensive Technical Services
总投入	**Total Inputs**	**2515792**
中间投入合计	**Total Intermediate Inputs**	**1344448**
农林牧渔产品和服务	Agriculture, Forestry, Animal Husbandry & Fishery	1748
煤炭采选产品	Mining	1785
石油和天然气开采产品	Extraction Products of Petroleum and Natural Gas	126
金属矿采选产品	Mining and Processing Products of Metal Ores	0
非金属矿和其他矿采选产品	Mining and Processing Products of Non-metal Ores and others	11
食品和烟草	Foods and Tobacco	6799
纺织品	Textile Products	173
纺织服装鞋帽皮革羽绒及其制品	Textile, Wearing Apparel, Shoes and Leather Products	2597
木材加工品和家具	Wood Processing, Furniture	1868
造纸印刷和文教体育用品	Paper Making, Printing and Educational & Sporting Products	131466
石油、炼焦产品和核燃料加工品	Oil Refining, Coking and Nuclear Fuel processed products	74222
化学产品	Chemical Products	39596
非金属矿物制品	Nonmetallic Mineral Products	96
金属冶炼和压延加工品	Metal Manufacture and Rolled Products	2
金属制品	Metal Products	29771
通用设备	General Equipment	2427
专用设备	Dedicated Equipment	204
交通运输设备	Transport Equipment	2912
电气机械和器材	Electrical Machinery and Equipment	13895
通信设备、计算机和其他电子设备	Communication Equipment,Computers and Other Electronic Equipment	63967
仪器仪表	Instrumentation	14403
其他制造产品及废品废料	Other Manufacture of Products and Scrap	20942
金属制品、机械和设备修理服务	Repair Services of Metal Products, Machinery and Equipment	14805
电力、热力生产和供应	Production and Supply of Electric Power, Heat Power	16111
燃气生产和供应	Production and Supply of Gas	884
水生产和供应	Production and Supply of Water	925
建筑	Construction	2855
批发和零售	Wholesale and Retail Trades	66485
交通运输、仓储和邮政	Transport,Storage and Post	161835
住宿和餐饮	Hotels and Catering Services	146660
信息传输、软件和信息技术服务	Information Transmission, Software & Information Technology Services	21841
金融	Financial Intermediation	88353
房地产	Real Estate	51942
租赁和商务服务	Leasing and Business Services	105920
研究和试验发展	Research and Experimental Development	0
综合技术服务	Comprehensive Technical Services	228803
水利、环境和公共设施管理	Management of Water Conservancy,Environment and Public Facilities	912
居民服务、修理和其他服务	Services to Households and Other Services	10982
教育	Education	5024
卫生和社会工作	Health and Social Service	56
文化、体育和娱乐	Culture, Sports and Entertainment	8294
公共管理、社会保障和社会组织	Public Management,Social Security and Social Organization	2750
增加值合计	**Total Value Added**	**1171344**
劳动者报酬	Compensation of Employees	868553
生产税净额	Net Taxes on Production	22780
固定资产折旧	Depreciation of Fixed Assets	79196
营业盈余	Operating Surplus	200815

continued

(10 000 yuan)

水利、环境和公共设施管理 Management of Water Conservancy, Environment and Public Facilities	居民服务、修理和其他服务 Services to Households and Other Services	教育 Education	卫生和社会工作 Health and Social Service	文化、体育和娱乐 Culture, Sports and Entertainment	公共管理、社会保障和社会组织 Public Management,Social Security and Social Organization	中间使用合计 Total Intermediate Use
614620	**1396863**	**5769709**	**4945844**	**1193151**	**8394579**	**178770747**
217612	**614513**	**1651724**	**2975679**	**489782**	**2822058**	**105429732**
10833	8793	145	559	8945	0	4970718
2683	0	26238	5799	3946	59840	2832885
31	0	0	682	338	177	4051098
0	0	0	0	0	0	4762475
5	4	36	0	0	0	1759925
721	1375	10739	1007	13280	30475	2656840
167	5536	333	1135	234	47598	226503
180	947	10601	272	15064	24727	239230
709	521	22781	357	6077	55997	483618
8542	13023	134841	19414	118527	255226	2068779
11222	14894	9260	7116	10221	38259	3224644
7630	157660	96889	2065647	23851	164896	8356756
937	2	2121	1402	2	3	5846554
72	14	27	7	11	2	10612371
26194	90253	3235	164	1579	5808	2118404
2978	2103	1688	765	684	916	823679
39	251	130	88533	137	0	889799
1015	404	555	736	882	3114	496028
828	41525	385	218	529	5	1040643
3032	10513	23498	1992	1383	18339	1071567
728	1919	5183	18	89	6046	170625
1801	8686	52	704	3515	220	271571
9760	730	19616	8926	5147	12336	800716
22644	19494	61606	70108	25903	80918	7436298
140	310	532	34	1165	0	242573
1049	3633	4325	5348	2042	6189	108215
17937	2319	146062	31438	9587	216602	954993
16421	71027	65129	335162	39775	143468	6938288
10369	19497	128021	19356	40064	331312	5851788
10488	20276	133365	15543	15877	142954	1706519
3369	2243	13940	17401	3548	36636	963010
8219	55254	12729	7022	15524	105537	9160138
2835	29797	71328	199332	27034	116946	3502507
17906	20006	24745	11623	52990	189906	4388805
0	0	0	0	0	0	9682
1126	105	7583	4282	165	244	1959273
450	273	152	2872	146	213	148719
7900	2089	306951	27602	8799	167482	947297
3049	6710	272301	12573	2704	104415	649210
0	0	0	1258	54	88	6822
2937	1959	34034	7997	29332	11236	202159
668	368	568	1278	633	443925	478007
397009	**782350**	**4117985**	**1970165**	**703369**	**5572521**	**73341015**
307272	575259	3510682	1637513	580007	4977096	46115488
-1174	31017	3718	4617	34118	36279	6560689
56296	155238	573350	212691	72973	273109	10537321
34614	20836	30235	115344	16272	286037	10127518

3-15 2017年投入产出基本流量表（最终使用部分）

单位：万元　　　　按当年生产者价格计算。Data are Calculated at producers' prices in 2017.

投入 Input	产出 Output	最终使用 最终消费支出 居民消费支出 农村居民 Rural Household Consumption Expenditures
总投入	**Total Inputs**	
中间投入合计	**Total Intermediate Inputs**	**11644112**
农林牧渔产品和服务	Agriculture, Forestry, Animal Husbandry & Fishery	1773698
煤炭采选产品	Mining	138177
石油和天然气开采产品	Extraction Products of Petroleum and Natural Gas	0
金属矿采选产品	Mining and Processing Products of Metal Ores	0
非金属矿和其他矿采选产品	Mining and Processing Products of Non-metal Ores and others	0
食品和烟草	Foods and Tobacco	1830574
纺织品	Textile Products	80110
纺织服装鞋帽皮革羽绒及其制品	Textile, Wearing Apparel, Shoes and Leather Products	512443
木材加工品和家具	Wood Processing, Furniture	121599
造纸印刷和文教体育用品	Paper Making, Printing and Educational & Sporting Products	194308
石油、炼焦产品和核燃料加工品	Oil Refining, Coking and Nuclear Fuel processed products	311632
化学产品	Chemical Products	333797
非金属矿物制品	Nonmetallic Mineral Products	49234
金属冶炼和压延加工品	Metal Manufacture and Rolled Products	0
金属制品	Metal Products	18784
通用设备	General Equipment	12314
专用设备	Dedicated Equipment	24513
交通运输设备	Transport Equipment	313096
电气机械和器材	Electrical Machinery and Equipment	172901
通信设备、计算机和其他电子设备	Communication Equipment,Computers and Other Electronic Equipment	207230
仪器仪表	Instrumentation	28519
其他制造产品及废品废料	Other Manufacture of Products and Scrap	52717
金属制品、机械和设备修理服务	Repair Services of Metal Products, Machinery and Equipment	0
电力、热力生产和供应	Production and Supply of Electric Power, Heat Power	184335
燃气生产和供应	Production and Supply of Gas	36646
水生产和供应	Production and Supply of Water	20488
建筑	Construction	0
批发和零售	Wholesale and Retail Trades	1188478
交通运输、仓储和邮政	Transport,Storage and Post	301894
住宿和餐饮	Hotels and Catering Services	254719
信息传输、软件和信息技术服务	Information Transmission, Software & Information Technology Services	355716
金融	Financial Intermediation	390677
房地产	Real Estate	778135
租赁和商务服务	Leasing and Business Services	20773
研究和试验发展	Research and Experimental Development	0
综合技术服务	Comprehensive Technical Services	11012
水利、环境和公共设施管理	Management of Water Conservancy,Environment and Public Facilities	3386
居民服务、修理和其他服务	Services to Households and Other Services	94925
教育	Education	896618
卫生和社会工作	Health and Social Service	859192
文化、体育和娱乐	Culture, Sports and Entertainment	60236
公共管理、社会保障和社会组织	Public Management,Social Security and Social Organization	11236

Final Use Part of 2017 Input-Output Table

（10 000 yuan）

Final Use				
Final Consumption Expenditures				资本形成总额 Gross Capital Formation
Household Consumption Expenditures		政府消费支出 Government Consumption Expenditures	合计 Total Final Consumption Expenditures	固定资本形成总额 Gross Fixed Capital Formation
城镇居民 Urban Household Consumption Expenditures	小计 Subtotal			
24962772	**36606884**	**15814601**	**52421485**	**30225312**
2098148	3871846	325097	4196943	82371
83735	221912	0	221912	0
0	0	0	0	0
0	0	0	0	0
0	0	0	0	0
3206451	5037025	0	5037025	0
195079	275189	0	275189	0
1540259	2052702	0	2052702	0
233380	354979	0	354979	32983
415789	610097	0	610097	8528
383546	695178	0	695178	0
763747	1097545	0	1097545	0
92845	142079	0	142079	0
0	0	0	0	0
34388	53172	0	53172	39883
38428	50742	0	50742	375783
63077	87590	0	87590	762857
1099435	1412531	0	1412531	160695
457393	630294	0	630294	592395
398393	605623	0	605623	31941
54041	82560	0	82560	21138
139377	192094	0	192094	0
0	0	0	0	0
719745	904080	0	904080	0
188426	225072	0	225072	0
100949	121437	0	121437	0
0	0	0	0	26277954
2295592	3484070	10887	3494957	488599
775217	1077111	176833	1253944	79161
1782100	2036819	0	2036819	0
974698	1330414	0	1330414	285072
1158221	1548898	120226	1669124	0
1863357	2641492	0	2641492	414423
271542	292315	153639	445954	0
0	0	148368	148368	368253
29005	40017	291977	331994	203276
52793	56179	409723	465902	0
396855	491780	0	491780	0
1439328	2335946	2842710	5178656	0
1188270	2047462	2898732	4946194	0
349139	409375	611098	1020473	0
80025	91261	7825311	7916572	0

3-15 续表

单位：万元

投入 Input \ 产出 Output		最终使用 资本形成总额 存货变动 Changes in Inventories
总投入	**Total Inputs**	
中间投入合计	**Total Intermediate Inputs**	**1752847**
农林牧渔产品和服务	Agriculture, Forestry, Animal Husbandry & Fishery	250710
煤炭采选产品	Mining	394
石油和天然气开采产品	Extraction Products of Petroleum and Natural Gas	-174850
金属矿采选产品	Mining and Processing Products of Metal Ores	18630
非金属矿和其他矿采选产品	Mining and Processing Products of Non-metal Ores and others	23005
食品和烟草	Foods and Tobacco	42218
纺织品	Textile Products	4858
纺织服装鞋帽皮革羽绒及其制品	Textile, Wearing Apparel, Shoes and Leather Products	3902
木材加工品和家具	Wood Processing, Furniture	15802
造纸印刷和文教体育用品	Paper Making, Printing and Educational & Sporting Products	20801
石油、炼焦产品和核燃料加工品	Oil Refining, Coking and Nuclear Fuel processed products	250783
化学产品	Chemical Products	64741
非金属矿物制品	Nonmetallic Mineral Products	47246
金属冶炼和压延加工品	Metal Manufacture and Rolled Products	661616
金属制品	Metal Products	103860
通用设备	General Equipment	666
专用设备	Dedicated Equipment	62530
交通运输设备	Transport Equipment	8583
电气机械和器材	Electrical Machinery and Equipment	21914
通信设备、计算机和其他电子设备	Communication Equipment,Computers and Other Electronic Equipment	69033
仪器仪表	Instrumentation	9274
其他制造产品及废品废料	Other Manufacture of Products and Scrap	-2886
金属制品、机械和设备修理服务	Repair Services of Metal Products, Machinery and Equipment	0
电力、热力生产和供应	Production and Supply of Electric Power, Heat Power	0
燃气生产和供应	Production and Supply of Gas	-640
水生产和供应	Production and Supply of Water	3925
建筑	Construction	0
批发和零售	Wholesale and Retail Trades	213525
交通运输、仓储和邮政	Transport,Storage and Post	33206
住宿和餐饮	Hotels and Catering Services	0
信息传输、软件和信息技术服务	Information Transmission, Software & Information Technology Services	0
金融	Financial Intermediation	0
房地产	Real Estate	0
租赁和商务服务	Leasing and Business Services	0
研究和试验发展	Research and Experimental Development	0
综合技术服务	Comprehensive Technical Services	0
水利、环境和公共设施管理	Management of Water Conservancy,Environment and Public Facilities	0
居民服务、修理和其他服务	Services to Households and Other Services	0
教育	Education	0
卫生和社会工作	Health and Social Service	0
文化、体育和娱乐	Culture, Sports and Entertainment	0
公共管理、社会保障和社会组织	Public Management,Social Security and Social Organization	0

continued

（10 000 yuan）

Final Use			流入 Inflow	总产出 Total Outputs
Gross Capital Formation 合计 Gross Capital Formation	流出 Outflow	最终使用合计 Total Final Use		
31978159	**40946910**	**125346553**	**52005538**	**178770747**
333081	6435104	10965128	806925	15128922
394	17080	239386	1193849	1878422
-174850	20930	-153920	1282104	2615074
18630	218104	236735	3786617	1212592
23005	13939	36944	1403028	393841
42218	3059733	8138976	4143062	6652754
4858	45173	325220	411450	140272
3902	49884	2106488	2176854	168864
48785	7382	411146	761656	133108
29329	136579	776005	2447405	397379
250783	3748267	4694228	328687	7590186
64741	3292839	4455125	5898225	6913655
47246	1914891	2104216	3695167	4255603
661616	10478324	11139940	3152762	18599550
143743	1161545	1358460	8406	3468458
376449	166303	593494	775469	641704
825387	312392	1225369	1422474	692695
169278	126472	1708281	1845420	358888
614309	408704	1653307	1471195	1222755
100974	777902	1484499	1540552	1015514
30412	41042	154014	204859	119780
-2886	383606	572814	146577	697807
0	15494	15494	0	816210
0	188460	1092540	39854	8488985
-640	0	224431	0	467004
3925	0	125362	0	233577
26277954	5010133	31288087	11166709	21076371
702124	588044	4785125	0	11723414
112367	780251	2146562	740497	7257854
0	117828	2154647	15565	3845601
285072	190542	1806028	207097	2561941
0	1093994	2763118	179335	11743921
414423	0	3055915	0	6558422
0	1528	447482	491862	4344425
368253	9821	526442	11481	524643
203276	21249	556519	0	2515792
0	0	465902	0	614620
0	84529	576309	126742	1396863
0	1620	5180276	59778	5769709
0	98	4946292	7271	4945844
0	27122	1047595	56603	1193151
0	0	7916572	0	8394579

3-16 投入产出直接消耗系数表（2017）

投入 Input ＼ 产出 Output		农林牧渔产品和服务 Agriculture, Forestry, Animal Husbandry & Fishery
总投入	**Total Inputs**	**1.000000**
中间投入合计	**Total Intermediate Inputs**	**0.407228**
农林牧渔产品和服务	Agriculture, Forestry, Animal Husbandry & Fishery	0.135074
煤炭采选产品	Mining	0.005271
石油和天然气开采产品	Extraction Products of Petroleum and Natural Gas	0.000000
金属矿采选产品	Mining and Processing Products of Metal Ores	0.000000
非金属矿和其他矿采选产品	Mining and Processing Products of Non-metal Ores and others	0.000001
食品和烟草	Foods and Tobacco	0.039158
纺织品	Textile Products	0.000006
纺织服装鞋帽皮革羽绒及其制品	Textile, Wearing Apparel, Shoes and Leather Products	0.001317
木材加工品和家具	Wood Processing, Furniture	0.000497
造纸印刷和文教体育用品	Paper Making, Printing and Educational & Sporting Products	0.002434
石油、炼焦产品和核燃料加工品	Oil Refining, Coking and Nuclear Fuel processed products	0.003074
化学产品	Chemical Products	0.094946
非金属矿物制品	Nonmetallic Mineral Products	0.000417
金属冶炼和压延加工品	Metal Manufacture and Rolled Products	0.001806
金属制品	Metal Products	0.009218
通用设备	General Equipment	0.000618
专用设备	Dedicated Equipment	0.007713
交通运输设备	Transport Equipment	0.001847
电气机械和器材	Electrical Machinery and Equipment	0.000096
通信设备、计算机和其他电子设备	Communication Equipment,Computers and Other Electronic Equipment	0.000265
仪器仪表	Instrumentation	0.000009
其他制造产品及废品废料	Other Manufacture of Products and Scrap	0.000019
金属制品、机械和设备修理服务	Repair Services of Metal Products, Machinery and Equipment	0.000666
电力、热力生产和供应	Production and Supply of Electric Power, Heat Power	0.016986
燃气生产和供应	Production and Supply of Gas	0.000026
水生产和供应	Production and Supply of Water	0.000008
建筑	Construction	0.001495
批发和零售	Wholesale and Retail Trades	0.023832
交通运输、仓储和邮政	Transport,Storage and Post	0.022270
住宿和餐饮	Hotels and Catering Services	0.004383
信息传输、软件和信息技术服务	Information Transmission, Software & Information Technology Services	0.001662
金融	Financial Intermediation	0.008390
房地产	Real Estate	0.000000
租赁和商务服务	Leasing and Business Services	0.003288
研究和试验发展	Research and Experimental Development	0.000000
综合技术服务	Comprehensive Technical Services	0.014460
水利、环境和公共设施管理	Management of Water Conservancy,Environment and Public Facilities	0.002806
居民服务、修理和其他服务	Services to Households and Other Services	0.000831
教育	Education	0.002210
卫生和社会工作	Health and Social Service	0.000000
文化、体育和娱乐	Culture, Sports and Entertainment	0.000000
公共管理、社会保障和社会组织	Public Management,Social Security and Social Organization	0.000128
增加值合计	**Total Value Added**	**0.592772**
劳动者报酬	Compensation of Employees	0.598807
生产税净额	Net Taxes on Production	-0.037974
固定资产折旧	Depreciation of Fixed Assets	0.020691
营业盈余	Operating Surplus	0.011248

Direct Input Coefficients of Input-Output Table （2017）

煤炭采选产品 Mining	石油和天然气开采产品 Extraction Products of Petroleum and Natural Gas	金属矿采选产品 Mining and Processing Products of Metal Ores	非金属矿和其他矿采选产品 Mining and Processing Products of Non-metal Ores and others	食品和烟草 Foods and Tobacco	纺织品 Textile Products	纺织服装鞋帽皮革羽绒及其制品 Textile, Wearing Apparel, Shoes and Leather Products	木材加工品和家具 Wood Processing, Furniture
1.000000	**1.000000**	**1.000000**	**1.000000**	**1.000000**	**1.000000**	**1.000000**	**1.000000**
0.471094	**0.368153**	**0.644216**	**0.547582**	**0.629068**	**0.752916**	**0.614080**	**0.831137**
0.001053	0.000014	0.000275	0.000060	0.291924	0.094914	0.039152	0.053985
0.120783	0.045559	0.021889	0.033308	0.002552	0.000825	0.000897	0.000254
0.000000	0.033158	0.002344	0.000886	0.001576	0.008220	0.002156	0.000000
0.000200	0.000143	0.193788	0.002014	0.000000	0.000000	0.000000	0.000000
0.005539	0.053603	0.002448	0.079334	0.000069	0.000001	0.000130	0.000010
0.000083	0.000066	0.000082	0.000249	0.119671	0.000169	0.107628	0.000752
0.000285	0.002277	0.000018	0.000813	0.001894	0.276189	0.138777	0.005941
0.000943	0.001231	0.001122	0.000295	0.000296	0.001913	0.130277	0.007905
0.001507	0.000254	0.000326	0.001615	0.004268	0.000922	0.000545	0.179371
0.000682	0.000772	0.000920	0.006175	0.021610	0.004720	0.002602	0.100372
0.009186	0.023899	0.024490	0.021806	0.002394	0.002790	0.002729	0.005243
0.023208	0.021167	0.034643	0.059687	0.018738	0.106808	0.033189	0.058779
0.002826	0.004640	0.004100	0.001503	0.002279	0.000476	0.000240	0.003534
0.009276	0.043400	0.004237	0.040115	0.000970	0.000171	0.000098	0.004640
0.005036	0.001977	0.004951	0.010318	0.003755	0.001254	0.000649	0.008400
0.012900	0.011819	0.017524	0.001947	0.001544	0.000715	0.000239	0.001096
0.010744	0.016885	0.010251	0.042733	0.001052	0.005951	0.000446	0.000433
0.001161	0.003785	0.003196	0.000322	0.000106	0.000164	0.000239	0.000181
0.004746	0.006921	0.002133	0.000132	0.000365	0.001041	0.000146	0.002236
0.000599	0.001904	0.000116	0.000043	0.000128	0.000096	0.000066	0.000710
0.000908	0.001736	0.000389	0.000025	0.000081	0.000138	0.000184	0.000002
0.000045	0.000054	0.000048	0.000005	0.000018	0.001164	0.003205	0.000093
0.010775	0.002846	0.007964	0.007286	0.006753	0.004691	0.000076	0.000159
0.043769	0.033806	0.094356	0.059900	0.010170	0.033373	0.005232	0.012979
0.000000	0.000000	0.000000	0.019972	0.000000	0.000010	0.000030	0.000024
0.000105	0.000252	0.000149	0.000292	0.000684	0.000385	0.000168	0.000536
0.002680	0.000335	0.002204	0.000386	0.000811	0.000495	0.000131	0.000308
0.036386	0.029699	0.021454	0.025048	0.077161	0.096307	0.095349	0.067492
0.051173	0.012682	0.047800	0.069350	0.023717	0.023586	0.017349	0.078302
0.003819	0.001294	0.003099	0.003781	0.005470	0.006252	0.003143	0.024797
0.000272	0.000130	0.000342	0.000211	0.000540	0.000628	0.001128	0.004154
0.095375	0.002907	0.121182	0.040999	0.016021	0.051089	0.011085	0.065712
0.000000	0.000000	0.000000	0.000013	0.000045	0.000028	0.000290	0.000183
0.007625	0.008171	0.011574	0.004256	0.008858	0.013876	0.007825	0.127467
0.000000	0.000000	0.000000	0.000000	0.000000	0.000000	0.000000	0.000000
0.000462	0.000052	0.001950	0.010959	0.002073	0.010886	0.007598	0.010857
0.001595	0.000099	0.001175	0.000696	0.000238	0.000055	0.000083	0.000181
0.004709	0.000299	0.001021	0.000523	0.000753	0.001057	0.000485	0.002612
0.000203	0.000260	0.000346	0.000132	0.000196	0.001175	0.000049	0.000308
0.000000	0.000000	0.000000	0.000000	0.000000	0.000011	0.000005	0.000011
0.000412	0.000055	0.000215	0.000328	0.000231	0.000258	0.000363	0.000926
0.000024	0.000002	0.000096	0.000066	0.000055	0.000111	0.000100	0.000193
0.528906	**0.631847**	**0.355784**	**0.452418**	**0.370932**	**0.247084**	**0.385920**	**0.168863**
0.310458	0.256992	0.118567	0.305849	0.079315	0.457326	0.379121	0.095028
0.037846	0.137120	0.054927	0.018937	0.171630	0.029878	0.016481	0.015995
0.032315	0.308953	0.104028	0.083757	0.037939	0.140912	0.032233	0.014537
0.148286	-0.071217	0.078262	0.043876	0.082048	-0.381031	-0.041915	0.043303

3-16 续表 1

投入 Input \ 产出 Output		造纸印刷和文教体育用品 Paper Making, Printing and Educational & Sporting Products
总投入	**Total Inputs**	**1.000000**
中间投入合计	**Total Intermediate Inputs**	**0.674560**
农林牧渔产品和服务	Agriculture, Forestry, Animal Husbandry & Fishery	0.036179
煤炭采选产品	Mining	0.009926
石油和天然气开采产品	Extraction Products of Petroleum and Natural Gas	0.001684
金属矿采选产品	Mining and Processing Products of Metal Ores	0.000000
非金属矿和其他矿采选产品	Mining and Processing Products of Non-metal Ores and others	0.001043
食品和烟草	Foods and Tobacco	0.000390
纺织品	Textile Products	0.001190
纺织服装鞋帽皮革羽绒及其制品	Textile, Wearing Apparel, Shoes and Leather Products	0.000661
木材加工品和家具	Wood Processing, Furniture	0.004014
造纸印刷和文教体育用品	Paper Making, Printing and Educational & Sporting Products	0.309351
石油、炼焦产品和核燃料加工品	Oil Refining, Coking and Nuclear Fuel processed products	0.002531
化学产品	Chemical Products	0.050238
非金属矿物制品	Nonmetallic Mineral Products	0.000083
金属冶炼和压延加工品	Metal Manufacture and Rolled Products	0.000548
金属制品	Metal Products	0.000514
通用设备	General Equipment	0.001263
专用设备	Dedicated Equipment	0.005944
交通运输设备	Transport Equipment	0.000107
电气机械和器材	Electrical Machinery and Equipment	0.000164
通信设备、计算机和其他电子设备	Communication Equipment,Computers and Other Electronic Equipment	0.000309
仪器仪表	Instrumentation	0.000083
其他制造产品及废品废料	Other Manufacture of Products and Scrap	0.107364
金属制品、机械和设备修理服务	Repair Services of Metal Products, Machinery and Equipment	0.004003
电力、热力生产和供应	Production and Supply of Electric Power, Heat Power	0.024609
燃气生产和供应	Production and Supply of Gas	0.000003
水生产和供应	Production and Supply of Water	0.000505
建筑	Construction	0.000688
批发和零售	Wholesale and Retail Trades	0.049694
交通运输、仓储和邮政	Transport,Storage and Post	0.013402
住宿和餐饮	Hotels and Catering Services	0.006140
信息传输、软件和信息技术服务	Information Transmission, Software & Information Technology Services	0.000831
金融	Financial Intermediation	0.026793
房地产	Real Estate	0.000292
租赁和商务服务	Leasing and Business Services	0.004545
研究和试验发展	Research and Experimental Development	0.000000
综合技术服务	Comprehensive Technical Services	0.007316
水利、环境和公共设施管理	Management of Water Conservancy,Environment and Public Facilities	0.000034
居民服务、修理和其他服务	Services to Households and Other Services	0.001364
教育	Education	0.000343
卫生和社会工作	Health and Social Service	0.000001
文化、体育和娱乐	Culture, Sports and Entertainment	0.000312
公共管理、社会保障和社会组织	Public Management,Social Security and Social Organization	0.000101
增加值合计	**Total Value Added**	**0.325440**
劳动者报酬	Compensation of Employees	0.215248
生产税净额	Net Taxes on Production	0.006905
固定资产折旧	Depreciation of Fixed Assets	0.085234
营业盈余	Operating Surplus	0.018053

continued

石油、炼焦产品和核燃料加工品 Oil Refining, Coking and Nuclear Fuel processed products	化学产品 Chemical Products	非金属矿物制品 Nonmetallic Mineral Products	金属冶炼和压延加工品 Metal Manufacture and Rolled Products	金属制品 Metal Products	通用设备 General Equipment	专用设备 Dedicated Equipment	交通运输设　备 Transport Equipment
1.000000	**1.000000**	**1.000000**	**1.000000**	**1.000000**	**1.000000**	**1.000000**	**1.000000**
0.694051	**0.723091**	**0.717767**	**0.818106**	**0.757531**	**0.727218**	**0.679116**	**0.797371**
0.000232	0.047541	0.000198	0.000048	0.000012	0.000033	0.000998	0.000004
0.015794	0.022755	0.056362	0.018736	0.000015	0.001672	0.003007	0.000014
0.479813	0.008670	0.008398	0.000736	0.000381	0.003103	0.001483	0.000434
0.000000	0.018216	0.001086	0.235709	0.003195	0.000000	0.000135	0.000000
0.000003	0.015142	0.082755	0.001764	0.000813	0.000276	0.000610	0.000019
0.000013	0.003082	0.000177	0.000015	0.000015	0.004370	0.002567	0.000202
0.000104	0.001275	0.000508	0.000216	0.000847	0.000522	0.003239	0.000137
0.000238	0.002336	0.001022	0.000215	0.000384	0.001799	0.002339	0.000826
0.000208	0.002363	0.001221	0.000103	0.000346	0.002684	0.000938	0.000394
0.000962	0.007427	0.010338	0.000461	0.000466	0.003911	0.004691	0.002208
0.040657	0.090133	0.105982	0.007966	0.000646	0.004110	0.009025	0.014513
0.025882	0.288835	0.027692	0.022447	0.006689	0.040391	0.047359	0.068756
0.000143	0.002938	0.147541	0.044080	0.000967	0.004862	0.004122	0.001670
0.000104	0.004604	0.004355	0.299389	0.243302	0.107049	0.145742	0.152781
0.000195	0.002790	0.004390	0.001206	0.260550	0.024856	0.031659	0.015464
0.000460	0.003224	0.003564	0.001721	0.002977	0.207949	0.061079	0.023929
0.000154	0.000719	0.005048	0.000846	0.014850	0.002941	0.116935	0.000410
0.000008	0.000103	0.000795	0.000089	0.000194	0.011258	0.001246	0.286136
0.000076	0.001021	0.002244	0.000412	0.000497	0.053056	0.028461	0.062165
0.000030	0.000146	0.000077	0.000128	0.000019	0.016862	0.006772	0.028979
0.000175	0.000396	0.000411	0.000173	0.000019	0.004354	0.004821	0.001569
0.000034	0.007822	0.013222	0.000440	0.000034	0.000968	0.001445	0.000167
0.008325	0.008020	0.012617	0.004677	0.012037	0.007295	0.012970	0.000347
0.014768	0.052518	0.064930	0.081999	0.040133	0.016995	0.017286	0.005316
0.000000	0.000125	0.000005	0.000000	0.000000	0.000607	0.000331	0.000021
0.000180	0.000672	0.000604	0.000136	0.000155	0.000416	0.000549	0.000288
0.000069	0.001059	0.001241	0.000392	0.000063	0.000267	0.000845	0.000518
0.066888	0.049315	0.053354	0.012284	0.148420	0.051017	0.049680	0.071734
0.015156	0.035282	0.049373	0.039664	0.006605	0.033042	0.037678	0.023898
0.000501	0.004165	0.004068	0.000679	0.001026	0.009891	0.012110	0.003748
0.000116	0.000554	0.000425	0.000076	0.000118	0.002593	0.002505	0.000828
0.010796	0.017555	0.028908	0.037184	0.007425	0.061770	0.029552	0.010470
0.000000	0.000390	0.000432	0.000005	0.000000	0.001838	0.000408	0.000014
0.011084	0.012786	0.019867	0.002356	0.002923	0.024681	0.017163	0.003772
0.000000	0.000019	0.000000	0.000000	0.000000	0.000000	0.000000	0.000000
0.000454	0.006326	0.001548	0.000770	0.001214	0.013787	0.015438	0.014257
0.000002	0.000045	0.000048	0.000419	0.000006	0.000212	0.000200	0.000027
0.000161	0.002093	0.002334	0.000388	0.000108	0.002926	0.002201	0.000937
0.000212	0.000190	0.000242	0.000115	0.000021	0.000357	0.000313	0.000139
0.000000	0.000054	0.000001	0.000000	0.000000	0.000991	0.000203	0.000016
0.000050	0.000332	0.000310	0.000044	0.000050	0.001264	0.000762	0.000170
0.000005	0.000052	0.000073	0.000016	0.000007	0.000246	0.000248	0.000092
0.305949	**0.276909**	**0.282233**	**0.181894**	**0.242469**	**0.272782**	**0.320884**	**0.202629**
0.039702	0.101493	0.099233	0.076034	0.176330	0.149564	0.144763	0.097672
0.237647	0.051673	0.014050	0.022841	0.017845	0.035077	0.042740	0.005365
0.015449	0.048285	0.054097	0.060326	0.032221	0.027990	0.035952	0.039896
0.013151	0.075457	0.114853	0.022694	0.016074	0.060151	0.097428	0.059695

3-16 续表 2

投入 Input	产出 Output	电气机械和器材 Electrical Machinery and Equipment
总投入	**Total Inputs**	**1.000000**
中间投入合计	**Total Intermediate Inputs**	**0.796897**
农林牧渔产品和服务	Agriculture, Forestry, Animal Husbandry & Fishery	0.000020
煤炭采选产品	Mining	0.000405
石油和天然气开采产品	Extraction Products of Petroleum and Natural Gas	0.000729
金属矿采选产品	Mining and Processing Products of Metal Ores	0.000000
非金属矿和其他矿采选产品	Mining and Processing Products of Non-metal Ores and others	0.000605
食品和烟草	Foods and Tobacco	0.002542
纺织品	Textile Products	0.000842
纺织服装鞋帽皮革羽绒及其制品	Textile, Wearing Apparel, Shoes and Leather Products	0.001273
木材加工品和家具	Wood Processing, Furniture	0.001261
造纸印刷和文教体育用品	Paper Making, Printing and Educational & Sporting Products	0.003557
石油、炼焦产品和核燃料加工品	Oil Refining, Coking and Nuclear Fuel processed products	0.002398
化学产品	Chemical Products	0.051839
非金属矿物制品	Nonmetallic Mineral Products	0.016223
金属冶炼和压延加工品	Metal Manufacture and Rolled Products	0.263653
金属制品	Metal Products	0.029886
通用设备	General Equipment	0.045949
专用设备	Dedicated Equipment	0.007299
交通运输设备	Transport Equipment	0.001115
电气机械和器材	Electrical Machinery and Equipment	0.137572
通信设备、计算机和其他电子设备	Communication Equipment,Computers and Other Electronic Equipment	0.012999
仪器仪表	Instrumentation	0.036701
其他制造产品及废品废料	Other Manufacture of Products and Scrap	0.000497
金属制品、机械和设备修理服务	Repair Services of Metal Products, Machinery and Equipment	0.001974
电力、热力生产和供应	Production and Supply of Electric Power, Heat Power	0.011259
燃气生产和供应	Production and Supply of Gas	0.000528
水生产和供应	Production and Supply of Water	0.000393
建筑	Construction	0.000376
批发和零售	Wholesale and Retail Trades	0.075158
交通运输、仓储和邮政	Transport,Storage and Post	0.026031
住宿和餐饮	Hotels and Catering Services	0.009942
信息传输、软件和信息技术服务	Information Transmission, Software & Information Technology Services	0.002227
金融	Financial Intermediation	0.027026
房地产	Real Estate	0.000843
租赁和商务服务	Leasing and Business Services	0.014111
研究和试验发展	Research and Experimental Development	0.000000
综合技术服务	Comprehensive Technical Services	0.007255
水利、环境和公共设施管理	Management of Water Conservancy,Environment and Public Facilities	0.000161
居民服务、修理和其他服务	Services to Households and Other Services	0.001054
教育	Education	0.000206
卫生和社会工作	Health and Social Service	0.000083
文化、体育和娱乐	Culture, Sports and Entertainment	0.000800
公共管理、社会保障和社会组织	Public Management,Social Security and Social Organization	0.000108
增加值合计	**Total Value Added**	**0.203103**
劳动者报酬	Compensation of Employees	0.125007
生产税净额	Net Taxes on Production	0.011735
固定资产折旧	Depreciation of Fixed Assets	0.029665
营业盈余	Operating Surplus	0.036697

continued

通信设备、计算机和其他电子设备 Communication Equipment,Computers and Other Electronic Equipment	仪器仪表 Instrumentation	其他制造产品及废品废料 Other Manufacture of Products and Scrap	金属制品、机械和设备修理服务 Repair Services of Metal Products, Machinery and Equipment	电力、热力生产和供应 Production and Supply of Electric Power, Heat Power	燃气生产和供应 Production and Supply of Gas	水生产和供应 Production and Supply of Water
1.000000	**1.000000**	**1.000000**	**1.000000**	**1.000000**	**1.000000**	**1.000000**
0.735552	**0.815353**	**0.741232**	**0.800000**	**0.658815**	**0.669924**	**0.395056**
0.000103	0.000000	0.035462	0.000000	0.000021	0.000006	0.000033
0.000000	0.000000	0.001423	0.001814	0.152947	0.000000	0.000004
0.000127	0.000000	0.000000	0.000000	0.001598	0.378150	0.000000
0.000000	0.000000	0.000000	0.000000	0.000014	0.000000	0.000000
0.000000	0.000000	0.000239	0.000594	0.000523	0.000000	0.007775
0.000075	0.000351	0.005006	0.000826	0.000018	0.000015	0.000034
0.001254	0.000184	0.039084	0.001817	0.000011	0.000028	0.000116
0.000480	0.000392	0.006030	0.004891	0.000820	0.000195	0.002530
0.002767	0.000392	0.013883	0.001733	0.000008	0.000062	0.000039
0.010980	0.003807	0.011453	0.000377	0.001264	0.000283	0.000689
0.000965	0.003323	0.013565	0.009699	0.002034	0.000486	0.001468
0.119286	0.062905	0.165799	0.032392	0.001912	0.000428	0.037647
0.011991	0.000367	0.005888	0.002851	0.000460	0.000043	0.000116
0.106301	0.000234	0.068191	0.103779	0.000441	0.000625	0.001083
0.048285	0.071915	0.015798	0.064324	0.000249	0.000090	0.000334
0.001572	0.053923	0.011714	0.045304	0.002000	0.000139	0.002954
0.006333	0.000367	0.001156	0.016971	0.000325	0.001128	0.000141
0.000028	0.000167	0.000175	0.119635	0.000016	0.000026	0.000060
0.004606	0.000342	0.007684	0.069652	0.002042	0.000208	0.000321
0.242568	0.169257	0.011327	0.035669	0.000365	0.000026	0.000090
0.000016	0.183149	0.002597	0.011210	0.000181	0.000388	0.000424
0.003506	0.000000	0.064762	0.001679	0.000007	0.000000	0.000077
0.012818	0.009159	0.001803	0.041664	0.007933	0.006141	0.007187
0.019444	0.011479	0.020205	0.024895	0.309099	0.040238	0.106111
0.000000	0.000000	0.001045	0.004463	0.001142	0.210775	0.000000
0.000195	0.000501	0.000884	0.000620	0.000584	0.000141	0.014633
0.000116	0.001027	0.000715	0.000588	0.002292	0.000687	0.000890
0.089933	0.111822	0.094514	0.041515	0.032738	0.005859	0.007368
0.010482	0.017257	0.037296	0.070656	0.038066	0.001465	0.005227
0.004362	0.016130	0.002121	0.031185	0.003774	0.000702	0.002505
0.000256	0.005260	0.007068	0.010994	0.000875	0.000218	0.002153
0.004435	0.047579	0.026447	0.012819	0.084561	0.012426	0.055729
0.000000	0.000000	0.000003	0.006254	0.000160	0.000000	0.000000
0.004427	0.006579	0.000999	0.020057	0.003045	0.007655	0.021500
0.000000	0.000000	0.000092	0.000000	0.000000	0.000000	0.000000
0.027089	0.029371	0.031238	0.002512	0.001506	0.000013	0.000034
0.000038	0.000134	0.003725	0.000973	0.003675	0.000004	0.113992
0.000328	0.005685	0.025217	0.003290	0.001266	0.000805	0.000809
0.000157	0.000735	0.000758	0.000549	0.000077	0.000370	0.000638
0.000000	0.000000	0.000917	0.000181	0.000000	0.000000	0.000000
0.000198	0.001252	0.004837	0.001003	0.000740	0.000086	0.000253
0.000029	0.000309	0.000113	0.000560	0.000026	0.000011	0.000090
0.264448	**0.184647**	**0.258768**	**0.200000**	**0.341185**	**0.330076**	**0.604944**
0.094319	0.086191	0.069089	0.139003	0.178394	0.099678	0.272647
0.006076	0.008140	0.109183	0.033827	0.010126	0.002901	0.090471
0.072936	0.066806	0.014548	0.013535	0.204660	0.059689	0.166772
0.091117	0.023510	0.065947	0.013635	-0.051995	0.167808	0.075055

3-16 续表 3

投入 Input ＼ 产出 Output		建筑 Construction
总投入	**Total Inputs**	**1.000000**
中间投入合计	**Total Intermediate Inputs**	**0.760585**
农林牧渔产品和服务	Agriculture, Forestry, Animal Husbandry & Fishery	0.010491
煤炭采选产品	Mining	0.003300
石油和天然气开采产品	Extraction Products of Petroleum and Natural Gas	0.000001
金属矿采选产品	Mining and Processing Products of Metal Ores	0.000000
非金属矿和其他矿采选产品	Mining and Processing Products of Non-metal Ores and others	0.050883
食品和烟草	Foods and Tobacco	0.000083
纺织品	Textile Products	0.000011
纺织服装鞋帽皮革羽绒及其制品	Textile, Wearing Apparel, Shoes and Leather Products	0.001476
木材加工品和家具	Wood Processing, Furniture	0.011505
造纸印刷和文教体育用品	Paper Making, Printing and Educational & Sporting Products	0.001454
石油、炼焦产品和核燃料加工品	Oil Refining, Coking and Nuclear Fuel processed products	0.015231
化学产品	Chemical Products	0.023048
非金属矿物制品	Nonmetallic Mineral Products	0.202426
金属冶炼和压延加工品	Metal Manufacture and Rolled Products	0.150167
金属制品	Metal Products	0.027442
通用设备	General Equipment	0.010671
专用设备	Dedicated Equipment	0.015222
交通运输设备	Transport Equipment	0.003001
电气机械和器材	Electrical Machinery and Equipment	0.023082
通信设备、计算机和其他电子设备	Communication Equipment,Computers and Other Electronic Equipment	0.013464
仪器仪表	Instrumentation	0.000988
其他制造产品及废品废料	Other Manufacture of Products and Scrap	0.000024
金属制品、机械和设备修理服务	Repair Services of Metal Products, Machinery and Equipment	0.000825
电力、热力生产和供应	Production and Supply of Electric Power, Heat Power	0.015329
燃气生产和供应	Production and Supply of Gas	0.000000
水生产和供应	Production and Supply of Water	0.000824
建筑	Construction	0.005665
批发和零售	Wholesale and Retail Trades	0.042880
交通运输、仓储和邮政	Transport,Storage and Post	0.018289
住宿和餐饮	Hotels and Catering Services	0.003788
信息传输、软件和信息技术服务	Information Transmission, Software & Information Technology Services	0.000442
金融	Financial Intermediation	0.037814
房地产	Real Estate	0.000087
租赁和商务服务	Leasing and Business Services	0.015237
研究和试验发展	Research and Experimental Development	0.000000
综合技术服务	Comprehensive Technical Services	0.051900
水利、环境和公共设施管理	Management of Water Conservancy,Environment and Public Facilities	0.000491
居民服务、修理和其他服务	Services to Households and Other Services	0.002170
教育	Education	0.000423
卫生和社会工作	Health and Social Service	0.000000
文化、体育和娱乐	Culture, Sports and Entertainment	0.000383
公共管理、社会保障和社会组织	Public Management,Social Security and Social Organization	0.000069
增加值合计	**Total Value Added**	**0.239415**
劳动者报酬	Compensation of Employees	0.220530
生产税净额	Net Taxes on Production	0.005745
固定资产折旧	Depreciation of Fixed Assets	0.006332
营业盈余	Operating Surplus	0.006808

continued

批发和零售 Wholesale and Retail Trades	交通运输、仓储和邮政 Transport,Storage and Post	住宿和餐饮 Hotels and Catering Services	信息传输、软件和信息技术服务 Information Transmission, Software & Information Technology Services	金融 Financial Intermediation	房地产 Real Estate	租赁和商务服务 Leasing and Business Services	研究和试验发展 Research and Experimental Development
1.000000	**1.000000**	**1.000000**	**1.000000**	**1.000000**	**1.000000**	**1.000000**	**1.000000**
0.538985	**0.484894**	**0.642140**	**0.514197**	**0.399217**	**0.400623**	**0.668817**	**0.539412**
0.000061	0.000062	0.054021	0.042296	0.000350	0.000942	0.000728	0.000694
0.000000	0.000524	0.000000	0.000019	0.000055	0.000000	0.000000	0.003454
0.000000	0.000000	0.000000	0.000000	0.000000	0.000000	0.000000	0.000448
0.000000	0.000000	0.000000	0.000000	0.000000	0.000000	0.000000	0.000000
0.000000	0.000110	0.000031	0.000000	0.000002	0.000001	0.000006	0.000000
0.000347	0.000653	0.210453	0.122871	0.000833	0.000304	0.000305	0.004605
0.000509	0.000303	0.006847	0.000179	0.000012	0.000047	0.000039	0.000000
0.000615	0.001578	0.001585	0.001147	0.001795	0.000187	0.000242	0.003995
0.000380	0.000428	0.002616	0.000686	0.001040	0.000253	0.000759	0.011044
0.003088	0.003568	0.017515	0.018749	0.044379	0.010181	0.023395	0.020031
0.012763	0.076853	0.001469	0.001178	0.004409	0.013776	0.023675	0.014412
0.002476	0.020360	0.027372	0.006491	0.000263	0.002235	0.000617	0.051561
0.000075	0.000099	0.001438	0.000348	0.000029	0.000047	0.000070	0.000000
0.000043	0.000678	0.000074	0.000006	0.000000	0.000004	0.000013	0.000002
0.000133	0.001218	0.001616	0.000549	0.000002	0.000578	0.000206	0.001094
0.000273	0.004040	0.002675	0.000489	0.003445	0.001205	0.000511	0.000471
0.000181	0.000736	0.000769	0.000317	0.003007	0.000174	0.000026	0.000013
0.000019	0.020658	0.000141	0.000640	0.000703	0.000019	0.000164	0.000511
0.005466	0.001538	0.001106	0.009007	0.000016	0.000131	0.000667	0.001702
0.010925	0.002090	0.001316	0.040462	0.002927	0.000579	0.002202	0.002701
0.000015	0.000111	0.000036	0.000746	0.000002	0.000085	0.000002	0.028417
0.000004	0.000251	0.001019	0.000165	0.000005	0.001102	0.001134	0.002381
0.005315	0.005512	0.002816	0.000163	0.000698	0.002899	0.007682	0.003463
0.023132	0.046650	0.046102	0.008376	0.006346	0.008851	0.009493	0.012069
0.000131	0.009435	0.005487	0.001957	0.000023	0.001180	0.002860	0.000023
0.001005	0.001076	0.001382	0.000651	0.000439	0.000797	0.000155	0.001569
0.007563	0.003888	0.006954	0.000968	0.002721	0.018666	0.003984	0.020225
0.085976	0.018105	0.071038	0.028985	0.011287	0.004486	0.006862	0.026124
0.072055	0.099801	0.009338	0.023310	0.018109	0.022254	0.032166	0.043176
0.024663	0.007039	0.004918	0.002053	0.029852	0.007301	0.010488	0.089310
0.007806	0.007834	0.005850	0.088129	0.030790	0.002330	0.002468	0.003107
0.116705	0.115768	0.018016	0.015389	0.090256	0.170045	0.239855	0.015254
0.082963	0.004684	0.077625	0.040009	0.077439	0.054070	0.069804	0.023744
0.050139	0.012778	0.046137	0.048189	0.051960	0.073522	0.219201	0.042198
0.000000	0.000000	0.000000	0.000000	0.000000	0.000000	0.000000	0.018079
0.011750	0.003277	0.000261	0.002055	0.000107	0.000098	0.000169	0.060540
0.000220	0.000660	0.000129	0.000828	0.000292	0.000081	0.000046	0.000097
0.005517	0.009308	0.011546	0.003727	0.003177	0.000434	0.006553	0.027285
0.005037	0.002064	0.000856	0.000624	0.008657	0.000343	0.000819	0.002659
0.000148	0.000142	0.000129	0.000019	0.000000	0.000000	0.000000	0.000000
0.001224	0.000927	0.001337	0.001988	0.002668	0.001201	0.001138	0.002592
0.000262	0.000087	0.000121	0.000432	0.001122	0.000213	0.000313	0.000362
0.461015	**0.515106**	**0.357860**	**0.485803**	**0.600783**	**0.599377**	**0.331183**	**0.460588**
0.189412	0.394059	0.176659	0.202895	0.297644	0.188419	0.194773	0.178283
0.047576	0.004259	0.034621	0.003348	0.026761	0.147512	0.049943	0.001799
0.034129	0.205434	0.033471	0.209967	0.043072	0.018345	0.027364	0.205883
0.189899	-0.088647	0.113108	0.069593	0.233306	0.245101	0.059102	0.074622

3-16 续表 4

投入 Input \ 产出 Output		综合技术服务 Comprehensive Technical Services
总投入	**Total Inputs**	**1.000000**
中间投入合计	**Total Intermediate Inputs**	**0.534403**
农林牧渔产品和服务	Agriculture, Forestry, Animal Husbandry & Fishery	0.000695
煤炭采选产品	Mining	0.000710
石油和天然气开采产品	Extraction Products of Petroleum and Natural Gas	0.000050
金属矿采选产品	Mining and Processing Products of Metal Ores	0.000000
非金属矿和其他矿采选产品	Mining and Processing Products of Non-metal Ores and others	0.000005
食品和烟草	Foods and Tobacco	0.002703
纺织品	Textile Products	0.000069
纺织服装鞋帽皮革羽绒及其制品	Textile, Wearing Apparel, Shoes and Leather Products	0.001032
木材加工品和家具	Wood Processing, Furniture	0.000743
造纸印刷和文教体育用品	Paper Making, Printing and Educational & Sporting Products	0.052256
石油、炼焦产品和核燃料加工品	Oil Refining, Coking and Nuclear Fuel processed products	0.029502
化学产品	Chemical Products	0.015739
非金属矿物制品	Nonmetallic Mineral Products	0.000038
金属冶炼和压延加工品	Metal Manufacture and Rolled Products	0.000001
金属制品	Metal Products	0.011834
通用设备	General Equipment	0.000965
专用设备	Dedicated Equipment	0.000081
交通运输设备	Transport Equipment	0.001158
电气机械和器材	Electrical Machinery and Equipment	0.005523
通信设备、计算机和其他电子设备	Communication Equipment,Computers and Other Electronic Equipment	0.025426
仪器仪表	Instrumentation	0.005725
其他制造产品及废品废料	Other Manufacture of Products and Scrap	0.008324
金属制品、机械和设备修理服务	Repair Services of Metal Products, Machinery and Equipment	0.005885
电力、热力生产和供应	Production and Supply of Electric Power, Heat Power	0.006404
燃气生产和供应	Production and Supply of Gas	0.000351
水生产和供应	Production and Supply of Water	0.000368
建筑	Construction	0.001135
批发和零售	Wholesale and Retail Trades	0.026427
交通运输、仓储和邮政	Transport,Storage and Post	0.064328
住宿和餐饮	Hotels and Catering Services	0.058296
信息传输、软件和信息技术服务	Information Transmission, Software & Information Technology Services	0.008682
金融	Financial Intermediation	0.035119
房地产	Real Estate	0.020646
租赁和商务服务	Leasing and Business Services	0.042102
研究和试验发展	Research and Experimental Development	0.000000
综合技术服务	Comprehensive Technical Services	0.090947
水利、环境和公共设施管理	Management of Water Conservancy,Environment and Public Facilities	0.000363
居民服务、修理和其他服务	Services to Households and Other Services	0.004365
教育	Education	0.001997
卫生和社会工作	Health and Social Service	0.000022
文化、体育和娱乐	Culture, Sports and Entertainment	0.003297
公共管理、社会保障和社会组织	Public Management,Social Security and Social Organization	0.001093
增加值合计	**Total Value Added**	**0.465597**
劳动者报酬	Compensation of Employees	0.345240
生产税净额	Net Taxes on Production	0.009055
固定资产折旧	Depreciation of Fixed Assets	0.031480
营业盈余	Operating Surplus	0.079822

continued

水利、环境和公共设施管理 Management of Water Conservancy, Environment and Public Facilities	居民服务、修理和其他服务 Services to Households and Other Services	教育 Education	卫生和社会工作 Health and Social Service	文化、体育和娱乐 Culture, Sports and Entertainment	公共管理、社会保障和社会组织 Public Management,Social Security and Social Organization	中间使用合计 Total Intermediate Use
1.000000	**1.000000**	**1.000000**	**1.000000**	**1.000000**	**1.000000**	**1.000000**
0.354059	**0.439924**	**0.286275**	**0.601652**	**0.410494**	**0.336176**	**0.589748**
0.017625	0.006295	0.000025	0.000113	0.007497	0.000000	0.027805
0.004366	0.000000	0.004548	0.001173	0.003307	0.007128	0.015846
0.000050	0.000000	0.000000	0.000138	0.000283	0.000021	0.022661
0.000000	0.000000	0.000000	0.000000	0.000000	0.000000	0.026640
0.000008	0.000003	0.000006	0.000000	0.000000	0.000000	0.009845
0.001174	0.000984	0.001861	0.000204	0.011131	0.003630	0.014862
0.000271	0.003963	0.000058	0.000229	0.000196	0.005670	0.001267
0.000293	0.000678	0.001837	0.000055	0.012625	0.002946	0.001338
0.001154	0.000373	0.003948	0.000072	0.005094	0.006671	0.002705
0.013897	0.009323	0.023371	0.003925	0.099339	0.030404	0.011572
0.018258	0.010662	0.001605	0.001439	0.008566	0.004558	0.018038
0.012414	0.112867	0.016793	0.417653	0.019990	0.019643	0.046746
0.001525	0.000001	0.000368	0.000283	0.000002	0.000000	0.032704
0.000118	0.000010	0.000005	0.000001	0.000009	0.000000	0.059363
0.042617	0.064611	0.000561	0.000033	0.001323	0.000692	0.011850
0.004845	0.001506	0.000293	0.000155	0.000573	0.000109	0.004607
0.000064	0.000180	0.000023	0.017901	0.000115	0.000000	0.004977
0.001652	0.000289	0.000096	0.000149	0.000739	0.000371	0.002775
0.001346	0.029727	0.000067	0.000044	0.000443	0.000001	0.005821
0.004933	0.007526	0.004073	0.000403	0.001159	0.002185	0.005994
0.001185	0.001374	0.000898	0.000004	0.000075	0.000720	0.000954
0.002931	0.006218	0.000009	0.000142	0.002946	0.000026	0.001519
0.015880	0.000523	0.003400	0.001805	0.004314	0.001469	0.004479
0.036842	0.013956	0.010677	0.014175	0.021709	0.009639	0.041597
0.000227	0.000222	0.000092	0.000007	0.000977	0.000000	0.001357
0.001706	0.002601	0.000750	0.001081	0.001711	0.000737	0.000605
0.029184	0.001660	0.025315	0.006357	0.008035	0.025803	0.005342
0.026717	0.050847	0.011288	0.067766	0.033336	0.017091	0.038811
0.016871	0.013958	0.022188	0.003914	0.033578	0.039467	0.032733
0.017064	0.014515	0.023115	0.003143	0.013307	0.017029	0.009546
0.005482	0.001606	0.002416	0.003518	0.002973	0.004364	0.005387
0.013372	0.039556	0.002206	0.001420	0.013011	0.012572	0.051240
0.004612	0.021332	0.012362	0.040303	0.022658	0.013931	0.019592
0.029134	0.014322	0.004289	0.002350	0.044412	0.022623	0.024550
0.000000	0.000000	0.000000	0.000000	0.000000	0.000000	0.000054
0.001832	0.000075	0.001314	0.000866	0.000138	0.000029	0.010960
0.000732	0.000195	0.000026	0.000581	0.000122	0.000025	0.000832
0.012854	0.001495	0.053200	0.005581	0.007375	0.019951	0.005299
0.004961	0.004804	0.047195	0.002542	0.002266	0.012438	0.003632
0.000000	0.000000	0.000000	0.000254	0.000045	0.000010	0.000038
0.004778	0.001402	0.005899	0.001617	0.024584	0.001339	0.001131
0.001087	0.000263	0.000098	0.000258	0.000531	0.052882	0.002674
0.645941	**0.560076**	**0.713725**	**0.398348**	**0.589506**	**0.663824**	**0.410252**
0.499939	0.411822	0.608468	0.331089	0.486113	0.592894	0.257959
-0.001910	0.022205	0.000644	0.000934	0.028595	0.004322	0.036699
0.091595	0.111133	0.099372	0.043004	0.061160	0.032534	0.058943
0.056317	0.014916	0.005240	0.023321	0.013637	0.034074	0.056651

3-17 投入产出完全消耗系数表（2017）

投入 Input \ 产出 Output		农林牧渔产品和服务 Agriculture, Forestry, Animal Husbandry & Fishery
农林牧渔产品和服务	Agriculture, Forestry, Animal Husbandry & Fishery	0.188089
煤炭采选产品	Mining	0.025735
石油和天然气开采产品	Extraction Products of Petroleum and Natural Gas	0.017317
金属矿采选产品	Mining and Processing Products of Metal Ores	0.010445
非金属矿和其他矿采选产品	Mining and Processing Products of Non-metal Ores and others	0.004787
食品和烟草	Foods and Tobacco	0.058122
纺织品	Textile Products	0.001709
纺织服装鞋帽皮革羽绒及其制品	Textile, Wearing Apparel, Shoes and Leather Products	0.002960
木材加工品和家具	Wood Processing, Furniture	0.002145
造纸印刷和文教体育用品	Paper Making, Printing and Educational & Sporting Products	0.016621
石油、炼焦产品和核燃料加工品	Oil Refining, Coking and Nuclear Fuel processed products	0.029986
化学产品	Chemical Products	0.174370
非金属矿物制品	Nonmetallic Mineral Products	0.004041
金属冶炼和压延加工品	Metal Manufacture and Rolled Products	0.021884
金属制品	Metal Products	0.019420
通用设备	General Equipment	0.005601
专用设备	Dedicated Equipment	0.012651
交通运输设备	Transport Equipment	0.006205
电气机械和器材	Electrical Machinery and Equipment	0.003607
通信设备、计算机和其他电子设备	Communication Equipment,Computers and Other Electronic Equipment	0.004258
仪器仪表	Instrumentation	0.000774
其他制造产品及废品废料	Other Manufacture of Products and Scrap	0.003850
金属制品、机械和设备修理服务	Repair Services of Metal Products, Machinery and Equipment	0.005957
电力、热力生产和供应	Production and Supply of Electric Power, Heat Power	0.062915
燃气生产和供应	Production and Supply of Gas	0.001250
水生产和供应	Production and Supply of Water	0.000485
建筑	Construction	0.003908
批发和零售	Wholesale and Retail Trades	0.064418
交通运输、仓储和邮政	Transport,Storage and Post	0.056866
住宿和餐饮	Hotels and Catering Services	0.013038
信息传输、软件和信息技术服务	Information Transmission, Software & Information Technology Services	0.005951
金融	Financial Intermediation	0.055334
房地产	Real Estate	0.014390
租赁和商务服务	Leasing and Business Services	0.024140
研究和试验发展	Research and Experimental Development	0.000004
综合技术服务	Comprehensive Technical Services	0.022745
水利、环境和公共设施管理	Management of Water Conservancy,Environment and Public Facilities	0.003827
居民服务、修理和其他服务	Services to Households and Other Services	0.003632
教育	Education	0.003960
卫生和社会工作	Health and Social Service	0.000043
文化、体育和娱乐	Culture, Sports and Entertainment	0.000688
公共管理、社会保障和社会组织	Public Management,Social Security and Social Organization	0.000329

Total Input Coefficients of Input-Output Table（2017）

煤炭采选产品 Mining	石油和天然气开采产品 Extraction Products of Petroleum and Natural Gas	金属矿采选产品 Mining and Processing Products of Metal Ores	非金属矿和其他矿采选产品 Mining and Processing Products of Non-metal Ores and others	食品和烟草 Foods and Tobacco	纺织品 Textile Products	纺织服装鞋帽皮革羽绒及其制品 Textile, Wearing Apparel, Shoes and Leather Products	木材加工品和家具 Wood Processing, Furniture
0.010348	0.006995	0.012221	0.013182	0.402620	0.176977	0.138782	0.110633
0.161705	0.080329	0.076135	0.078788	0.022229	0.035639	0.019128	0.028154
0.017508	0.058697	0.034572	0.042519	0.016933	0.038397	0.021437	0.029432
0.014142	0.029327	0.254248	0.034729	0.008540	0.013014	0.007248	0.014176
0.010386	0.064779	0.008975	0.092758	0.003954	0.007710	0.004320	0.006357
0.006833	0.004064	0.008407	0.007288	0.160295	0.018181	0.153496	0.024233
0.001913	0.004612	0.001896	0.003091	0.004711	0.384443	0.222539	0.015830
0.002642	0.002549	0.003503	0.002194	0.002236	0.005389	0.151801	0.013663
0.003299	0.001393	0.002137	0.003645	0.007550	0.003725	0.003147	0.222057
0.019430	0.010817	0.026193	0.026862	0.050931	0.033874	0.025844	0.212740
0.031516	0.044592	0.058501	0.056377	0.026466	0.046324	0.029692	0.051402
0.060006	0.059630	0.089011	0.123491	0.103524	0.255393	0.125850	0.163074
0.008716	0.012783	0.011442	0.009962	0.006529	0.005488	0.003767	0.010375
0.042389	0.094221	0.040132	0.099403	0.020896	0.024458	0.014865	0.035427
0.014889	0.010063	0.016360	0.023925	0.015605	0.011506	0.008001	0.022407
0.025432	0.023374	0.036470	0.014430	0.007197	0.008958	0.005127	0.009433
0.017253	0.026058	0.019165	0.057285	0.007447	0.014630	0.005674	0.006752
0.008581	0.009509	0.013119	0.008098	0.005993	0.006785	0.004571	0.007982
0.012539	0.013987	0.011132	0.007656	0.004927	0.007902	0.004556	0.009092
0.006893	0.007346	0.007213	0.006126	0.005612	0.008093	0.006181	0.009922
0.002578	0.003562	0.002087	0.001575	0.000927	0.001519	0.001059	0.001259
0.003310	0.002311	0.004441	0.004829	0.007215	0.008439	0.008722	0.027014
0.017881	0.009111	0.017873	0.016529	0.013184	0.014914	0.007317	0.010072
0.106354	0.096023	0.213236	0.152534	0.059873	0.124434	0.058635	0.089879
0.002060	0.002710	0.002450	0.029884	0.001533	0.002222	0.001583	0.003877
0.000679	0.000685	0.000909	0.001001	0.001339	0.001402	0.000975	0.001722
0.006035	0.002502	0.006638	0.003708	0.004466	0.005551	0.004029	0.006508
0.076336	0.065451	0.073662	0.075173	0.136366	0.195694	0.185630	0.154447
0.095785	0.051081	0.109185	0.127349	0.071481	0.091891	0.070294	0.164190
0.016114	0.008808	0.019057	0.016354	0.018336	0.026232	0.018304	0.051699
0.008964	0.004120	0.011850	0.007729	0.007021	0.011024	0.008375	0.018900
0.181330	0.064015	0.251439	0.130953	0.084262	0.171899	0.097974	0.239026
0.027330	0.014713	0.034477	0.023143	0.024767	0.040479	0.031191	0.058730
0.040266	0.029622	0.055722	0.035996	0.041040	0.067690	0.048111	0.248245
0.000001	0.000001	0.000002	0.000003	0.000003	0.000006	0.000003	0.000006
0.004956	0.004658	0.007888	0.018628	0.013763	0.026425	0.019949	0.024793
0.002597	0.000917	0.002789	0.001907	0.002014	0.001541	0.001102	0.001547
0.008779	0.002867	0.005766	0.004724	0.004512	0.006701	0.004678	0.010974
0.002769	0.001546	0.003694	0.002364	0.003050	0.005276	0.002950	0.004647
0.000067	0.000055	0.000083	0.000073	0.000057	0.000099	0.000072	0.000115
0.001583	0.000739	0.001764	0.001491	0.001143	0.001821	0.001512	0.003184
0.000354	0.000169	0.000556	0.000371	0.000344	0.000574	0.000429	0.000811

3-17 续表 1

投入 Input	产出 Output	造纸印刷和文教体育用品 Paper Making, Printing and Educational & Sporting Products
农林牧渔产品和服务	Agriculture, Forestry, Animal Husbandry & Fishery	0.087666
煤炭采选产品	Mining	0.044078
石油和天然气开采产品	Extraction Products of Petroleum and Natural Gas	0.023953
金属矿采选产品	Mining and Processing Products of Metal Ores	0.015610
非金属矿和其他矿采选产品	Mining and Processing Products of Non-metal Ores and others	0.007338
食品和烟草	Foods and Tobacco	0.013965
纺织品	Textile Products	0.013554
纺织服装鞋帽皮革羽绒及其制品	Textile, Wearing Apparel, Shoes and Leather Products	0.004084
木材加工品和家具	Wood Processing, Furniture	0.011516
造纸印刷和文教体育用品	Paper Making, Printing and Educational & Sporting Products	0.470074
石油、炼焦产品和核燃料加工品	Oil Refining, Coking and Nuclear Fuel processed products	0.037299
化学产品	Chemical Products	0.177085
非金属矿物制品	Nonmetallic Mineral Products	0.006203
金属冶炼和压延加工品	Metal Manufacture and Rolled Products	0.039379
金属制品	Metal Products	0.012497
通用设备	General Equipment	0.011387
专用设备	Dedicated Equipment	0.014047
交通运输设备	Transport Equipment	0.005510
电气机械和器材	Electrical Machinery and Equipment	0.007306
通信设备、计算机和其他电子设备	Communication Equipment,Computers and Other Electronic Equipment	0.009523
仪器仪表	Instrumentation	0.001823
其他制造产品及废品废料	Other Manufacture of Products and Scrap	0.170919
金属制品、机械和设备修理服务	Repair Services of Metal Products, Machinery and Equipment	0.012971
电力、热力生产和供应	Production and Supply of Electric Power, Heat Power	0.103442
燃气生产和供应	Production and Supply of Gas	0.001978
水生产和供应	Production and Supply of Water	0.001565
建筑	Construction	0.004702
批发和零售	Wholesale and Retail Trades	0.137137
交通运输、仓储和邮政	Transport,Storage and Post	0.072190
住宿和餐饮	Hotels and Catering Services	0.022605
信息传输、软件和信息技术服务	Information Transmission, Software & Information Technology Services	0.009912
金融	Financial Intermediation	0.121117
房地产	Real Estate	0.029264
租赁和商务服务	Leasing and Business Services	0.042445
研究和试验发展	Research and Experimental Development	0.000019
综合技术服务	Comprehensive Technical Services	0.024395
水利、环境和公共设施管理	Management of Water Conservancy,Environment and Public Facilities	0.001782
居民服务、修理和其他服务	Services to Households and Other Services	0.010109
教育	Education	0.003179
卫生和社会工作	Health and Social Service	0.000219
文化、体育和娱乐	Culture, Sports and Entertainment	0.002395
公共管理、社会保障和社会组织	Public Management,Social Security and Social Organization	0.000479

continued

石油、炼焦产品和核燃料加工品 Oil Refining, Coking and Nuclear Fuel processed products	化学产品 Chemical Products	非金属矿物制品 Nonmetallic Mineral Products	金属冶炼和压延加工品 Metal Manufacture and Rolled Products	金属制品 Metal Products	通用设备 General Equipment	专用设备 Dedicated Equipment
0.008486	0.090946	0.013913	0.011924	0.009762	0.019221	0.019630
0.067884	0.078528	0.123375	0.101999	0.054902	0.039852	0.043515
0.535721	0.093481	0.094767	0.035104	0.020748	0.029117	0.029736
0.017980	0.044824	0.018786	0.428556	0.152789	0.082590	0.094136
0.034003	0.031495	0.114563	0.015983	0.008390	0.008068	0.008663
0.004680	0.016262	0.008267	0.007471	0.007637	0.018502	0.015541
0.003057	0.005609	0.004090	0.002277	0.003457	0.003726	0.007930
0.002164	0.005634	0.003467	0.002892	0.002596	0.004859	0.005320
0.001509	0.005772	0.003944	0.002049	0.002088	0.006264	0.003504
0.013413	0.032971	0.037458	0.024163	0.020107	0.034412	0.030525
0.075473	0.158088	0.162946	0.059577	0.034723	0.043091	0.048658
0.075945	0.456388	0.096186	0.096784	0.060483	0.127008	0.129909
0.007937	0.010327	0.179591	0.080503	0.030873	0.026437	0.026354
0.054799	0.040112	0.049988	0.457523	0.499151	0.271636	0.310163
0.007928	0.014264	0.017619	0.013023	0.362394	0.057604	0.063863
0.014894	0.014896	0.016581	0.021470	0.018159	0.278038	0.100424
0.014549	0.008719	0.018236	0.011778	0.028735	0.011014	0.139386
0.007978	0.008201	0.010631	0.010449	0.009354	0.027903	0.012392
0.009727	0.008806	0.011578	0.009068	0.010031	0.086222	0.050267
0.006760	0.007331	0.007827	0.006749	0.009241	0.040351	0.022590
0.002446	0.002154	0.002371	0.001879	0.001674	0.011688	0.010529
0.002682	0.016643	0.022297	0.005831	0.004011	0.007667	0.007677
0.016100	0.020121	0.025558	0.019572	0.028111	0.019867	0.026108
0.086274	0.161429	0.176393	0.278473	0.196789	0.121524	0.125942
0.002150	0.003117	0.005339	0.002969	0.002266	0.003552	0.003102
0.000806	0.001666	0.001537	0.001064	0.001123	0.001415	0.001495
0.003026	0.005356	0.005615	0.005559	0.005566	0.004999	0.005245
0.121086	0.128147	0.127660	0.078823	0.266090	0.137428	0.128852
0.060833	0.104787	0.123702	0.134818	0.091892	0.110051	0.113051
0.010579	0.019169	0.019191	0.016803	0.019032	0.030627	0.030473
0.005371	0.008483	0.009130	0.010540	0.009850	0.014429	0.012414
0.080592	0.120606	0.143348	0.210235	0.152148	0.200382	0.152819
0.022291	0.029217	0.031748	0.030800	0.042748	0.042162	0.034247
0.043669	0.056850	0.066476	0.046910	0.051036	0.084395	0.066760
0.000002	0.000030	0.000004	0.000002	0.000002	0.000003	0.000003
0.005210	0.016897	0.009725	0.007373	0.009632	0.027689	0.027905
0.000809	0.001586	0.001552	0.002724	0.001622	0.001500	0.001518
0.003364	0.007514	0.008062	0.005846	0.005317	0.009018	0.007718
0.002103	0.002862	0.002978	0.003282	0.003425	0.003787	0.003220
0.000056	0.000152	0.000092	0.000072	0.000092	0.001335	0.000394
0.000884	0.001690	0.001767	0.001606	0.001524	0.003236	0.002391
0.000212	0.000382	0.000424	0.000449	0.000396	0.000775	0.000696

3-17 续表 2

投入 Input	产出 Output	交通运输设备 Transport Equipment
农林牧渔产品和服务	Agriculture, Forestry, Animal Husbandry & Fishery	0.019402
煤炭采选产品	Mining	0.045728
石油和天然气开采产品	Extraction Products of Petroleum and Natural Gas	0.038983
金属矿采选产品	Mining and Processing Products of Metal Ores	0.120729
非金属矿和其他矿采选产品	Mining and Processing Products of Non-metal Ores and others	0.010264
食品和烟草	Foods and Tobacco	0.010737
纺织品	Textile Products	0.002998
纺织服装鞋帽皮革羽绒及其制品	Textile, Wearing Apparel, Shoes and Leather Products	0.003812
木材加工品和家具	Wood Processing, Furniture	0.003129
造纸印刷和文教体育用品	Paper Making, Printing and Educational & Sporting Products	0.028158
石油、炼焦产品和核燃料加工品	Oil Refining, Coking and Nuclear Fuel processed products	0.068566
化学产品	Chemical Products	0.201866
非金属矿物制品	Nonmetallic Mineral Products	0.030031
金属冶炼和压延加工品	Metal Manufacture and Rolled Products	0.396384
金属制品	Metal Products	0.047890
通用设备	General Equipment	0.059324
专用设备	Dedicated Equipment	0.008450
交通运输设备	Transport Equipment	0.408782
电气机械和器材	Electrical Machinery and Equipment	0.110873
通信设备、计算机和其他电子设备	Communication Equipment,Computers and Other Electronic Equipment	0.065948
仪器仪表	Instrumentation	0.008987
其他制造产品及废品废料	Other Manufacture of Products and Scrap	0.006738
金属制品、机械和设备修理服务	Repair Services of Metal Products, Machinery and Equipment	0.013206
电力、热力生产和供应	Production and Supply of Electric Power, Heat Power	0.129902
燃气生产和供应	Production and Supply of Gas	0.002599
水生产和供应	Production and Supply of Water	0.001391
建筑	Construction	0.005561
批发和零售	Wholesale and Retail Trades	0.186463
交通运输、仓储和邮政	Transport,Storage and Post	0.115329
住宿和餐饮	Hotels and Catering Services	0.023672
信息传输、软件和信息技术服务	Information Transmission, Software & Information Technology Services	0.010706
金融	Financial Intermediation	0.144580
房地产	Real Estate	0.036543
租赁和商务服务	Leasing and Business Services	0.053509
研究和试验发展	Research and Experimental Development	0.000005
综合技术服务	Comprehensive Technical Services	0.032938
水利、环境和公共设施管理	Management of Water Conservancy,Environment and Public Facilities	0.001404
居民服务、修理和其他服务	Services to Households and Other Services	0.006804
教育	Education	0.003299
卫生和社会工作	Health and Social Service	0.000160
文化、体育和娱乐	Culture, Sports and Entertainment	0.001814
公共管理、社会保障和社会组织	Public Management,Social Security and Social Organization	0.000538

continued

电气机械和器材 Electrical Machinery and Equipment	通信设备、计算机和其他电子设备 Communication Equipment, Computers and Other Electronic Equipment	仪器仪表 Instrumentation	其他制造产品及废品废料 Other Manufacture of Products and Scrap	金属制品、机械和设备修理服务 Repair Services of Metal Products, Machinery and Equipment	电力、热力生产和供应 Production and Supply of Electric Power, Heat Power	燃气生产和供应 Production and Supply of Gas
0.019368	0.024179	0.023581	0.082059	0.022226	0.008250	0.004931
0.052906	0.044834	0.032696	0.041701	0.046837	0.263178	0.053148
0.030456	0.030160	0.026798	0.039903	0.034637	0.015847	0.509621
0.149772	0.082944	0.043429	0.049936	0.095796	0.007564	0.016097
0.012035	0.010925	0.007490	0.010728	0.009229	0.004884	0.031628
0.015599	0.010210	0.016832	0.020733	0.020486	0.007511	0.003453
0.004160	0.005258	0.003643	0.062095	0.006725	0.001508	0.002570
0.004223	0.003190	0.003206	0.010320	0.008629	0.002901	0.001850
0.004189	0.006793	0.004024	0.020756	0.004900	0.001596	0.001026
0.031752	0.043669	0.039638	0.046655	0.026701	0.022774	0.009805
0.050177	0.051348	0.046240	0.068802	0.056646	0.022814	0.025301
0.152322	0.266663	0.197779	0.314444	0.136308	0.030503	0.033984
0.052707	0.036044	0.015605	0.019452	0.027134	0.005403	0.007211
0.499179	0.261442	0.131034	0.145744	0.315259	0.023013	0.051665
0.066112	0.096968	0.149950	0.036997	0.116066	0.007919	0.006865
0.083633	0.014189	0.093588	0.025531	0.084001	0.013052	0.013304
0.017569	0.016482	0.009720	0.007927	0.028814	0.006364	0.014912
0.010783	0.008861	0.009981	0.007357	0.184466	0.007174	0.006705
0.171653	0.015541	0.015370	0.018055	0.109116	0.009665	0.008759
0.041325	0.329787	0.286719	0.026383	0.071609	0.006630	0.005163
0.054127	0.002157	0.226655	0.005487	0.020994	0.001621	0.002629
0.007308	0.013630	0.008593	0.078723	0.007671	0.003343	0.001798
0.016394	0.029316	0.026682	0.013099	0.057041	0.018544	0.014001
0.153976	0.138448	0.109640	0.120877	0.150002	0.490906	0.126010
0.003529	0.002270	0.002511	0.003908	0.009323	0.003994	0.268809
0.001481	0.001205	0.001716	0.002040	0.001770	0.001403	0.000651
0.005679	0.004825	0.006805	0.005748	0.005951	0.007113	0.002879
0.174204	0.200249	0.253606	0.185649	0.153129	0.085189	0.047539
0.117698	0.087640	0.095272	0.113494	0.159085	0.100614	0.036056
0.030607	0.023634	0.043040	0.021740	0.051577	0.018775	0.007974
0.013523	0.008898	0.018656	0.017770	0.022873	0.011198	0.004149
0.179037	0.119724	0.182769	0.142126	0.152562	0.213985	0.068483
0.040963	0.035601	0.049135	0.037219	0.045682	0.031215	0.013570
0.069858	0.051499	0.066567	0.051146	0.076405	0.038776	0.032774
0.000004	0.000006	0.000005	0.000107	0.000003	0.000001	0.000001
0.020622	0.048034	0.057495	0.047787	0.017394	0.006202	0.003147
0.001751	0.001337	0.001334	0.005389	0.002500	0.006322	0.000852
0.007312	0.005746	0.013167	0.032711	0.009923	0.006447	0.003234
0.003649	0.003085	0.004802	0.004270	0.003778	0.003033	0.001757
0.000249	0.000098	0.000178	0.001087	0.000360	0.000053	0.000037
0.002648	0.001727	0.003465	0.006909	0.002818	0.002347	0.000749
0.000586	0.000416	0.000907	0.000555	0.001054	0.000408	0.000169

3-17 续表 3

投入 Input \ 产出 Output		水生产和供应 Production and Supply of Water
农林牧渔产品和服务	Agriculture, Forestry, Animal Husbandry & Fishery	0.011126
煤炭采选产品	Mining	0.037166
石油和天然气开采产品	Extraction Products of Petroleum and Natural Gas	0.010941
金属矿采选产品	Mining and Processing Products of Metal Ores	0.006737
非金属矿和其他矿采选产品	Mining and Processing Products of Non-metal Ores and others	0.011510
食品和烟草	Foods and Tobacco	0.005991
纺织品	Textile Products	0.001699
纺织服装鞋帽皮革羽绒及其制品	Textile, Wearing Apparel, Shoes and Leather Products	0.004073
木材加工品和家具	Wood Processing, Furniture	0.001210
造纸印刷和文教体育用品	Paper Making, Printing and Educational & Sporting Products	0.016646
石油、炼焦产品和核燃料加工品	Oil Refining, Coking and Nuclear Fuel processed products	0.018629
化学产品	Chemical Products	0.070748
非金属矿物制品	Nonmetallic Mineral Products	0.003757
金属冶炼和压延加工品	Metal Manufacture and Rolled Products	0.017252
金属制品	Metal Products	0.011537
通用设备	General Equipment	0.008862
专用设备	Dedicated Equipment	0.003014
交通运输设备	Transport Equipment	0.004280
电气机械和器材	Electrical Machinery and Equipment	0.004397
通信设备、计算机和其他电子设备	Communication Equipment,Computers and Other Electronic Equipment	0.004594
仪器仪表	Instrumentation	0.001388
其他制造产品及废品废料	Other Manufacture of Products and Scrap	0.003272
金属制品、机械和设备修理服务	Repair Services of Metal Products, Machinery and Equipment	0.014102
电力、热力生产和供应	Production and Supply of Electric Power, Heat Power	0.185183
燃气生产和供应	Production and Supply of Gas	0.001459
水生产和供应	Production and Supply of Water	0.015471
建筑	Construction	0.006561
批发和零售	Wholesale and Retail Trades	0.038076
交通运输、仓储和邮政	Transport,Storage and Post	0.035189
住宿和餐饮	Hotels and Catering Services	0.012584
信息传输、软件和信息技术服务	Information Transmission, Software & Information Technology Services	0.008615
金融	Financial Intermediation	0.118738
房地产	Real Estate	0.019430
租赁和商务服务	Leasing and Business Services	0.051187
研究和试验发展	Research and Experimental Development	0.000002
综合技术服务	Comprehensive Technical Services	0.003353
水利、环境和公共设施管理	Management of Water Conservancy,Environment and Public Facilities	0.116757
居民服务、修理和其他服务	Services to Households and Other Services	0.004786
教育	Education	0.002862
卫生和社会工作	Health and Social Service	0.000032
文化、体育和娱乐	Culture, Sports and Entertainment	0.001650
公共管理、社会保障和社会组织	Public Management,Social Security and Social Organization	0.000449

continued

建筑 Construction	批发和零售 Wholesale and Retail Trades	交通运输、仓储和邮政 Transport, Storage and Post	住宿和餐饮 Hotels and Catering Services	信息传输、软件和信息技术服务 Information Transmission, Software & Information Technology Services	金融 Financial Intermediation	房地产 Real Estate	租赁和商务服务 Leasing and Business Services
0.027305	0.012852	0.010804	0.160205	0.116411	0.017550	0.009716	0.014721
0.063594	0.016072	0.027422	0.026540	0.013941	0.009251	0.009574	0.013616
0.045194	0.019611	0.058714	0.018100	0.012788	0.010132	0.015895	0.027593
0.085136	0.006496	0.009593	0.007882	0.009188	0.003994	0.004497	0.005599
0.084710	0.003149	0.005713	0.004359	0.002735	0.001901	0.003300	0.003347
0.010396	0.014627	0.009527	0.254150	0.163206	0.018276	0.008103	0.012544
0.003060	0.002352	0.002182	0.012169	0.002337	0.002090	0.001216	0.001997
0.004246	0.002207	0.003353	0.003547	0.002712	0.003229	0.001384	0.002128
0.016557	0.002058	0.001843	0.006159	0.003180	0.002916	0.001780	0.003089
0.033914	0.032053	0.025506	0.052950	0.050944	0.086241	0.040503	0.078645
0.079208	0.036102	0.104993	0.026006	0.020164	0.017985	0.028738	0.049223
0.101550	0.028985	0.058270	0.090024	0.057421	0.023716	0.019338	0.027876
0.257678	0.005513	0.004684	0.007588	0.005255	0.003123	0.006749	0.004443
0.280615	0.019804	0.028056	0.019733	0.026765	0.011723	0.013747	0.016833
0.052738	0.006643	0.008273	0.011397	0.011140	0.004013	0.004449	0.006052
0.028006	0.005747	0.012095	0.008953	0.005441	0.007900	0.005411	0.006703
0.029065	0.003296	0.004673	0.005496	0.004171	0.005805	0.002952	0.003995
0.011917	0.005965	0.035922	0.004780	0.004633	0.003607	0.003211	0.005837
0.036242	0.011015	0.008910	0.006397	0.014936	0.003140	0.003078	0.005279
0.028099	0.021557	0.009470	0.007856	0.063116	0.009287	0.005003	0.009681
0.004459	0.001083	0.001262	0.000937	0.002091	0.000518	0.000585	0.000797
0.009650	0.004762	0.004209	0.008644	0.007285	0.010647	0.006515	0.011404
0.015252	0.011079	0.011515	0.010675	0.006383	0.004488	0.006653	0.014617
0.141462	0.068062	0.105773	0.109284	0.047412	0.033035	0.034578	0.048330
0.004339	0.002799	0.014473	0.008778	0.004258	0.001648	0.003053	0.006517
0.001835	0.001771	0.001733	0.002263	0.001316	0.000976	0.001273	0.000902
0.010350	0.013552	0.007198	0.012501	0.004811	0.007190	0.022660	0.010535
0.126517	0.125445	0.058947	0.135462	0.080604	0.038961	0.026822	0.042650
0.105143	0.116242	0.141597	0.059088	0.062024	0.044159	0.048092	0.076033
0.023654	0.041006	0.019217	0.019626	0.013139	0.040614	0.019780	0.031579
0.010358	0.019968	0.017921	0.014053	0.102422	0.041557	0.013027	0.019620
0.166246	0.230193	0.195556	0.122739	0.094134	0.170545	0.258802	0.408587
0.035001	0.131499	0.033497	0.114759	0.070478	0.112592	0.092943	0.140097
0.069834	0.110970	0.048115	0.100311	0.095456	0.100698	0.128233	0.333363
0.000003	0.000001	0.000002	0.000003	0.000002	0.000001	0.000001	0.000002
0.066491	0.018066	0.008036	0.008757	0.009961	0.003726	0.003482	0.004216
0.001971	0.001019	0.001590	0.001565	0.001804	0.000806	0.000602	0.000712
0.007941	0.010545	0.013339	0.015799	0.007386	0.007043	0.003758	0.012642
0.003521	0.008711	0.004897	0.003675	0.002736	0.011328	0.003264	0.005576
0.000093	0.000205	0.000197	0.000186	0.000063	0.000040	0.000028	0.000045
0.002074	0.002836	0.002154	0.002636	0.003165	0.003946	0.002501	0.003316
0.000532	0.000729	0.000437	0.000472	0.000761	0.001521	0.000642	0.001032

3-17 续表 4

投入 Input \ 产出 Output		研究和试验发展 Research and Experimental Development
农林牧渔产品和服务	Agriculture, Forestry, Animal Husbandry & Fishery	0.032394
煤炭采选产品	Mining	0.023706
石油和天然气开采产品	Extraction Products of Petroleum and Natural Gas	0.025834
金属矿采选产品	Mining and Processing Products of Metal Ores	0.010689
非金属矿和其他矿采选产品	Mining and Processing Products of Non-metal Ores and others	0.006085
食品和烟草	Foods and Tobacco	0.036124
纺织品	Textile Products	0.004004
纺织服装鞋帽皮革羽绒及其制品	Textile, Wearing Apparel, Shoes and Leather Products	0.006592
木材加工品和家具	Wood Processing, Furniture	0.016187
造纸印刷和文教体育用品	Paper Making, Printing and Educational & Sporting Products	0.057815
石油、炼焦产品和核燃料加工品	Oil Refining, Coking and Nuclear Fuel processed products	0.045756
化学产品	Chemical Products	0.118755
非金属矿物制品	Nonmetallic Mineral Products	0.009222
金属冶炼和压延加工品	Metal Manufacture and Rolled Products	0.027030
金属制品	Metal Products	0.015949
通用设备	General Equipment	0.009008
专用设备	Dedicated Equipment	0.003954
交通运输设备	Transport Equipment	0.006137
电气机械和器材	Electrical Machinery and Equipment	0.008390
通信设备、计算机和其他电子设备	Communication Equipment,Computers and Other Electronic Equipment	0.019775
仪器仪表	Instrumentation	0.036933
其他制造产品及废品废料	Other Manufacture of Products and Scrap	0.011766
金属制品、机械和设备修理服务	Repair Services of Metal Products, Machinery and Equipment	0.010821
电力、热力生产和供应	Production and Supply of Electric Power, Heat Power	0.066064
燃气生产和供应	Production and Supply of Gas	0.002765
水生产和供应	Production and Supply of Water	0.002501
建筑	Construction	0.025275
批发和零售	Wholesale and Retail Trades	0.084748
交通运输、仓储和邮政	Transport,Storage and Post	0.091181
住宿和餐饮	Hotels and Catering Services	0.107562
信息传输、软件和信息技术服务	Information Transmission, Software & Information Technology Services	0.011423
金融	Financial Intermediation	0.106962
房地产	Real Estate	0.061418
租赁和商务服务	Leasing and Business Services	0.096414
研究和试验发展	Research and Experimental Development	0.018415
综合技术服务	Comprehensive Technical Services	0.075869
水利、环境和公共设施管理	Management of Water Conservancy,Environment and Public Facilities	0.001061
居民服务、修理和其他服务	Services to Households and Other Services	0.033456
教育	Education	0.005266
卫生和社会工作	Health and Social Service	0.000072
文化、体育和娱乐	Culture, Sports and Entertainment	0.004208
公共管理、社会保障和社会组织	Public Management,Social Security and Social Organization	0.000770

continued

综合技术服务 Comprehensive Technical Services	水利、环境和公共设施管理 Management of Water Conservancy, Environment and Public Facilities	居民服务、修理和其他服务 Services to Households and Other Services	教育 Education	卫生和社会工作 Health and Social Service	文化、体育和娱乐 Culture, Sports and Entertainment	公共管理、社会保障和社会组织 Public Management,Social Security and Social Organization
0.025786	0.031885	0.026645	0.012972	0.041920	0.032630	0.015203
0.018110	0.026604	0.022631	0.016630	0.041586	0.021654	0.020667
0.031338	0.019364	0.023411	0.009081	0.043885	0.016802	0.012440
0.011449	0.014832	0.022356	0.006514	0.022351	0.006368	0.006322
0.004154	0.005335	0.005922	0.004055	0.014554	0.003579	0.004398
0.026559	0.011309	0.011096	0.011835	0.010578	0.024017	0.013577
0.003542	0.002035	0.007772	0.002074	0.003282	0.005684	0.010477
0.002985	0.001603	0.002430	0.003173	0.002933	0.016231	0.004659
0.003355	0.003057	0.002253	0.006456	0.003074	0.008608	0.010211
0.104148	0.033414	0.030132	0.045629	0.026055	0.162876	0.059350
0.058240	0.035623	0.041271	0.015696	0.074427	0.028482	0.021972
0.068912	0.046482	0.189089	0.052157	0.618339	0.065836	0.055301
0.005095	0.013047	0.006789	0.009021	0.007774	0.004695	0.008884
0.033366	0.046094	0.060446	0.018014	0.028292	0.016505	0.017144
0.027158	0.066188	0.094762	0.010138	0.009363	0.007474	0.007351
0.008012	0.012026	0.009510	0.003798	0.009691	0.005199	0.003820
0.004309	0.004573	0.005070	0.002420	0.024956	0.003601	0.002721
0.008016	0.008235	0.004079	0.003039	0.005211	0.005225	0.003942
0.012098	0.007878	0.038554	0.004945	0.006552	0.004500	0.003922
0.044684	0.012454	0.015868	0.009481	0.006649	0.006131	0.007085
0.008895	0.002545	0.003971	0.001819	0.001359	0.000817	0.001517
0.023092	0.008040	0.012219	0.006465	0.008915	0.023018	0.007887
0.013297	0.021927	0.007722	0.006799	0.012551	0.009586	0.005325
0.055244	0.088864	0.071999	0.040046	0.100918	0.065665	0.041757
0.003177	0.001784	0.001786	0.001263	0.001940	0.002957	0.001502
0.001147	0.002247	0.003274	0.001304	0.002088	0.002360	0.001279
0.005407	0.032050	0.005228	0.028650	0.011017	0.011494	0.030042
0.081912	0.069469	0.109144	0.039251	0.138712	0.075099	0.047531
0.112244	0.048713	0.054055	0.044509	0.064499	0.068127	0.068222
0.076113	0.025890	0.025546	0.030358	0.016626	0.023458	0.025476
0.018152	0.010808	0.008186	0.005797	0.010196	0.008842	0.009240
0.124865	0.074890	0.112668	0.041247	0.089873	0.086094	0.066221
0.056626	0.025330	0.048318	0.026920	0.068525	0.047664	0.032751
0.092956	0.059406	0.049099	0.022902	0.043937	0.083536	0.050990
0.000004	0.000002	0.000005	0.000002	0.000013	0.000003	0.000002
0.106971	0.007856	0.006308	0.005914	0.010767	0.006253	0.005046
0.001159	0.001664	0.001196	0.000538	0.001644	0.001012	0.000582
0.009967	0.016117	0.005315	0.058041	0.010350	0.011403	0.024516
0.004616	0.006780	0.007115	0.050714	0.004876	0.004198	0.015154
0.000101	0.000049	0.000064	0.000031	0.000346	0.000103	0.000048
0.004969	0.005734	0.002476	0.006933	0.002853	0.026182	0.002231
0.001574	0.001356	0.000537	0.000247	0.000553	0.000810	0.056010

主要统计指标解释

国内生产总值（GDP） 指按市场价格计算的一个国家（或地区）所有常住单位在一定时期内生产活动的最终成果。国内生产总值有三种表现形态，即价值形态、收入形态和产品形态。从价值形态看，它是所有常住单位在一定时期内生产的全部货物和服务价值超过同期投入的全部非固定资产货物和服务价值的差额，即所有常住单位的增加值之和；从收入形态看，它是所有常住单位在一定时期内创造并分配给常住单位和非常住单位的初次收入之和；从产品形态看，它是所有常住单位在一定时期内最终使用的货物和服务价值减去货物和服务进口价值。在实际核算中，国内生产总值有三种计算方法，即生产法、收入法和支出法。三种方法分别从不同的方面反映国内生产总值及其构成。

对于一个地区来说，称为地区生产总值或地区 GDP。

三次产业 三次产业的划分是世界上较为常用的产业结构分类，但各国的划分不尽一致。根据《国民经济行业分类》（GB/T 4754—2011），我国的三次产业划分是：

第一产业是指农、林、牧、渔业（不含农、林、牧、渔服务业）。

第二产业是指采矿业（不含开采辅助活动），制造业（不含金属制品、机械和设备修理业），电力、热力、燃气及水生产和供应业，建筑业。

第三产业即服务业，是指除第一产业、第二产业以外的其他行业。

劳动者报酬 指劳动者从事生产活动应获得的全部报酬，既包括货币形式的报酬，也包括实物形式的报酬。主要包括工资、奖金、津贴和补贴，单位为其员工交纳的社会保险费、补充社会保险费和住房公积金、行政事业单位职工的离退休金、单位为其员工提供的其他各种形式的福利和报酬等。

生产税净额 指生产税减生产补贴后的差额。其中，生产税指政府对生产单位从事生产、销售和经营活动，以及因从事生产活动使用某些生产要素（如固定资产和土地等）所征收的各种税收、附加费和其他规费。生产税分为产品税和其他生产税，产品税主要有：增值税、消费税、进口关税、出口税等；其他生产税主要有：房产税、车船使用税、城镇土地使用税等。生产补贴则相反，它是政府为影响生产单位的生产、销售及定价等生产活动而对其提供的无偿支付，包括农业生产补贴、政策亏损补贴、进口补贴等。生产补贴作为负生产税处理。

固定资产折旧 指由于自然退化、正常淘汰或损耗而导致的固定资产价值下降，用以代表固定资产通过生产过程被转移到其产出中的价值。原则上，固定资产折旧应按照固定资产的重置价值计算。

营业盈余 指常住单位创造的增加值扣除劳动者报酬、生产税净额和固定资产折旧后的余额。

4

就业和工资

Employment and Wages

简要说明

一、本篇资料主要内容

本篇资料反映劳动就业方面基本情况，主要包括经济活动人口数、就业人员及职工人数、城镇登记失业人数、职工工资总额、平均工资及指数变化等情况。

二、本篇资料来源

1. 本篇资料中劳动就业和工资等资料由省统计局人口与就业处整理提供。

2. 城镇登记失业与新增就业等资料来源于省人力资源和社会保障厅。

4-1 就业基本情况
Employment

单位：万人 （10 000 persons）

项 目	Item	2010	2015	2018	2019
经济活动人口	**Economically Active Population**	**1510.28**	**1545.19**	**1565.59**	**1560.30**
就业人员	**Total Number of Employed Persons**	**1499.56**	**1535.69**	**1555.64**	**1549.50**
第一产业	Primary Industry	923.88	876.27	838.54	820.80
第二产业	Secondary Industry	230.33	247.39	241.16	233.70
第三产业	Tertiary Industry	345.35	412.03	475.94	495.00
就业人员构成（%）（合计=100）	**Composition of Employed Persons (%)(total=100)**				
第一产业	Primary Industry	61.61	57.06	53.90	53.00
第二产业	Secondary Industry	15.36	16.11	15.50	15.10
第三产业	Tertiary Industry	23.03	26.83	30.60	31.90
按城乡分就业人员	**Number of Employed Persons by Urban and Rural Areas**				
城镇就业人员	Urban Employed Persons	433.64	567.46	637.63	656.70
非私营单位就业人员	Non-private Unit Employed Persons	194.29	261.76	246.68	253.00
国有单位	State-owned Units	147.36	153.88	141.85	136.10
城镇集体单位	Urban Collective-owned Units	6.88	10.17	6.23	5.60
股份合作单位	Cooperative Units	1.03	0.70	0.52	0.40
联营单位	Joint Ownership Units	0.46	0.10	0.09	0.10
有限责任公司	Limited Liability Corporations	23.84	70.65	73.31	77.10
股份有限公司	Share-holding Corporations Ltd.	10.36	22.05	21.08	27.30
港澳台商投资单位	Units with Funds from Hong Kong, Macao & Taiwan	0.47	0.85	0.61	3.90
外商投资单位	Foreign Funded Units	0.77	1.56	1.74	0.70
其他	Others	3.12	1.82	1.25	1.70
私营企业	Private Enterprises		100.19	136.90	150.60
个体	Self-employed Individuals		110.13	114.87	124.10
乡村就业人员	Rural Employed Persons	1065.92	968.23	918.01	892.80
在岗职工人数	**Number of Staff and Workers**	**187.96**	**228.97**	**212.72**	**213.60**
国有单位	State-owned Units	142.46	137.97	125.70	118.50
城镇集体单位	Urban Collective-owned Units	6.76	9.14	5.47	5.00
其他单位	Units of Other Types of Ownership	38.74	81.87	81.55	90.10
城镇单位女性就业人员	**Number of Female Employed Persons in Urban Units**	**63.56**	**86.29**	**84.92**	**92.90**
城镇新增就业人员	**New Increased Urban Employed Persons**	**29.30**	**43.70**	**43.13**	**39.22**
城镇登记失业人数	**Number of Registered Unemployed Persons in Urban Areas**	**10.72**	**9.48**	**9.95**	**10.83**
城镇登记失业率（%）	**Registered Unemployment Rate in Urban Areas (%)**	**3.21**	**2.14**	**2.78**	**3.00**

注：就业人员按常住人口口径统计。

a） Data of employed persons are counted according to the caliber of permanent population.

4-2 就业人员
Employed Persons

单位：万人 (10 000 persons)

年份 Year	经济活动人口 Economically Active Population	就业人员 Total Employed Persons	按三次产业分 By Three Strata of Industry			按城乡分 By Urban and Rural Areas	
			第一产业 Primary Industry	第二产业 Secondary Industry	第三产业 Tertiary Industry	城镇 Urban Areas	乡村 Rural Areas
1978		694.00				160.40	533.60
1979		713.00				164.00	549.00
1980	804.60	796.00				172.90	623.10
1981	852.80	842.00				182.30	659.70
1982	879.00	870.00				186.80	683.20
1983	998.90	993.80	797.10	108.10	88.60	191.00	802.80
1984	1051.30	1047.00	803.30	124.30	119.40	205.30	841.70
1985	1088.60	1081.40	785.90	153.00	142.50	211.30	870.10
1986	1106.00	1098.90	789.50	178.70	130.70	221.00	877.90
1987	1150.50	1139.70	753.70	171.20	214.80	231.20	908.50
1988	1190.80	1178.80	798.30	188.90	191.60	236.30	942.50
1989	1227.70	1214.00	824.20	183.60	206.20	237.30	976.70
1990	1304.90	1292.40	899.40	186.30	206.70	240.20	1052.20
1991	1313.70	1302.40	900.00	197.60	204.80	257.10	1045.30
1992	1315.40	1305.90	898.50	205.00	202.40	264.10	1041.80
1993	1427.90	1417.80	973.94	232.26	211.60	271.10	1146.70
1994	1449.20	1438.81	936.37	256.80	245.64	281.81	1157.00
1995	1492.40	1483.32	942.30	281.50	259.52	283.33	1199.99
1996	1531.00	1521.46	961.30	288.80	271.36	288.28	1233.18
1997	1538.70	1530.32	945.55	308.47	276.30	284.47	1245.85
1998	1548.10	1539.80	922.30	310.50	307.00	320.10	1219.70
1999	1496.80	1489.00	878.50	297.80	312.70	336.00	1153.00
2000	1484.19	1476.45	880.56	279.78	316.11	320.19	1156.26
2001	1496.33	1488.93	886.66	274.85	327.42	324.37	1164.56
2002	1509.25	1500.59	888.80	278.36	333.43	326.91	1173.68
2003	1520.15	1510.85	890.04	282.23	338.58	332.71	1178.14
2004	1529.99	1520.46	890.61	284.63	345.22	339.27	1181.19
2005	1400.61	1391.36	885.82	203.96	301.58	364.07	1027.29
2006	1411.05	1401.36	886.08	207.26	308.02	371.73	1029.63
2007	1424.27	1414.76	886.48	212.26	316.02	382.73	1032.03
2008	1455.77	1446.34	901.79	218.63	325.92	397.74	1048.60
2009	1498.91	1488.63	923.09	227.16	338.38	413.84	1074.79
2010	1510.28	1499.56	923.88	230.33	345.35	433.64	1065.92
2011	1511.06	1500.26	919.06	231.49	349.71	452.24	1048.02
2012	1501.29	1491.59	901.67	233.28	356.64	492.71	998.88
2013	1514.25	1504.97	891.86	241.55	371.56	514.55	990.42
2014	1529.56	1519.86	881.88	244.71	393.27	539.07	980.78
2015	1545.19	1535.69	876.27	247.39	412.03	567.46	968.23
2016	1558.51	1548.74	866.67	246.56	435.51	591.01	957.73
2017	1563.49	1553.84	852.44	244.26	457.14	617.36	936.48
2018	1565.59	1555.64	838.54	241.16	475.94	637.63	918.01
2019	1560.30	1549.50	820.80	233.70	495.00	656.70	892.80

注：2005 年及以后，就业人员按常住人口口径统计。
a) Since 2005, data of employed persons are counted according to the caliber of permanent population.

4-3 按登记注册类型和行业分城镇非私营单位就业人员数（2019）
Number of Employed Persons in Urban Non-private Units at Year-end by Status of Registration Sector in Detail （2019）

单位：万人 （10 000 persons）

项　目	Item	就业人员数 Total Employed Persons	国有单位 State-owned Units	城镇集体单位 Urban Collective-owned Units	其他单位 Units of Other Types of Ownership
城镇非私营单位就业人员	**Urban Non-private Unit Employed Persons**	**253.04**	**136.14**	**5.61**	**111.29**
按企、事业和机关分	**By Enterprises, Institutions and Agencies**				
企业	Enterprises	135.08	22.80	4.41	107.87
事业	Institutions	72.15	68.37	1.09	2.69
机关	Agencies & Organizations	44.09	44.04	0.01	0.05
民间非营利组织	Folk Non-profit Organization	1.01	0.25	0.10	0.66
其他	Other	0.71	0.69		0.02
按国民经济行业分	**By Sector**				
农、林、牧、渔业	Agriculture, Forestry, Animal Husbandry and Fishery	1.98	1.43	0.04	0.50
采矿业	Mining	7.67	1.83	0.11	5.72
制造业	Manufacturing	28.13	1.06	0.10	26.97
电力、热力、燃气及水生产和供应业	Production and Supply of Electricity, Heat, Gas and Water	11.31	7.47	0.03	3.81
建筑业	Construction	34.59	4.99	3.04	26.56
批发和零售业	Wholesale and Retail Trades	7.84	0.54	0.11	7.19
交通运输、仓储和邮政业	Transport,Storage and Post	13.16	1.88	0.02	11.26
住宿和餐饮业	Hotels and Catering Services	2.80	0.52	0.02	2.26
信息传输、软件和信息技术服务业	Information Transmission,Software and Information Technology Services	3.74	0.68	0.01	3.06
金融业	Financial Intermediation	9.56	1.85	0.47	7.25
房地产业	Real Estate	5.44	0.15	0.07	5.22
租赁和商务服务业	Leasing and Business Services	3.84	0.83	0.30	2.71
科学研究和技术服务业	Scientific Research and Technical Services	6.60	4.16	0.04	2.40
水利、环境和公共设施管理业	Management of Water Conservancy, Environment and Public Facilities	6.00	4.74	0.02	1.24
居民服务、修理和其他服务业	Services to Households,Repair and Other Services	0.52	0.09	0.01	0.43
教育	Education	39.15	36.01	0.71	2.43
卫生和社会工作	Health and Social Services	17.04	15.50	0.44	1.10
文化、体育和娱乐业	Culture, Sports and Entertainment	2.79	1.86	0.04	0.89
公共管理、社会保障和社会组织	Public Management,Social Security and Social Organization	50.87	50.55	0.05	0.27

4-4 按行业分城镇非私营单位年末在岗职工人数
Number of Staff and Workers in Urban Non-private Units at Year-end by Sector

单位：万人 (10 000 persons)

行 业	Sector	2010	2015	2018	2019
在岗职工人数	**Number of Staff and Workers**	**187.96**	**228.97**	**212.72**	**213.59**
农、林、牧、渔业	Agriculture, Forestry, Animal Husbandry and Fishery	5.19	4.52	3.33	1.58
采矿业	Mining	8.87	10.48	7.68	6.94
制造业	Manufacturing	34.54	32.51	26.31	25.06
电力、热力、燃气及水生产和供应业	Production and Supply of Electricity, Heat,Gas and Water	6.60	11.02	10.81	10.14
建筑业	Construction	14.32	30.25	23.06	21.81
批发和零售业	Wholesale and Retail Trades	9.93	7.30	6.36	7.20
交通运输、仓储和邮政业	Transport,Storage and Post	1.66	11.48	13.15	11.80
住宿和餐饮业	Hotels and Catering Services	5.59	2.88	2.23	2.36
信息传输、软件和信息技术服务业	Information Transmission,Software and Information Technology Services	1.82	2.13	2.63	3.43
金融业	Financial Intermediation	6.59	6.52	6.52	6.91
房地产业	Real Estate	1.68	4.00	3.70	4.14
租赁和商务服务业	Leasing and Business Services	1.33	1.99	2.40	2.89
科学研究和技术服务业	Scientific Research and Technical Services	5.01	6.43	5.92	5.88
水利、环境和公共设施管理业	Management of Water Conservancy, Environment and Public Facilities	3.05	5.03	5.37	4.65
居民服务、修理和其他服务业	Services to Households,Repair and Other Services	0.22	0.29	0.37	0.39
教育	Education	33.40	37.25	34.18	37.30
卫生和社会工作	Health and Social Services	9.66	12.43	14.28	14.02
文化、体育和娱乐业	Culture, Sports and Entertainment	2.76	2.29	2.38	2.45
公共管理、社会保障和社会组织	Public Management,Social Security and Social Organization	35.73	40.17	42.01	44.64

4-5 按登记注册类型和行业分城镇非私营单位年末在岗职工人数（2019）
Number of Staff and Workers in Urban Non-private Units at Year-end by Status of Registration and Sector in Detail （2019）

单位：人 （person）

项　目	Item	年末在岗职工人数 Number of Staff and Workers	国有单位 State-owned Units	城镇集体单位 Urban Collective-owned Units	其他单位 Units of Other Types of Ownership
在岗职工人数	**Number of Staff and Workers**	**2135885**	**1185045**	**50017**	**900823**
按企、事业和机关分	**By Enterprises, Institutions and Agencies**				
企业	Enterprises	1082682	172154	39464	871064
事业	Institutions	651292	618814	9577	22901
机关	Agencies & Organizations	386121	385596	60	465
民间非营利组织	Folk Non-profit Organizations	9504	2366	916	6222
其他	Other	6286	6115		171
按国民经济行业分	**By Sector**				
农、林、牧、渔业	**Agriculture,Forestry,Animal Husbandry and Fishery**	**15776**	**11154**	**262**	**4360**
农业	Agriculture	6007	3216	232	2559
林业	Forestry	6650	6437	2	211
畜牧业	Animal Husbandry	732	202	19	511
渔业	Fishery	66			66
农、林、牧、渔服务业	Services in Support of Agriculture	2321	1299	9	1013
采矿业	**Mining**	**69392**	**15299**	**1128**	**52965**
煤炭开采及洗选业	Mining and Washing of Coal	45148	313	1128	43707
石油和天然气开采业	Extraction of Petroleum and Natural Gas	14811	14346		465
黑色金属矿采选业	Mining and Processing of Ferrous Metal Ores	2299			2299
有色金属矿采选业	Mining and Processing of Non-Ferrous Metal Ores	4593	640		3953
非金属矿采选业	Mining and Processing of Non-metal Ores	2188			2188
开采辅助活动	Support Activities for Mining	345			345
其他采矿业	Mining of Other Ores	8			8
制造业	**Manufacturing**	**250623**	**9770**	**704**	**240149**
农副食品加工业	Processing of Food from Agricultural Products	9456	208		9248
食品制造业	Manufacture of Foods	4184	4		4180
酒、饮料和精茶制造业	Manufacture of Liquor, Beverages and Refined Tea	10932		7	10925
烟草制品业	Manufacture of Tobacco	2670	585		2085
纺织业	Manufacture of Textile	2384		5	2379
纺织服装、服饰业	Manufacture of Textile, Wearing Apparel and Accessories	976	249	55	672
皮革、毛皮、羽毛（绒）及其制品和制鞋业	Manufacture of Leather, Fur, Feather and Related Products and Footwear	359			359
木材加工及木、竹、藤、棕、草制品业	Processing of Timber, Manufacture of Wood, Bamboo, Rattan, Palm and Straw Products	61			61
家具制造业	Manufacture of Furniture	260			260

4-5 续表 1 continued

单位：人 (person)

项 目	Item	年末在岗职工人数 Number of Staff and Workers	国有单位 State-owned Units	城镇集体单位 Urban Collective-owned Units	其他单位 Units of Other Types of Ownership
造纸及纸制品业	Manufacture of Paper and Paper Products	244		34	210
印刷业和记录媒介复制业	Printing and Reproduction of Recording Media	2002	1564	122	316
文教、工美、体育和娱乐用品制造业	Manufacture of Articles for Culture, Education, Arts and Crafts, Sport and Entertainment Activities	677			677
石油加工、炼焦和核燃料加工业	Processing of Petroleum, Coking and Processing of Nucleus Fuel	24381		32	24349
化学原料及化学制品制造业	Manufacture of Raw Chemical Materials and Chemical Products	20363	4774		15589
医药制造业	Manufacture of Medicines	9868	336		9532
化学纤维制造业	Manufacture of Chemical Fibres	271	271		
橡胶和塑料制品业	Manufacture of Rubber and Plastic Products	2950		35	2915
非金属矿物制品业	Manufacture of Non-metallic Mineral Products	26129	416	257	25456
黑色金属冶炼和压延 加工业	Smelting and Pressing of Ferrous Metals	25705			25705
有色金属冶炼和压延 加工业	Smelting and Pressing of Non-ferrous Metals	49134	95	6	49033
金属制品业	Manufacture of Metal Products	4116	241	23	3852
通用设备制造业	Manufacture of General Purpose Machinery	9461	164	20	9277
专用设备制造业	Manufacture of Special Purpose Machinery	12498	80		12418
汽车制造业	Manufacture of Automobile	1257			1257
铁路、船舶、航空航天和其他运输设备制造业	Manufacture of Railway, Ships, Aerospace and Other Transport Equipments	1052			1052
电气机械及器材制造业	Manufacture of Electrical Machinery and Apparatus	12975	139	108	12728
计算机、通讯和其他电子设备制造业	Manufacture of Computers,Communication and Other Electronic Equipment	12585			12585
仪器仪表制造业	Manufacture of Measuring Instruments and Machinery	485			485
其他制造业	Other Manufacture	177			177
废弃资源综合利用业	Utilization of Waste Resources	928	44		884
金属制品、机械和设备修理业	Repair Service of Metal Products, Machinery and Equipment	2083	600		1483
电力、燃气及水生产和供应业	**Production and Supply of Electricity, Heat, Gas and Water**	**101415**	**68160**	**160**	**33095**
电力、热力生产和供应业	Production and Supply of Electric Power and Heat Power	86956	61231	54	25671
燃气生产和供应业	Production and Supply of Gas	2951			2951
水生产和供应业	Production and Supply of Water	11508	6929	106	4473
建筑业	**Construction**	**218063**	**18416**	**26996**	**172651**
房屋建筑业	Construction of Buildings	164741	10839	26017	127885
土木工程建筑业	Civil Engineering	39156	4731	446	33979

4-5 续表 2 continued

单位：人 (person)

项目	Item	年末在岗职工人数 Number of Staff and Workers	国有单位 State-owned Units	城镇集体单位 Urban Collective-owned Units	其他单位 Units of Other Types of Ownership
建筑安装业	Building Installation	9556	2746	145	6665
建筑装饰业和其他建筑业	Building Decoration and Other Construction	4610	100	388	4122
批发和零售业	**Wholesale and Retail Trades**	**71986**	**4879**	**1062**	**66045**
批发业	Wholesale Trade	25468	3986	487	20995
零售业	Retail Trade	46518	893	575	45050
交通运输、仓储和邮政业	**Transport, Storage and Post**	**118001**	**15178**	**188**	**102635**
铁路运输业	Railway Transport	61338			61338
道路运输业	Road Transport	41548	8275	182	33091
水上运输业	Water Transport	183			183
航空运输业	Air Transport	3056			3056
管道运输业	Transport Via Pipelines	256	256		
装卸搬运与运输代理业	Loading, Unloading and Forwarding Agency	594	43		551
仓储业	Storage	3269	714	6	2549
邮政业	Post	7757	5890		1867
住宿和餐饮业	**Hotels and Catering Services**	**23606**	**4852**	**214**	**18540**
住宿业	Hotels	15553	4278	188	11087
餐饮业	Catering Services	8053	574	26	7453
信息传输、软件和信息技术服务业	**Information Transmission,Software and Information Technology Services**	**34325**	**6317**	**2**	**28006**
电信、广播电视和卫星传输服务	Telecommunication,Radio and Television, Satellite Transmission Services	30319	6292		24027
互联网和相关服务	Internet and Related Services	481	18		463
软件和信息技术服务业	Software and Information Technology Services	3525	7	2	3516
金融业	**Financial Intermediation**	**69111**	**17965**	**4196**	**46950**
货币金融服务	Monetary and Financial Service	53049	17412	4188	31449
资本市场服务	Capital Markets Service	164	143	8	13
保险业	Insurance	15733	314		15419
其他金融活动	Other Financial Activities	165	96		69
房地产业	**Real Estate**	**41415**	**1235**	**747**	**39433**
租赁和商务服务业	**Leasing and Business Services**	**28858**	**4583**	**2874**	**21401**
租赁业	Leasing	1251	8	6	1237
商务服务业	Business Services	27607	4575	2868	20164

4-5 续表 3 continued

单位：人 (person)

项 目	Item	年末在岗职工人数 Number of Staff and Workers	国有单位 State-owned Units	城镇集体单位 Urban Collective-owned Units	其他单位 Units of Other Types of Ownership
科学研究和技术服务业	**Scientific Research and Technical Services**	**58762**	**38456**	**358**	**19948**
研究与试验发展	Research and Experimental Development	9560	6635	71	2854
专业技术服务业	Professional Technical Services	41926	25749	282	15895
科技推广和应用服务业	Science and Technology Popularization and Application Services	7276	6072	5	1199
水利、环境和公共设施管理业	**Management of Water Conservancy, Environment and Public Facilities**	**46464**	**38015**	**235**	**8214**
水利管理业	Management of Water Conservancy	13977	12879	229	869
生态保护和环境治理业	Ecological Protection and Environmental Treatment	4617	4392		225
公共设施管理业	Management of Public Facilities	27576	20575	6	6995
土地管理业	Management of Land	294	169		125
居民服务、修理和其他服务业	**Service to Households, Repair and Other Services**	**3886**	**611**	**60**	**3215**
居民服务业	Services to Households	2152	511	25	1616
机动车、电子产品和日用产品修理业	Repair of Motor Vehicle, Electronics and Household Products	952	70	5	877
其他服务业	Other Services	782	30	30	722
教育	**Education**	**373019**	**343120**	**6750**	**23149**
卫生和社会工作	**Health and Social Services**	**140230**	**127197**	**3393**	**9640**
文化、体育和娱乐业	**Culture,Sports and Entertainment**	**24534**	**15912**	**355**	**8267**
新闻和出版业	Journalism and Publishing Activities	4352	1922		2430
广播、电视、电影和影视录音制作业	Radio, Television, Motion Picture and Videotape Programme	5050	3998	3	1049
文化艺术业	Cultural and Art Activities	12083	8814	348	2921
体 育	Sports Activities	888	681	4	203
娱乐业	Entertainment	2161	497		1664
公共管理、社会保障和社会组织	**Public Management,Social Security and Social Organization**	**446419**	**443926**	**333**	**2160**
中国共产党机关	Organs of Communist Party of China	20167	20159		8
国家机构	Government Agencies	416649	414667	320	1662
人民政协和民主党派	People's Political Consultative Conference and Democratic Parties	3377	3377		
社会保障	Social Security	2233	2186		47
群众团体、社会团体和其他成员组织	Non-Governmental Organizations, Social Organizations and Other Member Organizations	3906	3537	13	356
基层群众自治组织	Grass Roots Self-Governing Organizations				

4-6 城镇登记失业人数及失业率
Registered Unemployment Persons and Unemployment Rate in Urban Areas

单位：万人 (10 000 persons)

年 份 Year	城镇登记失业人数 Number of Registered Unemployed Persons in Urban Areas	城镇登记失业率（%）Registered Unemployment Rate in Urban Areas (%)	城镇新增就业人员 Newly Increased Urban Employee	城镇失业人员实现再就业人数 Number of Re-employment of Urban Laid-off Workers	城镇就业困难对象再就业人数 Number of Re-employment of the Object of Urban Employment Difficulties
2006	9.69	3.63	18.40	7.40	2.50
2007	9.51	3.34	22.70	9.20	3.60
2008	9.43	3.20	25.60	11.70	4.80
2009	10.28	3.25	27.80	10.90	4.40
2010	10.72	3.21	29.30	10.90	4.70
2011	10.80	3.11	29.55	11.70	4.60
2012	9.78	2.68	36.00	13.60	5.20
2013	9.28	2.35	43.46	16.10	5.89
2014	9.71	2.19	43.50	15.81	5.19
2015	9.48	2.14	43.70	16.80	4.80
2016	9.77	2.20	43.70	14.90	4.80
2017	9.65	2.71	43.78	15.70	3.70
2018	9.95	2.78	43.13	16.50	4.20
2019	10.83	3.00	39.22	16.20	5.95

4-7 城镇非私营单位就业人员工资总额
Total Wage Bill of Employed Persons in Urban Non-private Units

单位：万人 (10 000 persons)

年 份 Year	工资总额 Total Wage Bill	国有单位 State-owned Units	城镇集体单位 Urban Collective-owned Units	其他单位 Units of Other Types of Ownership
2005	2838270	2450917	117662	269691
2006	3296705	2552452	104095	640158
2007	3925014	3104484	107857	712673
2008	4610436	3613034	116787	880615
2009	5177207	4129160	139368	908679
2010	5689458	4443116	155806	1090536
2011	6240152	4775310	197167	1267675
2012	7967933	6066343	264201	1637389
2013	11105296	6735143	374031	3996122
2014	12472598	7628223	375881	4468494
2015	13851432	8860878	390032	4600522
2016	14956853	9836352	356876	4763625
2017	16239401	10786806	338019	5114577
2018	17306537	10700469	302495	6303573
2019	18532006	10670698	293327	7567981

4-8 城镇非私营单位就业人员工资总额指数
Indices of Total Wage Bill of Employed Persons in Urban Non-private Units

（上年 =100） (preceding year=100)

年 份 Year	工资总额指数 Indices of Total Wage Bill	国有单位 State-owned Units	城镇集体单位 Urban Collective-owned Units	其他单位 Units of Other Types of Ownership
2005	111.99	169.56	95.74	110.45
2006	116.15	104.14	88.47	237.37
2007	119.06	121.63	103.61	111.33
2008	117.46	116.38	108.28	123.57
2009	112.29	114.29	119.34	103.19
2010	109.89	107.60	111.79	120.01
2011	109.68	107.48	126.55	116.24
2012	127.69	127.04	134.00	129.16
2013	139.37	111.02	141.57	244.05
2014	112.31	113.26	100.49	111.82
2015	111.05	116.16	103.76	102.95
2016	107.98	111.01	91.50	103.55
2017	108.57	109.66	94.72	107.37
2018	106.57	99.20	89.49	123.25
2019	107.08	99.72	96.97	120.06

4-9 城镇非私营单位就业人员平均工资
Average Wage of Employed Persons in Urban Non-private Units

单位：元 (yuan)

年 份 Year	平均工资 Average Wage	#在岗职工 Staff and Workers	国有单位 State-owned Units	城镇集体单位 Urban Collective-owned Units	其他单位 Units of Other Types of Ownership
2005	14654	14939	15840	9089	11626
2006	16843	17246	17108	11411	15313
2007	20657	20987	21968	12858	17681
2008	23524	24017	24625	15761	20801
2009	26743	27177	28082	18914	23191
2010	29096	29588	29889	22084	27375
2011	32092	32906	33232	28129	32565
2012	37679	38440	38401	32580	36074
2013	42833	44109	45636	32822	39834
2014	46960	48470	49614	34257	44297
2015	52942	54454	57888	37465	46869
2016	57575	59549	63930	38772	49255
2017	63374	65726	70549	43138	53549
2018	70695	73704	75730	48721	64786
2019	73607	77336	78904	51496	68282

4-10 城镇非私营单位就业人员平均工资指数
Indices of Average Wage of Employed Persons in Urban Non-private Units

（上年=100） （preceding year=100）

年份 Year	平均工资指数 Indices of Average Wage					平均实际工资指数 Indices of Average Real Wage				
	平均工资 Average Wage	#在岗职工 Staff and Workers	国有单位 State-owned Units	城镇集体单位 Urban Collective-owned Units	其他单位 Units of Other Types of Ownership	平均工资 Average Wage	#在岗职工 Staff and Workers	国有单位 State-owned Units	城镇集体单位 Urban Collective-owned Units	其他单位 Units of Other Types of Ownership
2005	109.95	109.66	110.05	110.96	101.14	108.11	107.83	108.21	109.11	99.45
2006	114.94	115.44	108.01	125.55	131.71	113.46	113.96	106.62	123.94	130.02
2007	122.64	121.69	128.41	112.68	115.46	116.25	115.35	121.72	106.81	109.44
2008	113.88	114.44	112.09	122.58	117.65	105.25	105.77	103.60	113.29	108.73
2009	113.68	113.16	114.04	120.01	111.49	112.22	111.71	112.58	118.47	110.06
2010	108.80	108.87	106.43	116.76	118.04	104.51	104.58	102.24	112.16	113.39
2011	110.30	111.21	111.18	127.37	118.96	104.15	105.01	104.99	120.27	112.33
2012	117.41	117.21	115.55	115.82	110.78	114.32	114.13	112.51	112.78	107.87
2013	113.70	114.70	118.80	100.70	110.40	110.17	111.14	115.12	97.58	106.98
2014	109.64	109.89	108.72	104.37	111.20	107.38	107.63	106.48	102.23	108.92
2015	112.74	112.35	116.68	109.36	105.81	110.96	110.58	114.84	107.64	104.14
2016	108.75	109.36	110.44	103.49	105.09	107.36	107.95	109.02	102.16	103.74
2017	110.07	110.37	110.35	111.26	108.72	108.55	108.85	108.83	109.72	107.22
2018	111.55	112.14	112.66	116.25	124.39	109.36	109.94	110.45	113.97	121.95
2019	104.12	104.93	104.19	105.70	105.40	101.78	102.57	101.85	103.32	103.03

4-11 按登记注册类型和行业分城镇非私营单位就业人员工资总额(2019)
Total Wage Bill of Employed Persons in Urban Non-private Units by Status of Registration Sector in Detail (2019)

单位:万元 (10 000 yuan)

项目	Item	工资总额 Total Wage Bill	国有单位 State-owned Units	城镇集体单位 Urban Collective-owned Units	其他单位 Units of Other Types of Ownership
城镇单位就业人员工资总额	**Total Wage Bill of Employed Persons in Urban Units**	**18532006**	**10670698**	**293327**	**7567981**
按企、事业和机关分	**By Enterprises, Institutions and Agencies**				
企业	Enterprises	9198956	1676112	202896	7319948
事业	Institutions	5817892	5515595	83228	219070
机关	Agencies & Organizations	3409744	3404837	705	4202
民间非营利组织	Folk Non-profit Organization	47843	17401	6498	23945
其他	Other	57570	56754		817
按国民经济行业分	**By Sector**				
农、林、牧、渔业	Agriculture, Forestry, Animal Husbandry and Fishery	101797	77964	1580	22254
采矿业	Mining	660317	148444	6908	504965
制造业	Manufacturing	2063972	96004	4877	1963091
电力、热力、燃气及水生产和供应业	Production and Supply of Electricity, Heat, Gas and Water	938778	624475	979	313325
建筑业	Construction	1838100	247323	131855	1458922
批发和零售业	Wholesale and Retail Trades	425704	53213	4399	368092
交通运输、仓储和邮政业	Transport,Storage and Post	1108746	126523	745	981477
住宿和餐饮业	Hotels and Catering Services	112886	21367	824	90695
信息传输、软件和信息技术服务业	Information Transmission,Software and Information Technology Services	305229	42783	4	262442
金融业	Financial Intermediation	751263	175215	31862	544187
房地产业	Real Estate	270465	7240	3420	259805
租赁和商务服务业	Leasing and Business Services	188623	44071	11434	133118
科学研究和技术服务业	Scientific Research and Technical Services	651026	392101	2116	256809
水利、环境和公共设施管理业	Management of Water Conservancy, Environment and Public Facilities	336000	276672	1316	58011
居民服务、修理和其他服务业	Service to Households, Repair and Other Services	23581	6145	239	17197
教育	Education	3380745	3138403	58995	183348
卫生和社会工作	Health and Social Service	1290399	1185061	27649	77689
文化、体育和娱乐业	Culture, Sports and Entertainment	196510	139844	2068	54597
公共管理、社会保障和社会组织	Public Management,Social Security and Social Organization	3887867	3867851	2058	17958

4-12 按登记注册类型和行业分城镇非私营单位就业人员平均工资（2019）
Average Wage of Employed Persons in Urban Non-private Units by Status of Registration Sector in Detail（2019）

单位：元 （yuan）

项 目	Item	平均工资 Average Wage	国有单位 State-owned Units	城镇集体单位 Urban Collective-owned Units	其他单位 Units of Other Types of Ownership
城镇单位就业人员平均工资	**Average Wage of Employed Persons in Urban Units**	**73607**	**78904**	**51496**	**68282**
按企、事业和机关分	**By Enterprises, Institutions and Agencies**				
企业	Enterprises	68477	74768	45101	68144
事业	Institutions	81021	81073	76503	81539
机关	Agencies & Organizations	77652	77644	108446	80808
民间非营利组织	Folk Non-profit Organization	47501	70936	63086	36340
其他	Other	81360	82275		45876
按国民经济行业分	**By Sector**				
农、林、牧、渔业	Agriculture, Forestry, Animal Husbandry and Fishery	51011	54142	36737	43413
采矿业	Mining	85432	81179	64023	87173
制造业	Manufacturing	73138	86928	45493	72684
电力、热力、燃气及水生产和供应业	Production and Supply of Electricity, Heat, Gas and Water	83511	83231	38101	84390
建筑业	Construction	54097	54041	42048	55546
批发和零售业	Wholesale and Retail Trades	55159	97620	39914	52120
交通运输、仓储和邮政业	Transport,Storage and Post	84638	67214	39439	87644
住宿和餐饮业	Hotels and Catering Services	40319	41954	35996	39996
信息传输、软件和信息技术服务业	Information Transmission,Software and Information Technology Services	80909	63289	18000	84760
金融业	Financial Intermediation	78914	94614	68593	75544
房地产业	Real Estate	49226	48555	45843	49293
租赁和商务服务业	Leasing and Business Services	50130	52716	38304	50650
科学研究和技术服务业	Scientific Research and Technical Services	99718	95073	59109	108418
水利、环境和公共设施管理业	Management of Water Conservancy, Environment and Public Facilities	55910	58610	54384	45862
居民服务、修理和其他服务业	Service to Households, Repair and Other Services	44366	68129	39767	39506
教育	Education	86761	87580	83574	75592
卫生和社会工作	Health and Social Service	76480	77203	63738	71359
文化、体育和娱乐业	Culture, Sports and Entertainment	68623	74867	62869	56707
公共管理、社会保障和社会组织	Public Management,Social Security and Social Organization	76736	76823	42778	66562

4-13 按行业分城镇私营单位就业人员平均工资
Average Wage of Employed Persons in Urban Private Units by Sector

单位：元 (yuan)

项　目	Item	2015	2018	2019
甘肃省	**Gansu**	**31091**	**39834**	**41715**
农、林、牧、渔业	Agriculture, Forestry, Animal Husbandry and Fishery	26297	32272	33819
采矿业	Mining	34446	41806	43178
制造业	Manufacturing	32110	39645	39812
电力、热力、燃气及水生产和供应业	Production and Supply of Electricity, Heat, Gas and Water	33692	43186	47424
建筑业	Construction	30687	38152	39690
批发和零售业	Wholesale and Retail Trades	33872	39833	39473
交通运输、仓储和邮政业	Transport,Storage and Post	30261	40033	45296
住宿和餐饮业	Hotels and Catering Services	26854	38111	40094
信息传输、软件和信息技术服务业	Information Transmission,Software and Information Technology Services	30890	40879	49567
金融业	Financial Intermediation	29668	45113	50214
房地产业	Real Estate	27716	44128	44713
租赁和商务服务业	Leasing and Business Services	33373	44883	45290
科学研究和技术服务业	Scientific Research and Technical Services	35573	55163	57756
水利、环境和公共设施管理业	Management of Water Conservancy, Environment and Public Facilities	32320	40483	38037
居民服务、修理和其他服务业	Service to Households, Repair and Other Services	25121	37219	39257
教育	Education	29412	44615	47451
卫生和社会工作	Health and Social Service	30324	42286	42374
文化、体育和娱乐业	Culture, Sports and Entertainment	26491	34905	36419
公共管理、社会保障和社会组织	Public Management,Social Security and Social Organization			

4-14 按行业分非私营单位在岗职工工资总额（2019）
Total Wages of Staff and Workers in Non-private Units by Sector（2019）

单位：万元 （10 000 yuan）

项 目	Item	工资总额 Total Wage Bill	国有单位 State-owned Units	城镇集体单位 Urban Collective-owned Units	其他单位 Units of Other Types of Ownership
工资总额	**Total**	**16779274**	**10039588**	**267937**	**6471749**
按企、事业和机关分	**By Enterprises, Institutions and Agencies**				
企业	Enterprises	7840835	1421297	180478	6239060
事业	Institutions	5570139	5284752	80455	204932
机关	Agencies & Organizations	3266096	3261406	660	4031
民间非营利组织	Folk Non-profit Organization	46397	17119	6345	22933
其他	Other	55807	55014		793
按国民经济行业分	**By Sector**				
农、林、牧、渔业	Agriculture,Forestry,Animal Husbandry and Fishery	89857	68407	1285	20165
采矿业	Mining	625739	127890	6908	490941
制造业	Manufacturing	1902798	92996	3436	1806366
电力、热力、燃气及水生产和供应业	Production and Supply of Electricity, Heat, Gas and Water	884848	594353	738	289757
建筑业	Construction	1127626	105801	113908	907917
批发和零售业	Wholesale and Retail Trades	398991	51045	4293	343653
交通运输、仓储和邮政业	Transport,Storage and Post	1041430	105891	745	934793
住宿和餐饮业	Hotels and Catering Services	95162	20153	764	74245
信息传输、软件和信息技术服务业	Information Transmission,Software and Information Technology Services	287246	39801	4	247441
金融业	Financial Intermediation	627663	173228	30142	424293
房地产业	Real Estate	222532	6186	3417	212930
租赁和商务服务业	Leasing and Business Services	156835	33609	10913	112313
科学研究和技术服务业	Scientific Research and Technical Services	610482	377029	2024	231430
水利、环境和公共设施管理业	Management of Water Conservancy, Environment and Public Facilities	293034	248574	1301	43160
居民服务、修理和其他服务业	Service to Households, Repair and Other Services	19469	4722	239	14508
教育	Education	3326556	3088739	58231	179586
卫生和社会工作	Health and Social Service	1162455	1065488	25747	71220
文化、体育和娱乐业	Culture, Sports and Entertainment	181925	129146	2068	50710
公共管理、社会保障和社会组织	Public Management,Social Security and Social Organization	3724626	3706530	1775	16321

4-15 非私营单位在岗职工平均工资及指数
Average Wage of Staff and Workers and Related Indices in Non-private Units

年份 Year	平均货币工资（元） Average Money Wage（yuan）				指数（上年=100） Indices（preceding year=100） 货币工资 Average Money Wage				实际工资 Average Real Wage			
	合计 Total	国有单位 State-owned Units	城镇集体单位 Urban Collective-owned Units	其他单位 Units of Other Types of Ownership	合计 Total	国有单位 State-owned Units	城镇集体单位 Urban Collective-owned Units	其他单位 Units of Other Types of Ownership	合计 Total	国有单位 State-owned Units	城镇集体单位 Urban Collective-owned Units	其他单位 Units of Other Types of Ownership
1978	708	751	437									
1979	792	824	557		111.8	109.7	127.5		110.7	108.6	126.2	
1980	875	896	676		110.5	108.7	121.4		105.0	103.3	115.4	
1981	878	904	676		100.3	100.9	100.0		98.1	98.7	97.8	
1982	907	937	649		103.3	103.6	96.0		102.2	102.5	95.0	
1983	944	973	702		104.1	103.8	108.2		103.7	103.4	107.8	
1984	1200	1251	866		127.1	128.6	123.4		123.0	124.5	119.5	
1985	1363	1400	1116	1640	113.6	111.9	128.9		102.7	101.2	116.5	
1986	1555	1630	1090	1848	114.1	116.4	97.7	112.7	106.6	108.8	91.3	105.3
1987	1680	1761	1188	1880	108.0	108.0	109.0	101.7	99.6	99.6	100.6	93.8
1988	1949	2040	1400	2331	116.0	115.8	117.8	124.1	96.2	96.0	97.7	102.9
1989	2207	2317	1577	1927	113.2	113.5	112.6	82.7	95.8	96.0	95.3	70.0
1990	2407	2546	1675	2058	109.1	109.9	106.2	106.8	107.1	107.9	104.2	104.8
1991	2566	2706	1918	2155	106.6	106.3	114.5	104.7	100.9	100.6	108.3	99.1
1992	2902	3077	2127	2205	113.1	113.7	110.9	102.3	105.4	106.0	103.4	95.3
1993	3422	3627	2457	3389	117.9	117.9	115.5	153.7	102.3	102.3	100.3	133.4
1994	4796	5059	3506	4409	140.2	139.5	142.7	130.1	112.5	112.0	114.5	104.4
1995	5493	5747	3944	6534	114.5	113.6	112.5	148.2	96.3	95.5	94.6	124.6
1996	5882	6131	4471	6734	107.1	106.7	113.4	103.1	97.1	96.7	102.8	93.5
1997	6182	6445	4598	6703	105.1	105.1	102.8	99.5	102.2	102.2	100.0	96.8
1998	6418	6757	4774	5528	103.8	104.8	103.8	82.5	104.8	105.9	104.8	83.3
1999	6928	7311	5118	5837	107.9	108.2	107.2	105.6	111.0	111.3	110.3	108.6
2000	7913	8278	6228	6504	114.2	113.2	121.7	111.4	115.1	114.1	122.7	112.3
2001	9177	9690	5929	8244	116.0	113.2	95.2	126.8	112.6	109.9	92.4	123.1
2002	10272	10925	6127	8712	111.9	112.7	103.3	105.7	112.7	113.5	104.0	106.4
2003	11419	12079	6674	10115	111.2	110.6	108.9	116.1	110.2	109.6	107.9	115.1
2004	12711	13427	7676	10957	111.3	111.2	115.0	108.3	109.9	109.8	113.5	106.9
2005	14939	15840	9291	11827	117.5	118.0	121.0	107.9	116.1	116.6	119.6	106.6
2006	17246	18108	11514	15515	115.4	114.3	123.9	131.2	114.1	112.9	122.4	129.6
2007	20987	22314	12979	17948	121.7	123.2	112.7	115.7	115.7	117.1	107.1	110.0
2008	24017	25284	16179	20966	114.4	113.3	124.7	116.8	105.9	104.9	115.5	108.1
2009	27177	28565	19453	23360	113.2	113.0	120.2	111.4	112.2	112.0	119.1	110.4
2010	29588	30475	22249	27616	108.9	106.7	114.4	118.2	104.3	102.2	109.6	113.2
2011	32906	33232	28129	32565	111.2	109.0	126.4	117.9	104.9	102.8	119.2	111.2
2012	38440	39177	32524	36896	116.8	117.9	115.6	113.3	113.7	114.8	112.6	110.3
2013	44109	47050	33040	40833	114.7	120.1	101.6	110.7	111.1	116.4	98.4	107.3
2014	48470	51366	34978	45437	109.9	109.2	105.9	111.3	107.6	106.9	103.7	109.0
2015	54454	59989	37625	47365	112.3	116.8	107.6	104.2	110.6	114.9	105.9	102.6
2016	59549	66511	38907	50093	109.4	110.9	103.4	105.8	108.0	109.4	102.1	104.4
2017	65726	73328	43892	54974	110.4	110.2	112.8	109.7	108.8	108.7	111.3	108.2
2018	73704	79483	50146	66612	112.1	108.4	114.2	121.2	109.9	106.3	112.0	118.8
2019	77336	83141	52623	71255	104.9	104.6	104.9	107.0	102.6	102.3	102.6	104.6

注：2005 年起职工工资为在岗职工平均工资。
a）Since 2005 , data in this table are average wage of staff and workers.

4-16 按登记注册类型和行业分非私营单位在岗职工平均工资（2019）
Average Wage of Staff and Workers in Non-private Units by Status of Registration Sector in Detail（2019）

单位：元 （yuan）

项 目	Item	平均工资 Average Wage	国有单位 State-owned Units	城镇集体单位 Urban Collective-owned Units	其他单位 Units of Other Types of Ownership
职工平均工资	**Per Capita Wage of Staff and Workers**	**77336**	**83141**	**52623**	**71255**
按企、事业和机关分	**By Enterprises, Institutions and Agencies**				
企业	Enterprises	71266	77403	45097	71079
事业	Institutions	84851	84785	83707	87075
机关	Agencies & Organizations	83489	83481	117804	85966
民间非营利组织	Folk Non-profit Organization	48350	71945	63086	36914
其他	Other	88322	89503		46448
按国民经济行业分	**By Sector**				
农、林、牧、渔业	Agriculture,Forestry,Animal Husbandry and Fishery	56208	60910	38636	45757
采矿业	Mining	88181	81527	64023	90705
制造业	Manufacturing	74710	90087	47958	74183
电力、热力、燃气及水生产和供应业	Production and Supply of Electricity, Heat, Gas and Water	84632	84144	40609	85903
建筑业	Construction	55427	56092	41513	57356
批发和零售业	Wholesale and Retail Trades	56093	101480	40194	52881
交通运输、仓储和邮政业	Transport,Storage and Post	85517	67663	39439	88537
住宿和餐饮业	Hotels and Catering Services	41593	42207	35769	41514
信息传输、软件和信息技术服务业	Information Transmission,Software and Information Technology Services	82660	63767	18000	86928
金融业	Financial Intermediation	89671	95456	70135	89269
房地产业	Real Estate	49795	52155	45922	49792
租赁和商务服务业	Leasing and Business Services	51473	54054	38349	52226
科学研究和技术服务业	Scientific Research and Technical Services	101863	96751	62471	111531
水利、环境和公共设施管理业	Management of Water Conservancy, Environment and Public Facilities	61623	64555	55577	49265
居民服务、修理和其他服务业	Service to Households, Repair and Other Services	45012	77957	39767	39574
教育	Education	89112	89999	84646	77328
卫生和社会工作	Health and Social Service	82228	83116	76040	72954
文化、体育和娱乐业	Culture, Sports and Entertainment	72003	78758	62869	58934
公共管理、社会保障和社会组织	Public Management,Social Security and Social Organization	82224	82317	54278	69115
国际组织	International Organizations				

4-17 各市（州）地区就业再就业工作情况（2019）
Work Situation of Employment and Re-employment by Region （2019）

单位：人 （person）

市（州）	Region	城镇新增就业人员 Newly Increased Urban Employee	城镇失业人员再就业人数 Number of Re-employment of Urban Laid-off Workers	城镇就业困难对象再就业人数 Number of Re-employment of the Object of Urban Employment Difficulties	城镇登记失业率（%） Registered Unemployment Rate in Urban Areas（%）
兰州市	Lanzhou	93576	37520	11529	3.38
嘉峪关市	Jiayuguan	8010	1843	342	2.78
金昌市	Jinchang	14389	12845	1749	2.64
白银市	Baiyin	41019	12727	5798	2.15
天水市	Tianshui	49743	13006	6588	2.83
武威市	Wuwei	25855	5926	3708	3.17
张掖市	Zhangye	25202	24371	3046	2.80
平凉市	Pingliang	37173	12396	5160	3.34
酒泉市	Jiuquan	20328	8681	2961	2.79
庆阳市	Qingyang	37801	10029	3744	2.81
定西市	Dingxi	19653	6590	4159	2.76
陇南市	Longnan	20303	6200	3180	3.06
临夏州	Linxia	26368	6125	3328	3.10
甘南州	Gannan	5397	2609	2492	2.63

4-18 各市（州）按行业分城镇非私营单位就业人员数（2019）
Number of Employed Persons in Urban Non-private Units at Year-end by Sector and Region（2019）

单位：万人 （10 000 persons）

市（州）	Region	合计 Total	农、林、牧、渔业 Agriculture, Forestry, Animal Husbandry and Fishery	采矿业 Mining	制造业 Manufacturing	电力、热力、燃气及水生产和供应业 Production and Supply of Electricity,Heat, Gas and Water	建筑业 Construction	批发和零售业 Wholesale and Retail Trades
甘肃省	**Gansu**	**253.04**	**1.98**	**7.67**	**28.13**	**11.31**	**34.59**	**7.84**
兰州市	Lanzhou	73.42	0.04	1.10	8.70	5.34	15.08	3.42
嘉峪关市	Jiayuguan	5.86			3.09	0.27	0.22	0.08
金昌市	Jinchang	9.15	0.31	0.01	3.36	0.23	1.34	0.20
白银市	Baiyin	15.66	0.10	1.36	2.01	0.81	2.05	0.20
天水市	Tianshui	24.03	0.14	0.06	4.20	0.63	2.94	1.02
武威市	Wuwei	12.75	0.09	0.21	1.00	0.53	1.87	0.26
张掖市	Zhangye	10.60	0.27	0.39	0.67	0.36	0.84	0.41
平凉市	Pingliang	16.23	0.09	2.15	0.25	0.52	1.99	0.23
酒泉市	Jiuquan	13.29	0.33	0.17	2.02	0.50	1.55	0.59
庆阳市	Qingyang	17.65	0.09	1.83	0.43	0.65	1.81	0.69
定西市	Dingxi	14.43	0.05	0.02	0.90	0.35	1.58	0.28
陇南市	Longnan	13.26	0.06	0.35	0.97	0.20	1.11	0.26
临夏州	Linxia	13.06	0.02	0.02	0.31	0.62	1.96	0.14
甘南州	Gannan	7.25	0.40		0.22	0.29	0.25	0.07

注：表中分市州统计口径不包含兰州铁路局数据。
a）The statistical caliber of cities and states in the table does not include the data of Lanzhou Railway Administration.

4-18 续表 1 continued

单位：万人 (10 000 persons)

市（州）	Region	交通运输、仓储和邮政业 Transport, Storage and Post	住宿和餐饮业 Hotels and Catering Services	信息传输、软件和信息技术服务业 Information Transmission, Software and Information Technology Services	金融业 Financial Intermediation	房地产业 Real Estate	租赁和商务服务业 Leasing and Business Services	科学研究和技术服务业 Scientific Research and Technical Services
甘肃省	**Gansu**	**13.16**	**2.80**	**3.74**	**9.56**	**5.44**	**3.84**	**6.60**
兰州市	Lanzhou	3.06	1.13	2.12	2.52	3.00	2.14	3.82
嘉峪关市	Jiayuguan	0.08	0.08	0.05	0.19	0.11	0.04	0.08
金昌市	Jinchang	0.36	0.05	0.12	0.37	0.15	0.06	0.07
白银市	Baiyin	0.29	0.04	0.11	0.39	0.24	0.06	0.15
天水市	Tianshui	0.46	0.31	0.26	0.47	0.47	0.29	0.68
武威市	Wuwei	0.21	0.08	0.10	0.87	0.19	0.16	0.21
张掖市	Zhangye	0.21	0.11	0.09	0.60	0.18	0.17	0.26
平凉市	Pingliang	0.37	0.15	0.13	0.71	0.18	0.08	0.30
酒泉市	Jiuquan	0.31	0.31	0.11	1.09	0.27	0.37	0.21
庆阳市	Qingyang	0.65	0.22	0.15	0.64	0.19	0.17	0.27
定西市	Dingxi	0.32	0.12	0.11	0.59	0.24	0.16	0.19
陇南市	Longnan	0.23	0.10	0.16	0.41	0.13	0.04	0.12
临夏州	Linxia	0.14	0.06	0.11	0.48	0.07	0.08	0.14
甘南州	Gannan	0.07	0.05	0.13	0.25	0.03	0.01	0.08

4-18 续表 2 continued

单位：万人 (10 000 persons)

市（州）	Region	水利、环境和公共设施管理业 Management of Water Conservancy, Environment and Public Facilities	居民服务、修理和其他服务业 Service to Households, Repair and Other Services	教育 Education	卫生和社会工作 Health and Social Service	文化、体育和娱乐业 Culture, Sports and Entertainment	公共管理、社会保障和社会组织 Public Management, Social Security and Social Organization
甘肃省	**Gansu**	**6.00**	**0.52**	**39.15**	**17.04**	**2.79**	**50.87**
兰州市	Lanzhou	2.12	0.08	7.18	3.86	1.07	7.64
嘉峪关市	Jiayuguan	0.15	0.01	0.33	0.33	0.11	0.64
金昌市	Jinchang	0.15	0.16	0.59	0.41	0.06	1.15
白银市	Baiyin	0.38	0.00	2.73	1.08	0.08	3.56
天水市	Tianshui	0.36	0.09	4.73	1.53	0.18	5.21
武威市	Wuwei	0.74	0.01	2.30	1.26	0.09	2.55
张掖市	Zhangye	0.45	0.02	1.67	0.91	0.13	2.85
平凉市	Pingliang	0.43	0.01	3.29	1.38	0.14	3.83
酒泉市	Jiuquan	0.46	0.07	1.39	0.84	0.29	2.39
庆阳市	Qingyang	0.24	0.04	3.84	1.34	0.21	4.19
定西市	Dingxi	0.24	0.01	3.80	1.46	0.13	3.89
陇南市	Longnan	0.19	0.01	2.96	1.07	0.09	4.82
临夏州	Linxia	0.06		2.89	1.14	0.14	4.68
甘南州	Gannan	0.01		1.44	0.42	0.07	3.46

4-19 各地、县非私营单位在岗职工人数（2019）
Number of Staff and Workers in Non-private Units by Region & County（2019）

单位：人 （person）

地、县	Region & County	在岗职工人数 Number of Staff and Workers	国有单位 State-owned Units	城镇集体单位 Urban Collective-owned Units	其他单位 Units of Other Types of Ownership
兰州市	**Lanzhou**	**571914**	**256103**	**8886**	**306925**
城关区	Chengguan	294715	154402	4402	135911
七里河区	Qilihe	68913	30097	329	38487
西固区	Xigu	67427	16911	525	49991
安宁区	Anning	34307	16127	117	18063
红古区	Honggu	22477	5404	144	16929
永登县	Yongdeng	16837	9368	261	7208
皋兰县	Gaolan	9078	5060	242	3776
榆中县	Yuzhong	22910	10670	2866	9374
兰州新区	Lanzhou New Area	35250	8064		27186
嘉峪关市	**Jiayuguan**	**48767**	**12378**	**844**	**35545**
金昌市	**Jinchang**	**68852**	**21339**	**615**	**46898**
金川区	Jinchuan	50191	13807	66	36318
永昌县	Yongchang	18661	7532	549	10580
白银市	**Baiyin**	**134001**	**71232**	**6093**	**56676**
白银区	Baiyin	50331	22286	1772	26273
平川区	Pingchuan	32739	10537	2820	19382
靖远县	Jingyuan	21877	15355	283	6239
会宁县	Huining	15358	14211	177	970
景泰县	Jingtai	13696	8843	1041	3812
天水市	**Tianshui**	**200603**	**114388**	**3818**	**82397**
秦州区	Qinzhou	75938	31324	434	44180
麦积区	Maiji	48442	24357	173	23912
清水县	Qingshui	13328	9858	231	3239
秦安县	Qinan	16033	12779	22	3232
甘谷县	Gangu	19742	12972	2208	4562
武山县	Wushan	14320	12727	225	1368
张家川县	Zhangjiachuan	12800	10371	525	1904
武威市	**Wuwei**	**110132**	**70622**	**2128**	**37382**
凉州区	Liangzhou	74306	43350	1503	29453
民勤县	Minqin	12682	9578	44	3060
古浪县	Gulang	11477	9288	581	1608
天祝县	Tianzhu	11667	8406		3261
张掖市	**Zhangye**	**87678**	**56597**	**1766**	**29315**

4-19 续表 1 continued

单位：人 (person)

地、县	Region & County	在岗职工人数 Number of Staff and Workers	国有单位 State-owned Units	城镇集体单位 Urban Collective-owned Units	其他单位 Units of Other Types of Ownership
甘州区	Ganzhou	40739	26113	131	14495
肃南县	Sunan	6384	3008	192	3184
民乐县	Minle	12906	8613	8	4285
临泽县	Linze	7632	5886	3	1743
高台县	Gaotai	8094	6013	281	1800
山丹县	Shandan	11923	6964	1151	3808
平凉市	**Pingliang**	**144075**	**89989**	**5140**	**48946**
崆峒区	Kongtong	47895	27357	44	20494
泾川县	Jingchuan	11643	10455	35	1153
灵台县	Lingtai	7753	7354	9	390
崇信县	Chongxin	11110	4411	15	6684
庄浪县	Zhuanglang	18325	15551	1575	1199
静宁县	Jingning	22372	16424	2376	3572
华亭市	Huating	24977	8437	1086	15454
酒泉市	**Jiuquan**	**112069**	**49566**	**4155**	**58348**
肃州区	Suzhou	50558	20917	2371	27270
金塔县	Jinta	8711	4903	61	3747
瓜州县	Guazhou	8691	4834	9	3848
肃北县	Subei	3504	1989		1515
阿克塞县	Akesai	2481	1820	23	638
玉门市	Yumen	22517	7390	1392	13735
敦煌市	Dunhuang	15607	7713	299	7595
庆阳市	**Qingyang**	**156851**	**112245**	**2234**	**42372**
西峰区	Xifeng	72601	45258	381	26962
庆城县	Qingcheng	12446	9018	245	3183
环　县	Huanxian	13378	11085	218	2075
华池县	Huachi	8873	7271	158	1444
合水县	Heshui	7684	7036	164	484
正宁县	Zhengning	8719	7161	232	1326
宁　县	Ningxian	18024	12284	621	5119
镇原县	Zhenyuan	15126	13132	215	1779
定西市	**Dingxi**	**134091**	**92104**	**5160**	**36827**
安定区	Anding	40706	23005	647	17054
通渭县	Tongwei	16282	11780	562	3940

4-19 续表 2 continued

单位：人 (person)

地、县	Region & County	在岗职工人数 Number of Staff and Workers	国有单位 State-owned Units	城镇集体单位 Urban Collective-owned Units	其他单位 Units of Other Types of Ownership
陇西县	Longxi	21974	15417	901	5656
渭源县	Weiyuan	9592	8668	459	465
临洮县	Lintao	26313	16077	2320	7916
漳　县	Zhangxian	7073	6354	110	609
岷　县	Minxian	12151	10803	161	1187
陇南市	**Longnan**	**125038**	**91915**	**1880**	**31243**
武都区	Wudu	31075	19913	312	10850
成　县	Chengxian	16053	10415	624	5014
文　县	Wenxian	11984	8769	175	3040
宕昌县	Tanchang	11223	9989	307	927
康　县	Kangxian	8016	6447		1569
西和县	Xihe	15548	12945	6	2597
礼　县	Lixian	13635	11892	33	1710
徽　县	Huixian	13818	8434	345	5039
两当县	Liangdang	3686	3111	78	497
临夏州	**Linxia**	**116358**	**90230**	**6636**	**19492**
临夏市	linxia	33069	24621	2984	5464
临夏县	linxia	11018	10825	12	181
康乐县	Kangle	9622	9310	56	256
永靖县	Yongjing	22809	9872	2077	10860
广河县	Guanghe	9654	8906	97	651
和政县	Hezheng	9299	7576	61	1662
东乡县	Dongxiang	12076	10488	1210	378
积石山县	Jishishan	8811	8632	139	40
甘南州	**Gannan**	**64841**	**56322**	**662**	**7857**
合作市	Hezuo	19911	16220	21	3670
临潭县	Lintan	7259	6562	130	567
卓尼县	Zhuoni	8721	8109	82	530
舟曲县	Zhouqu	8344	8076	126	142
迭部县	Diebu	6790	5337	91	1362
玛曲县	Maqu	4684	3807	61	816
碌曲县	Luqu	3842	3588	62	192
夏河县	Xiahe	5290	4623	89	578

4-20 各市（州）非私营单位在岗职工平均工资（2019）

Average Wage of Staff and Workers in Non-private Units by Region（2019）

单位：元 (yuan)

市（州）	Region	平均工资 Average Wage	国有单位 State-owned Units	城镇集体单位 Urban Collective-owned Units	其他单位 Units of Other Types of Ownership
甘肃省	**Gansu**	**77336**	**83141**	**52623**	**71255**
兰州市	Lanzhou	88393	101541	64758	77677
嘉峪关市	Jiayuguan	80651	90090	63229	78174
金昌市	Jinchang	79103	75129	46281	80971
白银市	Baiyin	72513	77953	50398	67838
天水市	Tianshui	63692	73418	53264	50661
武威市	Wuwei	69337	77795	74477	52878
张掖市	Zhangye	76479	86595	50449	59065
平凉市	Pingliang	75160	75278	37125	78651
酒泉市	Jiuquan	71871	78446	51090	67975
庆阳市	Qingyang	73250	82395	55465	50513
定西市	Dingxi	69024	75817	46781	55589
陇南市	Longnan	63033	66478	53111	53741
临夏州	Linxia	69484	76934	42517	46487
甘南州	Gannan	82664	85062	82225	66575

4-21 各市（州）按行业分非私营单位在岗职工平均工资（2019）

Average Wage of Staff and Workers in Non-private Units by Sector and Region（2019）

单位：元 (yuan)

市（州）	Region	平均工资 Average Wage	农、林、牧、渔业 Agriculture, Forestry, Animal Husbandry and Fishery	采矿业 Mining	制造业 Manufacturing	电力、热力、燃气及水生产和供应业 Production and Supply of Electricity,Heat, Gas and Water	建筑业 Construction	批发和零售业 Wholesale and Retail Trades
甘肃省	**Gansu**	**77336**	**56208**	**88181**	**74710**	**84632**	**55427**	**56093**
兰州市	Lanzhou	88393	116975	78159	87782	85237	66305	61524
嘉峪关市	Jiayuguan	80651	83923		81615	92621	61315	79183
金昌市	Jinchang	79103	48725	38386	85105	85164	93825	50572
白银市	Baiyin	72513	53759	22264	59071	88242	39374	57159
天水市	Tianshui	63692	56370	73573	51475	64352	49320	47877
武威市	Wuwei	69337	72545	86470	50836	96026	41557	54124
张掖市	Zhangye	76479	48303	69548	47433	78273	44522	46877
平凉市	Pingliang	75160	46361	98579	59716	75108	50893	50085
酒泉市	Jiuquan	71871	48669	63766	92548	92876	53876	47559
庆阳市	Qingyang	73250	70416	84926	67469	81627	43364	47150
定西市	Dingxi	69024	51147	29823	50721	82276	41816	53027
陇南市	Longnan	63033	63700	59469	60525	75732	36740	69325
临夏州	Linxia	69484	59118	64860	51305	97807	32876	57856
甘南州	Gannan	82664	57405	59216	86154	71735	51286	86246

4-21 续表 1 continued

单位：元 (yuan)

市（州）	Region	交通运输、仓储和邮政业 Transport, Storage and Post	住宿和餐饮业 Hotels and Catering Services	信息传输、软件和信息技术服务业 Information Transmission, Software and Information Technology Services	金融业 Financial Intermedi-ation	房地产业 Real Estate	租赁和商务服务业 Leasing and Business Services	科学研究和技术服务业 Scientific Research and Technical Services
甘肃省	**Gansu**	**85517**	**41593**	**82660**	**89671**	**49795**	**51473**	**101863**
兰州市	Lanzhou	70286	45779	80942	96559	54293	53761	118679
嘉峪关市	Jiayuguan	67366	41357	100580	103671	58916	70524	89883
金昌市	Jinchang	56820	38500	87159	87043	37255	47209	85374
白银市	Baiyin	59733	37929	87748	102777	44474	54686	85240
天水市	Tianshui	58855	33716	91790	77913	46855	40866	67017
武威市	Wuwei	61039	34466	80271	90052	49733	40349	77377
张掖市	Zhangye	66466	41274	71718	96206	42053	46305	84575
平凉市	Pingliang	54907	36920	97696	93279	47527	54744	76872
酒泉市	Jiuquan	57269	41965	97883	68857	36750	49074	78422
庆阳市	Qingyang	48925	35476	72902	75213	37738	41502	70388
定西市	Dingxi	56589	29809	101805	87116	38970	39797	70870
陇南市	Longnan	51213	35017	76840	75845	42401	52279	68240
临夏州	Linxia	53803	37454	64862	83229	53617	53411	77988
甘南州	Gannan	71707	31454	76301	74210	40323	55045	80068

4-21 续表 2 continued

单位：元 (yuan)

市（州）	Region	水利、环境和公共设施管理业 Management of Water Conservancy, Environment and Public Facilities	居民服务、修理和其他服务业 Service to Households, Repair and Other Services	教育 Education	卫生和社会工作 Health and Social Service	文化、体育和娱乐业 Culture, Sports and Entertain-ment	公共管理、社会保障和社会组织 Public Management, Social Security and Social Organization
甘肃省	**Gansu**	**61623**	**45012**	**89112**	**82228**	**72003**	**82224**
兰州市	Lanzhou	63905	59621	120718	106302	81342	104987
嘉峪关市	Jiayuguan	47086	69390	95020	79618	35735	86372
金昌市	Jinchang	70149	42714	86171	72298	63854	73022
白银市	Baiyin	57608	71000	79619	75817	56943	75418
天水市	Tianshui	61435	42054	76340	70738	59308	69747
武威市	Wuwei	48834	49809	83914	73761	66126	80613
张掖市	Zhangye	78584	44703	97089	83315	69460	88532
平凉市	Pingliang	45875	55541	81565	75984	68768	75797
酒泉市	Jiuquan	64518	35435	80373	62175	73636	83943
庆阳市	Qingyang	52627	41747	83418	76629	60878	81580
定西市	Dingxi	55572	36839	79635	75058	62880	74749
陇南市	Longnan	52705	42413	69761	52266	64575	66469
临夏州	Linxia	57458		78279	70594	63497	76144
甘南州	Gannan	74094	46611	92473	89747	75260	85934

主要统计指标解释

劳动力 指在16周岁及以上，有劳动能力，参加或要求参加社会经济活动的人口。包括就业人员和失业人员。

就业人员 指在一定年龄以上，有劳动能力，为取得劳动报酬或经营收入而从事一定社会劳动的人员。具体指年满16周岁，为取得报酬或经营利润，在调查周内从事了1小时（含1小时）以上的劳动或由于学习、休假等原因在调查周内暂时处于未工作状态，但有工作单位或场所的人口。

单位就业人员 指报告期末最后一日24时在本单位中工作，并取得工资或其他形式劳动报酬的人员数。该指标为时点指标，不包括最后一日当天及以前已经与单位解除劳动合同关系的人员，是在岗职工、劳务派遣人员及其他就业人员之和。就业人员不包括：

(1) 离开本单位仍保留劳动关系，并定期领取生活费的人员；

(2) 利用课余时间打工的学生及在本单位实习的各类在校学生；

(3) 本单位因劳务外包而使用的人员。

城镇私营和个体就业人员 城镇私营就业人员指在工商管理部门注册登记，其经营地址设在县城关镇（含县城关镇）以上的私营企业就业人员，包括私营企业投资者和雇工。城镇个体就业人员指在工商管理部门注册登记，并持有城镇户口或在城镇长期居住，经批准从事个体工商经营的就业人员，包括个体经营者和在个体工商户劳动的家庭帮工和雇工。

在岗职工 指在本单位工作且与本单位签订劳动合同，并由单位支付各项工资和社会保险、住房公积金的人员，以及上述人员中由于学习、病伤、产假等原因暂未工作仍由单位支付工资的人员。在岗职工还包括：

(1) 应订立劳动合同而未订立劳动合同人员（如使用的农村户籍人员）；

(2) 处于试用期人员；

(3) 编制外招用的人员；

(4) 派往外单位工作，但工资仍由本单位发放的人员（如挂职锻炼、外派工作等情况）。

城镇登记失业人员 指有非农业户口，在一定的劳动年龄内(16周岁至退休年龄)，有劳动能力，无业而要求就业，并在当地劳动保障部门进行求职登记的人员。

城镇登记失业率 城镇登记失业人员与城镇单位就业人员（扣除使用的农村劳动力、聘用的离退休人员、港澳台及外方人员）、城镇单位中的不在岗职工、城镇私营业主、个体户主、城镇私营企业和个体就业人员、城镇登记失业人员之和的比。计算公式为：

$$\text{城镇登记失业率} = \frac{\text{城镇登记失业人数}}{\text{城镇单位就业人员}-\text{使用的农村劳动力}-\text{聘用的离退休人员}-\text{聘用的港澳台及外方人员}+\text{不在岗职工}+\text{城镇私营业主}+\text{城镇个体户主}+\text{城镇私营企业及个体就业人员}+\text{城镇登记失业人数}} \times 100\%$$

工资总额 指根据《关于工资总额组成的规定》(1990年1月1日国家统计局发布的一号令）进行修订，在报告期内（季度或年度）直接支付给本单位全部就业人员的劳动报酬总额。包括计时工资、计件工资、奖金、津贴和补贴、加班加点工资、特殊情况下支付的工资，是在岗职工工资总额、劳务派遣人员工资总额和其他就业人员工资总额之和。

工资总额是税前工资，包括单位从个人工资中直接为其代扣或代缴的房费、水费、电费、住房公积金和社会保险基金个人缴纳部分等。

工资总额不论是计入成本的还是不计入成本的，不论是以货币形式支付的还是以实物形式支付的，均应列入工资总额的计算范围。

平均工资 指单位就业人员在一定时期内平均每人所得的工资额。它表明一定时期工资收入的高低程度，是反映就业人员工资水平的主要指标。计算公式为：

$$\text{平均工资} = \frac{\text{报告期就业人员工资总额}}{\text{报告期就业人员平均人数}}$$

平均工资指数 指报告期就业人员平均工资与基期就

业人员平均工资的比率，是反映不同时期就业人员货币工资水平变动情况的相对数。计算公式为：

$$平均工资指数 = \frac{报告期就业人员平均工资}{就业人员平均工资} \times 100\%$$

平均实际工资指数　就业人员平均实际工资指扣除物价变动因素后的就业人员平均工资。就业人员平均实际工资指数是反映实际工资变动情况的相对数，表明就业人员实际工资水平提高或降低的程度。计算公式为：

$$平均实际工资指数 = \frac{报告期就业人员工资总额}{报告期就业人员平均人数} \times 100\%$$

5

价　格

Prices

简要说明

一、本篇资料的主要内容

本篇资料反应生产、流通、消费与投资等环节的价格变动趋势和变动幅度。主要包括居民消费价格指数、商品零售价格指数、农业生产资料价格指数、工业生产者出厂价格指数、工业生产者购进价格指数、固定资产投资价格指数、农产品生产者价格指数等。

二、本篇资料的来源

1. 居民消费、商品零售和农业生产资料价格指数由国家统计局甘肃调查总队消费价格调查处整理提供。

2. 工业生产者出厂、工业生产者购进、固定资产投资等价格指数由国家统计局甘肃调查总队生产投资价格调查处整理提供。

3. 农产品生产者价格指数由国家统计局甘肃调查总队农业调查处整理提供。

5-1 各种价格指数
Price Indices

（上年=100） （preceding year=100）

年 份 Year	居民消费价格指数 Consumer Price Index	城市 Urban Household	农村 Rural Household	商品零售价格指数 Retail Price Index	农业生产资料价格指数 Price Index for Means of Agricultural Production	工业生产者出厂价格指数 Producer Price Index for Industrial Products	工业生产者购进价格指数 Purchasing Price Index for Industrial Producers	固定资产投资价格指数 Price Index for Investment in Fixed Assets
1978	100.6	100.8		100.5	100.2			
1979	101.1	101.1	101.0	100.8	100.2			
1980	104.2	105.2	102.7	104.1	100.2			
1981	101.7	102.2	100.7	101.6	99.8			
1982	101.1	101.1	101.1	101.2	101.3			
1983	100.4	100.4	100.4	100.6	104.4			
1984	102.5	103.3	101.5	103.0	108.3			
1985	109.2	110.6	107.1	108.5	104.6			
1986	106.6	107.0	106.0	106.0	100.6			
1987	107.6	108.4	106.5	107.4	104.8			
1988	119.1	120.6	116.0	118.6	114.3			
1989	117.9	118.2	117.6	116.4	113.7	122.0	129.8	
1990	103.2	101.9	104.7	103.4	111.2	110.7	114.1	105.6
1991	104.9	105.7	104.5	104.6	104.5	104.2	112.4	109.0
1992	107.2	107.3	106.4	105.8	106.7	110.3	117.2	117.4
1993	115.4	115.2	115.8	113.0	120.1	125.3	139.4	126.2
1994	123.7	124.6	123.5	122.5	123.2	121.2	118.3	112.6
1995	119.8	118.9	120.3	116.5	129.6	115.0	113.7	109.4
1996	110.2	110.3	109.7	106.6	110.7	104.4	107.6	104.9
1997	102.9	102.8	102.9	101.6	101.4	105.0	102.2	102.7
1998	99.0	99.0	98.9	98.2	96.3	95.2	96.4	100.3
1999	97.6	97.2	98.2	97.2	95.8	98.2	98.3	101.0
2000	99.5	99.2	100.1	99.1	103.9	107.2	111.8	102.5
2001	104.0	103.0	105.5	99.6	98.6	98.5	101.4	102.0
2002	100.0	99.3	100.9	98.9	100.4	97.9	98.4	100.2
2003	101.1	100.9	101.4	100.2	101.8	110.0	105.6	101.7
2004	102.3	101.3	104.3	102.1	107.4	114.3	112.5	105.5
2005	101.7	101.2	103.0	99.9	109.0	109.6	109.9	102.2
2006	101.3	101.2	101.4	101.2	104.4	109.8	108.8	104.1
2007	105.5	105.2	106.3	104.4	107.1	105.5	104.3	102.8
2008	108.2	108.0	108.7	107.9	114.7	104.9	110.2	106.7
2009	101.3	100.9	102.2	101.8	99.0	91.0	90.5	101.5
2010	104.1	104.4	103.6	104.6	101.7	115.0	114.4	103.5
2011	105.9	106.0	105.7	105.4	107.6	111.0	115.1	104.7
2012	102.7	102.5	103.1	102.6	105.2	96.8	98.7	102.1
2013	103.2	103.0	103.4	102.6	102.1	96.9	97.8	100.4
2014	102.1	102.2	102.1	101.7	99.0	96.7	97.6	100.1
2015	101.6	101.4	101.8	101.0	98.6	87.0	87.0	97.7
2016	101.3	101.2	101.5	100.9	99.9	94.9	94.6	98.7
2017	101.4	101.4	101.3	101.4	103.7	114.5	115.5	105.9
2018	102.0	101.9	102.3	101.7	104.2	109.5	109.8	104.6
2019	102.3	102.2	102.4	101.9	101.1	98.3	99.0	102.6

注：2011年以前，工业生产者出厂价格指数为工业品出厂价格指数，工业生产者购进价格指数为原材料、燃料和动力购进价格指数。

a）Before 2011,data of industrial producer price index data refer to producer price index for manufactured goods, data of industrial producer purchase price index refer to purchasing price index for raw material,fuel and power.

5-2 各种价格定基指数
Fixed-based Price Indices

（1978 年 =100） （year of 1978 =100）

年 份 Year	居民消费价格指数 Consumer Price Index	城市 Urban Household	农村 Rural Household	商品零售价格指数 Retail Price Index	农业生产资料价格指数 Price Index for Means of Agricultural Production
1978	100.0	100.0	100.0	100.0	100.0
1979	101.1	101.1	101.0	100.8	100.2
1980	105.3	106.4	103.7	104.9	100.4
1981	107.1	108.7	104.5	106.6	100.2
1982	108.3	109.9	105.6	107.9	101.5
1983	108.7	110.3	106.0	108.5	106.0
1984	111.5	113.9	107.6	111.7	114.8
1985	121.7	126.1	115.3	121.2	120.0
1986	129.8	134.9	122.2	128.5	120.8
1987	139.6	146.2	130.1	137.9	126.6
1988	166.3	176.3	150.9	163.6	144.7
1989	196.1	208.4	177.5	190.5	164.5
1990	202.3	212.4	185.8	196.9	182.9
1991	212.2	224.5	194.2	206.0	191.1
1992	227.5	240.9	206.6	217.9	203.9
1993	262.6	277.5	239.3	246.4	244.9
1994	324.8	345.7	295.5	301.8	301.8
1995	389.1	411.1	355.5	351.6	391.1
1996	428.8	453.4	389.9	374.8	432.9
1997	441.2	466.1	401.3	380.8	439.0
1998	436.8	461.5	396.9	373.9	422.7
1999	426.3	448.5	389.7	363.2	405.0
2000	424.2	444.9	390.1	360.2	420.8
2001	441.2	458.3	411.6	358.8	414.9
2002	441.2	455.1	415.3	354.9	416.5
2003	446.1	459.2	421.1	355.6	424.0
2004	456.4	465.2	439.2	363.1	455.4
2005	464.2	470.8	452.4	362.7	496.4
2006	470.2	476.4	458.7	367.1	518.2
2007	496.1	501.2	487.1	383.4	555.0
2008	536.8	541.3	529.5	413.7	636.6
2009	543.8	546.2	541.2	421.2	630.2
2010	566.1	570.2	560.7	440.6	640.9
2011	599.5	604.4	592.7	464.4	689.6
2012	615.7	619.5	611.1	476.5	725.5
2013	635.4	638.1	631.9	488.9	740.7
2014	648.7	652.1	645.1	497.2	739.9
2015	659.1	661.2	656.7	502.1	729.5
2016	667.7	669.1	666.6	506.6	728.8
2017	677.0	678.4	675.3	513.7	755.8
2018	690.5	691.3	690.8	522.4	787.5
2019	706.4	706.5	707.4	532.3	796.2

5-3 居民消费价格分类指数（2019）
Consumer Price Indices by Category（2019）

（上年 =100）　　　　（preceding year =100）

项　目	Item	全省 Provincal Indices	城市 Urban Indices	农村 Rural Indices
居民消费价格指数	**Consumer Price Index**	**102.3**	**102.2**	**102.4**
食品烟酒	**Food, Tobacco and Liquor**	**105.4**	**105.3**	**105.4**
食品	Food	107.5	107.7	107.0
粮食	Grain	100.7	100.6	100.8
薯类	Tubers	103.5	102.6	104.5
豆类	Beans	100.6	101.1	99.7
食用油	Edible oil and Fats	101.9	102.2	101.5
菜	Vegetables	103.4	104.3	102.0
畜肉类	Meat of Livestock	122.3	121.9	123.0
禽肉类	Meat of Poultry	110.7	112.4	108.0
水产品	Aquatic Products	100.6	100.8	99.9
蛋类	Eggs	105.5	105.9	104.7
奶类	Milk	101.3	101.4	101.2
干鲜瓜果类	Dried and Fresh Melons and Fruits	109.7	111.2	106.7
糖果糕点类	Candy and Cake	100.6	101.1	99.5
调味品	Flavoring	100.4	100.1	100.9
其他食品类	Other Foods	101.7	102.1	100.8
茶及饮料	Tea and Beverages	100.8	101.0	100.5
烟酒	Tobacco and Liquor	100.4	100.7	100.0
烟草	Tobacco	100.0	100.0	100.0
酒类	Liquor	101.0	101.7	100.0
在外餐饮	Dining Out	101.6	101.4	102.4
衣着	**Clothing**	**100.7**	**100.9**	**100.2**
服装	Garments	100.8	101.2	99.8
男式服装	Men's Garments	100.3	100.6	99.7
女式服装	Women's Garments	101.0	101.8	99.2
儿童服装	Children's Garments	101.5	100.7	103.0
服装材料	Garment Material	101.3	102.6	98.7
其他衣着及配件	Other Clothing and Parts	102.6	100.5	106.4
衣着加工服务费	Clothing Manufacturing Services	104.6	105.6	101.9
鞋类	Footwear	99.8	99.7	100.0
鞋	Shoes	99.6	99.7	99.5
鞋类加工服务	Footwear Manufacturing Services	103.8	100.2	106.2
居住	**Residence**	**101.7**	**100.6**	**103.7**
租赁房房租	Rent of Rental Housing	101.6	100.8	104.8
住房保养维修及管理	Housing Maintenance and Management	102.2	100.7	104.4

5-3 续表 1 continued

（上年 =100） （preceding year =100）

项 目	Item	全省 Provincal Indices	城市 Urban Indices	农村 Rural Indices
住房装潢材料	Housing Decoration Materials	100.9	101.0	100.7
物业管理费	Property Management Fees	99.9	99.9	100.0
住房装潢维修	Housing Decoration Repair	104.8	100.8	108.8
水电燃料	Water,Electricity and Fuels	100.5	100.5	100.6
水	Water	100.6	101.1	99.9
电	Electricity	99.9	99.9	100.0
燃气	Gas	100.5	100.9	99.7
取暖费	Heating Fee	100.9	100.3	102.5
其他燃料	Other fuels	101.1	101.6	100.4
自有住房	Private Housing	102.4	100.5	105.3
生活用品及服务	**Articles for Daily Use and Services**	**100.8**	**100.9**	**100.6**
家具及室内装饰品	Furniture and Interior Decorations	100.5	100.5	100.4
家具	Furniture	100.3	100.3	100.4
室内装饰品	Interior Decorations	101.4	102.2	100.1
家用器具	Home Appliances	99.1	99.5	98.3
大型家用器具	Large Home Appliances	99.0	99.4	98.2
小家电	Small Home Appliances	99.7	100.1	99.0
家用纺织品	Home Textiles	101.0	101.8	99.9
床上用品	Bedding	100.9	101.7	99.7
窗帘门帘	Curtains	102.1	102.6	101.5
其他家用纺织品	Other Household Textiles	99.8	101.0	98.2
家庭日用杂品	Daily Use Household Articles	101.3	101.7	100.7
洗涤卫生用品	Washing Hygiene Products	101.9	102.7	100.3
厨具餐具茶具	Kitchenware,Tableware and Tea set	100.6	99.9	102.0
家用手工工具	Household Hand Tools	102.2	103.3	100.0
其他家庭日用杂品	Other Miscellaneous for Household Daily Use	101.2	101.9	100.3
个人护理用品	Personal-care Supplies	101.0	100.8	101.3
化妆品	Cosmetic	101.2	101.0	101.5
其他护理用品类	Other Care Supplies	100.7	100.6	101.0
家庭服务	Household Services	103.5	101.8	107.8
交通和通信	**Transport and Communications**	**99.0**	**99.4**	**98.2**
交通	Transport	99.3	99.7	98.5
交通工具	Transport Facility	99.6	99.7	99.4
交通工具用燃料	Fuels for Transport Facility	94.8	95.1	94.2
交通工具使用和维修	Use and Maintenance of Transport Facility	100.7	100.9	100.2
交通费	Traffic Fee	101.5	102.2	100.2
通信	Communications	98.4	98.8	97.7

5-3 续表 2 continued

（上年 =100） （preceding year =100）

项　目	Item	全省 Provincal Indices	城市 Urban Indices	农村 Rural Indices
通信工具	Communication Facility	95.6	95.9	95.2
通信服务	Communication Service	99.5	100.0	98.7
邮递服务	Mail Delivery Services	99.3	99.0	99.9
教育文化和娱乐	**Education,Culture and Recreation**	**100.7**	**101.0**	**100.0**
教育	Education	101.1	101.5	100.5
教育用品	Education Articles	100.0	100.0	99.9
教育服务	Education Services	101.2	101.6	100.6
文化娱乐	Culture and Recreation	99.8	100.3	98.6
文娱耐用消费品	Durable Consumer Goods for Culture and Recreation	98.9	99.4	97.6
其他文娱用品	Other Articles	100.7	100.8	100.3
文化娱乐服务	Services for Culture and Recreation	99.5	99.8	98.9
旅游	Touring and Outing	100.3	100.9	97.9
医疗保健	**Health Care**	**102.0**	**102.5**	**101.3**
药品及医疗器具	Medicine and Medical Instrument	104.1	105.1	102.0
中药	Traditional Chinese Medicine	104.6	104.4	105.4
西药	Western Medicine	104.8	106.6	101.7
滋补保健品	Nourishing Health Care Appliances	102.2	102.4	101.3
医疗卫生器具	Medical and Health Appliances	99.0	100.8	96.5
保健器具	Health Care Appliances	103.2	104.1	100.0
医疗服务	Medical Services	100.5	100.3	100.9
综合医疗类	Comprehensive Medical Category	100.7	100.1	101.8
诊断类	Diagnostic Category	100.6	100.7	100.6
治疗类	Treatment Category	100.8	100.5	101.2
康复类	Rehabilitation Category	100.3	100.5	100.0
中医医疗服务类	Chinese Medicine Medical Services Category	99.6	99.9	99.3
其他医疗服务	Other Medical Services	99.0	98.3	100.0
其他用品和服务	**Other articles and Services**	**102.8**	**102.9**	**102.7**
其他用品类	Other articles	104.0	104.8	102.5
首饰手表	Jewelry and Watch	106.9	107.2	106.1
其他杂项用品	Other Miscellaneous Goods	100.8	101.3	100.1
其他服务类	Other Services	101.8	101.4	102.9
旅馆住宿	Hotel Accommodation	100.1	100.0	100.2
美容美发洗浴	Beauty, Hairdress and Bathing	102.0	102.1	101.4
养老服务	Pension Service	100.3	100.5	100.0
金融保险	Financial Insurance	102.6	101.9	104.4
其他服务类	Other Services	101.7	100.0	104.7

5-4 各市（州）居民消费价格指数（2019）
Consumer Price Indices by Prefecture （2019）

（上年 =100）　　（preceding year =100）

市（州）	Region	居民消费价格指数 Consumer Price Index	食品烟酒 Food, Tobacco and Liquor	衣着 Clothing	居住 Residence	生活用品及服务 Articles for Daily Use and Services	交通和通信 Transport and Communications	教育文化和娱乐 Education, Culture and Recreation	医疗保健 Health Care	其他用品和服务 Other Articles and Services
兰州市	Lanzhou	102.2	105.6	101.3	99.9	101.2	99.6	100.8	102.5	102.5
嘉峪关市	Jiayuguan	102.0	104.8	100.6	101.7	99.6	98.3	100.7	102.0	101.8
金昌市	Jinchang	102.4	105.1	104.9	100.6	100.6	99.4	100.6	100.1	102.5
白银市	Baiyin	102.5	104.7	99.1	103.8	100.1	97.9	100.8	104.9	101.8
天水市	Tianshui	102.6	104.7	99.0	103.5	99.7	100.4	101.8	102.8	105.0
武威市	Wuwei	102.2	103.5	101.9	102.2	100.8	99.3	103.0	102.5	101.4
张掖市	Zhangye	101.9	104.3	99.9	99.2	101.8	99.6	102.0	102.3	105.9
平凉市	Pingliang	102.4	106.0	96.9	104.8	99.9	98.7	99.6	100.3	103.0
酒泉市	Jiuquan	102.2	104.6	101.6	99.0	100.6	100.1	101.0	104.5	105.0
庆阳市	Qingyang	102.0	104.7	101.9	102.9	99.6	97.4	99.6	100.4	105.1
定西市	Dingxi	102.2	105.3	100.3	103.0	100.9	99.1	99.6	100.2	100.6
陇南市	Longnan	102.7	106.3	100.3	101.9	100.4	98.8	101.1	102.4	102.5
临夏州	Linxia	102.3	106.9	99.1	101.9	97.9	97.3	99.9	102.4	99.5
甘南州	Gannan	102.0	105.4	100.2	101.1	100.3	98.5	101.4	100.3	100.8

注：本表数据为各市（州）调查点数据，不完全代表各市、州价格总水平。
a） Data in this table are obtained from the sampling points in municipalities and prefectures, not entirely represent the general level of prices of them.

5-5 商品零售价格分类指数（2019）
Retail Price Indices by Category of Commodities（2019）

（上年=100）　　　　（preceding year =100）

项　目	Item	全省 Provincal Indices	城市 Urban Indices	农村 Rural Indices
商品零售价格指数	**Retail Price Index**	**101.9**	**102.0**	**101.3**
食品	**Food**	**106.1**	**106.3**	**105.4**
#粮食	Grain	100.7	100.7	100.9
食用油	Edible oil and Fats	101.6	101.9	101.1
畜肉类	Meat of Livestock	121.8	121.7	122.2
蛋	Eggs	105.7	105.9	104.6
水产品	Aquatic Products	100.6	100.8	99.7
菜	Vegetables	104.1	104.4	103.0
调味品	Flavoring	100.2	100.2	100.4
糖果糕点	Candy and Cake	100.7	100.9	99.4
干鲜瓜果	Dried and Fresh Melons and Fruits	110.4	111.6	105.3
奶类	Milk	101.5	101.7	100.7
在外餐饮	Dining Out	101.4	101.4	101.8
饮料、烟酒	**Beverages, Tobacco and Liquor**	**100.8**	**100.9**	**100.4**
茶及饮料	Tea and Beverages	100.9	101.1	100.0
烟草	Tobacco	100.0	100.0	100.0
酒	Liquor	101.6	101.6	101.3
服装、鞋帽	**Garments, Shoes and Hats**	**100.9**	**100.9**	**100.8**
#服装	Garments	101.2	101.3	100.9
鞋袜帽	Footgear and Hat	99.9	99.8	100.3
纺织品	**Textiles**	**101.0**	**101.9**	**99.0**
服装材料	Clothing	101.1	102.9	97.9
床上用品	Bedding	101.0	101.7	99.5
家用电器及音像器材	**Household Appliances,Music and Video Equipment**	**99.1**	**99.3**	**98.2**
文化办公用品	**Cultural and Office Appliances**	**99.9**	**100.0**	**98.9**
日用品	**Articles for Daily Use**	**101.0**	**101.1**	**100.6**
#日用百货	General Merchandise for Daily Use	99.9	99.7	100.7
其他日用品	Other Miscellaneous for Daily Use	101.1	101.3	100.5
体育娱乐用品	**Sports and Recreation Articles**	**100.7**	**101.1**	**98.9**
交通、通信用品	**Transportation and Communication Appliances**	**98.2**	**98.3**	**97.8**
家具	**Furniture**	**100.3**	**100.3**	**100.3**
化妆品	**Cosmetics**	**101.0**	**101.1**	**100.5**
金银饰品	**Gold and Silver Ornames**	**107.9**	**108.2**	**106.0**
中西药品及医疗保健用品	**Traditional Chinese and Western Medicines and Health Care Articles**	**104.7**	**105.2**	**102.4**
中药	Traditional Chinese Medicines	104.1	103.9	105.2
西药	Western Medicines	105.9	106.8	101.7
书报杂志及电子出版物	**Books,Newpapers,Magazines and Electronic Publications**	**100.2**	**100.2**	**100.3**
燃料	**Fuels**	**98.6**	**98.7**	**97.9**
建筑材料及五金电料	**Building Materials and Hardware**	**100.8**	**100.9**	**100.5**

5-6 商品零售价格指数
Retail Price Indices

（上年 =100）　　　　　　　　　　　　　　　　（preceding year =100）

项 目	Item	2010	2015	2018	2019
商品零售价格指数	**Retail Price Index**	**104.6**	**101.0**	**101.7**	**101.9**
食品	**Food**	**109.7**	**101.6**	**101.3**	**106.1**
#粮食	Grain	122.2	101.3	100.1	100.7
食用油	Edible oil and Fats	99.4	99.4	101.6	101.6
畜肉类	Meat of Livestock	104.6	103.4	98.8	121.8
蛋	Eggs	109.3	92.8	112.5	105.7
水产品	Aquatic Products	108.3	98.9	102.4	100.6
菜	Vegetables	110.8	105.8	102.2	104.1
调味品	Flavoring	105.2	101.8	100.5	100.2
糖果糕点	Candy and Cake	109.3	99.8	101.2	100.7
干鲜瓜果	Dried and Fresh Melons and Fruits	117.0	95.7	101.7	110.4
奶类	Milk	102.4	100.7	102.2	101.5
在外餐饮	Dining Out	106.2	101.9	100.9	101.4
饮料、烟酒	**Beverages, Tobacco and Liquor**	**103.6**	**102.2**	**101.3**	**100.8**
茶及饮料	Tea and Beverages	102.0	101.3	101.8	100.9
烟草	Tobacco	100.2	105.8	100.0	100.0
酒	Liquor	108.3	97.4	102.5	101.6
服装、鞋帽	**Garments, Shoes and Hats**	**99.7**	**103.0**	**100.9**	**100.9**
#服装	Garments	100.4	103.1	100.7	101.2
鞋袜帽	Footgear and Hat	97.9	103.1	101.3	99.9
纺织品	**Textiles**	**100.8**	**100.2**	**99.1**	**101.0**
服装材料	Clothing	101.7	102.7	101.5	101.1
床上用品	Bedding	100.1	98.4	98.3	101.0
家用电器及音像器材	**Household Appliances,Music and** Video Equipment	**98.0**	**99.6**	**100.0**	**99.1**
文化办公用品	**Cultural and Office Appliances**	**98.6**	**100.1**	**100.9**	**99.9**
日用品	**Articles for Daily Use**	**100.2**	**101.6**	**101.0**	**101.0**
#日用百货	General Merchandise for Daily Use	100.7	101.9	101.3	99.9
其他日用品	Other Miscellaneous for Daily Use	100.7	102.2	101.1	101.1
体育娱乐用品	**Sports and Recreation Articles**	**100.1**	**100.8**	**100.0**	**100.7**
交通、通信用品	**Transportation and Communication Appliances**	**103.4**	**99.2**	**99.3**	**98.2**
家具	**Furniture**	**100.2**	**100.7**	**100.9**	**100.3**
化妆品	**Cosmetics**	**100.4**	**101.6**	**100.5**	**101.0**
金银饰品	**Gold and Silver Jewelry**	**111.4**	**92.7**	**96.4**	**107.9**
中西药品及医疗保健用品	**Traditional Chinese and Western Medicines and Health Care Articles**	**103.6**	**102.4**	**105.5**	**104.7**
中药	Traditional Chinese Medicines	106.9	101.3	110.2	104.1
西药	Western Medicines	101.9	103.6	103.5	105.9
书报杂志及电子出版物	**Books,Newpapers,Magazines and Electronic Publications**	**102.3**	**100.9**	**100.5**	**100.2**
燃料	**Fuels**	**111.1**	**95.8**	**107.1**	**98.6**
建筑材料及五金电料	**Building Materials and Hardware**	**102.3**	**100.0**	**103.6**	**100.8**

5-7 各市（州）商品零售价格分类指数（2019）
Retail Price Indices by Region （2019）

（上年 =100） （preceding year =100）

市（州）	Region	商品零售价格指数 Retail Price Index	食品 Food	饮料、烟酒 Beverages, Tobacco and Liquor	服装、鞋帽 Garments, Shoes and Hats	纺织品 Textiles	家用电器及音像器材 Household Appliances, Music and Video Equipment	文化办公用品 Cultural and Office Appliances	日用品 Articles for Daily Use	体育娱乐用品 Sports and Recreation Articles
兰州市	Lanzhou	102.0	106.6	101.0	101.1	102.3	99.4	99.8	101.5	101.2
嘉峪关市	Jiayuguan	101.8	104.9	102.8	100.3	100.4	99.1	102.0	100.6	100.6
金昌市	Jinchang	102.3	106.3	100.4	104.9	100.0	100.0	101.5	100.8	100.0
白银市	Baiyin	101.1	105.2	101.4	99.0	97.7	100.3	99.5	100.6	98.2
天水市	Tianshui	101.7	105.4	100.5	99.0	99.5	99.2	98.6	99.6	100.0
武威市	Wuwei	101.3	104.0	99.7	101.8	100.6	100.4	100.2	100.7	100.5
张掖市	Zhangye	102.1	105.1	100.6	99.6	101.6	101.3	100.7	101.7	102.2
平凉市	Pingliang	101.0	106.4	100.8	96.3	104.5	96.1	99.4	100.7	100.7
酒泉市	Jiuquan	102.9	105.8	100.5	101.9	100.8	100.3	106.5	99.6	99.0
庆阳市	Qingyang	100.8	104.8	100.2	102.1	98.0	96.3	97.3	99.6	98.3
定西市	Dingxi	101.1	104.1	100.1	100.3	99.8	99.3	100.4	100.8	100.2
陇南市	Longnan	102.4	106.2	101.2	100.2	100.3	100.0	100.0	100.6	97.5
临夏州	Linxia	101.0	107.9	100.1	98.8	101.5	94.3	98.1	99.7	100.8
甘南州	Gannan	101.3	105.9	101.7	100.2	98.6	100.3	99.4	101.5	99.9

注：本表数据为各市（州）调查点数据，不完全代表各市（州）价格总水平。
a）Data in this table are obtained from the sampling points in municipalities and prefectures, not entirely represent the general level of prices of them.

5-7 续表 continued

（上年 =100） （preceding year =100）

市（州）	Region	交通、通信用品 Transportation and Communication Appliances	家具 Furniture	化妆品 Cosmetics	金银珠宝 Gold, Sliver and Jewelery	中西药品及医疗保健用品 Traditional Chinese and Western Medicines and Health Care Articles	书报杂志及电子出版物 Books, Newspapers, Magazines and Electronic Publications	燃料 Fuels	建筑材料及五金电料 Building Materials and Hardware
兰州市	Lanzhou	98.1	100.4	101.1	108.6	105.2	99.9	98.8	100.6
嘉峪关市	Jiayuguan	97.7	96.7	98.3	104.4	103.5	101.4	101.5	100.6
金昌市	Jinchang	100.0	101.3	100.4	103.2	100.1	100.0	97.3	99.9
白银市	Baiyin	96.0	101.3	100.3	102.6	100.0	104.2	100.5	101.8
天水市	Tianshui	99.5	99.4	100.3	106.3	106.9	100.1	99.1	101.6
武威市	Wuwei	99.2	100.9	100.5	103.1	100.5	100.0	100.8	101.1
张掖市	Zhangye	102.0	100.0	102.7	109.6	101.6	105.7	96.8	102.4
平凉市	Pingliang	96.7	101.7	101.1	103.5	101.0	99.5	97.7	100.5
酒泉市	Jiuquan	103.0	99.2	100.8	106.7	108.5	105.5	96.5	100.5
庆阳市	Qingyang	96.7	100.1	99.5	109.6	101.4	104.2	97.1	98.5
定西市	Dingxi	98.8	100.1	100.9	99.7	100.8	100.4	99.4	100.7
陇南市	Longnan	99.4	99.6	102.0	110.6	108.0	98.8	97.5	102.8
临夏州	Linxia	91.3	94.9	99.8	96.8	104.4	100.1	99.4	97.5
甘南州	Gannan	97.6	100.2	98.9	103.9	101.2	93.4	95.1	100.6

5-8 农业生产资料价格指数
Price Indices of Means Agricultural Production

（上年 =100） (preceding year =100)

项 目	Item	2010	2015	2018	2019
农业生产资料价格指数	**Price Index for Means of Agricultural Production**	**101.7**	**98.6**	**104.2**	**101.1**
农用手工工具	Farm Handtools	104.4	101.7	105.5	103.9
饲料	Forage	126.3	100.8	101.9	100.8
仔畜幼禽及畜产品	Newborn Animals & Poultry, and Commodity Animals	82.6	94.8	99.4	111.5
半机械化农具	Semi-mechanized Farm Tools	98.6	100.0	102.4	99.0
机械化农具	Mechanized Farm Machinery	101.8	100.0	103.1	99.8
化学肥料	Chemical Fertilizer	97.8	97.7	108.3	98.3
农药及农药器械	Pesticide and Its Appliances	102.1	101.0	101.2	101.2
农用机油	Oil for Farm Machinery	108.1	87.7	111.5	94.8
其他农业生产资料	Other Means of Agricultural Production	103.8	100.7	101.2	100.9
农业生产服务	Service for Agricultural Production	101.8	104.8	103.9	102.6

5-9 固定资产投资价格指数
Price Index for Investment in Fixed Assets

（上年 =100） (preceding year =100)

项 目	Item	2010	2015	2018	2019
固定资产投资价格指数	**Price Index for Investment in Fixed Assets**	**103.5**	**97.7**	**104.6**	**102.6**
建筑安装工程	Construction and Installation	105.0	97.5	105.4	103.0
#人工费	Labor Costs	108.0	103.3	103.6	105.4
材料费	Materials Costs	104.2	95.5	106.7	102.3
机械使用费	Usage in Machinery	103.7	97.4	101.9	102.2
设备工器具购置	Purchase of Equipment and Instruments	100.8	97.9	101.8	99.4
其他费用	Others	103.1	99.6	101.5	102.0

5-10 农产品生产者价格指数
Producer Price Indices for Farm Products

（上年 =100） （preceding year =100）

指 标	Item	2010	2015	2018	2019
农产品生产者价格指数	**Producer Price Indices for Farm Products**	**113.8**	**99.8**	**101.7**	**109.9**
种植业产品	**Planting Products**	**119.5**	**100.9**	**101.6**	**104.8**
谷物（原粮）	Cereal （Unprocessed Food Grains）	110.8	98.2	104.5	100.7
#小麦	Wheat	106.8	97.9	102.7	99.8
玉米	Corn	119.4	97.5	103.9	100.5
豆类	Beans	109.4	100.6	87.4	106.3
#大豆	Beans	106.3	90.9	99.6	98.3
蚕豆	Broad Bean	154.8	105.2	85.6	117.6
薯类	Tubers	185.0	93.8	77.6	141.2
油料	Oil-bearing Crops	107.1	99.4	101.1	112.2
#油菜籽	Rapeseeds	103.9	101.3	105.0	97.7
胡麻籽	Benne	104.9	96.9	99.5	109.1
棉花（籽棉）	Cotton （Unginned Cotton）	176.2	103.0	96.9	85.7
糖料	Sugar			108.2	100.0
蔬菜	Vegetable	114.2	105.1	103.4	108.4
水果（含果用瓜）	Fruit （Fruit Included Melons）	127.6	103.9	105.8	93.3
#苹果	Apple	142.9	103.9	104.2	93.0
梨	Pear	105.8	100.0	107.1	87.4
桃	Peach	151.9	91.4	96.6	
杏	Apricot	116.3			100.3
西瓜	Water Melon	103.3	128.6	113.7	95.2
中药材	Chinese Medicinal Materials	124.1	98.3	95.7	107.6
#党参	Codonopsis	156.9	95.7	95.1	100.9
当归	Angelica	92.7			
黄芪	Astragalus	127.9	92.6	92.0	103.3
甘草	Licorice	122.9			140.0
林业产品	**Forestry Products**	**144.9**			
畜牧业产品	**Animal Husbandry Products**	**101.6**	**97.5**	**102.2**	**121.1**
#活牛	Live Cattle	104.6	103.2	103.8	105.3
活羊	Live Sheep	103.5	79.0	117.0	117.9
活猪	Live Pig	92.1	104.0	85.9	139.3
活鸡	Live Chicken	118.7	100.8	104.9	109.5
生奶	Raw Milk	129.2	99.2	108.0	106.1
鸡蛋	Eggs	110.1	98.1	124.1	113.2
渔业产品	**Fishery Products**	**115.5**	**100.6**	**93.6**	**101.2**

注：2012 年起，国家统计局实行新方法制度，对分类进行调整并增加了品种。

a) Since 2012,National Bureau of Statistics implemented the new method system, adjusted the classification of producer price indices for farm products and increased the breed.

5-11 工业生产者出厂价格指数
Producer Price Index for Industrial Products

（上年=100） (preceding year =100)

项 目	Item	2010	2015	2018	2019
工业生产者出厂价格指数	**Producer Price Index for Industrial Products**	**115.0**	**87.0**	**109.5**	**98.3**
按轻重工业分	**Grouped by Light & Heavy Industry**				
轻工业	Light Industry	104.0	100.1	99.7	100.4
以农产品为原料	Using Farm Products as Raw Materials	103.2	100.0	99.7	100.5
以非农产品为原料	Using Non-farm Products as Raw Materials	105.1	100.6	99.4	98.1
重工业	Heavy Industry	116.7	85.6	110.7	98.0
采掘工业	Mining & Quarrying Industry	116.3	69.3	120.2	97.8
原料工业	Raw Materials Industry	118.5	87.6	110.6	98.0
加工工业	Processing Industry	102.4	88.1	107.3	98.1
按两大部类分	**Grouped by Division**				
生产资料	Means of Production	116.1	85.6	110.5	97.9
采掘工业	Mining & Quarrying Industry	113.6	69.3	120.2	97.8
原料工业	Raw Materials Industry	118.8	87.6	110.5	98.0
加工工业	Processing Industry	103.9	88.1	106.8	97.8
生活资料	Consumer Goods	102.4	100.2	100.9	101.5
食品	Food	102.7	100.2	100.9	101.4
衣着	Clothing	105.4	90.5	100.9	100.4
一般日用品	Articles for Daily Use	102.9	100.2	100.6	105.2
耐用消费品	Durable Consumer Goods	90.5	99.9	102.2	101.2
按工业部门分	**Grouped by Industry Sector**				
冶金工业	Metallurgical Industry	122.0	86.1	109.7	100.1
电力工业	Power Industry	100.7	99.8	102.8	98.5
煤炭及炼焦工业	Coal Industry	101.7	90.0	108.5	106.0
石油工业	Petroleum Industry	120.1	73.7	121.3	94.2
化学工业	Chemical Industry	107.9	95.7	106.6	99.6
机械工业	Machine Manufacturing Industry	101.4	96.9	101.4	99.1
建筑材料工业	Building Materials Industry	104.6	89.8	101.8	97.2
森林工业	Timber Industry	102.1	95.8	100.2	100.4
食品工业	Food Industry	103.0	100.1	99.4	100.8
纺织工业	Textile Industry	111.4	97.5	105.1	102.7
缝纫工业	Tailoring Industry	104.2	89.9	101.0	100.4
皮革工业	Leather Industry	103.6	101.6	99.8	96.6
造纸工业	Paper Industry	104.7	100.6	107.4	89.0
文教艺术用品工业	Cultural,Educational & Handicrafts Articles	102.6	100.0	100.0	100.8
其他工业	Others	108.5	96.6	115.0	71.6

5-12 按行业分工业生产者出厂价格指数
Producer Price Indices for Industrial Products by Sector

（上年 =100） （preceding year =100）

行 业	Sector	2010	2015	2018	2019
工业生产者出厂价格指数	**Producer Price Indices for Industrial Products**	**115.0**	**87.0**	**109.5**	**98.3**
煤炭开采和洗选业	Mining and Washing of Coal	101.2	90.0	109.1	106.5
石油和天然气开采业	Extraction of Petroleum and Natural Gas	122.6	52.2	131.8	94.7
黑色金属矿采选业	Mining and Processing of Ferrous Metal Ores	110.6	73.9	111.4	104.0
有色金属矿采选业	Mining and Processing of Non-Ferrous Metal Ores	113.0	98.8	109.3	98.9
非金属矿采选业	Mining and Processing of Non-metal Ores	98.0	97.8	96.4	72.1
农副食品加工业	Processing of Food from Agricultural Products	104.3	100.5	99.2	101.5
食品制造业	Manufacture of Foods	104.6	98.6	99.8	100.0
酒、饮料及精制茶制造业	Manufacture of Liquor,Beverages and Refined Tea	102.4	100.3	98.5	98.7
烟草制品业	Manufacture of Tobacco	101.4	100.0	100.2	101.4
纺织业	Manufacture of Textile	111.3	97.6	105.1	102.7
纺织服装、服饰业	Manufacture of Textile, Wearing Apparel and Accessories	103.8	88.9	101.0	100.4
皮革、毛皮、羽毛及其制品和制鞋业	Manufacture of Leather, Fur, Feather and Related Products and Footware	103.6	101.6	99.8	96.6
木材加工及木、竹、藤、棕、草制品业	Processing of Timber, Manufacture of Wood, Bamboo, Rattan, Palm and Straw Products	100.3	82.6	100.3	100.2
家具制造业	Manufacture of Furniture	103.3	99.4	100.1	100.5
造纸及纸制品业	Manufacture of Paper and Paper Products	104.7	100.6	107.4	89.0
印刷业和记录媒介复制业	Printing and Reproduction of Recording Media	102.7	100.0	100.0	100.8
文教、工美、体育和娱乐用品制造业	Manufacture of Articles for Culture, Education, Arts and Crafts, Sport and Entertainment Activities			95.8	93.7

5-12 续表 continued

（上年=100） （preceding year =100）

行 业	Sector	2010	2015	2018	2019
石油加工、炼焦和核燃料加工业	Processing of Petroleum, Coking, Processing of Nuclear Fuel	119.8	79.0	117.9	93.9
化学原料及化学制品制造业	Manufacture of Raw Chemical Materials and Chemical Products	109.0	94.2	106.5	97.5
医药制造业	Manufacture of Medicines	106.0	101.0	111.4	105.9
橡胶和塑料制品业	Manufacture of Rubber and Plastics Products			100.2	98.7
非金属矿物制品业	Manufacture of Non-metallic Mineral Products	109.2	89.9	104.4	93.6
黑色金属冶炼及压延加工业	Smelting and Pressing of Ferrous Metals	107.5	80.3	112.3	98.1
有色金属冶炼及压延加工业	Smelting and Pressing of Non-ferrous Metals	133.1	89.2	107.3	101.3
金属制品业	Manufacture of Metal Products	105.0	95.8	104.4	100.1
通用设备制造业	Manufacture of General Purpose Machinery	100.9	100.6	100.8	100.1
专用设备制造业	Manufacture of Special Purpose Machinery	93.0	93.1	98.3	99.5
汽车制造业	Manufacture of Automobiles			104.8	105.4
铁路、船舶、航空航天和其他运输设备制造业	Manufacture of Railway, Ship, Aerospace and Other Transport Equipments	96.1	100.3	99.6	100.8
电气机械及器材制造业	Manufacture of Electrical Machinery and Apparatus	111.8	95.1	104.3	97.3
计算机、通信和其他电子设备制造业	Manufacture of Computers, Communication and Other Electronic Equipment	100.0	99.9	96.4	101.3
仪器仪表制造业	Manufacture of Measuring Instruments and Machinery	101.8	100.0	100.0	102.4
废弃资源综合利用业	Utilization of Waste Resources			99.3	99.3
金属制品、机械和设备修理业	Repair Service of Metal Products, Machinery and Equipment			100.2	107.0
电力、热力生产和供应业	Production and Supply of Electric Power and Heat Power	100.7	99.8	102.8	98.5
燃气生产和供应业	Production and Supply of Gas	106.9	102.7	102.0	104.3
水的生产和供应业	Production and Supply of Water	98.6	102.9	103.6	99.8

5-13 工业生产者购进价格指数
Purchasing Price Index for Industrial Producers

（上年 =100） （preceding year =100）

类　别	Types	2010	2015	2018	2019
工业生产者购进价格指数	**Purchasing Price Indices for Industrial Producers**	**114.4**	**87.0**	**109.8**	**99.0**
燃料、动力类	Fuel and Power	118.4	81.6	111.6	99.3
黑色金属材料类	Ferrous Metals	109.4	86.9	109.6	99.5
#钢材	Rolled Steel	103.7	91.1	110.7	98.4
有色金属材料和电线类	Nonferrous Metals	118.8	94.0	104.4	95.3
化工原料类	Raw Chemical Materials	112.0	96.1	108.6	90.9
木材及纸浆类	Timber and Paper Pulp	104.4	99.4	105.5	92.9
建筑材料及非金属矿类	Building Materials	102.3	93.8	109.9	101.0
其他工业原材料及半成品类	Other Industrial Raw and Processed Materials	103.6	96.5	104.0	105.6
农副产品类	Agricultural Products	111.5	101.6	103.3	114.0
纺织原料类	Textile Materials	108.0	102.5	108.6	100.2

主要统计指标解释

居民消费价格指数 是反映一定时期内城乡居民所购买的生活消费品价格和服务项目价格变动趋势和程度的相对数，是对城市居民消费价格指数和农村居民消费价格指数进行综合汇总计算的结果。通过该指数可以观察和分析消费品的零售价格和服务项目价格变动对城乡居民实际生活费支出的影响程度。

城市居民消费价格指数 是反映一定时期内城市居民家庭所购买的生活消费品价格和服务项目价格变动趋势和程度的相对数。通过该指数可以观察和分析消费品的零售价格和服务项目价格变动对城镇居民收入和消费支出的影响。

农村居民消费价格指数 是反映一定时期内农村居民家庭所购买的生活消费品价格和服务项目价格变动趋势和程度的相对数。该指数可以观察农村消费品的零售价格和服务项目价格变动对农村居民收入和生活消费支出的影响。

商品零售价格指数 是反映一定时期内城乡商品零售价格变动趋势和程度的相对数。商品零售价格的变动与国家的财政收入、市场供需的平衡、消费与积累的比例关系有关。因此，该指数可以从一个侧面对上述经济活动进行观察和分析。

农业生产资料价格指数 指反映一定时期内农业生产资料价格变动趋势和程度的相对数。其编制目的是了解农业生产中投入物质资料价格的变动状况，服务于国民经济核算。1994 年以前，农业生产资料价格指数仅仅是商品零售价格指数的一个类别，此后，从商品零售价格指数中分离出来，单独编制。

农产品生产者价格指数 是反映一定时期内，农产品生产者出售农产品价格水平变动趋势及幅度的相对数。该指数可以客观反映全国农产品生产价格水平和结构变动情况，满足农业与国民经济核算需要。其中某代表品生产价格指数是通过对全部有出售该产品行为的调查单位的个体指数进行几何平均求得的，类价格指数是通过对其所属的类（或代表品）的价格指数进行加权平均求得的。季度累计价格指数的计算方法与分季指数的计算方法相同。

工业生产者出厂价格指数 是反映一定时期内全部工业产品第一次出售时的出厂价格总水平的变动趋势和变动幅度的相对数。

工业生产者购进价格指数 是反映作为中间投入的原材料、燃料、动力购进价格总水平的变动趋势和变动幅度的相对数。

固定资产投资价格指数 是反映一定时期内固定资产投资品及取费项目的价格变动趋势和变动幅度的相对数。该指数可以准确地反映固定资产投资中涉及的各类投资品和取费项目价格变动趋势和变动幅度，消除按现价计算的固定资产投资指标中的价格变动因素，真实地反映固定资产投资的规模、速度、结构和效益。

6

人民生活

People's Living Conditions

简要说明

一、本篇资料的主要内容

本篇资料反映了城乡居民储蓄存款；城镇、农村居民的家庭收支、居住、耐用消费品拥有、生产和生活等方面的情况。

二、本篇资料的来源

1. 城乡居民储蓄存款数据取自中国人民银行兰州中心支行，由省统计局国民经济核算处提供。

2. 城镇、农村居民家庭相关资料由国家统计局甘肃调查总队居民收支调查处整理提供。

3. 自 2015 年起甘肃省发布城乡一体化住户收支与生活状况调查数据，即发布城镇、农村居民可支配收入，原农村居民纯收入数据以后不再发布，本年鉴中涉及 2015 年及以后的居民有关数据均来源于此调查。2014 年及以前年份的居民有关数据为新口径回溯数据。

6-1 人民物质文化生活情况
Basic Statistics on People's Living Conditions

指 标	Item	2010	2015	2018	2019
就业	**Employment**				
每一城镇就业者负担人数（人）	Number of Dependents per Urban Employee (person)	2.01	1.46	1.49	1.49
每一农村劳动力负担人数（人）	Number of Dependents per Rural Laborer (person)	1.56	1.60	1.67	1.62
城镇登记失业率（%）	Registered Urban Unemployment Rate (%)	3.21	2.14	2.78	3.00
收入（元）	Income of Rural and Urban Residents (yuan)				
城镇居民人均可支配收入	Annual per Capita Disposable Income of Urban Households	13820	23767	29957	32323
农村居民人均可支配收入	Annual per Capita Disposable Income of Rural Households	3747	6936	8804	9629
在岗职工平均工资	Average Wage of Staff and Workers	29588	54454	73704	77336
支出（元）	**Expenditure (yuan)**				
城镇居民人均消费支出	Per Capita Consumption Expenditures of Urban Households	10171	17451	22606	24454
#食品烟酒	Food ,Tobacco and Liquor	3412	5346	6491	6996
农村居民人均消费支出	Per Capita Consumption Expenditures of Rural Households	3430	6830	9065	9694
#食品烟酒	Food,Tobacco and Liquor	1443	2244	2695	2827
储蓄	**Savings Deposit**				
城乡居民年底储蓄存款余额(亿元)	Balance of Savings Deposit of Rural and Urban Households (year-end) (100 million yuan)	3598	7580	9330	10478
人均储蓄存款余额（元）	Per Capita Balance of Saving Deposit (yuan)	14070	29209	35454	39654

6-1 续表 continued

指 标	Item	2010	2015	2018	2019
住房面积（平方米）	**Per Capita Floor Space of Residential Buildings (sq.m)**				
城镇居民人均居住面积	Per Capita Living Space of Urban Households	28	34	34	35
农村居民人均居住面积	Per Capita Living Space of Rural Households	21	29	32	31
文化	**Culture**				
城镇每百户有彩色电视机（台）	Number of Color TV Sets per 100 Urban Households (set)	110	105	102	104
农村每百户有彩色电视机（台）	Number of Color TV Sets per 100 Rural Households (set)	104	109	112	109
广播节目综合人口覆盖率（%）	Radio Coverage Rate of the Population (%)	93.47	98.01	98.45	98.57
电视节目综合人口覆盖率（%）	TV Coverage Rate of Population (%)	93.72	98.47	98.81	98.90
教育	Education				
小学学龄儿童净入学率（%）	Net Enrollment Ratio of School-age Children in Primary Schools(%)	99.46	99.83	99.91	99.99
每万人口中在校大学生数（人）	Number of University Students per 10 000 Population (person)	149	173	197	198
卫生	Public Health				
每万人口医疗卫生机构床位数（张）	Beds of Medical Institutions per 10 000 Population (bed)	37.06	48.86	61.68	65.19
每万人口执业（助理）医师数（人）	Number of Licensed (Assistant) Doctors per 10 000 Population (person)	15.0	19.1	22.5	23.8

6-2 城乡居民人民币储蓄存款年底余额
Savings Deposit Balance of Urban and Rural Households at Year-end

单位：万元 (10 000 yuan)

年 份 Year	年底余额 Balance at Year-end			年增加额 Year-on-year Increase		
	总计 Total	城镇 Urban	农户 Rural	总计 Total	城镇 Urban	农户 Rural
2000	8187607	7093513	1094094	814000	675776	138224
2001	9207078	7995286	1211792	1020647	902950	117697
2002	10422181	8979129	1443052	1213625	984936	228689
2003	12173882	10517505	1656377	1749967	1536641	213326
2004	13831098	11914297	1916801	1657216	1396792	260424
2005	15866560	13520146	2346414	2035462	1605849	429613
2006	18254366	15388163	2866203	2387806	1868017	519789
2007	19152386	15532987	3619399	898020	144824	753196
2008	24618977	19548344	5070633	5466591	4015357	1451234
2009	30269418	23420414	6849004	5650441	3872070	1778371
2010	35982361	27355167	8627194	5712943	3934753	1778190
2011	42314086	31343529	10970557	6331725	3988362	2343363
2012	50500815	36867737	13633078	8186729	5524208	2662521
2013	58784741	41753886	17030855	8283926	4886149	3397777
2014	66746775	47034797	19711978	7962034	5280911	2681123
2015	75803110	52103307	23699803	9056335	5068510	3987825
2016	82639555	55033454	27606101	6836445	2930147	3906298
2017	87204797	56985688	30219109	4565242	1952234	2613008
2018	93296494	61410013	31886481	6091697	4424325	1667372
2019	104778239	69511882	35266357	11481745	8101869	3379876

6-3 各地、县金融机构城乡居民人民币储蓄存款（2019）
Savings Deposit of Financial Institutions of Urban and Rural Households by Region & County（2019）

单位：万元 (10 000 yuan)

地、县	Region & County	城乡居民储蓄存款 Savings Deposit of Urban and Rural Households	地、县	Region & County	城乡居民储蓄存款 Savings Deposit of Urban and Rural Households
兰州市	**Lanzhou**	**32297472**	瓜州县	Guazhou	497841
城关区	Chengguan	15889708	肃北县	Subei	81512
七里河区	Qilihe	4902224	阿克塞县	Akesai	64680
西固区	Xigu	3550346	玉门市	Yumen	584444
安宁区	Anning	2912343	敦煌市	Dunhuang	1577963
红古区	Honggu	810421	**庆阳市**	**Qingyang**	**8470911**
永登县	Yongdeng	1083253	西峰区	Xifeng	2857753
皋兰县	Gaolan	806369	庆城县	Qingcheng	912843
榆中县	Yuzhong	1807279	环　县	Huanxian	725271
兰州新区	Lanzhou New Area	404267	华池县	Huachi	412737
嘉峪关市	**Jiayuguan**	1882378	合水县	Heshui	570322
金昌市	**Jinchang**	2542263	正宁县	Zhengning	681466
金川区	Jinchuan	1713159	宁　县	Ningxian	1205313
永昌县	Yongchang	829104	镇原县	Zhenyuan	1105206
白银市	**Baiyin**	**5113636**	**定西市**	**Dingxi**	**6615285**
白银区	Baiyin	2040359	安定区	Anding	1600802
平川区	Pingchuan	799703	通渭县	Tongwei	631964
靖远县	Jingyuan	807854	陇西县	Longxi	1223069
会宁县	Huining	860926	渭源县	Weiyuan	563816
景泰县	Jingtai	604794	临洮县	Lintao	1393174
天水市	**Tianshui**	**10097807**	漳　县	Zhangxian	377327
秦州区	Qinzhou	3610234	岷　县	Minxian	825132
麦积区	Maiji	2036676	**陇南市**	**Longnan**	**6555360**
清水县	Qingshui	544983	武都区	Wudu	1519631
秦安县	Qinan	1268750	成　县	Chengxian	831709
甘谷县	Gangu	1132721	文　县	Wenxian	542911
武山县	Wushan	889235	宕昌县	Tanchang	546852
张家川县	Zhangjiachuan	615208	康　县	Kangxian	418083
武威市	**Wuwei**	**6738871**	西和县	Xihe	898666
凉州区	Liangzhou	4342678	礼　县	Lixian	985188
民勤县	Minqin	1055714	徽　县	Huixian	630597
古浪县	Gulang	778569	两当县	Liangdang	181722
天祝县	Tianzhu	561910	**临夏州**	**Linxia**	**4859021**
张掖市	**Zhangye**	**5093037**	临夏市	linxia	1949802
甘州区	Ganzhou	2589387	临夏县	linxia	533430
肃南县	Sunan	116547	康乐县	Kangle	447412
民乐县	Minle	545867	永靖县	Yongjing	661610
临泽县	Linze	551903	广河县	Guanghe	359143
高台县	Gaotai	618492	和政县	Hezheng	378503
山丹县	Shandan	670842	东乡县	Dongxiang	229562
平凉市	**Pingliang**	**6480641**	积石山县	Jishishan	299559
崆峒区	Kongtong	2189737	**甘南州**	**Gannan**	**1808082**
泾川县	Jingchuan	879353	合作市	Hezuo	416881
灵台县	Lingtai	562462	临潭县	Lintan	300385
崇信县	Chongxin	325878	卓尼县	Zhuoni	214255
庄浪县	Zhuanglang	850697	舟曲县	Zhouqu	396904
静宁县	Jingning	910130	迭部县	Diebu	149338
华亭市	Huating	762384	玛曲县	Maqu	89787
酒泉市	**Jiuquan**	**6223475**	碌曲县	Luqu	66365
肃州区	Suzhou	2845577	夏河县	Xiahe	174167
金塔县	Jinta	471038			

6-4 城镇居民家庭生活基本情况
Basic Conditions of Urban Households

年 份 Year	每一城镇就业者负担人数（人） Number of Dependents Per Urban Employee (person)	城镇居民人均可支配收入（元） Per Capita Disposable Income of Urban Households (yuan)	城镇居民人均消费支出（元） Per Capita Consumption Expenditures of Urban Households (yuan)	# 食品烟酒 Food,Tobacco and Liquor	恩格尔系数（%） Engle's Coefficient (%)	人均居住面积（平方米） Per Capita Living Space (sq.m)
1978		408				
1979		418				4.63
1980	2.64	403	399	212	53.10	4.82
1981	1.80	448	433	238	54.97	5.60
1982	1.75	474	447	252	56.41	6.01
1983	1.74	491	482	274	56.78	6.74
1984	1.70	572	552	310	56.22	7.11
1985	1.83	641	625	316	50.59	7.44
1986	1.83	777	737	376	50.96	7.51
1987	1.82	871	829	431	51.97	7.65
1988	1.84	979	1026	502	48.88	8.29
1989	1.82	1133	1065	586	55.05	8.55
1990	1.87	1197	1081	557	51.50	8.86
1991	1.85	1369	1270	666	52.41	9.09
1992	1.75	1708	1457	765	52.51	8.99
1993	1.73	2003	1680	852	50.71	8.96
1994	1.84	2658	2209	1117	50.57	10.44
1995	1.86	3153	2618	1353	51.69	10.74
1996	1.82	3354	2839	1443	50.84	11.10
1997	1.89	3592	2946	1439	48.85	12.70
1998	1.91	4024	3106	1436	46.23	13.30
1999	1.71	4508	3697	1525	41.24	15.16
2000	1.80	4970	4153	1545	37.20	15.21
2001	1.86	5461	4458	1624	36.43	15.54
2002	1.96	6264	5119	1747	34.12	21.55
2003	1.98	6803	5367	1851	34.49	22.27
2004	1.85	7566	6026	2123	35.23	22.90
2005	1.90	8323	6641	2241	33.74	24.16
2006	1.92	9215	7109	2277	32.03	25.60
2007	1.87	10380	8045	2657	33.02	27.04
2008	2.00	11413	8504	2965	34.86	27.19
2009	1.99	12457	9119	3130	34.33	27.35
2010	2.01	13820	10171	3412	33.55	27.89
2011	2.07	15707	11500	3776	32.83	28.04
2012	2.04	17979	13205	4101	31.06	28.45
2013	2.07	19873	14411	4473	31.04	29.82
2014	1.84	21804	15942	4964	31.14	30.60
2015	1.46	23767	17451	5346	30.63	34.00
2016	1.45	25694	19539	5777	29.57	33.69
2017	1.46	27763	20659	6033	29.20	33.80
2018	1.49	29957	22606	6491	28.71	33.90
2019	1.49	32323	24454	6996	28.60	34.60

6-5 城镇居民家庭生活基本情况
Basic Conditions of Urban Households

指　标	Item	2015	2018	2019
调查户数（户）	**Number of Households Surveyed （household）**	**1500**	**1650**	**1650**
平均每户家庭人口（人）	Average Household Size （person）	3.2	3.3	3.3
平均每户就业人口（人）	Average Number of Employed Persons per Household （person）	1.8	2.20	2.22
平均每户就业面（%）	Proportion of Employment per Household （%）	56.3	66.7	67.3
平均每一就业者负担人数（含就业者本人）（人）	Number of Dependents per Employee （including the employee himself or herself）（person）	1.46	1.49	1.49
人均可支配收入（元）	**Per Capita Disposable Income （yuan）**	**23767**	**29957**	**32323**
工资性收入	Income from Wages and Salaries	15189	19930	21708
#工资	Wages and Salaries	14201	18904	20703
经营净收入	Net Business Income	1805	2334	2484
财产净收入	Net Income from Property	2295	2528	2539
#利息净收入	Interest Income	32	-17	-147
红利收入	Bonus Income	84	118	36
转移净收入	Net Income from Transfer	4478	5166	5592
#养老金或离退休金	Endowment Insurance or Pension	4459	5984	6464
人均消费支出（元）	**Per Capita Annual Consumption Expenditure （yuan）**	**17451**	**22606**	**24454**
食品烟酒	Food,Tobacco and Liquor	5346	6491	6996
衣着	Clothing	1759	1906	1920
居住	Residence	3540	5061	5622
生活用品及服务	Household Facilities,Articles and Services	1125	1447	1455
交通通信	Transport and Communications	1850	2449	3050
教育文化娱乐	Education, Cultural and Recreation	2045	2440	2555
医疗保健	Health Care and Medical Services	1391	2207	2224
其他用品及服务	Other Goods and Services	395	604	632

6-6 按收入五等份分组的城镇居民人均可支配收入及构成（2019）
Per Capita Disposable Income of Urban Households and Its Composition by Level of Income（2019）

指 标	Item	全省平均 Average	低收入户（20%）Low Income Households	中间偏下户（20%）Lower Middle Income Households	中间收入户（20%）Middle Income Households	中间偏上户（20%）Upper Middle Income Households	高收入户（20%）High Income Households
人均可支配收入（元）	**Per Capita Disposable Income（yuan）**	**32323**	**10867**	**21725**	**31366**	**42967**	**67901**
工资性收入	Income from Wages and Salaries	21708	6704	14767	20185	29500	46635
#工资	Wages and Salaries	20703	6560	14328	19484	28066	43706
经营净收入	Net Business Income	2484	1607	3524	3199	1101	2946
财产净收入	Net Income from Property	2539	497	1260	2990	3355	5831
转移净收入	Net Income from Transfer	5592	2059	2174	4992	9011	12489
人均可支配收入构成（%）	**Per Composition of Disposable Income（%）**						
工资性收入	Income from Wages and Salaries	67.2	61.7	67.0	64.4	68.7	68.7
经营净收入	Net Business Income	7.7	14.8	16.2	10.2	2.6	4.3
财产净收入	Net Income from Property	7.9	4.6	5.7	9.5	7.7	8.6
转移净收入	Net Income from Transfer	17.2	18.9	11.1	15.9	21.0	18.4

6-7 城镇居民人均总支出
Per Capita Annual Expenditure of Urban Households

单位：元 （yuan）

指 标	Item	2015	2018	2019
总支出	**Per Capita Annual Expenditure**	**22564**	**29979**	**32969**
消费支出	Consumption Expenditure	17451	22606	24454
生产经营费用支出	Production Operations Fee Expenditure	607	778	898
第一产业经营费用支出	Primary Industry	107	200	194
第二产业经营费用支出	Secondary Industry	14	43	174
第三产业经营费用支出	Tertiary Industry	486	535	530
财产性支出	Property Expenditure	31	105	248
转移性支出	Transfer Expenditure	1031	2049	2151
部分商业保险支出	Expenditure of Part of Commercial Insurance	140	238	215
购置资产及非经常性转移支出	Purchase of Assets and Transfer of Non-recurring Expenditure	2043	2866	3469
借贷性支出	Debit and Credit Expenditure	1261	1337	1534

6-8 按收入五等份分组的城镇居民人均购买主要商品数量（2019）

Per Capita Annual Purchases of Major Commodities of Urban Households by Level of Income（2019）

指　标	Item	全省平均 Average	低收入户（20%）Low Income Households	中间偏下户（20%）Lower Middle Income Households	中间收入户（20%）Middle Income Households	中间偏上户（20%）Upper Middle Income Households	高收入户（20%）High Income Households
鲜菜（千克）	Fresh Vegetables（kg）	108.9	80.5	108.9	107.0	134.6	126.8
食用植物油（千克）	Edible Vegetable Oil（kg）	8.8	8.5	10.5	7.4	8.8	8.8
猪肉（千克）	Pork（kg）	12.9	10.2	13.3	13.9	14.0	13.7
牛肉（千克）	Beef（kg）	2.7	1.7	2.6	2.6	3.9	2.9
羊肉（千克）	Mutton（kg）	2.4	1.6	2.3	2.2	2.8	3.6
禽类（千克）	Poultry（kg）	6.1	4.3	6.0	6.4	7.1	7.3
鲜蛋（千克）	Fresh Eggs（kg）	11.0	7.1	10.4	11.8	14.3	13.1
鱼（千克）	Fish（kg）	3.7	2.2	3.8	4.0	4.8	4.5
白酒（千克）	Liquor（kg）	2.1	1.1	1.8	2.5	3.8	1.8
啤酒（千克）	Beer（kg）	3.2	3.1	3.1	2.4	5.1	2.7
糕点（千克）	Cake（kg）	4.6	3.2	3.7	5.3	5.2	6.3
鲜奶（千克）	Fresh Milk（kg）	21.6	10.3	22.2	17.3	38.0	25.9
奶粉（千克）	Milk Powder（kg）	0.6	0.4	0.5	0.6	0.7	0.9
电（千瓦时）	Electricity（kw·h）	488.2	349.6	413.5	522.3	580.1	654.8
灌装液化石油气（千克）	Liquefied Petroleum Gas（kg）	2.8	2.0	3.2	2.9	4.3	2.0
管道天然气（立方米）	Piped Natural Gas（cu.m）	86.9	29.6	47.1	127.0	153.2	108.1

6-9 城镇居民人均购买的主要商品数量
Per Capita Annual Purchases of Major Commodities in Urban Households

指 标	Item	2010	2015	2018	2019
大米（千克）	Rice (kg)	21.7	20.6		14.5
面粉（千克）	Flour (kg)	37.6	36.6		21.8
食用植物油（千克）	Edible Vegetable Oil (kg)	10.3	11.7	11.0	8.8
猪肉（千克）	Pork (kg)	11.7	12.6	15.5	12.9
牛肉（千克）	Beef (kg)	2.3	2.7	2.1	2.7
羊肉（千克）	Mutton (kg)	1.5	3.1	2.7	2.4
禽类（千克）	Poultry (kg)	5.0	4.6	6.0	6.1
鲜蛋（千克）	Fresh Eggs (kg)	8.3	9.2	12.4	11.0
鱼（千克）	Fish (kg)	3.2	3.1	3.2	3.7
鲜菜（千克）	Fresh Vegetables (kg)	115.3	99.0	99.9	108.9
啤酒（千克）	Beer (kg)	3.1	3.3	3.2	3.2
鲜乳品（千克）	Fresh Dairy Products (kg)	19.8	16.6	16.6	21.8
灌装液化石油气（千克）	Liquefied Petroleum Gas(kg)	8.2	8.1	5.5	2.8
管道天然气（立方米）	Piped Natural Gas (cu.m)	26.6	41.3	69.2	87.0
水（吨）	Water (ton)	22.3	34.3		26.0
电（千瓦小时）	Electricity (kw·h)	410.9	559.7	531.1	488.2

6-10 城镇居民平均每百户年末主要耐用消费品拥有量
Main Durable Goods Owned Per 100 Urban Households Nationwide

指 标	Item	2010	2015	2017	2018	2019
摩托车（辆）	Motorcycle (unit)	7.8	20.1	17.5	12.6	10.9
家用汽车（辆）	Automobile (unit)	3.5	18.2	26.9	30.0	28.4
洗衣机（台）	Washing Machine (set)	98.1	99.0	101.2	99.8	101.3
电冰箱（柜）（台）	Refrigerator (set)	85.8	92.8	97.3	97.6	98.1
彩色电视机（台）	Color TV Set (set)	110.0	104.6	106.0	102.2	103.8
照相机（架）	Camera (set)	26.5	29.8	26.5	20.5	18.6
计算机（台）	Computer (set)	42.9	64.7	70.8	59.6	60.9
空调（台）	Air Conditioner (unit)	5.4	10.5	12.7	13.8	15.9
淋浴热水器（台）	Water Heater Shower (unit)	62.3	71.5	77.9	82.6	83.9
移动电话（部）	Mobile Telephone (unit)	159.6	224.5	240.1	246.1	243.2

6-11 各市（州）城镇居民人均可支配收入（2019）
Per Capita Annual Total Income of Urban Households by Region （2019）

单位：元 （yuan）

市（州）	Region	可支配收入 Disposable Income	工资性收入 Income from Wages and Salaries	经营净收入 Net Business Income	财产净收入 Net Income from Property	转移净收入 Net Income from Transfer
兰州市	Lanzhou	38095	21383	1232	4468	11012
嘉峪关市	Jiayuguan	42601	34395	1491	1117	5598
金昌市	Jinchang	40553	31166	3489	2070	3828
白银市	Baiyin	31769	21920	3119	1455	5275
天水市	Tianshui	28707	19212	2829	2613	4054
武威市	Wuwei	30048	23124	1843	1439	3641
张掖市	Zhangye	27465	19222	3888	1116	3239
平凉市	Pingliang	29644	21175	1648	1583	5238
酒泉市	Jiuquan	38234	26492	6606	2021	3116
庆阳市	Qingyang	32107	23391	3753	2288	2674
定西市	Dingxi	26222	19955	1937	1331	2999
陇南市	Longnan	25613	18589	2982	1655	2388
临夏州	Linxia	22376	13903	2926	1169	4377
甘南州	Gannan	26592	20946	3727	773	1145

6-12 各市（州）城镇居民人均消费支出（2019）
Per Capita Annual Consumption Expenditure of Urban Households by Region（2019）

单位：元 （yuan）

市（州）	Region	消费支出 Consumption Expenditures	食品烟酒 Food, Tobacco and Liquor	衣着 Clothing	居住 Residence	生活用品及服务 Household Facilities, Articles and Services	交通通信 Transport and Communications	教育文化娱乐 Education, Culture and Recreation	医疗保健 Health Care and Medical Services	其他用品和服务 Miscellaneous Goods and Services	恩格尔系数（%） Engle's Coefficient（%）
兰州市	Lanzhou	27035	8104	2081	6681	1528	2905	2584	2312	839	30.0
嘉峪关市	Jiayuguan	30157	9357	2208	4267	2219	5333	3603	1941	1229	31.0
金昌市	Jinchang	26663	7902	2817	3962	2043	3293	3704	1570	1372	29.6
白银市	Baiyin	18815	5874	1892	3852	1339	2013	2131	1420	294	31.2
天水市	Tianshui	15631	4306	1364	3851	1148	1545	1900	1183	334	27.5
武威市	Wuwei	22433	7194	2551	4298	1193	2398	2850	1638	312	32.1
张掖市	Zhangye	21974	6291	2147	4180	1434	2658	2630	2079	554	28.9
平凉市	Pingliang	19576	5578	1677	4602	1299	2107	2020	1903	390	28.5
酒泉市	Jiuquan	26831	7798	2511	5132	1999	3583	2926	2061	821	29.1
庆阳市	Qingyang	20023	5805	2072	4427	1286	2399	1885	1642	506	29.0
定西市	Dingxi	18887	5744	1714	3900	1169	2207	2355	1353	445	30.4
陇南市	Longnan	19754	5852	1822	4109	1376	2188	2323	1604	479	29.6
临夏州	Linxia	16204	4985	1623	3187	1305	1817	1552	1410	325	30.8
甘南州	Gannan	19343	7016	2198	3805	1460	2145	1261	978	481	36.3

6-13 各地、县城镇居民人均可支配收入及消费支出（2019）

Per Capita Disposable Income and Consumption Expenditure of Urban Households by Region & County （2019）

单位：元　　　　　　　　　　　　　　　　　　　　　　　　　　　　　　　　　　　　　（yuan）

地、县	Region & County	城镇居民人均可支配收入 Per Capita Disposable Income of Urban Households	城镇居民人均消费支出 Per Capita Consumption Expeniture Of Urban Households	地、县	Region & County	城镇居民人均可支配收入 Per Capita Disposable Income of Urban Households	城镇居民人均消费支出 Per Capita Consumption Expeniture Of Urban Households
兰州市	**Lanzhou**	**38095**	**27035**	瓜州县	Guazhou	33850	20562
城关区	Chengguan	42908	30584	肃北县	Subei	40024	32836
七里河区	Qilihe	36468	26142	阿克塞县	Akesai	41467	28966
西固区	Xigu	42043	32804	玉门市	Yumen	35294	21687
安宁区	Anning	38552	28147	敦煌市	Dunhuang	36215	24402
红古区	Honggu	32956	20397	**庆阳市**	**Qingyang**	**32107**	**20023**
永登县	Yongdeng	25462	17537	西峰区	Xifeng	33699	19953
皋兰县	Gaolan	24355	14146	庆城县	Qingcheng	32115	24062
榆中县	Yuzhong	25789	16568	环　县	Huanxian	31731	21343
嘉峪关市	**Jiayuguan**	**42601**	**30157**	华池县	Huachi	33094	18570
金昌市	**Jinchang**	**40553**	**26663**	合水县	Heshui	31058	17777
金川区	Jinchuan	45390	30609	正宁县	Zhengning	30494	22083
永昌县	Yongchang	31145	18986	宁　县	Ningxian	31927	17308
白银市	**Baiyin**	**31769**	**18815**	镇原县	Zhenyuan	30739	18656
白银区	Baiyin	38571	22184	**定西市**	**Dingxi**	**26222**	**18887**
平川区	Pingchuan	37286	20074	安定区	Anding	27406	18611
靖远县	Jingyuan	27148	16244	通渭县	Tongwei	24736	18174
会宁县	Huining	19938	14863	陇西县	Longxi	25564	19657
景泰县	Jingtai	28264	16512	渭源县	Weiyuan	25225	18729
天水市	**Tianshui**	**28707**	**15631**	临洮县	Lintao	26283	20886
秦州区	Qinzhou	31228	24410	漳　县	Zhangxian	25381	15701
麦积区	Maiji	29164	15772	岷　县	Minxian	25654	19113
清水县	Qingshui	27131	13527	**陇南市**	**Longnan**	**25613**	**19754**
秦安县	Qinan	28361	14756	武都区	Wudu	27248	23346
甘谷县	Gangu	28170	11819	成　县	Chengxian	25093	19942
武山县	Wushan	26907	10261	文　县	Wenxian	24149	16717
张家川县	Zhangjiachuan	26432	10254	宕昌县	Tanchang	24556	14872
武威市	**Wuwei**	**30048**	**22433**	康　县	Kangxian	24441	18840
凉州区	Liangzhou	31874	23916	西和县	Xihe	24698	15509
民勤县	Minqin	25902	20752	礼　县	Lixian	23801	18466
古浪县	Gulang	24367	15670	徽　县	Huixian	25042	20743
天祝县	Tianzhu	26340	20190	两当县	Liangdang	26265	18732
张掖市	**Zhangye**	**27465**	**21974**	**临夏州**	**Linxia**	**22376**	**16204**
甘州区	Ganzhou	28105	21819	临夏市	linxia	22908	17769
肃南县	Sunan	29588	31647	临夏县	linxia	22196	11663
民乐县	Minle	25241	21514	康乐县	Kangle	22064	16975
临泽县	Linze	26691	20857	永靖县	Yongjing	22093	13267
高台县	Gaotai	26634	20997	广河县	Guanghe	21339	10589
山丹县	Shandan	27248	22660	和政县	Hezheng	21725	19219
平凉市	Pingliang	29644	19576	东乡县	Dongxiang	21165	16411
崆峒区	Kongtong	29596	21242	积石山县	Jishishan	21688	17830
泾川县	Jingchuan	27155	15946	**甘南州**	**Gannan**	**26592**	**19343**
灵台县	Lingtai	24154	14840	合作市	Hezuo	26647	25027
崇信县	Chongxin	35505	20500	临潭县	Lintan	26249	13777
庄浪县	Zhuanglang	29460	19800	卓尼县	Zhuoni	26472	21013
静宁县	Jingning	27090	17886	舟曲县	Zhouqu	26271	17745
华亭市	Huating	35018	21298	迭部县	Diebu	26305	21111
酒泉市	**Jiuquan**	**38234**	**26831**	玛曲县	Maqu	27756	19404
肃州区	Suzhou	40806	30454	碌曲县	Luqu	27236	22815
金塔县	Jinta	36107	24242	夏河县	Xiahe	26590	14291

6-14 农村居民家庭基本情况
Basic Conditions of Rural Households

年份 Year	每个农村劳动力负担人数（人）Average Number of Dependents per Labour Force (person)	农村居民人均可支配收入（元）Per Capita Disposable Income of Rural Households (yuan)	农村居民人均消费支出（元）Per Capita Consumption Expenditure of Rural Households (yuan)	#食品烟酒 Food, Tobacco and Liquor	恩格尔系数（%）Engle's Coefficient (%)	人均居住面积（平方米）Per Capita Living Space (sq.m)
1978	2.42	101	88	66	74.82	
1979	2.36	112	97	70	72.08	
1980	2.32	153	126	81	64.80	13.87
1981	2.25	159	135	93	68.76	12.75
1982	2.14	174	141	96	67.81	13.53
1983	1.95	213	163	104	63.70	12.95
1984	1.91	221	178	113	63.35	12.96
1985	1.75	257	205	124	60.37	13.24
1986	1.73	283	233	138	59.21	13.44
1987	1.73	303	253	144	57.12	13.93
1988	1.70	345	277	152	54.96	14.32
1989	1.69	376	296	164	55.27	14.67
1990	1.67	431	339	205	60.49	11.88
1991	1.68	446	403	238	59.05	12.85
1992	1.69	489	420	248	59.04	13.13
1993	1.67	551	538	297	55.27	13.77
1994	1.57	724	674	444	65.85	14.54
1995	1.66	880	915	649	70.94	15.64
1996	1.63	1101	986	669	67.86	14.15
1997	1.67	1210	976	561	57.50	14.56
1998	1.65	1403	949	563	59.27	16.47
1999	1.65	1433	899	507	56.37	18.22
2000	1.72	1458	1121	536	47.78	18.00
2001	1.69	1550	1179	533	45.16	17.58
2002	1.69	1645	1220	547	44.85	17.58
2003	1.66	1742	1432	606	42.30	17.60
2004	1.64	1942	1587	732	46.14	17.88
2005	1.67	2091	1999	898	44.92	18.71
2006	1.64	2269	2061	915	44.41	19.12
2007	1.60	2493	2267	1010	44.54	19.46
2008	1.59	2938	2733	1223	44.77	19.87
2009	1.57	3237	3188	1240	38.88	20.55
2010	1.56	3747	3430	1443	42.07	20.96
2011	1.54	4278	4273	1695	39.66	23.65
2012	1.54	4931	4834	1795	37.13	24.08
2013	1.59	5589	5654	1949	34.47	24.66
2014	1.60	6277	6148	2146	34.91	28.60
2015	1.60	6936	6830	2244	32.86	29.30
2016	1.59	7457	7487	2343	31.29	30.36
2017	1.59	8076	8030	2438	30.36	31.44
2018	1.67	8804	9065	2695	29.73	31.80
2019	1.62	9629	9694	2827	29.20	31.30

6-15 农村居民家庭基本情况
Basic Conditions of Rural Households

指 标	Item	2015	2018	2019
调查户数（户）	**Number of Households Surveyed （household）**	**2500**	**2350**	**2350**
平均每户常住人口（人）	Average Number of Permanent Residents per Household （person）	4.50	3.90	3.78
平均每户整半劳动力（人）	Average Number of Full/Semi Labor Force per Household （person）	2.50	2.30	2.34
平均每个劳动力负担人口（含本人）（人）	Average Number of Dependents per Labour Force (including the laborer himself or herself) (person)	1.60	1.67	1.62
人均可支配收入（元）	**Per Capita Disposable Income**	**6936**	**8804**	**9629**
工资性收入	Income from Wages and Salaries	1975	2535	2769
经营净收入	Net Business Income	3025	3824	4322
财产净收入	Net Income from Property	128	212	130
转移净收入	Net Income from Transfer	1808	2234	2408
人均消费支出（元）	**Per Capita Annual Consumption Expenditure (yuan)**	**6830**	**9065**	**9694**

6-16 农村居民人均可支配收入及构成
Per Capita Disposable Income of Rural Households and Its Composition

指 标	Item	2015	2018	2019
农村居民人均可支配收入（元）	**Per Capita Disposable Income of Rural Households（yuan）**	**6936**	**8804**	**9629**
工资性收入	Income from Wages and Salaries	1975	2535	2769
经营净收入	Net Business Income	3025	3824	4322
第一产业经营净收入	Net Income from Primary Industry	2509	2992	3381
#农业收入	Farming	2003	2300	2581
牧业收入	Animal Husbandry	503	651	746
第二产业经营净收入	Net Income from Secondary Industry	36	34	77
第三产业经营净收入	Net Income from Tertiary Industry	480	798	863
财产净收入	Net Income from Property	128	212	130
转移净收入	NetIncome from Transfer	1808	2234	2408
构成（农村居民人均可支配收入 =100）	**Composition （Per Capita Disposable Income of Rural Households = 100）**			
工资性收入	Income from Wages and Salaries	28.47	28.79	55.80
经营净收入	Net Income from Household Operations	43.62	43.43	18.56
财产净收入	Net Income from Property	1.84	2.40	5.95
转移净收入	Net Income from Transfer	26.07	25.38	19.69

6-17 农村住户总支出及构成
Total Expenditure of Rural Households and Its Composition

指　　标	Item	2015	2018	2019
总支出（元）	**Total Expenditure（yuan）**	**11761**	**16920**	**16224**
消费支出	Consumption Expenditure	6830	9065	9694
生产经营费用支出	Production Operations Fee Expenditure	2186	3958	3037
第一产业经营费用支出	Primary Industry	1970	2946	2228
第二产业经营费用支出	Secondary Industry	16	21	53
第三产业经营费用支出	Tertiary Industry	199	991	756
财产性支出	Property Expenditure	21	46	28
转移性支出	Transfer Expenditure	198	370	347
部分商业保险支出	Expenditure of Part of Commercial Insurance	47	93	51
购置资产及非经常性转移支出	Purchase of Assets and Transfer of Non-recurring Expenditure	1912	2456	2328
购置资产支出	Purchase of Assets Expenditure	939	981	1143
非经常性转移支出	Purchase of Transfer of Non-recurring Expenditure	973	1475	1185
借贷性支出	Debit and Credit Expenditure	567	935	740
存入储蓄款	Deposit Money in Bank	186	77	27
借出款	Lending Money	21	52	26
归还借款	Returning Loans	242	368	333
购买有价证券	Purchase Marketable Securities			
其他投资支出	Other Investment Expenditures		8	20
归还住房贷款	Return the Housing Loans	13	110	57
归还汽车贷款	Return the Car Loans	1	10	33
归还教育贷款	Return the Education Loans	6	14	19
归还其他贷款	Return the Other Loans	91	249	215
其他借贷支出	Other Debit and Credit Expenditure	6	48	10
总支出构成（%）	**Composition of Total Expenditure（%）**	**100.00**	**100.00**	**100.00**
消费支出	Consumption Expenditure	58.07	53.60	59.75
生产经营费用支出	Production Operations Fee Expenditure	18.59	23.40	18.71
财产性支出	Property Expenditure	0.18	0.27	0.17
转移性支出	Transfer Expenditure	1.68	2.19	2.14
部分商业保险支出	Expenditure of Part of Commercial Insurance	0.40	0.54	0.32
购置资产及非经常性转移支出	Purchase of Assets and Transfer of Non-recurring Expenditure	16.26	14.50	14.35
借贷性支出	Debit and Credit Expenditure	4.82	5.50	4.56

6-18 农村居民人均消费支出
Per Capita Living Expenditure of Rural Households

单位：元　　　　(yuan)

指　标	Item	2015	2018	2019
消费支出	**Consumption Expenditure**	**6830**	**9065**	**9694**
食品烟酒	Food,Tobacco and Liquor	2244	2695	2827
衣着	Clothing	466	558	552
居住	Residence	1221	1726	1867
生活用品及服务	Household Facilities,Articles and Services	445	514	578
交通通信	Transport and Communication	812	1078	1196
教育文化娱乐	Education,Cultural and Recreation	854	1202	1330
医疗保健	Health Care and Medical Services	670	1133	1183
其他用品及服务	Other Commodities and Services	118	160	161

6-19 农村居民家庭平均每人消费支出构成
Composition of Per Capita Living Expenditure of Rural Households

单位：%　　　　(%)

指　标	Item	2015	2018	2019
消费支出	**Consumption Expenditure**	**100.00**	**100.00**	**100.00**
食品烟酒	Food,Tobacco and Liquor	32.86	29.73	29.20
衣着	Clothing	6.83	6.15	5.70
居住	Residence	17.88	19.04	19.30
生活用品及服务	Household Facilities,Articles and Services	6.52	5.67	6.00
交通通信	Transport and Communications	11.88	11.89	12.30
教育文化娱乐	Education,Cultural and Recreation	12.50	13.26	13.70
医疗保健	Health Care and Medical Services	9.80	12.49	12.20
其他用品及服务	Other Goods and Services	1.73	1.77	1.60

6-20 按五等份分组的农村居民家庭基本情况（2019）
Basic Conditions of Rural Households of Income Quintile （2019）

指　标	Item	全省平均 Average	低收入户(20%) Low Income Households	中间偏下户(20%) Lower Middle Income Households	中间收入户(20%) Middle Income Households	中间偏上户(20%) Upper Middle Income Households	高收入户(20%) High Income Households
平均每户常住人口（人）	Average Number of Usual Residents	3.78	4.40	4.23	3.86	3.61	3.13
	per Household （person）	2.34	2.34	2.39	2.41	2.31	2.26
平均每户整半劳动力（人）	Average Number of Full/Semi Labour Force Per Household （person）	2.34	2.34	2.39	2.41	2.31	2.26
平均每个劳动力负担人口（人）	Average Number of Dependents Per Labour Force （person）	1.62	1.76	1.77	1.6	1.56	1.39
人均消费支出（元）	Per Capita Annual Expenditure （yuan）	9693	7910	7983	9853	11057	14465
人均可支配收入（元）	Per Capita Annual Net Income （yuan）	9629	2928	6147	8752	12804	25716
工资性收入	Income from Wages and Salaries	2769	1238	2294	3314	5445	8820
经营净收入	Net Business Income	4322	524	1729	2788	4337	12809
财产净收入	Net Income from Property	129	42	91	157	215	412
转移净收入	Net Income from Transfer	2408	1124	2033	2493	2807	3675

6-21 按收入五等份分组的农村居民家庭平均每人消费支出（2019）
Per Capita Consumption Expenditure of Rural Households by Income Quintile （2019）

单位：元　　　　（yuan）

指　标	Item	全省平均 Average	低收入户(20%) Low Income Households	中间偏下户(20%) Lower Middle Income Households	中间收入户(20%) Middle Income Households	中间偏上户(20%) Upper Middle Income Households	高收入户(20%) High Income Households
消费支出	**Consumption Expenditure**	**9694**	**8468**	**7889**	**8864**	**10949**	**13321**
食品烟酒	Food,Tobacco and Liquor	2827	2315	2518	2471	3052	4124
衣着	Clothing	552	452	511	521	644	670
居住	Residence	1867	1451	1739	1714	2125	2485
生活用品及服务	Household Facilities,Articles and Services	578	514	520	596	596	693
交通通信	Transport and Communications	1196	1149	753	1059	1437	1737
教育文化娱乐	Education, Cultural and Recreation	1330	1437	870	1146	1715	1579
医疗保健	Health Care and Medical Services	1183	1030	868	1167	1204	1804
其他商品及服务	Other Goods and Services	161	120	110	190	176	229

6-22 农村居民人均主要消费品消费量
Per Capita Consumption of Major Consumer Goods by Rural Households

单位：千克 (kg)

指 标	Item	2010	2015	2018	2019
粮食（原粮）	Grain (Unprocessed)	229.03	181.34	162.50	171.28
#豆类及豆制品	Beans and Bean Products	5.15	4.31	4.88	5.22
蔬菜	Vegetables	43.14	55.37	57.54	60.42
食油	Edible Oil	4.13	8.47	8.25	8.02
肉类	Products of Meat				17.70
#猪肉	Pork	12.30	12.46	12.98	14.08
牛肉	Beef	0.35	0.61	0.48	0.58
羊肉	Mutton	0.80	1.98	1.90	2.03
家禽	Poultry	1.29	3.53	3.86	5.16
蛋及蛋制品	Eggs and Processed Products	2.58	6.40	5.45	5.66
奶和奶制品	Milk and Processed Products	2.72	6.51	6.01	5.88
水产品	Aquatic Products	0.30	0.75	0.99	1.27
瓜果	Melons and Fruits	16.39	35.13	96.99	37.50
食糖	Sugar	0.97	1.73	1.73	1.97
酒	Liquor	7.28	9.82	7.58	8.13

6-23 农村居民家庭平均每百户年底耐用消费品拥有量
Number of Durable Consumer Goods Owned Per 100 Rural Households at Year-end

指 标	Item	2015	2017	2018	2019
家用汽车（辆）	Automobile (unit)	10.0	14.0	20.9	21.6
摩托车（台）	Motorcycle (set)	88.6	79.7	60.0	63.8
电冰箱（台）	Refrigerator (set)	55.3	71.1	84.4	84.0
洗衣机（台）	Washing Machine (set)	86.0	92.1	96.9	93.3
热水器（台）	Water Heater (set)	20.3	26.4	35.3	34.5
空调（台）	Air Conditioner (set)	0.7	0.9	1.9	2.3
彩色电视机（台）	Color Tv Set (set)	109.0	109.0	111.6	109.2
照相机（架）	Camera (set)	2.5	1.4	1.8	1.8
家用计算机（台）	Computer (set)	14.2	16.8	21.2	17.9
中高档乐器（件）	Medium and High Grades Musical Instruments (unit)	0.5	0.6	0.6	0.9
移动电话（部）	Mobile Telephone (set)	244.6	268.7	300.8	302.5

6-24 各地、县农村居民人均可支配收入（2019）
Per Capita Disposable Income of Rural Households by Region & County （2019）

单位：元 （yuan）

地、县	Region & County	农村居民人均可支配收入 Per Capita Disposable Income of Rural Households	工资性收入 Income from Wages and Salaries	经营净收入 Net Business Income	财产净收入 Net Income from Property	转移净收入 Net Income from Transfer
兰州市	**Lanzhou**	**13605**	**6874**	**4436**	**256**	**2038**
城关区	Chengguan	26981	14533	415	6780	5254
七里河区	Qilihe	20435	10143	8057	88	2146
西固区	Xigu	20263	11979	4888	374	3022
安宁区	Anning					
红古区	Honggu	21108	7521	10882	-18	2723
永登县	Yongdeng	11692	4409	4448	24	2811
皋兰县	Gaolan	11813	6076	4988	68	681
榆中县	Yuzhong	11505	5811	4062	64	1568
嘉峪关市	**Jiayuguan**	**21027**	**10731**	**8989**	**1137**	**170**
金昌市	**Jinchang**	**15719**	**5350**	**7919**	**1338**	**1111**
金川区	Jinchuan	19760	7037	9322	3076	325
永昌县	Yongchang	14602	4884	7532	858	1328
白银市	**Baiyin**	**9927**	**3967**	**4751**	**100**	**1108**
白银区	Baiyin	15691	3401	11968	172	151
平川区	Pingchuan	10685	4801	4388	58	1439
靖远县	Jingyuan	10495	3720	5959	126	690
会宁县	Huining	8200	3979	2864	98	1259
景泰县	Jingtai	11720	4215	5787	52	1665
天水市	**Tianshui**	**8439**	**2629**	**2674**	**142**	**2994**
秦州区	Qinzhou	9757	3094	3527	446	2690
麦积区	Maiji	8427	3365	2301	399	2363
清水县	Qingshui	7683	2515	1225	57	3886
秦安县	Qinan	8562	1861	3858	61	2781
甘谷县	Gangu	8447	2855	2992	93	2507
武山县	Wushan	8779	3092	2149	74	3464
张家川县	Zhangjiachuan	7633	1948	2159	1	3524
武威市	**Wuwei**	**12566**	**3626**	**7175**	**186**	**1579**
凉州区	Liangzhou	15381	4566	8363	288	2164
民勤县	Minqin	14414	2716	10200	83	1415
古浪县	Gulang	7561	2783	4019	115	643
天祝县	Tianzhu	8265	2873	3811	54	1527
张掖市	**Zhangye**	**14944**	**5597**	**7623**	**395**	**1329**

6-24 续表 1 continued

单位：元 (yuan)

地、县	Region & County	农村居民人均可支配收入 Per Capita Disposable Income of Rural Households	工资性收入 Income from Wages and Salaries	经营净收入 Net Business Income	财产净收入 Net Income from Property	转移净收入 Net Income from Transfer
甘州区	Ganzhou	15720	6447	7164	366	1743
肃南县	Sunan	18518	1601	13391	151	3375
民乐县	Minle	12825	4529	6279	722	1295
临泽县	Linze	15932	3837	11116	151	828
高台县	Gaotai	15066	6988	6990	277	811
山丹县	Shandan	14463	6198	7296	313	656
平凉市	**Pingliang**	**9083**	**3041**	**3338**	**0**	**2705**
崆峒区	Kongtong	11344	4411	3912	81	2940
泾川县	Jingchuan	10484	2728	3702	27	4027
灵台县	Lingtai	9077	4941	2443	8	1685
崇信县	Chongxin	8721	4614	1315	-24	2816
庄浪县	Zhuanglang	7397	1829	2991	-13	2591
静宁县	Jingning	8331	1604	4297	-89	2519
华亭市	Huating	9780	6134	1629	141	1876
酒泉市	**Jiuquan**	**18609**	**5745**	**11327**	**146**	**1391**
肃州区	Suzhou	18314	5240	11903	204	966
金塔县	Jinta	18800	6796	10544	157	1302
瓜州县	Guazhou	18106	3078	12961	-126	2194
肃北县	Subei	27023	2879	9452	146	14547
阿克塞县	Akesai	29163	5804	15492	242	7624
玉门市	Yumen	18570	5062	12185	75	1248
敦煌市	Dunhuang	18852	9329	8551	386	586
庆阳市	**Qingyang**	**9686**	**3342**	**3800**	**201**	**2343**
西峰区	Xifeng	10884	5228	3716	829	1111
庆城县	Qingcheng	9369	3970	3294	186	1919
环　县	Huanxian	9280	2824	4024	238	2195
华池县	Huachi	9308	4134	3568	69	1537
合水县	Heshui	9528	3479	4252	48	1749
正宁县	Zhengning	10550	2872	5356	231	2091
宁　县	Ningxian	9636	2569	3417	55	3596
镇原县	Zhenyuan	9423	3108	3619	85	2610
定西市	**Dingxi**	**8226**	**2303**	**3794**	**186**	**1943**
安定区	Anding	8556	2010	3417	202	2927
通渭县	Tongwei	7410	1566	2857	85	2902

6-24 续表 2 continued

单位：元 (yuan)

地、县	Region & County	农村居民人均可支配收入 Per Capita Disposable Income of Rural Households	工资性收入 Income from Wages and Salaries	经营净收入 Net Business Income	财产净收入 Net Income from Property	转移净收入 Net Income from Transfer
陇西县	Longxi	9099	3938	3327	136	1697
渭源县	Weiyuan	8208	1184	4587	423	2014
临洮县	Lintao	8646	2105	5005	53	1483
漳　县	Zhangxian	7769	2251	2846	78	2594
岷　县	Minxian	7750	2600	3678	279	1194
陇南市	**Longnan**	**7734**	**3214**	**2480**	**79**	**1962**
武都区	Wudu	8083	3452	2847	35	1749
成　县	Chengxian	9304	5619	2227	48	1410
文　县	Wenxian	7130	2777	2351	81	1921
宕昌县	Tanchang	7059	3495	2473	189	902
康　县	Kangxian	7240	2934	2105	94	2108
西和县	Xihe	7205	2182	1790	15	3219
礼　县	Lixian	7179	1873	2304	93	2909
徽　县	Huixian	9381	5068	3328	43	943
两当县	Liangdang	7129	1955	3496	160	1518
临夏州	**Linxia**	**7512**	**2283**	**3070**	**127**	**2032**
临夏市	linxia	14883	7421	4961	821	1679
临夏县	linxia	7891	2994	3082	162	1654
康乐县	Kangle	7668	1226	3906	120	2416
永靖县	Yongjing	7445	2285	3148	72	1940
广河县	Guanghe	8246	2153	3350	51	2692
和政县	Hezheng	7122	2360	2626	128	2007
东乡县	Dongxiang	5906	1297	2797	33	1779
积石山县	Jishishan	6368	1949	2053	76	2291
甘南州	**Gannan**	**8437**	**3552**	**3598**	**90**	**1198**
合作市	Hezuo	8609	5540	2480	5	585
临潭县	Lintan	8040	4333	2213	13	1482
卓尼县	Zhuoni	8272	2274	5624	28	345
舟曲县	Zhouqu	8165	5387	1925	25	829
迭部县	Diebu	8039	3606	3347	86	1000
玛曲县	Maqu	10096	81	6931	29	3055
碌曲县	Luqu	9959	1321	5905	681	2052
夏河县	Xiahe	8454	2214	4376	396	1467

6-25 各地、县农村居民平均每人消费支出（2019）
Per Capita Consumption Expenditure of Rural Households by Region & County （2019）

单位：元 （yuan）

地、县	Region & County	消费支出 Consumption Expenditures	食品烟酒 Food, Tobacco and Liquor	衣着 Clothing	居住 Residence	生活用品及服务 Household Facilities, Articles and Services	交通通讯 Transport and Communications	教育文化娱乐 Education, Culture and Recreation	医疗保健 Health Care and Medical Services	其他用品和服务 Miscellaneous Goods and Services
兰州市	**Lanzhou**	**11245**	**3565**	**725**	**2265**	**578**	**1467**	**1252**	**1162**	**232**
城关区	Chengguan	19216	4713	1258	6391	703	2650	1239	2064	198
七里河区	Qilihe	13452	4063	774	2406	773	1333	1852	1662	591
西固区	Xigu	25654	6506	1740	9216	1870	2181	1802	1923	415
安宁区	Anning									
红古区	Honggu	16338	6045	930	2301	399	4128	757	1535	242
永登县	Yongdeng	10415	3305	690	1833	480	1616	1285	957	248
皋兰县	Gaolan	6923	2534	424	1413	299	834	717	548	154
榆中县	Yuzhong	9636	3098	660	1690	595	1035	1297	1098	163
嘉峪关市	**Jiayuguan**	**15575**	**4741**	**1163**	**2270**	**650**	**3023**	**2443**	**999**	**286**
金昌市	**Jinchang**	**11569**	**3519**	**705**	**1767**	**454**	**1984**	**1310**	**1537**	**293**
金川区	Jinchuan	15778	3713	923	2362	450	3792	1898	2056	584
永昌县	Yongchang	10406	3465	645	1602	456	1485	1147	1393	213
白银市	**Baiyin**	**7859**	**2425**	**425**	**1645**	**357**	**904**	**1148**	**823**	**133**
白银区	Baiyin	9079	2926	411	2142	485	843	1160	711	401
平川区	Pingchuan	9630	2943	554	2080	468	1051	1077	1411	48
靖远县	Jingyuan	8179	2417	458	1996	372	1002	1056	691	188
会宁县	Huining	6905	2161	280	1408	263	691	1124	906	72
景泰县	Jingtai	8696	2811	702	1226	501	1233	1438	628	157
天水市	**Tianshui**	**9519**	**2632**	**578**	**2160**	**749**	**917**	**1163**	**1162**	**158**
秦州区	Qinzhou	10791	2563	883	2641	671	1386	1211	1252	185
麦积区	Maiji	12549	3139	773	2318	715	1046	1594	2732	232
清水县	Qingshui	8612	2221	467	1890	1019	843	987	1009	177
秦安县	Qinan	10245	2931	430	2231	764	935	1686	1085	184
甘谷县	Gangu	8664	2610	510	2079	795	784	998	730	158
武山县	Wushan	8418	2438	653	1781	770	748	1296	592	140
张家川县	Zhangjiachuan	8134	2456	491	2270	502	843	395	1135	43
武威市	**Wuwei**	**10271**	**3525**	**618**	**1751**	**444**	**1433**	**1544**	**819**	**137**
凉州区	Liangzhou	11588	4189	685	1974	378	1529	1770	986	76
民勤县	Minqin	13216	4213	690	1444	672	2376	2307	1097	416
古浪县	Gulang	6449	2025	478	1787	438	688	606	381	46
天祝县	Tianzhu	8394	2956	518	1042	352	1181	1537	640	168
张掖市	**Zhangye**	**13459**	**3984**	**922**	**2278**	**736**	**1912**	**1997**	**1355**	**275**

6-25 续表 1 continued

单位：元 (yuan)

地、县	Region & County	消费支出 Consumption Expenditures	食品烟酒 Food, Tobacco and Liquor	衣着 Clothing	居住 Residence	生活用品及服务 Household Facilities, Articles and Services	交通通讯 Transport and Communications	教育文化娱乐 Education, Culture and Recreation	医疗保健 Health Care and Medical Services	其他用品和服务 Miscellaneous Goods and Services
甘州区	Ganzhou	13513	3933	877	2451	903	1852	1824	1394	279
肃南县	Sunan	20144	5798	1543	3853	991	3109	3014	1544	293
民乐县	Minle	13365	3924	886	2407	713	1808	2200	1189	238
临泽县	Linze	13494	4071	818	2077	640	2325	1477	1842	244
高台县	Gaotai	13308	4288	982	1922	626	1692	2353	1235	210
山丹县	Shandan	12092	3498	1004	1724	439	1804	2072	1157	394
平凉市	**Pingliang**	**8675**	**2299**	**441**	**1875**	**441**	**1132**	**1187**	**1164**	**136**
崆峒区	Kongtong	8028	2493	442	1580	346	904	960	1217	85
泾川县	Jingchuan	8815	2127	488	2070	618	1030	1260	1115	108
灵台县	Lingtai	7046	1654	266	2095	294	845	587	1171	133
崇信县	Chongxin	8473	2204	651	1600	315	1260	752	1601	89
庄浪县	Zhuanglang	7459	2131	375	1682	314	876	1469	448	166
静宁县	Jingning	10701	2632	468	1972	603	1752	1323	1794	156
华亭市	Huating	9026	2611	581	2303	421	747	1319	873	171
酒泉市	**Jiuquan**	**13819**	**4007**	**779**	**2759**	**692**	**2081**	**1701**	**1527**	**273**
肃州区	Suzhou	16927	4700	743	4112	984	2254	2012	1846	275
金塔县	Jinta	12294	3924	877	1424	568	1873	1777	1499	351
瓜州县	Guazhou	11174	3363	545	1786	546	2108	1166	1446	213
肃北县	Subei	23484	7098	1464	3166	1668	4009	3422	522	2136
阿克塞县	Akesai	23633	8811	1756	5101	1265	2511	2632	1236	321
玉门市	Yumen	11253	3378	733	2112	536	1840	1314	1160	180
敦煌市	Dunhuang	13830	3743	987	3132	493	2005	1836	1407	227
庆阳市	**Qingyang**	**8897**	**2967**	**619**	**1741**	**504**	**1117**	**955**	**852**	**143**
西峰区	Xifeng	12079	4190	974	2418	691	1538	983	1067	218
庆城县	Qingcheng	9933	2569	587	1958	508	1589	1396	1165	161
环　县	Huanxian	7518	2627	502	1522	420	1034	920	418	76
华池县	Huachi	6868	2497	418	1013	340	1147	673	642	138
合水县	Heshui	9197	3319	606	2082	569	1114	517	867	122
正宁县	Zhengning	7254	2394	543	1432	528	838	774	661	83
宁　县	Ningxian	8724	3157	747	1533	512	917	829	887	142
镇原县	Zhenyuan	9080	2869	508	1870	477	1017	1157	1002	179
定西市	**Dingxi**	**8738**	**2792**	**496**	**1688**	**536**	**1013**	**1073**	**1032**	**109**
安定区	Anding	8819	2686	387	1590	976	907	766	1378	128
通渭县	Tongwei	9045	2779	221	1353	426	628	1973	1521	144

6-25 续表 2 continued

单位：元 (yuan)

地、县	Region & County	消费支出 Consumption Expenditures	食品烟酒 Food, Tobacco and Liquor	衣着 Clothing	居住 Residence	生活用品及服务 Household Facilities, Articles and Services	交通通讯 Transport and Communications	教育文化娱乐 Education, Culture and Recreation	医疗保健 Health Care and Medical Services	其他用品和服务 Miscellaneous Goods and Services
陇西县	Longxi	9719	2707	562	2064	446	1468	1450	874	147
渭源县	Weiyuan	8466	2760	527	1450	537	1243	1094	728	127
临洮县	Lintao	8784	3030	513	1473	377	1108	762	1386	134
漳　县	Zhangxian	8341	2550	555	1716	504	824	891	1197	103
岷　县	Minxian	8071	2804	618	1988	590	824	721	506	21
陇南市	**Longnan**	**9141**	**2988**	**696**	**1834**	**604**	**999**	**844**	**1035**	**141**
武都区	Wudu	11270	3696	830	2127	852	984	1266	1330	186
成　县	Chengxian	10320	2994	899	1794	713	1509	925	1287	200
文　县	Wenxian	9337	3111	496	2069	532	927	705	1258	239
宕昌县	Tanchang	7338	2862	537	1709	399	763	411	574	83
康　县	Kangxian	10204	2832	810	1923	753	1432	960	1354	141
西和县	Xihe	9679	3000	746	2113	575	981	963	1204	96
礼　县	Lixian	7147	2591	541	1469	414	808	574	649	102
徽　县	Huixian	9193	2647	825	1794	668	979	1029	1100	152
两当县	Liangdang	8828	2719	642	1365	675	1413	755	1126	132
临夏州	**Linxia**	**6784**	**2155**	**547**	**1568**	**612**	**663**	**339**	**818**	**83**
临夏市	linxia	12652	3919	906	3349	957	1266	619	1505	131
临夏县	linxia	7270	2472	613	1701	597	724	365	724	73
康乐县	Kangle	7345	1855	585	1832	625	679	318	1401	50
永靖县	Yongjing	7308	2295	497	1837	499	908	718	464	89
广河县	Guanghe	7296	2409	661	1890	617	702	229	728	59
和政县	Hezheng	6542	1860	602	1224	881	738	256	942	40
东乡县	Dongxiang	4745	1555	357	1101	505	366	156	613	93
积石山县	Jishishan	5663	2029	414	1026	481	534	455	562	162
甘南州	**Gannan**	**6887**	**2968**	**522**	**1640**	**404**	**678**	**301**	**238**	**137**
合作市	Hezuo	7174	2976	636	1670	404	847	246	280	115
临潭县	Lintan	7694	3104	684	2398	594	624	105	158	26
卓尼县	Zhuoni	5742	2475	501	1310	383	464	232	216	162
舟曲县	Zhouqu	6433	2955	297	1584	145	597	567	252	36
迭部县	Diebu	6529	2922	356	1931	296	398	159	306	159
玛曲县	Maqu	8957	4000	859	671	774	1357	421	345	531
碌曲县	Luqu	6838	2784	479	943	646	980	569	319	119
夏河县	Xiahe	6521	2665	570	1620	414	743	164	178	166

主要统计指标解释

从2012年四季度起，国家统计局对分别进行的城乡住户调查实施了一体化改革，规范了城乡划分范围，统一了城乡居民收入指标名称、分类和统计标准，建立了城乡统一的一体化住户调查，并据此采集全国居民有关数据。甘肃省自2015年起发布城乡一体化住户收支与生活状况调查数据。2014年及以前年份的数据，根据城镇住户调查和农村住户调查的历史数据，按照住户收支与生活状况调查可比口径推算得到。

一、居民可支配收入

居民可支配收入指居民可用于最终消费支出和储蓄的总和，即居民可用于自由支配的收入。既包括现金收入，也包括实物收入。按照收入的来源，可支配收入包含四项，分别为：工资性收入、经营净收入、财产净收入和转移净收入。

工资性收入　指就业人员通过各种途径得到的全部劳动报酬和各种福利，包括受雇于单位或个人、从事各种自由职业、兼职和零星劳动得到的全部劳动报酬和福利。

经营净收入　指住户或住户成员从事生产经营活动所获得的净收入，是全部经营收入中扣除经营费用、生产性固定资产折旧和生产税之后得到的净收入。计算公式为：

经营净收入 = 经营收入 – 经营费用 – 生产性固定资产折旧 – 生产税

财产净收入　指住户或住户成员将其所拥有的金融资产、住房等非金融资产和自然资源交由其他机构单位、住户或个人支配而获得的回报并扣除相关的费用之后得到的净收入。财产净收入包括利息净收入、红利收入、储蓄性保险净收益、转让承包土地经营权租金净收入、出租房屋净收入、出租其他资产净收入和自有住房折算净租金等。财产净收入不包括转让资产所有权的溢价所得。

转移净收入　计算公式为：转移净收入 = 转移性收入 – 转移性支出

转移性收入　指国家、单位、社会团体对住户的各种经常性转移支付和住户之间的经常性收入转移。包括养老金或退休金、社会救济和补助、政策性生产补贴、政策性生活补贴、救灾款、经常性捐赠和赔偿、报销医疗费、住户之间的赡养收入，本住户非常住成员寄回带回的收入等。转移性收入不包括住户之间的实物馈赠。

转移性支出　指调查户对国家、单位、住户或个人的经常性或义务性转移支付。包括缴纳的税款、各项社会保障支出、赡养支出、经常性捐赠和赔偿支出以及其他经常转移支出等。

根据住户收支与生活状况调查，分城镇和农村的居民人均可支配收入等数据的覆盖人群主要变化：一是计算城镇居民人均可支配收入时分母包括了在城镇地区常住的农民工，计算农村居民人均可支配收入时分母不包括在城镇地区常住的农民工；二是由本户供养的在外大学生视为常住人口。

二、居民消费支出

居民消费支出是指居民用于满足家庭日常生活消费需要的全部支出，既包括现金消费支出，也包括实物消费支出。消费支出可划分为食品烟酒、衣着、居住、生活用品及服务、交通通信、教育文化娱乐、医疗保健以及其他用品及服务八大类。

食品烟酒　指用于各种食品和烟草、酒类的支出。

衣着　指与居民穿着有关的支出，包括服装、服装材料、鞋类、其他衣类及配件、衣着相关加工服务的支出。

居住　指与居住有关的支出，包括房租、水、电、燃料、物业管理等方面的支出，也包括自有住房折算租金。

生活用品及服务　指家庭及个人的各类生活品及家庭服务。包括家具及室内装饰品、家用器具、家用纺织品、家庭日用杂品、个人用品和家庭服务。

交通通信　指用于交通和通信工具及相关的各种服务费、维修费和车辆保险等支出。

教育文化娱乐　指用于教育、文化和娱乐方面的支出。

医疗保健　指用于医疗和保健的药品、用品和服务的总费用。包括医疗器具及药品，以及医疗服务。

其他用品及服务　指无法直接归入上述各类支出的其他用品与服务支出。

7

财政和金融业

Government Finance and Financial Intermediation

简要说明

一、本篇资料主要内容

本篇反映财政收支状况，金融和保险业的发展情况。主要包括地方财政收支、政府性基金收支资料；金融机构存贷等活动；保险业务情况。

二、本篇资料来源

本篇资料由省统计局国民经济核算处搜集、加工整理：

1. 财政收支资料来源于省财政厅。

2. 金融资料来源于中国人民银行兰州中心支行。

3. 保险数据来源于中国银保监会甘肃监管局。

7-1 财政收支
Government Revenue and Expenditure

单位：万元 （10 000 yuan）

年 份 Year	财政收入 Government Revenue	一般公共预算收入 General Public Budget Revenue	税收收入 Tax Revenue	附：上划中央税收 Tax Revenue Turned Over to the Central	一般公共预算支出 General Public Budget Expenditure
1978	205280				143429
1979	184606				141810
1980	149348				123045
1981	129859				111955
1982	124713				127857
1983	109003				155256
1984	132338				211510
1985	163814				239971
1986	197635				300125
1987	225831				317747
1988	249786				363835
1989	315242				412645
1990	342065				459395
1991	399801				513188
1992	399736				534786
1993	521132				631676
1994	626198	290797	270086	335401	723817
1995	684142	339211	302594	344931	813908
1996	822714	433733	367663	388981	909538
1997	919259	494108	416575	425151	1067215
1998	974793	540253	465578	434540	1253382
1999	1030025	583657	490034	446368	1477868
2000	1083752	612849	516624	470903	1882322
2001	1241396	699485	587853	541911	2354643
2002	1503365	762432	654283	740933	2740111
2003	1771750	876561	722434	895189	3000070
2004	2158581	1041600	823382	1104105	3569366
2005	2545665	1235026	919615	1310639	4293479
2006	2949750	1412152	1108360	1537598	5285946
2007	3918687	1909107	1420532	2009580	6753372
2008	4709361	2649650	1628049	2059711	9684336
2009	6039849	2865898	1760411	3173951	12462817
2010	7452511	3535833	2202883	3916678	14685810
2011	9336165	4501188	2840435	4834977	17912432
2012	10798983	5203993	3477792	5594990	20595638
2013	11448265	6072717	4177266	5375548	23096230
2014	12342376	6726698	4902596	5615678	25414935
2015	13862830	7438604	5297863	6424226	29583117
2016	14406849	7869669	5259996	6537180	31500340
2017	15405937	8157323	5471429	7248614	33044417
2018	16417050	8710537	6104732	7706513	37722330
2019	15895173	8504879	5779249	7390294	39515991

注：财政收入不含基金收入。

a） Revenue does not include the fund’s income.

7-2 税收收入
Tax Revenue

单位：万元 (10 000 yuan)

年 份 Year	税收收入 Tax Revenue	#增值税 Value-added Tax	#营业税 Business Tax	#企业所得税 Corporate Income Tax	#个人所得税 Individual Income Tax
1994	270086	86783	63912	27011	4471
1995	302594	90356	77345	33393	6242
1996	367663	93094	101939	32494	8706
1997	416575	104079	120340	39864	10271
1998	465578	108318	142508	44537	14399
1999	490034	111778	147031	66686	18349
2000	516624	119471	158995	60957	25921
2001	587853	133758	173483	104045	38788
2002	654283	150720	209747	66054	40920
2003	722434	181230	240705	53111	36776
2004	823382	216152	270531	63182	43112
2005	919615	253337	315890	84320	51793
2006	1108360	314071	372674	106902	57884
2007	1420532	403624	434006	179740	71513
2008	1628049	379120	531536	206233	81306
2009	1760411	371096	652494	169511	89876
2010	2202883	440902	868425	199868	111253
2011	2840435	489460	1100499	285861	140563
2012	3477792	605180	1367172	365313	135407
2013	4177266	636506	1765945	400978	147793
2014	4902596	884047	1949794	459990	158097
2015	5297863	897868	2071529	592025	189368
2016	5259996	1731601	1106370	549494	205524
2017	5471429	2694096	13463	672415	273323
2018	6104732	2933605	5800	745858	305325
2019	5779249	2768230		647874	203020

注：1. 税收收入为一般公共预算收入中的税收收入。
2. 自2016年5月1日起，在全国范围内全面推开营业税改征增值税试点，全部营业税纳税人由缴纳营业税改为缴纳增值税（下表同）。

a）Tax revenue refers to tax revenue in the general public budget revenue.

b）Since May 1,2016, the replacement of business tax with VAT has been extended to all industries. All business tax payers pay VAT instead of business tax.The same applies to the table following.

7-3 财政收入情况
Government Revenue

单位：万元 （10 000 yuan）

项　目	Item	2010	2015	2018	2019
财政收入	**Government Revenue**	**7452511**	**13862830**	**16417050**	**15895173**
一般公共预算收入	**General Public Budget Revenue**	**3535833**	**7438604**	**8710537**	**8504879**
税收收入	Total Tax Revenue	2202883	5297863	6104732	5779249
国内增值税	Value-added Tax	440902	897868	2933605	2768230
营业税	Business Tax	868425	2071529	5800	
企业所得税	Corporate Income Tax	199868	592025	745858	647874
个人所得税	Individual Income Tax	111253	189368	305325	203020
资源税	Resource Tax	61833	168137	228152	237814
城市维护建设税	City Maintenance and Construction Tax	212182	441658	495909	473326
房产税	House Property Tax	83574	177057	238679	236730
印花税	Stamp Tax	44211	84253	108365	111315
城镇土地使用税	Urban Land Use Tax	44208	188420	222450	216530
土地增值税	Land Appreciation Tax	30227	169708	347601	306225
车船税	Tax on Vehicles and Boat Operation	25753	92186	133357	143436
耕地占用税	Farm Land Occupation Tax	19457	54640	48912	45997
契税	Deed Tax	59847	168466	274650	362335
烟叶税	Tobacco Leaf Tax	1195	2548	1833	1317
环境保护税	Environmental Protection Tax			14236	21499
其他税收收入	Other Tax Revenue				3601
非税收入	Non-tax Revenue	1332950	2140741	2605805	2725630
专项收入	Special Program Receipts	590249	651409	791893	843324
行政事业性收费收入	Charge of Administrative and Institutional Units	190170	534371	410169	506108
罚没收入	Penalty Receipts	81211	177164	305572	290018
国有资本经营收入	Operating Income from Government Capital	233807	16915	11499	32472
国有资源（资产）有偿使用收入	Income from Use of State-owned Resources （Assets）	90957	515385	701780	699405
其他收入	Other Revenue	146556	245497	384892	354303
上划中央税收收入	**Tax Revenue Turned Over to the Central**	**3916678**	**6424226**	**7706513**	**7390294**
#国内增值税	Value Added Tax	1438530	2109173	2939467	2775658
消费税	Consumption Tax	1385862	2634996	2507550	2739818
企业所得税	Corporate Income Tax	304935	884729	1130353	973126
个人所得税	Individual Income Tax	166875	284050	457988	304529
车辆购置税	Vehicle Purchase Tax	181665	339729	318998	333253

7-4 财政支出情况
Government Expenditure

单位：万元 (10 000 yuan)

项目	Item	2010	2015	2018	2019
一般公共预算支出	**General Public Budget Expenditure**	**14685810**	**29583117**	**37722330**	**39515991**
一般公共服务支出	Expenditure for General Public Services	1457540	2720127	3390512	3736240
国防支出	Expenditure for National Defense	17739	30301	25295	25540
公共安全支出	Expenditure for Public Security	704526	1231006	1908473	1912865
教育支出	Expenditure for Education	2282329	4983251	5929612	6360518
科学技术支出	Expenditure for Science and Technology	108879	298471	257377	293876
文化旅游体育与传媒支出	Expenditure for Culture, Sport and Media	297753	627640	725158	848518
社会保障和就业支出	Expenditure for Social Security and Employment	2150927	4213133	5047657	5291398
卫生健康支出	Expenditure for Medical and Health Care	1004018	2500965	3135319	3264090
节能环保支出	Expenditure for Energy Conservation and Environment Protection	683070	953513	1278221	1065160
城乡社区支出	Expenditure for Urban and Rural Community Affairs	568208	1216135	1703887	2207055
农林水支出	Expenditure for Agriculture, Forestry and Water Conservancy Affairs	1962667	4970520	6783521	7167584
交通运输支出	Expenditure for Transportation	665767	2782433	3528857	3603532
资源勘探信息等支出	Expenditures for Affairs of Resource Exploration and Information	278850	477300	600960	330386
商业服务业等支出	Expenditure for Affairs of Commerce and Services	176575	296858	242423	104870
金融支出	Expenditure for Financial Affairs	72439	21591	213349	207375
自然资源海洋气象等支出	Expenditure for Affairs of Land and Weather	367685	352034	517406	321884
住房保障支出	Expenditure for Affairs of Housing Security	580978	1278705	1578145	1612265
粮油物资储备支出	Expenditure for Affairs of Management of Grain & Oil Reserves	98063	133170	129588	160327
灾难防治及应急管理支出	Expenditure for Disaster Prevention and Emergency Management				255989
债务付息支出	Expenditure for Principal and Interest of Debts	55321	150947	465021	591312
债务发行费用支出	Expenditure for Issuing Debts				4682
其他支出	Other Expenditure	211017	345017	261549	150525

注：债务付息支出 2014 年之前为国债还本付息支出。

a) Before 2014,data of expenditure for principal and interest of debts were the interest payment for domestic and foreign debts.

7-5 政府性基金收支情况
Revenue and Expenditure of Government Fund

单位：万元 （10 000 yuan）

项目	Item	2015	2018	2019
政府性基金收入合计	**Total Revenue of Government Funds**	**4135104**	**3993318**	**5208237**
#国有土地收益基金收入	State Land Income Fund	52401	28339	166984
农业土地开发资金收入	Agricultural Land Development Funds	16091	17294	11836
国有土地使用权出让收入	Transfer of Use Rights of State Land	2873504	2922252	3963866
彩票公益金收入	Public Welfare Fund from Lottery	113022	118402	96196
城市基础设施配套费收入	Urban Infrastructure Support Fee	190339	174901	220240
车辆通行费	Vehicle Toll	765473	612803	639282
污水处理费收入	Sewage Treatment	34711	37917	40351
彩票发行机构和销售机构业务费用	Business of Lottery Issuance and Sales Agency	37206	35279	27979
政府性基金支出合计	**Total Expenditure of Government Fund**	**5001010**	**5520274**	**7731453**
文化旅游体育与传媒支出	Expenditure for Culture, Sport and Media	2873	2993	9549
社会保障和就业支出	Expenditure for Social Security and Employment	23945	20071	27052
节能环保支出	Expenditure for Energy Conservation and Environment Protection		11692	9011
城乡社区支出	Expenditure for Urban and Rural Community Affairs	3462875	4036967	4563824
农林水支出	Expenditure for Agriculture, Forestry and Water Conservancy Affairs	55230	37816	34340
交通运输支出	Expenditure for Transportation	1123593	985183	2007295
资源勘探信息等支出	Expenditures for Affairs of Resource Exploration and Information	3210		
债务付息支出	Expenditure for Principal and Interest of Debts	127230	207036	316562
债务发行费用支出	Expenditure for Issuing Debts	1687	2725	4497
其他支出	Other Expenditure	196043	209405	759323

7-6 各市（州）财政收入（2019）
Government Revenue by Region（2019）

单位：万元 （10 000 yuan）

市（州）	Region	一般公共预算收入 General Public Budget Revenue	#税收收入 Tax Revenue	#增值税 Domestic Value-added Tax	#企业所得税 Corporate Income Tax	#个人所得税 Individual Income Tax
兰州市	Lanzhou	2332261	1773252	649765	177667	61328
嘉峪关市	Jiayuguan	194873	151852	73035	60	2166
金昌市	Jinchang	208276	155944	75386	4556	2009
白银市	Baiyin	311220	201841	92223	11673	3682
天水市	Tianshui	503587	284402	103318	13555	5035
武威市	Wuwei	283739	151034	54749	10395	3050
张掖市	Zhangye	269221	133396	54549	9219	2707
平凉市	Pingliang	325388	212396	91315	17201	4318
酒泉市	Jiuquan	370123	212823	86119	13351	4064
庆阳市	Qingyang	586428	397508	199739	9462	4030
定西市	Dingxi	246705	150837	61912	7735	2758
陇南市	Longnan	236099	135664	65215	10471	3097
临夏州	Linxia	163791	106536	50943	7770	1329
甘南州	Gannan	104904	48468	27299	3732	1215

7-7 各市（州）财政支出（2019）
Government Expenditure by Region（2019）

单位：万元 （10 000 yuan）

市（州）	Region	一般公共预算支出 General Public Budget Expenditure	#一般公共服务 General Public Service	#教育 Education	#社会保障和就业 Social Security and Emploment	#卫生健康 Medical and Health Care	#农林水 Agriculture, Forestry and Water Conservancy
兰州市	Lanzhou	4566617	714154	882874	499315	381588	405006
嘉峪关市	Jiayuguan	318623	28333	44775	31455	28454	7970
金昌市	Jinchang	663076	70641	90606	78440	36381	51094
白银市	Baiyin	1902167	140441	350849	244586	194646	440287
天水市	Tianshui	3114115	278489	619524	408361	344829	603330
武威市	Wuwei	2045965	164281	358948	227609	212091	452285
张掖市	Zhangye	1536599	171527	247301	191373	151629	266286
平凉市	Pingliang	2417967	232459	458973	296735	267002	531017
酒泉市	Jiuquan	1575967	176294	229008	176720	140772	208108
庆阳市	Qingyang	2811493	297146	517139	370854	290561	676047
定西市	Dingxi	2601640	257461	546810	324140	312399	596855
陇南市	Longnan	2785723	285892	475271	414642	294679	763817
临夏州	Linxia	2754390	336038	445795	357308	259545	834674
甘南州	Gannan	2099951	282330	282484	187446	144686	634981

7-8 各地、县财政收支（2019）
Government Revenue and Expenditure by Region & County（2019）

单位：万元 （10 000 yuan）

地、县	Region & County	一般公共预算收入 General Public Budget Revenue	一般公共预算支出 General Public Budget Expenditure
兰州市	**Lanzhou**	**2332261**	**4566617**
城关区	Chengguan	375952	553780
七里河区	Qilihe	175062	318502
西固区	Xigu	94206	215306
安宁区	Anning	99334	165822
红古区	Honggu	69544	193381
永登县	Yongdeng	44503	277717
皋兰县	Gaolan	69476	188905
榆中县	Yuzhong	78274	341100
嘉峪关市	**Jiayuguan**	**194873**	**318623**
金昌市	**Jinchang**	**208276**	**663076**
金川区	Jinchuan	43113	146848
永昌县	Yongchang	26971	247852
白银市	**Baiyin**	**311220**	**1902167**
白银区	Baiyin	78032	245441
平川区	Pingchuan	33141	180758
靖远县	Jingyuan	43524	425513
会宁县	Huining	28478	474250
景泰县	Jingtai	32125	229943
天水市	**Tianshui**	**503587**	**3114115**
秦州区	Qinzhou	102700	468980
麦积区	Maiji	62147	471812
清水县	Qingshui	19698	255004
秦安县	Qinan	26000	395633
甘谷县	Gangu	35150	358215
武山县	Wushan	23413	288690
张家川县	Zhangjiachuan	10814	313901
武威市	**Wuwei**	**283739**	**2045965**
凉州区	Liangzhou	127384	608800
民勤县	Minqin	38643	290800
古浪县	Gulang	19819	427758
天祝县	Tianzhu	38250	452849
张掖市	**Zhangye**	**269221**	**1536599**
甘州区	Ganzhou	87750	409206
肃南县	Sunan	25272	144814
民乐县	Minle	28753	237804
临泽县	Linze	20875	160000
高台县	Gaotai	22435	174310
山丹县	Shandan	30002	199555
平凉市	**Pingliang**	**325388**	**2417967**
崆峒区	Kongtong	71420	408680
泾川县	Jingchuan	21848	251437
灵台县	Lingtai	10823	216367
崇信县	Chongxin	28558	119415
庄浪县	Zhuanglang	29198	455497
静宁县	Jingning	38951	436158
华亭市	Huating	66505	198842
酒泉市	**Jiuquan**	**370123**	**1575967**
肃州区	Suzhou	84738	422470
金塔县	Jinta	27343	173412
瓜州县	Guazhou	37154	165218
肃北县	Subei	23042	100776
阿克塞县	Akesai	8588	80643
玉门市	Yumen	45267	205602
敦煌市	Dunhuang	54193	176130
庆阳市	**Qingyang**	**586428**	**2811493**
西峰区	Xifeng	101112	325581
庆城县	Qingcheng	43049	244134
环　县	Huanxian	42620	516258
华池县	Huachi	30004	202208
合水县	Heshui	16139	180921
正宁县	Zhengning	15145	181249
宁　县	Ningxian	19811	316297
镇原县	Zhenyuan	24850	484704
定西市	**Dingxi**	**246705**	**2601640**
安定区	Anding	42674	454370
通渭县	Tongwei	20824	380479
陇西县	Longxi	50696	370886
渭源县	Weiyuan	15335	312133
临洮县	Lintao	38145	387996
漳　县	Zhangxian	15700	169008
岷　县	Minxian	21429	366462
陇南市	**Longnan**	**236099**	**2785723**
武都区	Wudu	46609	486550
成　县	Chengxian	37493	224723
文　县	Wenxian	20022	252690
宕昌县	Tanchang	16005	341952
康　县	Kangxian	9771	187700
西和县	Xihe	18368	381711
礼　县	Lixian	18862	449196
徽　县	Huixian	27691	193953
两当县	Liangdang	5766	88641
临夏州	**Linxia**	**163791**	**2754390**
临夏市	linxia	50766	288883
临夏县	linxia	14250	394439
康乐县	Kangle	11332	293204
永靖县	Yongjing	31958	294118
广河县	Guanghe	10131	278352
和政县	Hezheng	8327	252263
东乡县	Dongxiang	9465	432969
积石山县	Jishishan	8042	316384
甘南州	**Gannan**	**104904**	**2099951**
合作市	Hezuo	21809	193798
临潭县	Lintan	5193	276016
卓尼县	Zhuoni	9675	273004
舟曲县	Zhouqu	15762	302402
迭部县	Diebu	8145	182936
玛曲县	Maqu	11998	196454
碌曲县	Luqu	2900	175334
夏河县	Xiahe	7962	222714

7-9 金融机构本外币信贷收支表

Balance Sheet of RMB and Foreign Currency Credit Funds of Financial Institutions

单位：亿元　　（年末余额）(year-end balance)　　(100 million yuan)

项　目	Item	2015	2018	2019
各项存款	**Total Deposits**	**16299.50**	**18678.46**	**19768.46**
境内存款	Domestic Deposits	16297.66	18665.90	19757.93
住户存款	Household Deposits	7804.53	9951.21	11181.91
活期存款	Demand Deposits	3120.90	3448.33	3809.33
定期及其他存款	Time and other Deposits	4683.63	6502.89	7372.58
非金融企业存款	Non-financial Enterprises Deposits	5288.88	4920.02	4940.34
活期存款	Demand Deposits	3024.93	3351.26	3384.22
定期及其他存款	Time and other Deposits	2263.95	1568.75	1556.12
广义政府存款	General Government Deposits	2874.35	3295.33	3182.03
机关团体存款	Government Agencies & Organizations Deposits	2646.35	2965.77	3001.04
财政性存款	Fiscal Deposits	228.00	329.56	180.99
非银行业金融机构存款	Non-banking Financial Institutions Deposit	329.90	499.34	453.66
境外存款	Offshore Deposits	1.84	12.56	10.53
各项贷款	**Total Loans**	**13728.89**	**19371.74**	**20677.93**
境内贷款	Domestic Loans	13649.02	19242.51	20530.88
#住户贷款	Household Loans	3551.09	5062.70	5464.16
短期贷款	Short-term Loans	1374.61	1733.64	1814.43
中长期贷款	Medium and Long Term Loans	2176.48	3329.06	3649.73
非金融企业及机关团体贷款	Loans of Non-financial Enterprises and Government Agencies & Organizations	10097.93	14179.81	15065.72
短期贷款	Short-term Loans	3287.73	3701.45	3631.03
中长期贷款	Medium and Long Term Loans	5890.12	9119.52	9887.56
票据融资	Bill Financing	458.16	756.40	982.35
融资租赁	Finance Lease	446.72	539.67	510.25
各项垫款	Advances	15.20	62.76	54.54
境外贷款	Overseas Loans	79.88	129.23	147.05

注：2015、2018、2019年的汇率分别为6.4936，6.8632，6.9762。
a）The exchange rate of 2015,2018，2019 were 6.4936,6.8632，6.9762.

7-10 金融机构人民币信贷收支表
Balance Sheet of RMB Credit Funds of Financial Institutions

单位：亿元　　（年末余额）(year-end balance)　　(100 million yuan)

项目	Item	2015	2018	2019
各项存款	**Total Deposits**	**16141.19**	**18568.68**	**19717.01**
境内存款	Domestic Deposits	16139.48	18556.92	19707.53
住户存款	Household Deposits	7776.80	9918.03	11150.22
活期存款	Demand Deposits	3104.36	3428.79	3790.79
定期及其他存款	Time and other Deposits	4672.44	6489.24	7359.43
非金融企业存款	Non-financial Enterprises Deposits	5163.05	4847.80	4927.19
活期存款	Demand Deposits	2970.71	3280.01	3372.04
定期及其他存款	Time and other Deposits	2192.34	1567.79	1555.16
广义政府存款	General Government Deposits	2869.89	3291.82	3176.53
机关团体存款	Government Agencies & Organizations Deposits	228.00	329.56	180.99
财政性存款	Fiscal Deposits	2641.89	2962.26	2995.54
非银行业金融机构存款	Non-banking Financial Institutions Deposit	329.74	499.27	453.58
境外存款	Offshore Deposits	1.72	11.76	9.48
各项贷款	**Total Loans**	**13292.18**	**19094.39**	**20424.30**
境内贷款	Domestic Loans	13292.11	19083.92	20410.85
#住户贷款	Household Loans	3550.91	5062.50	5463.87
短期贷款	Short-term Loans	1374.51	1733.53	1814.22
中长期贷款	Medium and Long Term Loans	2176.40	3328.97	3649.65
非金融企业及机关团体贷款	Loans of Non-financial Enterprises and Government Agencies & Organizations	9741.20	14021.42	14945.98
短期贷款	Short-term Loans	2982.57	3619.56	3566.51
中长期贷款	Medium and Long Term Loans	5838.74	9046.18	9832.35
票据融资	Bill Financing	458.16	756.40	982.35
融资租赁	Finance Lease	446.72	536.52	510.25
各项垫款	Advances	15.01	62.76	54.54
境外贷款	Overseas Loans	0.07	10.47	13.45

7-11 金融机构外汇信贷收支表
Balance Sheet of Foreign Exchange Credit Funds of Financial Institutions

单位：万美元　　（年末余额）(year-end balance)　　(USD 10 000)

项　目	Item	2015	2018	2019
各项存款	**Total Deposits**	**243783**	**159960**	**73759**
境内存款	Domestic Deposits	243600	158786	72254
住户存款	Household Deposits	42701	48349	45418
活期存款	Demand Deposits	25467	28461	26577
定期及其他存款	Time and other Deposits	17233	19888	18841
非金融企业存款	Non-financial Enterprises Deposits	193776	105228	18844
活期存款	Demand Deposits	83499	103817	17457
定期及其他存款	Time and other Deposits	110277	1410	1388
广义政府存款	General Government Deposits	6877	5102	7877
机关团体存款	Government Agencies & Organizations Deposits	6		
财政性存款	Fiscal Deposits	6871	5102	7877
非银行业金融机构存款	Non-banking Financial Institutions Deposit	247	106	115
境外存款	Offshore Deposits	183	1174	1505
各项贷款	**Total Loans**	**672522**	**404109**	**363564**
境内贷款	Domestic Loans	549623	231069	172054
#住户贷款	Household Loans	277	292	412
短期贷款	Short-term Loans	154	158	301
中长期贷款	Medium and Long Term Loans	123	134	111
非金融企业及机关团体贷款	Loans of Non-financial Enterprises and Government Agencies & Organizations	549346	230777	171642
短期贷款	Short-term Loans	469946	119317	92490
中长期贷款	Medium and Long Term Loans	79122	106872	79152
票据融资	Bill Financing			
融资租赁	Finance Lease		4587	
各项垫款	Advances	278		
境外贷款	Overseas Loans	122899	173040	191509

注：2015、2018、2019年的汇率分别为6.4936，6.8632，6.9762。
a) The exchange rate of 2015,2018，2019 were 6.4936,6.8632，6.9762.

7-12 各市（州）金融机构人民币存款（2019）
RMB Deposits of Financial Institutions by Region（2019）

单位：亿元 （100 million yuan）

市（州）	Region	各项存款 Total Deposits	境内存款 Domestic Deposits	住户存款 Household Deposits	非金融企业存款 Non-financial Enterprises Deposits	广义政府存款 General Government Deposits	非银行业金融机构存款 Non-banking Financial Institutions Deposit	境外存款 Offshore Deposits
兰州市	Lanzhou	8834.46	8825.57	3571.18	3130.46	1701.93	422.01	8.89
嘉峪关市	Jiayuguan	383.04	383.04	206.39	103.68	72.95	0.02	0.01
金昌市	Jinchang	413.66	413.65	272.77	80.73	60.14	0.02	0.01
白银市	Baiyin	803.75	803.63	540.99	158.66	103.68	0.30	0.11
天水市	Tianshui	1480.86	1480.80	1053.61	295.18	131.85	0.16	0.06
武威市	Wuwei	950.74	950.72	706.22	99.92	124.53	20.05	0.02
张掖市	Zhangye	753.22	753.17	536.34	113.38	103.43	0.02	0.04
平凉市	Pingliang	916.07	916.01	675.32	134.09	106.06	0.54	0.06
酒泉市	Jiuquan	1052.75	1052.69	659.66	189.21	203.56	0.26	0.06
庆阳市	Qingyang	1152.16	1152.16	892.32	131.31	118.51	10.02	0.01
定西市	Dingxi	962.17	962.16	679.15	137.19	145.79	0.02	0.01
陇南市	Longnan	975.52	975.34	673.24	180.32	121.63	0.14	0.18
临夏州	Linxia	649.02	649.01	496.68	76.68	75.64	0.01	0.01
甘南州	Gannan	389.58	389.58	186.35	96.40	106.81		

7-13 各市（州）金融机构人民币贷款（2019）
RMB Loans of Financial Institutions by Region（2019）

单位：亿元 （100 million yuan）

市（州）	Region	各项贷款 Total Loans	境内贷款 Domestic Loans	住户贷款 Household Loans	短期贷款 Short-term Loans	中长期贷款 Medium and Long-term Loans	非金融企业及机关团体贷款 Loans of Non-financial Enterprises and Government Agencies & Organizations	短期贷款 Short-term Loans	中长期贷款 Medium and Long-term Loans	境外贷款 Offshore Loans
兰州市	Lanzhou	12028.51	12015.07	1737.50	411.76	1325.75	10276.57	1949.75	6868.59	13.44
嘉峪关市	Jiayuguan	535.66	535.66	72.51	30.33	42.18	463.15	336.32	99.64	
金昌市	Jinchang	308.35	308.35	118.61	70.85	47.76	189.74	66.63	92.73	
白银市	Ba iyin	670.49	670.49	285.73	72.65	213.08	384.76	181.40	195.58	
天水市	Tianshui	1080.92	1080.92	410.20	126.97	283.23	670.72	197.22	473.31	
武威市	Wuwei	848.07	848.07	309.49	137.30	172.19	538.58	148.06	377.53	
张掖市	Zhangye	645.05	645.05	299.74	150.81	148.93	345.31	137.16	203.26	
平凉市	Pingliang	656.37	656.37	350.03	83.64	266.39	306.34	88.70	217.06	
酒泉市	Jiuquan	769.71	769.71	281.71	171.69	110.02	488.00	154.98	329.85	
庆阳市	Qingyang	714.92	714.92	365.07	75.75	289.32	349.85	43.96	305.78	
定西市	Dingxi	770.63	770.63	406.96	188.38	218.57	363.67	113.00	250.57	
陇南市	Longnan	698.20	698.20	401.10	81.53	319.58	297.10	90.03	206.22	
临夏州	Linxia	452.97	452.97	301.67	174.89	126.78	151.30	49.22	101.45	
甘南州	Gannan	244.46	244.46	123.56	37.68	85.88	120.90	10.10	110.81	

7-14 保险事业发展情况
Insurance Business Development

项　　目	Item	2010	2015	2018	2019
保险事业机构（个）	**Number of Insurance Institution（unit）**	**1242**	**1567**	**1831**	**1862**
省级	Provincial	21	24	31	32
地市级	Prefecture	146	226	266	266
县级	County	1075	1317	1534	1564
财产保险	Property Insurance	491	751	962	1002
人身保险	Life Insurance	751	816	869	860
年末实有职工人数（人）	**Number of Employed Persons at Year-end （person）**	**53787**	**91298**	**138425**	**128037**
财产保险	Property Insurance	10357	22267	39836	33876
人身保险	Life Insurance	43430	69031	98589	94161

注：本表指标均按公司类型划分。
a）Indicators of this table are divided on the type of companies.

7-15 保险业务情况
Major Indicators of Insurance Business

项　　目	Item	2010	2015	2018	2019
保费收入	**Premium Income**	**1463354**	**2568881**	**3989812**	**4443192**
财产保险	Property Insurance	388224	902985	1257926	1379831
#机动车辆险	Motor Vehicle Insurance	314573	709018	894680	939586
企业财产险	Enterprise Property Insurance	30129	36672	30711	35883
家庭财产险	Family Property Insurance	1165	2060	4341	5243
人身保险	Life Insurance	1075130	1665896	2731885	3063361
寿险	Life Insurance	989821	1327356	2040728	2129366
健康险	Health Insurance	58756	259611	569760	803434
意外伤害险	Accidents Insurance	26553	78928	121396	130561
赔付支出	**Payment**	**311829**	**927501**	**1390261**	**1515897**
财产保险	Property Insurance	163246	456811	624116	741199
#机动车辆险	Motor Vehicle Insuranc	132848	357410	463582	498025
企业财产险	Enterprise Property Insurance	14974	17575	26144	22291
家庭财产险	Family Property Insurance	253	793	3646	3263
人身保险	Life Insurance	148583	470691	766145	774698
寿险	Life Insurance	118911	330579	480089	378481
健康险	Health Insurance	21221	116664	245119	350198
意外伤害险	Accidents Insurance	8451	23448	40937	46018

主要统计指标解释

一般公共预算收入 指国家财政参与社会产品分配所取得的收入，是实现国家职能的财力保证。主要包括：(1)各项税收：包括国内增值税、国内消费税、进口货物增值税和消费税、出口货物退增值税和消费税、营业税、企业所得税、个人所得税、资源税、城市维护建设税、房产税、印花税、城镇土地使用税、土地增值税、车船税、船舶吨税、车辆购置税、关税、耕地占用税、契税、烟叶税等。(2)非税收入：包括专项收入、行政事业性收费、罚没收入和其他收入。

一般公共预算支出 指国家财政将筹集起来的资金进行分配使用，以满足经济建设和各项事业的需要。主要包括：一般公共服务、外交、国防、公共安全、教育、科学技术、文化体育与传媒、社会保障和就业、医疗卫生与计划生育、节能环保、城乡社区、农林水、交通运输、资源勘探信息、商业服务业、金融、援助其他地区、国土海洋气象、住房保障、粮油物资储备、政府债务付息等方面的支出。

信贷资金 指金融机构以信用方式积聚和分配的货币资金。金融机构信贷资金的来源有各项存款、金融债券、对国际金融机构负债、流通中现金、其他项目等；信贷资金的运用有各项贷款、有价证券及投资、金银占款、外汇占款、财政借款及在国际金融机构中的资产等。

存款 指企业、机关、团体或居民根据资金必须收回的原则，把货币资金存入银行或其他信贷机构保管并取得一定利息的一种信用活动形式。根据存款对象或性质的不同可划分为企业存款、财政存款、机关团体存款、城乡储蓄存款、农业存款、信托及委托类存款、其他存款等科目。它是银行信贷资金的主要来源。

贷款 指银行或其他信贷机构根据资金必须归还的原则，按一定利率，为企业、个人等提供资金的一种信用活动形式。我国银行贷款分为短期贷款、委托及信托类贷款、其他类贷款等。

保费 指投保人为取得保险人在约定范围内所承担赔偿责任而支付给保险人的费用。

赔款 指保险人根据保险合同的规定，向被保险人支付的赔偿保险责任损失的金额。

给付 包括死伤医疗给付和满期给付。死伤医疗给付是指保险人根据人寿保险及长期健康保险合同的规定，因被保险人在保险期内发生保险责任范围内的保险事故支付给被保险人(或受益人)的金额。满期给付是指被保险人生存期满，保险人按人寿保险合同规定支付给被保险人的满期保险金额。

8 资源和环境

Resources and Environment

简要说明

一、本篇资料主要内容

本篇资料主要反映自然资源状况和环境保护事业发展情况。自然资源状况包括气候、矿产、水资源、土地情况等。环境保护事业发展情况包括：自然保护、集中式饮用水源情况，“三废”排放及综合利用情况，环境污染与破坏事故情况，环境污染治理投资，城市空气质量等内容。

本篇中污染物排放相关数据继续采用 2018 年初步数据，根据第二次全国污染源普查，生态环境部目前正在组织开展 2016–2019 年污染源统计数据更新工作，待更新工作完成后统一发布最新数据。

二、本篇资料来源

本篇资料中气候情况由省气象局提供，矿产、土地情况由省自然资源厅提供，水资源、供水用水情况由省水利厅提供，自然保护区情况由省林草局提供，其余资料由省生态环境厅提供。

8-1 气候情况（2019）
Climate Conditions（2019）

指 标	Indicators	2019	指 标	Indicators	2019
年平均气温(℃)	Annual Average Temperature (℃)	8.9	年相对湿度(%)	Annual Relative Humidity (%)	59.7
年最高气温(℃)	Annual Utmost Highest Air Temperature (℃)	39.2	年降水量(毫米)	Annual Precipitation (mm)	491.1
年最低气温(℃)	Annual Utmost Lowest Air Temperature (℃)	-27.9	年降雨日数(天)	Annual Rainy Days (day)	101.0
年日照时数(小时)	Annual Sunshine Time (hour)	2200.0	年无霜期(天)	Annual Frost-free Period(day)	169.0

8-1 续表 continued

月 份	Month	平均气温(℃) Monthly Average Temperature (℃)	日照时数(小时) Sunshine Time (hour)	降雨量(毫米) Precipitation (mm)
1月	Jan.	-5.4	169.6	3.0
2月	Feb.	-1.9	139.0	9.8
3月	Mar.	4.9	227.4	7.0
4月	Apr.	12.9	234.0	35.6
5月	May	13.8	193.0	61.5
6月	June	18.3	154.0	78.3
7月	July	20.2	230.0	76.2
8月	Aug.	19.8	202.0	85.4
9月	Sept.	15.4	168.0	77.6
10月	Oct.	9.0	144.0	42.1
11月	Nov.	2.6	146.0	13.4
12月	Dec.	-3.4	193.0	1.2

8-2 土地状况（2019）
Land Characteristics (2019)

项　目	Item	面积 Area	占总面积 % Percentage to Total Area%
总面积（万平方公里）	**Total Land Area (10 000 sq.km)**	**42.58**	**100.00**
按特征分（万公顷）	By Land Use (10 000 hectares)		
农用地	Land for Agriculture Use	1854.64	43.55
建设用地	Land for Construction	92.97	2.18
城镇村及工矿	Land for City,Town and Village,Mining and Manufacturing	79.97	1.88
交通运输	Land for Transportation Facilities	9.06	0.21
水域及水利设施	Land for Waters,Water Conservancy Facilities	3.94	0.09
未利用地	Unused Land	2311.28	54.27

8-3 土地利用情况
Land Use

单位：万公顷 （10 000 hectares）

年份 Year	土地调查面积 Area under Land Survey	农用地 Land for Agriculture Use	# 耕地 Cultivated Land	# 园地 Garden Land	# 林地 Wood Land	# 牧草地 Area of Grassland	建设用地 Land for Construction	居民点及工矿用地 Land for Inhabitation, Mining and Manufacturing	交通运输用地 Land for Transport Facilities	水利设施用地 Land for Water Conservancy Facilities
2005	4540	2541.44	463.26	20.46	516.63	1411.29	96.66	87.41	6.41	2.83
2006	4540	2541.73	462.71	20.54	517.76	1410.99	96.93	87.60	6.47	2.86
2007	4540	2541.79	462.47	20.54	518.25	1410.84	97.19	87.81	6.51	2.87
2008	4540	2541.66	462.37	20.60	518.32	1410.69	97.67	88.17	6.63	2.88
2009	4540	2541.66	462.37	20.60	518.29	1410.69	97.67	88.17	6.63	2.88
2010	4540	2541.22	462.17	20.56	518.46	1410.53	98.17	88.57	6.73	2.87
2011	4540	2541.22	461.43	20.56	518.27	1410.53	98.17	88.57	6.73	2.87
2012	4258	2544.87	465.93	20.43	518.27	1410.99	101.43	90.94	7.61	2.88
2013	4258	1856.45	538.56	26.00	610.35	592.43	83.94	73.10	7.02	3.83
2014	4258	1855.61	537.88	25.86	610.03	592.28	86.44	75.09	7.51	3.84
2015	4258	1855.32	537.79	25.79	609.92	592.17	88.30	76.47	7.97	3.86
2016	4258	1854.58	537.24	25.64	609.84	591.97	91.12	78.65	8.56	3.91
2017	4258	1854.91	537.77	25.60	609.61	591.86	92.04	79.23	8.88	3.93
2018	4258	1854.27	537.42	25.52	609.58	591.75	92.76	79.77	9.05	3.94
2019	4258	1854.64	537.67	25.52	609.58	591.74	92.97	79.97	9.06	3.94

注：自 2013 年起，牧草地指标口径仅包含人工牧草地和天然牧草地，不包括未利用范围内的草地。
a) Since 2013, the indicator statistical caliber of grass land included the artificial grassland and natural pasture, excluding the grassland of unused range.

8-4 水资源情况
Water Resources

年 份 Year	水资源总量（亿立方米）Total Amount of Water Resources (100 million cu.m)	地 表 水资源量 Surface Water Resources	地 下 水资源量 Groundwater Resources	地表水与地下水资源重复量 Duplicated Measurement Between Surface Water and Groundwater	人均水资源量（立方米／人）Per Capita Water Resources (cu.m/person)
2005	304.4	295.2	150.2	140.9	1173.5
2006	220.9	212.2	128.8	120.1	846.8
2007	268.9	259.2	136.9	127.3	1027.4
2008	217.7	210.6	113.2	106.2	828.4
2009	244.1	236.9	123.6	116.4	926.3
2010	254.4	245.9	124.2	115.7	987.8
2011	272.1	263.8	128.4	120.1	1061.3
2012	300.7	292.7	139.1	131.2	1166.6
2013	303.2	295.5	139.1	131.4	1174.2
2014	230.8	222.9	112.6	104.7	891.0
2015	198.8	191.5	100.7	93.5	765.0
2016	209.6	202.0	108.7	101.1	803.0
2017	280.8	273.6	133.4	126.2	1069.0
2018	354.9	345.6	167.3	158.0	1345.7
2019	325.9	312.2	148.7	135.0	1231.0

8-5 供水用水情况
Water Supply and Water Use

年 份 Year	供水总量（亿立方米）Water Supply (100 million cu.m)	地表水 Surface Water	地下水 Ground-water	其他 Others	用水总量（亿立方米）Water Use (100 million cu.m)	农业 Agricul-ture	城镇公共 Urban Public	工业 Industry	生活 Consump-tion	生态 Ecological Protection	人均用水量（立方米／人）Per Capita Water Use (cu.m/person)
2005	123.0	92.4	28.9	1.7	123.0	97.5	1.7	14.7	6.2	3.1	474.0
2006	123.4	93.0	28.8	1.6	123.4	98.4	1.8	14.4	6.3	2.7	473.0
2007	123.1	93.3	27.9	2.0	123.1	98.5	1.9	13.4	6.4	2.9	470.4
2008	121.5	93.7	25.9	1.9	121.5	97.0	1.9	13.2	6.5	3.0	462.3
2009	120.6	95.2	24.0	1.4	120.6	95.6	2.0	13.1	7.0	3.0	457.7
2010	121.8	96.1	24.2	1.5	121.8	95.8	2.0	13.9	7.2	3.0	473.0
2011	122.9	97.0	24.4	1.5	122.9	95.3	2.0	15.4	7.2	3.0	479.0
2012	123.1	95.9	25.7	1.5	123.1	95.2	2.0	15.7	7.3	3.0	478.0
2013	122.0	91.1	29.4	1.5	122.0	99.2	2.9	13.1	5.0	1.8	472.5
2014	120.6	90.9	28.1	1.6	120.6	97.8	3.1	12.8	5.1	1.8	465.4
2015	119.2	90.0	26.9	2.3	119.2	96.2	3.0	11.6	5.3	3.1	458.0
2016	118.4	90.5	24.8	3.1	118.4	94.8	3.0	11.2	5.3	4.1	453.0
2017	116.1	87.1	25.1	3.9	116.1	92.3	3.3	10.4	5.4	4.7	442.0
2018	112.3	83.6	24.8	3.9	112.3	89.2	3.5	9.3	5.7	4.7	426.0
2019	110.0	81.2	24.6	4.2	110.0	85.6	3.1	8.7	6.2	6.3	415.0

8-6 主要矿产保有资源储量
Identified Reserves of Major Mineral

项　目	Item	2014	2015	2016	2017	2018
石油（万吨）	Petroleum (10 000 tons)	21878.4	24109.8	28261.7	30660.9	35272.0
天然气（亿立方米）	Natural Gas (100 million cu.m)	256.1	271.9	318.0	338.0	550.4
煤炭（亿吨）	Coal (100 million tons)	227.7	312.6	299.8	296.4	267.8
铁矿（矿石，亿吨）	Iron (Ore, 100 million tons)	9.0	9.4	9.4	9.2	8.8
锰矿（矿石，万吨）	Manganese (Ore, 10 000 tons)	3196.6	3196.6	2836.1	2823.0	2796.9
铬矿（矿石，万吨）	Chromium Ore (Ore, 10 000 tons)	242.6	242.6	242.6	242.6	219.6
钒矿 (V_2O_5，万吨）	Vanadium (V_2O_5, 10 000 tons)	157.2	169.1	210.2	58.3	58.2
原生钛铁矿（万吨）	Original Ilmenite (10 000 tons)	0.1	0.1	1.6	1.6	7.5
铜矿（铜，万吨）	Copper (Metal, 10 000 tons)	346.0	341.1	338.1	336.6	354.1
铅矿（铅，万吨）	Lead (Metal, 10 000 tons)	355.4	368.0	402.4	393.1	372.2
锌矿（锌，万吨）	Zinc (Metal, 10 000 tons)	1078.6	1078.0	1092.0	1090.2	1023.3
镍矿（镍，万吨）	Nickel (Metal, 10 000 tons)	397.1	387.1	377.3	375.3	399.8
钨矿 (WO_3，万吨）	Tungsten (WO_3, 10 000 tons)	40.3	41.7	41.7	40.4	50.9
锡矿（锡，万吨）	Tin (Metal, 10 000 tons)	0.7	0.7	0.7	0.7	0.7
钼矿（钼，万吨）	Molybdenum (Metal, 10 000 tons)	11.6	12.1	14.4	14.8	10.5
锑矿（锑，万吨）	Antimony (Metal, 10 000 tons)	13.4	23.2	23.2	27.9	27.7
金矿（金，吨）	Gold (Metal, ton)	842.4	918.9	965.5	990.0	996.7
银矿（银，吨）	Silver (Metal, ton)	7411.9	8000.4	7846.3	9247.0	9137.8
稀土矿（氧化物，万吨）	Rare Earths (REO, 10 000 tons)	2.6	2.6	2.6	2.4	
菱镁矿（矿石，万吨）	Magnesite Ore (Ore, 10 000 tons)	3075.2	3072.7	3072.7	3002.1	3002.1
普通萤石（矿物，万吨）	Fluorspar Mineral (Mineral, 10 000 tons)	56.7	73.1	68.7	68.8	130.2
硫铁矿（矿石，万吨）	Pyrite Ore (Ore, 10 000 tons)	499.9	499.9	604.5	583.6	561.1
磷矿（矿石，万吨）	Phosphorus Ore (Ore,10 000 tons)	4792.9	4792.9	4792.9	2521.4	2521.4
钾盐 (KCl，万吨）	Potassium KCl (KCl, 10 000 tons)	26.1	26.1	26.1	26.1	
盐矿 (NaCl，万吨）	Sodium Salt NaCl (NaCl, 10 000 tons)	971.6	971.6	864.4	864.4	593.1
重晶石（矿石，万吨）	Barite Ore (Ore, 10 000 tons)	2413.0	2405.1	2680.1	3287.1	3287.1
石墨（矿物，万吨）	Graphite Mineral (Crystal) (Mineral, 10 000 tons)	102.5	102.5	102.5	102.5	102.5
滑石（矿石，万吨）	Talc Ore (Ore, 10 000 tons)	10.4	10.4	10.4	10.2	10.0
高岭土（矿石，万吨）	Kaolin Ore (Ore, 10 000 tons)	2937.0	2937.0	2937.0	2937.0	2937.0

8-7 自然保护情况
Basic Statistics on of Natural Protection

指 标	Item	2015	2016	2018	2019
自然保护区情况	**Nature Reserves**				
自然保护区个数（个）	Number of Nature Reserves (unit)	60	60	56	56
#国家级	National Level	20	20	21	21
省级	Provincial Level	36	36	35	35
自然保护区面积（万公顷）	Area of Nature Reserves (10 000 hectares)	914	914	875	875
#国家级	National Level	687	687	693	693
省级	Provincial Level	216	216	182	182
集中式饮用水水源情况	**Centralized Drinking Water Sources**				
地表水集中式饮用水源保护区个数（个）	Number of Protected Areas of Surface Water Source for Centralized Drinking Water (unit)	61	62	67	73
地表水集中式饮用水源保护区面积（平方公里）	Protection Area of Surface Water Source for Centralized Drinking-water (sq.km)	4298	4313	4372	4398
地下水集中式饮用水源保护区个数（个）	Number of Protected Areas of Groundwater Source for Centralized Drinking Water (unit)	68	68	62	55
地下水集中式饮用水源保护区面积（平方公里）	Protection Area of Groundwater Source for Centralized Drinking-water (sq.km)	6967	6967	793	787
集中式饮用水源服务人口（万人）	Service Population of Centralized Drinking Water Source (10 000 persons)	1059	1059	1688	1710

注：2017年酒泉市肃北县城区水源地保护区面积由原6081平方公里调整为1.8平方公里。

a) In 2017, the area of water source protection areas in city proper of Subei County , Jiuquan City was adjusted from 6081 square kilometers to 1.8 square kilometers.

8-8 "三废"排放、处理及综合利用情况
Emission,Disposal and Comprehensive Utilization of Waste Water, Waste Gas and Solid Wastes

项 目	Item	2015	2016	2018
废水	**Waste Water**			
废水排放量(万吨)	Waste Water Emissions (10 000 tons)	67072	66325	70049
工业废水	Industry Waste Water	18760	13022	10539
生活污水	Consumption Waste Water	48275	53283	59478
化学需氧量排放量(万吨)	Discharge Amount of COD (10 000 tons)	36.57	16.15	12.60
工业废水	Industry Waste Water	8.36	1.74	0.96
生活污水	Consumption Waste Water	14.66	13.82	11.35
农业污染源	Agricultural Pollution Source	13.38	0.42	0.11
集中式治理设施	Centralized Treatment Facilities	0.16	0.17	0.17
氨氮排放量(万吨)	Ammonia Nitrogen Emissions (10 000 tons)	3.72	2.26	1.77
工业	Industry	1.14	0.24	0.20
生活	Consumption	2.04	2.00	1.55
农业	Agriculture	0.53		0.00
集中式治理设施	Centralized Treatment Facilities	0.01	0.02	0.02
其他主要污染物排放量(吨)	Other Major Pollutant Emissions (ton)			
#石油类	Oil	728.43	194.63	59.44
挥发酚	Volatile Phenols	21.09	1.71	2.22
氰化物	Cyanide	0.87	0.27	0.48
铅	Plumbum	5.84	7.23	1.31
汞	Mercury	0.11	0.02	
镉	Cadmium	1.16	1.57	0.04
六价铬	Hexavalent Chromium	0.72	0.13	0.09
总铬	Total Chromium	1.64	1.07	0.34
砷	Arsenic	4.70	1.70	0.53
工业废水治理设施数(套)	Number of Facilities for Treatment of Industrial Waste Water(set)	666	530	611
工业废水处理量(万吨)	Disposal Capacity of Industrial Waste Water (10 000 tons)	19917	15496	15030
生活污水处理量(万吨)	Disposal Capacity of Consumption Waste Water (10 000 tons)	32576	42138	51882

8-8 续表 continued

项 目	Item	2015	2016	2018
废气	**Waste Gas**			
工业废气排放量(亿立方米)	Industrial Waste Gas Emission (100 million cu.m)	13293.37	10639.44	11938
二氧化硫排放量(万吨)	Sulphur Dioxide Emissions (10 000 tons)	57.06	27.20	25.25
工业	Industry	46.7	17.38	14.58
生活	Consumption	10.36	9.81	10.67
氮氧化物排放量(万吨)	Nitrogen Oxide Emissions (10 000 tons)	38.72	25.80	21.47
#工业	Industry	24.65	12.29	11.13
生活	Consumption	1.58	1.20	1.36
烟(粉)尘排放量(万吨)	Soot and Dust Emissions (10 000 tons)	29.54	18.03	19.50
#工业	Industry	20.78	11.62	13.60
生活	Consumption	7.86	5.54	5.18
工业二氧化硫去除量(万吨)	Industrial Sulphur Dioxide Removed (10 000 tons)	221.95	137.00	276.71
固体废物	**Solid Wastes**			
一般工业固体废物产生量(万吨)	Common Industrial Solid Wastes Produced (10 000 tons)	5823.87	5091.28	4992.70
一般工业固体废物综合利用量(万吨)	Common Industrial Solid Wastes Comprehensively Utilized (10 000 tons)	3078.71	2628.29	2214.95
一般工业固体废物处置量(万吨)	Common Industrial Solid Wastes Disposed (10 000 tons)	2259.61	1553.75	791.86
危险废物产生量(万吨)	Hazardous Wastes Produced (10 000 tons)	54.20	120.16	167.40

注：2016年起，执行“十三五”环境统计报表制度，指标名称和统计口径均有调整。

a) Since 2016,the system of "13th Five-Year" statistical report on Environment was implemented, and both index names and statistical calibers were adjusted.

8-9 各市（州）城市空气质量指标（2019）
Ambient Air Quality by Region (2019)

单位：微克 / 立方米 (μg/m³)

市（州）	Region	二氧化硫年平均浓度 Annual Average Concentration of SO_2	二氧化氮年平均浓度 Annual Average Concentration of NO_2	可吸入颗粒物 (PM_{10}) 年平均浓度 Annual Average Concentration of PM_{10}	一氧化碳日均值第 95 百分位浓度 95th Percentile Daily Average Concentration of CO
兰州市	Lanzhou	18	50	79	2.5
嘉峪关市	Jiayuguan	11	22	61	0.9
金昌市	Jinchang	17	15	58	0.9
白银市	Baiyin	42	27	62	1.4
天水市	Tianshui	12	31	56	1.6
武威市	Wuwei	8	25	61	1.2
张掖市	Zhangye	12	20	55	0.9
平凉市	Pingliang	9	35	56	1.0
酒泉市	Jiuquan	10	22	65	1.0
庆阳市	Qingyang	11	18	58	1.2
定西市	Dingxi	11	25	57	1.2
陇南市	Longnan	16	23	38	1.5
临夏州	Linxia	13	21	59	1.8
甘南州	Gannan	11	21	44	1.2

注：1. 临夏州空气质量监测数据为临夏市数据，甘南州空气质量监测数据为合作市数据。
2. 为准确评价城市空气质量，根据生态环境部《受沙尘天气过程影响城市空气质量评价补充规定》，表中数据为剔除沙尘后数据。

a) Data of air quality monitoring of Linxia Autonomous prefecture are data of Linxia city,data of air quality monitoring of Gannan Autonomous prefecture are data of Hezuo city.

b) In order to accurately evaluate the quality of urban air, according to "Supplementary Provisions of Urban Air Quality Evaluation Affected by the Dust Weather Process" of Ministry of Ecological Environment, the data in the table is the data excludes dust data.

8-9 续表 continued

单位：微克 / 立方米 (μg/m³)

市（州）	Region	臭氧 (O_3) 日最大 8 小时第 90 百分位浓度 90th Percentile Daily Maximum 8 Hours Average Concentration of O_3	细颗粒物 ($PM_{2.5}$) 年平均浓度 Annual Average Concentration of $PM_{2.5}$	空气质量达到及好于二级的天数（天） Days of Air Quality Equal to or Above Grade II (day)	空气质量达到二级以上天数占全年比重 (%) Proportion of Days of Air Quality Equal to or above Grade II in the Whole Year (%)
兰州市	Lanzhou	151	36	296	81.1
嘉峪关市	Jiayuguan	138	22	331	90.7
金昌市	Jinchang	134	20	344	94.2
白银市	Baiyin	119	27	339	93.1
天水市	Tianshui	127	30	347	95.1
武威市	Wuwei	134	29	333	91.5
张掖市	Zhangye	138	28	337	92.6
平凉市	Pingliang	130	24	341	93.4
酒泉市	Jiuquan	134	25	330	90.4
庆阳市	Qingyang	132	30	330	90.4
定西市	Dingxi	129	26	353	97.2
陇南市	Longnan	120	19	333	99.4
临夏州	Linxia	126	29	348	95.6
甘南州	Gannan	121	22	349	99.1

8-10 各市（州）一般工业固体废物产生及处理利用情况（2018）
Production, Disposal and Utilization of Common Industrial Solid Wastes by Region（2018）

单位：万吨 （10 000 tons）

市（州）	Region	一般工业固体废物产生量 Common Industrial Solid Wastes Produced	一般工业固体废物综合利用量 Common Industrial Solid Wastes Comprehensively Utilized	一般工业固体废物贮存量 Stock of Common Industrial Solid Wastes	一般工业固体废物处置量 Common Industrial Solid Wastes Disposed	危险废物产生量 Hazardous Wastes Produced
甘肃省	**Gansu**	**4992.70**	**2214.95**	**2103.67**	**791.86**	**167.40**
兰州市	Lanzhou	416.65	402.67	1.93	13.80	18.75
嘉峪关市	Jiayuguan	802.09	515.51	1.80	284.78	55.91
金昌市	Jinchang	1198.85	168.74	1034.45	2.65	11.82
白银市	Baiyin	697.97	515.39	78.70	169.07	24.71
天水市	Tianshui	24.86	14.57	8.76	1.54	0.04
武威市	Wuwei	75.86	56.37	0.93	19.18	0.16
张掖市	Zhangye	336.26	98.47	225.71	19.90	5.54
平凉市	Pingliang	375.68	205.55	40.26	149.37	0.86
酒泉市	Jiuquan	320.83	91.55	175.04	60.95	2.00
庆阳市	Qingyang	17.53	15.83	0.00	1.75	4.97
定西市	Dingxi	33.88	33.80	6.23	0.09	6.75
陇南市	Longnan	540.89	23.26	459.25	61.29	20.45
临夏州	Linxia	9.18	9.18			0.02
甘南州	Gannan	92.00	28.36	56.15	7.50	14.80

注：全省数据中包含甘肃矿区数据，兰州新区数据计入兰州市。（以下相关表同）

a) The provincial data contained the data of gansu mining area.Data of Lanzhou City contained the data of Lanzhou New Area. The same applies to the relevant tables following.

8-11 各市（州）废水排放及处理情况（2018）
Emission and Disposal of Waste Water by Region (2018)

市（州）	Region	废水治理设施数（套） Number of Facilities for Treatment of Waste Water (set)	废水排放量（万吨） Waste Water Discharged (10 000 tons)	#工业废水排放总量 Industrial Waste Water Discharged	#生活污水排放量 Living Waste Water Discharged
甘肃省	**Gansu**	**611**	**70049**	**10539**	**59478**
兰州市	Lanzhou	83	26130	3865	22256
嘉峪关市	Jiayuguan	2	2418	1095	1323
金昌市	Jinchang	27	3419	1548	1871
白银市	Baiyin	73	4011	441	3567
天水市	Tianshui	38	5674	328	5343
武威市	Wuwei	27	3067	244	2821
张掖市	Zhangye	72	4322	442	3880
平凉市	Pingliang	72	4903	844	4057
酒泉市	Jiuquan	52	4327	360	3965
庆阳市	Qingyang	20	3650	177	3471
定西市	Dingxi	49	1964	144	1817
陇南市	Longnan	44	1768	333	1431
临夏州	Linxia	38	3004	313	2689
甘南州	Gannan	10	1071	84	986

8-11 续表 continued

市（州）	Region	化学需氧量排放量（万吨）COD Emission (10 000 tons)	#工业源化学需氧量排放量 Industrial COD Emission	#生活源化学需氧量排放量 Living COD Emission	氨氮排放量（万吨）Ammonia Nitrogen (10000 tons)	#工业源氨氮排放量 Industrial Ammonia Nitrogen	#生活源氨氮排放量 Living Ammonia Nitrogen
甘肃省	**Gansu**	**12.60**	**0.96**	**0.11**	**11.35**	**1.77**	**0.20**
兰州市	Lanzhou	0.82	0.11	0.11	0.59	0.13	
嘉峪关市	Jiayuguan	0.12	0.03		0.09	0.03	
金昌市	Jinchang	0.32	0.04		0.28	0.05	
白银市	Baiyin	1.17	0.23		0.92	0.29	0.17
天水市	Tianshui	1.84	0.04		1.79	0.21	
武威市	Wuwei	1.14	0.05		1.09	0.13	
张掖市	Zhangye	0.14	0.06		0.08	0.02	
平凉市	Pingliang	0.46	0.04		0.39	0.09	
酒泉市	Jiuquan	0.83	0.07		0.75	0.10	
庆阳市	Qingyang	1.26	0.01		1.24	0.14	
定西市	Dingxi	1.49	0.18		1.29	0.17	
陇南市	Longnan	1.69	0.04		1.62	0.23	
临夏州	Linxia	0.86	0.02		0.83	0.14	
甘南州	Gannan	0.43	0.01		0.41	0.05	

8-12 各市（州）废气及主要污染物排放情况（2018）
Emission of Waste Gas and Major Pollutants by Region （2018）

市（州）	Region	工业废气排放量（亿立方米）Emission of Industrial Waste Gas (100 million cu.m)	二氧化硫（万吨）Sulphur Dioxide (10 000 tons)	#工业二氧化硫 Industrial Sulphur Dioxide	氮氧化物排放量（万吨）Nitrogen Oxides (10 000 tons)	#工业氮氧化物 Industrial Nitrogen Oxides	烟（粉）尘排放量（万吨）Soot and Dust (10 000 tons)	#工业烟（粉）尘 Industrial Soot and Dust
甘肃省	**Gansu**	**11937.70**	**25.25**	**14.58**	**21.47**	**11.13**	**19.50**	**13.60**
兰州市	Lanzhou	2743.49	3.14	2.15	3.24	3.00	2.49	2.00
嘉峪关市	Jiayuguan	3757.46	2.34	2.32	2.52	2.52	4.00	3.99
金昌市	Jinchang	649.52	4.32	4.05	0.53	0.49	1.04	0.91
白银市	Baiyin	1388.82	1.22	1.04	1.01	0.97	1.18	1.05
天水市	Tianshui	317.68	1.41	0.27	0.42	0.32	0.90	0.20
武威市	Wuwei	252.71	1.53	0.34	0.60	0.44	3.37	2.78
张掖市	Zhangye	302.67	1.04	0.54	0.49	0.43	0.50	0.25
平凉市	Pingliang	936.32	3.30	1.47	1.24	1.02	1.46	0.74
酒泉市	Jiuquan	411.81	1.69	0.49	0.67	0.50	1.29	0.44
庆阳市	Qingyang	200.00	1.65	0.39	0.31	0.20	0.67	0.17
定西市	Dingxi	550.47	1.28	0.85	0.52	0.48	0.40	0.25
陇南市	Longnan	151.73	1.23	0.26	0.52	0.42	0.80	0.30
临夏州	Linxia	100.29	0.57	0.29	0.23	0.18	0.46	0.29
甘南州	Gannan	23.29	0.47	0.07	0.18	0.13	0.14	0.14

注：氮氧化物、烟（粉）尘全省数据中包括机动车排放量，各市州数据不包括。

a) Data of nitrogen oxides,soot and dust of Gansu include the motor vehicle emissions,while data of region not include.

主要统计指标解释

气候 指地球与大气之间长期能量交换与质量交换所形成的一种自然环境状态，它是多种因素综合作用的结果。气候既是人类生活和生产的环境要素之一，又是供给人类生活和生产的重要资源。气温、降水、湿度等气象要素的多年平均值是用来描述一个地区气候状况的主要参数，而各种气象要素某年、某月的平均值（或总量）则可以反映出该时期天气气候状况的重要特征。

自然资源 指人类可以直接从自然界获得，并用于生产和生活的物质资源。自然资源一般可以分成可再生资源和非再生资源两大类。可再生资源指在较短时间内可以再生、可以循环利用的资源，包括土地资源、水资源、气候资源、生物资源和海洋资源等。非再生资源指在使用后不能再生的资源，包括矿产资源和地热能源。

土地资源 土地指陆地的表层部分，它主要由岩石、岩石的风化物和土壤构成。土地资源按利用类型可以分为农用地、建筑用地和未利用地。农用地包括耕地、园地、林地、牧草地和水面。建筑用地包括居民点及工矿用地、交通用地和水利设施用地。未利用地指农用地和建筑用地以外的土地，包括滩涂、荒漠、戈壁、冰川和石山等。

矿产资源 矿产资源指由地质作用形成的，具有利用价值的，呈固态、液态、气态的自然资源，是社会生产发展的重要物质基础。目前我国已发现矿种有 170 多种，甘肃省已发现矿 119 种，按其特点和用途，可分为能源矿产（如煤炭、石油、天然气、地热）、金属矿产（如铁矿、锰矿、铜矿、铅矿、铝土矿）、非金属矿产（如金刚石、石灰岩、粘土）和水气矿产（如地下水、矿泉水、二氧化碳气）四大类。其中：金属矿产按其物质成份和性质又可分为：黑色金属矿产、有色金属矿产、贵金属矿产、稀有金属矿产、稀土金属矿产、分散元素金属矿产六类。

矿产保有储量 指探明的矿产储量（包括工业储量和远景储量），扣除已开采部分和地下损失量后的年末实有储量。

平均气温 指空气的温度，我国一般以摄氏度（℃）为单位表示。气象观测的温度表是放在离地面约 1.5 米处通风良好的百叶箱里测量的，因此，通常说的气温指的是离地面 1.5 米处百叶箱中的温度。其统计计算方法为：

月平均气温是将全月各日的平均气温相加，除以该月的天数而得。

年平均气温是将 12 个月的月平均气温累加后除以 12 而得。

年平均相对湿度 指空气中实际水气压与当时气温下的饱和水气压之比。其统计方法与气温相同。

降水量 指从天空降落到地面的液态或固态（经融化后）水，未经蒸发、渗透、流失而在地面上积聚的深度。其统计计算方法为：

月降水量是将全月各日的降水量累加而得。

年降水量是将 12 个月的月降水量累加而得。

水资源总量 指当地降水形成的地表和地下产水总量，即地表径流量与降水入渗补给量之和。

地表水资源量 指河流、湖泊、冰川等地表水体中可以逐年更新的动态水量，即天然河川径流量。

地下水资源量 指地下饱和含水层逐年更新的动态水量，即降水和地表水入渗对地下水的补给量。

地表水与地下水资源重复量 指地表水和地下水相互转化的部分，即天然河川径流量中的地下水排泄量和地下水补给量中来源于地表水的入渗补给量。

供水总量 指各种水源为用水户提供的包括输水损失在内的毛水量。

地表水源供水量 指地表水体工程的取水量，按蓄、引、提、调四种形式统计。从水库、塘坝中引水或提水，均属蓄水工程供水量；从河道或湖泊中自流引水的，无论有闸或无闸，均属引水工程供水量；利用扬水站从河道或湖泊中直接取水的，属提水工程供水量；跨流域调水指水资源一级区或独立流域之间的跨流域调配水量，不包括在蓄、引、提水量中。

地下水源供水量 指水井工程的开采量，按浅层淡水、深层承压水和微咸水分别统计。城市地下水源供水量包括自来水厂的开采量和工矿企业自备井的开采量。

其他水源供水量 包括污水处理再利用、集雨工程、海水淡化等水源工程的供水量。

用水总量 指各类用户取用的包括输水损失在内的毛用水量之和。

农业用水 指农田灌溉用水、林果地灌溉用水、草地灌溉用水、鱼塘补水和畜禽用水。

工业用水 指工矿企业在生产过程中用于制造、加工、冷却、空调、净化、洗涤等方面的用水，按新水取用量计，不包括企业内部的重复利用水量。

9
能　源
Energy

简要说明

一、本篇资料主要内容

本篇包括的主要内容有能源生产、消费及品种构成，综合能源平衡表和主要能源品种的单项平衡表，能源生产和消费弹性系数等。

二、本篇资料的统计范围

本篇资料的统计范围为全社会。

三、本篇资料来源

全社会用电量数据来自国网甘肃省电力公司。

本篇资料由省统计局能源处搜集、加工整理，来自能源生产、消费统计及能源平衡表。

本篇根据第四次经济普查结果，对 2015–2018 年有关能源数据进行了修订。

9-1 能源生产总量及构成
Total Production of Energy and Its Composition

年 份 Year	能源生产总量 （万吨标准煤） Total Energy Production (10 000 tons of SCE)	占能源生产总量的比重（%） As Percentage of Total Energy Production（%）			
		原煤 Coal	原油 Crude Oil	天然气 Natural Gas	一次电力及其他能源 Primary Electricity and Other Energy
2005	3605.12	71.72	12.07	0.57	15.64
2006	3798.83	71.88	12.50	0.52	15.10
2007	3985.59	70.78	12.61	0.49	16.13
2008	4069.28	68.71	12.82	0.42	18.06
2009	4232.34	67.10	12.15	0.46	20.29
2010	4631.59	68.37	11.79	0.28	19.56
2011	4884.56	64.64	14.70	0.22	20.45
2012	5362.84	60.29	16.77	0.31	22.63
2013	5538.21	55.48	18.32	0.25	25.95
2014	5926.50	54.64	18.61	0.27	26.48
2015	5816.78	52.02	20.14	0.27	27.57
2016	5667.42	51.86	20.20	0.24	27.70
2017	5749.10	45.20	20.55	0.39	33.86
2018	6107.42	40.76	20.11	0.48	38.65
2019	6394.63	39.53	20.19	0.31	39.97

注：电力折算标准煤的系数根据当年平均发电煤耗计算（下表同）。
a) The coefficient for conversion of electric power into SCE （standard coal equivalent） is calculated on the basis of the data on average coal consumption in generating electric power in the same year. The same applies to the tables following.

9-2 能源消费总量及构成
Total Consumption of Energy and Its Composition

年 份 Year	能源消费总量 （万吨标准煤） Total Energy Consumption (10 000 tons of SCE)	占能源消费总量的比重（%） As Percentage of Total Energy Consumption（%）			
		原煤 Coal	原油 Crude Oil	天然气 Natural Gas	一次电力及其他能源 Primary Electricity and Other Energy
2005	4300.88	67.84	16.17	2.88	13.11
2006	4670.33	69.09	15.30	3.33	12.28
2007	5031.35	68.78	15.09	3.35	12.78
2008	5264.80	68.54	14.53	2.97	13.96
2009	5398.00	66.15	14.95	2.99	15.91
2010	5829.85	64.08	16.99	3.39	15.54
2011	6393.69	63.35	17.18	3.85	15.62
2012	6893.76	61.85	16.48	4.06	17.61
2013	7286.72	60.63	16.70	3.98	18.69
2014	7521.45	60.41	16.34	4.19	19.06
2015	7488.50	60.21	16.15	4.45	19.19
2016	7299.93	58.72	17.25	4.63	19.40
2017	7503.63	55.83	17.13	4.93	22.11
2018	7822.54	54.44	16.21	4.98	24.37
2019	7818.02	52.40	15.50	5.27	26.83

9-3 综合能源平衡表
Overall Energy Balance Sheet

单位：万吨标准煤 （10 000 tons of SCE）

项目	Item	2010	2015	2018	2019
可供消费的能源总量	**Total Energy Available for Consumption**	**5829.85**	**7532.37**	**7850.78**	**7834.29**
一次能源生产量	Primary Energy Output	4631.59	5816.78	6107.42	6394.63
调入量	Imports	4003.51	4578.47	5518.51	5864.90
调出量（-）	Exports （-）	2823.88	2887.47	3833.80	4159.38
年初年末库存差额	Stock Changes in the Year	18.64	24.59	58.67	-265.85
能源消费总量	**Total Energy Consumption**	**5829.85**	**7488.50**	**7822.54**	**7818.02**
在总量中：	Consumption by Sector				
农、林、牧、渔业	Agriculture,Forestry,Animal Husbandry,Fishery	252.38	226.60	212.35	218.40
工业	Industry	4258.42	5334.95	5376.79	5271.72
建筑业	Construction	79.77	104.39	110.83	112.67
交通运输、仓储和邮政业	Transport,Storage and Post	466.19	568.15	608.57	621.73
批发、零售业和住宿、餐饮业	Wholesale and Retail Trades,Hotels and Catering Services	77.58	165.56	220.67	235.18
其他	Others Sectors	162.65	297.10	387.16	420.18
生活消费	Household Consumption	532.86	791.76	906.18	938.14
在总量中：	Consumption by Usage				
终端消费	End-use Consumption	5655.94	7196.13	7460.25	7439.75
#工业	Industry	4084.51	5042.56	5014.50	4893.46
加工转换损失量	Losses During the Process of Energy Conversion	216.72	130.84	180.50	197.19
#炼焦	Coking	46.75	70.07	41.59	53.02
炼油	Petroleum Refining	99.88	182.38	202.33	190.19
损失量	Energy Losses	136.03	161.53	181.79	181.08
回收能（-）	Recovery of Energy （-）	178.83	229.32	210.35	220.44
平衡差额	**Balance**		**43.86**	**28.24**	**16.28**

注：电力按等价热值折算，因此加工转换损失量中不包括发电损失量。

a）Electric Power is converted on the basis of equivalent caloric value.Therefore,losses during the process of energy conversion do not include losses in power generation.

9-4 石油平衡表
Petroleum Balance Sheet

单位：万吨　　（10 000 tons）

项　目	Item	2010	2015	2018	2019
可供量	**Total Energy Available for Consumption**	**703.52**	**864.37**	**906.08**	**860.25**
生产量	Output	382.14	820.09	859.76	903.55
调入量	Imports	1062.56	665.79	623.93	589.63
调出量（-）	Exports（-）	779.25	618.61	578.04	604.44
年初年末库存差额	Stock Changes in the Year	38.07	-2.90	0.43	-28.49
消费量	**Total Energy Consumption**	**703.52**	**864.37**	**906.08**	**860.25**
在消费量中：	Consumption by Sector				
农、林、牧、渔业	Agriculture, Forestry, Animal Husbandry,Fishery	32.90	37.00	38.80	38.50
工业	Industry	357.15	397.86	396.03	348.76
建筑业	Construction	22.80	34.50	35.95	36.65
交通运输、仓储和邮政业	Transport, Storage and Post	212.72	257.65	255.30	254.14
批发、零售业和住宿、餐饮业	Wholesale and Retail Trades, Hotels and Catering Services	7.71	14.16	19.30	18.90
其他行业	Other Sectors	35.01	49.50	63.50	65.47
生活消费	Household Consumption	35.23	73.70	97.20	97.83
在消费量中：	Consumption by Usage				
终端消费	End-use Consumption	598.66	691.3	717.65	685.27
#工业	Industry	252.29	224.79	207.6	173.78
中间消费	Intermediate Consumption	104.86	173.07	188.43	174.98
（用于加工转换）	（Consumed in Conversion）				
发电	Power Generation	0.59	1.11	1.6	0.89
供热	Heating	11.35	12.66	13.22	10.28
制气	Gas Production				
炼油损失量	Losses in Petroleum Refining	92.92	159.3	173.61	163.81
损失量	Energy Losses				
平衡差额	**Balance**				

注：生产量为原油产量
a）Data on output refer to the output of crude oil.

9-5 煤炭平衡表
Coal Balance Sheet

单位：万吨 （10 000 tons）

项　目	Item	2010	2015	2018	2019
可供量	**Total Energy Available for Consumption**	**5301.89**	**6585.06**	**6819.03**	**6810.16**
生产量	Outputs	4688.25	4399.63	3629.64	3684.59
调入量	Imports	2255.30	3961.63	4665.84	4930.61
调出量（-）	Exports （-）	1600.10	1785.12	1564.52	1469.72
年初年末库存差额	Stock Changes in the Year	-41.56	8.92	88.07	-335.32
消费量	**Total Energy Consumption**	**5301.89**	**6585.06**	**6819.03**	**6810.16**
在消费量中：	Consumption by Sector				
农、林、牧、渔业	Agriculture,Forestry,Animal Husbandry, Fishery	48.10	51.10	45.68	39.51
工业	Industry	4787.79	6034.96	6356.91	6366.50
建筑业	Construction	28.00	17.00	15.00	14.50
交通运输、仓储和邮政业	Transport,Storage and Post	49.00	28.00	18.20	17.80
批发、零售业和住宿、餐饮业	Wholesale and Retail Trades,Hotels and Catering Services	33.00	30.00	24.50	23.10
其他	Other Sectors	22.00	31.00	22.60	21.30
生活消费	Household Consumption	334.00	393.00	336.14	327.45
在消费量中：	Consumption by Usage				
终端消费	End-use Consumption	1646.57	2035.85	1550.42	1500.65
#工业	Industry	1132.47	1485.75	1088.30	1056.99
中间消费	Intermediate Consumption	3655.32	4549.21	5268.61	5309.51
（用于加工转换）	（Consumed in Conversion）				
发电	Power Generation	2775.80	3168.96	3777.69	3639.44
供热	Heating	445.30	534.68	790.58	852.10
炼焦	Coking	389.93	699.18	534.63	631.93
制气	Gas Production	9.29	5.08	5.12	5.75
洗选损耗	Losses in Coal Washing and Dressing	35.00	141.31	159.70	179.80
平衡差额	**Balance**				

注：生产量为原煤产量。
a） Data on output refer to the output of raw coal.

9-6 电力平衡表
Electricity Balance Sheet

单位：亿千瓦小时 （100 million kw・h）

项 目	Item	2010	2015	2018	2019
可供量	**Total Energy Available for Consumption**	**804.43**	**1112.99**	**1298.79**	**1297.90**
生产量	Output	874.51	1242.20	1607.90	1669.23
水电、风电及其他发电	Hydropower,Wind Power and other Power	283.16	521.79	769.02	842.66
火电	Thermal Power	591.35	720.41	838.88	826.57
调入量	Imports	119.73	114.85	301.16	367.93
调出量（-）	Exports （-）	189.81	244.06	610.27	739.26
消费量	**Total Energy Consumption**	**804.43**	**1098.72**	**1289.52**	**1288.05**
在消费量中：	Consumption by Sector				
农、林、牧、渔业	Agriculture,Forestry,Animal Husbandry, Fishery	54.37	44.38	40.91	44.88
工业	Industry	617.13	860.21	988.55	961.48
建筑业	Construction	8.33	13.05	14.99	15.61
交通运输、仓储和邮政业	Transport,Storage and Post	32.57	41.04	52.69	55.73
批发、零售业和住宿、餐饮业	Wholesale and Retail Trades,Hotels and Catering Services	11.41	23.55	34.88	37.60
其他	Other Sectors	27.11	39.87	56.27	64.30
生活消费	Household Consumption	53.52	76.62	101.23	108.45
在消费量中：	Consumption by Usage				
终端消费	End-use Consumption	761.91	1046.17	1229.84	1227.75
#工业	Industry	574.61	807.66	928.87	901.18
输配电损失量	Losses in Transmission	42.52	52.55	59.68	60.30
平衡差额	**Balance**		**14.27**	**9.27**	**9.85**

9-7 分行业能源消费量（2019）

行 业	Sector	能源消费总量（万吨标准煤）Total Energy Consumption (10000 tons of SCE)	煤炭（万吨）Coal (10 000 tons)
消费总计	**Total Consumption**	**7818.02**	**6810.16**
农、林、牧、渔业	**Agriculture,Forestry,Animal Husbandry and Fishery**	**218.40**	**39.51**
工业	**Industry**	**5271.72**	**6366.50**
采矿业	**Mining**	**290.08**	**324.07**
煤炭开采和洗选业	Mining and Washing of Coal	186.82	314.96
石油和天然气开采业	Extraction of Petroleum and Natural Gas	66.85	5.04
黑色金属矿采选业	Mining and Processing of Ferrous Metal Ores	20.69	1.10
有色金属矿采选业	Mining and Processing of Non-Ferrous Metal Ores	10.17	1.14
非金属矿采选业	Mining and Processing of Nonmetal Ores	5.20	1.82
开采专业及辅助性活动	Support Activities for Mining	0.37	
其他采矿业	Mining of Other Ores		
制造业	**Manufacturing**	**4259.00**	**2184.74**
农副食品加工业	Processing of Food from Agricultural Products	21.66	10.45
食品制造业	Manufacture of Foods	13.22	3.97
酒、饮料和精制茶制造业	Manufacture of Liquor, Beverages and Refined Tea	16.40	6.02
烟草制品业	Manufacture of Tobacco	2.38	
纺织业	Manufacture of Textile	3.90	0.27
纺织服装、服饰业	Manufacture of Textile, Wearing Apparel and Accessories	1.11	
皮革、毛皮、羽毛及其制品和制鞋业	Manufacture of Leather, Fur, Feather and Related Products and Footwear	0.25	0.09
木材加工及木、竹、藤、棕、草制品业	Processing of Timber, Manufacture of Wood, Bamboo, Rattan, Palm and Straw Products	0.54	
家具制造业	Manufacture of Furniture	0.07	
造纸和纸制品业	Manufacture of Paper and Paper Products	9.88	8.58
印刷和记录媒介复制业	Printing and Reproduction of Recording Media	0.63	
文教、工美、体育和娱乐用品制造业	Manufacture of Articles for Culture, Education, Arts and Crafts, Sport and Entertainment Activities	0.16	
石油加工、炼焦和核燃料加工业	Processing of Petroleum, Coking and Processing of Nuclear Fuel	591.22	381.97
化学原料和化学制品制造业	Manufacture of Raw Chemical Materials and Chemical Products	358.36	69.53
医药制造业	Manufacture of Medicines	19.77	10.05
化学纤维制造业	Manufacture of Chemical Fibres		
橡胶和塑料制品业	Manufacture of Rubber and Plastics Products	4.35	0.02
非金属矿物制品业	Manufacture of Non-metallic Mineral Products	744.13	613.66
黑色金属冶炼和压延加工业	Smelting and Pressing of Ferrous Metals	991.35	423.24
有色金属冶炼和压延加工业	Smelting and Pressing of Non-ferrous Metals	1436.08	655.83
金属制品业	Manufacture of Metal Products	5.94	0.15
通用设备制造业	Manufacture of General Purpose Machinery	6.73	
专用设备制造业	Manufacture of Special Purpose Machinery	9.33	0.01
汽车制造业	Manufacture of Automobiles	1.01	
铁路、船舶、航空航天和其他运输设备制造业	Manufacture of Railway, Ship, Aerospace and Other Transport Equipments		
电气机械和器材制造业	Manufacture of Electrical Machinery and Apparatus	5.56	
计算机、通信和其他电子设备制造业	Manufacture of Communication Equipment, Computers and Other Electronic Equipment	7.56	
仪器仪表制造业	Manufacture of Measuring Instruments and Machinery		
其他制造业	Other Manufacturing	1.14	
废弃资源综合利用业	Utilization of Waste Resources	4.69	0.90
金属制品、机械和设备修理业	Repair Service of Metal Products, Machinery and Equipment	1.60	
电力、热力、燃气及水的生产和供应业	**Electric Power, Gas and Water Production and Supply**	**722.64**	**3857.69**
电力、热力的生产和供应业	Production and Supply of Electric Power and Heat Power	710.99	3857.60
燃气生产和供应业	Production and Supply of Gas	2.76	
水的生产和供应业	Production and Supply of Water	8.89	0.09
建筑业	**Construction**	**112.67**	**14.50**
交通运输储运业和邮政业	**Transport, Storage and Post**	**621.73**	**17.80**
批发、零售业和住宿、餐饮业	**Wholesale, Retail Trade and Hotel,Restaurants**	**235.18**	**23.10**
其他行业	**Others**	**420.18**	**21.30**
城乡居民生活	**Urban and Rural Residential Consumption**	**938.14**	**327.45**

Consumption of Energy by Sector（2019）

焦炭（万吨）Coke（10 000 tons）	原油（万吨）Crude Oil（10 000 tons）	汽油（万吨）Gasoline（10 000 tons）	煤油（万吨）Kerosene（10 000 tons）	柴油（万吨）Diesel Oil（10 000 tons）	燃料油（万吨）Fuel Oil（10 000 tons）	液化石油气（万吨）Liquefied Petroleum Gas（10 000 tons）	天然气（亿立方米）Natural Gas（100 million cu.m）	电力（亿千瓦小时）Electricity（100 million kw · h）
525.68	**1479.96**	**208.78**	**10.49**	**281.82**	**3.47**	**23.98**	**32.46**	**1288.05**
		4.00		**34.50**				**44.88**
525.68	**1479.96**	**1.46**	**0.15**	**13.42**	**3.47**	**8.00**	**11.20**	**961.48**
14.54	12.98	0.19		4.19			1.22	32.65
1.97		0.05		2.03			0.96	12.82
	12.98	0.08		0.50			0.25	13.55
12.51		0.01		0.59				2.38
		0.02		0.21			0.01	2.96
0.06				0.66				0.93
		0.03		0.20				0.01
511.14	**1466.98**	**0.73**	**0.15**	**8.75**	**3.45**	**8.00**	**9.33**	**738.35**
0.20		0.02		0.06			0.08	4.12
		0.03		0.16		0.01	0.08	1.28
		0.02		0.01			0.39	1.71
							0.08	0.46
				0.01			0.05	0.96
							0.06	0.12
								0.06
								0.18
								0.01
				0.01				1.22
		0.01					0.02	0.11
							0.01	0.01
	1466.98	0.01		0.81	1.32		2.23	29.52
55.58		0.04	0.02	0.26	0.25	7.81	2.23	52.92
		0.04		0.03	0.38		0.27	2.42
0.02		0.02		0.01			0.01	1.37
22.71		0.19		4.56	0.21		1.22	79.46
416.00		0.01		0.48			0.33	138.71
15.26		0.11	0.13	2.05	0.98	0.18	1.47	414.39
		0.04		0.04			0.08	1.53
0.02		0.04		0.04	0.22		0.07	1.80
		0.03		0.03			0.29	1.43
				0.01			0.03	0.13
		0.03		0.02			0.10	1.41
							0.04	2.35
1.35				0.04	0.09			0.57
				0.12			0.09	0.10
		0.54		**0.48**	**0.02**		**0.65**	**190.48**
		0.51		0.48	0.02		0.65	186.70
		0.02						0.91
		0.01						2.87
		12.70		**14.50**				**15.61**
		53.60	**10.34**	**190.20**			**4.70**	**55.73**
		12.80		**4.50**		**1.60**	**3.70**	**37.60**
		47.97		**17.50**			**6.80**	**64.30**
		76.25		**7.20**		**14.38**	**6.06**	**108.45**

9-8 能源生产弹性系数
Elasticity Ratio of Energy Production

年 份 Year	能源生产 比上年增长 （%） Growth Rate of Energy Production over Preceding Year （%）	电力生产 比上年增长 （%） Growth Rate of Electricity Production over Preceding Year （%）	能源生产 弹性系数 Elasticity Ratio of Energy Production	电力生产 弹性系数 Elasticity Ratio of Electricity Production
2000	-13.06	6.83		0.70
2001	5.39	8.26	0.55	0.85
2002	37.66	12.53	3.82	1.27
2003	16.84	18.71	1.57	1.74
2004	17.71	13.18	1.54	1.15
2005	7.29	10.70	0.62	0.90
2006	5.37	5.08	0.47	0.44
2007	4.92	16.33	0.40	1.33
2008	2.10	11.58	0.21	1.14
2009	4.01	1.86	0.39	0.18
2010	9.43	24.35	0.80	2.07
2011	5.46	17.54	0.44	1.40
2012	9.79	7.70	0.78	0.61
2013	3.27	8.57	0.30	0.80
2014	7.01	3.26	0.79	0.37
2015	-1.85	0.09		0.01
2016	-2.57	-2.24		
2017	1.44	11.10	0.41	3.15
2018	6.23	19.18	1.47	3.12
2019	4.70	3.81	0.76	0.62

9-9 能源消费弹性系数
Elasticity Ratio of Energy Consumption

年 份 Year	能源消费比上年增长（%） Growth Rate of Energy Consumption over Preceding Year（%）	电力消费比上年增长（%） Growth Rate of Electricity Consumption over Preceding Year（%）	能源消费弹性系数 Elasticity Ratio of Energy Consumption	电力消费弹性系数 Elasticity Ratio of Electricity Consumption
2000	3.23	1.29	0.33	0.13
2001	1.88	1.58	0.19	0.16
2002	4.36	11.84	0.44	1.20
2003	11.82	16.36	1.05	1.52
2004	15.78	13.47	1.45	1.17
2005	10.06	8.29	0.85	0.70
2006	8.59	9.57	0.72	0.83
2007	7.73	14.62	0.63	1.19
2008	4.64	10.25	0.46	1.01
2009	2.53	4.09	0.25	0.40
2010	8.00	14.02	0.68	1.19
2011	9.67	14.79	0.73	1.18
2012	7.82	7.70	0.66	0.61
2013	5.70	7.91	0.50	0.74
2014	3.22	2.07	0.36	0.23
2015	-0.44	0.30		0.04
2016	-2.52	-3.06		
2017	2.79	9.32	0.79	2.65
2018	4.25	10.75	0.69	1.75
2019	-0.06	-0.11		

9-10 能源消耗
Energy Consumption

年 份 Year	单位生产总值能耗上升或下降 (±%) Change of Energy Consumption per Unit of GDP (±%)	单位生产总值电耗上升或下降 (±%) Change of Electricity Consumption per Unit of GDP (±%)	单位工业增加值能耗上升或下降 (±%) Change of Energy Consumption per Unit of Industrial Value-added (±%)
2006	-2.61	-1.74	-3.03
2007	-4.09	2.02	-6.53
2008	-5.00	0.09	-5.66
2009	-6.97	-5.55	-12.84
2010	-3.40	2.01	-7.94
2011	-2.51	2.02	-1.96
2012	-4.21	-4.31	-8.10
2013	-4.56	-2.57	-7.25
2014	-5.21	-6.26	-7.02
2015	-7.95	-7.20	-10.66
2016	-9.44	-9.93	-12.40
2017	-0.71	5.55	3.08
2018	-1.78	4.14	2.72
2019	-5.85	-5.90	-6.56

注：1. 2006-2010 年地区生产总值按 2005 年可比价格计算，2011-2015 年地区生产总值按 2010 年可比价格计算，2016-2019 年地区生产总值按 2015 年可比价格计算。
2. 单位工业增加值能耗为规模以上工业口径。
3. 根据快报数进行的能耗核算。

a) GDP of 2006-2010 are calculated at 2005 constant prices. GDP of 2011-2015 is calculated at 2010 constant prices.GDP of 2016-2019 are calculated at 2015 constant prices.
b) The statistic caliber of consumption per unit of industrial value-added are the designated industrial added value.
c) Energy consumption accounting are according to the quick reports data.

9-11 能源加工转换效率
Efficiency of Energy Conversion

单位：% (%)

年 份 Year	总效率 Total Efficiency	火力发电效率 Generation Efficiency of Thermal Power	炼焦 Coking	炼油 Petroleum Refining
2005	72.97	36.30	97.74	90.13
2006	73.11	36.78	84.54	91.67
2007	73.40	37.17	97.70	89.31
2008	72.81	37.29	94.76	93.25
2009	73.61	37.53	94.00	93.06
2010	70.60	38.42	86.70	94.88
2011	69.41	39.13	88.35	92.41
2012	70.08	39.44	87.88	93.60
2013	72.14	39.96	90.10	92.86
2014	72.55	39.94	91.01	93.22
2015	70.89	39.98	89.27	91.04
2016	70.99	40.11	92.86	91.56
2017	71.66	40.24	92.46	92.15
2018	68.4	40.35	91.39	90.16
2019	70.07	40.93	90.75	90.92

9-12 生活能源消费量
Average Annual Energy Consumption for Households

品 种	Item	2010	2015	2018	2019
合计（万吨标准煤）	**Total （10 000 tons of SCE）**	**532.20**	**791.76**	**906.18**	**938.14**
煤炭（万吨）	Coal （10 000 tons）	334.00	393.00	336.14	327.45
液化石油气（万吨）	Liquefied Petroleum Gas （10 000 tons）	5.72	8.50	13.80	14.38
焦炉煤气（亿立方米）	Coke Oven Gas （100 million cu.m）	0.15	0.16	0.20	0.20
天然气（亿立方米）	Natural Gas （100 million cu.m）	1.90	4.00	5.20	6.06
热力（万百万千焦）	Heat （10 billion kilo-joule）	1741.92	3260.00	4485.00	4826.24
电力（亿千瓦小时）	Electricity （100 million kw·h）	53.52	76.62	101.23	108.45

9-13 重点耗能企业单位产品能源消费
Energy Consumption of Per Unit of Product for Key Energy-consuming Enterprises

项 目	Item	2018	2019
吨原煤生产综合能耗（千克标准煤 / 吨）	Comprehensive Energy Consumption of Tonne Coal Production (kg of SCE/ton)	3.95	3.16
单位油气产量综合能耗（千克标准煤 / 吨）	Comprehensive Energy Consumption of Unit Oil and Gas Output (kg of SCE/ton)	51.91	45.79
铁矿选矿工序单位能耗（千克标准煤 / 吨）	Unit Energy Consumption of Iron Ore Beneficiation Process (kg of SCE/ton)	21.06	17.57
炼焦工序单位能耗（千克标准煤 / 吨）	Unit Energy Consumption of Coking Process (kg of SCE/ton)	134.65	126.73
原油加工单位综合能耗（千克标准油 / 吨）	Unit Comprehensive Energy Consumption of Crude Oil Processing (kg of Standard Oil Equivalent/ton)	63.83	63.53
单位纯碱生产能耗（千克标准煤 / 吨）	Energy Consumption of Unit Soda Ash Production(kg of SCE/ton)		
单位电石生产综合能耗（千克标准煤 / 吨）	Comprehensive Energy Consumption of Unit Calcium Carbide Production (kg of SCE/ton)	943.35	936.43
单位乙烯生产综合能耗 （千克标准煤 / 吨）	Comprehensive Energy Consumption of Unit Ethylene Production (kg of SCE/ton)	884.59	892.96
单位合成氨生产综合能耗（千克标准煤 / 吨）	Comprehensive Energy Consumption of Unit Synthetic Ammonia Production (kg of SCE/ton)	1205.99	1255.43
吨水泥综合能耗（千克标准煤 / 吨）	Comprehensive Energy Consumption of Tonne Cement (kg of SCE/ton)	96.21	95.52
吨钢综合能耗（千克标准煤 / 吨）	Comprehensive Energy Consumption of Tonne Rolled Steel (kg of SCE/ton)	605.83	582.19
单位粗铜综合能耗（千克标准煤 / 吨）	Comprehensive Energy Consumption of Unit Blister Copper (kg of SCE/ton)	176.87	164.31
单位铜精炼综合能耗（千克标准煤 / 吨）	Comprehensive Energy Consumption of Unit Copper Refining (kg of SCE/ton)	168.83	185.54
单位铜冶炼综合能耗（千克标准煤 / 吨）	Comprehensive Energy Consumption of Unit Copper Smelting (kg of SCE/ton)	475.10	487.42
单位电解铝综合能耗（千克标准煤 / 吨）	Comprehensive Energy Consumption of Unit Electrolytic Aluminum (kg of SCE/ton)	1674.45	1665.92
单位粗铅综合能耗（千克标准煤 / 吨）	Comprehensive Energy Consumption of Unit Crude Lead (kg of SCE/ton)	261.61	300.92
单位铅冶炼综合能耗（千克标准煤 / 吨）	Comprehensive Energy Consumption of Unit Lead Smelting (kg of SCE/ton)	375.69	539.34
蒸馏锌综合标准煤耗单耗（千克标准煤 / 吨）	Comprehensive Standard Coal Consumption Unit Consumption of Distillation Zinc （kg of SCE/ton)	2030.05	2099.72
单位精锌（电锌）综合能耗（千克标准煤 / 吨）	Comprehensive Energy Consumption of Unit Refined Zinc (Electrolytic Zinc) (kg of SCE/ton)	615.96	622.80
电厂火力发电标准煤耗（克标准煤 / 千瓦时）	Standard Coal Consumption of Thermal Power of Power Plant (g of SCE/ton)	304.58	299.93

9-14 平均每天能源消费量
Average Daily Energy Consumption by Type of Energy

品　种	Item	2010	2015	2018	2019
合计（万吨标准煤）	**Total （10 000 tons of SCE）**	**15.97**	**20.52**	**21.43**	**21.42**
煤炭（万吨）	Coal （10 000 tons）	14.53	18.04	18.68	18.66
焦炭（万吨）	Coke （10 000 tons）	1.48	1.62	1.31	1.44
原油（万吨）	Crude Oil （10 000 tons）	3.84	3.96	3.98	4.05
燃料油（万吨）	Fuel Oil （10 000 tons）	0.04	0.01	0.01	0.01
汽油（万吨）	Gasoline （10 000 tons）	0.24	0.47	0.55	0.57
煤油（万吨）	Kerosene （10 000 tons）	0.01	0.02	0.03	0.03
柴油（万吨）	Diesel Oil （10 000 tons）	0.76	0.82	0.79	0.77
天然气（亿立方米）	Natural Gas （100 million cu.m）	0.04	0.07	0.08	0.09
电力（亿千瓦小时）	Electricity （100 million kw·h）	2.20	3.01	3.53	3.53

9-15 人均生活能源消费量
Annual Per Capita Energy Consumption of Households

年　份 Year	平均每人生活消费能源（千克标准煤） Annual per Capita Consumption for Households (kg of SCE)	#煤炭（千克） Coal (kg)	#电力（千瓦小时） Electricity (kw·h)	#液化石油气（千克） Liquefied Petroleum Gas (kg)	#天然气（立方米） Natural Gas (cu.m)	#煤气（立方米） Coal Gas (cu.m)
2000	164.00	155.00	84.01	2.09		
2001	174.00	151.79	88.31	1.60	0.23	
2002	156.35	150.24	89.49	1.50	0.73	
2003	171.80	148.50	91.34	1.62	0.96	
2004	169.00	146.53	105.29	1.61	1.11	
2005	184.27	155.59	127.63	1.93	1.57	1.53
2006	186.52	156.71	132.32	1.96	2.75	1.61
2007	198.63	159.77	142.49	1.96	2.83	1.73
2008	210.48	169.84	159.36	2.14	2.98	2.27
2009	228.12	172.16	181.48	2.16	3.06	2.86
2010	208.49	130.60	209.27	2.24	7.43	0.59
2011	227.93	125.44	243.75	2.25	10.93	0.59
2012	243.91	131.59	256.72	2.42	11.86	0.58
2013	249.16	132.41	267.73	2.45	13.76	0.62
2014	256.11	133.58	282.51	2.47	13.92	0.62
2015	305.09	151.44	295.24	3.28	15.41	0.62
2016	313.73	141.86	320.53	3.95	16.89	0.77
2017	328.25	142.10	348.88	3.93	17.00	0.76
2018	344.36	127.74	384.69	5.24	19.76	0.76
2019	355.04	123.92	410.43	5.44	22.93	0.76

注：计算消费量所使用的人口数为平均人口数。
a）Data in the table are calculated with the data on the annual average population.

主要统计指标解释

能源生产总量 指一定时期内，本地区一次能源生产量的总和。该指标是观察能源生产水平、规模、构成和发展速度的总量指标。一次能源生产量包括原煤、原油、天然气、水电、核电及其他动力能（如风能、太阳能、地热能等）发电量。

能源消费总量 指一定地域内，国民经济各行业和居民家庭在一定时间消费的各种能源的总和。包括：原煤、原油、天然气、水能、核能、风能、太阳能、地热能、生物质能等一次能源；一次能源通过加工转换产生的洗煤、焦炭、煤气、电力、热力、成品油等二次能源和同时产生的其他产品；其他化石能源、可再生能源和新能源。其中水能、风能、太阳能、地热能、生物质能等可再生能源，是指人们通过一定技术手段获得的，并作为商品能源使用的部分。在核算过程中，一次能源、二次能源消费不能重复计算。能源消费总量分为终端能源消费量、能源加工转换损失量和能源损失量三部分。

(1) 终端能源消费量：指一定时期内，本地区生产和生活消费的各种能源在扣除了用于加工转换二次能源消费量和损失量以后的数量。

(2) 能源加工转换损失量：指一定时期内，本地区投入加工转换的各种能源数量之和与产出各种能源产品之和的差额。该指标是观察能源在加工转换过程中损失量变化的指标。

(3) 能源损失量：指一定时期内，能源在输送、分配、储存过程中发生的损失和由客观原因造成的各种损失量，不包括各种气体能源放空、放散量。

能源生产弹性系数 是研究能源生产增长速度与生产总值增长速度之间关系的指标。计算公式：

$$能源生产弹性系数=\frac{能源生产总量年平均增长速度}{国内(地区)生产总值年平均增长速度}$$

电力生产弹性系数 是研究电力生产增长速度与生产总值增长速度之间关系的指标。一般来说，电力的发展应当快于国民经济的发展，也就是说电力应超前发展。计算公式为：

$$电力生产弹性系数=\frac{电力生产量年平均增长速度}{国内(地区)生产总值年平均增长速度}$$

能源消费弹性系数 反映能源消费增长速度与生产总值增长速度之间比例关系的指标。计算公式为：

$$能源消费弹性系数=\frac{能源消费量年平均增长速度}{国内(地区)生产总值年平均增长速度}$$

电力消费弹性系数 反映电力消费增长速度与生产总值增长速度之间比例关系的指标。计算公式为：

$$电力消费弹性系数=\frac{电力消费量年平均增长速度}{国内(地区)生产总值年平均增长速度}$$

能源加工转换效率 指一定时期内，能源经过加工、转换后，产出的各种能源产品的数量与同期内投入加工转换的各种能源数量的比率。该指标是观察能源加工转换装置和生产工艺先进与落后、管理水平高低等的重要指标。计算公式为：

$$能源加工转换效率=\frac{能源加工转换产出量}{能源加工转换投入量}\times 100\%$$

单位生产总值能耗 指一定时期内，一个国家（地区）每生产一个单位的国内（地区）生产总值所消耗的能源。计算公式为：

$$单位生产总值能耗=\frac{能源消费总量}{国内(地区)生产总值}$$

单位生产总值电耗 指一定时期内，一个国家（地区）每生产一个单位的国内（地区）生产总值所消耗的电力。计算公式为：

$$单位生产总值电耗=\frac{全社会用电量}{国内(地区)生产总值}$$

单位工业增加值能耗 指一定时期内，一个国家(地区)每生产一个单位的工业增加值所消耗的能源。

10

固定资产投资

Investment in Fixed Assets

简要说明

一、本篇资料主要内容

本篇资料主要内容包括：固定资产投资及其主要分组，分地区 500 万元及以上项目个数、新增固定资产、施工和竣工房屋面积、投资增速、投资效率以及 500 万元及以上项目能源工业投资情况，房地产开发企业基本情况等。

二、本篇资料的统计范围

固定资产投资的统计范围包括：500 万元及以上固定资产投资项目投资（不含军工、国防、人防建设项目）和房地产开发投资。自 1997 年起，除房地产开发投资、非农户投资、农户投资及城镇和工矿区私人建房投资外，固定资产投资的统计起点由 5 万元提高到 50 万元；自 2006 年起，非农户固定资产投资统计改为按项目统计，调查方法由抽样调查改为全面统计报表，起点提高到 50 万元，城镇和工矿区私人建房投资改为按项目统计，起点为 50 万元；自 2011 年起，提高固定资产投资统计起点标准，从计划总投资额 50 万元提高到 500 万元，投资统计的范围从城镇扩大到农村企事业组织，并将这一统计范围定义为“固定资产投资（不含农户）”。

三、本篇资料来源

本篇资料由省统计局固定资产投资处汇总、加工整理。

10-1 固定资产投资增长速度
Growth Rate of Investment in Fixed Assets

单位：%　　　　(%)

指　标	Item	2018	2019
固定资产投资	**Investment in Fixed Assets**	**-3.90**	**6.56**
项目投资	Project Investment	-10.27	4.24
房地产开发	Real Estate Development	18.20	12.67
按隶属关系分	**By Subordination**		
中央项目	Central	-14.26	142.00
地方项目	Local	-3.48	1.59
按构成分	**Group by Structure**		
建筑安装工程	Construction and Installation	-7.16	4.85
设备工具器具购置	Purchase of Equipment and Instruments	3.43	8.85
其他费用	Others	17.67	16.24
按产业分	**By Industry**		
第一产业	Primary Industry	18.76	-9.74
第二产业	Secondary Industry	-10.80	23.82
第三产业	Tertiary Industry	-3.56	4.26
本年实际到位资金	**Actual Funds This Year**	**-2.01**	**8.73**
国家预算资金	State Budget	-6.18	5.17
国内贷款	Domestic Loans	-18.44	25.10
债券	Bonds	275.72	17.77
利用外资	Foreign Investment	1617.48	140.24
自筹资金	Self-raising Funds	-3.28	7.22
其他资金	Others	12.59	-0.41

注：1. 因 2018 年国家方法制度有所调整，2018 年增速按可比口径计算（以下各表同）。
　　2. 本年到位资金及分项指标统计范围为计划总投资 5000 万元及以上项目和房地产开发投资本年到位资金合计（以下各表同）。

a) Due to the adjustment of the national method system in 2018, the growth rate in 2018 is calculated on comparable coverage.The same applies to the tables following.

b) The statistic scope of actual funds and their sub-indicators for investment in this year covers total actual funds this-year for projects and real estate development with total investment of 50 million yuan or more.The same applies to the tables following.

10-1 续表 continued

单位：%　　　　　　　　　　　　　　　　　　　　（%）

指　标	Item	2018	2019
按登记注册类型分	**By Registration Categories**		
内资	Domestic Funded Enterprises	-4.11	6.46
国有	State-owned Enterprises	-12.43	3.41
集体	Collective-owned Enterprises	-42.25	27.98
股份合作	Cooperative Enterprises	135.35	471.21
联营企业	Joint Ownership Enterprises	-95.71	-29.42
国有联营	State Joint Ownership Enterprises	-96.70	-100.00
集体联营	Collective Joint Ownership Enterprises	-59.68	79.60
国有与集体联营	Joint State-collective Enterprises	-67.63	14.71
其他联营	Other Joint Ownership Enterprises		
有限责任公司	Limited Liability Corporations	-1.83	11.02
国有独资公司	State Sole Funded Corporations	21.74	2.44
其他有限责任公司	Other Limited Liability Corporations	-9.91	15.00
股份有限公司	Share-holding Corporations Limited	16.99	13.04
私营	Private Enterprises	7.63	0.05
其他	Other Enterprises	-20.94	-0.57
港澳台商投资	Enterprises with Funds from Hong Kong ,Macao and Taiwan	80.91	142.38
外商投资经济	Foreign Funded Enterprises	16.18	55.46
个体经营	Individual Management	186.56	-74.00
房屋建筑面积（万平方米）	**Floor Space of Buildings （10 000 sq.m）**		
施工面积	Floor Space under Construction	-7.67	18.63
#住宅	Residential Buildings	-1.17	19.67
竣工面积	Floor Space Completed	-31.63	-4.58
#住宅	Residential Buildings	-24.69	-0.38

10-2 按控股情况类型分固定资产投资增长速度
Growth Rate of Investment in Fixed Assets by Holding Type

单位：%　　　　　　　　　　　　　　　　　　　　　　　　　　　　　　　（%）

指 标 Item	固定资产投资 Investment in Fixed Assets	国有经济 State-owned Units	集体经济 Collective-owned Units	个体经济 Individual Economy	其他经济 Others
1979	20.63	20.45	62.28		
1980	12.74	12.68	22.02		
1981	11.52	-6.63	855.64		
1982	11.23	13.84	40.58	-21.81	
1983	20.53	22.90	-14.22	24.92	
1984	29.62	21.73	86.04	79.12	
1985	38.32	29.99	131.05	41.17	
1986	19.26	19.70	1.05	34.53	
1987	18.51	23.47	-22.15	20.01	
1988	24.29	22.43	53.19	21.37	
1989	-14.02	-13.51	-30.15	-7.24	
1990	15.93	21.20	-8.12	-2.67	
1991	15.57	15.75	13.73	15.13	
1992	24.11	25.83	27.85	10.39	
1993	43.41	33.37	218.81	36.75	
1994	30.28	30.80	-29.94	11.90	
1995	22.39	25.11	-22.34	29.63	22.89
1996	10.36	-1.73	64.72	22.45	109.94
1997	23.07	20.88	6.94	61.73	11.89
1998	25.20	20.77	23.21	44.53	31.01
1999	16.03	13.88	39.59	2.15	36.44
2000	14.91	16.20	18.58	4.56	17.17
2001	14.52	13.65	2.26	4.02	33.26
2002	13.93	13.09	25.25	-9.53	29.42
2003	13.76	6.56	16.44	-0.09	45.09
2004	15.41	15.07	20.25	5.08	18.40
2005	15.68	9.01	16.86	0.96	36.57
2006	17.19	11.14	-56.51	15.44	46.84
2007	27.86	23.33	91.28	7.59	33.91
2008	32.47	37.31	10.59	44.95	26.05
2009	42.85	48.85	17.70	28.07	38.06
2010	36.24	36.54	13.39	-10.91	44.20
2011	40.16	14.42	100.97	-87.57	43.92
2012	30.20	6.67	19.35	104.13	37.43
2013	27.11	31.39	42.63	-82.31	23.14
2014	21.11	13.24	53.62	287.15	26.20
2015	11.17	12.27	-4.68	26.09	11.64
2016	10.52	16.85	-51.20	0.55	9.83
2017	-40.25	-43.80	-70.16	-64.53	-35.48
2018	-3.90	-5.88	-18.31	186.56	-2.26
2019	6.56	3.15	201.42	-74.00	8.31

注：本表国有经济为大口径，含国有、国有联营和国有独资公司；集体经济为大口径，含集体、集体联营和股份合作。

a) Data of state-owned units in this table are based on wide coverage,including state-owned, state joint ownership and state sole funded corporations; collective-owned enterprises are based on wide coverage,including collective-owned enterprises, collective joint ownership enterprises and cooperative enterprises.

10-3 按领域分固定资产投资增长速度
Growth Rate of Investment in Fixed Assets by Field

单位：%　　　(%)

指 标 Item	固定资产投资 Investment in Fixed Assets	#基础设施 Infrastructure	#制造业 Manufacturing	#房地产开发 Real Estate Development
1979	20.63			
1980	12.74			
1981	11.52			
1982	11.23			
1983	20.53			
1984	29.62			
1985	38.32			
1986	19.26			
1987	18.51			
1988	24.29			
1989	-14.02			
1990	15.93			
1991	15.57			4.11
1992	24.11			54.34
1993	43.41			107.71
1994	30.28			83.87
1995	22.39			28.28
1996	10.36			18.19
1997	23.07			5.88
1998	25.20			16.35
1999	16.03			14.09
2000	14.91			14.18
2001	14.52			13.19
2002	13.93			20.22
2003	13.76			34.72
2004	15.41			41.89
2005	15.68			18.97
2006	17.19			13.96
2007	27.86			37.20
2008	32.47			27.32
2009	42.85			19.60
2010	36.24			30.50
2011	40.16			36.21
2012	30.20			54.60
2013	27.11	27.44	19.45	29.17
2014	21.11	56.46	22.24	-0.44
2015	11.17	13.10	-9.31	6.46
2016	10.52	39.75	6.71	10.67
2017	-40.25	-19.28	-58.88	11.12
2018	-3.90	-13.62	-13.39	18.20
2019	6.56	2.42	24.82	12.67

注：1. 2012年固定资产投资口径调整为计划总投资500万元及以上项目；

2. 基础设施投资口径为基础设施投资（不含电力、热力、燃气及水生产和供应业），具体包括铁路运输业，道路运输业，水上运输业，航空运输业，管道运输业，多式联运和运输代理业，装卸搬运，邮政业，电信、广播电视和卫星传输服务，互联网和相关服务，水利管理业，生态保护和环 境治理业，公共设施管理业。

a) In 2012, the fixed asset investment scale was adjusted to a project with a planned total investment of 5 million yuan and above;

b) Infrastructure investment caliber is infrastructure investment (excluding electricity, heat, gas and water production and supply industries), specifically including railway transportation, road transportation, water transportation, air transportation, pipeline transportation, multimodal transportation and Transportation agency, loading and unloading, postal services, telecommunications, radio and television and satellite transmission services, Internet and related services, water conservancy management, ecological protection and environmental governance, and public facility management.

10-4 项目固定资产投资增长速度
Growth Rate of Investment in Fixed Assets of Project
(Excluding Investment in Real Estate Development)

单位：%　　　　(%)

指　标	Item	2018	2019
投资额	**Total Investment**	**-10.27**	**4.24**
按隶属关系分	**By Subordination**		
中央	Central	-8.04	144.00
地方	Local	-10.38	-2.69
按构成分	**By Structure**		
建筑安装工程	Construction and Installation	-11.42	3.16
设备工具器具购置	Purchase of Equipment and Instruments	1.58	10.06
其他费用	Others	-11.80	7.63
按产业分	**By Industry**		
第一产业	Primary Industry	18.76	-9.74
第二产业	Secondary Industry	-10.80	23.82
#工业	Industry	-10.90	24.45
第三产业	Tertiary Industry	-12.00	-0.12
本年实际到位资金	**Actual Funds This Year**	-3.46	9.56
国家预算内资金	State Budgetary Appropriation	-6.18	5.17
国内贷款	Domestic Loans	-5.53	20.56
债券	Bonds	275.72	17.77
利用外资	Foreign Investment	1617.48	140.24
自筹资金	Self-raising Funds	-6.60	0.51
其他资金	Others	-1.97	28.98

10-4 续表 continued

单位：% (%)

指 标	Item	2018	2019
按登记注册类型分	**By Registration Categories**	**-10.27**	**4.24**
内资	Domestic Funded Enterprises	-10.48	4.36
国有	State-owned Enterprises	-12.19	2.25
集体	Collective-owned Enterprises	-41.94	5.63
股份合作	Cooperative Enterprises	138.96	471.21
联营企业	Joint Ownership Enterprises	-95.71	-29.42
国有联营	State Joint Ownership Enterprises	-96.70	
集体联营	Collective Joint Ownership Enterprises	-59.68	79.60
国有与集体联营	Joint State-collective Enterprises	-67.63	14.71
其他联营	Other Joint Ownership Enterprises		
有限责任公司	Limited Liability Corporations	-5.43	7.24
国有独资公司	State Sole Funded Corporations	7.36	20.03
其他有限责任公司	Other Limited Liability Corporations	-11.51	-0.13
股份有限公司	Share-holding Corporations Limited	2.32	16.81
私营	Private Enterprises	-14.63	-3.67
其他	Other Enterprises	-20.88	-6.66
港澳台商投资	Enterprises with Funds from Hong Kong ,Macao and Taiwan	31.80	11.08
外商投资经济	Foreign Funded Enterprises	-9.99	65.44
个体经营	Individual Management	186.56	-74.00
房屋建筑面积	**Floor Space of Buildings**		
施工面积	Floor Space under Construction	-44.81	32.91
#住宅	Residential Buildings	-29.09	-4.51
竣工面积	Floor Space Completed	-64.04	18.28
#住宅	Residential Buildings	-55.89	57.37

10-5 按行业分项目固定资产投资增长速度
Growth Rate of Investment in Fixed Assets of Project by Sector

单位：% (%)

指 标	Item	2018	2019
甘肃省	**Gansu**	**-10.27**	**4.24**
农、林、牧、渔业	Agriculture,Forestry,Animal Husbandry and Fishery	18.76	-9.74
采矿业	Mining	48.84	14.61
制造业	Manufacturing	-13.39	24.82
电力、热力、燃气及水生产和供应业	Production and Supply of Electricity, Heat, Gas and Water	-19.08	27.31
建筑业	Construction	7.97	-69.35
批发和零售业	Wholesale and Retail Trades	-25.67	-12.88
交通运输、仓储和邮政业	Transport,Storage and Post	-16.99	21.08
住宿和餐饮业	Hotels and Catering Services	-34.11	-6.32
信息传输、软件和信息技术服务业	Information Transmission,Software and Information Technology Services	42.01	-25.25
金融业	Financial Intermediation	-32.18	-58.64
房地产业	Real Estate	-9.34	-1.17
租赁和商务服务业	Leasing and Business Services	14.36	8.63
科学研究和技术服务业	Scientific Research and Technical Services	-41.14	33.03
水利、环境和公共设施管理业	Management of Water Conservancy, Environment and Public Facilities	-10.16	-20.81
居民服务、修理和其他服务业	Service to households, Repair and Other Services	-52.59	31.28
教育	Education	-9.92	8.05
卫生和社会工作	Health and Social Work	-6.73	-1.19
文化、体育和娱乐业	Culture, Sports and Entertainment	7.45	-9.41
公共管理、社会保障和社会组织	Public Management,Social Security and Social Organization	5.69	-48.75
国际组织	International Organizations		

10-6 按行业、建设性质分项目固定资产投资增长情况（2019）
Growth Rate of Investment in Fixed Assets of Project by Secter and Type of Construction（2019）

单位：%　　　　（%）

行　　业	Sector	投资额 Total Investment	#新建 New Construction	#扩建 Expansion	#改建和技术改造 Reconstruction and Technical Transformation
甘肃省	**Gansu**	**4.24**	**4.50**	**–14.40**	**12.25**
农、林、牧、渔业	Agriculture,Forestry,Animal Husbandry and Fishery	-9.74	-8.61	-43.44	31.85
采矿业	Mining	14.61	6.33	9.62	47.98
制造业	Manufacturing	24.82	20.50	80.34	43.68
电力、热力、燃气及水生产和供应业	Production and Supply of Electricity, Heat, Gas and Water	27.31	36.15	-36.66	1.05
建筑业	Construction	-69.35	-55.31		
批发和零售业	Wholesale and Retail Trades	-12.88	-8.58	-61.55	32.10
交通运输、仓储和邮政业	Transport,Storage and Post	21.08	25.50	-27.98	4.51
住宿和餐饮业	Hotels and Catering Services	-6.32	-3.68	-35.27	25.42
信息传输、软件和信息技术服务业	Information Transmission,Software and Information Technology Services	-25.25	-34.75	-91.04	-97.33
金融业	Financial Intermediation	-58.64	-50.88	-66.63	
房地产业	Real Estate	-1.17	-1.69	5.68	22.11
租赁和商务服务业	Leasing and Business Services	8.63	9.91	1.24	406.47
科学研究和技术服务业	Scientific Research and Technical Services	33.03	48.41	-92.35	-35.97
水利、环境和公共设施管理业	Management of Water Conservancy, Environment and Public Facilities	-20.81	-22.87	0.55	-3.18
居民服务、修理和其他服务业	Service to households, Repair and Other Services	31.28	18.93		1366.06
教育	Education	8.05	11.06	72.84	-45.00
卫生和社会工作	Health and Social Work	-1.19	-4.25	-12.20	141.04
文化、体育和娱乐业	Culture, Sports and Entertainment	-9.41	-12.58	58.31	138.09
公共管理、社会保障和社会组织	Public Management,Social Security and Social Organization	-48.75	-51.39	-66.53	-32.97
国际组织	International Organizations				

注：本表数据不含房地产开发投资。
a）Data in this table do not include real estate development.

10-7 按行业、构成分项目固定资产投资增长情况（2019）
Growth Rate of Investment in Fixed Assets of Projects by Secter and Structure （2019）

单位：%　　　　　　　　　　　　　　　　　　　　　　　　　　　　　　　　　　(%)

行　业	Sector	投资额 Total Investment	建筑安装工程 Construction and Installation	设备工器具购置 purchase of Equipment and Instruments	其他 Others
甘肃省	**Gansu**	**4.24**	**3.16**	**10.06**	**7.63**
农、林、牧、渔业	Agriculture,Forestry,Animal Husbandry and Fishery	-9.74	-10.68	-1.95	-8.88
采矿业	Mining	14.61	21.82	3.49	-26.04
制造业	Manufacturing	24.82	26.43	22.44	20.94
电力、热力、燃气及水生产和供应业	Production and Supply of Electricity, Heat,Gas and Water	27.31	26.39	36.36	-5.29
建筑业	Construction	-69.35	-77.37	-27.42	-3.70
批发和零售业	Wholesale and Retail Trades	-12.88	-9.25	-38.65	-2.50
交通运输、仓储和邮政业	Transport,Storage and Post	21.08	19.82	39.22	28.33
住宿和餐饮业	Hotels and Catering Services	-6.32	-9.13	-38.01	86.11
信息传输、软件和信息技术服务业	Information Transmission,Software and Information Technology Services	-25.25	-28.70	-21.10	-25.21
金融业	Financial Intermediation	-58.64	-56.24	-59.36	-93.33
房地产业	Real Estate	-1.17	-3.74	-65.14	30.22
租赁和商务服务业	Leasing and Business Services	8.63	-9.11	293.89	458.36
科学研究和技术服务业	Scientific Research and Technical Services	33.03	11.27	-14.01	809.98
水利、环境和公共设施管理业	Management of Water Conservancy, Environment and Public Facilities	-20.81	-18.02	-31.86	-43.66
居民服务、修理和其他服务业	Service to households, Repair and Other Services	31.28	40.93	127.37	-73.02
教育	Education	8.05	14.47	-32.19	-21.31
卫生和社会工作	Health and Social Work	-1.19	-1.85	8.77	-29.79
文化、体育和娱乐业	Culture, Sports and Entertainment	-9.41	-9.97	22.21	-22.85
公共管理、社会保障和社会组织	Public Management,Social Security and Social Organization	-48.75	-54.26	3.84	-22.91
国际组织	International Organizations				

注：本表数据不含房地产开发投资。
a）Data in this table do not include real estate development.

10-8 按行业分项目固定资产投资个数及项目新增固定资产增长情况（2019）
Number of Investment in Fixed Assets of Projects and Growth Rate of Newly Increased Fixed Assets of Projects by Secter （2019）

行　业	Sector	施工项目（个）Number of Projects under Construction (unit)	全部建成投产项目（个）Number of Projects Completed and Put into Use (unit)	项目建成投产率（%）Rate of Projects Completed and Put into Use (%)	新增固定资产增长（%）Growth Rate of Newly Increased Fixed Assets (%)
甘肃省	**Gansu**	**9214**	**4342**	**47.12**	**15.86**
农、林、牧、渔业	Agriculture,Forestry,Animal Husbandry and Fishery	821	406	49.45	-46.55
采矿业	Mining	207	95	45.89	94.44
制造业	Manufacturing	1104	429	38.86	50.15
电力、热力、燃气及水生产和供应业	Production and Supply of Electricity, Heat,Gas and Water	728	382	52.47	53.89
建筑业	Construction	13	10	76.92	
批发和零售业	Wholesale and Retail Trades	214	97	45.33	-52.91
交通运输、仓储和邮政业	Transport,Storage and Post	1228	541	44.06	154.67
住宿和餐饮业	Hotels and Catering Services	110	57	51.82	-73.00
信息传输、软件和信息技术服务业	Information Transmission,Software and Information Technology Services	91	47	51.65	-0.23
金融业	Financial Intermediation	9	7	77.78	
房地产业	Real Estate	582	268	46.05	-3.42
租赁和商务服务业	Leasing and Business Services	117	45	38.46	-46.55
科学研究和技术服务业	Scientific Research and Technical Services	71	31	43.66	-13.75
水利、环境和公共设施管理业	Management of Water Conservancy, Environment and Public Facilities	2267	1201	52.98	-34.45
居民服务、修理和其他服务业	Service to households, Repair and Other Services	85	37	43.53	-71.89
教育	Education	626	292	46.65	95.81
卫生和社会工作	Health and Social Work	341	134	39.30	-60.52
文化、体育和娱乐业	Culture, Sports and Entertainment	302	123	40.73	16.97
公共管理、社会保障和社会组织	Public Management,Social Security and Social Organization	298	140	46.98	-82.15
国际组织	International Organizations				

注：新增固定资产范围为计划总投资 5000 万元及以上项目。

a) The statistic scope of newly increased fixed assets in 2018 covers projects with total planned investment of 50 million yuan or more.

10-9 各市(州)固定资产投资增长情况(2019)
Growth Rate of Investment in Fixed Assets by Region (2019)

单位：% (%)

市(州)	Region	固定资产投资额 Investment in Fixed Assets	项目投资 Project Investment	房地产开发投资 Investment in Real Estate Development	亿元及以上项目投资额 Total Investment	施工项目计划总投资 Total Planned Investment of Projects under Construction	新开工项目计划总投资 Total Planned Investment of Newly Started Projects
甘肃省	**Gansu**	**6.56**	**4.24**	**12.67**	**13.25**	**5.89**	**32.43**
兰州市	Lanzhou	-4.66	-3.75	-5.83	-1.62	1.57	69.04
嘉峪关市	Jiayuguan	11.96	17.69	-1.42	4.63	7.48	-37.06
金昌市	Jinchang	10.37	9.91	15.11	25.99	16.82	30.10
白银市	Baiyin	13.07	2.09	57.35	15.35	6.81	-28.82
天水市	Tianshui	11.48	-2.70	52.55	16.85	2.62	6.82
武威市	Wuwei	14.25	9.45	30.10	29.36	1.13	86.51
张掖市	Zhangye	13.46	19.44	-3.02	47.54	8.63	-5.58
平凉市	Pingliang	12.32	1.77	38.53	-2.94	18.68	234.16
酒泉市	Jiuquan	14.86	10.70	48.41	29.14	-1.70	19.32
庆阳市	Qingyang	14.95	11.09	29.84	16.28	11.96	-28.48
定西市	Dingxi	15.40	9.69	33.68	26.71	-8.34	-54.80
陇南市	Longnan	11.79	7.33	88.54	21.78	2.23	-5.74
临夏州	Linxia	4.60	-2.79	30.48	-7.37	53.44	232.10
甘南州	Gannan	3.11	6.50	-37.70	65.22	51.20	25.99
省 直	Provincial Directly Belonged	-20.08	-20.08		-19.78	20.08	

10-10 各市(州)项目固定资产投资个数及项目新增固定资产增长情况(2019)
Number of Projects of Investment in Fixed Assets and Growth Rate of Newly Increased Fixed Assets of Project by Region (2019)

市(州)	Region	施工项目(个) Number of Projects under Construction (unit)	全部建成投产项目(个) Number of Projects Completed and Put into Use (unit)	项目建成投产率(%) Rate of Projects Completed and Put into Use (%)	新增固定资产增长(%) Growth Rate of Newly Increased Fixed Assets (%)	固定资产交付使用率(%) Rate of Projects of Fixed Assets Completed and Put into Use (%)
甘肃省	**Gansu**	**9214**	**4342**	**47.12**	**15.86**	**22.81**
兰州市	Lanzhou	1362	555	40.75	-14.24	15.22
嘉峪关市	Jiayuguan	249	15	6.02	-28.15	7.29
金昌市	Jinchang	349	128	36.68	284.49	59.75
白银市	Baiyin	366	67	18.31	-43.16	21.11
天水市	Tianshui	823	545	66.22	10.34	35.09
武威市	Wuwei	646	267	41.33	24.34	20.04
张掖市	Zhangye	549	268	48.82	-38.67	15.33
平凉市	Pingliang	425	193	45.41	355.42	48.15
酒泉市	Jiuquan	924	381	41.23	0.57	27.36
庆阳市	Qingyang	499	292	58.52	-29.38	10.17
定西市	Dingxi	786	224	28.50	126.27	37.76
陇南市	Longnan	863	577	66.86	-60.20	3.80
临夏州	Linxia	485	142	29.28	94.77	35.17
甘南州	Gannan	882	688	78.00	3.84	15.70
省 直	Provincial Directly Belonged	6				

10-11 各市（州）项目施工、竣工房屋建筑面积（2019）
Floor Space of Projects under Construction and Buildings Completed by Region （2019）

单位：万平方米 （10 000 sq · m）

地 区	Region	施工房屋建筑面积（万平方米）Floor Space of Buildings under Construction (10 000 sq.m)	#住宅 Residential Buildings	竣工房屋建筑面积（万平方米）Floor Space of Buildings Completed (10 000 sq.m)	#住宅 Residential Buildings
甘肃省	**Gansu**	**1929.02**	**365.80**	**226.53**	**71.61**
兰州市	Lanzhou	989.98	161.45	29.55	17.32
嘉峪关市	Jiayuguan	19.43		5.78	
金昌市	Jinchang	58.16	29.36	33.04	28.61
白银市	Baiyin	249.93	42.55	32.29	15.21
天水市	Tianshui	133.07	25.57	44.41	2.25
武威市	Wuwei	93.68	19.62	6.83	4.29
张掖市	Zhangye	26.44	6.52	10.85	2.42
平凉市	Pingliang	46.99	1.02	3.99	
酒泉市	Jiuquan	72.57	2.34	26.45	0.50
庆阳市	Qingyang	41.88	7.82	6.84	0.97
定西市	Dingxi	82.93	21.90	10.02	0.03
陇南市	Longnan	63.42	21.46	16.48	
临夏州	Linxia	47.75	26.21		
甘南州	Gannan	2.78			

注：本表数据中不包括房地产开发投资实物面积。
a）Data in this table are not include area in kind of Real estate development investmentthis.

10-12 各市（州）能源工业投资增长情况（2019）
Growth Rate of Investment in Energy Industry by Region （2019）

单位：% （%）

市（州）	Region	合 计 Total	煤炭开采及洗选业 Mining and Washing of Coal	石油及天然气开采业 Extraction of Petroleum and Natural Gas	石油加工、炼焦及核燃料加工业 Processing of Petroleum, Coking, Processing of Nucleus Fuel	电力、热力、燃气生产和供应业 Production and Supply of Electricity, Heat,Gas
甘肃省	**Gansu**	**34.83**	**-3.68**	**161.58**	**98.79**	**30.64**
兰州市	Lanzhou	11.70	11.55		119.79	-2.23
嘉峪关市	Jiayuguan	-35.05				-34.55
金昌市	Jinchang	103.04	-78.01		62.77	156.19
白银市	Baiyin	-19.88	-37.16		-50.49	16.48
天水市	Tianshui	28.63			-95.70	45.94
武威市	Wuwei	34.99	44.09		-27.44	48.58
张掖市	Zhangye	154.17			117.88	160.75
平凉市	Pingliang	-24.56	0.07			-47.39
酒泉市	Jiuquan	37.32		62.14	451.22	14.36
庆阳市	Qingyang	11.16	-0.16	2607.80	-25.82	-9.71
定西市	Dingxi	95.67			-98.53	108.96
陇南市	Longnan	211.73			437.95	199.58
临夏州	Linxia	253.90				250.16
甘南州	Gannan	-25.59			96.85	-33.26
省 直	Provincial Directly Belonged	2371.06				2371.06

10-13 房地产开发企业基本情况
Basic Conditions of Enterprises for Real Estate Development

单位：亿元 （100 million yuan）

指 标	Item	2010	2015	2018	2019
开发企业个数（个）	Number of Enterprises (unit)	1185	1533	1668	1711
内资	Domestic Funded	1158	1515	1656	1700
#国有	State-owned Enterprises	60	46	55	55
集体	Collective-owned Enterprises	24	14	7	4
港澳台投资经济	Funded by Entrepreneurs from Hong Kong, Macao and Taiwan	16	12	8	7
外商投资经济	Foreign Funded	11	6	4	4
资产总计	Total Assets	866.84	3671.57	5829.11	7113.75
固定资产累计折旧	Accumulated Depreciation of Fixed Assets	13.39	29.64	42.31	44.45
#本年折旧	Depreciation This Year	1.97	4.97	9.51	8.86
负债合计	Total Liabilities	639.29	3045.91	4963.89	6163.09
所有者权益合计	Owners' Equity	227.55	625.66	864.87	950.66
#实收资本合计	Total Paid-in Capital	146.75	375.41	515.36	548.30
资产负债率（%）	Ratio of Debts to Assets (%)	73.75	82.96	85.16	86.64
主营业务收入	Revenue from Principal Business	190.68	533.77	779.90	779.19
土地转让收入	Land Transferred	1.14	1.38	4.58	2.75
商品房屋销售收入	Commercial Houses Sold	180.89	511.88	756.42	751.79
自持物业收入	Houses Leased Self-sustained	3.90	4.79	7.54	7.54
其他收入	Others	4.75	15.72	11.36	17.11
营业税金及附加	Business Taxes and Surcharges	13.78	42.58	33.73	29.85
营业利润	Business Profits	11.12	30.26	65.29	41.96
利润总额	Total Profits	10.09	29.52	63.42	37.56
本年购置土地面积（万平方米）	Land Space Purchased This Year (10 000sq.m)	286.71	239.72	180.98	144.45
竣工房屋造价（元/平方米）	Cost of Buildings Completed (yuan/sq.m)	1828	2442	2400	2933

注：营业税金及附加：2010 年为主营业务税金及附加；2011 年以后为营业税金及附加。
a) Business Taxes and Surcharges:2010 are main business taxes and surcharges,since 2011,are the business tax and surcharges.

10-14 房地产开发投资完成情况
The Completion of Real Estate Development Investment

指 标	Item	2010	2015	2018	2019
房地产开发投资（亿元）	**Real Estate Development Investment（100 million yuan）**	**266.41**	**768.06**	**1116.39**	**1257.85**
#地方	Local	263.69	763.27	1111.61	240.03
按构成分	**Group by Structure**				
建筑工程	Construction	190.26	578.25	696.14	841.98
安装工程	Installation	17.80	100.25	149.41	85.07
设备工器具购置	Purchase of Equipment and Instruments	1.86	11.17	18.97	17.01
其他费用	Others	56.49	78.39	251.87	313.80
按工程用途分	**By Purpose**				
住宅	Residential Buildings	187.93	526.56	672.35	865.93
办公楼	Office Buildings	5.61	28.01	55.61	25.23
商业营业用房	Houses for Business Use	27.02	162.05	211.36	175.97
其他	Others	45.85	51.44	177.08	190.72
本年实际到位资金	**Actual Funds This Year**	**317.57**	**939.65**	**1158.74**	**1246.58**
国内贷款	Domestic Loans	56.60	153.02	131.91	182.70
利用外资	Foreign Investment				
自筹资金	Self-raising Funds	132.80	429.93	448.07	530.07
其他	Others	128.17	356.70	578.76	533.81
新增固定资产（亿元）	**Newly Increased Fixed Assets（100 million yuan）**	**143.35**	**324.46**	**237.18**	**355.77**
#地方	Local	143.35	324.18	237.17	23.21
房屋施工面积（万平方米）	**Floor Space of Buildings under Construction（10 000 sq.m）**	**3130.40**	**8586.18**	**9428.51**	**10977.33**
房屋竣工面积（万平方米）	**Floor Space of Buildings Completed（10 000 sq.m）**	**598.66**	**962.24**	**752.34**	**674.14**
商品房屋销售面积（万平方米）	**Floor Space of Commercialized Buildings Sold（10 000 sq.m）**	**756.51**	**1434.96**	**1595.65**	**1705.31**
#住宅	Residential Buildings	692.07	1307.48	1437.95	1569.16
商品房屋销售额（亿元）	**Total Sales of Commercialized Buildings（100 million yuan）**	**227.81**	**704.93**	**922.34**	**1019.28**
#住宅	Residential Buildings	201.47	603.08	774.63	907.07

10-15 各市（州）房地产开发企业建设投资总规模及完成情况（2019）
General Scale of Construction and Actually Completed Investment of Enterprises for Real Estate Development by Region（2019）

单位：亿元 （100 million yuan）

市（州）	Region	计划总投资 Total Planned Investment	自开始建设至本年底累计完成投资 Accumulative Investment Actually Completed Since the Start of Construction to the End of This Year	#本年完成投资 Investment Completed This Year
甘肃省	**Gansu**	**7137.75**	**4250.46**	**1257.85**
兰州市	Lanzhou	3783.61	2266.76	552.40
嘉峪关市	Jiayuguan	199.76	165.36	25.15
金昌市	Jinchang	61.77	47.53	8.99
白银市	Baiyin	236.04	125.38	48.86
天水市	Tianshui	627.86	360.05	156.64
武威市	Wuwei	327.76	154.99	57.03
张掖市	Zhangye	309.68	225.70	56.48
平凉市	Pingliang	265.45	164.63	85.47
酒泉市	Jiuquan	243.00	159.13	59.97
庆阳市	Qingyang	300.68	141.24	58.46
定西市	Dingxi	428.96	249.44	77.78
陇南市	Longnan	137.86	59.69	23.00
临夏州	Linxia	180.96	105.00	39.70
甘南州	Gannan	34.36	25.56	7.91

10-16 各市（州）按用途分房地产开发企业投资完成额（2019）
Investment Actually Completed by Enterprises for Real Estate Development by Use,Region （2019）

单位：亿元 （100 million yuan）

市（州）	Region	本年完成投资额 Investment Completed This Year	住宅 Residential Buildings	#别墅、高档公寓 Villas, High-grade Apartments	办公楼 Office Buildings	商业营业用房 Houses for Business Use	其他 Others
甘肃省	**Gansu**	**1257.85**	**865.93**	**9.63**	**25.23**	**175.97**	**190.72**
兰州市	Lanzhou	552.40	346.84	5.97	15.00	67.38	123.19
嘉峪关市	Jiayuguan	25.15	18.58	0.15	0.25	3.38	2.94
金昌市	Jinchang	8.99	6.07	0.01	0.07	2.18	0.67
白银市	Baiyin	48.86	35.98	0.79	0.14	7.65	5.08
天水市	Tianshui	156.64	115.88	0.66	2.61	22.25	15.89
武威市	Wuwei	57.03	40.92	0.14	1.44	9.53	5.13
张掖市	Zhangye	56.48	41.81	0.60	0.60	10.34	3.73
平凉市	Pingliang	85.47	65.18		0.96	9.81	9.52
酒泉市	Jiuquan	59.97	42.86	0.90	0.94	11.73	4.42
庆阳市	Qingyang	58.46	36.71		2.27	13.44	6.04
定西市	Dingxi	77.78	60.00		0.22	10.39	7.17
陇南市	Longnan	23.00	17.13		0.35	3.44	2.08
临夏州	Linxia	39.70	31.63	0.41	0.11	3.58	4.39
甘南州	Gannan	7.91	6.32		0.27	0.87	0.45

10-17 各市（州）房地产开发企业实际到位资金（2019）
Actual Funds of Real Estate Development Enterprise by Region （2019）

单位：亿元 （100 million yuan）

市（州）	Region	本年实际到位资金 Total Actual Funds This Year	国内贷款 Domestic Loans	自筹资金 Self-raising Funds	其他资金来源 Others
甘肃省	**Gansu**	**1246.58**	**182.70**	**530.07**	**533.81**
兰州市	Lanzhou	568.48	116.73	161.50	290.25
嘉峪关市	Jiayuguan	28.56	4.06	5.36	19.14
金昌市	Jinchang	7.80	0.36	3.36	4.08
白银市	Baiyin	47.17	5.34	21.53	20.30
天水市	Tianshui	149.19	13.23	77.56	58.41
武威市	Wuwei	54.40	3.01	26.70	24.69
张掖市	Zhangye	58.08	6.40	38.44	13.24
平凉市	Pingliang	77.15	8.58	30.53	38.04
酒泉市	Jiuquan	55.42	6.80	37.49	11.12
庆阳市	Qingyang	56.67	0.64	50.24	5.78
定西市	Dingxi	75.22	11.21	30.29	33.71
陇南市	Longnan	25.28	5.07	12.83	7.38
临夏州	Linxia	36.84	1.04	30.22	5.58
甘南州	Gannan	6.35	0.23	4.02	2.09

10-18 房地产施工、竣工面积及价值（2019）
Floor Space of Buildings under Construction,Completed and Its Value for RealEstate（2019）

项　目	Item	房屋施工面积（万平方米） Floor Space of Buildings under Construction (10 000 sq.m)	#本年新开工面积 Started This Year	房屋竣工面积（万平方米） Floor Space of Buildings Completed (10 0000 sq.m)	房屋竣工价值（亿元） Value of Buildings Completed (100 million yuan)
甘肃省	**Gansu**	**10977.33**	**3307.26**	**674.14**	**197.70**
住宅	Residential Buildings	7473.29	2406.64	470.51	138.58
#别墅、高档公寓	Villas and Good Apartments	84.14	12.12	3.76	2.56
办公楼	Office Buildings	278.90	31.86	12.49	6.02
商业营业用房	Houses for Business Use	1563.49	314.31	124.22	37.92
其他	Others	1661.66	554.46	66.93	15.18

10–19 各市（州）商品房屋销售情况（2019）
Sales of Commercialized Buildings by Region （2019）

市（州）	Region	商品房销售面积（万平方米）Floor Space of Commercialized Buildings Sold（10 000 sq.m）	#住宅 Residential Buildings	商品房销售额（亿元）Total Sale of Commercialized Buildings（100 million yuan）	#住宅 Residential Buildings
甘肃省	**Gansu**	**1705.31**	**1569.16**	**1019.28**	**907.07**
兰州市	Lanzhou	731.25	684.96	553.37	498.04
嘉峪关市	Jiayuguan	60.24	54.49	24.38	22.30
金昌市	Jinchang	7.81	7.35	3.21	3.03
白银市	Baiyin	65.90	62.65	34.73	32.23
天水市	Tianshui	129.72	123.66	80.76	74.75
武威市	Wuwei	55.79	48.97	31.08	27.95
张掖市	Zhangye	127.53	113.78	42.78	36.15
平凉市	Pingliang	135.47	127.56	60.25	54.99
酒泉市	Jiuquan	106.42	88.82	46.83	35.61
庆阳市	Qingyang	71.74	62.42	38.23	33.15
定西市	Dingxi	133.66	125.34	63.20	56.29
陇南市	Longnan	56.80	46.93	30.63	23.46
临夏州	Linxia	18.04	17.30	7.90	7.19
甘南州	Gannan	4.92	4.92	1.92	1.92

10–20 各市（州）区房地产开发企业建设房屋面积和造价（2019）
Floor Space and Cost of Buildings Developed by Enterprises for Real Estate Development by Region（2019）

市（州）	Region	房屋施工面积（万平方米）Floor Space of Buildings under Construction（10 000 sq.m）	房屋竣工面积（万平方米）Floor Space of Buildings Completed（10 000 sq.m）	房屋建筑面积竣工率（%）Rate of Floor Space of Buildings Completed（%）	房屋竣工价值（万元）Value of Buildings Completed（10 000 yuan）	房屋竣工造价（元/平方米）Cost of Buildings Completed（yuan/sq.m）
甘肃省	**Gansu**	**10977.33**	**674.14**	**6.14**	**1977049**	**2933**
兰州市	Lanzhou	5305.04	131.10	2.47	581083	4432
嘉峪关市	Jiayuguan	375.00	24.78	6.61	73205	2955
金昌市	Jinchang	125.04	14.62	11.69	45885	3139
白银市	Baiyin	498.07	122.06	24.51	389504	3191
天水市	Tianshui	970.52	56.93	5.87	169985	2986
武威市	Wuwei	363.83	10.82	2.97	24239	2241
张掖市	Zhangye	560.39	105.10	18.75	207067	1970
平凉市	Pingliang	549.63	20.53	3.74	46224	2252
酒泉市	Jiuquan	469.39	101.34	21.59	204579	2019
庆阳市	Qingyang	431.11	31.16	7.23	72548	2328
定西市	Dingxi	678.46	25.55	3.77	73120	2862
陇南市	Longnan	274.75	8.86	3.23	27757	3132
临夏州	Linxia	303.20	3.34	1.10	11226	3366
甘南州	Gannan	72.91	17.97	24.65	50627	2817

10-21 各地、县固定资产投资和新增固定资产增长情况（2019）
Growth Rate of Investment in Fixed Assets and Newly Increased Fixed Assetsby Region & County （2019）

单位：%　　　　(%)

地、县	Region & County	投资总额 Total Investment	第一产业 Primary Industry	第二产业 Secondary Industry	#工业 Industry	第三产业 Tertiary Industry	#住宅 Residential Buildings	新增固定资产 Newly Increased Fixed Assets
兰州市	**Lanzhou**	**-4.66**	**82.95**	**20.74**	**21.31**	**-8.62**	**14.36**	**39.49**
城关区	Chengguan	-5.04		-61.80	-65.70	-3.87	-0.55	99.07
七里河区	Qilihe	-29.92	-22.58	36.96	42.51	-30.84	21.29	1609.40
西固区	Xigu	-26.10	-26.79	42.33	45.99	-34.73	-19.93	-17.44
安宁区	Anning	15.22		632.47	632.47	9.49	-4.43	168.84
红古区	Honggu	8.77	-39.13	13.47	13.47	6.65	91.42	-23.22
永登县	Yongdeng	14.29	-70.96	118.49	116.03	-9.65	27.26	239.40
皋兰县	Gaolan	27.69	-81.88	-29.03	-29.03	36.67	-23.85	-9.90
榆中县	Yuzhong	-15.26	74.85	-50.56	-49.97	-11.47	-2.87	-43.20
兰州新区	Lanzhou New Area	13.12	228.96	35.23	35.23	1.73	182.29	-41.12
嘉峪关市	**Jiayuguan**	**11.96**	**-81.11**	**-3.07**	**-3.07**	**22.50**	**22.27**	**-38.65**
金昌市	**Jinchang**	**10.37**	**14.05**	**33.73**	**33.47**	**-2.67**	**-11.76**	**243.62**
金川区	Jinchuan	10.45	-23.99	16.15	15.83	9.81	-3.92	826.79
永昌县	Yongchang	10.13	78.04	112.42	112.42	-29.46	-41.66	-35.82
白银市	**Baiyin**	**13.07**	**59.05**	**-6.25**	**-6.33**	**16.32**	**81.49**	**7.21**
白银区	Baiyin	13.43		-4.78	-4.78	17.33	48.45	-1.17
平川区	Pingchuan	3.55	9.79	-18.16	-18.37	34.61	2.51	-24.52
靖远县	Jingyuan	11.95	1604.31	-21.05	-21.05	7.60	180.52	-71.55
会宁县	Huining	16.98	-81.88	-10.78	-10.78	26.77	48.74	21.97
景泰县	Jingtai	16.18	97.69	65.11	65.11	7.66	594.39	288.75
天水市	**Tianshui**	**11.48**	**-42.42**	**0.65**	**0.65**	**16.88**	**43.21**	**21.88**
秦州区	Qinzhou	11.50	-52.55	-41.99	-41.99	21.37	36.80	117.82
麦积区	Maiji	11.50	88.19	31.47	31.47	8.58	12.09	88.80
清水县	Qingshui	13.47	-46.48	139.30	139.30	-11.72	-38.01	24.54
秦安县	Qinan	15.41	-67.30	9.72	9.72	18.49	130.38	-58.61
甘谷县	Gangu	11.66	61.20	26.20	26.20	8.02	108.65	31.35
武山县	Wushan	10.81	-48.19	-20.32	-20.32	28.54	71.09	-56.93
张家川县	Zhangjiachuan	1.85	-73.27	18.58	18.58	17.66	-26.82	146.98
天水经济技术开发区	Tianshui Economic and Technological Development Zone	16.90		-7.98	-7.98	47.01	18.55	-23.64
武威市	**Wuwei**	**14.25**	**17.56**	**56.08**	**56.71**	**7.34**	**101.60**	**26.76**
凉州区	Liangzhou	16.66	-21.58	45.07	45.50	13.81	92.20	0.56
民勤县	Minqin	8.66	49.53	43.62	45.67	-4.93	345.03	10.27
古浪县	Gulang	10.76	29.18	65.45	65.45	-0.85	81.55	154.40
天祝县	Tianzhu	16.31	2.90	122.86	122.86	4.93	88.01	210.97
张掖市	**Zhangye**	**13.46**	**-21.92**	**56.63**	**57.61**	**7.85**	**4.86**	**-28.46**

注：新增固定资产范围为计划总投资 5000 万元及以上项目。

a) The statistic scope of newly increased fixed assets covers projects with total planned investment of 50 million yuan or more.

10-21 续表 1 continued

单位：% (%)

地、县	Region & County	投资总额 Total Investment	第一产业 Primary Industry	第二产业 Secondary Industry	#工业 Industry	第三产业 Tertiary Industry	#住宅 Residential Buildings	新增固定资产 Newly Increased Fixed Assets
甘州区	Ganzhou	18.17	-49.50	113.12	112.76	10.28	4.20	-39.16
肃南县	Sunan	28.38	1456.17	59.30	59.30	-2.31	103.45	91.61
民乐县	Minle	20.64	7.45	-6.36	-6.36	25.03	-11.79	-50.50
临泽县	Linze	10.85	-6.37	25.04	25.04	10.86	649.62	-22.37
高台县	Gaotai	11.66	-28.63	50.41	50.41	-14.88	-56.04	-4.27
山丹县	Shandan	-8.88	-41.10	40.75	48.02	-13.96	-5.64	-36.62
平凉市	**Pingliang**	**12.32**	**-50.04**	**-8.53**	**-7.84**	**17.33**	**31.57**	**173.04**
崆峒区	Kongtong	18.32	44.43	20.43	20.43	17.99	18.82	370.61
泾川县	Jingchuan	7.30	-48.07	7.34	11.73	8.65	155.45	13.91
灵台县	Lingtai	17.26	-85.67	23.78	24.59	38.83	348.87	3.53
崇信县	Chongxin	-13.64	7.77	-23.57	-23.01	-0.25	60.97	-13.41
庄浪县	Zhuanglang	15.47	76.56	249.35	249.35	12.00	-66.31	-67.21
静宁县	Jingning	23.58	-0.81	-66.43	-65.78	50.18	175.44	338.26
华亭市	Huating	-1.18	-281.61	-34.33	-34.33	5.47	223.99	160.18
酒泉市	**Jiuquan**	**14.86**	**-39.85**	**24.67**	**25.01**	**17.50**	**42.06**	**4.66**
肃州区	Suzhou	19.18	-24.78	28.97	28.97	29.33	90.26	25.33
金塔县	Jinta	-11.42	-53.57	40.87	42.76	-27.11	20.67	-32.53
瓜州县	Guazhou	19.53	-56.23	48.28	48.28	13.46	25.27	104.80
肃北县	Subei	22.56	560.03	3.76	5.78	38.83	57.42	-54.71
阿克塞县	Akesai	21.65	-67.04	-96.62	-96.62	90.50		
玉门市	Yumen	17.56	-38.73	41.15	41.15	-9.62	16.48	33.92
敦煌市	Dunhuang	18.61	-78.35	-9.51	-9.51	39.68	-17.38	-3.77
庆阳市	**Qingyang**	**14.95**	**-4.97**	**18.65**	**20.24**	**15.52**	**12.19**	**-29.94**
西峰区	Xifeng	17.41	-89.47	8.22	10.75	33.02	0.31	-92.86
庆城县	Qingcheng	15.69	801.50	13.15	13.15	13.99	119.81	30.31
环　县	Huanxian	17.72	23.06	237.01	237.01	7.98	120.11	10.43
华池县	Huachi	16.76	22.55	-43.37	-43.37	49.19	68.85	-48.05
合水县	Heshui	18.95	112.67	106.22	106.22	10.12	-22.18	6.10
正宁县	Zhengning	17.71	101.93	20.59	20.59	13.84	10.48	-37.50
宁　县	Ningxian	0.66	0.25	5.63	5.63	-1.25	-8.41	-13.87
镇原县	Zhenyuan	19.46	0.36	43.07	51.03	18.33	49.29	-2.18
定西市	**Dingxi**	**15.40**	**-31.07**	**27.10**	**32.08**	**18.73**	**58.10**	**81.99**
安定区	Anding	15.24	-30.65	-7.95	-7.95	23.69	50.29	59.59
通渭县	Tongwei	17.79	-60.29	167.28	107.49	2.46	33.13	412.62

10-21 续表 2 continued

单位：%　　　　　　　　　　　　　　　　　　　　　　　　　　　　　　　　　　　　(%)

地、县	Region & County	投资总额 Total Investment	第一产业 Primary Industry	第二产业 Secondary Industry	#工业 Industry	第三产业 Tertiary Industry	#住宅 Residential Buildings	新增固定资产 Newly Increased Fixed Assets
陇西县	Longxi	15.14	-14.79	-7.56	14.44	19.64	109.61	59.97
渭源县	Weiyuan	15.00	-17.58	14.38	14.38	23.04	14.98	25.92
临洮县	Lintao	15.34	-40.40	34.63	34.63	25.08	28.45	71.62
漳　县	Zhangxian	15.04	165.02	26.88	26.88	14.27		29.98
岷　县	Minxian	15.04	58.94	82.14	82.14	5.30	32.79	107.99
陇南市	**Longnan**	**11.79**	**–3.91**	**35.01**	**37.00**	**9.97**	**117.34**	**–54.14**
武都区	Wudu	16.25	-82.52	-44.91	-44.91	23.73	35.28	-42.48
成　县	Chengxian	-5.22	-26.69	-11.97	-6.63	1.30	1171.23	-95.00
文　县	Wenxian	11.52	–3.71	56.05	56.05	10.97	1112.25	–95.74
宕昌县	Tanchang	17.74	–55.83	275.47	275.47	21.13	–0.88	
康　县	Kangxian	16.06	-80.44	161.13	161.13	23.69	-42.47	
西和县	Xihe	12.62	235.42	179.13	179.13	-14.35	4172.02	-94.08
礼　县	Lixian	6.84	95.75	720.75	720.75	–19.88	63.06	–15.57
徽　县	Huixian	6.11		-14.35	-14.35	14.08	161.90	
两当县	Liangdang	41.61	-15.51	-6.45	-6.45	45.01		
临夏州	**Linxia**	**4.60**	**–48.70**	**140.72**	**137.27**	**–8.44**	**18.70**	**23.24**
临夏市	linxia	-3.52		84.08	84.08	-8.19	-22.88	-42.31
临夏县	linxia	-25.09	176.39	-10.44	-10.44	-29.24	26.34	559.59
康乐县	Kangle	3.94	7.26	285.74	237.19	–14.96	1603.19	74.32
永靖县	Yongjing	13.33		266.37	266.37	-27.91	1724.12	-77.17
广河县	Guanghe	8.79	-72.44	153.67	153.67	-7.80	-25.25	
和政县	Hezheng	8.14	-95.22	647.12	647.12	0.68	496.41	-69.91
东乡县	Dongxiang	63.66		20.79	20.79	79.36		
积石山县	Jishishan	37.85		433.59	433.59	12.00	-80.94	3802.64
甘南州	**Gannan**	**3.12**	**42.14**	**8.32**	**8.06**	**1.78**	**–26.37**	**12.75**
合作市	Hezuo	4.34		20.43	20.43	2.92	-17.77	246.47
临潭县	Lintan	8.88	584.87	124.36	133.81	-14.76	-13.56	78.20
卓尼县	Zhuoni	-4.54	-32.51	-14.27	-14.27	-2.40	-70.55	131.89
舟曲县	Zhouqu	1.13		51.87	13.16	0.54		-4.96
迭部县	Diebu	3.25	–72.21	–17.75	–17.75	6.72		25310.69
玛曲县	Maqu	1.51	238.53	-30.87	-30.87	4.88		-89.91
碌曲县	Luqu	7.56	-94.91	17.71	17.71	11.70		-36.63
夏河县	Xiahe	6.14	42.29	-23.72	-23.72	6.80		211.58

主要统计指标解释

固定资产投资（不含农户） 指城镇和农村各种登记注册类型的企业、事业、行政单位及城镇个体户进行的计划总投资500万元及500万元以上的建设项目投资和房地产开发投资，包含原口径的城镇固定资产投资加上农村企事业组织项目投资，该口径自2011年起开始使用。

基础设施投资 指为社会生产和生活提供基础性、大众性服务的工程和设施，是社会赖以生存和发展的基本条件。包括以下行业投资：铁路运输业、道路运输业、水上运输业、航空运输业、管道运输业、多式联运和运输代理业、装卸搬运业、邮政业、电信广播电视和卫星传输服务业、互联网和相关服务业、水利管理业、生态保护和环境治理业、公共设施管理业。

实际到位资金 指用于固定资产投资的各种货币资金。包括国家预算资金、国内贷款、利用外资、自筹资金和其他资金。

国家预算资金 国家预算包括一般预算、政府性基金预算、国有资本经营预算和社保基金预算。各类预算中用于固定资产投资的资金全部作为国家预算资金填报，其中一般预算中用于固定资产投资的部分包括基建投资、车购税、灾后恢复重建基金和其他财政投资。各级政府债券也应归入国家预算资金。

国内贷款 指报告期固定资产投资项目单位向银行及非银行金融机构借入用于固定资产投资的各种国内借款，包括银行利用自有资金及吸收存款发放的贷款、上级拨入的国内贷款、国家专项贷款（包括煤代油贷款、劳改煤矿专项贷款等），地方财政专项资金安排的贷款、国内储备贷款、周转贷款等。

利用外资 指报告期收到的境外（包括外国及港澳台地区）资金（包括设备、材料、技术在内）。包括对外借款（外国政府贷款、国际金融组织贷款、出口信贷、外国银行商业贷款、对外发行债券和股票）、外商直接投资、外商其他投资（包括利用外商投资收益在国内进行固定资产再投资活动的资金）。不包括我国自有外汇资金（国家外汇、地方外汇、留成外汇、调剂外汇和国内银行自有资金发放的外汇贷款等）。各类外资按报告期的外汇牌价（中间价）折成人民币计算。

自筹资金 指固定资产投资单位在报告期收到的，由各企、事业单位筹集用于固定资产投资的资金，包括各类企事业单位的自有资金和从其他单位筹集的用于固定资产投资的资金，但不包括各类财政性资金、从各类金融机构借入资金和国外资金。

其他资金来源 指在报告期收到的除以上各种资金之外的用于固定资产投资的资金。包括社会集资、个人资金、无偿捐赠的资金及其他单位拨入的资金等。

固定资产投资按国民经济行业分 指根据其从事的社会经济活动性质对各类单位进行的分类。应根据建设项目建成投产后的主要产品种类或主要用途及社会经济活动种类来划分，不能根据项目单位本身的行业类别来划分。如果项目投产后有几种产品，应根据主要产品来确定行业类别。一般情况下，一个建设项目只能属于一种国民经济行业。

固定资产投资按隶属关系分 是按建设单位或企业、事业、行政单位的主管上级机关确定的。

（1）中央 是指中共中央、人大常委会和国务院各部、委、局、总公司以及直属机构直接领导的建设项目和企业、事业、行政单位。这些单位的固定资产投资计划由国务院各部门直接编制和下达，统一组织或委托下级实施。包括有中央垂直管理的部门（如国家统计局各级调查队）和中央直属企业、事业单位（如工商银行、中国电信、中国石油）等。

（2）地方 是由省（自治区、直辖市）、地（区、市、州、盟）、县（区、市、旗）三级政府及业务主管部门直接领导和管理的建设项目、企业、事业、行政单位。地方项目还包括不隶属以上各级政府及主管部门的建设项目和企业、事业单位，如外商投资企业和无主管部门的企业等。

房地产开发投资 指各种登记注册类型的房地产开发法人单位统一开发的包括统代建、拆迁还建的住宅、厂房、仓库、饭店、宾馆、度假村、写字楼、办公楼等房屋建筑物，配套的服务设施，土地开发工程（如道路、给水、排水、供电、供热、通讯、平整场地等基础设施工程）和土地购置的投资；不包括单纯的土地开发和交易活动。

固定资产投资按建设性质分 按整个建设项目情况来确定。建设项目的性质一般分为新建、扩建、改建和技术改造、单纯建造生活设施、迁建、恢复、单纯购置。房地产开发单位、农户投资不划分建设性质。

（1）新建 指从无到有“平地起家”开始建设的项目。现有企业、事业、行政单位投资的项目一般不属于新建。但如有的单位原有基础很小，经过建设后新增的固定资产价值超过该企业、事业、行政单位原有固定资产价值（原值）三倍以上的，也应作为新建。

（2）扩建 指在厂内或其他地点，为扩大原有产品的生产能力（或效益）或增加新的产品生产能力，而增建的生产车间（或主要工程）、分厂、独立的生产线的企业、事业单位。行政、事业单位在原单位增建业务性用房（如学校增建教学用房、医院增建门诊部、病房等）也作为扩建。

现有企、事业单位为扩大原有主要产品生产能力或增加新的产品生产能力，增建一个或几个主要生产车间（或主要工程）、分厂，同时进行一些更新改造工程的，也应作为扩建。

（3）改建和技术改造 指现有企业、事业单位对原有设施进行技术改造或更新（包括相应配套的辅助性生产、生活福利设施）的建设项目。改建项目包括现有企业、事业单位为适应市场变化的需要，而改变企业的主要产品种类（如军工企业转民产品等）的建设项目，原有产品生产作业线由于各工序（车间）之间能力不平衡，为填平补齐充分发挥原有生产能力而增建不增加本企业主要产品设计能力的车间的建设项目。技术改造是指企业、事业单位在现有基础上，用先进的技术代替落后的技术，用先进的工艺和装备代替落后的工艺和装备，以改变企业落后的技术经济面貌，实现以内涵为主的扩大再生产，达到提高产品质量、促进产品更新换代、节约能源、降低消耗、扩大生产规模、全面提高社会经济效益的目的。技术改造具体包括以下内容：机器设备和工具的更新改造；生产工艺改革、节约能源和原材料的改造；厂房建筑和公共设施的改造；保护环境进行的“三废”治理改造；劳动条件和生产环境的改造等。

固定资产投资按构成分

（1）建筑工程 指各种房屋、建筑物的建造工程，又称建筑工作量。这部分投资额必须兴工动料，通过施工活动才能实现，是固定资产投资额的重要组成部分。

（2）安装工程 指各种设备、装置的安装工程，又称安装工作量。

在安装工程中，不包括被安装设备本身价值。

（3）设备工具器具购置 指报告期内购置或自制的，达到固定资产标准的设备、工具、器具的价值。新建单位及扩建单位的新建车间，按照设计或计划要求购置或自制的全部设备、工具、器具，不论是否达到固定资产标准均计入“设备工具器具购置”中。

（4）其他费用 指在固定资产建造和购置过程中发生的，除建筑安装工程和设备、工器具购置投资完成额以外的应当分摊计入固定资产投资的费用，不指经营中财务上的其他费用。

施工项目个数 是指本年正式进行过建筑或安装施工活动的建设项目个数。包括本年新开工项目，以前年度开工跨入本年继续施工项目，本年全部建成投产项目、以前年度全部停缓建在本年恢复施工的项目，本年进行过施工又在本年内全部停缓建的项目。施工项目个数可以反映一定时期固定资产投资的实际规模，与同期全部建成投产项目个数相比，可以从建设速度的角度反映固定资产投资的效果。

本年投产项目个数 指报告期内按设计文件规定建成主体工程和相应配套的辅助设施，形成生产能力或工程效益，经过验收合格，并且已正式投入生产或交付使用的建设项目。

新增固定资产 是指已经完成建造和购置过程，并已交付生产或使用单位的固定资产的价值，包括已经建成投入生产或交付使用的工程投资和达到固定资产标准的设备、工具、器具的投资及有关应摊入的费用。该指标是表示固定资产投资成果的价值指标，也是反映建设进度，计算固定资产投资效果的重要指标。

11 对外经济贸易

Foreign Trade and Economic Cooperation

简要说明

一、本篇资料主要内容

本篇资料综合反映对外贸易、利用外资、对外经济合作的概况，重点反映对外经济贸易的近期发展状况。

二、本篇资料来源

本篇资料由省统计局贸易外经处搜集整理。数据来源于兰州海关、省商务厅、省市场监督管理局。

11-1 对外经济贸易
Foreign Trade and Economic Cooperation

指　标	Item	2015	2018	2019
进出口总额（人民币 万元）	**Total Value of Imports and Exports （RMB 10 000 yuan）**	**4930694**	**3945200**	**3802552**
出口总额	Total Exports	3610579	1449692	1313308
进口总额	Total Imports	1320114	2495508	2489244
进出口差额	Balance	2290465	-1045816	-1175936
进出口总额（美元　万美元）	**Total Value of Imports and Exports （USD 10 000）**	**793797**	**599860**	**551782**
出口总额	Total Exports	580991	219713	190667
进口总额	Total Imports	212806	380147	361115
进出口差额	Balance	368185	-160434	-170448
外商直接投资合同项目（个）	**Number of Projects for Contracted Foreign Direct Investment (unit)**	**22**	**16**	**17**
实际使用外资额（万美元）	**Total Amount of Foreign Investment Actually Utilized (USD 10 000)**	**46036**	**5041**	**8205**
外商直接投资	Foreign Direct Investments	11036	5041	8205
外商其他投资	Other Foreign Investments	35000		
外商投资企业基本情况	**Registered Foreign-funded Enterprises**			
年底登记户数（户）	Number of Registered Enterprises (household)	2130	2342	2554
投资总额（万美元）	Total Investment (USD 10 000)	765703	2361688	2561650
注册资本（万美元）	Registered Capital (USD 10 000)	331937	1689472	1848115
#外方	Capital from Foreign Investors	231589	1558003	1701684
对外经济合作（亿美元）	**Economic Cooperation with Foreign Countries & Regions (USD 100 million)**			
对外承包工程金额	Contracted Projects of Contracted Value	8.5	2.3	5.2
对外承包工程完成营业额	Contracted Projects of Value of Turnover Fulfilled	2.9	3.5	3.9

注：2016 年起，实际使用外资额不含对外借款（以下相关表同）。
s） Since 2016, data of total amount of foreign Investment actually utilized exclude the foreign loans. The same applies to all tables following.

11-2 历年进出口贸易总额
Total Value of Imports and Exports

年 份 Year	人民币（万元） RMB (10 000 yuan)				美元（万美元） USD 10 000			
	进出口总额 Total Imports & Exports	出口总额 Total Exports	进口总额 Total Imports	差额 Balance	进出口总额 Total Imports & Exports	出口总额 Total Exports	进口总额 Total Imports	差额 Balance
1978	5941	5941		5941	3454	3454		3454
1979	5905	5905		5905	3972	3972		3972
1980	5883	5883		5883	3927	3927		3927
1981	8871	7683	1188	6495	5129	4336	793	3543
1982	8850	7743	1107	6636	5069	4330	739	3591
1983	10151	8529	1622	6907	5695	4612	1083	3529
1984	20638	15849	4789	11060	6631	4573	2058	2515
1985	37917	29382	8535	20847	10004	7098	2906	4192
1986	59353	47126	12227	34899	13648	10107	3541	6566
1987	68291	57706	10585	47121	15504	12660	2844	9816
1988	67085	61837	5248	56589	16624	15205	1419	13786
1989	103668	87955	15713	72242	18674	15338	3336	12002
1990	102965	95208	7757	87451	20221	18574	1647	16927
1991	144052	131730	12322	119408	27649	25284	2365	22919
1992	231656	195936	35720	160215	41590	35177	6413	28764
1993	275937	161578	114359	47219	48435	28347	20088	8259
1994	431631	316295	115336	200959	50960	37343	13617	23726
1995	253405	182413	70984	111429	30494	21951	8542	13409
1996	395553	225972	169581	56391	47135	26778	20356	6422
1997	398636	299860	98776	201084	51169	37778	13392	24386
1998	333804	269367	64437	204930	40235	32470	7765	24705
1999	207420	183338	24082	159256	36756	31698	5059	26639
2000	138443	88910	49533	39377	56159	41154	15005	26149
2001	632868	387253	245616	141637	76446	46782	29664	17118
2002	619051	445979	173072	272906	74800	53884	20916	32968
2003	957324	722688	234636	488052	115638	87307	28331	58976
2004	1409383	822956	586427	236529	170445	99433	71012	28421
2005	1622417	895867	726551	169316	197291	108739	88553	20186
2006	1948685	1097175	851510	245665	243558	136977	106582	30395
2007	4187046	1278382	2908665	-1630283	545251	165839	379412	-213573
2008	4282281	1128113	3154168	-2026055	606591	160186	446406	-286220
2009	2626227	501614	2124613	-1622999	384877	73472	311405	-237933
2010	5012219	1107380	3904838	-2797458	738134	163128	575007	-411879
2011	5689344	1408736	4280608	-2871872	872451	215301	657149	-441848
2012	5609061	2244865	3364196	-1119332	888684	355863	532821	-176958
2013	6427541	2889925	3537616	-647691	1034006	464845	569162	-104317
2014	5254735	3251919	2002817	1249102	856550	530342	326209	204133
2015	4930694	3610579	1320114	2290465	793797	580991	212806	368185
2016	4483861	2647724	1836137	811587	681253	404671	276582	128089
2017	3254150	1147573	2106576	-959003	481560	170041	311519	-141478
2018	3945200	1449692	2495508	-1045816	599860	219713	380147	-160434
2019	3802552	1313308	2489244	-1175936	551782	190667	361115	-170448

注：货物进出口差额负数为逆差。
a ）A negative balance indicates trade deficit.That is,imports surpassing exports.

11-3 甘肃省同主要国家（地区）海关进出口总额（2019）
Value of Imports and Exports by Main Country(Region) of Gansu Province(2019)

单位：万元 （10 000 yuan）

地区	Region	进出口总额 Total	出口总额 Exports	进口总额 Imports
甘肃省	**Gansu**	**3802552**	**1313308**	**2489244**
#中国香港	Hongkong,China	225116	221778	3337
中国台湾	Taiwan,China	152915	50619	102296
印度	India	20599	19591	1008
印度尼西亚	Indonesia	216816	76611	140206
日本	Japan	49280	23339	25941
马来西亚	Malaysia	57218	53619	3599
蒙古	Mongolia	371136	553	370582
新加坡	Singapore	80090	43961	36129
韩国	Korea	110243	66834	43409
泰国	Tailand	29095	28850	245
哈萨克斯坦	Kazakhstan	526489	17474	509015
英国	United Kingdom	12188	8703	3485
法国	France	10080	8167	1913
比利时	Belgium	5083	4710	373
德国	Germany	139200	100028	39172
意大利	Italy	20656	17912	2744
荷兰	Netherlands	67889	58060	9829
瑞士	Switzerland	2325	296	2028
俄罗斯	Russia	151780	45778	106002
巴西	Brazil	25215	23670	1546
智利	Chile	108639	1263	107376
加拿大	Canada	87689	17953	69736
美国	United States	87032	73482	13551
澳大利亚	Australia	237078	10961	226117
新西兰	New Zealand	1142	749	393

11-4 海关出口主要商品金额（2019）
Main Export Commodities in Value （2019）

单位：万元 （10 000 yuan）

品　名	Item	商品金额 Commodity Value
农产品	Agriculture Products	211974
医药材及药品	Medical Materials and Drugs	19738
塑料制品	Plastic Products	13123
服装及衣着附件	Clothing and Accessories	30514
陶瓷产品	Ceramic Products	13643
铁合金	Ferroalloy	10461
未锻轧铝及铝材	Wrought and Rolled Aluminium and Aluminium Products	58672
家具及其零件	Furniture and Its Parts	8731
玩具	Toys	8399
体育用品及设备	Sporting Goods and Equipment	851
机电产品	Electromechanical Products	730063
#电工器材	Electrical Equipment	336200
电子元件	Electronic Component	195514
#集成电路	Integrated Circuit	180495
高新技术产品	New and High-tech Product	241688
生物技术	Biotechnology	2821
生命科学技术	Life science and Technology	7005
光电技术	Photoelectric Technology	4103
计算机与通信技术	Computer and Communication Technology	7363
电子技术	Electronic Technique	205180
计算机集成制造技术	Computer Integrated Manufacturing Technology	15016
材料技术	Material Technology	48
航空航天技术	Aerospace Technology	152
电动载人汽车	Electric Passenger Car	297
纯电动客车（10座及以上）	Pure Electric Bus （10 seats and above）	297
文化产品	Cultural Products	24922

11-5 海关进口主要商品金额（2019）
Main Import Commodities in Value （2019）

单位：万元 （10 000 yuan）

品 名	Item	商品金额 Commodity Value
农产品	Agriculture Products	50515
金属矿及矿砂	Metal ore and Sand	1551074
基本有机化学品	Basic Organic Chemicals	1847
医药材及药品	Medical Materials and Drugs	9407
美容化妆品及洗护用品	Cosmetics and Toiletries	148
初级形状的塑料	Plastic in Primary Shape	100
塑料制品	Plastic Products	1977
天然及合成橡胶（包括胶乳）	Natural and Synthetic Rubber （Including Latex）	164
木及其制品	Wood and Its Products	19628
纸浆、纸及其制品	Pulp, Paper and Its Products	502
纺织纱线、织物及其制品	Textile Yarn, Fabric and Its Products	8252
钢材	Steel Products	6871
未锻轧铜及铜材	Unwrought Rolled Copper and Copper Products	81642
未锻轧铝及铝材	Wrought and Rolled Aluminium and Aluminium Products	609
机电产品	Electromechanical Products	270046
#电工器材	Electrical Equipment	1970
电子元件	Electronic Component	135834
#集成电路	Integrated Circuit	113508
高新技术产品	New and High-tech Product	196343
生命科学技术	Life science and Technology	3095
光电技术	Photoelectric Technology	5878
计算机与通信技术	Computer and Communication Technology	25942
电子技术	Electronic Technique	137998
计算机集成制造技术	Computer Integrated Manufacturing Technology	19151
材料技术	Material Technology	411
航空航天技术	Aerospace Technology	3587
其他技术	Other Technologies	282
文化产品	Cultural Products	257

11-6 利用外资
Utilization of Foreign Capital

单位：个、万美元 (unit,USD 10 000)

年 份 Year	总计 Total		对外借款 Foreign Loans		外商直接投资 Direct Foreign Investments	
	项目 Number of Projects	金额 Value	项目 Number of Projects	金额 Value	项目 Number of Projects	金额 Value
签订利用外资协议（合同）额 Total Amount of Foreign Capital to be Utilized through the Signed Agreements and Contracts						
1995	177	44199	21	25224	156	18975
1996	138	34365	16	25813	122	8552
1997	69	30882	7	20160	62	10722
1998	72	27995	4	19631	68	8364
1999	73	28592	5	19150	68	9442
2000	84	32250	8	19910	76	12340
2001	78	26230	6	10720	72	15510
2002	63	32026	12	21000	51	11026
2003	73	69464	14	45000	59	24464
2004	92	57031	29	24467	63	32564
2005	51	53996	17	40600	34	13396
2006	49	53533	11	44977	38	8556
2007	44	34242	9	19080	35	15162
2008	49	35776	12	6840	37	28936
2009	32	79533	6	45000	26	34533
2010	32	44015	4	25000	28	19015
2011	34	60222	6	33500	28	26722
2012	27	43587	7	25000	20	18587
2013	22	93662	4	41000	18	52662
2014						
2015	26	78603	4	35000	22	43603
2016	30	1375038			30	1375038
2017	11	39569			11	39569
2018	16	29003			16	29003
2019	17	130675			17	130675

11-6 续表 continued

单位：个、万美元 （unit,USD 10 000）

年 份 Year	金额总计 Total	对外借款 Foreign Loans	外商直接投资 Direct Foreign Investments
实际利用外资额 Total Amount of Foreign Investment Actually Utilized			
1995	35854	24900	10954
1996	29317	20315	9002
1997	21638	16368	5270
1998	14552	10688	3864
1999	20746	16642	4104
2000	20122	13887	6235
2001	20558	13119	7439
2002	22620	17392	5228
2003	24609	20722	3887
2004	26297	22758	3539
2005	25639	23595	2044
2006	27241	24287	2954
2007	38202	26400	11802
2008	47642	34800	12842
2009	51383	38000	13383
2010	51921	38400	13521
2011	38524	31500	7024
2012	37210	31100	6110
2013	39129	32000	7129
2014	45542	35510	10032
2015	46036	35000	11036
2016	11588		11588
2017	4356		4356
2018	5041		5041
2019	8205		8205

11-7 外商直接投资项目和投资额（2019）
Foreign Investment Through Signed Contract and It's Value （2019）

单位：万美元 （USD 10 000）

项　目	Rtem	签订合同项目（个）Number of Contracts (unit)	签订合同投资额 Contracted Value	实际吸收外资金额 Amount of Foreign Capital Actually Used
甘肃省	**Gansu**	**17**	**130675**	**8205**
按登记注册类型分	By Investment Manner			
合资经营	Equity Jonint Venture	9	26696	1351
合作经营	Contractual Jonint Venture	1	97260	
外资经营	Wholly Foreign-owned Enterprise	7	6719	6854
外商投资股份制	FDI Shareholding Inc.			
其他	Others			
按行业分	**By Sector**			
农、林、牧、渔业	Agriculture, Forestry, Animal Husbandry and Fishery	2	97409	42
采矿业	Mining			16
制造业	Manufacturing	1	1446	4757
电力、燃气及水生产和供应业	Production and Supply of Electricity, Gas and Water	6	7207	3390
建筑业	Construction	1	87	
交通运输、仓储和邮政业	Transport, Storage and Post	1	1574	
信息传输、软件和信息技术服务业	Information Transmission,Software and Information Technology			
批发和零售业	Wholesale and Retail Trades	3	122	
住宿和餐饮业	Hotels and Catering Services			
金融业	Financial Intermediation	1	3643	
房地产业	Real Estate			
租赁和商务服务业	Leasing and Business Services		2154	
科学研究、技术服务和地质勘查业	Scientific Research, Technical Service and Geologic Prospecting			
水利、环境和公共设施管理业	Management of Water Conservancy, Environment and Public Facilities			
居民服务和其他服务业	Services to Households and Other Services	1	14	
教育	Education			
卫生和社会工作	Health and Social Service			
文化、体育和娱乐业	Culture, Sports and Entertainment	1	17019	
公共管理和社会组织	Public Management and Social Organizations			
其他	Others			
按国别（地区）分	**By Countries or Regions**			
中国香港	Hong Kong,China	5	124034	818
新加坡	Singapore	1	1574	2721
阿拉伯联合酋长国	United Arab Emirates			
加纳	Ghana			
中国台湾	Taiwan,China			
英国	United Kingdom			
德国	Germany			3
荷兰	Netherlands			
西班牙	Spain			
芬兰	Finland			
瑞典	Sweden			
英属维尔京群岛	British Virgin Islands			
加拿大	Canada			
美国	United States			
澳大利亚	Australia			
其他	Others	11	5067	4666

11-8 年末登记外商投资企业行业分布情况（2019）
Sector Distribution Registered of Foreign-Funded Enterprises at the Year-end （2019）

行 业	Sector	企业数（户）Number of Registered Enterprises（unit）	投资总额（万美元）Total Investment（USD 10 000）	注册资本（万美元）Registered Capital（USD 10 000）	#外方 Capital Invested by Foreign Partner
甘肃省	**Gansu**	**2554**	**2561650**	**1848115**	**1701684**
农、林、牧、渔业	Agriculture, Forestry, Animal Husbandry and Fishery	61	181510	98548	80493
采矿业	Mining	7	13763	4906	4880
制造业	Manufacturing	232	1390316	1346427	1309837
电力、燃气及水生产和供应业	Production and Supply of Electricity, Gas and Water	46	456206	128712	105360
建筑业	Construction	30	18216	3497	3108
交通运输、仓储和邮政业	Transport, Storage and Post	18	59864	3231	2178
信息传输、软件和信息技术服务业	Information Transmission,Software and Information Technology	1229	13689	12710	11099
批发和零售业	Wholesale and Retail Trades	326	57210	39428	26772
住宿和餐饮业	Hotels and Catering Services	100	8196	5345	2553
金融业	Financial Intermediation	85	21068	17830	2349
房地产业	Real Estate	26	112298	8783	4495
租赁和商务服务业	Leasing and Business Services	193	152451	141323	116457
科学研究、技术服务和地质勘查业	Scientific Research, Technical Service and Geologic Prospecting	21	16624	10435	7687
水利、环境和公共设施管理业	Management of Water Conservancy, Environment and Public Facilities	13	48278	15195	14891
居民服务和其他服务业	Services to Households and Other Services	140	608	575	560
教育	Education	6	72	72	72
卫生和社会工作	Health and Social Service	2		41	41
文化、体育和娱乐业	Culture, Sports and Entertainment	16	11281	11056	8852
其他	Others	3			

11-9 各市（州）进出口及外商投资企业进出口商品总值（2019）
Import and Export Value and Total Value of Imports and Exports Commodities of Foreign Funded Enterprises by Region （2019）

单位：万元 （10 000 yuan）

市（州）	Region	进出口商品总值 Total Value of Imports and Exports Commodities		
		进出口 Total	出口 Exports	进口 Imports
甘肃省	**Gansu**	**3802552**	**1313308**	**2489244**
兰州市	Lanzhou	1194087	718650	475437
嘉峪关市	Jiayuguan	102277	39241	63036
金昌市	Jinchang	1418988	53348	1365641
白银市	Baiyin	475864	59721	416143
天水市	Tianshui	382450	236388	146063
武威市	Wuwei	22973	19532	3441
张掖市	Zhangye	32993	30723	2270
平凉市	Pingliang	47926	47671	255
酒泉市	Jiuquan	54232	51135	3097
庆阳市	Qingyang	17179	15817	1362
定西市	Dingxi	25223	12827	12396
陇南市	Longnan	19000	18909	91
临夏州	Linxia	8148	8148	
甘南州	Gannan	1209	1199	10

11-9 续表 continued

单位：万元 (10 000 yuan)

市（州）	Region	外商投资企业进出口商品总值 Total Value of Imports and Exports Commodities of Foreign-funded Enterprises		
		进出口 Total	出口 Exports	进口 Imports
甘肃省	**Gansu**	**34716**	**8974**	**25742**
兰州市	Lanzhou	30657	5115	25542
嘉峪关市	Jiayuguan			
金昌市	Jinchang			
白银市	Baiyin	248	248	
天水市	Tianshui	197	71	127
武威市	Wuwei			
张掖市	Zhangye	1182	1113	70
平凉市	Pingliang			
酒泉市	Jiuquan	924	920	3
庆阳市	Qingyang			
定西市	Dingxi			
陇南市	Longnan			
临夏州	Linxia	1436	1436	
甘南州	Gannan	72	72	

11-10 各市（州）外商直接投资合同项目和投资额（2019）
Foreign Investment Through Signed Contract and It's Value by Region（2019）

市（州）	Region	签订合同项目（个）Number of Contracts (unit)	签订合同投资额（万美元）Contracted Value (USD 10 000)	实际吸收外资金额（万美元）Amount of Foreign Capital Actually Attracted (USD 10 000)
甘肃省	**Gansu**	**17**	**130675**	**8205**
兰州市	Lanzhou	8	121935	7311
嘉峪关市	Jiayuguan			
金昌市	Jinchang			
白银市	Baiyin			
天水市	Tianshui	1	80	
武威市	Wuwei	1	3023	
张掖市	Zhangye	2	1678	209
平凉市	Pingliang			
酒泉市	Jiuquan	5	3959	
庆阳市	Qingyang			
定西市	Dingxi			669
陇南市	Longnan			16
临夏州	Linxia			
甘南州	Gannan			

主要统计指标解释

进出口总额 指实际进出我国国境的货物总金额。包括对外贸易实际进出口货物，来料加工装配进出口货物，国家间、联合国及国际组织无偿援助物资和赠送品，华侨、港澳台同胞和外籍华人捐赠品，租赁期满归承租人所有的租赁货物，进料加工进出口货物，边境地方贸易及边境地区小额贸易进出口货物(边民互市贸易除外)，中外合资企业、中外合作经营企业、外商独资经营企业进出口货物和公用物品，到、离岸价格在规定限额以上的进出口货样和广告品(无商业价值、无使用价值和免费提供出口的除外)，从保税仓库提取在中国境内销售的进口货物，以及其他进出口货物。该指标可以观察一个国家在对外贸易方面的总规模。我国规定出口货物按离岸价格统计，进口货物按到岸价格统计。

商品经营单位所在地进、出口额 指在所在地海关注册登记的有进出口经营权的企业实际进、出口额。

利用外资 指我国各级政府、部门、企业和其他经济组织通过对外借款、吸收外商直接投资以及用其他方式筹措的境外现汇、设备、技术等。

对外借款 指通过对外正式签订借款协议，从境外筹措的资金，包括外国政府贷款、国际金融组织贷款、外国银行商业贷款、出口信贷以及对外发行债券等。1996 年及以前还包括对外发行股票。该指标是我国利用外资的重要部分。

外商直接投资 是指外国投资者在我国境内通过设立外商投资企业、合伙企业、与中方投资者共同进行石油资源的合作勘探开发以及设立外国公司分支机构等方式进行投资。外国投资者可以用现金、实物、无形资产、股权等投资，还可以用从外商投资企业获得的利润进行再投资。

外商其他投资 指除对外借款和外商直接投资以外的各种利用外资的形式。包括企业在境内外股票市场公开发行的以外币计价的股票(目前主要是在香港证券市场发行的 H 股和在境内证券市场发行的 B 股)发行价总额，国际租赁进口设备的应付款，补偿贸易中外商提供的进口设备、技术、物料的价款，加工装配贸易中外商提供的进口设备、物料的价款。

对外承包工程 根据《对外承包工程管理条例》，对外承包工程是指中国的企业或者其他单位承包境外建设工程项目的活动。

对外劳务合作 指组织劳务人员赴其他国家或地区为国外的企业或机构工作的经营性活动。

12

农 业

Agriculture

简要说明

一、本篇资料的主要内容

本篇资料反映了农业生产和农村经济的基本情况，主要包括农林牧渔业总产值、增加值、主要农产品产量、农业机械年末拥有量、农村电气化和农业化学化情况以及农田水利建设等方面的内容。

二、本篇资料的来源

1. 农业资料来源于农村社会经济统计年报，由省统计局农村处整理提供。

2. 粮食产量数据来源于国家统计局甘肃调查总队。

3. 水利资料来源于省水利厅。

4. 农机资料来源于省农业农村厅。

三、本篇资料的统计范围和统计口径

农村社会经济统计报表制度的统计范围包括省内全部农村社会经济情况，以及国营、机关单位农林牧渔场的农林牧渔业生产情况。农业科研单位的农业实验研究生产、军队系统的军马场生产以及军队和公安司法部门的警犬生产除外。

本篇资料中 2003 年及以后年份的农林牧渔业总产值、增加值按新口径计算。即调整了农业中种植业和其他农业的分类，增加农林牧渔服务业统计。

根据第一、二和第三次全国农业普查结果，对农业产值、增加值等历史数据进行了修订。

根据第二次全国农业普查结果，对 1997—2006 年畜牧业数据进行了修订。

根据第三次全国农业普查结果，对 2007—2017 年种植业、园林水果、畜牧业及渔业数据进行了修订。

12-1 农村基层组织情况
Basic Conditions of Rural Grass-roots Unit

项　目	Item	2010	2015	2018	2019
村民委员会（个）	Number of Village Committee (unit)	16162	16133	16118	16059
村民小组（个）	Villagers Group (unit)	96998	97431	97186	97156
农村户数（万户）	Number of Rural Households (10 000 households)	480.63	493.76	505.47	508.61
农村人口（万人）	Rural Population (10 000 persons)	2087.61	2075.19	2074.27	2069.12
农村从业人员（万人）	Number of Rural Laborers (10 000 persons)	1113.99	1129.74	1130.07	1128.25
按性别分	By Sex				
男	Male	591.75	607.14	610.10	609.88
女	Female	522.24	522.60	519.97	518.37
按行业分	By Sector				
农林牧渔业	Agriculture, Forestry, Animal Husbandry & Fishery	724.82	668.07	652.26	645.18
工业	Industry	43.68	49.20	52.98	53.81
建筑业	Construction	86.13	110.69	121.53	126.51
批发与零售业	Wholesale and Retail Trades	29.66	35.22	37.07	36.84
交通运输仓储和邮政业	Transport, Storage and Post	26.92	29.81	29.94	30.36
住宿和餐饮业	Hotels and Catering Serices	17.57	24.02	27.66	28.89
信息传输、软件和信息技术服务业	Information Transmission,Software and Information Technology Services	2.34	3.59	4.54	4.94
金融业	Financial Intermediation	1.53	1.84	2.95	3.17
房地产业	Real Estate				
科学研究和技术服务业	Scientific Research and Technical Services	1.92	1.89	1.94	1.93
教育	Education	6.03	6.91	6.95	7.10
卫生和社会工作	Health and Social Service	3.52	4.39	4.49	4.82
乡镇经济组织（乡务）管理	Villages and Towns Economic Organizations (Rural Affairs) Management	0.81	11.33	10.50	10.40
其他	Others	169.06	182.79	177.28	174.31

12-2 各市（州）农村基本情况（2019）
Basic Conditions of Rural by Region （2019）

市（州）	Region	村民委员会（个）Number of Village Committee (unit)	村民小组（个）Villagers Group (unit)	农村户数（万户）Number of Rural Households (10 000 households)	农村人口（万人）Rural Population (10 000 persons)
兰州市	Lanzhou	727	4183	31.91	118.72
嘉峪关市	Jiayuguan	17	117	0.58	2.14
金昌市	Jinchang	139	1085	7.60	23.58
白银市	Baiyin	702	4497	34.11	130.25
天水市	Tianshui	2491	11392	68.53	306.52
武威市	Wuwei	1111	8513	35.77	145.06
张掖市	Zhangye	837	5719	29.67	101.17
平凉市	Pingliang	1472	9129	47.37	190.97
酒泉市	Jiuquan	438	2530	17.46	63.22
庆阳市	Qingyang	1261	9214	57.19	232.41
定西市	Dingxi	1887	12845	64.02	261.63
陇南市	Longnan	3204	14097	62.18	249.74
临夏州	Linxia	1111	10884	39.61	186.86
甘南州	Gannan	662	2951	12.62	56.84

12-3 各市（州）农村就业人员（2019）
Rural Laborers by Region（2019）

单位：万人 (10 000 persons)

市（州）	Region	总计 Total	农林牧渔业 Agriculture, Forestry, Animal Husbandry & Fishery	工业 Industry	建筑业 Construction	批发零售贸易 Wholesale and Retail Trades	交通运输仓储业和邮政业 Transport, Storage and Post	其他非农行业 Other Non-agricultural Trades
兰州市	Lanzhou	65.40	33.88	5.45	5.70	2.38	3.70	14.28
嘉峪关市	Jiayuguan	1.31	0.80	0.12	0.06	0.04	0.07	0.22
金昌市	Jinchang	13.08	7.10	0.89	1.55	0.48	0.62	2.44
白银市	Baiyin	70.66	48.38	2.75	5.35	1.94	1.97	10.28
天水市	Tianshui	167.31	94.33	8.69	20.97	5.33	3.23	34.75
武威市	Wuwei	82.51	46.09	4.83	9.66	3.61	2.61	15.71
张掖市	Zhangye	61.92	34.17	2.36	9.09	2.29	1.78	12.22
平凉市	Pingliang	103.84	55.50	4.94	13.95	3.17	3.27	23.00
酒泉市	Jiuquan	36.91	21.01	1.66	3.42	1.59	1.23	8.00
庆阳市	Qingyang	118.61	66.66	6.45	10.06	4.17	2.87	28.40
定西市	Dingxi	145.94	91.43	4.84	17.91	4.03	2.58	25.08
陇南市	Longnan	132.75	72.19	4.47	13.83	3.15	2.55	36.56
临夏州	Linxia	96.56	51.77	5.71	12.60	3.91	3.12	19.44
甘南州	Gannan	31.45	21.87	0.64	2.34	0.74	0.76	5.11

12-4 各地、县农村户数及农村人口（2019）
Number of Rural Households and Population by Region & County（2019）

地、县	Region & County	农村户数（万户）Number of Rural Households（10 000 households）	农村人口（万人）Rural Population（10 000 persons）
兰州市	**Lanzhou**	**31.91**	**118.72**
城关区	Chengguan	0.35	1.56
七里河区	Qilihe	2.15	8.99
西固区	Xigu	1.48	5.11
安宁区	Anning		
红古区	Honggu	1.17	4.52
永登县	Yongdeng	9.27	34.12
皋兰县	Gaolan	3.52	11.89
榆中县	Yuzhong	10.47	38.91
兰州新区	Lanzhou New Area	3.49	13.62
嘉峪关市	**Jiayuguan**	**0.58**	**2.14**
金昌市	**Jinchang**	**7.60**	**23.58**
金川区	Jinchuan	1.79	4.70
永昌县	Yongchang	5.81	18.88
白银市	**Baiyin**	**34.11**	**130.25**
白银区	Baiyin	2.66	7.02
平川区	Pingchuan	2.76	10.08
靖远县	Jingyuan	11.77	44.80
会宁县	Huining	12.04	50.74
景泰县	Jingtai	4.88	17.61
天水市	**Tianshui**	**68.53**	**306.52**
秦州区	Qinzhou	10.16	46.66
麦积区	Maiji	10.39	47.17
清水县	Qingshui	6.82	28.97
秦安县	Qinan	12.84	53.58
甘谷县	Gangu	12.45	55.49
武山县	Wushan	9.31	42.76
张家川县	Zhangjiachuan	6.55	31.89
武威市	**Wuwei**	**35.77**	**145.06**
凉州区	Liangzhou	18.53	75.97
民勤县	Minqin	5.64	22.52
古浪县	Gulang	8.07	33.24
天祝县	Tianzhu	3.53	13.33
张掖市	**Zhangye**	**29.67**	**101.17**
甘州区	Ganzhou	10.56	35.90
肃南县	Sunan	1.00	2.81
民乐县	Minle	5.92	22.03
临泽县	Linze	3.49	12.12
高台县	Gaotai	4.04	12.95
山丹县	Shandan	4.64	15.37
平凉市	**Pingliang**	**47.37**	**190.97**
崆峒区	Kongtong	8.45	32.52
泾川县	Jingchuan	7.74	31.58
灵台县	Lingtai	6.20	20.61
崇信县	Chongxin	2.13	8.15
庄浪县	Zhuanglang	9.43	40.81
静宁县	Jingning	10.00	43.60
华亭市	Huating	3.41	13.70
酒泉市	**Jiuquan**	**17.46**	**63.22**
肃州区	Suzhou	5.82	21.32
金塔县	Jinta	2.92	10.76
瓜州县	Guazhou	2.82	10.59
肃北县	Subei	0.23	0.61
阿克塞县	Akesai	0.11	0.28
玉门市	Yumen	2.68	9.71
敦煌市	Dunhuang	2.87	9.96
庆阳市	**Qingyang**	**57.19**	**232.41**
西峰区	Xifeng	6.67	27.36
庆城县	Qingcheng	5.67	23.46
环　县	Huanxian	8.32	33.31
华池县	Huachi	3.00	11.66
合水县	Heshui	3.90	15.42
正宁县	Zhengning	5.28	21.36
宁　县	Ningxian	12.57	52.72
镇原县	Zhenyuan	11.78	47.12
定西市	**Dingxi**	**64.02**	**261.63**
安定区	Anding	10.25	37.28
通渭县	Tongwei	8.84	39.11
陇西县	Longxi	10.57	43.05
渭源县	Weiyuan	7.91	32.45
临洮县	Lintao	11.84	48.07
漳　县	Zhangxian	4.22	18.80
岷　县	Minxian	10.40	42.86
陇南市	**Longnan**	**62.18**	**249.74**
武都区	Wudu	12.97	53.12
成　县	Chengxian	5.80	21.87
文　县	Wenxian	6.70	20.86
宕昌县	Tanchang	6.41	27.32
康　县	Kangxian	4.94	17.66
西和县	Xihe	8.89	39.24
礼　县	Lixian	10.50	47.54
徽　县	Huixian	4.89	18.61
两当县	Liangdang	1.09	3.52
临夏州	**Linxia**	**39.61**	**186.86**
临夏市	Linxia	2.04	9.18
临夏县	Linxia	8.09	36.84
康乐县	Kangle	6.00	26.89
永靖县	Yongjing	3.88	15.55
广河县	Guanghe	4.20	22.59
和政县	Hezheng	4.15	19.06
东乡县	Dongxiang	6.09	31.89
积石山县	Jishishan	5.16	24.86
甘南州	**Gannan**	**12.62**	**56.84**
合作市	Hezuo	0.57	3.52
临潭县	Lintan	3.25	13.37
卓尼县	Zhuoni	1.91	9.37
舟曲县	Zhouqu	3.16	12.40
迭部县	Diebu	0.87	3.99
玛曲县	Maqu	0.95	4.16
碌曲县	Luqu	0.57	2.87
夏河县	Xiahe	1.34	7.16

12-5 各地、县乡村从业人员（2019）
Rural Employed Persons by Region & County（2019）

单位：万人 （10 000 persons）

地、县	Region & County	乡村从业人员 Rural Employed Persons	#农、林、牧、渔业 Agriculture,Forestry, Animal Husbandry and Fishery	地、县	Region & County	乡村从业人员 Rural Employed Persons	#农、林、牧、渔业 Agriculture,Forestry, Animal Husbandry and Fishery
兰州市	**Lanzhou**	**65.40**	**33.88**	瓜州县	Guazhou	6.03	4.12
城关区	Chengguan	0.85	0.42	肃北县	Subei	0.32	0.24
七里河区	Qilihe	5.06	3.03	阿克塞县	Akesai	0.16	0.12
西固区	Xigu	3.11	1.31	玉门市	Yumen	5.99	3.43
安宁区	Anning			敦煌市	Dunhuang	5.68	2.77
红古区	Honggu	2.67	1.74	**庆阳市**	**Qingyang**	**118.61**	**66.66**
永登县	Yongdeng	19.73	9.78	西峰区	Xifeng	13.74	7.24
皋兰县	Gaolan	6.29	3.34	庆城县	Qingcheng	12.57	8.07
榆中县	Yuzhong	20.73	11.46	环　县	Huanxian	18.04	8.95
兰州新区	Lanzhou New Area	6.97	2.81	华池县	Huachi	6.04	4.83
嘉峪关市	**Jiayuguan**	**1.31**	**0.80**	合水县	Heshui	8.13	5.07
金昌市	**Jinchang**	**13.08**	**7.10**	正宁县	Zhengning	12.41	6.90
金川区	Jinchuan	2.81	1.60	宁　县	Ningxian	26.48	14.34
永昌县	Yongchang	10.27	5.50	镇原县	Zhenyuan	21.20	11.26
白银市	**Baiyin**	**70.66**	**48.38**	**定西市**	**Dingxi**	**144.48**	**90.33**
白银区	Baiyin	3.44	1.53	安定区	Anding	20.93	13.37
平川区	Pingchuan	6.77	3.97	通渭县	Tongwei	22.63	13.58
靖远县	Jingyuan	23.35	17.23	陇西县	Longxi	24.72	15.25
会宁县	Huining	27.38	19.39	渭源县	Weiyuan	18.09	13.05
景泰县	Jingtai	9.72	6.26	临洮县	Lintao	25.01	15.03
天水市	**Tianshui**	**167.31**	**94.33**	漳　县	Zhangxian	9.90	4.54
秦州区	Qinzhou	24.12	11.90	岷　县	Minxian	23.19	15.51
麦积区	Maiji	24.48	13.07	**陇南市**	**Longnan**	**132.75**	**72.19**
清水县	Qingshui	16.00	10.04	武都区	Wudu	26.52	10.88
秦安县	Qinan	30.37	19.19	成　县	Chengxian	11.90	6.46
甘谷县	Gangu	30.25	15.86	文　县	Wenxian	11.95	6.83
武山县	Wushan	23.92	13.06	宕昌县	Tanchang	15.05	9.10
张家川县	Zhangjiachuan	18.16	11.22	康　县	Kangxian	9.84	6.43
武威市	**Wuwei**	**82.51**	**46.09**	西和县	Xihe	20.63	12.21
凉州区	Liangzhou	43.25	20.74	礼　县	Lixian	24.31	14.49
民勤县	Minqin	11.17	7.90	徽　县	Huixian	10.42	4.52
古浪县	Gulang	19.04	11.61	两当县	Liangdang	2.13	1.28
天祝县	Tianzhu	9.05	5.83	**临夏州**	**Linxia**	**96.56**	**51.77**
张掖市	**Zhangye**	**61.92**	**34.17**	临夏市	linxia	3.87	0.97
甘州区	Ganzhou	21.86	12.52	临夏县	linxia	18.61	7.33
肃南县	Sunan	1.50	1.06	康乐县	Kangle	13.77	9.49
民乐县	Minle	13.24	8.53	永靖县	Yongjing	9.41	5.85
临泽县	Linze	7.56	3.83	广河县	Guanghe	11.96	7.54
高台县	Gaotai	8.14	3.99	和政县	Hezheng	12.14	3.56
山丹县	Shandan	9.62	4.23	东乡县	Dongxiang	14.15	9.20
平凉市	**Pingliang**	**103.84**	**55.50**	积石山县	Jishishan	12.65	7.84
崆峒区	Kongtong	18.64	9.01	**甘南州**	**Gannan**	**31.45**	**21.87**
泾川县	Jingchuan	15.84	9.72	合作市	Hezuo	2.06	1.79
灵台县	Lingtai	10.96	6.05	临潭县	Lintan	7.42	4.93
崇信县	Chongxin	4.88	2.48	卓尼县	Zhuoni	5.31	3.89
庄浪县	Zhuanglang	23.53	12.07	舟曲县	Zhouqu	6.60	3.08
静宁县	Jingning	22.49	13.17	迭部县	Diebu	2.05	1.30
华亭市	Huating	7.49	3.00	玛曲县	Maqu	2.40	2.26
酒泉市	**Jiuquan**	**36.91**	**21.01**	碌曲县	Luqu	1.61	1.46
肃州区	Suzhou	12.44	6.69	夏河县	Xiahe	4.00	3.16
金塔县	Jinta	6.30	3.64				

12-6 农林牧渔业总产值
Gross Output Value of Agriculture,Forestry, Animal Husbandry and Fishery

单位：万元 (10 000 yuan)

年份 Year	农林牧渔业总产值 Gross Output Value of Agriculture, Forestry,Animal Husbandry and Fishery	农业 Agriculture	林业 Forestry	牧业 Animal Husbandry	渔业 Fishery	农林牧渔服务业 Services in Support of Agriculture
1978	224533	163057	6153	37871	15	17437
1979	232810	167282	6020	42142	22	17344
1980	273886	204964	6509	47391	22	15000
1981	280174	206490	9850	47008	26	16800
1982	305248	211363	16903	53768	29	23185
1983	400865	284715	21158	68525	31	26436
1984	403253	264127	32261	72533	28	34304
1985	488182	326444	36296	104723	90	20629
1986	563960	380401	34052	125629	248	23630
1987	655161	418447	34509	169234	563	32408
1988	847166	532298	38231	242954	1233	32450
1989	891232	563476	33209	252186	1811	40551
1990	1024993	686857	32679	257733	2156	45568
1991	1065704	712525	35284	264560	2669	50666
1992	1194970	811291	41310	279057	3312	60000
1993	1353978	928773	47260	311061	4218	62666
1994	2121949	1479266	57959	479308	5595	99821
1995	2694508	1885426	65048	619212	7845	116977
1996	3073203	2339849	65780	646457	8508	12609
1997	2992411	2099008	74206	678147	9309	131741
1998	3346943	2358231	87791	722056	11645	167220
1999	3199866	2332447	96697	600261	10352	160108
2000	3201176	2228126	111534	688108	11878	161530
2001	3396579	2396351	86471	759285	10896	143576
2002	3528583	2532054	138735	807290	10004	40500
2003	4278433	2758234	198140	854917	9571	457571
2004	5035034	3313663	161915	1057696	9863	491898
2005	5497110	3628896	158959	1143231	10237	555787
2006	5937000	3958383	149934	1182928	10369	635386
2007	6860990	4587283	194286	1311680	10469	757272
2008	7524991	5037264	209174	1217880	8324	1052350
2009	8097206	5505614	225986	1244182	9162	1112262
2010	9052186	6288841	220555	1415203	7787	1119800
2011	9996869	6885580	205049	1639435	10548	1256256
2012	11160035	7729821	238727	1803793	11931	1375763
2013	12337770	8537930	266494	1972491	13275	1547580
2014	13073146	8977921	302083	2089529	14193	1689420
2015	13861771	9511521	338827	2175063	14423	1821936
2016	14431154	9857296	308329	2859114	22185	1384230
2017	15596407	10686132	315719	3089678	20904	1483974
2018	16593567	11660985	330745	3188756	19740	1393340
2019	18875755	13064126	380871	3955697	20306	1454754

12-7 农林牧渔业总产值指数
Indices of Gross Output Value of Agriculture, Forestry,Animal Husbandry and Fishery

（上年 =100） （preceding year=100）

年 份 Year	农林牧渔业总产值 Gross Output Value of Agriculture, Forestry,Animal Husbandry and Fishery	农业 Agriculture	林业 Forestry	牧业 Animal Husbandry	渔业 Fishery	农林牧渔服务业 Services in Support of Agriculture
1978	105.19	104.32	96.75	110.95	84.62	
1979	93.52	91.55	88.71	101.35	120.24	
1980	111.08	115.08	114.92	98.03	83.17	
1981	92.24	91.71	85.76	95.79	104.76	
1982	113.30	108.87	140.21	122.37	111.36	
1983	113.83	115.15	120.15	108.13	107.14	
1984	108.98	105.12	138.46	112.93	138.10	
1985	113.64	108.54	112.93	129.35	158.62	
1986	107.25	107.39	85.43	113.67	145.22	
1987	102.48	102.63	92.00	104.45	200.00	
1988	107.14	111.27	88.71	101.10	134.43	
1989	107.17	105.29	93.81	114.40	136.41	
1990	105.26	106.78	101.45	102.14	117.47	
1991	101.04	100.37	102.04	102.51	113.34	
1992	106.62	108.91	107.01	100.91	114.84	
1993	107.76	109.56	104.46	103.47	116.02	
1994	104.34	104.33	104.09	104.33	114.08	
1995	99.91	98.56	97.36	103.86	128.40	
1996	112.00	115.66	101.20	103.91	106.60	
1997	100.40	100.43	95.49	100.93	110.26	
1998	115.93	119.08	98.92	108.92	117.69	
1999	99.04	98.33	112.22	99.47	120.41	
2000	104.92	103.44	122.46	107.12	109.55	
2001	107.81	109.93	71.19	107.14	104.29	
2002	105.77	103.75	163.62	106.12	100.44	
2003	105.88	103.18	148.36	107.41	97.20	
2004	107.10	108.05	80.83	110.12	107.05	105.00
2005	107.03	107.21	90.85	107.03	105.92	111.30
2006	104.61	103.58	85.55	109.04	105.29	112.99
2007	104.31	104.17	130.96	96.83	107.17	112.76
2008	107.35	108.89	109.48	102.93	101.16	105.24
2009	105.79	105.18	116.21	107.50	101.04	103.57
2010	105.69	106.74	89.35	104.84	105.25	103.02
2011	105.38	106.17	105.35	101.83	109.39	105.83
2012	106.35	106.98	103.13	104.20	102.04	106.22
2013	104.90	104.80	112.25	102.66	105.18	108.79
2014	105.36	104.70	108.91	107.09	101.07	106.92
2015	105.70	105.58	112.16	105.53	101.02	105.94
2016	105.30	105.70	110.45	102.90	101.19	105.52
2017	105.23	105.08	103.14	106.10	105.24	105.17
2018	103.69	105.44	104.76	102.40	96.06	93.61
2019	105.84	106.60	109.44	104.22	102.87	102.46

注：本表按可比价格计算。
a）The indices in this table are calculated at constant prices.

12-8 各地、县农林牧渔业总产值（2019）
Gross Output Value of Agriculture,Forestry, Animal Husbandry and Fishery by Region & County（2019）

单位：万元 （10 000 yuan）

地、县	Region & County	农林牧渔业总产值 Gross Output Value of Agriculture, Forestry,Animal Husbandry and Fishery	农业 Agriculture	林业 Forestry	牧业 Animal Husbandry	渔业 Fishery	农林牧渔服务业 Services in Support of Agriculture	农林牧渔业增加值指数（上年=100）Indices (preceding year=100)
兰州市	**Lanzhou**	**947563**	**658614**	**11889**	**193711**	**2237**	**81111**	**105.50**
城关区	Chengguan	8792	5802	846	848		1296	100.53
七里河区	Qilihe	109223	55404	334	30952		22534	101.88
西固区	Xigu	50999	36257	453	12242	217	1830	103.88
安宁区	Anning	2130	1149	511	190		280	104.21
红古区	Honggu	111309	94563	1277	12237	64	3168	60.00
永登县	Yongdeng	216141	138940	4949	63957	1794	6501	104.78
皋兰县	Gaolan	124887	102685	264	14546		7392	106.82
榆中县	Yuzhong	290674	206146	2478	48991	162	32898	105.05
兰州新区	Lanzhou New Area	33408	17669	777	9749		5213	110.44
嘉峪关市	**Jiayuguan**	**76575**	**59735**	**217**	**16273**	**2**	**347**	**105.21**
金昌市	**Jinchang**	**520261**	**376277**	**5755**	**70263**	**653**	**67313**	**105.71**
金川区	Jinchuan	150483	99091	1163	17872		32357	105.81
永昌县	Yongchang	369778	277186	4592	52391	653	34956	105.65
白银市	**Baiyin**	**1533759**	**985621**	**16754**	**426494**	**3929**	**100962**	**106.07**
白银区	Baiyin	85614	39190	2113	28846	753	14713	103.75
平川区	Pingchuan	80751	49130	971	25098	129	5424	106.18
靖远县	Jingyuan	597414	454352	3318	106837	1267	31641	107.35
会宁县	Huining	473337	263451	6593	179088		24206	104.58
景泰县	Jingtai	296643	179499	3758	86627	1781	24978	106.69
天水市	**Tianshui**	**1939807**	**1700453**	**30315**	**178820**	**2284**	**27935**	**105.66**
秦州区	Qinzhou	274851	255532	2054	13894	403	2969	105.61
麦积区	Maiji	268612	236443	2530	26046	443	3151	105.92
清水县	Qingshui	207524	168903	1248	32792	236	4343	105.91
秦安县	Qinan	331224	319383	1383	9761	8	689	106.02
甘谷县	Gangu	324420	290586	876	27063	279	5616	105.64
武山县	Wushan	358311	312647	1912	36805	835	6111	105.70
张家川县	Zhangjiachuan	154960	116959	406	32460	80	5056	105.81
武威市	**Wuwei**	**2499537**	**1608872**	**35537**	**745227**	**440**	**109462**	**105.80**
凉州区	Liangzhou	1333224	833210	7200	448938	74	43803	105.64
民勤县	Minqin	544539	367361	13947	130250	355	32625	105.90
古浪县	Gulang	404261	291166	12431	84358		16306	106.88
天祝县	Tianzhu	217513	117135	1959	81680	11	16728	106.35
张掖市	**Zhangye**	**2225007**	**1312280**	**24638**	**581448**	**3146**	**303495**	**105.71**

12-8 续表 1 continued

单位：万元 (10 000 yuan)

地、县	Region & County	农林牧渔业总产值 Gross Output Value of Agriculture, Forestry,Animal Husbandry and Fishery	农业 Agriculture	林业 Forestry	牧业 Animal Husbandry	渔业 Fishery	农林牧渔服务业 Services in Support of Agriculture	农林牧渔业增加值指数 (上年=100) Indices (preceding year=100)
甘州区	Ganzhou	806673	381307	3227	197111	1177	223851	105.65
肃南县	Sunan	107019	27188	2033	74377		3420	104.97
民乐县	Minle	357182	276060	7964	62039		11120	106.08
临泽县	Linze	354469	183550	2262	111547	861	56249	105.89
高台县	Gaotai	331031	244596	2642	76874	1033	5887	105.70
山丹县	Shandan	229800	164141	6509	56105	75	2969	105.69
平凉市	**Pingliang**	**1622639**	**1185630**	**15144**	**384595**	**870**	**36399**	**106.09**
崆峒区	Kongtong	180299	94370	3493	77476	300	4660	106.35
泾川县	Jingchuan	139643	105275	2607	29714	120	1928	106.25
灵台县	Lingtai	153320	90910	2189	57473	195	2553	106.08
崇信县	Chongxin	143809	61848	1120	74632	51	6157	106.20
庄浪县	Zhuanglang	405808	343073	1745	53040	132	7818	105.91
静宁县	Jingning	501276	443965	2142	45588	31	9550	106.26
华亭市	Huating	98484	46189	1849	46672	41	3733	105.68
酒泉市	**Jiuquan**	**2057475**	**1268779**	**44894**	**371962**	**3137**	**368703**	**105.53**
肃州区	Suzhou	774992	375703	5122	167227	1503	225437	106.35
金塔县	Jinta	476978	315746	21428	73686	732	65385	106.13
瓜州县	Guazhou	275725	220761	564	29976	284	24142	107.13
肃北县	Subei	24830	3279	1522	19230		799	106.31
阿克塞县	Akesai	17045	2594	4673	9467		311	106.12
玉门市	Yumen	305568	234369	6093	45335	357	19413	106.58
敦煌市	Dunhuang	182338	116327	5491	27041	261	33217	99.19
庆阳市	**Qingyang**	**1459391**	**1011064**	**47486**	**334447**	**1888**	**64506**	**105.50**
西峰区	Xifeng	121761	85003	2760	15937	149	17912	103.20
庆城县	Qingcheng	156774	119712	5668	23536	68	7790	105.20
环　县	Huanxian	251631	155203	5715	84653	128	5932	106.50
华池县	Huachi	94863	69124	9100	13897	18	2724	105.60
合水县	Heshui	110372	73263	5482	27671	127	3830	105.50
正宁县	Zhengning	87236	66297	3406	10971	7	6555	103.10
宁　县	Ningxian	274571	190979	8203	65178	897	9314	107.40
镇原县	Zhenyuan	362183	251483	7153	92603	494	10449	105.70
定西市	**Dingxi**	**1423052**	**1107643**	**21119**	**228544**	**826**	**64920**	**106.24**
安定区	Anding	260426	211402	1395	43114		4515	105.94
通渭县	Tongwei	189242	142418	6304	38225	6	2289	106.42

12-8 续表 2 continued

单位：万元 （10 000 yuan）

地、县	Region & County	农林牧渔业总产值 Gross Output Value of Agriculture, Forestry,Animal Husbandry and Fishery	农业 Agriculture	林业 Forestry	牧业 Animal Husbandry	渔业 Fishery	农林牧渔服务业 Services in Support of Agriculture	农林牧渔业增加值指数（上年=100） Indices (preceding year=100)
陇西县	Longxi	262083	189433	903	37570	73	34103	106.32
渭源县	Weiyuan	201447	175225	5332	16849	146	3895	105.94
临洮县	Lintao	257907	173455	4609	61419	302	18123	106.71
漳　县	Zhangxian	91850	80334	1764	8696	255	800	106.34
岷　县	Minxian	160098	135376	812	22670	45	1195	106.14
陇南市	**Longnan**	**1348064**	**1031912**	**89552**	**169942**	**1547**	**55112**	**105.84**
武都区	Wudu	373339	288212	50865	29835	305	4120	105.85
成　县	Chengxian	125386	92690	4153	13958	169	14417	105.95
文　县	Wenxian	132936	109062	5055	16783	437	1598	105.75
宕昌县	Tanchang	109796	84460	7649	16263	23	1402	105.71
康　县	Kangxian	70800	52328	5114	9580	74	3705	106.05
西和县	Xihe	120706	92704	2914	18116	25	6947	105.88
礼　县	Lixian	185520	140552	1599	28803	196	14370	106.16
徽　县	Huixian	174756	128313	11013	28134	301	6996	105.58
两当县	Liangdang	54824	43592	1189	8469	17	1557	105.48
临夏州	**Linxia**	**755749**	**397412**	**21163**	**238732**	**5733**	**92710**	**104.75**
临夏市	linxia	40012	7123	104	20935	159	11692	104.09
临夏县	linxia	156420	89463	3268	45653	126	17910	104.95
康乐县	Kangle	104278	54579	7556	25200	59	16884	104.55
永靖县	Yongjing	123157	77156	2082	25988	5112	12820	104.40
广河县	Guanghe	67303	38880	655	19939		7829	104.60
和政县	Hezheng	65114	34698	2894	20193		7329	105.28
东乡县	Dongxiang	133439	51848	622	68256	213	12500	104.77
积石山县	Jishishan	66026	43665	3982	12568	64	5747	105.16
甘南州	**Gannan**	**616579**	**126223**	**31954**	**376629**	**63**	**81710**	**104.67**
合作市	Hezuo	44899	6659	285	32570		5385	106.28
临潭县	Lintan	77433	35342	72	29133	7	12879	103.84
卓尼县	Zhuoni	81115	20325	1138	48848	40	10763	108.88
舟曲县	Zhouqu	83684	38374	9249	19569		16491	107.76
迭部县	Diebu	68637	17223	19719	28806		2890	109.04
玛曲县	Maqu	96726		421	87200	16	9088	97.49
碌曲县	Luqu	68351	1957	274	53845		12274	100.18
夏河县	Xiahe	95735	6342	794	76657		11942	108.82

12-9 农林牧渔业增加值及指数
Value-added of Agriculture,Forestry,Animal Husbandry and Fishery and Related Indices

指　标	Item	2010	2015	2018	2019
绝对数（万元）	**Absolute Number （10 000 yuan）**				
农林牧渔业增加值	**Value-added**	**5017273**	**7807404**	**9621070**	**10971127**
农业	Agriculture	3663467	5724609	6997016	7829524
林业	Forestry	92868	152401	150421	168505
牧业	Animal Husbandry	964494	1446516	2097479	2580301
渔业	Fishery	5296	10175	13885	14561
农林牧渔服务业	Services in Support of Agriculture	291148	473703	362269	378236
指数（上年 =100）	**Indices （preceding year =100）**				
农林牧渔业增加值	**Value-added**	**105.5**	**105.4**	**104.6**	**105.6**
农业	Agriculture	106.4	105.9	105.3	106.5
林业	Forestry	92.3	107.4	103.0	106.5
牧业	Animal Husbandry	104.6	103.4	103.3	103.4
渔业	Fishery	105.2	101.7	94.2	104.9
农林牧渔服务业	Services in Support of Agriculture	103.0	105.9	99.6	102.5

12-10 各市（州）农林牧渔业增加值（2019）
Value-added of Agriculture, Forestry, Animal Husbandry and Fishery by Region（2019）

单位：万元　　　　（10 000 yuan）

市（州）	Region	农林牧渔业增加值 Value-added	农业 Agriculture	林业 Forestry	牧业 Animal Husbandry	渔业 Fishery	农林牧渔服务业 Services in Support of Agriculture
兰州市	Lanzhou	537672	377953	5797	131328	1505	21089
嘉峪关市	Jiayuguan	46662	38165	41	8364	1	90
金昌市	Jinchang	272790	204000	3992	46962	334	17501
白银市	Baiyin	895920	569223	2867	294527	3054	26250
天水市	Tianshui	1156326	1029954	17847	99496	1767	7263
武威市	Wuwei	1467297	873070	17233	548232	301	28460
张掖市	Zhangye	1244623	763158	12366	388488	1702	78909
平凉市	Pingliang	922249	697733	7387	207110	556	9464
酒泉市	Jiuquan	1091136	742972	26923	223262	2116	95863
庆阳市	Qingyang	868632	608385	17768	224666	1042	16772
定西市	Dingxi	796492	621246	9588	148303	475	16879
陇南市	Longnan	803227	625922	56164	105861	951	14329
临夏州	Linxia	429891	245896	9775	146942	3174	24105
甘南州	Gannan	438274	85475	18033	313488	34	21245

12-11 各市（州）农林牧渔业增加值指数（2019）
Indices of Value-added of Agriculture, Forestry, Animal Husbandry and Fishery by Region（2019）

（上年 =100）　　（preceding year=100）

市（州）	Region	农林牧渔业增加值 Value-added	农业 Agriculture	林业 Forestry	牧业 Animal Husbandry	渔业 Fishery	农林牧渔服务业 Services in Support of Agriculture
兰州市	Lanzhou	105.8	105.8	88.8	107.4	102.2	101.9
嘉峪关市	Jiayuguan	104.6	104.2	103.4	106.7	109.6	104.8
金昌市	Jinchang	105.9	106.6	164.9	102.1	593.2	97.5
白银市	Baiyin	106.2	111.0	50.1	99.4	150.4	106.1
天水市	Tianshui	104.5	104.8	102.9	105.8	105.1	72.2
武威市	Wuwei	106.5	103.2	102.7	111.8	124.6	105.6
张掖市	Zhangye	106.1	105.9	61.1	109.6	94.1	103.4
平凉市	Pingliang	96.3	97.1	80.6	94.5	54.6	84.1
酒泉市	Jiuquan	106.4	110.1	91.6	101.4	104.6	99.7
庆阳市	Qingyang	106.3	105.8	97.8	110.2	57.0	97.7
定西市	Dingxi	105.6	105.8	156.1	103.1	106.0	102.9
陇南市	Longnan	103.6	105.0	93.2	103.0	72.4	98.2
临夏州	Linxia	104.6	106.2	78.9	104.1	84.1	104.2
甘南州	Gannan	104.7	104.8	97.1	105.8	91.5	99.9

注：本表按可比价格计算。
a）The indices in this table are calculated at constant prices.

12-12 灌溉、水库和除涝、治水、治碱情况
Irrigation, Reservoirs, Flood Prevention, Water and Soil Conservation, Improvement of Saline-Alkaline Land

指标	Item	2010	2015	2018	2019
万亩以上灌区数　（处）	Number of Irrigated Areas over 10 000 Mu　(set)	214	424	451	448
3.3 万公顷以上	33 000 Hectares and Over	4	4	4	4
2.0-3.3 万公顷	20 000-33 000 Hectares	19	19	20	20
灌区有效灌溉面积（万公顷）	Effective Irrigated Area　(10 000 hectares)	96.2	124.5	124.5	124.0
3.3 万公顷以上	33 000 Hectares and Over	17.6	20.1	20.1	20.2
2.0-3.3 万公顷	20 000-33 000 Hectares	37.1	41.7	42.0	42.0
水库数（座）	Number of Reservoirs　(unit)	313	381	388	387
大型水库	Large Reservoir	8	9	9	10
中型水库	Medium-sized Reservoir	38	42	42	41
小型水库	Small Reservoir	267	330	337	336
水库库容量（亿立方米）	Capacity of Reservoirs　(100 million cu.m)	103.1	96.1	103.4	104.0
大型水库	Large Reservoir	83.9	79.0	83.2	84.7
中型水库	Medium-sized Reservoir	14.2	10.5	14.0	13.1
小型水库	Small Reservoir	4.9	5.8	6.0	6.2
节水灌溉面积（万公顷）	Water-saving Irrigated Area　(10 000 hectares)	85.9	92.1	106.0	105.9
除涝面积（万公顷）	Areas with Flood Prevention Measures　(10 000 hectares)	1.3	1.4	1.4	1.5
水土流失治理面积（万公顷）	Area of Soil Erosion under Control　(10 000 hectares)	794.7	770.2	909.0	957.5
堤防长度（万公里）	Total Length of Dikes　(km)	0.4	0.7	0.9	1.0
堤防保护面积（万公顷）	Area of Soil Erosion under Control　(10 000 hectares)	23.2	42.1	51.3	53.6

12-13 农业机械拥有量
Number of Agricultural Machinery Owned

指 标	Item	2010	2015	2018	2019
农业机械总动力合计（万千瓦）	Total Agricultural Machinery Power (10 000 kw)	1977.55	2684.95	2102.79	2174.01
#柴油发动机动力	Power of Diesel Engines	1579.07	2182.11	1530.70	1592.02
农用大中型拖拉机（台）	Number of Large and Medium-sized Agricultural Tractors (unit)	73174	160342	88787	97174
小型拖拉机（台）	Number of Small Tractors (unit)	460716	613248	735038	730414
联合收割机（台）	Combine Harvester (unit)	3632	8110	10688	11091
机动脱粒机（台）	Motorized Thresher (unit)	134419	255225	286370	289615

注：根据新修订的《全国农业机械化管理统计报表制度》，自2016年起农业机械总动力不含农用运输车、三轮汽车和低速载货汽车。

a) According to the newly revised "National Agricultural Mechanization Management statistical reporting system", since 2016, the total power of agricultural machinery does not include agricultural transport vehicles, three wheeled vehicles and low-speed trucks.

12-14 农业生产条件
Agriculture Production Condition

指 标	Item	2010	2015	2018	2019
农业机械化	Agriculture Mechanization				
机耕水平（%）	Level of Mechanical Plowing (%)	50.96	72.80	81.76	85.54
机播水平（%）	Level of Mechanical Sowing (%)	30.11	38.23	47.86	48.05
农业水利化	Agriculture Irrigation and Water				
有效灌溉面积（千公顷）	Effective Irrigated Area (1 000 hectares)	1098.88	1165.59	1214.09	1256.08
水平梯田面积（千公顷）	Level Terrace Area (1 000 hectares)	1840.61	2063.50	2086.92	2065.52
条田面积（千公顷）	Strip Area (1 000 hectares)	859.31	314.60	275.48	246.29
农业电气化	Agriculture Electrization				
农村用电量（万千瓦小时）	Electricity Consumed in Rural Areas (10 000 kwh)	428511	540417	590750	616940
农村生产用电	For Produce	275651	332599	338291	346481
农民生活用电	For Living	152861	207818	252459	270459
乡村办村水电站（个）	Number of Hydropower Stations in Rural Areas (unit)	304	365	374	378
乡村办水电站装机容量（万千瓦）	Generating Capacity of Hydropower Station in Rural Areas (10 000 kw)		115.9	186.6	214.9
已通电村（个）	Electrified Villages (unit)	16115	16108	16097	16039
占全省总数（%）	Rate in Total (%)	99.71	99.85	99.87	99.88
农业化学化	Chemical for Agriculture				
农用化肥施用量（实物量）（万吨）	Consumption of Chemical Fertilizers (real) (10 000 tons)	292.92	321.02	292.09	283.33
农用化肥施用量（折纯量）（万吨）	Consumption of Chemical Fertilizers (convert to pure amount) (10 000 tons)	85.26	97.92	83.17	80.88
氮肥	Nitrogenous Fertilizer	37.93	40.55	33.18	31.65
磷肥	Phosphate Fertilizer	16.56	19.13	15.52	14.99
钾肥	Potash Fertilizer	6.09	8.87	7.62	7.88
复合肥	Compound Fertilizer	24.68	29.37	26.85	26.36
农用塑料薄膜使用量（万吨）	Household Plastic Film Consumption (10 000 tons)	12.37	18.37	16.41	15.23

12-15 各地、县农业生产条件（2019）
Agriculture Production Condition by Region & County（2019）

地、县	Region & County	农业机械总动力（千瓦小时）Total Agricultural Machinery Power（kw·h）	农村用电量（万千瓦小时）Electricity Consumed in Rural Areas（10 000 kw·h）	化肥施用折纯量（吨）Chemical Fertilizer Consumption（convert to pure amount）（ton）	有效灌溉面积（千公顷）Effective Irrigated Area（1 000 hectares）
兰州市	**Lanzhou**	**1164363**	**36676**	**34157**	**67.55**
城关区	Chengguan	22372	961	381	0.15
七里河区	Qilihe	67075	1848	1957	3.61
西固区	Xigu	48500	4015	896	2.27
安宁区	Anning	1005	1841	8	0.02
红古区	Honggu	122422	4546	2015	3.96
永登县	Yongdeng	363070	10044	9002	21.93
皋兰县	Gaolan	208761	2808	3215	10.33
榆中县	Yuzhong	331158	7575	15548	18.58
兰州新区	Lanzhou New Area		3038	1135	6.70
嘉峪关市	**Jiayuguan**	**117002**	**1712**	**400**	**2.98**
金昌市	**Jinchang**	**1058303**	**25642**	**15891**	**73.72**
金川区	Jinchuan	255537	13051	3809	14.65
永昌县	Yongchang	802766	12591	12082	59.08
白银市	**Baiyin**	**1829368**	**53099**	**51437**	**112.75**
白银区	Baiyin	265667	6297	3680	4.58
平川区	Pingchuan	118848	10753	2856	7.54
靖远县	Jingyuan	452330	18599	18455	40.73
会宁县	Huining	548536	5364	12538	21.03
景泰县	Jingtai	443988	12086	13909	38.87
天水市	**Tianshui**	**1547738**	**43073**	**71440**	**39.42**
秦州区	Qinzhou	227151	5687	7019	2.85
麦积区	Maiji	255042	9489	15369	8.84
清水县	Qingshui	146086	3088	6720	1.67
秦安县	Qinan	236032	8475	16949	7.99
甘谷县	Gangu	267140	7184	7568	7.25
武山县	Wushan	241216	6244	15292	8.50
张家川县	Zhangjiachuan	175000	2906	2524	2.32
武威市	**Wuwei**	**3046743**	**84620**	**96225**	**198.12**
凉州区	Liangzhou	1320344	50426	34884	93.18
民勤县	Minqin	964413	13761	38707	55.13
古浪县	Gulang	551829	16518	17791	39.41
天祝县	Tianzhu	210157	3914	4842	10.41
张掖市	**Zhangye**	**2314436**	**54025**	**86246**	**221.64**

12-15 续表 1 continued

地、县	Region & County	农业机械总动力（千瓦小时）Total Agricultural Machinery Power (kw·h)	农村用电量（万千瓦小时）Electricity Consumed in Rural Areas (10 000 kw·h)	化肥施用折纯量（吨）Chemical Fertilizer Consumption (convert to pure amount) (ton)	有效灌溉面积（千公顷）Effective Irrigated Area (1 000 hectares)
甘州区	Ganzhou	540227	20586	26216	71.92
肃南县	Sunan	75891	2734	1137	8.88
民乐县	Minle	571260	1865	22051	49.12
临泽县	Linze	429885	7143	13298	30.72
高台县	Gaotai	341016	8887	8846	31.29
山丹县	Shandan	356158	12810	11794	26.52
平凉市	**Pingliang**	**1265843**	**42438**	**92950**	**34.99**
崆峒区	Kongtong	208642	6214	9967	12.59
泾川县	Jingchuan	188280	6493	18514	4.36
灵台县	Lingtai	185380	5540	11090	2.65
崇信县	Chongxin	53741	1270	6194	1.87
庄浪县	Zhuanglang	294660	7394	19225	3.29
静宁县	Jingning	256770	12805	23774	7.13
华亭市	Huating	78369	2721	4186	3.09
酒泉市	**Jiuquan**	**2399094**	**41674**	**65983**	**203.52**
肃州区	Suzhou	757432	10708	21505	61.61
金塔县	Jinta	497437	4893	10734	38.67
瓜州县	Guazhou	385699	10084	12187	48.61
肃北县	Subei	32500	138	169	1.20
阿克塞县	Akesai	27201	257	154	0.69
玉门市	Yumen	366730	8532	13219	41.19
敦煌市	Dunhuang	332095	7062	8015	11.56
庆阳市	**Qingyang**	**1741248**	**57620**	**88343**	**49.74**
西峰区	Xifeng	250016	4869	7211	8.21
庆城县	Qingcheng	170026	8873	13461	4.24
环　县	Huanxian	307550	19770	21104	4.74
华池县	Huachi	164123	2056	4193	5.31
合水县	Heshui	153100	4000	6119	3.79
正宁县	Zhengning	184170	4566	10634	3.58
宁　县	Ningxian	276805	4635	8883	6.36
镇原县	Zhenyuan	235458	8851	16738	13.51
定西市	**Dingxi**	**1889972**	**61359**	**92282**	**70.25**
安定区	Anding	403968	9398	17961	12.38
通渭县	Tongwei	266635	6180	18351	2.73

12-15 续表 2 continued

地、县	Region & County	农业机械总动力（千瓦小时）Total Agricultural Machinery Power（kw·h）	农村用电量（万千瓦小时）Electricity Consumed in Rural Areas（10 000 kw·h）	化肥施用折纯量（吨）Chemical Fertilizer Consumption（convert to pure amount）（ton）	有效灌溉面积（千公顷）Effective Irrigated Area（1 000 hectares）
陇西县	Longxi	334717	5666	15007	12.09
渭源县	Weiyuan	160242	5780	8020	10.03
临洮县	Lintao	361901	30230	19270	21.94
漳　县	Zhangxian	142783	1226	6065	4.44
岷　县	Minxian	219726	2879	7608	6.65
陇南市	**Longnan**	**1662013**	**42320**	**59978**	**61.84**
武都区	Wudu	241600	10926	11443	10.70
成　县	Chengxian	222192	6577	6283	3.26
文　县	Wenxian	216882	5365	2696	6.01
宕昌县	Tanchang	114114	3433	2948	6.58
康　县	Kangxian	121027	1707	5958	2.85
西和县	Xihe	228684	3113	6905	6.43
礼　县	Lixian	308993	4658	10247	18.19
徽　县	Huixian	159000	5740	12777	6.69
两当县	Liangdang	49521	802	721	1.15
临夏州	**Linxia**	**927738**	**48715**	**21324**	**52.92**
临夏市	linxia	37500	4735	662	2.00
临夏县	linxia	120025	3947	3860	12.87
康乐县	Kangle	140740	12626	2641	6.94
永靖县	Yongjing	128551	13153	4630	8.30
广河县	Guanghe	161904	4452	1101	7.15
和政县	Hezheng	98434	1587	490	2.98
东乡县	Dongxiang	121000	6699	3978	7.70
积石山县	Jishishan	119500	1516	3963	4.98
甘南州	**Gannan**	**402786**	**8157**	**3857**	**4.42**
合作市	Hezuo	32970	411	144	0.13
临潭县	Lintan	101261	1946	2064	1.17
卓尼县	Zhuoni	84982	767	523	0.94
舟曲县	Zhouqu	131784	1706	992	1.57
迭部县	Diebu	33244	1445	63	0.05
玛曲县	Maqu	543	611		
碌曲县	Luqu	8125	254	22	
夏河县	Xiahe	9876	1017	50	0.56

12-16 农作物播种面积
Total Sown Areas of Farm Crops

指　　标	Item	2010	2015	2018	2019
总播种面积（千公顷）	**Total Sown Area （1 000 hectares）**	**3726.13**	**3772.56**	**3773.56**	**3831.57**
粮食作物	Sown Area of Grain Crops	2722.37	2715.72	2645.26	2581.11
谷物	Cereal	1952.96	2031.08	1937.02	1880.83
#稻谷	Rice	5.59	4.07	3.82	3.59
小麦	Wheat	885.33	806.39	775.56	739.94
玉米	Corn	853.85	1065.00	1012.74	987.92
豆类	Soybeans	172.63	127.26	137.51	141.55
#大豆	Soja	79.11	61.03	44.99	41.50
薯类	Tubers	596.77	557.39	570.73	558.73
油料	Oil-bearing Crops	356.54	343.21	325.82	289.99
#花生	Peanuts	0.51	0.68	0.55	0.54
油菜籽	Rapeseeds	196.83	190.56	174.91	164.17
棉花	Cotton	50.64	29.11	21.53	19.33
糖料	Sugar Crops	5.35	3.28	3.77	4.14
#甜菜	Beetroots	5.35	3.28	3.77	4.14
烟叶	Tobacco	3.18	2.24	1.94	1.70
#烤烟	Flue-cured Tobacco	2.62	2.03	1.80	1.55
蔬菜	Vegetables	240.64	314.08	352.57	381.25
瓜类	Melon	48.48	43.47	54.14	62.87
中药材	Chinese Medicinal Materials	152.27	207.98	234.24	271.13
其他	Others	146.67	113.47	134.29	220.05
占总播种面积比重（%）	**Ratio in Total Sown Area （%）**				
粮食作物	Sown Area of Grain Crops	73.06	71.99	70.10	67.36
谷物	Cereal	52.41	53.84	51.33	49.09
#稻谷	Rice	0.15	0.11	0.10	0.09
小麦	Wheat	23.76	21.38	20.55	19.31
玉米	Corn	22.92	28.23	26.84	25.78
豆类	Soybeans	4.63	3.37	3.64	3.69
#大豆	Soja	2.12	1.62	1.19	1.08
薯类	Tubers	16.02	14.77	15.12	14.58
油料	Oil-bearing Crops	9.57	9.10	8.63	7.57
#花生	Peanuts	0.01	0.02	0.01	4.28
油菜籽	Rapeseeds	5.28	5.05	4.64	0.01
棉花	Cotton	1.36	0.77	0.57	0.50
糖料	Sugar Crops	0.14	0.09	0.10	0.11
#甜菜	Beetroots	0.14	0.09	0.10	0.11
烟叶	Tobacco	0.09	0.06	0.05	0.04
#烤烟	Flue-cured Tobacco	0.07	0.05	0.05	0.04
蔬菜	Vegetables	6.46	8.33	9.34	9.95
瓜类	Melon	1.30	1.15	1.43	1.64
中药材	Chinese Medicinal Materials	4.09	5.51	6.21	7.08
其他	Others	3.94	3.01	3.56	5.74

12-17 各地、县农作物播种面积（2019）
Sown Areas of Farm Crops by Region & County（2019）

单位：千公顷 （1 000 hectares）

地、县	Region & County	农作物播种面积 Total Sown Area	粮食 Grain Crops	#小麦 Wheat	#玉米 Corn	#薯类 Tubers	油料 Oil-bearing Crops	蔬菜 Vegetables	中药材 Chinese Medicinal Materials	果园面积 Area of Orchards
兰州市	**Lanzhou**	**165.72**	**76.41**	**23.38**	**25.84**	**21.45**	**9.09**	**55.31**	**9.19**	**8.94**
城关区	Chengguan	0.40	0.08		0.01	0.00	0.05	0.23		0.35
七里河区	Qilihe	9.10	0.92	0.22	0.69		0.02	8.07	0.09	0.50
西固区	Xigu	4.31	0.37	0.15	0.20		0.04	3.82	0.02	1.20
安宁区	Anning	0.04						0.04		0.13
红古区	Honggu	7.66	1.02	0.31	0.71		0.09	6.30		0.85
永登县	Yongdeng	63.16	36.94	15.11	10.38	10.02	4.01	9.76	1.97	1.52
皋兰县	Gaolan	15.95	5.91	1.29	2.05	2.18	0.93	6.21		3.11
榆中县	Yuzhong	57.93	26.69	3.67	11.47	8.74	3.17	20.38	7.04	0.43
兰州新区	Lanzhou New Area	7.17	4.48	2.63	0.33	0.50	0.78	0.50	0.08	0.84
嘉峪关市	**Jiayuguan**	**6.82**	**2.67**	**0.97**	**1.36**	**0.15**	**0.41**	**1.77**	**1.47**	**0.35**
金昌市	**Jinchang**	**82.39**	**56.08**	**24.29**	**21.95**	**5.22**	**3.05**	**13.74**	**0.87**	**1.13**
金川区	Jinchuan	18.60	12.22	2.19	9.92	0.04	0.29	4.36	0.11	0.65
永昌县	Yongchang	63.78	43.86	22.10	12.03	5.17	2.76	9.38	0.76	0.48
白银市	**Baiyin**	**360.31**	**254.29**	**38.37**	**107.87**	**67.23**	**15.86**	**17.17**	**24.11**	**12.15**
白银区	Baiyin	5.81	4.06	0.82	2.49	0.29	0.23	1.47		0.99
平川区	Pingchuan	20.52	14.89	1.66	6.33	2.92	1.54	0.86	1.01	1.03
靖远县	Jingyuan	108.10	54.00	6.55	23.57	9.43	2.78	9.82	13.37	2.75
会宁县	Huining	167.90	145.39	20.84	58.15	54.21	7.58	3.55	2.59	3.05
景泰县	Jingtai	57.98	35.96	8.50	17.32	0.38	3.74	1.48	7.14	4.34
天水市	**Tianshui**	**452.63**	**315.36**	**127.13**	**90.34**	**79.51**	**59.71**	**56.46**	**15.41**	**73.91**
秦州区	Qinzhou	72.38	47.67	21.24	14.55	9.89	14.92	6.23	3.08	9.95
麦积区	Maiji	55.52	42.12	19.13	17.02	3.96	6.83	4.74	0.74	13.55
清水县	Qingshui	61.32	43.90	16.86	15.40	9.55	8.40	5.98	1.70	11.22
秦安县	Qinan	74.82	55.96	21.33	13.98	15.60	9.27	5.79	2.67	21.50
甘谷县	Gangu	74.78	49.83	22.05	11.42	14.99	8.96	11.24	4.26	12.18
武山县	Wushan	70.52	42.03	13.40	9.30	16.35	6.21	19.03	2.76	2.91
张家川县	Zhangjiachuan	43.29	33.85	13.12	8.67	9.17	5.12	3.46	0.19	2.59
武威市	**Wuwei**	**250.94**	**149.19**	**50.18**	**76.01**	**10.97**	**13.59**	**43.43**	**12.10**	**16.90**
凉州区	Liangzhou	107.48	78.76	29.25	45.30	2.03	0.67	22.65	0.45	6.20
民勤县	Minqin	58.01	25.55	8.65	16.58	0.29	8.33	7.06	2.15	7.22
古浪县	Gulang	58.84	35.39	10.90	14.10	6.52	2.95	7.12	5.13	3.39
天祝县	Tianzhu	26.61	9.49	1.37	0.02	2.13	1.65	6.61	4.37	0.09
张掖市	**Zhangye**	**298.15**	**202.65**	**40.96**	**104.13**	**20.08**	**23.19**	**24.86**	**18.18**	**6.95**

12-17 续表 1 continued

单位：千公顷　　　　(1 000 hectares)

地、县	Region & County	农作物播种面积 Total Sown Area	粮食 Grain Crops	#小麦 Wheat	#玉米 Corn	#薯类 Tubers	油料 Oil-bearing Crops	蔬菜 Vegetables	中药材 Chinese Medicinal Materials	果园面积 Area of Orchards
甘州区	Ganzhou	72.73	62.09	2.84	57.74	0.28	0.33	7.84	0.58	0.86
肃南县	Sunan	11.09	5.80	1.57	1.97	0.23	0.05	0.30	0.09	0.01
民乐县	Minle	70.43	43.16	18.89	5.66	11.22	5.75	3.26	12.74	0.62
临泽县	Linze	31.85	24.26	0.30	23.64	0.01	0.13	3.87	1.44	2.40
高台县	Gaotai	36.52	18.62	2.70	14.17	0.43	0.63	8.49	1.33	2.59
山丹县	Shandan	44.82	30.52	12.79	0.95	6.76	3.81	1.10	2.01	0.47
平凉市	**Pingliang**	**347.56**	**278.40**	**99.89**	**86.22**	**63.83**	**27.65**	**23.50**	**3.89**	**85.17**
崆峒区	Kongtong	51.64	39.45	14.14	19.05	1.56	5.00	4.80	0.31	2.46
泾川县	Jingchuan	31.79	25.68	13.42	6.58	0.63	2.67	1.62	0.24	10.88
灵台县	Lingtai	50.58	44.15	25.70	15.39	0.41	4.47	1.46	0.26	5.94
崇信县	Chongxin	27.30	16.33	6.65	4.90	1.65	5.57	3.75	0.29	2.70
庄浪县	Zhuanglang	78.14	61.21	17.36	13.92	29.81	3.92	5.49	1.02	21.93
静宁县	Jingning	82.74	72.03	16.49	20.12	26.78	4.68	4.35	0.27	41.23
华亭市	Huating	25.37	19.54	6.12	6.26	3.00	1.34			0.03
酒泉市	**Jiuquan**	**198.68**	**58.44**	**19.08**	**38.51**	**0.25**	**12.63**	**31.49**	**27.13**	**11.76**
肃州区	Suzhou	53.45	26.52	3.73	22.36	0.21	0.74	13.55	0.13	1.43
金塔县	Jinta	42.68	14.41	6.28	8.03		3.25	8.00	2.06	2.00
瓜州县	Guazhou	47.05	4.87	2.44	2.42		3.06	2.50	14.44	0.21
肃北县	Subei	1.26	0.63	0.51	0.05	0.04	0.22	0.02		0.01
阿克塞县	Akesai	0.70	0.19		0.19			0.00	0.11	0.04
玉门市	Yumen	41.71	8.57	5.57	2.77		5.17	6.38	9.67	1.00
敦煌市	Dunhuang	11.82	3.24	0.55	2.68		0.20	1.03	0.73	7.07
庆阳市	**Qingyang**	**507.14**	**380.00**	**127.25**	**172.88**	**21.57**	**44.76**	**34.82**	**8.59**	**55.45**
西峰区	Xifeng	33.38	23.57	16.40	3.44	1.78	2.49	3.63	0.11	5.06
庆城县	Qingcheng	59.23	37.75	17.77	12.27	2.52	6.87	9.46	0.49	10.75
环　县	Huanxian	145.84	123.70	30.01	61.73	8.88	7.74	2.59	0.70	2.28
华池县	Huachi	47.39	39.48	2.50	26.20	3.45	3.41	1.97	1.81	0.68
合水县	Heshui	22.09	15.41	4.07	5.50	1.26	1.80	3.63	0.10	7.16
正宁县	Zhengning	14.70	9.05	0.91	6.30	0.33	2.38	1.52	0.74	7.95
宁　县	Ningxian	66.36	47.14	26.27	12.38	1.75	9.23	4.68	2.05	8.90
镇原县	Zhenyuan	118.15	83.90	29.32	45.07	1.60	10.85	7.33	2.59	12.66
定西市	**Dingxi**	**524.81**	**389.89**	**72.53**	**113.47**	**169.58**	**22.54**	**24.46**	**80.98**	**6.34**
安定区	Anding	115.28	96.85	6.70	28.02	54.17	4.64	11.60	0.49	0.45
通渭县	Tongwei	102.90	85.68	22.35	33.44	22.28	9.06	1.90	3.94	3.47

12-17 续表 2 continued

单位：千公顷 （1 000 hectares）

地、县	Region & County	农作物播种面积 Total Sown Area	粮食 Grain Crops	#小麦 Wheat	#玉米 Corn	#薯类 Tubers	油料 Oil-bearing Crops	蔬菜 Vegetables	中药材 Chinese Medicinal Materials	果园面积 Area of Orchards
陇西县	Longxi	86.43	62.34	11.67	25.52	22.56	3.44	1.35	18.27	1.40
渭源县	Weiyuan	73.28	47.85	13.37	8.82	20.08	3.01	0.89	20.93	0.21
临洮县	Lintao	76.38	59.08	7.57	14.31	33.28	0.71	5.46	10.08	0.78
漳　县	Zhangxian	31.78	21.37	8.19	3.36	6.23	1.28	3.18	5.93	0.03
岷　县	Minxian	38.76	16.72	2.67		10.99	0.40	0.08	21.34	
陇南市	**Longnan**	**338.36**	**232.09**	**83.36**	**64.59**	**58.22**	**27.76**	**33.96**	**42.98**	**34.24**
武都区	Wudu	62.52	37.58	7.87	8.90	12.53	2.54	10.06	12.26	0.79
成　县	Chengxian	31.03	21.07	10.26	7.06	1.42	4.41	3.18	1.96	0.53
文　县	Wenxian	24.55	13.48	2.57	5.46	4.37	2.55	4.04	4.44	0.77
宕昌县	Tanchang	27.86	14.48	3.53	2.38	6.01	1.59	1.41	10.35	0.40
康　县	Kangxian	18.92	14.24	4.58	4.37	2.94	1.03	2.12	1.45	0.54
西和县	Xihe	48.28	36.78	15.81	5.79	14.67	3.51	3.39	4.56	4.39
礼　县	Lixian	69.85	57.00	27.64	12.87	12.74	8.84	2.05	1.80	25.79
徽　县	Huixian	41.60	30.25	9.21	14.06	3.08	2.70	6.09	2.13	0.62
两当县	Liangdang	13.76	7.22	1.90	3.69	0.46	0.60	1.60	4.02	0.40
临夏州	**Linxia**	**155.56**	**120.33**	**21.45**	**67.20**	**27.25**	**15.59**	**12.00**	**5.14**	**2.11**
临夏市	linxia	2.44	1.69	0.10	1.44	0.13	0.35	0.32	0.01	0.06
临夏县	linxia	31.04	23.28	6.90	10.15	4.64	2.14	4.37	0.49	0.59
康乐县	Kangle	22.89	18.92	6.24	10.00	1.37	1.72	0.41	1.65	0.03
永靖县	Yongjing	22.14	14.51	1.63	8.44	4.25	0.92	4.91	1.11	0.59
广河县	Guanghe	14.74	12.83	0.01	11.28	1.53	0.31	1.15	0.06	0.04
和政县	Hezheng	16.04	9.31	3.48	4.14	1.22	5.17	0.34	1.11	0.59
东乡县	Dongxiang	29.39	28.34	1.29	14.95	11.88	0.22	0.10	0.50	0.20
积石山县	Jishishan	16.86	11.46	1.80	6.80	2.23	4.74	0.40	0.21	0.03
甘南州	**Gannan**	**77.39**	**42.38**	**7.81**	**4.01**	**7.91**	**11.50**	**1.08**	**16.34**	**0.89**
合作市	Hezuo	7.67	4.88	0.23		0.74	1.61	0.06	0.15	
临潭县	Lintan	18.81	7.82	1.24	0.03	1.55	3.69	0.19	6.27	0.04
卓尼县	Zhuoni	11.29	4.23	0.58		0.80	1.57	0.15	4.22	0.02
舟曲县	Zhouqu	22.68	15.76	3.84	3.75	3.78	1.85	0.49	4.44	0.46
迭部县	Diebu	5.96	4.16	1.40	0.23	0.86	0.51	0.20	1.08	0.37
玛曲县	Maqu									
碌曲县	Luqu	2.20	1.34			0.07	0.30		0.07	
夏河县	Xiahe	8.78	4.20	0.52		0.12	1.97		0.11	0.01

12-18 各市（州）主要农作物播种面积构成（2019）
Sown Area Structure of Major Farm Crops by Region（2019）

单位：%　　(%)

市（州）	Region	农作物播种面积 Total Sown Area	粮食 Grain Crops	#小麦 Wheat	#玉米 Corn	#薯类 Tubers	油料 Oil-bearing Crops	中药材 Chinese Medicinal Materials	蔬菜 Vegetables	瓜果 Fruit and Melon
甘肃省	**Gansu**	**100.00**	**67.36**	**19.31**	**25.78**	**14.58**	**7.57**	**7.08**	**9.95**	**1.67**
兰州市	Lanzhou	100.00	46.11	14.11	15.59	12.94	5.48	5.54	33.37	1.93
嘉峪关市	Jiayuguan	100.00	39.19	14.19	19.94	2.22	5.96	21.61	25.90	0.85
金昌市	Jinchang	100.00	68.07	29.48	26.65	6.33	3.70	1.06	16.68	0.56
白银市	Baiyin	100.00	70.58	10.65	29.94	18.66	4.40	6.69	4.77	6.35
天水市	Tianshui	100.00	69.67	28.09	19.96	17.57	13.19	3.40	12.47	0.49
武威市	Wuwei	100.00	59.45	20.00	30.29	4.37	5.42	4.82	17.31	2.45
张掖市	Zhangye	100.00	67.97	13.74	34.93	6.74	7.78	6.10	8.34	0.29
平凉市	Pingliang	100.00	80.10	28.74	24.81	18.36	7.96	1.12	6.76	0.81
酒泉市	Jiuquan	100.00	29.42	9.61	19.38	0.13	6.36	13.66	15.85	5.76
庆阳市	Qingyang	100.00	74.93	25.09	34.09	4.25	8.83	1.69	6.87	2.10
定西市	Dingxi	100.00	74.29	13.82	21.62	32.31	4.29	15.43	4.66	0.10
陇南市	Longnan	100.00	68.59	24.64	19.09	17.21	8.20	12.70	10.04	0.07
临夏州	Linxia	100.00	77.35	13.79	43.20	17.52	10.02	3.31	7.72	0.33
甘南州	Gannan	100.00	54.76	10.09	5.18	10.22	14.85	21.12	1.40	

12-19 各市（州）主要农作物播种面积占全省的比重（2019）
Proportion of Major Farm Crops Sown Areas by Region（2019）

单位：%　　(%)

市（州）	Region	农作物播种面积 Total Sown Area	粮食 Grain Crops	#小麦 Wheat	#玉米 Corn	#薯类 Tubers	油料 Oil-bearing Crops	中药材 Chinese Medicinal Materials	蔬菜 Vegetables	瓜果 Fruit and Melon
甘肃省	**Gansu**	**100.00**	**100.00**	**100.00**	**100.00**	**100.00**	**100.00**	**100.00**	**100.00**	**100.00**
兰州市	Lanzhou	4.33	2.96	3.16	2.62	3.84	3.13	3.39	14.51	5.00
嘉峪关市	Jiayuguan	0.18	0.10	0.13	0.14	0.03	0.14	0.54	0.46	0.09
金昌市	Jinchang	2.15	2.17	3.28	2.22	0.93	1.05	0.32	3.60	0.73
白银市	Baiyin	9.40	9.85	5.19	10.92	12.03	5.47	8.89	4.50	35.81
天水市	Tianshui	11.81	12.22	17.18	9.14	14.23	20.59	5.68	14.81	3.45
武威市	Wuwei	6.55	5.78	6.78	7.69	1.96	4.69	4.46	11.39	9.64
张掖市	Zhangye	7.78	7.85	5.54	10.54	3.59	8.00	6.71	6.52	1.34
平凉市	Pingliang	9.07	10.79	13.50	8.73	11.42	9.54	1.43	6.16	4.41
酒泉市	Jiuquan	5.19	2.26	2.58	3.90	0.04	4.36	10.01	8.26	17.92
庆阳市	Qingyang	13.24	14.72	17.20	17.50	3.86	15.44	3.17	9.13	16.69
定西市	Dingxi	13.70	15.11	9.80	11.49	30.35	7.77	29.87	6.42	0.82
陇南市	Longnan	8.83	8.99	11.27	6.54	10.42	9.57	15.85	8.91	0.37
临夏州	Linxia	4.06	4.66	2.90	6.80	4.88	5.38	1.90	3.15	0.81
甘南州	Gannan	2.02	1.64	1.06	0.41	1.42	3.96	6.03	0.28	

12-20 主要农产品产量
Calendar Year Agricultural Output

单位：万吨 （10 000 tons）

年份 Year	粮食 Grain Crops	油料 Oil-bearing Crops	中药材 Chinese Medicinal Materials	甜菜 Beetroots	蔬菜 Vegetables	园林水果 Garden Fruits	肉类总产量 The Total Output Of Meat
1978	510.55	8.60	1.28	5.80	57.65	11.69	15.00
1979	461.35	8.46	1.25	4.42	53.64	7.35	12.90
1980	492.50	13.95	2.52	6.31	57.69	12.75	13.95
1981	412.81	13.18	1.51	10.62	59.24	11.05	14.13
1982	469.10	14.27	0.96	14.67	91.22	12.26	15.65
1983	539.62	19.28	1.79	17.48	80.56	12.58	14.77
1984	539.79	21.12	3.82	26.95	96.64	16.43	17.96
1985	530.55	26.31	3.23	61.62	116.65	19.91	23.95
1986	550.98	29.87	2.34	52.13	156.17	24.81	28.33
1987	529.37	29.45	2.30	56.32	162.31	27.17	29.34
1988	593.07	30.28	3.29	92.88	180.17	33.98	31.06
1989	639.20	30.39	3.00	66.33	208.87	34.84	31.74
1990	686.59	33.65	2.64	72.35	206.33	38.49	33.89
1991	656.38	32.55	2.79	103.63	201.88	40.42	36.56
1992	689.08	36.48	3.23	94.22	233.84	47.12	38.16
1993	750.26	37.53	5.29	104.62	251.99	59.66	41.99
1994	707.37	39.88	5.09	113.10	293.85	66.40	44.09
1995	626.78	31.69	4.28	107.01	329.39	80.36	47.33
1996	820.60	43.08	4.25	119.11	328.55	90.89	49.06
1997	766.16	35.56	3.99	139.11	346.87	100.25	52.60
1998	871.95	45.47	5.20	130.95	439.57	113.17	54.10
1999	814.93	43.79	10.70	73.85	487.32	125.74	55.78
2000	713.48	41.68	15.98	37.90	505.81	121.59	57.33
2001	753.22	38.42	24.58	45.12	603.17	121.71	59.67
2002	782.68	41.93	30.58	28.85	645.17	137.05	62.11
2003	789.34	46.04	32.51	19.95	732.59	145.37	64.37
2004	805.80	48.50	34.11	15.87	810.75	140.98	66.05
2005	836.89	50.31	35.55	14.54	866.91	172.45	69.81
2006	808.05	48.99	37.16	19.02	933.85	205.09	80.47
2007	807.60	46.72	39.74	28.20	621.03	150.19	78.51
2008	870.44	54.37	43.98	20.67	668.26	163.38	80.12
2009	896.15	59.92	46.24	21.32	711.35	182.75	80.80
2010	948.82	66.06	48.47	23.31	752.71	197.17	81.50
2011	1009.06	66.02	53.72	19.43	808.23	216.96	80.32
2012	1096.00	70.18	64.02	26.86	847.62	236.84	83.52
2013	1117.47	73.59	71.00	27.33	936.82	257.69	85.85
2014	1145.37	77.03	79.13	29.61	1014.20	279.99	89.52
2015	1154.58	76.71	83.75	18.26	1086.19	304.06	89.90
2016	1117.48	82.12	86.85	19.19	1092.89	359.93	92.20
2017	1105.90	77.35	92.72	26.69	1212.31	397.15	99.14
2018	1151.43	70.41	101.85	25.20	1292.57	370.03	101.16
2019	1162.58	63.18	113.15	26.51	1388.75	438.54	101.68

12-21 主要农产品产量
Yield of Major Farm Crops

指　标	Item	2010	2015	2018	2019
主要农产品产量（万吨）	**Yield of Major Farm Crops（10 000 tons）**				
粮食	Grain Crops	948.82	1154.58	1151.43	1162.58
夏粮	Summer Grain Crops	318.02	321.94	320.97	327.49
秋粮	Autumn Grain Crops	630.77	832.65	830.46	835.09
谷物	Cereal	746.15	938.24	918.51	923.03
#稻谷	Rice	3.93	2.84	2.47	2.13
小麦	Wheat	253.52	285.10	280.51	281.10
玉米	Corn	415.98	598.09	589.99	594.14
豆类	Beans	31.41	27.49	30.59	32.70
薯类	Tubers	171.23	188.85	202.33	206.85
油料	Oil-bearing Crops	66.06	76.71	70.41	63.18
#油菜籽	Rapeseeds	35.74	40.05	35.53	35.61
棉花	Cotton	7.99	4.82	3.53	3.27
麻类	Fiber Crops	0.23	0.26	0.28	0.28
甜菜	Beetroots	23.31	18.26	25.20	26.51
烟叶	Tobacco	0.96	0.70	0.58	0.52
#烤烟	Flue-cured Tobacco	0.85	0.62	0.58	0.51
中药材	Chinese Medicinal Materials	48.47	83.75	101.85	113.15
蔬菜	Vegetables	752.71	1086.19	1292.57	1388.75
园林水果	Garden Fruits	197.17	304.06	370.03	438.54
农产品单位面积产量（千克／公顷）	**Yield of Farm Crops Per Hectare（kg/hectare）**				
粮食	Grain Crops	3485.17	4251.48	4352.79	4504.19
谷物	Cereal	3820.62	4619.41	4741.90	4907.54
棉花	Cotton	1577.79	1655.60	1639.67	1689.36
油菜籽	Rapeseeds	1815.99	2101.96	2031.09	2169.21
甜菜	Beetroots	43594.06	55722.57	66793.56	63987.58
烟叶	Tobacco	3017.49	3144.33	3009.57	3069.54
中药材	Chinese Medicinal Materials	2014.29	2666.44	2888.79	2967.96
蔬菜	Vegetables	31279.61	34583.15	36661.37	36426.25

12-22 各地、县主要农产品产量（2019）
Yield of Farm Crops by Region & County（2019）

单位：吨 （ton）

地、县	Region & County	粮食 Grain Crops	#小麦 Wheat	#玉米 Corn	#薯类 Tubers	油料 Oil-bearing Crops	中药材 Chinese Medicinal Materials	蔬菜 Vegetables	瓜果 Fruit and Melon	人均粮食占有量（千克）Per Capita Grain Crops（kg）
兰州市	**Lanzhou**	**303310**	**78645**	**138133**	**67352**	**18080**	**32622**	**1804949**	**121333**	**80.01**
城关区	Chengguan	292		72	15	120		5940	75	0.22
七里河区	Qilihe	3697	619	3040		27	226	227692	137	6.34
西固区	Xigu	1423	469	916		89	111	122359	968	3.82
安宁区	Anning							939		
红古区	Honggu	4396	935	3461		276		240790	10717	30.59
永登县	Yongdeng	134977	46644	50393	32179	6973	11960	312384	11395	386.20
皋兰县	Gaolan	22764	4334	9650	7150	2560		239640	93310	205.82
榆中县	Yuzhong	120657	15768	69033	27037	6739	19943	637662	4629	269.93
兰州新区	Lanzhou New Area	15104	9876	1568	971	1296	382	17542	102	91.15
嘉峪关市	**Jiayuguan**	**21220**	**5900**	**13400**	**1320**	**1835**	**6018**	**134716**	**4763**	**83.84**
金昌市	**Jinchang**	**406885**	**154700**	**185194**	**41846**	**10644**	**8734**	**719654**	**28031**	**888.01**
金川区	Jinchuan	96930	13542	82604	317	1003	1236	204340	27923	414.76
永昌县	Yongchang	309956	141158	102590	41529	9641	7498	515313	108	1380.65
白银市	**Baiyin**	**964848**	**133983**	**525554**	**208264**	**22605**	**102866**	**1108412**	**889239**	**554.26**
白银区	Baiyin	23464	2300	18657	960	559		100804	270	77.01
平川区	Pingchuan	49808	6930	24633	10168	3313	2115	53566	46977	251.52
靖远县	Jingyuan	215598	27899	112509	43268	5340	34778	674422	625846	461.86
会宁县	Huining	467536	57005	234924	151165	5765	9069	178512	208565	856.76
景泰县	Jingtai	208441	39849	134831	2703	7627	56904	101108	7581	923.94
天水市	**Tianshui**	**1231736**	**401662**	**534664**	**257317**	**116391**	**47924**	**2007993**	**57426**	**365.62**
秦州区	Qinzhou	212597	70756	102815	31700	31969	8598	210141	2224	319.21
麦积区	Maiji	180746	63200	98963	16512	16446	3573	174926	10702	315.55
清水县	Qingshui	174086	52223	81830	33816	21288	9441	97810	2631	625.31
秦安县	Qinan	210027	63463	78107	60001	13627	2252	167277	18759	394.86
甘谷县	Gangu	190635	71927	74700	38992	13779	9301	401451	16190	330.50
武山县	Wushan	139637	43400	52104	38621	13533	13878	843555	6920	313.86
张家川县	Zhangjiachuan	124008	36693	46145	37675	5750	881	112834		415.99
武威市	**Wuwei**	**1033652**	**296457**	**629097**	**71818**	**64343**	**79541**	**2537664**	**368321**	**566.38**
凉州区	Liangzhou	612129	170814	420897	14089	2621	4760	1468315	34596	603.92
民勤县	Minqin	180054	57791	120100	2120	46073	12056	471455	324379	745.87
古浪县	Gulang	200207	63298	88000	39458	12392	20943	402586	8557	514.67
天祝县	Tianzhu	41262	4554	100	16152	3257	41782	195308	788	227.97
张掖市	**Zhangye**	**1389035**	**255351**	**802469**	**149728**	**50471**	**102938**	**1158086**	**34294**	**1122.36**

12-22 续表 1 continued

单位：吨 (ton)

地、县	Region & County	粮食 Grain Crops	#小麦 Wheat	#玉米 Corn	#薯类 Tubers	油料 Oil-bearing Crops	中药材 Chinese Medicinal Materials	蔬菜 Vegetables	瓜果 Fruit and Melon	人均粮食占有量（千克） Per Capita Grain Crops (kg)
甘州区	Ganzhou	492441	22093	462178	2044	1218	3372	410972	9900	947.55
肃南县	Sunan	36783	10146	15900	1760	99	990	26786		1042.01
民乐县	Minle	288300	116000	49700	85700	14736	69002	54030	589	1270.60
临泽县	Linze	168320	2076	165100	89	520	9215	205300	1680	1217.06
高台县	Gaotai	127406	17951	101893	3047	1922	7187	388856	3569	864.94
山丹县	Shandan	197185	80365	7698	49388	13246	13172	72143	18557	1159.23
平凉市	**Pingliang**	**1046471**	**319742**	**444094**	**222904**	**48979**	**22078**	**528854**	**91875**	**492.39**
崆峒区	Kongtong	171000	48500	105500	5405	8353	1605	117098	24464	319.75
泾川县	Jingchuan	88107	42105	35800	1600	4932	150	22054	41545	305.71
灵台县	Lingtai	167326	81097	77901	1247	9849	989	32357	6444	903.00
崇信县	Chongxin	57458	21335	24383	4697	7371	1927	87167	1956	548.26
庄浪县	Zhuanglang	234304	56110	66744	111047	6800	5830	136591	3038	607.48
静宁县	Jingning	258584	51795	99664	88120	8751	1623	94344	14186	604.17
华亭市	Huating	69693	18801	34102	10788	2922	9953	39242	242	351.10
酒泉市	**Jiuquan**	**460487**	**129702**	**326970**	**2160**	**33369**	**87039**	**1383314**	**497947**	**406.72**
肃州区	Suzhou	213432	25625	185340	1804	2559	1504	582947	30560	473.45
金塔县	Jinta	114615	42157	72277		8998	17124	468644	205402	789.90
瓜州县	Guazhou	37748	16937	20811		6786	40078	64789	126805	251.99
肃北县	Subei	4738	3780	450	345	718		672		307.66
阿克塞县	Akesai	1599		1583	11		910	62	34	145.36
玉门市	Yumen	62495	37629	24239		13447	26186	219558	68065	371.33
敦煌市	Dunhuang	25861	3574	22269		861	1237	46643	67082	134.83
庆阳市	**Qingyang**	**1454366**	**399112**	**828301**	**80441**	**81948**	**53033**	**457772**	**530424**	**638.22**
西峰区	Xifeng	101246	58875	27094	9767	6649	1025	72405	12440	268.70
庆城县	Qingcheng	123344	49757	52937	8976	11536	3889	87232	22714	454.47
环　县	Huanxian	407356	78217	247205	28987	9724	3510	30507	52941	1294.43
华池县	Huachi	132048	7028	99233	10821	6020	9036	31256	21623	978.13
合水县	Heshui	77238	14561	42711	6126	3430	605	44943	17855	498.31
正宁县	Zhengning	54495	3313	45142	1740	4204	5447	24215	2474	293.62
宁　县	Ningxian	220269	98823	95049	8124	19743	15775	69948	184262	531.79
镇原县	Zhenyuan	338369	88538	218930	5900	20642	13746	97266	216116	794.11
定西市	**Dingxi**	**1524731**	**207293**	**604403**	**626667**	**48088**	**332952**	**521877**	**26972**	**539.57**
安定区	Anding	395720	18500	139600	216380	9769	3119	225046	239	913.54
通渭县	Tongwei	352400	61900	200000	75100	16628	17865	27798	422	858.61

12-22 续表 2 continued

单位：吨 (ton)

地、县	Region & County	粮食 Grain Crops	#小麦 Wheat	#玉米 Corn	#薯类 Tubers	油料 Oil-bearing Crops	中药材 Chinese Medicinal Materials	蔬菜 Vegetables	瓜果 Fruit and Melon	人均粮食占有量（千克）Per Capita Grain Crops (kg)
陇西县	Longxi	226921	27793	114916	76800	7987	84120	32446	2185	487.19
渭源县	Weiyuan	176897	35300	48426	81000	7138	85216	12835	36	531.06
临洮县	Lintao	232315	30700	82000	110400	1772	29882	138490	24060	445.75
漳　县	Zhangxian	78438	25000	19461	21947	3794	20167	84083	18	393.31
岷　县	Minxian	62040	8100		45040	999	92583	1178	12	134.07
陇南市	**Longnan**	**854041**	**294691**	**325545**	**184298**	**50074**	**156378**	**760245**	**4741**	**323.12**
武都区	Wudu	142802	33573	44095	48423	4932	31572	139458	798	249.92
成　县	Chengxian	102399	45600	47383	5538	8860	9746	101740	270	414.74
文　县	Wenxian	42346	10419	20778	6531	3581	9921	121301	386	184.51
宕昌县	Tanchang	61166	12014	17584	26900	2930	41780	36675		217.60
康　县	Kangxian	36156	16674	13887	3199	1959	8198	26969	144	197.79
西和县	Xihe	147552	47800	38330	60526	7366	16040	34324	249	363.52
礼　县	Lixian	146909	75291	44390	19015	15251	7500	49270	700	307.86
徽　县	Huixian	145774	43060	83235	13129	4304	12194	215668	1843	723.44
两当县	Liangdang	28936	10260	15863	1038	891	19428	34841	352	618.29
临夏州	**Linxia**	**682607**	**90558**	**464812**	**114418**	**55092**	**30413**	**346997**	**7082**	**329.54**
临夏市	linxia	13381	510	12276	568	976	120	9530	157	45.27
临夏县	linxia	135522	30830	79524	20301	8533	3256	102396	1697	394.30
康乐县	Kangle	113409	29000	74100	6100	6636	14076	14343	4	460.45
永靖县	Yongjing	83871	5800	62300	15200	2338	4290	153523	5224	446.36
广河县	Guanghe	105056	83	98216	6757	1353	403	40449		427.06
和政县	Hezheng	49388	13710	28475	5800	18863	5562	12750		251.72
东乡县	Dongxiang	122690	3348	68020	50891	510	1188	2853		398.21
积石山县	Jishishan	59289	7277	41900	8800	15884	1518	11153		239.45
甘南州	**Gannan**	**105138**	**22596**	**13428**	**20523**	**21846**	**54550**	**20512**		**145.38**
合作市	Hezuo	9582	590		1816	2410	625	916		100.02
临潭县	Lintan	20008	3901	107	3421	6915	21373	2436		140.60
卓尼县	Zhuoni	9276	1685		2080	2515	12922	4139		86.77
舟曲县	Zhouqu	41491	11523	12120	10140	4795	8382	8880		305.98
迭部县	Diebu	11618	4130	1201	2667	1053	10206	4142		213.17
玛曲县	Maqu									
碌曲县	Luqu	2810			196	322	831			72.99
夏河县	Xiahe	10353	768		203	3837	211			114.27

12-23 各地、县中药材种植面积和产量（2019）
Sown Areas and Products of Chinese Medicine by Region & County （2019）

地、县	Region & County	中药材 Chinese Medicinal Materials		当归 Angelica		党参 Codonopsis		其他 Others	
		面积（亩）Areas（mu）	产量（吨）Products（ton）	面积（亩）Areas（mu）	产量（吨）Products（ton）	面积（亩）Areas（mu）	产量（吨）Products（ton）	面积（亩）Areas（mu）	产量（吨）Products（ton）
兰州市	**Lanzhou**	**137818**	**32622**	**6616**	**1774**	**6900**	**1971**	**124303**	**28876**
城关区	Chengguan								
七里河区	Qilihe	1300	226	1060	190	160	36	80	
西固区	Xigu	291	111	191	72			100	39
安宁区	Anning								
红古区	Honggu								
永登县	Yongdeng	29562	11960	1919	353	3620	1134	24023	10473
皋兰县	Gaolan								
榆中县	Yuzhong	105537	19943	3406	1159	3085	801	99046	17982
兰州新区	Lanzhou New Area	1128	382	40		35		1053	382
嘉峪关市	**Jiayuguan**	**22100**	**6018**					**22100**	**6018**
金昌市	**Jinchang**	**13043**	**8734**					**13043**	**8734**
金川区	Jinchuan	1632	1236					1632	1236
永昌县	Yongchang	11411	7498					11411	7498
白银市	**Baiyin**	**361688**	**102866**	**1100**	**86**	**6800**	**1461**	**353788**	**101319**
白银区	Baiyin								
平川区	Pingchuan	15193	2115					15193	2115
靖远县	Jingyuan	200543	34778	1055	82	1462	140	198026	34556
会宁县	Huining	38874	9069	35	4	5338	1321	33501	7744
景泰县	Jingtai	107078	56904	10				107068	56904
天水市	**Tianshui**	**231122**	**47924**	**10365**	**3267**	**52116**	**9176**	**168641**	**35480**
秦州区	Qinzhou	46210	8598	500	122	1500	444	44210	8032
麦积区	Maiji	11089	3573	166	47	1778	1021	9145	2505
清水县	Qingshui	25478	9441	1635	740	420	132	23423	8569
秦安县	Qinan	40066	2252			593	59	39473	2193
甘谷县	Gangu	63973	9301	2050	177	42965	6011	18958	3113
武山县	Wushan	41455	13878	6014	2181	4860	1509	30581	10187
张家川县	Zhangjiachuan	2851	881					2851	881
武威市	**Wuwei**	**181468**	**79541**	**13059**	**7926**	**1467**	**579**	**166943**	**71037**
凉州区	Liangzhou	6709	4760	485	193	292	272	5932	4296
民勤县	Minqin	32281	12056					32281	12056
古浪县	Gulang	76904	20943	1863	300	100	67	74941	20577
天祝县	Tianzhu	65575	41782	10711	7433	1075	240	53790	34109
张掖市	**Zhangye**	**272740**	**102938**	**20468**	**10683**	**228**	**249**	**252044**	**92006**

12-23 续表 1 continued

地、县	Region & County	中药材 Chinese Medicinal Materials 面积（亩）Areas (mu)	中药材 产量（吨）Products (ton)	当归 Angelica 面积（亩）Areas (mu)	当归 产量（吨）Products (ton)	党参 Codonopsis 面积（亩）Areas (mu)	党参 产量（吨）Products (ton)	其他 Others 面积（亩）Areas (mu)	其他 产量（吨）Products (ton)
甘州区	Ganzhou	8643	3372			50	24	8593	3348
肃南县	Sunan	1314	990	220	80			1094	910
民乐县	Minle	191087	69002	18748	9763	178	225	172161	59014
临泽县	Linze	21569	9215					21569	9215
高台县	Gaotai	19989	7187					19989	7187
山丹县	Shandan	30138	13172	1500	840			28638	12332
平凉市	**Pingliang**	**58361**	**22078**	**781**	**147**	**2159**	**1046**	**55421**	**20885**
崆峒区	Kongtong	4628	1605	50	19	130	51	4448	1536
泾川县	Jingchuan	3533	150					3533	150
灵台县	Lingtai	3930	989	85	7	45	9	3800	973
崇信县	Chongxin	4345	1927					4345	1927
庄浪县	Zhuanglang	15323	5830	350	75	1754	928	13219	4828
静宁县	Jingning	4100	1623	260	32	230	59	3610	1532
华亭市	Huating	22503	9953	36	14			22467	9939
酒泉市	**Jiuquan**	**406950**	**87039**					**406950**	**87039**
肃州区	Suzhou	1897	1504					1897	1504
金塔县	Jinta	30898	17124					30898	17124
瓜州县	Guazhou	216601	40078					216601	40078
肃北县	Subei								
阿克塞县	Akesai	1580	910					1580	910
玉门市	Yumen	145063	26186					145063	26186
敦煌市	Dunhuang	10911	1237					10911	1237
庆阳市	**Qingyang**	**128884**	**53033**	**1129**	**477**	**3980**	**1434**	**123775**	**51122**
西峰区	Xifeng	1619	1025	20	5	115	42	1484	979
庆城县	Qingcheng	7405	3889					7405	3889
环　县	Huanxian	10495	3510	300	204			10195	3306
华池县	Huachi	27078	9036	50	13	16	3	27012	9021
合水县	Heshui	1570	605	108	26	20	2	1442	577
正宁县	Zhengning	11147	5447			276	86	10872	5361
宁　县	Ningxian	30721	15775	443	142	879	291	29399	15342
镇原县	Zhenyuan	38849	13746	208	88	2674	1010	35967	12648
定西市	**Dingxi**	**1214687**	**332952**	**305452**	**81193**	**410979**	**99135**	**498256**	**152624**
安定区	Anding	7401	3119			1457	614	5944	2505
通渭县	Tongwei	59102	17865	335	84	5352	592	53416	17190

12-23 续表 2 continued

地、县	Region & County	中药材 Chinese Medicinal Materials		当归 Angelica		党参 Codonopsis		其他 Others	
		面积（亩）Areas (mu)	产量（吨）Products (ton)	面积（亩）Areas (mu)	产量（吨）Products (ton)	面积（亩）Areas (mu)	产量（吨）Products (ton)	面积（亩）Areas (mu)	产量（吨）Products (ton)
陇西县	Longxi	274052	84120	281	151	130860	43877	142911	40091
渭源县	Weiyuan	313917	85216	90608	25576	111137	19749	112172	39892
临洮县	Lintao	151225	29882	20146	4908	81696	15040	49383	9934
漳　县	Zhangxian	88929	20167	36292	7640	15550	2669	37087	9857
岷　县	Minxian	320060	92583	157790	42834	64927	16594	97343	33155
陇南市	**Longnan**	**644633**	**156378**	**58296**	**13367**	**159990**	**27386**	**426347**	**115625**
武都区	Wudu	183944	31572	20523	3172	26082	4126	137339	24274
成　县	Chengxian	29441	9746	195	63	1500	403	27746	9280
文　县	Wenxian	66674	9921	201	59	56299	7340	10174	2522
宕昌县	Tanchang	155200	41780	26400	7585	58300	11246	70500	22949
康　县	Kangxian	21696	8198	83	43	537	58	21076	8097
西和县	Xihe	68459	16040			4653	859	63806	15180
礼　县	Lixian	27000	7500	9300	2093	4210	1337	13490	4070
徽　县	Huixian	31956	12194	1439	311	3641	1395	26876	10488
两当县	Liangdang	60263	19428	156	41	4768	622	55339	18764
临夏州	**Linxia**	**77168**	**30413**	**29549**	**14951**	**2653**	**1249**	**44967**	**14214**
临夏市	linxia	100	120	89	84			11	36
临夏县	linxia	7312	3256	4182	1968	77	34	3053	1255
康乐县	Kangle	24703	14076	16817	10153	2053	945	5833	2978
永靖县	Yongjing	16672	4290			232	93	16440	4197
广河县	Guanghe	880	403	371	109	50	74	459	220
和政县	Hezheng	16725	5562	6574	2219	45	14	10106	3330
东乡县	Dongxiang	7555	1188	1000	160			6555	1028
积石山县	Jishishan	3222	1518	516	259	196	89	2510	1170
甘南州	**Gannan**	**245153**	**54550**	**85926**	**23608**	**35541**	**7213**	**123686**	**23729**
合作市	Hezuo	2177	625	107	19			2070	607
临潭县	Lintan	94112	21373	47730	11845	6954	1628	39429	7899
卓尼县	Zhuoni	63329	12922	23354	4974	11200	2352	28775	5595
舟曲县	Zhouqu	66629	8382	3924	533	16161	2640	46544	5209
迭部县	Diebu	16271	10206	9836	6160	1222	585	5213	3461
玛曲县	Maqu								
碌曲县	Luqu	995	831	30	15	5	8	960	809
夏河县	Xiahe	1640	211	945	62			695	150

12-24 各市（州）主要农产品单位面积产量（2019）
Yield of Major Farm Crops per Hectare by Region (2019)

单位：千克／公顷 (kg / hectare)

市（州）	Region	粮食 Grain Crops	谷物 Cereal	油菜籽 Rapeseeds	甜菜 Beetroots	烟叶 Tobacco	中药材 Chinese Medicinal Materials	蔬菜 Vegetables	园林水果 Fruit
甘肃省	**Total**	**4504**	**4908**	**2169**	**63988**	**3070**	**4173**	**36426**	**13748**
兰州市	Lanzhou	3970	4374	1644	30000	2250	3551	32636	14794
嘉峪关市	Jiayuguan	7942	8293	1500	37890		4085	76296	7982
金昌市	Jinchang	7255	7177	3487			10045	52368	8198
白银市	Baiyin	3794	4201	1770			4266	64544	11697
天水市	Tianshui	3906	4266	1949	32815	2368	3110	35567	18655
武威市	Wuwei	6928	7138	2443	61923	2850	6575	58427	9997
张掖市	Zhangye	6854	6875	2054	51721		5661	46582	9706
平凉市	Pingliang	3759	3939	2026		1219	5674	22505	16238
酒泉市	Jiuquan	7879	7916	2639	74170		3208	43933	21614
庆阳市	Qingyang	3827	3986	2215		3765	6172	13148	8593
定西市	Dingxi	3911	4272	2438	31785		4112	21337	10199
陇南市	Longnan	3680	4102	1833	18188	2304	3639	22384	6263
临夏州	Linxia	5673	6254	3595	16333		5912	28913	15456
甘南州	Gannan	2481	2477	1902	5526	1068	3338	18911	11369

12-25 各市（州）主要农产品人均占有量（2019）
Output of Major Farm Corps per Capita by Region（2019）

单位：千克/人 （kg/person）

市（州）	Region	粮食 Grain Crops	谷物 Cereal	油菜籽 Rapeseeds	甜菜 Beetroots	烟叶 Tobacco	中药材 Chinese Medicinal Materials	蔬菜 Vegetables	园林水果 Fruit
甘肃省	**Total**	**439.14**	**348.65**	**13.45**	**10.01**	**0.20**	**42.74**	**524.57**	**165.65**
兰州市	Lanzhou	80.01	57.96	1.13	0.02		8.61	476.13	34.87
嘉峪关市	Jiayuguan	83.84	76.25		21.10		23.78	532.27	10.94
金昌市	Jinchang	888.01	796.63	18.51			19.06	1570.61	20.25
白银市	Baiyin	554.26	398.61	0.66			59.09	636.73	81.67
天水市	Tianshui	365.62	284.24	28.87	1.63		14.23	596.04	409.25
武威市	Wuwei	566.38	520.48	3.58	5.71		43.58	1390.50	92.56
张掖市	Zhangye	1122.36	989.71	34.67	28.23		83.18	935.75	54.52
平凉市	Pingliang	492.39	375.49	7.32			10.39	248.84	650.72
酒泉市	Jiuquan	406.72	404.05	2.64	148.01		76.88	1221.79	224.53
庆阳市	Qingyang	638.22	582.29	18.99		1.49	23.27	200.88	209.12
定西市	Dingxi	539.58	293.08	4.18	0.56		117.83	184.68	22.89
陇南市	Longnan	323.12	240.81	17.38	0,03	0.68	59.16	287.63	81.12
临夏州	Linxia	329.54	268.45	25.55	0.60		14.68	167.52	15.76
甘南州	Gannan	145.38	95.76	30.10	0.41	0.01	75.43	28.36	14.00

12-26 园林水果生产
Garden Fruits Production

指标	Item	2010	2015	2018	2019
园林水果产量（吨）	**Output of Garden Fruits （ton）**	**1971700**	**3040650**	**3700296**	**4385375**
#苹果	Apple	1327794	2163521	2915306	3404656
梨	Pear	220034	272615	190449	253170
葡萄	Grape	84523	209347	252687	261809
红枣	Date	77304	110700	90681	90951
柿子	Persimmon	15673	14972	17675	42802
桃子	Peach	102646	159204	118068	133458
杏子	Apricot	41991	50046	46162	74049
果园面积（千公顷）	**Area of Orchards （1 000 hectares）**	**276.51**	**302.00**	**313.65**	**318.99**
#苹果园	Apple Orchard	210.22	230.65	234.36	241.11
梨园	Pear Orchard	17.04	17.92	20.02	18.97
葡萄园	Grape Orchard	11.90	17.87	16.98	16.01
桃园	Peach Orchard	5.67	5.28	5.99	6.44
杏园	Apricot Orchard	17.33	14.94	14.37	14.03

12-27 各地、县园林水果产量（2019）
Output of Garden Fruits by Region & County（2019）

单位：吨 （ton）

地、县	Region & County	园林水果产量 Garden Fruits	# 苹果 Apples	# 梨 Pears	# 葡萄 Grapes	# 红枣 Dates	# 柿子 Persimmons	# 杏子 Apricots	# 桃子 Peaches
兰州市	**Lanzhou**	**132194**	**57266**	**27811**	**8861**	**6134**		**7743**	**18607**
城关区	Chengguan	9231	8403	343	200	1		60	225
七里河区	Qilihe	12074	5887	4149		20		25	1898
西固区	Xigu	15028	4242	3277	136	3172		44	476
安宁区	Anning	2489		15		141			2334
红古区	Honggu	20651	14543	1409	937	743		129	2037
永登县	Yongdeng	24114	8914	4696	7251	478		1650	43
皋兰县	Gaolan	32294	11026	8475		1114		164	11478
榆中县	Yuzhong	4921	3783	721	203	70		133	6
兰州新区	Lanzhou New Area	11391	469	4728	133	396		5537	110
嘉峪关市	**Jiayuguan**	**2769**	**143**	**390**	**2210**				
金昌市	**Jinchang**	**9280**	**2117**	**1859**	**2201**	**1826**		**1098**	**178**
金川区	Jinchuan	6398	931	649	2136	1814		767	100
永昌县	Yongchang	2882	1186	1210	65	12		331	78
白银市	**Baiyin**	**142172**	**66706**	**33750**	**581**	**29388**		**3064**	**6029**
白银区	Baiyin	21765	18808	449	75	510		177	13
平川区	Pingchuan	11701	8630	195	102	2431		22	76
靖远县	Jingyuan	50081	22143	11263	104	9140		1987	5443
会宁县	Huining	10453	6007	3143				607	55
景泰县	Jingtai	48173	11117	18701	300	17307		271	442
天水市	**Tianshui**	**1378718**	**1212036**	**27550**	**30579**	**159**	**2578**	**2487**	**54088**
秦州区	Qinzhou	282018	230779	3559				96	2486
麦积区	Maiji	239892	198696	4292	28698		2179	921	3575
清水县	Qingshui	115109	113473	402	688		399		
秦安县	Qinan	461818	405700	7342	315	159		513	47387
甘谷县	Gangu	168507	163590	3733	92			170	372
武山县	Wushan	45587	39034	4036	786			76	268
张家川县	Zhangjiachuan	65788	60764	4186				711	
武威市	**Wuwei**	**168918**	**61879**	**41036**	**36880**	**27148**		**662**	**8**
凉州区	Liangzhou	80068	33058	34109	11924	154		572	
民勤县	Minqin	51878	1009	586	23485	26751		24	8
古浪县	Gulang	35410	27812	6341	357	243		66	
天祝县	Tianzhu	1561			1113				
张掖市	**Zhangye**	**67471**	**7322**	**11524**	**30920**	**10767**		**2393**	**974**

12-27 续表 1 continued

单位：吨 （ton）

地、县	Region & County	园林水果产量 Garden Fruits	#苹果 Apples	#梨 Pears	#葡萄 Grapes	#红枣 Dates	#柿子 Persimmons	#杏子 Apricots	#桃子 Peaches
甘州区	Ganzhou	10959	3870	4744	430	808		243	125
肃南县	Sunan	106	20	40	47				
民乐县	Minle	5350	286	2787	212			852	8
临泽县	Linze	28916	3009	3211	11902	9812		533	414
高台县	Gaotai	19764	85	651	17734	134		19	410
山丹县	Shandan	2377	53	91	594	13		746	17
平凉市	**Pingliang**	**1382979**	**1326200**	**21385**	**503**	**858**	**23015**	**6343**	**3096**
崆峒区	Kongtong	29864	26010	344	285	121		1657	1342
泾川县	Jingchuan	163762	138253	182	125	571	22974	242	748
灵台县	Lingtai	74388	71895	1267	75	87	41	684	10
崇信县	Chongxin	27239	25890	220			1	415	503
庄浪县	Zhuanglang	410077	409438	80	11	79		139	89
静宁县	Jingning	677450	654574	19269	4			3206	398
华亭市	Huating	200	140	24	4			1	7
酒泉市	**Jiuquan**	**254214**	**21141**	**17802**	**143160**	**9987**		**18089**	**33768**
肃州区	Suzhou	31150	13049	1522	2360	51		1941	8916
金塔县	Jinta	34846	6426	9364	10621	3408		2004	2503
瓜州县	Guazhou	4910	157	4	800	829			
肃北县	Subei	181	85	46				50	
阿克塞县	Akesai	1532			1520	12			
玉门市	Yumen	16551	682	198	8297	25		1081	2957
敦煌市	Dunhuang	165044	742	6668	119562	5662		13012	19393
庆阳市	**Qingyang**	**476531**	**439683**	**2162**	**1802**	**828**	**2469**	**23326**	**4392**
西峰区	Xifeng	63171	61030	518	225	12	106	643	569
庆城县	Qingcheng	103158	98064	195	801	185		2990	821
环　县	Huanxian	12008	10281	45	10	26		1242	284
华池县	Huachi	12387	8921	175	14	13	0	2181	909
合水县	Heshui	77195	74533	258	76	20	444	1552	102
正宁县	Zhengning	66592	64065	119	36	14	562	1419	108
宁　县	Ningxian	67367	59604	629	349	423	1305	3502	1150
镇原县	Zhenyuan	74654	63185	224	290	134	52	9797	448
定西市	**Dingxi**	**64671**	**32567**	**5927**	**82**	**65**		**4569**	**1238**
安定区	Anding	3423	97	1324		9		1603	49
通渭县	Tongwei	31239	30846	131				79	

12-27 续表 2 continued

单位：吨 (ton)

地、县	Region & County	园林水果产量 Garden Fruits	#苹果 Apples	#梨 Pears	#葡萄 Grapes	#红枣 Dates	#柿子 Persimmons	#杏子 Apricots	#桃子 Peaches
陇西县	Longxi	14987	231	3844	1	10		1998	15
渭源县	Weiyuan	3348	29	29				73	
临洮县	Lintao	11257	1302	509	81	45		816	1174
漳　县	Zhangxian	405	55	84					
岷　县	Minxian	13	7	5					
陇南市	**Longnan**	**214413**	**154090**	**7063**	**3499**	**411**	**12374**	**2384**	**9657**
武都区	Wudu	9667	1905	1155	977	71	461	529	2060
成　县	Chengxian	9470	1915	461	440		3196	374	1220
文　县	Wenxian	19425	3698	1282	1880	240	711	16	2229
宕昌县	Tanchang	4725	2005	675	10	18	335	20	250
康　县	Kangxian	6062	807	385	5	61	2069	113	223
西和县	Xihe	17750	14896	435			256	422	693
礼　县	Lixian	133258	125719	1011	100		110	824	1984
徽　县	Huixian	12856	2665	1626	84	22	4857	86	884
两当县	Liangdang	1199	479	32	4		379		116
临夏州	**Linxia**	**32652**	**7633**	**17528**	**101**	**2009**		**1634**	**1211**
临夏市	linxia	1684		706				167	
临夏县	linxia	9152	124	6692	48			424	1075
康乐县	Kangle	1063		777				140	
永靖县	Yongjing	11296	7438	1641	53	1929		68	53
广河县	Guanghe	1030		557				463	
和政县	Hezheng	5244		4650				210	
东乡县	Dongxiang	2985	71	2308		80		163	84
积石山县	Jishishan	198		198					
甘南州	**Gannan**	**10122**	**5233**	**1277**	**430**	**28**	**2365**	**75**	**212**
合作市	Hezuo								
临潭县	Lintan	164		62					4
卓尼县	Zhuoni	91	31	59					
舟曲县	Zhouqu	9139	5027	674	430	28	2365	75	135
迭部县	Diebu	709	174	463					73
玛曲县	Maqu								
碌曲县	Luqu								
夏河县	Xiahe	19		19					

12-28 林业生产
Forestry Production

单位：万亩 (10 000 mu)

指 标	Item	2018	2019
造林面积	**Total Area of Afforestation**		**554.21**
人工造林面积	Manual Planting	401.56	388.81
飞播造林面积	Aerial Seeding	1.05	1.65
当年新封山（沙）育林面积	Newly Closed Mountain (sand) for Afforestation		127.66
无林地和疏林地新封山育林	No Forest Land and Sparse Forest Land Newly Closed for Afforestation		123.74
有林地和灌木林地新封	Newly Closed Woodland and Shrubbery Land		3.92
退化林修复面积	Restoration Area of Degraded Forest		35.82
低效林改造面积	Transformation Area of Low Efficiency Forest		8.49
退化防护林改造面积	Area of Degraded Protective Forest		27.33
人工更新面积	Artificial Renewal Area		0.28
#人工促进天然更新面积	Artificial Promotion of Natural Regeneration Area		0.14
年末实有封山（沙）育林面积	**At the end of the Year, There Were Actually Closed Hillsides (Sand) for Afforestation**	**1086.79**	**1822.95**
四旁（零星）植树	**Planting Trees on all Sides (Sporadically)**	**20365.23**	**6625.18**
森林抚育面积	**Forest Tending Area**		**278.30**
林木种苗	**Tree Seedlings**		
林木种子采集量	Forest Seed Collection		1.67
当年苗木产量（万株）	Seedling Output of the year (10000 plants)		1072.20
当年造林绿化实际用苗数量（万株）	Actual number of seedlings used for afforestation in that year (10000 plants)		60834.37
育苗面积	Nursery Area	150.12	75.37
#国有育苗面积	National Nursery Area		8.43
退耕造林面积	**Area of Reforestation**		
当年退耕造林面积	Area of reforestation in The Same Year	140.10	28.82
#非在册耕地退耕造林面积	Area of Non Registered Cultivated Land Converted to Forestation	35.22	0.81

12-28 续表 continued

指 标	Item	2018	2019
林产品产量（万吨）	**Output of Forest Products (10 000 tons)**		
天然生漆	Natural Lacquer		0.17
油桐籽	Tung-oil Seeds	0.03	0.05
五倍子	Gallnut	0.02	0.03
油橄榄	Olive	3.08	3.92
油茶籽	Camellia Oleifera Seed		0.94
乌桕子	Sapium Sebiferum Seed		0.25
天然松脂	Natural Pine Resin	0.04	
紫胶（原胶）	Lac （Raw Gum）		
柳藤条（万根）	Liu Teng Tiao（10000 roots）	677.00	413.45
其他林产品	Other Forest Products	0.74	0.73
竹木采伐	**Bamboo Cutting**		
木材（立方米）	Timber （cu.m）	72811.00	60625.00
#村及村以下采伐（立方米）	Village and Below Cutting（cu.m）	62331.98	60625.00
竹材（万根）	Bamboo (10 000 units)	386.18	75.49
#村及村以下采伐竹材（万根）	Cutting Bamboo in Villages and Below (10 000 units)	274.78	44.90
抚育改造出材量（立方米）	**Output of Tending and Transformation （cu.m）**	**5143.50**	**12259.83**
#中、幼林龄林抚育出材量（立方米）	Timber Output of Young and Middle Aged Forest（cu.m）	2091.50	2802.53
野生植物采集（万吨）	**Collection of Wild Pants (10 000 tons)**		
野生药材采集量	Collection Amount Quantity of Wild Medicinal Materials	1.17	1.05
野生纤维采集量	Collection Amount of Wild Fiber	0.02	0.17
野生油料采集量	Collection Amount of Wild Oilseeds	0.05	0.01
野生淀粉采集量	Collection Amount of Wild Starch	0.10	0.05
野生烤胶原料采集量	Collection Amount of Wild Roasted Rubber Raw Material	0.22	0.03
副食用野生植物采集量	Collection Amount of Non-Staple Wild Plants	1.68	0.66
野柴草收集量	Collection Amount Wild Firewood	28.74	18.29

12-29 牲畜饲养情况及畜产品产量
Number of Livestock and Output of Livestock Products

指　　标	Item	2010	2015	2018	2019
大牲畜年末数（万头）	Large Animals (year-end) (10 000 heads)	538.08	493.06	504.54	518.13
牛	Cattle and Buffaloes	421.06	418.95	440.36	458.20
马	Horses	12.24	12.79	11.73	11.55
骡	Mules	28.27	17.07	14.96	12.83
驴	Donkeys	74.71	41.85	34.50	32.52
骆驼	Camels	1.80	2.40	2.99	3.03
大牲畜出栏数（万头）	Slaughtered Fattened Large Animals (10 000 heads)	167.62	175.20	212.53	226.14
牛	Cattle and Buffaloes	152.47	166.76	201.89	214.80
马	Horses	1.87	1.50	1.75	1.70
骡	Mules	2.79	1.21	1.42	1.38
驴	Donkeys	10.02	5.12	6.69	7.42
骆驼	Camels	0.47	0.60	0.77	0.84
猪年末数（万头）	Hogs (year-end) (10 000 heads)	536.19	528.71	545.20	480.30
肉猪出栏数（万头）	Slaughtered Fattened Hogs (10 000 heads)	603.85	613.30	691.59	648.70
羊年末数（万只）	Sheep And Goats (year-end) (10 000 heads)	1771.23	1994.70	1885.94	1987.10
羊出栏数（万只）	Sheep Marketable Fattened Stock (10 000 heads)	991.90	1255.65	1462.85	1548.20
肉类产量（万吨）	Output Of Meat (10 000 tons)	81.50	89.90	101.16	101.68
#猪牛羊肉	Output Of Pork,Beef And Mutton	75.15	82.43	95.60	95.75
猪肉	Pork	43.77	44.76	50.60	48.00
牛肉	Beef	15.57	17.48	21.40	22.74
羊肉	Mutton	15.82	20.19	23.60	25.00
禽肉	Poultry Meat	4.78	6.41	4.50	4.80
奶类（万吨）	Milk (10 000 tons)	34.70	38.22	41.10	44.72
#牛奶	Cow Milk	34.70	37.60	40.50	44.11
绵羊毛（吨）	Sheep Wool (ton)	27066.19	30707.16	29292.97	30453.93
山羊毛（吨）	Goat Wool (ton)	2134.14	2562.69	1620.51	1623.11
山羊绒（吨）	Cashmere (ton)	359.58	460.91	324.10	324.62
禽蛋（万吨）	Poultry Eggs (10 000 tons)	15.81	20.74	14.10	15.14
水产品产量（吨）	Aquatic Products (ton)	10601	14748	14100	14300

注：畜牧业及水产品数据根据第一、二、三次农业普查结果进行了相应衔接调整。

a) Data of animal husbandry and aquatic products were adjusted according to the First 、 Second and Third National Agricultural Census.

12-30 各地、县牲畜饲养情况（2019）
Number of Livestock by Region & County（2019）

地、县	Region & County	大牲畜存栏（万头）Large animals Livestock (10 000heads)	#牛 Cattle	羊存栏数（万只）Sheep and Goats Livestock (10 000heads)	猪存栏数（万头）Sheep and Goats Livestock (10 000heads)	大牲畜出栏（万头）Slaughtered Fattened Large Animals (10 000heads)	#牛 Cattle	羊出栏数（万只）Slaughtered Fattened Sheep and Goats (10 000heads)	猪出栏数（万头）Slaughtered Fattened Hogs (10 000heads)
兰州市	**Lanzhou**	**7.06**	**4.95**	**67.90**	**37.74**	**1.26**	**1.07**	**38.39**	**40.77**
城关区	Chengguan	0.02	0.02	0.05	0.02	0.01	0.01	0.03	0.07
七里河区	Qilihe	1.08	1.03	1.69	1.45	0.14	0.14	0.73	2.01
西固区	Xigu	0.22	0.21	1.96	1.61	0.03	0.03	1.29	1.96
安宁区	Anning	0.01	0.01	0.12	0.00			0.06	0.01
红古区	Honggu	0.55	0.55	4.33	1.58	0.08	0.08	1.82	1.94
永登县	Yongdeng	2.39	1.41	36.36	13.68	0.45	0.37	15.70	16.71
皋兰县	Gaolan	0.23	0.21	6.78	4.73	0.01	0.00	5.73	3.65
榆中县	Yuzhong	2.46	1.41	12.99	11.96	0.51	0.40	11.04	11.62
兰州新区	Lanzhou New Area	0.10	0.10	3.62	2.71	0.03	0.03	1.99	2.79
嘉峪关市	**Jiayuguan**	**0.85**	**0.82**	**5.63**	**2.92**	**0.25**	**0.23**	**3.91**	**3.74**
金昌市	**Jinchang**	**5.77**	**5.33**	**82.08**	**3.27**	**1.73**	**1.67**	**47.02**	**4.46**
金川区	Jinchuan	2.33	2.05	12.20	1.17	0.42	0.38	6.45	0.91
永昌县	Yongchang	3.44	3.28	69.88	2.10	1.31	1.29	40.58	3.54
白银市	**Baiyin**	**19.57**	**12.04**	**176.94**	**54.55**	**9.16**	**7.22**	**175.40**	**81.09**
白银区	Baiyin	1.26	0.98	8.41	5.01	0.16	0.14	6.55	7.85
平川区	Pingchuan	1.38	0.39	10.94	7.47	0.18	0.12	9.15	8.31
靖远县	Jingyuan	2.05	0.51	40.93	16.10	0.51	0.27	46.50	23.02
会宁县	Huining	13.24	8.98	63.77	18.01	8.06	6.48	66.47	29.52
景泰县	Jingtai	1.64	1.18	52.90	7.96	0.24	0.21	46.73	12.38
天水市	**Tianshui**	**24.97**	**20.27**	**28.61**	**48.70**	**9.68**	**8.57**	**16.62**	**62.66**
秦州区	Qinzhou	3.90	1.12	2.92	3.75	0.58	0.29	1.46	4.10
麦积区	Maiji	1.02	0.97	2.13	7.89	0.42	0.35	1.34	11.65
清水县	Qingshui	4.77	3.99	3.34	7.41	2.19	2.14	2.38	11.20
秦安县	Qinan	0.46	0.45	2.24	3.04	0.12	0.12	1.31	3.74
甘谷县	Gangu	1.43	1.38	2.39	12.28	0.36	0.32	1.14	13.67
武山县	Wushan	3.17	2.64	6.83	12.02	1.20	1.12	4.95	15.36
张家川县	Zhangjiachuan	10.21	9.73	8.76	2.30	4.81	4.22	4.04	2.94
武威市	**Wuwei**	**57.41**	**55.87**	**394.85**	**77.71**	**28.82**	**28.22**	**270.07**	**129.21**
凉州区	Liangzhou	37.41	37.15	120.53	50.81	18.43	18.36	80.48	98.44
民勤县	Minqin	2.63	2.36	117.79	7.99	1.82	1.44	91.41	8.80
古浪县	Gulang	4.71	4.52	76.49	14.85	2.88	2.85	51.04	17.48
天祝县	Tianzhu	12.67	11.84	80.05	4.06	5.69	5.57	47.15	4.49
张掖市	**Zhangye**	**57.59**	**53.36**	**294.43**	**42.88**	**26.30**	**25.15**	**255.97**	**63.19**

12-30 续表 1 continued

地、县	Region & County	大牲畜存栏（万头） Large animals Livestock (10 000heads)	#牛 Cattle	羊存栏数（万只） Sheep and Goats Livestock (10 000heads)	猪存栏数（万头） Sheep and Goats Livestock (10 000heads)	大牲畜出栏（万头） Slaughtered Fattened Large Animals (10 000heads)	#牛 Cattle	羊出栏数（万只） Slaughtered Fattened Sheep and Goats (10 000heads)	猪出栏数（万头） Slaughtered Fattened Hogs (10 000heads)
甘州区	Ganzhou	20.66	19.30	79.85	13.67	9.84	9.56	60.89	19.07
肃南县	Sunan	7.01	6.64	55.60	0.09	3.05	2.88	71.81	0.19
民乐县	Minle	4.45	4.33	30.14	11.27	1.13	0.89	21.07	17.36
临泽县	Linze	13.51	12.85	19.00	5.16	7.97	7.86	14.84	10.39
高台县	Gaotai	8.25	7.39	36.59	10.12	3.10	2.91	31.04	12.35
山丹县	Shandan	2.94	2.11	71.06	2.56	0.56	0.44	55.52	3.83
平凉市	**Pingliang**	**43.66**	**42.18**	**16.33**	**37.16**	**32.38**	**31.84**	**13.29**	**42.32**
崆峒区	Kongtong	10.07	10.05	5.03	4.65	9.90	9.90	4.16	6.58
泾川县	Jingchuan	1.64	1.63	1.62	6.23	1.57	1.57	0.57	5.87
灵台县	Lingtai	6.45	6.39	2.82	2.24	5.09	5.09	1.97	2.50
崇信县	Chongxin	4.85	4.85	2.88	2.92	6.71	6.71	2.76	3.95
庄浪县	Zhuanglang	7.51	6.80	1.19	10.68	3.18	3.07	0.85	9.43
静宁县	Jingning	8.57	7.95	1.00	8.15	2.28	1.87	0.27	9.49
华亭市	Huating	4.56	4.51	1.78	2.30	3.65	3.64	2.72	4.50
酒泉市	**Jiuquan**	**16.64**	**11.74**	**286.05**	**18.95**	**12.54**	**11.29**	**267.35**	**26.77**
肃州区	Suzhou	8.46	8.12	74.42	8.56	9.82	9.69	83.82	10.89
金塔县	Jinta	0.73	0.69	61.03	4.34	0.38	0.36	72.85	7.22
瓜州县	Guazhou	2.04	0.67	36.17	1.62	0.58	0.34	27.25	1.36
肃北县	Subei	2.66	1.25	19.94	0.17	0.99	0.57	11.80	0.20
阿克塞县	Akesai	0.55	0.09	12.07		0.17	0.02	10.54	
玉门市	Yumen	1.21	0.73	57.94	3.40	0.34	0.20	35.93	4.84
敦煌市	Dunhuang	0.99	0.19	24.48	0.86	0.27	0.11	25.16	2.25
庆阳市	**Qingyang**	**35.51**	**28.33**	**182.48**	**39.91**	**17.46**	**15.48**	**108.70**	**42.82**
西峰区	Xifeng	0.46	0.35	10.11	3.52	0.26	0.20	4.05	5.90
庆城县	Qingcheng	3.31	2.92	17.48	2.98	1.50	1.42	6.73	3.19
环　县	Huanxian	6.89	4.25	83.89	4.59	2.49	2.20	58.09	5.13
华池县	Huachi	1.38	0.97	14.05	2.61	0.64	0.54	4.02	2.61
合水县	Heshui	2.47	2.29	18.61	3.11	1.14	1.11	13.41	3.02
正宁县	Zhengning	0.48	0.47	1.26	4.29	0.20	0.20	0.56	4.40
宁　县	Ningxian	6.15	6.01	11.13	12.66	4.25	4.16	7.96	12.14
镇原县	Zhenyuan	14.36	11.07	25.95	6.14	6.99	5.65	13.88	6.44
定西市	**Dingxi**	**41.03**	**33.59**	**105.99**	**42.80**	**9.38**	**8.33**	**68.34**	**48.79**
安定区	Anding	6.76	5.12	29.70	5.76	1.38	1.25	20.53	6.30
通渭县	Tongwei	9.89	7.27	10.57	6.19	2.41	2.08	6.62	7.16

12-30 续表 2 continued

地、县	Region & County	大牲畜存栏（万头）Large animals Livestock (10 000heads)	#牛 Cattle	羊存栏数（万只）Sheep and Goats Livestock (10 000heads)	猪存栏数（万头）Sheep and Goats Livestock (10 000heads)	大牲畜出栏（万头）Slaughtered Fattened Large Animals (10 000heads)	#牛 Cattle	羊出栏数（万只）Slaughtered Fattened Sheep and Goats (10 000heads)	猪出栏数（万头）Slaughtered Fattened Hogs (10 000heads)
陇西县	Longxi	6.91	5.17	15.55	7.54	1.33	1.12	8.30	10.38
渭源县	Weiyuan	3.26	3.11	10.83	4.24	0.55	0.52	5.29	4.16
临洮县	Lintao	6.03	5.84	22.68	12.92	2.16	2.14	21.09	13.59
漳 县	Zhangxian	1.97	1.36	4.67	1.84	0.45	0.11	1.12	2.07
岷 县	Minxian	6.21	5.72	11.97	4.31	1.12	1.11	5.39	5.13
陇南市	**Longnan**	**23.74**	**12.58**	**21.50**	**49.07**	**5.35**	**4.19**	**15.05**	**58.79**
武都区	Wudu	4.37	2.52	3.60	10.16	0.98	0.82	2.72	11.38
成 县	Chengxian	0.46	0.46	0.79	4.22	0.18	0.17	0.30	5.21
文 县	Wenxian	2.56	1.33	1.77	4.68	0.55	0.36	2.55	5.47
宕昌县	Tanchang	5.01	2.15	4.15	4.46	0.81	0.64	2.35	4.25
康 县	Kangxian	0.58	0.54	1.42	2.76	0.23	0.22	0.77	2.62
西和县	Xihe	1.07	0.79	1.94	5.53	0.24	0.19	1.51	7.93
礼 县	Lixian	7.99	3.12	5.20	4.20	1.68	1.10	4.01	7.49
徽 县	Huixian	1.00	0.98	1.78	11.33	0.41	0.41	0.60	12.51
两当县	Liangdang	0.69	0.69	0.86	1.73	0.27	0.27	0.24	1.92
临夏州	**Linxia**	**31.13**	**29.76**	**144.33**	**16.72**	**12.18**	**12.09**	**122.36**	**19.83**
临夏市	linxia	1.09	1.09	2.99	0.97	2.12	2.12	3.20	1.26
临夏县	linxia	7.03	6.92	16.91	6.26	1.33	1.32	9.64	7.00
康乐县	Kangle	6.89	6.66	12.39	1.30	2.48	2.47	5.06	1.46
永靖县	Yongjing	1.28	1.03	13.80	5.64	0.26	0.19	9.15	8.09
广河县	Guanghe	4.02	3.94	22.82		1.48	1.48	9.66	0.00
和政县	Hezheng	3.00	2.98	9.50	0.74	1.87	1.87	5.78	0.82
东乡县	Dongxiang	5.22	4.66	53.76	0.06	1.72	1.72	75.47	0.18
积石山县	Jishishan	2.60	2.49	12.15	1.74	0.92	0.92	4.40	1.01
甘南州	**Gannan**	**142.71**	**136.90**	**195.05**	**17.70**	**61.32**	**61.15**	**137.35**	**23.10**
合作市	Hezuo	13.53	13.16	16.63	1.03	4.69	4.68	11.88	2.11
临潭县	Lintan	3.75	3.62	11.35	2.56	2.67	2.67	8.88	4.04
卓尼县	Zhuoni	19.37	19.19	30.24	3.67	8.11	8.11	15.27	2.96
舟曲县	Zhouqu	3.42	2.46	1.07	4.48	1.21	1.21	1.00	6.96
迭部县	Diebu	11.54	10.93	2.52	4.06	4.62	4.62	2.64	5.17
玛曲县	Maqu	47.82	45.55	36.74		21.71	21.55	25.01	
碌曲县	Luqu	26.34	25.93	29.32	0.42	8.32	8.32	23.78	0.51
夏河县	Xiahe	16.93	16.05	67.18	1.48	9.98	9.98	48.91	1.34

12-31 各地、县畜产品产量（2019）
Output of Livestock Products by Region & County（2019）

单位：吨 （ton）

地、县	Region & County	肉类 Output of Meat	#猪肉 Pork	#牛肉 Beef	#羊肉 Mutton	奶类 Milk	绵羊毛 Sheep Wool	山羊毛 Goat Wool	禽蛋 Poultry Eggs	水产品 Aquatic Products
兰州市	**Lanzhou**	**43006**	**29353**	**1115**	**6955**	**84901**	**1015**	**49**	**19147**	**611**
城关区	Chengguan	142	52	16	5	618	1		47	
七里河区	Qilihe	1896	1450	140	124	43934	26	1	1342	
西固区	Xigu	2583	1414	35	207	4766	29		3797	
安宁区	Anning	27	5		10	116	3		65	
红古区	Honggu	1939	1396	94	309	12248	63	1	1036	21
永登县	Yongdeng	15566	12033	392	2356	12391	592	17	5314	499
皋兰县	Gaolan	3697	2630	2	859	3020	113	3	1312	
榆中县	Yuzhong	11048	8363	405	1656	6186	136	20	4466	91
兰州新区	Lanzhou New Area	6109	2011	31	1429	1624	54	6	1769	
嘉峪关市	**Jiayuguan**	**3530**	**2615**	**234**	**587**	**9474**	**101**	**1**	**549**	**2**
金昌市	**Jinchang**	**12931**	**3120**	**1669**	**7524**	**32133**	**1392**	**90**	**2448**	**460**
金川区	Jinchuan	2229	639	382	1032	17225	249	7	768	
永昌县	Yongchang	10702	2481	1288	6492	14908	1143	83	1680	460
白银市	**Baiyin**	**98519**	**58216**	**7218**	**26310**	**31623**	**2428**	**196**	**17684**	**1392**
白银区	Baiyin	7484	5653	144	983	15433	118	10	1806	267
平川区	Pingchuan	7609	5816	116	1372	933	114	23	1874	46
靖远县	Jingyuan	26020	16577	267	6975	5158	540	56	9075	449
会宁县	Huining	40460	21256	6477	9970	5843	961	39	2746	
景泰县	Jingtai	16946	8913	214	7010	4255	695	67	2183	631
天水市	**Tianshui**	**59838**	**43862**	**8566**	**2493**	**4500**	**296**	**47**	**15116**	**1373**
秦州区	Qinzhou	4357	2868	294	219	173	26	6	2591	242
麦积区	Maiji	9639	8154	352	202	369	2	5	3814	266
清水县	Qingshui	10765	7843	2139	357	1807	9	5	1592	142
秦安县	Qinan	3372	2619	124	196	263	41	1	1743	5
甘谷县	Gangu	10845	9567	324	170	431	25	5	2414	168
武山县	Wushan	13170	10754	1117	743	894	107	15	2238	502
张家川县	Zhangjiachuan	7691	2058	4218	606	564	86	10	724	48
武威市	**Wuwei**	**164153**	**90445**	**28222**	**40511**	**20461**	**6542**	**95**	**18081**	**145**
凉州区	Liangzhou	101767	68905	18364	12071	16857	2164	31	9320	23
民勤县	Minqin	23199	6162	1442	13711	693	1743	15	5579	115
古浪县	Gulang	23170	12238	2848	7656	686	1161	3	2698	
天祝县	Tianzhu	16017	3140	5567	7073	2226	1474	46	485	8
张掖市	**Zhangye**	**116642**	**43093**	**25673**	**38693**	**69889**	**6111**	**147**	**13762**	**2206**

12-31 续表 1 continued

单位：吨 (ton)

地、县	Region & County	肉类 Output of Meat	#猪肉 Pork	#牛肉 Beef	#羊肉 Mutton	奶类 Milk	绵羊毛 Sheep Wool	山羊毛 Goat Wool	禽蛋 Poultry Eggs	水产品 Aquatic Products
甘州区	Ganzhou	39788	13350	10515	9743	10876	1905	41	9398	829
肃南县	Sunan	13563	133	2447	10771	5386	1620	14	38	
民乐县	Minle	17021	12150	893	3161	10164	576	16	1483	
临泽县	Linze	17430	6754	7855	2226	31023	303	3	842	600
高台县	Gaotai	16036	8027	2913	4345	10159	665	20	1322	724
山丹县	Shandan	12046	2679	436	8328	1910	998	53	678	53
平凉市	**Pingliang**	**66855**	**29621**	**31839**	**1993**	**26481**	**85**	**33**	**10532**	**760**
崆峒区	Kongtong	15727	4606	9899	623	9110	43	7	1883	307
泾川县	Jingchuan	6296	4112	1572	85	1897		7	2000	85
灵台县	Lingtai	7210	1747	5087	295	2273	11	7	356	232
崇信县	Chongxin	10014	2764	6709	414	1847	19	6	495	10
庄浪县	Zhuanglang	10526	6600	3067	128	1978		2	2887	92
静宁县	Jingning	9569	6645	1869	40	8518	5	1	2280	6
华亭市	Huating	7511	3148	3636	408	859	7	4	631	29
酒泉市	**Jiuquan**	**78400**	**18739**	**11290**	**40103**	**18299**	**5238**	**172**	**9677**	**3461**
肃州区	Suzhou	34931	7625	9690	12574	10787	1820	29	6546	1822
金塔县	Jinta	17425	5053	355	10928	693	1176	11	1430	924
瓜州县	Guazhou	5824	953	345	4088	568	669	13	349	316
肃北县	Subei	3036	143	573	1771	759	158	56	36	
阿克塞县	Akesai	1768		18	1581	942	159	8	2	
玉门市	Yumen	9481	3391	202	5389	2921	824	47	675	215
敦煌市	Dunhuang	5934	1574	106	3774	1629	432	8	641	184
庆阳市	**Qingyang**	**75201**	**32118**	**18574**	**17392**	**9873**	**428**	**598**	**12329**	**1006**
西峰区	Xifeng	5449	4422	239	649	597	143	17	893	48
庆城县	Qingcheng	5324	2389	1709	1077	110		61	620	22
环　县	Huanxian	16198	3849	2646	9294	3284	12	288	1348	41
华池县	Huachi	3454	1956	651	643	498	2	44	711	6
合水县	Heshui	5893	2268	1327	2146	1610	23	74	794	89
正宁县	Zhengning	3937	3298	234	89	286	9	5	686	11
宁　县	Ningxian	15700	9108	4988	1274	2398	86	35	1685	632
镇原县	Zhenyuan	19246	4829	6779	2221	1089	153	73	5593	158
定西市	**Dingxi**	**58623**	**35908**	**8326**	**10251**	**8499**	**518**	**65**	**10580**	**881**
安定区	Anding	11166	5732	1251	3079	610	243	11	3408	21
通渭县	Tongwei	8649	5011	2082	993	2772	89	8	1280	13

12-31 续表 2 continued

单位：吨　　　　　　　　　　　　　　　　　　　　　　（ton）

地、县	Region & County	肉类 Output of Meat	#猪肉 Pork	#牛肉 Beef	#羊肉 Mutton	奶类 Milk	绵羊毛 Sheep Wool	山羊毛 Goat Wool	禽蛋 Poultry Eggs	水产品 Aquatic Products
陇西县	Longxi	10206	7265	1118	1246	383	2	6	1432	99
渭源县	Weiyuan	4594	2912	515	794	1034	49	4	1218	148
临洮县	Lintao	15760	9515	2140	3163	3350	125	8	2363	281
漳　县	Zhangxian	2601	1879	109	168	221		15	490	240
岷　县	Minxian	5647	3593	1111	808	128	8	12	389	79
陇南市	**Longnan**	**51817**	**41153**	**4190**	**2257**	**372**	**7**	**61**	**13184**	**1333**
武都区	Wudu	9828	7968	820	408	159	4	11	1329	166
成　县	Chengxian	4533	3647	171	46	63		3	1965	104
文　县	Wenxian	4886	3831	361	383	13		9	960	657
宕昌县	Tanchang	4230	2977	642	352	18		11	592	30
康　县	Kangxian	2352	1831	223	116	21		5	1431	30
西和县	Xihe	6136	5549	194	226			1	1551	57
礼　县	Lixian	7701	5244	1104	601	62		9	2115	57
徽　县	Huixian	10085	8760	411	90	12	3	8	2106	169
两当县	Liangdang	2065	1345	265	36	24		4	1136	64
临夏州	**Linxia**	**56361**	**14916**	**15373**	**23516**	**45756**	**2687**	**108**	**7700**	**4019**
临夏市	linxia	4491	1011	2757	640	3086	67	1	123	96
临夏县	linxia	9448	4900	1715	1928	29185	387	16	2780	86
康乐县	Kangle	5014	1021	2966	759	417	287	6	1095	41
永靖县	Yongjing	9092	6472	243	1830	7120	279	19	1274	3600
广河县	Guanghe	3556	3	1922	1448	2284	526	7	694	
和政县	Hezheng	4346	658	2435	1156	2070	222	5	302	
东乡县	Dongxiang	17848	144	2236	15094	252	722	38	850	150
积石山县	Jishishan	2564	708	1098	660	1342	196	16	584	45
甘南州	**Gannan**	**96742**	**14744**	**55520**	**25826**	**102360**	**1935**	**44**	**1733**	**50**
合作市	Hezuo	6609	633	3837	2138	5703	156	5		
临潭县	Lintan	7127	3033	2674	1332	6938	79	26	241	10
卓尼县	Zhuoni	13136	2222	8112	2748	8005	321	11	323	28
舟曲县	Zhouqu	8361	6263	1448	150	274	10	1	1076	
迭部县	Diebu	6836	1809	4622	395	7095	38		93	
玛曲县	Maqu	23323		18321	5002	39180	367			12
碌曲县	Luqu	12982	381	8322	4280	25734	293			
夏河县	Xiahe	18368	403	8183	9781	9432	671		1	

12-32 受灾面积和成灾面积
Areas Covered and Affected by Natural Disaster

单位：千公顷 （1 000 hectares）

年 份 Year	受灾面积 Areas Covered	成灾面积 Areas Affected	成灾面积占受灾面积比重（%） Percentage of Disaster Areas Affected to Areas Covered（%）	水灾 Flood		旱灾 Drought	
				受灾面积 Areas Covered	成灾面积 Areas Affected	受灾面积 Areas Covered	成灾面积 Areas Affected
2000	2004.12	1572.91	78.48	55.77	41.82	1622.33	1303.93
2001	1575.59	1180.72	74.94	33.53	24.53	1089.83	833.13
2002	1270.29	913.25	71.89	50.61	35.68	636.83	483.13
2003	1176.41	813.87	69.18	229.70	169.51	562.63	383.31
2004	1243.84	866.83	69.69	80.08	42.44	378.59	286.02
2005	1137.95	739.98	65.03	101.30	76.76	607.03	380.82
2006	1422.13	1061.68	74.65	73.91	48.95	875.49	662.81
2007	1436.16	1040.57	72.46	110.55	77.95	975.71	700.30
2008	1238.71	871.81	70.38	35.05	20.23	731.83	520.05
2009	1299.83	981.59	75.52	38.51	23.23	1008.87	792.49
2010	1167.48	877.71	75.18	101.79	74.66	601.85	499.85
2011	1209.77	881.60	72.87	55.24	37.83	893.77	656.66
2012	676.43	490.05	72.45	98.41	63.54	211.83	144.15
2013	977.64	593.59	60.72	151.93	110.55	551.76	297.37
2014	695.34	389.48	56.01	25.67	14.80	242.03	108.38
2015	664.38	416.59	62.70	33.21	24.23	316.81	181.58
2016	844.51	499.69	59.17	34.38	26.15	605.69	350.13
2017	494.23	278.08	56.27	26.91	17.83	304.04	158.87
2018	535.26	350.51	65.48	134.84	90.66	57.19	36.82
2019	161.44	99.21	61.45	32.65	22.44	23.02	6.60

12-33 各市（州）受灾面积和成灾面积（2019）
Areas Covered and Affected by Natural Disaster by Region（2019）

单位：千公顷 （1 000 hectares）

市（州）	Region	受灾面积 Areas Covered	成灾面积 Areas Affected	成灾面积占受灾面积比重（%） Percentage of Disaster Areas Affected to Areas Covered（%）	水灾 Flood		旱灾 Drought	
					受灾面积 Areas Covered	成灾面积 Areas Affected	受灾面积 Areas Covered	成灾面积 Areas Affected
兰州市	Lanzhou	4.97	3.49	70.31	1.13	0.00	0.01	
嘉峪关市	Jiayuguan	0.62	0.57	90.92		0.00		
金昌市	Jinchang	0.37	0.21	57.38	0.37	0.00		
白银市	Baiyin	26.00	17.35	66.73	3.20	0.00	5.59	0.33
天水市	Tianshui	5.60	0.98	17.57	0.26	0.00	4.77	0.64
武威市	Wuwei	2.62	0.89	33.82	0.82	0.00		
张掖市	Zhangye	10.52	4.60	43.73	0.14	0.00	0.00	0.00
平凉市	Pingliang	22.44	13.64	60.76	4.98	0.00	0.16	0.02
酒泉市	Jiuquan	0.24	0.23	96.18	0.12	0.00		
庆阳市	Qingyang	15.90	9.56	60.11	6.60	0.00	0.22	0.10
定西市	Dingxi	5.22	2.23	42.70	1.84	0.00		
陇南市	Longnan	7.86	4.42	56.20	2.82	0.01	0.19	0.12
临夏州	Linxia	7.58	5.59	73.71	0.14	0.01	0.94	0.92
甘南州	Gannan	4.06	2.91	71.79	1.82	0.01	0.34	0.24

主要统计指标解释

农村户数 指长期（一年以上）居住在乡镇（不包括城关镇）行政管理区域内的住户，还包括居住在城关镇所辖行政村范围内的农村住户。户口不在本地而在本地居住一年及以上的住户也包括在本地农村住户内；有本地户口，但举家外出谋生一年以上的住户，无论是否保留承包耕地都不包括在本地农村住户范围内。不包括乡村地区内的国有经济机关、团体、学校、企业、事业单位的集体户。

农村人口 指乡村地区常住居民户数中的常住人口数，即经常在家或在家居住 6 个月以上，而且经济和生活与本户连成一体的人口。外出从业人员在外居住时间虽然在 6 个月以上，但收入主要带回家中，经济与本户连为一体，仍视为家庭常住人口；在家居住，生活和本户连成一体的国家职工、退休人员也为家庭常住人口。但是现役军人、中专及以上（走读生除外）的在校学生以及常年在外（不包括探亲、看病等）且已有稳定的职业与居住场所的外出从业人员，不应当作家庭常住人口。

农林牧渔业总产值 指以货币表现的农、林、牧、渔业全部产品和对农林牧渔业生产活动进行的各种支持性服务活动的价值总量，它反映一定时期内农林牧渔业生产总规模和总成果。1957 年以前的农林牧渔业总产值中包括了厩肥和农民自给性手工业（如农民自制衣服、鞋、袜，自己从事粮食初步加工等）。1958 年及以后，林业中增加了村及村以下竹木采伐产值；牧业中取消了厩肥产值；副业中取消了农民自给性手工业产值，增加了村及村以下办的工业产值； 渔业中增加了海洋捕捞水产品产值。1980 年及以后，在副业中增加了农民家庭兼营工业商品部分的产值。从 1984 年起村及村以下工业产值划归工业。从 1993 年起取消副业，将野生动物的捕猎划入牧业，野生植物采集和农民家庭兼营商品性工业划归农业。从 2003 年起，执行新的国民经济行业分类标准，农林牧渔业总产值中包括了农林牧渔服务业产值。林业中增加了森林采运业产值。农业中取消了家庭兼营商品性工业产值，将野生林产品的采集划归林业。第一次农业普查以后，由于畜牧业产品年报数据与普查数据之间存在一定的差距，根据农业普查结果，对畜牧业年报数据和畜牧业产值进行了修正。2010 年执行《统计用产品分类目录》， 对 2009 年的农业、林业产值做了相应调整。

农林牧渔业总产值的计算方法通常是按农、林、牧、渔业产品及其副产品的产量分别乘以各自单位产品价格求得；少数生产周期较长，当年没有产品或产品产量不易统计的，则采用间接方法匡算其产值；然后将四业产品产值及农林牧渔服务业产值相加即为农林牧渔业总产值。

粮食产量 指农业生产经营者日历年度内生产的全部粮食数量。按收获季节包括夏收粮食、早稻和秋收粮食，按作物品种包括谷物、薯类和豆类。其产量计算方法：谷物按脱粒后的原粮计算，豆类按去豆荚后的干豆计算；薯类（包括甘薯和马铃薯，不包括芋头和木薯）1963 年以前按每 4 公斤鲜薯折 1 公斤粮食计算，从 1964 年开始改为按 5 公斤鲜薯折 1 公斤粮食计算；城市郊区作为蔬菜的薯类（如马铃薯等）按鲜品计算，并且不作粮食统计。1989 年以前全国粮食产量数据主要靠全面报表取得，1989 年开始使用抽样调查数据。

棉花产量 指全社会的产量。包括春播棉和夏播棉；产量按皮棉计算；不包括木棉。

油料产量 指全部油料作物的生产量。包括花生、油菜籽、芝麻、向日葵籽、胡麻籽（亚麻籽）和其他油料。不包括大豆、木本油料和野生油料。花生以带壳干花生计算。

猪、牛、羊肉产量 指当年出栏并已屠宰、除去头蹄下水后带骨肉（即胴体重）的重量。包括全社会范围内的产量。1996 年以前为全面统计并逐级上报数据。1996 年第一次全国农业普查以后，根据普查结果，对畜牧业主要年报数据进行了修正。1999 年以后，国家统计局在部分地区开展了猪、牛、羊、禽等主要畜禽品种的抽样调查，并用抽样数据作为国家定案数据使用。未开展抽样调查的地区和品种，仍使用各级统计部门逐级上报数据。2007 年，根据第二次全国农业普查结果，对 2000—2006 年畜牧业主要年报数据进行了修正。2008 年，建立了主要畜禽监测调查制度，猪、牛、羊、禽等主要畜禽数据均以抽样调查数为法定数据。

期初(末)畜禽存栏头(只)数 指报告期初(末)农村各种合作经济组织和国营农场、农民个人、机关、团体、学校、工矿企业、部队等单位，以及城镇居民饲养的大牲畜、猪、羊、家禽等畜禽的数量。数据上报方式及数据调整情况同猪、牛、羊肉产量。

农作物播种面积 指农业生产经营者应在日历年度内收获农作物在全部土地（耕地或非耕地）上的播种或移植面积。凡是本年内收获的农作物，无论是本年还是上年播种，都算为播种面积，但不包括本年播种，下年收获的农作物面积。

有效灌溉面积 指具有一定的水源，地块比较平整，灌溉工程或设备已经配套，在一般年景下能够进行正常灌溉的耕地面积。在一般情况下，有效灌溉面积应等于灌溉工程或设备已经配套，能够进行正常灌溉的水田和水浇地面积之和。它是反映我国农田水利建设的重要指标。

农用化肥施用量 指本年度内实际用于农业生产的化肥数量，包括氮肥、磷肥、钾肥和复合肥。化肥施用量要求按折纯量计算数量。折纯量是指把氮肥、磷肥、钾肥分别按含氮、含五氧化二磷、含氧化钾的百分比成份进行折算后的数量。复合肥按其所含主要成分折算。公式为：

折纯量 = 实物量 × 某种化肥有效成分含量的百分比

农业机械总动力 指全部农业机械动力的额定功率之和。农业机械是指用于种植业、畜牧业、渔业、农产品初加工、农用运输和农田基本建设等活动的机械及设备。农机总动力按使用能源不同分为以下四部分：

柴油发动机动力 指全部柴油发动机额定功率之和；

汽油发动机动力 指全部汽油发动机额定功率之和；

电动机动力 指全部电动机（含潜水电泵的电动机）额定功率之和；

其他机械动力 指采用柴油、汽油、电力之外的其他能源，如水力、风力、煤炭、太阳能等动力机械功率之和。

这个指标的统计数据主要来源于农机部门。

13

工　业

Industry

简要说明

一、本篇资料主要内容

本篇反映工业经济方面的基本情况。主要包括规模以上工业企业主要经济指标、构成资料；主要工业产品产量、规模以上工业主要产品生产能力资料；国有及国有控股工业企业情况；支柱产业情况。

二、本篇资料的统计范围

本篇资料中规模以上工业企业的统计范围：2010 年为年主营业务收入 500 万元及以上的工业法人单位，从 2011 年开始，为年主营业务收入 2000 万元及以上的工业法人单位。

三、本篇资料来源

本篇资料由省统计局工业交通处根据工业统计年报中有关资料整理。2019、2018 年规模以上工业企业主要指标数据与上年数据之间存在不可比因素，其主要原因是：（一）根据统计制度，每年定期对规模以上工业企业调查范围进行调整。每年有部分企业达到规模标准纳入调查范围，也有部分企业因规模变小而退出调查范围，还有新建投产企业、破产、注（吊）销企业等变化。（二）加强统计执法，对统计执法检查中发现的不符合规模以上工业统计要求的企业进行了清理，对相关基数依规进行了修正。（三）加强数据质量管理，剔除跨地区、跨行业重复统计数据。根据国家统计局最新开展的企业组织结构调查情况，对企业集团（公司）跨地区、跨行业重复计算进行了剔重。（四）“营改增”政策实施后，服务业企业改交增值税且税率较低，工业企业逐步将内部非工业生产经营活动剥离，转向服务业，使工业企业财务数据有所减小。

13-1 规模以上工业企业工业增加值
Value-added of Industry of Industrial Enterprises above Designated Size

单位：亿元 （100 million yuan）

项　目	Item	2010	2015	2017	2018年比2017年增长（%） Increase Rate in 2018 over 2017 (%)	2019年比2018年增长（%） Increase Rate in 2019 over 2018 (%)
工业增加值	**Value-added of Industry**	**1376.3**	**1662.0**	**1603.7**	**4.6**	**5.2**
#国有及国有控股	State-owned and State-holding Enterprises	1098.6	1216.1	1251.8	5.0	4.8
按登记注册类型分	**By Status of Registration**					
国有企业	State-owned Enterprises	319.1	472.6	386.4	11.1	8.1
集体企业	Collective-owned Enterprises	27.3	13.1	9.8	-22.4	-16.1
股份合作企业	Cooperative Enterprises	7.0	0.8	0.1		
股份制企业	Share-holding Corporations	968.4	1142.5	1164.6	2.9	4.3
外商及港澳台商投资企业	Enterprises with Funds from Foreign, Hong Kong ,Macao and Taiwan	29.1	28.4	41.0	21.1	9.9
其他企业	Other Enterprises	25.4	4.5	1.8	-4.4	9.7
按企业规模分	**Grouped by Size of Enterprises**					
大型企业	Large Enterprises	805.2	1090.3	1147.9	5.0	4.2
中型企业	Medium-size Enterprises	251.1	183.6	161.4	13.2	7.1
小型企业	Small Enterprises	320.0	371.6	273.1	-3.5	9.4
微型企业	Micro Enterprises		16.6	21.3	-7.6	3.4
按轻重工业分	**Grouped by Light and Heavy Industries**					
轻工业	Light Industry	194.0	319.8	260.0	-3.8	1.9
重工业	Heavy Industry	1182.3	1342.2	1343.7	6.2	5.7
按工业门类分	**Grouped by Industries**					
采矿业	Mining				3.3	7.9
制造业	Manufacturing				3.0	3.9
电力、热力、燃气及水生产和供应业	Production and Supply of Electricity, Heat, Gas and Water				13.0	6.5

注：1. 工业增加值中含长庆油田甘肃部分。
　　2. 工业增加值增长速度按可比价计算。

a）The value-added of industry included the data of PCOC Gansu Part.
b）Growth rate of value-added of industrial was calculated by comparable prices.

13-2 规模以上工业企业主要经济指标（2019）

单位：万元

类 别	Item	企业单位数（个）Number of Enterprises (unit)	#亏损企业 Loss-making Enterprises	工业总产值 Gross Industrial Output Value
甘肃省	**Gansu**	**1825**	**566**	**61377948**
按登记注册类型分	**By Status of Registration**			
内资	Domestic Funded Enterprises	1786	558	58298955
国有企业	State-owned Enterprises	43	21	10254394
集体企业	Collective-owned Enterprises	11	5	112082
股份合作企业	Cooperative Enterprises			
联营企业	Joint Ownership Enterprises			
有限责任公司	Limited Liability Corporations	957	304	23759342
股份有限公司	Stock-holding Corporations Limited	111	31	18387192
私营企业	Private Enterprises	663	196	5777954
其他企业	Other Enterprises			3590
港澳台商投资企业	Enterprises with Funds from Hong Kong ,Macao and Taiwan	14	3	2124243
外商投资企业	Foreign Funded Enterprises	25	5	954750
按轻重工业分	**Grouped by Light and Heavy Industries**			
轻工业	Light Industry	526	136	7437524
重工业	Heavy Industry	1299	430	53940425
按企业规模分	**Grouped by Size of Enterprises**			
大型企业	Large Enterprises	56	15	35584020
中型企业	Medium-sized Enterprises	196	69	10631070
小型企业	Small Enterprises	1326	409	13220986
微型企业	Micro Enterprises	247	73	1941872
按工业门类分	**Grouped by Industries**			
采矿业	Mining	136	49	5526686
制造业	Manufacturing	1327	394	45790686
电力、热力、燃气及水生产和供应业	Production and Supply of Electricity, Heat, Gas and Water	362	123	10060577
按行业分	**Grouped by Sector**			
煤炭开采和洗选业	Mining and Washing of Coal	45	19	1958791
石油和天然气开采业	Extraction of Petroleum and Natural Gas	2	1	2781776
黑色金属矿采选业	Mining and Processing of Ferrous Metal Ores	11	7	234263
有色金属矿采选业	Mining and Processing of Non-Ferrous Metal Ores	24	9	338982
非金属矿采选业	Mining and Processing of Non-metal Ores	37	11	106868
开采辅助活动	Support Activities for Mining	17	2	106006
其他采矿业	Mining of Other Ores			
农副食品加工业	Processing of Food from Agricultural Products	194	47	2084623
食品制造业	Manufacture of Foods	53	16	629202
酒、饮料和精茶制造业	Manufacture of Liquor, Beverages and Refined Tea	48	10	979457
烟草制品业	Manufacture of Tobacco	2	2	1572178
纺织业	Manufacture of Textile	9	2	81984
纺织服装、服饰业	Manufacture of Textile, Wearing Apparel and Accessories	6	1	18642
皮革、毛皮、羽毛（绒）及其制品和制鞋业	Manufacture of Leather, Fur, Feather and Related Products and Footwear	6	2	54123

Main Economic Indicators of Industrial Enterprises above Designated Size（2019）

（10000 yuan）

工业销售产值 Sales Value of Industry Products	#出口交货值 Delivery Value for Export	资产总计 Total Assets	流动资产合计 Total Current Assets	#存货 Inventories	#产成品 Finished Product	负债合计 Total Liabilities	所有者权益 Owners Equity
60991468	**1021157**	**123490914**	**44054680**	**11124848**	**3054208**	**76306647**	**47175839**
57942856	1016799	119854085	42707284	10981132	3009438	74360360	45485297
10219273	3184	16241727	1464784	197815	59740	8790524	7419419
113328		85942	49908	13168	6044	55443	30499
23443803	132442	63739068	23187539	6064147	1660876	43414559	20353411
18517488	845003	29662245	12450566	3536460	707208	15895675	13766570
5641595	36170	10111511	5541096	1168782	574947	6201037	3904930
3100							
2107079		1757893	732686	40250	22282	987775	770117
941533	4358	1878937	614710	103466	22488	958511	920425
7113245	76093	12022307	7276782	2816588	764440	5822315	6196486
53878222	945064	111468608	36777898	8308260	2289769	70484332	40979353
35474159	885446	65704045	21161420	6640304	1222514	37481876	28222169
10543895	50493	17198250	7091692	1740503	651564	12377127	4844898
12895860	83431	32945397	13434573	2630965	1101756	21169905	11788297
2077554	1787	7643222	2366996	113077	78374	5277739	2320475
5557595		16323769	3020971	337042	224368	8098082	8225685
45410462	1019402	74549194	33869314	10606949	2802288	44427765	30108198
10023411	1755	32617952	7164395	180858	27553	23780800	8841956
2026003		5624467	1919318	180660	137650	3017845	2606621
2784019		8056773	334540	45717	26856	3415817	4640956
228108		860803	208437	24528	11005	499207	361596
314012		1092907	256236	50905	26095	720063	372843
103337		523060	186652	30529	19426	332138	190921
102116		165760	115788	4703	3337	113012	52747
2040012	23855	2744895	1522104	541250	298749	1501857	1239533
594986	7947	1020556	536149	112670	41335	580781	439775
857688	25021	1405519	768288	330214	119924	656622	748897
1560507		1499554	1143535	892671	24665	550054	949500
76306	4079	256178	155491	43006	14393	122440	133738
21464	1060	33725	24977	3267	1595	13822	19903
21940		532225	494318	251090	2952	265389	266835

13-2 续表 1

单位：万元

类 别	Item	企业单位数（个）Number of Enterprises (unit)	# 亏损企业 Loss-making Enterprises	工业总产值 Gross Industrial Output Value
木材加工及木、竹、藤、棕、草制品业	Processing of Timber, Manufacture of Wood, Bamboo, Rattan, Palm and Straw Products	2		12656
家具制造业	Manufacture of Furniture			1694
造纸及纸制品业	Manufacture of Paper and Paper Products	15	5	104661
印刷业和记录媒介复制业	Printing and Reproduction of Recording Media	10	5	36860
文教、工美、体育和娱乐用品制造业	Manufacture of Articles for Culture, Education, Arts and Crafts, Sport and Entertainment Activities	5	1	12393
石油加工、炼焦及核燃料加工业	Processing of Petroleum, Coking and Processing of Nuclear Fuel	18	7	8885235
化学原料及化学制品制造业	Manufacture of Raw Chemical Materials and Chemical Products	117	44	2098314
医药制造业	Manufacture of Medicines	90	20	1233637
化学纤维制造业	Manufacture of Chemical Fibers			
橡胶和塑料制品业	Manufacture of Rubber and Plastics Products	65	20	482198
非金属矿物制品业	Manufacture of Non-metallic Mineral Products	336	85	3807004
黑色金属冶炼及压延加工业	Smelting and Pressing of Ferrous Metals	39	21	4797494
有色金属冶炼及压延加工业	Smelting and Pressing of Non-ferrous Metals	53	32	14253317
金属制品业	Manufacture of Metal Products	77	25	783190
通用设备制造业	Manufacture of General Purpose Machinery	32	10	503289
专用设备制造业	Manufacture of Special Purpose Machinery	45	10	817731
汽车制造业	Manufacture of Automobiles	8	5	109067
铁路、船舶、航空航天和其他运输设备制造业	Manufacture of Railway, Ship, Aerospace and Other Transport Equipments	4		12272
电气机械及器材制造业	Manufacture of Electrical Machinery and Apparatus	55	14	1039372
计算机、通讯和其他电子设备制造业	Manufacture of Computers,Communication and Other Electronic Equipment	10	1	1140903
仪器仪表制造业	Manufacture of Measuring Instruments and Machinery	4		8656
其他制造业	Other Manufacture	3	1	2513
废弃资源综合利用业	Utilization of Waste Resources	16	6	108452
金属制品、机械和设备修理业	Repair Service of Metal Products, Machinery and Equipment	4	2	112664
电力、热力生产和供应业	Production and Supply of Electric Power and Heat Power	322	106	9430415
燃气生产和供应业	Production and Supply of Gas	22	5	504110
水生产和供应业	Production and Supply of Water	18	12	126052

continued

(10000 yuan)

工业销售产值 Sales Value of Industry Products	#出口交货值 Delivery Value for Export	资产总计 Total Assets	流动资产合计 Total Current Assets	#存货 Inventories	#产成品 Finished Product	负债合计 Total Liabilities	所有者权益 Owners Equity
13240		14624	11211	7332	5705	9507	5117
1694							
102047		148419	60132	21939	10870	83771	64647
39415		80475	36552	7206	2707	76276	4199
11176		25445	17357	12298	7232	7215	18229
8924153		3893074	1224889	550073	185838	2405911	1487163
2003772	19482	3073005	1388014	363587	171209	1831176	1241829
1165184	11730	2895101	1837085	432385	162918	1216612	1678488
487195		899585	457915	103232	54256	513260	386326
3832385	244435	7221586	4224746	619234	228535	3772241	3447308
4709363	13022	12582170	3344822	1435912	412768	9228766	3353405
14374730	195453	21042805	8785737	2745388	593016	12203865	8838939
793583	1479	1253755	822285	180804	43447	793198	460557
486063	37196	1591126	1023266	289345	79889	1197728	393398
791112	37789	2789711	1878387	595718	111051	2052016	737695
55841	202	507334	265237	51166	33222	398054	109280
11776		365133	157615	64704	10480	207550	157583
1065137	6193	1793878	1110093	234353	93270	1028942	764936
1138094	390461	3182072	1001217	237378	53326	1239400	1942672
8646		285588	57706	3901	1203	101062	184526
2513		2634846	1183790	399634	20071	1846025	788821
102343		363924	165678	30558	13991	234862	121378
111190		409309	169177	45322	2490	288608	120701
9401620	1755	30904667	6664022	170400	23954	22708451	8201020
502377		770158	320586	8195	3245	517560	252598
119414		943127	179788	2264	354	554789	388338

13-2 续表 2

单位：万元

类别	Item	营业收入 Business Revenue	营业成本 Business Cost
甘肃省	**Gansu**	**75965134**	**63894984**
按登记注册类型分	**By Status of Registration**	2659	
内资	Domestic Funded Enterprises	73027515	61233081
国有企业	State-owned Enterprises	8899766	7401753
集体企业	Collective-owned Enterprises	64051	50232
股份合作企业	Cooperative Enterprises		
联营企业	Joint Ownership Enterprises		
有限责任公司	Limited Liability Corporations	38958281	32943379
股份有限公司	Stock-holding Corporations Limited	19073377	15602487
私营企业	Private Enterprises	6029381	5232469
其他企业	Other Enterprises		
港澳台商投资企业	Enterprises with Funds from Hong Kong ,Macao and Taiwan	2118138	2028382
外商投资企业	Foreign Funded Enterprises	819482	633522
按轻重工业分	**Grouped by Light and Heavy Industries**		
轻工业	Light Industry	7390629	4994015
重工业	Heavy Industry	68574505	58900970
按企业规模分	**Grouped by Size of Enterprises**		
大型企业	Large Enterprises	49670234	41618486
中型企业	Medium-sized Enterprises	11016300	9666501
小型企业	Small Enterprises	14122348	11822677
微型企业	Micro Enterprises	1156252	787321
按工业门类分	**Grouped by Industries**		
采矿业	Mining	5812188	4088003
制造业	Manufacturing	59592403	50582344
电力、热力、燃气及水生产和供应业	Production and Supply of Electricity, Heat, Gas and Water	10560543	9224638
按行业分	**Grouped by Sector**		
煤炭开采和洗选业	Mining and Washing of Coal	2281439	1811459
石油和天然气开采业	Extraction of Petroleum and Natural Gas	2697234	1681748
黑色金属矿采选业	Mining and Processing of Ferrous Metal Ores	245045	190265
有色金属矿采选业	Mining and Processing of Non-Ferrous Metal Ores	331360	210667
非金属矿采选业	Mining and Processing of Non-metal Ores	145645	100056
开采辅助活动	Support Activities for Mining	111465	93808
其他采矿业	Mining of Other Ores		
农副食品加工业	Processing of Food from Agricultural Products	2101215	1844684
食品制造业	Manufacture of Foods	655562	514478
酒、饮料和精茶制造业	Manufacture of Liquor, Beverages and Refined Tea	883693	608551
烟草制品业	Manufacture of Tobacco	1562767	480826
纺织业	Manufacture of Textile	106432	95606
纺织服装、服饰业	Manufacture of Textile, Wearing Apparel and Accessories	21406	10233
皮革、毛皮、羽毛（绒）及其制品和制鞋业	Manufacture of Leather, Fur, Feather and Related Products and Footwear	19225	16459

continued

(10000 yuan)

税金及附加 Taxes and Extra Charges	销售费用 Selling Expenses	管理费用 Administrative Expenses	财务费用 Financial Expenses	营业利润 Business Profits	利润总额 Total Profits	亏损企业亏损额 Loss of Loss-making Enterprises	平均用工人数（人） Annual Average Employees (person)
3559171	**1405710**	**2402279**	**1922576**	**2873458**	**3048676**	**1367622**	**488636**
3540333	1343254	2349826	1858785	2801822	2974085	1330132	478996
184824	20200	237760	188766	892059	836478	98394	64483
991	1754	6857	296	3433	3574	1007	1732
1795414	813427	1211619	1180657	1081548	1130020	683548	233332
1525192	317959	653276	327344	695974	672256	439451	117231
33912	189840	240095	161723	129204	332155	107334	62164
6332	4951	25062	35113	16658	17397	13281	3573
12506	57505	27391	28678	54977	57194	24210	6067
1008222	422196	318230	106012	372270	577293	132319	73238
2550949	983514	2084049	1816563	2501188	2471383	1235303	415398
3350855	670456	1396714	843369	2096143	2009671	536361	261811
103861	316979	401773	296480	113102	307062	402040	103299
89880	399703	559447	596014	586456	674223	334700	117236
14576	18573	44346	186712	77757	57719	94522	6290
246305	64813	306491	185835	1173141	1104230	78298	76020
3243086	1308673	1840092	970045	1512903	1721784	920184	332548
69781	32224	255696	766696	187414	222662	369141	80068
59650	43831	152410	39622	410866	408729	25760	50593
164548	2418	70456	85584	717669	653323	20752	12801
8657	7510	11092	20069	3312	5535	7330	2577
8920	1336	49285	31635	25356	23539	17088	5009
3839	7941	17953	7041	7963	5110	7284	2964
691	1776	5295	1885	7975	7995	84	2076
4716	66383	65984	36960	66687	79517	18809	19705
3046	46205	27237	16045	45900	47611	11270	7842
56905	105060	47581	7428	70989	74866	9173	10730
924904	20172	49729	3152		-46553	46553	2796
1178	3301	6684	3082	3271	4099	2831	3399
263	288	8145		2600	1262	95	1159
381	1021	3548	2295			5328	807

13-2 续表 3

单位：万元

类 别	Item	营业收入 Business Revenue	营业成本 Business Cost
木材加工及木、竹、藤、棕、草制品业	Processing of Timber, Manufacture of Wood, Bamboo, Rattan, Palm and Straw Products	13240	12167
家具制造业	Manufacture of Furniture		
造纸及纸制品业	Manufacture of Paper and Paper Products	101896	96288
印刷业和记录媒介复制业	Printing and Reproduction of Recording Media	41848	36359
文教、工美、体育和娱乐用品制造业	Manufacture of Articles for Culture, Education, Arts and Crafts, Sport and Entertainment Activities	10466	8757
石油加工、炼焦及核燃料加工业	Processing of Petroleum, Coking and Processing of Nuclear Fuel	8903176	6553653
化学原料及化学制品制造业	Manufacture of Raw Chemical Materials and Chemical Products	2116480	1846825
医药制造业	Manufacture of Medicines	1227564	721573
化学纤维制造业	Manufacture of Chemical Fibers		
橡胶和塑料制品业	Manufacture of Rubber and Plastics Products	507313	447147
非金属矿物制品业	Manufacture of Non-metallic Mineral Products	4082869	3175892
黑色金属冶炼及压延加工业	Smelting and Pressing of Ferrous Metals	12751147	11772559
有色金属冶炼及压延加工业	Smelting and Pressing of Non-ferrous Metals	18476910	17316985
金属制品业	Manufacture of Metal Products	783551	691626
通用设备制造业	Manufacture of General Purpose Machinery	588898	482955
专用设备制造业	Manufacture of Special Purpose Machinery	927010	774894
汽车制造业	Manufacture of Automobiles	79650	76018
铁路、船舶、航空航天和其他运输设备制造业	Manufacture of Railway, Ship, Aerospace and Other Transport Equipments	141893	110212
电气机械及器材制造业	Manufacture of Electrical Machinery and Apparatus	1030290	908756
计算机、通讯和其他电子设备制造业	Manufacture of Computers,Communication and Other Electronic Equipment	1356010	1161645
仪器仪表制造业	Manufacture of Measuring Instruments and Machinery	15864	10128
其他制造业	Other Manufacture	815404	562174
废弃资源综合利用业	Utilization of Waste Resources	143328	129846
金属制品、机械和设备修理业	Repair Service of Metal Products, Machinery and Equipment	120731	109187
电力、热力生产和供应业	Production and Supply of Electric Power and Heat Power	9854778	8633187
燃气生产和供应业	Production and Supply of Gas	575090	490794
水生产和供应业	Production and Supply of Water	130676	100657

continued

(10000 yuan)

税金及附加 Taxes and Extra Charges	销售费用 Selling Expenses	管理费用 Administrative Expenses	财务费用 Financial Expenses	营业利润 Business Profits	利润总额 Total Profits	亏损企业亏损额 Loss of Loss-making Enterprises	平均用工人数(人) Annual Average Employees (person)
33	592	236	149	63	155		270
619	998	2901	2942	-1853	405	720	1700
443	963	6967	1743	-4173	-4415	4790	1850
174	332	501	366	218	245	43	251
1991716	92266	323686	34633	-94895	-154659	312059	27871
12309	70575	107937	38375	9045	14227	71774	20389
10864	147409	63622	18213	241201	411001	14488	13495
3259	19876	22486	7410	10114	10560	10487	5552
33243	146549	235049	46052	422695	437911	85312	39203
70088	293742	279330	275987	56514	62243	9212	47387
91672	150083	252282	349469	348966	347017	218943	57570
3401	15916	30870	13233	8909	11367	15849	6655
5181	26587	36991	16599	15471	22794	12783	9819
7515	26470	53726	33205	5818	11618	20421	14416
1372	2365	12011	9388	-29267	-27872	30529	1600
284	2120	15302	4681	9640	10598		2744
6288	42671	56238	19337	91646	95654	8473	11229
5433	19615	53577	19603	60389	65035	31	12087
143	870	3290	3271	3767	18805		359
5118	92	50626	1704	239818	238796	120	7503
757	3598	8189	3582	-3137	-2173	5536	1687
1774	2525	15059	1234	-4383	-3772	4556	2340
65081	6749	207822	765322	151759	183317	353117	71430
1827	20773	22835	-4408	43307	43168	2797	3322
2873	4702	25039	5782	-7651	-3823	13227	5316

13-3 按行业分国有及国有控股企业主要经济指标（2019）

单位：万元

类 别	Item	企业单位数（个）Number of Enterprises (unit)	#亏损企业 Loss-making Enterprises	工业总产值 Gross Industrial Output Value
甘肃省	**Gansu**	**490**	**160**	**44312504**
煤炭开采及洗选业	Mining and Washing of Coal	15	2	1647736
石油和天然气开采业	Extraction of Petroleum and Natural Gas	2	1	2781776
黑色金属矿采选业	Mining and Processing of Ferrous Metal Ores	2	1	113601
有色金属矿采选业	Mining and Processing of Non-Ferrous Metal Ores	9	3	117687
非金属矿采选业	Mining and Processing of Non-metal Ores	3	1	35540
开采辅助活动	Support Activities for Mining	3		53382
其他采矿业	Mining of Other Ores			
农副食品加工业	Processing of Food from Agricultural Products	15	6	163564
食品制造业	Manufacture of Foods	4		59264
酒、饮料和精茶制造业	Manufacture of Liquor, Beverages and Refined Tea	9	3	228809
烟草制品业	Manufacture of Tobacco	2	2	1572178
纺织业	Manufacture of Textile	2		28230
纺织服装、服饰业	Manufacture of Textile, Wearing Apparel and Accessories	3		13814
皮革、毛皮、羽毛（绒）及其制品和制鞋业	Manufacture of Leather, Fur, Feather and Related Products and Footwear			
木材加工及木.竹、藤、棕、草制品业	Processing of Timber, Manufacture of Wood, Bamboo, Rattan, Palm and Straw Products			
家具制造业	Manufacture of Furniture			
造纸及纸制品业	Manufacture of Paper and Paper Products			
印刷业和记录媒介复制业	Printing and Reproduction of Recording Media	5	4	20221
文教、工美、体育和娱乐用品制造业	Manufacture of Articles for Culture, Education, Arts and Crafts, Sport and Entertainment Activities			
石油加工、炼焦和核燃料加工业	Processing of Petroleum, Coking and Processing of Nuclear Fuel	7	3	8442364
化学原料及化学制品制造业	Manufacture of Raw Chemical Materials and Chemical Products	20	10	969583
医药制造业	Manufacture of Medicines	14	1	574978
化学纤维制造业	Manufacture of Chemical Fibers			
橡胶和塑料制品业	Manufacture of Rubber and Plastics Products	4	1	175442
非金属矿物制品业	Manufacture of Non-metallic Mineral Products	52	8	1392090
黑色金属冶炼和压延加工业	Smelting and Pressing of Ferrous Metals	7	2	3587521
有色金属冶炼和压延加工业	Smelting and Pressing of Non-ferrous Metals	23	14	11232776
金属制品业	Manufacture of Metal Products	17	7	510075
通用设备制造业	Manufacture of General Purpose Machinery	11	2	169528
专用设备制造业	Manufacture of Special Purpose Machinery	18	5	621490
汽车制造业	Manufacture of Automobiles	2	1	17620
铁路、船舶、航空航天和其他运输设备制造业	Manufacture of Railway, Ship, Aerospace and Other Transport Equipments	2		
电气机械及器材制造业	Manufacture of Electrical Machinery and Apparatus	16	3	480291
计算机、通讯和其他电子设备制造业	Manufacture of Computers,Communication and Other Electronic Equipment	4	1	94007
仪器仪表制造业	Manufacture of Measuring Instruments and Machinery			
其他制造业	Other Manufacture	2		
废弃资源综合利用业	Utilization of Waste Resources	2	1	60226
金属制品、机械和设备修理业	Repair Service of Metal Products, Machinery and Equipment	3	1	112664
电力、热力生产和供应业	Production and Supply of Electric Power and Heat Power	186	63	8506515
燃气生产和供应业	Production and Supply of Gas	9	1	419644
水生产和供应业	Production and Supply of Water	16	12	106053

Main Indicators of State-owned and State-holding Industrial Enterprises by Industrial Sector （2019）

(10000 yuan)

工业销售产值 Sales Value of Industry Products	# 出口交货值 Delivery Value for Export	资产总计 Total Assets	流动资产合计 Total Current Assets	# 存货 Inventories	# 产成品 Finished Product	负债合计 Total Liabilities	所有者权益 Owners Equity
44279165	**328309**	**89508460**	**27767703**	**7766633**	**1738837**	**56210061**	**33322169**
1728503		4654744	1577498	140325	114241	2249520	2405225
2784019		8056773	334540	45717	26856	3415817	4640956
113550		466401	106239	2475	440	364365	102036
120212		323041	79553	23505	13007	247335	75707
34688		265093	55142	1071	320	169283	95810
49492		67507	43690	1129		54466	13041
156490	9393	246824	147334	54434	21745	155007	91816
57805	459	84808	40241	14786	3836	47103	37704
195526	20189	319627	171878	77218	44395	246241	73386
1560507		1499554	1143535	892671	24665	550054	949500
29420	4079	144260	103213	30869	8440	27365	116895
14722		20917	14825	612	358	8990	11927
23215		34880	18776	4389	2032	47001	-12121
8478745		3323489	1018590	473460	144747	1973171	1350318
917810	3235	1486647	622650	135601	59893	704140	782508
552723	2854	1377519	819573	195495	75269	380075	997444
180469		252756	53204	10509	5101	187557	65199
1396695		2085937	776443	119300	49377	1036117	1049819
3518625	8101	11960653	2948728	1319671	361836	8771908	3188745
11308071	190578	19010530	7661841	2567400	497496	10895459	8115071
509879		805776	520676	113674	21729	541740	264036
159372	30358	582538	369524	110016	44091	434825	147713
629334	36449	2383260	1600847	510392	79253	1898467	484793
10693		148450	62561	14201	6928	111328	37122
		353959	148026	61219	9182	200276	153683
484050	5810	1029400	584758	139764	50073	580385	449016
90565	16805	457662	317318	83607	19053	327644	130018
		2627825	1178309	398889	20027	1842674	785152
61421		116302	59982	17851	6295	60691	55611
111190		407796	167945	45319	2490	288247	119549
8480389		23384601	4473594	149881	22591	17415438	5992934
414508		499421	257872	3272	865	372651	126770
99415		886231	169187	2104	354	537698	348534

13-3 续表

单位：万元

类 别	Item	营业收入 Business Revenue	营业成本 Business Cost
甘肃省	**Gansu**	**58695498**	**49292363**
煤炭开采及洗选业	Mining and Washing of Coal	1960311	1521249
石油和天然气开采业	Extraction of Petroleum and Natural Gas	2697234	1681748
黑色金属矿采选业	Mining and Processing of Ferrous Metal Ores	119413	85281
有色金属矿采选业	Mining and Processing of Non-Ferrous Metal Ores	139557	101903
非金属矿采选业	Mining and Processing of Non-metal Ores	31061	20619
开采辅助活动	Support Activities for Mining	40641	33090
其他采矿业	Mining of Other Ores		
农副食品加工业	Processing of Food from Agricultural Products	185582	156977
食品制造业	Manufacture of Foods	57947	44839
酒、饮料和精茶制造业	Manufacture of Liquor, Beverages and Refined Tea	219413	167306
烟草制品业	Manufacture of Tobacco	1562767	480826
纺织业	Manufacture of Textile	31740	26762
纺织服装、服饰业	Manufacture of Textile, Wearing Apparel and Accessories	15162	5322
皮革、毛皮、羽毛（绒）及其制品和制鞋业	Manufacture of Leather, Fur, Feather and Related Products and Footwear		
木材加工及木.竹、藤、棕、草制品业	Processing of Timber, Manufacture of Wood, Bamboo, Rattan, Palm and Straw Products		
家具制造业	Manufacture of Furniture		
造纸及纸制品业	Manufacture of Paper and Paper Products		
印刷业和记录媒介复制业	Printing and Reproduction of Recording Media	25834	22267
文教、工美、体育和娱乐用品制造业	Manufacture of Articles for Culture, Education, Arts and Crafts, Sport and Entertainment Activities		
石油加工、炼焦和核燃料加工业	Processing of Petroleum, Coking and Processing of Nuclear Fuel	8433236	6149071
化学原料及化学制品制造业	Manufacture of Raw Chemical Materials and Chemical Products	1058504	933015
医药制造业	Manufacture of Medicines	646324	298818
化学纤维制造业	Manufacture of Chemical Fibers		
橡胶和塑料制品业	Manufacture of Rubber and Plastics Products	182585	165645
非金属矿物制品业	Manufacture of Non-metallic Mineral Products	1473299	1106840
黑色金属冶炼和压延加工业	Smelting and Pressing of Ferrous Metals	11465907	10555669
有色金属冶炼和压延加工业	Smelting and Pressing of Non-ferrous Metals	15560674	14489628
金属制品业	Manufacture of Metal Products	480931	436142
通用设备制造业	Manufacture of General Purpose Machinery	184566	158580
专用设备制造业	Manufacture of Special Purpose Machinery	741419	633955
汽车制造业	Manufacture of Automobiles	33644	34743
铁路、船舶、航空航天和其他运输设备制造业	Manufacture of Railway, Ship, Aerospace and Other Transport Equipments	133664	105659
电气机械及器材制造业	Manufacture of Electrical Machinery and Apparatus	384154	324122
计算机、通讯和其他电子设备制造业	Manufacture of Computers,Communication and Other Electronic Equipment	328849	306714
仪器仪表制造业	Manufacture of Measuring Instruments and Machinery		
其他制造业	Other Manufacture	812476	560110
废弃资源综合利用业	Utilization of Waste Resources	93662	85821
金属制品、机械和设备修理业	Repair Service of Metal Products, Machinery and Equipment	117594	106624
电力、热力生产和供应业	Production and Supply of Electric Power and Heat Power	8912231	8011076
燃气生产和供应业	Production and Supply of Gas	441943	382449
水生产和供应业	Production and Supply of Water	117412	94330

continued

(10000 yuan)

税金及附加 Taxes and Extra Charges	销售费用 Selling Expenses	管理费用 Administrative Expenses	财务费用 Financial Expenses	营业利润 Business Profits	利润总额 Total Profits	亏损企业亏损额 Loss of Loss-making Enterprises	平均用工人数（人） Annual Average Employees (person)
3415041	**821470**	**1704335**	**1445556**	**2250566**	**2183833**	**1010367**	**333445**
55485	34831	136338	29949	418718	417518	7563	46076
164548	2418	70456	85584	717669	653323	20752	12801
7226	974	5930	14995	2682	5644	2630	1666
3460	548	20910	8822	2022	1037	9847	2326
1752	115	5156	2819	272	294	561	1043
147	107	1146	1103	5015	5027		692
1014	10642	9169	3415	-3384	-1181	3424	1348
300	3331	2406	1303	5257	5087		848
7291	33824	8695	5454	1132	5184	6116	2540
924904	20172	49729	3152	-58741	-46553	46553	2796
483	1708	3418	637	5431	5418		1885
243	2	7577	-180	2208	737		729
338	811	6005	1195	-4227	-4454	4470	1455
1988941	46604	316699	19186	-87231	-148794	304752	25980
6108	36173	57498	12461	-5296	-4129	36422	9410
5699	87693	29070	-2161	225611	220349	5532	5329
1416	6502	3664	1950	9549	8945	1674	901
14098	49248	92923	16256	196519	203674	21611	12298
66742	266401	258273	268463	49849	54854	665	39547
84172	135273	222709	321364	353013	353385	179092	51218
1912	3570	13821	5950	5235	5738	10185	2740
2226	7182	13893	-1347	6	3835	2643	4705
5805	17426	35198	30864	-603	1729	15646	9212
561	1328	2406	1718	-9217	-9094	9132	577
220	1164	14319	4642	8703	9112		2586
3116	21453	34973	14150	85061	86313	3693	6430
798	3315	8490	1438	3029	2089	31	2643
5110		49923	1706	240047	238916		7430
379	1847	4094	-148	881	815	6	741
1734	2525	14416	1235	-4275	-3758	4543	2220
54186	4133	164592	590614	66053	89690	295806	65346
1527	14910	14134	-6466	35426	35380	536	2292
2760	4702	23936	5228	-12756	-9041	13227	5228

13-4 按行业分大中型企业主要经济指标（2019）

单位：万元

类 别	Item	企业单位数（个）Number of Enterprises (unit)	#亏损企业 Loss-making Enterprises	工业总产值 Gross Industrial Output Value
甘肃省	**Gansu**	**252**	**84**	**46215090**
煤炭开采及洗选业	Mining and Washing of Coal	18	4	855401
石油和天然气开采业	Extraction of Petroleum and Natural Gas	2	1	2781776
黑色金属矿采选业	Mining and Processing of Ferrous Metal Ores	2	1	171946
有色金属矿采选业	Mining and Processing of Non-Ferrous Metal Ores	4	1	121318
非金属矿采选业	Mining and Processing of Non-metal Ores	2	1	20407
开采辅助活动	Support Activities for Mining			33245
其他采矿业	Mining of Other Ores			
农副食品加工业	Processing of Food from Agricultural Products	9	2	441947
食品制造业	Manufacture of Foods	5		291011
酒、饮料和精茶制造业	Manufacture of Liquor, Beverages and Refined Tea	11	1	662703
烟草制品业	Manufacture of Tobacco	2	2	1562002
纺织业	Manufacture of Textile	3	1	66431
纺织服装、服饰业	Manufacture of Textile, Wearing Apparel and Accessories			
皮革、毛皮、羽毛（绒）及其制品和制鞋业	Manufacture of Leather, Fur, Feather and Related Products and Footwear			
木材加工及木.竹、藤、棕、草制品业	Processing of Timber, Manufacture of Wood, Bamboo, Rattan, Palm and Straw Products			
家具制造业	Manufacture of Furniture			
造纸及纸制品业	Manufacture of Paper and Paper Products			
印刷业和记录媒介复制业	Printing and Reproduction of Recording Media	3	3	13334
文教、工美、体育和娱乐用品制造业	Manufacture of Articles for Culture, Education, Arts and Crafts, Sport and Entertainment Activities			
石油加工、炼焦和核燃料加工业	Processing of Petroleum, Coking and Processing of Nuclear Fuel	8	4	8803000
化学原料及化学制品制造业	Manufacture of Raw Chemical Materials and Chemical Products	20	11	1351488
医药制造业	Manufacture of Medicines	11		669905
化学纤维制造业	Manufacture of Chemical Fibers			
橡胶和塑料制品业	Manufacture of Rubber and Plastics Products	2		175207
非金属矿物制品业	Manufacture of Non-metallic Mineral Products	27	9	1733634
黑色金属冶炼和压延加工业	Smelting and Pressing of Ferrous Metals	8	1	4403525
有色金属冶炼和压延加工业	Smelting and Pressing of Non-ferrous Metals	23	10	11644832
金属制品业	Manufacture of Metal Products	6	2	158089
通用设备制造业	Manufacture of General Purpose Machinery	15	5	394361
专用设备制造业	Manufacture of Special Purpose Machinery	15	3	604120
汽车制造业	Manufacture of Automobiles	3	2	15542
铁路、船舶、航空航天和其他运输设备制造业	Manufacture of Railway, Ship, Aerospace and Other Transport Equipments	2		
电气机械及器材制造业	Manufacture of Electrical Machinery and Apparatus	9	2	738929
计算机、通讯和其他电子设备制造业	Manufacture of Computers,Communication and Other Electronic Equipment	5		1126019
仪器仪表制造业	Manufacture of Measuring Instruments and Machinery			
其他制造业	Other Manufacture	2		
废弃资源综合利用业	Utilization of Waste Resources			
金属制品、机械和设备修理业	Repair Service of Metal Products, Machinery and Equipment	2	1	112664
电力、热力生产和供应业	Production and Supply of Electric Power and Heat Power	23	12	6824824
燃气生产和供应业	Production and Supply of Gas	2		329956
水生产和供应业	Production and Supply of Water	4	3	61906

Main Economic Indicators of Large and Medium-sized Industrial Enterprises by Industrial Sector (2019)

(10000 yuan)

工业销售产值 Sales Value of Industry Products	#出口交货值 Delivery Value for Export	资产总计 Total Assets	流动资产合计 Total Current Assets	#存货 Inventories	#产成品 Finished Product	负债合计 Total Liabilities	所有者权益 Owners Equity
46018054	**935939**	**82902295**	**28253111**	**8380806**	**1874078**	**49859003**	**33067067**
783611		4174786	1702172	144908	119510	2235551	1939235
2784019		8056773	334540	45717	26856	3415817	4640956
171895		171727	15982	5834	5754	114326	57401
117761		557638	80214	17846	7088	377034	180604
19388		57166	3294	728	29	56612	554
33245							
441937		933511	442318	114115	36634	462937	470574
278270		389190	186653	25891	2185	189191	199999
580994	10942	825203	433430	158854	41903	290935	534268
1550277		1499554	1143535	892671	24665	550054	949500
63441	4079	141808	90092	18976	9540	75209	66599
17114		27078	14112	3922	1812	45622	-18544
8841739		3753762	1124443	503459	164127	2303381	1450381
1276185	7755	1933295	721305	191093	84132	1048422	884874
654625	3331	1367134	839308	137211	59968	466972	900163
173810		231155	40135	3572	1400	171510	59645
1756285	238573	3612554	2009673	291524	86347	1508192	2104362
4327595	8101	12278379	3137655	1345655	373169	8990267	3288112
11758374	191431	19076323	7697676	2593751	493935	10843462	8232860
161492	1479	505213	285816	68351	13564	293316	211897
371649	36993	1212855	797993	247657	72709	946904	265952
606247	36603	2422264	1631639	543034	92326	1904134	518130
10215		186741	99821	8337	1833	155941	30800
		353959	148026	61219	9182	200276	153683
759323	6193	1028263	580938	144624	65029	553829	474435
1122567	390461	3120208	956819	232697	52643	1203046	1917162
		2627825	1178309	398889	20027	1842674	785152
111190		392208	161660	43765	1273	277778	114430
6814934		11073833	1990184	119883		8842945	2254662
324850		406208	215191	2269	425	315377	90831
59234		242468	37392	1295	115	42756	199712

13-4 续表

单位：万元

类 别	Item	营业收入 Business Revenue	营业成本 Business Cost
甘肃省	**Gansu**	**60686535**	**51284986**
煤炭开采及洗选业	Mining and Washing of Coal	1971613	1522253
石油和天然气开采业	Extraction of Petroleum and Natural Gas	2697234	1681748
黑色金属矿采选业	Mining and Processing of Ferrous Metal Ores	114247	100231
有色金属矿采选业	Mining and Processing of Non-Ferrous Metal Ores	131623	73340
非金属矿采选业	Mining and Processing of Non-metal Ores	21316	15063
开采辅助活动	Support Activities for Mining		
其他采矿业	Mining of Other Ores		
农副食品加工业	Processing of Food from Agricultural Products	589115	502385
食品制造业	Manufacture of Foods	319993	227595
酒、饮料和精茶制造业	Manufacture of Liquor, Beverages and Refined Tea	676188	445556
烟草制品业	Manufacture of Tobacco	1562767	480826
纺织业	Manufacture of Textile	90002	82851
纺织服装、服饰业	Manufacture of Textile, Wearing Apparel and Accessories		
皮革、毛皮、羽毛（绒）及其制品和制鞋业	Manufacture of Leather, Fur, Feather and Related Products and Footwear		
木材加工及木.竹、藤、棕、草制品业	Processing of Timber, Manufacture of Wood, Bamboo, Rattan, Palm and Straw Products		
家具制造业	Manufacture of Furniture		
造纸及纸制品业	Manufacture of Paper and Paper Products		
印刷业和记录媒介复制业	Printing and Reproduction of Recording Media	19733	17486
文教、工美、体育和娱乐用品制造业	Manufacture of Articles for Culture, Education, Arts and Crafts, Sport and Entertainment Activities		
石油加工、炼焦和核燃料加工业	Processing of Petroleum, Coking and Processing of Nuclear Fuel	8797287	6456776
化学原料及化学制品制造业	Manufacture of Raw Chemical Materials and Chemical Products	1286058	1136829
医药制造业	Manufacture of Medicines	485092	301223
化学纤维制造业	Manufacture of Chemical Fibers		
橡胶和塑料制品业	Manufacture of Rubber and Plastics Products	173270	157256
非金属矿物制品业	Manufacture of Non-metallic Mineral Products	1679702	1208804
黑色金属冶炼和压延加工业	Smelting and Pressing of Ferrous Metals	12268370	11309013
有色金属冶炼和压延加工业	Smelting and Pressing of Non-ferrous Metals	15507693	14393770
金属制品业	Manufacture of Metal Products	205852	183886
通用设备制造业	Manufacture of General Purpose Machinery	456115	372289
专用设备制造业	Manufacture of Special Purpose Machinery	758381	644415
汽车制造业	Manufacture of Automobiles	33279	35670
铁路、船舶、航空航天和其他运输设备制造业	Manufacture of Railway, Ship, Aerospace and Other Transport Equipments	133664	105659
电气机械及器材制造业	Manufacture of Electrical Machinery and Apparatus	639201	559107
计算机、通讯和其他电子设备制造业	Manufacture of Computers,Communication and Other Electronic Equipment	1327467	1136972
仪器仪表制造业	Manufacture of Measuring Instruments and Machinery		
其他制造业	Other Manufacture	812476	560110
废弃资源综合利用业	Utilization of Waste Resources		
金属制品、机械和设备修理业	Repair Service of Metal Products, Machinery and Equipment	109774	98980
电力、热力生产和供应业	Production and Supply of Electric Power and Heat Power	7347711	7065565
燃气生产和供应业	Production and Supply of Gas	341870	300450
水生产和供应业	Production and Supply of Water	61578	49793

continued

(10000 yuan)

税金及附加 Taxes and Extra Charges	销售费用 Selling Expenses	管理费用 Administrative Expenses	财务费用 Financial Expenses	营业利润 Business Profits	利润总额 Total Profits	亏损企业亏损额 Loss of Loss-making Enterprises	平均用工人数(人) Annual Average Employees (person)
3454715	**987435**	**1798486**	**1139849**	**2209245**	**2316733**	**938400**	**365110**
57594	36303	143972	34831	413048	411320	19337	48203
164548	2418	70456	85584	717669	653323	20752	12801
4473	938	5728	3516	-1120	-1032	2630	1647
2864	248	17352	23639	12832	12046	5893	2308
1614		3394	1482	-147	-113	561	921
1037	20515	18777	10484	32517	32675	1941	7911
1461	28418	10406	4081	46900	46499		3186
49477	86767	35472	-536	61521	64700	1142	7522
924904	20172	49729	3152	-58741	-46553	46553	2796
873	2759	5250	2053	2897	3695	2329	1964
243	476	5209	1205	-4374	-4358	4358	1293
1991462	88448	321181	32911	-94422	-154171	310336	27407
7751	42178	65568	19473	-8388	-6061	42337	12949
6300	83990	24199	768	67765	233857		6010
1322	4806	3993	1379	10853	10139		1155
15861	43808	102619	8224	277937	289383	58738	16112
68830	280511	271186	273502	62250	67353	1471	44196
87576	125678	229508	317492	392912	391849	160860	53728
1177	2716	8233	4860	-5449	-4733	7624	2413
4183	24054	29283	16042	7733	14024	10926	8213
5600	18505	37418	32103	1095	5356	14214	10904
1009	1132	8607	2223	-22364	-22289	23797	927
220	1164	14319	4642	8703	9112		2586
3789	33201	35400	13916	91679	93397	987	7011
5293	18503	52375	19263	59694	63782		11658
5110		49923	1706	240047	238916		7430
1733	2389	13053	1199	-4321	-3864	4543	1968
34436	1181	136548	226118	-116772	-99096	190218	53279
1165	13113	10300	-6248	23232	23030		1819
2161	633	12223	220	-3288	-2922	3344	3142

13-5 非公有制工业企业主要财务指标（2019）

单位：万元

类 别	Item	企业单位数（个）Number of Enterprises (unit)	#亏损企业 Loss-making Enterprises	工业总产值 Gross Industrial Output Value
甘肃省	**Gansu**	**1289**	**391**	**15365714**
煤炭开采及洗选业	Mining and Washing of Coal	26	15	288095
石油和天然气开采业	Extraction of Petroleum and Natural Gas			
黑色金属矿采选业	Mining and Processing of Ferrous Metal Ores	9	6	120662
有色金属矿采选业	Mining and Processing of Non-Ferrous Metal Ores	14	6	204579
非金属矿采选业	Mining and Processing of Non-metal Ores	34	10	71329
开采辅助活动	Support Activities for Mining	14	2	52625
其他采矿业	Mining of Other Ores			
农副食品加工业	Processing of Food from Agricultural Products	178	41	1913833
食品制造业	Manufacture of Foods	47	15	561353
酒、饮料和精茶制造业	Manufacture of Liquor, Beverages and Refined Tea	39	7	743481
烟草制品业	Manufacture of Tobacco			
纺织业	Manufacture of Textile	6	2	49575
纺织服装、服饰业	Manufacture of Textile, Wearing Apparel and Accessories	2	1	3358
皮革、毛皮、羽毛（绒）及其制品和制鞋业	Manufacture of Leather, Fur, Feather and Related Products and Footwear	5	1	50287
木材加工及木.竹、藤、棕、草制品业	Processing of Timber, Manufacture of Wood, Bamboo, Rattan, Palm and Straw Products	2		12656
家具制造业	Manufacture of Furniture			1694
造纸及纸制品业	Manufacture of Paper and Paper Products	14	4	104661
印刷业和记录媒介复制业	Printing and Reproduction of Recording Media	5	1	16639
文教、工美、体育和娱乐用品制造业	Manufacture of Articles for Culture, Education, Arts and Crafts, Sport and Entertainment Activities	5	1	12393
石油加工、炼焦和核燃料加工业	Processing of Petroleum, Coking and Processing of Nuclear Fuel	10	4	437883
化学原料及化学制品制造业	Manufacture of Raw Chemical Materials and Chemical Products	94	34	1038324
医药制造业	Manufacture of Medicines	75	18	644972
化学纤维制造业	Manufacture of Chemical Fibers			
橡胶和塑料制品业	Manufacture of Rubber and Plastics Products	59	19	287150
非金属矿物制品业	Manufacture of Non-metallic Mineral Products	277	74	2320167
黑色金属冶炼和压延加工业	Smelting and Pressing of Ferrous Metals	28	16	990890
有色金属冶炼和压延加工业	Smelting and Pressing of Non-ferrous Metals	27	17	2953539
金属制品业	Manufacture of Metal Products	60	18	273115
通用设备制造业	Manufacture of General Purpose Machinery	20	8	282266
专用设备制造业	Manufacture of Special Purpose Machinery	25	5	176848
汽车制造业	Manufacture of Automobiles	6	4	91447
铁路、船舶、航空航天和其他运输设备制造业	Manufacture of Railway, Ship, Aerospace and Other Transport Equipments	2		12272
电气机械及器材制造业	Manufacture of Electrical Machinery and Apparatus	37	11	547482
计算机、通讯和其他电子设备制造业	Manufacture of Computers,Communication and Other Electronic Equipment	5		40484
仪器仪表制造业	Manufacture of Measuring Instruments and Machinery	4		8656
其他制造业	Other Manufacture			
废弃资源综合利用业	Utilization of Waste Resources	13	5	44647
金属制品、机械和设备修理业	Repair Service of Metal Products, Machinery and Equipment			
电力、热力生产和供应业	Production and Supply of Electric Power and Heat Power	129	40	894471
燃气生产和供应业	Production and Supply of Gas	13	4	84467
水生产和供应业	Production and Supply of Water	2		19999

Main Financial Indicators of the Non-public Industrial Enterprises （2019）

(10000 yuan)

工业销售产值 Sales Value of Industry Products	#出口交货值 Delivery Value for Export	资产总计 Total Assets	流动资产合计 Total Current Assets	#存货 Inventories	#产成品 Finished Product	负债合计 Total Liabilities	所有者权益 Owners Equity
15040271	**320197**	**30277322**	**15102228**	**3051144**	**1213797**	**18467886**	**11772103**
276138		928248	322237	38042	22111	745829	182418
114558		394402	102199	22053	10565	134842	259560
177269		756204	175928	27223	13055	464159	292045
68649		257967	131510	29458	19106	162855	95111
52625		98252	72098	3574	3337	58546	39706
1876267	14461	2493033	1373767	486086	276500	1344923	1144606
528892	7488	922423	488386	97393	37118	522786	399636
657171	4733	1085892	596411	252997	75528	410381	675512
42643		103462	44260	11617	5484	93888	9573
3358	1060	6401	3745	875	50	1957	4444
14878		388945	374705	245282	1099	198364	190581
13240		14624	11211	7332	5705	9507	5117
1694							
102047		147682	59526	21673	10605	83097	64585
16200		45595	17776	2817	675	29274	16320
11176		25445	17357	12298	7232	7215	18229
440419		564507	201624	72540	40852	429069	135437
994531	16247	1540761	740594	223478	109656	1109516	431243
600508	8876	1485236	989650	218099	85767	808103	677131
286796		625925	390452	87590	45958	311484	314441
2343419	244435	4963575	3333716	455247	166498	2581516	2380021
979134	4921	460591	278828	94946	36454	320835	139758
3005410	4875	1851547	1064135	172734	95520	1187332	664214
283704	1479	447979	301609	67130	21718	251458	196521
276810	6838	965972	620671	165789	23430	750779	215193
151575	1185	337189	223358	55079	15269	127687	209502
45148	202	358884	202675	36965	26294	286726	72158
11776		11174	9589	3486	1298	7274	3900
567897	383	739389	510537	88236	39706	431522	307866
41127	1258	72673	39765	9501	4498	31118	41555
8646		285588	57706	3901	1203	101062	184526
37344		182961	89623	11547	6537	117193	65767
891935	1755	7375055	2175012	19016	1363	5181119	2162150
87870		270737	62714	4923	2379	144909	125828
19999		56896	10601	160		17092	39804

13-5 续表

单位：万元

类 别	Item	营业收入 Business Revenue	营业成本 Business Cost
甘肃省	**Gansu**	**15655236**	**13252294**
煤炭开采及洗选业	Mining and Washing of Coal	299761	278017
石油和天然气开采业	Extraction of Petroleum and Natural Gas		
黑色金属矿采选业	Mining and Processing of Ferrous Metal Ores	125632	104985
有色金属矿采选业	Mining and Processing of Non-Ferrous Metal Ores	181366	103756
非金属矿采选业	Mining and Processing of Non-metal Ores	114584	79437
开采辅助活动	Support Activities for Mining	70825	60719
其他采矿业	Mining of Other Ores		
农副食品加工业	Processing of Food from Agricultural Products	1909632	1682479
食品制造业	Manufacture of Foods	589324	463101
酒、饮料和精茶制造业	Manufacture of Liquor, Beverages and Refined Tea	664280	441245
烟草制品业	Manufacture of Tobacco		
纺织业	Manufacture of Textile	70186	66027
纺织服装、服饰业	Manufacture of Textile, Wearing Apparel and Accessories	2612	1947
皮革、毛皮、羽毛（绒）及其制品和制鞋业	Manufacture of Leather, Fur, Feather and Related Products and Footwear	13459	11293
木材加工及木.竹、藤、棕、草制品业	Processing of Timber, Manufacture of Wood, Bamboo, Rattan, Palm and Straw Products	13240	12167
家具制造业	Manufacture of Furniture		
造纸及纸制品业	Manufacture of Paper and Paper Products	98810	93573
印刷业和记录媒介复制业	Printing and Reproduction of Recording Media	16014	14091
文教、工美、体育和娱乐用品制造业	Manufacture of Articles for Culture, Education, Arts and Crafts, Sport and Entertainment Activities	10466	8757
石油加工、炼焦和核燃料加工业	Processing of Petroleum, Coking and Processing of Nuclear Fuel	464959	399873
化学原料及化学制品制造业	Manufacture of Raw Chemical Materials and Chemical Products	986597	849614
医药制造业	Manufacture of Medicines	572904	415457
化学纤维制造业	Manufacture of Chemical Fibers		
橡胶和塑料制品业	Manufacture of Rubber and Plastics Products	302791	263564
非金属矿物制品业	Manufacture of Non-metallic Mineral Products	2545774	2009165
黑色金属冶炼和压延加工业	Smelting and Pressing of Ferrous Metals	1029572	975585
有色金属冶炼和压延加工业	Smelting and Pressing of Non-ferrous Metals	2852026	2788435
金属制品业	Manufacture of Metal Products	302620	255484
通用设备制造业	Manufacture of General Purpose Machinery	377231	302560
专用设备制造业	Manufacture of Special Purpose Machinery	168676	130071
汽车制造业	Manufacture of Automobiles	46007	41275
铁路、船舶、航空航天和其他运输设备制造业	Manufacture of Railway, Ship, Aerospace and Other Transport Equipments	8229	4553
电气机械及器材制造业	Manufacture of Electrical Machinery and Apparatus	632987	573063
计算机、通讯和其他电子设备制造业	Manufacture of Computers,Communication and Other Electronic Equipment	53171	44922
仪器仪表制造业	Manufacture of Measuring Instruments and Machinery	15864	10128
其他制造业	Other Manufacture		
废弃资源综合利用业	Utilization of Waste Resources	46087	41440
金属制品、机械和设备修理业	Repair Service of Metal Products, Machinery and Equipment		
电力、热力生产和供应业	Production and Supply of Electric Power and Heat Power	910504	600351
燃气生产和供应业	Production and Supply of Gas	133147	108346
水生产和供应业	Production and Supply of Water	13264	6327

continued

(10000 yuan)

税金及附加 Taxes and Extra Charges	销售费用 Selling Expenses	管理费用 Administrative Expenses	财务费用 Financial Expenses	营业利润 Business Profits	利润总额 Total Profits	亏损企业亏损额 Loss of Loss-making Enterprises	平均用工人数(人) Annual Average Employees (person)
133993	**552759**	**614530**	**447365**	**542452**	**777669**	**346671**	**137398**
3384	8312	12032	9579	-11422	-12335	18125	3409
1431	6536	5162	5074	630	-109	4700	911
5204	788	26801	22546	19923	19026	7241	2651
2087	7826	12797	4221	7691	4815	6723	1921
545	1670	4150	782	2960	2968	84	1384
3641	55661	56426	33545	69827	80439	15385	18067
2684	42108	24129	14709	40311	42199	10883	6754
49614	71236	38887	1974	69857	69682	3057	8190
634	1310	2459	2542	-2801	-1957	2831	1425
4	239	279	64	78	109	95	330
38	481	1176	2087	-1615	-1624	2073	400
33	592	236	149	63	155		270
614	998	2531	2942	-1850	408	717	1666
105	152	962	549	55	39	319	395
174	332	501	366	218	245	43	251
2773	45570	6873	15408	-7688	-5888	7307	1859
5804	31611	47972	25280	13428	17193	35352	10536
5091	59492	34159	19371	16247	191334	8274	7981
1648	12421	16582	5497	-75	1073	8812	3962
18760	96521	138727	27527	229586	237372	59680	25816
2392	20973	14716	6201	9298	9798	6107	5972
6073	14634	22510	25759	-17924	-19669	38478	5749
1489	12345	17049	7283	3675	5628	5664	3915
2763	17828	21034	17480	10175	13208	10139	4694
1635	8177	14435	2187	5530	8638	4774	3904
811	1038	9605	7671	-20050	-18778	21397	1023
64	956	983	39	938	1486		158
2867	20672	20150	5032	6568	9112	4780	4612
206	1258	2234	831	3340	4181		779
143	870	3290	3271	3767	18805		359
365	1550	3475	3628	-4076	-3053	5531	882
10449	2616	40752	171141	82805	89975	55705	5729
300	5863	8701	2058	7881	7788	2262	1030
113		1104	554	5105	5218		88

13-6 按行业分规模以上工业企业主要经济效益指标（2019）

类　别	Branch	总资产贡献率（%） Ratio of Profits,Taxes and Interests to Average Assets（%）			
		规模以上工业企业 Industrial Enterprises above Designated Size	国有及国有控股企业 State-owned and State-holding Enterprises	大中型企业 Large & Medium-sized Industrial Enterprises	规模以上工业企业 Industrial Enterprises above Designated Size
甘肃省	**Gansu**	**8.45**	**9.85**	**10.64**	**61.79**
煤炭开采及洗选业	Mining and Washing of Coal	11.92	14.15	15.82	53.66
石油和天然气开采业	Extraction of Petroleum and Natural Gas	13.49	13.49	13.49	42.40
黑色金属矿采选业	Mining and Processing of Ferrous Metal Ores	5.57	7.54	7.33	57.99
有色金属矿采选业	Mining and Processing of Non-Ferrous Metal Ores	6.79	4.29	7.77	65.89
非金属矿采选业	Mining and Processing of Non-metal Ores	3.97	2.61	8.58	63.50
开采辅助活动	Support Activities for Mining	7.97	10.28		68.18
其他采矿业	Mining of Other Ores				
农副食品加工业	Processing of Food from Agricultural Products	4.12	1.75	4.33	54.71
食品制造业	Manufacture of Foods	7.68	9.01	15.34	56.91
酒、饮料和精茶制造业	Manufacture of Liquor, Beverages and Refined Tea	12.23	7.62	17.37	46.72
烟草制品业	Manufacture of Tobacco	69.92	69.92	69.92	36.68
纺织业	Manufacture of Textile	3.89	5.28	5.56	47.79
纺织服装、服饰业	Manufacture of Textile, Wearing Apparel and Accessories	9.63	11.99	9.61	40.98
皮革、毛皮、羽毛（绒）及其制品和制鞋业	Manufacture of Leather, Fur, Feather and Related Products and Footwear	-0.75	-1.86	-1.86	49.86
木材加工及木.竹、藤、棕、草制品业	Processing of Timber, Manufacture of Wood, Bamboo, Rattan, Palm and Straw Products	2.43			65.01
家具制造业	Manufacture of Furniture				
造纸及纸制品业	Manufacture of Paper and Paper Products	6.36		5.30	56.44
印刷业和记录媒介复制业	Printing and Reproduction of Recording Media	-0.99	-4.87	-7.22	94.78
文教、工美、体育和娱乐用品制造业	Manufacture of Articles for Culture, Education, Arts and Crafts, Sport and Entertainment Activities	2.75			28.36
石油加工、炼焦和核燃料加工业	Processing of Petroleum, Coking and Processing of Nuclear Fuel	57.67	67.13	59.77	61.80
化学原料及化学制品制造业	Manufacture of Raw Chemical Materials and Chemical Products	2.69	1.68	1.40	59.59
医药制造业	Manufacture of Medicines	16.58	17.96	19.07	42.02
化学纤维制造业	Manufacture of Chemical Fibers	10.87			21.13
橡胶和塑料制品业	Manufacture of Rubber and Plastics Products	4.01	8.66	9.70	57.06
非金属矿物制品业	Manufacture of Non-metallic Mineral Products	9.85	14.25	12.16	52.24
黑色金属冶炼和压延加工业	Smelting and Pressing of Ferrous Metals	4.57	4.51	4.65	73.35
有色金属冶炼和压延加工业	Smelting and Pressing of Non-ferrous Metals	4.63	4.95	5.13	58.00
金属制品业	Manufacture of Metal Products	3.15	2.64	1.00	63.27
通用设备制造业	Manufacture of General Purpose Machinery	3.71	1.63	3.81	75.28
专用设备制造业	Manufacture of Special Purpose Machinery	2.31	1.89	2.04	73.56
汽车制造业	Manufacture of Automobiles	-4.55	-4.01	-10.57	78.46
铁路、船舶、航空航天和其他运输设备制造业	Manufacture of Railway, Ship, Aerospace and Other Transport Equipments	4.44	4.02	4.02	56.84
电气机械及器材制造业	Manufacture of Electrical Machinery and Apparatus	8.07	11.63	12.78	57.36
计算机、通讯和其他电子设备制造业	Manufacture of Computers,Communication and Other Electronic Equipment	3.49	1.17	3.48	38.95
仪器仪表制造业	Manufacture of Measuring Instruments and Machinery	8.01			35.39
其他制造业	Other Manufacture	15.46	15.50	15.50	70.06
废弃资源综合利用业	Utilization of Waste Resources	0.58	0.59	0.61	64.54
金属制品、机械和设备修理业	Repair Service of Metal Products, Machinery and Equipment	0.18	0.09	0.04	70.51
电力、热力生产和供应业	Production and Supply of Electric Power and Heat Power	3.50	4.07	3.60	73.48
燃气生产和供应业	Production and Supply of Gas	6.40	7.76	6.11	67.20
水生产和供应业	Production and Supply of Water	0.92	0.26	0.52	58.82

Designated Size by Industrial Sector （2019）

资产负债率（%）Ratio of Debts to Assets (%)		流动资产周转次数（次/年）Turnover of Current Assets (times/year)			工业成本费用利润率（%）Ratio of Profits to Total Industrial Costs (%)			产品销售率（%）Sales Ratio of Products (%)		
国有及国有控股企业 State-owned and State-holding Enterprises	大中型企业 Large & Medium-sized Industrial Enterprises	规模以上工业企业 Industrial Enterprises above Designated Size	国有及国有控股企业 State-owned and State-holding Enterprises	大中型企业 Large & Medium-sized Industrial Enterprises	规模以上工业企业 Industrial Enterprises above Designated Size	国有及国有控股企业 State-owned and State-holding Enterprises	大中型企业 Large & Medium-sized Industrial Enterprises	规模以上工业企业 Industrial Enterprises above Designated Size	国有及国有控股企业 State-owned and State-holding Enterprises	大中型企业 Large & Medium-sized Industrial Enterprises
62.80	**60.14**	**1.72**	**2.11**	**2.15**	**4.36**	**4.08**	**4.17**	**99.37**	**99.92**	**99.57**
48.33	53.55	1.19	1.24	1.16	19.92	24.18	23.62	103.43	104.90	91.61
42.40	42.40	8.06	8.06	8.06	35.33	35.33	35.33	100.08	100.08	100.08
78.12	66.57	1.18	1.12	7.15	2.37	5.14	-0.93	97.37	99.96	99.97
76.56	67.61	1.29	1.75	1.64	7.90	0.77	10.29	92.63	102.15	97.07
63.86	99.03	0.78	0.56	6.47	3.81	1.00	-0.56	96.70	97.60	95.01
80.68		0.96	0.93		7.78	14.18		96.33	92.71	100.00
62.80	49.59	1.38	1.26	1.33	3.92	-0.64	5.88	97.86	95.67	100.00
55.54	48.61	1.22	1.44	1.71	7.84	9.69	17.12	94.56	97.54	95.62
77.04	35.26	1.15	1.28	1.56	9.70	2.40	11.34	87.57	85.45	87.67
36.68	36.68	1.37	1.37	1.37	-8.35	-8.35	-8.35	99.26	99.26	99.25
18.97	53.04	0.68	0.31	1.00	3.76	16.51	3.96	93.07	104.22	95.50
42.98	35.54	0.86	1.02	1.09	6.80	5.79	4.71	115.14	106.57	110.44
46.78	46.78	0.04	0.05	0.05	-20.76	-38.47	-38.47	40.54	184.10	166.20
		1.18			1.18			104.61		
								100.00		
	52.11	1.69		2.99	0.39		-1.37	97.50		81.40
134.75	168.48	1.14	1.38	1.40	-9.57	-14.71	-17.88	106.93	114.80	128.34
		0.60			2.43			90.18		
59.37	61.36	7.27	8.28	7.82	-2.20	-2.27	-2.23	100.44	100.43	100.44
47.36	54.23	1.52	1.70	1.78	0.68	-0.39	-0.47	95.49	94.66	94.43
27.59	34.16	0.67	0.79	0.58	41.65	50.40	54.04	94.45	96.13	97.72
		4.26			5.14			100.00		
74.20	74.20	1.11	3.43	4.32	2.11	5.03	6.05	101.04	102.87	99.20
49.67	41.75	0.97	1.90	0.84	12.11	16.07	21.11	100.67	100.33	101.31
73.34	73.22	3.81	3.89	3.91	0.49	0.48	0.55	98.16	98.08	98.28
57.31	56.84	2.10	2.03	2.01	1.92	2.32	2.59	100.85	100.67	100.98
67.23	58.06	0.95	0.92	0.72	1.48	1.22	-2.30	101.33	99.96	102.15
74.64	78.07	0.58	0.50	0.57	3.98	2.10	3.13	96.58	94.01	94.24
79.66	78.61	0.49	0.46	0.46	1.28	0.24	0.71	96.74	101.26	100.35
74.99	83.51	0.30	0.54	0.33	-27.63	-22.39	-46.44	51.20	60.69	65.72
56.58	56.58	0.90	0.90	0.90	7.54	6.80	6.80	95.96		
56.38	53.86	0.93	0.66	1.10	9.20	21.49	14.36	102.48	100.78	102.76
71.59	38.56	1.35	1.04	1.39	4.97	0.64	4.98	99.75	96.34	99.69
		0.27			103.81			99.88		
70.12	70.12	0.69	0.69	0.69	38.48	38.70	38.70	100.00		
52.18	75.79	0.87	1.56	1.70	-1.48	0.88	2.09	94.37	101.98	100.76
70.68	70.82	0.71	0.70	0.68	-2.88	-2.95	-3.27	98.69	98.69	98.69
74.47	79.85	1.48	1.99	3.69	1.90	1.02	-1.33	99.69	99.69	99.86
74.62	77.64	1.79	1.71	1.59	8.15	8.74	7.25	99.66	98.78	98.45
60.67	17.63	0.73	0.69	1.65	-2.81	-7.05	-4.64	94.73	93.74	95.68

13-7 主要工业产品产量
Output of Major Industrial Products

产品名称	Product Name	2010	2015	2018	2019
原煤（万吨）	Coal (10 000 tons)	4547.20	4390.27	3575.11	3663.08
原油（万吨）	Crude Petroleum Oil (10 000 tons)	382.14	820.09	859.76	903.55
天然气（万立方米）	Natural Gas (10 000 cu.m)	10344	12108	22727	15814
铁矿石原矿（万吨）	Iron Ore (10 000 tons)	991.62	1596.21	912.08	896.04
小麦粉（万吨）	Wheatmeal (10 000 tons)	151.08	119.36	73.06	72.96
饮料、酒（万千升）	Drinks (10 000kl)	71.54	66.18	48.38	42.67
软饮料（万吨）	Soft Drinks (10 000 tons)	138.43	241.40	123.14	134.58
卷烟（万箱）	Cigarettes (10 000 cases)	80.00	103.00	94.30	94.30
原油加工量（万吨）	Crude Oil Processing (10 000 tons)	1383.54	1424.31	1440.03	1465.63
焦炭（万吨）	Coke (10 000 tons)	244.32	525.05	385.38	449.40
硫酸（万吨）	Sulfuric Acid (10 000 tons)	247.00	443.03	486.65	327.88
烧碱（万吨）	Caustic Soda (10 000 tons)	21.69	19.02	19.19	32.22
纯碱（万吨）	Soda Ash (10 000 tons)	13.66	9.77		
电石（万吨）	Calcium Carbide (10 000 tons)	97.54	112.80	83.07	80.19
乙烯（万吨）	Ethene (10 000 tons)	69.48	64.20	64.39	53.34
农用化肥（万吨）	Chemical Fertilizer (10 000 tons)	81.32	46.70	22.95	17.04
化学农药（万吨）	Chemical Pesticide (10 000 tons)	0.13	0.32	1.22	1.54
塑料制品（万吨）	Plastic Products (ton)	13.88	39.09	11.37	16.82
水泥（万吨）	Cement (10 000 tons)	2414.11	4764.30	3847.15	4409.48
平板玻璃（万重量箱）	Plate Glass (10 000 weight cases)	653.89	124.78	535.08	556.51
生铁（万吨）	Pig Iron (10 000 tons)	625.49	690.52	613.99	659.13
粗钢（万吨）	Crude Steel (10 000 tons)	662.25	852.10	802.41	877.77
钢材（万吨）	Rolled Steel (10 000 tons)	699.17	847.77	833.45	936.66
铁合金（万吨）	Iron Alloy (10 000 tons)	119.49	85.65	96.12	100.23
十种有色金属（万吨）	Ten Kinds of Nonferrous Metals (10 000 tons)	191.53	381.36	410.52	328.98
#铜（万吨）	Copper (10 000 tons)	44.79	92.47	105.49	58.05
铅（万吨）	Lead (10 000 tons)	2.69	2.82	2.77	2.75
锌（万吨）	Zinc (10 000 tons)	23.51	40.38	44.11	35.69
镍（万吨）	Nickel (10 000 tons)	12.98	15.31	13.52	14.60
铝（万吨）	Aluminium (10 000 tons)	104.40	230.38	244.50	217.84
汽车（辆）	Motor Vehicles (set)	20718	24354	11214	720
发电设备（万千瓦小时）	Power Generating Equipment (10 000 kw·h)	3.53	4.52		
变压器（万千伏安）	Power Transformer (10 000 kva)	221.95	160.56	144.84	128.31
集成电路（万块）	Integrated Circuits (10 000 units)	550307	1497496	3177018	3898581
发电量（亿千瓦小时）	Electricity (100 million kw·h)	791.53	1139.45	1427.31	1479.60
火力发电量	Thermal Power	502.29	718.65	776.79	785.31
水力发电量	Hydropower	262.32	270.96	348.36	377.16
风力发电量	Wind Power		107.30	226.01	226.88
太阳能发电量	Photoelectric Power		40.77	76.14	90.26

13-8 规模以上工业主要产品年末生产能力
Production Capacity of Major Products of Industrial Enterprises above Designated Size （Year-end）

产品名称	Product Name	2010	2015	2018	2019
原煤（万吨）	Coal (10 000 tons)	5163.65	5260.29	4596.00	4613.00
卷烟（亿支）	Cigarettes (100 million pieces)	465.00	695.25	789.75	854.55
原油加工量（万吨）	Crude Oil Processing (10 000 tons)	1600.00	1600.00	1670.00	1670.00
焦炭（万吨）	Coke (10 000 tons)	335.00	807.50	727.50	727.50
碳化钙（万吨）	Calcium Carbide (10 000 tons)	120.74	169.00	156.00	113.00
农用氮、磷、钾化学肥料总计（万吨）	Chemical Fertilizer (10 000 tons)	99.97	122.70	43.91	36.61
水泥熟料（万吨）	Cement Clinker (10 000 tons)	2366.39	4199.16	3887.00	4149.00
水泥（万吨）	Cement (10 000 tons)	3345.77	6817.61	6052.00	6341.00
平板玻璃（万重量箱）	Plate Glass (10 000 weight cases)	654.08	602.20	600.00	600.00
生铁（万吨）	Pig Iron (10 000 tons)	809.00	1017.32	837.40	892.00
粗钢（万吨）	Crude Steel (10 000 tons)	795.00	1300.00	1160.00	1205.00
钢材（万吨）	Rolled Steel (10 000 tons)	547.15	1191.08	1226.00	1366.50
铁合金（万吨）	Iron Alloy (10 000 tons)	159.44	157.32	123.23	128.24
原铝（万吨）	Primary Aluminium (10 000 tons)	120.52	291.08	312.80	276.00
汽车（万辆）	Motor Vehicles (10 000 sets)	5.00	4.00	4.00	4.00
#轿车	Cars (10 000 sets)	5.00	4.00	4.00	4.00
发电设备容量总计（万千瓦）	Installed Capacity of Power Generation (10 000 kwh)	2374.91	4075.30	4373.79	4552.13
火电设备容量总计	Thermal Power	1319.62	1893.90	1784.16	1895.06
水电设备容量总计	Hydropower	571.79	678.70	703.46	737.08
风电设备容量总计	Wind Power	477.65	1085.40	1280.21	1268.21

13-9 国有及国有控股企业主要指标（2019）
Major Indicators of State-owned and State-holding Industrial Enterprises（2019）

单位：亿元 (100 million yuan)

指　标	Item	全省 Total	国有及国有控股企业 State-owned and State-holding Industrial Enterprises	占全省比重 (%) Proportion (%)	国有及国有控股大中型企业 Large and Medium-sized State-owned and State-holding Industrial Enterprises	占全省比重 (%) Proportion (%)
企业单位数（个）	Number of Enterprises (unit)	1825	490	26.85	156	8.55
就业人员期末人数（万人）	Year-end Employees (10 000 persons)	47.85	32.70	68.35	29.59	61.85
工业总产值	Gross Output Value	6137.79	4431.25	72.20	3946.63	64.30
年末资产总计	Total Property (year-end)	12349.09	8950.85	72.48	7080.74	57.34
流动资产合计	Total Current Assets	4405.47	2776.77	63.03	2260.14	51.30
年末负债合计	Total Liabilities (year-end)	7630.66	5621.01	73.66	4379.22	57.39
年末所有者权益	Owners' Equity (year-end)	4717.58	3332.22	70.63	2703.89	57.32
#实收资本	Paid-up Capital	3015.17	2232.20	74.03	1754.07	58.17
营业收入	Business Revenue	7596.51	5869.55	77.27	5400.83	71.10
税金及附加	Taxes and Extra Charges	355.92	341.50	95.95	336.89	94.65
利润总额	Total Profits	304.87	218.38	71.63	170.50	55.93
税金总额	Total Taxes	557.47	527.45	94.61	513.83	92.17
亏损企业数（个）	Number of Loss-making Enterprises (unit)	566	160	28.27	56	9.89
亏损企业亏损额	Total Losses Loss-making Enterprises	136.76	101.04	73.88	82.99	60.68

13-10 支柱工业主要指标占全省比重
Proportion to Total Industry in Gansu of Main Indicators of Pillar Industry

单位：% (%)

指　标	Item	2010	2015	2018	2019
单位数	Number of Enterprises	77.11	69.60	69.64	67.01
就业人员	Year-end Employees	84.64	81.43		79.81
工业总产值	Gross Output Value of Industry	92.75	87.01	88.67	87.85
工业增加值	Value Added	91.62	87.07	87.73	85.85
年末资产总计	Total Assets (year-end)	90.86	88.02	87.43	83.97
负债合计	Total Liabilities	91.77	90.18	89.78	86.36
利润总额	Total Profits	86.78		58.53	60.64
利税总额	Total Profits and Taxes	92.68	81.40		80.49
工业销售产值	Sales Value of Industry Products	92.87	87.78	88.75	87.94

13-11 支柱工业主要指标
Main Indicators of Pillar Industry

行 业	Sector	2010	2015	2018	2019	2019 年比 2018 年增长 (%) Increase Rate in 2019 over 2018 (%)
单位数（个）	**Number of Enterprises （unit）**	**1543**	**1495**	**1335**	**1223**	**-8.39**
石化工业	Petrochemical Industry	248	235	215	203	-5.58
有色工业	Ferrous Industry	116	119	85	77	-9.41
电力工业	Power Industry	237	242	291	322	10.65
冶金工业	Metallurgical Industry	141	111	62	50	-19.35
机械工业	Machinery Industry	300	250	228	229	0.44
食品工业	Food Industry	414	485	420	297	-29.29
煤炭工业	Coal Industry	87	53	34	45	32.35
工业增加值（亿元）	**Value-added （100 million yuan）**	**1261.03**	**1447.10**			**4.74**
石化工业	Petrochemical Industry	416.42	506.64			2.80
有色工业	Ferrous Industry	188.79	223.96			9.53
电力工业	Power Industry	155.38	221.31			6.34
冶金工业	Metallurgical Industry	141.83	73.66			7.28
机械工业	Machinery Industry	120.45	96.36			3.99
食品工业	Food Industry	140.76	242.42			3.04
煤炭工业	Coal Industry	97.40	82.78			4.60
年末资产总计（亿元）	**Total Assets （year-end） （100 million yuan）**	**5914.27**	**10490.42**	**10621.59**	**10370.02**	**-2.37**
石化工业	Petrochemical Industry	1153.75	1529.98	1569.48	1592.60	1.47
有色工业	Ferrous Industry	1304.61	2706.42	2682.65	2213.57	-17.49
电力工业	Power Industry	1406.15	2609.42	2883.96	3090.47	7.16
冶金工业	Metallurgical Industry	876.53	1371.29	1371.69	1344.30	-2.00
机械工业	Machinery Industry	422.00	812.55	883.46	899.58	1.82
食品工业	Food Industry	459.14	831.42	725.60	667.05	-8.07
煤炭工业	Coal Industry	292.09	629.34	504.76	562.45	11.43

13-11 续表 continued

行 业	Sector	2010	2015	2018	2019	2019 年比 2018 年增长（%） Increase Rate in 2019 over 2018 (%)
负债合计（亿元）	**Total Liabilities （100 million yuan）**	**3730.53**	**7025.64**	**7089.94**	**6590.16**	**-7.05**
石化工业	Petrochemical Industry	623.47	869.39	821.95	816.69	-0.64
有色工业	Ferrous Industry	776.93	1885.77	1783.50	1292.39	-27.54
电力工业	Power Industry	1085.08	1938.27	2177.12	2270.85	4.31
冶金工业	Metallurgical Industry	558.11	996.66	1060.72	972.80	-8.29
机械工业	Machinery Industry	257.63	529.47	623.74	606.72	-2.73
食品工业	Food Industry	246.02	419.38	362.40	328.93	-9.23
煤炭工业	Coal Industry	183.29	386.70	260.50	301.78	15.85
利润总额（亿元）	**Total Profit （100 million yuan）**	**201.07**	**-151.15**	**158.29**	**184.88**	**16.80**
石化工业	Petrochemical Industry	76.62	-4.03	74.44	52.38	-29.64
有色工业	Ferrous Industry	48.71	-61.80	32.74	37.06	13.19
电力工业	Power Industry	1.02	-5.93	9.58	18.33	91.37
冶金工业	Metallurgical Industry	19.69	-110.43	4.40	6.78	54.09
机械工业	Machinery Industry	14.11	12.23	-8.94	13.92	—
食品工业	Food Industry	21.40	32.48	23.60	15.54	-34.16
煤炭工业	Coal Industry	19.53	-13.67	22.47	40.87	81.88
工业销售产值（亿元）	**Sales Value of Industry Products （100 million yuan）**	**4374.87**	**6094.03**	**5585.61**	**5363.64**	**-3.97**
石化工业	Petrochemical Industry	1439.23	1540.48	1409.41	1420.60	0.79
有色工业	Ferrous Industry	857.43	1537.34	1771.37	1468.87	-17.08
电力工业	Power Industry	508.02	737.19	877.45	940.16	7.15
冶金工业	Metallurgical Industry	616.00	772.44	476.04	493.75	3.72
机械工业	Machinery Industry	408.76	480.69	363.73	332.33	-8.63
食品工业	Food Industry	373.41	782.17	479.97	505.32	5.28
煤炭工业	Coal Industry	172.01	243.72	207.64	202.60	-2.43

13-12 各地区规模以上工业企业主要经济指标（2019）
Main Economic Indicators of Industrial Enterprises above Designated Size by Region （2019）

单位：亿元 (100 million yuan)

指 标	Item	兰州市 Lanzhou	嘉峪关市 Jiayuguan	金昌市 Jinchang	白银市 Baiyin	天水市 Tianshui
企业单位数（个）	Number of Enterprises (unit)	357	57	94	163	156
亏损企业	Loss-making Enterprises	112	21	27	53	37
工业总产值（当年价格）	Gross Output Value (At Current Prices)	1968.43	677.42	729.30	466.96	348.27
按登记注册类型分	Grouped by Registration Categories					
内资	Domestic Funded Enterprises	1736.44	677.42	717.50	453.55	345.21
港澳台商投资企业	Enterprises with Investment from Hong Kong ,Macao and Taiwan	196.38			0.73	
外商投资企业	Enterprises with Investment from Foreign	35.61		11.80	12.68	3.06
按轻重工业分	Grouped by Light and Heavy Industries					
轻工业	Light Industry	272.39	3.37	26.05	27.88	100.61
重工业	Heavy Industry	1696.04	674.06	703.24	439.08	247.66
按企业规模分	Grouped by Size of Enterprises					
大型企业	Large Enterprises	1256.19	535.00	431.63	250.99	167.98
中型企业	Medium-sized Enterprises	274.07	107.38	241.70	82.00	94.53
小型企业	Small Enterprises	438.16	35.04	55.96	133.97	85.76
工业销售产值（当年价格）	Sales Value of Industry Products (At Current Prices)	1964.06	669.17	722.80	468.89	339.70
#出口交货值	Delivery Value for Export	31.69	5.03	10.43	5.55	42.72
平均用工人数（人）	Annual Average Employees (person)	158253	52203	33687	45896	33267
资产总计	Total Assets (Year-end)	3051.42	1680.43	1359.77	924.76	606.52
#流动资产合计	Total Current Assets	1276.52	514.48	500.61	456.05	246.99
#存货	Inventories	337.89	162.74	138.84	127.42	61.49
#产成品	Finished Product	67.71	48.33	27.99	40.81	21.58
负债合计	Total Liabilities at Year-end	1918.27	1190.19	758.00	564.88	300.40
所有者权益	Owners' Equity at Year-end	1131.58	490.24	601.77	359.88	306.12
营业收入	Business Revenue	2468.82	1472.83	1112.67	418.48	240.87
营业成本	Business Cost	2039.06	1354.07	1012.32	371.11	193.30
税金及附加	Taxes and Extra Charges	215.80	8.64	6.52	4.04	1.65
销售费用	Selling Expenses	44.79	31.54	9.57	7.32	10.05
管理费用	Administrative Expenses	88.54	32.88	12.66	14.29	15.43
财务费用	Financial Expenses	31.96	39.13	19.57	17.02	6.10
利润总额	Total Profits	53.92	6.86	47.85	14.63	11.44
税金总额	Total Taxes	312.37	30.37	19.38	13.63	5.71
#工业企业本年应交增值税	Value-added Tax Payable	96.57	21.74	12.86	9.58	4.07

13-12 续表 1 continued

单位：亿元 (100 million yuan)

指　　标	Item	武威市 Wuwei	张掖市 Jiuquan	平凉市 Pingliang	酒泉市 Jiuquan	庆阳市 Qingyang
企业单位数（个）	Number of Enterprises (unit)	178	182	69	192	109
亏损企业	Loss-making Enterprises	70	56	19	75	28
工业总产值（当年价格）	Gross Output Value (At Current Prices)	205.27	186.01	183.28	344.28	574.40
按登记注册类型分	Grouped by Registration Categories					
内资	Domestic Funded Enterprises	190.37	175.39	183.28	331.56	573.85
港澳台商投资企业	Enterprises with Investment from Hong Kong ,Macao and Taiwan	5.63	0.35		0.67	
外商投资企业	Enterprises with Investment from Foreign	9.27	10.26		12.05	0.55
按轻重工业分	Grouped by Light and Heavy Industries					
轻工业	Light Industry	85.81	66.76	11.46	17.53	27.41
重工业	Heavy Industry	119.46	119.25	171.82	326.75	546.99
按企业规模分	Grouped by Size of Enterprises					
大型企业	Large Enterprises	12.38	37.01	19.05	118.27	477.06
中型企业	Medium-sized Enterprises	58.25	35.20	91.62	65.46	20.89
小型企业	Small Enterprises	134.65	113.81	72.60	160.54	76.45
工业销售产值（当年价格）	Sales Value of Industry Products (At Current Prices)	202.84	177.73	194.81	340.04	576.74
#出口交货值	Delivery Value for Export	1.60	0.64	0.01	1.19	1.10
平均用工人数（人）	Annual Average Employees (person)	18131	17793	30434	35806	24234
资产总计	Total Assets (Year-end)	532.99	404.31	371.43	1268.31	1111.11
#流动资产合计	Total Current Assets	203.32	148.15	130.65	435.17	131.29
#存货	Inventories	39.41	28.49	18.37	68.35	21.83
#产成品	Finished Product	16.16	14.82	9.02	16.15	10.03
负债合计	Total Liabilities at Year-end	372.52	255.05	263.97	855.04	494.94
所有者权益	Owners' Equity at Year-end	160.13	149.26	107.46	413.06	616.16
营业收入	Business Revenue	188.93	166.10	211.32	377.37	556.20
营业成本	Business Cost	150.85	137.30	175.30	299.95	364.76
税金及附加	Taxes and Extra Charges	1.54	2.10	3.53	28.82	76.88
销售费用	Selling Expenses	7.25	4.52	4.11	6.18	3.2
管理费用	Administrative Expenses	7.08	7.37	9.62	17.92	13.59
财务费用	Financial Expenses	10.98	6.81	5.75	23.65	11.25
利润总额	Total Profits	8.82	7.15	39.90	4.49	83.28
税金总额	Total Taxes	-3.62	5.05	14.87	34.27	106.95
#工业企业本年应交增值税	Value-added Tax Payable	-5.17	2.95	11.34	5.45	30.07

13-12 续表 2 continued

单位：亿元 (100 million yuan)

指　标	Item	定西市 Dingxi	陇南市 Longnan	临夏州 Linxia	甘南州 Gannan
企业单位数（个）	Number of Enterprises (unit)	121	72	43	32
亏损企业	Loss-making Enterprises	30	16	12	10
工业总产值（当年价格）	Gross Output Value (At Current Prices)	171.42	147.22	106.07	38.77
按登记注册类型分	Grouped by Registration Categories				
内资	Domestic Funded Enterprises	171.21	138.57	106.07	38.77
港澳台商投资企业	Enterprises with Investment from Hong Kong ,Macao and Taiwan		8.65		
外商投资企业	Enterprises with Investment from Foreign	0.20			
按轻重工业分	Grouped by Light and Heavy Industries				
轻工业	Light Industry	57.14	37.24	30.96	7.61
重工业	Heavy Industry	114.28	109.98	75.10	31.16
按企业规模分	Grouped by Size of Enterprises				
大型企业	Large Enterprises		66.38	8.84	
中型企业	Medium-sized Enterprises	69.63	35.86	37.07	13.91
小型企业	Small Enterprises	101.79	44.98	60.16	24.87
工业销售产值（当年价格）	Sales Value of Industry Products (At Current Prices)	167.65	140.64	98.61	37.17
#出口交货值	Delivery Value for Export	1.10	0.92	0.09	0.05
平均用工人数（人）	Annual Average Employees (person)	13503	15163	7038	3228
资产总计	Total Assets (Year-end)	288.06	400.95	207.97	141.07
#流动资产合计	Total Current Assets	122.58	124.04	88.50	27.14
#存货	Inventories	41.75	25.12	37.06	3.73
#产成品	Finished Product	14.97	7.23	8.05	2.58
负债合计	Total Liabilities at Year-end	177.41	241.30	140.60	98.10
所有者权益	Owners' Equity at Year-end	110.65	160.92	67.38	42.97
营业收入	Business Revenue	149.77	122.27	78.23	32.66
营业成本	Business Cost	129.83	76.56	64.63	20.45
税金及附加	Taxes and Extra Charges	0.59	4.82	0.54	0.43
销售费用	Selling Expenses	3.35	6.35	1.59	0.75
管理费用	Administrative Expenses	5.95	9.79	2.52	2.57
财务费用	Financial Expenses	4.85	7.84	3.30	4.05
利润总额	Total Profits	5.39	14.45	2.17	4.52
税金总额	Total Taxes	3.01	11.25	2.33	1.90
#工业企业本年应交增值税	Value-added Tax Payable	2.43	6.43	1.78	1.46

13-13 各市（州）规模以上工业增加值及效益指标（2019）
Value-added of Industry and Main Indicators on Economic Benefit of Industrial Enterprises above Designated Size by Region （2019）

市（州）	Region	工业增加值指数（可比价）（上年 =100） Indices of Value-added of Industry（At Comparable Prices）(preceding year=100)	总资产贡献率（%） Ratio of Profits, Taxes and Interests to Average Assets（%）	资产负债率（%） Ratio of Debts to Assets（%）	流动资产周转次数（次 / 年） Turnover of Current Assets (time/year)	工业成本费用利润率（%） Ratio of Profits to Total Industrial Costs（%）	产品销售率（%） Sales Ratio of Products（%）
兰州市	Lanzhou	102.0	13.17	62.86	1.93	2.43	99.78
嘉峪关市	Jiayuguan	108.0	4.43	70.83	2.86	0.47	98.79
金昌市	Jinchang	115.9	6.13	55.74	2.22	4.53	99.11
白银市	Baiyin	106.6	4.61	61.08	0.92	3.55	100.41
天水市	Tianshui	106.2	3.78	49.53	0.98	4.95	97.53
武威市	Wuwei	101.8	2.82	69.89	0.93	4.98	98.78
张掖市	Zhangye	111.8	4.44	63.08	1.12	4.55	95.54
平凉市	Pingliang	106.2	16.15	71.07	1.62	20.47	106.27
酒泉市	Jiuquan	112.2	4.85	67.42	0.87	1.28	98.75
庆阳市	Qingyang	108.2	17.98	44.54	4.24	21.15	100.40
定西市	Dingxi	103.9	4.42	61.59	1.22	3.72	97.84
陇南市	Longnan	111.3	8.33	60.18	0.99	14.27	95.52
临夏州	Linxia	107.3	3.58	67.60	0.88	2.99	92.93
甘南州	Gannan	90.5	7.33	69.54	1.20	16.26	95.88

13-14 各市（州）规模以上工业主要工业产品产量（2019）
Output of Major Industrial Products of Industrial Enterprises above Designated Size by Region （2019）

市（州）	Region	原煤（万吨） Coal (10 000 tons)	原油（万吨） Crude Oil (10 000 tons)	原油加工量（万吨） Crude Oil Processing (10 000 tons)	发电量（亿千瓦小时） Electricity (100 million kw · h)	粗钢（万吨） Crude Steel (10 000 tons)	钢材（万吨） Rolled Steel (10 000 tons)	水泥（万吨） Cement (10 000 tons)	汽车（辆） Motor Vehicles (set)
兰州市	Lanzhou	509.17		914.73	144.75	377.51	419.43	1088.99	720
嘉峪关市	Jiayuguan				210.34	500.26	492.00	214.57	
金昌市	Jinchang				97.74			163.53	
白银市	Baiyin	952.48			188.76			442.18	
天水市	Tianshui				3.41		0.34	408.79	
武威市	Wuwei	110.79			71.46		24.88	122.88	
张掖市	Zhangye	61.70			73.94			104.89	
平凉市	Pingliang	1990.76			167.62			391.22	
酒泉市	Jiuquan	37.63	58.11	190.89	229.89			239.17	
庆阳市	Qingyang	0.56	845.44	360.01	13.41			61.50	
定西市	Dingxi				22.58			494.00	
陇南市	Longnan				55.60			482.54	
临夏州	Linxia				151.23			90.09	
甘南州	Gannan				48.85			105.15	

主要统计指标解释

工业　指从事自然资源的开采，对采掘品和农产品进行加工和再加工的物质生产部门。具体包括：(1) 对自然资源的开采，如采矿、晒盐等(但不包括禽兽捕猎和水产捕捞)；(2)对农副产品的加工、再加工，如粮油加工、食品加工、缫丝、纺织、制革等；(3) 对采掘品的加工、再加工，如炼铁、炼钢、化工生产、石油加工、机器制造、木材加工等，以及电力、燃气及水生产和供应等；(4) 对工业品的修理、翻新，如机器设备的修理等。

工业统计调查单位为工业法人单位。

工业法人单位指从事工业生产经营活动的法人单位。工业法人单位应同时具备以下条件：①依法成立，有自己的名称、组织机构和场所，能够独立承担民事责任；②独立拥有（或授权）使用资产，承担负债，有权与其他单位签订合同；③具有包括资产负债表在内的账户，或者能够根据需要编制账户。

国有控股企业　即原来的国有及国有控股企业，根据企业实收资本中国有经济成分的出资人的实际投资情况，或国有经济成分的出资人对企业资产的实际控制、支配程度进行分类。以下情况为国有控股：（1）在企业的全部实收资本中，国有经济成分的出资人拥有的实收资本（股本）所占企业全部实收资本（股本）的比例大于50%的国有绝对控股。（2）在企业的全部实收资本中，国有经济成分的出资人拥有的实收资本（股本）所占比例虽未大于50%，但相对大于其他任何一方经济成分的出资人所占比例的国有相对控股；或者虽不大于其他经济成分，但根据协议规定拥有企业实际控制权的国有协议控股。（3）投资双方各占50%，且未明确由谁绝对控股的企业，若其中一方为国有经济成分的，一律按国有控股处理。

轻工业　指主要提供生活消费品和制作手工工具的工业。按其所使用的原料不同，可分为两大类：(1) 以农产品为原料的轻工业，是指直接或间接以农产品为基本原料的轻工业。主要包括食品制造、饮料制造、烟草加工、纺织、缝纫、皮革和毛皮制作、造纸以及印刷等工业；(2) 以非农产品为原料的轻工业，是指以工业品为原料的轻工业。主要包括文教体育用品、化学药品制造、合成纤维制造、日用化学制品、日用玻璃制品、日用金属制品、手工工具制造、医疗器械制造、文化和办公用机械制造等工业。

重工业　指为国民经济各部门提供物质技术基础的主要生产资料的工业。按其生产性质和产品用途，可以分为下列三类：(1) 采掘（伐）工业，是指对自然资源的开采，包括石油开采、煤炭开采、金属矿开采、非金属矿开采等工业；(2) 原材料工业，指向国民经济各部门提供基本材料、动力和燃料的工业。包括金属冶炼及加工、炼焦及焦炭、化学、化工原料、水泥、人造板以及电力、石油和煤炭加工等工业；(3) 加工工业，是指对工业原材料进行再加工制造的工业。包括装备国民经济各部门的机械设备制造工业、金属结构、水泥制品等工业，以及为农业提供的生产资料如化肥、农药等工业。

根据上述划分原则，修理业中以重工业产品为修理作业对象的划为重工业，反之划为轻工业。

工业总产值（当年价格）　指工业企业在报告期内生产的以货币形式表现的工业最终产品和提供工业劳务活动的总价值量。

资产总计　指企业过去的交易或者事项形成的、由企业拥有或者控制的、预期会给企业带来经济利益的资源。资产一般按流动性分为流动资产和非流动资产。其中流动资产可分为货币资金、交易性金融资产、应收票据、应收账款、预付款项、其他应收款、存货等；非流动资产可分为长期股权投资、固定资产、无形资产及其他非流动资产等。来源于会计“资产负债表”中“资产总计”项目的期末余额数。

流动资产合计　资产满足以下条件之一应归为流动资产：（1）预计在一个正常营业周期中变现、出售或耗用，主要包括存货、应收账款等；（2）主要为交易目的而持有；（3）预计在资产负债表日起一年内（含一年）变现；（4）自资产负债日起一年内，交换其他资产或清偿负债的能力不受限制的现金或现金等价物。包括货币资金、应收票据、应收账款、存货等项目。来源于会计“资产负债表”中“流动资产合计”项目的期末余额数。

存货　指企业在日常活动中持有以备出售的产成品或商品、处在生产过程中的在产品、在生产过程或提供劳务过程中耗用的材料或物料等，通常包括原材料、在产品、半成品、产成品、商品以及周转材料等。来源于会计“资产负债表”中“存货”项目的期末余额数。

产成品 指企业已经完成全部生产过程并验收入库，可以按照合同规定的条件送交订货单位，或者可以作为商品对外销售的产品。来源于会计“产成品”科目的借方余额。

负债合计 指企业过去的交易或者事项形成的，预期会导致经济利益流出企业的现时义务。负债一般按偿还期长短分为流动负债和非流动负债。来源于会计“资产负债表”中“负债合计”项目的期末余额数。

所有者权益 指企业资产扣除负债后由所有者享有的剩余权益。公司的所有者权益又称股东权益。包括实收资本、资本公积、盈余公积、未分配利润等。来源于会计“资产负债表”中“所有者权益合计”项目的期末余额数。

营业收入 指企业经营主要业务和其他业务所确认的收入总额。营业收入包括“主营业务收入”和“其他业务收入”。来源于会计“利润表”中“营业收入”项目的本年累计数。

营业成本 指企业经营主要业务和其他业务所发生的成本总额。包括企业（单位）在报告期内从事销售商品、提供劳务等日常活动发生的各种耗费。包括“主营业务成本”和“其他业务成本”。来源于会计“利润表”中“营业成本”项目的本年累计数。

税金及附加 指企业因从事生产经营活动按税法规定应缴纳的消费税、城市维护建设税、资源税、环境保护税、教育费附加、房产税、城镇土地使用税、车船税、印花税等相关税费。根据会计“利润表”中“税金及附加”项目的本年累计数填报。

销售费用 指企业在销售商品和材料、提供劳务的过程中发生的各种费用，包括保险费、包装费、展览费和广告费、商品维修费、预计产品质量保证损失、运输费、装卸费等以及为销售本企业商品而专设的销售机构（含销售网点、售后服务网点等）的职工薪酬、业务费、折旧费等经营费用。

管理费用 指企业为组织和管理企业生产经营所发生的费用，包括企业在筹建期间内发生的开办费、董事会和行政管理部门在企业经营管理中发生的，或者应当由企业统一负担的公司经费等。来源于会计“利润表”中“管理费用”项目的本年累计数。

财务费用 指企业为筹集生产经营所需资金等而发生的筹资费用，包括企业生产经营期间发生的利息支出（减利息收入）、汇兑损失（减汇兑收益）以及相关的手续费等。来源于会计“利润表”中“财务费用”项目的本年累计数。

利润总额 指企业在一定会计期间的经营成果，是生产经营过程中各种收入扣除各种耗费后的盈余，反映企业在报告期内实现的盈亏总额。来源于会计“利润表”中“利润总额”项目的本期金额数。

平均用工人数 指报告期企业平均实际拥有的、参与本企业生产经营活动的人员数。就业人员平均人数 是指报告期内每天拥有的就业人员人数。其计算公式为：

总资产贡献率 反映企业全部资产的获利能力，是企业经营业绩和管理水平的集中体现，是评价和考核企业盈利能力的核心指标。计算公式为：

$$\text{总资产贡献率（\%）}=\frac{\text{利润总额}+\text{税金总额}+\text{利息支出}}{\text{平均资金总额}}\times 100\%$$

公式中：税金总额为产品销售税金及附加与应交增值税之和；平均资产总额为期初期末资产之和的算术平均值。

资产负债率 该指标既反映企业经营风险的大小，也反映企业利用债权人提供的资金从事经营活动的能力。计算公式为：

$$\text{资产负债率（\%）}=\frac{\text{负债总额}}{\text{资产总额}}\times 100\%$$

资产与负债均为报告期期末数。

流动资产周转次数 指一定时期内流动资产完成的周转次数，反映投入工业企业流动资金的周转速度。计算公式为：

$$\text{流动资产周转次数}=\frac{\text{产品销售收入}}{\text{全部流动资产平均余额}}\times 100\%$$

公式中：全部流动资产平均余额为期初和期末的流动资产之和的算术平均值。

成本费用利润率 反映企业投入的生产成本及费用的经济效益，同时也反映企业降低成本所取得的经济效益。计算公式为：

$$\text{成本费用利润率（\%）}=\frac{\text{利润总额}}{\text{成本费用总额}}\times 100\%$$

公式中：成本费用总额为产品销售成本、销售费用、管理费用、财务费用之和。

产品销售率 该指标反映工业产品已实现销售的程度，是分析工业产销衔接情况，研究工业产品满足社会需求的指标。计算公式为：

$$\text{产品销售率（\%）}=\frac{\text{工业销售产值}}{\text{工业总产值（现价）}}\times 100\%$$

14 建筑业

Construction

简要说明

一、本篇资料主要内容

本篇资料反映建筑业概况和发展情况。主要包括建筑业企业基本情况和生产经营情况。

二、本篇资料的统计范围

建筑业统计范围为辖区内具有总承包或专业承包建筑业资质的所有独立核算建筑业企业（包括没有工作了的建筑业企业）及所属的产业活动单位。

三、本篇资料来源

本篇资料由省统计局固定资产投资处根据国家统计局制定的《建筑业统计报表制度》整理、汇总。

14–1 建筑业企业概况
Main Indicators on Construction Enterprises

年份 Year	总计 Total	国有企业 State-owned	集体企业 Collective-owned	其他 Others
企业单位数（个） Number of Enterprises（unit）				
2005	933	148	156	629
2006	951	145	150	656
2007	930	134	147	649
2008	926	111	114	701
2009	919	101	110	708
2010	890	101	98	691
2011	908	92	97	719
2012	1215	103	105	1007
2013	1295	73	87	1135
2014	1348	69	86	1193
2015	1370	69	82	1219
2016	1393	63	78	1252
2017	1457	85	76	1296
2018	1571	79	72	1420
2019	1822	82	66	1674
从业人员（万人） Number of Persons Employed （10 000 persons）				
2005	42.77	9.25	9.04	24.48
2006	43.67	8.51	9.53	25.63
2007	43.88	7.32	9.40	27.16
2008	42.03	5.66	5.39	30.97
2009	44.98	5.35	5.67	33.97
2010	45.76	6.36	4.86	34.55
2011	46.00	7.31	5.60	33.08
2012	56.26	7.49	5.81	42.96
2013	54.81	5.97	5.86	42.98
2014	58.89	7.63	6.21	45.05
2015	55.10	7.88	5.40	41.82
2016	54.10	8.38	5.35	40.37
2017	48.60	8.08	4.40	36.12
2018	43.39	6.98	3.48	32.93
2019	43.02	8.76	3.15	31.11
建筑业总产值（万元） Gross Output Value （10 000 yuan）				
2005	3141700	1169235	376213	1596252
2006	3443287	1103154	486291	1853842
2007	4369039	974710	662602	2731727
2008	4812744	900868	529097	3382779
2009	5798859	987574	508935	4302350
2010	7519879	1303237	580351	5636292
2011	9256772	2262570	744144	6250058
2012	13722823	3221873	1086236	9414714
2013	17208628	2698696	1241827	13268105
2014	18145239	2818352	1329573	13997314
2015	18490185	2731643	1245432	14513110
2016	19472432	2973159	1159388	15339885
2017	18254227	4521134	891891	12841202
2018	18079549	4775966	690134	12613449
2019	19163534	5159913	661846	13341775

注：1. 本表数据指标口径为辖区内具有总承包和专业承包建筑业资质的所有独立核算的建筑业企业，包括没有工作量的建筑业企业。
2. 本表国有企业为大口径，含国有、国有联营和国有独资公司；集体企业为大口径，含集体、集体联营和股份合作。

a) The data indicators in this table are all independent accounting construction enterprises with general contracting and professional contracting qualification in the jurisdiction, including those without workload .

b) State-owned enterprises in this table are large-caliber, including state-owned, state-owned joint ventures and wholly state-owned companies; collective enterprises are large-caliber, including collectives, collective joint ventures, and stock cooperation.

14-2 按登记注册类型分建筑业企业主要经济指标（2019）

指 标	Item	合 计 Total	内资企业 Domestic Funded Enterprises	#国有企业 State-owned Enterprises
单位数（个）	Number of Construction Enterprises (unit)	1822	1820	45
从业人员（万人）	Number of Employed Persons (10 000 persons)	43.02	43.01	4.49
建筑业总产值（亿元）	Gross Output Value of Construction (100 million yuan)	1916.35	1916.25	217.16
营业收入（亿元）	Business Revenue (100 million yuan)	2192.58	2192.49	223.08
营业成本（亿元）	Business Cost (100 million yuan)	2013.75	2013.67	213.06
税金及附加（亿元）	Taxes and Extra Charges (100 million yuan)	18.30	18.30	0.60
营业利润（亿元）	Operating Profits (100 million yuan)	69.77	69.77	-2.87
利润总额（亿元）	Total Profits (100 million yuan)	70.91	70.91	-2.48
税金总额（亿元）	Total Tax (100 million yuan)	86.81	86.81	4.53
产值利润率（%）	Ratio of Profit to Gross Output Value (%)	3.70	3.70	-1.14
产值利税率（%）	Ratio of Output Value to Profit and Tax (%)	8.23	8.23	0.94
劳动生产率（元/人）	Overall Labor Productivity (yuan/person)			
按总产值计算	In Terms of Gross Output Value	353897	353878	501524
房屋建筑施工面积（万平方米）	Floor Space of Buildings under Construction (10 000 sq.m)	10689.92	10689.92	1376.21
房屋建筑竣工面积（万平方米）	Floor Space of Buildings Completed (10 000 sq.m)	2686.74	2686.74	150.53
#住宅	Residential Buildings	1833.60	1833.60	90.25
房屋建筑面积竣工率（%）	Rat of Floor Space of Buildings Completed (%)	25.13	25.13	10.94

14-3 按行业分建筑企业主要指标（2019）

类 别	Items	单位数（个） Number of Construction Enterprises (unit)	年末从业人员（万人） Year-end Employed Persons (10 000 persons)	建筑业总产值（亿元） Gross Output Value of Construction (100 million)
甘肃省	**Gansu**	**1822**	**43.79**	**1916.35**
房屋建筑业	Housing Construction Industry	1004	31.39	1205.16
土木工程建筑业	Civil Engineering Construction	478	8.73	562.19
铁路、道路、隧道和桥梁工程建筑	Railways,Tunnels,Highways and Bridges Buildings	241	5.32	372.58
水利和水运工程建筑	Buildings of Water Conservancy and Water Transport Engineering	105	1.26	72.37
海洋工程建筑业	Marine Engineering Construction Industry			
工矿工程建筑	Mining Engineering Buildings	13	0.66	15.65
架线和管道工程建筑	Wired and Pipeline Engineering Buildings	48	0.76	50.71
节能环保工程施工	Construction of Energy Saving and Environmental Protection Projects	2	0.01	0.10
电力工程施工	Construction of Power Engineering	30	0.50	36.49
其他土木工程建筑	Other Civil Engineering Buildings	39	0.22	14.29
建筑安装业	Construction Installation	145	2.63	108.81
建筑装饰及其他建筑业	Building Decoration and Other Construction	195	1.05	40.19
建筑装饰和装修业	Building Decoration	162	0.75	22.07
建筑物拆除和场地准备活动	Buildings Tear Down and Preparation Activities of Site	12	0.07	11.24
提供施工设备服务	Providing Construction Equipment Services	1	0.09	2.30
其他未列明的建筑活动	Other Unindicated Building Industry	20	0.14	4.58

Main Economic Indicators on Construction Enterprises by Registration Status（2019）

集体企业 Cooperative Enterprises	股份合作企业 Collective-owned Enterprises	有限责任公司 Limited Liability Corporations	股份有限公司 Share-holding Corporations Ltd.	私营企业 Private Enterprises	港、澳、台商投资企业 Enterprises with Funds from Hong Kong ,Macao and Taiwan	外商投资企业 Foreign Funded Enterprises
64	2	730	74	905	1	1
3.12	0.04	22.17	3.66	9.54		
63.32	1.12	1127.41	143.24	364.00		
71.64	1.57	1308.17	143.90	444.13		0.09
65.48	1.41	1214.03	132.57	387.12		0.08
0.97	0.02	10.18	1.13	5.40		
2.87	0.03	35.57	4.80	29.37		
2.87	0.04	36.55	4.66	29.27		
4.84	0.06	48.15	5.36	23.87		
4.53	3.57	3.24	3.25	8.04		
12.18	8.93	7.51	7.00	14.60		
196037	560000	380368	358100	281734		
391.93	0.45	6230.97	1485.63	1204.73		
189.40	0.21	1367.34	335.99	643.27		
121.79	0.01	953.07	231.17	437.31		
48.32	46.67	21.94	22.62	53.40		

Main Indicators of Construction Enterprises by Sector（2019）

# 建筑工程 Construc-tion	# 安装工程 Installa-tion	房屋建筑施工面积（万平方米） Floor Space of Buildings under Construction (10 000 sq.m)	房屋建筑竣工面积（万平方米） Floor Space of Buildings Completed (10 000 sq.m)	房屋建筑竣工价值（亿元） Value of Buildings Completed (100 million yuan)	房屋建筑竣工率（%） Rate of Floor Space of Buildings Completed (%)	竣工房屋造价（元/平方米） Cost of Buildings Completed (yuan/sq.m)
1614.95	**210.39**	**10689.92**	**2686.74**	**492.76**	**25.13**	**1834**
1067.77	77.94	10187.82	2524.01	468.00	24.77	1854
477.31	60.97	408.43	85.75	17.31	21.00	2019
327.39	28.20	343.59	60.40	15.24	17.58	2523
70.57	0.69	0.07	0.05	0.01	71.43	2000
13.29	1.31	22.66	0.86	0.26	3.80	3023
32.85	14.82	2.36	2.28	0.61	96.61	2675
0.08	0.02					
19.21	15.91		0.06	0.01		1667
13.92	0.02	39.75	22.10	1.18	55.60	534
41.18	62.56	54.45	66.82	5.00	122.72	748
28.69	8.92	39.22	10.16	2.45	25.91	2411
14.98	6.19	23.22	6.00	1.62	25.84	2700
10.27	0.06					
	2.30					
3.44	0.37	16.00	4.16	0.83	26.00	1995

14-4 建筑施工企业主要财务指标（2019）

单位：亿元

项　目	Item	资产总计 Total Assets	#流动资产 Current Assets	#固定资产净值 Net Fixed Assets
甘肃省	**Gansu**	**3488.95**	**2583.19**	**241.46**
按企业登记注册类型分	**By Type of Enterprises Registered**			
内资企业	Domestic Funded Enterprises	3488.67	2583.05	241.46
国有企业	State-owned Enterprises	744.69	433.45	38.35
集体企业	Collective-owned Enterprises	50.25	40.55	7.12
股份合作企业	Cooperative Enterprises	1.26	0.85	0.30
联营企业	Joint Ownership Enterprises			
有限责任公司	Limited Liability Corporations	1869.75	1476.63	130.41
股份有限公司	Share-holding Corporations Ltd.	260.67	212.43	24.82
私营企业	Private Enterprises	562.05	419.12	40.46
其他企业	Other Enterprises			
港、澳、台商投资企业	Funded from Hong Kong,Macao and Taiwan			
外商投资企业	Foreign Funded Enterprises	0.28	0.15	
按行业类别分	**By Sector**			
房屋建筑业	Construction of Buildings	2147.01	1539.46	170.87
土木工程建筑业	Civil Engineering	1127.97	872.32	54.38
建筑安装业	Construction Installation	124.62	97.36	12.54
建筑装饰和其他建筑业	Building Decoration and Other Constructions	89.35	74.05	3.68
按隶属关系分	**By Administrative Relationship**			
中　央	Central	488.91	402.12	8.17
地　方	Local	1745.28	1205.88	128.03
其　他	Other	1254.76	975.19	105.26

Main Financial Indicators of Construction Enterprises（2019）

（100 million yuan）

负债合计 Total Liabilities	#流动负债 Liquid Liabilities	#非流动负债 Non-current Liabilities	所有者权益 Owners' Equity	#实收资本 Paid-in Capitals	营业收入 Business Revenue	#主营业务收入 Revenue from Principal Business	利税总额 Total Pre-tax Profits	#利润总额 Total Profits
2378.86	**2140.12**	**203.22**	**1110.09**	**487.97**	**2192.58**	**2141.54**	**157.72**	**70.91**
2378.85	2140.11	203.22	1109.82	487.92	2192.49	2141.45	157.72	70.91
485.81	395.86	89.43	258.88	39.87	223.08	208.22	2.05	-2.48
32.64	29.91	0.64	17.61	10.61	71.64	71.53	7.71	2.87
0.69	0.69		0.57	0.41	1.57	1.53	0.09	0.03
1360.57	1263.33	79.74	509.18	248.69	1308.17	1280.72	84.70	36.55
202.70	195.33	5.77	57.98	24.34	143.90	140.56	10.03	4.67
296.44	254.99	27.64	265.60	164.00	444.13	438.89	53.14	29.27
0.01	0.01		0.27	0.05	0.09	0.09		
1401.10	1241.08	138.83	745.91	263.96	1296.80	1254.60	106.03	48.58
822.12	751.26	59.05	305.85	174.50	717.93	710.75	46.17	23.65
95.50	89.80	3.63	29.12	26.43	124.11	123.17	-0.35	-3.94
60.14	57.98	1.71	29.21	23.08	53.74	53.02	5.87	2.62
405.52	392.84	11.46	83.39	59.46	296.14	295.01	4.34	0.74
1212.37	1061.66	142.26	532.91	130.06	846.33	811.65	51.73	20.76
760.97	685.62	49.50	493.79	298.45	1050.11	1034.88	101.63	49.41

14-5 建筑业材料消耗量（2019）
Consumption of Building Materials（2019）

项 目	Item	钢材（万吨）Steel（10 000 tons）	木材（万立方米）Timber（10 000 cu.m）	水泥（万吨）Cement（10 000 tons）	平板玻璃（万重量箱）Plate Glass（10000 Weight-boxes）	铝 材（万吨）Aluminum（10 000 tons）
甘肃省	**Gansu**	**743.95**	**235.19**	**1421.97**	**57.24**	**23.97**
按行业分	**By Type of Industry**					
房屋建筑业	Housing Industry	582.21	195.68	892.67	55.04	20.20
土木工程建筑业	Civil Engineering Construction	143.55	34.68	506.53	0.27	2.20
铁路、道路、隧道和桥梁工程建筑	Railways,Tunnels,Highways and Bridges Buildings	109.54	30.53	401.31	0.12	0.49
水利和港口工程建筑	Water Conservancy and Harbour Buildings	19.62	2.06	65.50		0.07
工矿工程建筑	Mining Engineering Buildings	3.12	0.59	18.28	0.14	0.01
架线和管道工程建筑	Wired and Pipeline Engineering Buildings	2.15	0.44	5.06		0.51
电力工程施工	Construction of Power Engineering	0.88	0.30	3.69		
其他土木工程建筑	Other Civil Engineering Buildings	8.24	0.75	12.69		1.11
建筑安装业	Construction Installation	11.91	2.47	14.64	0.21	0.42
建筑装饰和其他建筑业	Construction Decoration and Other Construction	6.29	2.35	8.13	1.72	1.15
建筑装饰业	Construction Decoration	2.68	2.29	6.22	1.42	1.15
工程准备	Engineering Preparing	2.95		1.26		
提供施工设备服务	Providing Construction Equipment Services			0.02		
其他未列明的建筑活动	Other Unindicated Building Industry	0.66	0.06	0.63	0.30	
按经济类型分	**By Ownership**					
内资企业	Domestic Funded Enterprises	743.95	235.17	1421.97	57.24	23.97
国有企业	State-owned Enterprises	54.44	33.28	111.92	8.92	0.51
集体企业	Collective-owned Enterprises	39.77	13.51	88.22	7.82	0.41
股份合作企业	Cooperative Enterprises	0.02	0.01	0.77		0.01
联营企业	Joint Owned Enterprises					
有限责任公司	Companies with Limited Liabilities	504.23	112.43	744.12	26.19	10.74
股份有限公司	Stock-holding Corporations ltd.	40.23	10.50	100.38	4.10	5.03
私营企业	Private Enterprises	105.26	65.44	376.55	10.20	7.26
其他企业	Others					
港、澳、台商投资企业	Enterprises with Investment from Hong Kong ,Macao and Taiwan Funded					
外商投资企业	Foreign Funded Enterprises		0.01			

14-6 分市（州）建筑业企业签订合同和承包工程完成情况（2019）
Contracts Signed and Completion of Contracted Projects by Construction Enterprises by Region（2019）

单位：亿元 (100 million yuan)

市（州）	Region	合同总额 Total Value of Contracts	上年结转合同额 from Contracts Signed in Last Year	本年新签合同额 Value from New Contracts Signed in This Year	直接从建设单位承揽工程完成的产值 Completed Output Value of Projects Contracted Directly from Investors	自行完成施工产值 Own-completed Output Value	分包出去工程的产值 Output Value of Out-sourced Projects	从建设单位以外承揽工程完成的产值 Completed Output Value of Projects Contracted from Non-investors
甘肃省	**Gansu**	**4526.81**	**1723.31**	**2803.49**	**2065.18**	**1895.74**	**169.44**	**20.61**
兰州市	Lanzhou	3094.97	1231.80	1863.16	1184.32	1022.91	161.41	5.83
嘉峪关市	Jiayuguan	41.94	8.23	33.71	30.46	29.60	0.86	1.00
金昌市	Jinchang	113.68	10.67	103.00	97.99	97.89	0.10	3.18
白银市	Baiyin	95.88	22.13	73.76	73.72	72.80	0.93	0.28
天水市	Tianshui	249.20	88.69	160.51	137.18	136.81	0.37	0.40
武威市	Wuwei	134.22	47.76	86.47	76.94	76.49	0.44	0.79
张掖市	Zhangye	96.29	41.95	54.34	65.75	64.10	1.65	2.60
平凉市	Pingliang	112.26	38.10	74.16	77.86	76.98	0.88	1.49
酒泉市	Jiuquan	98.67	21.36	77.31	78.52	78.40	0.13	0.87
庆阳市	Qingyang	136.09	50.35	85.73	73.76	73.60	0.15	0.15
定西市	Dingxi	161.52	81.01	80.51	74.88	74.71	0.17	0.40
陇南市	Longnan	77.55	27.84	49.71	38.54	36.33	2.21	2.36
临夏州	Linxia	80.93	29.78	51.15	45.86	45.78	0.09	1.21
甘南州	Gannan	33.61	23.64	9.97	9.38	9.35	0.03	0.03

14-7 建筑业房屋建筑面积
Floor Space of Buildings Constructed by Construction Enterprises

单位：万平方米　　　　(10 000 sq.m)

年 份 Year	房屋建筑面积 Floor Space of Buildings		# 国有 State-owned		# 集体 Collective-owned	
	施工面积 Floor Space under Construction	竣工面积 Floor Space Completed	施工面积 Floor Space under Construction	竣工面积 Floor Space Completed	施工面积 Floor Space under Construction	竣工面积 Floor Space Completed
2005	3008.48	1455.17	636.08	262.00	583.25	304.75
2006	3313.53	1638.38	804.52	311.11	557.08	363.28
2007	3788.00	1472.74	838.00	236.91	589.00	270.19
2008	3791.49	1842.81	485.63	185.15	424.29	220.34
2009	4178.20	1724.38	597.54	215.41	509.05	223.82
2010	5032.63	2013.88	804.77	230.30	471.00	256.97
2011	5925.09	2409.80	1418.58	382.33	574.60	348.14
2012	8179.58	3257.61	1714.87	514.66	679.56	378.62
2013	10319.41	3976.67	1616.24	393.28	845.32	473.32
2014	11531.10	4172.00	2158.26	521.83	763.39	460.86
2015	10757.08	4082.94	1751.51	481.47	833.61	455.53
2016	10422.41	3915.21	1722.31	398.91	768.49	399.38
2017	9777.64	3031.49	2681.77	540.23	473.90	196.28
2018	10099.99	2713.19	2855.44	398.40	429.99	200.41
2019	10689.92	2686.74	3054.37	367.28	392.38	189.61

注：本表国有企业预计为大口径，含国有、国有联营和国有独资公司；集体企业为大口径，含集体、集体联营和股份合作。

a) State-owned enterprises in this table are large-caliber, including state-owned, state-owned joint ventures and wholly state-owned companies; collective enterprises are large-caliber, including collectives, collective joint ventures, and stock cooperation.

14-8 各地、县建筑业企业情况(2019)
Basic Conditions of Construction Enterprises by Region & County (2019)

地、县	Region & County	单位数(个) Number of Construction Enterprises (unit)	从业人员(人) Number of Employed Persons (person)	建筑业总产值(亿元) Gross Output Value of Construction (100 million yuan)	利税总额(亿元) Total Pre-tax Profits (100 million yuan)
甘肃省	**Gansu**	**1822**	**430155**	**1916.35**	**157.72**
兰州市	**Lanzhou**	**459**	**158855**	**1028.73**	**48.43**
城关区	Chengguan	290	74376	401.44	24.61
七里河区	Qilihe	62	37127	309.13	11.27
西固区	Xigu	34	24610	132.15	-0.75
安宁区	Anning	16	11611	115.32	5.78
红古区	Honggu	9	982	4.81	0.29
永登县	Yongdeng	7	1080	3.29	0.29
皋兰县	Gaolan	7	651	2.81	0.14
榆中县	Yuzhong	6	1945	6.65	0.29
兰州新区	Lanzhou New Area	28	6473	53.13	6.51
嘉峪关市	**Jiayuguan**	**45**	**6432**	**30.59**	**1.02**
金昌市	**Jinchang**	**40**	**15962**	**101.07**	**8.76**
金川区	Jinchuan	28	15362	99.82	8.56
永昌县	Yongchang	12	600	1.25	0.20
白银市	**Baiyin**	**166**	**26247**	**73.08**	**14.74**
白银区	Baiyin	81	7719	29.41	8.92
平川区	Pingchuan	26	10065	20.22	2.44
靖远县	J ingyuan	16	4744	14.26	1.98
会宁县	Huining	26	2171	6.52	0.51
景泰县	Jingtai	17	1548	2.67	0.89
天水市	**Tianshui**	**103**	**39425**	**137.21**	**7.41**
秦州区	Qinzhou	42	23396	99.69	3.58
麦积区	Maiji	13	2964	8.75	0.47
清水县	Qingshui	4	673	2.46	0.47
秦安县	Qinan	10	1932	5.17	0.45
甘谷县	Gangu	20	6069	11.32	1.11
武山县	Wushan	10	3350	5.58	1.14
张家川县	Zhangjiachuan	4	1041	4.25	0.19
武威市	**Wuwei**	**159**	**26450**	**77.29**	**10.77**
凉州区	Liangzhou	119	21632	64.10	8.53
民勤县	Minqin	22	2082	6.16	0.84
古浪县	Gulang	10	1306	4.18	0.53
天祝县	Tianzhu	8	1430	2.85	0.87
张掖市	**Zhangye**	**237**	**16275**	**66.70**	**12.88**

14-8 续表 1 continued

地、县	Region & County	单位数（个）Number of Construction Enterprises (unit)	从业人员（人）Number of Employed Persons (person)	建筑业总产值（亿元）Gross Output Value of Construction (100 million yuan)	利税总额（亿元）Total Pre-tax Profits (100 million yuan)
甘州区	Ganzhou	148	8844	31.25	7.34
肃南县	Sunan	10	289	3.06	1.53
民乐县	Minle	13	1509	7.07	0.67
临泽县	Linze	24	1525	8.78	0.79
高台县	Gaotai	27	1629	6.17	1.06
山丹县	Shandan	15	2479	10.36	1.49
平凉市	**Pingliang**	**104**	**26019**	**78.47**	**7.61**
崆峒区	Kongtong	69	10740	35.44	1.87
泾川县	Jingchuan	6	3096	11.34	1.74
灵台县	Lingtai	5	1290	2.88	0.20
崇信县	Chongxin	4	1279	2.61	0.35
庄浪县	Zhuanglang	4	2383	5.73	1.02
静宁县	Jingning	11	6536	17.40	2.23
华亭市	Huating	5	695	3.07	0.20
酒泉市	**Jiuquan**	**115**	**17585**	**79.27**	**12.08**
肃州区	Suzhou	64	10502	44.35	10.34
金塔县	Jinta	6	860	2.14	0.18
瓜州县	Anxi	11	685	2.31	0.47
肃北县	Subei	4	309	1.41	0.08
阿克塞县	Akesai	3	451	1.74	-0.33
玉门市	Yumen	14	3201	14.88	0.80
敦煌市	Dunhuang	13	1577	12.44	0.54
庆阳市	**Qingyang**	**82**	**28895**	**73.76**	**9.18**
西峰区	Xifeng	52	14608	48.77	4.56
庆城县	Qingcheng	12	3698	6.48	1.64
环 县	Huanxian	3	1643	4.98	0.32
华池县	Huachi	3	1244	3.40	0.62
合水县	Heshui	1	450	0.14	0.04
正宁县	Zhengning	2	1773	1.71	0.26
宁 县	Ningxian	6	4769	6.86	1.47
镇原县	Zhenyuan	3	710	1.42	0.27
定西市	**Dingxi**	**108**	**23989**	**75.11**	**8.38**
安定区	Anding	49	8891	30.70	2.54
通渭县	Tongwei	9	4427	10.28	1.39

14-8 续表 2 continued

地、县	Region & County	单位数（个）Number of Construction Enterprises (unit)	从业人员（人）Number of Employed Persons (person)	建筑业总产值（亿元）Gross Output Value of Construction (100 million yuan)	利税总额（亿元）Total Pre-tax Profits (100 million yuan)
陇西县	Longxi	13	2315	16.34	1.34
渭源县	Weiyuan	4	774	1.69	0.11
临洮县	Lintao	20	6653	13.47	2.43
漳　县	Zhangxian	4	80	0.54	0.12
岷　县	Minxian	9	849	2.09	0.45
陇南市	**Longnan**	**127**	**14920**	**38.70**	**4.00**
武都区	Wudu	82	9138	27.37	2.31
成　县	Chengxian	7	1668	4.49	0.56
文　县	Wenxian	3	288	0.27	0.17
宕昌县	Tanchang	4	508	0.31	0.05
康　县	Kangxian	7	1100	1.83	0.38
西和县	Xihe	5	643	0.61	0.19
礼　县	Lixian	10	955	2.47	0.26
徽　县	Huixian	7	310	0.85	0.05
两当县	Liangdang	2	310	0.50	0.03
临夏州	**Linxia**	**47**	**25603**	**46.99**	**11.26**
临夏市	linxia	14	6577	12.94	2.39
临夏县	linxia	5	2540	1.36	1.61
康乐县	Kangle	8	499	4.29	1.68
永靖县	Yongjing	11	10460	14.58	2.88
广河县	Guanghe	2	471	1.09	0.09
和政县	Hezheng	4	3235	6.13	1.42
东乡县	Dongxiang	3	1821	6.60	1.19
积石山县	Jishishan				
甘南州	**Gannan**	**30**	**3498**	**9.38**	**1.20**
合作市	Hezuo	12	1617	4.69	1.09
临潭县	Lintan	2	291	0.23	0.04
卓尼县	Zhuoni	2	84	0.00	0.33
舟曲县	Zhouqu	6	384	0.95	-0.12
迭部县	Diebu	3	763	1.67	0.13
玛曲县	Maqu	2	287	0.68	0.14
碌曲县	Luqu	1	42	0.00	-0.53
夏河县	Xiahe	2	30	1.16	0.12

主要统计指标解释

建筑业统计单位 指从事房屋、构筑物建造和设备安装活动的法人企业。建筑业法人企业应具有建筑业资质并能够独立核算，同时其应具备以下条件：①依法成立，有自己的名称、组织机构和场所，能够承担民事责任；②独立拥有和使用资产，承担负债，有权与其他单位签订合同；③独立核算盈亏，能够编制资产负债表。

建筑业总产值 是以货币形式表现的建筑业企业在一定时期内生产的建筑业产品和提供的服务的总和。建筑业总产值包括：

（1）建筑工程产值 指列入建筑工程预算内的各种工程价值。

（2）安装工程产值 指设备安装工程价值，不包括被安装设备本身的价值。

（3）其他产值 建筑业总产值中除建筑工程、安装工程以外的产值。包括房屋构筑物修理产值、非标准设备制造产值、总包企业向分包企业收取的管理费以及不能明确划分的施工活动所完成的产值。

a. 房屋构筑物修理产值：指房屋和构筑物修理所完成的产值，但不包括被修理房屋、构筑物本身价值和生产设备的修理价值。

b. 非标准设备制造产值：指加工制造没有定型的非标准生产设备的加工费和原材料价值（如化工厂、炼油厂用的各种罐、槽，矿井生产统一使用的各种漏斗、三角槽、阀门等）以及附属加工厂为本企业承建工程制作的非标准设备的价值。

建筑业增加值 指建筑业企业在报告期内以货币形式表现的建筑业生产经营活动的最终成果。

从2004年第一次全国经济普查开始，建筑业现价增加值按生产法和分配法（收入法）两种方法计算，以收入法的计算结果为准，即从收入的角度出发，根据生产要素在生产过程中应得的收入份额计算。具体计算方法：经济普查年度建筑业增加值按照《经济普查年度GDP核算方案》计算，非经济普查年度建筑业增加值按照《非经济普查年度GDP核算方案》计算。

房屋施工面积 指在报告期内施工的全部房屋建筑面积，包括本期新开工的房屋建筑面积、上期施工跨入本期继续施工的房屋建筑面积、上期停缓建在本期恢复施工的房屋建筑面积、本期竣工的房屋建筑面积及本期施工后又停缓建的房屋建筑面积。

房屋竣工面积 指在报告期内房屋建筑按照设计要求全部完工，达到了住人和使用条件，经验收鉴定合格或达到竣工验收标准，正式移交使用的各栋房屋建筑面积总和。

营业收入 指企业经营主要业务和其他业务所确认的收入总额。营业收入合计包括“主营业务收入”和“其他业务收入”。

主营业务收入 指企业确认的销售商品、提供劳务等主营业务的收入。

营业成本 指企业经营主要业务和其他业务所发生的成本总额。

税金及附加 指企业经营主要业务和其他业务应负担的营业税、消费税、城市维护建设税、教育费附加等。

营业利润 指企业从事生产经营活动所取得的利润。

15 批发和零售业

Wholesale and Retail Trades

简要说明

一、本篇资料主要内容

本篇资料主要反映批发和零售业发展与经营状况，同时反映商品流通、商品消费、市场运行态势。主要内容包括：限额以上批发和零售业基本情况、商品流转情况、财务状况；亿元商品交易市场成交情况；社会消费品零售总额等。

二、本篇资料的统计范围

限额以上批发和零售业的法人企业、个体户，成交额在亿元以上的商品交易市场，以及参与商品零售、餐饮经营活动的各行业法人企业和产业活动单位、个体户。限额以上批发和零售业统计单位是指：批发业，年主营业务收入 2000 万元及以上；零售业，年主营业务收入 500 万元及以上。

本篇资料中行业分类按照国民经济行业分类 GB/T 4754—2017 标准执行。

三、本篇资料来源

本篇资料由省统计局贸易外经处加工整理。

15-1 社会消费品零售总额
Total Retail Sales of Consumer Goods

项 目	Item	2018	2019	2019年比2018年增长(%) Growth Rate in 2019 over 2018 (%)
社会消费品零售总额（亿元）	**Total Retail Sales of Consumer Goods (100 million yuan)**	**3435.65**	**3700.27**	**7.7**
按城乡分	**By Urban and Rural Area**			
城镇	Urban	2844.14	3055.32	7.4
#城区	City Subdivision	2077.66	2220.38	6.9
乡村	Rural	591.51	644.95	9.0
按消费形态分	**By Consumption Morphological**			
商品零售	Commodity Retail	3023.19	3249.93	7.5
餐费收入	Income from Meals	412.46	450.34	9.2
构成（%）（总额=100）	**Composition (%) (Total=100)**			
按城乡分	**By Urban and Rural Area**			
城镇	Urban	82.78	82.57	
#城区	City Subdivision	60.47	60.01	
乡村	Rural	17.22	17.43	
按消费形态分	**By Consumption Morphological**			
#商品零售	Commodity Retail	87.99	87.83	
餐费收入	Income from Meals	12.01	12.17	

注：本表数据依据第四次全国经济普查修订。

a) The data in this table are revised based on the Fourth National Economic Census.

15-2 限额以上批发和零售业情况
Basic Conditions of Wholesale and Retail Trades

项　目	Item	2010	2015	2018	2019
批发和零售业	**Wholesale and Retail Trades**				
法人企业(个)	Number of Corporation Enterprises (unit)	705	1595	1577	1712
年末从业人数(人)	Engaged Persons at Year-end (person)	66546	100243	92929	100367
商品购进额(亿元)	Total Purchases (100 million yuan)	1727.21	3572.37	4827.63	5446.69
#进口额（亿元）	Imports (100 million yuan)	1.78	31.95	30.27	38.55
商品销售额（亿元）	Total Sales (100 million yuan)	2021.40	4232.94	5320.33	5959.78
#出口额（亿元）	Exports (100 million yuan)	4.00	21.68	24.89	15.51
期末商品库存额(亿元)	Total Stock at Year-end (100 million yuan)	205.77	240.68	284.69	337.70
批发业	**Wholesale Trade**				
法人企业(个)	Number of Corporation Enterprises (unit)	265	574	636	742
年末从业人数(人)	Engaged Persons at Year-end (person)	22404	30977	33584	37365
商品购进额(亿元)	Total Purchases (100 million yuan)	1391.31	2825.42	4071.74	4699.95
#进口额（亿元）	Imports (100 million yuan)	0.99	12.29	14.61	26.29
商品销售额（亿元）	Total Sales (100 million yuan)	1644.99	3350.29	4451.19	5026.56
#出口额（亿元）	Exports (100 million yuan)	3.99	21.28	24.35	15.51
期末商品库存额(亿元)	Total Stock at Year-end (100 million yuan)	161.28	158.93	205.67	248.58
零售业	**Retail Trade**				
法人企业(个)	Number of Corporation Enterprises (unit)	440	1021	941	970
年末从业人数(人)	Engaged Persons at Year-end (person)	44142	69266	59345	63002
商品购进额(亿元)	Total Purchases (100 million yuan)	335.91	746.96	755.89	746.75
#进口额（亿元）	Imports (100 million yuan)	0.79	19.65	15.66	12.26
商品销售额（亿元）	Total Sales (100 million yuan)	376.41	882.64	869.15	933.22
#出口额（亿元）	Exports (100 million yuan)	0.01	0.40	0.54	
期末商品库存额(亿元)	Total Stock at Year-end (100 million yuan)	44.49	81.74	79.02	89.12
年末零售营业面积（万平方米）	Business Area of Retail at Year-end (10 000 sq.m)	301.83	361.10	394.14	442.69

15-3 限额以上批发业企业基本情况（2019）
Basic Conditions of Enterprises above Designated Size of Wholesale Trade （2019）

项　目	Item	法人企业（个）Number of Corporation Enterprises (unit)	从业人员期末人数（人）Engaged Persons at Year-end (person)
批发业	**Wholesale Trade**	**742**	**37365**
按登记注册类型分	**By Status of Registration**		
内资企业	**Domestic Funded Enterprises**	**738**	**36447**
国有企业	State-owned Enterprises	21	3995
集体企业	Collective-owned Enterprises	2	19
股份合作企业	Cooperative Enterprises	2	60
联营企业	Joint Ownership Enterprises		
有限责任公司	Limited Liability Corporations	287	13547
国有独资公司	State Sole Funded Corporations	28	1514
其他有限责任公司	Other Limited Liability Corporations	259	12033
股份有限公司	Share-holding Corporations Ltd.	22	2980
私营企业	Private Enterprises	401	15796
私营独资企业	Private-funded Enterprises	3	96
私营合伙企业	Private Partnership Enterprises		
私营有限责任公司	Private Limited Liability Corporations	380	14077
私营股份有限公司	Private Share-holding Corporations Ltd.	18	1623
其他企业	Other Enterprises	3	50
港、澳、台商投资企业	**Enterprises with Funds from Hong Kong, Macao and Taiwan**	**1**	**156**
合资经营企业	Joint-venture Enterprises		
合作经营企业	Cooperative Enterprises		
独资经营企业	Enterprises with Sole Fund		
投资股份有限公司	Share-holding Corporations Ltd. with Investment		
其他港澳台商投资企业	Other Enterprises with Funds from Hong Kong, Macao and Taiwan	1	156
外商投资企业	**Foreign Funded Enterprises**	**3**	**762**
中外合资经营企业	Joint-venture Enterprises	1	80
中外合作经营企业	Cooperation Enterprises		
外资企业	Enterprises with Sole Fund	2	682
外商投资股份有限公司	Share-holding Corporations Ltd. With Foreign Investment		
其他外商投资企业	Other Foreign Funded Enterprises		

15-3 续表 continued

项 目	Item	法人企业（个）Number of Corporation Enterprises (unit)"	从业人员期末人数（人）Engaged Persons at Year-end (person)
按行业分	**By Sector**		
农、林、牧、渔产品批发	Wholesale of Agricultural,Forestry,Livestock and Fishery Products	47	1045
食品饮料及烟草制品批发	Wholesale of Food, Beverages and Tobaccos	142	13122
#米、面制品及食用油批发	Wholesale of Rice, Flour and Edible Oil	18	895
烟草制品批发	Wholesale of Tobaccos	15	3199
纺织、服装及家庭用品批发	Wholesale of Textiles, , Wearing Apparel and Household Articles	20	1281
#服装批发	Wholesale of Garments	6	420
文化、体育用品及器材批发	Wholesale of Culture, Sports Appliances and Equipments	13	1032
医药及医疗器材批发	Wholesale of Medicines and Medical Appliances	140	8931
矿产品、建材及化工产品批发	Wholesale of Mineral Products, Building Materials and Chemical Products	293	8366
#煤炭及制品批发	Wholesale of Coal and Related Products	40	847
石油及制品批发	Wholesale of Petroleum and Related Products	39	3426
金属及金属矿批发	Wholesale of Metal Materials	96	1540
建材批发	Wholesale of Building Materials	56	1153
化肥批发	Wholesale of Chemical Fertilizer	19	503
机械设备、五金产品及电子产品批发	Wholesale of Machinery, Hardware and Electronic Equipment	81	3522
其他批发	Other Wholesale not Classified Elsewhere	6	66

15-4 限额以上批发业企业购销存情况（2019）
Total Purchases, Sales and Stock of Enterprises above Designated Size of Wholesale Trade （2019）

单位：万元 (10 000 yuan)

项　目	Item	商　品购进额 Total Purchases Value	进口 Imports	商　品销售额 Total Sales Value	出口 Exports	期末商品库存额 Stock (year-end)
批发业	**Wholesale Trade**	**46999478**	**262872**	**50265597**	**155108**	**2485840**
按登记注册类型分	**By Status of Registration**					
内资企业	**Domestic Funded Enterprises**	**46958882**	**262872**	**50141852**	**155108**	**2478877**
国有企业	State-owned Enterprises	2337235	157	3061782		224055
集体企业	Collective-owned Enterprises	5175		6186		3020
股份合作企业	Cooperative Enterprises	15518		23386		5709
联营企业	Joint Ownership Enterprises					
有限责任公司	Limited Liability Corporations	19942140	27959	21169433	82085	475467
国有独资公司	State Sole Funded Corporations	8156133	15557	8636256	37693	73030
其他有限责任公司	Other Limited Liability Corporations	11786007	12403	12533177	44392	402438
股份有限公司	Share-holding Corporations Ltd.	18787831		19180427	99	1296602
私营企业	Private Enterprises	5863075	234756	6692921	72925	473562
私营独资企业	Private-funded Enterprises	7086		8166		667
私营合伙企业	Private Partnership Enterprises					
私营有限责任公司	Private Limited Liability Corporations	5643506	212108	6440302	67600	458449
私营股份有限公司	Private Share-holding Corporations Ltd.	212483	22648	244453	5325	14446
其他企业	Other Enterprises	7908		7716		462
港、澳、台商投资企业	**Enterprises with Funds from Hong Kong, Macao and Taiwan**	**16685**		**20027**		**11**
合资经营企业	Joint-venture Enterprises					
合作经营企业	Cooperative Enterprises					
独资经营企业	Enterprises with Sole Fund					
投资股份有限公司	Share-holding Corporations Ltd. with Investment					
其他港澳台商投资企业	Other Enterprises with Funds from Hong Kong,Macao and Taiwan	16685		20027		11
外商投资企业	**Foreign Funded Enterprises**	**23911**		**103719**		**6952**
中外合资经营企业	Joint-venture Enterprises	15680		15607		86
中外合作经营企业	Cooperation Enterprises					
外资企业	Enterprises with Sole Fund	8231		88112		6866
外商投资股份有限公司	Share-holding Corporations Ltd. With Foreign Investment					
其他外商投资企业	Other Foreign Funded Enterprises					

15-4 续表 continued

单位：万元 (10 000 yuan)

项 目	Item	商品购进额 Total Purchases Value	进口 Imports	商品销售额 Total Sales Value	出口 Exports	期末商品库存额 Stock (year-end)
按行业分	**By Sector**					
农、林、牧、渔产品批发	Wholesale of Agricultural,Forestry,Livestock and Fishery Products	302298	151	382213	20885	106672
食品饮料及烟草制品批发	Wholesale of Food, Beverages and Tobaccos	2486178	413	3599375	37026	305701
#米、面制品及食用油批发	Wholesale of Rice, Flour and Edible Oil	84323	256	91374		21375
烟草制品批发	Wholesale of Tobaccos	1612475	157	2299650		191905
纺织、服装及家庭用品批发	Wholesale of Textiles, Wearing Apparel and Household Articles	147256		184446		40090
#服装批发	Wholesale of Garments	53568		79250		24305
文化、体育用品及器材批发	Wholesale of Culture, Sports Appliances and Equipments	258397	26486	261191		78382
医药及医疗器材批发	Wholesale of Medicines and Medical Appliances	2178589	23158	2439384	2660	254353
矿产品、建材及化工产品批发	Wholesale of Mineral Products, Building Materials and Chemical Products	40343437	151488	41490519	17884	1599509
#煤炭及制品批发	Wholesale of Coal and Related Products	901880	3108	1060673	1044	29207
石油及制品批发	Wholesale of Petroleum and Related Products	19613107	137711	20099203	10690	1345365
金属及金属矿批发	Wholesale of Metal Materials	15681259	10447	15955492	1063	136895
建材批发	Wholesale of Building Materials	2680709	222	2736648		44851
化肥批发	Wholesale of Chemical Fertilizer	140251		157771		23623
机械设备、五金产品及电子产品批发	Wholesale of Machinery, Hardware and Electronic Equipment	1219159	22571	1833907	75354	97380
其他批发	Other Wholesale not Classified Elsewhere	64165	38605	74563	1300	3752

15-5 限额以上批发业企业资产及负债（2019）
Assets and Liabilities of Enterprises above Designated Size of Wholesale Trade（2019）

单位：万元 (10 000 yuan)

项　目	Item	资产总计 Total Assets	#流动资产合计 Total Current Assets	#固定资产原价 Original Value of Fixed Assets	负债合计 Total Liabilities	所有者权益合计 Total Owners' Equities
批发业	**Wholesale Trade**	**13587330**	**9577956**	**1866153**	**7890947**	**5666705**
按登记注册类型分	**By Status of Registration**					
内资企业	**Domestic Funded Enterprises**	**13518657**	**9531616**	**1840721**	**7837618**	**5651361**
国有企业	State-owned Enterprises	850095	620980	156715	202097	647998
集体企业	Collective-owned Enterprises	4179	3445	449	4483	-304
股份合作企业	Cooperative Enterprises	20060	18843	1800	9141	10919
联营企业	Joint Ownership Enterprises					
有限责任公司	Limited Liability Corporations	6540190	4401821	884651	4111795	2425283
国有独资公司	State Sole Funded Corporations	2040771	1391421	564352	1474733	562926
其他有限责任公司	Other Limited Liability Corporations	4499419	3010400	320299	2637062	1862357
股份有限公司	Share-holding Corporations Ltd.	2538412	1716165	459817	837251	1701161
私营企业	Private Enterprises	3561845	2768064	336864	2671691	863588
私营独资企业	Private-funded Enterprises	3222	2278	813	2447	774
私营合伙企业	Private Partnership Enterprises					
私营有限责任公司	Private Limited Liability Corporations	3125904	2566039	315284	2376762	722576
私营股份有限公司	Private Share-holding Corporations Ltd.	432719	199747	20767	292482	140238
其他企业	Other Enterprises	3876	2298	426	1159	2717
港、澳、台商投资企业	**Enterprises with Funds from Hong Kong, Macao and Taiwan**	**7114**	**7085**	**186**	**4801**	**2314**
合资经营企业	Joint-venture Enterprises					
合作经营企业	Cooperative Enterprises					
独资经营企业	Enterprises with Sole Fund					
投资股份有限公司	Share-holding Corporations Ltd. with Investment					
其他港澳台商投资企业	Other Enterprises with Funds from Hong Kong,Macao and Taiwan	7114	7085	186	4801	2314
外商投资企业	**Foreign Funded Enterprises**	**61559**	**39255**	**25246**	**48529**	**13030**
中外合资经营企业	Joint-venture Enterprises	26557	6670	21574	13963	12594
中外合作经营企业	Cooperation Enterprises					
外资企业	Enterprises with Sole Fund	35002	32586	3672	34566	436
外商投资股份有限公司	Share-holding Corporations Ltd. With Foreign Investment					
其他外商投资企业	Other Foreign Funded Enterprises					

15-5 续表 continued

单位：万元 (10 000 yuan)

项 目	Item	资产总计 Total Assets	#流动资产合计 Total Current Assets	#固定资产原价 Original Value of Fixed Assets	负债合计 Total Liabilities	所有者权益合计 Total Owners' Equities
按行业分	**By Sector**					
农、林、牧、渔产品批发	Wholesale of Agricultural,Forestry,Livestock and Fishery Products	444381	322692	87071	261779	182602
食品饮料及烟草制品批发	Wholesale of Food, Beverages and Tobaccos	1699136	1070196	415273	715176	960975
#米、面制品及食用油	Wholesale of Rice, Flour and Edible Oil	87910	59336	20478	60640	27270
批发烟草制品批发	Wholesale of Tobaccos	623733	438942	117309	40163	583570
纺织、服装及家庭用品批发	Wholesale of Textiles, Wearing Apparel and Household Articles	109870	90732	19050	78847	31023
#服装批发	Wholesale of Garments	45706	41352	3044	39761	5946
文化、体育用品及器材批发	Wholesale of Culture, Sports Appliances and Equipments	109154	104258	4140	93175	15979
医药及医疗器材批发	Wholesale of Medicines and Medical Appliances	1878887	1490361	108113	1389300	486772
矿产品、建材及化工产品批发	Wholesale of Mineral Products, Building Materials and Chemical Products	8559984	5822485	1152280	4714061	3843281
#煤炭及制品批发	Wholesale of Coal and Related Products	1523456	481079	23706	442638	1080818
石油及制品批发	Wholesale of Petroleum and Related Products	2531726	1642379	991074	944640	1587086
金属及金属矿批发	Wholesale of Metal Materials	2237311	2001063	36878	1781191	452493
建材批发	Wholesale of Building Materials	1802423	1347917	30813	1187694	614729
化肥批发	Wholesale of Chemical Fertilizer	109192	80015	27064	76877	32315
机械设备、五金产品及电子产品批发	Wholesale of Machinery, Hardware and Electronic Equipment	743272	661592	52579	626623	116649
其他批发	Other Wholesale not Classified Elsewhere	42647	15639	27648	11987	29425

15-6 限额以上批发业企业主要财务指标（2019）
Main Financial Indicators of Enterprises above Designated Size of Wholesale Trade （2019）

单位：万元 (10 000 yuan)

项 目	Item	营业收入 Business Revenue	营业成本 Business Cost	税金及附加 Taxes and Extra Charges	营业利润 Business Profits
批发业	**Wholesale Trade**	**47968830**	**46023909**	**319142**	**487080**
按登记注册类型分	**By Status of Registration**				
内资企业	**Domestic Funded Enterprises**	**47860050**	**45953533**	**318699**	**477484**
国有企业	State-owned Enterprises	2700947	2092194	281116	188160
集体企业	Collective-owned Enterprises	5756	5667	5	-135
股份合作企业	Cooperative Enterprises	23380	21902	8	17
联营企业	Joint Ownership Enterprises				
有限责任公司	Limited Liability Corporations	22103279	21352422	25561	177216
国有独资公司	State Sole Funded Corporations	10837664	10465863	13218	134770
其他有限责任公司	Other Limited Liability Corporations	11265616	10886560	12343	42446
股份有限公司	Share-holding Corporations Ltd.	16965149	16793404	4373	66495
私营企业	Private Enterprises	6053852	5681325	7636	45037
私营独资企业	Private-funded Enterprises	7871	6547	6	475
私营合伙企业	Private Partnership Enterprises				
私营有限责任公司	Private Limited Liability Corporations	5807924	5467330	7007	38039
私营股份有限公司	Private Share-holding Corporations Ltd.	238058	207448	623	6522
其他企业	Other Enterprises	7686	6619	1	694
港、澳、台商投资企业	**Enterprises with Funds from Hong Kong, Macao and Taiwan**	**17595**	**14083**	**67**	**506**
合资经营企业	Joint-venture Enterprises				
合作经营企业	Cooperative Enterprises				
独资经营企业	Enterprises with Sole Fund				
投资股份有限公司	Share-holding Corporations Ltd. with Investment				
其他港澳台商投资企业	Other Enterprises with Funds from Hong Kong, Macao and Taiwan	17595	14083	67	506
外商投资企业	**Foreign Funded Enterprises**	**91184**	**56293**	**377**	**9091**
中外合资经营企业	Joint-venture Enterprises	13615	5339	52	5832
中外合作经营企业	Cooperation Enterprises				
外资企业	Enterprises with Sole Fund	77569	50954	325	3259
外商投资股份有限公司	Share-holding Corporations Ltd. With Foreign Investment				
其他外商投资企业	Other Foreign Funded Enterprises				

15-6 续表 continued

单位：万元 (10 000 yuan)

项 目	Item	营业收入 Business Revenue	营业成本 Business Cost	税金及附加 Taxes and Extra Charges	营业利润 Business Profits
按行业分	**By Sector**				
农、林、牧、渔产品批发	Wholesale of Agricultural,Forestry,Livestock and Fishery Products	371624	338712	349	102
食品饮料及烟草制品批发	Wholesale of Food, Beverages and Tobaccos	3235650	2459889	283013	234497
#米、面制品及食用油批发	Wholesale of Rice, Flour and Edible Oil	91595	83197	246	-502
烟草制品批发	Wholesale of Tobaccos	2025980	1444501	279932	182073
纺织、服装及家庭用品批发	Wholesale of Textiles, Wearing Apparel and Household Articles	166727	143491	379	1649
#服装批发	Wholesale of Garments	68704	59651	142	-209
文化、体育用品及器材批发	Wholesale of Culture, Sports Appliances and Equipments	245104	233276	306	-3267
医药及医疗器材批发	Wholesale of Medicines and Medical Appliances	2187963	1992175	5061	27976
矿产品、建材及化工产品批发	Wholesale of Mineral Products, Building Materials and Chemical Products	40036382	39232468	27789	213058
#煤炭及制品批发	Wholesale of Coal and Related Products	994116	881823	1619	-1057
石油及制品批发	Wholesale of Petroleum and Related Products	20590995	20075074	12921	129779
金属及金属矿批发	Wholesale of Metal Materials	14484479	14395790	9770	16451
建材批发	Wholesale of Building Materials	2493315	2453794	2282	72590
化肥批发	Wholesale of Chemical Fertilizer	156271	147157	245	-2704
机械设备、五金产品及电子产品批发	Wholesale of Machinery, Hardware and Electronic Equipment	1657379	1561642	1872	12236
其他批发	Other Wholesale not Classified Elsewhere	68001	62257	373	831

15-7 限额以上零售业企业基本情况(2019)
Basic Conditions of Enterprises above Designated Size in Retail Trade (2019)

项 目	Item	法人企业(个) Number of Corporation Enterprises (unit)	从业人员期末人数(人) Engaged Persons at Year-end (person)
零售业	**Retail Trade**	**970**	**63002**
按登记注册类型分	**By Status of Registration**		
内资企业	**Domestic Funded Enterprises**	**964**	**61611**
国有企业	State-owned Enterprises	7	580
集体企业	Collective-owned Enterprises	6	207
股份合作企业	Cooperative Enterprises	1	79
联营企业	Joint Ownership Enterprises	1	8
有限责任公司	Limited Liability Corporations	381	30825
国有独资公司	State Sole Funded Corporations	7	1082
其他有限责任公司	Other Limited Liability Corporations	374	29743
股份有限公司	Share-holding Corporations Ltd.	39	8077
私营企业	Private Enterprises	522	21681
私营独资企业	Private-funded Enterprises	21	416
私营合伙企业	Private Partnership Enterprises		
私营有限责任公司	Private Limited Liability Corporations	486	20744
私营股份有限公司	Private Share-holding Corporations Ltd.	15	521
其他企业	Other Enterprises	7	154
港、澳、台商投资企业	**Enterprises with Funds from Hong Kong,** Macao and Taiwan	**4**	**752**
合资经营企业	Joint-venture Enterprises		
合作经营企业	Cooperative Enterprises		
独资经营企业	Enterprises with Sole Fund	2	337
投资股份有限公司	Share-holding Corporations Ltd. with Investment	1	68
其他港澳台商投资企业	Other Enterprises with Funds from Hong Kong,Macao and Taiwan	1	347
外商投资企业	**Foreign Funded Enterprises**	**2**	**639**
中外合资经营企业	Joint-venture Enterprises		
中外合作经营企业	Cooperation Enterprises		
外资企业	Enterprises with Sole Fund	1	500
外商投资股份有限公司	Share-holding Corporations Ltd. With Foreign Investment		
其他外商投资企业	Other Foreign Funded Enterprises	1	139

15-7 续表 continued

项 目	Item	法人企业（个）Number of Corporation Enterprises (unit)	从业人员期末人数（人）Engaged Persons at Year-end (person)
按行业分	**By Sector**		
综合零售	Integrated Retail	172	17033
#百货零售	Retail of General Merchandise	89	9304
超级市场零售	Retail of Supermarkets	78	7488
食品、饮料及烟草制品专门零售	Retail of Food, Beverages and Tobaccos	88	4266
纺织、服装及日用品专门零售	Special Retail of Textiles, Garments and Daily Consumer Articles	34	2308
#服装零售	Retail of Garments	24	1748
文化、体育用品及器材专门零售	Special Retail of Culture, Sports Appliances and Equipments	27	2761
#图书报刊零售	Retail of Books Newspapers and Magazines	6	2343
医药及医疗器材专门零售	Retail of Medicines and Medical Appliances	54	13000
#西药零售	Retail of Western Medicine	49	12873
汽车、摩托车、零配件和燃料及其他动力销售	Retail of Motor Vehicles,Motorcycles,Spare Parts,Fuels and Other Power	423	18555
#汽车新车零售	Retail of New Car	319	11899
机动车燃油零售	Retail of Motor Vehicle Fuel	68	5883
家用电器及电子产品专门零售	Special Retail of Household Electric Appliances and Electronic Products	91	2842
#日用家电零售	Retail of Household Electric Appliances	42	1434
计算机、软件及辅助设备零售	Retail of Computer, Software and Assistant Appliances	23	504
通信设备零售	Retail of Communication Equipments	15	590
五金、家具及室内装饰材料专门零售	Special Retail of Hardware, Furniture and Decoration Materials	33	1171
货摊、无店铺及其他零售	Stall,Non-shop and Other Retails	48	1066

15-8 限额以上零售业企业购销存情况（2019）
Total Purchases, Sales and Stock of Enterprises above Designated Size of Retail Trade （2019）

单位：万元 (10 000 yuan)

项　目	Item	商品购进额 Total Purchases Value	进口 Imports	商品销售额 Total Sales Value	期末商品库存额 Stock (year-end)
零售业	**Retail Trade**	**7467459**	**122603**	**9332158**	**891187**
按登记注册类型分	**By Status of Registration**				
内资企业	**Domestic Funded Enterprises**	**7323093**	**122603**	**9127751**	**876767**
国有企业	State-owned Enterprises	27089		31376	1956
集体企业	Collective-owned Enterprises	11900		11800	1469.7
股份合作企业	Cooperative Enterprises	2461		2353	1012
联营企业	Joint Ownership Enterprises	3647		4273	39
有限责任公司	Limited Liability Corporations	2757957	69423	3485653	349185
国有独资公司	State Sole Funded Corporations	245464		301237	10017
其他有限责任公司	Other Limited Liability Corporations	2512493	69423	3184416	339168
股份有限公司	Share-holding Corporations Ltd.	2255375	15325	2669903	177263
私营企业	Private Enterprises	2246527	37855	2901569	339778
私营独资企业	Private-funded Enterprises	27354		31845	1529
私营合伙企业	Private Partnership Enterprises				
私营有限责任公司	Private Limited Liability Corporations	2133100	37855	2771558	330464
私营股份有限公司	Private Share-holding Corporations Ltd.	86073		98166	7785
其他企业	Other Enterprises	18137		20824	6065
港、澳、台商投资企业	**Enterprises with Funds from Hong Kong, Macao and Taiwan**	**79707**		**129032**	**6915**
合资经营企业	Joint-venture Enterprises				
合作经营企业	Cooperative Enterprises				
独资经营企业	Enterprises with Sole Fund	40949		58841	1941
投资股份有限公司	Share-holding Corporations Ltd. with Investment	38758		37159	4975
其他港澳台商投资企业	Other Enterprises with Funds from Hong Kong,Macao and Taiwan			33032	
外商投资企业	**Foreign Funded Enterprises**	**64659**		**75376**	**7505**
中外合资经营企业	Joint-venture Enterprises				
中外合作经营企业	Cooperation Enterprises				
外资企业	Enterprises with Sole Fund	434		8151	244
外商投资股份有限公司	Share-holding Corporations Ltd. With Foreign Investment				
其他外商投资企业	Other Foreign Funded Enterprises	64226		67225	7261

15-8 续表 continued

单位：万元 (10 000 yuan)

项目	Item	商品购进额 Total Purchases Value	进口 Imports	商品销售额 Total Sales Value	期末商品库存额 Stock (year-end)
按行业分	**By Sector**				
综合零售	Integrated Retail	854078	9690	1260767	141840
#百货零售	Retail of General Merchandise	550663	9684	924016	87268
超级市场零售	Retail of Supermarkets	283049	6	313028	53220
食品、饮料及烟草制品专门零售	Retail of Food, Beverages and Tobaccos	299961		378294	43955
纺织、服装及日用品专门零售	Special Retail of Textiles, Garments and Daily Consumer Articles	133321		185369	25559
#服装零售	Retail of Garments	112120		139228	16017
文化、体育用品及器材专门零售	Retail of Culture, Sports Appliances and Equipments	76104		336055	108161
#图书报刊零售	Retail of Books Newspapers and Magazines	40914		287309	34984
医药及医疗器材专门零售	Retail of Medicines and Medical Appliances	384423	1006	502440	77620
#西药零售	Retail of Western Medicine	379206	1006	494462	76900
汽车、摩托车、零配件和燃料及其他动力销售	Retail of Motor Vehicles,Motorcycles,Spare Parts, Fuels and Other Power	5130424	111908	5881462	435700
#汽车新车零售	Retail of New Car	2481167	107404	2916695	350542
机动车燃油零售	Retail of Motor Vehicle Fuel	2542007		2842330	78299
家用电器及电子产品专门零售	Special Retail of Household Electric Appliances and Electronic Products	357122		420622	34650
#日用家电零售	Retail of Household Electric Appliances	174353		214081	13166
计算机、软件及辅助设备零售	Retail of Computer, Software and Assistant Appliances	49081		58687	5647
通信设备零售	Retail of Communication Equipments	91071		102525	6015
五金、家具及室内装饰材料专门零售	Special Retail of Hardware, Furniture and Decoration Materials	57216		186448	5701
货摊、无店铺及其他零售	Stall,Non-shop and Other Retails	174809		180701	18001

15-9 限额以上零售业企业资产及负债（2019）

Assets and Liabilities of Enterprises above Designated Size of Retail Trade （2019）

单位：万元 （10 000 yuan）

项　目	Item	资产总计 Total Assets	#流动资产合计 Total Current Assets	#固定资产原价 Original Value of Fixed Assets	负债合计 Total Liabilities	所有者权益合计 Total Owners' Equities
零售业	**Retail Trade**	**5722612**	**3776182**	**1267983**	**3819328**	**1808806**
按登记注册类型分	**By Status of Registration**					
内资企业	**Domestic Funded Enterprises**	**5657856**	**3729326**	**1242191**	**3787602**	**1775777**
国有企业	State-owned Enterprises	20426	9869	9252	14810	5616
集体企业	Collective-owned Enterprises	8161	5227	3165	5102	3058
股份合作企业	Cooperative Enterprises	1702	1702	390	937	765
联营企业	Joint Ownership Enterprises	2361	1959	473	837	1524
有限责任公司	Limited Liability Corporations	1943584	1338205	387647	1423480	517314
国有独资公司	State Sole Funded Corporations	98904	61382	33981	53917	44987
其他有限责任公司	Other Limited Liability Corporations	1844681	1276823	353666	1369563	472327
股份有限公司	Share-holding Corporations Ltd.	1936847	1079652	467347	1124746	725405
私营企业	Private Enterprises	1737339	1286583	372763	1216263	516084
私营独资企业	Private-funded Enterprises	12330	9275	3567	8928	3402
私营合伙企业	Private Partnership Enterprises					
私营有限责任公司	Private Limited Liability Corporations	1694100	1253782	363040	1187482	501627
私营股份有限公司	Private Share-holding Corporations Ltd.	30909	23526	6156	19854	11055
其他企业	Other Enterprises	7435	6130	1155	1426	6009
港、澳、台商投资企业	**Enterprises with Funds from Hong Kong, Macao and Taiwan**	**42548**	**32780**	**14837**	**19743**	**22805**
合资经营企业	Joint-venture Enterprises					
合作经营企业	Cooperative Enterprises					
独资经营企业	Enterprises with Sole Fund	20531	18095	1950	7442	13089
投资股份有限公司	Share-holding Corporations Ltd. with Investment	16579	10083	6596	9521	7058
其他港澳台商投资企业	Other Enterprises with Funds from Hong Kong,Macao and Taiwan	5438	4602	6291	2780	2658
外商投资企业	**Foreign Funded Enterprises**	**22208**	**14075**	**10955**	**11984**	**10224**
中外合资经营企业	Joint-venture Enterprises					
中外合作经营企业	Cooperation Enterprises					
外资企业	Enterprises with Sole Fund	1618	1522	654	1688	-69
外商投资股份有限公司	Share-holding Corporations Ltd. With Foreign Investment					
其他外商投资企业	Other Foreign Funded Enterprises	20590	12554	10301	10297	10293

15-9 续表 continued

单位：万元 (10 000 yuan)

项 目	Item	资产总计 Total Assets	#流动资产合计 Total Current Assets	#固定资产原价 Original Value of Fixed Assets	负债合计 Total Liabilities	所有者权益合计 Total Owners' Equities
按行业分	By Sector					
综合零售	Integrated Retail	1135531	746657	291530	862116	273241
#百货零售	Retail of General Merchandise	882285	551000	241211	672285	210000
超级市场零售	Retail of Supermarkets	247094	191062	48757	183216	63703
食品、饮料及烟草制品专门零售	Retail of Food, Beverages and Tobaccos	312476	204549	73212	197150	114348
纺织、服装及日用品专门零售	Special Retail of Textiles, Garments and Daily Consumer Articles	116531	90365	26177	86593	29654
#服装零售	Retail of Garments	90113	75077	22212	72700	17413
文化、体育用品及器材专门零售	Retail of Culture, Sports Appliances and Equipments	1169735	840589	90144	599237	568903
#图书报刊零售	Retail of Books Newspapers and Magazines	320600	243143	72498	207721	112878
医药及医疗器材专门零售	Retail of Medicines and Medical Appliances	273420	214405	31488	174195	99225
#西药零售	Retail of Western Medicine	254620	201515	27932	162605	92016
汽车、摩托车、零配件和燃料及其他动力销售	Retail of Motor Vehicles,Motorcycles,Spare Parts, Fuels and Other Power	2210212	1321317	640402	1573729	544175
#汽车新车零售	Retail of New Car	1532992	1128915	257800	1186776	342921
机动车燃油零售	Retail of Motor Vehicle Fuel	591517	143094	348437	340426	162079
家用电器及电子产品专门零售	Special Retail of Household Electric Appliances and Electronic Products	185812	169015	13512	131297	53333
#日用家电零售	Retail of Household Electric Appliances	97555	87583	8107	69480	27390
计算机、软件及辅助设备零售	Retail of Computer, Software and Assistant Appliances	34259	30692	2699	15997	17764
通信设备零售	Retail of Communication Equipments	28147	25745	681	24644	3503
五金、家具及室内装饰材料专门零售	Special Retail of Hardware, Furniture and Decoration Materials	131665	72320	35326	97252	34393
货摊、无店铺及其他零售	Stall,Non-shop and Other Retails	187231	116964	66191	97760	91534

15-10 限额以上零售业企业主要财务指标（2019）
Main Financial Indicators of Enterprises above Designated Size of Retail Trade（2019）

单位：万元 （10 000 yuan）

项 目	Item	营业收入 Business Revenue	营业成本 Business Cost	税金及附加 Taxes and Extra Charges	营业利润 Business Profits
零售业	**Retail Trade**	**8388007**	**7419849**	**32541**	**86397**
按登记注册类型分	**By Status of Registration**				
内资企业	**Domestic Funded Enterprises**	**8193696**	**7256868**	**31370**	**80911**
国有企业	State-owned Enterprises	30008	26841	57	-140
集体企业	Collective-owned Enterprises	11595	10539	35	83
股份合作企业	Cooperative Enterprises	2309	1571	7	21
联营企业	Joint Ownership Enterprises	3757	3217	11	260
有限责任公司	Limited Liability Corporations	3029980	2634379	13085	49250
国有独资公司	State Sole Funded Corporations	248312	228079	705	5863
其他有限责任公司	Other Limited Liability Corporations	2781668	2406300	12380	43386
股份有限公司	Share-holding Corporations Ltd.	2424140	2218873	5961	-2020
私营企业	Private Enterprises	2671109	2346748	12097	31834
私营独资企业	Private-funded Enterprises	30976	27778	88	593
私营合伙企业	Private Partnership Enterprises				
私营有限责任公司	Private Limited Liability Corporations	2552000	2242568	11849	30860
私营股份有限公司	Private Share-holding Corporations Ltd.	88133	76402	160	381
其他企业	Other Enterprises	20798	14700	116	1622
港、澳、台商投资企业	**Enterprises with Funds from Hong Kong, Macao and Taiwan**	**118780**	**95133**	**642**	**4663**
合资经营企业	Joint-venture Enterprises				
合作经营企业	Cooperative Enterprises				
独资经营企业	Enterprises with Sole Fund	53439	37767	431	3200
投资股份有限公司	Share-holding Corporations Ltd. with Investment	34154	30845	167	744
其他港澳台商投资企业	Other Enterprises with Funds from Hong Kong,Macao and Taiwan	31186	26521	44	719
外商投资企业	**Foreign Funded Enterprises**	**75532**	**67848**	**530**	**824**
中外合资经营企业	Joint-venture Enterprises				
中外合作经营企业	Cooperation Enterprises				
外资企业	Enterprises with Sole Fund	7004	5324	26	-339
外商投资股份有限公司	Share-holding Corporations Ltd. With Foreign Investment	68528	62525	503	1163
其他外商投资企业	Other Foreign Funded Enterprises				

15-10 续表 continued

单位：万元 (10 000 yuan)

项 目	Item	营业收入 Business Revenue	营业成本 Business Cost	税金及附加 Taxes and Extra Charges	营业利润 Business Profits
按行业分	By Sector				
综合零售	Integrated Retail	1174108	986086	11022	18571
#百货零售	Retail of General Merchandise	853995	710379	9455	23886
超级市场零售	Retail of Supermarkets	296672	254405	1469	-4467
食品、饮料及烟草制品专门零售	Retail of Food, Beverages and Tobaccos	377721	324913	1408	11845
纺织、服装及日用品专门零售	Special Retail of Textiles, Garments and Daily Consumer Articles	117698	82363	838	2307
#服装零售	Retail of Garments	76633	51555	696	1456
文化、体育用品及器材专门零售	Retail of Culture, Sports Appliances and Equipments	323265	263368	955	-31284
#图书报刊零售	Retail of Books Newspapers and Magazines	277847	224221	528	9406
医药及医疗器材专门零售	Retail of Medicines and Medical Appliances	464192	329807	2248	22717
#西药零售	Retail of Western Medicine	456425	323682	2239	22373
汽车、摩托车、零配件和燃料及其他动力销售	Retail of Motor Vehicles,Motorcycles,Spare Parts,Fuels and Other Power	5280218	4884908	12729	57105
#汽车新车零售	Retail of New Car	2644504	2437019	6960	15009
机动车燃油零售	Retail of Motor Vehicle Fuel	2517317	2342092	5446	40743
家用电器及电子产品专门零售	Special Retail of Household Electric Appliances and Electronic Products	387045	339422	1386	-3860
#日用家电零售	Retail of Household Electric Appliances	191677	164592	693	-2738
计算机、软件及辅助设备零售	Retail of Computer, Software and Assistant Appliances	55674	47687	504	1116
通信设备零售	Retail of Communication Equipments	98518	90965	99	-2392
五金、家具及室内装饰材料专门零售	Special Retail of Hardware, Furniture and Decoration Materials	90331	68720	766	-383
货摊、无店铺及其他零售	Stall,Non-shop and Other Retails	173430	140262	1188	9380

15-11 亿元以上商品交易市场摊位分类情况（2019）
Classification of Commodity Exchange Markets of Transaction Value over 100 Million Yuan （2019）

类 别	Classification	摊位数（个）Number of Booths (unit)	成交额（万元）Turnover (10 000 yuan)
总计	**Total**	**26458**	**3556503**
粮油、食品类	Grain and Oil,Food	8694	1495467
#粮油类	Grain and Oil	335	115970
肉禽蛋类	Meat,Poultry and Eggs	517	260758
水产品类	Aquatic Products	526	365347
蔬菜类	Vegetables	6201	493537
干鲜果品类	Dried and Fresh Melons and Fruits	877	256436
饮料类	Beverages	147	24490
烟酒类	Tobacco and Liquor	131	12983
服装鞋帽、针、纺织品类	Clothing, Shoes, Hats and Textiles	6796	355725
服装类	Clothing	5771	322294
鞋帽类	Footwear and Hats	534	15740
针、纺织品类	Knitwear and Textiles	491	17691
化妆品类	Cosmetics	256	34837
金银珠宝类	Gold,Silver and Jewellery	45	8752
日用品类	Articles for Daily Use	645	150602
#儿童玩具类	Children Toys		
五金、电料类	Hardware & Electrical Materials	475	27039
体育、娱乐用品类	Sports & Recreational Articles	163	21538
书报杂志类	Newspapers and Magazines	7	320
电子出版物及音像制品类	E-journal and Video Products	23	3241
家用电器和音像器材类	Household Appliances and Video Equipments	713	168581
中西药品类	Traditional Chinese and Western Medicine	5025	803169
西药类	Western Medicine	19	2762
中草药及中成药类	Traditional Chinese	5006	800407
文化办公用品类	Cultural and Official Goods	218	53984
家具类	Furniture	692	198665
通讯器材类	Communication Appliances	30	9314
煤炭及制品类	Coal and Related Products	7	2076
木材及制品类	Wood and Wooden Products	40	1500
石油及制品类	Petroleum and Related Products		
化工材料及制品类	Raw Chemical Materials and Related Products	55	2493
#化肥类	Fertilizer	27	582
金属材料类	Metal Materials	68	1403
建筑及装潢材料类	Building and Decoration Materials	1172	97141
机电产品及设备类	Mechanical & Electrical Products	43	1764
#农机类	Agricultural Machinery	10	113
汽车类	Automobile	15	21300
种子饲料类	Seed and Feedstuff	50	2771
棉麻类	Cotton and Hemp	35	280
其他类	Others	913	57068

15-12 各市（州）限额以上批发业企业基本情况和主要财务指标（2019）
Basic Conditions and Main Financial Indicators of Enterprises above Designated Size of Wholesale Trade by Region （2019）

单位：万元　　　　(10 000 yuan)

市（州）	Region	法人企业（个）Number of Corporation Enterprises (unit)	从业人员期末人数（人）Engaged Persons at Year-end (person)	商品销售额 Total Sales	营业收入 Business Revenue	营业成本 Business Cost	税金及附加 Taxes and Extra Charges	营业利润 Business Profits
兰州市	Lanzhou	387	19187	41944373	40441721	39358837	92401	282406
嘉峪关市	Jiayuguan	18	426	820506	766943	741263	5091	4626
金昌市	Jinchang	18	905	149299	140618	118712	6281	3360
白银市	Baiyin	31	1043	630399	600217	541258	19582	11004
天水市	Tianshui	60	2476	940831	850443	757919	32429	25241
武威市	Wuwei	29	1617	545643	494276	420259	18094	22837
张掖市	Zhangye	57	3991	815883	746602	655725	12434	17183
平凉市	Pingliang	29	1695	539954	483536	420514	18850	14801
酒泉市	Jiuquan	37	1422	2048555	1778323	1629595	16654	20745
庆阳市	Qingyang	13	1190	544389	488067	415500	26030	21865
定西市	Dingxi	36	1404	548213	498851	428733	25755	14357
陇南市	Longnan	20	1301	549273	506899	404090	28294	38820
临夏州	Linxia	5	386	125319	117037	91804	9887	6759
甘南州	Gannan	2	322	62962	55298	39701	7361	3077

15-13 各市（州）限额以上零售业企业基本情况和主要财务指标（2019）
Basic Conditions and Main Financial Indicators of Enterprises above Designated Size of Retail Trade by Region （2019）

单位：万元　　　　(10 000 yuan)

市（州）	Region	法人企业（个）Number of Corporation Enterprises (unit)	从业人员期末人数（人）Engaged Persons at Year-end (person)	商品销售额 Total Sales	营业收入 Business Revenue	营业成本 Business Cost	税金及附加 Taxes and Extra Charges	营业利润 Business Profits
兰州市	Lanzhou	271	32482	5264403	4749440	4158283	18991	28962
嘉峪关市	Jiayuguan	26	1516	207355	181190	157618	678	3543
金昌市	Jinchang	32	920	185697	160040	143358	387	2287
白银市	Baiyin	75	2654	536476	510389	464578	1897	7792
天水市	Tianshui	115	5594	740378	646705	571685	2557	17112
武威市	Wuwei	47	2007	217884	208102	186712	503	1233
张掖市	Zhangye	85	3753	315526	289471	253781	797	2913
平凉市	Pingliang	35	1845	185232	176066	157134	387	3002
酒泉市	Jiuquan	85	2807	343618	271056	233061	2837	2045
庆阳市	Qingyang	72	4035	275375	263609	234611	1131	708
定西市	Dingxi	48	1829	363751	327108	299232	740	7934
陇南市	Longnan	52	1931	301897	257045	237365	662	2323
临夏州	Linxia	20	1206	262220	228813	213849	677	3259
甘南州	Gannan	7	423	132347	118973	108584	299	3285

15-14 按城乡分各地、县社会消费品零售总额（2019）
Total Retail Sale of Consumer Goods of Urban and Rural Areas by Region & County（2019）

单位：万元 （10 000 yuan）

地、县	Region & County	社会消费品零售总额 Total Retail Sales of Consumer Goods	城镇 Urban	乡村 Rural
兰州市	**Lanzhou**	**16720018**	**14705755**	**2014263**
城关区	Chengguan	9220185	8717355	502831
七里河区	Qilihe	2500386	2020347	480039
西固区	Xigu	1415185	949608	465577
安宁区	Anning	1652093	1652093	
红古区	Honggu	264034	121083	142951
永登县	Yongdeng	308072	216643	91429
皋兰县	Gaolan	465024	379336	85689
榆中县	Yuzhong	302823	187362	115461
兰州新区	Lanzhou New Area	592215	461928	130287
嘉峪关市	**Jiayuguan**	**760200**	**760200**	
金昌市	**Jinchang**	**1019802**	**836616**	**183186**
金川区	Jinchuan	698371	656834	41538
永昌县	Yongchang	321430	179782	141648
白银市	**Baiyin**	**1629000**	**1337409**	**291591**
白银区	Baiyin	896538	875350	21188
平川区	Pingchuan	152082	144348	7734
靖远县	Jingyuan	206604	110831	95774
会宁县	Huining	216932	82883	134049
景泰县	Jingtai	156844	123998	32846
天水市	**Tianshui**	**2701144**	**2114393**	**586751**
秦州区	Qinzhou	868700	712503	156197
麦积区	Maiji	714640	612515	102125
清水县	Qingshui	97890	67544	30346
秦安县	Qinan	357108	251273	105835
甘谷县	Gangu	302160	211512	90648
武山县	Wushan	266779	193339	73440
张家川县	Zhangjiachuan	93867	65707	28160
武威市	**Wuwei**	**1445948**	**1002261**	**443687**
凉州区	Liangzhou	857197	656112	201085
民勤县	Minqin	209254	129244	80011
古浪县	Gulang	165568	109547	56021
天祝县	Tianzhu	213929	107359	106570
张掖市	**Zhangye**	**2069327**	**1458443**	**610884**

15-14 续表 1 continued

单位：万元 (10 000 yuan)

地、县	Region & County	社会消费品零售总额 Total Retail Sales of Consumer Goods	城镇 Urban	乡村 Rural
甘州区	Ganzhou	1146761	837573	309189
肃南县	Sunan	58311	30021	28290
民乐县	Minle	243272	166202	77071
临泽县	Linze	192783	113485	79298
高台县	Gaotai	185498	111144	74354
山丹县	Shandan	242702	200019	42683
平凉市	**Pingliang**	**1675757**	**1506673**	**169085**
崆峒区	Kongtong	804471	734419	70051
泾川县	Jingchuan	115809	101577	14232
灵台县	Lingtai	87272	78871	8401
崇信县	Chongxin	45564	31623	13941
庄浪县	Zhuanglang	207841	187010	20831
静宁县	Jingning	266246	236322	29924
华亭市	Huating	148554	136850	11704
酒泉市	**Jiuquan**	**2556987**	**1856010**	**700977**
肃州区	Suzhou	1209395	844891	364504
金塔县	Jinta	160199	123103	37097
瓜州县	Guazhou	331139	243099	88040
肃北县	Subei	31870	28728	3142
阿克塞县	Akesai	31310	23832	7478
玉门市	Yumen	250522	196910	53612
敦煌市	Dunhuang	542552	395447	147105
庆阳市	**Qingyang**	**1822123**	**1356183**	**465940**
西峰区	Xifeng	752255	554339	197917
庆城县	Qingcheng	169745	128286	41459
环　县	Huanxian	164561	124390	40171
华池县	Huachi	82230	62594	19636
合水县	Heshui	94936	71008	23929
正宁县	Zhengning	114148	82780	31369
宁　县	Ningxian	221442	166109	55333
镇原县	Zhenyuan	222806	166678	56128
定西市	**Dingxi**	**1600443**	**1360377**	**240067**
安定区	Anding	605937	524136	81802
通渭县	Tongwei	123714	103920	19794

15-14 续表 2 continued

单位：万元 (10 000 yuan)

地、县	Region & County	社会消费品零售总额 Total Retail Sales of Consumer Goods	城镇 Urban	乡村 Rural
陇西县	Longxi	283934	239924	44010
渭源县	Weiyuan	91645	76524	15121
临洮县	Lintao	237007	200271	36736
漳　县	Zhangxian	56892	47220	9672
岷　县	Minxian	201315	168383	32932
陇南市	**Longnan**	**1466608**	**891172**	**575436**
武都区	Wudu	708355	422300	286055
成　县	Chengxian	148179	99265	48914
文　县	Wenxian	63856	36398	27458
宕昌县	Tanchang	122933	72087	50846
康　县	Kangxian	68755	39182	29573
西和县	Xihe	85263	48600	36663
礼　县	Lixian	140050	84029	56021
徽　县	Huixian	114881	80417	34464
两当县	Liangdang	14335	8894	5442
临夏州	**Linxia**	**1060142**	**858243**	**201899**
临夏市	linxia	527513	503717	23797
临夏县	linxia	101899	75709	26190
康乐县	Kangle	80949	44385	36565
永靖县	Yongjing	97707	75596	22112
广河县	Guanghe	103086	67265	35822
和政县	Hezheng	47156	33716	13440
东乡县	Dongxiang	31786	18739	13047
积石山县	Jishishan	70045	39118	30927
甘南州	**Gannan**	**475220**	**332654**	**142566**
合作市	Hezuo	184641	184641	
临潭县	Lintan	40689	20693	19996
卓尼县	Zhuoni	43489	22233	21256
舟曲县	Zhouqu	45616	23403	22213
迭部县	Diebu	28314	13887	14427
玛曲县	Maqu	35378	17772	17606
碌曲县	Luqu	29632	15612	14020
夏河县	Xiahe	67461	34413	33048

15-15 按行业分各地、县社会消费品零售总额（2019）
Total Retail Sale of Consumer Goods by Sector and Region & County （2019）

单位：万元 (10 000 yuan)

地、县	Region & County	社会消费品零售总额 Total Retail Sales of Consumer Goods	餐费收入 Income from Meals	商品零售 Commodity Retail
兰州市	**Lanzhou**	**16720018**	**1816342**	**14903676**
城关区	Chengguan	9220185	673373	8546812
七里河区	Qilihe	2500386	306675	2193710
西固区	Xigu	1415185	394378	1020807
安宁区	Anning	1652093	190943	1461150
红古区	Honggu	264034	111748	152287
永登县	Yongdeng	308072	24074	283998
皋兰县	Gaolan	465024	50260	414765
榆中县	Yuzhong	302823	26002	276821
兰州新区	Lanzhou New Area	592215	38890	553325
嘉峪关市	**Jiayuguan**	**760200**	**64374**	**695826**
金昌市	**Jinchang**	**1019802**	**134255**	**885547**
金川区	Jinchuan	698371	64143	634229
永昌县	Yongchang	321430	70112	251318
白银市	**Baiyin**	**1019802**	**134255**	**885547**
白银区	Baiyin	896538	87680	808858
平川区	Pingchuan	152082	12084	139998
靖远县	Jingyuan	206604	16897	189707
会宁县	Huining	216932	8689	208243
景泰县	Jingtai	156844	14083	142761
天水市	**Tianshui**	**2701144**	**330988**	**2370156**
秦州区	Qinzhou	868700	108767	759933
麦积区	Maiji	714640	88668	625972
清水县	Qingshui	97890	11619	86271
秦安县	Qinan	357108	42376	314732
甘谷县	Gangu	302160	37148	265012
武山县	Wushan	266779	31673	235106
张家川县	Zhangjiachuan	93867	10737	83130
武威市	**Wuwei**	**1445948**	**191311**	**1254637**
凉州区	Liangzhou	857197	113399	743798
民勤县	Minqin	209254	27687	181568
古浪县	Gulang	165568	21912	143655
天祝县	Tianzhu	213929	28313	185616
张掖市	**Zhangye**	**2069327**	**335455**	**1733873**

15-15 续表 1 continued

单位：万元 （10 000 yuan）

地、县	Region & County	社会消费品零售总额 Total Retail Sales of Consumer Goods	餐费收入 Income from Meals	商品零售 Commodity Retail
甘州区	Ganzhou	1146761	171805	974956
肃南县	Sunan	58311	13768	44543
民乐县	Minle	243272	58434	184838
临泽县	Linze	192783	18935	173848
高台县	Gaotai	185498	24624	160874
山丹县	Shandan	242702	47889	194813
平凉市	**Pingliang**	**1675757**	**87010**	**1588747**
崆峒区	Kongtong	804471	5810	798661
泾川县	Jingchuan	115809	11886	103923
灵台县	Lingtai	87272	13939	73333
崇信县	Chongxin	45564	1580	43984
庄浪县	Zhuanglang	207841	21055	186786
静宁县	Jingning	266246	19753	246493
华亭市	Huating	148554	12987	135568
酒泉市	**Jiuquan**	**2556987**	**364229**	**2192758**
肃州区	Suzhou	1209395	173199	1036196
金塔县	Jinta	160199	17092	143107
瓜州县	Guazhou	331140	26007	305133
肃北县	Subei	31870	11705	20165
阿克塞县	Akesai	31310	13033	18277
玉门市	Yumen	250522	32067	218455
敦煌市	Dunhuang	542552	91127	451425
庆阳市	**Qingyang**	**1822123**	**233651**	**1588472**
西峰区	Xifeng	752255	96462	655794
庆城县	Qingcheng	169745	21767	147978
环　县	Huanxian	164561	21102	143459
华池县	Huachi	82230	10544	71686
合水县	Heshui	94936	12174	82763
正宁县	Zhengning	114148	14637	99511
宁　县	Ningxian	221442	28396	193046
镇原县	Zhenyuan	222806	28570	194236
定西市	**Dingxi**	**1600443**	**244868**	**1355576**
安定区	Anding	605937	78772	527165
通渭县	Tongwei	123714	18557	105157

15-15 续表 2 continued

单位：万元 (10 000 yuan)

地、县	Region & County	社会消费品零售总额 Total Retail Sales of Consumer Goods	餐费收入 Income from Meals	商品零售 Commodity Retail
陇西县	Longxi	283934	51108	232826
渭源县	Weiyuan	91645	14205	77440
临洮县	Lintao	237007	40291	196716
漳　县	Zhangxian	56892	7965	48927
岷　县	Minxian	201315	33970	167345
陇南市	**Longnan**	**1466608**	**163874**	**1302734**
武都区	Wudu	708355	44100	664255
成　县	Chengxian	148179	23500	124679
文　县	Wenxian	63856	14678	49178
宕昌县	Tanchang	122933	21941	100992
康　县	Kangxian	68755	13648	55107
西和县	Xihe	85263	9262	76001
礼　县	Lixian	140050	22862	117188
徽　县	Huixian	114881	10977	103904
两当县	Liangdang	14335	2906	11429
临夏州	**Linxia**	**1060142**	**146598**	**913544**
临夏市	linxia	527513	73852	453662
临夏县	linxia	101899	12430	89469
康乐县	Kangle	80949	10995	69954
永靖县	Yongjing	97707	16122	81586
广河县	Guanghe	103086	12886	90201
和政县	Hezheng	47156	6838	40318
东乡县	Dongxiang	31786	4196	27591
积石山县	Jishishan	70045	9281	60764
甘南州	**Gannan**	**475220**	**71283**	**403937**
合作市	Hezuo	184641	31076	153565
临潭县	Lintan	40689	2034	38655
卓尼县	Zhuoni	43489	2174	41315
舟曲县	Zhouqu	45616	4562	41054
迭部县	Diebu	28314	4247	24067
玛曲县	Maqu	35378	8844	26534
碌曲县	Luqu	29632	1481	28151
夏河县	Xiahe	67461	16865	50596

主要统计指标解释

社会消费品零售总额 指企业（单位、个体户）通过交易直接售给个人、社会集团非生产、非经营用的实物商品金额，以及提供餐饮服务所取得的收入金额。个人包括城乡居民和入境人员，社会集团包括机关、社会团体、部队、学校、企事业单位、居委会或村委会等。

批发业 指向其他批发或零售单位（含个体经营者）及其他企事业单位、机关团体等批量销售生活用品、生产资料的活动，以及从事进出口贸易和贸易经纪与代理的活动，包括拥有货物所有权，并以本单位（公司）的名义进行交易活动，也包括不拥有货物的所有权，收取佣金的商品代理、商品代售活动；本类还包括各类商品批发市场中固定摊位的批发活动，以及以销售为目的的收购活动。

零售业 指百货商店、超级市场、专门零售商店、品牌专卖店、售货摊等主要面向最终消费者（如居民等）的销售活动，以互联网、邮政、电话、售货机等方式的销售活动，还包括在同一地点，后面加工生产，前面销售的店铺（如面包房）；谷物、种子、饲料、牲畜、矿产品、生产用原料、化工原料、农用化工产品、机械设备（乘用车、计算机及通信设备除外）等生产资料的销售不作为零售活动；多数零售商对其销售的货物拥有所有权，但有些则是充当委托人的代理人，进行委托销售或以收取佣金的方式进行销售；零售业按销售渠道分为有店铺零售和无店铺零售，其中有店铺零售分为综合零售和专门零售。

批发和零售业商品购进、销售、库存额 指各种登记注册类型的批发和零售业企业（单位）以本企业（单位）为总体的，从国内、国外市场购进的商品总量，销售和出口的商品总量，库存的商品总量等情况。该指标可以反映商品流转过程中商品的购进、销售、库存之间的比例关系和存在的问题。

商品购进额 指从本企业以外的单位和个人购进（包括从国外直接进口）作为转卖或加工后转卖的商品金额（含增值税），本指标反映批发和零售业从国内外市场上购进商品的总价。商品购进包括：（1）从工农业生产者、批发和零售业、住宿和餐饮业、出版社或报社的出版发行部门和其他服务业等企事业单位和个体经营户购进的商品；（2）从机关、社会团体购进的商品；（3）从海关、市场管理部门购进的缉私和没收的商品;（4）从居民收购的废旧商品等。不包括：（1）企业为本单位自身经营用，不是作为转卖而购进的商品，如材料物资、包装物、低值易耗品、办公用品等；（2）未通过买卖行为而收入的商品，如接受其他部门移交的商品、借入的商品、收入代其他单位保管的商品、其他单位赠送的样品、加工回收的成品等；（3）经本单位介绍，由买卖双方直接结算，本单位只收取手续费的业务；（4）销售退回和买方拒付货款的商品；（5）商品溢余；（6）期货交易商品。

商品销售额 指对本单位以外的单位和个人出售的商品金额（包括售给本单位消费用的商品，含增值税），在批发和零售业中，本指标反映在国内市场上销售商品以及出口商品的总价。商品销售包括：（1）售给个人和社会集团消费用的商品；（2）售给农业、工业、建筑业、服务业等国民经济各行业用于生产、经营用的商品，包括售予批发和零售业作为转卖或加工后转卖的商品；（3）对国（境）外直接出口的商品。商品销售不包括：（1）未通过买卖行为付出的商品，如因机构变动移交给其他企业单位的商品、借出的商品、归还受其他单位委托代保管的商品、付出的加工原料和赠送给其他单位的样品等；（2）促销返券所销售的，不计入营业收入的商品；（3）经本单位介绍，由买卖双方直接结算，本单位只收取手续费的业务；（4）未发生所有权转移的商品预付卡销售，如加油卡；（5）汽车维修、电话卡销售等服务性经济活动；（6）购货退回的商品；（7）商品损耗和损失;（8）出售本单位自用的废旧物资;（9）期货交易商品；（10）自来水供应企业、电力企业、天然气供应企业提供的水、电、气。

商品库存额 对于批发和零售业法人单位和个体经营户，是指报告期末取得所有权的全部商品金额（含增值税）；对于批发和零售业产业活动单位，是指报告期末实际在库且归属法人具有所有权的全部商品金额（含增值税）。这个指标反映批发和零售业的商品库存情况，以及对市场商品供应的保证程度。库存商品包括：(1) 存放在本单位（如门市部、批发站、采购站、经营处）的仓库、货场、货柜和货架中的商品；(2) 挑选、整理、包装中的商品；(3) 已记入购进而尚未运到本单位的商品，即发货单或银行承兑凭证已到而货未到的商品；(4) 寄放他处的商品，如因购货方拒绝付款而暂时存在购货方的商品；(5) 委托其他单位代销（未作销售或调出）尚未售出的商品；(6) 代其他单位购进尚未交付的商品。库存商品不包括：（1）所有权不属于本单位的商品，如商品已作销售但买方尚未取走的商品，代替他人保管、运输、加工的商品，代其他单位销售（未做购进或调入）而未售出的商品；（2）委托外单位加工的商品，包括本单位所属加工厂和其他生产单位加工生产尚未收回成品的商品；（3）外贸企业代理其他单位从国外进口，尚未付给订货单位的商品；（4）代国家储备部门保管的商品。

亿元以上商品交易市场 指年成交额在亿元及以上的商品交易市场。商品交易市场是指经有关部门和组织批准设立，有固定场所、设施，有经营管理部门和监管人员，若干市场经营者入内，常年或实际开业三个月以上，集中、公开、独立地进行生活消费品、生产资料等现货商品交易以及提供相关服务的交易场所，包括各类消费品市场、生产资料市场等。

16

住宿、餐饮业和旅游业

Hotels, Catering Services and Tourism

简要说明

一、本篇资料主要内容

本篇资料主要反映住宿和餐饮业的基本情况、经营情况和旅游产业的发展状况。主要内容包括：限额以上住宿和餐饮业基本情况、经营情况、财务状况；连锁餐饮业经营情况；旅行社、星级饭店基本情况；入境、出境旅游人数、国内旅游人数，以及国际、国内旅游收入等。

二、本篇资料的统计范围

限额以上住宿和餐饮业的法人企业、个体户；餐饮连锁集团；旅行社、星级饭店和旅游者。

限额以上住宿和餐饮业统计单位为：年主营业务收入 200 万元及以上。

三、本篇资料来源

本篇资料由省统计局贸易外经处加工整理；旅游资料由省文化和旅游厅提供。

16-1 住宿和餐饮业情况
Basic Conditions of Hotels and Catering Services

指 标	Item	2015	2018	2019
住宿和餐饮业	**Hotels and Catering Services**			
法人企业(个)	Number of Corporation Enterprises (unit)	624	701	735
年末从业人数(人)	Engaged Persons at Year-end (person)	45848	46538	49634
营业额(万元)	Business Revenue (10 000 yuan)	716557	689782	759143
#餐费收入(万元)	From Meals (10 000 yuan)	427105	388001	439668
年末营业面积(平方米)	Business Area of Hotel and Catering Services at Year-end (sq.m)	1314533	1645629	2498459
住宿业	**Hotels**			
法人企业(个)	Number of Corporation Enterprises (unit)	286	353	388
年末从业人数(人)	Engaged Persons at Year-end (person)	24210	25334	26676
营业额(万元)	Business Revenue (10 000 yuan)	390244	380160	408602
#客房收入(万元)	From Hotel Rooms (10 000 yuan)	219333	238429	251084
餐费收入(万元)	From Meals (10 000 yuan)	141301	120884	135557
客房数(间)	Number of Rooms (room)	42109	60094	71876
床位数(位)	Number of Beds (bed)	70577	102107	121230
年末餐饮营业面积(平方米)	Business Area of Catering Services at Year-end (sq.m)	536155	858734	1480329
餐饮业	**Catering Services**			
法人企业(个)	Number of Corporation Enterprises (unit)	338	348	347
年末从业人数(人)	Engaged Persons at Year-end (person)	21638	21204	22958
营业额(万元)	Business Revenue (10 000 yuan)	326313	309622	350541
#餐费收入(万元)	From Meals (10 000 yuan)	285804	267117	304111
年末餐饮营业面积(平方米)	Business Area of Catering Services at Year-end (sq.m)	778378	786895	1018130

16-2 限额以上住宿业企业基本情况（2019）
Basic Conditions of Enterprises above Designated Size of Hotels （2019）

项　目	Item	法人企业（个） Number of Corporation Enterprises (unit)	从业人员期末人数（人） Engaged Persons at Year-end (person)
住宿业	**Hotels**	**388**	**26676**
按登记注册类型分	**By Status of Registration**		
内资企业	**Domestic Funded Enterprises**	**386**	**26172**
国有企业	State-owned Enterprises	33	4277
集体企业	Collective-owned Enterprises	3	163
联营企业	Joint Ownership Enterprises		
有限责任公司	Limited Liability Corporations	148	10614
国有独资公司	State Sole Funded Corporations	17	2174
其他有限责任公司	Other Limited Liability Corporations	131	8440
股份有限公司	Share-holding Corporations Ltd.	11	790
私营企业	Private Enterprises	191	10328
私营独资企业	Private-funded Enterprises	12	643
私营合伙企业	Private Partnership Enterprises	1	
私营有限责任公司	Private Limited Liability Corporations	169	9209
私营股份有限公司	Private Share-holding Corporations Ltd.	9	476
其他企业	Other Enterprises		
港、澳、台商投资企业	**Enterprises with Funds from Hong Kong ,Macao and Taiwan**	**1**	**180**
外商投资企业	**Enterprises with Foreign Investment**	**1**	**324**
按行业分	**By Sector**		
旅游饭店	Tourist Hotel	231	18266
一般旅馆	General Hotel	136	7381
民宿服务	Homestay	2	218
其他住宿业	Others	19	811

16-3 限额以上住宿业企业经营情况（2019）
Business of Enterprises above Designated Size of Hotels （2019）

单位：万元 （10 000 yuan）

项　目	Item	营业额 Business Revenue	#客房收入 From Hotel Rooms	#餐费收入 From Meals
住宿业	**Hotels**	**408602**	**251084**	**135557**
按登记注册类型分	**By Status of Registration**			
内资企业	**Domestic Funded Enterprises**	**400825**	**246510**	**132861**
国有企业	State-owned Enterprises	54527	29016	22542
集体企业	Collective-owned Enterprises	979	892	86
联营企业	Joint Ownership Enterprises			
有限责任公司	Limited Liability Corporations	166298	98694	55034
国有独资公司	State Sole Funded Corporations	46835	26419	14357
其他有限责任公司	Other Limited Liability Corporations	119463	72275	40677
股份有限公司	Share-holding Corporations Ltd.	9152	6011	3064
私营企业	Private Enterprises	169870	111898	52134
私营独资企业	Private-funded Enterprises	7559	4808	2698
私营合伙企业	Private Partnership Enterprises	393	324	69
私营有限责任公司	Private Limited Liability Corporations	153423	100232	48230
私营股份有限公司	Private Share-holding Corporations Ltd.	8495	6534	1137
其他企业	Other Enterprises			
港、澳、台商投资企业	**Enterprises with Funds from Hong Kong ,Macao and Taiwan**	**3564**	**2495**	**713**
外商投资企业	**Enterprises with Foreign Investment**	**4213**	**2080**	**1984**
按行业分	**By Sector**			
旅游饭店	Tourist Hotel	273208	152251	103435
一般旅馆	General Hotel	120984	90808	26199
民宿服务	Homestay	3245	1428	1817
其他住宿业	Others	11165	6597	4107

16-4 限额以上住宿业企业资产及负债（2019）
Assets and Liabilities of Enterprises above Designated Size of Hotels （2019）

单位：万元 （10 000 yuan）

项目	Item	资产总计 Total Assets	#流动资产合计 Total Current Assets	#固定资产原价 Original Value of Fixed Assets	负债合计 Total Liabilities	所有者权益合计 Total Owners' Equities
住宿业	**Hotels**	**1794411**	**742609**	**949143**	**1182468**	**543302**
按登记注册类型分	**By Status of Registration**					
内资企业	**Domestic Funded Enterprises**	**1775396**	**736547**	**908369**	**1168560**	**538196**
国有企业	State-owned Enterprises	127020	57340	96926	71013	56007
集体企业	Collective-owned Enterprises	5344	2667	8745	5460	-117
联营企业	Joint Ownership Enterprises					
有限责任公司	Limited Liability Corporations	1053725	436440	542766	707626	281139
国有独资公司	State Sole Funded Corporations	384885	216577	182413	285166	98817
其他有限责任公司	Other Limited Liability Corporations	668840	219862	360353	422460	182321
股份有限公司	Share-holding Corporations Ltd.	35740	20917	12095	19240	16469
私营企业	Private Enterprises	553568	219183	247837	365220	184699
私营独资企业	Private-funded Enterprises	17898	6752	12380	6225	9065
私营合伙企业	Private Partnership Enterprises	80	77		73	
私营有限责任公司	Private Limited Liability Corporations	513706	202567	224796	338953	173718
私营股份有限公司	Private Share-holding Corporations Ltd.	21885	9787	10661	19969	1916
其他企业	Other Enterprises					
港、澳、台商投资企业	**Enterprises with Funds from Hong Kong ,Macao and Taiwan**	**6178**	**3820**	**9591**	**1081**	**5097**
外商投资企业	**Enterprises with Foreign Investment**	**12836**	**2242**	**31182**	**12828**	**9**
按行业分	**By Sector**					
旅游饭店	Tourist Hotel	1260323	420795	731080	844051	347732
一般旅馆	General Hotel	299139	135920	195090	180927	118180
民宿服务	Homestay	4853	2014	4582	9080	-4227
其他住宿业	Others	230096	183880	18392	148409	81617

16-5 限额以上住宿业企业主要财务指标（2019）
Main Financial Indicators of Enterprises above Designated Size of Hotels（2019）

单位：万元 （10 000 yuan）

项　目	Item	营业收入 Business Revenue	营业成本 Business Cost	税金及附加 Taxes and Extra Charges	营业利润 Business Profits
住宿业	**Hotels**	**393254**	**182966**	**9377**	**-26838**
按登记注册类型分	**By Status of Registration**				
内资企业	**Domestic Funded Enterprises**	**385108**	**181646**	**9042**	**-26295**
国有企业	State-owned Enterprises	52259	21026	884	-4351
集体企业	Collective-owned Enterprises	1480	396	133	-19
联营企业	Joint Ownership Enterprises				
有限责任公司	Limited Liability Corporations	160628	82583	4850	-19842
国有独资公司	State Sole Funded Corporations	45356	29247	1531	-5952
其他有限责任公司	Other Limited Liability Corporations	115273	53335	3320	-13890
股份有限公司	Share-holding Corporations Ltd.	8685	4246	187	-137
私营企业	Private Enterprises	162056	73397	2989	-1947
私营独资企业	Private-funded Enterprises	7506	3188	118	884
私营合伙企业	Private Partnership Enterprises	206	128	8	8
私营有限责任公司	Private Limited Liability Corporations	146144	66133	2752	-2328
私营股份有限公司	Private Share-holding Corporations Ltd.	8200	3948	111	-510
其他企业	Other Enterprises				
港、澳、台商投资企业	**Enterprises with Funds from Hong Kong ,Macao and Taiwan**	**3564**	**407**	**84**	**76**
外商投资企业	**Enterprises with Foreign Investment**	**4582**	**913**	**251**	**-619**
按行业分	**By Sector**				
旅游饭店	Tourist Hotel	262129	128267	6449	-28061
一般旅馆	General Hotel	117030	46269	2247	2286
民宿服务	Homestay	3101	1206	16	-460
其他住宿业	Others	10994	7223	665	-603

16-6 限额以上餐饮业企业基本情况（2019）
Basic Conditions of Enterprises above Designated Size of Catering Services（2019）

项 目	Item	法人企业（个）Number of Corporation Enterprises (unit)	从业人员期末人数（人）Engaged Persons at Year-end (person)
餐饮业	**Catering Services**	**347**	**22958**
按登记注册类型分	**By Status of Registration**		
内资企业	**Domestic Funded Enterprises**	**346**	**21044**
国有企业	State-owned Enterprises	9	620
集体企业	Collective-owned Enterprises	1	30
股份合作企业	Cooperative Enterprises	1	18
联营企业	Joint Ownership Enterprises		
有限责任公司	Limited Liability Corporations	93	5744
国有独资公司	State Sole Funded Corporations		
其他有限责任公司	Other Limited Liability Corporations	93	5744
股份有限公司	Share-holding Corporations Ltd.	8	475
私营企业	Private Enterprises	234	14157
私营独资企业	Private-funded Enterprises	19	760
私营合伙企业	Private Partnership Enterprises		
私营有限责任公司	Private Limited Liability Corporations	204	13019
私营股份有限公司	Private Share-holding Corporations Ltd.	11	378
其他企业	Other Enterprises		
港、澳、台商投资企业	**Enterprises with Funds from Hong Kong ,Macao and Taiwan**		
外商投资企业	**Enterprises with Foreign Investment**	**1**	**1914**
按行业分	**By Sector**		
正餐服务	Restaurant	329	19792
快餐服务	Fast Food	9	2428
饮料及冷饮服务	Beverages and Cold Drinks	1	15
餐饮配送及外卖送餐服务	Catering Delivery and Food Delivery	2	540
其他餐饮业	Others	6	183

16-7　限额以上餐饮业企业经营情况（2019）
Business of Enterprises above Designated Size of Catering Services （2019）

单位：万元　（10 000 yuan）

项　目	Item	营业额 Business Revenue	#餐费收入 From Meals
餐饮业	**Catering Services**	**350541**	**304111**
按登记注册类型分	**By Status of Registration**		
内资企业	**Domestic Funded Enterprises**	**316654**	**270225**
国有企业	State-owned Enterprises	5717	3290
集体企业	Collective-owned Enterprises	412	168
股份合作企业	Cooperative Enterprises	304	304
联营企业	Joint Ownership Enterprises		
有限责任公司	Limited Liability Corporations	90398	69017
国有独资公司	State Sole Funded Corporations		
其他有限责任公司	Other Limited Liability Corporations	90398	69017
股份有限公司	Share-holding Corporations Ltd.	8768	8705
私营企业	Private Enterprises	211056	188741
私营独资企业	Private-funded Enterprises	14800	13563
私营合伙企业	Private Partnership Enterprises		
私营有限责任公司	Private Limited Liability Corporations	189162	168939
私营股份有限公司	Private Share-holding Corporations Ltd.	7093	6239
其他企业	Other Enterprises		
港、澳、台商投资企业	**Enterprises with Funds from Hong Kong ,Macao and Taiwan**		
外商投资企业	**Enterprises with Foreign Investment**	**33886**	**33886**
按行业分	**By Sector**		
正餐服务	Restaurant	294747	249348
快餐服务	Fast Food	45263	45165
饮料及冷饮服务	Beverages and Cold Drinks	788	788
餐饮配送及外卖送餐服务	Catering Delivery and Food Delivery	6466	6466
其他餐饮业	Others	3277	2345

16–8 限额以上餐饮业企业资产及负债（2019）
Assets and Liabilities of Enterprises above Designated Size of Catering Services （2019）

单位：万元 （10 000 yuan）

项　目	Item	资产总计 Total Assets	# 流动资产合　计 Total Current Assets	# 固定资产原价 Original Value of Fixed Assets	负债合计 Total Liabilities	所有者权益合计 Total Owners' Equities
餐饮业	**Catering Services**	**558042**	**212819**	**289572**	**359025**	**194954**
按登记注册类型分	**By Status of Registration**					
内资企业	**Domestic Funded Enterprises**	**547906**	**209455**	**285091**	**355290**	**188552**
国有企业	State-owned Enterprises	18881	3765	19092	9047	9833
集体企业	Collective-owned Enterprises	965	156	922	843	122
股份合作企业	Cooperative Enterprises	32	8	87	59	-28
联营企业	Joint Ownership Enterprises					
有限责任公司	Limited Liability Corporations	178344	48863	120287	92454	81711
国有独资公司	State Sole Funded Corporations					
其他有限责任公司	Other Limited Liability Corporations	178344	48863	120287	92454	81711
股份有限公司	Share-holding Corporations Ltd.	21663	9337	6648	11952	9710
私营企业	Private Enterprises	328021	147325	138055	240935	87203
私营独资企业	Private-funded Enterprises	13564	4201	10667	6608	6956
私营合伙企业	Private Partnership Enterprises					
私营有限责任公司	Private Limited Liability Corporations	307893	140215	124344	231828	76182
私营股份有限公司	Private Share-holding Corporations Ltd.	6564	2909	3045	2499	4065
其他企业	Other Enterprises					
港、澳、台商投资企业	**Enterprises with Funds from Hong Kong ,Macao and Taiwan**					
外商投资企业	**Enterprises with Foreign Investment**	**10137**	**3364**	**4481**	**3735**	**6402**
按行业分	**By Sector**					
正餐服务	Restaurant	532484	198785	280775	346881	181539
快餐服务	Fast Food	19532	10560	6344	10054	9479
饮料及冷饮服务	Beverages and Cold Drinks	179	92	10	80	99
餐饮配送及外卖送餐服务	Catering Delivery and Food Delivery	2302	2299	1244	1493	808
其他餐饮业	Others	3545	1082	1200	517	3029

16-9 限额以上餐饮业企业主要财务指标（2019）
Main Financial Indicators of Enterprises above Designated Size of Catering Services （2019）

单位：万元 （10 000 yuan）

项　目	Item	营业收入 Business Revenue	营业成本 Business Cost	税金及附加 Taxes and Extra Charges	营业利润 Business Profits
餐饮业	**Catering Services**	**336181**	**187609**	**9414**	**-2674**
按登记注册类型分	**By Status of Registration**				
内资企业	**Domestic Funded Enterprises**	**304213**	**171989**	**9405**	**-8338**
国有企业	State-owned Enterprises	5605	3515	148	-1107
集体企业	Collective-owned Enterprises	410	179	5	162
股份合作企业	Cooperative Enterprises	304	153		1
联营企业	Joint Ownership Enterprises				
有限责任公司	Limited Liability Corporations	87267	47172	1240	-4595
国有独资公司	State Sole Funded Corporations				
其他有限责任公司	Other Limited Liability Corporations	87267	47172	1240	-4595
股份有限公司	Share-holding Corporations Ltd.	8555	4007	60	58
私营企业	Private Enterprises	202072	116963	7951	-2858
私营独资企业	Private-funded Enterprises	14337	10304	6015	625
私营合伙企业	Private Partnership Enterprises				
私营有限责任公司	Private Limited Liability Corporations	181400	102582	1871	-3573
私营股份有限公司	Private Share-holding Corporations Ltd.	6335	4077	65	90
其他企业	Other Enterprises				
港、澳、台商投资企业	**Enterprises with Funds from Hong Kong ,Macao and Taiwan**				
外商投资企业	**Enterprises with Foreign Investment**	**31968**	**15620**	**9**	**5664**
按行业分	**By Sector**				
正餐服务	Restaurant	282959	158831	9242	-8648
快餐服务	Fast Food	43011	21088	125	5896
饮料及冷饮服务	Beverages and Cold Drinks	765	473	13	-15
餐饮配送及外卖送餐服务	Catering Delivery and Food Delivery	6233	5952	7	-46
其他餐饮业	Others	3213	1266	27	138

16–10 各市（州）限额以上住宿业企业基本情况和主要财务指标（2019）
Basic Conditions and Main Financial Indicators of Enterprises above Designated Size of Hotels by Region （2019）

单位：万元 （10 000 yuan）

市（州）	Region	法人企业（个）Number of Corporation Enterprises (unit)	从业人员期末人数（人）Engaged Persons at Year-end (person)	营业额 Business Revenue	营业收入 Business Revenue	营业成本 Business Cost	税金及附加 Taxes and Extra Charges	营业利润 Business Profits
兰州市	Lanzhou	121	10596	201138	194500	84605	4263	-7336
嘉峪关市	Jiayuguan	12	412	5818	5530	2119	211	-1964
金昌市	Jinchang	5	422	4396	4497	3560	82	-252
白银市	Baiyin	16	603	7610	7624	4480	88	145
天水市	Tianshui	37	2096	34135	31387	14248	671	-1812
武威市	Wuwei	12	844	9165	8927	4632	192	-870
张掖市	Zhangye	31	1353	20250	19910	10107	883	-1033
平凉市	Pingliang	16	1341	17131	16048	6821	262	-2728
酒泉市	Jiuquan	42	2405	41831	39956	14306	1110	-3497
庆阳市	Qingyang	12	1062	9493	9343	4387	117	-523
定西市	Dingxi	20	1295	14313	14107	7750	143	-517
陇南市	Longnan	29	1679	17706	16943	10216	314	-2563
临夏州	Linxia	8	1263	13646	13057	10733	696	-3669
甘南州	Gannan	27	1305	11970	11425	5002	346	-220

16–11 各市（州）限额以上餐饮业企业基本情况和主要财务指标（2019）
Basic Conditions and Main Financial Indicators of Enterprises above Designated Size of Catering Services by Region（2019）

单位：万元 （10 000 yuan）

市（州）	Region	法人企业（个）Number of Corporation Enterprises (unit)	从业人员期末人数（人）Engaged Persons at Year-end (person)	营业额 Business Revenue	营业收入 Business Revenue	营业成本 Business Cost	税金及附加 Taxes and Extra Charges	营业利润 Business Profits
兰州市	Lanzhou	131	11812	205894	196369	104991	1599	3097
嘉峪关市	Jiayuguan	6	781	15890	15237	6477	154	126
金昌市	Jinchang	18	595	10273	10295	6414	-11	461
白银市	Baiyin	7	605	7510	7458	3389	66	0
天水市	Tianshui	44	2145	30642	28959	18450	505	-1529
武威市	Wuwei	17	692	7280	6934	4804	202	-558
张掖市	Zhangye	21	901	12854	12731	9122	360	-518
平凉市	Pingliang	9	544	5351	4520	2837	51	-275
酒泉市	Jiuquan	21	1250	17027	16579	9085	206	-1874
庆阳市	Qingyang	28	1187	16003	15490	8234	287	-50
定西市	Dingxi	25	1367	13578	13432	7864	5835	-232
陇南市	Longnan	8	235	3141	3206	1736	66	-273
临夏州	Linxia	7	428	4340	4214	3946	67	-963
甘南州	Gannan	5	416	758	758	260	24	-86

16-12 旅游业发展情况
Development of Tourism

指　标	Item	2015	2018	2019
旅行社数(个)	**Number of Travel Agencies (unit)**	**523**	**660**	**743**
#出境旅游组团社	Number of Outbound Travel Tour Agencies	50	64	66
星级饭店数(个)	**Number of Star-rated Hotel (unit)**	**382**	**402**	**380**
入境旅游人数(人次)	**Number of Overseas Visitor Arrivals (person-time)**	**54508**	**100125**	**198228**
外国人	Foreigners	31607	56911	113731
港澳同胞	Chinese Compatriots From Hong Kong and Macao	7018	19628	36766
台湾同胞	Chinese Compatriots From Taiwan Province	15883	23586	47731
国内旅游人数(万人次)	**Number of Domestic Visitors (10 000 person-times)**	**15633**	**30191**	**37423**
旅游收入	**Tourism Earnings**			
国际旅游(外汇)收入(万美元)	Foreign Exchange Earnings from International Tourism (10 000 USD)	1418	2830	5905
国内旅游收入(亿元)	Earnings from Domestic Tourism (100 million yuan)	975	2058	2676

16-13 国内旅游情况
Domestic Tourism

年 份 Year	国内游客(万人次) Domestic Tourists (10 000 person-times)	旅游总花费(亿元) Tourism Expenditure (100 million yuan)	人均花费(元) Per Capita Expenditure (yuan)
2000	732.70	23.09	315.14
2001	838.88	24.90	296.82
2002	1035.03	31.34	302.79
2003	863.31	23.70	274.52
2004	949.60	55.25	581.82
2005	1207.85	62.56	517.95
2006	1574.10	80.20	509.50
2007	2389.93	115.91	484.99
2008	2482.30	137.50	553.92
2009	3387.67	192.77	569.03
2010	4284.45	237.20	553.63
2011	5826.48	333.70	572.73
2012	7824.26	471.08	602.08
2013	10068.40	620.20	615.99
2014	12655.29	780.20	616.50
2015	15633.00	975.00	623.68
2016	19089.40	1220.40	639.31
2017	23889.40	1580.00	661.38
2018	30190.90	2060.10	682.36
2019	37422.70	2680.00	716.14

16-14 接待港澳台同胞和外国旅游人数
Number of Hongkong, Macao and Taiwan Chinese Compatriots and Foreign Tourists

国 别	Country	2010	2015	2018	2019
旅游人数（人次）	**Total (person-time)**	**70167**	**54508**	**100125**	**198228**
港澳台同胞	Chinese Compatriots form Hongkong, Macao and Taiwan	20246	22901	43214	84497
外国人	Foreigner	49921	31607	56911	113731
日本人	Japanese	14273	7171	16318	25438
韩国人	South Korea	4622	3378	3062	10931
菲律宾人	Filipino	176	387	147	1566
新加坡人	Singaporean	2300	2358	3891	12145
泰国人	Thai	265	761	3714	4273
印尼人	Indonesian	696	314	771	4499
美国人	American	6025	3297	4559	7908
加拿大人	Canadian	1242	929	1173	1900
英国人	British	1387	1017	1306	3237
德国人	German	2413	1173	2149	4379
法国人	French	2893	1508	2149	4544
意大利人	Italian	828	677	1545	1671
瑞士人	Swiss	578	352	246	670
瑞典人	Swedish	180	150	103	404
荷兰人	Dutch	549	130	169	387
西班牙人	Spanish	521	485	344	379
澳大利亚人	Australian	2258	831	2203	2918
新西兰人	New Zealander	301	986	255	826
俄罗斯人	Russian	355	272	296	523
其他	Others	8059	5431	12511	25133

16-15 国际旅游外汇收入及构成
Foreign Exchange Earning from International Tourism and It's Composition

单位：万美元，%　　　　(USD 10 000, %)

指　标	Item	2015 数额 Value	2015 比重 Percentage	2018 数额 Value	2018 比重 Percentage	2019 数额 Value	2019 比重 Percentage
总计	**Total**	**1418.10**	**100.00**	**2829.74**	**100.00**	**5904.66**	**100.00**
长途交通	Long Distance Transportation	535.76	37.78	608.39	21.50	1423.02	24.10
民航	Civil Aviation	362.32	25.55	379.19	13.40	732.18	12.40
铁路	Railway	100.26	7.07	28.30	1.00	118.09	2.00
汽车	Highway	73.17	5.16	175.44	6.20	572.75	9.70
轮船	Waterway			25.47	0.90		
游览	Sightseeing	123.52	8.71	271.66	9.60	466.47	7.90
住宿	Accommodation	211.72	14.93	698.95	24.70	1263.60	21.40
餐饮	Food and Beverage	114.58	8.08	325.42	11.50	513.71	8.70
商品销售	Shopping	225.05	15.87	540.48	19.10	1470.26	24.90
娱乐	Entertainment	65.23	4.60	59.42	2.10	135.81	2.30
邮电通讯	Postal and Communication Services	23.54	1.66	14.15	0.50	23.62	0.40
市内交通	Local Transportation	41.98	2.96	39.62	1.40	88.57	1.50
其他服务	Other Service	76.72	5.41	271.66	9.60	519.61	8.80

16-16 各市（州）国际旅游外汇收入及接待入境旅游人数（2019）
Foreign Exchange Earning from International Tourism and Number of Overseas Visitor Arrivals by Region (2019)

市（州）	Region	国际旅游外汇收入（万美元） Foreign Exchange Earning from International Tourism (USD 10 000)	入境旅游人数（人次） Number of Overseas Visitor Arrivals (person-time)	# 外国人 Foreigner
甘肃省	**Gansu**	**5904.66**	**198228**	**113731**
兰州市	Lanzhou	1861.56	57799	35311
嘉峪关市	Jiayuguan	266.10	12669	4893
金昌市	Jinchang	28.44	1157	1022
白银市	Baiyin	22.65	987	584
天水市	Tianshui	229.83	10875	4828
武威市	Wuwei	239.98	11139	6152
张掖市	Zhangye	722.92	27580	16318
平凉市	Pingliang	39.75	1870	620
酒泉市	Jiuquan	2272.61	65594	39008
庆阳市	Qingyang	2.82	94	94
定西市	Dingxi	9.16	468	346
陇南市	Longnan	55.76	2206	1256
临夏州	Linxia	2.96	120	120
甘南州	Gannan	150.11	5670	3179

主要统计指标解释

住宿业　指为旅行者提供短期留宿场所的活动，有些单位只提供住宿，也有些单位提供住宿、饮食、商务、娱乐一体的服务，不包括主要按月或按年长期出租房屋住所的活动。

餐饮业　指通过即时制作加工、商业销售和服务性劳动等，向消费者提供食品和消费场所及设施的服务。

营业额　指住宿和餐饮业单位在经营活动中，因提供服务或销售商品等取得的全部收入（含增值税），收入主要来源于提供客房、餐费服务、商品销售和其他服务，如商务服务。不包括多产业法人企业附营的其他行业产业活动单位的餐费收入、商品销售收入等各项收入。

客房收入　指住宿和餐饮业单位在经营活动中因提供住宿服务取得的收入（含增值税）。不包括多产业法人企业附营的其他行业产业活动单位的客房收入。

餐费收入　指本单位为顾客提供就餐服务取得的收入（含增值税）。包括：经烹饪、调制加工后出售的各种食品，如主食、炒菜、凉拌菜等的收入。不包括多产业法人企业附营的其他行业产业活动单位的餐费收入。

住宿和餐饮业年末餐饮营业面积　指住宿和餐饮业企业对外提供餐饮服务的就餐面积和从事食品加工、烹饪、调制的厨房面积，不包括办公用房和仓库等面积。按年末实有建筑面积统计。本指标应与餐费收入统计相匹配。入境旅游人数　指报告期内来中国（大陆）观光、度假、探亲访友、就医疗养、购物、参加会议或从事经济、文化、体育、宗教活动的外国人、港澳台同胞等游客（即入境旅游人数）。统计时，入境游客按每入境一次统计 1 人次。入境旅游人数包括入境过夜游客和入境一日游游客。

客房数　指本单位提供住宿服务的房间数，该指标按报告期内正常情况下的实有数统计。

床位数　指本单位供应旅客使用的床位数，不包括临时加床和门店内部工作人员使用的床位。该指标按报告期内正常情况下的实有数统计。

餐位数　指本单位为顾客提供就餐服务时，正常可同时容纳就餐人员的餐位数量，不包括临时加的餐位。该指标按报告期内正常情况下的实有数统计。

国内旅游人数　指在报告期内在中国（大陆）观光游览、度假、探亲访友、就医疗养、购物、参加会议或从事经济、文化、体育、宗教活动的中国（大陆）居民人数，其出游的目的不是通过所从事的活动谋取报酬。统计时，国内游客按每出游一次统计 1 人次。

国际旅游（外汇）收入　指入境游客在中国（大陆）境内旅行、游览过程中用于交通、参观游览、住宿、餐饮、购物、娱乐等全部花费。

国内旅游收入　又称旅游总花费，指国内游客在国内旅行、游览过程中用于交通、参观游览、住宿、餐饮、购物、娱乐等全部花费。

17

运输和邮电

Transport, Postal and Telecommunication Services

简要说明

一、本篇资料主要内容

本篇资料反映交通运输业，邮政、电信业发展的基本状况。

交通运输业资料主要包括：三种（铁路、公路、航空）运输方式的线路里程及完成的货物和旅客运输量、周转量。

邮政、电信业资料主要包括：邮政局（所）及邮路情况，邮电通信主要电路及设备拥有量，主要的邮电业务完成情况及邮电通信发展水平资料。

二、本篇资料来源

本篇资料由省统计局服务业统计处搜集、加工整理。

1. 交通运输资料分别由中国铁路兰州局集团有限公司、省交通运输厅、东航甘肃分公司、省公安厅提供。

2. 邮政、电信业资料由省邮政管理局、省通信管理局提供。

17-1 交通运输业基本情况
Basic Conditions of Transport

指 标	Item	2010	2015	2018	2019
运输线路长度（公里）	**Length of Transport Routes （km）**	**124584**			
#铁路营业里程	Railways in Operation	2149	3272	4075	4211
公路里程	Highways	118879	140052	143228	151443
#高速公路	Expressway	1993	3522	4242	4453
客运量总计（万人次）	**Total Passenger Traffic （10 000 person-times）**	**53776**	**41516**	**42353**	**42321**
#铁路	Railways	2178	3123	5474	5969
公路	Highways	51404	37242	36634	36085
民航	Civil Aviation	100	1061	168	188
旅客周转量总计（亿人公里）	**Total Passenger-Kilometers （100 million passenger-km）**	**509.6**	**641.0**	**659.2**	**674.7**
#铁路	Railways	275.1	370.7	401.3	419.1
公路	Highways	220.1	248.8	233.3	227.8
民航	Civil Aviation	14.1	21.5	24.5	27.7
货运量总计（万吨）	**Total Freight Traffic （10 000 tons）**	**29009**	**58258**	**70387**	**63611**
#铁路	Railways	4926	5936	6087	5366
公路	Highways	24050	52281	64271	58228
民航	Civil Aviation	1.13	6.55	1.06	1.03
货物周转量总计（亿吨公里）	**Total Freight Ton-kilometers （100 million tons-km）**	**1607.25**	**2226.00**	**2610.09**	**2710.64**
#铁路	Railways	1082.98	1313.62	1490.90	1516.70
公路	Highways	524.09	912.14	1118.97	979.60
民航	Civil Aviation	0.18	0.20	0.16	0.16
民用汽车拥有量（万辆）	**Possession of Civil Motor Vehicles （10 000 units）**	**127**	**297**	**358**	**346**
#载客汽车辆数	Number of Buses and Cars	58	168	258	282
载货汽车辆数	Number of Trucks	26	45	56	59
#普通载货汽车	Ordinary Trucks	18	31	37	40
#公路部门营运汽车	Number of Motor Vehicles Owned by Highway Departments	22	39	38	34
#私人汽车拥有量	Possession of Private Vehicles	69	228	309	311

注：1. 铁路运输数据从 2012 年 8 月起增加西安铁路局、青藏铁路公司、乌鲁木齐铁路局甘肃段统计数据（下表同）。
2.2013 年起，公路数据统计口径为交通部专项调查数据，与往年不可比（下表同）。
3.2019 年，公路数据统计口径为交通部专项调查数据，与往年不可比（下表同）。
4. 民航数据，2013—2015 年包含海航的客运量和货运量，2016 年起仅为东航数据（下表同）。
5. 私人汽车拥有量中含三轮汽车和低速货车；汽车拥有量＝汽车保有量（下表同）。

a） Since August 2012, railway data increase the statistical data of Xi'an Railway Bureau, Qinghai-Tibet Railway Company and Urumqi Railway Bureau in Gansu section.The same applies to the table following.

b） Since 2013,the statistical coverage of highway data are the data from the survey of transport economics, and the data are not comparable with those in previous years.The same applies to the table following.

c） In 2019,the statistical coverage of highway data are the data from the survey of transport economics, and the data are not comparable with.

d） Data of civil aviation include the passenger traffic and freight volume of HNA in 2013-2015. Since 2016,data of civil aviation only refers to data of China Eastern Airlines.The same applies to the table following.

e） Possession of private vehicles including three-wheeled vehicles and low-speed trucks. Possession of vehicles are equal to ownership of vehicles. The same applies to the table following.

17-2 运输线路长度
Length of Transportation Routes

单位：公里 (km)

年份 Year	铁路营业里程 Length of Railways in Operation	#电气化里程 Electrified Railways	公路 Length of Highways	等级公路 Expressway and Class I to IV Highways	#高速 Express Way	#一级 First Class	#二级 Second Class	等外路 Highway Below Class IV
2000	1962	1766	39344	29393				9951
2001	1962	1766	39844	30283				9561
2002	1961	1766	40223	30806				9417
2003	1962	1766	40293	30947				9346
2004	1938	1748	40751	31614				9137
2005	2013	1754	41330	32792	1006	141	4969	8538
2006	1987	2208	95642	42866	1060	166	4962	52776
2007	2148	2208	100612	50662	1316	144	5076	49950
2008	2149	2213	105638	58381	1316	147	5076	47257
2009	2149	2346	114000	76631	1644	147	5494	37369
2010	2149	2799	118879	85733	1993	161	5768	33147
2011	2149	3054	123696	91692	2343	170	5856	32003
2012	2194	3100	131201	101372	2549	178	6648	29829
2013	2286	3191	133597	106812	2953	206	7309	26785
2014	2966	3920	138084	114080	3262	321	7519	24004
2015	3272	4090	140052	120447	3522	368	7928	19604
2016	3527	4585	142026	124026	3845	418	8407	18000
2017	4070	5128	142252	124788	4016	429	8894	17465
2018	4075	5133	143228	128071	4242	627	9156	15157
2019	4211	4097	151443	146377	4453	763	10538	5066

注：铁路营业里程为兰州铁路局甘肃境内数。电气化里程为兰州铁路局全路局数。2007年起铁路营业里程中包括敦煌铁路161.48公里(下表同)。

a) Data of electrified railways refer to total railway of Lanzhou Railway Bureau. Since 2007, data in length of railways in operation included161.48 km of the Dunhuang Railway. The same applies to the table following.

17-3 运输线路质量
Quality of Transport Routes

单位：公里 (km)

指标	Item	2010	2015	2018	2019
铁路营业里程	Length of Railways in Operation	2149	3272	4075	4211
#复线里程	Double-Tracking Length	1363	2127	3037	3063
复线里程比重（%）	Proportion (%)	63.42	65.01	74.53	72.74
公路里程	Length of Highways	118879	140052	143228	151443
#等级公路里程	Expressway and Class I to IV Highways	85733	120447	128071	146377
等级公路里程比重（%）	Proportion (%)	72.12	86.00	89.42	96.65

17-4 货运量和货运周转量
Freight Traffic & Freight Ton-Kilometers

年 份 Year	货运量总计 (万吨) Total Freight Traffic (10 000 tons)	# 铁路 Railways	# 公路 Highways	# 民航 Civil Aviation	货物周转量总计 (亿吨公里) Total Freight Ton-Kilometers (100 million tons-km)	# 铁路 Railways	# 公路 Highways	# 民航 Civil Aviation
1978	4423	2216	2206	0.65	175.58	163.97	11.55	0.06
1979	4197	2112	2084	0.80	174.83	163.79	10.95	0.08
1980	3802	2059	1742	0.90	167.00	158.16	8.76	0.08
1981	3184	1867	1317	0.47	147.14	140.17	6.92	0.06
1982	3388	1904	1484	0.16	162.99	154.68	8.26	0.06
1983	3454	2051	1403	0.08	184.48	175.68	8.75	0.05
1984	3883	2192	1691	0.11	206.71	196.52	10.09	0.10
1985	10112	2414	7698	0.12	254.99	219.83	35.01	0.15
1986	10448	2384	8064	0.19	269.07	232.14	36.92	0.01
1987	14543	2373	12170	0.28	295.61	246.75	48.83	0.03
1988	14585	2361	12224	0.28	330.76	267.11	63.62	0.03
1989	14317	2397	11920	0.26	336.47	282.22	54.22	0.03
1990	16614	2386	14228	0.28	343.06	286.71	56.31	0.03
1991	14726	2426	12300	0.32	364.29	303.36	60.89	0.03
1992	17144	2501	14643	0.30	391.40	312.76	78.61	0.03
1993	19193	2571	16622	0.30	399.12	318.02	81.07	0.03
1994	19921	2571	17350	0.35	416.68	332.02	84.62	0.04
1995	20275	2555	17719	1.00	432.90	344.26	88.59	0.05
1996	20813	2602	18210	1.00	435.59	342.78	92.77	0.04
1997	21236	2628	18608	0.30	448.18	351.00	97.08	0.10
1998	21614	2546	19035	0.39	454.42	353.24	101.06	0.07
1999	22060	2691	19333	0.47	494.41	390.20	104.07	0.08
2000	22722	2885	19800	1.09	541.42	431.81	109.38	0.18
2001	23208	2991	20179	0.90	573.15	458.91	114.03	0.16
2002	23541	3092	20408	0.99	591.48	472.71	118.54	0.17
2003	23915	3158	20713	1.26	632.93	508.94	123.71	0.21
2004	24776	3270	21460	1.26	746.33	616.06	130.01	0.19
2005	25843	3274	22520	1.08	855.09	717.56	137.31	0.15
2006	27512	3633	23826	1.32	923.67	776.84	146.46	0.16
2007	29505	4126	25325	1.33	1024.81	868.06	156.48	0.19
2008	22742	4512	18201	1.44	1454.64	979.58	474.84	0.21
2009	25489	4646	20812	1.33	1477.06	987.13	489.72	0.21
2010	29009	4926	24050	1.13	1607.25	1082.98	524.09	0.18
2011	34179	5355	28790	1.22	1791.21	1143.60	647.41	0.19
2012	45856	6313	39517	1.34	2395.88	1489.73	905.94	0.21
2013	51482	6394	45072	5.55	2379.66	1568.24	811.21	0.20
2014	57247	6450	50780	5.96	2516.82	1524.05	992.60	0.17
2015	58258	5936	52281	6.55	2226.01	1313.62	912.14	0.20
2016	60657	5861	54761	1.19	2170.23	1220.33	949.64	0.20
2017	66205	6052	60117	1.16	2439.85	1390.72	1048.88	0.19
2018	70387	6087	64271	1.06	2610.09	1490.91	1118.97	0.16
2019	63611	5366	58228	1.03	2710.64	1516.69	979.56	0.16

17-5 客运量和客运周转量
Passenger Traffic & Passenger-Kilometers

年 份 Year	货运量总计 (万吨) Total Freight Traffic (10 000 tons)	# 铁路 Railways	# 公路 Highways	# 民航 Civil Aviation	货物周转量总计 (亿吨公里) Total Freight Ton-Kilometers (100 million tons-km)	# 铁路 Railways	# 公路 Highways	# 民航 Civil Aviation
1978	3038	686	2324	28	51.72	39.45	10.17	2.11
1979	3374	772	2567	34	60.48	45.91	11.65	2.93
1980	3865	789	3038	38	61.53	46.24	13.73	1.56
1981	3882	751	3123	8	63.07	45.66	15.61	1.80
1982	4387	883	3494	10	67.11	49.12	17.04	0.95
1983	4871	893	3974	4	74.71	55.16	19.23	0.33
1984	5526	1026	4496	4	84.65	62.27	22.03	0.35
1985	6355	1094	5256	5	102.67	75.83	26.46	0.39
1986	7053	1131	5910	12	113.56	81.77	31.09	0.70
1987	8010	1173	6819	18	122.75	83.76	36.97	2.03
1988	9550	1244	8286	20	135.54	93.80	39.19	2.55
1989	10101	1083	9001	17	132.43	87.79	42.65	1.99
1990	8712	860	7832	20	117.09	72.76	42.03	2.30
1991	8845	850	7970	25	127.01	79.95	44.26	2.81
1992	9108	874	8208	26	130.51	83.57	44.03	2.91
1993	9580	883	8668	29	140.71	91.43	45.87	3.41
1994	10148	926	9186	36	150.66	97.88	48.56	4.22
1995	10547	942	9563	42	150.62	95.13	50.48	5.01
1996	10748	841	9872	35	152.43	93.69	54.37	4.37
1997	11234	884	10319	31	161.00	97.00	57.60	6.40
1998	11881	886	10796	31	176.12	107.92	61.75	6.30
1999	12361	923	11223	35	181.87	109.35	65.95	6.41
2000	12907	1039	11600	76	206.16	124.57	70.63	10.79
2001	13921	1080	12560	70	226.84	139.03	77.77	9.85
2002	14750	1038	13420	72	232.72	138.73	84.06	9.73
2003	15004	948	13732	84	230.79	132.71	87.16	10.70
2004	16519	1125	15050	109	268.36	157.76	96.32	14.07
2005	17803	1230	16247	85	288.30	172.70	104.89	10.50
2006	19066	1402	17319	100	319.96	195.28	113.00	11.45
2007	20435	1566	18510	113	348.93	213.54	120.93	14.23
2008	46002	1844	43962	103	441.34	232.22	196.71	12.21
2009	49995	2038	47755	110	469.99	248.23	206.58	14.97
2010	53776	2178	51404	100	509.61	275.13	220.15	14.12
2011	60906	2353	58355	102	594.56	314.57	265.07	14.70
2012	64477	2383	61884	117	683.41	379.75	286.44	17.01
2013	36934	2522	33556	771	613.00	383.24	212.01	17.59
2014	39852	2672	36224	866	624.31	377.87	229.02	17.26
2015	41516	3123	37242	1061	641.10	370.74	248.75	21.45
2016	41775	3604	37932	149	635.77	359.96	253.26	22.29
2017	42793	4468	38080	156	643.13	371.71	247.76	23.48
2018	42353	5474	36634	168	659.18	401.28	233.31	24.47
2019	42321	5969	36085	188	674.75	419.11	227.83	27.68

17-6 民用汽车拥有量
Possession of Civil Vehicles

单位：万辆 （10 000 units）

年 份 Year	民用汽车总计 Total Possession of Civil Vehicles	载客汽车 Passenger Vehicles	大型 Large	中型 Medium	小型 Small	微型 Minicar	载货汽车 Trucks	重型 Heavy	中型 Medium	轻型 Light	微型 Mini	其他汽车 Others
2006	46.85	22.71	1.50	1.40	17.22	2.59	13.60	2.81	3.58	6.83	0.38	10.54
2007	53.23	27.18	1.57	1.44	21.76	2.42	14.71	2.98	3.72	7.74	0.27	11.34
2008	62.44	32.89	1.64	1.41	27.66	2.18	16.36	3.35	4.01	8.79	0.22	13.19
2009	105.45	43.86	1.74	1.45	38.58	2.08	20.91	4.78	4.46	11.50	0.17	40.68
2010	126.77	57.52	1.85	1.48	52.17	2.01	26.37	6.29	4.75	15.22	0.11	42.88
2011	148.76	73.30	1.97	1.51	67.67	2.14	31.00	7.40	4.88	18.64	0.08	44.46
2012	174.14	92.32	2.01	1.47	86.63	2.20	35.42	8.12	4.73	22.51	0.07	46.40
2013	202.77	114.92	2.05	1.36	109.37	2.14	39.89	8.78	4.15	26.91	0.06	47.95
2014	231.86	139.91	2.12	1.34	134.59	1.87	43.79	9.56	4.00	30.18	0.05	48.17
2015	296.84	167.55	2.14	1.22	162.31	1.88	45.39	9.40	3.60	32.34	0.05	83.90
2016	330.37	202.09	2.22	1.20	197.09	1.58	48.65	9.45	3.34	35.82	0.04	79.63
2017	334.57	233.73	2.31	1.16	228.80	1.46	51.86	9.78	3.06	38.99	0.03	48.99
2018	358.47	257.52	2.37	1.12	252.98	1.06	55.54	10.34	2.88	42.30	0.02	45.41
2019	364.11	281.89	2.39	1.08	277.40	1.02	59.21	10.78	2.58	45.82	0.02	23.02

17-7 私人汽车拥有量
Possession of Private Vehicles

单位：万辆 （10 000 units）

年 份 Year	私人汽车总计 Total Possession of Civil Vehicles	载客汽车 Passenger Vehicles	大型 Large	中型 Medium	小型 Small	微型 Minicar	载货汽车 Trucks	重型 Heavy	中型 Medium	轻型 Light	微型 Mini	其他汽车 Others
2006	24.21	8.65	0.22	0.43	6.62	1.38	6.14	1.26	1.80	2.89	0.19	9.42
2007	28.75	11.72	0.18	0.41	9.84	1.29	6.96	1.30	1.90	3.61	0.15	10.07
2008	35.94	16.02	0.16	0.38	14.31	1.18	8.15	1.46	2.08	4.48	0.13	11.77
2009	51.18	25.06	0.14	0.38	23.36	1.18	11.36	1.98	2.44	6.83	0.11	14.76
2010	69.33	36.74	0.13	0.38	35.01	1.22	15.77	2.63	2.79	10.27	0.08	16.82
2011	87.61	50.28	0.12	0.38	48.41	1.38	19.06	3.06	2.93	13.01	0.06	18.26
2012	109.92	67.23	0.08	0.35	65.33	1.47	22.58	3.39	2.89	16.25	0.05	20.12
2013	135.70	87.89	0.04	0.27	86.13	1.45	26.19	3.70	2.60	19.85	0.04	21.63
2014	163.35	112.34	0.03	0.24	110.78	1.28	29.09	4.04	2.56	22.45	0.04	21.92
2015	228.07	139.66	0.02	0.20	138.33	1.11	30.87	4.07	2.35	24.41	0.04	57.53
2016	260.06	173.15	0.01	0.18	171.99	0.96	33.61	4.20	2.22	27.16	0.03	53.30
2017	287.58	204.02	0.01	0.16	202.96	0.89	36.12	4.35	2.03	29.72	0.02	47.43
2018	308.59	226.12	0.01	0.15	225.12	0.85	38.66	4.49	1.90	32.25	0.02	43.81
2019	311.38	248.60	0.01	0.13	247.64	0.81	41.43	4.53	1.73	35.16	0.01	21.35

17-8 新注册民用汽车数量
Statistics on New Registration of Civil Vehicles

单位：辆 （unit）

年 份 Year	民用汽车总 计 Tota	载客汽车 Passenger Vehicles	大型 Large	中型 Medium	小型 Small	微型 Minicar	载货汽车 Trucks	重型 Heavy	中型 Medium	轻型 Light	微型 Mini	其他汽车 Others
2009	198969	109705	2184	995	105489	1037	45463	9254	6700	29371	138	43801
2010	227439	135926	2493	1135	131120	1178	61627	15529	6129	39885	84	29886
2011	227281	151731	2725	1097	146216	1693	51872	12101	3686	36081	4	23678
2012	260978	180714	3078	1035	175624	977	54093	9617	3065	41408	3	26171
2013	310367	216884	2699	1158	212428	599	65075	13071	3055	48937	12	28408
2014	335317	251541	2259	1140	247533	609	59669	11429	1891	46349		24107
2015	711898	288996	2354	913	281870	3859	43577	4322	785	38470		379325
2016	427297	341595	2338	903	338132	222	51939	4536	907	46496		33763
2017	376780	302808	3243	578	298809	178	53879	7222	823	45834		20093
2018	306994	240677	2359	534	237661	123	53968	8424	673	44871		12349
2019	306670	239121	1938	577	236566	40	57714	7704	552	49458		9835

17-9 公路营运汽车拥有量
Possession of Vehicles for Highway Business Transportation

年 份	汽车总计（万辆）Total (10 000 units)	#载客汽车 Passenger Vehicles		#载货汽车 Trucks		
		辆数（万辆）Number (10 000units)	客位（万客位）Number of Seats (10 000 seats)	辆 数（万辆）Number (10 000units)	#普通载货汽车 Ordinary Trucks	吨位（万吨）Capacity (10 000 tons)
2009	20.01	5.34	84.25	10.90	6.47	449.25
2010	23.90	5.65	88.12	13.86	7.54	356.66
2011	27.30	6.15	93.25	16.17	8.51	151.78
2012	29.85	6.33	95.74	18.08	9.44	138.70
2013	32.50	6.58	98.72	19.99	10.30	114.56
2014	34.48	6.85	101.56	21.78	10.98	113.47
2015	39.44	7.34	105.01	21.80	10.90	109.69
2016	39.36	7.79	110.01	22.19	11.08	109.00
2017	38.76	8.04	115.78	22.44	10.82	108.83
2018	37.95	8.23	119.82	22.46	10.23	111.15
2019	33.51	8.34	122.40	20.91	8.46	110.75

注：1. 小轿车包括在载客汽车中。
2. 1999 年为全国营运汽车，以前仅为公路部门营运汽车；2000-2004 年为全国运输汽车（含营运和非营运汽车）；2005 年起为全国营运汽车（不含非营运汽车）。
3. 从 2010 年起，公路营运载客汽车不包括在公路运输管理部门管理并注册登记为公共汽车和出租汽车。
4. 从 2013 年起，公路营运载货汽车包括货车、牵引车和挂车，统计口径发生调整，数据与上年同期不可比。

a）Cars are included in passenger cars .
b）In 1999, it was a national operating vehicle, which was previously only operated by the highway sector; from 2000 to 2004, it was a national transport vehicle（including operating and non operating vehicles）; since 2005, it has been a national operating vehicle（excluding non operating vehicles）.
c）Since 2010, road operating passenger cars do not include buses and taxis managed and registered by the road transport administration.
d）Since 2013, the road operation cargo vehicles include freight cars, traction vehicles and trailers. The statistical caliber has been adjusted,and the data is not comparable with that of the same period of last year.

17-10 邮电业务基本情况
Basic Conditions of Postal and Telecommunication Services

指 标	Item	2010	2015	2018	2019
邮电业务量	**Business Volume of Post and Telecommunication Services**				
邮政业务总量(亿元)	Business Volume of Postal Services (100 million yuan)	8.49	16.32	31.05	38.63
电信业务总量(亿元)	Business Volume of Telecommunication Services (100 million yuan)	444.81	347.29	1194.30	1958.90
邮政业务量	**Business Volume of Postal Services**				
函件(万件)	Number of Letters (10 000 pcs)	3806	1582	765	722
包裹(万件)	Package (10 000 pcs)	90	68	78	71
快递(万件)	Pieces of Express Mail Services (10 000 pcs)	421	3541	8912	10371
#国内同城快递	Local Express Service		555	2544	1824
#国内异地快递	National Express Service		2982	6362	8542
快递业务收入(亿元)	Revenue from Express Service (100 million yuan)		7.25	18.85	22.64
报刊期发数(万份)	Issue of Newspapers and Magazines (10 000 copies)	210	124	133	125
集邮业务(万枚)	Stamps for Collection (10 000 pcs)	1500	2166	1764	1368
营业网点(处)	Number of Offices (unit)	1270	1655	4725	4351
邮路总长度(万公里)	Length of Postal Routes (10 000 km)	7.96	8.52	20.17	20.55
#汽车邮路总长度	Length of Vehicle Postal Routes	3.06	8.08	7.61	7.88
铁路邮路总长度	Length of Railway Postal Routes	0.60	0.38	0.28	0.28
农村投递线路总长度(万公里)	Rural Delivery Routes (10 000 km)	11.04	14.89	13.01	12.89
电信业务量	**Business Volume of Telecommunication Services**				
移动电话通话时长(亿分钟)	Length of Calls of Mobile Telephone (100 million minutes)	661.50	1047.50	923.11	820.11
移动短信业务量(亿条)	Short Message Services (100 million messages)	180.70	190.10	202.80	175.80
互联网普及率(%)	Popularization Rate of Internet (%)			114	122
移动电话用户(万户)	Number of Mobile Telephone Subscribers at Year-end (10 000 subscribers)	1390.10	2105.3	2735.99	2751.17
#3G 移动电话用户(万户)	3G Mobile Phone Subscribers (10 000 subscribers)	52.80	454.6	280.27	189.76
#4G 移动电话用户(万户)	4G Mobile Phone Subscribers (10 000 subscribers)		726.7	2000.95	2205.43
固定电话用户(万户)	Number of Fixed Telephone Subscribers at Year-end (10 000 subscribers)	265.40	326.00	328.44	331.75
长途光缆线路长度(万公里)	Length of Long-distance Optical Cable Lines (10 000 km)	2.9	3.2	3.6	3.7
互联网宽带接入端口(万个)	Broad Band Subscribers Port of Internet (10 000 ports)	172	821	1143	1406

注：1. 邮政业务总量、快递的统计口径 2006 年以前为中国邮政集团，2007-2010 年为规模以上（年业务收入 200 万元以上）邮政业法人企业数据，2011 年起统计口径为年营业收入 10 万元以上法人企业（下表同）。
2. 邮政业务总量和电信业务总量，2010 年及以前按 2000 年不变价格计算，2011—2015 年按 2010 年不变价格计算，2016 年起电信业务总量按 2015 年不变价格计算。
3. 邮政行业营业网点数，2007—2015 年为规模以上邮政业法人企业办理业务的场所，2016 年起包括邮政公司网点和各快递服务企业网点（下表同）。
4. 长途电话业务电路包括固定长途电话业务电路和移动长途电话业务电路。
5. 长途电话为本地网内区间电话通话量。

a) Statistical coverage of business volume of postal and telecommunication services and pieces of express mail services are China Post Group before 2006, and from 2007-2010 are postal enterprises above designated size （with annual business revenue above 2 million yuan）,Since 2011,statistical caliber is the corpo-rate enterprises whose annual operating revenue are more than 100 thousand yuan.. The same applies to the table following.
b) Business volume of postal services and business volume of telecommunication services before 2010 was calculated at 2000 constant prices. From 2011 to 2015was calculated at 2010 constant prices. Business volume of telecommunication services was calculated at 2015 constant prices since 2016.
c) Number of postal offices referred to the business sites of postal enterprises above designated size from 2007 to 2015. Since 2016,the offices including the offices of postal company and express service business. The same applies to the table following.
d) Long-distance telephone circuits includes fixed and mobile long-distance telephone circuits.
e) Long-distance telephone is the volume within the range of local network.

17-11 邮政和电信业务量
Business Volume of Postal and Telecommunication Services

年 份 Year	邮政业务总量（万元）Business Volume of Postal Services (10 000 yuan)	电信业务总量（万元）Business Volume of Telecommunication Services (10 000 yuan)	函件（万件）Number of Letters (10 000 pcs)	包裹（万件）Package (10 000 pcs)	快递（万件）Pieces of Express Mail Services (10 000 pcs)	快递业务收入（万元）Revenue from Express Service (10 000 yuan)	报刊期发数（万份）Issue of Newspapers and Magazines (10 000 copies)	集邮业务（万枚）Stamps for Collection (10 000 copies)
1995			9104		29		496	4161
1996			9716		48		474	4897
1997			8969		61		500	7942
1998			8245		72		502	10997
1999			7817		79		656	11150
2000			9919		101		679	10767
2001			10032		104		672	8110
2002			12215		128		421	4276
2003			10483		196		469	2876
2004			5645		213		353	2495
2005	70225	1289021	5071	111	227		175	1700
2006	87945	1586780	4019	112	233		200	1400
2007	77052	2115772	3490	103	226		189	1427
2008	79622	2718466	3769	96	301		303	1800
2009	89399	3529286	3811	102	347		200	1600
2010	84871	4448065	3806	90	421		210	1500
2011	74612	1607463	3277	91	1135	27730	201	1989
2012	82361	1799694	3560	94	1470	35525	226	1952
2013	113795	1982160	3190	40	1789	40781	188	1738
2014	135103	2640164	2664	89	2656	51198	210	1920
2015	163248	3472888	1582	68	3541	72537	124	2166
2016	221880	2320505	1029	51	6065	125041	129	2216
2017	267380	4559358	864	61	7202	148096	128	1741
2018	310527	11942649	765	78	8912	188515	133	1764
2019	386322	19589231	722	71	10371	226397	125	1368

注：邮政业务总量和电信业务总量 2000 年及以前按 1990 年不变价格计算，2001-2010 年按 2000 年不变价格计算，2011 年起按 2010 年不变价格计算，2016 年起电信业务总量按 2015 年不变价格计算。

a) Business volume of postal services and business volume of telecommunication services before 2000 was calculated at 1990 constant prices and that from 2001 to 2010 was calculated at 2000 constant prices. Since 2011, it was calculated at 2010 constant prices. Business volume of telecommunication services since 2016 was calculated at 2015 constant prices.

17-11 续表 Continued

年 份 Year	固定电话用户（万户）Number of Fixed Telephone Subscribers at Year-end (10 000 subscribers)	移动电话用户期末数（万户）Number of Mobile Telephones Subscribers at Year-end (10 000 subscribers)	#3G 移动电话用户（万户）3G Mobile Phone Subscribers (10 000 subscribers)	#4G 移动电话用户（万户）4G Mobile Phone Subscribers (10 000 subscribers)	移动短信业务量（亿条）Short Message Services (100 million messages)	移动电话通话时长（亿分钟）Length of Calls of Mobile Telephone (100 million minutes)	互联网宽带接入用户（万户）Broadband Subscribers of Internet (10 000 subscribers)
1995	43.32						
1996	57.65						
1997	73.49						
1998	95.23						
1999	118.15						
2000	180.17						
2001	250.43						
2002	321.99						
2003	402.30						
2004	477.25						
2005	548.04	408					56.54
2006	607.49	545					63.74
2007	585.46	686			52	284	77.77
2008	519.19	896			83	393	68.04
2009	453.93	1194	14		143	516	98.30
2010	411.90	1390	53		181	662	109.52
2011	396.44	1614	153		204	777	145.63
2012	377.76	1764	309		212	876	163.30
2013	364.33	1976	609		205	962	192.15
2014	341.30	2059	836	126	185	1018	213.90
2015	325.99	2108	455	727	190	1048	245.34
2016	312.26	2204	335	1333	165	1050	392.86
2017	326.77	2526	249	1745	104	1004	576.40
2018	332.83	2736	280	2001	203	923	742.84
2019	331.75	2751	190	2205	176	820	870.69

17-12 邮电局所数及邮递线路、邮电通信电路
Number of Postal Offices and Postal Delivery Routes, Telecommunications Services Facilities

年 份 Year	营业网点（处）Number of Offices (unit)	邮路及农村投递线路总长度（公里）Length of Postal Routes and Rural Delivery Routes (km)	农村投递线路（公里）Rural Delivery Routes (km)	长话业务电路（路）Number of Long-distance Calls (line)	长途光缆线路长度（公里）Length of Long-distance Optical Cable Lines (km)
1995	1217	164629	106265	12174	2462
1996	1254	179278	106321	15253	4909
1997	1286	179241	106397	15596	6524
1998	1526	167616	105925	30742	8336
1999	1278	143249	105794	28147	8410
2000	1290	180748	105856	28650	10140
2001	1293	181034	106216	55712	12474
2002	1289	174706	105985	108971	18061
2003	1279	174599	106200	135051	20703
2004	1281	175896	106089	254790	21873
2005	1280	179404	104848	440670	19729
2006	1286	179089	104393	637300	23091
2007	1310	180592	104906	1588192	27122
2008	1269	186505	109679	3042030	27772
2009	1269	188415	110944	5269198	30106
2010	1270	190024	110385	6446010	29939
2011	1325	155012	112023	6220530	28259
2012	1197	188238	134411	5580840	29525
2013	1208	191651	134717	25833120	31099
2014	1493	190451	133743	41394180	31377
2015	1655	234109	148872	59997390	32446
2016	4635	337209	144652	204043980	33409
2017	4863	300439	112385	221317890	35762
2018	4725	331814	130145		37735
2019	4351	334315	128852		37436

注：长话业务电路 30（路）=2M
a） Long-distance service circuit 30 （road） = 2M

17-13 邮电通信服务水平
Postal and Telecommunication Services Available

指 标	Item	2010	2015	2018	2019
平均每人每年发函件数（件）	Annual Average Number of Letters Mailed per Capita (copy)	1.40	1.00	0.29	0.30
平均每百人每年订报刊数（份）	Annual Average Number of Newspaper and Magazine Subscribed per 100 Persons (copy)	8	7	8	7
固定电话普及率（部／百人）	Popularization Rate of Fixed Telephone (set/100 persons)	15.63	12.58	12.51	12.57
移动电话普及率（部／百人）	Popularization Rate of Mobile Telephone (set/100 persons)	52.75	81.37	104.2	104.32
设有邮电局、所的乡（镇）比重（%）	Percentage of Townships with Postal and Telecommunication	63.70	100	100	100

17-14 各市（州）交通运输业基本情况（2019）
Basic Conditions of Transportation by Region （2019）

市（州）	Region	公路里程（公里）Length of Highways (km)	#等级公路（公里）Expressway and Class I to IV Highways (km)	#高速 Expressway	民用汽车拥有量（万辆）Possession of Civil Vehicles (10 000 units)	#私人汽车 Private Vehicles
兰州市	Lanzhou	8357.38	8206.49	467.45	92.49	70.37
嘉峪关市	Jiayuguan	664.58	655.35		7.31	6.59
金昌市	Jinchang	2391.88	2391.88	220.72	8.51	7.70
白银市	Baiyin	12117.65	10800.41	247.76	24.79	21.85
天水市	Tianshui	14005.76	13889.25	273.03	30.44	28.24
武威市	Wuwei	13023.74	12512.54	562.17	21.96	20.44
张掖市	Zhangye	11010.79	10889.18	240.86	20.50	18.96
平凉市	Pingliang	10619.30	9965.14	185.35	23.89	21.37
酒泉市	Jiuquan	16733.54	16419.95	953.43	20.48	18.54
庆阳市	Qingyang	16215.42	15747.09	192.02	31.70	28.52
定西市	Dingxi	12626.24	12340.66	331.38	30.58	27.81
陇南市	Longnan	18286.29	17710.29	573.23	19.11	17.54
临夏州	Linxia	7720.74	7507.52	140.26	24.69	17.36
甘南州	Gannan	7669.46	7340.91	65.48	6.85	6.10

17-15 各市（州）邮电通信行业基本情况（2019）
Basic Conditions of Postal and Telecommunication Services by Region （2019）

市（州）	Region	邮政业务总量（万元）Business Volume of Postal Services (10 000 million yuan)	电信业务总量（万元）Business Volume of Telecommunication Services (10 000million yuan)	固定电话用户期末数（万户）Number of Fixed Telephone Subscribers at Year-end (10 000 subscribers)	移动电话用户期末数（万户）Number of Mobile Telephones Subscribers at Year-end (10 000 subscribers)	（固定）互联网宽带用户数（万户）Number of (Fixed) Broadband Subscribers of Internet (10 000 subscribers)
兰州市	Lanzhou	147789	5268142	713678	5941076	1973120
嘉峪关市	Jiayuguan	6564	288038	138359	462033	173431
金昌市	Jinchang	6530	355270	56681	562365	189706
白银市	Baiyin	16485	1053331	250606	1708607	530942
天水市	Tianshui	49104	1851186	497870	2902352	944839
武威市	Wuwei	16316	939723	136079	1647331	504019
张掖市	Zhangye	10723	812842	192293	1369746	539230
平凉市	Pingliang	20432	1154203	251413	1894058	678353
酒泉市	Jiuquan	14373	902359	270202	1318342	509223
庆阳市	Qingyang	30362	1646557	237604	2341855	691266
定西市	Dingxi	23837	1536046	104567	2403222	716882
陇南市	Longnan	25194	1671176	256600	2401494	627263
临夏州	Linxia	13824	1504450	152730	1855290	432063
甘南州	Gannan	4788	605907	58858	703918	196544

注：邮政业务总量按2010年不变价格计算，电信业务总量按2015年不变价格计算。

a） Business volume of postal services was calculated at 2010 constant prices,business volume of telecommunication services was calculated at 2015 constant prices.

主要统计指标解释

铁路营业里程 又称营业长度（包括正式营业和临时营业里程），指投入客货运输营业或临时营业的线路长度。

电气化里程 指具备了电力机车牵引条件，并已交付运营的线路里程。

公路里程 指报告期末公路的实际长度。统计范围：包括城间、城乡间、乡（村）间能行驶汽车的公共道路，公路通过城镇街道的里程，公路桥梁长度、隧道长度、渡口宽度。不包括城市街道里程，断头路里程，农（林）业生产用道路里程，工（矿）企业等内部道路里程。统计原则：按已竣工验收或交付使用的实际里程计算；两条或多条公路共同经由同一路段的重复里程，只计算一次。

货（客）运量 指在一定时期内，各种运输工具实际运送的货物（旅客）数量。该指标是反映运输业为国民经济和人民生活服务的数量指标，也是制定和检查运输生产计划、研究运输发展规模和速度的重要指标。货运按吨计算，客运按人计算。货物不论运输距离长短、货物类别，均按实际重量统计。旅客不论行程远近或票价多少，均按一人一次客运量统计；半价票、小孩票也按一人统计。

货物（旅客）周转量 指在一定时期内，由各种运输工具运送的货物（旅客）数量与其相应运输距离的乘积之总和。该指标可以反映运输业生产的总成果，也是编制和检查运输生产计划，计算运输效率、劳动生产率以及核算运输单位成本的主要基础资料。计算货物周转量通常按发出站与到达站之间的最短距离，也就是计费距离计算。计算公式为：

货物（旅客）周转量 = $\sum$[货物（旅客）运输量 × 运输距离]

民用汽车拥有量 指报告期末，在公安交通管理部门按照《机动车注册登记工作规范》，已注册登记领有民用车辆牌照的全部汽车数量。汽车拥有量统计的主要分类：根据汽车结构分为载客汽车、载货汽车及其他汽车；根据汽车所有者不同分为个人（私人）汽车、单位汽车；根据汽车的使用性质分为营运汽车、非营运汽车；根据汽车大小规格不同载客汽车分为大型、中型、小型和微型，载货汽车分为重型、中型、轻型和微型。

邮政、电信业务总量 指以货币形式表示的邮政、电信通信企业为社会提供各类邮政、电信通信服务的总数量。计算方法为各类业务的实物量分别乘以相应的不变单价，求出各类业务的货币量加总求得。没有不变单价的业务按其业务收入直接相加。

移动电话用户 指在电信运营企业营业网点办理开户登记手续，通过移动电话交换机进入移动电话网，占用移动电话号码的各类电话用户。包括各类签约用户、智能网预付费用户、无线上网卡用户。

城市电话用户 指按行政区划属于中央直辖市、省辖市、地级市、县级市的市区、市郊区及县城区范围内的电话用户数。包括分布在农村地区但以县团级以上建制的独立工矿区、林区、驻军的电话用户。

农村电话用户 指按行政区划属于城市范围以外的乡（镇）、村电话用户。

住宅电话用户 指私人付费或安装在居民住宅并按照私人或住宅电话用户登记注册和收费的各类电话用户。

长途电话交换机容量 指电信企业用于接入长途电话网的电话交换机的设备额定容量。

局用交换机容量 指安装在电信企业内用于接续本地固定电话的电话交换机容量，包括接入网设备容量（安装在电信运营企业用于连接语音用户的远端节点的设备容量）。

移动电话交换机容量 指移动电话交换机根据一定话务模型和交换机处理能力计算出来的最大同时服务用户的数量。按报告期末已割接入网正式投入使用的设备实际容量统计。

18

教育和科学技术

Education & Science and Technology

简要说明

一、本篇资料主要内容

本篇主要反映教育、科学技术活动的基本情况。

教育资料主要包括：高等教育（研究生教育、普通本专科教育、成人本专科、其他各类高等学历教育），中等教育（高中阶段、初中阶段），小学教育，教育经费情况等资料。主要包括学校数、在校学生数、招生数、毕业生数、教职工数和专任教师数以及各类学校教育经费情况。

科学技术资料主要内容包括：研究与试验发展（R&D）情况、规模以上工业科技活动情况、科技成果情况、专利申请及授权情况、企事业单位专业技术人员等。

二、本篇资料来源

本篇资料由省统计局社会科技处搜集、整理。

1. 教育资料由省教育厅提供。

2. 科技资料来源于省统计局《科技统计综合年报》《规模以上工业企业研发活动统计年报》、省人力资源和社会保障厅、省科学技术厅。

3. 专利资料由省市场监督管理局提供。

18-1 各级各类学校、教职工和专任教师情况（2019）
Number of Schools, Educational Personnel and Full-time Teachers by Type and Level（2019）

项 目	Item	学校数（所）Number of Schools (unit)	教职工数（人）Teachers and Staff (person)	专任教师（人）Full-time Teachers (person)
高等教育	**Higher Education**	**84**	**42206**	**30508**
研究生培养机构	Institutions Providing Postgraduate Programs	(14)		108
普通高校	Regular Higher Education Institutions	(10)		
科研机构	Research Institutions	(4)		108
普通高等学校	**Regular Higher Education Institutions**	**44**	**41221**	**29755**
本科院校	HEIs Offering Degree Programs	17	28824	19770
#独立学院	Independent Institutions	5	3239	2434
(高职）专科院校	Higher Vocational Colleges	27	12397	9985
#职业技术学院	Vocational and Technical Colleges	25	11362	9182
其他普通高教机构	Other Institutions			
成人高等学校	Adult HEIs	5	505	384
民办的其他高等教育机构	Other Non-government HEIs	35	480	261
中等教育	**Secondary Education**	**2046**	**167755**	**140530**
高中阶段教育	Senior Secondary Education	581	77582	59493
高中	Senior Secondary Schools	376	61429	45813
普通高中	Regular Senior Secondary Schools	376	61429	45813
完全中学	Combined Secondary Schools	154	20541	10056
高级中学	Regular High Schools	204	38571	35272
十二年一贯制学校	12-Year Schools	18	2317	485
成人高中	Adult High Schools			
中等职业教育	Secondary Vocational Education	241	19631	16376
普通中专	Regular Specialized Secondary Schools	81	6365	5118
成人中专	Adult Specialized Secondary Schools	18	359	267
职业高中	Vocational Senior Secondary Schools	106	9424	8295
技工学校	Skilled Workers Schools	36	3478	2696
其他中职机构	Other Institutions		5	
初中阶段教育	Junior Secondary Education	1465	90173	81037
初中	Junior Secondary Schools	1465	90173	81037
初级中学	Regular Junior Secondary Schools	855	56979	54330
九年一贯制学校	9-Year Schools	610	33194	16981
十二年一贯制学校	12-Year Schools			622
完全中学	Combined Secondary Schools			9104
职业初中	Vocational Junior Secondary Schools			
成人初中	Adult Junior Secondary Schools			
初等教育	**Primary Education**	**5444**	**135714**	**148408**
普通小学	Regular Primary Schools	5444	135714	148408
小学	Primary Schools	5444	135714	132449
九年一贯制学校	9-Year Schools			15183
十二年一贯制学校	12-Year Schools			776
成人小学	Adult Primary Schools			
#扫盲班	Literacy Courses			
工读学校	**Correctional Work-Study Schools**			
特殊教育	**Special Education Schools**	**44**	**1249**	**1083**
学前教育	**Pre-school Education Institutions**	**7988**	**71519**	**49438**

注：1. 完全中学的学校数和教职工数计入高中阶段教育，九年一贯制学校的学校数和教职工数计入初中阶段教育，十二年一贯制学校的学校数和教职工数计入高中教育阶段。专任教师按照教育层次划分归类。
2. ( ) 表示不计校数。

a) The number of Combined Secondary Schools and their educational personnel are calculated into the number of Senior Secondary Education,the number of 9-Year Schools and their educational personnel are calculated into the number of Junior Secondary Education,the numbers of 12-Year Schools and their educational personnel are calculated into the number of Senior Secondary Education.The full-time teachers are classified by educational level.
b) The data within “( )” are not calculated as the number of schools.

18-2 各级各类学历教育学生情况（2019）
Number of Students of Formal Education by Type and Level（2019）

单位：人 （person）

项　目	Item	招生数 New Enrollment	在校学生数 Total Enrollment	毕业生数 Graduates
高等教育	**Higher Education**	**234949**	**718901**	**188651**
研究生	Postgraduates	15098	42538	10398
博士	Doctor's Degree	1320	4841	690
硕士	Master's Degree	13778	37697	9708
普通本专科	Undergraduates in Regular HEIs	170605	524948	123314
本科	Normal Courses	75704	296982	68928
专科	Short-cycle Courses	94901	227966	54386
成人本专科	Undergraduates in Adult HEIs	22628	61979	24690
本科	Normal Courses	11694	31023	11541
专科	Short-cycle Courses	10934	30956	13149
网络本专科生	Web-based Undergraduates	26618	89436	30249
本科	Normal Courses	13566	37615	10358
专科	Short-cycle Courses	13052	51821	19891
中等教育	**Secondary Education**	**547934**	**1594784**	**539286**
高中阶段教育	Senior Secondary Education	248069	713003	253355
高中	Senior Secondary Schools	172017	526270	193621
普通高中	Regular Senior Secondary Schools	172017	526270	193621
完全中学	Combined Secondary Schools	40635	123550	44619
高级中学	Regular High Schools	128829	396057	146660
十二年一贯制学校	12-Year Schools	2553	6663	2342
成人高中	Adult High Schools			
中等职业教育	Secondary Vocational Education	90085	221278	69552
普通中专	Regular Specialized Secondary Schools	30619	82690	26781
成人中专	Adult Specialized Secondary Schools	3624	5571	2764
职业高中	Vocational Senior Secondary Schools	41809	98472	30189
技工学校	Skilled Workers Schools	14033	34545	9818
初中阶段教育	Junior Secondary Education	299865	881781	285931
初中	Junior Secondary Schools	299865	881781	285931
初级中学	Regular Junior Secondary Schools	203317	603047	196912
九年一贯制学校	9-Year Schools	57529	166008	53934
十二年一贯制学校	12-Year Schools	2753	7396	1719
完全中学	Combined Secondary Schools	36266	105330	33366
职业初中	Vocational Junior Secondary Schools			
成人初中	Adult Junior Secondary Schools			
初等教育	**Primary Education**	**352383**	**1941406**	**303579**
普通小学	Regular Primary Schools	352383	1941406	303579
小学	Primary Schools	309165	1707791	266660
九年一贯制学校	9-Year Schools	40872	222473	35864
十二年一贯制学校	12-Year Schools	2346	11142	1055
成人小学	Adult Primary Schools			
#扫盲班	Literacy Courses			
工读学校	**Correctional Work-Study Schools**			
特殊教育	**Special Education Schools**	**3771**	**19294**	**1997**
学前教育	**Pre-school Education Institutions**	**335332**	**932788**	**367711**

注：1. 完全中学、九年一贯制学校和十二年一贯制学校的学生数按教育层次分别计入对应教育阶段的学生数中。
2. 特殊教育学生数中包括普通中小学随班就读的学生。

a) Number of the students in Combined Secondary Schools, 9-Year Schools,12-Year Schools are classified by educational level.

b) Number of the students in the Special Education Schools includes those followed in the regular primary and middle School.

18-3 各级各类民办学校校数、教职工、专任教师情况（2019）
Number of Schools, Educational Personnel and Full-time Teachers of Non-government Schools by Type and Level（2019）

项 目	Item	学校数（所）Number of Schools (unit)	教职工数（人）Teachers and Staff (person)	专任教师（人）Full-time Teachers (person)
高等教育	**Higher Education**	**7**	**3869**	**2908**
研究生培养机构	Institutions Providing Postgraduate Programs			
普通高校	Regular Higher Education Institutions			
科研机构	Research Institutions			
普通高等学校	Regular Higher Education Institutions	7	3869	2908
本科院校	HEIs Offering Degree Programs	5	3239	2434
#独立学院	Independent Institutions	5	3239	2434
（高职）专科院校	Higher Vocational Colleges	2	630	474
#职业技术学院	Vocational and Technical Colleges	2	630	474
其他普通高教机构	Other Institutions			
成人高等学校	Adult HEIs			
民办的其他高等教育机构	Other Non-government HEIs			
中等教育	**Secondary Education**	**96**	**6393**	**5004**
高中阶段教育	Senior Secondary Education	78	5096	3957
高中	Senior Secondary Schools	48	3382	2658
普通高中	Regular Senior Secondary Schools	48	3382	2658
完全中学	Combined Secondary Schools	10	441	357
高级中学	Regular High Schools	29	1431	1166
十二年一贯制学校	12-Year Schools	9	1510	1135
成人高中	Adult High Schools			
中等职业教育	Secondary Vocational Education	30	1714	1299
普通中专	Regular Specialized Secondary Schools	5	443	367
成人中专	Adult Specialized Secondary Schools	2	71	50
职业高中	Vocational Senior Secondary Schools	23	1200	882
技工学校	Skilled Workers Schools			
其他中职机构	Other Institutions			
初中阶段教育	Junior Secondary Education	18	1297	1047
初中	Junior Secondary Schools	18	1297	1047
初级中学	Regular Junior Secondary Schools	3	176	154
九年一贯制学校	9-Year Schools	15	1121	893
十二年一贯制学校	12-Year Schools			
完全中学	Combined Secondary Schools			
职业初中	Vocational Junior Secondary Schools			
成人初中	Adult Junior Secondary Schools			
初等教育	**Primary Education**	**7**	**106**	**89**
普通小学	Regular Primary Schools	7	106	89
小学	Primary Schools	7	106	89
九年一贯制学校	9-Year Schools			
十二年一贯制学校	12-Year Schools			
成人小学	Adult Primary Schools			
#扫盲班	Literacy Courses			
工读学校	**Correctional Work-Study Schools**			
特殊教育	**Special Education Schools**			
学前教育	**Pre-school Education Institutions**	**2586**	**36975**	**21359**

注：1. 完全中学的学校数和教职工数计入高中阶段教育，九年一贯制学校的校数和教职工数计入初中阶段教育，十二年一贯制学校的校数和教职工数计入高中阶段教育。专任教师是按照教育层次划分归类。

2. “（ ）”内数据为不计校数。

3.2018 年起，民办学校不包含具有法人资格的中外合作办学校（下表同）。

a) The numbers of Combined Secondary Schools and their educational personnel are calculated into the number of Senior Secondary Education, the numbers of 9-Year Schools and their educational personnel are calculated into the number of Junior Secondary Education, the numbers of 12-Year Schools and their educational personnel are calculated into the number of Senior Secondary Education. The full-time teachers are classified by educational level.

b) The data within “（ ）” are not calculated as the number of schools.

c) Since 2018, the number of Non-government Schools do not include Sino-foreign cooperation office with legal personality.The same applies to the table following.

18-4 各级各类民办教育学生情况（2019）
Statistics on Students of Non-government Schools by Type and Level（2019）

单位：人 （person）

项 目	Item	招生数 New Enrollment	在校学生数 Total Enrollment	毕业生数 Graduates
高等教育	**Higher Education**	**12533**	**51309**	**13333**
研究生	Postgraduates			
博士	Doctor's Degree			
硕士	Master's Degree			
普通本专科	Undergraduates in Regular HEIs	12533	51309	13333
本科	Normal Courses	10580	43012	10645
专科	Short-cycle Courses	1953	8297	2688
成人本专科	Undergraduates in Adult HEIs			
本科	Normal Courses			
专科	Short-cycle Courses			
另有其他学生数	Students Enrolled in Other Formal Programs			
民办高校	Non-Government HEI			
民办的其他高等教育机构	Non-Government Other HEIs			
中等教育	**Secondary Education**	**22799**	**62841**	**20648**
高中阶段教育	Senior Secondary Education	16648	44536	14657
高中	Senior Secondary Schools	9819	27276	9898
普通高中	Regular Senior Secondary Schools	9819	27276	9898
完全中学	Combined Secondary Schools	1945	5035	1631
高级中学	Regular High Schools	6010	17594	6777
十二年一贯制学校	12-Year Schools	1864	4647	1490
成人高中	Adult High Schools			
中等职业教育	Secondary Vocational Education	6829	17260	4759
普通中专	Regular Specialized Secondary Schools	1714	4276	994
成人中专	Adult Specialized Secondary Schools	172	482	218
职业高中	Vocational Senior Secondary Schools	4943	12502	3547
技工学校	Skilled Workers Schools			
初中阶段教育	Junior Secondary Education	6151	18305	5991
初中	Junior Secondary Schools	6151	18305	5991
初级中学	Regular Junior Secondary Schools	721	2066	627
九年一贯制学校	9-Year Schools	2391	7696	2506
十二年一贯制学校	12-Year Schools	1850	4766	851
完全中学	Combined Secondary Schools	1189	3777	2007
职业初中	Vocational Junior Secondary Schools			
成人初中	Adult Junior Secondary Schools			
初等教育	**Primary Education**	**2181**	**12480**	**2138**
普通小学	Regular Primary Schools	2181	12480	2138
小学	Primary Schools	333	1734	367
九年一贯制学校	9-Year Schools	499	5013	1301
十二年一贯制学校	12-Year Schools	1349	5733	470
成人小学	Adult Primary Schools			
#扫盲班	Literacy Courses			
工读学校	**Correctional Work-Study Schools**			
特殊教育	**Special Education Schools**			
学前教育	**Pre-school Education Institutions**	**137340**	**404362**	**152541**

注：1. 完全中学、九年一贯制学校和十二年一贯制学校的学生数按教育层次分别计入对应教育阶段的学生数中。
2. 特殊教育学生数中包括义务教育阶段随班就读的学生、其他学校附设特教班。
3. “另有其他学生数”包括：自考助学班学生、预科生、进修及培训学生数。

a) Number of the students in Combined Secondary Schools, 9-Year Schools,12-Year Schools are classified by educational level.
b) Number of the students in the Special Education Schools includes those followed in the regular primary and middle School.
c) Students Enrolled in Other Formal Programs include students of classes for self-learning programs, preparatory courses, and in-service training courses

18-5 各级各类学校数
Number of School by Type and Level

单位：所 （Unit）

年 份 Year	普通高等学校 Regular HEIs	普通中学 Regular Secondary Schools	高中 Senior Secondary Schools	初中 Junior Secondary Schools	职业中学 Vocational Secondary Schools	普通小学 Regular Primary Schools	特殊教育学校 Special Education Schools	学前教育 Pre-primary Education Institutions
1995	17	1626	444	1182	190	23718	11	1235
1996	17	1657	430	1227	180	23658	11	1321
1997	17	1656	427	1229	182	22848	11	1545
1998	17	1666	421	1245	178	22634	10	1803
1999	18	1667	410	1257	177	22560	10	2040
2000	18	1689	419	1270	170	21557	12	2249
2001	25	1979	435	1544	154	17477	11	1992
2002	25	2004	438	1566	156	16648	14	2286
2003	31	2031	453	1578	140	15635	14	2276
2004	31	2054	470	1584	151	15347	14	2377
2005	33	2050	497	1553	153	14963	14	2451
2006	33	2155	495	1660	154	14685	14	2556
2007	34	2130	493	1637	162	14002	14	2457
2008	34	2103	480	1623	181	13424	15	2503
2009	34	2081	463	1618	177	12637	15	2452
2010	35	2038	452	1586	150	11582	17	2407
2011	37	2012	436	1576	147	10907	22	2457
2012	37	2033	445	1588	141	10336	28	2712
2013	37	1989	428	1561	133	9640	32	3141
2014	38	1940	402	1538	126	8979	33	3471
2015	40	1877	386	1491	118	8052	37	3971
2016	44	1861	379	1482	114	6924	40	6441
2017	44	1852	384	1468	105	6172	41	7122
2018	44	1848	381	1467	109	5785	43	7734
2019	44	1841	376	1465	106	5444	44	7988

注：职业中学包括职业高中和职业初中（下表同）。
a) Vocational secondary schools include vocational senior and junior secondary schools. The same applies to the tables following.

18-6 各级各类学校专任教师数
Number of Full-time Teachers of Schools by Type and Level

单位：人 (person)

年 份 Year	普通高等学校 Regular HEIs	普通中学 Regular Secondary Schools	高中 Senior Secondary Schools	初中 Junior Secondary Schools	职业中学 Vocational Secondary Schools	普通小学 Regular Primary Schools	特殊教育学校 Special Education Schools	学前教育 Pre-primary Education Institutions
1995	6284	62669	12970	49699	4173	130032	224	9776
1996	6282	63912	13151	50761	4013	129823	235	8758
1997	6403	66124	13723	52401	4190	130628	248	10194
1998	6505	67774	13703	54071	4415	131473	221	10765
1999	6899	70711	14233	56478	4615	128839	297	10669
2000	7208	74082	15200	58882	4549	125172	269	11953
2001	8826	78439	16562	61877	4598	122038	271	10109
2002	10021	82709	18582	64127	4751	124017	279	10115
2003	12274	87753	21754	65999	3945	126740	294	11109
2004	13727	93024	25458	67566	4614	128725	296	9933
2005	14816	99150	29127	70023	5158	130841	303	10221
2006	16105	106106	32081	74025	5803	135491	314	10939
2007	17439	110204	33979	76225	7337	137149	345	10950
2008	18581	114963	35524	79439	7537	141371	341	12589
2009	19629	116883	36450	80433	8256	139966	380	12365
2010	20761	120689	37517	83172	7522	140381	418	13668
2011	22066	123055	38593	84462	8283	141324	484	15009
2012	23232	124844	40467	84377	8042	140235	572	17086
2013	24351	126817	42469	84348	7860	140436	692	20621
2014	25283	128599	43761	84838	7739	140476	671	26097
2015	26132	128621	44764	83857	8099	140320	729	30342
2016	26731	127471	45107	82364	8104	141113	825	39459
2017	28474	126418	45386	81032	7746	141962	877	43975
2018	28939	125682	45730	79952	8292	143260	921	46614
2019	29755	126850	45813	81037	8295	148408	1083	49438

18-7 各级各类学校招生数

Number of Entrants of Formal Education by Type and Level of School

单位：人 (person)

年 份 Year	普通高等学校 Regular HEIs	普通中学 Regular Secondary Schools	高中 Senior Secondary Schools	初中 Junior Secondary Schools	职业中学 Vocational Secondary Schools	普通小学 Regular Primary Schools	特殊教育学校 Special Education Schools
1995	15119	337758	64113	273645	19260	525875	311
1996	15567	354996	63001	291995	19533	548661	281
1997	16313	375656	63782	311874	20593	563443	333
1998	16813	404014	69652	334362	19790	546980	842
1999	23010	455111	75439	379672	21180	538695	1049
2000	33425	508648	90840	417808	21461	552740	1094
2001	45382	547593	109805	437788	20945	601257	1644
2002	53079	590617	143666	446951	23013	609934	1231
2003	60069	621290	168181	453109	19212	572321	975
2004	66182	657600	186561	471039	26738	508787	979
2005	71572	691600	205710	485890	32313	461894	915
2006	90373	711676	207257	504419	52175	481721	1301
2007	98569	678575	204816	473759	71267	435661	1614
2008	110889	696897	210511	486386	72436	411003	2051
2009	112280	699300	216982	482318	72692	372689	1954
2010	114899	673394	219614	453780	70355	361331	2071
2011	124935	628251	221551	406700	56719	338176	1457
2012	131263	602045	226107	375938	55991	341155	1434
2013	123402	552431	218143	334288	45215	320908	1409
2014	130624	518092	208136	309956	40433	280655	1285
2015	126242	490221	199426	290795	38362	313028	1769
2016	130683	483583	193389	290194	41215	326665	2235
2017	138515	468236	182636	285600	37209	336255	2531
2018	146640	469212	172624	296588	39021	344889	3050
2019	170605	471882	172017	299865	41809	352383	3771

18-8 各级各类学校在校学生数
Number of Students Enrollment by Level and Type of School

单位：人 (person)

年份 Year	普通高等学校 Regular HEIs	普通中学 Regular Secondary Schools	高中 Senior Secondary Schools	初中 Junior Secondary Schools	职业中学 Vocational Secondary Schools	普通小学 Regular Primary Schools	特殊教育学校 Special Education Schools	学前教育 Pre-primary Education Institutions
1995	45480	915263	168589	746674	42747	2737059	1529	409893
1996	47578	966394	176444	789950	45696	2857986	1523	403714
1997	50678	1021024	180035	840989	48111	2992795	1476	398426
1998	54014	1079819	185946	893873	48889	3092488	4003	376575
1999	62637	1185891	201138	984753	49866	3131747	4653	407489
2000	81734	1314710	229500	1085210	52573	3164603	6438	427960
2001	110898	1459845	276573	1183272	52657	3189816	9953	401681
2002	143009	1606592	346294	1260298	56483	3229371	9192	402653
2003	173391	1733035	427011	1306024	49529	3227592	7673	372225
2004	200282	1844406	499609	1344797	62506	3155535	7732	350749
2005	229459	1943839	566168	1377671	73451	3035794	8339	349407
2006	263691	2047847	603358	1444489	100062	2984425	9127	342279
2007	295992	2036640	613906	1422734	131929	2846312	11606	330213
2008	331895	2038447	618253	1420194	155909	2689631	13443	337843
2009	361490	2041628	630654	1410974	167699	2525962	13687	358748
2010	381526	2031002	646975	1384027	170001	2370406	13350	387338
2011	405306	1942478	657086	1285392	147946	2200743	9455	432181
2012	431069	1845050	664879	1180171	151327	2063549	8337	480323
2013	442963	1702496	666556	1035940	125348	1867268	8396	549800
2014	452300	1625349	654430	970919	111266	1802371	7635	620127
2015	450463	1538620	629365	909255	101348	1802401	9260	701132
2016	457204	1479661	603490	876171	98383	1821629	11373	892087
2017	466185	1433408	577281	856127	94384	1855722	13492	929708
2018	483620	1419319	549305	870014	95575	1896471	15769	944401
2019	524948	1408051	526270	881781	98472	1941406	19294	932788

18-9 各级各类学校毕业生数
Number of Graduates by Level and Type of School

单位：人 (person)

年 份 Year	普通高等学校 Regular HEIs	普通中学 Regular Secondary Schools	高中 Senior Secondary Schools	初中 Junior Secondary Schools	职业中学 Vocational Secondary Schools	普通小学 Regular Primary Schools	特殊教育学校 Special Education Schools
1995	14288	252360	46948	205412	14053	319684	141
1996	13314	256098	48060	208038	12993	336205	121
1997	13140	274961	52911	222050	14884	355832	132
1998	13251	291067	54794	236273	14726	383938	258
1999	14007	305292	53867	251425	17030	424250	684
2000	13971	327787	56479	271308	15210	459255	948
2001	17000	351876	62793	289083	16785	488961	900
2002	21647	402829	72295	330534	17021	486101	712
2003	29582	456044	89040	367004	14753	481495	466
2004	39390	506391	109055	397336	16975	488842	612
2005	49886	561654	138165	423489	19144	502605	684
2006	57381	595637	164257	431380	19539	506371	701
2007	63315	628548	179335	449213	24451	478740	1089
2008	75051	645494	194146	451348	29687	485899	1664
2009	84082	655641	192269	463372	39579	492720	1965
2010	92226	649631	195045	454586	44095	474328	1850
2011	99042	660487	202234	458253	50585	426257	708
2012	102980	656260	213620	442640	43807	398700	834
2013	109192	636032	216530	419502	45569	370611	831
2014	118697	575501	223828	351673	35089	319335	818
2015	124003	556758	224408	332350	33969	300080	917
2016	119911	531473	219083	312390	30008	298820	1046
2017	124786	506220	208113	298107	30270	294669	1232
2018	122347	484294	201083	283211	28070	300842	1524
2019	123314	479552	193621	285931	30189	303579	1997

18-10 研究生数
Number of Postgraduates

单位：人 (person)

年 份 Year	招生数 Entrants	博士 Doctor's Degree	硕士 Master's Degree	在校学生数 Enrollment	博士 Doctor's Degree	硕士 Master's Degree	毕业生数 Graduates	博士 Doctor's Degree	硕士 Master's Degree
1995	689			1873	361	1512	416	76	340
1996	780			2146	440	1706	484	71	413
1997	884			2350	495	1855	601	93	508
1998	875			2563	523	2040	623	127	496
1999	1075			2874	597	2277	706	139	567
2000	1558			3579	764	2815	801	130	671
2001	2147			4781	963	3118	1096	283	813
2002	2703	448	2255	6403	1236	5167	940	168	772
2003	3634	583	3051	8555	1594	6961	1349	218	1131
2004	5073	683	4390	11496	1986	9509	1965	290	1675
2005	6146	717	5429	14895	2320	12575	2484	378	2106
2006	6710	747	5963	18069	2583	15486	3201	474	2727
2007	7117	783	6334	20034	2765	17269	4831	595	4236
2008	7502	810	6692	21580	2953	18627	5649	600	5049
2009	8463	887	7576	23469	3153	20316	6122	633	5459
2010	9098	888	8210	25609	3335	22274	6523	669	5854
2011	9307	923	8384	26973	3482	23491	7160	729	6431
2012	9804	943	8861	28306	3597	24709	8002	797	7205
2013	10116	973	9143	29412	3746	25666	8629	762	7867
2014	9870	820	9050	29080	3370	25710	8637	600	8037
2015	10089	825	9264	29637	3516	26121	9195	644	8551
2016	10699	873	9826	31199	3720	27479	8806	601	8205
2017	12810	942	11868	34548	3970	30578	9152	643	8509
2018	13959	1159	12800	38457	4383	34074	9526	642	8884
2019	15098	1320	13778	42538	4841	37697	10398	690	9708

18-11 高等教育学校（机构）学生数（2019）
Number of Students in Higher Education Institutions（2019）

单位：人 (person)

项　目	Item	招生数 Entrants	在校学生数 Enrollment	毕业生数 Graduates	授予学位数 Degrees Awarded
研究生	Postgraduates	15098	42538	10398	10308
博士	Doctor's Degrees	1320	4841	690	660
硕士	Master's Degrees	13778	37697	9708	9648
普通本专科	Undergraduates in Regular HEIs	170605	524948	123314	67993
本科	Normal Courses	75704	296982	68928	67993
专科	Short-cycle Courses	94901	227966	54386	
成人本专科	Undergraduates in Adult HEIs	22628	61979	24690	174
本科	Normal Courses	11694	31023	11541	174
专科	Short-cycle Courses	10934	30956	13149	
在职人员攻读硕士学位	Master's Degree Programs for On-the-job Personnel		2317		869
网络本专科生	Web-based Undergraduates	26618	89436	30249	177
本科	Normal Courses	13566	37615	10358	177
专科	Short-cycle Courses	13052	51821	19891	
自考助学班	Classes run by Non-government HEIs for Students Preparing for Self-directed State-administered Examinations		3035	983	
普通预科生	College-preparatory Classes		1907		
研究生课程进修班	Postgraduates Courses				
进修及培训	In-service Training				
留学生	Foreign Students	1396	2980	744	181

注：留学生指来中国学习的留学生数。

a) Foreign students refer to foreign students studying in China.

18-12 普通本科分学科学生数（2019）
Number of Regular Students for Normal Courses in HEIs by Discipline（2019）

单位：人 (person)

类别	Item	毕业生数 Graduates	招生人数 Entrants	在校学生数 Enrollment
甘肃省	**Gansu**	**68928**	**75704**	**296982**
哲学	Philosophy	75	76	276
经济学	Economics	3701	3803	14870
法学	Law	3902	3836	15366
教育学	Education	3371	3325	13123
文学	Literature	6389	6706	27451
历史学	History	936	931	3638
理学	Science	6459	6720	25558
工学	Engineering	21270	24897	95093
农学	Agriculture	1985	2283	8089
医学	Medicine	4378	6415	27076
管理学	Administrators	11530	11449	45751
艺术学	Art	4932	5263	20691

18-13 普通专科分学科学生数（2019）
Number of Students in Undergraduate and Junior Colleges by Field of Study（2019）

单位：人 （person）

类别	Item	毕业生数 Graduates	招生人数 Entrants	在校学生数 Enrollment
甘肃省	**Gansu**	**54386**	**94901**	**227966**
农林牧渔大类	Agriculture, Forestry, Husbandry and Fishing	2791	4599	9675
交通运输大类	Transportation and Communication	3230	5212	12724
生化与药品大类	Biochemistry and Medicine	1604	1719	4941
资源开发与测绘大类	Resources Development and Survey	4143	7270	16197
材料与能源大类	Material and Energy	577	449	1255
土建大类	Civil Engineering	8079	12803	31145
水利大类	Water Resources	2198	3282	8025
制造大类	Manufacturing	148	281	805
电子信息大类	Electronic Information	784	2070	3832
环保、气象与安全大类	Environment Protection, Meteorology and Safety	2208	4950	13313
轻纺食品大类	Light,Textile and Food	4752	7907	19306
财经大类	Finance	7453	13746	34418
医药卫生大类	Medicine and Health	7641	12323	28931
旅游大类	Tourism	1317	2736	6372
公共事业大类	Public Service	1078	1254	3445
文化教育大类	Culture and Education	143	111	238
艺术设计传媒大类	Artistic Design and Mass Media	4413	11874	27305
公安大类	Public Security	1377	1524	4411
法律大类	Law	450	791	1628

18-14 成人本科分学科学生数（2019）
Number of Adult Students for Normal Courses in HEIs by Discipline （2019）

单位：人 （person）

类别	Item	毕业生数 Graduates	招生人数 Entrants	在校学生数 Enrollment
甘肃省	**Gansu**	**11541**	**11694**	**31023**
哲学	Philosophy			
经济学	Economics	147	125	351
法学	Law	976	824	2001
教育学	Education	479	1191	2651
文学	Literature	1144	912	2308
历史学	History	24	27	92
理学	Science	104	62	165
工学	Engineering	4123	3875	10123
农学	Agriculture	325	165	609
医学	Medicine	1844	2088	6343
管理学	Administrators	2351	2409	6296
艺术学	Art	24	16	84

18-15 成人专科分学科学生数（2019）
Number of Adult Students for Short-cycle Courses in HEIs by Discipline（2019）

单位：人 （person）

类 别	Item	毕业生数 Graduates	招生人数 Entrants	在校学生数 Enrollment
甘肃省	**Gansu**	**13149**	**10934**	**30956**
农林牧渔大类	Agriculture, Forestry, Husbandry and Fishing	213	188	439
交通运输大类	Transportation and Communication	62	80	202
生化与药品大类	Biochemistry and Medicine	120	108	227
资源开发与测绘大类类	Resources Development and Survey	801	704	1581
材料与能源大类	Material and Energy	17	31	79
土建大类	Civil Engineering	906	437	2033
水利大类	Water Resources	129	26	126
制造大类	Manufacturing	1		
电子信息大类	Electronic Information		3	4
环保、气象与安全大类	Environment Protection, Meteorology and Safety	6243	4367	12549
轻纺食品大类	Light,Textile and Food	482	572	1550
财经大类	Finance	1314	1197	3565
医药卫生大类	Medicine and Health	1207	1307	3465
旅游大类	Tourism	271	138	917
公共事业大类	Public Service	63	8	77
文化教育大类	Culture and Education			
艺术设计传媒大类	Artistic Design and Mass Media	1118	1610	3831
公安大类	Public Security	174	83	160
法律大类	Law	28	75	151

18-16 网络本科分学科学生数（2019）
Number of Web-based Students for Normal Courses in HEIs by Discipline（2019）

单位：人 （person）

类 别	Item	毕业生数 Graduates	招生人数 Entrants	在校学生数 Enrollment
甘肃省	**Gansu**	**10358**	**13566**	**37615**
哲学	Philosophy			
经济学	Economics	662	602	1876
法学	Law	648	854	2218
教育学	Education			
文学	Literature	398	562	1501
历史学	History			
理学	Science	65	43	218
工学	Engineering	2054	3538	8495
农学	Agriculture			
医学	Medicine	2759	3008	10412
管理学	Administrators	3772	4959	12895
艺术学	Art			

18-17 网络专科分学科学生数（2019）
Number of Web-based Students for Short-cycle Courses in HEIs by Discipline （2019）

单位：人 (person)

类 别	Item	毕业生数 Graduates	招生人数 Entrants"	在校学生数 Enrollment
甘肃省	**Gansu**	**19891**	**13052**	**51821**
农林牧渔大类	Agriculture, Forestry, Husbandry and Fishing			
资源环境与安全大类	Resources, Environment and Safety			
能源动力与材料大类	Energy Power and Materials			
土木建筑大类	Civil Construction	2696	2591	7955
水利大类	Water Resources			
装备制造大类	Equipment Manufacturing			
生物与化工大类	Biology and Chemical Engineering			
轻工纺织大类	Light Industry and Textile			
食品药品与粮食大类	Food ,Drugs and Grain			
交通运输大类	Transportation and Communication			
电子信息大类	Electronic Information	1248	1325	4373
医药卫生大类	Medicine and Health	3602	2023	10708
财经商贸大类	Financial ,Trade and Business	6433	1745	11092
旅游大类	Tourism			
文化艺术大类	Culture and Art			
新闻传播大类	Journalism and Communication			
教育与体育大类	Education and Sports			
公安与司法大类	Public Security and Justice	956		943
公共管理与服务大类	Public Administration and Service	4956	5368	16750

18-18 技工学校数、学生数和教职工数
Number of Schools, Students, Educational Personnel of Skilled Workers Schools

单位：人 (person)

年 份 Year	学校数（所） Schools (unit)	毕业生数 Graduates	招生人数 Entrants	在校学生数 Enrollment	教职员工 Educational Personnel	专任教师 Full-time Teachers
2005	57	4586	11424	23971	3698	2856
2006	62	7068	12878	29781	5206	4415
2007	62	7068	12878	29781	4598	3807
2008	75	11304	24720	57631		4147
2009	78	12549	41016	71060	4205	2928
2010	78	19944	39944	91249	4525	2189
2011	78	27378	31338	94678	4468	3171
2012	79	25182	26620	96116	4553	3235
2013	80	46847	17402	66671	4555	3250
2014	81	29525	15374	52520	4626	3110
2015	82	23797	13623	42523	4656	3133
2016	82	14948	11984	39559	4732	3442
2017	82	14886	12697	37370	4564	3725
2018	33	11614	11024	33514	3506	2905
2019	36	9818	14033	34545	3478	2696

18-19 小学学龄儿童净入学率和各级普通学校毕业生升学率
Net Enrolment Ratio of School-age Children in Primary Schools and Promotion Rate of Graduates of Regular School by Levels

单位：% (%)

年份 Year	小学学龄儿童净入学率 Net Enrollment Ratio of School-age Children in Primary Schools	小学升学率 Promotion Rate from Primary Schools to Junior Secondary Schools	初中升学率 Promotion Rate from Junior Secondary Schools to Senior Secondary Schools	高中升学率 Promotion Rate from Senior Secondary Schools to Higher Education
1996	97.20	86.85		
1997	97.68	87.93		
1998	98.20	87.40		
1999	98.62	89.49		
2000	98.83	90.98		
2001	98.02	89.53	37.98	35.48
2002	98.55	91.95	43.46	38.20
2003	97.99	94.10	45.83	40.33
2004	98.27	96.36	46.95	42.16
2005	98.87	96.67	48.58	42.77
2006	98.89	99.61	48.04	44.50
2007	98.94	98.96	45.59	52.00
2008	99.14	100.10	46.64	60.00
2009	99.45	97.89	46.83	70.00
2010	99.46	95.67	48.31	71.00
2011	99.56	95.41	48.35	75.00
2012	99.68	94.29	51.08	80.00
2013	99.78	90.20	52.00	85.00
2014	99.80	97.06	59.18	90.00
2015	99.83	96.90	60.00	92.00
2016	99.89	97.09	61.81	93.00
2017	99.90	97.10	61.27	94.00
2018	99.91	98.59	60.95	94.00
2019	99.99	98.78	60.16	95.00

注：1. 初中升高级中学包含升入技工学校。
　　2. 高中升学率为普通高校招生数（含电大普通班）与普通高中毕业生数之比。

a) Data on promotion rate from junior secondary schools to senior secondary schools include those entering into secondary technical schools.

b) Data on promotion rate from senior secondary schools to higher education refer to the ratio of new entrants into regular institutions of higher education (including regular classes of TV universities) to graduates of senior secondary schools.

18-20 平均每万人口在校学生数和大中小学学生构成
Number of Students per 10 000 Population and It's Composition

年 份 Year	平均每万人口在校学生数（人） Students Enrollment per 10 000 Persons (person)			大、中、小学学生占学生总数（%） Students of Different Levels as Percentage to Total Students (%)		
	大学生 University and College Students	中学生 Secondary School Students	小学生 Primary School Students	大学生 University and College Students	中学生 Secondary School Students	小学生 Primary School Students
1995	19	383	1146	0.88	16.90	50.50
1996	20	398	1177	0.82	16.00	47.20
1997	21	416	1218	0.82	15.80	46.30
1998	22	435	1245	0.88	16.80	48.20
1999	25	466	1232	1.01	18.30	48.30
2000	32	514	1238	1.26	19.40	46.70
2001	42	588	1239	2.09	27.44	59.95
2002	55	681	1246	2.57	28.91	58.13
2003	67	725	1240	3.05	33.26	56.85
2004	76	769	1205	3.73	37.49	58.78
2005	88	818	1170	4.26	39.38	56.36
2006	101	868	1145	4.78	41.06	54.16
2007	113	778	1088	5.72	39.33	54.95
2008	126	776	1023	6.56	40.29	53.15
2009	137	907	1116	6.35	41.98	51.67
2010	149	931	1103	6.83	42.65	50.52
2011	158	888	859	8.30	46.61	45.09
2012	168	721	806	9.91	42.53	47.56
2013	172	659	723	11.04	42.43	46.53
2014	175	631	699	11.66	41.89	46.45
2015	173	592	694	11.88	40.58	47.54
2016	175	567	698	12.16	39.37	48.47
2017	177	546	706	12.41	38.17	49.42
2018	197	609	719	12.96	39.94	47.09
2019	198	569	733	13.21	37.92	48.87

18-21 各级学校教师负担学生数
Student-Teacher Ratio of School by Level

单位：人 (person)

年 份 Year	平均每个教师负担学生数 Students Taught Each Teacher 普通高等学校 Regular HEIs	普通中等专业学校 Regular Secondary Vocational Schools	普通中学 Regular Secondary Schools	普通小学 Primary School
1995	7	9	15	21
1996	8	10	15	22
1997	8	10	15	23
1998	8	11	16	24
1999	9	11	17	24
2000	12	12	18	25
2001	13	14	19	26
2002	14	16	19	26
2003	14	17	20	25
2004	15	18	19	25
2005	15	20	20	23
2006	16	22	19	22
2007	17	22	18	21
2008	18		18	19
2009	18		17	18
2010	18	23	17	17
2011	19	21	16	15
2012	19	21	15	15
2013	18	18	13	13
2014	18	17	13	13
2015	18	17	12	13
2016	18	15	12	13
2017	18	16	11	13
2018	17	16	11	13
2019	18	14	11	13

18-22 进城务工子女和农村留守儿童在校情况（2019）
Children of Migrant Workers and Children Left Behind （2019）

单位：人 (person)

项 目	Item	进城务工人员随迁子女 Children of Migrant Workers	外省迁入 From Other Provinces	本省外县迁入 From Other Counties of the Same Province	农村留守儿童 Rural Children Left Behind
普通小学	**Regular Primary Schools**				
毕业生数	Graduates	18023	4244	13779	17673
招生数	Entrants	23534	4789	18745	30626
#受过学前教育	Trained in Preschool	23521	4777	18744	30420
在校学生数	Enrolment	133482	28781	104701	168115
#女	Female	60784	12885	47899	79358
初中	**Junior Secondary Schools**				
毕业生数	Graduates	12650	2664	9986	16632
招生数	Entrants	16674	3498	13176	24302
在校学生数	Enrolment	48001	10289	37712	69323
#女	Female	21388	4716	16672	33345

18-23 教育经费情况
Basic Statistics on Educational Funds

单位：万元 （10 000 yuan）

年 份 Year	合计 Total	国家财政性教育经费 Government Appropriation for Education	#预算内教育经费 Budgetary	民办学校办学经费 Funds from Private Schools	社会捐赠经费 Donations and Fund-raising for Running Schools	事业收入 Income from Teaching Research and Other Auxiliary Activity	#学杂费 Tuition and Miscellaneous Fees	其他教育经费 Other Educational Funds
2000	535287	425021	352952	1831	11207	88887	63864	8341
2001	686750	520918	442922	4401	7428	135660	104008	18342
2002	836719	618783	538793	8872	9239	182477	132539	17348
2003	914336	652146	582181	18685	5686	212472	156053	25348
2004	1031445	727916	659017	21274	7037	248453	174186	26765
2005	1195074	847512	785026	34541	5555	273897	198727	33569
2006	1448234	1108365	1024273	41261	5451	260510	188990	32646
2007	1779095	1413920	1342179	2256	6090	326870	244610	29959
2008	2469385	2077502	2009317	1245	11587	354513	272808	24538
2009	2957602	2502298	2426498	2361	28287	395001	311653	29655
2010	3276887	2756965	2644938	7953	19834	450572	359800	41563
2011	3926598	3374222	3179614	4558	8132	482239	399882	57446
2012	4841482	4276671	4014241	5053	3714	494962	404867	61083
2013	5105559	4483501	4126143	4111	5444	545763	450078	66740
2014	5500815	4873620	4622912	6733	8178	547647	462768	64638
2015	6478024	5778852	5709262	6066	6826	598436	477707	87845
2016	7075700	6357782	6284544	7126	6920	621472	484153	82400
2017	7470974	6669673	6611422	7987	3872	629832	506484	159609
2018	7810782	6970056	6890092	22592	5258	694648	555089	118228
2019	8462781	7563777	7439034	12982	10039	768242	597541	107741

18-24 各类学校教育经费情况（2019）
Educational Funds in Various School（2019）

单位：人 （10 000 yuan）

类 别	Item	合 计 Total	国家财政性教育经费 Government Appropriation for Education	#预算内教育经费 Budgetary	民办学校办学经费 Funds from Private Schools	社会捐赠经费 Donations and Fund-raising for Running Schools	事业收入 Income from Teaching Research and Other Auxiliary Activity	#学杂费 Tuition and Miscellaneous Fees	其他教育经费 Other Educational Funds
高等学校	Institutions of Higher Education	1985034	1443906	1358286	1800	2812	485239	361316	51278
普通高等学校	Regular HEIs	1958701	1431450	1346133	1800	2812	472004	349938	50634
成人高等学校	Adults HEIs	26334	12456	12153			13234	11377	644
中等职业学校	Secondary Vocational Schools	380928	360369	357344	547	378	16789	7533	2845
中等专业学校	Secondary Specialized Schools	272005	259511	256494		207	10345	4374	1941
职业高中	Vocational Senior Secondary Schools	87554	82834	82826	547	171	3555	1561	448
技工学校	Skilled Workers Schools	11445	9092	9092			1898	1172	455
成人中专学校	Adult Specialized Secondary Schools	9924	8932	8932			992	426	
普通中学	Regular Secondary Schools	2409211	2306379	2294593	2564	1129	86902	75908	12237
普通高中	Regular Senior Secondary Schools	931219	852898	847261	1380	526	72091	64158	4325
普通初中	Regular Junior Secondary Schools	1477992	1453481	1447332	1184	603	14811	11750	7913
#农村	Rural Areas	1096535	1091158	1086458	32	601	2055	1298	2689
普通小学	Regular Primary Schools	2643227	2603187	2593909	796	1711	9324	6772	28209
#农村	Rural Areas	2100927	2087505	2080842	20	1688	2701	2218	9013
特殊教育学校	Special Education Schools	25838	25544	25526		19	121		154
幼儿园	Kindergartens	711349	548387	542815	7275	58	148986	145994	6644
教育行政单位	Education Administrative Unit	86139	84587	80619		132	117		1303
教育事业单位	Education Institution	107278	88479	83043		3801	10810		4188
其他	Others	113777	102939	102899			9955	18	884

18-25 各地、县幼儿园和普通小学基本情况（2019）
Basic Statistics on Kindergartens and Regular Primary Schools by Region & County （2019）

单位：人 （person）

地、县	Region & County	幼儿园数（所） Kindergartens (unit)	在园儿童数 Children in Kindergartens	学龄儿童入学率（%） Enrollment Rate of School-age Children (%)	普通小学学校数（所） Schools (unit)	普通小学专任教师数 Full-time Teachers	普通小学招生数 Entrants	普通小学在校学生数 Enrollment	普通小学毕业生数 Graduates
兰州市	**Lanzhou**	**877**	**120223**	**100.00**	**507**	**16201**	**43425**	**233858**	**35527**
城关区	Chengguan	299	40660	100.00	83	4277	14575	78465	12105
七里河区	Qilihe	149	19057	100.00	61	2459	6990	37232	5862
西固区	Xigu	85	11204	99.99	33	1612	4060	22224	3761
安宁区	Anning	71	11169	100.00	20	1160	4117	20843	2755
红古区	Honggu	20	4617	100.00	23	708	1702	9559	1597
永登县	Yongdeng	82	9219	97.17	117	2057	3203	20166	3338
皋兰县	Gaolan	26	3536	95.59	24	728	1200	6641	1138
榆中县	Yuzhong	86	12693	100.00	101	2285	4533	25176	3512
兰州新区	Lanzhou New Area	59	8068		45	915	3045	13552	1459
嘉峪关市	**Jiayuguan**	**49**	**10699**	**98.20**	**16**	**774**	**7828**	**17050**	**16465**
金昌市	**Jinchang**	**63**	**10932**	**99.13**	**26**	**1620**	**10225**	**24725**	**23468**
金川区	Jinchuan	31	7213	98.47	13	829	6182	14759	13736
永昌县	Yongchang	32	3719	99.85	13	791	4043	9966	9732
白银市	**Baiyin**	**309**	**57367**	**94.91**	**349**	**10490**	**50190**	**113401**	**107787**
白银区	Baiyin	67	10481	95.78	24	1294	8910	19790	19242
平川区	Pingchuan	33	8415	94.22	32	1218	7530	16640	16248
靖远县	Jingyuan	103	14944	92.40	116	2960	14037	30921	29883
会宁县	Huining	58	15634	97.20	110	3341	13383	31300	28067
景泰县	Jingtai	48	7893	95.35	67	1677	6330	14750	14347
天水市	**Tianshui**	**1088**	**104466**	**93.57**	**594**	**17500**	**119990**	**255595**	**248306**
秦州区	Qinzhou	175	18608	92.74	99	3053	23309	49978	47706
麦积区	Maiji	225	20067	94.00	102	2666	19826	41679	41179
清水县	Qingshui	106	10279	95.04	75	1944	11374	23650	23311
秦安县	Qinan	199	12492	95.03	67	2441	13957	29024	28998
甘谷县	Gangu	73	16892	92.50	98	2970	21989	46434	46286
武山县	Wushan	177	15548	93.83	101	2400	18151	37889	37889
张家川县	Zhangjiachuan	133	10580	92.50	52	2026	11384	26941	22937
武威市	**Wuwei**	**384**	**49365**	**94.45**	**299**	**7735**	**45902**	**102948**	**100322**
凉州区	Liangzhou	171	32226	96.30	158	4164	28538	64698	62921
民勤县	Minqin	20	2953	92.51	13	737	3096	7209	7136
古浪县	Gulang	115	9320	91.34	68	1761	9418	20449	19995
天祝县	Tianzhu	78	4866	90.03	60	1073	4850	10592	10270
张掖市	**Zhangye**	**399**	**33838**	**99.41**	**143**	**4584**	**32465**	**75989**	**74727**

18-25 续表 1 continued

单位：人 (person)

地、县	Region & County	幼儿园数（所）Kindergartens (unit)	在园儿童数 Children in Kindergartens	学龄儿童入学率（%）Enrollment Rate of School-age Children (%)	普通小学学校数（所）Schools (unit)	普通小学专任教师数 Full-time Teachers	普通小学招生数 Entrants	普通小学在校学生数 Enrollment	普通小学毕业生数 Graduates
甘州区	Ganzhou	88	14888	98.97	21	1286	13296	31853	31006
肃南县	Sunan	10	792	98.08	5	102	732	1503	1503
民乐县	Minle	132	6728	99.97	72	1240	6857	16598	16598
临泽县	Linze	72	3433	99.91	11	692	3324	7389	7134
高台县	Gaotai	48	3392	99.92	16	591	3180	6933	6773
山丹县	Shandan	49	4605	99.51	18	673	5076	11713	11713
平凉市	**Pingliang**	**886**	**67589**	**93.46**	**734**	**12471**	**69859**	**150071**	**145326**
崆峒区	Kongtong	179	18059	94.02	153	2395	17821	37955	36819
泾川县	Jingchuan	139	8709	93.50	166	1741	8197	17309	17103
灵台县	Lingtai	82	5807	93.50	55	1142	5967	12752	12669
崇信县	Chongxin	46	3231	93.22	49	496	3190	6851	6739
庄浪县	Zhuanglang	153	11794	93.41	108	2650	13882	29608	28966
静宁县	Jingning	199	12831	93.32	128	2840	13234	28937	27397
华亭市	Huating	88	7158	92.42	75	1207	7568	16659	15633
酒泉市	**Jiuquan**	**194**	**31141**	**98.61**	**125**	**4072**	**27482**	**61587**	**57330**
肃州区	Suzhou	97	13551	98.53	34	1447	11357	25815	23610
金塔县	Jinta	22	3271	98.52	19	710	2974	6909	6219
瓜州县	Guazhou	21	4393	98.54	38	744	3957	8982	8345
肃北县	Subei	1	343	99.13	2	57	309	627	588
阿克塞县	Akesai	1	409	100.00	1	72	333	767	729
玉门市	Yumen	25	4284	98.23	16	575	4294	9741	9093
敦煌市	Dunhuang	27	4890	99.17	15	467	4258	8746	8746
庆阳市	**Qingyang**	**688**	**94616**	**96.74**	**640**	**14210**	**88618**	**203187**	**187891**
西峰区	Xifeng	126	24284	98.13	100	2613	20021	46422	43530
庆城县	Qingcheng	66	10104	98.35	28	1475	8848	20933	18862
环　县	Huanxian	53	11761	96.82	97	1838	11630	26815	25023
华池县	Huachi	30	4846	96.36	52	761	4674	10835	10040
合水县	Heshui	93	6486	98.57	28	775	6027	13300	12572
正宁县	Zhengning	27	8615	92.21	87	1310	7786	17876	16376
宁　县	Ningxian	70	14832	96.89	125	2769	14498	32343	29760
镇原县	Zhenyuan	223	13688	95.20	123	2669	15134	34663	31728
定西市	**Dingxi**	**1144**	**109342**	**97.67**	**611**	**13060**	**88054**	**192127**	**184056**
安定区	Anding	164	16839	97.90	48	1838	12229	25904	25582
通渭县	Tongwei	142	9706	96.94	35	1394	7940	17030	16927

18-25 续表 2 continued

单位：人 (person)

地、县	Region & County	幼儿园数（所） Kindergartens (unit)	在园儿童数 Children in Kindergartens	学龄儿童入学率（%） Enrollment Rate of School-age Children (%)	普通小学学校数（所） Schools (unit)	普通小学专任教师数 Full-time Teachers	普通小学招生数 Entrants	普通小学在校学生数 Enrollment	普通小学毕业生数 Graduates
陇西县	Longxi	127	19340	98.20	113	2396	17065	36615	35690
渭源县	Weiyuan	158	10148	96.56	65	1434	8859	18410	18410
临洮县	Lintao	269	21024	98.30	171	2558	17381	36577	36211
漳　县	Zhangxian	67	9086	98.99	49	952	6815	15896	14535
岷　县	Minxian	217	23199	96.80	130	2488	17765	41695	36701
陇南市	**Longnan**	**733**	**105342**	**97.50**	**454**	**12456**	**103596**	**219160**	**213171**
武都区	Wudu	93	26946	97.60	83	2616	23995	50533	48927
成　县	Chengxian	45	11225	97.17	46	1144	10421	22361	21458
文　县	Wenxian	47	7109	97.10	29	1083	7077	15010	14488
宕昌县	Tanchang	54	11504	96.79	61	1390	10163	21427	20611
康　县	Kangxian	44	6314	97.44	34	833	6713	13858	13849
西和县	Xihe	253	15393	96.82	74	1730	17563	36935	36224
礼　县	Lixian	100	18048	98.90	57	2453	18634	40306	39034
徽　县	Huixian	79	7521	97.27	59	1026	7846	16252	16121
两当县	Liangdang	18	1282	97.05	11	181	1184	2478	2459
临夏州	**Linxia**	**798**	**111335**	**95.36**	**790**	**13364**	**104192**	**227261**	**213145**
临夏市	linxia	91	18239	94.40	46	1493	13311	30091	27883
临夏县	linxia	40	15430	95.70	151	2133	15365	33713	31483
康乐县	Kangle	57	16398	93.30	87	1592	14251	29817	28903
永靖县	Yongjing	98	7255	92.95	70	1335	5753	12916	12100
广河县	Guanghe	102	13857	109.89	88	1671	14883	31698	30304
和政县	Hezheng	130	9226	92.61	74	1431	10592	23748	21676
东乡县	Dongxiang	220	15986	92.50	136	1940	17716	37411	35325
积石山县	Jishishan	60	14944	91.90	138	1769	12321	27867	25471
甘南州	**Gannan**	**376**	**26533**	**92.39**	**156**	**5674**	**28292**	**64447**	**58069**
合作市	Hezuo	42	4202	96.72	13	719	3729	8930	7762
临潭县	Lintan	68	5568	98.60	22	957	5730	12160	11850
卓尼县	Zhuoni	66	3883	94.11	24	804	4111	9749	8499
舟曲县	Zhouqu	52	4763	94.12	37	944	4927	10808	10166
迭部县	Diebu	59	2021	98.68	14	524	1975	4600	4010
玛曲县	Maqu	14	1284	66.02	9	438	2933	6769	5893
碌曲县	Luqu	30	1649	96.65	16	567	1543	3683	3136
夏河县	Xiahe	45	3163	91.53	21	721	3344	7748	6753

18-26 各地县普通中学基本情况（2019）
Basic Statistics on Regular Primary Schools by Region & County （2019）

单位：人 （person）

地、县	Region & County	普通中学学校数（所）Schools (unit)	毕业生数 Graduates	招生数 Entrants	在校学生数 Enrollment	高中 Senior Secondary Schools	初中 Junior Secondary Schools	专任教师 Full-time Teachers
兰州市	**Lanzhou**	**206**	**55069**	**55817**	**165063**	**63034**	**102029**	**17833**
城关区	Chengguan	52	17642	19025	54452	19360	35092	5616
七里河区	Qilihe	22	6813	6924	20367	6017	14350	2121
西固区	Xigu	25	6512	6613	19433	9017	10416	2189
安宁区	Anning	13	4260	4901	14039	5355	8684	1314
红古区	Honggu	9	2514	2354	7106	2571	4535	948
永登县	Yongdeng	32	6133	5046	16123	6531	9592	1790
皋兰县	Gaolan	13	2133	1844	6145	2589	3556	880
榆中县	Yuzhong	30	6470	5807	18107	7058	11049	2063
兰州新区	Lanzhou New Area	10	2592	3303	9291	4536	4755	912
嘉峪关市	**Jiayuguan**	**11**	**4834**	**4970**	**14747**	**6143**	**8604**	**1283**
金昌市	**Jinchang**	**20**	**8909**	**7709**	**24081**	**9628**	**14453**	**2531**
金川区	Jinchuan	11	4522	4163	12894	5007	7887	1318
永昌县	Yongchang	9	4387	3546	11187	4621	6566	1213
白银市	**Baiyin**	**141**	**31897**	**28518**	**86010**	**34735**	**51275**	**11757**
白银区	Baiyin	19	6426	5756	17082	7784	9298	2173
平川区	Pingchuan	19	4247	3967	11648	4436	7212	1886
靖远县	Jingyuan	38	7647	7140	21317	8161	13156	2859
会宁县	Huining	46	9617	7821	25083	10348	14735	3457
景泰县	Jingtai	19	3960	3834	10880	4006	6874	1382
天水市	**Tianshui**	**253**	**70398**	**69114**	**209263**	**80066**	**129197**	**19499**
秦州区	Qinzhou	38	12493	12420	37905	13925	23980	3405
麦积区	Maiji	41	10974	11941	33954	13416	20538	3453
清水县	Qingshui	28	5527	6344	17892	5446	12446	1446
秦安县	Qinan	37	10696	9785	30162	13147	17015	2985
甘谷县	Gangu	54	15139	13985	43341	17010	26331	3932
武山县	Wushan	35	10450	8984	29781	11959	17822	2597
张家川县	Zhangjiachuan	20	5119	5655	16228	5163	11065	1681
武威市	**Wuwei**	**133**	**32270**	**27015**	**85702**	**32960**	**52742**	**10708**
凉州区	Liangzhou	77	17556	16068	50184	18412	31772	6006
民勤县	Minqin	13	4202	2818	9367	4323	5044	1545
古浪县	Gulang	25	7297	5581	17789	6959	10830	1837
天祝县	Tianzhu	18	3215	2548	8362	3266	5096	1320
张掖市	**Zhangye**	**61**	**20591**	**20197**	**59551**	**21169**	**38382**	**6840**

18-26 续表 1 continued

单位：人 (person)

地、县	Region & County	普通中学学校数(所) Schools (unit)	毕业生数 Graduates	招生数 Entrants	在校学生数 Enrollment	高中 Senior Secondary Schools	初中 Junior Secondary Schools	专任教师 Full-time Teachers
甘州区	Ganzhou	34	8305	8461	24222	8920	15302	3209
肃南县	Sunan	6	357	320	1041	355	686	274
民乐县	Minle	5	5057	4932	14928	5222	9706	1072
临泽县	Linze	4	1922	1855	5533	1891	3642	560
高台县	Gaotai	5	2097	1799	5475	1924	3551	701
山丹县	Shandan	7	2853	2830	8352	2857	5495	1024
平凉市	**Pingliang**	**164**	**43609**	**38468**	**118799**	**44099**	**74700**	**13445**
崆峒区	Kongtong	35	10475	9539	29707	10960	18747	2858
泾川县	Jingchuan	21	5476	4353	13740	5382	8358	1935
灵台县	Lingtai	18	3550	3112	9429	3436	5993	1150
崇信县	Chongxin	10	1477	1540	4470	1408	3062	502
庄浪县	Zhuanglang	30	9535	7711	24353	9485	14868	2785
静宁县	Jingning	39	9426	8488	26499	9950	16549	2981
华亭市	Huating	11	3670	3725	10601	3478	7123	1234
酒泉市	**Jiuquan**	**55**	**19253**	**18494**	**56244**	**22429**	**33815**	**5853**
肃州区	Suzhou	23	8689	7957	24643	10431	14212	2610
金塔县	Jinta	6	2476	2271	7076	2586	4490	766
瓜州县	Guazhou	6	2594	2574	7561	2851	4710	667
肃北县	Subei	2	194	192	556	261	295	117
阿克塞县	Akesai	1	197	247	700	279	421	58
玉门市	Yumen	6	2257	2515	7279	2654	4625	702
敦煌市	Dunhuang	11	2846	2738	8429	3367	5062	933
庆阳市	**Qingyang**	**166**	**42753**	**45912**	**135793**	**49503**	**86290**	**14722**
西峰区	Xifeng	26	9350	11389	31990	13630	18360	3803
庆城县	Qingcheng	19	3740	3815	11429	3651	7778	1168
环　县	Huanxian	30	6229	6293	19049	7074	11975	2017
华池县	Huachi	13	2030	2355	6879	2243	4636	851
合水县	Heshui	8	2068	2758	7350	2005	5345	840
正宁县	Zhengning	16	2955	3287	9354	2640	6714	1164
宁　县	Ningxian	25	7407	7313	22323	8141	14182	2180
镇原县	Zhenyuan	29	8974	8702	27419	10119	17300	2699
定西市	**Dingxi**	**253**	**53902**	**45919**	**142776**	**55798**	**86978**	**17162**
安定区	Anding	43	7855	7040	20706	9430	11276	2821
通渭县	Tongwei	47	7849	4801	17424	8292	9132	3022

18-26 续表 2 continued

单位：人 (person)

地、县	Region & County	普通中学学校数(所) Schools (unit)	毕业生数 Graduates	招生数 Entrants	在校学生数 Enrollment	高中 Senior Secondary Schools	初中 Junior Secondary Schools	专任教师 Full-time Teachers
陇西县	Longxi	47	9151	8130	25265	9396	15869	3211
渭源县	Weiyuan	28	6463	4757	16514	7176	9338	1990
临洮县	Lintao	43	9373	8059	23835	8240	15595	2734
漳　县	Zhangxian	16	3753	3415	10567	3887	6680	1067
岷　县	Minxian	29	9458	9717	28465	9377	19088	2317
陇南市	**Longnan**	**231**	**48674**	**50860**	**150233**	**55123**	**95110**	**14360**
武都区	Wudu	40	11507	12833	36539	13862	22677	3050
成　县	Chengxian	25	4106	4601	13403	4604	8799	1359
文　县	Wenxian	25	3836	3364	10670	4511	6159	1312
宕昌县	Tanchang	25	5502	5269	16476	5837	10639	1604
康　县	Kangxian	18	2734	3322	9162	3201	5961	874
西和县	Xihe	29	8105	8106	24621	9616	15005	2311
礼　县	Lixian	39	8652	9164	26847	8399	18448	2515
徽　县	Huixian	24	3574	3517	10502	4198	6304	1063
两当县	Liangdang	6	658	684	2013	895	1118	272
临夏州	**Linxia**	**103**	**31718**	**42942**	**112512**	**35533**	**76979**	**10463**
临夏市	linxia	9	6728	7417	21675	10426	11249	1891
临夏县	linxia	18	4292	5681	15034	4352	10682	1455
康乐县	Kangle	16	4328	6300	16145	4462	11683	1165
永靖县	Yongjing	14	3563	4000	11095	5125	5970	1453
广河县	Guanghe	9	3326	5742	13711	3212	10499	1014
和政县	Hezheng	10	2439	3953	10166	2194	7972	885
东乡县	Dongxiang	15	3347	4789	10539	2190	8349	1098
积石山县	Jishishan	12	3695	5060	14147	3572	10575	1502
甘南州	**Gannan**	**44**	**15675**	**15947**	**47277**	**16050**	**31227**	**5146**
合作市	Hezuo	5	2925	2913	8899	3921	4978	751
临潭县	Lintan	10	2575	2846	7993	2343	5650	951
卓尼县	Zhuoni	9	2077	2374	6912	2141	4771	903
舟曲县	Zhouqu	6	3245	3002	8791	2920	5871	1015
迭部县	Diebu	5	1310	1071	3499	1390	2109	467
玛曲县	Maqu	3	1006	1216	3763	991	2772	349
碌曲县	Luqu	2	942	962	2803	1027	1776	268
夏河县	Xiahe	4	1595	1563	4617	1317	3300	442

18–27 各市（州）普通高等学校基本情况（2019）
Number of Regular Institutions of Higher Education by Region（2019）

单位：人 (person)

市（州）	Region	学校数（所）Schools (unit)	专任教师数 Full-time Teachers	招生数 Entrants	本科 Normal Courses	专科 Short-cycle Courses	在校学生数 Enrollment	本科 Normal Courses	专科 Short-cycle Courses
兰州市	Lanzhou	30	21278	107642	59693	47949	356892	235885	121007
嘉峪关市	Jiayuguan	1	174	1129		1129	2968		2968
金昌市	Jinchang	1	146	2027		2027	4004		4004
白银市	Baiyin	1	192	2328		2328	4940		4940
天水市	Tianshui	4	1920	16648	3760	12888	42577	14817	27760
武威市	Wuwei	2	947	8555		8555	18550		18550
张掖市	Zhangye	1	1100	4825	4089	736	18602	15660	2942
平凉市	Pingliang	2	918	5258	1457	3801	14146	4938	9208
酒泉市	Jiuquan	1	488	4860		4860	11233		11233
庆阳市	Qingyang	2	1058	6446	4003	2443	20178	15284	4894
定西市	Dingxi	1	386	2361		2361	6122		6122
陇南市	Longnan	1	417	3890		3890	8698		8698
临夏州	Linxia	1	206	1474		1474	4090		4090
甘南州	Gannan	1	525	2702	2702		10485	10398	87

注：普通高等学校数中包含5所独立学院。
a) Number of regular institutions of higher education include the 5 independent institutions.

18–27 续表 continued

单位：人 (person)

市（州）	Region	毕（结）业生数 Graduates with Degrees or Diplomas	本科 Normal Courses	专科 Short-cycle Courses	授予学位数 Degrees Awarded
兰州市	Lanzhou	82559	55137	27422	54753
嘉峪关市	Jiayuguan	848		848	
金昌市	Jinchang	985		985	
白银市	Baiyin	1238		1238	
天水市	Tianshui	11447	3630	7817	3537
武威市	Wuwei	5160		5160	
张掖市	Zhangye	4635	3420	1215	3336
平凉市	Pingliang	1870	571	1299	549
酒泉市	Jiuquan	2517		2517	
庆阳市	Qingyang	4618	3616	1002	3361
定西市	Dingxi	1431		1431	
陇南市	Longnan	2005		2005	
临夏州	Linxia	1111		1111	
甘南州	Gannan	2554	2554		2457

18-28 科技活动基本情况
Basic Statistics on Scientific and Technological Activities

指 标	Item	2010	2015	2018	2019
研究与试验发展（R&D）投入情况	**Statistics on R&D Input**				
有 R&D 活动的单位数（个）	Number of Units with R & D Activities (unit)	331	693	590	732
R&D 人员（人）	R & D Personnel (person)	30321	40787	38720	46047
R&D 人员全时当量（人年）	Full-time Equivalent of R&D Personnel (man-year)	20774	25859	22214	25956
R&D 经费内部支出（万元）	Internal Expenditure on R&D (10 000yuan)	415886	827203	970537	1102446
R&D 经费内部支出相当于生产总值比例（%）	Ratio of Internal Expenditure on R&D to GDP (%)	1.03	1.22	1.18	1.26
科技产出及成果情况	**Statistics on S&T Outputs and Results**				
发表科技论文（篇）	Scientific Papers Issued (piece)	26016	25668	25467	25608
出版科技著作（种）	Publication on Science and Technology (kind)	645	1020	835	790
专利申请受理数（件）	Number of Patent Applications Accepted (piece)	1817	4125	7746	8348
#发明专利	Inventions	933	1550	2815	3197
专利申请授权数（件）	Number of Patent Applications Granted (piece)	304	1353	3217	2872
#发明专利	Inventions	187	524	627	626
有效发明专利数（件）	Number of Patents in Force (piece)	1554	4523	7342	7825
专利所有权转让及许可数（件）	Number of Transfer and License of Patent Ownership (piece)	138	76	89	174
专利所有权转让与许可收入（万元）	Income of Transfer and License of Patent Ownership (10 000 yuan)	2015	3569	1287	2665
植物新品种权授予数（项）	Number of New Plant Varieties Granted (item)	20	19	15	17
形成国家或行业标准数（项）	Number of Form the National or Industry Standards (item)	170	216	223	199

18-29 研究与试验发展（R&D）人员
R&D Personnel

单位：人 (person)

指 标	Item	2010	2015	2018	2019
R&D 人员	**R&D Personnel**	**30321**	**40787**	**38720**	**46047**
按学历分	**By Level of Education**				
博士毕业	Doctor	2096	3809	5086	7629
硕士毕业	Master	4882	7797	8955	10105
本科毕业	Under-graduate	13319	13533	15713	18098
其他人员	Others	10024	15648	8966	10215
#女性	Female	7368	11575	11462	12370
#研究人员	Researchers	18739	21360	24293	30202
#全时人员	Full-time Equivalent	16978	23074	20512	26236

18-30 研究与试验发展（R&D）人员全时当量
Full-time Equivalent of R&D Personnel

单位：人 年 （man-year）

指 标	Item	2010	2015	2018	2019
R&D 人员全时当量	**Full-time Equivalent of R&D Personnel**	**20774**	**25859**	**22214**	**25956**
#研究人员	Researchers	12771	13256	14111	17586
按活动类型分	**By Type of Activity**				
基础研究	Basic Research	2299	4309	4537	6270
应用研究	Applied Research	4890	5570	6207	7008
试验发展	Experimental Development	13586	15980	11469	12678

18-31 研究与试验发展（R&D）经费情况
Expenditure on R&D

单位：万元 （10 000yuan）

指 标	Item	2010	2015	2018	2019
R&D 经费内部支出	**Internal Expenditure on R&D by Sources**	**415886**	**827203**	**970537**	**1102446**
按活动类型分	**By Type of Activity**				
基础研究	Basic Research	56498	127825	158192	185634
应用研究	Applied Research	87531	129000	213397	239600
试验发展	Experimental Development	271858	570378	598948	677212
按执行部门分	**By Execution Departments**				
企业	Enterprises	223202	493772	518493	558593
研究与开发机构	R&D Institutions	120428	248233	303823	361532
高等学校	Higher Education	62646	69583	120842	143465
其他	Others	9610	15615	27380	38855
按支出用途分	**By Expenditure Use**				
日常性支出	Routine Expenses	355587	695594	771693	873562
#人员劳务费	Labor Cost	95801	199305	235210	288052
资产性支出	Assets Expenditure	60299	131609	198844	228884
#仪器和设备	Equipment	50997	99373	172117	181476
按资金来源分	**By Sources of Funding**				
政府资金	Government Appropriation Funds	161543	297574	412044	533471
企业资金	Self-raised Funds by Enterprises	238039	500065	517560	519019
国外资金	Foreign Funds	1224	2780	1382	1093
其他资金	Other Funds	15081	26784	39551	48862
R&D 经费外部支出	**External Expenditure on R&D by Performer and Sources**	**35208**	**132107**	**32208**	**30339**
#对国内研究机构支出	to Domestic Research Institutions	16414	66762	9720	6449
对国内高等学校支出	to Domestic Higher Education	10888	29546	4288	7471
对国内企业支出	to Domestic Enterprises	3013	27094	17545	16106
对境外机构支出	to Foreign Institutions	4894	8678	625	209

18-32 研究与试验发展（R&D）项目（课题）情况
Statistics on R&D Projects （Topics）

指 标	Item	2010	2015	2018	2019
R&D 项目（课题）数（项）	R&D Projects（item）	10126	14036	16301	17831
R&D 项目（课题）人员折合全时当量（人年）	R&D Participants（man-year）	17463	22205	19533	23293
R&D 项目（课题）经费内部支出（万元）	R&D Intramural Expenditure（10 000 yuan）	296798	631666	716299	754238

18-33 科技成果情况
Statistics on Scientific and Technological Results

单位：项 （item）

指 标	Item	2010	2015	2018	2019
登记成果数	**Number of registered results**	**1065**	**819**	**1176**	**1479**
按执行部门分	**By Execution Departments**				
科研机构	Research Institutions	210	188	221	269
大专院校	Colleges and Universities	295	200	350	466
企业	Enterprises	242	336	375	367
医疗机构	Medical Institutions	194	61	145	256
其他	Others	124	34	85	121
按活动类型分	**By Type of Activity**				
应用技术成果	Applied Technology Results	985	655	844	922
基础理论成果	Basic Theoretical Results	27	138	297	504
软科学成果	Soft Science Results	53	26	35	53
奖励项目数	**Number of Reward Items**	**181**	**149**	**150**	**152**
应用技术成果应用行业	**Application Technology Application Industry**	**985**	**655**	**844**	**922**
第一产业	Primary Industry	294	276	411	390
第二产业	Secondary Industry	213	205	183	234
第三产业	Tertiary Industry	478	174	250	298
已应用项目数	**Number of Applied Items**	**790**	**581**	**752**	**818**

18-34 规模以上工业企业科技活动基本情况
Basic Statistics on Science and Technology Activities of Industrial Enterprises above Designated Size

指 标	Item	2010	2015	2018	2019
企业基本情况	**Statistics on Industrial Enterprises**				
有 R&D 活动企业数（个）	Number of Enterprises Having R&D Activities (unit)	126	457	330	416
有 R&D 活动企业占规模以上企业比重（%）	Percentage of Enterprises Having R&D Activities to Total Number of Enterprises (%)	6.3	21.4	18.6	22.9
研究与试验发展（R&D）活动	**Statistics on R&D Activities**				
R&D 人员全时当量 （人年）	Full-time Equivalent of R&D Personnel (man-year)	9561	12578	8026	8547
R&D 经费内部支出 （万元）	Internal Expenditure on R&D (10 000 yuan)	218590	486077	476151	505544
R&D 项目数（项）	R&D Projects (item)	644	1572	1305	1705
R&D 项目经费内部支出（万元）	Internal Expenditure on R&D Projects (10 000 yuan)	152320	412787	423418	443073
企业办研发机构	**Statistics on R&D Institutions**				
机构数 （个）	Number of R&D Institutions (unit)	161	284	190	189
机构人员数 （人）	R&D Personnel (person)	5383	12113	12212	11309
机构经费支出 （万元）	Expenditure on R&D (10 000yuan)	52792	167872	172060	140396
新产品开发及生产	**Statistics on New Products Development and Production**				
新产品开发项目数 （个）	Number of New Products (unit)	1182	1291	1279	1458
新产品开发经费支出 （万元）	Expenditure on New Products Development (10 000 yuan)	212337	392974	456615	457278
新产品销售收入 （亿元）	Sales Revenue of New Products (100 million yuan)	349.06	574.10	275.13	552.71
#新产品出口	Export	25.32	50.72	71.32	64.77
专利情况	**Statistics on Patent**				
专利申请数 （件）	Patent Applications (piece)	1043	2230	3342	3393
#发明专利	Inventions	328	698	1207	1292
有效发明专利数（件）	Number of Patents in Force (piece)	402	1884	3208	3413
技术获取和技术改造 （万元）	**Statistics on Technology Acquisition and Technology Reconstruction (10 000 yuan)**				
引进国外技术经费支出	Expenditure for Acquisition of Foreign Technology	59956	21378	190	1015
引进技术消化吸收经费支出	Expenditure for Assimilation of Technology	122099	69148		
购买国内技术经费支出	Expenditure for Purchase of Domestic Technology	44929	35973	7737	85538
技术改造经费支出	Expenditure for Technical Renovation	408340	571814	418409	518759

18-35 专利申请及授权情况
Statistics of Patent Application and Grant

单位：项 (item)

指标	Item	申请量 Patent Applications 2018	申请量 Patent Applications 2019	授权量 Patent Application Granted 2018	授权量 Patent Application Granted 2019
总计	**Total**	**27882**	**27637**	**13958**	**14894**
发明专利	Inventions	6035	6056	1280	1154
实用新型	Utility Models	17400	19226	10696	11722
外观设计	Designs	4447	2355	1982	2018
职务	Official	17628	19691	10329	11377
大专院校	Universities and Colleges	4787	5700	2678	2724
科研单位	Research Institutions	1650	1622	787	870
企业	Enterprises	10209	11172	6550	7144
机关团体	Government Agencies and Organizations	982	1197	314	639
非职务	Non-official	10254	7946	3629	3517

18-36 各类技术合同签订情况（2019）
Statistics of Signing Technical Contract（2019）

指标	Item	合同数（项）Number of Contracts (item)	合同成交金额（万元）Amount of Contracts (10 000 yuan)	#技术交易额 Revenue for Technique Trade
合计	**Total**	**5921**	**1964171**	**1215551**
技术开发合同	Technical Development	1501	142736	119684
技术转让合同	Technical Transfer	117	103423	15606
技术咨询合同	Technical Advisory	497	73869	40478
技术服务合同	Technical Service	3806	1644142	1039783

18-37 各市（州）研究与试验发展（R&D）情况（2019）
Basic Statistics on R&D by Region（2019）

市（州）	Region	有R&D活动的单位数（个）Number of Units (unit)	R&D人员（人）R&D Personnel (person)	R&D人员折合全时人员（人年）Full-time Equivalent of R&D Personnel (man-year)	#研究人员 Researcher	按活动类型分R&D人员折合全时人员（人年）Full-time Equivalent of R&D Personnel by Type of Activity (man-year) 基础研究 Basic Research	应用研究 Applied Research	试验发展 Experimental Development
兰州市	Lanzhou	251	27832	16117	12725	5414	5169	5535
嘉峪关市	Jiayuguan	16	1996	951	524	5	154	793
金昌市	Jinchang	23	1562	872	314		182	691
白银市	Baiyin	39	2286	913	380	35	55	823
天水市	Tianshui	37	2539	1298	770	297	159	842
武威市	Wuwei	115	2211	1451	625	21	401	1030
张掖市	Zhangye	113	2341	1308	612	102	218	985
平凉市	Pingliang	18	567	313	196	13	52	248
酒泉市	Jiuquan	51	1806	1294	625	281	99	915
庆阳市	Qingyang	13	1148	634	387	76	408	153
定西市	Dingxi	20	532	331	142	0	46	284
陇南市	Longnan	13	654	199	119	9	49	141
临夏州	Linxia	18	399	217	117	1	10	207
甘南州	Gannan	5	174	59	47	16	9	34

18-37 续表 continued

市（州）	Region	R&D经费内部支出（万元）Internal Expenditure on R&D (10 000 yuan)	按活动类型分 By Type of Activity 基础研究 Basic Research	应用研究 Applied Research	试验发展 Experimental Development	按支出用途分 By Expenditure Use 日常性支出 Routine Expenses	资产性支出 Assets Expenditure	R&D经费外部支出（万元）External Expenditure on R&D (10000 yuan)
兰州市	Lanzhou	639219	164977	204995	269247	486909	152310	18411
嘉峪关市	Jiayuguan	99210	62	9171	89978	94455	4755	1068
金昌市	Jinchang	45220		1745	43475	39225	5995	2315
白银市	Baiyin	65915	755	3173	61987	44736	21179	1676
天水市	Tianshui	76667	7652	2446	66569	49174	27493	318
武威市	Wuwei	34895	330	5093	29473	29369	5526	340
张掖市	Zhangye	58219	1826	4317	52076	51838	6381	1440
平凉市	Pingliang	8584	206	1058	7320	8175	409	897
酒泉市	Jiuquan	41342	9187	3927	28228	39606	1736	2751
庆阳市	Qingyang	7783	503	2804	4477	7417	366	936
定西市	Dingxi	9026	2	34	8990	8718	308	68
陇南市	Longnan	6463	53	477	5933	6141	322	9
临夏州	Linxia	8782	11	282	8489	7100	1682	109
甘南州	Gannan	1120	69	79	971	699	421	

18-38 企业单位分行业各类专业技术人员（2019）

Professional and Technical Personnel of Enterprises Units by Sector and Type（2019）

单位：人 (person)

行业	Sector	总计 Total	工程技术人员 Engineering	农业技术人员 Agriculture	科学研究人员 Scientific Research	卫生技术人员 Health Care	教学人员 Teaching	其他 Other
总计	**Total**	**95999**	**53102**	**1039**	**56**	**1397**	**714**	**39691**
农、林、牧、渔业	Agriculture,Forestry,Animal Husbandry and Fishery	2956	1154	790	5	3	3	1001
采矿业	Mining	9730	5245	16		652	246	3571
制造业	Manufacturing	15600	10865	172	27	164	53	4319
电力、热力、燃气及水生产和供应业	Production and Supply of Electricity, Heat, Gas and Water	5149	4331	7		12	16	783
建筑业	Construction	24704	19517	1		44	8	5134
批发和零售业	Wholesale and Retail Trades	473	55			2		416
交通运输、仓储和邮政业	Transport, Storage and Post	7920	4722	19	1	5	5	3168
住宿和餐饮业	Hotels and Catering Services	156	91					65
信息传输、软件和信息技术服务业	Information Transmission,Software and Information Technology	110	55				2	53
金融业	Financial Intermediation	17967	475		4			17488
房地产业	Real Estate	937	603					334
租赁和商务服务业	Leasing and Commercial Services	475	203			1	4	267
科学研究和技术服务业	Scientific Research and Technical Services	2131	1979		19	2	1	130
水利环境和公共设施管理业	Management of Water Conservancy, Environment and Public Facilities	2562	2111	3		3	12	433
居民服务、修理和其他服务业	Services to Households, Repair and Other Services	1764	1040	30			97	597
教育	Education	317	28				267	22
卫生和社会工作	Health and Social Service	609	95			504		10
文化、体育和娱乐业	Culture, Sports and Entertainment	2333	477	1		5		1850
公共管理、社会保障和社会组织	Public Management,Social Security and Social Organization	106	56					50
国际组织	International Organizations							

注：此表为公有制经济企业专业技术人员数据。

a) Data in this table are data of professional and technical personnel of public economic enterprises.

18-39 事业单位分专业类别专业技术人员（2019）
Professional and Technical Personnel of Public Institutions by Professional Category（2019）

单位：人　　(person)

专业类别		总计 Total	博士 Doctor's Degree	硕士 Master's Degree	大学本科 Normal Courses	大学专科 Short-cycle Courses	中专 Specialized Secondary	高中及以下 Senior Secondary and below	在管理岗位工作的 Worked in Management Position
总计	**Total**	**494974**	**3475**	**22426**	**300388**	**136810**	**26683**	**5192**	**12307**
工程技术人员	Engineering Technical Personnel	30804	74	1636	17436	8858	2426	374	1025
农业技术人员	Agricultural Technical Personnel	25195	18	793	13147	8705	2246	286	1189
科学研究人员	Scientific Research Personnel	3079	268	773	1540	409	84	5	233
卫生技术人员	Health Technology Personnel	80600	140	3064	44236	25937	6429	794	2507
教学人员	Teaching Personnel	330821	2914	14987	209732	86099	13872	3217	6207
经济人员	Economic Personnel	3021	1	135	1846	902	114	23	100
会计人员	Accounting Personnel	3190	2	123	1937	904	195	29	90
统计人员	Statistics Personnel	667	8	28	217	397	14	3	3
翻译人员	Translation Personnel	71		16	43	11	1		15
图书档案、文博人员	Book Archives,Cultural and Museum Personnel	3855	41	303	2339	963	109	100	163
新闻、出版人员	News,Publishing Personnel	3251	2	176	2390	609	51	23	363
律师、公证人员	Lawyer, Notary	138	1	9	85	28	14	1	4
播音人员	Broadcaster	593		5	373	180	33	2	27
工艺美术人员	Arts and Crafts Personnel	374		10	240	101	19	4	12
体育人员	Sports Personnel	1150		27	611	268	200	44	38
艺术人员	Art Personnel	2309		78	1091	521	409	210	100
其他人员	Others	5856	6	263	3125	1918	467	77	231

18-40 事业单位分行业各类专业技术人员（2019）
Professional and Technical Personnel of Institutional Unit by Sector and Type（2019）

单位：人　　　　（person）

行业	Sector	总计 Total	博士 Doctor's Degree	硕士 Master's Degree	大学本科 Normal Courses	大学专科 Short-cycle Courses	中专 Special-ized Secondary	高中及以下 Senior Secondary and below	在管理岗位工作的 Worked in Management Position
总计	**Total**	**494974**	**3475**	**22426**	**300388**	**136810**	**26683**	**5192**	**12307**
农、林、牧、渔业	Agriculture,Forestry,Animal Husbandry and Fishery	35064	20	996	18454	12163	3036	395	1361
采矿业	Mining	82			40	36	4	2	
制造业	Manufacturing	10		1	9				
电力、热力、燃气及水生产和供应业	Production and Supply of Electricity, Heat, Gas and Water	591		10	255	190	128	8	7
建筑业	Construction	1445		28	731	465	181	40	66
批发和零售业	Wholesale and Retail Trades	2			2				
交通运输、仓储和邮政业	Transport, Storage and Post	4327		105	2934	1087	191	10	88
住宿和餐饮业	Hotels and Catering Services	31		1	11	14	4	1	2
信息传输、软件和信息技术服务业	Information Transmission,Software and Information Technology	274		16	195	45	11	7	5
金融业	Financial Intermediation	941		4	359	429	125	24	5
房地产业	Real Estate	131		3	57	59	7	5	3
租赁和商务服务业	Leasing and Commercial Services	57		8	37	9	3		1
科学研究和技术服务业	Scientific Research and Technical Services	9568	191	1308	6048	1521	476	24	477
水利环境和公共设施管理业	Management of Water Conservancy, Environment and Public Facilities	10409	8	313	5742	3564	697	85	389
居民服务、修理和其他服务业	Services to Households,Repair and Other Services	1167		23	566	472	101	5	120
教育	Education	331981	3057	15662	209824	86358	13829	3251	6308
卫生和社会工作	Health and Social Service	79338	156	3188	43851	25038	6350	755	2511
文化、体育和娱乐业	Culture, Sports and Entertainment	11560	41	513	6977	2793	860	376	798
公共管理、社会保障和社会组织	Public Management,Social Security and Social Organization	7996	2	247	4296	2567	680	204	166
国际组织	International Organizations								

18-41 分地区企业创新基本情况（2019）

指　标	Item	兰州市 Lanzhou	嘉峪关市 Jiayuguan	金昌市 Jinchang
创新活动	**Innovative Activity**			
企业数（个）	Number of Enterprises (unit)	1710	145	178
开展创新活动的企业数（个）	Number of Enterprises to Carry out Innovation Activities (unit)	649	57	74
#成功实现创新	Successful to Achieve Innovation	618	56	69
#开展产品或工艺创新活动	Carry out Product or Process Innovation Activities	328	27	45
#有组织（管理）创新或营销创新	Own the Organize (Manage) Innovation or Marketing Innovation	584	50	64
#同时实现四种创新	Simultaneously Achieving Four Innovations	84	10	11
产品或工艺创新	**Product or Process Innovation**			
有内部 R&D 的企业数（个）	Number of Enterprises with Internal R&D (unit)	129	12	14
有外部 R&D 的企业数（个）	Number of Enterprises with External R&D (unit)	46	4	3
工业企业创新费用（亿元）	Innovation Expense for Industrial Enterprises (100 million yuan)	14.6	31.7	33.4
#R&D 经费内部支出	Internal Expenditure on R&D	12.2	9.9	3.9
#R&D 经费外部支出	External Expenditure on R&D	0.6	0.1	0.2
保持和提高竞争	**Maintain and Enhance Competitiveness**			
占全部企业的比重（%）	**Proportion of Following Enterprises to All Enterprises (%)**			
申请了专利的企业	Enterprises Applied for a Patent	6.61	10.34	8.43
申请了注册商标的企业	Enterprises Applied for a Registered Trademark	5.85	4.14	10.11
申请了版权登记的企业	Enterprises Applied for a Copyright Registration	1.70	0.69	1.12
形成了国家或行业技术标准的企业	Enterprises Formed a National or Industry Technical Standards	7.08	11.72	6.74
发挥了时间上的先发优势的企业	Enterprises Played the Time's First-mover Advantage	34.74	24.14	25.28
有发明专利申请的企业	Enterprises Have the Patent Applications	4.91	7.59	6.74

Basic Statistics of Enterprise Innovation by Region （2019）

白银市 Baiyin	天水市 Tianshui	武威市 Wuwei	张掖市 Zhangye	平凉市 Pingliang	酒泉市 Jiuquan	庆阳市 Qingyang	定西市 Dingxi	陇南市 Longnan	临夏州 Linxia	甘南州 Gannan
328	403	332	411	197	384	278	265	179	115	54
125	178	142	184	61	108	92	89	75	45	16
117	175	117	162	59	99	90	83	68	41	16
69	80	128	145	28	66	32	53	34	26	6
103	172	99	144	51	81	88	72	67	40	16
27	36	30	35	3	14	5	9	7	11	3
31	16	79	101	6	38	3	15	7	15	1
11	5	11	23	2	5	3	2	1	5	
15.1	8.9	2.5	5.4	1.4	3.6	0.8	1.3	1.0	0.9	0.1
6.4	6.0	2.2	4.6	0.5	2.7	0.3	0.7	0.4	0.8	0.1
0.2	0.0	0.0	0.1	0.1	0.1	0.1	0.0	0.0	0.0	
7.01	5.21	9.64	8.76	1.02	5.99	0.72	5.28	2.23	3.48	3.7
10.06	9.93	7.83	10.95	11.68	4.69	10.07	8.68	8.38	9.57	12.96
0.30	1.74	1.81	2.43	1.02	0.78	1.44	0.75	1.68	2.61	1.85
7.01	9.68	11.14	12.65	9.64	10.42	10.43	7.55	9.50	15.65	14.81
25.91	26.80	29.52	27.01	26.40	26.30	31.65	29.06	26.26	38.26	25.93
4.27	3.97	5.72	5.11	1.02	3.39	0.36	4.53	1.12	2.61	3.7

18-42 企业创新基本情况（2019）
Enterprise Innovation （2019）

指 标	Item	全 省 Total	工 业 Industry	建筑业 Cons-truction	服务业 Service Industry
创新活动	**Innovative Activity**				
企业数（个）	Number of Enterprises （unit）	4979	1817	748	2414
开展创新活动的企业数（个）	Number of Enterprises to Carry out Innovation Activities （unit）	1895	911	203	781
#成功实现创新	Successful to Achieve Innovation	1770	810	193	767
#开展产品或工艺创新活动	Carry out Product or Process Innovation Activities	1067	704	83	280
#有组织（管理）创新或营销创新	Own the Organize（Manage）Innovation or Marketing Innovation	1631	704	183	744
#同时实现四种创新	Simultaneously Achieving Four Innovations	285	189	18	78
产品或工艺创新	**Product or Process Innovation**				
有内部 R&D 的企业数（个）	Number of Enterprises with Internal R&D （unit）	467	416	13	38
有外部 R&D 的企业数（个）	Number of Enterprises with External R&D （unit）	121	98	10	13
工业企业创新费用（亿元）	Innovation Expense for Industrial Enterprises （100 million yuan）	121	121		
#R&D 经费内部支出	Internal Expenditure on R&D	51	51		
#R&D 经费外部支出	External Expenditure on R&D	2	2		
创新合作	**Innovation Cooperation**				
开展创新合作的企业数（个）	Number of Enterprises to Carry out Innovation Cooperation （unit）	781	504	72	205
#与高等学校开展创新合作	Carry out Innovation Cooperation with Colleges and Universities	263	172	28	63
#与研究机构开展创新合作	Carry out Innovation Cooperation with Research Institutions	184	140	10	34
保持和提高竞争力	**Maintain and Enhance Competitiveness**				
占全部企业的比重（%）	**Proportion of Following Enterprises to All Enterprises （%）**				
申请了专利的企业	Enterprises Applied for a Patent	6.15	13.76	3.34	1.28
申请了注册商标的企业	Enterprises Applied for a Registered Trademark	7.89	12.77	3.48	5.59
申请了版权登记的企业	Enterprises Applied for a Copyright Registration	1.49	1.87	0.80	1.41
形成了国家或行业技术标准的企业	Enterprises Formed a National or Industry Technical Standards	9.08	12.82	8.96	6.30
对技术秘密进行内部保护的企业	Enterprises Carried out Internal Protection to Technical Secret	9.70	15.96	7.75	5.59
发挥了时间上的先发优势的企业	Enterprises Played the Time's First-mover Advantage	30.11	19.98	41.44	34.22
有发明专利申请的企业	Enterprises Have the Patent Applications	4.26	9.52	2.14	0.95
采取知识产权保护或相关措施的企业	Enterprises Take Intellectual Property Protection or Related Measures	57.16	62.69	64.04	50.87

主要统计指标解释

普通高等学校 指通过国家普通高等教育招生考试，招收高中毕业生为主要培养对象，实施高等学历教育的全日制大学、独立设置的学院、独立学院和高等专科学校、高等职业学校及其他机构。

大学、独立设置的学院主要实施本科及本科层次以上的教育。独立学院主要实施本科层次的教育。高等专科学校、高等职业学校实施专科层次的教育。其他机构是指承担国家普通招生计划任务不计校数的机构，包括普通高等学校分校、大专班等。

成人高等学校 指通过国家成人高等教育招生考试，招收具有高中毕业或同等学力的人员为主要培养对象，利用函授、业余、脱产等多种形式，对其实施高等学历教育的学校。包括：职工高等学校、农民高等学校、管理干部学院、教育学院、独立函授学院、广播电视大学、其他机构。其他机构是指承担国家成人招生计划任务不计校数的机构。

小学学龄儿童净入学率 指调查范围内已入小学学习的学龄儿童占校内外学龄儿童总数（包括弱智儿童，不包括盲聋哑儿童）的比重。

研究与试验发展（R&D） 指在科学技术领域，为增加知识总量，以及运用这些知识去创造新的应用进行的系统的创造性的活动，包括基础研究、应用研究、试验发展三类活动。国际上通常采用 R&D 活动的规模和强度指标反映一国的科技实力和核心竞争力。

基础研究 指为了获得关于现象和可观察事实的基本原理的新知识（揭示客观事物的本质、运动规律，获得新发现、新学说）而进行的实验性或理论性研究，它不以任何专门或特定的应用或使用为目的。其成果以科学论文和科学著作为主要形式。用来反映知识的原始创新能力。

应用研究 指为获得新知识而进行的创造性研究，主要针对某一特定的目的或目标。应用研究是为了确定基础研究成果可能的用途，或是为达到预定的目标探索应采取的新方法（原理性）或新途径。其成果形式以科学论文、专著、原理性模型或发明专利为主。用来反映对基础研究成果应用途径的探索。

试验发展 指利用从基础研究、应用研究和实际经验所获得的现有知识，为产生新的产品、材料和装置，建立新的工艺、系统和服务，以及对已产生和建立的上述各项作实质性的改进而进行的系统性工作。其成果形式主要是专利、专有技术、具有新产品基本特征的产品原型或具有新装置基本特征的原始样机等。在社会科学领域，试验发展是指把通过基础研究、应用研究获得的知识转变成可以实施的计划（包括为进行检验和评估实施示范项目）的过程。人文科学领域没有对应的试验发展活动。主要反映将科研成果转化为技术和产品的能力，是科技推动经济社会发展的物化成果。

产品创新 指企业推出了全新的或有重大改进的产品。产品创新的“新”要体现在产品的功能或特性上，包括技术规范、材料、组件、用户友好性等方面的重大改进。不包括产品仅有外观变化或其他微小改变的情况，也不包括直接转销。此处的“新”是指该产品对本企业而言必须是新的，但对于其他企业或整个市场而言不一定是新的。这里的产品既包括货物，也包括服务。货物方面产品创新的例子有新能源汽车、新功能手机等；服务方面产品创新的例子有新的保修服务，如显著延长的新产品保修期限等。

工艺创新 指企业采用了全新的或有重大改进的生产方法、工艺设备或辅助性活动。工艺创新的“新”要体现在技术、设备或流程上；它对本企业而言必须是新的，但对于其他企业或整个市场而言不一定是新的。不包括单纯的组织管理方式的变化。此处的辅助性活动指企业的采购、物流、财务、信息化等活动。

组织（管理）创新 指企业采取了此前从未使用过的全新的组织管理方式，主要涉及企业的经营模式、组织结构或外部关系等方面。不包括单纯的合并或收购。组织（管理）创新应是企业管理层战略决策的结果。此处的“新”是指它对本企业而言必须是新的，但对于其他企业或整个市场而言不一定是新的。

营销创新 指企业采用了此前从未使用过的全新的营销概念或营销策略，主要涉及产品（服务）设计或包装、产品（服务）推广、产品（服务）销售渠道、产品（服务）定价等方面。不包括季节性、周期性变化和其他常规的营销方式变化。此处的“新”是指它对本企业而言必须是新的，但对于其他企业或整个市场而言不一定是新的。

R&D 人员 指参与研究与试验发展项目研究、管理和辅助工作的人员，包括项目（课题）组人员，企业科技行政管理人员和直接为项目(课题)活动提供服务的辅助人员。反映投入从事拥有自主知识产权的研究开发活动的人力规模。

R&D 人员全时当量 指全时人员数加非全时人员按工作量折算为全时人员数的总和。例如:有两个全时人员和三个非全时人员(工作时间分别为 20%、30% 和 70%),则全时当量为 2+0.2+0.3+0.7=3.2 人年。为国际上比较科技人力投入而制定的可比指标。

R&D 经费内部支出合计 指调查单位用于内部开展 R&D 活动(基础研究、应用研究和试验发展)的实际支出。包括用于 R&D 项目(课题)活动的直接支出,以及间接用于 R&D 活动的管理费、服务费、与 R&D 有关的基本建设支出以及外协加工费等。不包括生产性活动支出、归还贷款支出以及与外单位合作或委托外单位进行 R&D 活动而转拨给对方的经费支出。

R&D 项目(课题)数 指在当年立项并开展研究工作、以前年份立项仍继续进行研究的研发项目(课题)数,包括当年完成和年内研究工作已告失败的研发项目(课题),但不包括委托外单位进行的研发项目(课题)数。

R&D 项目(课题) 人员全时当量 指实际参加研发项目(课题)活动人员折合的全时当量。

R&D 项目(课题) 经费内部支出 指调查单位内部在报告年度进行研发项目(课题)研究和试制等的实际支出。包括劳务费、其他日常支出、固定资产购建费、外协加工费等,不包括委托或与外单位合作进行项目(课题)研究而拨付给对方使用的经费。

新产品销售收入 指报告期企业销售新产品实现的销售收入。新产品是指采用新技术原理、新设计构思研制、生产的全新产品,或在结构、材质、工艺等某一方面比原有产品有明显改进,从而显著提高了产品性能或扩大了使用功能的产品。既包括经政府有关部门认定并在有效期内的新产品,也包括企业自行研制开发,未经政府有关部门认定,从投产之日起一年之内的新产品。

专利 是专利权的简称,是对发明人的发明创造经审查合格后,由专利局依据专利法授予发明人和设计人对该项发明创造享有的专有权。包括发明、实用新型和外观设计。反映拥有自主知识产权的科技和设计成果情况。

发明(专利) 指对产品、方法或者其改进所提出的新的技术方案。是国际通行的反映拥有自主知识产权技术的核心指标。

实用新型(专利) 指对产品的形状、构造或者其结合所提出的适于实用的新的技术方案。反映具有一定技术含量的技术成果情况。

外观设计(专利) 指对产品的形状、图案、色彩或者其结合所作出的富有美感并适于工业上应用的新设计。反映拥有自主知识产权的外观设计成果情况。

19

卫生、社会服务和社会保障

Public Health, Social Services and Social Security

简要说明

一、本篇资料主要内容

本篇资料主要包括卫生、民政事业、安全生产、劳动保障、残疾人事业及其他社会统计情况。

卫生主要包括：卫生机构、卫生技术人员、床位数、医院诊疗人次及入院人数、新型农村合作医疗情况。

民政事业和劳动保障资料主要包括：社会福利事业机构、人员和社会救济情况、社会保障、婚姻登记等情况。

二、本篇资料来源

本篇资料由省统计局社会科技处搜集、加工整理。

1. 卫生资料由省卫健委提供、新型农村合作医疗资料由省医保局提供。

2. 安全生产资料由省应急管理厅提供。

3. 民政事业、劳动保障及其他社会统计数据分别来源于省民政厅、省人力资源和社会保障厅、省公安厅、省委统战部、省妇联、省总工会、省残联。

19-1 医疗卫生机构基本情况
Basic Statistics of Health Care Institutions

项　　目	Item	2017	2018	2019
卫生机构数（个）	**Number of Health Care Institutions （unit）**	**28877**	**27885**	**26692**
医院	Hospitals	521	623	718
综合医院	General Hospitals	302	351	381
中医医院	Hospitals Specialized in Traditional Chinese Medicine	91	109	122
中西医结合医院	Hospital of Integrated Traditional Chinese with Western Medicine	16	28	31
民族医院	Nationalities Hospitals	15	16	17
专科医院	Specialized Hospitals	97	119	166
护理院	Nursing Home			1
基层医疗卫生机构	Primary Medical and Health Institutions	26597	25783	24758
社区卫生服务中心（站）	Community Health Service Centers （Stations）	602	628	675
社区卫生服务中心	Community Health Centre	204	198	209
社区卫生服务站	Community Health Station	398	430	466
卫生院	Health Centers	1378	1379	1379
街道卫生院	Street Health Center	4	3	2
乡镇卫生院	Township Health Center	1374	1376	1377
村卫生室	Village Clinics	17030	16487	16458
门诊部	Outpatient Department	79	68	69
诊所、卫生所、医务室	Clinics	7508	7221	6177
专业公共卫生机构	Professional Public Health Institutions	1643	1392	1123
疾病预防控制中心	Centers for Disease Control and Prevention	103	103	103
专科疾病防治院（所、站）	Specialized Disease Prevention & Treatment Institute	7	6	8
健康教育所（站、中心）	Health Education Institution	15	15	15
妇幼保健院（所、站）	Women and Children Care Agencies	99	99	99
急救中心（站）	First Aid Centers （Stations）	3	2	3
采供血机构	Blood Collection Agencies	17	17	17
卫生监督所（中心）	Health Inspection Institution（center）	93	94	94
计划生育技术服务机构	Family Planning Technical Service Institutions	1306	1056	784
其他卫生机构	Other Health Institutions	116	87	93
疗养院	Sanatorium	4	4	6
卫生监督检验(监测、检测)所(站)	Health Supervision and Inspection Institute （Station）	1		
医学科学研究机构	Medicine Scientific Research Institutions	3	2	2
医学在职培训机构	Medical-service Training Institutions	7	3	2
临床检验中心（所、站）	Clinical Laboratory Center （Institute, Station）			
统计信息中心	Statistical Information Center	2	2	2
其他	Others	99	76	81

19-1 续表 1 continued

项 目	Item	2017	2018	2019
床位数（张）	**Beds （unit）**	**147305**	**162667**	**172594**
医院	Hospitals	111393	126077	134286
综合医院	General Hospitals	77691	86929	88966
中医医院	Hospitals Specialized in Traditional Chinese Medicine	22671	24816	27608
中西医结合医院	Hospital of Integrated Traditional Chinese with Western Medicine	1893	2951	3179
民族医院	Nationalities Hospitals	1090	1139	1088
专科医院	Specialized Hospitals	8048	10242	13435
护理院	Nursing Home			10
基层医疗卫生机构	Primary Medical and Health Institutions	30718	30998	32295
社区卫生服务中心（站）	Community Health Service Centers （Stations）	4265	4144	4302
社区卫生服务中心	Community Health Centre	2488	2661	3074
社区卫生服务站	Community Health Station	1777	1483	1228
卫生院	Health Centers	25787	26777	27919
街道卫生院	Street Health Center	35	27	20
乡镇卫生院	Township Health Center	25752	26750	27899
村卫生室	Village Clinics			
门诊部	Outpatient Department	666	77	74
诊所、卫生所、医务室	Clinics			
专业公共卫生机构	Professional Public Health Institutions	4626	5024	5395
疾病预防控制中心	Centers for Disease Control and Prevention			
专科疾病防治院（所、站）	Specialized Disease Prevention & Treatment Institute	50	46	455
健康教育所（站、中心）	Health Education Institution			
妇幼保健院（所、站）	Women and Children Care Agencies	4564	4978	4925
急救中心（站）	First Aid Centers （Stations）	12		15
采供血机构	Blood Collection Agencies			
卫生监督所（中心）	Health Inspection Institution（center）			
计划生育技术服务机构	Family Planning Technical Service Institutions			
其他卫生机构	Other Health Institutions	568	568	618
疗养院	Sanatorium	568	568	618
卫生监督检验（监测、检测）所（站）	Health Supervision and Inspection Institute （Station）			
医学科学研究机构	Medicine Scientific Research Institutions			
医学在职培训机构	Medical-service Training Institutions			
临床检验中心（所、站）	Clinical Laboratory Center （Institute, Station）			
统计信息中心	Statistical Information Center			
其他	Others			

19-1 续表 2 continued

项　目	Item	2017	2018	2019
卫生机构人员数（人）	**Number of Health Agency Personnel （person）**	**200406**	**206060**	**228654**
卫生技术人员（人）	**Medical Technical Personnel （person）**	**147612**	**156343**	**178869**
医院	Hospitals	85002	93949	112451
综合医院	General Hospitals	63328	68513	79833
中医医院	Hospitals Specialized in Traditional Chinese Medicine	14054	15429	20430
中西医结合医院	Hospital of Integrated Traditional Chinese with Western Medicine	1141	1892	2190
民族医院	Nationalities Hospitals	770	889	842
专科医院	Specialized Hospitals	5709	7226	9152
护理院	Nursing Home			4
基层医疗卫生机构	Primary Medical and Health Institutions	48364	48341	51502
社区卫生服务中心（站）	Community Health Service Centers （Stations）	7428	8115	8719
社区卫生服务中心	Community Health Centre	4353	4563	5168
社区卫生服务站	Community Health Station	3075	3552	3551
卫生院	Health Centers	25532	25811	28451
街道卫生院	Street Health Center	60	52	36
乡镇卫生院	Township Health Center	25472	25759	28415
村卫生室	Village Clinics	2116	2135	2859
门诊部	Outpatient Department	1073	866	933
诊所、卫生所、医务室	Clinics	12215	11414	10540
专业公共卫生机构	Professional Public Health Institutions	13856	13787	14631
疾病预防控制中心	Centers for Disease Control and Prevention	3400	3431	3295
专科疾病防治院（所、站）	Specialized Disease Prevention & Treatment Institute	54	45	294
健康教育所（站、中心）	Health Education Institution	60	61	61
妇幼保健院（所、站）	Women and Children Care Agencies	5697	6151	7616
急救中心（站）	First Aid Centers （Stations）	104	94	129
采供血机构	Blood Collection Agencies	443	484	536
卫生监督所（中心）	Health Inspection Institution （center）	1399	1383	1327
计划生育技术服务机构	Family Planning Technical Service Institutions	2699	2138	1373
其他卫生机构	Other Health Institutions	390	266	285
疗养院	Sanatorium	94	102	109
卫生监督检验(监测、检测)所(站)	Health Supervision and Inspection Institute （Station）	1		
医学科学研究机构	Medicine Scientific Research Institutions	46	28	26
医学在职培训机构	Medical-service Training Institutions	168	73	73
临床检验中心（所、站）	Clinical Laboratory Center （Institute, Station）			
统计信息中心	Statistical Information Center	3	3	
其他	Others	78	60	77
每万人口执业（助理）医师（人）	**Number of Licensed （Assistant） Doctors per 10 000 Population （person）**	**21.5**	**22.5**	**23.8**
每万人口注册护士（人）	**Number of Registered Nurses per 10 000 Population （person）**	**22.3**	**24.2**	**30.0**

19-2 卫生机构数
Number of Health Care Institutions

单位：个 (unit)

年份 Year	总计 Total	#医院 Hospitals	#结合医院 General Hospitals	#中医医院 Hospitals Specialized in Traditional Chinese Medicine	#专科医院 Specialized Hospitals	#基层医疗卫生机构 Primary Medical and Health Institutions	#社区卫生服务中心（站） Community Health Service Centers (Stations)	#卫生院 Health Centers
2007	11958	370	270	69	30		299	1343
2008	10737	371	262	70	34		321	1342
2009	10011	373	259	68	35	9279	340	1342
2010	10267	378	257	69	40	9529	429	1350
2011	10065	388	261	68	45	9319	575	1381
2012	9542	402	264	70	53	8771	620	1382
2013	9845	419	273	73	54	8676	606	1381
2014	11216	427	275	76	54	8574	597	1378
2015	11031	442	277	81	62	8655	612	1351
2016	11425	446	277	81	64	9032	582	1376
2017	11847	521	302	91	97	9567	602	1378
2018	11398	623	351	109	119	9296	628	1379
2019	10234	718	381	122	166	8300	675	1379

注：本表卫生机构数不包含村卫生室数。
a）Number of health care institutions in this table doesn't include villages clinics.

19-2 续表 continued

单位：个 (unit)

年份 Year	#门诊部 Outpatient Department	#专业公共卫生机构 Professional Public Health Institutions	#疾病防控中心 Centers for Disease Control and Prevention	#专科疾病防治院（所、站） Specialized Disease Prevention & Treatment Institute	#妇幼保健院（所、站） Women and Children Care Agencies	#卫生监督所 Health Inspection Institution (Center)
2007	81		106	7	99	87
2008	82		104	7	100	87
2009	74	320	103	7	99	86
2010	64	325	103	7	100	90
2011	50	329	103	7	100	91
2012	66	330	103	7	99	93
2013	69	700	103	7	100	93
2014	76	2061	103	7	100	92
2015	74	1815	103	7	100	92
2016	70	1835	103	7	103	92
2017	79	1643	103	7	99	93
2018	68	1392	103	6	99	94
2019	69	1123	103	8	99	94

19-3 卫生机构人员数
Number of Employed Persons in Health Care Institutions

单位：人 (person)

年 份 Year	总 计 Total	# 卫生技术人员 Medical Technical Personnel	# 执业（助理）医师 Licensed (Assistant) Doctors	# 执业医师 Licensed Doctors	# 注册护士 Registered Nurses	# 药师（士） Pharmacist	# 检验技师（士） Laboratory Technician	乡村医生和卫生员 Village Doctors and Assistants
2000	85167	69318					2000	
2001	85774	70283			22376		2183	
2002	81177	66799	29947	23007	20232	5407	3454	
2003	81495	67243	29924	23172	22460	5565	3489	
2004	80994	66503	29415	23199	20054	5085	3359	
2005	81049	66926	29701	23222	22403	5023	3463	
2006	82357	68507	30238	23656	20425	4943	3561	
2007	101796	85348	35144	27523	23999	4972	4747	
2008	103982	87436	36176	29015	24950	4859	5148	
2009	107312	89963	36721	29907	26422	4766	5328	
2010	115368	97387	38249	31309	29646	5058	5522	20618
2011	146290	106252	41121	33382	33713	5317	5802	21193
2012	152294	111907	43302	35173	37212	5589	5802	21503
2013	159645	116319	43442	35813	40668	5816	6033	21688
2014	178919	126294	47791	38667	45196	6046	6429	21669
2015	182305	129523	49663	40185	47832	6118	6705	21368
2016	187632	135188	53195	43124	50653	6236	7035	21251
2017	200405	147612	56398	45571	58682	6501	7857	21473
2018	206060	156343	59370	48073	63807	6948	8317	19330
2019	228654	178869	62891	50303	79531	7492	10041	18218

19-4 每万人口卫生技术人员
Medical Technical Personnel in Health Care Institutions per 10000 Persons

单位：人 (person)

年 份 Year	卫生技术人员 Medical Technical Personnel	执业（助理）医师 Licensed (Assistant) Doctors	注册护士 Registered Nurses
2000	27.56	14.99	8.59
2001	27.85	14.82	8.87
2002	26.39	11.83	7.99
2003	26.50	11.79	8.85
2004	26.17	11.57	7.89
2005	26.30	11.67	8.80
2006	26.90	11.87	8.02
2007	33.49	13.79	9.42
2008	34.28	14.18	9.78
2009	35.21	14.37	10.34
2010	38.04	14.94	11.58
2011	41.44	16.04	13.15
2012	43.42	16.80	14.44
2013	45.74	17.40	15.86
2014	48.75	18.45	17.44
2015	49.83	19.10	18.40
2016	51.80	20.38	19.41
2017	56.22	21.48	22.35
2018	59.28	22.51	24.19
2019	67.56	23.76	30.04

19-5 卫生机构床位数
Number of Beds in Health Institutions

单位：张 (unit)

年份 Year	总计 Total	#医院 Hospitals	#基层医疗卫生机构 Primary Medical and Health Institutions	#社区卫生服务中心（站） Community Health Service Centers (Stations)	#卫生院 Health Centers
2000	59441	43511			13046
2001	60336	44303			13072
2002	61157	44287		170	13064
2003	61223	44387		246	12715
2004	61801	45123		241	12906
2005	63638	47073		323	12783
2006	66197	48779		441	13672
2007	70290	50459		978	15992
2008	76581	53847		1359	18468
2009	87419	56767	21867	1607	20260
2010	94883	60961	24160	2117	21461
2011	101108	67303	24986	2713	22273
2012	111979	76304	31726	8877	22682
2013	116087	84511	27250	3465	23447
2014	122375	90499	27621	3473	23814
2015	127011	94596	27939	3766	24013
2016	136571	100882	30598	5840	24608
2017	147305	111393	30718	4265	25787
2018	162667	126077	30998	4144	26777
2019	172594	134286	32295	4302	27899

19-5 续表 continued

单位：张 (unit)

年份 Year	#专业公共卫生机构 Professional Public Health Institutions	妇幼保健院（所、站） Women and Children Care Agencies	专科疾病防治院（所、站） Specialized Disease Prevention & Treatment Institute	每万人口医疗卫生机构床位数 Beds of Medical Institutions per 10000 Population	每万农村人口乡镇卫生院床位数 Beds of Township Health Centers per 10000 Rural Population
2000		684		23.63	6.83
2001		695	2	23.91	6.86
2002		1602	26	24.17	7.17
2003		1566	62	24.13	6.90
2004		1739	61	24.32	7.11
2005		1811	12	25.00	7.18
2006		1768	18	25.99	7.79
2007		1804	214	27.58	9.20
2008		1911	14	30.02	10.67
2009	8039	2021	28	34.22	11.77
2010	9762	2246	28	37.06	13.12
2011	8819	2364	28	39.43	13.82
2012	3199	3187	12	43.44	14.37
2013	3576	3532	32	44.96	15.17
2014	3605	3561	32	47.23	15.76
2015	3826	3782	32	48.86	16.26
2016	4441	4397	32	52.33	17.05
2017	4626	4564	50	56.10	18.32
2018	5024	4978	46	61.68	19.41
2019	5395	4925	455	65.19	20.47

19-6 按市县分卫生机构数、床位数和卫生技术人员
Number of Health Institutions, Beds and Health Technicians by City and County

年 份 Year	卫生机构数（个） Health Institutions (unit)		卫生机构床位数（张） Beds of Medical Institutions (unit)		卫生技术人员（人） Medical Technical Personnel (person)		#执业（助理）医师 Licensed (Assistant) Doctors		#注册护士 Registered Nurses	
	市 City	县 County	市 City	县 County	市 City	县 County	市 City	县 County	市 City	县 County
2000			31287	28154	35977	33341	15037	16614	11924	7526
2001			32146	28190	37069	33214	15485	16885	12440	7780
2002			32317	28619	34808	31806	14494	15331	12518	7647
2003			32877	28346	35344	31899	14692	15232	12318	7846
2004			33455	28346	35004	31499	14697	14718	12296	7758
2005			35673	27965	36444	30482	15357	14344	12470	7611
2006			37327	28870	36876	31631	15633	14605	12707	7718
2007	3771	8169	39480	30837	47418	38172	19859	15349	15958	8039
2008	3413	7324	42447	34216	48824	38875	20507	15669	16524	8426
2009	3289	6722	49327	38092	50541	39422	21003	15718	17676	8746
2010	3229	7038	53823	41060	54078	43309	21875	16374	19788	9858
2011	6957	19805	56163	44945	58569	47683	23334	17787	21933	11780
2012	7012	19246	61874	50105	62101	49806	24573	18729	23776	13436
2013	7064	19464	60460	55627	65275	51044	25349	18093	25825	14843
2014	7412	20490	62858	59517	70057	56237	26891	20900	28312	16884
2015	7399	20204	65315	61696	72522	57001	27973	21690	29975	17857
2016	7718	20426	70054	66517	75506	59682	29639	23556	31684	18969
2017	7741	21137	75931	71414	83873	63739	31491	24913	37280	21420
2018	7744	20141	86070	76597	89671	66672	33289	26081	40339	23468
2019	7984	18708	90602	81992	100557	78312	34333	28558	48029	31502

注：按市县分的卫生机构床位数为医院、卫生院床位数。2011 年起卫生机构数包括村卫生室数。

a）Number of beds in health care institutions by city and county referred to beds of hospital and health centers.Since 2011,data of health care institutions include the villages clinics.

19–7 各类医疗卫生机构医疗服务及床位利用情况（2019）

Number of Visits and Inpatients in Medical Institutions and Utilization of Beds（2019）

类 别	Item	诊疗人次数（万人次）Visits（10 000 person-times）	#门、急诊 Outpatients with Emergency Treatment	入院人数（万人）Number of Inpatients（10 000 persons）	医生日均担负诊疗人次（人次）Daily Visits Each Doctor（person-time）	实际开放总床日数（万日）Days of Total Beds Actually Opened（10 000 day）
总计	**Total**	**12732.55**	**12017.66**	**520.23**	**7.14**	**5602.38**
医院	Hospitals	5505.53	5241.52	416.44	6.23	4436.41
综合医院	General Hospitals	3963.42	3832.46	301.57	6.44	3018.08
中医医院	Hospitals Specialized in Traditional Chinese Medicine	1134.60	1016.27	85.56	6.64	915.52
中西医结合医院	Hospital of Integrated Traditional Chinese with Western Medicine	103.54	101.60	7.74	5.63	92.01
民族医院	Nationalities Hospitals	35.88	34.85	2.51	3.02	30.59
专科医院	Specialized Hospitals	268.08	256.34	19.06	4.01	380.18
护理院	Nursing Hospital				0.14	0.03
基层医疗卫生机构	Basic Medical Institutions	6661.87	6220.83	83.04	8.62	966.81
#社区卫生服务中心（站）	Community Health Service Centers	732.96	662.44	5.35	9.82	97.51
卫生院	Health Centers	1725.02	1624.08	77.59	6.24	869.30
街道卫生院	Urban Health Centers	1.54	1.53	0.01	4.73	0.62
乡镇卫生院	Township Health Centers	1723.49	1622.55	77.59	6.24	868.68
村卫生室	Village Clinics	2388.55	2165.83			
门诊部	Outpatient Department	54.49	51.93	0.10	5.97	
专业公共卫生机构	Specialized Public Health Institutions	564.71	554.85	20.63	8.18	182.25
#专科疾病防治院（所、站）	Specialized Disease Prevention & Treatment Institution	8.86	8.86	0.45	5.63	15.04
妇幼保健院（所、站）	Women and Children Care Agencies	551.27	541.42	20.18	8.37	167.21
其他医疗卫生机构	Other Institutions	0.45	0.45	0.12	0.53	16.91
#疗养院	Sanatoriums	0.45	0.45	0.12	0.53	16.91

19-7 续表 continued

类 别	Item	平均开放病床（万张）Average Beds Opened (10 000 beds)	病床周转次数（次）Turnover of Beds (time)	病床工作日（日）Working Days of Beds (day)	病床使用率（%）Utilization Rate of Beds (%)	平均住院日（日）Average Stay Days in Hospital (day)
总计	**Total**	**15.35**	**33.73**	**281.10**	**77.02**	**8.00**
医院	Hospitals	12.15	34.08	299.00	81.92	8.60
综合医院	General Hospitals	8.27	36.24	303.07	83.03	8.10
中医医院	Hospitals Specialized in Traditional Chinese Medicine	2.51	34.07	301.86	82.70	8.48
中西医结合医院	Hospital of Integrated Traditional Chinese with Western Medicine	0.25	30.64	250.58	68.65	7.68
民族医院	Nationalities Hospitals	0.08	29.89	241.60	66.19	8.18
专科医院	Specialized Hospitals	1.04	18.23	276.22	75.68	17.79
护理院	Nursing Hospital					
基层医疗卫生机构	Basic Medical Institutions	2.65	31.23	212.43	58.20	5.68
#社区卫生服务中心（站）	Community Health Service Centers	0.27	19.97	184.36	50.51	5.80
卫生院	Health Centers	2.38	32.45	215.58	59.06	5.68
街道卫生院	Urban Health Centers	0.00	4.18	26.73	7.32	6.39
乡镇卫生院	Township Health Centers	2.38	32.47	215.71	59.10	5.68
村卫生室	Village Clinics					
门诊部	Outpatient Department					
专业公共卫生机构	Specialized Public Health Institutions	0.50	41.13	233.96	64.10	5.39
#专科疾病防治院（所、站）	Specialized Disease Prevention & Treatment Institution	0.04	10.01	237.15	64.97	19.07
妇幼保健院（所、站）	Women and Children Care Agencies	0.46	43.93	233.68	64.02	5.11
其他医疗卫生机构	Other Institutions	0.05	2.66	28.84	7.90	10.86
#疗养院	Sanatoriums	0.05	2.66	28.84	7.90	10.86

19–8 农村乡镇卫生院医疗服务情况
Situations of Medical Services in Township Health Centers

年 份 Year	诊疗人次 (万人次) Number of Visits (10 000 person-times)	病床使用率 (%) Utilization Rate of Beds (%)	出院者平均住院日 (日) Average Duration of Hospitalization (day)
2007	1453	24.03	4.4
2008	1799	51.81	4.9
2009	1653	58.62	6.0
2010	1547	54.44	6.0
2011	1763	52.94	6.4
2012	1947	58.73	6.2
2013	2089	56.97	6.4
2014	1988	55.96	6.8
2015	1970	57.05	6.7
2016	2018	59.99	6.4
2017	2072	61.65	6.0
2018	1891	60.94	5.6
2019	1725	59.06	5.7

19–9 社区卫生服务中心（站）医疗服务情况
Medical Services of Community Health Service Centers（Stations）

年 份 Year	入院人数 (人) Number of Inpatients (person)	病床使用率 (%) Utilization Rate of Beds (%)	出院者平均住院日 (日) Average Duration of Hospitalization (day)	医师日均担负诊疗人次 (人次) Daily Visits Per Doctor (person-time)	医师日均担负住院床日 (日) Daily Inpatients Per Doctor (day)
2007	19355	58.1	2.0	9.1	0.3
2008	24980	70.3	1.1	10.6	0.5
2009	26585	60.5	1.2	8.9	0.4
2010	25320	51.8	4.7	5.1	0.4
2011	44305	59.3	5.6	7.9	0.5
2012	51806	57.2	5.8	7.8	0.5
2013	45655	54.9	6.8	8.1	0.5
2014	47294	56.5	6.8	9.7	0.5
2015	53392	55.9	6.1	9.8	0.5
2016	53729	59.1	5.6	9.4	0.5
2017	56266	56.9	5.7	9.5	0.5
2018	52021	53.5	5.9	9.6	0.5
2019	53469	50.5	5.8	9.8	0.5

19-10 医院、卫生院基本情况（2019）
Basic Statistics of Hospitals and Health Centers （2019）

项　目	Item	总计 Total	#医院 Hospitals	市 City	县 County	#卫生院 Health Centers
医院和卫生院数（个）	Hospitals and Health Centers (unit)	2097	718	391	327	1379
床位数（张）	Beds (unit)	162205	134286	77089	57197	27919
人员数（人）	Personnel (person)	163786	132651	84292	48359	31135
#卫生技术人员	Medical Technical Personnel	140902	112451	71171	41280	28415
执业医师	Licensed Doctor	38283	31743	21015	10728	11046
注册护士	Registered Nurses	66688	56852	36516	20336	9826
药剂人员	Pharmacists	6434	4894	3222	1672	1537
检验人员	Laboratory Technicians	4398	3734	2357	1377	1346
其 他	Others	16122	15228	8061	7167	4660

19-11 28种传染病发病及死亡情况（2019）
Number of Reported Cases and Deaths of 28 Infectious Diseases （2019）

疾病名称	Diseases	发病人数（人）Number of Diseases (person)	发病率（1/10万）Incidence (1/100 000)	死亡人数（人）Number of Deaths (person)	死亡率（1/10万）Death Rate (1/100 000)
病毒性肝炎	Viral Hepatitis	20374	77.2544	4	0.0152
肺结核	Pulmonary Tuberculosis	9542	36.1815	20	0.0758
梅毒	Syphilis	7177	27.2139		
淋病	Gonorrhea	984	3.7311		
细菌性和阿米巴性痢疾	Dysentery	3491	13.2372		
猩红热	Scarlet Fever	1608	6.0972		
艾滋病	AIDS	605	2.2940	131	0.4967
布鲁氏菌病	Brucellosis	1711	6.4878		
百日咳	Pertussis	450	1.7063		
流行性出血热	Hemorrhage Fever	320	1.2134	1	0.0038
伤寒和副伤寒	Typhoid and Paratyphoid Fever	23	0.0872		
登革热	Dengue Fever	13	0.0493		
麻疹	Measles	80	0.3033		
疟疾	Malaria	22	0.0834		
流行性乙型脑炎	Encephalitis B	50	0.1896		
狂犬病	Hydrophobia				
炭疽	Anthrax	39	0.1479		
钩端螺旋体病	Leptospirosis				
血吸虫病	Schistosomiasis				
流行性脑脊髓膜炎	Epidemic Encephalitis	4	0.0152	1	0.0038
新生儿破伤风	Newborn Tetanus	2	0.0076		
霍乱	Cholera				
人感染H7N9禽流感	HpAI H7N9				
鼠疫	The Plague	1	0.0038	1	0.0038
传染性非典型肺炎	SARS				
脊髓灰质炎	Poliomyelitis				
人感染高致病性禽流感	HpAI				
白喉	Diphtheria				

19-12 卫生总费用
Total Health Expenditure

年 份 Year	卫 生 总费用 (亿元) Total Health Expenditure (100 million yuan)	政府卫生支出 Government Health Expenditure 绝对数(亿元) Level (100 million yuan)	占卫生总费用比重(%) As Percentage of Health Expenditure (%)	社会卫生支出 Social Health Expenditure 绝对数(亿元) Level (100 million yuan)	占卫生总费用比重(%) As Percentage of Health Expenditure (%)	个人现金卫生支出 Out-of-pocket Health Expenditure 绝对数(亿元) Level (100 million yuan)	占卫生总费用比重(%) As Percentage of Health Expenditure (%)	人均卫生总费用(元) Per Capita Health Expenditure (yuan)	卫生总费用相对于GDP比重(%) Health Expenditure as Percentage of GDP (%)
2000	4.37	0.72	16.49	1.23	28.16	2.42	55.34	129.01	5.44
2001	4.61	0.97	21.13	0.85	18.52	2.78	60.35	135.32	5.27
2002	5.83	1.10	18.83	0.88	15.04	3.85	66.13	169.84	5.98
2003	79.85	17.89	22.40	18.93	23.71	43.03	53.89	305.80	6.10
2004	89.92	20.11	22.36	24.02	26.72	45.79	50.92	343.45	5.77
2005	106.61	27.12	25.44	22.07	20.70	57.42	53.86	410.91	5.51
2006	124.41	31.13	25.02	27.31	21.95	65.98	53.03	447.36	5.46
2007	147.15	45.37	30.83	31.53	21.43	70.25	47.74	562.27	5.45
2008	213.89	83.93	39.24	48.18	22.53	81.78	38.24	813.85	6.73
2009	263.98	102.42	38.80	69.80	26.44	91.76	34.76	1001.65	7.79
2010	295.38	116.54	39.45	74.22	25.13	104.62	35.42	1153.86	7.17
2011	393.60	161.60	41.06	99.25	25.22	132.75	33.73	1534.99	7.84
2012	444.72	168.88	37.97	113.94	25.62	161.91	36.41	1725.36	7.87
2013	518.21	188.17	36.31	141.28	27.26	188.75	36.43	2006.89	8.27
2014	569.75	212.32	37.27	164.19	28.82	193.24	33.92	2199.13	8.34
2015	654.07	259.10	39.61	199.60	30.52	195.37	29.87	2516.09	9.63
2016	754.06	283.95	37.66	250.60	33.23	219.51	29.11	2889.18	10.47
2017	812.70	291.84	35.91	290.81	35.78	230.05	28.31	3095.17	10.59
2018	905.32	318.03	35.13	330.65	36.52	256.64	28.35	3432.77	10.95

19-13 各市（州）卫生机构基本情况（2019）
Basic Statistics of Health Institutions by Region（2019）

市（州）	Region	卫生机构数(个) Number of Health Institutions (unit)	#医院 Hospitals	#卫生院 Health Centers	卫生机构床位数(张) Number of Hospital Beds (unit)	#医院 Hospitals	#卫生院 Health Centers	卫生机构人员数(人) Number of Persons Engaged in Health Institutions (person)	#医院 Hospitals	#卫生院 Health Centers
兰州市	Lanzhou	2288	136	67	31409	27532	1084	48752	34235	1651
嘉峪关市	Jiayuguan	113	9	3	2696	2333	61	3641	2546	91
金昌市	Jinchang	523	16	12	3126	2835	260	4514	3239	253
白银市	Baiyin	1560	23	74	8613	6309	1705	14011	7647	2167
天水市	Tianshui	3413	119	136	20132	15882	2909	24940	14554	3668
武威市	Wuwei	1903	47	106	14029	10813	2269	16631	9686	2578
张掖市	Zhangye	1466	48	90	10404	7761	2083	12026	6826	1723
平凉市	Pingliang	2559	49	106	14736	11092	2868	17335	9026	3504
酒泉市	Jiuquan	997	35	78	7600	5904	1494	10904	6676	1400
庆阳市	Qingyang	1962	40	125	13062	9627	2945	17240	9292	3324
定西市	Dingxi	2840	51	132	17290	12673	3741	19317	9898	3652
陇南市	Longnan	4402	59	216	13640	9832	3242	19481	8689	3368
临夏州	Linxia	1780	51	133	12388	9015	2792	14003	7734	2671
甘南州	Gannan	886	35	101	3469	2678	466	5859	2603	1085

注：卫生机构数包括村卫生室数。
a）Number of health care institutions included number of village clinics.

19-14　各市（州）卫生技术人员数（2019）
Number of Medical Technical Personnel in Health Care Institutions by Region（2019）

单位：人　　　　(person)

市（州）	Region	卫生技术人员 Medical Technical Personnel	#执业（助理）医师 Licensed (Assistant) Doctors	#执业医师 Licensed Doctors	#注册护士 Registered Nurses	#药师（士）Pharmacist	#检验技师（士）Laboratory Technician
兰州市	Lanzhou	39723	14337	13193	19308	1694	2132
嘉峪关市	Jiayuguan	3174	988	846	1599	185	208
金昌市	Jinchang	3868	1265	1072	1754	196	210
白银市	Baiyin	11212	3807	3049	5071	467	642
天水市	Tianshui	18464	5991	4688	8458	815	1057
武威市	Wuwei	13342	4500	3511	6307	527	721
张掖市	Zhangye	9920	3615	2822	4457	373	565
平凉市	Pingliang	13881	5433	4025	5664	547	818
酒泉市	Jiuquan	9438	3297	2636	4229	410	548
庆阳市	Qingyang	13529	4651	3607	6348	465	793
定西市	Dingxi	14418	5655	4159	5816	796	955
陇南市	Longnan	12761	4333	2904	4760	512	646
临夏州	Linxia	10752	3174	2436	4526	304	495
甘南州	Gannan	4387	1845	1355	1234	201	251

19-15　孕产妇及婴儿死亡率
Mortality Rate of Maternal and Infant

指　标	Item	2010	2015	2018	2019
孕产妇死亡率（1/10 万）	Maternal Mortality Rate （1/100 000）	33.23	15.07	18.64	12.88
城市	Urban	23.38	19.34	19.61	15.23
农村	Rural	37.50	13.27	18.17	11.55
婴儿死亡率（‰）	Infant Mortality Rate（‰）	10.00	5.28	3.75	3.37
城市	Urban	7.66	4.48	3.68	2.93
农村	Rural	11.02	5.62	3.78	3.62
5 岁以下儿童死亡率（‰）	Mortality Rate of Children under 5 （‰）	11.35	6.40	4.82	4.50
城市	Urban	8.86	5.71	4.65	3.74
农村	Rural	12.43	6.70	4.90	4.94
新生儿死亡率（‰）	Newborn Mortality Rate（‰）	7.81	3.74	2.51	2.29
城市	Urban	5.90	3.24	2.57	2.14
农村	Rural	8.64	3.96	2.49	2.37

19-16　妇联组织及干部基本情况
Basic Conditions of Women's Federation Organizations and Cadres

指　标	Item	2010	2015	2018	2019
乡及乡以上妇联组织机构（个）	Women's Federation Institution of Township and above （unit）	1488	1469	1453	1502
乡及乡以上妇联干部（人）	Women's Federation Cadres of Township and above （person）	2197	2218	2557	2154
在干部中少数民族干部数（人）	Number of Minority Cadres （person）	276	263		295
少数民族干部占干部总数（%）	Percentage of Minority Cadres in Total Cadres （%）	12.6	11.9		13.69

19-17　各党派党员（成员）数
Number of Different Parties Member

项　目	Item	2010	2015	2018	2019
中国共产党（万人）	Communist Party of China (10 000 persons)	151	175	176	182
中国国民党革命委员会（人）	Revolutionary Committee of Kuomintang (person)	2668	3262	3621	3769
中国民主同盟（人）	Democracy League (person)	6444	8118	9175	9405
中国民主建国会（人）	China Democratic National Construction Association (person)	2341	2854	3196	3294
中国民主促进会（人）	China Association Promoting Democracy (person)	2767	3364	3760	3900
中国农工民主党（人）	Chinese Peasants' and Workers' Democratic Party (person)	2041	2610	3164	3295
九三学社（人）	Jiu San Society (person)	2898	3583	4059	4249

19-18 工会组织情况
Basic Statistics on Trade Unions

年 份 Year	工会基层组织数（个）Number of Grassroots Unions (unit)	已建立工会组织的基层单位的职工与会员人数（万人）Membership and Number of Staff and Workers in Grassroots Unions（10 000 persons）				工会专职干部人员数（人）Number of Full-time Personnel of Unions (person)
		职工人数 Number of Staff and Workers	#女职工 Female	会员人数 Membership	#女会员 Female	
1995	12251	194.29	68.44	173.91	62.31	11532
1996	12052	196.34	71.72	175.78	63.88	10020
1997	10596	173.33	61.80	155.82	54.46	8601
1998	10519	173.68	62.45	159.78	57.14	9073
1999	9788	177.23	60.71	157.06	55.36	9554
2000	10768	168.25	60.86	154.69	55.16	8714
2001	14675	177.76	63.50	163.40	56.00	6257
2002	15320	222.27	75.81	209.00	70.25	5789
2003	24291	206.12	69.16	190.43	63.72	5861
2004	23061	206.42	71.29	195.35	67.31	6279
2005	17522	219.05	75.67	207.14	70.49	5475
2006	19328	238.70	83.80	225.35	79.50	5051
2007	21642	268.76	93.14	256.68	89.44	4895
2008	24366	294.22	102.26	281.12	99.18	4890
2009	26936	312.17	105.12	301.35	102.03	5267
2010	28711	326.68	111.90	316.24	109.52	4998
2011	30422	347.28	122.48	335.97	119.19	5989
2012	33196	354.67	126.20	344.56	123.90	6336
2013	35123	370.31	131.38	358.67	129.22	6838
2014	35873	369.92	130.42	356.36	128.25	7199
2015	36626	373.12	134.29	363.35	132.10	7504
2016	37134	386.79	138.60	374.61	135.46	9177
2017	37878	401.33	142.79	388.70	139.85	9887
2018	38373	414.71	149.02	403.07	145.79	10214
2019	37993	424.58	151.79	414.79	149.05	9557

19-19 生产安全事故绝对指标
Absolute Indicators of Production Safety Accidents

年 份 Year	事故起数（起） Number of Accidents (case)	死亡人数（人） Number of Death (person)	受伤人数（人） Number of Injuries (person)	直接经济损失（万元） Direct Economic Loss (10 000 yuan)
2000	10679	2670	6155	7168.0
2001	11376	2602	6690	6570.6
2002	11607	2759	6769	7016.0
2003	11422	2661	6262	7360.3
2004	9842	2460	5740	6559.9
2005	8420	2181	5564	6924.6
2006	7828	2082	5453	7980.7
2007	5736	1889	4352	8017.5
2008	4875	1797	3774	7789.1
2009	4383	1758	3401	6975.6
2010	4375	1703	3728	8447.5
2011	4103	1737	3627	20239.1
2012	5090	1639	3403	16758.2
2013	5028	1579	3394	11503.9
2014	5061	1543	3605	8699.1
2015	4759	1519	3583	8670.5
2016	1214	978	1036	9959.0
2017	1127	885	997	14100.9
2018	955	776	711	16952.5
2019	843	709	617	16480.1

注：自2016年1月1日起，《生产安全事故统计管理办法》和《生产安全事故统计报表制度（暂行）》开始实施，对生产安全事故统计范围、统计口径进行改革，具体是：

1. 道路运输事故是指公路客运、公交客运、出租客运、网络约车、旅游客运、租赁、教练、货运、危化品运输、工程救险、校车，包括企业通勤车在内的其他营运性车辆或其他生产经营性车辆等十二类道路运输车辆在从事相应运输活动中发生人员伤亡的事故纳入道路运输业事故统计。
2. 未造成人员伤亡且直接经济损失小于100万元（不含）的生产安全事故暂不纳入统计。（下表同）

Since January 1, 2016, "production safety accident statistical management approach" and "production safety accident statistical reporting system (temporary)" began to implement.The production safety accident statistics, statistical caliber were reformed.Specifically is:

a) Road transport accident refers to the road passenger transport, bus passenger transport, leasing passenger transport, network bus, travel passenger, leasing, coach, freight,hazardous chemicals transportation, engineering rescue, school bus, including business commuter vehicles, including other operating vehicles or Other production and operation of vehicles and other 12 types of road transport vehicles engaged in the corresponding transport activities which occurred in the casualties of the accident,include in the road transport industry accident statistics.

b) The production safety accidents that didn't cause casualties and direct economic losses of less than 100 million (excluding) are not included in the statistics temporarily.The same applies to the relevant table following.

19-20 较大以上生产安全事故指标
Production Safety Accident Indicators with Larger Above

年 份 Year	较大生产安全事故起数 (起) Number of Production Safety Accident with Larger above (case)	较大生产安全事故死亡人数 (人) Number of Death of Production Safety Accident with Larger above (person)	重大以上生产安全事故起数 (起) Number of Production Safety Accident with Significantly above (case)	重大以上生产安全事故死亡人数 (人) Number of Death of Production Safety Accident with Significantly above (person)
2000	72	284	8	112
2001	58	228	1	22
2002	89	343	3	37
2003	74	282	3	40
2004	68	282	2	29
2005	60	218	2	26
2006	67	261	3	68
2007	78	316		
2008	67	247		
2009	67	250	1	10
2010	59	235	2	23
2011	53	227	3	57
2012	54	203	2	30
2013	50	189	1	18
2014	40	186	3	36
2015	40	155		
2016	18	66	1	12
2017	17	66		
2018	11	39	1	15
2019	19	68		

19-21 生产安全事故相对指标
Relative Indicators of Production Safety Accidents

年 份 Year	亿元国内生产总值安全事故死亡率（人） Rate of Safety Accident Mortality Per 100 Million Yuan of GDP (person)	工矿商贸就业人员十万人生产安全事故死亡率（人） Production Safety Accident Mortality Rate Per One Hundred Thousand Employed Persons of Industrial, Mining and Business Enterprises (person)	道路交通万车死亡率（人） 10 Thousand Vehicle Mortality Rate of Road Traffic (person)	煤矿百万吨死亡率（人） Coal Mine Million Tons Mortality Rate (person)
2000	2.54	5.35	31.19	8.45
2001	2.43	4.00	27.09	3.25
2002	2.39	5.48	29.34	2.92
2003	2.04	4.61	22.60	3.05
2004	1.57	4.50	19.36	2.97
2005	1.13	3.00	16.17	1.31
2006	0.92	5.24	14.13	2.62
2007	0.70	4.85	11.43	1.53
2008	0.56	2.99	10.79	0.91
2009	0.52	2.71	9.63	0.75
2010	0.42	2.83	7.64	0.77
2011	0.35	3.41	6.89	0.77
2012	0.29	2.90	5.92	0.74
2013	0.24	2.30	5.15	0.21
2014	0.23	1.33	6.24	0.27
2015	0.22	1.62	4.70	0.43

19-21 续表 continued

年 份 Year	亿元国内生产总值安全事故死亡率（人） Rate of Safety Accident Mortality Per 100 Million Yuan of GDP (person)	工矿商贸就业人员十万人生产安全事故死亡率（人） Production Safety Accident Mortality Rate Per One Hundred Thousand Employed Persons of Industrial, Mining and Business Enterprises (person)	道路交通万车死亡率（人） 10 Thousand Vehicle Mortality Rate of Road Traffic (person)	煤矿百万吨死亡率（人） Coal Mine Million Tons Mortality Rate (person)
2015（新标准） (New Standard)	0.17	1.62	26.67	0.43
2016	0.132	2.096	18.630	0.282
2017	0.115	2.196	16.100	0.214
2018	0.093	2.538	12.200	0.139
2019	0.081	2.92	11.66	0.244

19-22 刑事案件发、破案情况
Statistics on Occurred and Solved of Criminal Cases

年 份 Year	刑事案件发案总数（件） Number of Criminal Cases Occurred (case)	刑事案件破案总数（件） Number of Criminal Cases Solved (case)	刑事案件破案率（%） Rate of Criminal Cases Solved (%)
2000	36481	20420	55.97
2001	42881	22546	52.58
2002	36758	19538	53.15
2003	34016	18812	55.30
2004	33099	18216	55.03
2005	31587	18473	58.48
2006	31114	18378	59.07
2007	31203	18325	58.73
2008	43037	20932	48.64
2009	46611	22365	47.98
2010	66472	26404	39.72
2011	78682	30573	38.86
2012	87084	36129	41.50
2013	89013	33814	37.98
2014	92040	30709	33.36
2015	108472	34431	31.74
2016	99806	40701	40.80
2017	78881	34699	44.00
2018	69205	28884	41.74
2019	66552	22675	34.10

19-23 交通事故情况
Basic Statistics on Traffic Accidents

年 份 Year	交通事故 (起) Number of Traffic Accidents (case)	死亡人数 (人) Number of Deaths (person)	受伤人数 (人) Number of Injuries (person)	直接损失 (万元) Direct Property Losses (10 000 yuan)
2000	7520	2078	5637	2927.4
2001	7929	2110	6350	3170.7
2002	7696	2188	6363	3264.9
2003	7659	2090	5948	3498.8
2004	6361	1992	5566	2512.2
2005	5414	1799	5406	2252.8
2006	4822	1695	5311	1737.9
2007	3809	1549	4293	1303.2
2008	3371	1557	3697	1447.9
2009	2937	1553	3353	1224.9
2010	3090	1501	3692	1094.7
2011	3027	1505	3578	2835.5
2012	2954	1438	3343	1659.7
2013	2915	1435	3336	1212.2
2014	3038	1432	3575	1291.2
2015	3064	1396	3554	1236.3
2016	2878	1345	3161	1064.7
2017	2794	1334	3201	929.2
2018	3112	1285	3282	980.5
2019	2923	1197	3000	823.1

19-24 火灾事故情况
Basic Statistics on Fire Accidents

年份 Year	火灾事故（起） Number of Fire Accidents (case)	死亡人数（人） Number of Deaths (person)	受伤人数（人） Number of Injuries (person)	直接损失（万元） Direct Property Losses (10 000 yuan)
2000	2291	24	62	2542.4
2001	2736	51	88	2244.1
2002	3276	32	85	2182.8
2003	3137	31	83	1706.2
2004	3030	24	30	1959.1
2005	2599	31	41	2335.7
2006	2673	16	39	1564.5
2007	1658	15	18	1566.5
2008	1235	7	16	1932.9
2009	1198	5	6	1088.2
2010	1140	10	7	1897.2
2011	912	5	5	3773.2
2012	4388	8	1	4139.4
2013	6472	22	35	7292.0
2014	6028	9	3	5432.2
2015	5469	13	6	4906.8
2016	4887	9	25	3194.9
2017	7314	2	7	3939.2
2018	8594	6	6	3475.4
2019	7979	10	9	4475.0

19-25 受灾情况
Disaster Situation

指标	Item	2015	2018	2019
受灾面积（公顷）	Area Affected (hectare)	1020927	763756	278612
#旱灾	Drought	532988	50090	10111
洪涝灾	Flood Disaster	72184	257474	123440
风雹灾	Wind and Hail Disaster	268847	89979	67811
台风灾	Typhoon Disaster			
雪灾低温冷冻	Snow Disaster and Low-temperature,Freezing	103239	366185	76391
受灾人次（万人次）	Affected Person-times (10 000 person-times)	660	920.3	416.79
直接经济损失（万元）	Direct Economic Loss (10 000 yuan)	622061	2498682	574318

19-26 婚姻登记和离婚情况
Number of Marriages and Divorces

年 份 Year	准予登记结婚 （对） Registered Marriages （couples）	初婚（人） First Marriages （person）	再婚（人） Re-marriages （person）	离婚 （对） Divorces （couples）	离婚率 （‰） Divorce Rate （‰）
1995	155553	302938	8168	4541	0.38
1996	170379	331815	8943	4855	0.4
1997	154302	298654	9950	4409	0.36
1998	136978	262488	11468	5061	0.41
1999	133121	255203	11039	5241	0.42
2000	127799	244975	10623	5541	0.43
2001	126045	239734	12656	5790	0.45
2002	122033	227496	16570	6224	0.48
2003	118476	222219	14573	23000	1.77
2004	121187	225150	17008	21499	1.64
2005	114554	209947	19161	22260	1.72
2006	132615	245015	20215	23287	1.76
2007	115761	218565	12957	22017	1.68
2008	118023	223252	12794	22928	1.68
2009	122398	233316	11480	24742	1.88
2010	142294	269585	15003	27926	2.18
2011	169112	316838	21386	30473	2.38
2012	167518	318659	16377	32908	2.55
2013	186467	359247	13687	38500	2.98
2014	201813	391891	11735	42231	3.27
2015	220327	426481	14173	46185	3.56
2016	219095	425510	12680	38839	2.98
2017	197930	383348	12512	41272	1.58
2018	210653	384023	37283	46166	1.75
2019	198507	323753	73261	62172	2.35

注：从 2003 年起离婚人数包含法院判决离婚人数。

a）Since 2003, number of divorce has included the number of divorce sentenced by the courts.

19-27 社会救助情况
Statistics on Social Relief

项 目	Item	2010	2015	2018	2019
城镇低保人数（万人）	Number of Urban Residents Receiving Minimum Living Allowance （10 000 persons）	87.81	76.21	49.67	39.67
#女性	Female	31.90	29.79	22.52	17.64
#老年人	Old People	9.70	6.80	4.85	4.02
#残疾人	Disabled	4.70	3.72	2.70	2.46
#在职人员	Serving Officers	3.20	0.75	0.52	0.33
#灵活就业	Flexible Employment	13.90	14.23	10.28	9.09
#在校生	School Students	16.60	14.51		
城镇居民最低生活保障资金（亿元）	Minimum Living Security Fund of Urban Households （100 million yuan）	18.95	25.13	26.00	22.01
农村低保人数（万人）	Number of Rural Residents Receiving Minimum Living Allowance （10 000 persons）	326.74	336.92	233.64	138.12
#女性	Female	104.90	122.79	92.39	53.88
#老年人	Old People	77.70	74.10	51.46	32.37
#未成年人	Minor	70.70	48.73	40.30	24.11
#残疾人	Disabled	22.30	12.34	11.12	9.33
农村居民最低生活保障资金（亿元）	Minimum Living Security Fund of Rural Households （100 million yuan）	24.27	55.03	44.40	36.67
农村特困人员救助供养（万人）	Number of Rural Destitute Households Receiving Assistance and Livelihood （10 000 persons）	13.06	12.07	10.06	9.38
#女性	Female	3.10	2.31	1.49	1.34
#老年人	Old People	9.32	9.99	7.86	7.27
#残疾人	Disabled	3.22	2.75	2.21	1.97
农村集中供养人数	Rural Households with Centralized Livelihood	1.00	0.93		0.79
农村分散供养人数	Rural Households with Decentralized Livelihood	11.60	11.14		8.59

19-28 社会福利事业单位基本情况（2019）
Basic Statistics on Social Welfare Institutions （2019）

项　目	Item	收留抚养类机构数（个）Number of Adoption Bodies (unit)	年　末床位数（张）Number of Beds at Year-end (bed)	年末在院人　数（人）Number of Adoption Persons at Year-end (person)	年末职工人　数（人）Number of Staff and Workers at Year-end (person)
养老机构总数	**Number of Institutions for the Aged**	**235**	**22349**	**12015**	**2643**
农村养老服务机构	Service Institutions for the Aged in Rural Areas	120	8267	4554	600
社会福利院	Social Welfare Institutions	43	5906	3256	728
光荣院	Glory School				
养老公寓等各类养老机构	Apartment for the Aged, etc.Various Institutions for the Aged	72	8176	4205	1315
荣誉军人康复医院	Rehabilitation Hospital for Honor Soldiers				
复员军人疗养院	Demobilized Soldiers Sanatorium				
军队离退休干部休养所（军休所）	Retired Military Officers Sanatorium				
为智障与精神病人提供收留抚养服务机构	**Institutions with Adoption Services for Mentally Retarded and Mental Patients**	**2**	**600**	**425**	**157**
福利类精神病院和医院（社会福利院）	Welfare Class Mental Hospital and Hospital (Social Welfare Hospital)	2	600	425	157
复退军人精神病院	Mental Hospitals for Ex-serviceman				
为儿童提供住宿的社会服务机构数	**Number of Social Service Institutions Providing Accommodation for Children**	**14**	**2606**	**1284**	**418**
儿童收养机构	Adoption Institutions for Children	12	2536	1284	398
儿童福利院	Children Welfare House	12	2536	1284	398
SOS 儿童村	SOS Children's Village				
未成年人救助保护中心	Juvenile Rescue and Protection Centers	2	70		20
其他提供住宿的社会服务机构数	**Total Number of Other Social Service Institutions Providing Accommodation**	**45**	**2175**	**511**	**411**
#生活无着人员救助管理站	Rescue Management Station for Destitute Persons	34	1317	153	335
军供站	Serviceman Supply Stations				
安置农场	Placement Farms				
其他提供住宿的社会服务机构	Other Social Service Institutions Providing Accommodation	11	858	358	76

19-29 各市（州）社会服务基本情况（2019）
Basic Statistics on Social Service by Region（2019）

市（州）	Region	社会服务民政经费（万元）Civil Affairs Funds for Social Service (10 000 yuan)	其他生活救助（传统救济等）（人）Other Living Assistance (Traditional Relief, etc.) (person)	养老服务机构数（个）Number of Service Institutions for the Aged (unit)	养老服务年末收留抚养人数（人）Number of Adoption Persons for the Pension Services at Year-end (person)	养老服务床位数（张）Number of Beds for the Pension Services at Year-end (bed)	社区服务机构和设施总数（个）Number of Community Service Centers (unit)
甘肃省	**Gansu**	**1283731.0**	**1564564**	**235**	**12015**	**22349**	**11278**
省本级	Province Level	18165.3					2
兰州市	Lanzhou	104104.6	104451	25	2304	4665	1269
嘉峪关市	Jiayuguan	6211.3	1450	10	309	787	51
金昌市	Jinchang	16260.3	15345	5	214	339	321
白银市	Baiyin	80867.4	98728	10	522	944	663
天水市	Tianshui	146012.6	184431	5	266	520	1322
武威市	Wuwei	74207.3	97000	25	2601	4177	950
张掖市	Zhangye	62668.7	75587	32	1927	2608	611
平凉市	Pingliang	90976.1	146468	30	1008	1933	658
酒泉市	Jiuquan	59510.9	33263	26	1085	2412	934
庆阳市	Qingyang	109787.7	203320	21	1004	1362	1463
定西市	Dingxi	136967.5	155474	38	372	1525	883
陇南市	Longnan	153025	83960	1	24	60	998
临夏州	Linxia	166931.5	308485	4	280	878	771
甘南州	Gannan	54640.9	55438	3	99	139	375
兰州新区	Lanzhou New Area	2960.6	1157				6
甘肃矿区	Gansu Mining Area	433.3	7				1

19-30 各市（州）抚恤及社会福利救济费用（2019）
Basic Statistics on Pensions and Social Welfare Relief Funds by Region（2019）

单位：万元　　(10 000 yuan)

市（州）	Region	抚恤 Pensions	城市居民最低生活保障 Urban Residents Receiving Minimum Living Allowance	农村居民最低生活保障 Rural Residents Receiving Minimum Living Allowance	自然灾害生活救助 Living Relief for Natural Disasters
甘肃省	**Gansu**	**78930**	**220083**	**366702**	**38870**
省本级	Province Level	236			
兰州市	Lanzhou	9873	23723	12707	291
嘉峪关市	Jiayuguan	865	996	98	78
金昌市	Jinchang	1053	5561	4224	81
白银市	Baiyin	5408	27442	23035	2159
天水市	Tianshui	11579	24831	48640	4102
武威市	Wuwei	6309	13301	15955	2048
张掖市	Zhangye	3649	12349	11873	1146
平凉市	Pingliang	6924	17630	36455	4482
酒泉市	Jiuquan	3267	7051	24688	2523
庆阳市	Qingyang	8915	17540	36683	3571
定西市	Dingxi	8580	15190	53490	4086
陇南市	Longnan	6989	21273	52796	3798
临夏州	Linxia	3606	23589	35017	5956
甘南州	Gannan	1263	9249	9918	4549
兰州新区	Lanzhou New Area	364	36	1123	
甘肃矿区	Gansu Mining Area	50	324		

19-31 各市（州）城乡居民最低生活保障情况（2019）
Basic Statistics on Urban and Rural Residents Receiving Minimum Living Allowance by Region （2019）

单位：人 (person)

市（州）	Region	城镇居民最低生活保障人数 Number of Urban Residents Receiving Minimum Living Allowance	#登记失业 Registered Unemployed	农村最低生活保障人数 Number of Rural Residents Receiving Minimum Living Allowance
甘肃省	**Gansu**	**396744**	**65218**	**1381176**
兰州市	Lanzhou	32796	8718	43731
嘉峪关市	Jiayuguan	1553	135	201
金昌市	Jinchang	10354	1215	5659
白银市	Baiyin	46536	11175	84688
天水市	Tianshui	51388	10616	242194
武威市	Wuwei	26380	8929	48366
张掖市	Zhangye	20404	2385	44541
平凉市	Pingliang	35858	3054	128428
酒泉市	Jiuquan	21804	1560	17344
庆阳市	Qingyang	28727	8803	160812
定西市	Dingxi	30439	6552	181244
陇南市	Longnan	36495	744	209068
临夏州	Linxia	40847	608	175337
甘南州	Gannan	12643	664	36678
兰州新区	Lanzhou New Area	60	10	2885
甘肃矿区	Gansu Mining Area	460	50	

19-32 各市（州）社区服务机构和设施情况（2019）
Basic Statistics on Community Service Agencies and Facilities by Region （2019）

市（州）	Region	单位数（个） Number of Community Service Centers (unit)	年末职工人数（人） Number of Staff and Workers at Year-end (person)	床位数（个） Number of Beds (unit)
甘肃省	**Gansu**	**11278**	**24758**	**113517**
省本级	Provincial Level	2	6	20
兰州市	Lanzhou	1269	2939	15047
嘉峪关市	Jiayuguan	51	268	457
金昌市	Jinchang	321	819	2046
白银市	Baiyin	663	2867	8124
天水市	Tianshui	1322	2815	16016
武威市	Wuwei	950	1846	8265
张掖市	Zhangye	611	1725	6471
平凉市	Pingliang	658	1579	7511
酒泉市	Jiuquan	934	1263	4372
庆阳市	Qingyang	1463	2388	11410
定西市	Dingxi	883	1969	12433
陇南市	Longnan	998	1388	8855
临夏州	Linxia	771	1585	9044
甘南州	Gannan	375	1288	3424
兰州新区	Lanzhou New Area	6	7	22
甘肃矿区	Gansu Mining Area	1	6	

19-33 残疾人事业基本情况
Basic Information of Person with Disabilities

项 目	Item	2019
康复（人）	**Rehabilitation (person)**	
视力残疾人接受基本康复服务	Persons with Visually Disability Received Basic Rehabilitation Services	19831
听力残疾人接受基本康复服务	Persons with Hearing Disability Received Basic Rehabilitation Services	14109
肢体残疾人接受基本康复服务	Persons with Physical Disability Received Basic Rehabilitation Services	97159
智力残疾人接受基本康复服务	Persons with Intellectual Disability Received Basic Rehabilitation Services	13960
精神残疾人接受基本康复服务	Persons with Mental Disability Received Basic Rehabilitation Services	15517
教育（人）	**Education (person)**	
高等院校招生残疾考生人数	Disable Students Admitted to Higher Education Institutions	501
就业（人）	**Employment (person)**	
按比例就业	Proportionate Employment	6700
集中就业	Centralized Employment	2000
个体就业	Individual Employment	16100
公益性岗位	Public Welfare Position	2800
辅助性岗位	Auxiliary Position	3500
从事农业种植加	Engaged in Agricultural Planting and Processing	158000
灵活就业形式	Flexible Employment	60900
社会保障	**Social Security**	
符合参保条件的残疾居民（人）	Disability Residents Who Meet the Insured Conditions (person)	794960
#重度残疾人	People with Severe Disability	283006
实际参保的残疾居民	Disabled Residents who Actual Participate in Insurance	659722
60周岁以上参保残疾居民（人）	60 Year Old and above Disabled Residents who Actual Participate in Insurance (person)	
#重度残疾人	People with Severe Disability	297317
#获得全额代缴	Get Full Payment by Others	183987
获得部分代缴	Get Part of Payment by Others	38588
残疾人托养机构（个）	Care and Rehabilitation Institutions for Disabled (unit)	105
扶贫	**Poverty Alleviation**	
扶持情况	Assisted Situation	
本年度退出建档立卡贫困残疾户（户）	Impoverished PWDs Dropped Out the Filing Riser this year (household)	70086
本年度退出建档立卡贫困残疾人（人）	Impoverished PWDs Dropped Out the Filing Riser this year (person)	80618
本年度返贫残疾人（人）	Poverty-returning for PWDs this year (person)	12095
农村残疾人危房改造（户）	Dilapidated House Renovation for PWDs (household)	7592
维权	**Rights Protection**	
残疾人法律援助工作站（个）	Legal Assistance Station for PWDs (unit)	103
残疾人法律救助工作站办理的案件（件）	Case Handled by the Legal Assistance Station for PWDs (case)	
组织建设（人）	**Organization construction (person)**	
省市县乡残联编制	Manning Quotas of Provincial,Municipal,County and Township CDPFs	3541
省市县乡残联实有人员	Actual Personnel with Provincial,Municipal,County and Township CDPFs	4251
服务设施	**Service Facilities**	
已投入使用残疾人综合服务设施（个）	Comprehensive Service Facilities for PWDs that Already Put into Use (unit)	17

19-34 社会保险基金收支及累计结余
Revenue, Expenses and Balance of Social Insurance Fund

单位：万元 (10 000 yuan)

年 份 Year	合 计 Total	基本养老保 险 Basic Pension Insurance	失业保险 Unemployment Insurance	基 本 医疗保险 Basic Medical Care Insurance	工伤保险 Work Injury Insurance	生育保险 Maternity Insurance
基金收入 Revenue						
1995	61053	60848		101	90	14
1996	94266	93715		349	156	46
1997	124765	124078		426	183	78
1998	135667	134754		421	324	168
1999	288392	287409		453	357	173
2000	362539	361037		878	446	178
2001	426149	372816	26752	26158	297	126
2002	533371	443252	27341	62343	252	183
2003	590252	473460	29227	86925	325	315
2004	680744	538930	29968	108013	2335	1498
2005	768770	603454	33913	122647	5246	3510
2006	1041336	802548	45350	178381	11561	3496
2007	1272909	963161	47454	244994	13551	3749
2008	1593361	1139038	65240	364387	19266	5430
2009	1928964	1374014	83594	438172	25944	7240
2010	2273747	1656659	86576	492238	28762	9512
2011	3039940	2227124	114802	620985	59085	17944
2012	3253788	2331174	128708	719366	51333	23207
2013	3622603	2579881	147850	802865	60957	31050
2014	4212005	2981741	166208	951800	72288	40018
2015	4445590	3113855	155599	1054949	78147	43040
2016	5386647	3927631	145984	1190656	82279	40097
2017	7271907	4542399	105450	2484305	92038	47715
2018	9301110	6260806	107340	2720700	123191	89073
2019	10115282	6730233	128760	3071245	101820	83224
基金支出 Expenses						
1995	43678	43578		66	21	13
1996	82195	93715		212	31	23
1997	112622	124078		350	38	53
1998	136044	134754		374	69	98
1999	297059	287409		245	141	124
2000	368560	361037		839	286	124
2001	399340	372816	16334	14297	157	89
2002	472790	443252	19723	45717	187	88
2003	531273	473460	32138	71084	344	157
2004	575528	465062	23643	85995	535	293
2005	639453	501410	24625	110468	1856	1094

注：1. 2007 年及以后城镇基本医疗保险基金中包括城镇职工基本医疗保险和城镇居民基本医疗保险。
2. 2010 年及以后基本养老保险基金中包括城镇职工基本养老保险和城乡居民基本养老保险。
3. 工伤保险累计结余中含储备金。

a) Data of basic medical care insurance include both urban workers and urban residence from 2007.
b) Data of the basic pension insurance for 2010 and following years include the basic pension insurances for urban workers and for urban and rural residents.
c) The grand total of work injury insurance at year-end include reserve fund.

19-34 续表 continued

单位：万元 (10 000 yuan)

年 份 Year	合 计 Total	基本养老保险 Basic Pension Insurance	失业保险 Unemployment Insurance	基本医疗保险 Basic Medical Care Insurance	工伤保险 Work Injury Insurance	生育保险 Maternity Insurance
2006	799960	614418	39276	140115	4641	1510
2007	921999	708366	26033	178778	6878	1944
2008	1185827	896631	34488	242606	9346	2756
2009	1478303	1063507	60588	332770	17411	4027
2010	1744135	1269141	74598	378909	16783	4704
2011	2123277	1534152	33027	506543	42740	6815
2012	2661208	1926021	30279	653193	39895	11820
2013	3108375	2247052	26453	762692	51699	20479
2014	3548465	2585831	18794	857968	60771	25101
2015	4136933	3068733	49579	927726	64290	26605
2016	4864849	3673157	82224	1005799	67530	36139
2017	6457098	4009307	59318	2246486	70881	71106
2018	8308877	5535949	56535	2567213	80516	68664
2019	9498791	6468181	80364	2772961	93036	84249
累计结余						
Balance at Year-end						
1995	66108	65949		47	108	4
1996	78176	77735		178	236	27
1997	90319	89632		254	381	52
1998	89939	88883		301	636	119
1999	86307	85110		177	852	168
2000	80447	78836		377	1012	222
2001	150355	73189	53024	13055	863	224
2002	210946	119376	60642	29681	928	319
2003	314408	200118	57731	54956	1126	477
2004	400752	266104	64056	65974	2936	1682
2005	530901	368146	73342	78989	6326	4098
2006	782212	560176	79423	121865	14664	6084
2007	1140053	814976	100845	188240	28095	7897
2008	1547277	1057383	131258	310096	37968	10572
2009	1998372	1367889	154264	415931	46503	13785
2010	2541256	1769817	166242	528462	58144	18591
2011	3457915	2462788	248016	642900	74491	29720
2012	4050546	2867941	346445	665153	85549	41107
2013	4577811	3215776	467841	747894	94586	51714
2014	5240005	3611686	615255	840319	106102	66644
2015	5529615	3637160	721275	968142	119959	83079
2016	7010309	4850528	785036	1152998	134709	87038
2017	8270173	5434596	831168	1784895	155867	63647
2018	9309775	6248858	881973	1908882	176006	94056
2019	9829743	6598208	753982	2209883	184790	82880

19-35 社会保障基本情况
Basic Statistics of Social Security

单位：万人　　(10 000 persons)

项　目	Item	2010	2015	2018	2019
基本养老保险	**Basic Pension Insurance**				
年末参加基本养老保险人数	Basic Pension Insurance Participants at Year-end				
城镇职工基本养老保险	Urban Employees Basic Pension Insurance	242.48	306.20	454.69	469.38
职工	Number of Employees	171.13	197.01	299.27	309.82
离退休人员	Number of Retirees	71.35	109.19	155.41	159.56
城乡居民基本养老保险	Basic Pension Insurance for Urban and Rural Residents	378.99	1236.74	1316.96	1372.56
失业保险	**Unemployment Insurance**				
年末参保人数	Contributors at Year-end	164.46	162.76	168.34	172.97
全年发放失业保险金（万元）	Unemployed Relief (10 000 yuan)	14673	13600	15500	13600
基本医疗保险	**Medical Care Insurance**				
年末参保人数	Contributors at Year-end	588.79	634.96	2546.65	2572.94
职工	Staff and Workers	290.22	307.90	331.59	344.30
城乡居民	Urban and Rural Residents	298.57	327.03	2215.06	2228.64
工伤保险	**Work Injury Insurance**				
年末参保人数	Contributors at Year-end	130.09	182.60	219.42	244.10
年末享受待遇的人数	Beneficiaries at Year-end	1.09	2.33	2.04	1.47
生育保险	**Maternity Insurance**				
年末参保人数	Contributors at Year-end	82.00	154.10	202.91	221.81
享受待遇人数（万人次）	Beneficiaries at Year-end (10 000 person-times)	1.02	3.53	6.80	14.20

注：2012年8月起，新型农村社会养老保险和城镇居民社会养老保险制度全覆盖工作全面启动，合并为城乡居民社会养老保险（下表同）。

a) Since August 2012, system of new rural old-age insurance and urban basic pension insurance have started completely, and called basic pension insurance for urban and rural residents as total.The same applies to the table following.

19-36 各市（州）年末参加企业职工基本养老保险人数
Enterprise Employee Basic Pension Insurance Contributors at Year-end by Region

单位：万人　　(10 000 persons)

市（州）	Region	2010	2011	2012	2013	2014	2015	2016	2017	2018	2019
甘肃省	**Gansu**	**242.48**	**262.95**	**277.37**	**288.40**	**298.85**	**306.20**	**315.00**	**324.10**	**336.51**	**349.73**
兰州市	Lanzhou	42.17	49.19	54.67	59.92	66.16	68.76	71.73	76.30	83.74	90.50
嘉峪关市	Jiayuguan	6.91	7.61	8.98	9.37	9.66	10.09	10.43	11.16	11.54	11.74
金昌市	Jinchang	4.32	5.55	5.86	5.99	6.00	6.37	6.69	6.81	7.14	7.31
白银市	Baiyin	9.12	11.08	12.33	13.00	13.22	14.02	14.31	14.63	14.97	15.79
天水市	Tianshui	18.65	18.67	19.43	19.79	20.12	20.52	21.82	22.77	23.56	24.50
武威市	Wuwei	7.11	9.31	10.05	11.00	11.40	12.20	12.51	12.83	13.93	16.57
张掖市	Zhangye	8.79	9.62	10.11	10.39	10.73	11.33	11.63	11.96	12.51	13.00
平凉市	Pingliang	7.19	9.75	9.80	9.82	9.99	10.33	10.41	10.81	11.10	11.65
酒泉市	Jiuquan	8.72	9.94	10.39	10.95	11.64	12.02	13.78	14.01	13.68	13.83
庆阳市	Qingyang	6.48	7.33	7.50	7.32	7.46	7.57	7.64	7.74	7.36	8.07
定西市	Dingxi	8.01	8.42	8.70	9.09	9.49	10.10	10.29	10.72	11.74	10.81
陇南市	Longnan	8.17	6.48	6.86	7.02	7.14	7.30	7.41	7.63	8.02	8.28
临夏州	Linxia	4.74	5.53	6.04	6.27	6.35	6.43	6.48	6.62	6.25	6.54
甘南州	Gannan	2.11	2.31	2.45	2.44	2.45	2.53	2.45	2.13	2.20	2.35

注：不包括离退休人员。

a) The retirees are not included in this table.

19-37 各市（州）年末参加城乡居民基本养老保险人数
Urban and Rural Residents Basic Pension Insurance Contributors at Year-end by Region

单位：万人 (10 000 persons)

市（州）	Region	2010	2011	2012	2013	2014	2015	2016	2017	2018	2019
甘肃省	**Gansu**	**378.99**	**787.31**	**1221.39**	**1238.49**	**1240.13**	**1236.74**	**1253.73**	**1262.36**	**1316.97**	**1372.56**
兰州市	Lanzhou	39.75	72.65	74.98	74.81	74.05	72.78	72.78	72.85	75.01	75.87
嘉峪关市	Jiayuguan	1.71	1.80	1.67	1.67	1.75	1.85	1.90	1.92	2.06	2.16
金昌市	Jinchang	14.11	15.83	16.03	15.87	15.99	15.87	15.91	16.18	16.06	15.80
白银市	Baiyin	31.31	48.08	72.54	74.06	73.47	74.33	75.63	75.74	79.21	81.17
天水市	Tianshui	44.81	89.62	151.96	163.27	166.73	167.53	170.90	174.85	192.22	200.45
武威市	Wuwei	30.19	84.22	88.34	88.14	87.62	87.40	87.49	87.14	89.80	90.59
张掖市	Zhangye	11.00	19.48	67.91	68.52	69.15	68.98	68.70	68.57	68.88	68.59
平凉市	Pingliang	36.04	63.85	118.52	118.45	119.36	119.60	120.76	121.23	127.58	129.24
酒泉市	Jiuquan	8.55	15.29	43.17	44.31	44.58	44.43	44.47	44.35	44.95	45.06
庆阳市	Qingyang	34.48	99.97	142.93	143.32	142.74	148.03	148.94	149.85	151.17	151.57
定西市	Dingxi	41.77	96.81	153.45	156.02	156.11	150.06	156.18	158.87	161.96	165.50
陇南市	Longnan	27.86	52.70	148.73	149.76	149.52	150.51	152.88	153.37	157.68	163.31
临夏州	Linxia	19.34	89.60	105.63	104.41	102.95	100.05	100.81	100.85	111.66	143.94
甘南州	Gannan	38.07	37.41	35.53	35.87	36.12	35.32	36.38	36.58	38.72	39.31

19-38 各市（州）年末参加失业保险人数
Unemployment Insurance Contributors at Year-end by Region

单位：万人 (10 000 persons)

市（州）	Region	2010	2011	2012	2013	2014	2015	2016	2017	2018	2019
甘肃省	**Gansu**	**164.46**	**164.48**	**163.55**	**163.09**	**162.35**	**162.76**	**164.32**	**165.38**	**168.34**	**172.97**
兰州市	Lanzhou	57.31	56.12	56.06	57.36	57.27	56.75	56.76	56.73	56.77	60.02
嘉峪关市	Jiayuguan	4.45	4.35	5.16	5.36	5.38	5.55	5.77	6.10	6.45	6.55
金昌市	Jinchang	8.41	7.88	7.45	7.30	7.28	7.59	7.55	7.05	7.05	6.74
白银市	Baiyin	12.98	13.08	12.15	11.88	12.00	12.47	12.51	12.67	12.65	12.36
天水市	Tianshui	15.00	14.94	14.77	14.51	14.37	14.20	14.10	13.99	13.74	13.51
武威市	Wuwei	6.04	6.31	6.43	6.39	6.48	7.12	7.29	7.80	8.74	9.68
张掖市	Zhangye	6.64	6.94	6.92	6.85	7.00	7.34	7.67	7.85	8.25	8.60
平凉市	Pingliang	8.87	8.99	8.89	8.70	8.69	8.68	8.66	8.69	8.83	9.03
酒泉市	Jiuquan	6.67	7.18	6.90	7.03	6.52	6.70	7.17	7.54	8.28	9.08
庆阳市	Qingyang	7.86	8.16	8.28	8.27	8.26	8.26	8.27	8.29	8.28	8.35
定西市	Dingxi	8.91	8.32	8.16	8.25	8.38	8.57	8.81	8.96	9.13	9.63
陇南市	Longnan	4.88	4.87	4.37	4.26	4.82	4.72	4.76	4.83	5.40	5.54
临夏州	Linxia	4.93	4.85	4.43	4.19	4.11	4.17	4.00	3.67	3.46	2.93
甘南州	Gannan	3.18	3.29	2.74	2.76	2.81	3.05	3.36	3.64	3.82	3.26

19-39 各市（州）城镇职工基本医疗保险参保人数
Persons Covered of Urban Employees Basic Medical Care Insurance by Region

单位：万人 (10 000 persons)

市（州）	Region	2010	2011	2012	2013	2014	2015	2016	2017	2018	2019
甘肃省	**Gansu**	**204.40**	**202.84**	**292.97**	**297.05**	**302.60**	**307.92**	**314.44**	**320.25**	**331.59**	**344.30**
兰州市	Lanzhou	49.79	49.22	79.86	82.23	84.45	85.72	90.73	92.99	98.71	105.79
嘉峪关市	Jiayuguan	6.56	5.74	8.00	8.38	8.06	8.75	8.92	9.26	9.71	10.76
金昌市	Jinchang	6.87	7.29	11.68	11.36	11.89	12.05	12.11	11.97	12.19	12.29
白银市	Baiyin	13.11	12.73	21.55	21.83	22.15	22.45	23.19	23.54	23.71	24.06
天水市	Tianshui	19.04	19.21	27.67	27.66	27.66	27.67	25.16	25.42	25.79	27.86
武威市	Wuwei	9.76	10.26	12.61	12.69	12.84	13.16	13.30	13.35	13.96	14.45
张掖市	Zhangye	9.42	9.62	13.05	12.15	12.00	11.85	12.16	12.41	13.01	13.40
平凉市	Pingliang	10.86	10.02	10.53	11.03	11.20	1.95	12.36	12.84	13.07	13.78
酒泉市	Jiuquan	10.41	10.45	13.07	12.82	11.28	11.52	11.79	12.19	12.68	12.87
庆阳市	Qingyang	11.52	7.75	13.85	13.93	14.09	14.10	14.30	14.27	14.30	14.63
定西市	Dingxi	9.28	9.24	14.02	14.52	14.92	15.48	15.82	16.14	16.27	16.69
陇南市	Longnan	10.67	10.72	13.20	13.35	13.44	13.41	14.08	14.20	14.74	15.11
临夏州	Linxia	7.84	7.84	10.22	10.33	10.68	10.89	11.01	11.38	11.49	11.72
甘南州	Gannan	4.32	4.52	6.40	6.59	6.98	7.26	7.46	8.08	8.38	8.40

19-40 各市（州）城乡居民基本医疗保险参保人数
Persons Covered of Urban and Rural Residents Basic Medical Care Insurance by Region

单位：万人 (10 000 persons)

市（州）	Region	2010	2011	2012	2013	2014	2015	2016	2017	2018	2019
甘肃省	**Gansu**	**298.57**	**299.77**	**323.57**	**325.72**	**328.05**	**327.03**	**328.90**	**2191.97**	**2215.06**	**2228.64**
兰州市	Lanzhou	81.17	90.42	93.57	100.27	106.84	106.82	105.91	215.37	214.90	209.99
嘉峪关市	Jiayuguan	7.27	7.65	17.24	7.73	7.73	8.24	8.46	11.35	11.61	11.48
金昌市	Jinchang	8.46	8.72	31.32	31.42	31.04	30.97	30.96	30.69	31.07	30.92
白银市	Baiyin	23.51	19.47	21.05	20.44	21.70	17.78	18.34	139.84	141.55	140.69
天水市	Tianshui	33.13	27.29	27.98	27.98	20.33	21.59	21.48	304.08	303.53	304.63
武威市	Wuwei	17.34	17.38	17.02	17.63	17.60	17.51	21.48	155.83	156.18	153.03
张掖市	Zhangye	15.49	16.05	16.10	16.49	16.79	17.02	16.71	110.73	110.34	109.09
平凉市	Pingliang	22.58	22.54	22.54	16.18	17.06	17.47	18.17	191.05	192.67	193.62
酒泉市	Jiuquan	16.91	17.42	17.24	17.19	16.96	16.89	17.13	79.70	79.49	79.89
庆阳市	Qingyang	15.14	15.01	14.12	15.69	14.15	14.15	14.15	227.30	227.13	226.27
定西市	Dingxi	18.17	17.34	15.69	15.69	16.36	17.17	17.77	249.34	255.72	256.22
陇南市	Longnan	16.37	16.37	16.37	14.79	14.40	14.23	15.83	240.13	244.73	248.45
临夏州	Linxia	14.14	14.96	15.72	18.60	20.93	20.98	20.99	176.66	185.25	202.61
甘南州	Gannan	8.89	9.16	7.21	7.15	6.18	6.21	6.33	59.90	60.90	61.76

注：2017 年，城镇居民基本医疗保险改为城乡居民医疗保险，将新农合参保人数归入其中。

a) Since 2017,urban residents basic medical care insurance are changed to urban and rural residents basic medical care insurance,the new rural cooperative medical care are included.

19-41 各市（州）年末参加工伤保险人数
Work Injury Insurance Contributors at Year-end by Region

单位：万人 (10 000 persons)

市（州）	Region	2010	2011	2012	2013	2014	2015	2016	2017	2018	2019
甘肃省	**Gansu**	**130.09**	**150.19**	**158.53**	**167.72**	**175.14**	**182.60**	**188.35**	**198.58**	**219.43**	**244.10**
兰州市	Lanzhou	41.01	45.27	44.67	46.28	46.18	45.92	49.91	55.12	61.00	69.29
嘉峪关市	Jiayuguan	5.10	5.43	6.43	6.47	6.85	7.28	7.16	6.95	7.34	7.48
金昌市	Jinchang	6.66	7.02	7.18	7.39	7.40	7.44	7.31	7.02	8.50	8.71
白银市	Baiyin	12.51	12.11	12.45	13.02	12.72	12.84	13.48	14.39	14.54	15.09
天水市	Tianshui	9.94	9.94	9.94	9.94	9.94	12.46	13.33	13.48	14.17	17.38
武威市	Wuwei	4.65	6.58	9.09	10.29	11.39	11.86	12.51	15.05	16.18	14.89
张掖市	Zhangye	6.44	6.81	7.70	7.49	7.88	9.02	8.73	9.04	9.85	10.76
平凉市	Pingliang	7.26	7.89	8.17	9.10	8.78	8.88	8.09	8.10	10.25	12.74
酒泉市	Jiuquan	6.01	7.13	8.66	9.50	8.85	9.68	10.18	10.27	11.61	12.30
庆阳市	Qingyang	3.26	3.66	4.77	5.69	5.81	6.53	7.53	7.61	8.65	10.32
定西市	Dingxi	4.84	6.64	7.81	8.22	8.90	9.44	9.53	9.67	9.90	12.55
陇南市	Longnan	3.57	4.11	6.33	6.90	6.70	6.67	6.97	7.15	7.56	10.43
临夏州	Linxia	1.37	3.01	3.70	3.81	4.22	4.35	4.71	5.61	6.18	10.38
甘南州	Gannan	2.07	2.21	2.50	3.02	2.95	3.10	3.37	3.39	5.70	5.70

19-42 各市（州）年末参加生育保险人数
Maternity Insurance Contributors at Year-end by Region

单位：万人 (10 000 persons)

市（州）	Region	2010	2011	2012	2013	2014	2015	2016	2017	2018	2019
甘肃省	**Gansu**	**82.00**	**110.13**	**129.52**	**135.07**	**143.70**	**154.10**	**162.75**	**175.31**	**202.91**	**221.81**
兰州市	Lanzhou	34.59	41.79	44.01	45.61	45.52	45.25	48.49	54.94	58.62	63.57
嘉峪关市	Jiayuguan	3.93	4.31	5.88	6.18	7.14	7.37	7.50	6.88	6.93	6.93
金昌市	Jinchang	1.20	1.50	3.12	3.63	3.77	3.94	4.06	4.43	4.26	4.28
白银市	Baiyin	5.60	6.98	7.43	7.51	8.05	8.60	8.81	10.36	10.74	12.48
天水市	Tianshui	4.10	8.91	10.62	10.62	10.89	13.31	13.84	14.01	15.00	18.28
武威市	Wuwei	1.81	4.60	6.27	6.83	7.35	7.51	7.61	7.49	8.88	9.45
张掖市	Zhangye	6.25	6.71	6.94	6.62	7.14	7.54	7.90	8.10	8.63	8.95
平凉市	Pingliang	5.58	5.69	6.03	6.26	6.40	7.36	7.58	7.91	8.38	9.82
酒泉市	Jiuquan	0.72	0.72	5.96	6.58	6.21	6.72	7.04	7.28	8.19	8.82
庆阳市	Qingyang	5.57	8.57	8.61	8.65	8.88	8.96	9.16	9.40	10.03	10.46
定西市	Dingxi	4.75	6.24	8.04	9.89	10.29	10.63	10.75	10.93	11.08	11.88
陇南市	Longnan	0.54	2.34	4.20	4.30	4.54	4.71	6.92	7.08	9.60	10.33
临夏州	Linxia	4.22	4.91	5.28	5.35	5.64	5.89	6.37	8.24	8.31	8.47
甘南州	Gannan	2.46	2.37	2.65	2.92	3.38	3.55	3.92	5.51	5.92	6.29

主要统计指标解释

卫生机构 指从卫生行政部门取得《医疗机构执业许可证》，或从民政、工商行政、机构编制管理部门取得法人单位登记证书，为社会提供医疗保健、疾病控制、卫生监督服务或从事医学科研和教育等工作的单位。卫生机构包括医院、疗养院、社区卫生服务中心（站）、卫生院、门诊部、诊所（卫生所、医务室）、急救中心（站）、采供血机构、妇幼保健院（所、站）、专科疾病防治院（所、站）、疾病预防控制中心（防疫站）、卫生监督所、卫生监督检验（监测、检测）机构、医学科研机构、医学在职培训机构、健康教育所（站）等其他卫生机构。

医院 包括综合医院、中医医院、中西医结合医院、民族医院、各类专科医院和护理院。

基层医疗卫生机构 包括社区卫生服务中心、社区卫生服务站、街道卫生院、乡镇卫生院、村卫生室、门诊部、诊所（医务室）。

专业公共卫生机构 包括疾病预防控制中心、专科疾病防治机构、妇幼保健机构（含妇幼保健计划生育服务中心）、健康教育机构、急救中心（站）、采供血机构、卫生监督机构、取得《医疗机构执业许可证》或《计划生育技术服务许可证》的计划生育技术服务机构。

卫生人员 指在医院、基层医疗卫生机构、专业公共卫生机构及其他医疗卫生机构工作的职工，包括卫生技术人员、乡村医生和卫生员、其他技术人员、管理人员和工勤人员。一律按支付年底工资的在岗职工统计，包括各类聘任人员（含合同工）及返聘本单位半年以上人员，不包括临时工、离退休人员、退职人员、离开本单位仍保留劳动关系人员、本单位返聘和临聘不足半年人员。

卫生技术人员 包括执业医师、执业助理医师、注册护士、药师（士）、检验技师（士）、影像技师、卫生监督员和见习医（药、护、技）师（士）等卫生专业人员。不包括从事管理工作的卫生技术人员（如院长、副院长、党委书记等）。

执业医师 指具有《医师执业证》及其“级别”为“执业医师”，且实际从事医疗、预防保健工作的人员，不包括实际从事管理工作的执业医师。执业医师类别分为临床、中医、口腔和公共卫生。

执业助理医师 指《医师执业证》“级别”为“执业助理医师”且实际从事医疗、预防保健工作的人员，不包括实际从事管理工作的执业助理医师。执业助理医师类别分为临床、中医、口腔和公共卫生四类。

每万人口医疗卫生机构床位 每万人口医疗卫生机构床位 = 医疗卫生机构床位数 / 人口数 × 10000。人口数系年末常住人口。

卫生总费用 是反映一个国家或地区在一定时期内（通常为 1 年）用于医疗卫生保健服务所消耗的资金总量。用筹资来源法测算，分为政府卫生支出、社会卫生支出、个人现金卫生支出三部分。

政府卫生支出 指各级政府用于医疗卫生服务、医疗保障补助、卫生和医疗保障行政管理、人口与计划生育事务支出等各项事业的经费。

社会卫生支出 指政府支出外的社会各界对卫生事业的资金投入。包括社会医疗保障支出、商业健康保险费、社会办医支出、社会捐赠援助、行政事业性收费收入等。

个人现金卫生支出 指城乡居民在接受各类医疗卫生服务时的现金支付，包括享受各种医疗保险制度的居民就医时自付的费用。可分为城镇居民、农村居民个人现金卫生支出，反映城乡居民医疗卫生费用的负担程度。

人均卫生费用 即某年卫生总费用与同期平均人口数之比。

卫生总费用与 GDP 之比 指某年卫生总费用与同期国内生产总值（GDP）之比。是用来反映一定时期国家对卫生事业的资金投入力度，以及政府和全社会对卫生事业、居民健康的重视程度。

孕产妇死亡率 指年内每 10 万名孕产妇的死亡人数。孕产妇死亡指从妊娠期至产后 42 天内，由于任何妊娠或妊娠处理有关的原因导致的死亡，但不包括意外原因死亡者。按国际通用计算方法，“孕产妇总数”以“活产数”代替计算。

5 岁以下儿童死亡率 指年内未满 5 岁儿童死亡人数

与活产数之比，一般以‰表示。

新生儿死亡率　指年内新生儿死亡数与活产数之比。一般以‰表示。新生儿死亡指出生至28天以内（即0–27天）死亡人数。

离婚率　指某地区当年离婚对数占该地区年平均人口的比重。计算公式为：

基本养老保险（参保）职工人数　指报告期末按照国家法律、法规和有关政策规定参加基本养老保险并在社保经办机构已建立缴费记录档案的职工人数，包括中断缴费但未终止养老保险关系的职工人数，不包括只登记未建立缴费记录档案的人数。

基本医疗保险参保人数　指报告期末按国家有关规定参加基本医疗保险的人数。包括参加保险的职工人数和退休人员人数。

失业保险参保人数　指报告期末按照国家法律、法规和有关政策规定参加了失业保险的城镇企业事业单位的职工及地方政府规定参加失业保险的其他人员的人数。

工伤保险参加人数　指报告期末依据国家有关规定参加工伤保险的职工人数。

生育保险参保人数　指报告期末依据有关规定参加生育保险的职工人数。

城镇居民最低生活保障人数　指报告期末家庭平均收入在当地规定的最低生活保障线以下的城镇居民数。包括“三无”对象、失业人员和在职、下岗、退休人员等。

农村居民最低生活保障人数　指报告期末在建立农村最低生活保障制度的地区，得到当地政府或集体给予最低生活保障的农业人口家庭人数。

20

文化和体育

Culture and Sports

简要说明

一、本篇资料主要内容

本篇主要反映文化、体育、新闻出版、广播电视事业的发展情况。

文化资料主要包括文化产业基本情况、艺术表演团体、艺术表演场所、公共图书馆、博物馆、文化馆、文化站、广播、电影、电视、新闻出版等文化事业的机构、人员、经费和业务活动情况。体育资料主要包括体育系统职工和运动员情况。

二、本篇资料来源

本篇资料由省统计局社会科技处搜集、整理。艺术业、图书馆业、群众文化服务业的资料来自省文旅厅；广播、电影、电视资料来自省广电局；出版资料来自省宣传部；体育资料来自省体育局。

20-1　文化产业基本情况
Basic Statistics of Cultural Industry

项　目	Item	2015	2017	2018
文化产业增加值（亿元）	Value-added of Cultural Industry (100 million yuan)	124.24	163.6	178.19
#法人单位增加值（亿元）	Value-added of Corporate Units (100 million yuan)	99.36	131.15	145.74
文化产业增加值占 GDP 的比重 (%)	Value-added of Cultural Industry as Proportion of GDP (%)	1.83	2.19	2.20
文化产业法人单位机构数（家）	Number of Corporate Units Institutions of Cultural Industry (uint)	11025	12815	19414
从业人员（万人）	Employed Persons (10 000 persons)	20.25	24.69	13.39

20-2　文化及相关产业规模以上企业分类主要指标（2019）
Main Indicators of Culture and Related Industry above Designated Size by Type (2019)

项　目	Item	法人单位数（个） Number of Institutional Unit (unit)	从业人员期末人数（人） Number of Employed Persons at year-end (person)	资产总计（万元） Total Assets (10 000 yuan)	营业收入（万元） Business Revenue (10 000 yuan)	利润总额（万元） Total Profits (10 000 yuan)
全省	**Total**	**198**	**22384**	**4474458**	**1158521**	**–29018**
文化核心领域	**Core Area**	**160**	**19339**	**4135662**	**1030332**	**–27994**
新闻信息服务	News and Information Service	5	1738	98728	43262	-82
内容创作生产	Content Authoring	31	1919	481341	141072	20256
创意设计服务	Creative Design Service	30	2810	183583	115578	13430
文化传播渠道	Channels of Cultural Transmission	60	8767	2121260	641177	-62369
文化投资运营	Cultural Investment and Operation	1	87	405709	4725	3251
文化娱乐休闲服务	Cultural Entertainment and Service	33	4018	845041	84517	-2479
文化相关领域	**Related Area**	**38**	**3045**	**338797**	**128190**	**–1024**
文化辅助生产和中介服务	Subsidiary Production and Intermediary Services	27	2594	263680	87344	-3712
文化装备生产	Production of Cultural Equipment	5	293	48888	17101	956
文化消费终端生产	Terminal Production of Cultural Consumption	6	158	26229	23744	1732

20-3 文化及相关产业规模以上企业主要经济指标（2019）
Main Economic Indicators of Culture and Related Industry Enterprises above Designated Size （2019）

单位：万元 （10 000 yuan）

项 目	Item	合计 Total	文化制造业 Cultural Manufacturing Industry	文化批零业 Cultural wholesale and Retail Industry	文化服务业 Cultural Service Industry
企业单位数（个）	Number of Enterprises (unit)	198	19	37	142
期末从业人员（人）	Employed Persons (person)	22384	2898	3626	15860
资产总计	Total Assets	4474458	163820	1269235	3041404
固定资产原价	Fixed Assets Price	1220133	81984	93307	1044843
本年折旧	Depreciation in This Year	78884	3316	27708	47861
负债合计	Total Liabilities	2524066	116494	684147	1723425
所有者权益合计	Total Owner's Equity	1948796	47326	583492	1317978
营业收入	Business Revenue	1158521	78738	546481	533302
营业成本	Operating Cost	900309	67369	476150	356790
营业税金及附加	Business Tax and Add	7132	704	1250	5179
销售费用	Sales Expenses	80923	2336	29924	48663
管理费用	Management Fee	148250	9331	28292	110627
财务费用	Financial Expenses	52293	2614	22189	27490
#利息收入	Income of Interest	-600	53	-2040	1387
#利息支出	Interest Expense	49906	2474	22568	24865
投资收益	Income from Investment	1318	12	-710	2016
营业利润	Operating Profits	-44437	-3507	-34492	-6439
应付职工薪酬	Wages Payable	164683	16037	27612	121034
应交增值税	Value Added Tax Payable	12602	2347	-3789	14044
利润总额	Total Profits	-29018	-3085	-35163	9230

20-4 文化事业基本情况
Basic Statistics of Culture Industry

项 目	Item	2015	2018	2019
文化事业机构数（个）	**Number of Institutions (unit)**	**5434**	**6332**	**7047**
文化部门	Cultural Department	2210	2254	2257
其他部门	Other Department	3224	4078	4790
文化事业人员数（人）	**Number of Employed Persons (person)**	**47838**	**48170**	**66237**
文化部门	Cultural Department	26141	24574	22866
其他部门	Other Department	21679	23596	43371
文化部门事业单位数（个）	**Number of Public Institutions of Culture Department(unit)**	**2142**	**2237**	**2249**
#文化馆、艺术馆	Cultural Centers and Art Stations	103	103	103
公共图书馆	Public Libraries	103	103	104
博物馆	Museums	150	215	224
艺术表演场馆	Art Performance Places	24	44	42
艺术表演团体	Art Performance Troupes	191	351	343

20-5　艺术表演场馆基本情况（2019）
Basic Statistics on Art Performance Places in the Official Cultural System（2019）

项　目	Item	机构数（个）Number of Institutions (unit)	从业人员（人）Number of Employed Persons (person)	座席数（个）Seating Capacity (unit)
总计	**Total**	**42**	**946**	**52449**
按登记注册类型分	**By Status of Registration**			
国有	State-owned	21	442	11381
集体	Collective-owned			
其他	Others	21	504	41068
按性质分	**By Type of Units**			
执行事业会计制度	Adopting Institution Accounting System	14	356	8547
执行企业会计制度	Adopting Enterprise Accounting System	8	86	3571
按机构类型分	**By Type of Troupes**			
剧场	Theaters	20	537	10488
影剧院	Music Halls and Cinemas	7	73	3080
书场、曲艺场	Storytelling, Recitation and Ballad Places	1	3	80
杂技、马戏场	Acrobatics and Circus Places			
音乐厅	Concert Halls	1	8	
综合性	General Performance Theaters	6	198	37953
其他艺术表演场馆	Others	7	127	848
按隶属关系分	**By Jurisdiction of Management**			
中央	Run by Central Government			
省、区、市	Run by Provinces, Autonomous Regions and Municipalities	5	100	2542
地、市	Run by Prefectures (Cities)	7	259	4449
县、市及以下	Run by Counties (Cities) and Others	30	587	45458

20-5 续表 1 continue

项　目	Item	演（映）出场次（万场次）Number of Performances (10 000 shows)	#艺术演出 Art Performances	观众人次（万人次）Number of Audience (10 000 person-times)	#艺术演出 Art Performances
总计	**Total**	**1.49**	**0.67**	**165.01**	**105.12**
按登记注册类型分	**By Status of Registration**				
国有	State-owned	1.15	0.42	61.05	41.42
集体	Collective-owned				
其他	Others	0.33	0.26	103.96	63.70
按性质分	**By Type of Units**				
执行事业会计制度	Adopting Institution Accounting System	0.42	0.39	41.17	26.84
执行企业会计制度	Adopting Enterprise Accounting System	0.74	0.03	23.52	16.48
按机构类型分	**By Type of Troupes**				
剧场	Theaters	0.22	0.20	127.31	83.06
影剧院	Music Halls and Cinemas	1.03	0.31	20.50	14.39
书场、曲艺场	Storytelling, Recitation and Ballad Places	0.02		0.05	
杂技、马戏场	Acrobatics and Circus Places				
音乐厅	Concert Halls				
综合性	General Performance Theaters	0.09	0.07	9.37	2.66
其他艺术表演场馆	Others	0.12	0.09	7.78	5.02
按隶属关系分	**By Jurisdiction of Management**				
中央	Run by Central Government				
省、区、市	Run by Provinces, Autonomous Regions and Municipalities	0.04	0.03	14.28	13.00
地、市	Run by Prefectures (Cities)	0.75	0.02	28.13	11.63
县、市及以下	Run by Counties (Cities) and Others	0.71	0.62	122.60	80.49

20-5 续表 2 continue

项 目	Item	收入合计（万元）Total Income (10 000 yuan)	#财政拨款 Government	#演出收入 Performance Income	支出合计（万元）Expenses (10 000 yuan)
总计	**Total**	**24241.80**	**118.30**	**15859.60**	**20613.20**
按登记注册类型分	**By Status of Registration**				
国有	State-owned	8522.60	100.00	1289.50	6544.60
集体	Collective-owned				
其他	Others	15719.20	18.30	14570.10	14068.60
按性质分	**By Type of Units**				
执行事业会计制度	Adopting Institution Accounting System	6764.40	70.00	1.30	4985.80
执行企业会计制度	Adopting Enterprise Accounting System	1758.20	30.00	1288.20	1558.80
按机构类型分	**By Type of Troupes**				
剧场	Theaters	21344.40	35.30	14380.70	17963.60
影剧院	Music Halls and Cinemas	1603.20	65.00	1117.80	1494.00
书场、曲艺场	Storytelling, Recitation and Ballad Places	24.00		14.30	27.20
杂技、马戏场	Acrobatics and Circus Places				
音乐厅	Concert Halls	30.00			25.00
综合性	General Performance Theaters	825.50		268.30	749.70
其他艺术表演场馆	Others	414.70	18.00	78.50	353.70
按隶属关系分	**By Jurisdiction of Management**				
中央	Run by Central Government				
省、区、市	Run by Provinces, Autonomous Regions and Municipalities	2152.90		994.90	1910.40
地、市	Run by Prefectures (Cities)	5915.30	30.00	294.60	4212.20
县、市及以下	Run by Counties (Cities) and Others	16173.60	88.30	14570.10	14490.60

20-6 艺术表演团体基本情况（2019）

项　目	Item	机构数（个）Number of Institutions (unit)	从业人员（人）Number of Employed Persons (person)	演（映）出场次（万场次）Number of Performances (10 000 shows)	#国内 Domestic Performance	#农村 Rural Performance
总计	**Total**	**343**	**9190**	**3.51**	**3.48**	**3.00**
按登记注册类型分	**By Status of Registration**					
国有	State-owned	41	2175	0.77	0.76	0.58
集体	Collective-owned					
其他	Others	302	7015	2.75	2.73	2.42
按隶属关系分	**By Jurisdiction of Management**					
中央	Run by Central Government					
省、区、市	Run by Provinces, Autonomous Regions and Municipalities	8	897	0.19	0.18	0.07
地、市	Run by Prefectures (Cities)	13	1149	0.20	0.20	0.14
县、市及以下	Run by Counties (Cities) and Others	322	7144	3.13	3.11	2.80
按性质分	**By Type of Units**					
执行事业会计制度	Adopting Institution Accounting System	18	1350	0.32	0.31	0.22
执行企业会计制度	Adopting Enterprise Accounting System	49	2285	1.12	1.10	0.82
按管理部门分	**By Management Authority**					
文化部门	Cultural Departments	64	3536	1.40	1.37	1.00
其他部门	Other Departments	279	5654	2.11	2.11	2.00
按剧种分	**By Type of Art**					
话剧、儿童剧、滑稽剧类	Drama, Children's Play and Comedy Troupes	5	155	0.08	0.08	0.04
歌舞、音乐类	Song and Dance, Musicals	64	2508	0.64	0.63	0.51
京剧、昆曲类	Peking Opera and Kunqu Opera	1	121	0.02	0.02	0.01
地方戏曲类	Local Opera	160	4918	2.04	2.03	1.71
杂技、魔术、马戏类	Acrobatics, Magic and Circus	2	114	0.02	0.01	0.01
曲艺类	Folk Arts	16	292	0.21	0.21	0.33
乌兰牧骑	Ulanmuchi	1	49	0.01	0.01	0.01
综合性艺术表演团体	Comprehensive Art Performance	94	1033	0.50	0.50	0.40

Basic Statistics on Art Performance Troupes （2019）

国内演出观众人次（万人次）Number of Domestic Audience (10 000 person-times)	#农村 Rural Audience	收入合计（万元）Total Income (10 000 yuan)	#财政拨款 Government Budget	#演出收入 Performance Income	支出合计（万元）Total Expenses (10 000 yuan)	政府采购的公益演出活动 Public Shows under Government Procurement	
						演出场次（万场次）Number of Performances (10 000 shows)	观众人数（万人次）Number of Domestic Audience (10 000 person-times)
2648.21	**1906.39**	**67110.70**	**31471.40**	**25027.80**	**64558.60**	**0.51**	**449.33**
807.80	630.86	26724.70	21285.70	3182.40	26557.10	0.26	233.41
1840.40	1275.53	40386.00	10185.70	21845.40	38001.50	0.26	215.92
169.11	85.49	14405.30	8010.60	2454.30	14950.50	0.10	67.62
266.57	163.09	17610.40	15745.40	968.80	17958.80	0.08	67.05
2212.53	1657.81	35095.00	7715.40	21604.70	31649.30	0.33	314.67
303.33	209.28	21915.00	21711.70	1162.70	21709.60	0.11	127.31
1214.40	959.79	20155.10	9041.50	6067.00	20891.20	0.40	322.02
1497.99	1150.96	41287.10	28072.40	7106.40	41853.70	0.49	437.74
1150.21	755.43	25823.60	3399.00	17921.40	22704.90	0.03	11.59
22.61	14.85	2556.80	1172.80	830.60	2256.80	0.01	2.35
298.60	186.94	31935.40	14483.00	13649.90	33338.60	0.12	84.89
12.50	1.50	945.70	569.00	68.60	1386.60	0.02	12.50
2075.09	1537.31	21973.20	11652.80	8363.70	19424.40	0.31	327.44
8.60	1.38	984.40	845.50	58.80	1002.10	0.01	5.15
14.65	7.98	3497.30	329.50	306.50	2696.80	0.02	4.89
8.00	3.00	806.80	806.80		806.80		0.12
208.16	153.43	4411.10	1612.00	1749.70	3646.50	0.02	12.00

20-7 博物馆基本情况
Basic Statistics on Museums

项 目	Item	2015	2018	2019
机构数（个）	Number of Institutions(unit)	150	215	224
从业人员（人）	Number of Employed Persons(person)	3265	5017	3202
文物藏品（件/套）	Number of Collections(piece/set)	558789	509469	392312
本年从有关部门接收文物数（件/套）	Accepted Cultural Relics from Department This Year(piece/set)	8100	859	645
本年修复文物数（件/套）	Cultural Relics Repaired This Year(piece/set)	594	936	1557
基本陈列（个）	Displays (unit)	352	496	905
临时展览（个）	Exhibition (unit)	353	544	641
参观人次（千人次）	Spectators(1000 person-times)	21909	29153	33253
门票销售总额（千元）	Ticket Sales for Entrance Ticket(1000 yuan)	2981	278642	362628

20-8 公共图书馆基本情况（2019）
Basic Statistics on Public Libraries（2019）

项 目	Item	总计 Total	#少儿图书馆 Children's Libraries	按隶属关系分 By Jurisdiction of Management			
				省级 Provinces Level	地市级 Prefecture Level	县市级 County (City) Level	#县图书馆 Run by Counties
机构数（个）	Number of Institutions (unit)	104	7	1	17	86	65
从业人员（人）	Number of Employed Persons (person)	1433	83	207	315	911	644
总藏量（万册件）	Total Collections (10000 copies)	1700	80	470	374	856	554
当年购买的报刊种类（万种）	Kinds of Newspapers and Periodicals Purchased This Year (10 000 kinds)	19233	574	4170	5200	9863	6629
有效借书证数（万个）	Accumulative Number of Library Cards Distributed (10 000 units)	51	2	16	11	24	16
总流通人次（万人次）	Total Number of Circulation (10 000 person-times)	907	45	164	267	476	291
#书刊文献外借人次	Borrowing from Libraries	373	14	34	112	227	149
书刊文献外借册次（万册次）	Number of Books and Periodicals Lent to Readers (10 000 copies-times)	715	28	100	264	351	234
组织各类讲座次数（次）	Number of Lectures (time)	1306	17	74	382	850	546
举办展览（个）	Exhibitions Held (unit)	757	15	25	229	503	302
举办培训班（个）	Training Classes Held (unit)	441	6	21	81	339	234
计算机（台）	Computers (set)	5287	259	414	1103	3770	2777
#电子阅览室终端数	Terminals in Electronic Media Reading Rooms	3532	194	164	703	2665	1976
阅览室坐席数（万个）	Seats of Reading Room (10 000 units)	27669	1285	1576	9017	17076	10743

20-9 群众文化机构基本情况（2019）
Basic Statistics on Cultural Institutions （2019）

项 目	Item	总计 Total	省级 Provinces Level	地市级 Prefecture Level	县市级 County (City) Level
机构数（个）	Institutions (unit)	1491	1	16	86
从业人员（人）	Number of Employed Persons (person)	6454	40	351	1276
组织文艺活动（万次）	Art Performances and Story-telling Sessions (10 000 times)	2.19		0.07	0.45
参加文艺活动人次（万人次）	Person-times Attending Art and Cultural Activities (10 000 person-times)	958.97	10.00	126.83	438.44
举办训练班（万次）	Number of Training Courses(10 000 time)	1.09		0.08	0.19
参加培训人次（万人次）	Attending Training (10 000 person-times)	85.40	0.22	9.79	15.06
举办展览个数（万个）	Number of Exhibitions (10 000 units)	0.49		0.02	0.07
参观展览人次（万人次）	Visiting Exhibitions(10 000 person-times)	286.89	1.50	42.59	105.91
组织各类理论研讨和讲座次数（次）	Number of Theoretical Lectures (time)	452	2	92	358
参加研讨和讲座人次（万人次）	Attending Theoretical Lectures (10 000 person-times)	13.53	0.03	4.99	8.51
拥有计算机台数（万台）	Computer Owned (10 000 units)	1.13		0.04	0.13
本年收入合计（亿元）	Revenue this Year (100 million yuan)	6.73	0.10	0.80	1.77
本年支出合计（亿元）	Expenditure this Year (100 million yuan)	6.68	0.11	0.79	1.80
馆办文艺团体（个）	Art Performance Troupes Run by Centers (unit)	221	5	38	178
馆办文艺团体演出场次（万场次）	Number of Art Performances Run by Centers (10 000 times)	0.37	0.00	0.11	0.26
馆办老年大学（个）	Aging College Run by Centers (unit)	17		3	14
群众业余文艺团体（万个）	Part-time Art Troupes (10 000 units)	1.09		0.02	0.15

20-9 续表 continue

项　目	Item	#县文化馆 Run by Counties	乡镇（街道）文化站 Township (subdistrict) Cultural Stations	#乡镇文化站 Township Cultural Stations
机构数（个）	Institutions (unit)	65	1388	1231
从业人员（人）	Number of Employed Persons (person)	919	4787	4252
组织文艺活动（万次）	Art Performances and Story-telling Sessions (10 000 times)	0.29	1.67	1.34
参加文艺活动人次（万人次）	Person-times Attending Art and Cultural Activities (10 000 person-times)	280.43	383.71	338.33
举办训练班（万次）	Number of Training Courses(10 000 time)	0.10	0.83	0.71
参加培训人次（万人次）	Attending Training (10 000 person-times)	7.62	60.34	55.26
举办展览个数（万个）	Number of Exhibitions (10 000 units)	0.04	0.41	0.36
参观展览人次（万人次）	Visiting Exhibitions(10 000 person-times)	61.41	136.89	131.34
组织各类理论研讨和讲座次数（次）	Number of Theoretical Lectures (time)	221		
参加研讨和讲座人次（万人次）	Attending Theoretical Lectures (10 000 person-times)	5.44		
拥有计算机台数（万台）	Computer Owned (10 000 units)	0.10	0.95	0.84
本年收入合计（亿元）	Revenue this Year (100 million yuan)	1.20	4.06	3.17
本年支出合计（亿元）	Expenditure this Year (100 million yuan)	1.21	3.98	3.18
馆办文艺团体（个）	Art Performance Troupes Run by Centers (unit)	119		
馆办文艺团体演出场次（万场次）	Number of Art Performances Run by Centers (10 000 times)	0.14		
馆办老年大学（个）	Aging College Run by Centers (unit)	9		
群众业余文艺团体（万个）	Part-time Art Troupes (10 000 units)	0.08	0.92	0.84

20-10 新闻出版业主要指标
Main Indicators of Press and Publication Industry

指 标	Item	2019
出版情况	**Publishing**	
图书出版	Publishing of Books	
图书种数(种)	Sort of Books (sort)	4026
图书总印数(万册)	Total Printed Copies of Books (10 000volumes)	9665
图书总印张(万印张)	Total Printed Sheets of Books (10 000 sheets)	640887
图书定价总金额(万元)	Total Priced Value of Books (10 000 yuan)	145830
期刊出版	Magazine	
期刊种数(种)	Sort of Magazine (sort)	131
期刊总印数(万册)	Total Printed Copies of Magazine (10 000 volumes)	8038
期刊总印张(万印张)	Total Printed Sheets of Magazine (10 000 sheets)	434242
期刊定价总金额(万元)	Total Priced Value of Magazine (10 000 yuan)	68823
报纸出版	Publishing of Newspaper	
报纸种数(种)	Sort of Newspaper (sort)	61
报纸总印数(万份)	Total Printed Copies of Newspaper (10 000 volumes)	41127
报纸总印张(万印张)	Total Printed Sheets of Newspaper (10 000 sheets)	631392
报纸定价总金额(万元)	Total Priced Value of Newspaper (10 000 yuan)	42086
音像及电子出版物出版	Audio Products and Electronic Publications	
音像及电子出版物出版种数(种)	Category of Audio Products and Electronic Publications (kind)	10
音像及电子出版物出版数量(万盒)	Number of Audio Products and Electronic Publications (10 000 cases)	1
音像及电子出版物发行数量(万盒)	Total Issuance of Audio and Electronic Publications (10 000 cases)	1
印刷企业单位数(个)	Number of Enterprises of Printing (unit)	
出版物发行情况	**Issuance of Publication**	
出版物购进数量(万册/张/份/盒)	Number of Publication Bought (10 000 volumes/paper/cases)	30223
出版物购进金额(万元)	Total Bought Value (10 000yuan)	347453
出版物销售数量(万册/张/份/盒)	Volume of Saling Printing (10 000 volumes/paper/cases)	30382
出版物销售金额(万元)	Total Sales Amount of Publication (10 000 yuan)	350850
出版物库存数量(万册/张/份/盒)	Storage of Publication (10 000 volumes/paper/cases)	4006
出版物库存金额(万元)	Publication Inventory (10 000 yuan)	41229

20-11 各市（州）文化事业基本情况（2019）
Basic Statistics of Culture Industry by Region （2019）

市（州）	Region	文化事业机构数（个）Number of Institutions (unit)	文化部门 Cultural Department	其他部门 Other Department	文化事业人员数（人）Number of Employed Persons (person)	文化部门 Cultural Department	其他部门 Other Department
兰州市	Lanzhou	1261	179	1082	12475	2304	10171
嘉峪关市	Jiayuguan	147	17	130	1576	343	1233
金昌市	Jinchang	160	41	119	1568	355	1213
白银市	Baiyin	445	119	326	3676	1528	2148
天水市	Tianshui	454	202	252	6681	2071	4610
武威市	Wuwei	339	143	196	3496	1058	2438
张掖市	Zhangye	497	130	367	4026	1056	2970
平凉市	Pingliang	489	182	307	3788	1518	2270
酒泉市	Jiuquan	531	199	332	4316	1245	3071
庆阳市	Qingyang	486	195	291	4991	2065	2926
定西市	Dingxi	514	180	334	3906	1731	2175
陇南市	Longnan	596	273	323	4092	1900	2192
临夏州	Linxia	518	199	319	3726	1784	1942
甘南州	Gannan	323	157	166	3153	1572	1581

注：本表不含省本级和甘肃矿区数据。
a) Data of this table excluding Provincial level and Gansu Mine Area data.

20-11 续表 continue

市（州）	Region	文化部门事业单位数（个）Number of Public Institutions of Culture Department (unit)	#文化馆、艺术馆 Cultural Centers and Art Station	#公共图书馆 Public Libraries	#博物馆 Museums	#艺术表演场所 Art Performance Places	#艺术表演团体 Art Performance Troupes	公共图书馆藏书量（万册、件）Total Collections of Public Library (10 000volumes)
兰州市	Lanzhou	179	9	9	14	1	4	153.58
嘉峪关市	Jiayuguan	17	1	2	3	1		28.06
金昌市	Jinchang	41	3	4	4		1	75.27
白银市	Baiyin	119	6	6	9			109.25
天水市	Tianshui	202	8	8	11	3	7	101.30
武威市	Wuwei	143	5	5	10	1	2	54.94
张掖市	Zhangye	130	8	7	12			87.04
平凉市	Pingliang	182	8	8	12	4	7	107.78
酒泉市	Jiuquan	199	8	8	11	3	3	90.98
庆阳市	Qingyang	195	9	9	15		8	86.15
定西市	Dingxi	180	8	8	10	1	6	104.29
陇南市	Longnan	273	10	10	16	2	6	97.78
临夏州	Linxia	199	9	9	13	1	1	60.48
甘南州	Gannan	157	9	9	14		7	66.95

20-12 广播电视事业基本情况
Basic Statistics of Radio and Television Industry

项　目	Item	2010	2015	2018	2019
广播	**Radio**				
广播电台（座）	Number of Broadcasting Stations (set)	4	2		
中短波广播发射和转播台（座）	Medium and Short Wave Transmission Stations and Relay Stations (set)	30	31	31	31
中短波广播发射功率（千瓦）	Medium and Short Wave Transmission Power (kw)	702	683	683	675
发射机功率（千瓦）	Power of Transmitters (kw)	234	271	327	339
公共广播节目套数（套）	Number of Public Radio Programs (set)	86	94	97	97
广播节目制作时间（万小时）	Length of Radio Programs Produced (10 000 hours)	10.78	13.37	14.87	14.61
#新闻资讯	News Programs	2.29	2.92	3.11	3.15
专题服务	Special Subject Programs	2.77	3.30	3.47	3.48
综艺类	Entertainment Programs	3.20	3.93	4.24	4.33
服务节目	Service Programs	0.66	1.10		
县广播电视台（座）	County Broadcasting Stations (set)	76	68	79	79
广播节目综合人口覆盖率(%)	Radio Coverage Rate of the Population (%)	93.47	98.01	98.45	98.57
电视	**Television**				
电视台（座）	Television Stations (set)	7	4	1	1
发射机功率（千瓦）	Power of Transmitters (kw)	366	409	547.073	554
电视节目套数（套）	Number of TV Programs (set)	104	110	118	119
#公共电视	Public TV (set)	104	110	117	118
付费电视	Pay TV (set)			1	1
电视节目制作时间（万小时）	Length of TV Programs Produced (10 000 hours)	5.89	6.74	7.26	6.45
#新闻资讯	News Programs	1.95	2.31	2.47	2.17
专题服务	Special Subject Programs	1.58	2.03	1.76	1.71
综艺类	Entertainment Programs	0.83	0.73	0.70	0.69
服务节目	Service Programs	0.65	0.67		
电视节目综合人口覆盖率(%)	TV Coverage Rate of Population (%)	93.72	98.47	98.81	98.90
有线广播电视用户数（万户）	Number of Users of Cable Radio and TV (10 000 households)	206.9	233.6	191.6	174.8
#农村	Rural	51.41	28.50	29.57	28.25
数字电视用户数	Number of Users of Digital TV	122.85	191.78	144.49	122.15
有线广播电视入户率(%)	Popularization Rate of Cable Radio and TV (%)	27.37	28.19	22.69	20.63
#农村	Rural	10.84	5.83	5.90	5.59
其他	**Others**				
广播电视总收入（亿元）	Revenue of Radio and TV (100 million yuan)	14.37	37.12	35.75	34.01
广播电视从业人员数（万人）	Staff and Workers of Radio and TV (10 000 persons)	1.41	1.59	1.56	1.47

20-13 广播电视节目综合人口覆盖情况
Population Coverage of Radio and TV Programs

单位：%　　　　(%)

项　目	Item	2015	2018	2019
广播节目综合人口覆盖率	Population Coverage Rate of Radio Programs	98.01	98.45	98.57
#中央广播节目	Coverage Rate of Central Radio Station	96.52	97.04	97.18
#农村广播节目	Rural Population Coverage Rate of Radio Programs	97.63	98.12	98.28
电视节目综合人口覆盖率	Population Coverage Rate of TV Programs	98.47	98.81	98.90
#中央电视节目	Coverage Rate of CCTV	97.14	97.82	97.94
#农村电视节目	Rural Population Coverage Rate of TV Programs	98.14	98.54	98.66

20-14 广播节目制作播出情况
Basic Statistics on Radio Programs Produced and Broadcasted

项　目	Item	2015	2018	2019
公共广播节目套数（套）	Number of Public Radio Programs(set)	94	97	97
全年制作广播节目时间（小时）	Length of Radio Programs Produced(hour)	133738	148693	146132
全年公共广播节目播出时间（小时）	Length of Public Radio Programs Broadcasted(hour)	342009	379338	372168

20-15 电视节目制作播出情况
Basic Statistics on TV Program Produced and Broadcasted

项 目	Item	2015	2018	2019
电视节目套数（套）	Number of TV Programs(set)			
公共电视	Public TV	110	117	117
全年制作电视节目时间（小时）	Length of TV Programs Produced(hour)	67384	72574	64548
全年公共电视节目播出时间（小时）	Length of Public TV Programs Broadcasted (hour)	487173	552624	547797
全年电视剧播出数	Number of TV Plays Broadcasted			
（部）	(set)	7414	6852	6085
（集）	(part)	228603	216638	199901
#进口电视剧	Imported TV Play Broadcasted			
（部）	(set)	100	6	7
（集）	(part)	3226	312	345

20-16 有线广播电视传输干线网络及用户情况
Transmission Trunk and Users of Cable Radios and TVs

项 目	Item	2015	2018	2019
有线广播电视传输干线网络总长（公里）	Total Length of Transmission Trunk for Cable Radios and TVs(km)	56496	16705	16705
有线广播电视用户数（户）	Users of Cable Radios and TVs (household)	2335791	1916177	1747894
#数字电视用户数	Users of Digital TV Programs	1917800	1444936	1221464
#付费电视用户数	Users of Pay TV	1118929	830072	862376
#农村有线广播电视用户数	Users of Rural Cable Radios and TVs	285030	295690	282506
有线广播电视入户率 (%)	Popularization Rate of Cable TV Programs (%)	28.19	22.69	20.63
#农村有线广播电视入户率	Rural Areas	5.83	5.90	5.59

20-17 广播电视技术情况
Technology Statistics on Radio and TV

项 目	Item	2015	2018	2019
中、短波转播发射台（座）	Transmission and Relaying Stations of Medium and Short Wave Broadcast(unit)	31	31	31
中波发射机（部）	Medium Wave Transmitters(set)	68	70	71
短波发射机（部）	Sort Wave Transmitters(set)	2	2	2
调频转发射机（部）	Frequency Modulation Transmitters(set)	773	465	507
电视发射机（部）	TV Program Transmitters(set)	2453	1956	1373
微波实有站（座）	Microwave Stations(unit)	97	133	131

20-18 各市（州）广播电视事业基本情况 (2019)
Basic Statistics of Broadcasting and Television by Region (2019)

单位：小时 (hour)

市（州）	Region	公共广播节目套数（套）Number of Public Radio Programs (set)	全年制作广播节目时间 Length of Radio Programs Produced	全年公共广播节目播出时间 Length of Public Radio Programs Broadcasted	全年制作电视节目时间 Length of TV Programs Produced	全年公共电视节目播出时间 Length of Public TV Programs Broadcasted
兰州市	Lanzhou	6	19853	26003	5007	36776
嘉峪关市	Jiayuguan	2	13042	14052	1091	16676
金昌市	Jinchang	2	2632	8419	1968	15908
白银市	Baiyin	4	6809	12928	6532	25912
天水市	Tianshui	9	7790	41100	5689	46704
武威市	Wuwei	5	4968	22981	1644	31401
张掖市	Zhangye	7	6256	27659	8792	37232
平凉市	Pingliang	9	9163	35477	6454	41607
酒泉市	Jiuquan	8	8936	24867	2458	48988
庆阳市	Qingyang	9	13546	29528	5396	29660
定西市	Dingxi	8	4718	21225	3119	32353
陇南市	Longnan	10	3205	37200	6635	51725
临夏州	Linxia	9	1861	20411	2183	40465
甘南州	Gannan	3	1335	7604	2272	28556
甘肃矿区	Gansu Mine Area				120	5864

20-19 体育系统机构数、从业人员数（2019）
Number of Institutions and Engaged Persons of Physical Education System (2019)

单位：个、人 (unit, person)

指 标	Item	合计 Total		省级 Provincial Level		地级 Prefectural Level	
		机构数 Institutions	人数 Persons	机构数 Institutions	人数 Persons	机构数 Institutions	人数 Persons
总 计	**Total**	**164**	**3425**	**13**	**1183**	**41**	**987**
体育行政机关	Administrative Agencies of Physical Culture and Sports	102	1050	1	45	14	246
运动项目管理部门	Sports Events Management	6	828	5	702	1	126
本科院校	Colleges						
职业、运动技术学院	Sports Technical Institutes						
体育运动学校	Physical Education and Sports Schools	8	411	1	87	7	324
竞技体校	Competitive Sports School						
少儿体育运动学校（业余体校）	Spare-time Sports School	17	263			4	86
单项运动学校	Physical Education and Sports Schools						
训练基地	Training Bases	1	247	1	247		
体育场馆	Stadium and Gymnasium	4	62	1	30	3	28
科研所	Science and Technology Institute	1	17	1	17		
其他事业单位	Other Institutions	24	527	2	35	12	177
其他	Others	1	20	1	20		

注：体育场馆是指独立法人单位的体育场馆。
a) The Stadium and gymnasium referred to the stadium with independent legal entity.

20-20 分技术等级运动员发展人数
Certified Athletes by Technical Grade

单位：人 (person)

项 目	Item	2015	2017	2018	2019
合计	Total	709	817	951	1036
#女性	Female	185	291	404	251
运动健将	Master of Sports	16	17	11	19
#女性	Female	6	6	5	5
一级运动员	First Grade	144	204	338	267
#女性	Female	46	92	143	81
二级运动员	Second Grade	549	613	602	750
#女性	Female	133	193	256	165

主要统计指标解释

文化及相关产业 指为社会公众提供文化、娱乐产品和服务的活动以及与这些活动有关联的活动的集合。根据提供文化、娱乐产品和服务活动的属性特点，划分为公益性文化活动和经营性文化活动两大类。

文化及相关产业是第三产业的重要组成部分。是在我国《国民经济行业分类》基础上的派生分类，有文化服务和相关文化服务两大类。

文化服务 主要指新闻服务，出版发行和版权服务，广播、电视、电影服务，文化艺术服务，网络文化服务，文化休闲娱乐服务，其他文化服务。

相关文化服务 主要有文化用品、设备及相关文化产品的生产，文化用品、设备及相关文化产品的销售。

非文化及相关产业 指由文化部门主办的不属于文化及相关产业的其他各类行业活动。

文化事业机构 指从事专业文化工作和为专业文化工作服务的独立建制的单位。不包括这些单位另外举办独立核算的其他机构和各部门的业余文化组织。该指标主要反映文化事业机构发展规模水平。

广播/电视节目综合人口覆盖率 指根据原国家广电总局制定的《广播电视人口覆盖率统计技术标准和方法》进行统计调查的，在对象区内能接收到由中央、省、地市或县通过无线、有线或卫星等各种技术方式转播的各级广播/电视节目的人口数占全国总人口数的百分比。

艺术表演团体 指由文化部门主办或实行行业管理(经文化市场行政部门审批或已申报登记并领取相关许可证)，专门从事表演艺术等活动的各类专业艺术表演团体，含民间职业剧团。如话剧团、方言话剧团、滑稽剧团、儿童剧团、歌剧团、木偶团、皮影团等以及由若干剧种组成的综合性专业艺术表演团体。不包括群众业余文艺表演团体。

艺术表演场馆 指由文化部门主办或实行行业管理(经文化市场行政部门审批或已申报登记并领取相关许可证)，有观众席、舞台、灯光设备，公开售票、专供文艺团体演出的文化活动场所。附属于文化部门机构内非独立核算的剧场、排演场，公开营业的也应单独统计。

21 城　市

City

简要说明

一、本篇资料的主要内容

本篇资料反映了各城市主要社会经济和城市公用事业基本情况。城市公用事业基本情况包括市政建设、设施水平、供水、供气、供热、公共交通、园林绿化、环境卫生等。

二、本篇资料的来源

本篇资料中 21–1 表数据资料为市辖区数据，由省统计局城市调查处依据国家统计局制定的《城市基本情况统计报表制度》提供；其余各表数据的资料来源于省住房和城乡建设厅《甘肃省城市建设统计年报》，由省统计局城市调查处整理提供。

21-1 分城市主要社会经济指标（2019）
Main Social and Economic Indicators by Cities （2019）

指　标	Item	兰州市 Lanzhou	嘉峪关市 Jiayuguan
年末户籍人口（万人）	Household Registered Population at Year-end(10000 persons)	212.04	20.96
生产总值（万元）	Gross Regional Product (10 000 yuan)	22920874	2834099
第一产业	Primary Industry	155408	46571
第二产业	Secondary Industry	7092347	1781393
第三产业	Tertiary Industry	15673119	1006135
人均生产总值（元）	Per Capita GDP (yuan)	84720	112219
生产总值增长率（%）	Growth Rate of GDP (%)	3.2	6.5
一般公共预算收入（万元）	General Public Budget Revenue (10 000 yuan)	1963627	194873
一般公共预算支出（万元）	General Public Budget Expenditure (10 000 yuan)	3328248	318623
年末金融机构人民币	RMB Deposits Balance of Financial Institutions		
各项存款余额（万元）	Year-end）(10 000 yuan)	74989452	3830426
#住户存款余额	Household Deposits Balance	31351169	2063870
年末金融机构人民币	RMB Loans Balance of Financial Institutions		
各项贷款余额（万元）	(Year-end) (10 000 yuan)	76142310	5356563
固定资产投资（不含农户）（%）	Investment in Fixed Assets (Exclude farm households) (%)	-13.24	11.96
房地产开发投资额（万元）	Real Estate Development Investment (10 000yuan)	3457984	251481
#住宅	Residential Buildings	2038063	192472
新增固定资产	Newly Increased Fixed Assets	2013570	133186
规模以上工业总产值（当年价）（万元）	Gross Industrial Output Value above Designated Size (current price) 10000 yuan)	13429800	6550620
规模以上工业企业	Industrial Enterprises above Designated Size		
营业收入（万元）	Business Revenue (10 000 yuan)	12918100	14728300
利润总额（万元）	Total Profit (10 000 yuan)	163300	68600
社会消费品零售总额（万元）	Total Retail Sales of Consumer Goods (10 000 yuan)	15051883	760200
年末城镇单位从业人员数（万人）	Urban Unit Employed Persons at Year-end (10000 persons)	59.58	5.86
在岗职工平均工资（元）	Average Wages of Staff and Workers (yuan)	89430	80651
城镇居民人均可支配收入（元）	Per Capita Disposable Income of Urban Households (yuan)	38095	42601
城镇居民人均消费支出（元）	Per Capita Consumption expenditure of Urban Households (yuan)	27035	30157
在校学生数	Number of Enrollment		
普通本专科（全市）（人）	Undergraduate in Regular HEIs (person)	358030	2676
成人本专科（人）	Adult Specialty (person)	7739	3032
中等职业教育（人）	Secondary Vocational Education (person)	29690	1777
普通中学（万人）	Regular Middle School (10000 persons)	11.54	1.48
普通小学（万人）	Regular Primary Schools (10000 persons)	16.83	1.70
医疗卫生机构数（个）	Number of Health Care Institutions (unit)	1299	125
医院数（个）	Hospitals (unit)	99	8
医疗卫生机构床位数（张）	Number of Beds in Health Care Institutions (unit)	25835	1965
医院床位数（张）	Hospital Beds (unit)	23094	1564
执业（助理）医师（人）	Licensed (Assistant) Doctors (person)	12174	1179
城市居民最低生活保障人数（人）	Number of Urban Residents Receiving Minimum Living Allowance (person)	26882	20581
邮政局（所）数（处）	Number of Post Offices (unit)	98	15

注：此表数据资料为市辖区数据。
The data in this table is the data of municipal districts.

21-1 续表 1 continued

指　标	Item	金昌市 Jinchang	白银市 Baiyin
年末户籍人口（万人）	Household Registered Population at Year-end(10000 persons)	21.03	49.80
生产总值（万元）	Gross Regional Product (10 000 yuan)	2623407	2885762
第一产业	Primary Industry	59023	107101
第二产业	Secondary Industry	1990460	1447283
第三产业	Tertiary Industry	573924	1331378
人均生产总值（元）	Per Capita GDP (yuan)	112231	57543
生产总值增长率（%）	Growth Rate of GDP (%)	10.8	6.7
一般公共预算收入（万元）	General Public Budget Revenue (10 000 yuan)	43113	111173
一般公共预算支出（万元）	General Public Budget Expenditure (10 000 yuan)	146848	426199
年末金融机构人民币各项存款余额（万元）	RMB Deposits Balance of Financial Institutions Year-end) (10 000 yuan)	3064527	4780369
#住户存款余额	Household Deposits Balance	1871893	1076786
年末金融机构人民币各项贷款余额（万元）	RMB Loans Balance of Financial Institutions (Year-end) (10 000 yuan)	2129134	3745945
固定资产投资（不含农户）（%）	Investment in Fixed Assets (Exclude farm households) (%)	10.45	10.85
房地产开发投资额（万元）	Real Estate Development Investment (10 000yuan)	78698	264680
#住宅	Residential Buildings	51228	181535
新增固定资产	Newly Increased Fixed Assets	476214	170872
规模以上工业总产值（当年价）（万元）	Gross Industrial Output Value above Designated Size (current price) 10000 yuan)	6386157	3958028
规模以上工业企业	Industrial Enterprises above Designated Size		
营业收入（万元）	Business Revenue (10 000 yuan)	27417433	3780885
利润总额（万元）	Total Profit(10 000 yuan)	326017	96197
社会消费品零售总额（万元）	Total Retail Sales of Consumer Goods (10 000 yuan)	698371	1048620
年末城镇单位从业人员数（万人）	Urban Unit Employed Persons at Year-end (10000 persons)	7.08	10.03
在岗职工平均工资（元）	Average Wages of Staff and Workers (yuan)	85232	76915
城镇居民人均可支配收入（元）	Per Capita Disposable Income of Urban Households (yuan)	45390	31768
城镇居民人均消费支出（元）	Per Capita Consumption expenditure of Urban Households (yuan)	30609	18814
在校学生数	Number of Enrollment		
普通本专科（全市）（人）	Undergraduate in Regular HEIs (person)	4045	4940
成人本专科（人）	Adult Specialty (person)	1808	1194
中等职业教育（人）	Secondary Vocational Education (person)	1035	4171
普通中学（万人）	Regular Middle School (10000 persons)	1.29	5.29
普通小学（万人）	Regular Primary Schools (10000 persons)	1.48	3.64
医疗卫生机构数（个）	Number of Health Care Institutions (unit)	243	73
医院数（个）	Hospitals (unit)	13	26
医疗卫生机构床位数（张）	Number of Beds in Health Care Institutions (unit)	2046	4207
医院床位数（张）	Hospital Beds (unit)	2014	3876
执业（助理）医师（人）	Licensed (Assistant) Doctors (person)	1164	1827
城市居民最低生活保障人数（人）	Number of Urban Residents Receiving Minimum Living Allowance (person)	5393	28572
邮政局（所）数（处）	Number of Post Offices (unit)	10	15

21-1 续表 2 continued

天水市 Tianshui	武威市 Wuwei	张掖市 Zhangye	平凉市 Pingliang	酒泉市 Jiuquan	庆阳市 Qingyang	定西市 Dingxi	陇南市 Longnan
131.87	103.9	51.59	52.62	41.44	39.51	46.91	60.20
3625827	3144250	1934544	1480671	1910671	2395350	1062642	1358737
329947	777176	381552	105545	302878	68112	139463	227686
1296161	543366	356271	400941	441132	1175861	175881	150178
1999719	1823708	1196721	974185	1166661	1151377	747298	980872
29329	30953	37267	27728	42552	63740	24550	23897
6.6	4.2	6.7	6.7	9.1	6.8	6.0	6.6
388512	187027	87750	71420	84738	101112	42674	46609
1502672	874558	409206	408680	422470	325581	454370	486550
8571069	6454510	4023200	3714612	4662385	4465786	2788000	2966700
6690156	4599533	2773000	2318091	3046751	3094302	1652546	1556200
7585108	5121189	3577800	2841903	3638971	3098894	2101394	2636900
11.85	16.66	18.17	18.32	19.18	17.41	15.24	16.25
1099616	495672	386928	443731	349078	289329	303605	82662
775213	360800	279943	352898	239831	163587	231745	62688
	208410	204353	181408	348015	65013	41579	
3190969	1339139	807286	516610	524104	2435935	536503	108653
2096752	1343721	598665	527853	533434	1979935	275927	105441
107986	35017	18128	64659	24801	150735	19660	16952
1583340	857197	1146761	804471	1209394	752255	605937	708355
15.55	8.79	5.30	5.72	5.90	8.15	4.45	3.45
62823	64794	77745	68870	66858	73825	75948	69680
30221	31874	28105	29596	40806	33699	27406	27248
20199	23916	21819	21243	30455	19953	18611	23345
40509	11800	18652	14146	11233	23050		8489
5734		2111				6052	
9550	7763	3344	4900	8291	6376	4275	4399
7.19	5.02	3.98	2.97	2.46	3.20	2.07	3.65
9.17	6.47	1.63	3.80	2.58	4.64	2.60	5.05
1163	920	578	521	398	360	537	52
69	30	32	31	24	17	12	2
11326	6771	4552	5135	3901	5004	4376	2466
9855	5266	4317	4530	3160	4450	3642	1345
3268	2807	1911	2249	1381	1700	1553	474
32616	14143	6624	16532	11333	8266	9922	12413
57	56	34	27	31	15	27	41

21-2　城市公用事业基本情况
Basic Statistics on City Public Utilities

指标	Item	2016	2018	2019
城市人口和建设用地	**City Areas and Floor Space of Buildings**			
市区面积（平方公里）	Urban Area (sq.km)	87442.07	88539.17	88539.17
市区人口（万人）	Urban Population (10 000 persons)	895.88	914.22	909.54
建成区面积（平方公里）	Area of Built Districts (sq.km)	869	891	876
城市建设用地面积（平方公里）	Area of Land Used for Urban Construction (sq.km)	861	888	898
城市供水、燃气及集中供热	**Water Supply and Gas Supply and Heating**			
全年供水总量（万立方米）	Annual Volume of Tap Water Supply (10 000 cu.m)	50960	50869	53306
#居民家庭用水	Water Consumption for Household Use	21050	21748	22894
人均日生活用水量（升）	Per Capita Daily Water Consumption for Household Use (liter)	126	137	138
供水普及率（%）	Coverage Rate of Urban Population with Access to Tap Water (%)	98.81	97.90	98.04
供气总量（天然气）（亿立方米）	Volume of Gas Supply (Natural Gas) (100 million cu.m)	20.37	23.51	25.20
#家庭用量	Consumption of Liquefied Gas for Household Use	4.23	4.14	4.82
液化石油气供气总量（万吨）	Volume of Liquefied Petroleum Gas 10 000 ton)	4.45	4.14	4.77
#家庭用量	Consumption of Liquefied Gas for Household Use	3.03	2.54	2.47
燃气普及率（%）	Coverage Rate of Urban Population with Access to Gas (%)	90.56	90.91	92.66
集中供热面积（万平方米）	Area of Centralized Heating (10 000 cu.m)	830857.80	23460.40	26121.00
城市市政建设	**Municipal Infra-structure**			
城市道路长度（公里）	Length of Paved Roads (km)	4890.00	5091.99	5584.92
城市桥梁数（座）	Number of City Bridges (sets)	629	648	674
城市排水管道长度（公里）	Length of City Sewage Pipes (km)	6428.00	6955.20	7280.00
城市污水处理总量（万立方米）	Total Volume of City Sewage Treatment (10000 cu.m)	36972.00	39879.63	44935.00
城市绿化和园林	**City Greening**			
园林绿地面积（公顷）	Area of Urban Green Land (hectare)	26851.00	27221.80	29186.10
人均公园绿地面积（平方米）	Per Capita Area of Parks and Green Land (sq.m)	14.87	13.65	14.28
公园数（个）	Number of Parks and Zoos (unit)	156	172	178
公园面积（公顷）	Area of Parks (hectare)	5002.00	5472.06	5706.33
城市市容环境卫生	**Environmental Sanitation**			
道路清扫保洁面积（万平方米）	Area of Road Cleaning (10000 sq.m)	10368.00	11756.43	12566.00
生活垃圾清运量（万吨）	Volume of Garbage Disposal (10 000 tons)	254.61	281.19	279.71
生活垃圾无害化处理率（%）	Harmless Treatment Rate of Garbage (%)	98.40	99.76	100.00
市容环卫专用车辆设备总数（台）	Total number of Vehicles and Equipment for City Appearance and Sanitation (set)	4021	5248	5489

21-3 各市（州）城市建设用地情况（2019）
Statistics on City Construction by Region （2019）

市（州）	Region	城区面积（平方公里）Urban Area (sq.km)	建成区面积（平方公里）Area of Built Districts (sp.km)	城市建设用地面积（平方公里）Area of Land Used for Urban Construction (sq.km)	本年征用土地面积（平方公里）Land Put in Requisition for State Construction Projects in Current year (sq.km)	城市人口密度（人/平方公里）Population Density of Urban Area (person/sq.km)
甘肃省	**Gansu**	**1977.76**	**875.72**	**897.91**	**24.20**	**3260**
兰州市	Lanzhou	328.38	313.52	322.48	9.52	7817
嘉峪关市	Jiayuguan	342.00	70.40	105.35		665
金昌市	Jinchang	52.30	44.45	44.45		3723
白银市	Baiyin	114.00	67.25	67.22	0.46	2961
天水市	Tianshui	60.00	56.00	56.00		11610
武威市	Wuwei	177.77	33.89	33.89	2.40	1908
张掖市	Zhangye	200.00	45.10	44.90	1.08	1457
平凉市	Pingliang	255.00	42.00	41.66	2.40	1204
华亭市	Huating	17.90	15.41	14.78	0.01	5061
酒泉市	Jiuquan	235.00	53.90	45.00		1659
玉门市	Yumen	15.00	12.06	11.60	0.41	3727
敦煌市	Dunhuang	19.86	15.58	15.39	0.22	3963
庆阳市	Qingyang	31.00	30.00	25.03	5.52	6703
定西市	Dingxi	35.90	25.22	24.92	1.41	5841
陇南市	Longnan	40.00	13.80	12.78		4275
临夏市	Linxia	38.05	24.00	20.98	0.77	6018
合作市	Hezuo	15.60	13.14	11.48		3500

21-4 各市（州）城市市政设施情况（2019）
Basic Statistics on Municipal Infrastructure in Cities by Region （2019）

市（州）	Region	年末实有道路长度（公里）Length of Paved Roads (year-end) (km)	年末实有道路面积（万平方米）Area of Paved Roads (year-end) (10 000 sq.m)	城市桥梁（座）Number of City Bridges (unit)	城市排水管道长度（公里）Length of City Sewage Pipes (km)	城市污水处理厂日处理能力（万立方米）Daily Disposal Capacity of City Sewage (10 000 cu.m)	城市道路照明灯（盏）Number of Street Lights (unit)
甘肃省	**Gansu**	**5585**	**12450**	**674**	**7280**	**160**	**354166**
兰州市	Lanzhou	2220	5528	427	2931	72	128511
嘉峪关市	Jiayuguan	582	887	6	689	2	28882
金昌市	Jinchang	173	487	16	114	8	24405
白银市	Baiyin	347	719	28	303	7	14550
天水市	Tianshui	332	653	49	391	12	13526
武威市	Wuwei	180	571	13	217	9	15013
张掖市	Zhangye	119	374	2	403	8	18299
平凉市	Pingliang	230	711	34	506	9	20056
华亭市	Huating	109	250	9	174	1	3625
酒泉市	Jiuquan	292	482	7	331	10	19908
玉门市	Yumen	163	242	1	169	1	5802
敦煌市	Dunhuang	254	265	2	106	3	6259
庆阳市	Qingyang	172	352	3	268	4	8126
定西市	Dingxi	114	293	14	155	4	7167
陇南市	Longnan	120	190	18	151	4	4819
临夏市	Linxia	134	272	30	280	6	32680
合作市	Hezuo	46	172	15	90	1	2538

21-5 各市（州）城市公共供水情况（2019）
Basic Statistics on Tap Water Supply in Cities by Region （2019）

市（州）	Region	综合生产能力（万立方米 / 日）Comprehensive Production Capacity (10,000 cu.m/day)	供水管道长度（公里）Length of Water Supply Pipelines (km)	用水人口（万人）Number of Residents with Access to Tap Water (10 000 persons)	人均日生活用水量（升）Per Capita Daily Consumption of Tap Water for Residential Use (liter)
甘肃省	**Gansu**	**340.72**	**6226.09**	**618.83**	**138.40**
兰州市	Lanzhou	159.40	1533.20	237.20	175.61
嘉峪关市	Jiayuguan	17.91	718.35	22.76	126.81
金昌市	Jinchang	10.00	257.56	15.03	159.41
白银市	Baiyin	39.10	335.00	33.76	143.39
天水市	Tianshui	13.00	257.00	68.92	69.05
武威市	Wuwei	20.00	236.20	33.91	135.49
张掖市	Zhangye	18.00	438.50	29.14	187.21
平凉市	Pingliang	5.50	408.16	30.70	73.56
华亭市	Huating	1.00	80.00	8.88	91.02
酒泉市	Jiuquan	21.20	358.75	38.98	105.52
玉门市	Yumen	3.00	163.40	5.59	87.24
敦煌市	Dunhuang	4.00	344.67	7.87	100.92
庆阳市	Qingyang	3.81	415.50	20.78	87.68
定西市	Dingxi	10.00	228.29	20.64	54.66
陇南市	Longnan	3.50	78.04	16.77	137.59
临夏市	Linxia	10.40	288.07	22.90	184.67
合作市	Hezuo	0.90	85.40	5.00	136.99

21-5 续表 continued

市（州）	Region	供水总量（万立方米）Total Annual Volume of Water Supply (10 000 cu.m)	#生产运营用水 Water for Production Operations Use	#公共服务用水 Water for Public Services Use	#居民家庭用水 Water for Households Use
甘肃省	**Gansu**	**53306.09**	**14382.50**	**7696.52**	**22893.86**
兰州市	Lanzhou	26347.11	8887.91	4415.90	10556.21
嘉峪关市	Jiayuguan	2942.94	813.80	362.51	690.95
金昌市	Jinchang	1860.97	325.58	242.93	419.45
白银市	Baiyin	2139.93	357.00	3.00	1763.93
天水市	Tianshui	3141.00	645.00	300.00	1437.00
武威市	Wuwei	2819.00	863.79	652.48	987.00
张掖市	Zhangye	2654.00	316.84	189.36	1801.80
平凉市	Pingliang	1379.28	238.81	96.67	727.56
华亭市	Huating	520.00	166.40	25.00	270.00
酒泉市	Jiuquan	2648.86	744.77	593.57	907.76
玉门市	Yumen	388.00	60.00	90.00	88.00
敦煌市	Dunhuang	814.00	196.60	39.70	250.20
庆阳市	Qingyang	1048.00	130.00	145.00	500.00
定西市	Dingxi	763.00	136.00	110.50	301.30
陇南市	Longnan	1160.00	130.00	184.00	650.00
临夏市	Linxia	2388.00	370.00	60.90	1482.70
合作市	Hezuo	292.00		185.00	60.00

21-6 各市（州）城市燃气情况（2019）
Basic Statistics on Supply of Gas in Cities by Region（2019）

市（州）	Region	人工煤气生产能力（万立方米/日）Production Capacity of Gaswork Gas（10 000 cu.m/day）	全年供气总量 Volume of Gas Supply 人工煤气（万立方米）Coal Gas（10 000cu.m）	液化石油气（吨）Liquefied Petroleum Gas（ton）	天然气（万立方米）Natural Gas（10 000 cu.m）
甘肃省	**Gansu**	**345.60**	**2354.17**	**47731.64**	**252039.86**
兰州市	Lanzhou			15476.66	186491.61
嘉峪关市	Jiayuguan	345.60	2354.17	9630.49	9630.49
金昌市	Jinchang			897.00	4643.52
白银市	Baiyin			1156.00	11613.94
天水市	Tianshui			2085.00	9197.22
武威市	Wuwei			760.74	4489.99
张掖市	Zhangye			2556.90	5229.18
平凉市	Pingliang			114.50	1970.00
华亭市	Huating			240.00	256.00
酒泉市	Jiuquan			2023.69	2635.32
玉门市	Yumen			352.66	450.00
敦煌市	Dunhuang			1100.00	5134.06
庆阳市	Qingyang			7960.00	2090.00
定西市	Dingxi			1298.00	102.53
陇南市	Longnan			700.00	450.00
临夏市	Linxia			950.00	6587.00
合作市	Hezuo			430.00	1069.00

21-6 续表 continued

市（州）	Region	供气管道长度（公里）Length of Gas Supply Pipelines（km） 人工煤气 Coal Gas	液化石油气 Liquefied Petroleum Gas	天然气 Natural Gas	用气人口（万人）Population with Access to Gas（10 000 persons） 人工煤气 Coal Gas	液化石油气 Liquefied Petroleum Gas	天然气 Natural Gas
甘肃省	**Gansu**	**372.84**	**253.26**	**3816.70**	**15.08**	**94.49**	**487.95**
兰州市	Lanzhou			1297.71		23.15	225.95
嘉峪关市	Jiayuguan	372.84	143.26	143.26	15.08	1.06	6.62
金昌市	Jinchang			112.13		4.35	11.06
白银市	Baiyin			591.70		1.44	31.50
天水市	Tianshui			230.40		8.43	48.00
武威市	Wuwei			128.43		1.02	31.89
张掖市	Zhangye			266.40		5.56	23.58
平凉市	Pingliang			82.80		0.10	26.00
华亭市	Huating			18.00		1.60	4.74
酒泉市	Jiuquan		110.00	175.23		17.67	21.31
玉门市	Yumen			52.00		2.39	3.20
敦煌市	Dunhuang			214.00		0.24	7.63
庆阳市	Qingyang			56.70		9.00	10.00
定西市	Dingxi			19.55		10.74	5.17
陇南市	Longnan			54.00		4.50	11.00
临夏市	Linxia			319.19		1.68	18.00
合作市	Hezuo			55.20		1.56	2.30

21-7 各市（州）城市集中供热情况（2019）
Basic Statistics on Heating in Cities by Region （2019）

市（州）	Region	供热能力 Heating Capacity		供热总量 Quantity of Heat Supplied		管道长度（公里）Length of Heating Pipelines (km)	供热面积（万平方米）Area of Centralized Heating (10 000 sq.m)
		蒸汽（吨/小时）Steam (ton/hour)	热水（兆瓦）Hot Water (mega watts)	蒸汽（万吉焦）Steam (10 000 gigajoules)	热水（万吉焦）Hot Water (10 000 gigajoules)		
甘肃省	**Gansu**	**1000**	**18249**	**611**	**11887**	**6056**	**26121**
兰州市	Lanzhou		6802		3470	1263	8801
嘉峪关市	Jiayuguan		1526		893	1018	1804
金昌市	Jinchang	300	660	110	343	293	1215
白银市	Baiyin		1277		827	748	1689
天水市	Tianshui		1057		908	253	1322
武威市	Wuwei	700	455	501	270	358	1926
张掖市	Zhangye		1134		1014	570	2026
平凉市	Pingliang		1328		950	149	1848
华亭市	Huating		265		196	55	394
酒泉市	Jiuquan		1187		764	392	1330
玉门市	Yumen		206		108	165	230
敦煌市	Dunhuang		266		202	299	345
庆阳市	Qingyang		830		1045	140	1504
定西市	Dingxi		705		401	171	870
陇南市	Longnan		58		49	25	98
临夏市	Linxia		348		336	83	498
合作市	Hezuo		145		110	75	220

21-8 各市（州）城市园林绿化情况（2019）
Basic Statistics on Parks and Green Areas in Cities by Region （2019）

市（州）	Region	绿地面积（公顷）Area of Green Land (hectare)	公园绿地面积（公顷）Park Green Areas (hectare)	公园（个）Number of Parks (unit)	公园面积（公顷）Area of Parks (hectare)	建成区绿化覆盖率（%）Green Covered Area as % of Completed Area (%)
甘肃省	**Gansu**	**29186.10**	**9207.81**	**178.00**	**5706.33**	**36.03**
兰州市	Lanzhou	9596.56	3451.97	30.00	1940.98	34.35
嘉峪关市	Jiayuguan	2756.66	862.75	8.00	531.00	40.27
金昌市	Jinchang	1557.16	475.31	23.00	452.61	39.57
白银市	Baiyin	2181.74	389.47	21.00	397.50	36.48
天水市	Tianshui	1998.81	704.77	23.00	386.22	39.49
武威市	Wuwei	1059.28	338.43	7.00	338.43	36.03
张掖市	Zhangye	1715.75	654.92	4.00	216.95	35.82
平凉市	Pingliang	1489.79	397.00	12.00	323.72	39.54
华亭市	Huating	605.56	108.60	6.00	70.54	38.43
酒泉市	Jiuquan	1698.60	457.00	10.00	379.00	37.60
玉门市	Yumen	495.79	155.79	2.00	95.40	37.41
敦煌市	Dunhuang	580.78	168.89	9.00	67.00	38.06
庆阳市	Qingyang	964.28	245.00	2.00	23.00	32.04
定西市	Dingxi	596.37	353.37	4.00	164.00	26.97
陇南市	Longnan	673.00	229.56	10.00	105.00	33.04
临夏市	Linxia	769.47	122.05	5.00	122.05	31.66
合作市	Hezuo	446.50	92.93	2.00	92.93	38.17

21-9 各市（州）城市市容环境卫生情况（2019）
Basic Statistics on Urban Sanitation in Cities by Region （2019）

市（州）	Region	道路清扫保洁面积（万平方米）Area under Cleaning Program (10 000 sq.m)	生活垃圾清运量（万吨）Volume of Garbage Disposal (10 000 tons)	生活垃圾无害化处理能力（吨/日）Harmless Disposal Capacity of Domestic Refuse (ton/day)	市容环卫专用车辆设备总数（辆）Number of Special Vehicles for Environmental Sanitation (unit)	公共厕所（座）Number of Public Lavatories (unit)	#三类以上 Third Grade and above
甘肃省	**Gansu**	**12566**	**279.71**	**9659**	**5489**	**1964**	**1727**
兰州市	Lanzhou	4917	112.69	2995	3278	649	649
嘉峪关市	Jiayuguan	868	9.94	360	569	155	155
金昌市	Jinchang	600	6.10	250	62	74	68
白银市	Baiyin	715	11.32	600	131	95	27
天水市	Tianshui	831	23.43	1411	175	138	123
武威市	Wuwei	609	14.86	540	403	50	
张掖市	Zhangye	692	11.88	680	56	98	78
平凉市	Pingliang	614	11.80	500	54	130	130
华亭市	Huating	186	3.86	100	44	29	20
酒泉市	Jiuquan	527	15.10	450	57	155	155
玉门市	Yumen	240	3.65	120	22	41	41
敦煌市	Dunhuang	237	4.99	193	31	46	46
庆阳市	Qingyang	428	15.35	420	141	81	81
定西市	Dingxi	212	5.41	180	60	60	48
陇南市	Longnan	225	6.58	210	56	59	43
临夏市	Linxia	523	17.20	500	316	63	63
合作市	Hezuo	141	5.55	150	34	41	

21-10 各市（州）城市公用设施水平（2019）
Level of Public Facilities in Cities by Region （2019）

市（州）	Region	供水普及率（%）Coverage Rate of Population with Access to Tap Water (%)	燃气普及率（%）Coverage Rate of Population with Access to Gas (%)	污水处理率（%）Disposal Rate of City Sewage (%)	人均城市道路面积（平方米）Per Capita Area of Paved Roads (sq.m)	人均公园绿地面积（平方米）Per Capita Public Green Areas (sq.m)
甘肃省	**Gansu**	**98.04**	**92.66**	**97.11**	**19.31**	**14.28**
兰州市	Lanzhou	95.87	97.04	97.65	21.54	13.45
嘉峪关市	Jiayuguan	100.00	100.00	98.09	38.99	37.91
金昌市	Jinchang	100.00	79.15	96.81	25.03	24.41
白银市	Baiyin	100.00	97.57	93.48	21.30	11.54
天水市	Tianshui	98.94	81.01	96.00	9.37	10.12
武威市	Wuwei	99.97	97.02	97.45	16.82	9.98
张掖市	Zhangye	100.00	100.00	96.84	12.84	22.47
平凉市	Pingliang	100.00	85.02	98.05	23.16	12.93
华亭市	Huating	98.01	69.98	96.39	27.64	11.99
酒泉市	Jiuquan	100.00	100.00	99.08	12.36	11.72
玉门市	Yumen	100.00	100.00	95.09	43.35	27.87
敦煌市	Dunhuang	100.00	100.00	98.00	33.63	21.46
庆阳市	Qingyang	100.00	91.43	98.89	16.94	11.79
定西市	Dingxi	98.43	75.87	95.08	13.98	16.85
陇南市	Longnan	98.25	90.64	95.73	11.11	13.42
临夏市	Linxia	100.00	85.94	95.04	11.89	5.33
合作市	Hezuo	91.58	70.70	94.20	31.57	17.02

主要统计指标解释

建城区面积 指市政区范围内经过征用的土地和实际建设发展起来的非农业生产建设地段，包括市区集中连片的部分以及分散在近郊区与城市有着密切联系，具有基本完善的市政公用设施的城市建设用地（如机场、污水处理厂、通讯电台）。

供水综合生产能力 指按供水设施取水、净化、送水、出厂输水干管等环节设计能力计算的综合生产能力。包括在原设计能力的基础上，经挖、革、改增加的生产能力。计算时，以四个环节中最薄弱的环节为主确定能力。

年末供水管道长度 指从送水泵至用户水表之间所有管道的长度。不包括新安装尚未使用、水厂内以及用户建筑物内的管道。

全年供水总量 指报告期供水企业（单位）供出的全部水量。包括有效供水量和损失水量。

生活用水量 包括公共服务用水和居民家庭用水。公共服务用水指为城市社会公共生活服务的用水。包括行政事业单位、部队营区和公共设施服务、社会服务业、批发零售贸易业、旅馆饮食业以及其他公共服务业等单位的用水。居民家庭用水指城市范围内所有居民家庭的日常生活用水。包括城市居民、农民家庭、公共供水站用水。

用水普及率 指报告期末城区用水人口数与城市人口总数的比率

人工煤气生产能力 指报告期末人工煤气生产厂制气、净化、输送等环节的综合生产能力，不包括备用设备能力。一般按设计能力计算，如果实际生产能力大于设计能力时，应按实际测定的生产能力计算。测定时应以制气、净化、输送三个环节中最薄弱的环节为主。

供气管道长度 指报告期末从气源厂压缩机的出口或门站出口至各类用户引入管之间的全部已经通气投入使用的管道长度。不包括煤气生产厂、输配站、液化气储存站、灌瓶站、储配站、气化站、混气站、供应站等厂（站）内的管道。

全年供气总量 指全年燃气企业（单位）向用户供应的燃气数量。包括销售量和损失量。

燃气普及率 指报告期末城区使用燃气的城市人口数与城市人口总数的比率。其中燃气包括人工煤气、天然气、液化石油气三种。

年末道路长度 指年末道路长度和与道路相通的桥梁、隧道的长度，按车行道中心线计算。在统计时只统计路面宽度在 3.5 米（含 3.5 米）以上的各种铺装道路，包括开放型工业区和住宅区道路在内。

城市园林绿地面积 指报告期末用作园林和绿化的各种绿地面积。包括公园绿地、生产绿地、防护绿地、附属绿地和其他绿地的面积。

公园绿地面积 城市中向公众开放的、以游憩为主要功能，有一定的游憩设施和服务设施，同时兼有健全生态、美化景观、防灾减灾等综合作用的绿化用地。包括综合公园、社区公园、专类公园、带状公园和街旁绿地。其中综合公园、专类公园和带状公园面积之和为公园面积。

清扫保洁面积 指报告期末对城市道路和公共场所（主要包括城市行车道、人行道、车行隧道、人行过街地下通道、道路附属绿地、地铁站、高架路、人行过街天桥、立交桥、广场、停车场及其他设施等）进行清扫保洁的面积。一天清扫多次的，按清扫保洁面积最大的一次计算。

市容环卫专用车辆 指用于环境卫生作业、监察的专用车辆和设备，包括用于道路清扫、冲洗、洒水、除雪、垃圾粪便清运、市容监察以及与其配套使用的车辆和设备。

22

民族自治地方

Ethnic Minority Autonomous Area

简要说明

一、本篇资料主要内容

本篇资料反映 2 个民族自治州、5 个民族自治县的经济社会发展情况。重点反映了民族自治地方农牧业的发展状况以及教育、卫生方面的情况。

二、本篇资料来源

本篇资料数据来源于省统计局相关处、省有关部门。

22-1 民族自治地方年末人口与人口自然变动情况
Total Population at Year-end and It's Natural Changes of Ethnic Minority Autonomous Areas

单位：万人、‰ (10 000 persons,‰)

年 份 地 区	year Region	常住人口 Total Population	按性别分 By Sex		按城乡分 By Urban and Rural		自然增长率 Natural Growth Rate
			男 Male	女 Female	城镇人口 Urban	乡村人口 Rural	
民族自治地方合计	Total						
2010		316.00	160.86	155.14	78.12	237.88	7.79
2011		317.60	161.66	155.95	81.15	236.45	7.63
2012		319.49	162.62	156.87	85.45	234.04	7.64
2013		321.14	163.53	157.61	89.88	231.26	7.64
2014		323.24	164.49	158.75	95.35	227.89	7.68
2015		324.55	163.86	160.69	100.84	223.71	7.69
2016		326.68	166.34	160.34	106.17	220.51	7.56
2017		329.40	167.74	161.66	113.91	215.49	7.65
2018		331.59	168.84	162.75	119.29	212.30	6.95
2019		333.54	169.93	163.61	123.21	210.33	6.91
临夏回族自治州	Linxia	207.14	104.81	102.33	76.73	130.41	7.61
甘南藏族自治州	Gannan	72.32	37.27	35.05	26.76	45.56	7.35
张家川回族自治县	Zhangjiachuan	29.81	15.14	14.67	8.06	21.75	4.28
天祝藏族自治县	Tianzhu	18.10	9.34	8.76	8.02	10.08	2.47
肃南裕固族自治县	Sunan	3.53	1.85	1.68	1.57	1.96	4.19
肃北蒙古族自治县	Subei	1.54	0.93	0.61	1.00	0.54	2.88
阿克塞哈萨克族自治县	Akesai	1.10	0.59	0.51	1.07	0.03	6.11

22-2 民族自治地方生产总值
Gross Regional Product of Ethnic Minority Autonomous Areas

单位：万元 (10 000 yuan)

年 份 地 区	year Region	生产总值 Gross Regional Product	第一产业 Primary Industry	第二产业 Secondary Industry	第三产业 Tertiary Industry	人均生产总值（元） Per Capita GDP (yuan)
民族自治地方合计	Total					
2018		6043325	973283	1183447	3886597	18245
2019		6495296	1120880	1208118	4166296	19530
临夏回族自治州	Linxia	3035174	405966	585814	2043394	14697
甘南藏族自治州	Gannan	2183272	417210	332159	1433903	30252
张家川回族自治县	Zhangjiachuan	287313	90999	22558	173755	9662
天祝藏族自治县	Tianzhu	457481	117463	87784	252233	25409
肃南裕固族自治县	Sunan	266431	69569	79545	117316	75691
肃北蒙古族自治县	Subei	163144	11079	68870	83195	105773
阿克塞哈萨克族自治县	Akesai	102481	8594	31388	62500	93845

注：1. 2018 年数据根据第四次经济普查结果进行了修正。
2. 2019 年数据为快报数。

a) Data of 2018 are adjusted based on the results of the Fourth National Economic Census.
b) Data of 2019 are preliminary data.

22-3 民族自治地方农牧业生产基本情况
Farming and Animal Husbandry Producting Basic Statistic of Ethnic Minority Autonomous Areas

指 标	Item	2010	2015	2018	2019
农林牧渔业增加值（亿元）	**Added Value of Agriculture,Forestry, Animal Husbandry and Fishery (100 million yuan)**	**48.83**	**80.28**	**100.23**	**117.32**
#农业	Agriculture	22.23	31.17	38.22	47.86
林业	Forestry	1.59	3.64	3.20	3.17
牧业	Animal Husbandry	24.13	42.09	53.63	60.74
渔业	Fishery	0.09	0.11	0.09	0.33
有效灌溉面积（千公顷）	**Irrigated Area (1 000 hectares)**	**72.74**	**73.22**	**75.09**	**80.82**
总播种面积（千公顷）	**Total Sown Area (1 000 hectares)**	**277.50**	**286.59**	**297.16**	**315.91**
#粮食作物	Sown Area of Grain Crops	214.66	208.04	209.36	212.68
主要农作物产量（万吨）	**Yield of Major Farm Crops(10 000 tons)**				
粮食	Grain Crops	70.60	98.28	97.03	99.61
油料	Oil-bearing	7.46	7.77	8.00	8.68
甜菜	Beetroots	0.22	0.21	0.14	0.34
畜牧业产品产量（万吨）	**Output of Livestock Products (10 000 tons)**				
猪肉产量	Pork	3.27	3.28	3.53	3.51
牛肉产量	Beef	5.95	6.98	8.03	8.37
羊肉产量	Mutton	4.26	5.48	6.95	7.11
牛奶产量	Cow Milk	17.41	16.52	14.58	15.68
羊毛产量	Wool	0.89	0.95	0.82	0.84
农业生产条件	**Agriculture Production Condition**				
农业机械总动力（万千瓦）	Total Power of Agricultural Machinery (10 000 kw)	151.60	224.77	178.85	167.63
农村用电量（万千瓦时）	Electricity Consumed in Rural Area (10 000 kw·h)	46251.46	55127.90	61050.08	66821.52
化肥施用量（万吨）	Chemical Fertilizer Consumption (10 000 tons)				
按实物量计算	Consumption of Chemical Fertilizer	11.52	12.36	12.14	11.61
按折纯量计算	Convert to Pure Amount	3.41	3.74	3.51	3.40

注：根据2016年新修订的《全国农业机械化管理统计报表制度》，2016起农业机械总动力指标统计中删除了农用运输车、三轮汽车和低速载货汽车。

a) According to the newly revised "National Agricultural Mechanization Management Statistical Reporting System"in 2016,since 2016,the index of agricultural vehicles, three-wheeled vehicles and low-speed trucks were removed in the total power of agricultural machinery statistics.

22-4 民族自治地方农、林、牧、渔业增加值
Added Value of Farming,Forestry,Animal Husbandry and Fishery of Ethnic Minority Autonomous Area

单位：万元 （10 000 yuan）

地　县	Region and County	农、林、牧、渔业增加值 Added Value of Agriculture, Forestry, Animal Husbandry and Fishery	#农业 Agriculture	#林业 Forestry	#牧业 Animal Husbandry	#渔业 Fishery	农、林、牧、渔业总产值指数（上年=100） Indices (preceding year=100)
民族自治地方合计	**Total**						
2010		488341	222255	15942	241328	853	
2011		559853	234672	22511	291318	916	
2012		640486	268900	25992	330221	999	
2013		709880	289457	29810	370944	968	
2014		760498	303155	33186	398944	1032	
2015		802836	311723	36444	420939	1074	
2016		863383	325606	33780	460487	1142	
2017		906237	342223	35212	479667	1091	
2018		1002276	382161	32038	536284	925	
2019		1173219	478582	31710	607448	3287	
临夏回族自治州	Linxia	429891	245896	9775	146942	3174	104.7
甘南藏族自治州	Gannan	438274	85475	18033	313488	34	104.7
张家川回族自治县	Zhangjiachuan	92322	70964	182	19789	72	106.3
天祝藏族自治县	Tianzhu	121812	57983	662	58810	8	106.3
肃南裕固族自治县	Sunan	70634	14933	1629	53183		105.0
肃北蒙古族自治县	Subei	11600	2044	345	9003		106.3
阿克塞哈萨克族自治县	Akesai	8686	1288	1085	6233		106.1

22-5 民族自治地方牲畜头数
Number of Domestic Animals of Ethnic Minority Autonomous Areas

年 份 Year	大牲畜年末数（百头）Large Animals (year-end) (100 heads)	牛 Cows	马 Horses	驴 Donkeys	骡 Mules	骆驼 Camels	羊年末数（百只）Sheep and Goats (year-end)(100 heads) 山羊 Goats	绵羊 Sheep	猪年末数（百头）Hogs (year-end) (100 heads)
1990	17009	13949	1379	932	628	121	7166	30920	4474
1991	16887	13864	1353	920	641	109	7179	29405	4575
1992	16994	13917	1359	940	684	94	7410	29754	4802
1993	16954	13862	1367	938	707	80	7578	29915	5048
1994	17022	13914	1368	929	738	73	7958	30472	5198
1995	17119	14016	1362	916	754	71	8204	30462	5333
1996	17126	13995	1366	910	786	69	8325	30559	5410
1997	16985	13878	1360	893	784	70	8555	30633	5542
1998	15522	13180	946	617	717	58	8107	30094	4256
1999	15418	13122	916	573	749	58	8172	28199	4393
2000	15356	13020	902	603	778	53	8444	28001	4648
2001	15137	12804	864	628	789	52	8555	27882	4797
2002	15235	12913	897	641	740	44	8581	28448	5200
2003	15330	13103	877	636	669	45	8491	29602	5464
2004	15619	13371	864	639	698	47	8414	30702	5839
2005	16435	14185	848	648	701	53	8988	32288	6146
2006	16971	14734	835	665	679	58	9368	34027	6232
2007	20006	18268	467	587	624	60	8846	35292	5084
2008	22395	20858	507	530	456	44	8888	42011	4666
2009	22242	20764	503	509	417	49	8673	43509	4575
2010	21491	20048	488	520	368	67	8137	43403	4474
2011	20701	19401	488	446	316	49	7917	43625	4370
2012	19965	18621	510	452	318	64	7550	44564	4523
2013	20055	18673	520	473	320	70	7888	44681	4626
2014	20671	19484	528	345	236	79	8703	47915	4642
2015	20303	19161	529	315	213	84	7288	49610	4432
2016	19935	18835	654	165	179	102	6756	48493	4226
2017	20449	19366	662	148	176	97	6257	46197	4467
2018	20485	19414	642	171	165	92	5626	44440	4361
2019	20694	19620	649	177	156	92	5643	45937	4104

注：2007—2017 年数据为农业普查衔接数。
a) Data of 2007 to 2017 was adjusted according to the National Agricultural Census.

22-6 民族自治地方固定资产投资增长情况（2019）
Growth Rate of Investment in Fixed Assets of Ethnic Minority Autonomous Areas（2019）

单位：%　　　　（%）

地 县	Region and County	固定资产投资 Investment in Fixed Assets	第一产业 Primary Industry	第二产业 Secondary Industry	第三产业 Tertiary Industry	新增固定资产 Newly Increased Fixed Assets
民族自治地方合计	**Total**	**6.60**	**-21.48**	**38.25**	**2.92**	**23.14**
临夏回族自治州	Linxia	4.60	-48.70	140.72	-8.44	23.24
甘南藏族自治州	Gannan	3.12	42.14	8.32	1.78	12.75
张家川回族自治县	Zhangjiachuan	1.85	-73.27	18.58	17.66	146.98
天祝藏族自治县	Tianzhu	16.31	2.90	122.86	4.93	210.97
肃南裕固族自治县	Sunan	28.38	1456.17	59.30	-2.31	91.61
肃北蒙古族自治县	Subei	22.56	560.03	3.76	38.83	-54.71
阿克塞哈萨克族自治县	Akesai	21.65	-67.04	-96.62	90.50	

22-7 民族自治地方社会消费品零售总额
Total Retail Sale of Consumer Goods of Ethnic Minority Autonomous Areas

单位：万元　　　　（10 000 yuan）

地 区	Region and County	社会消费品零售总额 Total Retail Sales of Consumer Goods	餐费收入 Income from Meals	商品零售 Retail Trade
民族自治地方合计	**Total**			
2011		868181	183216	684965
2012		1003474	209091	794383
2013		1144324	233512	910812
2014		1443257	266321	1176935
2015		1562543	296192	1266351
2016		1723029	330246	1392783
2017		1862576	357037	1505539
2018		1963059	379220	1583839
2019		1964649	295437	1669212
临夏回族自治州	Linxia	1060142	146598	913544
甘南藏族自治州	Gannan	475220	71283	403937
张家川回族自治县	Zhangjiachuan	93867	10737	83130
天祝藏族自治县	Tianzhu	213929	28313	185616
肃南裕固族自治县	Sunan	58311	13768	44543
肃北蒙古族自治县	Subei	31870	11705	20165
阿克塞哈萨克族自治县	Akesai	31310	13033	18277

注：本表2018年、2019年数据依据第四次全国经济普查修订。
a）The data in this table for 2018 and 2019 are revised based on the Fourth National Economic Census.

22-8 民族自治地方城镇居民人均可支配收入（2019）
Per Capita Disposable Income of Urban Households of Ethnic Minority Autonomous Areas（2019）

单位：元 （yuan）

地 县	Region and County	城镇居民人均可支配收入 Per Capita Disposable Income of Urban Households	工资性收入 Income of Wages and Salaries	经营净收入 Net Business Income	财产净收入 Net Income from Properties	转移净收入 Net Income from Transfers
临夏回族自治州	Linxia	22376	13903	2926	1169	4377
甘南藏族自治州	Gannan	26592	20946	3727	773	1145
张家川回族自治县	Zhangjiachuan	26432	14046	8964	2587	835
天祝藏族自治县	Tianzhu	26340	17262	1989	1005	6084
肃南裕固族自治县	Sunan	29588	24700	2698	1100	1089
肃北蒙古族自治县	Subei	40024	32643	4260	894	2227
阿克塞哈萨克族自治县	Akesai	41467	35247	3457	940	1823

22-9 民族自治地方财政金融情况
Government Finance and Financial of Ethnic Minority Autonomous Areas

单位：万元 （10 000 yuan）

指 标	Item	2010	2015	2018	2019
财 政	**Government Finance**				
一般公共预算收入	Public Government Budget Revenue	139453	366235	348855	374661
一般公共预算支出	Public Government Budget Expenditure	2014808	3974701	5662787	5947324
金 融	**Financial**				
金融机构存款余额	Deposit Balance of Financial Institutions	3946959	9631042	11469618	12514686
金融机构贷款余额	Loan Balance of Financial Institutions	1844408	7066179	7976172	8383522
城乡居民储蓄存款	Saving Deposit Balance of Urban and Rural Residents	2189572	5629508	7276776	8106960

22-10 民族自治地方教育、卫生及文化情况
Basic Statistics on Education, Health and Culture of Ethnic Minority Autonomous Areas

指 标	Item	2010	2015	2018	2019
教育	**Education**				
高等学校所数（所）	**Institutions of Higher Education(unit)**	**1**	**2**	**2**	**2**
专任教师数（人）	Number of Full-time Teachers(person)	403	575	715	731
在校学生数（人）	Number of Student Enrollment(person)	8087	11303	14142	14575
中等学校所数（所）	**Number of Secondary Schools(unit)**	**7**	**6**	**22**	**22**
专任教师数（人）	Number of Full-time Teachers(person)	477	501	1159	1018
在校学生数（人）	Number of Student Enrollment(person)	5819	2633	7684	6765
普通中学数（所）	**Regular Secondary Schools(unit)**	**209**	**195**	**191**	**171**
专任教师数（人）	Number of Full-time Teachers(person)	12963	15738	15474	15445
在校学生数（万人）	Number of Student Enrollment(10 000 persons)	22.52	17.56	17.77	16.82
小学校所数（所）	**Number of Primary School(unit)**	**1641**	**1357**	**1079**	**1021**
专任教师数（人）	Number of Full-time Teachers(person)	19080	21244	22454	20111
在校学生数（万人）	Number of Student Enrollment(10 000 persons)	36.44	28.18	31.65	30.23
卫生	**Health**				
卫生机构数（个）	**Number of Health Institutions (unit)**	**1208**	**3590**	**3561**	**3344**
#医院	Hospitals	47	53	67	103
卫生院	Health Centers	291	273	291	297
社区卫生服务中心（站）	Community Health Service Centers (stations)		43	35	38
疾病预防控制中心（防疫站）	Centers for Disease Control and Prevention		23	24	24

22-10 续表 continued

指 标	Item	2010	2015	2018	2019
床位（张）	**Beds (unit)**	**9929**	**13451**	**16713**	**19025**
#医院	Hospitals	6166	9050	11735	13857
卫生院	Health Centers	3155	3618	4023	4137
社区卫生服务中心（站）	Community Health Service Centers (stations)		241	183	243
疾病预防控制中心（防疫站）	Disease Prevention and Control Centers				
卫生机构人员数（人）	**Medical institution Personnel (person)**	**11993**	**18982**	**19883**	**24183**
卫生技术人员（人）	**Medical Technical Personnel (person)**	**10392**	**12726**	**14676**	**18386**
#医院	Hospitals		5451	7355	10399
卫生院	Health Centers		3285	3535	4279
社区卫生服务中心（站）	Community Health Service Centers (stations)		425	376	452
疾病预防控制中心（防疫站）	Centers for Disease Control and Prevention		640	661	682
文化	**Culture**				
文化事业	**Culture Institution**				
机构数（个）	Number of Institution (unit)	726	804	1001	2063
人员数（人）	Personnel(person)	3611	5119	6182	27152
各类文化艺术事业单位数（个）	**Number of Culture and Art Institution (unit)**	**401**	**436**	**454**	**456**
#文化馆、艺术馆	Cultural Centers and Art Station	23	23	24	24
公共图书馆	Public Libraries	23	23	24	24
博物馆	Museums	24	31	36	38
艺术表演场馆	Art Performance Places	3	3	4	3
艺术表演团体	Art Performance Troupes	16	17	24	21

23

兰州新区

Lanzhou New Area

简要说明

一、本篇资料主要内容

本篇资料反映兰州新区经济社会发展情况。重点反映了兰州新区人口变动、经济总量、投资、能源消耗、农业、财政等方面的基本情况。

二、本篇资料来源

本篇资料由兰州新区经发局搜集、加工整理。

1. 年末户籍人口数据由兰州新区公安局提供。

2. 财政数据由兰州新区财政局提供。

23-1 兰州新区经济社会主要指标
Main Economic and Social Indicators of Lanzhou New Area

指 标	Item	2015	2018	2019
年末户籍人口(万人)	Household Registered Population at Year-end (10 000 persons)	14.04	15.62	15.74
法人单位数(个)	Number of Legal Entities (unit)	757	1016	3972
生产总值(亿元)	Gross Regional Product (100 million yuan)	123.15	171.81	201.64
第一产业	Primary Industry	1.44	1.35	1.58
第二产业	Secondary Industry	94.69	88.58	99.36
#工业	Industry	33.90	54.71	63.66
第三产业	Tertiary Industry	27.02	81.88	100.70
生产总值指数	Indices of Gross Regional Product	129.22	109.80	117.10
生产总值构成(%)	Composition of Gross Regional Product (%)			
第一产业	Primary Industry	1.17	0.79	0.78
第二产业	Secondary Industry	76.89	51.56	49.28
#工业	Industry	27.53	31.84	31.57
第三产业	Tertiary Industry	21.94	47.65	49.94
工业	**Industry**			
规模以上工业增加值(亿元)	Value-added of Industry above Designated Size (100 million yuan)	27.90	26.63	26.17
轻工业	Light Industry	1.80	3.92	8.46
重工业	Heavy Industry	26.1	22.71	27.98
规模以上工业企业经济效益	Economic Benefit of Industry Enterprises above Designated Size			
主营业务收入(亿元)	Revenue from Principal Business (100 million yuan)	143.50	241.90	322.64
利润总额(亿元)	Total Profits (100 million yuan)	13.30	-20.00	23.48
能源	**Energy**			
全社会用电量(万千瓦时)	Whole Society Electricity Consumption(10 000kw·h)	27753.98	54111.10	68194.08
#工业用电量(万千瓦时)	Industry Electricity Consumption(10 000kw·h)	9121.54	14900.90	21308.17
能源消费总量(万吨标煤)	Total Energy Consumption (10 000 tons of SCE)	21.24	21.24	22.93
单位生产总值能耗(吨标煤/万元)	Energy Consumption per Unit of GRP(ton of SCE/10 000 yuan)	0.17	0.11	0.08

23-1 续表 continued

指 标	Item	2015	2018	2019
固定资产投资增速（%）	**Growth Rate of Investment in Fixed Assets（%）**	**9.49**	**19.50**	**13.12**
项目投资	Project Investment	3.96	13.36	-0.85
房地产开发	Real Estate Development	68.70	49.26	64.46
#住宅	Residential Buildings	133.99	-10.81	190.23
按产业分	By Industry			
第一产业	Primary Industry	-32.11	382.56	288.96
第二产业	Secondary Industry	-24.66	-33.40	35.23
第三产业	Tertiary Industry	37.09	32.61	1.73
农业农村	**Agriculture and Rural**			
乡镇个数（个）	Number of Townships (unit)	3	3	3
行政村个数（个）	Administrative Village (unit)	54	54	54
农林牧渔业总产值（万元）	Gross Output Value of Agriculture,Forestry, Animal Husbandry and Fishery (10 000 yuan)		28977.99	33407.56
化肥施用折纯量（吨）	Convert to Pure Amount of Chemical Fertilizers Consumption (ton)	2832	1149	1135
农作物播种面积（公顷）	Sown Areas of Farm Crops (hectare)	6157.63	7617.26	7175.21
主要农产品产量（吨）	Yield of Major Farm Crops (ton)			
粮食	Grain Crops	15210	17855	15104
油料	Oil-bearing Crops	1866.77	1348.86	1296
园林水果	Garden Fruits	2500.06	8810.13	11391
肉类	Meat		8514.51	6108.79
财政（亿元）	**Finance (100 million yuan)**			
一般公共预算收入	General Public Budget Revenue	9.18	15.21	17.64
税收收入	Total Tax Revenue	7.95	13.36	15.10
一般公共预算支出	General Public Budget Expenditure	31.93	40.43	43.06

《甘肃发展年鉴》 电子版说明

《甘肃发展年鉴》2020（电子版）是新型的阅读工具，它界面美观，便于携带，操作简便，功能实用。

《甘肃发展年鉴》2020（电子版）内容分为二部分：第一部分设特载、概况、国民经济、交通通信、财政金融、经济管理、社会事业、人民生活、地区及兰州新区概况等 9 个篇目；第二部分设综合，人口，国民经济核算，就业和工资，价格，人民生活，财政和金融业，资源和环境，能源，固定资产投资，对外经济贸易，农业，工业，建筑业，批发和零售业，住宿、餐饮业和旅游业，运输和邮电，教育和科学技术，卫生、社会服务和社会保障，文化和体育，城市，民族自治地方，兰州新区等 23 个篇章。

系统要求：

中文 Windows 9X，Windows ME /2000 /XP；建议使用 IE 浏览器

使用方法：

1. 将《年鉴》光盘插入光驱，光盘自动运行进入主页，如不能自动启动，请进入光盘所在的驱动器，点击 Start.exe，即可启动。
2. 光盘启动后，会自动运行 FLASH，然后进入主页面，点击“浏览光盘”即可以进入光盘正文。
3. 光盘分为两帧，左边目录，右边正文。目录分为两级，点击目录可以进入正文，显示于光盘的右边。
4. 正文分 WEB 页和 EXCEL 两种格式的文档，点击左边目录上图标可以进行转换。
5. 点击主页面的“退出动画”即可退出光盘。
6. 如若目录无法打开，请详见光盘中的帮助文件（help.htm）。

Gansu development Yearbook 2020(electric version) is a new type reading tool. It has beautiful interface, and is easy to carry, easy to operate, functional and practical.

Gansu development Yearbook 2020 (electric version) has two parts. The first part contains Featured Articles, Survey, National Economy, Transport and Communications, Government Finance and Financial, Economy & Management, Social Undertaking, People's Living Conditions, Region and Lanzhou New Area Overview, total 9 chapters. The second part contains total 23 sections and chapters: General Survey; Population; National Accounts; Employment and Wages; Prices; People's Living Conditions; Government Finance and Financial Intermediation; Resources and Environment; Energy; Investment in Fixed Assets; Foreign Trade and Economic Cooperation; Agriculture; Industry; Construction; Wholesale and Retail Trades; Hotels, Catering Services and Tourism; Transport, Postal and Telecommunication Services; Education & Science and Technology; Public Health, Social Services and Social Security; Culture and Sports; City; Ethnic Minority Autonomous Area; Lanzhou New Area.

System Requirements

Windows 98, Windows Me, Windows 2000, Windows XP, Windows 2003

Microsoft Internet Explorer 6.0 and above version

How to Use

1. Insert Gansu Development Yearbook 2020 disc into your CD-ROM drive, the disc will be automatically started. If not, please click start2020.exe to open the CD-ROM.
2. After the CD-ROM is started, it will automatically run FLASH, and then enter the main page, click on "Browse CD" to enter the CD-ROM text.
3. Disc is divided into two pictures, the left is the directory, the right is the text. Directory is divided into two levels, click on the directory you can enter the text, and displayed on the right side of the disc.
4. The main text is divided into WEB page and EXCEL two format documents, click on the icon on the left-hand directory to convert.
5. Click "Exit Animation" on the main page to exit the disc.
6. If the directory can't be opened, please see the help file (help.htm) of the disc.

图书在版编目（C I P）数据

甘肃发展年鉴. 2020 = GANSU DEVELOPMENT YEARBOOK 2020 : 汉英对照 / 甘肃省统计局, 国家统计局甘肃调查总队编. -- 北京 : 中国统计出版社, 2020.12
ISBN 978-7-5037-9329-5

Ⅰ. ①甘… Ⅱ. ①甘… ②国… Ⅲ. ①区域经济发展－甘肃－2020－年鉴－汉、英②社会发展－甘肃－2020－年鉴－汉、英 Ⅳ. ①F127.42-54

中国版本图书馆 CIP 数据核字(2020)第 197820 号

甘肃发展年鉴. 2020

作　　者/ 甘肃省统计局, 国家统计局甘肃调查总队
责任编辑/ 李　冲
封面设计/ 张　冰
出版发行/ 中国统计出版社有限公司
通信地址/ 北京市西城区月坛南街 57 号　邮政编码/100826
办公地址/ 北京市丰台区西三环南路甲 6 号　邮政编码/100073
电　　话/ 邮购（010）63376909　书店（010）68783171
网　　址/ http://www.zgtjcbs.com
印　　刷/ 兰州银声印务有限公司
经　　销/ 新华书店
开　　本/ 890mm×1240mm　1/16
字　　数/ 1200 千字
印　　张/ 46
版　　别/ 2020 年 12 月第 1 版
版　　次/ 2020 年 12 月第 1 次印刷
定　　价/ 380.00 元

本书附同版本CD-ROM一张，光盘内容以书面文字为准。

如有印装错误，本社发行部负责调换。